DURANT · KULTURGESCHICHTE DER MENSCHHEIT

BAND 10

Will und Ariel Durant

KULTURGESCHICHTE DER MENSCHHEIT

SÜDWEST VERLAG · MÜNCHEN

Will und Ariel Durant

GEGENREFORMATION UND ELISABETHANISCHES ZEITALTER

SÜDWEST VERLAG · MÜNCHEN

Titel der Originalausgabe:
THE STORY OF CIVILIZATION
VI. THE REFORMATION III–V (Kap. 29–39)
VII. THE AGE OF REASON BEGINS I
(Kap. 1–8)
Simon and Schuster, New York

Übersetzung ins Deutsche:
Eduard Thorsch (Erstes bis drittes Buch:
Die Fremden vor der Pforte
Hinter den Kulissen
Die Gegenreformation – mit Ausnahme
folgender Kapitel und Abschnitte,
die von Margrit Lang übersetzt worden sind:
Erstes Buch, 2. Kap. Abschnitte 2, 6, 8;
Zweites Buch, 2.–4. Kap.)
Dr. Hannelise Hinderberger
(Viertes Buch: Englands Goldenes Zeitalter)

Redaktion: Hans Dollinger

Erste Auflage 1978
ISBN 3 517 00564 9
Gesamtherstellung: Mohndruck, Gütersloh

Vorwort

Mit Recht fragt Will Durant in diesem Band bei seinem Blick «hinter die Kulissen des Zeitalters der Reformation»: Was bedeuteten die Bannbullen der Päpste und die Verdammungsurteile der Protestanten, die rivalisierenden Ungereimtheiten mordender Religionen, die Machtkämpfe und Erbfolgekriege im Vergleich mit dem damaligen Leben des Volkes, seinem unerbittlichen Kampf um Nahrung, Obdach, Kleidung, Gesundheit, um sein Dasein schlechthin? Denn auch in das Zeitalter der Reformation hinein «ragte noch das Jägerdasein» des Menschen früherer Epochen, immer noch mußte der Mensch töten, um nicht getötet zu werden, und in allen Dörfern Europas waren die einfachen Bewohner von Wölfen und Bären, von geheimnisvollen Seuchen, von Naturkatastrophen, Feuer und dem Hunger bedroht. Jedes Zehntel der Erde oder mehr ging an den Feudalherrn, ein weiteres Zehntel an die Kirche, und jegliche Kultur – denn Fürsten und Könige, Priester, Handwerker, Kaufleute, Lehrer, Künstler, Wissenschaftler wurden von Bauern ernährt – lebte im 16. Jahrhundert noch als «Parasit von dem Manne hinter dem Pflug»: «Es war ein hartes Zeitalter, und seine Gesetze entsprachen den unbarmherzigen Wirtschaftsformen, der grausamen Armut, der düsteren Kunst und einer Theologie, deren Gott Christus verleugnete» (Durant). Wir erfahren mit Durants Blick «hinter die Kulissen» von der Wirtschaft, dem damaligen sogenannten Recht, von Sitten und Gebräuchen, von den Manieren, der Musik, Literatur, Kunst und den Wissenschaften während der Epoche der Reformation, wir sehen, wie durch die religiöse Auseinandersetzung in einem halben Jahrhundert alles außer Rand und Band geraten war, auch die Moral, das soziale Gefüge, selbst die Künste. Rabelais ruft uns über die Jahrhunderte hinweg den prophetischen Satz zu: «Wissen ohne Gewissen ist der Seele Verderb!» Sein Zeitgenosse Kopernikus sorgte dafür, daß sogar das Gefüge des Himmels der alten Welt einstürzte und die Menschen sich damals fragten, welche Bedeutung noch der Himmel habe, wenn es von nun an kein «Oben» und «Unten» mehr gäbe und beide Hälften sich jeweils immer in einem halben Tag von der einen in die andere Hälfte wandelten. Die kopernikanische Revolution ging deshalb auch viel tiefer als die Reformation: «Neben ihr wurden die Differenzen zwischen katholischem und protestantischem Dogma zur Bagatelle; sie wies über die Reformation hinaus die Bahn zur Aufklärung, von Erasmus und Luther zu Voltaire und über Voltaire hinaus ...» (Durant).

Ein neues Weltbild zeichnete sich ab, gleichzeitig mit der Enträtselung des Himmels. Seit Kolumbus war das Mittelmeer nicht mehr Zentrum von Kultur und Macht der weißen Rasse, das atlantische Zeitalter begann, und fürs erste wurde der kleinste Kontinent mit der «Europäisierung» der neuentdeckten Erdteile zum reichsten Kontinent. Die Religion aber dieses Kontinents, das Christentum inmitten einer Welt rivalisierender Bekenntnisse, mußte als Folge all dieser Veränderungen in einer neuen Perspektive gesehen und neu bewertet werden. Eine erste Antwort darauf fand der Katholizismus in der Gegenreformation mit inneren Reformen und Wandlung zur militanten Kirche, mit Ignatius von Loyola und seiner Gesellschaft Jesu, mit Zensur und Inquisition sowie mit dem Konzil von Trient.

Anderen rivalisierenden Bekenntnissen in dieser Epoche des 15./16. Jahrhunderts begegnen wir bei Durant in diesem Band auch in dem Abschnitt über das Werden Rußlands und der griechisch-orthodoxen Kirche bis Iwan IV., über das Vordringen des Islam und seiner kriegerischen Religion und Kultur bis Suleiman dem Prächtigen und über die Wanderungen der angefeindeten Juden auf der Suche nach christlicher Nächstenliebe in der christlichen Welt, die nach Verfolgung und Folterbank zur erneuten Zerstreuung führte.

An der Schwelle zur Aufklärung steht im 16. Jahrhundert schließlich das protestantische England unter Elisabeth, der größten Herrscherin, die England je gekannt hatte. Die Aufklärung – in der Kulturgeschichte eine kaum datierbare Epoche – begann in Europa mit Francis Bacon, dem «Herold der Vernunft», der für uns heute ebenfalls ein weises Wort hinterlassen hat: «Wenn man der Natur befehlen will, muß man ihr zuerst gehorchen.» Bacon «entfaltete das Banner für alle Wissenschaften und lenkte die eifrigsten Geister der kommenden Jahrhunderte auf ihre Bahn». Und ein anderer ganz Großer im elisabethanischen England, William Shakespeare, wirkte laut seinem ebenfalls berühmten Zeitgenossen und Kollegen Ben Jonson «nicht für eine bestimmte Zeit, sondern für alle Zeiten».

Aber auch in der Politik, so sehen wir am Ende dieses Bandes, setzte England erste Signale zur Vernunft, nämlich mit dem ersten großen Aufstand gegen eine absolutistische Regierung unter Oliver Cromwell in den Jahren 1642 bis 1649, dem König Karl I. zum Opfer fiel. Er war der Auftakt zur späteren endgültigen Entthronung des Königtums in England mit der Revolution von 1688, eine Entthronung, deren Ergebnisse von Dauer bleiben sollten.

München, im Frühjahr 1978 *Hans Dollinger*

Inhaltsverzeichnis

ZWEITES BUCH
HINTER DEN KULISSEN DES ZEITALTERS DER REFORMATION
[1517–1564]

DRITTES BUCH
DIE GEGENREFORMATION
[1517–1565]

VIERTES BUCH
ENGLANDS GOLDENES ZEITALTER
[1558–1648]

Erstes Buch

DIE FREMDEN VOR DER PFORTE

[1300–1566]

ERSTES KAPITEL

Die Entstehung des russischen Staates

[1300–1584]

I. DAS VOLK

Im Jahre 1300 existierte Rußland noch nicht. Den überwiegenden Teil des heutigen Nordrußland beherrschten die drei Stadtstaaten Nowgorod, Wjatka und Pskow. Über den Westen und Süden dominierte Litauen. Im Osten fühlten sich die Fürstentümer Moskau, Rjasan, Susdal, Nischnij-Nowgorod und Twer autonom; die einzige Gemeinsamkeit bestand in ihrer aller Tributpflicht gegen die Goldene Horde.

Das Substantiv dieser Bezeichnung ist vom türkischen Wort *ordu* – Lager – abgeleitet, das Adjektiv rührt von dem gewölbten, mit Goldtuch bedeckten Zelt Batus des Prächtigen, eines Enkels Dschingis-Khans, her. Nach der Eroberung Vorderasiens und des Gebiets nördlich der Wolga bauten diese marodierenden Asiaten an einem Arm der unteren Wolga ihre Hauptstadt Saraj und nahmen dort den Tribut der russischen Vasallenfürsten entgegen. Ein Teil der Horde wurde seßhaft und widmete sich dem Ackerbau, die übrigen blieben Jäger und Hirten. Dem Volkstum nach waren sie überwiegend türkischer Herkunft; nur die Oberschicht war mongolischer Abstammung. Im Lauf der Zeit bürgerte sich, weil der Mongolensturm des neunten Jahrhunderts von den in der Wüste Gobi beheimateten Ta-Ta-Stämmen ausgegangen war, die Bezeichnung Tataren fur sie ein. Die langdauernde Herrschaft der Horde über Rußland prägte sich sowohl in der russischen Staatsbildung als auch im Volkscharakter aus: die Selbstherrlichkeit der Fürsten von Moskau, die Unterwürfigkeit des Volkes gegenüber den Herrschern, die Geringschätzung der Frau, die Nachahmung tatarischer Vorbilder in Verwaltung, Recht, Wirtschaft und Kriegführung – lauter Faktoren, die die Versuche der russischen Fürsten, Anschluß ans abendländische Europa zu gewinnen, für volle zwei Jahrhunderte vereitelten.

Im allgemeinen ertrug das russische Volk sein hartes Dasein mit schweigender Geduld, fand aber trotz aller seiner Nöte den Mut zum Gesang. Feinde beschimpften die Russen als roh, grausam, unehrlich, gewalttätig und hinterlistig, und zweifellos haben Ungunst des Klimas, Schwerarbeit und ständige Sorgen sie ebenso abgehärtet wie hart gemacht; andererseits muß man ihnen Geduld, unerschütterliche gute Laune, Liebenswürdigkeit und Gastfreundschaft zugute halten, was sie selber in so hohem Maße taten, daß sie sich, *more humano*, als das Salz der Erde fühlten. Um ihnen Gesittung einzubläuen, bedurfte es barbarischer Gesetze und Strafen; aus den Quellen geht hervor, daß man Gattenmörderinnen bis zum Halse eingrub, Zauberer bei lebendigem Leib in

Eisenkäfigen verbrannte und Münzfälschern verflüssigtes Metall in den Schlund goß. Wie bei allen strenger Kälte ausgesetzten Völkern genoß man alkoholische Getränke überreichlich, manchmal bis zur Bewußtlosigkeit, und verwendete Speisegewürze, die geeignet waren, die Körperwärme zu steigern. Sehr geschätzt waren heiße Bäder, und man badete häufiger als sonstwo in Europa. Frauenhaare und weibliche Formen galten als Teufelsblendwerk und wurden züchtig verhüllt; doch vor dem Gesetz besaßen beide Geschlechter gleiches Recht, und Frauen beteiligten sich trotz der Sündhaftigkeit solchen Tuns an öffentlichen Lustbarkeiten und Tänzen. Der Sittenkodex der russischen Kirche war außerordentlich streng; in der Fastenzeit war sogar der eheliche Geschlechtsverkehr untersagt, vermutlich als Gegengewicht gegen die Tendenz, sich dem einzigen Vergnügen, das es gab, im Übermaß hinzugeben. Die Gattenwahl war Privileg der Eltern; die Eheschließung erfolgte früh, bei Knaben vom vierzehnten und bei Mädchen vom zwölften Jahr an. Ein uraltes, mit Symbolen überladenes Ritual regelte die Hochzeitsfeierlichkeiten, bei denen sich die Braut keuscher Zurückhaltung zu befleißigen hatte – rächen konnte sie sich später. Vorerst hatte sie am Morgen nach der Brautnacht der Schwiegermutter den Beweis ihrer Jungfräulichkeit zu erbringen. Die Frauengemächer – *terem* – befanden sich meist im oberen Stockwerk des Hauses und waren streng von den Räumen der Männer getrennt; der Vater regierte im Hause ebenso unumschränkt wie der Zar im Staat.

Frömmigkeit sublimierte die Armut zur Vorstufe des Paradieses. In jedem noch so kleinen Haus gab es eine ikonengeschmückte Andachtsecke, und Fremde bekreuzigten sich vor den Ikonen, bevor sie den Hausherrn begrüßten. Keine Frau ging ohne Rosenkranz aus dem Hause. Das Gebet wurde für eine magische Beschwörung gehalten; nach dem *Domostroj* – einer berühmten Hausordnung aus dem sechzehnten Jahrhundert – sollte ein Beter, der ein bestimmtes Gebet drei Jahre lang täglich sechshundertmal wiederholte, in den Personen des Vaters, des Sohnes und des Heiligen Geistes wiedergeboren werden. In diesem Dickicht von Aberglauben gab es aber auch lichte Stellen, wie den frohen Gruß zum Ostermorgen: «Christ ist erstanden!» Angesichts solcher Hoffnung verlor der Tod ein wenig von seinem Stachel; und fühlte ein guter Mensch sein Ende nahen, bezahlte er alle Schulden, erließ aber seinen Schuldnern die Schuld, schenkte einem oder mehreren Leibeigenen die Freiheit und bedachte Kirche und Arme mit Almosen, so hauchte er in der Erwartung des ewigen Lebens sein zeitliches aus.

Die Kirche untermauerte diese Frömmigkeit mit majestätischen Kirchen, Wandgemälden, Heiligenbildern, ergreifenden Predigten, hypnotisierendem Ritual und eindrucksvollen Chorälen, die aus den mystischen Tiefen der Seele und des Brustkorbs gen Himmel stiegen. Als Organ des Staates erfüllte sie mancherlei Aufgaben: Ihr oblagen das Bildungswesen, die Überwachung der öffentlichen Moral, die Zügelung der Triebe, die Sorge für das Gemeinwohl, und sie wurde dafür königlich belohnt. Es gab zahlreiche Klöster, manche mit unvorstellbar großem Grundbesitz. Das 1335 vom heiligen Sergius gegründete Dreifaltigkeitskloster – Troiza-Sergiewskaja Lawra – hatte um 1600 so ausgedehnte Landmassen an sich gebracht, daß es 100000 Bauern zur Bewirtschaftung brauchte. Die klösterliche Mildtätigkeit bewegte sich in ähnlichem Rahmen; etliche Häuser speisten 400 Personen täglich, und das Kloster Wolokolamsk gab anläßlich einer Hungersnot täglich 7000 Mahlzeiten ab. Ordensangehörige unterlagen dem Keuschheitsgelübde; Weltgeistliche mußten heiraten. Daß die meisten dieser Popen Analphabeten waren, tat ihrem Ansehen keinen Abbruch. Die Moskauer Metropoliten, meist die fähigsten und kenntnisreichsten Männer ihrer Zeit, wiesen den Weg zur nationalen Einheit und wagten häufig ihr Silber für den Staat. So wirkte die russische Kirche bei all ihren Fehlern – die vielleicht auch nur Folgen ihrer Aufgaben waren – in diesem Inkubationszeitalter als stärkster Faktor im Gesittungsprozeß eines Volkes, dessen rohe Instinkte unter dem Joch eines harten Daseinskampfes der Zähmung ganz besonders bedurften.

Als das Konzil von Florenz 1448 die Union der morgen- und abendländischen Kirchen proklamierte, sagte sich der Moskauer Metropolit vom Byzantiner Patriarchat los; und als Konstantinopel fünf Jahre später den Türken in die Hände fiel, ging die Führung der orthodoxen Kirche automatisch an Moskau über. «So wisse», apostrophierte 1505 ein fanatischer Mönch den Großfürsten von Moskau, «daß die Souveränität über die gesamte Christenheit in deiner Souveränität aufgegangen ist. Die bisherigen zwei Rom sind gefallen, das dritte lebt. Ein viertes Rom wird es nie geben, denn dein christliches Reich wird ewig währen.»

Die Kirche als fast einziger Konsument von Literatur und Kunst war auch deren Diktator. Die schönste Literatur, das von Mund zu Mund und von Generation zu Generation weitergegebene, Liebe und Ehe, Jahreszeiten und Festtage, Kummer und Tod besingende Volkslied, blieb freilich ungeschrieben; aber die geliebten Heiligen, alten Helden und legendären Taten, wie etwa die des Nowgoroder Handelsmannes Sadko, lebten auch so in volkstümlichen Epen weiter. Blinde und Invalide zogen, ihre Lieder, Balladen und sakralen Gesänge zum besten gebend, von Dorf zu Dorf. Was schriftlich festgehalten wurde, verfolgte fast ausschließlich religiöse Absichten.

Die klösterliche Ikonenmalerei ging um diese Zeit ihrer höchsten künstlerischen Entfaltung entgegen. Ein kleines, manchmal mit Tuch überzogenes Holzpaneel wurde mit Leim grundiert, die Figuren eingeritzt, mit Temperafarben ausgefüllt, gefirnißt und mit einem Metallrähmchen umschlossen. Die Motive bestimmte die geistliche Aufsichtsbehörde, die Gestalten und Gesichter lehnten sich an byzantinische Vorbilder an und gingen uber die Konstantinopler Mosaiken in einer kontinuierlichen Entwicklungslinie auf die antik-griechische Malkunst Alexandriens zurück. Die besten Ikonen jener Zeit sind der *Thronende Christus* eines unbekannten Meisters in der Himmelfahrtskathedrale zu Moskau, der *Einzug in Jerusalem*, eine Arbeit der Nowgoroder Schule, und die *Heilige Dreifaltigkeit* von einem Mönch des Klosters gleichen Namens, Andrej Rubljew. Von ihm und seinem Lehrer, Theophanes dem Griechen, finden wir in Wladimir, Nowgorod und Moskau Fresken, die bei byzantinischer Grundhaltung bereits einen gewissen Manierismus, gleichsam im Stile von El Greco, zeigen; leider ist die Zeit an ihnen nicht spurlos vorübergegangen.

Nacheinander bauten oder förderten die Herrscher zur Dokumentation ihrer Größe und zur Erleichterung ihrer Gewissen Kirchen und Klöster. Formen und Motive lieferten Persien, Armenien, Indien, Tibet, die Mongolei, Italien und Skandinavien, und alle verschmolzen mit dem dominierenden byzantinischen Erbe zum typischen russischen Kirchenbau mit seinem malerischen Reichtum an Einzelheiten, seiner goldenen Mittelkuppel und den – Regen und Schnee so zweckmäßig abwerfenden – Zwiebeltürmen. Nach dem Fall Konstantinopels und der Vertreibung der Tataren überwand Rußland die Abhängigkeit von Byzanz und Ostasien, und westliche Einflüsse machten sich im slawischen Stil bemerkbar. In der Hoffnung, die Ansprüche und Titel der byzantinischen Kaiser zu erben, heiratete Iwan III. Zoe (Sophia) Palaiologos, die Nichte des letzten Herrschers über das Oströmische Reich (1472). In Rom erzogen, wo Zoe die Frührenaissance in sich aufgenommen hatte, nahm sie griechische Gelehrte nach Moskau mit und führte ihren Gemahl in Italiens Kunstschaffen ein. Daß er 1474 eine Mission nach dem Westen sandte, die italienische Künstler an seinen Hof holte, mag von ihr angeregt worden sein. Der prominenteste unter ihnen war Ridolfo Fieravante von Bologna, seiner vielseitigen Kenntnisse halber Aristoteles genannt; spätere Fischzüge brachten auch Pietro Solario, Alevisio Novi und andere nach Moskau. Der Neubau des Kreml ist von diesen Italienern mit Hilfe russischer Assistenten und Handwerker geschaffen worden.

Die Gründung Moskaus ging auf Jurij Dolgorukij (Georg Langhand) zurück, der sein an einem strategisch wichtigen Punkt, dem Zusammenfluß zweier Flüsse, gelegenes Haus mit einer Einzäunung versehen hatte; dieses Fort – *kreml* – ist zum Ausgangspunkt des Kreml geworden. Mit der Zeit wurde die aus massiven Eichenbohlen bestehende Umzäunung immer wieder erweitert und der umschlossene Raum mit Kirchen und Palästen gefüllt. Iwan III. baute die ganze Anlage um. Die Erneuerung der innerhalb der Umzäunung gelegenen alten Himmelfahrtskathedrale – Uspenskij Sobor – und späteren Krönungskirche der Zaren, ein dem Grundriß nach byzantinisches, dem Dekor nach italienisches Bauwerk, erfolgte anscheinend durch Fieravante (1475–1479). Die kleinere Kirche Mariä Verkündigung – Blagowjeschenskij Sobor (1484–1489) – stammt von Baumeistern aus Pskow; die Erzengelkathedrale erbaute Alevisio (1505–1509). Von 1485 bis 1508 ersetzten Solario und andere die Bohlenpalisade durch eine rote Ziegelmauer im Stil des Castello Sforzesco zu Mailand. Mit dieser kirchenreichen Örtlichkeit als Mittelpunkt und dieser gewaltigen Zusammenfassung weltlicher und geistlicher Macht als Grundlage unterwarfen sich Moskaus Großfürsten und Metropoliten Barone, Städte und Bauern und schufen mit Blut und Frömmigkeit das Fundament für eines der mächtigsten Reiche der Weltgeschichte.

II. DIE FÜRSTEN VON MOSKAU

Moskau blieb ein unbekanntes Dorf, bis sich Daniel Alexandrowitsch gegen Ende des dreizehnten Jahrhunderts zum Herrn über sein Hinterland aufschwang und das Ganze zu einem kleinen Fürstentum machte. Historische Rückschau schreibt Moskaus Aufblühen der günstigen Lage an der schiffbaren Moskwa zu, von wo aus Waren auf kurzem Überlandweg an die Wolga im Osten, die Oka, den Don und den Dnjepr im Süden und Westen verfrachtet werden konnten. Jurij Danielowitsch – Sohn des Daniel –, der nächste Fürst von Moskau, blickte begehrlich nach der Herrschaft Susdal mit ihrer verhältnismäßig reichen Hauptstadt Wladimir; Michail, Fürst von Twer, war nicht minder begehrlich; Moskau und Twer rangen um den Preis; Moskau siegte, Michail fiel und wurde heiliggesprochen; Moskau wuchs. Jurijs Bruder und Nachfolger, Iwan I., legte sich den Doppeltitel eines Großfürsten von Moskau und Großherzogs von Wladimir zu.

Da er als Kollektor des dem Tataren-Khan zu entrichtenden Tributs mehr einzog, als er abgab, wurde Iwan reich durch Schlechtigkeit. Seine Habgier trug ihm den Spitznamen Kalita, Geldsack, ein; immerhin bewahrte er die russischen Fürstentümer dreizehn Jahre vor Brandschatzung durch die Tataren und starb als tonsurierter Mönch im Geruch der Heiligkeit. Sein Sohn, Simeon der Stolze, ein ebenso leidenschaftlicher Steuereinzieher wie der Vater, beanspruchte die Hegemonie über sämtliche russischen Fürstentümer und nannte sich Großfürst von ganz Rußland, was nicht verhinderte, daß ihn die Pest wegraffte (1353). Unter dem sanftmütigen und friedliebenden Iwan II. geriet das Land in Bruderkriege, doch verfügte sein Sohn Dimitrij über die erforderlichen militärischen Eigenschaften, um alle Rivalen zu besiegen und dem Khan zu trotzen. Khan Mamai mobilisierte seine Tataren, verstärkte sie durch Genueser Söldner und sonstigen Abschaum und rückte gegen Moskau vor (1380). Dimitrij trat ihm mit seinen russischen Verbündeten bei Kulikowo unweit des Don entgegen, schlug ihn und errang sich den Übernamen Donskoj. Zwei Jahre später rückten die Tataren abermals, diesmal mit 100000 Mann, an. Die von ihrem Sieg erschöpften und die Lage verkennenden Russen versäumten, eine entsprechend starke Streitmacht ins Feld zu führen; die Tataren besetzten Moskau, massakrierten 24000 Einwohner und äscherten die Stadt bis auf die Grundmauern ein. Wassilij I., Dimitrijs Sohn, schloß mit dem Khan Frieden, annektierte Nischnij-Nowgorod und zwang Nowgorod und Wjatka seine Oberherrschaft auf.

Die Moskauer Großfürsten hielten sich an das tatarische Schema der Despotie, möglicherweise als der Alternative zu einem analphabetischen Chaos. Die nach byzantinischem Vorbild gegliederte, autokratische und eifersüchtelnde Bürokratie vollzog die Weisungen eines dem Großfürsten dienenden Bojarenrates. Die Bojaren, das heißt der russische Feudal- und Landadel, waren gleichzeitig die Offiziere des Heeres, Gouverneure ihrer Distrikte, Leiter der Bodenbewirtschaftung und Schutzherren und Ausbeuter der halbfreien Bauern. Abenteuerlich veranlagte Naturen wanderten in unbewohnte Gegenden aus, trockneten Sümpfe, verbrannten Strauchwerk und Wälder, düngten mit der Asche die Erde, erschöpften sie durch unvorsichtige Bewirtschaftung und wanderten weiter bis ans Weiße Meer und den Ural, ja über ihn hinaus ostwärts bis nach Sibirien. Die Städte in diesen grenzenlosen Ebenen waren zahlreich, aber klein; die Häuser bestanden aus Lehm und Holz und waren darauf angelegt, nach längstens zwanzig Jahren abzubrennen. Die ungepflasterten Straßen bereiteten im Winter, wenn Schlitten und geduldige Stiefel den Schnee festgestampft hatten, die geringsten Beschwerden. Die Kaufleute, die die Flüsse den Straßen vorzogen, betrieben teils zu Wasser, teils über das Eis einen mühseligen, aber ständig zunehmenden Güteraustausch zwischen Nord und Süd mit Byzanz, dem Islam und der Hanse, der vermutlich an der Überwindung feudaler Sonderinteressen mitwirkte und die Einigung Rußlands erzwang. Wassilij II. (1425–1462), Tjomny – der Blinde – genannt, weil er 1446 von Feinden geblendet wurde, unterwarf mit Folter, Verstümmelung und Knute alle Aufsässigen und hinterließ seinem Sohn ein Rußland, das stark genug war, das schmähliche Tatarenjoch abzuschütteln.

Iwan III. wurde «der Große», weil er diese Aufgabe erfolgreich löste und Rußland zur Einheit verschmolz. Er war der richtige Mann dazu: Skrupellos, berechnend, listig, zäh und grausam, dirigierte er vom Kreml aus seine Heere zum Sieg auf fernen Schlachtfeldern. Seine Grausamkeit, sogar gegen die Bojaren, war beispiellos; bei Ungehorsam und Unfähigkeit drohten Knute, Folter und Verstümmelung; ein Arzt, dem es nicht gelang, Iwans Sohn zu heilen, verlor seinen Kopf, und Iwans Umgebung zitterte so vor ihm, daß Frauen ohnmächtig wurden, wenn er sie nur ansah. Rußland nannte ihn, bis es seinen Enkel kennenlernte, den «Schrecklichen».

Seinen leichtesten Sieg errang er über Nowgorod, dessen blühenden Markt die Moskauer Kaufmannschaft als ärgerliche Konkurrenz und er selbst als begehrenswertes Steuerobjekt betrachtete. Die weite Ebene zwischen Moskau und Nowgorod, dieser Lebensmittellieferant und Absatzmarkt der großen Handelsstadt, befand sich bereits unter Iwans Kontrolle; er brauchte Nowgorod lediglich von diesem Hinterland abzuriegeln, und die Stadt mußte entweder nachgeben oder verhungern. Nach achtjährigem Wechsel zwischen Krieg und Waffenstillstand gab die stolze Republik ihre Souveränität preis (1478). Siebentausend prominente Bürger wurden nach Susdal deportiert, das Kontor der Hanse geschlossen; die Moskauer Kaufleute erbten das Geschäft, der Großfürst das Steueraufkommen.

Mit der toten Republik übernahm er deren Vasallen und erweiterte seine Herrschaft bis nach Finnland, der Arktis und dem Ural. Pskow unterwarf sich rechtzeitig und durfte seine republikanischen Einrichtungen unter der Oberherrschaft des Großfürsten behalten. Twer suchte sich durch ein Bündnis mit Litauen vor dem drohenden Verlust der Unabhängigkeit zu schützen; Iwan ging persönlich gegen die Stadt vor und nahm sie ohne Schwertstreich. Seine nächsten Opfer waren Rostow und Jaroslaw. Als seine Brüder starben, riß er deren Ländereien an sich und vereinigte sie mit den eigenen Territorien. Ein Bruder, Andrej, liebäugelte mit Litauen; Iwan nahm ihn fest und sperrte ihn ein; Andrej starb im Gefängnis, Iwan weinte und annektierte sein Land. *La politique n'a pas d'entrailles.*

Die Absage an die Tataren, die so gewagt schien, erwies sich als leicht. Die Nachfahren der mongolisch-türkischen Eroberer waren in drei rivalisierende Gruppen auf der Krim und in der Gegend der Städte Saraj und Kasan zerfallen; Iwan spielte sie gegeneinander aus, bis er die Gewißheit hatte, daß sie sich nicht gegen ihn zusammenschließen würden. 1480 verweigerte er den Tribut. Khan Achmed marschierte mit großer Macht wolgaaufwärts und lagerte an den Ufern der Oka und Ugra südlich von Moskau; Iwan lagerte mit 150000 Mann ihm gegenüber. Monatelang führten die Heere ein Lagerleben, ohne sich eine Schlacht zu liefern; Iwan zögerte, Leben und Thron auf eine Karte zu setzen, und die Tataren fürchteten seine besseren Geschütze. Als die Flüsse vereisten und die Wasserbarriere zwischen den Heeren fiel, zog Iwan ab; aber statt nachzurücken, traten auch die Tataren den Rückmarsch nach Saraj an (1480). Es war ein ebenso ungeheurer wie ungeheuerlicher Sieg. Die Tributzahlung Moskaus an die Horde blieb für alle Zeiten eingestellt, und der Großfürst legte sich den Titel Selbstherrscher (Samodershets) zu. Die verfeindeten Khans hetzte er in gegenseitige Kriege; Achmed unterlag und verlor das Leben, Sarajs Goldene Horde zerfiel.

Nur mit Litauen war noch abzurechnen. Solange Westrußland, die Ukraine und Kiew einer Herrschaft unterstanden, die griechisch-orthodoxe Christen für einen Übertritt zum abendländischen Christentum zu gewinnen suchte und Moskau ständig bedrohte, konnten weder der Großfürst noch der Metropolit ruhig schlafen. Eine angebliche polnische Verschwörung gegen Iwans Leben diente ihm als *casus belli* und entfesselte einen heiligen Krieg zur Erlösung der vergewaltigten Provinzen (1492). Eine Anzahl litauischer Teilfürsten, denen das polnisch-römisch-katholische Regiment wenig paßte, öffneten Iwans Scharen die Tore. Bei Wedroscha stellte sich Großfürst Alexander von Litauen zum Kampf und verlor (1500). Sein Namensvetter, Papst Alexander VI., vermittelte einen sechsjährigen Waffenstillstand, der Moskau im Besitz der eroberten Gebiete bis zum Sosch einschließlich Tschernigows und beinahe bis Smolensk beließ. Der mittlerweile 63 Jahre alt gewordene Iwan hinterließ die Befreiung des Rests seinen Erben.

Seine dreiundvierzig Regierungsjahre gehören mit zu den wichtigsten der russischen Geschichte vor unserem zwanzigsten Jahrhundert. Ob ihn Gier nach Macht und Reichtum oder die Überzeugung trieb, daß Sicherheit und Wohlfahrt der Russen von ihrer staatlichen Zusammenfassung abhänge, auf alle Fälle hat Iwan III. in seinem Land das gleiche erreicht, was Ludwig XI. in Frankreich, Heinrich VII. in England, Ferdinand und Isabella in Spanien, Alexander VI. im Kirchenstaat bewirkten; die Gleichzeitigkeit dieser Ereignisse bewies den Vormarsch der monarchischen und nationalen Idee und besiegelte den Untergang des übernationalen Papsttums. Die Bojaren verloren ihre Unabhängigkeit, die Städte entrichteten der Krone Tribute, Iwan legte sich den Titel «Selbstherrscher aller Reußen» zu. Daß er auch den griechisch-römischen Titel Zar (Caesar) annahm und den Doppeladler der Caesaren zum Nationalwappen machte, ist auf Betreiben seiner griechischen Gemahlin geschehen, die damit den Erbanspruch auf die religiöse und weltliche Macht des untergegangenen Byzanz dokumentieren wollte. Mit dem oströmischen Christentum, dem griechischen Alphabet und den byzantinischen Kunstformen übernahm Rußland auch Elemente der byzantinischen Staatsphilosophie und des höfischen Zeremoniells; und insoweit Byzanz vom benachbarten Asien orientalisiert worden war, wurde auch Rußland, das ohnehin schon durch die tatarische Oberherrschaft östliche Züge erhalten hatte, in vieler Hinsicht eine nach orientalischen Vorbildern ausgerichtete Monarchie und ein dem Westen fremdes und unverständliches Staatswesen.

III. IWAN DER SCHRECKLICHE: 1533–1584

Wassilij III. Iwanowitsch (1505–1533) trieb den Zusammenschluß Rußlands weiter, gliederte Smolensk an und zwang die Fürstentümer Rjasan und Nowgorod-Sewerski zur Anerkennung seiner Oberhoheit. Als sich ihm die stolze Stadtrepublik Pskow unterwarf (1510), «konnten sich nur Säuglinge an der Mutterbrust der Tränen erwehren», meldet ein russischer Chronist. Rußland war zur europäischen Großmacht geworden; Wassilij korrespondierte als Gleichberechtigter mit Maximilian I., Karl V., Suleiman dem Prächtigen und Leo X. Einige Bojaren, die sich seiner Selbstherrlichkeit widersetzten, nannte er verächtlich «Bauern» und ließ ein hochgeborenes Haupt abschlagen. Wegen Kinderlosigkeit geschieden, machte er die kluge und herrschsüchtige Helena Glinskaja zu seiner zweiten Frau, die nach seinem Tode die Regentschaft für ihren dreijährigen Sohn, Iwan IV. Wassilijewitsch, übernahm. Als auch sie starb, sahen die Bojaren ihre Zeit gekommen; nacheinander rissen die rivalisierenden Gruppen die Regierungsgewalt an sich, störten mit ihren Fehden das städtische Leben und vergossen das Blut ihrer hilflosen Muschiks.

Der junge Selbstherrscher aller Reußen wurde während dieser Kämpfe völlig beiseite geschoben und war zeitweise sogar leiblichem Mangel ausgesetzt. Von Brutalität umgeben, erschien ihm diese als naturgegebene Lebensform, so daß er an grausamsten Belustigungen Gefallen fand und zu einem launischen und mißtrauischen Jüngling heranwuchs. Eines Tages – er war erst dreizehn Jahre alt – warf er Andrej Schuiskij, einen Bojarenführer, seinen Hunden vor und riß das Staatssteuer an sich (1544). Drei Jahre später ließ er sich vom Moskauer Metropoliten zum Zaren krönen und befahl dann eine Blütenlese von adeligen Jungfrauen aus allen Teilen seines Reichs zur Musterung nach Moskau; seine Wahl fiel auf Anastasia Romanowa, die zur Ahnherrin der nach ihr benannten Dynastie wurde.

1550 berief Iwan zum erstenmal eine Art gesamtrussischen Reichstag (Semskij Sobor) ein. In einem Rechenschaftsbericht gab er seine jugendlichen Mißgriffe zu und versprach eine gnädige und gerechte Regierung. Möglicherweise vom reformatorischen Geschehen in Deutschland und Skandinavien beeinflußt, beriet die Versammlung die Konfiskation des Kirchenvermögens zugunsten des Staates. Diese wurde zwar abgelehnt, immerhin ging eine Bestimmung durch, wonach alle der Kirche vermachten Allodialgüter – das heißt von Feudallasten freie Erbgüter – wie auch die ihr während Iwans Minderjährigkeit gemachten Schenkungen zurückzugeben seien und die Klöster bestimmte Besitzungen nur mit Genehmigung des Zaren erwerben dürften. Den verärgerten Klerus versöhnte Iwan, wenigstens teilweise, indem er den Mönch Silvester neben Alexis Adaschew zu seinem ersten Minister ernannte. Mit Hilfe dieser beiden fähigen Köpfe regierte der Einundzwanzigjährige ein Reich, das sich von Smolensk bis zum Ural und vom Weißen bis nahe ans Kaspische Meer erstreckte.

Seine erste Sorge galt dem Aufbau des Heeres, und um sich ein Gegengewicht gegen die Aufgebote des stets unzuverlässigen Adels zu schaffen, organisierte er zwei ihm direkt unterstellte Verbände: die berittenen Kosaken und die mit Arkebusen – im fünfzehnten Jahrhundert erfundene Zündnadelgewehre – ausgerüstete Strelitzen*-Infanterie. Die Kosaken, die in diesem Jahrhundert erstmals in Südrußland in Erscheinung traten, waren an und für sich ein Bauernvolk, aber ihre geographische Pufferstellung zwischen Mohammedanern und Moskowitern zwang sie, jeden Augenblick abwehrbereit zu sein; andererseits boten ihnen die ihr Gebiet durchziehenden Händlerkarawanen Gelegenheit zu verlockenden Raubzügen. Sie zerfielen in zwei Hauptstämme, die Donkosaken im Südosten und die Saporogerkosaken im Südwesten, die quasi unabhängig waren und seltsam demokratische Republiken bildeten; ihr Hetman (Hauptmann) ging aus der Wahl durch die Versammlung der männlichen Haushaltvorstände hervor. Grund und Boden gehörten der Allgemeinheit und wurden an die einzelnen Familien zur selbständigen Bewirtschaftung verpachtet; und es herrschte Rechtsgleichheit für alle Stände. Die wegen ihres tollkühnen Muts berühmt-berüchtigten berittenen Kosaken wurden nach innen und außen zu Iwans IV. stärkster Waffe.

Iwans Außenpolitik ist durch eine einfache Formel zu umschreiben: Rußland sollte die Brücke zwischen Ostsee und Kaspischem Meer bilden. Noch hielten die Tataren Kasan, Astrachan und die Krim; immer noch forderten sie, wenn auch vergeblich, den Moskauer Tribut. Für Iwan hingegen hingen Sicherheit und Geschlossenheit seines Reichs von der Zerschlagung dieser Khanate und der Beherrschung der Wolga bis zur Mündung ab. 1552 führte der junge Zar 150000 Mann vor die Tore Kasans. Fünfzig Tage lang wehrten sich die 30000 muselmanischen Verteidiger mit religiösem Fanatismus, und als bei einem ihrer Ausfälle einige der Ihren gefangengenommen und vor der Stadtmauer aufgeknüpft wurden, schossen sie mit Pfeilen nach ihnen, weil «es für die Armen besser ist, durch die reinen Hände ihrer Glaubensgenossen als durch die unreinen Hände der Christen zu sterben». Nach einmonatiger Belagerung sank den Angreifern der Mut; Iwan ließ aus Moskau ein wunderwirkendes Kreuz herbeischaffen und zur Schau stellen, worauf sich die Zuversicht seiner Leute wieder belebte; so wurde Gott von beiden Seiten zum Kriegsdienst gepreßt. Ein deutscher Ingenieur unterminierte die Mauer; sie stürzte ein, die Russen stürmten mit dem Ruf «Gott mit uns» in die Stadt und erschlugen jeden, der sich nicht als Sklave brauchen ließ. Wie die Chronik meldet, soll Iwan über das Los der Besiegten bittere Tränen geweint haben – sie seien zwar keine Christen, aber immerhin Menschen. In den Ruinen siedelte er Christen an. Rußland pries ihn als ersten Slawen, dem es gelungen war, eine Tatarenfestung zu erobern; es feierte den Sieg wie die Franken die Niederlage der Moslems bei Tours (732). 1554 bemächtigte sich Iwan auch Astrachans und machte die Wolga zu einem binnenrussischen Strom. Die Krim verblieb den Mohammedanern bis 1774, aber die Donkosaken beugten sich der russischen Oberhoheit.

Nachdem er seine Grenzen im Osten gesichert hatte, wandte sich Iwan verlangend dem Westen zu, dessen industrielle und kommerzielle Expansion ihn mit Neid erfüllte.

---

* Streletz, Schütze, ist abgeleitet von *strielati*, feuern; Kosake (russisch *Kasak*) vermutlich vom türkischen *quzzag*, Abenteurer.

Er träumte von Strömen russischer Güter, die sich auf den großen natürlichen Wasserstraßen nord- und westwärts zur Ostsee ergössen, und nahm jede Gelegenheit wahr, um Anschluß an die westeuropäische Wirtschaft zu finden. Im Auftrag von Londoner Kaufleuten waren 1553 die Seefahrer Sir Hugh Willoughby und Richard Chancellor mit drei Schiffen in Harwich in See gestochen, um eine arktische Seeroute nach China zu finden; zwei Besatzungen gingen in einem Lapplandwinter zugrunde, und nur Chancellor landete im Norden Rußlands an einem Punkt, den er nach dem Erzengel (griechisch *archangelos*, englisch *archangel*) Michael Archangelsk taufte. Unter unsäglichen Mühsalen und Gefahren schlug er sich nach Moskau durch, und Iwan schloß mit ihm – wie später mit Anthony Jenkinson – einen Vertrag, der der «Londoner und Moskowitischen Handelsgesellschaft» besondere Privilegien einräumte.

Für Iwan bedeuteten diese Verträge jedoch nur Gucklöcher, keine Fenster oder Türen, nach dem Westen. Er versuchte, deutsche Fachleute anzuwerben; 123 Mann warteten auch bereits in Lübeck auf ihre Einschiffung, als ihnen Karl V. die Ausreise verbot. Unweit von Riga mündete die aus dem Herzen Rußlands nach Norden strömende Düna in die Ostsee. Die Quellwasser von Düna und Wolga lagen nicht allzu weit voneinander entfernt; man konnte sie durch einen Kanal verbinden, so daß sich hier dank einer «Schicksalsfügung» der Wasserweg schaffen ließ, der das Mißverhältnis zwischen der ungeheuren Landmasse Rußlands und seinen wenigen Küsten und Häfen auszugleichen vermochte; hier konnten Ostsee, Schwarzes und Kaspisches Meer zusammenfließen, hier konnten sich Ost und West begegnen, hier konnte der Westen im Austausch der Güter und Ideen eine uralte kulturelle Ehrenschuld teilweise begleichen. Die Sache hatte nur einen Haken: Das Mündungsgebiet der Düna lag im feindlich gesinnten Livland.

Deshalb erfand Iwan 1557 gegen Livland einen Kriegsgrund – was meistens einen Grund, etwas zu kriegen, meint. Ein von dem abgesetzten Tataren-Khan von Kasan, Schah-Ali, befehligtes Heer fiel in Livland ein und verheerte es aufs grausamste; Häuser und Ernten wurden verbrannt, die Männer versklavt, die Frauen mißbraucht, bis sie tot liegen blieben. 1558 eroberte ein zweites russisches Heer Narwa, nur acht Meilen von der Ostsee entfernt. Livland rief voller Verzweiflung Polen, Dänemark, Schweden und Deutschland zu Hilfe; ganz Mitteleuropa zitterte bei dem Gedanken, daß es, wie schon einmal im sechsten Jahrhundert, von einer slawischen Flutwelle überschwemmt werden könnte. Stephan Báthory entflammte seine Polen, führte sie bei Polozk zum Sieg über die Russen (1582), und der geschlagene Iwan mußte Livland den Polen überlassen.

Die Fruchtlosigkeit seiner Feldzüge hatte schon lange vor diesem großen Mißerfolg eine starke innere Unzufriedenheit ausgelöst. Die Kaufleute, die Iwan mit der Erschließung neuer Handelswege zu bereichern gehofft hatte, verloren den Geschmack an kostspieligen, die Geschäfte lähmenden Kriegen. Der Adel hatte von jeher gegen ihn opponiert, weil Rußlands kriegerisches Vorgehen den Zusammenschluß der baltischen Länder zur Folge haben mußte, wobei die rückständigen russischen Feudalaufgebote gegen die besser ausgerüsteten baltischen Streitkräfte benachteiligt waren, und nie hatte sich

Iwans Mißtrauen gegen die Bojaren gelegt. Als er 1553 auf den Tod erkrankt darniederlag, erfuhr er, daß etliche von ihnen planten, nicht seinen Sohn Dimitrij, sondern den Prinzen Wladimir zu krönen, dessen Mutter große Summen im Heer verteilte, und daß sogar seine vertrautesten Ratgeber, Silvester und Adaschew, mit den Hochverrätern liebäugelten. Iwan ließ die beiden trotzdem noch sieben Jahre in Amt und Würden und verabschiedete sie erst 1560 ohne Bestrafung; Silvester starb in einem Kloster, Adaschew bei einem Feldzug in Livland. Einige Bojaren desertierten nach Polen, um gegen ihn zu kämpfen; 1564 schloß sich ihnen Iwans Busenfreund und Oberfeldherr, Prinz Andrej Kurbskij, an. Mit der Behauptung, Iwan trachte ihm nach dem Leben, nannte er diesen von Polen aus in einer Art Kriegserklärung einen aussätzigen Verbrecher. Nach der Überlieferung soll Iwan, als ihm der Brief vorgelesen wurde, den Fuß des Überbringers mit dem Zepter am Boden festgenagelt haben. Immerhin ließ er sich herbei, Kurbskij mit einer zweiundsechzig Seiten langen, wirren und von Bibelzitaten durchsetzten Widerlegung zu antworten, worin er leidenschaftliche Anklagen gegen die Machenschaften der Bojaren und ihre Versuche, ihn abzusetzen, erhob. Überzeugt davon, daß Anastasia von ihnen vergiftet worden war, fragte er verzweifelt: «Warum habt ihr mich von meiner Frau getrennt? Hätte man mir meine Jugendgefährtin nicht genommen, so wären auch keine Kronopfer [Bojarenhinrichtungen] gewesen ... Ich wartete, daß wer käme, um mit mir zu trauern, aber niemand ist gekommen; ich habe keine Tröster gefunden.»[1] Kurbskij verfaßte gegen Ende seines Lebens eine unbarmherzig feindselige *Geschichte Iwans*, die unsere Hauptquelle für dessen *terribilità* bildet.

Diese Verschwörungen und Desertionen werfen ein Licht auf die berühmteste und eigenartigste Episode seiner Regierungszeit. Am 13. Dezember 1564 verließ er mit seiner Familie, seinen Ikonen, dem Staatsschatz und einer kleinen Leibwache die Hauptstadt und begab sich nach seiner Sommerresidenz in Alexandrowsk. Von dort sandte er zwei Proklamationen nach Moskau; die eine stellte fest, daß sich Bojaren, Bürokratie und Kirche gegen ihn verschworen hätten, weshalb er mit «großer Trauer» dem Thron entsage und künftig in Zurückgezogenheit leben werde. Die zweite versicherte die Moskauer Bevölkerung seiner dauernden Liebe und seines bleibenden Wohlwollens. Er, der von jeher die Bürgerschaft gegen den Adel begünstigt hatte, durfte das wirklich sagen, und die spontane Reaktion der mittleren und unteren Stände bildete nur die Bestätigung dafür. In großen Aufläufen zwangen sie Adel und Geistlichkeit, Iwan durch eine Deputation um Wiedereinnahme des Thrones zu bitten. Das geschah, und Iwan erklärte sich bereit, «den Staat neuerdings auf sich zu nehmen»; die Bedingungen werde er noch bekanntgeben.

Im Februar 1565 kehrte Iwan nach Moskau zurück und ließ einen aus Adel und Geistlichkeit zusammengesetzten Reichstag wissen, daß er die Führer der Opposition hinrichten und ihren Besitz konfiszieren, die Regierungsgeschäfte künftig persönlich und ohne Mitwirkung des Reichstags führen und jeden verbannen werde, der sich seinen Anordnungen widersetze. Einen Volksaufstand befürchtend, fügte sich die Versammlung und ging auseinander. Dann teilte Iwan durch Dekret Rußland in zwei staatsrechtlich verschieden organisierte Teile: erstens die Semschtschina oder «Vereinigten Provinzen», die unter der Verwaltung der Bojaren und des von ihnen gebildeten Rates blieben und, abgesehen vom Kriegswesen, der Außenpolitik und einer gesamthaften Steuerpflicht, innere Freiheit genossen; zweitens die Opritschnina, die Iwan persönlich regierte. Dieses «Sondergebiet» umfaßte die Güter der Opritschniki, eines Beamten- und Militäradels, den er zur Unterdrückung sezessionistischer Gelüste, zu seinem persönlichen Schutz und für besondere militärische Zwecke schuf. In diesen Verwaltungskörper – der anfänglich tausend, später sechstausend Köpfe zählte – berief Iwan in der Hauptsache jüngere Adelssöhne, die, selber unbegütert, bereit waren, sich ihm als Gegenleistung für die ihnen übertragenen Güter mit Haut und Haaren zu verschreiben. Die neuen Güter bildete er teils aus Kronbesitz, zum größeren Teil aber aus konfiszierten Feudalgütern. Gegen Ende seiner Regierungszeit umfaßte die Opritschnina fast die Hälfte von Rußland, weite Distrikte Moskaus und die wichtigsten Handelsrouten. Es war eine Revolution ähnlich derjenigen, die hundertfünfzig Jahre später Peter der Große neuerdings ins Werk zu setzen suchte – die Verlagerung der Macht auf eine neue Schicht und die Förderung von Industrie und Handel. In einer Epoche, in der die militärische Macht noch so gut wie ganz in den Händen des Feudaladels lag, war zu ihrer Durchführung nicht wenig Mut von seiten Iwans nötig, der nur seine Leibwache und die fragwürdige Unterstützung der Kaufleute und breiten Massen besaß. Von einigen Zeitgenossen wird versichert, daß der damals Fünfunddreißigjährige in dieser kritischen Zeit um zwanzig Jahre alterte.

Iwan baute jetzt Alexandrowsk zur Festung aus und machte es zu seiner ständigen Residenz. Sein vielleicht nie ganz ausbalancierter Verstand scheint unter der Belastung des langen fruchtlosen Krieges gegen Livland und des Kampfes gegen die Bojaren gelitten zu haben, denn er hüllte seine Leibwache in schwarze Mönchskutten und Käppchen, nannte sich ihren Abt, sang mit ihr Choräle, hörte mit ihr zusammen täglich die Messe und warf sich so heftig vor dem Altar zu Boden, daß er sich wiederholt die Stirn aufschlug. Doch das erhöhte nur noch die abergläubische Scheu, die man vor ihm empfand, und Rußland begann ihn neben dem Schrecken, den er einflößte, zu verehren. Selbst die waffentragenden Opritschniki nahten ihm mit solcher Unterwürfigkeit, daß man sie sein Dwor, das heißt seinen Hof, nannte.

Iwans Revolution begleitete wie so manche andere der Terror. Wer sich ihm widersetzte und in seine Gewalt geriet, wurde erbarmungslos hingerichtet. Ein ihm vermutlich feindselig gestimmter klösterlicher Chronist bezifferte die Zahl seiner Opfer in diesen Jahren seines Zorns (1560–1570) auf 3470; oftmals wurde neben dem Schuldigen «dessen Frau» oder «Frau und Kinder» mit hingerichtet, einmal «zehn Männer, die ihm zu Hilfe kamen». Prinz Wladimir und seine Mutter gehörten zu den Opfern; aber seine Kinder wurden geschont und anständig erzogen. Wie die Chronik meldet, wurde den Mönchen befohlen, für die Seelenruhe der Hingerichteten zu beten. Im übrigen belasteten sie Iwans Gewissen nicht; Hinrichtung, meinte er, sei die übliche Bestrafung für Hochverrat, insbesondere in Kriegszeiten; ein Pole schloß sich diesem Argument an, und ein Engländer, der einige Episoden des Gemetzels miterlebte, seufzte: «Wollte Gott, daß unseren eigenen halsstarrigen Rebellen ihre Pflicht gegen ihren König auf gleiche Manier beigebracht werden könnte!»

Nowgorod sah den Höhepunkt des Terrors. Iwan, der dem Erzbischof nicht lange zuvor eine große Summe für die Instandsetzung der Kirchen gegeben hatte und sich zumindest bei der Geistlichkeit populär glaubte, sah sich bitter enttäuscht, als hinter einem Muttergottesbild in einem Nowgoroder Kloster ein – nicht unbedingt echtes – Dokument gefunden wurde, das ein Komplott Nowgorods, Pskows und Polens zu seiner Entthronung enthüllte. Am 2. Januar 1570 überfiel eine starke, von Opritschniki geführte Streitmacht Nowgorod, plünderte die Klöster und nahm 500 Priester und Mönche fest. Am 6. Januar traf Iwan persönlich ein und ließ alle Festgenommenen, die außerstande waren, sich mit fünfzig Rubeln loszukaufen, zu Tode peitschen. Der Erzbischof wurde seiner Amtstracht entkleidet und ins Gefängnis geworfen. Nach der dritten Chronik von Nowgorod dauerte das Blutbad fünf Wochen, an manchen Tagen starben 500 Personen; die offizielle Gesamtzahl nannte 2770 Opfer, Iwan verwahrte sich aber, es seien nur 1505 gewesen. Da auch viele Kaufleute verdächtig waren, sich in dem Bestreben nach Wiederanknüpfung von Handelsbeziehungen mit dem Westen beteiligt zu haben, verbrannte Iwans Soldateska ihre Kaufläden und Kontore in der Stadt, ihre Häuser in den Vororten und sogar die Bauernhöfe der Umgebung. Wenn die mönchischen Chronisten, denen wir die Überlieferung dieser Untaten verdanken, nicht aus Feindschaft übertrieben haben, müssen wir, um Analogien für Iwans Rache zu finden, auf die Bestrafung des rebellierenden Lüttich durch Karl den Kühnen (1468) und die Plünderung Roms durch die Landsknechte Karls V. (1527) zurückgehen. Nowgorod hat seine Stellung als Handelsstadt nie wieder zurückgewonnen. In Pskow, der nächsten Station, beschränkte sich Iwan darauf, seinen Söldnern die Plünderung zu gestatten. Nach seiner Rückkehr in die Hauptstadt feierte er seinen Sieg über diese gefährliche Verschwörung mit einem grandiosen Maskenball.

Eine so turbulente Staatsführung war kaum geeignet, der Entwicklung der Wirtschaft und kultureller Bestrebungen Vorschub zu leisten. Der Handel, der im Frieden blühte, litt unter dem Krieg. Die Bauern wurden, um die Kontinuität der Bewirtschaftung zu sichern, erst in den Gütern der Opritschniki, allmählich aber in ganz Rußland an die Scholle gebunden (1581), bis die um 1500 noch seltene Leibeigenschaft 1600 russisches Landesgesetz wurde. Die Steuerbelastung war enorm, die Geldentwertung rapid. Der Rubel von 1500 hatte die vierundneunzigfache, der Rubel von 1600 die vierundzwanzigfache Kaufkraft des Rubels von 1910. Wir brauchen hier die Geldentwertung nicht weiter zu verfolgen und stellen als eine der Lehren der Geschichte lediglich fest, daß Geld das letzte ist, was man horten soll.

Die übermäßige Fruchtbarkeit der Familien verursachte im Verein mit dem Raubbau am Boden eine ständige Völkerwanderung nach noch jungfräulicher Erde. Als diese Auswanderer den Ural überschritten, stießen sie auf ein Tataren-Khanat über die mongolischen Stämme der Baschkiren und Ostyaken, deren Siedlungsgebiet um eine unter dem Kosakenwort «Sibir» bekannte Hauptstadt lag. 1581 warb Semjon Stroganow 600 Kosaken an und sandte sie unter dem Befehl Jermak Timofejews aus, diese Stämme zu unterwerfen. Das geschah; Westsibirien wurde dem ständig wachsenden russischen Reich einverleibt, und der ehemalige Banditenhäuptling Jermak wurde ein Heiliger der orthodoxen Kirche.

Diese blieb die wahre Regentin Rußlands, denn die Furcht Gottes herrschte überall, während Iwans Machtbereich dagegen seine Grenzen hatte. Sogar der Zar sah sich einem strengen Ritual, wenn schon nicht einer ebensolchen Moral, unterworfen; die Priester sorgten dafür, daß er nach Audienzen mit ausländischen Gesandten anderen Bekenntnisses seine Hände wusch. Der römisch-katholische Kult war verboten, aber Protestanten wurden als Verbündete gegen Rom toleriert. Wie Heinrich VIII. prunkte auch Iwan IV. mit seinen theologischen Kenntnissen. Mit einem aus Böhmen stammenden lutherischen Magister der Gottesgelahrtheit disputierte er öffentlich im Kreml; und es muß zugegeben werden, daß der gewalttätigste aller Zaren den Disput mit größerer Höflichkeit führte als die Disputanten im zeitgenössischen Deutschland. Bei einem anderen Theologen schnitt er schlechter ab. Eines Sonntags verweigerte ihm Philipp, der Metropolit von Moskau, beim Gottesdienst in der Himmelfahrtskathedrale den Segen. Nachdem Iwan dreimal vergeblich darum ersucht hatte und seine Begleitung den Grund für die Nichterteilung des Segens wissen wollte, begann der Metropolit dem Zaren seine Sünden und Ausschweifungen vorzuhalten. «Halt Frieden!» brüllte Iwan, «und gib mir den Segen!» – «Mein Schweigen belastet deine Seele mit Sünde», entgegnete der Kirchenfürst, «und ruft deinen Tod herbei.» Iwan ging ohne Segen von dannen, und einen ganzen sorgenvollen Monat hindurch blieb Philipp ungeschoren. Dann erschien ein Beauftragter des Zaren in der Kathedrale, bemächtigte sich des Metropoliten und brachte ihn nach Twer hinter Schloß und Riegel. Über sein weiteres Schicksal ist nichts Sicheres bekannt; nach der Version der russischen Kirche wurde er lebendig verbrannt. 1652 sprach sie ihn heilig; seine in der Uspenskij Sobor beigesetzten Gebeine blieben bis 1917 ein Gegenstand der Verehrung.

Hauptträgerin der Literatur und Kunst war nach wie vor die Kirche. Der Buchdruck, um 1497 eingeführt, produzierte nur Gebetbücher. Der Metropolit Makarij, der prominenteste Gelehrte dieser Epoche, begann 1529 eine Sammlung der gesamten russischen Literatur und stellte mit der Hilfe von Sekretären zwölf mächtige Bände zusammen, dem Inhalt nach zumeist religiöse und insbesondere klösterliche Chroniken. Iwans Beichtvater Silvester verfaßte ein berühmtes *Domostroj* oder *Haushaltbuch*, eine Anleitung für rationelle Haushaltführung, gute Manieren und Erlangung der ewigen Seligkeit. Wir greifen die an Ehemänner gerichtete Mahnung heraus, die Ehefrau liebevoll zu züchtigen, und erwähnen die präzisen Vorschriften für Spucken und Schneuzen. Als Briefschreiber gehörte Iwan zu den fruchtbarsten Literaten seiner Zeit.

Die Basiliuskirche (Kram Wassilia Blajennoi), die heute noch außerhalb des Kreml an einem Ende des Roten Platzes steht, stellt das glänzendste Kunstwerk aus Iwans Regierungszeit dar. Zur Erinnerung an seine Siege über Kasan und Astrachan, die der Zar klugerweise dem Beistand Marias zuschrieb, begann er mit dem Bau der – wie er sie nannte – Pokrowskij Sobor oder Kathedrale der Fürsprache Mariä. Um den steinernen Mittelbau gruppierte er später zu Ehren verschiedener Heiliger, auf deren Namenstage seine Siege gefallen waren, sieben holzgezimmerte Kapellen, die er mit bunten, verschiedenartig ausgezierten Zwiebeltürmen krönte. Mit der Zeit gab die letzte, dem heiligen Basilius geweihte Kapelle dem reizvollen Ganzen ihren Namen. Die unvermeidliche Legende hat den Bau einem Italiener zugeschrieben und weiß zu berichten, daß ihm Iwan die Augen ausstechen ließ, damit er nicht ein zweites solches Meisterwerk schaffe; in Wirklichkeit haben aber zwei Russen, Barma und Postnikow, den Bau entworfen und Renaissancemotive für die Ornamentik verwendet. Alljährlich am Palmsonntag begaben sich – ein Akt der Regierungsweisheit – Klerus und Adel in feierlicher Prozession zu dieser Kathedrale; der Metropolit ritt seitlich auf einem Pferd mit künstlichen Eselsohren, um an jenen Esel zu erinnern, auf dem Jesus in Jerusalem eingezogen sein soll; der Zar ging, sein Pferd am Zügel führend, bescheiden zu Fuß; Banner, Kreuze, Ikonen, Weihrauchgefäße wurden im Zuge mitgeführt, und Kinder sangen einem unbarmherzigen Himmel Hosianna zum Ruhm und Dank für den über Rußland ausgegossenen Segen.

1580 schien Iwans Triumph vollständig. Eine Reihe von Frauen hatte er überlebt; jetzt war er mit der sechsten verheiratet und erwog den Gedanken, eine siebente in freundschaftlicher Bigamie hinzuzufügen. Von seinen vier Kindern starb das erste als Säugling, das dritte, Fjodor, war ein Halbidiot, das vierte, Dimitrij, litt angeblich unter epileptischen Anfällen. Eines Tages, es war im November 1580, erblickte der Zar die Gemahlin seines zweiten Sohnes Iwan in einer, wie ihm schien, unziemlichen Kleidung; er schalt und schlug sie, und sie hatte daraufhin eine Fehlgeburt. Der Zarewitsch machte ihm deswegen Vorwürfe, worauf ihm Iwan, in Wut geratend, derart mit dem Zepter über den Kopf schlug, daß er starb. Iwan verlor vor Reue beinahe den Verstand, jammerte Tag und Nacht und wollte jeden Morgen von neuem abdanken; aber nun zogen ihn sogar die Bojaren seinen Söhnen vor. Drei Jahre später befiel ihn eine rätselhafte Krankheit; sein Leib schwoll an und verbreitete einen unerträglichen Gestank. Am 18. März 1584 starb er während einer Schachpartie mit Boris Godunow. Dem Gerücht zufolge soll ihm dieser Gift gegeben haben; auf alle Fälle hob sich nunmehr der Vorhang zur großen Oper in der Geschichte der Zaren.

Wir dürfen uns Iwan IV. nicht nur als reißenden Wolf vorstellen. Groß und breit gewachsen, wäre er ein schöner Mann gewesen, hätte sich nicht eine platte Nase über den mächtigen Schnurrbart und den dichten, kastanienbraunen Bart gelegt. Der Zuname «Grosny» wird irrtümlich mit «der Schreckliche» übersetzt; er bedeutet jedoch weit eher «der Erhabene», wie der Beiname der Caesaren «Augustus»; auch Iwan III. wurde so genannt. Für unser Empfinden wie für das seiner gewiß nicht zimperlichen Zeitgenossen war er abstoßend grausam, rachsüchtig und ein unbarmherziger Richter. Seine Regierung fiel in die Zeit der spanischen Inquisition, des Flammentods Servets, der Enthauptungsmanie Heinrichs VIII., der Protestantenverfolgung Maria Tudors, der Bartholomäusnacht. Als er von dieser Blutorgie erfuhr (für die ein Papst Lobesworte fand), empörte sich Iwan über die Barbarei des Westens. Mancherlei Provokationen entflammten sein von Natur aus aufbrausendes Wesen, dessen Heftigkeit durch seine Umwelt vielleicht noch gesteigert wurde; wie ein Augenzeuge sagte, «schäumte sein

Mund» bei einem kleinen Ärger «wie das Maul eines Pferdes». Seine Sünden und Verbrechen gestand er selbst, manchmal bis zur Übertreibung, ein, so daß seine Feinde seine Beichte nur zu plagiieren brauchten. Wissensdurstig, verfügte er über größere Kenntnisse als jeder andere Laie seines Landes und seiner Zeit. Mit Sinn für Humor begabt, konnte er in homerisches Gelächter ausbrechen, aber in sein Lächeln stahl sich oft eine unheilvolle Verschlagenheit. Den Weg zu seiner Hölle pflasterte er mit wunderschönen Vorsätzen: Schutz der Armen und Schwachen vor den Reichen und Mächtigen, Förderung des Bürgerstandes und Handels als Gegengewicht gegen den streitbaren Feudaladel, Öffnung eines Tors nach dem Westen zum Austausch von Gütern und Ideen; Schaffung eines neuen Beamtentums zur Ablösung der in veralteten Vorstellungen befangenen Bojaren, Befreiung Rußlands vom Tatarenjoch, Verschmelzung des Konglomerats von Einzelstaaten zur Einheit. Ein Barbar, barbarisch bemüht, sich zu zivilisieren.

Er versagte, weil er es nie dazu brachte, sich selbst zu besiegen. In der Hitze der Revolution vergaß er beinahe seine ursprünglich geplanten Reformen. Die Bauern hinterließ er in einer Hörigkeit, bitterer als zuvor; die kriegerischen Wirren verstopften die Handelswege, fähige Männer trieb er ins feindliche Lager, das Reich spaltete er in zwei Hälften und führte es der Anarchie entgegen. Seinem Volk gab er ein demoralisierendes Beispiel frömmlerischer Grausamkeit und ungezügelter Leidenschaft. Seinen begabtesten Sohn erschlug er in einem Wutanfall, so daß der Thron einem Schwächling zufiel, dessen Unfähigkeit den Bürgerkrieg heraufbeschwor. Alles in allem eine der vielen Gestalten seiner Zeit, von denen man sagen kann, es wäre für ihr Volk und die Menschheit besser gewesen, sie wären nie geboren worden.

Ikone der Nowgoroder Schule aus dem 15. Jahrhundert ▸
(Tretjakow-Galerie, Moskau).

ZWEITES KAPITEL

Der Geist des Islam

[1258–1520]

Von 1095 bis 1291 sah sich die islamische Welt einer Reihe von Anstürmen von nicht geringerer religiöser Glut und Heftigkeit ausgesetzt als die, mit der sie später selbst den Balkan unterjochte und tausend Kirchen in Moscheen verwandelte. Ein Dutzend Päpste warf in acht Kreuzzügen Europas Könige, Ritter und Abenteurer gegen die mohammedanischen Hochburgen in Kleinasien, Syrien, Palästina, Ägypten und Tunesien; und obschon diese Versuche am Ende fehlschlugen, hatten sie eine ernstliche Schwächung der politischen Struktur und der wirtschaftlichen Kraftquellen der islamischen Länder zur Folge. In Spanien verbuchten die Kreuzfahrer einen dauernden Erfolg; dort war der Islam zurückgetrieben und auf Granada beschränkt worden, dessen schließliche Eroberung man getrost der Zukunft überlassen durfte; auch Sizilien hatten ihm die tatkräftigen Normannen entrissen. Doch was bedeuteten solche Wunden und Verluste im Vergleich zu dem wilden, verheerenden Mongoleneinbruch in Transoxanien, Persien und Mesopotamien (1219–1258)? Eine blühende Kulturstätte des Islam nach der anderen erlitt Plünderung, Massenmord und Einäscherung: Buchara, Samarkand, Balch, Merw, Nischapur, Rai, Herat, Bagdad... Provinzial- und Stadtbehörden wurden gestürzt; Treibsand füllte die vernachlässigten Kanäle, Handel und Verkehr stockten, Schulen und Bibliotheken fielen der Zerstörung anheim, Gelehrte wurden vertrieben, versklavt und erschlagen. Für fast hundert Jahre blieben Kraft und Geist des Islam gebrochen. Langsam erholte er sich; doch da trugen Timurs Tataren neue Verwüstung nach Vorderasien, und die osmanischen Türken erkämpften sich den Weg durch Kleinasien bis zum Bosporus. Die Geschichte kennt keine zweite Kultur, die so viele Katastrophen von solch ungeheurem Ausmaß über sich ergehen lassen mußte wie der Islam.

Dennoch führten Mongolen, Tataren, Türken dem zur Ader gelassenen Reich frisches Blut zu. Der Islam hatte sich dem Luxus ergeben und war träge geworden; in Bagdad wie in Konstantinopel fehlte der Wille, das Dasein mit eigener Kraft zu verteidigen; hier wie dort war man in ein Wohlleben verfallen, das den Untergang fast herausforderte; und wie die byzantinische war auch diese romantische Kultur zum Untergange reif. Doch so groß war ihr Reichtum, daß es ihr – wie dem alten Hellas und dem Italien der Renaissance – gelang, die Eroberer dank der geretteten Trümmer und der überlebenden Erinnerungen zu zivilisieren. Unter den mongolischen Il-Khans entwikkelte sich in Persien ein hochstehendes Staatswesen; das Schrifttum blühte, die Kunst erhob sich zu majestätischer Höhe, ein edler Gelehrter, Raschidu'd-Din, zierte die

◀ *Ikone der Smolensker Gottesmutter aus dem 16. Jahrhundert (Rüstkammer des Kreml, Moskau).*

Geschichtsschreibung. In Transoxanien baute Timur fast so großartig, wie er zerstört hatte, und hielt in seinem Wüten einen Augenblick ein, um einen Hafis zu ehren. Die in Anatolien seßhaft gewordenen Türken waren bereits zu kultureller Blüte gelangt und die Dichter unter ihnen nicht weniger zahlreich als die Konkubinen. Die ägyptischen Mameluken bauten immer noch wie Giganten, und das muselmanische Westafrika brachte einen Geschichtsphilosophen hervor, neben dem die größten Weisen der damaligen Christenheit nur im Spinnennetz der Scholastik zappelnde Zwerge waren. Und mittlerweile breitete sich der Islam über Indien bis in den Fernen Osten aus.

I. DIE PERSISCHEN IL-KHANS: 1265–1337

Als sich Marco Polo 1271 aufmachte, um über Persien ins China Kublai-Khans zu gelangen, befand er sich, so weit der Weg war, beinahe immer innerhalb der Grenzen des Mongolischen Reichs. Ein Imperium von solcher Ausdehnung verzeichnete die Geschichte zum erstenmal. Im Westen stieß es an den Dnjepr, im Süden umfaßte es die Krim, Mesopotamien, Persien, Tibet und Indien bis zum Ganges, im Osten China, Korea und Indochina, und im Norden lag das Mutterland, die Mongolei. In all diesen Gebieten unterhielten die Mongolenherrscher Straßen, förderten den Güteraustausch, schützten den Reisenden und erlaubten die freie Ausübung verschiedener Religionen und Kulte.

Nach der Zerstörung Bagdads (1258) baute Hulago, der Enkel Dschingis-Khans, Maraga in Nordwestpersien als neue Hauptstadt. Als er starb (1265), wurde sein Sohn Abaqa Khan oder Fürst von Persien, das in einem lockeren Abhängigkeitsverhältnis zu dem fernen Kublai-Khan stand. Mit Abaqa begann die Il-Khan-Dynastie, die bis 1337 über Persien und Mesopotamien herrschte. Der Größte seines Geschlechts war Gasan-Khan, an Wuchs zwar der Kleinste in seinem ganzen Heer, an Willen aber stärker als alle. Dem Groß-Khan in der Mongolei und in China die Gefolgschaft aufsagend, proklamierte er sein Land zum unabhängigen Königreich und Täbris zur Hauptstadt. China, Indien, Ägypten, England, Spanien beehrten ihn mit Gesandtschaften ... Er reorganisierte die Verwaltung, stabilisierte das Geld, schützte die Bauern vor Feudalherren und Räubern und förderte den allgemeinen Wohlstand mit solchem Erfolg, daß Bagdads stolzeste Tage zurückzukehren schienen. In Täbris errichtete er eine Moschee, zwei höhere Lehranstalten, eine Akademie für Philosophie, ein Observatorium, eine Bibliothek, ein Krankenhaus. Für alle diese Institutionen sicherte er sich die führenden Gelehrten und Ärzte seiner Zeit und bestimmte die Einkünfte großer Ländereien zur Deckung ihres Finanzbedarfs. Er selbst war ein vielseitig kultivierter und sprachenkundiger Mann, der anscheinend sogar Latein gekannt hat. Das Grabmal, das er sich erbauen ließ, war von so mächtiger Erhabenheit, daß sein Tod eher dem Einzug in eine edlere Heimstatt glich (1304).

Marco Polo nannte Täbris eine «große, glänzende Stadt»; Frater Oderic beschrieb es als «die wohlfeilste Handelsstadt der Welt. Jede Ware ist hier im Überfluß zu finden ... Die hiesigen Christen behaupten, daß die Stadt mehr Abgaben an den Herrscher bezahle als das gesamte Frankreich seinem König.» Clavijo spricht von einer «gewaltigen Stadt von großem Reichtum und einem Überfluß an Gütern» mit «vielen schönen Gebäuden, prächtigen Moscheen und den luxuriösesten Badehäusern der Welt»; die Bevölkerung schätze er auf eine Million Seelen (1404).

Uljaitu hielt sich an die fortschrittlichen Regierungsmaximen seines Bruders Gasan. Unter ihm entstand ein Teil der edelsten Architektur und Buchillumination in Persiens Geschichte. Die Laufbahn seines Kanzlers, Raschidu'd-Din Fadlu'llah, kann als Beispiel für die Blüte der damaligen Literatur, Gelehrsamkeit und allgemeinen Bildung dienen. Er wurde 1247 in Hamadan geboren, möglicherweise von jüdischen Eltern, denn seine Gegner warfen ihm seine ausgezeichnete Kenntnis des mosaischen Gesetzes vor. Abaqa diente er als Arzt, Gasan als Kanzler, Uljaitu als Verwalter der Staatskasse. In einer östlichen Vorstadt von Täbris erbaute er die geräumige Hochschule Rab'-i-Raschidi. Wir entnehmen einem von ihm geschriebenen und in der Universitätsbibliothek von Cambridge aufbewahrten Brief die nachstehende Schilderung:

«Dort haben wir 30000 entzückende Häuser, 1500 Geschäfte solider als die Pyramiden und 24 Karawansereien errichtet. Es gibt prachtvolle Badehäuser, angenehme Gärten, Vorratshäuser, Mühlen, Faktoreien zur Tuchweberei und Papierherstellung ... Wir haben Leute aus allen Städten und von allen Grenzen in besagten Rab' geholt. Darunter sind 200 Rezitatoren des Korans ... In der ,Straße der Gelehrten' haben wir 400 weiteren Gelehrten, Theologen, Rechtskundigen, *Hadith*-Kennern Heimstätten zugewiesen; für sie alle ist tägliche Bezahlung, Beköstigung, ein jährliches Kleidergeld sowie ein Taschengeld für Seife und Süßigkeiten bewilligt worden ... Wir haben weiter 1000 Studierende untergebracht ... und Anweisung für ihre tägliche Bezahlung und Beköstigung gegeben ... damit sie sich sorglos und friedlich Kenntnisse aneignen und andere davon profitieren lassen können. Auch haben wir vorgeschrieben, welche und wie viele Studenten bei jedem Lehrer lernen sollen; und nachdem wir uns vergewissert haben, für welche Wissenschaft ein Lernbegieriger geistig besonders geeignet und befähigt ist ... haben wir ihm befohlen, sich dieser Wissenschaft zu widmen ...

Fünfzig erfahrenen Ärzten, die von überallher aus Hindustan, China, Misr [Ägypten] und Scha'm [Syrien] gekommen sind, haben wir unsere besondere Aufmerksamkeit und tausenderlei Gunst geschenkt; wir haben angeordnet, daß sie unser ,Haus der Heilung' jeden Tag aufsuchen und daß jeder von ihnen zehn für die Medizin befähigte Studenten in seine Obhut nehmen und sie für diese edle Kunst ausbilden soll. Wir haben angeordnet, daß allen Optikern, Gliedereinrenkern und Chirurgen, die in ... unserem Krankenhaus arbeiten, je fünf Söhne unseres Dienstpersonals anvertraut werden, damit sie die Augenheilkunde, die Gliedereinrenkung und Chirurgie lernen. Für alle diese Leute haben wir hinter dem Spital Unterkünfte eingerichtet ... ihre Straße heißt ,Straße der Heiler'. Auch die übrigen Handwerker und Gewerbetreibenden, die wir aus verschiedenen Ländern herbeigeschafft haben, sind in Berufsgruppen in derselben Straße untergebracht.» [1]

Wir können nicht umhin, die Energie eines Mannes zu bewundern, der als aktiver Inhaber der Regierungsgewalt über die Kenntnisse und Muße verfügte, fünf Bücher über Theologie, vier über Medizin und Verwaltung und ein Monumentalwerk der Geschichte zu verfassen. Ein bewundernder Moslem versichert überdies, daß Raschidu'd-Din seiner Schriftstellerei nur die Stunden zwischen Morgengebet und Sonnenaufgang habe widmen können; immerhin dürfte es auch in Aserbeidschan sonnenlose Tage gegeben haben. Sein «Kompendium der Geschichte» – *Jami'ut-Tawarikh* –, an dem er sieben Jahre arbeitete, um es in zwei riesigen Bänden zu veröffentlichen, die in einer europäischen Sprache sieben ergeben würden, enthält ausführliche Berichte über die Mongolen von Dschingis-Khan bis Gasan, die verschiedenen Moslemstaaten und Dynastien im Osten und Westen der islamischen Welt, über Persien und Judäa vor und nach Mohammed, über China und Indien, die ganze Geschichte Buddhas und des Buddhismus und einen zu Bescheidenheit mahnenden kurzen Bericht über Tun und Denken europäischer Könige, Päpste und Philosophen. Die Kenner dieser – bisher in keine europäische Sprache übersetzten – Bände preisen sie als das gelehrteste und wertvollste Werk der gesamten persischen Prosa. Raschidu'd-Din stützte sich dabei nicht nur auf die einheimischen Archive, er ließ sich von chinesischen Gelehrten Spezialdarstellungen über China und sonstige Dokumente beschaffen, und anscheinend hat er alles – wie auch arabische, hebräische, türkische und mongolische Quellen – in der Originalsprache gelesen.

Um dieses Kompendium der Zeit und den Kriegen zum Trotz der Nachwelt zu sichern, verteilte Raschidu'd-Din Exemplare an verschiedene Bibliotheken, ließ auch eine arabische Übersetzung davon anfertigen und stellte Mittel bereit, mit denen jährlich je eine persische und arabische Abschrift hergestellt und irgendeiner mohammedanischen Stadt überreicht werden sollte. Nichtsdestoweniger ist manches davon, zusammen mit seinen sonstigen Werken, verlorengegangen; Schuld daran war möglicherweise das traurige Ende seiner Laufbahn. 1312 gab ihm Uljaitu einen Vizeschatzkanzler, Ali-Schah, bei, der nach dem Ableben Uljaitus Raschidu'd-Din beim neuen Khan, Abu Sa'id, verschiedener Verbrechen bezichtigte und diesen überzeugte, daß Uljaitu von Raschidu'd-Din und dessen Sohn Ibrahim vergiftet worden war. Der Beschuldigte wurde erst entlassen und bald darauf, siebzigjährig, zusammen mit einem seiner Söhne hingerichtet (1318). Sein Eigentum verfiel der Konfiskation, seine Stiftungen wurden aufgelöst und die Vorstadt Rab'-i-Raschidi geplündert und eingeäschert.

Zur späten Sühne dieses Unrechts ernannte Abu Sa'id einen anderen Sohn des Geschichtskompilators, Giyathu'd-Din, zu seinem Wesir, und dieser versah sein Amt klug und gerecht. Nach dem Tode Abu Sa'ids bereiteten innere Wirren der Il-Chan-Dynastie ein Ende; das Reich zerfiel in Kleinstaaten, die von Kriegen verheert und von Dichtern erhöht wurden.

II. HAFIS: 1320–1389

In Persien nämlich war jeder zweite Mann ein Verseschmied, und in der Wertschätzung der Fürsten kamen die Poeten gleich nach den Konkubinen, Schönschreibern und Generälen. Zu Hafis' Zeiten gab es eine ganze Reihe persischer Dichter, deren Namen vom Mittelmeer bis zum Ganges und vom Jemen bis Samarkand mit Achtung genannt wurden. Die Palme aber gebührte, so empfanden sie selber, unstreitig dem Schems al Dîn Muhammed, genannt Hâfiz, der nach der übereinstimmenden Meinung aller selbst den melodienreichen Sa'di übertraf. Hafis hatte gegen diese Einschätzung nichts einzuwenden, wie sein Vierzeiler beweist:

Horch, hörst du nicht vom Himmel her
Ein wunderherrlich Musizieren –
Du hörst die lieben Engelein
Hafisens Lieder einstudieren. [2]

Hafis bedeutet «Erinnerer» und war ein Titel, der jedem verliehen werden konnte, welcher, wie unser Dichter, den Koran auswendig kannte. Über seine Herkunft ist nichts bekannt, man weiß nur, daß er zu Schiras geboren wurde. Schon früh wandte er sich der Poesie zu. Sein erster Gönner war Abu Ishaq, der von Gasan Khan über Fars, den südöstlichen Landesteil Persiens, zum Schah eingesetzt worden war. Abu Ishaq war ein so großer Bewunderer der Dichtkunst, daß er darüber seine Regentenpflichten vernachlässigte. Als man ihm meldete, seine Hauptstadt Schiras werde von feindlichen Kräften bedroht, lautete seine Entgegnung, wie töricht es doch sei, einen so lieblichen Frühling zum Kriegführen zu mißbrauchen. Der feindliche Heerführer Ibn-Muzaffar, der von Poesie nichts verstand, eroberte Schiras, tötete Abu Ishaq (1352), verbot den Genuß von Wein und ließ sämtliche Tavernen der Stadt schließen, was Hafis zu den elegischen Zeilen bewegte:

Wie wohl der Wein die Herzen erfreut,
Wie wohl der Wind die Rosen verstreut,
So trink doch nicht zum Lautengetön,
Denn scharf ist der Wächter ...

In deinen Kuttenärmel hinein
Versteckest du mit Sorgfalt das Glas,
Sieh unsere Zeiten träufen von Blut,
Wie das Auge der Flasche.

Mit Tränen will ich waschen hinweg
Aus meiner Kutte Flecken des Weins.
Wir leben in der Mäßigkeit Zeit,
In Tagen der Faste. [3]

Unter Muzaffars Nachfolger, dem die Durchsetzung der Prohibition entweder zu mühsam war oder der entdeckt haben mochte, daß Weintrinker leichter zu regieren sind als Abstinente, wurde das Verbot wieder aufgehoben, und Hafis machte ihn dafür durch seine Verse unsterblich.

Daß er dem Wein so manche Zeile widmete, war ganz im Sinne der persischen Tradition; es gab Augenblicke, wo er ihn höher schätzte «als den Kuß einer Jungfrau». Aber nach Hunderten von Reimpaaren ist selbst aus der saftigsten Traube der letzte Tropfen ausgepreßt, und Hafis entdeckte bald einmal, daß die Liebe, komme sie von einer Jungfrau oder nicht, für den Dichter eine unumgängliche Notwendigkeit ist:

Weißt du, was Glück ist? Sich an Schönheit zu weiden
Und zum Hoheitsgepräng keinen König zu neiden. [4]

Süßer als jede Freiheit erschien ihm nunmehr die Sklaverei der Liebe.

O Wein und Liebe! Herrlichste der Güter,
Was wäre diese Erde ohne eure
Entzückung? Eine Wüste voller Qual.

Ich flehe auf zum Himmel: Allah, nimmer
Erlöse mich aus diesen süßen Banden,
Die sie die Sünde nennen: Wein und Liebe![5]

Er scheint seine Glut schließlich in der Ehe abgekühlt zu haben. Wenn wir seine nur zart andeutenden Verse richtig verstehen, so nahm er sich ein Weib, mit dem er mehrere Kinder zeugte, konnte sich aber offenbar auch dann noch nicht entscheiden, was besser sei, der Wein oder die Liebe. Vielleicht ist das folgende Gedicht eine Totenklage für seine Gattin:

Wie glücklich ist der Morgenwind!
Er schwingt sich auf sein Ambraroß
Und jagt zu dir und fleugt zu dir
So leicht, so rasch, wie ein Geschoß.

Mich aber hält gebändiget
Ein unerbittlich Mißgeschick,
Wiewohl mein ewig quellend Aug'
Weltmeere schon des Grams vergoß.

O pfui der Schmach, pfui über mich!
Ich lebe noch, ich atme noch,
So manche bittre Stunde schon
Mich ohne dich der Tag verdroß.[6]

Jedenfalls kam in sein Dasein eine gewisse bürgerliche Ordnung, er lebte still und zurückgezogen und reiste nur selten außer Landes. Er lasse, sagte er, seine Gedichte für ihn reisen. Er erhielt Einladungen von manchem Fürstenhof und war eine Weile nicht abgeneigt, Sultan Ahmeds Angebot anzunehmen, der ihm im königlichen Palast von Bagdad ein Heim bereiten wollte. Aber die Liebe zu seiner Vaterstadt war doch zu stark, als daß er sie hätte verlassen mögen; denn nicht einmal im Paradies konnten die Wasserflüsse lieblicher und die Rosen roter sein als in Schiras. Um seiner Bedürftigkeit etwas abzuhelfen, richtete er von Zeit zu Zeit Preisgedichte an die persischen Schattenkönige in der Hoffnung auf eine milde Gabe; denn es gab damals keine Verleger, die einen armen Poeten beim Publikum lanciert hätten, und die Kunst hatte mit gezogenem Hut in den Vorzimmern der Fürsten und Könige zu warten. Einmal wäre Hafis dennoch beinahe seiner Stadt untreu geworden. Ein indischer Schah sandte ihm nicht nur eine Einladung an seinen Hof, sondern auch das Reisegeld. Hafis machte sich auf den Weg, erreichte Hormuz am Persischen Golf und war im Begriff, sich einzuschiffen, als ein Sturm losbrach, der den zartbesaiteten Dichter erschreckte und auf das sichere Land zurückscheuchte. Er kehrte nach Schiras heim und sandte dem Schah ein Poem als Ersatz für seine Person.

Hafis' gesammelte Werke, der *Diwan*, enthalten 693 Gedichte. Es sind meistens Oden, zum Teil auch Vierzeiler, ein Rest ist nur fragmentarisch erhalten. Sie sind schwieriger zu übersetzen als selbst Dante, denn ihre vielfach verschränkten Reime lassen sich kaum wiedergeben, auch strotzen sie von dunklen Anspielungen, die den damaligen Schöngeistern Genuß bereiten mochten, heute aber schwer auf den Flügeln des Gesanges lasten.

Hafis gehörte zu den selig-unseligen Menschen, denen Kunst, Poesie, Mode und ihre eigenen halb unbewußten Bedürfnisse eine so tiefe ästhetische Empfänglichkeit eingepflanzt haben, daß sie nicht anders können, als das Schöne, wo es ihnen entgegentritt – sei es in totem Stein, in einem Bild, einer Blume oder im lebendigen Menschenfleisch –, mit Augen, Worten, Fingerspitzen zu verehren; die in schweigender Qual leiden, wenn die Schönheit vergeht, und die doch, da jeder Tag ihnen neue Lieblichkeit beschert, der Schönheit ihre Vergänglichkeit, dem Tod seine Allgewalt verzeihen. So gesellt sich in seinen Versen die Lästerung zur Anbetung, und während er den Ewigen als Urquell aller irdischen Schönheit preist, schmäht er ihn zugleich mit bitteren Worten als Verderber.

Manche seiner Bewunderer haben an ihm eine Ehrenrettung versucht, indem sie den Wein, den er besang, als geistige Ekstase deuteten, seine Tavernen als Klöster, seine Glut als das göttliche Feuer. Es entspricht den Tatsachen, daß er ein Sufi und Scheik wurde, das Gewand eines Derwischs anzog und Verse von tiefsinniger Mystik schrieb; aber seine wahren Götter waren dennoch Wein, Weib und Gesang. Mehrfach sollte er wegen seines Unglaubens vor Gericht zitiert werden; er zog sich aber aus der Sache mit der Erklärung, die ihm zur Last gelegten ketzerischen Ideen in seinen Gedichten sollten nicht seine eigene, sondern die Meinung eines Christen ausdrücken. Manchmal auch mochte ihm Gott als bloße Erfindung, an der sich menschliche Hoffnung anklammert, erscheinen.

Als er starb, waren die in seine Rechtgläubigkeit gesetzten Zweifel so stark, daß manche ihm ein religiöses Begräbnis verweigern wollten; aber seine Freunde retteten ihn vor dieser Schmach, indem sie seine Gedichte für Allegorien ausgaben. Eine spätere Generation bettete seine Gebeine in einem Garten – der Hafiziyya – zur Ruhe, worin lauter rote Rosen von Schiras blühten; und die Voraussage des Dichters, daß sein Grab «eine Pilgerstätte für alle freiheitsliebenden Menschen der Welt» sein würde, erfüllte sich. Der alabasterne Grabstein trug als Inschrift ein Gedicht des Meisters, aus dem endlich tiefe Gottessehnsucht sprach:

Wann soll Deiner Liebe Botschaft
  dem beglückten Herzen werden,
Daß der Paradiesesvogel
  sich entschwingt dem Netz der Erden?

Herr! bei meiner Liebe schwör ich's:
  darf in Deinem Dienst ich leben,
Will ich freudig mich der Herrschaft
  über Raum und Zeit begeben.

Laß durch Deine Segenswolke,
  Herr, mich rechte Führung finden,
Eh ich wieder als ein Stäubchen
  muß der Staubeswelt entschwinden.

Kommst Du, Herz, zu meinem Grabe,
  komm nicht ohne Wein und Sänger,
Ruft Dein Dufthauch mich zum Tanze,
  bleib ich in der Gruft nicht länger.

Und noch einmal schließ mich Alten,
  Nachts herzinnig in die Arme,
Daß, vergnügt im selgen Kosen,
  ich zum jüngsten Tag erwarme!

Auf! noch einmal zeig mir Deinen
schlanken Wuchs mit Huldgebärde,
Daß verzückten Herzens Hafis
scheidet von der Lust der Erde. [7]

III. TIMUR: 1336–1405

Von den Tataren hören wir erstmals als von einem in Zentralasien beheimateten Nomadenvolk, das gemeinsam mit den benachbarten und blutsverwandten Mongolen seine Raubzüge bis nach Europa ausdehnte. Ein chinesischer Schriftsteller des dreizehnten Jahrhunderts schildert sie – ähnlich wie ein Jahrtausend früher Jordanes die Hunnen – als für Fremde abstoßend häßlich, des Lesens und Schreibens unkundig, kriegserfahren, den Pfeil zielsicher aus dem Sattel verschießend und sich durch emsige Vielweiberei vermehrend. Bei Trecks wie im Felde führten sie Kind und Kegel mit: Weiber, Kinder, Kamele, Pferde, Schafe und Hunde. Wenn sie nicht gerade im Kampf standen, ließen sie ihre Herden grasen, ernährten sich von deren Milch und Fleisch und bekleideten sich mit deren Häuten. Bei reichlichem Proviantanfall stopften sie sich voll, vermochten aber andererseits Hunger und Durst, Hitze und Kälte «gleichgültiger zu ertragen als jedes andere Volk der Welt». Mit Pfeilen, deren Spitzen oft in brennendes Petroleum getaucht wurden, Kanonen und allem sonstigen mittelalterlichem Belagerungsgerät ausgerüstet, waren sie das gegebene Werkzeug eines Mannes, der schon an der Mutterbrust von einem Imperium träumte.

Bei seinem Tod (1227) teilte Dschingis-Khan sein Reich unter seine vier Söhne auf. Jagatai erhielt das Gebiet um Samarkand; sein Name übertrug sich auf alle von ihm beherrschten Mongolen- und Tatarenstämme. Timur (das heißt Eisen) wurde als der Sohn des Häuptlings einer dieser Stämme in Kesch in Transoxanien geboren. Nach Clavijo bereitete sich diese neue «Gottesgeißel» schon frühzeitig auf ihre künftige Laufbahn vor und stahl als Führer einer jugendlichen Räuberbande Vieh und Schafe aus benachbarten Herden. Bei einem dieser Raubzüge verlor Timur den dritten und vierten Finger der rechten Hand, bei einem anderen wurde seine Ferse so verletzt, daß er sein ganzes Leben hinkte. Seine Feinde nannten ihn Timur-i-Lang, Timur den Lahmen, was unachtsame Abendländer zu Tamburlan, Tamerlan oder Timurlenk verstümmelt haben. Er fand die Zeit, sich eine beschränkte Bildung zu erwerben, las Poesie und vermochte zwischen echter und angeblicher Kunst zu unterscheiden. Als er eben sechzehn geworden war, überließ ihm der Vater die Führung des Stammes und zog sich von der Welt, diesem, wie er sagte, «mit Schlangen und Skorpionen angefüllten goldenen Gefäß»*, in ein Kloster zurück. Dem Sohne empfahl er, wie wir weiter erfahren, der Religion ein getreuer Schutzherr zu bleiben, und Timur ging in der Befolgung dieses Rates so weit, daß er Menschen als Baumaterial für Minarette verwendete.

---

* Dieser Ausspruch ist den Erinnerungen Timurs entnommen, die vermutlich in seinen letzten Jahren diktiert wurden, aber von zweifelhaftem dokumentarischem Wert sind.

1361 wurde Choja Ilias vom Groß-Khan der Mongolei zum Gouverneur Transoxaniens und Timur zu einem von dessen Beratern ernannt. Der energiegeladene Jüngling war aber noch nicht zum Staatsmann herangereift und verwickelte sich in so heftige Streitigkeiten mit seinen Kollegen, daß er von Samarkand in die Wüste fliehen mußte. Dort umgab er sich mit anderen streitlustigen Jugendlichen und vereinigte seine Bande mit der seines Bruders Amir Husein, der sich in ähnlichen Nöten befand. Von einem Versteck zum anderen wandernd, stählten Gefahr, Heimatlosigkeit und Armut die Brüder an Leib und Seele, bis sie zur Unterdrückung eines Aufstands in Sistan verwendet wurden, woraufhin sich ihre Lage etwas besserte. Herangereift, überzogen sie Choja mit Krieg, erschlugen ihn und beherrschten von Samarkand aus sämtliche Jagataistämme (1365). Fünf Jahre später wurde Amir Husein unter Mitwisserschaft Timurs ermordet, und dieser gelangte zur Alleinherrschaft.

«769 [1367]», heißt es in seiner wenig vertrauenswürdigen Selbstbiographie, «ging ich in mein dreiunddreißigstes Lebensjahr, und da ich ein ruheloses Temperament hatte, neigte ich sehr zu Einfällen in benachbarte Länder.» Von Samarkand, wo er überwinterte, brach er fast jedes Frühjahr zu einem neuen Feldzug auf, lehrte die Stämme und Städte Transoxaniens sich willig seiner Herrschaft beugen, eroberte Churasan und Sistan, unterwarf die reichen Städte Herat und Kabul und entmutigte mit schrecklichen Strafgerichten jeden Versuch von Widerstand und Empörung. Als sich die Stadt Sabsawar erst nach einer langwierigen Belagerung ergab, ließ er zweitausend Männer ergreifen, «stellte sie lebendig aufeinander, mauerte sie mit Lehm und Ziegeln zusammen und schuf so ein Minarett, damit sich die Menschen, unterrichtet über die Gewalt seines Zorns, nicht vom Teufel des Hochmuts verführen lassen», meldet ein zeitgenössischer Lobredner. Die Stadt Sirih versäumte es, die nötige Lehre daraus zu ziehen, und wehrte sich; die Köpfe ihrer Einwohner dienten als Baumaterial für weitere Minarette. Timur überrannte Aserbeidschan, nahm Luristan und Täbris und verschleppte die dort ansässigen Künstler nach Samarkand. 1387 ergab sich Isfahan; doch kaum war Timur abgezogen, als sich die Bevölkerung erhob und die tatarische Besatzung niedermachte. Timur erschien neuerdings mit großer Heeresmacht, erstürmte die Stadt und befahl seinen Kriegern, Mann für Mann den Kopf eines Persers abzuliefern. Siebzigtausend Köpfe wurden daraufhin – so erzählt die Chronik – auf den Wällen aufgepflanzt oder zur Verschönerung der Straßen in Türmen eingemauert. Einigermaßen versöhnt, ermäßigte Timur die dem Gouverneur zu entrichtenden Steuern. Das übrige Persien fügte sich ohne vernehmliches Murren in die verlangten Tribute.

Nach einer Überlieferung, die zu schön klingt, als daß sie vertrauenswürdig wäre, ließ sich Timur 1387 nach der Einnahme der Stadt Schiras deren berühmtesten Mann vorführen und hielt ihm wütend jene Verse vor, darin sich dieser anheischig machte, für das Muttermal auf einer holden Wange ganz Buchara und Samarkand hinzugeben. «Ich habe», so soll sich der Gewaltherrscher beschwert haben, «mit meinem scharfen Schwert den größten Teil der bewohnbaren Erde unterworfen ... um meine Hauptstädte Buchara und Samarkand zu verschönern, und du, elender Kerl, würdest sie beide für das häßliche Muttermal einer Türkin von Schiras verkaufen!» Hafis, so wird berichtet, verneigte sich tief und antwortete: «Mein Fürst, diese Verschwendungssucht ist leider die Ursache der Nöte, in denen du mich jetzt siehst.» Timur war von dieser Antwort so erheitert, daß er den Dichter nicht nur verschonte, sondern mit einem ansehnlichen Geschenk entließ. Leider wird diese hübsche Episode von keinem frühen Biographen Timurs erwähnt.

Während Timur im fernen Süden weilte, hielt der Khan der Goldenen Horde, Tuqatmisch, die Gelegenheit für günstig, fiel in Transoxanien ein und plünderte sogar das malerische Buchara, das Hafis für ein halbes Muttermal hingegeben hätte. Timur marschierte auf die Nachricht hin tausend Meilen nach Norden (man beachte die Verpflegungsprobleme eines solchen Marsches) und trieb Tuqatmisch zur Wolga zurück. Nach Süden und Westen einschwenkend, überzog er Georgien, Armenien und Mesopotamien mit Krieg, vernichtete unterwegs die sektiererischen Sayyiden, die er «irregeführte Anhänger der Gütergemeinschaft» nannte, und besetzte auf den Wunsch ihrer Einwohner, die der Grausamkeit ihres Sultans Ahmed ibn-Uways überdrüssig waren, auch die Stadt Bagdad. Er fand die alte Metropole in schlechtem baulichen Zustand vor, befahl ihren Wiederaufbau und bereicherte nebenbei seinen Harem mit einigen ausgewählten Frauen und seinen Hof mit einem berühmten Musiker (1393). Ahmed fand beim Osmanensultan Bajesid I. in Brussa Asyl; Timur verlangte die Auslieferung Ahmeds, Bajesid lehnte sie, als gegen die Regeln der türkischen Gastfreundschaft verstoßend, ab.

Timur wäre wohl sofort nach Brussa marschiert, aber mittlerweile war Tuqatmisch neuerdings in Transoxanien eingefallen. Wutschnaubend durchbrauste der Tatar das heutige Südrußland und plünderte die Hauptstädte der Goldenen Horde Saraj und Astrachan, während sich Tuqatmisch zitternd in den Sümpfen verbarg. Timur führte seine Reiterscharen, ohne auf Widerstand zu stoßen, von der Wolga westwärts bis über den Don, vermutlich in der Absicht, Rußland zu überrennen. In den gefährdeten Provinzen stiegen heiße Gebete zum Himmel; in Moskau trug man die Muttergottes von Wladimir durch die Reihen der Knienden, die sie beschworen: «Heilige Mutter Maria, rette Mütterchen Rußland!» Die öde Steppe erwies sich als Helfer in der Not; da Timur wenig zu plündern fand, zog er mit seinen müden, ausgehungerten Horden über den Don nach Samarkand zurück (1395/96).

Alle Berichte aus Indien meldeten Reichtümer, groß genug, um damit hundert russische Reiche zu kaufen. Unter dem Vorwand, daß die mohammedanischen Regenten Nordindiens die götzendienerischen Hindus zu glimpflich behandelten und diese sämtlich zum Islam bekehrt werden müßten, brach der dreiundsechzigjährige Timur an der Spitze von 92000 Mann zu einem neuen Feldzug auf (1398). Bei Delhi traf er auf das Heer Sultan Mahmuds, schlug es, massakrierte 100000 (?) Gefangene, plünderte die Hauptstadt und raubte so viel von Indiens märchenhaften Reichtümern, als Krieger und Rosse zu schleppen vermochten.

Doch hatte er darüber Ahmed und Bajesid keineswegs vergessen, und so galt sein nächster Kriegszug ihnen (1399). Über Persien marschierte er nach Aserbeidschan, setzte seinen nichtsnutzigen Sohn, der dort als Gouverneur amtete, ab, knüpfte die

Räte und Poeten an den Galgen, die den Jüngling zu seinen Ausschweifungen verführt hatten, und verwüstete Georgien von neuem. In Anatolien eindringend, belagerte er Siwas, nach dessen Fall er, von dem langen Widerstand gereizt, 4000 christliche Söldner lebendig begraben ließ – ein vermutlich in das Gebiet der Kriegspropaganda gehörendes Greuelmärchen. Zur Sicherung seiner Flanke während des Feldzugs gegen die Osmanen schickte Timur einen Unterhändler zum Sultan al-Malik von Ägypten mit dem Angebot beidseitiger Neutralität; der Sultan kerkerte den Boten ein und schickte einen Meuchelmörder zur Ermordung des Tataren. Der Versuch mißlang. Nach der Eroberung Aleppos, Hims', Baalbeks und Damaskus' marschierte der Tatar abermals nach Bagdad, das seine Bevollmächtigten vertrieben hatte. Die Einnahme der Stadt gestaltete sich sehr kostspielig, und wieder einmal hatte jeder von Timurs 20 000 Mann den Kopf eines Einwohners abzuliefern. Der Befehl wurde ausgeführt – so berichtet zumindest die Überlieferung; Reiche und Arme, Männer und Frauen, Alte und Junge entrichteten diese Kopfsteuer; ihre Schädel schichtete man vor den Stadttoren zu gräßlichen Pyramiden auf (1401). Die mohammedanischen Moscheen und Klöster blieben verschont, alles übrige wurde so gründlich geplündert und zerstört, daß die einstmals so prächtige Metropole erst in unserer Zeit – dank des Erdöls – zu neuer Blüte gelangte.

Nunmehr übermittelte Timur, der sich jetzt rechts und links einigermaßen gesichert fühlte, dem Osmanensultan Bajesid eine letzte Aufforderung zur Unterwerfung. Doch der nach seinem Sieg bei Nikopolis (1396) allzu zuversichtliche Türke antwortete, er werde die Tataren vernichten und Timurs Hauptfrau zu seiner Sklavin machen. Bei Ankara trafen die zwei größten Heerführer ihrer Zeit aufeinander (1402). Timurs Strategie zwang die Türken, sich unmittelbar nach einem langen Marsch in ermüdetem Zustand zu schlagen. Sie unterlagen, Bajesid geriet in Gefangenschaft, Konstantinopel jubelte, die Christenheit blieb dank der Tataren ein halbes Jahrhundert von den Türken verschont. Timur marschierte weiter in Richtung Europa, brannte Brussa nieder und entführte dessen silberne Tore und byzantinische Bibliothek nach Hause. Bis zum Mittelmeer vordringend, entriß er den Rhodesischen Johannitern Smyrna, metzelte die Einwohner nieder und lagerte bei Ephesos. Wieder erbebte die Christenheit. Genua, immer noch im Besitze von Chios, Phokaia und Mitylene, entrichtete demütig Tribut. Ägyptens Sultan gab dem Gesandten Timurs die Freiheit zurück und reihte sich in die illustre Phalanx der Timurschen Vasallen ein. Timurs Herrschaftsbereich erstreckte sich jetzt von Zentralasien bis zum Nil, vom Bosporus bis Indien, und so kehrte der siegreiche Eroberer als der mächtigste Monarch seiner Zeit nach Samarkand zurück. Frankreich entsandte einen Bischof mit Geschenken, Heinrich IV. von England entbot Glückwünsche, und Heinrich III. von Kastilien schickte die berühmte Gesandtschaft unter Ruy González de Clavijo nach Samarkand.

Clavijos ausführlichen Memoiren über diese Reise verdanken wir zur Hauptsache unsere Kenntnisse von Timurs Hofhaltung. Der Spanier stach am 22. Mai 1403 in Cadiz in See und reiste über Konstantinopel, Trapezunt, Erzerum, Täbris, Teheran (zum erstenmal im europäischen Schrifttum erwähnt), Nischapur und Maschad nach Samarkand, wo er am 31. August 1404 eintraf. Nachdem er nicht ohne Grund geglaubt hatte, eine Horde scheußlicher Menschenschlächter anzutreffen, fand er zu seinem Erstaunen eine große, blühende Hauptstadt mit prächtigen Moscheen und Palästen, einem prunkvollen Hof, einer Oberschicht mit kultivierten Umgangsformen und einer Schar von Dichtern und Künstlern, die Timur als ihren Schutzherrn priesen. Die damals über zweitausend Jahre alte Stadt zählte nach der Schätzung des Spaniers rund 150000 Einwohner und erschien ihm, ohne die ausgedehnten Vorstädte, «als etwas größer denn Sevilla»; er rühmte ihre noblen und prachtvollen Häuser und die vielen zwischen Bäumen gebetteten Paläste. Vom nahen Fluß führte eine Wasserleitung in die Häuser; Kanäle bewässerten das Hinterland mit seinen duftenden Obst- und Rebgärten, weidenden Herden und reichen Ernten. In Samarkand selbst gab es ausgedehnte Werkstätten für die Herstellung von Geschützen, Rüstungen, Bögen, Pfeilen, Glas, Porzellan, Ziegeln und Geweben von unübertroffener Farbenpracht, darunter das berühmte Karminrot, *kirimze* genannt. Tataren, Türken, Araber, Perser, Mesopotamier, Afghanen, Georgier, Griechen, Armenier arbeiteten einträchtig Seite an Seite in Werkstätten und Feldern, wohnten nebeneinander in den Ziegel-, Lehm- und Holzhäusern und lustwandelten genießerisch am Flußufer; sie alle lebten nebst Katholiken, Nestorianern, Hindus unbehindert nach ihrem Kult und verkündeten ihre sich widersprechenden Doktrinen. Bäume, Geschäfte, Moscheen, Schulen, Bibliotheken und sogar eine Sternwarte säumten die wichtigsten Straßen, und eine schnurgerade Allee durchschnitt die Stadt von einem Ende zum anderen; ihre wichtigste Partie war mit Glas überdacht.

Am 8. September wurde Clavijo von dem Tatarenkaiser empfangen. Der Weg führte durch einen großen Park mit gobelingeschmückten Pavillons und vielen seidenen Zelten, der Lieblingsbehausung der Tataren; Timurs Zelt besaß einen Umfang von hundert Metern. Es gab aber auch Paläste mit ziegel- oder marmorbelegten Fußböden und kostbarem, mit Edelsteinen eingelegtem Mobiliar, darunter sogar Stücke aus massivem Gold oder Silber. Im Portal eines solchen Palastes saß Timur mit untergeschlagenen Beinen auf schwellenden seidenen Kissen; ihm gegenüber warf eine Fontäne ihre Wassersäule in ein Becken mit lustig auf- und niedertanzenden Äpfeln. Der Herrscher trug ein seidenes Gewand und einen hohen, mit Rubinen und Perlen besetzten Turban. Die ehemals so hoch gewachsene, von Lebenskraft strotzende Gestalt des jetzt Achtundsechzigjährigen war gebeugt, von Krankheit gezeichnet, die Lider über den einstmals so scharfen Augen mochten sich kaum zur Betrachtung des fremden Gesandten heben.

Timur hatte sich so viel Bildung erworben, als einem Tatmenschen möglich ist; er befaßte sich mit Geschichte, sammelte Kunst und Künstler, unterstützte Gelehrte und Dichter und entwickelte, wenn er wollte, sogar Courtoisie. Seinen von keinem Zeitgenossen übertroffenen Fähigkeiten stand seine Eitelkeit ebenbürtig zur Seite. Im Gegensatz zu Caesar hielt er Grausamkeit für ein unerläßliches Mittel der Kriegskunst; sofern wir aber seinen Opfern Glauben schenken, hat er die Trennungslinie zwischen strategischer Notwendigkeit und Rachedurst nicht scharf gezogen. Auch auf dem Gebiet der reinen Verwaltung ging er mit dem Tod großzügig um – so etwa im Fall eines Bürgermeisters, der eine Stadt tyrannisierte, oder dem eines Metzgers, der sein Fleisch zu teuer verkaufte. Er begründete diese Strenge mit der Schwierigkeit, einem Volk ohne Rechtserfahrung Gesetzesfurcht beizubringen, und sah in den Massenabschlachtungen ein Mittel, unruhige Stämme zu zwingen, sich in einen mächtigen, die allgemeine Sicherheit verbürgenden Staat einzuordnen. Wie alle Eroberer liebte er jedoch die Macht um ihrer selbst willen und die Kriegsbeute wegen des Glanzes, der sich damit entfalten ließ.

1405 brach er zu einem neuen Kriegszug auf, um China und die Mongolei seinem Reich hinzuzufügen, das in seinen Träumen bereits vom Chinesischen Meer bis zum Mittelmeer reichte. Sein Heer zählte 200 000 Mann; aber in Otrar an der Nordgrenze seines Reichs ereilte ihn der Tod. Nach seinen letzten Befehlen sollte der Vormarsch fortgesetzt werden, und eine Zeitlang führte sein gesattelter, aber reiterloser Schimmel die ungeheure Horde als Schrittmacher an. Aber bald verflog ihre Begeisterung; die Soldaten wußten, daß Geist und Wille des Verstorbenen den halben Sieg bedeutet hatten, und kehrten trauernd und erleichtert in die heimischen Zelte zurück. Seine Söhne errichteten ihm in Samarkand ein gewaltiges Grabmal – Gur-i-Mir oder Mausoleum des Emirs –, einen von einer massiven Zwiebelkuppel gekrönten Turm mit einer wunderschönen, türkisblauen Glasurziegelfassade.

Das Imperium zerbrach mit seinem Gehirn. Die westlichen Provinzen sagten sich fast augenblicklich los, so daß sich die Nachkommen mit dem Mittleren Osten begnügen mußten. Der Klügste der Timuriden, Schah Rukh, übergab seinem Sohne Ulug die Regierung über Transoxanien mit Samarkand als Hauptstadt, während er selbst von Herat aus Churasan regierte. Die beiden Städte entwickelten sich unter diesen weisen Herrschern zu rivalisierenden Mittelpunkten einer blühenden Tatarenkultur, die es mit jeder zeitgenössischen europäischen Kultur aufnehmen konnte (1405–1449). Schah Rukh, trotz seiner Feldherrenbegabung ein friedliebender Mann, förderte Literatur und Kunst und gründete die berühmte Bibliothek von Herat. «Herat», schrieb ein Nachkomme Timurs, «ist der Garten der Welt.» Ulug Beg, dem die Naturwissenschaften am Herzen lagen, errichtete in Samarkand die größte Sternwarte jenes Zeitalters. Einem floskelreichen mohammedanischen Biographen entnehmen wir nachstehende Persönlichkeitsskizze:

«Er war gelehrt, gerecht, energisch, eine zwingende Persönlichkeit, sehr bewandert in Astronomie; in der Rhetorik verstand er Haare zu spalten. Unter seiner Regierung erreichten die Gelehrten ihren höchsten Stand ... In der Geometrie entwickelte er Feinheiten, und in Fragen der Kosmographie zitierte er Ptolemaios' *Almagest* ... Bis jetzt hat kein Herrscher wie er auf einem Thron gesessen. Zusammen mit den prominentesten Gelehrten zeichnete er Himmelsbeobachtungen auf ... In Samarkand errichtete er eine Hochschule von solcher Schönheit und so hohem Rang und Wert, wie sie in den sieben Weltgegenden nicht wieder zu finden ist.»[8]

Ein illegitimer Sohn ermordete diesen Caesar der Mäzene (1449); in Herat hingegen erhielt sich unter den Timuriden Abu Sa'id und Husein ibn-Baiqara diese hohe Mongolenkultur bis zum Ende des fünfzehnten Jahrhunderts. 1501 eroberte ein mongolischer Stamm, die Uzbeken, Samarkand und Buchara; 1510 nahm Schah Ismail aus der neuen Dynastie der Safawiden Herat. Der letzte Timuride, Babur, floh nach Indien und gründete dort die Mogul- (Mongolen-) Dynastie, unter der sich das mohammedanische Delhi zu einer ebenso glänzenden Hauptstadt entwickelte wie das Rom der Medici.

IV. DIE MAMELUKEN: 1340–1517

Während sich der Islam in Asien wiederholten Invasionen und Revolutionen ausgesetzt sah, beuteten die Mamelukensultane Ägypten relativ ungestört aus (1250–1517). Der Schwarze Tod beeinträchtigte eine Zeitlang die Wirtschaft; doch hinderten solche Heimsuchungen die Mameluken nicht, gute Verwaltungsmethoden und künstlerische Interessen mit Korruption und Scheußlichkeiten zu verbinden. Mit dem Sultan Malik al-Nasir Barquq der Burji-Mameluken gelangte jedoch 1381 eine Dynastie auf den Thron, deren Regierungszeit durch Verschwendungssucht, Intrigen, Gewalttat und soziale Zersetzung gekennzeichnet war. Die Münzen enthielten noch weniger Edelmetall als üblich, Lebensnotwendigkeiten wurden besteuert, die Staatsmonopole für Zucker und Pfeffer mißbraucht und der Europa–Indien-Handel in Alexandrien mit so hohen Durchgangszöllen belegt, daß Europas Kaufleute nach einer Indienroute rund um Afrika Ausschau zu halten begannen. Nach Vasco da Gamas erfolgreicher Umschiffung des Kaps der Guten Hoffnung (1498) ging binnen eines Menschenalters Ägyptens Anteil am Handel zwischen Ost und West auf einen Bruchteil zurück, eine Wirtschaftskatastrophe, die solches Elend verursachte, daß das Land dem Osmanensultan Selim I. nur geringen Widerstand leistete, als dieser die Mameluken stürzte und Ägypten dem Osmanenreich einverleibte.

Zwei Jahrhunderte, von 1258 bis 1453, behauptete sich Kairo als größte, reichste und schönste Stadt im Bereich des Islam. Ibn-Batuta hat sie 1326 mit glühenden Worten geschildert; und Ibn-Chaldun, der sich 1383 dort aufhielt, beschrieb sie als «die Metropole des Universums, den Garten der Welt, den Ameisenhaufen der Gattung Mensch, den Thron der Majestät; eine Stadt von Schlössern und Palästen, Klöstern und Stiften und hohen Lehranstalten, deren Gelehrte wie Sterne leuchten; ein Paradies, das der Nil so überreich bewässert, daß die Erde ihre Früchte dem Menschen wie Geschenke und Grüße beut» – worüber die schwerarbeitenden Fellachen anderer Ansicht gewesen sein dürften.

Die ägyptischen Moscheen dieser Epoche bildeten eher das Spiegelbild der Härte der Regierungsgewalt als der leuchtenden Farben des Himmels. Hier gab es keine *ivans* oder Portale aus glasierten Ziegeln und farbigen Kacheln wie im muselmanischen Asien, sondern dicke Steinmauern, die der Moschee mehr den Charakter einer Festung als einer Stätte des Gebetes verliehen. Die Moschee Sultan Hassans (1356–1363) galt als das Wunderwerk der Zeit und ist das größte Monument mamelukischen Kunstschaffens geblieben. Nach dem Chronisten al-Maqrizi «übertraf sie alle Moscheen, die je gebaut wurden» – aber vielleicht trübte Lokalpatriotismus sein Urteil. Eine nicht gewährleistete Überlieferung erzählt, daß der Sultan berühmte Baumeister aus vielen Ländern kommen ließ, sie nach dem höchsten Bauwerk der Welt befragte und ihnen befahl, ein noch höheres zu bauen. Man nannte ihm den Palast Chosraus I. in Ktesiphon, dessen letzter noch vorhandener Bogen sich 32 Meter über den Erdboden erhob. Daraufhin wurden die Quadersteine zerbröckelnder Pyramiden zusammengetragen, zu einer 30 Meter hohen Mauer gefügt, diese mit einem 4 Meter hohen Sims überhöht und eine Ecke mit einem 100 Meter hohen Minarett gekrönt. Das westliche Auge ist von der düsteren Majestät dieses Bauwerks beeindruckt, doch kaum erquickt; die Ägypter empfanden jedoch solchen Stolz, daß sie die Sage erfanden oder entlehnten, der Sultan habe dem Baumeister die rechte Hand abschlagen lassen, um ihm den Entwurf eines ähnlichen Kunstwerks unmöglich zu machen – als liege das Genie eines Architekten in seiner Hand. Die von den Mamelukensultanen vor Kairos Mauern zur Aufnahme ihrer einbalsamierten Leichname errichteten Begräbnismoscheen wirken trotz ihres düsteren Zwecks freundlicher. In dem prächtigsten dieser Grabmäler ruht in stummer Majestät Sultan Barquq al-Zahir, der seine Laufbahn als Tscherkessensklave begann.

Größter Bauherr von allen Burji-Mameluken war Qa'it Bey. Obschon mit den vordringenden Osmanen im Kriege liegend, brachte er die Mittel für kostspielige Bauwerke in Mekka, Medina und Jerusalem auf; in Kairo erbaute er eine wegen ihrer Steinmetzarbeit berühmte Karawanserei und eine ebenso reiche Moschee und renovierte die Burg Saladins und die Moschee der Hochschule el-Azhar. Zur Aufnahme seines Leichnams erbaute er eine teils aus Granit, teils aus Marmor bestehende Gedächtnismoschee, die mit ihren herrlichen Ornamenten, ihrem luftig gegliederten Minarett und ihrer geometrisch gefügten Kuppel einen – wenn auch nicht gerade den größten – Triumph der muselmanischen Baukunst darstellt.

Auch das Kunstgewerbe erlebte unter den Mameluken eine Blütezeit. Holz-, Bein- und Elfenbeinschnitzer fertigten mit großer Geschicklichkeit, auserlesenem Geschmack und unermüdlichem Fleiß tausenderlei hübsche Gegenstände vom Schreibutensil bis zum Kanzelpult an; als Beweis dafür diene die im Victoria- und Albert-Museum befindliche Kanzel, die aus der von Qa'it Bey vor Kairos Mauern errichteten Moschee stammt. Silber- und Goldintarsien erreichten in diesen blutdürstigen Jahrhunderten eine nie gekannte Vollendung, während die ägyptischen Töpfer, denen die Welt seit unausdenklichen Jahrtausenden ebenso viele Neuerungen verdankte, ihr jetzt das farbige Schmelzglas schenkten, womit sie Moscheenampeln, Trinkgefäße und Vasen mit figürlichen und abstrakten, manchmal von Goldadern durchzogenen Ornamenten schmückten. Auf diese und mancherlei andere Weise gestalteten die muselmanischen Kunsthandwerker eine Schönheit, die die Grausamkeit ihrer Könige überdauerte.

V. DIE OSMANEN: 1288–1517

Wo die in Vergessenheit geratene Urgeschichte aufhört, beginnt die Geschichte. Niemand weiß, wo die «Türken» zuerst auftraten; manche halten sie für einen finnisch-ugrischen Stamm der Hunnen und leiten ihren Namen von dem in einem türkischen Dialekt gebräuchlichen Wort *durko* – Helm – ab. Ihre verschiedenen Mundarten entlehnten ihren Wortschatz aus dem Mongolischen und Chinesischen mit späteren Ergänzungen aus dem Persischen und Arabischen; diese «türkischen» Dialekte geben die einzige Möglichkeit, den Sprecher als Türken zu erkennen. Eine dieser Horden nannte sich nach ihrem Führer Seldschuk und wuchs von Sieg zu Sieg, bis ihre an Kopfzahl stark vermehrten Nachfahren im dreizehnten Jahrhundert über Persien, Mesopotamien, Syrien und Kleinasien herrschten; im selben Jahrhundert floh ein ihnen verwandter, von Ortoghrul geführter Stamm vor dem Mongolensturm aus Churasan und fand beim Seldschuken-Emir von Ikonium in Anatolien Aufnahme; für Kriegsdienste, die der Stamm ihm leistete, überließ er ihm Weidegründe für sein Vieh.

Nach Ortoghruls Tod (1288) wählte man seinen damals dreißigjährigen Sohn Othman oder Osman zum Führer; auf ihn geht die Bezeichnung Osmanen zurück. Sie selber nannten sich vor dem neunzehnten Jahrhundert niemals Türken; diesen Namen gaben sie den halbzivilisierten Völkern in Turkestan und Churasan. In der Erkenntnis, daß die Kraft der Seldschuken nicht ausreichte, ihn daran zu hindern, grundete Osman 1290 im nordwestlichen Kleinasien ein unabhängiges Emirat und schob 1299 sein Hauptquartier nach dem weiter westlich gelegenen Yeni-Scheir vor. Ohne ein großer Feldherr zu sein, war er hartnäckig und geduldig; sein zahlenmäßig zwar kleines Kriegsvolk war mehr im Sattel als auf der Erde zu Hause und jederzeit bereit, für Land, Gold, Weiber und Macht Bequemlichkeit und Glieder zu opfern. Als fernes Ziel winkte das Marmarameer; der Weg dahin führte über verschlafene Städte, die als byzantinische Dominien ebenso schlecht regiert wie verteidigt waren. Eine dieser Städte, Brussa, wurde von Osman berannt; ein anfänglicher Mißerfolg schreckte ihn nicht, wieder und wieder versuchte er die Eroberung, bis sich die Stadt seinem Sohne Urchan ergab, während er selbst in Yeni-Scheir im Sterben lag (1326).

Urchan erhob Brussa – diese durch des Vaters Gebeine geheiligte Stätte – zur neuen Hauptstadt der Osmanen. «Die Vorsehung» – das heißt Begehrlichkeit plus Macht – zog ihn unwiderstehlich zum Mittelmeer, in den uralten Bannkreis des Handels und Wandels, des Reichtums und der Kultur. Im gleichen Jahr wie Brussa eroberte er auch Nikomedien, das er in Izmid umtaufte; 1330 machte er aus Nikaia Iznik und 1336 aus Pergamon Bergama. Von uralter Geschichte durchtränkt, waren alle diese Städte Mittelpunkte des Gewerbefleißes und Handels, hinsichtlich ihrer Lebensmittelversorgung und des Absatzes ihrer Erzeugnisse aber von dem bereits in osmanischen Händen befindlichen flachen Lande abhängig; sie mußten sich mit diesem Hinterland vertragen oder sterben. Die Aussicht auf einen Wechsel der Herrschaft schreckte sie nicht allzusehr: Die byzantinischen Gouverneure hatten sie von jeher ausgebeutet und waren wenig tolerant gewesen, und von Urchan sagte man, daß er mäßig besteuere und freie Religionsausübung zulasse – ein wichtiger Punkt für christliche Sekten wie Nestorianer und Monophysiten. Binnen kurzem bekehrte sich ein großer Teil der eroberten Gebiete zum Islam; so entscheidet der Krieg über religiöse Probleme, vor denen die Vernunft in zögernder Ohnmacht die Segel streicht. Urchan legte sich nach solcher Erweiterung seines Reiches den Titel eines Sultans der Osmanen zu. Die byzantinischen Kaiser schlossen mit ihm Frieden, entliehen sich seine Janitscharen und gestatteten seinem Sohn Suleiman, auf europäischem Boden osmanische Stützpunkte zu errichten. Urchan starb 1359, einundsiebzig Jahre alt, eine in seinem Volk unvergessene Gestalt.

Es fällt schwer, in der Geschichte eine zweite Dynastie zu finden, die so wie die Osmanen kriegerische Eigenschaften, Regierungskunst, barbarische Grausamkeit und eine kultivierte Pflege der Literatur, Wissenschaft und Kunst vereinigte. Murad I. (Amurath) nimmt von allen Osmanen am wenigsten für sich ein. Des Schreibens unkundig, unterzeichnete er in der Manier weniger prominenter Massenmörder seine Dokumente mit einem Fingerabdruck. Seinem Sohn Saondji, der das Verbrechen beging, eine Rebellion ungeschickt einzufädeln, stach er erst die Augen aus, dann schlug er ihm den Kopf ab; und die Väter der übrigen Mitverschworenen zwang er, ihre Söhne gleichfalls eigenhändig zu enthaupten. Sein Heer schmiedete er zu einer beinahe unbezwinglichen Waffe, eroberte fast den ganzen Balkan und erleichterte den dortigen Staaten die Fremdherrschaft durch bessere Verwaltungsmethoden, als sie sie unter den früheren christlichen Potentaten gekannt hatten.

Bajesid I., der die Krone des Vaters auf dem Amselfeld erbte, ließ nach errungenem Sieg seinen Bruder Yakub, der sich den Tag über wacker geschlagen hatte, enthaupten (1389). Von da an gehörte der Brudermord zur Begleiterscheinung jedes Thronwechsels im Geschlechte der Osmanen – bedeutete doch jede Auflehnung eine Gefahr für den Herrscher, der er am besten durch schnelle Beseitigung jedes potentiellen Thronprätendenten begegnete. Den Zunamen Yilderim – Donnerkeil – erwarb sich Bajesid dank der Schnelligkeit seiner Märsche; er war aber kein so guter Staatsmann wie sein Vater und verschwendete einen Teil seiner ungeheuren Energie in erotischen Abenteuern. Stephan Lazarewitsch, der tributpflichtige Beherrscher Serbiens, steuerte eine Schwester, Despoina, zu Bajesids Harem bei, die seine Lieblingsfrau wurde und ihn zum Wein und zu schwelgerischen Gelagen verführte, womit sie vielleicht unbewußt seine Manneskraft untergrub. Sein Stolz blühte, bis er fiel. Als er nach dem Siege über Europas Ritterschaft bei Nikopolis dem Grafen von Nevers die Freiheit schenkte, begleitete er seine Großmut mit einer charakteristischen Herausforderung, deren Wortlaut uns, vielleicht etwas ausgeschmückt, von Froissart wie folgt überliefert wird:

«Jean, du bist, wie ich weiß, ein großer Herr in deinem Land und der Sohn eines mächtigen Herrn. Du bist jung, und sollte man dich vielleicht tadeln und schmähen, weil dir bei deinem ersten ritterlichen Abenteuer solches Ungemach widerfahren ist, und solltest du dich von solchem Tadel reinigen und deine Ehre wieder gewinnen wollen, so wirst du vielleicht ein großes Heer zusammenbringen und mich mit Krieg überziehen. Wenn ich irgendwelche Bedenken oder Furcht hegte, würde ich dich, bevor du von hier fortgehst, bei deinem Glauben und nach deinen Gesetzen schwören lassen, daß weder du noch einer deiner Freunde je ... gegen mich zu den Waffen greifen wird. Aber ich will weder dich noch einen deiner Freunde zwingen, einen solchen Schwur zu leisten oder ein solches Versprechen zu geben; ich will vielmehr, daß du, wenn du heimgekehrt bist und tun kannst, was dir beliebt, eine große Macht zusammenbringen sollst, ohne zu sparen, und gegen mich ziehen sollst; du wirst mich immer bereit finden, dich und deine Gefährten zu empfangen ... Und was ich sage, melde es jedem, der es hören will; denn ich vermag es, Waffentaten zu vollbringen, und bin stets bereit, tiefer in die Christenheit einzudringen.»[9]

Als Timur Ankara eroberte und Bajesid in seine Hände fiel, behandelte er ihn trotz der beleidigenden Korrespondenz, die sie ein Jahr lang geführt hatten, mit der größten Zuvorkommenheit. Er ließ ihm die Fesseln abnehmen, setzte ihn an seine Seite, versprach ihm, sein Leben zu schonen, und befahl, für ihn und sein Gefolge drei kostbare Zelte aufzuschlagen. Erst nach einem mißlungenen Fluchtversuch Bajesids ließ er ihn in einen Raum mit vergitterten Fenstern bringen, den die Sage in einen Eisenkäfig umgedichtet hat. Als der Gefangene erkrankte, ließ Timur die besten Ärzte und Despoina zu seiner Pflege und Aufheiterung kommen. Aber keine Fürsorge vermochte die Lebenskraft des gebrochenen Sultans wiederherzustellen; ein Jahr nach seiner Niederlage starb er.

Sein Sohn, Mehmed I., führte Verwaltungsreformen durch und erneuerte die Macht der Osmanen. Obschon er einen Prätendenten hinrichten und einen zweiten blenden ließ, war er ritterlich und gerecht; der Christenheit gewährte er eine zehnjährige Atempause. Murad II. war ähnlich geartet und zog Poesie dem Krieg vor; als aber Konstantinopel einen Kronprätendenten auf den Schild hob und Ungarn einen feierlich beschworenen Frieden brach, erwies er sich bei Warna (1444) als ebenso guter Feldherr wie alle seines Geschlechts. Seine Residenz nach Magnesia in Kleinasien verlegend, umgab er sich mit einem Kranz von Dichtern und Weisen und vertiefte sich in Poesie, Wissenschaft und Philosophie, bis er nach Europa zurückkehren mußte, um einen Aufstand Adrianopels zu unterdrücken und Johannes Hunyadi ein zweites Mal auf dem Amselfeld zu besiegen. Als er nach dreißigjähriger Regierung starb (1451), reihten ihn christliche Historiker unter die größten Monarchen seiner Zeit ein. Seinem Letzten Willen zufolge wurde er, «damit er der Barmherzigkeit und des Segens Gottes durch Sonnen- und Mondschein teilhaftig werde und Regen und Tau auf sein Grab falle», in Brussa in einer bescheidenen, ungedeckten Grabstätte beerdigt.

Mehmed II. teilte des Vaters Kultur, politischen Scharfsinn, Feldherrnkunst und lange Regierung, nicht aber dessen Gerechtigkeit und Edelmut. Das von den Christen gegebene Beispiel übertrumpfend, brach er feierlich beschworene Verträge und befleckte seine Siege mit überflüssigen Metzeleien. Im Verhandlungsraum wie im Felde von echt orientalischer Verschlagenheit, antwortete er einmal, über seine Absichten befragt: «Ich würde ein jedes Barthaar ausreißen, das Kenntnis davon hätte.» Fünf Sprachen sprechend, war er in mehreren Literaturen wohlbewandert, ein ausgezeichneter Mathematiker und Konstrukteur und ein Freund der Künste; dreißig osmanischen Dichtern gewährte er Leibrenten, und persischen und indischen Dichtern sandte er königliche Geschenke. Gemeinsam mit seinem Großwesir, Mahmud Pascha, der den gleichen künstlerischen und literarischen Neigungen huldigte, unterhielt er so viele Hochschulen und religiöse Institutionen, daß man ihm den Beinamen «Vater der guten Werke» verlieh. Er war aber auch der «Herr des Sieges», denn er und seine Kanonen brachten Konstantinopel zu Fall, und seine Schiffsgeschütze machten aus dem Schwarzen Meer einen türkischen Binnensee; der restliche Balkan beugte sich seinen Legionen und seiner Diplomatie. Nur sich selbst konnte dieser unbezwingliche Eroberer nicht bezwingen. Mit fünfzig Jahren war er von erotischen Ausschweifungen so erschöpft, daß nicht einmal mehr die stärksten Stimulantien seine Lust anzustacheln vermochten und er von den Frauen seines Harems schließlich den Eunuchen zugezählt wurde. 1481 starb er, einundfünfzig Jahre alt, gerade als seine Heere auf dem Sprung schienen, Italien für den Islam zu erobern.

Den Streit um den Thron gewann sein Sohn Bajesid II., ein dem Kriege abholder Mann. Als aber Venedig Zypern nahm und die osmanische Herrschaft im östlichen Mittelmehr bedrohte, raffte er sich auf, täuschte die christlichen Mächte durch einen Friedensvertrag, baute eine 270 Einheiten starke Armada und vernichtete vor der griechischen Küste eine venezianische

Flotte. Ein türkisches Detachement drang in Norditalien bis Vicenza vor (1502); Venedig bat um Frieden, Bajesid stellte milde Bedingungen und wandte sich wieder der Dichtung und Philosophie zu. Sein Sohn entwand ihm den Thron (1512); Bajesid starb bald darauf – viele sagen, vergiftet.

Die Geschichte besteht gewissermaßen aus einer Kette kontrastierender Themen: jede neue Generation verwirft Empfinden und Form ihrer Vorgängerin; der Tradition überdrüssig, dürstet sie nach Neuem: Auf den Klassizismus folgt die Romantik, auf die Romantik der Naturalismus, auf den Naturalismus der Impressionismus; kriegerische Zeiten rufen nach Frieden, und ein langer Friede fordert kriegerische Abenteuer heraus. Selim I. verachtete seines Vaters Friedensliebe. Von Energie und Willenskraft erfüllt, verschmähte er Bequemlichkeit und liebte die Jagd und das Feldlager. Unter ihm löste ein Eroberungskrieg den anderen ab, und daß er neun Familienangehörige strangulieren ließ, um potentiellen Revolten vorzubeugen, brachte ihm den Zunamen «der Strenge» ein. Der Vorstoß Isma'ils, des Schahs von Persien, über die türkische Grenze war ihm durchaus willkommen, gelobte er doch feierlich, wenn ihm Allah den Sieg über die Perser verleihe, in Buda, Jerusalem und Rom mächtige Moscheen zu bauen. Den religiösen Fanatismus seines Volkes zur Siedehitze steigernd, gewann er Täbris Isma'il ab und verleibte Nordmesopotamien dem Osmanischen Reiche ein. 1515 führte er seine Geschütze und Janitscharen gegen die Mameluken und annektierte Syrien, Arabien und Ägypten (1517). Als kostbarste Beute überführte er den «Kalifen» von Kairo – den Hohenpriester des strenggläubigen Islam – nach Konstantinopel; und von da an vereinigten die Osmanensultane, wie Heinrich VIII. von England, die staatliche und geistliche Souveränität in ihrer Person.

Auf der Höhe seiner Macht, und eben als er im Begriffe stand, zur Eroberung der Insel Rhodos und der christlichen Welt auszuziehen, wurde er von der Pest befallen und starb (1520). Leo X., den Selims Vormarsch weit mehr beunruhigt hatte als Luthers Rebellion, befahl allen christlichen Kirchen, Dankgottesdienste abzuhalten.

VI. DIE ISLAMISCHE LITERATUR: 1400–1520

Selbst Selim der Strenge versuchte sich in der Poesie und hinterließ Suleiman dem Prächtigen neben einem Reich, das vom Euphrat bis zum Nil und zur Donau reichte, auch einen königlichen *diwan* von gesammelten Gedichten. Zwölf Sultane und viele Prinzen – darunter Prinz Dschem, den sein Bruder Bajesid II. an den Papst und andere europäische Monarchen als fürstlichen Gefangenen unterhalten hatte – erscheinen unter den 2200 ottomanischen Poeten, die sich während der letzten sechs Jahrhunderte einen Namen gemacht haben. Die meisten dieser Barden bezogen die Themen und Formen ihrer Verse, manchmal auch die Sprache, von den Persern und fuhren fort, in Gießbächen von Reimen Allahs Größe, die Weisheit des Schahs oder Sultans und das neidvolle Erbeben der Zypressen, wenn die Geliebte in ihrem Schatten die schneeige Weiße ihrer schlanken Beine enthüllt, zu besingen. Wir modernen Westeuropäer sind an diesen letztgenannten Anblick so gewöhnt, daß es uns kaum einfallen würde, ihn in einem Atem mit anderen, erhabenen Gegenständen zu nennen; aber die «schrecklichen Türken», deren Frauen von der Nasen- bis zur Zehenspitze geheimnisvoll verhüllt waren, wurden durch solche poetischen Enthüllungen bis ins Mark getroffen, und jene Gedichte, die uns in ihrer notgedrungen unzulänglichen Übersetzung kühl lassen, stärkten und befeuerten sie in ihrer Frömmigkeit, ihrer kriegerischen Tapferkeit und ihren polygamen Neigungen.

Aus Hunderten dahingegangener Genies pflücken wir aufs Geratewohl drei Namen heraus, die uns ungebildeten Bewohnern des Abendlandes kaum mehr als Schall und Rauch sind. Ahmedi von Sives (gestorben 1413), der im persischen Meister Nizami sein Vorbild sah, verfaßte ein *Iskender-nama* oder *Buch von Alexander*, ein grobkörniges Riesenepos, das nicht nur von der Eroberung Alexanders *durch* Persien erzählte, sondern auch Geschichte, Religion, Wissenschaft und Philosophie des Vorderen Orients von den Uranfängen bis zu Bajesid I. mit einflocht. Die Reime Ahmed Paschas (gestorben 1496) schmeichelten den Ohren Mehmeds II. dermaßen, daß er den Dichter zum Wesir machte; Ahmad hatte das Unglück, sich in einen Pagen aus des Eroberers Gefolge zu verlieben, auf den der Herrscher selbst ein Auge geworfen hatte; zum Tode verurteilt, sandte Ahmad dem Tyrannen ein Gedicht von so schmelzendem Wohllaut, daß Mehmed ihm den Knaben überließ, beide aber nach Brussa verbannte. Dort nahm Ahmad einen jungen Poeten in sein Haus auf, der ihn bald einmal übertreffen sollte. Nejati (gestorben 1508), der eigentlich Isa (Jesus) hieß, verfaßte eine Ode zum Preise Sultan Mehmeds und heftete sie einem Freund, der mit dem Sultan Schach zu spielen pflegte, an den Turban. Die List verfing, Mehmed entfaltete neugierig die Pergamentrolle, ließ den Dichter kommen und gab ihm eine Stelle an seinem Hof. Bajesid II. übernahm von Mehmed die Aufgabe, den Dichter zu verwöhnen und mit Reichtümern zu überschütten, und Nejati verfaßte unter den beiden Regierungen einige der am meisten gepriesenen Dichtungen der osmanischen Literatur.

Dennoch waren die großen Meister der islamischen Dichtung nach wie vor unter den Persern zu finden. Am Hof von Hussein Baiqara zu Herat wimmelte es förmlich von lyrischen Nachtigallen, so daß Baiqaras Wesir, Mir Ali Schir Nawa'i, sagen konnte: «Wenn ich meine Füße ausstrecke, kann ich darauf zählen, einem Dichter in den Hintern zu treten», worauf ihm ein Barde erwiderte: «Und wenn du deine Füße emporziehst, so tust du das gleiche»; denn Mir Ali (gestorben 1501) half nicht nur Churasan regieren und war nicht nur ein Freund von Literatur und Kunst und ein geschickter Miniaturist und Komponist, sondern hatte sich auch als Dichter einen großen Namen gemacht, so daß man ihn gleichzeitig den Maecenas und Horaz seiner Zeit nennen durfte. Seiner verständnisvollen Freundschaft dankten die Maler Bihzad und Schah Muzaffar, die Musiker Qul Muhammad, Schayki Na'i und Hussein Udi ihre Unterstützung und Förderung, und er war auch der Gönner des größten islamischen Dichters des fünfzehnten Jahrhunderts – Mevlânâ ᶜAbd ar Rahmân Dschâmîs (gestorben 1492).

Im Laufe eines langen und ereignisarmen Lebens fand Dschâmî Zeit, sich sowohl durch gelehrte und mystische Schriften als auch mit seinen Versen Ruhm zu erwerben. Als Anhänger des Sufismus verbreitete er sich in einer gewählten Sprache über das althergebrachte mystische Thema von der Vereinigung der Seele mit dem Geliebten, das heißt mit Gott; diese Vereinigung, sagte er, könne sich erst dann vollziehen, wenn die Seele einsehe, daß das Ich eine Täuschung sei und daß die Dinge dieser Erde nichts anderes seien als die Maya – Illusion – flüchtiger, der Sterblichkeit unterworfener Phantome. Das meiste von Dschâmîs Dichtung ist Mystik in Reimen, der ein gelegentlicher Einschlag von Sinnlichkeit etwas Farbe aufsetzt. Das epische Gedicht *Salaman wa Absal* bringt eine anmutige Fabel zum Beweis für die Überlegenheit der himmlischen über die irdische Liebe. Salaman ist der Sohn des Schahs von Yun (das heißt Ionien); ohne Mutter geboren (was weit größere Schwierigkeiten bietet als eine jungfräuliche Geburt), wird er von der schönen Prinzessin Absal erzogen, die sich, als er das vierzehnte Jahr erreicht, in ihn verliebt und nun alle ihre kosmetischen Künste spielen läßt, um ihn zu gewinnen. Er leistet ihren Verlockungen keinen Widerstand, und eine Zeitlang sind sich der Jüngling und die holde Schöne in zärtlicher Liebe zugetan. Sein Vater tadelt ihn deswegen und ermahnt ihn, sich lieber auf den Kriegsdienst und seine Herrscherpflicht vorzubereiten. Daraufhin entflieht Salaman mit Absal auf einem Kamel – «wie zwei süße Mandelkerne in einer Schale». Sie gelangen an den Strand des Meeres, bauen sich ein Boot, segeln während eines «Mondes» auf den Wellen und erreichen schließlich eine fruchtbare Insel, wo Blumen blühen, Vögel singen und reife Früchte ihnen in den Schoß fallen. Aber in diesem Garten Eden läßt das Gewissen, das ihn an seine Pflichten mahnt, dem königlichen Jüngling keine Ruhe, so daß er Absal schließlich überredet, mit ihm nach Yun zurückzukehren. Dort sucht er sich auf seine Aufgabe vorzubereiten, aber zwischen Pflicht und Liebe hin und her gerissen, faßt er endlich den Entschluß, mit Absal gemeinsam Selbstmord zu begehen. Sie errichten einen Scheiterhaufen und springen Hand in Hand in die Flammen; diese verzehren Absal, während Salaman ihnen unversehrt wieder entsteigt. Jetzt ist sein Selbst geläutert, und er kann Thron und Reich erben. – Nach Dschâmî ist das Ganze eine Allegorie: Der Schah ist Gott, Salaman die menschliche Seele, Absal die Sinnenlust; die glückliche Insel ist eine satanische Einrichtung, um die Seele von ihrer göttlichen Bestimmung abzubringen; der Scheiterhaufen ist die Erfahrung des menschlichen Lebens, worin die Lust der Sinne verzehrt wird; der Thron, den die geläuterte Seele besteigt, ist der Thron Gottes selbst. Es mutet sonderbar an, daß ein Dichter, der mit so viel Beredsamkeit den Reiz holder Weiblichkeit zu schildern verstand, von uns im Ernst verlangen will, daß wir uns diesem Reiz verschließen sollen.

Mit einer Kühnheit, der der Erfolg recht gab, unternahm Dschâmî in den beiden Epen *Jûsuf und Zuleichâ* und *Medschnûn und Lailâ* die Behandlung zweier Themen, an denen sich Dutzende von Poeten vor ihm versucht hatten. In der Einleitung zu *Jûsuf* gibt er noch einmal eine beredte Darlegung der sufitischen Theorie von der himmlischen und irdischen Schönheit:

In stiller Öde, ohne Daseinsspur,
Lag noch die Welt in leerem Nichts versteckt;
Noch paarte sich das Bild des Körpers nicht,
Noch tönt' es nicht vom frohen *Wir* und *Du;*
Frei war die Schönheit von der Blicke Band,
Im eignen Lichte, das auf *sie* nur fiel,
Ein holdes Liebchen an verborgnem Ort,
Des Kleides Saum von jedem Makel rein;
Kein Spiegel warf ihr Angesicht zurück,
Es ordnete kein Kamm ihr schönes Haar;
Kein Ost durchwühlte ihrer Locken Schmuck …
Ihr Röschen lockte keine Nachtigall …
Mit *sich* nur kost' sie von der Liebe Tand,
Und wob *sich selbst* der Liebe Wiegenband.

Doch wo der Schönheit Machtgebot regiert,
Da zürnet sie, wenn sie ein Schleier deckt;
Verborgenheit erträgt die Schöne nicht:
Sperrst du das *Tor*, eilt sie dem *Fenster* zu.
Sieh jene Tulpe, die auf Bergen blüht:
Kaum ward der holde Frühling wieder froh,
So dringt sie aus dem Felsenriff hervor
Und zeigt sich alsbald in der Schönheit Glanz …
Dies ist des Schönen herrschendes Gesetz,
Das sich zuerst an ewger Schönheit wies:
Sie trat vom heilgen Lande in das Zelt
Und zeigte sich den Geistern und der Welt.

Aus jedem Spiegel blickt ihr Bild hervor,
Und überall ertönt ihr hehrer Ruf;
Ein Strahl von ihr fiel auf der Engel Schar,
Und taumelnd drehn sie, gleich dem Himmel, sich,
Und alle Heilge, die nur Heilges rührt,
Sie stammeln staunend nur ihr heilges Lob …

Auch auf die Rose fiel ein Strahl von ihr
Und mit ihm Glut ins Herz der *Nachtigall;*
An jenem Strahl entflammte sich das *Licht*
Und, ach, verbrannte hundert *Falter* schon! …
Und Cana'ns Mond erhob sein schönes Haupt,
Wodurch er bald Suleïchens Sinne raubt. [10]

Aus diesen himmlischen Höhen steigt Dschâmî wieder zur Erde nieder, um mit feurigem Nachdruck Prinzessin Zuleichâs Reize in allen Einzelheiten – selbst ihre «keusche Festung, ihr verbotener Ort» kommt zur Sprache – zu schildern:

Zwei Brüste, gleich zwei Kuppeln reinen Lichts,
Gleich zween Blasen aus dem Quell Kiafur,
Sind wie ein Apfelpaar an einem Zweig,
Woran sich nie des Frechen Hand gewagt. [11]

Sie erblickt Joseph im Traume und wird auf den ersten Blick von Liebe ergriffen; auf Befehl ihres Vaters muß sie aber Potiphar, seinen Wesir, ehelichen. Dann begegnet sie Joseph, der als Sklave auf dem Markt feilgeboten wird, in Person; sie kauft ihn, sucht ihn zu verführen, er weist sie zurück, worüber sie sich fast zu Tode grämt. Da stirbt der Wesir, Joseph wird sein Nachfolger und Zuleichâs Gatte; aber bald siechen beide dahin und sterben. Nur in der Liebe zu Gott ist Wahrheit und Leben. – Es ist eine alte Geschichte, aber wer hörte sie nicht immer wieder gern von neuem?

VII. DIE KUNST DES ASIATISCHEN ISLAM

Soweit die Länder des Islam reichten – von Granada bis nach Delhi und nach Samarkand – waren Künstler und Sklaven damit beschäftigt, für Könige und Fürsten Moscheen und Mausoleen zu errichten, Ziegel zu bemalen und zu brennen, Seidenstoffe und Teppiche zu weben und zu färben, Metall zu hämmern, Holz und Elfenbein zu schnitzen und Manuskripte mit Zeichnungen und Malereien zu schmücken. Die Il-Khans, Timuriden, Osmanen, Mameluken, ja selbst die kleinen Schattenfürsten in den Randgebieten des Islam blieben der orientalischen Tradition treu, Plünderung mit Poesie und Mord mit Kunst wiedergutzumachen. In städtischen Palästen und ländlichen Villen verwandelte sich Reichtum in Schönheit, deren Anblick und Berührung freilich nur eine kleine Zahl vom Schicksal Begünstigter genießen durfte.

Die Moschee war nach wie vor das Heiligtum, worin sich die Erzeugnisse des islamischen Kunstfleißes zusammenfanden. Aus Backsteinen und Ziegeln gebaut, erhoben sich die Minarette gleich lyrischen Gedichten; Portale aus Fayence warfen das Sonnenlicht in allen Regenbogenfarben zurück; die Kanzel prangte im Schmucke von Intarsien und Holzschnitzereien; prachtvoll ausgezierte Gebetnischen wiesen dem Gläubigen die Richtung auf Mekka; Kronleuchter und geschmiedete Gitter entfalteten ihr Spitzenwerk aus Metall zum Preise Allahs; weiche Teppiche dämpften den Schritt und schmeichelten betend gebeugten Knien; kostbare Seidenstoffe umhüllten bildergeschmückte Korane. Der spanische Diplomat González de Clavijo staunte über die «mit blauen und goldenen Ziegeln verzierten» Moscheen von Täbris. In Isfahan errichtete einer von Uljaitus Wesiren in der Freitagsmoschee ein Mihrab – eine Gebetnische –, die mit Arabesken und Lettern aus Stuckarbeit auf das herrlichste geschmückt war. Uljaitu selber erbaute in Sultaniya ein prunkvolles Mausoleum (1313), worin er die Überreste Alis und Husseins, der beiden als Heiligen verehrten Gründer der Schi'a-Sekte bestatten wollte; der Plan schlug aber fehl, und es waren des Khans eigene Gebeine, die schließlich in diesem kostbaren Kenotaph beigesetzt wurden. Riesig und majestätisch wirken noch heute die Ruinen der 1326 zu Varamin errichteten Moschee.

Timur war ein begeisterter Bauherr, der von seinen Feldzügen nicht nur Gold und Silber, sondern auch Ideen zur architektonischen Gestaltung seiner Hauptstadt nach Hause brachte. Wie jeder Eroberer liebte er es, seiner Macht durch riesenhafte Bauten symbolischen Ausdruck zu verleihen, die er wie ein Neureicher mit überladenen Dekorationen in grellen Farben versah. Bezaubert von der Schönheit der blauen Glasurziegel von Herat, ließ er persische Töpfer nach Samarkand kommen, die die Moscheen und Paläste seiner Hauptstadt mit dem gleichen Zierat versehen mußten, so daß sie bald in allen Farben schimmerten. In Damaskus fiel ihm eine Kuppel auf, die im unteren Teil zwiebelförmig geschweift war und oben in eine sich verjüngende Spitze mündete; seine Baumeister mußten sie ausmessen und Risse davon anfertigen, nachher fiel sie der allgemeinen Zerstörung zum Opfer; zurück in Samarkand, erbaute er selbst solche Kuppeln, und bald verbreiteten sie sich über das ganze Reich, so daß wir sie noch heute vom Taj Mahal bis zum Roten Platz in Moskau überall vorfinden. Bei seiner Rückkehr von Indien brachte er so viele Künstler und Handwerker mit, daß er in einer Frist von nur drei Monaten eine riesige Moschee, die «Kirche des Königs», mit einem 33 Meter hohen Portal und einer von 480 steinernen Säulen getragenen Dachwölbung errichten lassen konnte. Seiner Schwester Tschuschuk Bika baute er eine Grabmoschee, die die größte Leistung der Architektur aus der Zeit seiner Regierung darstellt. Beim Bau einer Moschee zum Gedächtnis seiner Lieblingsgemahlin Bibi Khanun überwachte er die Arbeiten persönlich, teilte fleißigen Handwerkern Münzen aus und warf den Arbeitern, die die Fundamente aushoben, Fleischbrocken zu; erst als der Winter die Arbeiten lahmlegte, kühlte sich sein Baufieber ab.

Seine Nachfolger bewiesen bereits einen höher entwickelten Kunstgeschmack. In Maschhad, halbwegs zwischen Samarkand und Teheran, entstand auf Veranlassung der Gemahlin Schah Rukhs, Gawhar Schad, eine Moschee (1418), die heute noch ihren Namen trägt; der Erbauer dieses herrlichsten und farbenprächtigsten Monumentes der islamisch-persischen Architektur war Qavam ad-Dim. Schlanke, von «Laternen» gekrönte Minarette bewachen das Heiligtum; vier majestätische Gewölbedurchgänge führen in den inneren Hof; glasierte Ziegel von einer «weder vorher noch nachher je erreichten Schönheit» mit hunderterlei verschiedenen geometrischen Musterungen, Arabesken, kufischen Schriftzügen, Tier- und Pflanzenornamenten verkleiden die Wände und entfalten eine Farbenpracht, der die Zeit nichts hat anhaben können und die in der Sonne Persiens doppelten Glanz verbreitet. Über der südwestlichen «Portikus des Allerheiligsten» wölbt sich eine Kuppel von Glasurziegeln, deren Bläue mit dem Blau des Himmelszeltes wetteifert; das Portal trägt in weißen Lettern auf blauem Grunde die von Stolz und Frömmigkeit erfüllte Zueignung an die Königin:

«Ihre Hoheit, die himmlische Sonne der Keuschheit und Mäßigkeit ... Gawhar Schad – möge ihre Größe ewig sein, und möge ihre Keuschheit dauern! ... Aus ihrem persönlichen Besitz und für die Wohlfahrt ihres künftigen Staates und für den Tag, an welchem über jedermanns Werke Gericht gesprochen wird, wurde aus Liebe zu Allah und aus Dankbarkeit dieses große Masjid-i-

Dschâmî, das Heilige Haus, in der Regierungszeit des großen Sultans, des Herrn der Herrscher, des Vaters des Sieges, Schah Rukh, gebaut ... Möge Allah sein Königreich und seine Herrschaft ewig machen, und möge er unter den Bewohnern dieser Welt seine Güte, seine Gerechtigkeit und seine Freigebigkeit vergrößern!» [12]

Die Moschee von Gawhar Schad ist nur eines in einer ganzen Reihe von Gebäuden, die aus Maschhad das Rom der Schi'a-Sekte machten. Die Anhänger des Imam Riza trugen dort im Laufe von dreißig Generationen ein architektonisches Panorama von atemberaubender Schönheit zusammen: schlanke Minarette, wuchtige Kuppeln, gewölbte, mit leuchtenden Ziegeln oder Gold- und Silberplatten verkleidete Bogengänge, weiträumige Höfe, deren blau und weiß gemusterte Mosaiken und Fayencen das Licht der Sonne zurückwarfen: In einem überwältigenden Zusammenklang von Farbe und Form hat die persische Kunst ihre ganze Magie entfaltet, um einen Heiligen zu ehren und seine Anbeter mit frommem Schauder zu erfüllen.

Von Aserbeidschan bis Afghanistan wuchsen damals Tausende von Moscheen aus dem islamischen Nährboden empor – denn die Blüten des Glaubens sind dem Menschen nicht minder wichtig als die Früchte der Erde. Für uns Westeuropäer, die wir in unsere eigene Welt versponnen leben, sind die Namen dieser Moscheen nur Schall und Rauch, und wir würden der Ehrenbezeigungen, die wir ihnen – und sei es auch nur mit wenigen Worten – hier erweisen, bald müde. Was kann es uns bedeuten, daß Gawhar Schads keuscher Leib in einem herrlichen Mausoleum zu Herat bestattet wurde, daß Schiras seine Masjid-i-Dschâmî-Moschee im vierzehnten Jahrhundert erneuerte oder Yazd und Isfahan ihre Freitagsmoscheen mit prächtigen Mihrabs bereicherten? Wir sind zeitlich, räumlich und auch gedanklich zu weit von dieser Kunst entfernt, als daß wir ihre Größe fühlen könnten – genausowenig wie die, die an jenen Stätten ihre Knie beugen, den bizarren Formen unserer Gotik oder den von Fleischeslust erfüllten Gemälden unserer Renaissance Geschmack abgewinnen dürften. Dennoch können wir nicht ohne Ergriffenheit vor den Ruinen der Blauen Moschee zu Täbris (1437–1467) stehen, wenn wir uns die Herrlichkeit ihrer einst hochberühmten blauen Fayencen und goldenen Arabesken, die heute zerstört sind, vergegenwärtigen; auch sind wir uns der Tatsache wohl bewußt, daß sowohl Mehmed II. wie Bajesid II. zu Konstantinopel Moscheen errichteten (1463 und 1497), die auf ihre Weise der Majestät der Hagia Sophia sehr nahe kommen. Die Osmanen vereinigten beim Bau ihrer Moscheen in Brussa, Nikaia, Nikomedien und Konia Elemente verschiedenster Herkunft: byzantinische Grundrisse, persische Portale, armenische Kuppeln und chinesische Dekorationen. Die islamische Kunst befand sich, wenigstens was die Architektur anbelangt, zu jener Zeit auf einem Gipfelpunkt.

Nur eine einzige unter den anderen islamischen Künsten – ein David im Vergleich zu diesem Goliath – durfte sich mit der Architektur messen. Vielleicht noch mehr angesehen als selbst die Erbauer der Moscheen waren die Meister der Kalligraphie und die emsigen Miniaturisten, die mit aufs genaueste berechneten Feder- oder Pinselstrichen ihre Bücher illuminierten. Es gab auch Wandmalereien, von denen aber nichts erhalten geblieben ist, daneben Bildnisse, wovon ein paar wenige überleben. Die Osmanen gehorchten zwar offiziell dem biblischen und koranischen Gebot des «Du sollst dir kein Bild machen», doch berief Mehmed II. Gentile Bellini von Venedig nach Konstantinopel, um sein Porträt malen zu lassen, das heute in der Londoner Nationalgalerie hängt. Es existieren auch Kopien von angeblichen Bildnissen Timurs. Die zum Islam bekehrten Mongolen gaben im allgemeinen den Traditionen der chinesischen Kunst vor den Tabus des mohammedanischen Glaubens den Vorzug. Unter ihnen fanden in der persischen Miniatur chinesische Drachen, Phönixe, Wolkenformen, Heiligenscheine und mondförmige Gesichter Eingang, die mit den zarten Farben und reinen Linien des persischen Stils eine glückliche Vereinigung eingingen; die beiden Stile waren sich in ihrer Auffassung überhaupt sehr ähnlich. Persische wie chinesische Miniaturisten, die für adlige Kunstliebhaber von äußerst verfeinertem Geschmack arbeiteten, suchten mit ihren Werken eher die Phantasie anzuregen und den Schönheitssinn zu befriedigen als naturalistische Formen darzustellen.

Die bedeutendsten Zentren der islamischen Illuminationskunst waren damals Täbris, Schiras und Herat. Aus dem Täbris unter der Herrschaft der Il-Khane stammen wahrscheinlich die 55 Blätter des «De Motte» – *Schâhnâme* – Firdusis *Königsbuch* –, die von verschiedenen Künstlern des vierzehnten Jahrhunderts gemalt worden sind. Ihren Zenit erreichte aber die persische Miniaturkunst unter den Timuriden in Herat. Schah Rukh beschäftigte einen ganzen Künstlerstab, und sein Sohn Baisunkur Mirza gründete eine Akademie zum Studium der Schönschreibe- und Illuminationskunst. Aus dieser Schule von Herat stammt das *Schâhnâme* von 1429, ein Wunder an Farbenglut und fließender Anmut der Linien, das heute in der Gulistan-Palastbibliothek zu Teheran sorgsam vor den Blicken Unbefugter behütet wird und fast religiöse Verehrung genießt. Es wirkt, wenn man es zum erstenmal sieht, wie eine Offenbarung.

Den «Raffael des Ostens» könnte man Kamal al-Dim Bihzad nennen. Er kannte aus eigener Erfahrung die Schrecken und Wechselfälle des Krieges und gab ihnen auch in seinem Werke Raum. Geboren etwa 1440 zu Herat, studierte er in Täbris, um dann in seine Vaterstadt zurückzukehren und dort für Sultan Hussein ibn-Baiqara und dessen vielbeschäftigten Wesir Mir Ali Schir Nawa'i tätig zu sein. Als Herat das Zentrum der Feldzüge gegen Uzbeg und Sefewid wurde, zog Bihzad wieder nach Täbris. Er signierte als einer der ersten unter den persischen Künstlern seine Bilder mit seinem Namen, doch sind nur sehr wenige und der Entstehungszeit nach weit auseinanderliegende Werke von ihm erhalten. Zwei Miniaturen in der königlich-ägyptischen Bibliothek zu Kairo, Illustrationen zu Sa'dis *Bustan*, zeigen eine Gruppe von Gottesgelehrten im Gespräch in einer Moschee; die Handschrift trägt die Jahreszahl 1489, und das Kolophon sagt: «Gemalt vom Sklaven und Sünder Bihzad.» Die Freer Gallery in Washington besitzt das *Bildnis eines malenden jungen Mannes*, eine Kopie nach Gentile Bellini, ebenfalls mit der Signatur Bihzads; die feingeformten Hände kennzeichnen beide als Künstler – den Porträtierenden und den Porträtierten. Nicht eindeutig fest steht Bihzads Urheberschaft an den Miniaturen in einer im Britischen Museum befindlichen Kopie von Nizamis *Khamza* und an einem ebenda sich befindenden Manuskript eines *Zafar-nama* oder «Buches der Siege» von Timur.

Diese paar Fragmente rechtfertigen eigentlich kaum Bihzads Ruf. Obwohl sie eine aufgeschlossene Wahrnehmungsfähigkeit für Personen und Dinge, einen lebhaft entwickelten Farbensinn sowie das Vermögen, einen Vorgang lebendig zu erfassen und in zarten und doch genauen Linien wiederzugeben, bezeugen, lassen sie sich doch kaum mit den ein ganzes Jahrhundert früher entstandenen, für den Duc de Berry gemalten Miniaturen vergleichen. Trotzdem muß Bihzad dank seiner originellen Kompositionsschemen, seiner reichbewegten Landschaften und der individuellen und lebensnahen Gestaltung seiner Figuren seinen Zeitgenossen als der große Erneuerer der persischen Illuminationskunst erschienen sein. Der persische Geschichtsschreiber Khwandamir, der bei Bihzads Tod (um 1523) etwa fünfzig Jahre alt war, sagte von ihm – vielleicht aus der parteiischen Sicht eines Freundes: «Seine Zeichenkunst hat die Erinnerung an alle anderen Maler der Welt getilgt; seine Finger, die im Besitze wunderbarer Fähigkeiten waren, haben die Bilder aller anderen Künstler unter den Söhnen Adams ausgelöscht.» Ob die vermeintliche Sicherheit unseres eigenen Urteils nicht doch etwas erschüttert wird, wenn wir überlegen, daß dieser Ausspruch getan wurde, nachdem Leonardo sein *Abendmahl*, Michelangelo seine Fresken in der Sixtina, Raffael die Vatikanischen Stanzen gemalt hatten – und daß Khwandamir diese Namen offenbar nie gehört hat?

Die Töpferkunst mit den Zentren im seldschukischen Rai und in Kasan, die die feinsten Erzeugnisse hervorgebracht hatten, befand sich nicht mehr auf ihrer früheren Höhe. Rai hatte durch Erdbeben und Mongolenüberfälle schwer gelitten, und Kasan stellte in seinen Brennöfen hauptsächlich Ziegel her. Dafür entwickelten sich in Sultaniya, Yazd, Täbris, Herat, Isfahan, Schiras und Samarkand neue Fabrikationszentren der keramischen Industrie. Es wurden nun vor allem Mosaikfayencen hergestellt und verwendet, kleine Lehmtäfelchen, die mit einer Metallfarbe bemalt und dann durch ein Glasierverfahren auf einen Hochglanz gebracht wurden, der sich durch sorgfältige Pflege dauernd erhalten ließ. Wenn die Mittel ihrer Bauherren es erlaubten, verwendeten die persischen Architekten diese Mosaiksteine nicht nur zum Schmuck der Gebetnischen und für sonstige Dekorationszwecke, sondern auch zur Verkleidung ganzer Portale oder Wände in Moscheen; ein packendes Beispiel für diese Technik stellt eine von der Moschee von Baba Kasim (um 1354) stammende, im New Yorker Metropolitan Museum of Art ausgestellte Gebetnische dar.

Die metallbearbeitenden Künstler waren nach wie vor auf der Höhe ihres Könnens. Sie stellten Bronzetüren und Kandelaber für die Moscheen von Buchara bis Marrakesch her, obgleich sich von diesen keine mit Ghibertis *Paradiespforte* am Baptisterium zu Florenz (1401–1452) messen konnte. Sie schmiedeten die besten Rüstungen ihrer Zeit – Helme, deren konische Form den Zweck hatte, von oben geführte Hiebe abzulenken, Schilde aus glänzendem, mit Gold und Silber inkrustiertem Eisen sowie eiserne, mit goldenen Buchstaben und Blumenmotiven eingelegte Schwerter. Aus ihren Werkstätten gingen prächtige Münzen und Medaillons hervor, von denen eines uns das grobe Profil Mehmeds des Eroberers festgehalten hat, daneben auch große, mit kufischen Lettern oder zarten Blumenmustern gravierte Kerzenhalter; ferner gossen und ziselierten sie Weihrauchgefäße, Spiegel, Kästchen, Dreifüße, Pulverhörner, Krüge, Becher und Tablette; sogar Scheren und Kompasse erhielten künstlerischen Schmuck. Die gleiche Überlegenheit auf ihrem Gebiete besaßen anerkanntermaßen die Künstler-Handwerker aus der Zunft der Gemmenschneider, Gold- und Silberschmiede, Elfenbein- und Holzschnitzer. An Textilien sind aus jener Zeit nur Fragmente übriggeblieben, doch läßt sich auf den zeitgenössischen Miniaturen eine reiche Auswahl schönster Erzeugnisse feststellen, von dem feinen Leinenbatist Kairos bis zu den Seidenzelten Samarkands; denn die Illuminatoren entwarfen gleichzeitig auch die verschlungenen und doch folgerichtigen Muster der mongolischen und timuridischen Brokat-, Samt- und Seidenstoffe sowie der persischen und türkischen Teppiche, um die Europa den Orient bald einmal beneiden sollte. In der Tat stand der Islam auf dem Gebiet der sogenannten Kleinkünste von allen Nationen immer noch an erster Stelle.

VIII. DIE ISLAMISCHE PHILOSOPHIE

Der Glanz der Wissenschaft und Philosophie dagegen war am Verblassen. Die Religion hatte über sie den Sieg davongetragen, und zwar gerade zu dem Zeitpunkt, als sie im erwachenden Westen an Boden verlor. Gottesgelehrte, Derwische, Fakire und andere Heilige genossen nunmehr das größte Ansehen, während die Wissenschaftler sich mit den von ihren Vorgängern erreichten Erkenntnissen zufriedengaben und nicht wagten, der Natur mit erneutem Wissensdurst auf den Leib zu rücken. In Samarkand erlebte die islamische Astronomie eine letzte Blüte, indem die Sternkundigen im Observatorium von Uleg Beg astronomische Tafeln errechneten (1437), die sich in Europa bis ins achtzehnte Jahrhundert hinein großer Wertschätzung erfreuten. Mit Hilfe dieser Tafeln und einer arabischen Landkarte steuerte ein arabischer Lotse Vasco da Gamas Schiffe von Afrika nach Indien auf jener historischen Reise, die das Ende des ökonomischen Aufstiegs des Islam bezeichnete.

Auf geographischem Gebiet brachte der Islam in jener Zeit in der Person Muhammad Abu Abdullah ibn-Batutas einen bedeutenden Kopf hervor. Geboren 1304 zu Tanger, durchzog er vierundzwanzig Jahre lang den Daru'l-Islam – die islamische Welt –, kehrte schließlich nach Marokko zurück und starb in Fes. Sein Lebensweg kennzeichnet die ungeheure Verbreitung des muselmanischen Glaubens: Nach seinen eigenen Angaben hat er 120 000 Kilometer – mehr als jeder andere Reisende vor dem Zeitalter der Dampfmaschine – zurückgelegt. Granada, Nordafrika, Timbuktu, Ägypten, der Nahe und der Mittlere Osten, Rußland, Indien, Ceylon und China waren seine Reiseetappen, und seiner Behauptung nach hat er jeden damals regierenden islamischen Fürsten besucht. In jeder Stadt, durch die ihn seinWeg führte, erwies er zuerst den Gelehrten und heiligen Männern, dann erst den Potentaten seine Reverenz. Wenn er bei der Aufzählung der «sieben mächtigsten Könige der Welt» lauter Moslems – mit einem chinesischen Fürsten als einziger Ausnahme – nennt, so müssen wir darin nur die Widerspiegelung unseres eigenen westlichen Provinzialismus erblicken. Er beschreibt nicht nur Personen und Orte, sondern auch die Fauna, Flora und Mineralien der von ihm aufgesuchten Länder, ferner auch ihre Eß- und Trinksitten, die Preise, das Klima, die Topographie, die Sitten und Bräuche, die religiösen Vorstellungen und Riten. Von Maria und Jesus spricht er mit Ehrerbietung, bemerkt aber doch mit Genugtuung, daß jeder die Auferstehungskirche von Jerusalem besuchende Pilger den Moslems einen Obolus entrichte. Als er, nach Fes zurückgekehrt, seine Reiseerlebnisse erzählte, hielten ihn die meisten Zuhörer für einen Phantasten, der Wesir dagegen ließ durch einen Schreiber Batutas Schilderungen nach Diktat festhalten. Das daraus entstandene Buch ging verloren und geriet in Vergessenheit, bis die Eroberung Algiers durch Frankreich in der Neuzeit es wieder zum Vorschein brachte.

Zwischen 1250 und 1350 waren die weitaus fruchtbarsten Schriftsteller auf dem Gebiet der «Naturgeschichte» unter den Muselmanen zu finden. Mohammed ad-Damiri von Kairo schrieb ein 1500seitiges Werk über Zoologie. Die Heilkunst war nach wie vor die besondere Stärke der Semiten; die Zahl der Spitäler in den islamischen Ländern war beträchtlich. Ein in Damaskus wirkender Arzt, Ala'al-din ibn-al-Nafis beschrieb zweihundertsiebzig Jahre vor Servet den Lungenkreislauf des Blutes (um 1260), und ein Arzt in Granada, Ibn al-Chatib, erklärte die Pest für eine Infektionskrankheit und forderte die Absonderung der Kranken – und dies angesichts einer Theologie, die die Pest als göttliche Vergeltungsmaßnahme gegen die menschliche Sündhaftigkeit darstellte. Seine Abhandlung über die Pest (um 1360) enthält eine Bemerkung, die um ihrer Fortschrittlichkeit willen aufhorchen läßt: «Es sollte ein Grundsatz sein, daß ein» aus dem Kreis der Gefährten Mohammeds «überlieferter Beweis, wenn er sich als in flagrantem Widerspruch zum Zeugnis der Sinne stehend erweist, modifiziert werden muß».

Gelehrte und Historiker gab es so viele wie Dichter. Ihre Werke schrieben sie immer auf arabisch, dem Esperanto des Islam. In vielen Fällen verbanden sie mit ihrer wissenschaftlichen Tätigkeit auch eine solche auf politischem oder administrativem Gebiet. Abu-l-Fida von Damaskus nahm an einem Dutzend Feldzügen teil, diente al-Nasir als Gesandter in Kairo, kehrte als Gouverneur von Hamah nach Syrien zurück, trug eine reichhaltige Bibliothek zusammen und verfaßte mehrere Bücher, die auf ihrem Gebiet und zu ihrer Zeit führend waren. Sein Lehrbuch der Geographie *Taqwin al-Buldan* war jedem damaligen europäischen Werke weit voraus; es wies nach, daß drei Viertel der Erdoberfläche mit Wasser bedeckt sein müssen, und stellte auch fest, daß bei einer Reise um die Welt, je nachdem, ob man sich nach Osten oder nach Westen bewege, ein Tag gewonnen werde oder verlorengehe. Sein berühmter «Abriß der Geschichte des menschlichen Geschlechts» war das im Westen am besten bekannte Hauptwerk der islamischen Geschichtsschreibung.

Der größte Name in der Historiographie des fünfzehnten Jahrhunderts war aber derjenige Abd-er-Rahman ibn-Chalduns. Er ist, auch nach unseren westlichen Begriffen, ein Kopf von Format, der auf Reisen und im Staatsdienst praktische Erfahrungen gewonnen hatte und dabei ebenso mit der Kunst und Literatur wie mit der Naturwissenschaft und Philosophie seines Zeitalters vertraut war, deren Entwicklung im Bereiche des Islam er in einer «Universalgeschichte» darstellte. Daß ein solcher Mann (1332 geboren) Tunis zu seiner Vaterstadt hatte und dort auch seine Erziehung genoß, legt den Gedanken nahe, daß die Kultur Nordafrikas nicht ein bloßer Ableger der asiatisch-islamischen, sondern ein Eigengewächs von beachtlicher Lebenskraft war. «Von Kindesbeinen an», sagt er in seiner Selbstbiographie, «zeigte ich große Wißbegier und verwendete viel Fleiß darauf, mir Kenntnisse zu erwerben und die Schulen und Unterrichtskurse zu besuchen.» Der Schwarze Tod raubte ihm die Eltern und manche Lehrer, aber er fuhr in seinen Studien fort, «bis mich endlich dünkte, einiges Wissen zu besitzen» – eine charakteristische Illusion des Jugendalters. Mit zwanzig war er Schreiber des Sultans in Tunis, mit vierundzwanzig Sekretär des Sultans in Fes, mit fünfundzwanzig im Gefängnis. Dann kam er nach Granada und von dort aus als Gesandter am Hofe Peters des Grausamen nach Sevilla. Nach Afrika zurückgekehrt, wurde er Erster Minister des Prinzen Abu Abdallah in Bougie, mußte aber, als sein Herr abgesetzt und ermordet wurde, sein Heil in der Flucht suchen. 1370 wurde er von der Stadt Tlemcen als Gesandter wieder nach Granada geschickt, geriet unterwegs in die Gefangenschaft eines maurischen Fürsten, dem er vier Jahre diente, und zog sich schließlich auf ein Schloß in der Nähe von Oran zurück. Dort verfaßte er (1377) die *Muqaddima al-Alamat*, wörtlich «Vorrede zum Universum». Da es ihm in Oran an Büchern mangelte, kehrte er nach Tunis zurück, zog sich dort aber die Feindschaft einflußreicher Leute zu, so daß er nach Kairo übersiedeln mußte (1384). Schon damals genoß er als Gelehrter internationales Ansehen. Zu seinen Vorlesungen in der el-Azhar-Moschee drängten sich die Studenten, und Sultan Barquq zahlte ihm eine Rente, «wie es seine Gewohnheit gegenüber gelehrten Männern war». Als man ihn zum *qadi malekite* oder königlichen Richter machte, nahm er seine Aufgabe allzu ernst und verfügte die Schließung aller Vergnügungsstätten, was einen solchen Entrüstungssturm gegen ihn entfesselte, daß er sich wieder ins Privatleben zurückzog. Zum zweitenmal in sein Amt eingesetzt, begleitete er Sultan Nasir ad-Din Faraj auf einem Feldzug gegen Timur, der für Ägypten mit einer Niederlage endete. Ibn Chaldun suchte Schutz in Damaskus, das von Timur bald darauf belagert wurde. Man bestimmte ihn, der jetzt ein alter Mann war, zum Führer einer Abordnung, die von dem unbesieglichen Fürsten der Tataren milde Friedensbedingungen erbitten sollte. Wie jeder andere Autor es getan hätte, nahm auch unser Historiker das Manuskript eines seiner Werke – der Universalgeschichte – mit und las Timur daraus den Abschnitt über ihn selber vor; vielleicht hatte er die betreffenden Seiten vorher ad hoc frisiert. Die List verfing, Timur schenkte ihm die Freiheit, und bald übte er wieder in Kairo sein Richteramt aus; er starb dort mitten in der Arbeit im Alter von vierundsiebzig Jahren (1406).

Diese an Wechselfällen reiche Laufbahn ließ ihm dennoch Zeit genug für seine schriftstellerische Arbeit; er verfaßte einen Abriß über die Philosophie von Averroes, Abhandlungen über Themen der Logik und Mathematik, die *Muqaddima*, eine Geschichte der Berber und eine Geschichte der Völker des Ostens; einzig die drei letztgenannten, die zusammen die Universalgeschichte ausmachen, sind uns erhalten. Die *Muqaddima* stellt eines der Glanzlichter der islamischen Literatur und zugleich der Geschichtsphilosophie dar und mutet als Erzeugnis eines mittelalterlichen Geistes erstaunlich modern an. Ibn Chaldun betrachtet die Geschichte als «eine Hauptwurzel der Philosophie, würdig und geeignet, zu ihren Wissenszweigen gerechnet zu werden»[13], und weist dem Historiker ein weit bemessenes Arbeitsfeld zu:

> «Wisse, daß der wahre Sinn der Geschichte Kunde vom menschlichen Zusammenschluß ist – welcher die Kultur der Welt darstellt – und von den Zuständen, die dem Wesen dieser Kultur anhaften, wie Wildheit, Geselligkeit, Gemeingefühl, von den verschiedenen Arten der Überlegenheit der Menschen übereinander, und dem Königtum und den Staaten und ihren Rängen, die aus [dieser Überlegenheit] entstehen; von dem Erwerb und Lebensunterhalt, Wissenschaften und Künsten, denen sich die Menschen durch ihre Tätigkeiten und Bemühungen widmen, und was sonst noch in dieser Kultur natürlicherweise an Zuständen eintreten kann.»[14]

In der Meinung, der erste zu sein, der sich der Geschichtsschreibung auf diese Art nähert, bittet er um Entschuldigung für alle vorkommenden unvermeidlichen Irrtümer:

> «Ich gestehe freilich, daß ich unter allen Menschen der verschiedenen Jahrhunderte der am wenigsten befähigte bin, ein so weites Feld zu durchmessen, und so möchte ich kundige und gebildete Männer bitten, meine Arbeit mit Wohlwollen zu prüfen und, wenn sie darin Fehler fin-

den, diese mit Nachsicht zu verbessern ... Was ich dem Publikum zu bieten habe, dürfte in den Augen gelehrter Männer nur wenig Bedeutung besitzen; aber durch ein freies Eingeständnis kann man einem Tadel zuvorkommen, und man muß immer auf das Wohlwollen seiner Fachgenossen zählen.» [15]

Er gibt der Hoffnung Ausdruck, sein Werk möge sich in den schwierigen Zeitläufen, die er voraussieht, als nützlich erweisen:

«Wenn das Universum eine vollständige Umwälzung durchmacht, scheint es seine Natur ändern zu wollen, damit daraus eine neue Schöpfung hervorgehe und die Dinge sich neu organisieren können. Deshalb ist heute ein Geschichtsschreiber nötig, der den Zustand der Welt, der Staaten und der Völker beschreiben und die Wandlungen, die sich auf dem Gebiet der Bräuche und des Glaubens vollziehen, vermerken kann.» [16]

Mit einigem Stolz weist er auf die von anderen Historikern begangenen Fehler hin. Seiner Auffassung nach haben sich diese mit einer bloßen chronikalischen Aneinanderreihung der Geschehnisse begnügt, ohne je den Versuch einer Erklärung des logischen Zusammenhanges, einer Erhellung von Ursachen und Wirkungen zu machen. Auch haben sie Vorfälle, die ihnen vom bloßen Hörensagen bekannt waren, als Tatsachen hingestellt, unwahrscheinliches statistisches Material verwendet und zu viele Dinge dem Wirken übernatürlicher Kräfte zugeschrieben. Er selbst nimmt sich fest vor, zur Erklärung von Geschehnissen nur natürliche Kräfte heranzuziehen. Die Aussagen früherer Geschichtsschreiber will er am gegenwärtigen Stand der Erfahrung messen, und jede angebliche Tatsache, die diesem Kriterium nicht standhält, ablehnen. Die Erfahrung muß die Richterin der Tradition sein. Seine eigene Methode in der *Muqaddima* besteht darin, zuerst die Philosophie der Geschichte zu betrachten, sich nachher den freien und gelehrten Berufen, dem Handwerk und Gewerbe sowie den übrigen menschlichen Beschäftigungen zuzuwenden, hierauf die Geschichte der Wissenschaft und Kunst einer Prüfung zu unterziehen und schließlich die Geschichte der Wissenschaft und Kunst zu behandeln. In einer Folge von Bänden stellt er eine nach der anderen die politische Geschichte der verschiedenen Nationen dar, indem er ganz bewußt die Einheit der Zeit der des Raumes opfert. Der wahre Gegenstand der Geschichtsbetrachtung, sagt er, ist die Zivilisation: auf welche Weise sie entsteht, wie sie aufrechterhalten wird, wie sie Literatur, Wissenschaft und Kunst hervorbringt und warum sie wieder zerfällt. Gleich den einzelnen Individuen haben auch die Staaten eine ihnen eigentümliche Schicksalsbahn. Sie wachsen, sie reifen, sie zerfallen. Welches sind die Gründe dieses Entwicklungsprozesses?

Von grundlegender Bedeutung sind die geographischen Gegebenheiten. Das Klima hat eine ausschlaggebende Wirkung. Der kalte Norden zum Beispiel bringt mit der Zeit selbst bei Völkern südlicher Herkunft eine helle Haut, lichtes Haar, blaue Augen und eine ernste Gemütsverfassung hervor, während das südliche Klima eine dunkle Haut, schwarze Haare, eine «stärkere Betonung der animalischen Triebe», Unbeschwertheit des Gemüts, Aufgeschlossenheit für Vergnügungen, Gesang und Tanz bewirkt. Das Essen beeinflußt den Charakter: Eine schwere, aus Fleisch und Getreide bestehende und stark gewürzte Kost bringt einen schwerfälligen Körper und Geist hervor und führt im Falle von Hungersnot oder Krankheit zu einem raschen Zusammenbruch; eine leichte Kost andererseits, wie sie etwa bei den Wüstenvölkern die Regel ist, erzeugt einen beweglichen, gesunden Körper, einen klaren Kopf und Widerstandsfähigkeit gegenüber Krankheit. Unter den Völkern dieser Erde gibt es grundsätzlich keine Ungleichheit ihrer potentiellen Möglichkeiten; der Unterschied im Stande ihrer Entwicklung rührt von den geographischen Gegebenheiten her und kann durch eine Änderung derselben oder durch das Verlegen des Wohnsitzes in Gegenden mit anderen geographischen Verhältnissen modifiziert werden.

Unmittelbar hinter den geographischen folgen die ökonomischen Bedingungen. Ibn Chaldun unterteilt alle Völkerschaften entsprechend ihrem Modus der Nahrungsbeschaffung in nomadische und seßhafte und sieht die Ursache der meisten Kriege in dem Streben nach seiner Verbesserung. Die Nomadenstämme werden früher oder später auf dem Wege der Eroberung die Herren der seßhaften Völkergemeinschaften, weil ihre Lebensweise sie zwingt, die martialischen Tugenden des Mutes, der Ausdauer und des Gemeinschaftsgeistes zu pflegen und hochzuhalten. Die Nomaden zerstören in manchen Fällen Kulturen, schaffen selbst aber nie welche; sie werden blutmäßig und kulturell von den eroberten Völkern aufgesogen, und die nomadisierenden Araberstämme bilden hiervon keine Ausnahme. Da ein Volk niemals auf die Dauer mit der Nahrung, die es sich beschaffen kann, zufrieden ist, sind Kriege ein natürlicher Zustand. Auf dem Wege des Krieges entsteht oder erneuert sich die politische Führerschaft. Daher ist die Monarchie die gebräuchlichste Regierungsform, und ihre Vormachtstellung läßt sich fast durch den ganzen Verlauf der geschichtlichen Entwicklung hindurch verfolgen. Die von der Regierung befolgte Steuerpolitik kann die Entwicklung eines Staates begünstigen oder umgekehrt an seinem Ruin schuld sein; seine übermäßige Besteuerung oder die Einmischung des Staates in die Güterproduktion und -verteilung lähmt die Unternehmungslust und den Wettbewerb und tötet das Huhn, das die goldenen Eier legt. Auf der anderen Seite kann die übermäßige Konzentration des Reichtums zu krassen sozialen Gegensätzen und deshalb zu Revolutionen führen.

In der Geschichte sind auch moralische Kräfte am Werk. Ein Reich wird durch den Gemeinschaftsgeist (ᶜasabijja) seiner Bevölkerung zusammengehalten, und um diesen zu fördern, gibt es kein besseres Mittel als die Festlegung auf eine gemeinsame Religion und deren Ausübung; wie die Päpste, die Inquisition und die protestantischen Reformatoren ist auch Ibn Chaldun vom Wert eines einheitlichen Glaubens überzeugt:

«Dies ist so, weil man zur Herrschaft nur durch Obmacht gelangt, die Obmacht aber nur durch ᶜasabijja entsteht. Die Übereinstimmung der Wünsche aber zur Forderung und die Vereinigung und Verbindung der Herzen geschieht nur durch die Hilfe Gottes, um seine Religion aufzurichten. Sagt Er doch: ‚Wenn du alles ausgäbest, was auf Erden ist, so könntest du doch ihre Herzen nicht vereinigen' (Koran 8, 64).

Das Geheimnis darin ist dies: Wenn die Herzen in nichtigen Begierden und Neigung zur Welt übereinstimmen, dann entsteht Eifersucht, und Uneinigkeit verbreitet sich. Wenn sie sich aber zur göttlichen Wahrheit neigen, die Welt und die Nichtigkeiten verlassen und sich Gott zuwenden, nehmen sie eine einheitliche Richtung an, die Eifersucht verschwindet, die Uneinigkeit nimmt ab; dafür wird die gegenseitige Hilfe und Unterstützung besser, der Kreis des Wortes erweitert sich dadurch, und die Staaten werden mächtiger.» [17]

Die Religion ist nicht nur ein nützliches Hilfsmittel im Krieg, sondern hat auch segensreiche Auswirkungen auf den Seelenfrieden des Einzelmenschen und auf die Ordnung der innerstaatlichen Verhältnisse. Dies freilich nur für den Fall, wenn der Glaube ohne irgendwelche Vorbehalte angenommen wird. Keiner von den Philosophen, die immer wieder neue Systeme zusammenbrauen, hat bisher irgendeinen Ersatz für die Religion und das, was sie dem Menschen an Halt und Inspiration bietet, gefunden. «Wenn es sich darum handelt, das, was existiert, zu verstehen, dann muß man seinen Wahrnehmungsfähigkeiten und dem, was sie vermitteln, mißtrauen; man muß dem inspirierten Gesetzgeber gehorchen, der, weil er um das Wohlergehen der Menschen mehr besorgt ist als diese selbst und besser weiß, was ihnen frommt, ihnen vorgeschrieben hat, was sie zu tun und zu glauben haben.»[18] Nach dieser Einführung schreitet unser Geschichtsdenker zur Interpretation der Geschichte im realistischen Sinne.

Jedes Reich durchläuft verschiedene Entwicklungsstadien. 1. Ein siegreicher Nomadenstamm macht sich seßhaft und geht an die Nutznießung eines eroberten Gebietes oder Staates. «Wenn ein Volk unzivilisiert ist, dehnt sich seine Herrschaft weiter aus.»[19] 2. Mit der zunehmenden Komplizierung der sozialen Beziehungen wird zur Aufrechterhaltung der Ordnung eine stärkere Konzentration der Macht nötig, und der Stammeshäuptling wird König. 3. In diesem festgefügten Staatswesen wächst der Wohlstand, vermehren sich die Städte, entwickeln sich Bildung und Literatur, erheben Naturwissenschaften und Philosophie ihr Haupt und blühen die Künste. Zunehmende Verfeinerung und luxuriöse Bedürfnisse bezeichnen den Beginn des Zerfalls. 4. Die reich gewordene Gesellschaft gelangt dazu, Vergnügungen, Luxus und Bequemlichkeit auf Kosten des Unternehmungsgeistes, des Risikos und der Bereitschaft, für das Vaterland zu sterben, zu bevorzugen; die Religion verliert ihren Einfluß auf die Gemüter; die Sitten lockern sich, die Unsittlichkeit wächst; die kriegerischen Tugenden und die Eroberungsgelüste verschwinden; gemietete Söldner übernehmen den militärischen Schutz der Gesellschaft, denen es an patriotischer Begeisterung und religiösem Halt fehlt; der schlecht verteidigte Reichtum fordert einen Angriff durch unzufriedene und hungernde Völker jenseits der Grenzen heraus. 5. Angriffe von außen oder Verschwörungen im Innern oder beides zusammen führen zum Sturz und Untergang des Staates. Diesen Zyklus durchliefen Rom, die Almoraviden und Almohaden in Spanien, der Islam in Ägypten, Syrien, Irak, Persien; «auf diese Weise vollzieht sich der Vorgang immer».

Dies sind nur einige Kostproben aus dem Reichtum an Ideen, der die *Muqaddima* zum bedeutendsten philosophischen Werk seines Jahrhunderts stempelt. Ibn Chaldun entwickelt auf jedem Gebiet seine ganz persönlichen Gedankengänge, ausgenommen auf dem der Theologie, wo er Originalität nicht für empfehlenswert hält. Er, der Verfasser eines bedeutsamen philosophischen Werkes, nennt die Philosophie ein gefährliches Ding und rät seinen Lesern, die Finger davon zu lassen; vielleicht hatte er dabei eher die Metaphysik und Theologie im Auge und weniger die Philosophie als – in einem weiteren Sinne aufgefaßt – den Versuch, die menschlichen Dinge in einem großen Zusammenhang zu sehen. Stellenweise glaubt man aus seinen Worten die Stimme irgendeines alten Marktweibes zu hören: Zauberei, Wundertaten, das «böse Auge», die magischen Eigenschaften des Alphabets, Wahrträume, Zukunftsdeutung aus den Eingeweiden oder dem Vogelflug – alles nimmt er für bare Münze. Gleichzeitig bewundert er aber die exakte Wissenschaft, anerkennt er die Überlegenheit der Griechen über die Muselmanen auf diesem Gebiet und beklagt er den Niedergang der wissenschaftlichen Forschung in den islamischen Ländern. Von Alchimie will er nichts wissen, dagegen bekundet er ein gewisses Vertrauen in die Astrologie.

Auch um andere Abstriche kommen wir bei der Bewertung seiner Werke nicht herum. Wenn auch Ibn Chaldun so weitherzig ist wie der ganze Islam selbst, teilt er doch mit ihm gewisse Beschränkungen. So widmet er in den drei Bänden der *Muqaddima* dem Christentum ganze sieben Seiten; Griechenland, Rom und das mittelalterliche Europa erwähnt er nur am Rande. Mit der Niederschrift der Geschichte von Nordafrika, des islamischen Ägypten und des Nahen und Mittleren Ostens vermeint er, «die Geschichte aller Völker» geschrieben zu haben. Manchmal macht er sich grober Unwissenheit schuldig: nach ihm soll Aristoteles in einer Säulenhalle, Sokrates von einem Faß aus gelehrt haben. Die Praxis seiner Historiographie bleibt beträchtlich hinter den in der Einleitung zur *Muqaddima* aufgestellten theoretischen Forderungen zurück; was er über die Berber und die Völker des Orients zu berichten weiß, ist nichts als eine eintönige Aufzählung von fürstlichen Dynastien, Palastintrigen und bedeutungslosen Kleinkriegen. Offenbar sollten diese Bände nur die politische Geschichte wiedergeben, während die *Muqaddima* als Überblick über die Geschichte der Kulturen gedacht war.

Unser Respekt für ihn erneuert sich aber sogleich, wenn wir nach einem philosophischen Werk unseres christlichen Kulturkreises aus dem vierzehnten Jahrhundert Ausschau halten, das sich der *Muqaddima* würdig an die Seite stellen ließe. Einzelne Autoren der Antike haben eine gewisse Vorarbeit auf dem Gebiet, das Ibn Chaldun umriß, geleistet, und unter seinem eigenen Volk hat al-Masudi (gestorben 956) in einem uns verlorengegangenen Werk den Einfluß von Religion, Moral, wirtschaftlichen Gegebenheiten und Umwelt auf den Charakter und die Gesetze der Völker zu bestimmen und die Ursachen für den Verfall der Staaten abzuklären versucht. Ibn Chaldun dagegen durfte, und zwar mit einigem Recht, die Überzeugung hegen, der Begründer der wissenschaftlichen Soziologie zu sein. Nirgends in der gesamten Literatur vor dem achtzehnten Jahrhundert finden wir eine Geschichtsphilosophie oder eine systematische Soziologie, die sich, was Zielsetzung, Kraft des Ausdrucks oder Schärfe der Analyse betrifft, mit Ibn Chalduns Werk messen könnte. Der führende Geschichtsphilosoph unserer Zeit nennt die *Muqaddima* «das zweifellos größte Werk seiner Art, das irgendwo oder irgendwann durch irgendwen jemals geschaffen worden ist». Herbert Spencers *Prinzipien der Soziologie* (1876–1896) dürfen sich in einem gewissen Sinn mit ihm vergleichen, aber Spencer hatte viele Mitarbeiter. Wir dürfen uns jedenfalls dem Urteil eines hervorragenden Geschichtsschreibers der exakten Wissenschaften anschließen, nach welchem die *Muqaddima* «das bedeutendste historische Werk des Mittelalters» darstellt.

Blick auf den berühmtesten Mihrab des 14. Jahrhunderts, den Mihrab von Oljeto in der Freitags-Moschee in Isfahan, die 1080 von dem Seldschukenkönig Malik erbaut wurde. ▶

DRITTES KAPITEL

Suleiman der Prächtige

[1520–1566]

I. DER ISLAM IN AFRIKA: 1200–1566

VON unseren abendländischen Vorurteilen eingeengt, begreifen wir nur schwer, daß der Islam viele Jahrhunderte – vom achten bis zum dreizehnten – der Christenheit sowohl kulturell als auch politisch und militärisch weit voraus war. Noch im sechzehnten Jahrhundert, als er sich bereits im Niedergang befand, erstreckte sich seine Vormachtstellung von Casablanca bis jenseits von Delhi, von Adrianopel bis Aden, von Tunis bis Timbuktu. Als Ibn-Batuta 1353 den Sudan bereiste, fand er dort eine beachtliche muselmanische Kultur; und ein instruktives und gescheites Geschichtswerk, *Tarik-es-Sudan* (um 1360), das einen mohammedanischen Neger, Abd-er-Rahman Sa'di, zum Verfasser hat, erzählt von mächtigen Moscheen, deren Ruinen heute noch vom einstigen Glanze zeugen, und von Privatbibliotheken in Timbuktu, die bis zu 1600 Bände enthielten.

Unter der Dynastie Marini (1195–1270) gewann Marokko seine Unabhängigkeit; Fes und Marrakesch entwickelten sich zu Großstädten mit imposanten Stadttoren, Moscheen, wissenschaftlichen Bibliotheken, Kollegien der Gelehrsamkeit unter schattigen Kolonnaden und lärmenden Basaren, wo alles und jedes zum halben Preise zu erfeilschen war. Im dreizehnten Jahrhundert zählte Fes rund 125000 Einwohner, vermutlich mehr als alle europäischen Städte außer Konstantinopel, Rom und Paris. Am Sitz der ältesten Hochschule Marokkos, der Karuinmoschee, lebten Religion und Wissenschaft in bester Harmonie nebeneinander und bildeten Lernbeflissene des ganzen muselmanischen Afrika in strengen, drei- bis zwölfjährigen Lehrgängen zu Lehrern, Juristen, Theologen und Staatsmännern aus. Der bald in Fes, bald in Marrakesch residierende Emir Yaqub II. (1269–1286) war einer der aufgeklärtesten Herrscher seines vorwärtsdrängenden Jahrhunderts; als Richter gerecht, als Philanthrop weise und Bigotterie verabscheuend, nahm er der Theologie durch Philosophie die Schärfe und unterhielt freundschaftliche Beziehungen mit Europa. Beide Hauptstädte gewährten zahlreichen Flüchtlingen aus Spanien Asyl und sahen Wissenschaft, Kunst und Handwerk befruchtet. Ibn-Batuta, der beinahe den gesamten ungeheuren Bereich des Islam aus persönlichem Augenschein kannte, nannte Marokko das Paradies auf Erden.

Überrascht entdeckt der moderne Reisende auf dem Wege von Fes nach Oran in Tlemcen die armseligen Reste einer Stadt, die im dreizehnten Jahrhundert 125000 Einwohner und vierundsechzig Moscheen zählte. Drei davon – Jama-el-Kebir (1136),

◀ *Vergoldete Tür im Facetten-Palast (Granowitaja Palata), der zum Komplex des Großen Kremlpalastes gehört und von den Italienern Pietro Solario und Marco Ruffo als Thronhalle für Zar Iwan III. erbaut worden ist.*

Abul Hassan (1298), El-Halawi (1353) – gehören zu den schönsten des Islam; Säulen aus Marmor, komplizierte Mosaiken, kunstvolle Gebetnischen, Arkadengänge, Holzschnitzereien und himmelanstrebende Minarette zeugen von Tlemcens untergegangenem und fast vergessenem Glanz. Drei Jahrhunderte (1248–1337, 1359–1553) führte hier die Dynastie Abd-el-Wahid ein relativ aufgeklärtes Regiment, Juden und Christen genossen Religionsfreiheit, Kunst und Literatur wurden kräftig gefördert. Nach dem Übergang in türkische Hände (1553) verlor Tlemcen seine Bedeutung als Güterumschlagplatz und versank im Dämmer der Geschichte.

Weiter östlich prosperierte Algier dank einer eigentümlichen Verquickung von Handel und Seeräuberei. In diesem romantischen, im Halbrund einer Felsenbucht verborgenen Hafen klommen weiße Wohnhäuser und Paläste Terrasse um Terrasse vom Meer bis zur Kasba empor, indes – seit des Pompeius Zeiten – von der Bucht aus Korsaren Jagd auf friedliche Handelsschiffe machten. Ab 1492 wählten zahlreiche aus Spanien vertriebene Mauren Algier als Zufluchtsstätte; nicht wenige davon schlossen sich Seeräubern an und kühlten ihre Wut an den ihren Bug kreuzenden Christenschiffen. An Zahl und Kühnheit zunehmend, rüsteten die Piraten ganze Flotten aus und brandschatzten die nördlichen Küstenstriche des Mittelmeers. Spanien schlug mit erfolgreichen Expeditionen zurück, die ihm Oran, Algier und Tripolis einbrachten (1509/10).

1516 erschien auf der wellengeschaukelten Bühne ein Pirat besonderen Formats. Die Italiener nannten ihn seines roten Bartes wegen Barbarossa; sein wirklicher Name war Khair ed-Din Khizr, seiner Nationalität nach war er Grieche, dessen Wiege auf Lesbos stand. Gemeinsam mit seinem Bruder Horusch schloß er sich den Seeräubern an und stieg zum Oberbefehlshaber der Piratenflotten auf, während Horusch mit bewaffneter Macht die Spanier aus Algier verjagte, sich zum Gouverneur der Stadt ausrief und in einer Schlacht das Leben verlor (1518). In die Machtbefugnisse des Bruders eingesetzt, leitete Khair ed-Din das Gemeinwesen klug und energisch. Um seine Position zu festigen, begab er sich nach Konstantinopel, bot Selim I. die Oberhoheit über Tripolitanien, Tunesien und Algerien an und handelte dafür eine ausreichende Streitmacht zur Sicherung seiner Provinzialherrschaft ein, eine Übereinkunft, die später von Suleiman bestätigt wurde. 1533 ermöglichte Khair ed-Din 70000 Mauren die Überfahrt aus dem ungastlichen Spanien nach Afrika und wurde dadurch zum Nationalhelden des westlichen Islam. Zum Großadmiral der gesamten türkischen Flotte ernannt, überfiel er mit 84 Schiffen die Städte Siziliens und Unteritaliens, raubte Tausende von Christen und verkaufte sie in die Sklaverei. Bei einem Streifzug unweit von Neapel fiel ihm um ein Haar Giulia Gonzaga Colonna, die schönste Dame Italiens, in die Hände. Von einem einzigen Kavalier begleitet, ritt sie nur halb bekleidet eiligst davon; an ihrem Ziel eingetroffen, ließ sie den Kavalier hinrichten, die Gründe für diese Maßnahme der Mutmaßung überlassend.

Doch Barbarossa gelüstete es nach dauerhafterer Beute als Frauenschönheit. Mit seinen Janitscharen in Bizerta landend, marschierte er gegen Tunis, wo die Dynastie Nefsid seit 1336 ein ziemlich anständiges Regiment geführt und Kunst und Literatur gefördert hatte. Der derzeitige Throninhaber, Muley Hassan, entfremdete sich jedoch durch seine Grausamkeit das Volk und mußte bei Barbarossas Annäherung fliehen; die Stadt fiel ohne Blutvergießen; Tunesien wurde osmanische Provinz und Khair ed-Din Herr über das Mittelmeer.

Wieder einmal sah sich die christliche Welt in einer Krise; die meerbeherrschende osmanische Flotte konnte jeden Moment muselmanische Janitscharen auf dem italienischen Stiefel landen. Sonderbarerweise bestand zu jener Zeit zwischen Franz I. und dem Sultan ein Bündnis, und Papst Clemens VII. war seinerseits mit Frankreich verbündet. Glücklicherweise starb er (25. September 1534). Sein Nachfolger, Paul III., appellierte an Karl V., versprach ihm finanzielle Hilfe gegen Barbarossa, und auch Genua sicherte die Mitwirkung seiner Kriegsflotte zu. Im Frühjahr 1535 versammelte Karl in Cagliari (Sardinien) 400 Schiffe, 30000 Mann Fußvolk und Reiterei, setzte nach Afrika über und belagerte das den Golf von Tunis beherrschende Fort La Goletta. Nach einmonatigem Widerstand fiel es in seine Hand, und er marschierte in Richtung Tunis weiter; Barbarossa versuchte ihn aufzuhalten, wurde geschlagen und floh. Die in der Stadt befindlichen Christensklaven zerrissen ihre Ketten und öffneten die Stadttore; ohne auf Gegenwehr zu stoßen, zog Karl ein. Seiner Soldateska – die sonst gemeutert hätte – erlaubte er zwei Tage der Plünderung; Tausende von Muslims wurden abgeschlachtet und das Kunstschaffen von Jahrhunderten in einem Tag zerstört. Die Sklaverei der Christen war zu Ende, die der Mohammedaner begann. Muley Hassan kehrte als tributpflichtiger Vasall Karls V. in sein Fürstentum zurück, während sich dieser, Bona und La Goletta durch Garnisonen sichernd, wieder nach Europa begab.

Barbarossa, der glücklich nach Konstantinopel entkommen war, baute mit Suleimans finanzieller Hilfe 200 neue Schiffe und bewerkstelligte im Juli 1537 bei Tarent eine Landung. Abermals sah sich die Christenheit in akuter Gefahr; und diesmal schlossen sich Venedig, Kurie und Reich zu einer neuen «Heiligen Liga» zusammen und versammelten auf der Höhe von Korfu 200 Schiffe. Am 27. September trafen die beiden Armaden in der Einfahrt zum Ambrakischen Meerbusen aufeinander, und unweit der Stelle, an der Antonius und Kleopatra die Seeschlacht von Actium gegen Oktavian geschlagen hatten, entbrannte der Kampf. Barbarossa siegte, beherrschte erneut das Meer und entriß, ostwärts segelnd, Venedig nacheinander dessen griechische und ägäische Besitzungen, bis die Republik sich zu einem Separatfrieden veranlaßt sah.

Karl, der Barbarossa auf seine Seite ziehen wollte, sandte ihm Geschenke und bot ihm die Erhebung zum Vizekönig von Nordafrika an, doch Khair ed-Din zog den osmanischen Köder vor. Im Oktober 1541 rüsteten Karl und Doria eine Expedition gegen Algier aus, die zu Land von Barbarossas Janitscharen, zur See von einem Sturm geschlagen wurde. Barbarossa beantwortete den Besuch mit der Verwüstung Kalabriens und einer unbehinderten Landung in Ostia, dem Hafen Roms. Die Hauptstadt der Christenheit bebte vor Furcht; aber glücklicherweise stand Paul III. mit Franz I. auf gutem Fuß, so daß Barbarossa – angeblich aus Höflichkeit gegen seinen Alliierten – alles bar bezahlte, was er aus Ostia mitnahm, und friedlich wieder in See stach. Er segelte nordwärts nach Toulon; die Franzosen hießen ihn und seine Flotte willkommen und unterbrachen auf seinen Wunsch – und sein Wunsch war Befehl – das Geläute der Kirchenglocken, das seinen Schlaf störte. Nachdem er gemeinsam mit einer französischen Flotte dem Kaiser Nizza und Villefranche entrissen hatte, trat der triumphierende Korsar, siebenundsiebzigjährig und mit Ruhm bedeckt, von der Bühne ab und starb achtzigjährig in seinem Bett (1546).

Bona, La Goletta und Tripolis fielen neuerdings an den Islam. Dem Osmanischen Reich, das sich jetzt von Algier bis Bagdad erstreckte, war innerhalb der muselmanischen Welt nur noch ein Gegner verblieben.

II. DAS PERSIEN DER SEFEWIDEN: 1502–1576

Für Persien, das schon so viele Perioden kultureller Blüte erlebt hatte, brach jetzt eine neue Epoche politischer und künstlerischer Schöpferkraft an. Als Schah Ismail I. die Sefewidendynastie gründete (1502–1736), sah er sich einer Vielzahl von Kleinfürstentümern gegenüber: Mesopotamien, Yazd, Samnan, Firuzkuh, Diyarbekir, Kaschan, Churusan, Qandahar, Balch, Kirman und Aserbeidschan. In einer Reihe von unbarmherzigen Feldzügen überwand er sie von Aserbeidschan aus beinahe alle, eroberte Herat und Bagdad und machte Täbris neuerdings zur Hauptstadt eines mächtigen Reiches. Die breiten Massen jubelten ihm als einem einheimischen Monarchen zu, sonnten sich in der Einigkeit und Macht, die er dem Lande gab, und verliehen dem neuen Geist in mächtigen Kunstwerken Ausdruck.

Ismails Aufstieg zu Purpur und Thron ist eine beinahe unglaubhafte Geschichte. Als sein Vater starb (1490), war er drei Jahre alt, dreizehn, als er auszog, einen Thron zu gewinnen, immer noch dreizehn, als er sich zu Persiens Schah krönen ließ. Zeitgenossen beschreiben ihn als untersetzt, breitschultrig, mit dräuendem Schnurrbart, flammendrotem Schopf, «draufgängerisch wie ein junger Kampfhahn» und «übermütig wie ein Faun». Ein zweiter Odysseus, traf er sieben Äpfel aus einer Reihe von zehn und führte mit der Linken ein mächtiges Schwert. Der Überlieferung nach besaß er «die Zärtlichkeit eines Mädchens», tötete aber seine eigene Mutter (oder Stiefmutter), schickte in Täbris 300 Kurtisanen in den Tod und schlachtete Tausende von Feinden. Ein italienischer Reisender erzählt: «Er war so volkstümlich, daß der Name Gottes vergessen worden ist und man sich nur des Namens Ismail erinnert.»

Das Geheimnis seines Erfolges beruhte auf der Verbindung von Wagemut und Religion. Ihrem Bekenntnis nach Schiiten, das heißt Anhänger von Mohammeds Schwiegersohn Ali, akzeptierten die Perser nur diesen und dessen zwölf direkte Nachkommen als *imams* oder heilige Könige; und da im Islam Staat und Kirche eine unlösliche Einheit bilden, waren die Nachfahren dieser Nachkommen auf Grund göttlichen Rechts Träger sowohl der weltlichen als auch der geistlichen Gewalt. So wie die Christen an die Wiederkehr Christi und die Aufrichtung des Gottesreichs auf Erden glaubten, so warteten auch die Schiiten auf die Wiederkehr des – wie sie glaubten, nie gestorbenen – zwölften Imam, Muhammad ibn-Hasan, und die Aufrichtung seiner segensreichen Herrschaft über die Erde. Und wie die Protestanten die Katholiken verurteilten, weil sich diese neben der

Bibel auch auf die Tradition als Wegleitung zum rechten Glauben stützten, so verurteilten auch die Schiiten jene muslimische Mehrheit (die Sunniten), die den Pfad der Rechtgläubigkeit (*sunna*) nicht nur im Koran, sondern auch in der von Mohammeds Kampfgefährten und Jüngern überlieferten Tradition sahen. Und wie die Protestanten auf den Heiligenkult und mönchische Gelübde verzichteten, so werteten auch die Schiiten die asketisch-mystische Richtung des Sufismus ab und schlossen die Klöster, die von den Derwischen in ihrer Glanzzeit zu Mittelpunkten der Gastlichkeit und Mildtätigkeit gemacht worden waren. Und wie die Protestanten ihr Bekenntnis als «wahren Glauben» bezeichneten, so nannten sich auch die Schiiten *al-Ma-minum*, «wahre Gläubige». Mit einem Sunniten gemeinsam zu essen wäre keinem Schiiten in den Sinn gekommen; und wenn der Schatten eines Christen auf die Speise eines Schiiten fiel, so wurde sie unrein und mußte weggeworfen werden.

Ismail behauptete, vom siebenten Imam, Safi-al-Din («Reinheit des Glaubens»), abzustammen, und benannte nach ihm seine neue Dynastie. Den Schiismus zur Nationalreligion Persiens proklamierend und dessen Standarte zum geheiligten Symbol erhebend, einigte Ismail die Perser zum opfermutigen Kampf gegen die sie von allen Seiten einengenden Sunniten: Usbeken und Afghanen im Osten, Araber, Türken, Ägypter im Westen. Seine Strategie siegte; man verehrte ihn trotz seiner Grausamkeit als Heiligen und hegte solches Vertrauen in seine göttliche Kraft, daß manche seiner Krieger sich weigerten, in der Schlacht eine Rüstung zu tragen.

Angesichts dieser fanatischen Gefolgschaft fühlte sich Ismail stark genug, seine Nachbarn herauszufordern und die Usbeken, die ihre Macht über Transoxanien hinaus bis nach Churasan ausgedehnt hatten, aus Herat und Persien zu vertreiben. So im Osten gesichert, wandte er sich gegen die Osmanen im Westen, und die Fehde zwischen den beiden Bekenntnissen erhitzte sich bis zur Weißglut. Nach einer unzuverlässigen Quelle hat Selim, ehe er 1514 ins Feld zog, 40 000 schiitische Untertanen einkerkern oder hinrichten lassen, während Ismail in Täbris soundso viele Sunniten aufknüpfen ließ und den Rest zwang, die drei ersten Kalifen als Usurpatoren der Rechte Alis tagtäglich im Gebet zu verfluchen. Trotzdem mußte sich der persische Schiismus in der Schlacht bei Chaldiron vor den Janitscharen und Kanonen des Osmanen beugen; und der Sultan marschierte nach Täbris und besetzte ganz Nordmesopotamien (1516). Da aber meuterte sein Heer; er mußte sich zurückziehen, und Ismail zog mit allem Lorbeer eines sieggekrönten Königs wieder in seine Hauptstadt ein. Die Literatur brachte unter dieser unruhigen Regierung nichts Beachtliches hervor, die bildenden Künste hingegen blühten unter verständnisvoller Förderung auf; der Maler Bihzad, von Ismail so wertvoll wie halb Persien geschätzt, war des Schahs besonderer Schützling. Nach vierundzwanzig Regierungsjahren starb Ismail achtunddreißig Jahre alt und hinterließ den Thron einem zehnjährigen Sohn (1524).

Schah Tamasp I., ein wortbrüchiger Feigling, schwermütiger Lüstling, unfähiger Herrscher, harter Richter, Kunstjünger, Mäzen und strenggläubiger Schiit, war das Idol seines Volkes. Vielleicht besaß er aber doch einige Tugenden, die er geschickt vor der Geschichte zu verbergen wußte. Der Nachdruck, den er auf Glaubensfragen legte, stärkte seine Regierung, wie er sie schwächte; er bot den Vorwand zu einem Dutzend Kriegen, die von 1508 bis 1638 im Vorderen und Mittleren Orient den Islam in permanenter Spaltung hielten. Nutznießer davon war die Christenheit, mußte doch Suleiman seinen Angriff gegen den Westen wiederholt durch Feldzüge gegen Persien unterbrechen. «Nur Persien steht zwischen uns und dem Untergang», berichtete Ferdinands Gesandter in Konstantinopel. 1533 führte Großwesir Ibrahim Pascha ein türkisches Heer nach Aserbeidschan, besetzte dank der Bestechung persischer Befehlshaber einen befestigten Punkt nach dem anderen und zog schließlich ohne Schwertstreich in Bagdad und Täbris ein (1534). Vierzehn Jahre später, während eines Waffenstillstands mit Ferdinand, marschierte Suleiman persönlich gegen «die rotköpfigen Schurken» (so nannten die Osmanen die Perser), eroberte einunddreißig Städte und wandte sich wieder gegen Europa. Zwischen 1525 und 1545 verhandelte Karl wiederholt mit Persien, vermutlich zur Koordination der christlichen und schiitischen Abwehr gegen Suleiman. Als Persien zur Offensive überging und Erzerum in seine Gewalt brachte, jubelte der Westen; doch 1554 brach Suleiman abermals verheerend in Persien ein und zwang Tamasp zu einem Frieden, der Bagdad und Südmesopotamien dauernd unter osmanische Herrschaft brachte.

Interessanter als diese trostlosen Konflikte sind für uns die abenteuerlichen Reisen Anthony Jenkinsons zur Auffindung eines Landwegs nach Indien und Katai (China). In dieser Sache zeigte sich Iwan der Schreckliche entgegenkommend; er nahm Jenkinson freundlich auf, bewilligte die zollfreie Durchfuhr englischer Güter sowie deren Transport auf der Wolga und über das Kaspische Meer und schickte ihn als seinen Gesandten zum Usbekensultan nach Buchara. Nachdem Jenkinson einen heftigen Sturm auf dem genannten Meer glücklich überstanden hatte, reiste er nach Qasvin im Inneren Persiens und überreichte Tamasp die Beglaubigungsbriefe einer fernen Königin, die den Persern als unbedeutende Fürstin eines barbarischen Volkes erschien (1561). Dennoch waren sie zu einem Handelsabkommen bereit; als er sich aber als Christ zu erkennen gab, baten sie ihn abzureisen, weil sie, wie sie ihm sagten, «keine Freundschaft mit Ungläubigen brauchten». Als sich Jenkinson entfernte, streute ein Diener reinigenden Sand über die Fußspuren dieses Christen, der schiitische Erde verunreinigt hatte.

Mit Tamasps Tod endete eine der längsten und katastrophalsten Regierungen in der Geschichte des Islam (1576). Wenn wir von den fesselnden Memoiren des verbannten Babur absehen, hat sie kein den Persern teures literarisches Denkmal hinterlassen. Trotzdem hat sich schon unter diesen zwei ersten Sefewiden jenes Kunstschaffen zu entfalten begonnen, das die Dynastie so berühmt gemacht hat und sich mit Werken von wuchtiger Monumentalität und großer Stilreinheit würdig an die vorausgegangenen zweiundzwanzig Jahrhunderte persischen Kunstschaffens anschließt. Das Mausoleum des Harun-i-Vilaya zu Isfahan zeigte alle Feinheiten der persischen Klassik und farbenprächtigste Fayencemosaiken; das Portal der großen Freitagsmoschee krönte eine kühn konstruierte Halbkuppel; ein weiteres Masjid-i-Jami, in Schiras, ist von der Zeit verschluckt worden.

Die fragilen Arbeiten der Kalligraphie und Buchillumination haben oftmals die steinernen Monumente überdauert und die auf das Buch – dieses Idol des Islam – verwandte liebevolle Sorgfalt vergolten. Die Araber, dieses stolze Volk, hegten für ihr Alphabet, dem sich eine so graziös geschwungene Linienführung abgewinnen ließ, eine verzeihliche Vorliebe. Bei den Persern wurde die Schrift zum Kunstwerk; sie meißelten Inschriften in die Portale und Gebetnischen ihrer Moscheen, ziselierten sie ins Metall ihrer Waffen, brannten sie in ihre Tongefäße, woben sie in Teppiche ein und bannten ihre heiligen Schriften und ihre Poesie in Handschriften, die Herz und Auge vieler Generationen erquickten. Das Nastaliq oder die Schrägschrift, unter den Timuriden in Täbris, Herat und Samarkand gepflegt, kehrte mit den Sefewiden nach Täbris zurück und ging mit ihnen nach Isfahan. Und wie die Moschee aus dem Zusammenwirken eines Dutzends von Kunstzweigen hervorging, so wirkten auch zur Buchherstellung Dichter, Kalligraph, Illuminator und Buchbinder hingebungsvoll zusammen.

Amerika hat mancherlei Zeugnisse der Hochblüte dieser Kunst in Buchara, Herat, Schiras und Täbris aufzuweisen. So besitzt das Bostoner Museum eine von Arraji Muhammad al-Qawam von Schiras signierte grandiose Handschrift von Firdusis *Schâhnâme* (1522), das Clevelander Museum eine von Muschid-al-Kiatib illuminierte (1538), während das New-Yorker Metropolitan Museum eines der schönsten Produkte der Illuminations- und Schreibkunst von Täbris, nämlich die Titelseite eines Exemplars von Nizamis *Khamsu* (1525), aufzuweisen hat. Mit der Übersiedlung Bihzads nach Täbris wurde diese Stadt zur Hochburg der Buchillumination. Während des Krieges mit Suleiman versteckte der Schah sowohl ihn als auch den Kalligraphen Mahmud Nischapuri als seinen wertvollsten Schatz in einer Höhle. Eine der meisterlichsten Miniaturen jener Epoche, die vom Schicksal aus Täbris ins Britische Museum verschlagen wurde, *Chosru und Schirin auf dem Thron* (1539), stammt von Bihzads Schüler Aqa Mirak. Dieser gab die Kunst an den Prinzen Muhammad Nur weiter. Die Tatsache mißachtend, daß er von Haus aus über die Mittel verfügte, ein nutzloses Leben zu führen, wurde Muhammad Nur, die «unschätzbare Perle» am Hofe Tamasps, zum unübertroffenen Meister der Kalligraphie und Illumination, des Entwurfs von Bucheinbänden und Teppichen. Er kopierte und illustrierte Nizamis *Khamsu* (1539–1543); auf einem herrlichen, im Britischen Museum befindlichen Blatt sehen wir König Chosru, der, auf einem Fuchs sitzend, durch grün-, braun- und goldgetöntes Laubwerk nach der in einem silbernen Teiche badenden Schirin späht. Ein anderes Blatt zeigt noch brillantere Farben: Auf seinem geflügelten Rosse Buraq sprengt der Prophet, im Begriffe, Himmel und Hölle zu visitieren, durch die Himmel. Die Figuren sind die verkörperte Grazie, doch mit bewußt unpersönlichen Zügen; dem Künstler lag mehr an der dekorativen Wirkung als an Individualisierung, und er schätzte Schönheit, die subjektiv manchmal erreichbar ist, höher als Naturtreue, die objektiv immer entflieht. In diesen Miniaturen erklomm die persische Illuminationskunst ihren Höhepunkt.

Die gleiche liebevolle Sorgfalt und Eleganz der Musterung wurde auch Geweben und Teppichen zuteil. Gewebe aus jener Zeit sind zwar nicht erhalten geblieben, doch können wir uns aus Miniaturen ein Bild von ihnen machen. Im Teppich, diesem unentbehrlichen Bestandteil der islamischen Kultur, brachten es die damaligen Künstler zur höchsten Meisterschaft. Der Muslim kannte keine Stühle, sondern aß und saß auf teppichbelegtem Boden; besondere mit religiösen Symbolen und einer Sure aus dem Koran geschmückte Gebetteppiche dienten der Andacht. Teppiche gehörten zu den kostbarsten Geschenken, die man Freunden, Königen und Moscheen geben konnte. Als Selim II. den Thron bestieg, übersandte ihm Tamasp zwanzig große und viele kleine aus Gold und Silber geknüpfte Exemplare (1566). Man klassifizierte die Teppiche nach ihrem Hauptmotiv als Garten-, Blumen-, Jagd-, Vasen- und Medaillonstücke. Arabesken und chinesische Wolkenbildungen umrahmten das Grundmotiv, Tiere und Geheimsymbole brachten Abwechslung in das Muster, Ranken und Blumen lockerten es auf und verliehen ihm eine heitere Note. Die kontrapunktische Linienführung, die das Ganze zusammenhielt, war von größter künstlerischer Logik und übertraf Palestrinas Madrigale an Einfallsreichtum.

Einige berühmte persische Teppiche aus der ersten Hälfte des sechzehnten Jahrhunderts haben die Zeiten überdauert. Einer davon, ein Medaillonteppich, besteht aus dreißig Millionen Wollknoten auf Seidenkette; er lag jahrhundertelang in der Moschee in Arbadil und gehört heute teils dem Londoner Victoria- und Albert-Museum und teils dem County Museum in Los Angeles. An einem Ende befindet sich eine Kartusche mit einem Hafis-Vers, und darunter lesen wir die stolzen Worte: «Geknüpft von dem Sklaven ... Maqsud von Kaschan im Jahr 946» der Hedschra – das heißt 1539 n.Chr. Gleichfalls in Los Angeles hängt der bei der Thronbesteigung Eduards VII. (1901) verwendete gewaltige Krönungsteppich. Bevor der Zweite Weltkrieg das Gebäude zerstörte, besaß das Poldi-Pezzoli-Museum in Mailand unter seinen größten Schätzen einen Jagdteppich von Ghiyath ad-Din Jami von Yazd, dem Bihzad der Teppichknüpfkunst. Der «Teppich des Herzogs von Anhalt» in der Sammlung Duveen verdankt seine internationale Berühmtheit der goldgelben Grundfarbe und den reizvollen karmesinfarbenen, roten und türkisblauen Arabesken. Buch und Teppich gehören zu den hervorragendsten Leistungen der persischen Sefewidenzeit, durch die sie sich im Gedächtnis der Menschheit einen unverrückbaren Platz erworben hat.

III. SULEIMAN UND DER WESTEN

1520 folgte der sechsundzwanzigjährige Suleiman seinem Vater Selim I. auf dem Thron. Tapferkeit vor dem Feind, Großzügigkeit gegenüber seinen Freunden, fähige Verwaltung der Provinzen hatten seinem Namen einen guten Klang verschafft, und Konstantinopel, der Herrschaft Selims des Strengen überdrüssig, begrüßte sein vornehmes und liebenswürdiges Wesen. Ein Italiener beschreibt ihn kurz nach seiner Thronbesteigung als groß, sehnig, kräftig, mit überlangem Hals, überstark gekrümmter Nase, schütterem Bartwuchs, zartem, bleichem Teint, ruhigen, ernsten Zügen – alles in allem mehr ein Gelehrter als ein Sultan. Acht Jahre später schilderte ihn ein anderer Italiener als «totenbleich ... schwermütig, Frauenverehrer, freigebig, stolz, fahrig und manchmal gütig». Der Gesandte der Habsburger bei der Pforte, Ghislain de Busbeq, entwarf von dem hartnäckigsten Gegner dieses Hauses eine beinahe liebevolle Charakteristik:

«Es lag von jeher in seinem Wesen, bedachtsam und mäßig zu leben; sogar in seinen frühen Tagen, wo nach türkischer Regel Sünde verzeihlich gewesen wäre, verhielt er sich tadelsfrei; denn nicht einmal in der Jugend trank er Wein und beging jene unnatürlichen Verbrechen, die unter Türken gang und gäbe sind; und selbst jene, die seine Handlungen so unvorteilhaft wie möglich auszulegen suchten, konnten ihm nichts Schlimmeres vorwerfen als eine übermäßige Ergebenheit gegenüber seiner Gemahlin ... Es ist eine gut bekannte Tatsache, daß er ihr absolut treu gewesen ist, seit er sie zu seiner rechtmäßigen Gemahlin erhoben hat, obschon ihn kein Gesetz gehindert hätte, auch Mätressen zu halten.»[1]

Das ist ein bemerkenswertes, wenn auch zu schmeichelhaftes Porträt. Zweifellos war Suleiman der größte und vornehmste aller Osmanensultane, der hinter keinem Herrscher seiner Zeit an Fähigkeit, Klugheit und Charakterstärke zurückstand; dennoch müssen wir ihn gelegentlicher Grausamkeit, Eifer- und Rachsucht zeihen. Aber versuchen wir rückschauend, seinen Konflikt mit dem Christentum leidenschaftslos zu betrachten.

Die kriegerische Auseinandersetzung zwischen Christenheit und Islam dauerte bereits volle neunhundert Jahre. Den Anfang hatten mohammedanische Araber oder Sarazenen gemacht, die Syrien dem Oströmischen Reich entrissen (634) und es dann Jahr um Jahr um ein weiteres Stück schmälerten, indes die Mauren Spanien eroberten. Die Christenheit antwortete mit Kreuzzügen, wobei beide Parteien mit religiösem Fanatismus und frommen Phrasen Machtgier und politische Verbrechen tarnten. Der Islam vergalt mit der Eroberung Konstantinopels und der Unterjochung des Balkans. Spanien vertrieb die Mauren. Papst nach Papst rief zu einem neuen Kreuzzug gegen die Osmanen auf, während Selim I. gelobte, in Rom eine Moschee zu bauen. Franz I. suchte die abendländischen Mächte dazu zu gewinnen (1516), das Türkische Reich gänzlich zu vernichten und seine Länder als den Ungläubigen abgenommene Beute aufzuteilen. Der Gedanke scheiterte an dem Religionskrieg in Deutschland, der Erhebung der spanischen Kommunen gegen Karl V. und an Franz' eigenem Nachgedanken, Suleimans Hilfe gegen Karl in Anspruch zu nehmen. Wenn Luther Suleiman gerettet hat, hat Suleiman seinerseits das Luthertum gerettet.

Jeder Staat strebt nach Erweiterung seiner Grenzen, teils zur Stärkung seiner Hilfsmittel und Einkünfte, teils zur Vergrößerung des Vorfeldes zwischen Hauptstadt und Landesgrenze. Suleiman sah im Angriff die beste Verteidigung, eroberte 1521 die ungarischen Festungen Szabács und Belgrad und wandte sich dann, im Nordwesten gesichert, gegen das im Besitz des christlichen Johanniterordens befindliche Rhodos. Suleiman empfand diese an der Schiffahrtsroute von Konstantinopel nach Syrien und Alexandrien gelegene starkbewehrte Felsenburg als einen Fremdkörper inmitten türkischer Gewässer, und in der Tat störten christliche Korsaren die mohammedanische Schiffahrt im östlichen Mittelmeer nicht weniger als die Muslimpiraten Algiers die christliche Schiffahrt im westlichen. Muslims, die den Johannitern in die Hände fielen, wurden meist umgebracht. Pilgerschiffen unterschoben sie feindselige Absichten und fingen sie ab.

Wie ein christlicher Historiker sagt, «bedurfte unter diesen Umständen Suleiman keiner besonderen Rechtfertigung für den Angriff auf Rhodos», während ein prominenter englischer Geschichtsschreiber meint: «Es lag im Interesse der allgemeinen Sicherheit, die Insel dem Türkischen Reich einzuverleiben.»

Suleiman bot zu dem Angriff 300 Schiffe und 200000 Mann auf. Unter der Führung ihres greisen Hochmeisters Philippe de Villiers de l'Isle-Adam leisteten die Johanniter 145 Tage lang heldenhaft Widerstand, bis sie schließlich unter ehrenvollen Bedingungen kapitulierten: freiem Abzug aller Waffentragenden binnen zehn Tagen, Freiheit der Glaubensausübung und fünfjährige Steuerbefreiung für die zurückbleibende Bevölkerung. Am Weihnachtstage berief Suleiman den Hochmeister zu sich, sprach ihm sein Mitgefühl aus, lobte seine mutige Verteidigung, überreichte ihm wertvolle Geschenke und drückte seinem Großwesir Ibrahim gegenüber «seinen Kummer aus, daß er diesen greisen Christen aus Heim und Besitz vertreiben müsse». Am 1. Januar 1523 schifften sich die Johanniter nach Kreta ein, blieben dort acht Jahre und übersiedelten dann zu dauernder Niederlassung nach Malta. Leider befleckte der Sultan seinen Sieg: Er tötete Sohn und Enkel des Prinzen Dschem, weil sie nicht nur zum Christentum übergetreten waren, sondern auch – wie Dschem – als potentielle Thronprätendenten gefährlich werden konnten.

Anfang 1525 ersuchte Franz I., der sich damals in spanischer Gefangenschaft befand, Suleiman brieflich, ihm zu Hilfe zu kommen und in Ungarn einzufallen. Der Sultan antwortete: «Unser Pferd ist gesattelt, unser Schwert gegürtet.» Doch hatte er sich schon lang vorher zu einem solchen Einfall entschlossen. Als er im April 1526 mit 100000 Mann und 300 Kanonen aufbrach, appellierte Papst Clemens VII. an die christlichen Monarchen, dem bedrohten Land zu Hilfe zu kommen, aber Luther riet den protestantischen Reichsfürsten, sich nicht zu rühren; die Türken seien offensichtlich eine Heimsuchung des Himmels, und sich gegen sie zu wehren wäre Widerstand gegen Gott. Karl V. blieb in Spanien. Die daraus resultierende Niederlage der Ungarn bei Mohács bedeutete für die Christenheit einen materiellen und moralischen Schlag. Dennoch hätte Ungarn sich von dieser Katastrophe erholen können, wenn Katholiken und Protestanten, Kaiser und Papst gemeinsame Anstrengungen unternommen hätten; aber die lutherischen Führer freuten sich über den türkischen Sieg, und die kaiserlichen Landsknechte plünderten Rom.

1529 belagerte Suleiman Wien neuerdings mit 200000 Mann; Graf Nikolaus von Salm, dem Ferdinand die Leitung der Verteidigung anvertraut hatte, beobachtete vom Turm des Stephansdoms aus das unübersehbare Osmanenlager in der Ebene und auf den nahen Hügeln. Diesmal rief Luther seine Freunde auf, den Belagerten Hilfe zu bringen; denn Deutschland war, falls Wien fiel, offensichtlich des Türken nächstes Angriffsziel; und gerüchtweise verlautete, Suleiman habe gelobt, ganz Europa dem einzigen wahren Glauben – dem Islam – zu unterwerfen. Die türkischen Ingenieure gruben einen unterirdischen Gang nach dem anderen, um die Wälle in die Luft zu sprengen oder Explosionen in der Stadt selbst hervorzurufen; doch die Verteidiger waren wachsam und hielten an den Gefahrenpunkten Wassereimer bereit. Als der Winter kam, vermochten die langen Versorgungslinien des Sultans den Nachschub nicht zu bewältigen. Am 14. Oktober befahl er einen letzten, entscheidenden Sturm und versprach große Belohnungen; doch Fleisch und Geist waren gleich unwillig, der Sturm mißlang unter großen Verlusten, und Suleiman trat betrübt den Rückzug an. Es war seine erste Niederlage; immerhin behielt er halb Ungarn in seiner Gewalt und verschleppte die Stephanskrone nach Konstantinopel. Seinen Untertanen sagte er, er kehre ohne Sieg zurück, weil Ferdinand (der während der Belagerung im sicheren Prag geweilt hatte) einer Schlacht ausgewichen sei; er werde jedoch in Kürze Karl selbst aufstöbern und dem Mann, der sich den Titel eines Kaisers anmaße, die Herrschaft über das Abendland entreißen.

Diese Drohung nahm der Westen ernst genug. In Rom brach eine Panik aus; der auf einmal energische Clemens besteuerte sogar die Kardinäle, um die Mittel zur Befestigung Anconas und anderer potentieller Landepunkte der Türken aufzubringen. Im April 1532 marschierte Suleiman abermals nordwestwärts. Der Aufbruch bot ein gut inszeniertes Schauspiel: den Vortrab bildeten 120 Kanonen; es folgten 8000 Janitscharen, die besten Krieger des Reiches, 1000 mit Proviant beladene Kamele, 2000 Berittene als Garde des Adlers des Propheten, Tausende von entführten Christenknaben in goldenen Uniformen und mit roten Federhüten, die ahnungslos ihre Lanzen schwangen, dann die Leibwache des Sultans, lauter Riesen mit dräuenden Mienen, in ihrer Mitte auf einem glänzenden Braunen Suleiman selbst in einem karmesinroten, mit Gold verbrämten Mantel und einem mit Edelsteinen reich besetzten Turban, schließlich das in seiner Gesamtheit 200000 Mann zählende Heer. Wer vermochte solcher Pracht und Macht zu widerstehen? Nur die Elemente und der Raum.

Der deutsche Reichstag bewilligte Karl nach langem Bitten die Mittel für 40000 Mann Fußvolk und 8000 Berittene; außerdem rüsteten er und Ferdinand auf eigene Kosten weitere 30000 Mann aus und zogen in Erwartung des Gegners diese 78000 Mann zur Abwehr der Lawine bei Wien zusammen. Doch schon vor Günz, einem kleinen, aber gut befestigten Städtchen mit nur 700 Mann Besatzung, erlitt der Sultan einen ersten Rückschlag. Drei Wochen lang brandeten die türkischen Sturmangriffe gegen die Mauern; elfmal wurden diese durchstoßen, elfmal schlossen die Verteidiger mit Stahl, Blut und Verzweiflung die Bresche. Schließlich lud Suleiman den Befehlshaber, Nikolaus Jurischitz, unter Zusicherung freien Geleits und Überlassung von türkischen Geiseln zu Verhandlungen ein. Der Großwesir empfing ihn mit allen Ehren, man pries widerwillig seinen Mut und sein Feldherrntalent, der Sultan beschenkte ihn mit einem kostbaren Gewand und versprach, von weiteren Angriffen abzusehen; am Ende geleitete eine ansehnliche Eskorte türkischer Offiziere Jurischitz nach Günz zurück. Die durch die Tapferkeit von 700 Mann ins Stocken geratene Flut wälzte sich unaufhaltsam weiter gen Wien.

Doch auch hier erjagte Suleiman sein Wild nicht. Karl blieb hinter den sichernden Mauern; er wäre töricht gewesen, den Vorteil fester Bollwerke gegen das Risiko einer offenen Feldschlacht zu vertauschen. Suleiman sagte sich, daß er, der ein von nur 20000 Mann verteidigtes, kaiser- und känigloses Wien nicht hatte nehmen können, schwerlich ein Wien erobern werde, das 78000 Mann und ein jugendlicher Kaiser verteidigten, der öffentlich proklamiert hatte, als Christ keinen glorreicheren Tod zu kennen, als im Kampfe gegen die Ungläubigen zu fallen. Suleiman hob die Belagerung auf, verheerte Niederösterreich und die Steiermark und schleppte zur Verbrämung seines Rückzugs einzelne Gefangene mit. Andrea Doria aber jagte, während der Sultan nutzlos zweimal durch Ungarn marschierte, die türkische Flotte in schützende Häfen und nahm Patras und Koron an der Küste der Peloponnes – eine Nachricht, die den Sultan nicht sehr erbaut haben dürfte.

Einen von Ferdinand nach Konstantinopel entsandten Friedensunterhändler nahm Suleiman gut auf; er sei zum Frieden bereit, «nicht sieben Jahre, nicht fünfundzwanzig Jahre, nicht hundert Jahre, sondern zweihundert, ja dreihundert Jahre und sogar ewig – sofern Ferdinand den Frieden nicht breche», und er werde Ferdinand wie einen Sohn behandeln. Doch forderte er einen hohen Preis, nämlich Auslieferung der Schlüssel der Stadt Grau als Zeichen der Unterwerfung und Huldigung. In ihrem Wunsche, freie Hand gegen ihre christlichen Feinde zu haben, waren Karl und Ferdinand zu Konzessionen bereit. Ferdinand sandte die Schlüssel, nannte sich Suleimans Sohn und anerkannte dessen Souveränität über den größeren Teil Ungarns (22. Juni 1533). Ein Friedensschluß mit Karl kam nicht zustande. Suleiman nahm Patras und Koron zurück und träumte von einem Reich von Täbris bis Wien.

Er eroberte Täbris und wandte sich wieder nach Westen (1536). Religionsfragen zurückstellend, vereinbarte er mit Franz I. einen gemeinsamen Feldzug gegen Karl. Die Bedingungen waren für Franz äußerst erfreulich: kein Friedensschluß mit Karl ohne Abtretung Mailands, Genuas und Flanderns an Frankreich; französische Kaufleute sollten im gesamten Osmanischen Reich unter gleichen Bedingungen wie die Türken die See befahren, kaufen und verkaufen und Gerichtshoheit französischer Konsuln ausüben; darüber hinaus wurde Religionsfreiheit für französische Untertanen innerhalb des Osmanischen Reiches zugesichert. Die auf solche Weise zustande gekommenen «Kapitulationen» dienten späteren Verträgen zwischen christlichen Mächten und asiatischen Staaten als Muster.

Karl parierte mit einem Bündnis zwischen Reich, Venedig und Kirchenstaat, dem sich Ferdinand anschloß; so kurz war «auf ewig». Das Schwergewicht des türkischen Angriffs traf Venedig, das seine Besitzungen in der Ägäis und an der dalmatinischen Küste verlor und sich 1540 zu einem Separatfrieden gezwungen sah. Ein Jahr später starb Suleimans Marionette in Buda, womit Ungarns letzter Rest staatlichen Eigenlebens schwand. Ferdinand bat durch einen Emissär um Frieden und sandte gleichzeitig einen zweiten nach Persien, um den Schah zu einem Angriff auf Suleiman zu bewegen. Suleiman marschierte nach Westen (1543), nahm Grau und Stuhlweißenburg und annektierte für das Paschalik Buda weitere Gebiete. 1547 bewilligte er, mit Persien beschäftigt, dem Westen einen fünfjährigen Waffenstillstand. Beide Parteien brachen ihn. Papst Paul IV. ersuchte die Türken um einen Angriff auf den sich päpstlicher als der Papst gebärdenden Philipp II. Als nach dem Tode Karls und Franz' I. Ferdinand größere Bewegungsfreiheit zur Einigung mit dem Sultan gewann, anerkannte er 1562 im

Frieden zu Prag Suleiman als Herrn über Ungarn und die Moldau, verpflichtete sich zur Bezahlung von 90 000 Dukaten, mit denen er sich im Rückstand befand, und zu einem Jahrestribut von 30 000 Dukaten.

Zwei Jahre später folgte er seinem Bruder im Tode nach. Suleiman hatte seine sämtlichen Hauptfeinde überlebt, und wie viele Päpste sah er kommen und gehen? Er war Herr über Ägypten, Nordafrika, Anatolien, Palästina, Syrien, den Balkan, Ungarn. Die türkische Flotte beherrschte das Mittelmeer, die türkischen Waffen hatten in Ost und West ihre Schlagkraft bewiesen, die türkische Staatsführung hatte sich organisatorisch und diplomatisch allen ihren Rivalen ebenbürtig gezeigt. Die Christen hatten Rhodos, die Ägäis und Ungarn verloren und einen schmachvollen Frieden geschlossen. Die Osmanen waren jetzt die stärkste Macht Europas und Afrikas, wenn nicht der Welt.

IV. DIE KULTUR DER OSMANEN

I. DIE REGIERUNG

Waren die Türken zivilisiert? Selbstverständlich; die Vorstellung, daß sie im Vergleich mit den Christen Barbaren waren, ist eine grobe Selbsttäuschung. Ihre wissenschaftlichen Kenntnisse und ihre Methoden der Bodenbewirtschaftung standen keinesfalls hinter den westeuropäischen zurück. Eigentümer des Bodens waren die Staatsdiener, die sich ihren Besitztitel Generation für Generation durch gute Leistungen in Krieg und Verwaltung neu zu verdienen hatten; bewirtschaftet wurde der Boden von Pächtern. Fabrikähnliche Betriebe wie in Florenz und Flandern hatten sich nur in der Tuchindustrie und Töpferei, vielleicht auch in der Harnisch- und Waffenproduktion entwickelt; dennoch genossen die vorzüglichen Erzeugnisse des türkischen Handwerks Weltruf, und weder reich noch arm vermißte den Kapitalismus. Der Handelsstand hatte sich im Islam des sechzehnten Jahrhunderts weder den politischen Einfluß noch die soziale Stellung wie in westeuropäischen Ländern errungen. Der Geschäftsverkehr der Türken spielte sich unter verhältnismäßig anständigen Bedingungen ab, zwischen Türken und Christen jedoch war alles erlaubt, wobei man den Außenhandel im allgemeinen den Fremden überließ. Den Binnenhandel bis tief nach Asien und Afrika und quer durch die Sahara betrieben Muslimkarawanen auf uralten Handelsrouten, an denen Karawansereien – viele davon von Suleiman errichtet – dem Handelsmann und Reisenden Rast und Unterkunft boten. Bis 1500 beherrschte die mohammedanische Schiffahrt die Seewege von Konstantinopel, Alexandrien und dem Roten Meer bis Indien und Ostindien, wo sie die Frachten mit chinesischen Dschunken tauschte. Erst als Vasco da Gamas Reise und Albuquerques Seesiege den portugiesischen Kaufleuten Indien erschlossen, verloren die Türken die Herrschaft über den Indischen Ozean, womit für Ägypten, Persien, Syrien und Venedig eine Epoche wirtschaftlichen Niedergangs begann.

Mit beiden Beinen auf der Erde stehend oder innig mit dem Meer verwachsen, hingen die Türken weit weniger religiösen Fragen nach als die meisten Mohammedaner.

Dennoch war auch für sie der Koran Gesetz und die Moschee Bildungsstätte; für Mystiker, Derwische und Heilige hegten sie große Wertschätzung. Doch lehnten sie wie die Juden kultische Darstellungen ab und verachteten das Christentum als Vielgötterei. Staat und Kirche bildeten, vom Koran und der Tradition zusammengeschmiedet, eine feste Einheit; und das gleiche Gremium von Gelehrten – Ulema –, das das Heilige Buch auslegte, versah den Staat mit Lehrern, Advokaten, Richtern und Staatsrechtlern. Von solchen Gelehrten ist unter Mehmed II. und Suleiman I. das endgültige osmanische Gesetzbuch ausgearbeitet worden.

An der Spitze des Ulema stand der Scheik ul-Islam oder Mufti als höchster Richter nach Sultan und Großwesir. Da Sultane sterblich waren, das Ulema aber ein kollektives Dauerdasein führte, beherrschten diese Rechts- und Theologiegelehrten das muselmanische Alltagsleben; und da sie die Gegenwart stets im Licht alter Gesetze interpretierten, war ihr Einfluß vor allem konservativ und bewirkte neben anderen Faktoren die Stagnation der muslimischen Kultur nach Suleimans Tod. Der Glaube an das Schicksal – türkisch *kismet* – förderte noch diese konservative Grundhaltung; da Allah das Schicksal jeder Seele vorausbestimmt hat, ist Auflehnung dagegen sowohl eitel wie unfromm; alles und insbesondere der Tod liegt in Allahs Hand und muß ohne Murren hingenommen werden. Im allgemeinen gestattete das Ulema große Gedankenfreiheit, und eine Inquisition nach westlichem Muster hat der türkische Islam nie gekannt, wenn auch ab und zu ein allzu freimütiger Freidenker mit dem Tode büßte.

Den Christen und Juden gewährten die Osmanen weitgehende Religionsfreiheit, und in Dingen, die keinen Moslem betrafen, durften sie sich nach ihrem eigenen Recht verwalten. Mehmed II. patronisierte bewußt die griechisch-orthodoxe Kirche, weil ihm das zwischen Griechisch- und Römisch-Katholischen herrschende Mißtrauen die Abwehr der Kreuzzüge erleichterte. Sosehr die Christen unter den Sultanen prosperierten, mußten sie doch Nachteile in Kauf nehmen. Offiziell galten sie als Sklaven; doch konnten sie sich durch den Übertritt zum Islam jederzeit diesem Stande entziehen, und Millionen taten es. Wer davon absah, war vom Kriegsdienst ausgeschlossen, galt doch jeder mohammedanische Krieg offiziell als Krieg zur Bekehrung Ungläubiger. Diese Christen, zumeist Pächter, hatten außer dem Zehnten an den Grundbesitzer eine Militärersatzsteuer zu entrichten und jedes zehnte Kind dem Sultan zu überlassen, der es natürlich als Muselman erzog.

Sultan, Heer und Ulema bildeten den Staat. Die hohen Würdenträger hielten sich in ständiger Bereitschaft, mit ihrem Aufgebot zur Reiterei – *sipahi* – des Sultans zu stoßen, die unter Suleiman die bemerkenswert hohe Zahl von 130000 Mann erreichte. Busbeq, Ferdinands Gesandter, hat neidvoll ihre prächtige Ausrüstung beschrieben: Uniformen aus Brokat und Seide, karmesinrot, leuchtendgelb und dunkelblau, von Silber, Gold und Edelsteinen funkelnde Harnische und edelste Rosse.

Verschleppte oder in Erfüllung der Tributpflicht ausgelieferte Christenkinder, die am Hof des Sultans erzogen wurden, bildeten als *yeni cheri* (neue Soldaten) – im Westen zu Janitscharen umgebildet – die Elite des Fußvolks. Murad I. hatte diese einzigartige Truppe (um 1360) geschaffen, vielleicht um den potentiell gefährlichen Nachwuchs seiner christlichen Untertanen zu dezimieren. Ihre Zahl blieb beschränkt – unter Suleiman betrug sie rund 20000. In allen Zweigen der Kriegskunst aufs beste ausgebildet, durften sie weder in den Ehestand treten noch einem bürgerlichen Erwerb nachgehen. Dieses ebenso kriegerische wie glaubensfanatische Korps war im Felde so tapfer wie im Frieden ruhelos unzufrieden. Für den Kriegsfall gab es außerdem eine von dieser aus Janitscharen und Sipahis bestehenden Superelite in Zucht und Ordnung gehaltene Miliz aus mehreren hunderttausend Mann. Lanze und Armbrust, im Nahkampf Pike und kurzes Schwert, bildeten immer noch die Hauptwaffen – Feuerwaffen kamen erst auf. Die Kriegstüchtigkeit und Leistungsfähigkeit des türkischen Heeres wurde von keinem anderen erreicht; Disziplin, Moral und Gesundheitspflege waren vorbildlich, keine zweite Truppe verstand es wie sie, Geschütze zu handhaben, zu schanzen, Befestigungen anzulegen und so viele Köpfe über weite Entfernungen mit Nachschub zu versorgen. Leider erwies sich das Mittel als zu vollkommen, als daß es sich mit einer dienenden Rolle begnügt hätte; das Heer wurde zum Selbstzweck und benötigte Kriege, um schlagkräftig und in Zucht zu bleiben. Nach Suleiman warf es sich, vor allem die Janitscharen, zum Herrn der Sultane auf.

Die ausgelieferten und im Islam erzogenen Nachkommen der Christen bildeten das hauptsächliche Personal der Zentralverwaltung. Man sollte annehmen, daß ein mohammedanischer Sultan davor zurückgeschreckt wäre, sich mit Männern zu umgeben, die wie Skanderbeg insgeheim dem Glauben ihrer Väter anhingen; Suleiman bevorzugte aber ganz im Gegenteil diese Konvertierten, weil er sie von Jugend auf für bestimmte Verwaltungszweige schulen lassen konnte. Mit großer Wahrscheinlichkeit war die osmanische Bürokratie in der ersten Hälfte des sechzehnten Jahrhunderts die beste der Welt, so sprichwörtlich ihre Bestechlichkeit war. Die Chefs der Verwaltungszweige konferierten im Diwan – der dem Kabinettsrat der westlichen Länder entsprach – meist unter dem Vorsitz des Großwesirs, doch war seine Funktion eher eine beratende als eine gesetzgeberische, obschon der Sultan seinen Vorschlägen im allgemeinen durch *kanun* Gesetzeskraft gab. Die Justiz lag in den Händen der *kadi* (Richter) und der *mulla* (Berufungsrichter), die sich aus dem Kreis des Uleman rekrutierten. Einem französischen Beobachter fielen der Eifer der Richter und die Schnelligkeit des Verfahrens und Urteils auf, und nach einem angesehenen englischen Historiker war «die Rechtspflege unter den frühen Osmanenherrschern besser als in jedem anderen europäischen Land; die islamischen Untertanen der Sultane lebten disziplinierter als in den meisten christlichen Staaten, und Verbrechen waren seltener». Janitscharen überwachten die Straßen Konstantinopels, die «vermutlich weniger Morde sahen als jede andere europäische Hauptstadt». Die unter muslimische Herrschaft geratenen Gebiete – Rhodos, Griechenland, der Balkan – zogen das neue Regiment den Johannitern, byzantinischen Kaisern und Venedig vor, und sogar Ungarn glaubte unter Suleiman besser zu fahren als unter den Habsburgern.

Der Großteil aller Regierungskanzleien war im Serail untergebracht, einer Palaststadt mit zahlreichen Bauten, Gärten und Höfen, die außer dem Sultan, seinen Adjutanten und seiner Dienerschaft 80000 Beamte beherbergte. An Umfang maß sie beinahe fünf Kilometer; ein einziges, reich ornamentiertes Tor gewährte Zutritt; die Franzosen nannten es *la Sublime Porte*, eine Wendung, die eine Sprachlaune auf die gesamte türkische Regierungsmaschinerie übertragen hat. Der höchste Mann der Hierarchie nach dem Sultan war der Großwesir. Das Wort stammt von dem arabischen *wazir*, Lastenträger. Er war auch in der Tat ein Lastenträger; er führte den Vorsitz im Diwan, stand an der Spitze der Bürokratie, der Rechtspflege, des Heeres und des diplomatischen Dienstes. Er überwachte die Beziehungen mit dem Ausland, besetzte die wichtigsten Ämter und übte die zeremoniellsten Funktionen am zeremoniellsten aller europäischen Höfe aus. Seine schwierigste Aufgabe bestand darin, dies alles zur Zufriedenheit seines Herrn zu erledigen; und da der Großwesir zumeist ein ehemaliger Christ und seiner offiziellen Stellung nach Sklave war, konnte er auf Geheiß des Sultans ohne Gerichtsverfahren hingerichtet werden. Suleiman bewies seine Menschenkenntnis durch die Wahl von Wesiren, die nicht wenig zu seinem Erfolg beitrugen. Ibrahim Pascha (das heißt Abraham der Gouverneur), ein gebürtiger Grieche, war Korsaren in die Hände gefallen und als vielversprechender Sklave zu Suleiman gebracht worden. Dieser fand ihn so vielseitig verwendbar, daß er ihm immer größere Vollmachten und schließlich eine Schwester zur Ehefrau gab; er bezahlte ihm jährlich 60000 Dukaten, speiste regelmäßig mit ihm und genoß seine Unterhaltung, seine Sprachen-, Literatur- und Weltkenntnis und nicht zuletzt sein musikalisches Talent. In der blumenreichen Ausdrucksweise des Ostens gab Suleiman bekannt: «Was Ibrahim Pascha sagt, muß so gewürdigt werden, als wenn es aus meinem eigenen perlenregnenden Munde käme.» Es war das eine der großen Freundschaften der Geschichte, beinahe im Stil des antiken Griechenland.

Eine Weisheit besaß Ibrahim nicht: hinter bescheidenem Auftreten den inneren Stolz zu verbergen. Nun hatte er wohl mancherlei Grund, stolz zu sein; er war es, dem die Zentralverwaltung ihre größte Leistungsfähigkeit verdankte, er hatte durch das diplomatische Bündnis mit Frankreich das Abendland gespalten; er hatte, während Suleiman durch Ungarn marschierte, Anatolien, Syrien und Ägypten durch kluge Beseitigung von Mißständen, Gerechtigkeit und Liebenswürdigkeit nach allen Seiten befriedet. Er hatte aber auch Grund zur Vorsicht; er war immer noch Sklave, und je höher er stieg, desto dünner wurde der Faden, daran das kaiserliche Schwert über seinem Haupte hing. Das Heer brachte er mit seinem Verbot, Täbris und Bagdad zu plündern, gegen sich auf; auch die Plünderung Budas hatte er zu verhindern gesucht. Immerhin rettete er dort einen Teil von Matthias Corvinus' Bibliothek und drei Bronzestatuen, Hermes, Apollo und Artemis, die er vor seinem Palast in Konstantinopel aufstellte – ein Verstoß gegen das semitische Verbot bildlicher Darstellungen, der sogar seinen großzügigen Herrn beunruhigte. Das Gerücht ging um, Ibrahim verachte den Koran. Seine Gelage übertrafen manchmal die Suleimans an Aufwand und Pracht. Die Kollegen im Diwan bezichtigten ihn, vom Sultan zu reden, als führe er ihn wie einen gezähmten Löwen an der Kette. Roxelane, die Favoritin im Harem, neidete Ibrahim seinen Einfluß und lag mit weiblicher Hartnäckigkeit dem Sultan Tag für Tag mit Verdächtigungen und Beschwerden in den Ohren, bis sie ihn schließlich überzeugte. Am 31. März

1536 fand man Ibrahim erdrosselt in seinem Bett, vermutlich auf kaiserlichen Befehl. Eine barbarische Tat, der Verbrennung Servets und Berquins vergleichbar.

Noch barbarischer war der im Kaiserhaus der Osmanen gesetzlich sanktionierte Brudermord. Mehmed II. hatte ihn in seinem Gesetzbuch so beschrieben: «Die Mehrzahl meiner Rechtsgelehrten hat erklärt, daß jene meiner erhabenen Kinder, die den Thron besteigen, das Recht zur Hinrichtung ihrer Brüder haben sollen, um den Frieden der Welt zu sichern; sie sollen dementsprechend handeln.» Damit hatte der Eroberer seine sämtlichen Nachkommen außer den Erstgeborenen bedenkenlos zum Tod verurteilt. Ein anderer Schönheitsfehler des osmanischen Rechts lag darin, daß Hab und Gut eines zum Tod Verurteilten an den Sultan zurückfiel, der sich dadurch der ständigen Versuchung ausgesetzt sah, seine Finanzen durch Abweisung einer Berufung aufzubessern; Suleiman unterlag ihr, wie wir hinzufügen müssen, freilich nicht. Diesen Mängeln der Autokratie stand, wie wir gleichfalls festzustellen haben, ein indirektes demokratisches Moment gegenüber: Vom Sultanat abgesehen, konnte jeder Moslem, ja sogar jeder ehemalige Christ zu jeder Würde aufsteigen. Immerhin scheinen die Erfolge der ersten Sultane für die aristokratische Vererbung des Talents gesprochen zu haben, hat sich doch die zeitgenössische Staatskunst nirgendwo sonst so lange auf überdurchschnittlicher Höhe gehalten wie auf dem türkischen Thron.

2. DIE SITTEN

Die Schwankungen des Moralkodexes in Zeit und Raum illustrierten die Kluft zwischen der Lebensform der Osmanen und Christen. Wo das oströmische Christentum eben erst noch die Einehe formell erzwungen hatte, herrschte jetzt in aller Ruhe die Mehrehe; wo Frauen einstmals den Thron der Caesaren bestiegen hatten, verbargen sie sich züchtig hinter Schleiern und im Serail; und Suleiman diente den Bedürfnissen seines Harems pflichtschuldigst und ohne Gewissensbisse, wie sie den erotischen Eskapaden Franz' I., Karls V., Heinrichs VIII. und Alexanders VI. Beeinträchtigung oder Würze verliehen haben mögen. Die türkische Kultur hielt wie die des alten Griechenland Frauen im Hintergrund, gewährte aber erotischen Ausschweifungen desto weiteren Spielraum, und wo «platonische Freundschaft» einstmals Schlachten gewonnen und Philosophen inspiriert hatte, blühte jetzt osmanische Homosexualität.

Der Koran gestattete jedem Türken vier Haupt- und etliche Nebenfrauen, doch konnten sich nur wenige einen so großen Aufwand leisten. Andererseits nahmen die kriegerischen Osmanen, die oftmals in große Entfernung von ihren Heimstätten verschlagen wurden, *currente thálamo* die Witwen und Töchter der von ihnen besiegten Christen zu Frauen oder Konkubinen. Störende nationale Vorurteile gab es nicht: Griechinnen, Serbinnen, Bulgarinnen, Albanierinnen, Ungarinnen, Deutsche, Italienerinnen, Russinnen, Mongolinnen, Perserinnen, Araberinnen, sie waren alle gleicherweise willkommen und wurden Mütter von Kindern, die ohne weiteres als legitim und osmanisch galten. Unter solchen Umständen bestand kaum eine Notwendigkeit zum Ehebruch; kam es aber doch einmal dazu, so wurde er streng bestraft: die Ehebrecherin mußte einen

Esel kaufen und durch die Stadt reiten; der Ehebrecher erhielt hundert Peitschenhiebe und mußte den Auspeitscher obendrein küssen und belohnen. Zur Ehescheidung genügte eine einfache Willenserklärung des Ehemannes; die Ehefrau hingegen konnte nur durch einen komplizierten und langwierigen Rechtsstreit ihre Freiheit erlangen.

Suleiman blieb bis zu seinem vierzigsten Jahr Junggeselle. Seit der Zeit, da Timur und seine Tataren die Lieblingsfrau Bajesids I. gefangengenommen und dem Gerücht nach mißbraucht hatten, verzichteten die Osmanensultane, um jeder solchen Demütigung vorzubeugen, auf Eheschließung und ließen einzig Sklavinnen in ihr Bett. In Suleimans Harem befanden sich rund dreihundert Konkubinen, teils Kriegsgefangene, teils auf dem öffentlichen Markt gekaufte, viele unter ihnen von christlicher Herkunft. War der Besuch des Sultans angesagt, kleideten sie sich in ihre schönsten Gewänder und empfingen ihn in einer Reihe stehend; er begrüßte so viele, als die Zeit erlaubte, und legte der, die sein Gefallen fand, ein Taschentuch auf die Schulter. Später am Abend mußte ihm die so Ausgezeichnete das Taschentuch zurückbringen, und am nächsten Morgen zeigte er sich ihr mit einem golddurchwirkten Gewand und einer Erhöhung des Taschengelds erkenntlich. Manchmal bleib er zwei bis drei Nächte im Harem und teilte großzügig Gunstbezeigungen aus; danach begab er sich wieder in seinen eigenen Palast, um Tag und Nacht in Männergesellschaft zu verbringen. Die Frauen zeigten sich dort nur selten; an Staatsakten und Banketten nahmen sie nie teil. Dennoch wurde die Aufnahme in den Harem als große Ehre geschätzt. Eine Insassin, die fünfundzwanzig Jahre alt wurde, ohne je durch das Taschentuch ausgezeichnet worden zu sein, erhielt ihre Freiheit und fand in der Regel einen Mann von Rang und Würden. Bei Suleiman führte diese Einrichtung zu keinem vorzeitigen Kräfteverfall, denn er war in fast allen Dingen ein Mann einzigartigen Maßhaltens.

Angesichts der strengen Trennung der Geschlechter fehlte dem gesellschaftlichen Leben der heitere Auftrieb weiblicher Reize und lachenden Geplauders. Die Manieren waren jedoch nicht weniger kultiviert als im christlichen Europa, ja vermutlich kultivierter als in allen übrigen Ländern, mit Ausnahme von China, Indien, Italien und Frankreich. Die zahlreichen Haussklaven wurden human behandelt; es gab im Koran eine Anzahl von Vorschriften zu ihrem Schutz, und Freilassung war unschwer zu erreichen. Die öffentliche Hygiene war kaum entwickelt, aber persönliche Reinlichkeit allgemein verbreitet. Öffentliche Badehäuser, die die Perser anscheinend vom hellenistischen Syrien übernommen hatten, kamen von diesen zu den Türken; in Konstantinopel und sonstigen großen Städten waren sie aus Marmor und geschmackvoll ausgeschmückt. Während sich einige christliche Heilige rühmten, nie Wasser gebraucht zu haben, schrieb der Koran den Gläubigen vor, sich vor dem Betreten einer Moschee und der Verrichtung der Gebete zu waschen; im Islam kam Reinlichkeit gleich nach der Gottesfurcht. Die Tischmanieren waren nicht besser als in christlichen Landen; man aß aus Holzgeschirr mit den Fingern, Gabeln waren unbekannt. Im Hause wurde nie Wein genossen, desto reichlicher in den Herbergen, doch war Trunkenheit weniger häufig als im Westen. Der Kaffee breitete sich im vierzehnten Jahrhundert aus; die erste Erwähnung stammt aus Äthiopien, von wo er nach Arabien gekommen zu sein scheint und, wie uns gesagt wird, ursprünglich dazu diente, den Gläubigen während des Gottesdienstes wachzuhalten. Die erste schriftliche Erwähnung des Kaffees durch einen Abendländer finden wir um das Jahr 1592.

Der türkische Menschenschlag war kräftig und zäh, seine Ausdauer unter Strapazen berühmt. Busbeq stellte mit Erstaunen fest, daß Türken hundert Stockschläge – wobei manchmal sogar Stöcke zerbrachen – auf Fußsohlen und Knöchel ohne Schmerzenslaut aushielten. Wallende Gewänder, die die Formlosigkeit des überfütterten Leibes freundlich tarnten, verhalfen auch dem Durchschnittstürken zu einer gewissen Würde. Der einfache Mann trug einen Fes, wer mehr auf sein Aussehen hielt, umwand den Kopf mit einem Turban. Blumen erfreuten sich der Liebe beider Geschlechter. Die Farbenpracht der türkischen Gärten war berühmt, und anscheinend sind Flieder, Tulpen, Mimosen, Kirschlorbeer und Ranunkeln von dort nach Westeuropa gekommen. Auch scheint die Ethik der Türken besser gewesen zu sein als der ihnen in Feindesland vorausgehende Ruf. Von christlichen Reisenden hören wir mit Erstaunen, daß sie – wenn nicht gerade im Kampf – «von Natur aus nicht grausam», sondern «umgänglich, freundlich, liebenswürdig, gefällig und im großen und ganzen gütig» waren. Francis Bacon berührte es unangenehm, daß sie Tiere offenbar besser behandelten als Menschen. Nur wenn sie ihren Glauben bedroht glaubten, gaben sie sich dem wildesten Fanatismus hin.

Besondere Härte kannte das türkische Recht im Krieg. Kein Feind besaß ein Recht auf Pardon, und es galt nicht als Sünde, gesunde Männer, auch wenn sie keine Waffen trugen und keinen Widerstand leisteten, niederzumetzeln; Kinder und Frauen wurden freilich geschont. Dennoch erging es christlichen Städten, die von den Türken genommen wurden, oftmals besser als muslimischen Städten, die in die Hände von Christen fielen. Als Ibrahim Pascha 1534 Täbris und Bagdad eroberte, befahl er, die Bevölkerungen zu schonen, und verbot sogar die Plünderung; und Suleiman ahmte 1548 beim neuerlichen Einmarsch in Täbris das gegebene Beispiel nach. Karl V. hingegen überließ 1535 Tunis seinen Landsknechten – an Stelle des Soldes – zur Plünderung. Die Bestrafung gemeiner Verbrechen war in Ost und West gleich hart. Lange Diebesfinger kürzte man durch Abschlagen der ganzen Hand.

Die Staatsmoral glich jener der christlichen Länder. Die Türken brüsteten sich mit ihrer Treue zum gegebenen Wort und hielten in der Regel die mit dem Feind vereinbarten Kapitulationsbedingungen. Aber ähnlich wie der heilige Johannes Capistranus argumentierten auch spitzfindige türkische Juristen, daß Zusicherungen, die gegen die Interessen des wahren Glaubens verstießen, nicht bindend seien und der Sultan seine eigenen Verträge wie die seiner Vorfahren widerrufen dürfe. Von christlichen Reisenden hören wir, daß der Durchschnittstürke «Sinn für Gerechtigkeit» besitze und «ehrlich, wohlwollend, sauber und mildtätig» sei, doch waren türkische Beamte notorisch bestechlich. Ein christlicher Geschichtsschreiber weist darauf hin, daß sie fast alle ehemalige Christen waren, vergißt aber hinzuzufügen, daß sie als Muslims erzogen wurden. In den Provinzen raffte der türkische Pascha, wie vordem der römische Prokonsul, in aller Hast ein Vermögen zusammen, ehe eine kaiserliche Laune ihn abberief;

er mußte ja den Preis, den er für seine Ernennung bezahlt hatte, aus den Untertanen herauswirtschaften, denn der Ämterverkauf war in Konstantinopel und Kairo ebenso üblich wie in Rom und Paris.

3. LITERATUR UND KUNST

Die türkisch-osmanische Kultur war für die Möglichkeit zur Erwerbung und Weitergabe von Kenntnissen nur bescheiden ausgerüstet, und darin lag ihr schwächster Punkt. Die Bildung der unteren Volksschichten wurde allgemein vernachlässigt, denn ein Weniges an Wissen kann gefährlich werden. Eine richtige Ausbildung erhielten nur die jungen Leute, die sich dem Studium der Rechtswissenschaft oder Theologie und der Beamtenlaufbahn zuwenden wollten; auf diesen Gebieten bestanden umfangreiche und streng vorgeschriebene Lehrpläne. Mehmed II. und Suleiman nahmen sich Zeit, die Madrasas – die den Moscheen angeschlossenen Kollegien – neu zu organisieren und Verbesserungen einzuführen, und auch die Wesire traten neben den Sultanen als Förderer dieser Institutionen auf. Die an solchen Schulen wirkenden Lehrkräfte genossen ein höheres Ansehen und waren besser bezahlt als ihre Kollegen in der abendländischen Welt. Ihre Vorlesungen beschränkten sich offiziell auf die Auslegung des Korans, aber sie fanden Mittel und Wege, damit Kollegien über Literatur, Mathematik und Philosophie zu verbinden, und nach Absolvierung des Lehrprogramms, mochte dieses auch mehr Gewicht auf die Theologie als auf die Naturwissenschaften legen, befanden sich die Studenten hinsichtlich ihrer Kenntnisse in den technischen und politischen Wissenschaften durchaus auf der Höhe des Westens. Nur eine kleine Minderheit der Bevölkerung konnte lesen, aber alle diese Leute schrieben Verse, Suleiman nicht ausgenommen. Ähnlich wie die Japaner veranstalteten auch die Türken öffentliche Dichterwettbewerbe, wo jeder seine Muse zu Wort kommen lassen durfte, und der Sultan machte sich ein Vergnügen daraus, den Vorsitz über diese parnassischen Spiele zu führen. Die Türken besaßen in diesem Zeitalter Dutzende von Poeten, ohne daß wir Westeuropäer, die wir viel zu sehr von unserer eigenen literarischen Größe eingenommen und viel zuwenig mit dem osmanischen Idiom vertraut sind, den größten türkischen Dichter der damaligen Zeit, Mahmud Abdu'l-Baqi, auch nur dem Namen nach kennten. Seine Laufbahn umspannte vier verschiedene Regierungen, denn obgleich er bei Suleimans Tod immerhin vierzig Jahre zählte, hatte er noch deren vierunddreißig vor sich. Ursprünglich ein Sattler, hängte er diesen Beruf an den Nagel, um ganz seiner Muse zu leben, und hätte sicher Not gelitten, wäre ihm nicht Suleiman mit seiner Freundschaft und einer Pfründe zu Hilfe gekommen. Der Sultan tat ein übriges, indem er zum Preise von Baqis Poesie sogar ein Gedicht verfaßte. Baqi vergalt es ihm mit einem machtvollen Trauergesang, den er dem toten Sultan ins Grab nachsandte. Selbst die Übersetzung läßt etwas von der Wucht und rhetorischen Leidenschaft von Baqis Original ahnen:

Er, der Reiter des Glücks, des weitausgreifendem Rosse
Als ein Tummelplatz lange zu enge die Welt.
Er, des funkelndem Schwerte die Ungarn die Köpfe verbeugten
Und die Franken sich huldigend warfen in Staub.
Er senkt nieder zur Erde das Haupt wie die Blätter der Rosen,
Steigt in den Sarg, wo das Los Ihn wie Juwelen verschließt!
Wahrlich, Er war die Zierde des Glücks und der Herrlichkeit Hauptschmuck!
Alexander an Macht, und dem Darius gepaart.
Himmel legten im Staub zu Seinen Füßen sich nieder,
Welten beteten an Seiner Gezelte Bezirk.
Bettler wurden reich durch Seiner Schenkungen Fülle,
Denn Er war ein Fürst reichlicher Gnade und Huld.

(Ströme von Tugend und Kraft und wohlberedetem Munde,
Setzten der Hoffnung Ziel, innerhalb des Staubes der Tür.
War Er gleich der Herr des Schicksals und Loses der Menschen,
Er mit Willen sich dennoch ins Schicksal ergab.)
Aber fern von euch zu glauben, Er tat es aus Schwäche;
Als er das Leben verließ, wollt' er sich nahen dem Herrn.
Sähen wir nimmer die Welt mit Augen, so wär es kein Wunder,
Mond und Sonne war Seine Beleuchtung der Welt.
Weinet o Wolken Blut! o weinet es Tropfen an Tropfen!
Ihr Syringen streckt blutige Zweige hintan!
Über solches Leid entströmen die Tränen den Sternen,
Und durch Herzensdrang soll sich verfinstern der Tag;
Seinen blauen Mantel verkehr' in schwarzen der Himmel,
Und die ganze Welt trage die Trauer des Schahs!
Genien sei ein Mal tief in den Busen gebrennet,
Mal der Sehnsuchtsglut nach dem Gebot Suleimans.
Sieh, Er hat sich auf zu den Zinnen des Himmels gehoben,
Diese Erde war Seiner Gedanken nicht wert.
Seines Geistes Aar entschwang sich der Erde zum Himmel,
Weil Er das Gebein hier in dem Staube verschmäht.
Ewiges Glück und Segen dem Kaiser, dem Herrn der Welten!
Grüße und frommes Gebet über die Seele des Schahs.[2]

Die Türken waren freilich allzu eifrig mit der Eroberung und Unterwerfung mächtiger feindlicher Staaten beschäftigt, als daß ihnen viel Zeit zur Ausübung der in islamischen Landen sonst üblichen Künste geblieben wäre. Ein weniges an schönen Miniaturen entstand, die eine charakteristische Großzügigkeit der Auffassung und Einfachheit der Zeichnung aufweisen. Die gegenständliche Malerei überließ man kopfschüttelnd den Christen, die auch in dieser Generation die türkischen Moscheen und Klöster mit Fresken ausmalten; Manuel Panselinos etwa bedeckte, wohl unter dem Einfluß von italienischen Renaissancevorbildern, die Wände der Protatonkirche auf dem Berge Athos (1535/36) mit Fresken, die an Freiheit, ja Gewagtheit und Grazie alles übertrafen, was in byzantinischen Tagen entstanden war. Von Westen und Osten beriefen die Sultane Künstler an ihren Hof: Gentile Bellini von Venedig, Schah Kali und Wali Jan, zwei Miniaturisten, aus Persien. Bei der Herstellung von Glasurziegeln hatten die osmanischen Kunsthandwerker hingegen keine fremde Hilfe nötig und brachten mit ihnen die brillantesten Farbwirkungen hervor. Die Stadt Isnik machte sich einen Namen mit ihren hervorragend schönen Fayencen. Skutari, Brussa und Hereke, alle in Kleinasien gelegen, waren auf Gewebe spezialisiert; ihre mit Blumenmotiven in Scharlach und Gold durchwobenen Brokate und Samte wurden von den Webkünstlern Venedigs und Flanderns bewundert und nachgeahmt. Die türkischen Teppiche besaßen nicht den seidigen Glanz der persischen, aber ihre großzügigen Muster und warmen Farben fanden dennoch Liebhaber in Europa. Colbert machte bei Ludwig XIV. die Anregung, durch französische Weber Kopien von türkischen Palastteppichen anfertigen zu lassen, aber das Ergebnis war unbefriedigend; trotz seiner Geschicklichkeit blieb dem Westen das Geheimnis islamischer Webkunst verschlossen.

Die osmanische Kunst erreichte ihren Höhepunkt in der Moschee von Konstantinopel*. Weder Mashad mit seiner Anhäufung architektonischer Kostbarkeiten noch Isfahan in den Tagen Schah Abbas', vielleicht nur Persepolis unter Xerxes konnte sich in der persischen oder muselmanischen Geschichte mit der Großartigkeit von Suleimans

* Erst 1930 erhielt die Stadt offiziell den Namen Istanbul.

Hauptstadt messen. Hier teilten die osmanischen Eroberer ihre Siegesbeute mit Allah in Monumenten, die zugleich Frömmigkeit und Stolz und die Entschlossenheit der Herrscher, ihr Volk nicht nur mit Waffentaten, sondern auch mit Kunstwerken zu verblüffen, ausdrückten. Suleiman war als Bauherr ebenso eifrig wie sein Großvater, Mehmed der Eroberer. Sieben Moscheen entstanden auf seinen Befehl, von denen die eine, nach ihm benannte (1556), ihr Vorbild an Schönheit übertraf; in Anlehnung an den Grundriß der Hagia Sophia vereinigte sie um eine große Zentralkuppel eine Reihe von Nebenkuppeln, während kühn emporstrebende Minarette den funkelnden Kontrapunkt zur Massigkeit der Basis bildeten. Das Innere weist eine verwirrende Vielfalt dekorativer Ausgestaltung auf: goldene Inschriften auf Marmor und Fayence, Porphyrsäulen, Bögen aus weißem oder schwarzem Marmor, farbige, von steinernem Maßwerk gesäumte Glasfenster, eine Kanzel, deren geschnitzter Zierat die Lebensarbeit eines Künstlers dargestellt haben dürfte. Das Ganze wirkt fast zu prunkvoll und lenkt mit seinem Glanz die Beter von ihrer Andacht ab. Sinan, ein albanischer Künstler, entwarf die Pläne zu dieser Moschee und siebzig weiteren dazu und erreichte, wie die Chronik zu berichten weiß, ein Alter von 110 Jahren.

V. SULEIMAN ALS MENSCH

Der Beiname «der Prächtige» ist Suleiman vom Abendland gegeben worden; sein eigenes Volk nannte ihn *Kanuni*, den Gesetzgeber, weil er so Bedeutendes zur Kodifikation des osmanischen Rechts beigetragen hat. Seine persönliche Erscheinung war freilich weniger prächtig als die Größe und Ausrüstung seiner Heere und das Ausmaß seiner Feldzüge, prächtig war er bei der Verschönerung seiner Hauptstadt, beim Bau von Moscheen und Palästen und des berühmten Vierzig-Bogen-Aquädukts, prächtig waren seine Residenz und sein Gefolge, am prächtigsten aber natürlich die Ausdehnung und Macht seiner Herrschaft. Sein Imperium erstreckte sich von Bagdad bis knapp hundertfünfzig Kilometer vor Wien und zweihundert Kilometer vor Venedig, der schaumgeborenen Königin der Adria. Außer den in Persien und Italien gelegenen Städten befanden sich alle von der biblischen und klassischen Überlieferung gepriesenen Örtlichkeiten in seiner Hand: Karthago, Memphis, Tyrus, Ninive, Babylon, Palmyra, Alexandrien, Jerusalem, Smyrna, Damaskus, Ephesos, Nikaia, Athen und die beiden Theben. Niemals zuvor hatte der Halbmond so viele Länder und Meere im Bogen seiner Sichel gehalten.

War seine Regierungskunst der Größe dieses Reiches angemessen? Vermutlich nicht, doch das gilt wohl für jedes große Imperium – ausgenommen vielleicht das Persien der Achämeniden und das Rom der Antoninen. Der Regierungsbereich war zu ausgedehnt, als daß er vor der Entwicklung moderner Verkehrsmittel von einem Mittelpunkt aus hätte richtig verwaltet werden können. Schlendrian und Korruption verseuchten den Verwaltungskörper; trotzdem meinte Luther: «Man sagt, das kein feyner weltlich regiment yrgend sey, dan bey dem Turcken.»[3] Suleimans religiöse Toleranz übertraf in ihrer Kühnheit und Weitherzigkeit die seiner christlichen Rivalen, für die nationale Stärke ohne Religionseinheit unvorstellbar war. Suleiman gestattete Juden wie Christen die freie Ausübung ihres Kults, so daß Kardinal Pole schrieb: «Die Türken zwingen niemanden zur Annahme ihres Glaubens. Wer ihre Religion in Ruhe läßt, darf sich bekennen, zu was er will; es passiert ihm nichts.» Im gleichen November 1561, als Schottland, England und das lutherische Deutschland den Katholizismus zum Verbrechen stempelten und Italien und Spanien das gleiche mit dem Protestantismus taten, befahl Suleiman die Freilassung eines gefangenen Christen, «weil er nicht wünsche, daß irgend jemand zur Aufgabe seiner Religion gewaltsam gezwungen werde». Die vor der Inquisition fliehenden Juden fanden in seinem Reich ein sicheres Asyl.

Seine Schwächen traten in seinen Familienbeziehungen offener zutage als in seinem öffentlichen Wirken. Man ist sich einig, daß er trotz seiner Kriege – die er unter der Devise «Der Angriff ist die beste Verteidigung» führte – ein fein empfindender, gütiger, großzügiger, humaner und gerechter Mensch gewesen ist. Sein Volk brachte ihm nicht nur Bewunderung, sondern Liebe entgegen. Wenn er sich an den Freitagen zur Moschee begab, beobachtete die Menge ehrfürchtiges Schweigen, er selbst verneigte sich vor allen: vor Christen, Juden und Mohammedanern und betete nachher zwei Stunden im Tempel.

Von sexuellen Ausschweifungen Suleimans, wie sie die Lebenskraft und Gesundheit späterer Sultane untergruben, ist nichts bekannt. Dennoch war er so leidenschaftlicher Liebesregungen fähig, daß er darüber Weisheit, Gerechtigkeit und Vatergefühle vergaß. Während der ersten Regierungsjahre verschenkte er sein Herz an eine Tscherkessensklavin, die unter dem Namen «Frühlingsrose» bekannt geworden und deren dunkle gemeißelte Schönheit jahrhundertelang für die Frauen vom Ostrand des Schwarzen Meeres charakteristisch gewesen ist. Ihrer beider Sohn, Mustafa, wuchs zu einem hübschen, begabten und beliebten Jüngling heran. Der Vater betraute ihn mit wichtigen Ämtern und Missionen und erzog ihn zu einem würdigen Erben des Thrones. Aber die Irrwege der Liebe führten den Sultan aus den Armen der Tscherkessin in die einer verschleppten Russin, Khurrem, die Lachende, im Westen als Roxelane bekannt, deren Schönheit, Frohnatur und Ränke ihn so lange bezauberten, bis die Tragödie unabwendbar geworden. Sich über die von seinen Vorfahren eingehaltene Regel hinwegsetzend, erhob Suleiman Khurrem 1534 zu seiner Gemahlin und freute sich an den ihm von ihr geborenen Söhnen und Töchtern. Doch je älter er wurde und je näher Mustafas Thronbesteigung rückte, desto mehr bangte die Kaiserin um das Leben ihrer eigenen Söhne, die der neue Sultan nach dem Hausrecht der Osmanen ohne weiteres hinrichten lassen konnte. Auf weite Sicht planend, verheiratete sie ihre Tochter mit Rustem Pascha, der 1544 Großwesir wurde und, von seiner Frau beeinflußt, den künftigen Sultan ebenso zu fürchten begann wie seine Schwiegermutter, die Kaiserin.

Mittlerweile regierte Mustafa als Statthalter in Diyarbekir und genoß dank seines Mutes, seines Taktes und seiner Freigebigkeit einen guten Ruf. Khurrem verstand es, ihn durch ebendiese Tugenden zugrunde zu richten; sie flüsterte Suleiman ein, Mustafa hasche nur nach Volkstümlichkeit, um dem Vater den Thron zu entreißen, und Rustem verdächtigte ihn, insgeheim um die Janitscharen zu werben. Der hart bedrängte, jetzt neunundfünfzigjährige Sultan war erst ungläubig, begann zu zweifeln und ließ sich schließlich überzeugen. Er begab sich persönlich nach Eregli, rief Mustafa in sein Zelt und ließ ihn, als er eintrat, töten (1553). Nach dieser ersten Gewalttat fiel es Khurrem und Rustem nicht schwer, Suleiman auch zu der Beseitigung des potentiellen Rächers, des Sohnes Mustafas, zu bewegen. Selim, Khurrems Sohn, wurde zum Kronprinzen proklamiert, und sie selbst starb in Frieden (1558). Bajesid, der Bruder des neuen Thronerben, brachte, seine eigene Ermordung voraussehend, ein Heer auf die Beine; es kam zum Bruderkrieg, Bajesid verlor und floh nach Persien (1559). Für 300000 Dukaten von Suleiman und 100000 von Selim lieferte Schah Tamasp den Prätendenten aus; Bajesid wurde erdrosselt (1561), und seine fünf Söhne verloren aus Gründen der Staatsräson gleichfalls ihr Leben. Der kränkelnde Sultan soll, wie überliefert wird, Allah für die Beseitigung seiner unruhigen Nachkommenschaft gedankt haben, konnte er doch jetzt endlich in Frieden leben.

Aber mit dem Frieden kam die Langeweile. Verärgert darüber, daß die von ihm aus Rhodos vertriebenen Johanniter von Malta aus die Schiffe genauso plünderten wie die algerischen Korsaren, sandte er im April 1564 150 Schiffe und 20000 Mann zur Eroberung dieser strategischen Schlüsselstellung aus. Unter ihrem Hochmeister Jean de la Valette kämpften die Johanniter mit ihrer bekannten Tapferkeit; die Einnahme des Stützpunktes St. Elmo kostete die Türken 6000 Mann, dann lief sich ihr Angriff fest, und als ein spanisches Entsatzheer eintraf, mußten sie die Belagerung abbrechen.

Der «Prächtige» konnte sein Leben aber keinesfalls mit einer solchen Dissonanz beschließen. Ferdinands Nachfolger, Kaiser Maximilian II., hatte den von seinem Vater zugesicherten Tribut eingestellt und in Ungarn türkische Vorposten ausgehoben. Noch ein letzter Feldzug, sagte sich der alternde Suleiman, und ritt an der Spitze eines Heeres von 200000 Mann über Sofia, Nisch und Belgrad nach Norden (1566). Während er vor Szegedin lagerte, überraschte ihn in der Nacht vom 5. auf den 6. September der Tod; er starb aufrecht stehend in seinem Zelt, weil er sich wie Vespasian weigerte, ihn liegend zu empfangen. Am 8. September fiel Szegedin, doch hatte seine Einnahme 30000 Mann gekostet, und der Sommer neigte sich dem Ende zu. Ein Waffenstillstand wurde abgeschlossen, und statt des Sieges brachte das untröstliche Heer einen toten Kaiser nach Konstantinopel zurück.

Sollen wir uns zu Richtern über ihn aufwerfen? Und wo sollen wir ihn einreihen? Verglichen mit den abendländischen Monarchen erscheint er teils zivilisierter, teils barbarischer. Von den vier großen Herrschern in der ersten Hälfte des sechzehnten Jahrhunderts erscheint uns Franz trotz seiner theatralischen Eitelkeit und seiner unklaren Haltung gegenüber den Protestanten als der zivilisierteste; dennoch sah er in Suleiman seinen Schutzherrn und Verbündeten und hat ihm möglicherweise Thron und Leben verdankt. Suleiman ging aus den lebenslangen kriegerischen Verwicklungen mit dem Westen als Sieger hervor, denn auch Maximilian II. nahm 1568 die Tributleistung an die Pforte wieder auf. Karl V. hatte den Sultan wohl vor Wien aufgehalten, doch kein christliches Heer hatte es gewagt, gegen Konstantinopel zu marschieren. Suleiman beherrschte das Mittelmeer, und eine Zeitlang schien Rom nur deshalb eine christliche Stadt zu bleiben, weil er und Barbarossa es duldeten. Die Verwaltung seines Imperiums war zwar nur leidlich gut, aber um wieviel erfolgreicher als die des armen Karl, der sich vergeblich gegen die fürstliche Kleinstaaterei in Deutschland stemmte! Die Landestradition machte ihn zu einem Despoten, aber dank seiner Persönlichkeit zu einem bei seinen Untertanen beliebten; hat der Absolutismus Heinrichs VIII. oder Karls die Zuneigung und das Vertrauen des Volkes zu gewinnen vermocht? Karl wäre kaum fähig gewesen, seinen Sohn auf den bloßen Verdacht einer unloyalen Haltung hin umbringen zu lassen; dafür konnte der gealterte Karl nach dem Blut von Ketzern dürsten und konnte Heinrich Gemahlinnen, Katholiken und Protestanten auf den Richtblock oder Scheiterhaufen schicken, ohne darüber eine Mahlzeit zu versäumen. Im Vergleich mit Suleimans religiöser Toleranz, so begrenzt sie auch war, erscheinen diese Hinrichtungen barbarisch.

Suleiman führte zu viele Kriege, brachte seine halbe Nachkommenschaft ums Leben, ließ seinen fähigsten Großwesir ohne Gerichtsverfahren und Warnung beseitigen. Er besaß die Fehler, die aus unkontrollierbarer Machtfülle zu erwachsen pflegen; dennoch war er unbestreitbar der größte und talentierteste Monarch seiner Zeit.

VIERTES KAPITEL

Die Juden

[1300–1564]

I. DIE HEIMATLOSEN

In seinem *Flores historiarum* (1228) berichtete Roger Wendover von einem armenischen Erzbischof, der einmal die englische Abtei St. Albans besuchte, und darüber befragt, ob es wahr sei, daß im Vorderen Orient ein Jude lebe, der Jesus gekannt habe, dies bejahte. Sein Begleiter ergänzte, daß der Erzbischof erst kurz vor seinem Aufbruch aus Armenien mit diesem Unvergänglichen ein Mahl eingenommen habe, daß der Mann mit seinem latinisierten Namen Cartophilus heiße, daß dieser Cartophilus den Herrn Jesus, als er vom Gericht des Pontius Pilatus weggeführt wurde, in den Rücken gestoßen und dazu gesagt hatte: «Geh schneller», worauf Jesus erwiderte: «Ich gehe, du aber sollst verweilen, bis ich komme.» Andere Armenier, die 1252 nach St. Albans kamen, wiederholten die Geschichte. Der Volksmund schmückte sie aus, veränderte den Namen des Wanderers und behauptete, er falle rund alle hundert Jahre in eine schwere Krankheit und tiefe Bewußtlosigkeit, aus der er als Jüngling mit lebhafter Erinnerung an das Verhör, das Sterben und die Auferstehung des Herrn erwache. Die Sage geriet eine Zeitlang in Vergessenheit, tauchte aber im sechzehnten Jahrhundert wieder auf, und phantasievolle Abendländer behaupteten, Ahasver – der sich in Deutschland in den «ewigen Juden», in Frankreich in den *Juif errant* verwandelte – gesehen zu haben, so in Hamburg 1547 und 1564, in Wien 1599, in Lübeck 1601, in Paris 1644, in Newcastle 1790 und zuletzt in Utah 1868. Ein Europa, das im Begriffe stand, seinen Glauben zu verlieren, hieß die Sage vom ewigen Juden als Bestätigung der Göttlichkeit und Auferstehung Jesu und als neue Bürgschaft seiner Wiederkunft willkommen. Für uns ist dieser Mythos ein düsteres Symbol für das Schicksal eines Volkes, das im Jahre 71 der christlichen Zeitrechnung das Land seiner Väter verlor, achtzehn Jahrhunderte und vier Kontinente durchwanderte und immer neue Kreuzigungen erlitt, ehe es in unseren unbeständigen Zeiten in seine alte Heimat zurückfand.

Die über alle Welt zerstreuten Juden hatten unter den osmanischen Sultanen und unter den in Rom und Avignon residierenden Päpsten noch am wenigsten zu leiden. In Konstantinopel, Saloniki, Anatolien, Syrien, Palästina, Arabien, Ägypten, Nordafrika und im maurischen Spanien lebten jüdische Minderheiten in ungestörtem Frieden. Die Berber duldeten sie zwar nur widerstrebend, dennoch stand im berberischen Algerien Simon Duran einer blühenden Gemeinde vor. In Alexandrien lebten die Juden nach der Schilderung des Rabbi Obadja Bertinoro (1488) sehr gut, tranken überreichlich Wein, saßen mit untergeschlagenen Beinen auf Teppichen wie Muslims und zogen wie diese vor dem Betreten des Tempels oder eines fremden Heims die Schuhe aus. Deutsche Juden, die im Osmanenreich Zuflucht gefunden hatten, berichteten den Zurückgebliebenen begeistert, unter welch günstigen Verhältnissen die Juden dort lebten. Der Statthalter in Palästina gestattete ihnen sogar, am Berge Zion einen Tempel zu bauen. Westeuropäische Juden pilgerten nach Palästina und schätzten sich glücklich, wenn sie im Heiligen Lande oder noch besser in Jerusalem starben.

Nichtsdestoweniger befand sich der Schwerpunkt des jüdischen Lebens und Denkens im unversöhnlichen Westen. Am besten erging es ihnen dort im aufgeklärten Italien, wo sie der König von Neapel, Robert von Anjou, sogar mit seiner Freundschaft beehrte. Auch in Ancona, Ferrara, Padua, Verona, Mantua, Florenz, Pisa und anderen Hochburgen der Renaissance gab es gut gedeihende jüdische Gemeinden. «Italien hat viele Juden, Spanien aber kaum Christen», konstatierte 1518 Erasmus. Die im Handel und Finanzwesen der Halbinsel tätigen Juden wurden als ein das Wirtschaftsleben stimulierendes Ferment geschätzt. Wohlhabende Juden kleideten sich wie Italiener gleichen Standes – die alten Gewandungs- und Kennzeichnungsvorschriften wurden stillschweigend ignoriert. Und während der jüdische Nachwuchs an den italienischen Universitäten studierte, lernte eine zunehmende Zahl von Italienern Hebräisch.

Gelegentlich hetzten fromme Hasser wie der heilige Johannes Capistranus dazu auf, die Juden mit der vollen Strenge des kanonischen Rechts zu verfolgen; aber obschon ihm die Päpste Eugen IV. und Nikolaus V. ihre Unterstützung gewährten, blieb die Wirkung seiner Beredsamkeit vorübergehend. Bernardino da Feltre, ein anderer Franziskaner, fiel mit so maßloser Heftigkeit über die Juden her, daß ihn die weltlichen Obrigkeiten Mailands, Ferraras und Venedigs aufforderten, entweder zu schweigen oder sich aus dem Staub zu machen. Eines Tages wurde unweit eines jüdischen Hauses in Trient die Leiche eines dreijährigen Kindes gefunden (1475), und Bernardino beschuldigte die Juden, es ermordet zu haben. Der Bischof ließ alle Trienter Juden einkerkern; gefoltert, gestanden ein paar, den Knaben geschlachtet und beim Passahfest sein Blut getrunken zu haben. Sämtliche Juden von Trient endeten auf dem Scheiterhaufen. Die Leiche des kleinen Simon wurde einbalsamiert und als heiliges Schaustück gezeigt; einfältige Gemüter wallfahrteten zu Tausenden zu dem neuen Heiligtum. Die Mär von dieser angeblichen Scheußlichkeit drang über die Alpen und verstärkte die antisemitischen Tendenzen der Deutschen. Der Senat von Venedig brandmarkte die Geschichte jedoch als frommen Betrug und befahl seinen Organen, die Juden zu schützen. Zwei Advokaten aus Padua, die an Ort und Stelle das Beweismaterial prüfen wollten, wurden von der aufgebrachten Trienter Bevölkerung beinahe in Stücke gerissen. Sixtus IV., den man zur Heiligsprechung Simons drängte, weigerte sich nicht nur, sondern verbot ausdrücklich, ihn als Heiligen zu verehren; dennoch erfolgte 1582 die Seligsprechung.

Bessere Lebensbedingungen und größere Freiheit als irgendwo sonst in der Christenheit genossen die Juden jahrhundertelang in Rom, teils dank der hohen persönlichen

Kultur der Päpste, teils weil die Familien Orsini und Colonna, die die Stadt sowohl regierten als auch entzweiten, über ihren Streitigkeiten keine Zeit für andere Feindseligkeiten fanden, teils weil das Leben in Rom so eng mit den materiellen Aspekten des Christentums verquickt war, daß die Römer auf jeden ideologischen Fanatismus verzichteten. Obwohl die meisten Juden im *Septus Hebraicus* auf dem linken Tiberufer wohnten, bestand kein eigentliches Ghetto, erhoben sich doch mitten in diesem jüdischen Viertel die Paläste römischer Aristokraten und unweit von Synagogen christliche Kirchen. Eine gewisse Differenzierung verblieb; so mußten die Juden eine Sondersteuer für die zirzensischen Spiele entrichten und Angehörige ihres Volkes gegen ihr Gefühl und ihre Tradition halbnackt daran teilnehmen lassen. Ebensowenig erlosch der Rassenantagonismus; man karikierte den Juden in Schauspiel und Karnevalspossen, dichtete dafür aber der Jüdin stets Schönheit und Sanftmut an; man beachte den Kontrast zwischen Barabas und Abigail in Marlowes *Jew of Malta* und zwischen Shylock und Jessica im *Kaufmann von Venedig*.

Im großen und ganzen kamen die Päpste den Juden mit jenem Wohlwollen entgegen, das sich von Männern erwarten läßt, die Christus als den Messias verehrten und denen die jüdische Auffassung, sein Kommen liege noch in der Zukunft, ein Ärgernis war. Auf päpstliche Anordnung nahm die Inquisition ungetaufte Juden von vornherein von ihren Maßnahmen aus, sofern es sich nicht um Versuche, Christen fürs Judentum zu gewinnen, oder um feindselige Akte gegen den christlichen Glauben handelte. «Juden, die nie ihrem Glauben abgeschworen hatten, blieben zumeist unbehelligt», ist eine Feststellung, die wohl auf die Kirche, nicht aber auf die weltlichen Obrigkeiten und die Völker zutraf, so daß die Päpste immer wieder durch Bullen die öffentliche Feindseligkeit zu dämpfen versuchten. Clemens VI., der sich in dieser Hinsicht besonders bemühte, öffnete im päpstlichen Avignon den vor Frankreichs räuberischen Königen fliehenden Juden einen schutzgewährenden Hafen. Martin V. schrieb 1419 dem katholischen Abendland vor:

> «Da die Juden Gottes Ebenbild tragen, ihr Überrest einst selig werden soll und sie unseren Schutz angefleht haben, so bestimmen wir nach dem Beispiel unserer Vorgänger, daß sie in ihren Synagogen nicht belästigt, ihre Gesetze, Rechte und Gewohnheiten nicht angegriffen, sie nicht mit Gewalt zur Taufe gezwungen, auch nicht zur Feier der christlichen Feste angehalten, keine neuen Abzeichen zu tragen genötigt und ihr geschäftlicher Verkehr mit Christen nicht gehindert werden sollten.» [1]

Außer Eugen IV. und Nikolaus V., die, wie wir noch hören werden, die Rechte der Juden einschränkten, waren laut Graetz die Päpste die judenfreundlichsten aller italienischen Potentaten. Mehrere unter ihnen – Alexander VI., Julius II., Leo X. – vertrauten, sich über alte Dekrete hinwegsetzend, ihr Leben jüdischen Ärzten an. Zeitgenössische jüdische Autoren priesen dankbar die Sicherheit, die ihre Glaubensgenossen unter den Medicipäpsten genossen, und einer bezeichnete Clemens VII. als «den Israel Gnädigen». Hören wir einen gelehrten jüdischen Geschichtsschreiber:

> «Man befand sich im Hochsommer der Renaissance; kultivierte, welterfahrene, Wohlleben liebende Päpste sahen ihre Aufgabe nicht nur in der Wahrung der Interessen der katholischen Kirche, sondern vor allem in der Förderung der Kultur ... Seit Mitte des fünfzehnten Jahrhun-

derts neigten sie dazu, unbequeme Details des kanonischen Rechts zu übersehen ... und Nichtkatholiken mit großer Toleranz zu behandeln. Der jüdische Geldverleiher versah eine wesentliche Funktion in der Wirtschaft des Kirchenstaats; aber auch der Gedankenaustausch mit Ärzten und sonstigen Gebildeten jüdischen Glaubens wurde von weltoffenen Päpsten geschätzt. Daher negierten sie mehr und mehr die von den Kirchenvätern ausgedachten und vom dritten und vierten Laterankonzil kodifizierten Unterdrückungsmaßnahmen ... Das päpstliche Beispiel vor Augen, sahen sich auch andere italienische Potentaten – wie die Medici in Florenz, die d'Este in Ferrara, die Gonzaga in Mantua – zu ähnlichem Verhalten veranlaßt. Abgesehen von einigen fanatischen und gewalttätigen Ausbrüchen – wie beispielsweise 1497 im Florenz Savonarolas – teilten die Juden das Leben ihrer christlichen Mitbürger in beinahe beispielloser Weise ... Auf gewisse Aspekte der Renaissance haben sie klar erkennbar eingewirkt ... Diese wiederum fand Eingang in das jüdische Leben und die hebräische Literatur; die Juden bereicherten Philosophie, Musik und Theater und gingen als bekannte Persönlichkeiten an italienischen Höfen aus und ein.»[2]

Einige ehemals berühmte Namen illustrieren diese glückliche Atempause in der uralten christlich-jüdischen Auseinandersetzung. Im gleichen Jahr wie Dante geboren (1265) und mit ihm befreundet, war Immanuel ben Salomon Haromi (das heißt «aus Rom») ein so guter Jünger der Renaissance, wie es ein gläubiger Jude zu sein vermag: Arzt von Beruf, dazu Schrift- und Sprachgelehrter, Rabbi, Naturwissenschaftler, wohlhabender Geschäftsmann und Dichter «von Liedern, die häufig die Grenzen der Wohlanständigkeit sprengten». Als souveräner Kenner des Hebräischen übernahm er die italienische Sonettform in diese Sprache und entwickelte beinahe ebensoviel Geist und Gewandtheit wie die Italiener; erst mit Heine erreichte die jüdische Dichtkunst wieder so großen Witz, solche Ironie und soviel satirisches Talent. Von der zeitgenössischen Skepsis eines Averroës möglicherweise angesteckt, zeigt er in einem seiner Epen eine Abneigung gegen den Himmel mit all seinen tugendhaften Seelen (hielt er doch nur häßliche Frauen für tugendhaft) und eine Bevorzugung der Hölle, in der er die verführerischsten Frauen aller Zeiten anzutreffen hoffte. In vorgeschrittenem Alter verfaßte er eine schwache Kopie Dantes: *Topheth we-Eden* (Himmel und Paradies); die mosaische Religion kannte, wie später der Protestantismus, kein Fegefeuer. Weitherziger als Dante, aber im Einklang mit der jüdischen Tradition, gewährte er «den Gerechten in aller Welt» Zutritt in sein Paradies; nur Aristoteles gab er der ewigen Verdammnis preis, weil ihm dessen Lehre von der Ewigkeit des Universums eine unverzeihliche Todsünde schien.

Ein ähnlich beschwingter Humor würzte die Schriften des Kalonymos ben Kalonymos, eines Protegés König Roberts von Neapel, dem der junge Gelehrte mit dem schönen Namen gelegentlich eines Besuchs in der Provence auffiel, so daß er ihn nach Italien mitnahm. Anfänglich begeisterte sich Kalonymos für Philosophie und Wissenschaft, übersetzte Aristoteles, Archimedes, Ptolemaios, Galen, al-Farabi und Averroes ins Hebräische und führte auch sonst eine höchst moralische Feder. Aber bald erlag er der Heiterkeit Neapels. Später übersiedelte er nach Rom und bespöttelte, zum jüdischen Horaz werdend, gutmütig die Schwächen und Fehler von Juden und Christen, die eigene Person mit eingeschlossen. Als Mann geboren zu sein erschien ihm von Übel, weil er als Frau nicht über Bibel und Talmud schwitzen und keine 613 Gesetzesparagraphen auswendig lernen müßte. Daß sich sein den Talmud ironisierender *Purim-*

Traktat bei den römischen Juden großer Beliebtheit erfreute, läßt darauf schließen, daß sie nicht ganz so fromm waren wie ihre unglücklicheren Glaubensgenossen in anderen Ländern.

Die Renaissance brachte nicht nur das Griechische, sondern auch das Hebräische zu neuen Ehren. Kardinal Egidio da Viterbo berief Elijah Levita von Deutschland nach Rom (1509), quartierte den jüdischen Gelehrten dreizehn Jahre lang als geschätzten Gast in seinem Palast ein, lernte bei ihm Hebräisch und lehrte ihn Griechisch. Dank der Bemühungen Egidios, Reuchlins und sonstiger christlicher Schüler von jüdischen Gelehrten wurden an mehreren italienischen Universitäten und Akademien Lehrstühle für Hebräisch geschaffen. In hohem Ansehen stand – trotz seiner Weigerung, sich taufen zu lassen – Elijah del Medigo, Professor für Hebräisch in Padua. Als unter der christlichen Studentenschaft eine heftige Kontroverse über ein wissenschaftliches Problem entstand, wurde er von den Universitätsbehörden und dem Senat von Venedig zum Schiedsrichter gemacht, und es gelang ihm mit Gelehrsamkeit und Takt, alle Parteien zufriedenzustellen. Pico della Mirandola holte ihn als Lehrer für Griechisch nach Florenz, wo er zum Humanistenkreis um die Medici gehörte und heute noch im Palazzo Medici auf den Fresken Benozzo Gozzolis zu sehen ist. Im übrigen bestritt er Picos Auffassung, daß die Kabbala Hinweise auf die spätere christliche Gedankenwelt enthalte, und verspottete die Apokalypse als eine Anhäufung von Absurditäten.

Nördlich der Alpen erging es den Juden wesentlich schlechter als in Italien. England vertrieb sie 1290, Frankreich 1306 und Flandern 1370. Frankreich rief sie 1315 zurück, um ihnen die Möglichkeit zu geben, Gelder, die sie vor ihrer Vertreibung ausgeliehen hatten, einzuziehen – unter der Bedingung, daß sie dem König zwei Drittel davon überließen. Als der königlichen Schatulle kein Gewinn mehr erwuchs, mußten die Juden wieder gehen (1321). Kaum waren sie neuerdings im Lande zugelassen, da kam der Schwarze Tod; man machte sie für die Heimsuchung verantwortlich und vertrieb sie wieder (1349). 1360, als für den von den Engländern gefangenen König ein hohes Lösegeld aufzubringen war, rief man sie abermals zurück, um es mit Hilfe ihrer Geschicklichkeit in Gelddingen zusammenzubringen. Später, 1394, verschwand ein getaufter Jude unter geheimnisvollen Umständen; seine ehemaligen Glaubensgenossen wurden beschuldigt, ihn umgebracht zu haben, und einige gaben unter der Folter zu, ihm zur Rückkehr zur alten Religion geraten zu haben. Die öffentliche Meinung kochte, und Karl X. befahl, im Grunde gegen seinen Willen, die neuerliche Ausweisung des geplagten Volkes.

Ebenso wechselvoll gestaltete sich das Schicksal der Judengemeinde in Prag, wo Hus' Vorläufer Milicz mit seiner Kenntnis und Würdigung des Alten Testaments sogar jüdische Hörer anzog. Hus selbst lernte Hebräisch, las hebräische Kommentare und zitierte Raschi und Maimonides. Die Taboriten, unter denen Hus' Reformen fast zum Kommunismus ausarteten, nannten sich das «Auserwählte Volk» und die von ihnen verheerten deutschen Gegenden Edom, Moab und Amalek. Dennoch trugen die hussitischen Haufen keine Bedenken, auch Juden umzubringen; und als sie 1421 Prag einnahmen, stellten sie sie nicht wie die Muslims vor die Wahl zwischen Bekehrung oder Besteuerung, sondern vor die einfachere Wahl zwischen Abtrünnigkeit und Tod.

Nach Italien bezeugte Polen den Juden die größte Gastfreundschaft. Um der Abschlachtung durch die Kreuzfahrer zu entgehen, wanderten 1098, 1146 und 1196 viele deutsche Juden in Polen ein, das sie gut aufnahm und ihnen so günstige Lebensbedingungen bot, daß schon 1207 etliche über großen Reichtum verfügten. 1264 festigte König Boleslav der Fromme in einem Niederlassungsstatut ihre Stellung. Nach dem Abflauen der großen Pestilenz wandten sich weitere deutsche Juden nach Polen, und der herrschende Adel nahm sie als willkommenes Ferment einer Nationalwirtschaft auf, die über keinen Mittelstand verfügte. Kasimir III., der Große (1333–1370), bestätigte und erweiterte ihre Rechte, und Litauens Großfürst Litovsk schloß sich ihm an. Im Jahre 1407 aber beschuldigte ein Krakauer Priester von der Kanzel aus die Juden, einen Christenknaben getötet und sein Blut getrunken zu haben, was ein Massaker auslöste. Kasimir IV. bestätigte und erweiterte abermals die Rechte der Juden (1447): «Es ist unser Wunsch, daß die Juden, die wir im eigenen Interesse sowie in dem des Staates unter unseren besonderen Schutz nehmen, sich unter unserer glücklichen Regierung wohl und sicher fühlen.» Der Klerus griff den König deswegen an; Erzbischof Olesnicki drohte ihm mit dem ewigen Feuer, und der päpstliche Legat in Polen, Johannes von Capistrano, hielt auf dem Marktplatz von Krakau aufreizende Reden (1453). Als Kasimir eine Niederlage erlitt, erhob sich ein Geschrei, Gott habe ihn wegen der Begünstigung Ungläubiger bestraft, und da er zur Weiterführung des Krieges die Unterstützung der Geistlichkeit benötigte, widerrief er die judenfreundlichen Gesetze. 1463 und 1494 kam es zu Pogromen. Von da an mußten die Krakauer Juden – vielleicht um ähnlichen Ausschreitungen vorzubeugen – in einer Vorstadt, Kazimierz, wohnen.

Allen Hindernissen zum Trotz gediehen sowohl in Polen als auch in Litauen größere jüdische Gemeinden. Sigismund setzte sie wieder in ihre alten Rechte ein, lediglich die räumliche Absonderung blieb bestehen, und Sigismund II. schenkte ihnen gleichfalls seine Gunst. In Sochaczew wurden 1556 drei Juden beschuldigt, eine geweihte Hostie durchbohrt und zum Bluten gebracht zu haben; sie beteuerten ihre Unschuld; dennoch verurteilte man sie auf Befehl des Bischofs von Kulm zum Scheiterhaufen. Sigismund II. erklärte die Beschuldigung für einen «frommen Betrug», mit dem für Juden und Protestanten die Verwandlung des geweihten Brotes in Christi Leib und Blut bewiesen werden solle. «Ich bin über diese Missetat um so mehr entrüstet, als ich noch nicht so verrückt bin, etwa daran zu glauben, jene Hostie wäre von Fleisch und Blut gewesen.» Leider starb mit diesem skeptischen Monarchen (1572) auch das gute Einvernehmen zwischen der polnischen Regierung und ihren Juden.

Auch im mittelalterlichen Deutschland lebten die Juden eine Weile in Frieden. Sie betätigten sich längs der großen Wasserstraßen, in den Häfen und freien Reichsstädten; selbst Erzbischöfe suchten um das Reichsprivileg nach, Juden aufnehmen zu dürfen. Kaiser Karl IV. erteilte in der Goldenen Bulle (1356) den Kurfürsten und sich selbst das Privileg, Juden als *servi camerae* anzustellen, das heißt, sie erhielten die Ermächtigung, Juden in ihren Landen aufzunehmen, ihnen Schutz zu gewähren und sie nach Belieben zu verwenden oder auszubeuten. Um das Alte Testament im Urtext verstehen zu können, lernten die deutschen Studenten, wie ihre italienischen Kommilitonen, Hebräisch; und aus dem Konflikt zwischen Reuchlin und Pfefferkorn sowie der ersten vollständigen Buchausgabe des Talmud (1520) erwuchsen zusätzliche Stimuli.

Die Reformation brachte den Einfluß des Judentums zur Kulmination. Theologisch gesehen, bildete sie die Rückkehr zu den einfacheren Glaubenssätzen und der strengeren Moral der frühen Judenchristen. In der protestantischen Feindseligkeit gegen religiöses Bildwerk spiegelte sich die alte semitische Abneigung gegen Götzenbilder wider; einige protestantische Sekten heiligten den Samstag als Sabbat; die Ablehnung des Marienkults und der Heiligenverehrung näherte sich dem strengen Monotheismus der Juden, und die neuen Seelsorger, die in Anerkennung des Geschlechtstriebes Ehen schlossen, glichen weit mehr Rabbinern als katholischen Priestern. Kritiker der Reformatoren beschimpften sie als *semi-Judaei* – Halbjuden; Karlstadt sagte, Melanchthon wünsche bis auf Moses zurückzugehen, unter Calvins Vorwürfen gegen Servet figurierte Verjudung, und Servet selbst gab zu, durch seine hebräischen Studien zur Anzweiflung des Trinitätsdogmas gekommen zu sein. Calvins eigenes Regiment über Genf erinnerte an die Priesterherrschaft im alten Israel. Zwingli beschuldigte man der Verjudung, weil er bei Juden Hebräisch lernte und viele Predigten und Kommentare auf den Urtext des Alten Testaments stützte. Begeistert äußerte er sich über dessen Sprachgewalt:

«Wir sind der Meinung, daß die heilige Sprache über die Wertschätzung hinaus, die ihr jedermann entgegenbringt, gelehrt, kernig und ausdrucksstark ist ... Denn gedrängt, wie sie ist, wenn man die Zahl ihrer Wörter bedenkt, läßt sie es sich doch an nichts fehlen, so verschiedenartig verwendet sie das ihr Verfügbare ... So möchte ich die Behauptung wagen: In Anbetracht der Gewichtigkeit und des Wohllautes dürfte es keine Sprache geben, die mit weniger und ausdrucksvolleren Wörtern und Sätzen soviel zu sagen vermag ... und keine Sprache erfreut und erquickt in solchem Maße das menschliche Herz.»[3]

Geringere Begeisterung zeigte Luther. Er hasse Leute, die wie Zwingli viele Sprachen redeten, schimpfte er; in Marburg habe dieser auf der Kanzel sogar griechisch und hebräisch doziert. In der Reizbarkeit seiner Altersjahre griff er die Juden an, als wären sie nie seine Lehrer gewesen; aber in den Augen seines Schuldners ist keiner ein Held. Luthers Traktat *Von den Juden und ihren Lügen* (1542) enthielt eine Flut von Beschuldigungen: daß sie sich weigerten, an die Göttlichkeit Christi zu glauben, daß sich der Haß Gottes gegen sie in ihren jahrhundertelangen Leiden offenbare, daß sie Eindringlinge in christlichen Landen seien, daß ihr aus Wucher herrührender Wohlstand eine Unverschämtheit darstelle, daß der Talmud die Täuschung, Beraubung und Ermordung der Christen sanktioniere, daß sie Brunnen und Quellen vergifteten, Christenkinder ermordeten und ihr Blut bei rituellen Festen tränken. Aus der Schilderung seiner letzten Jahre wissen wir bereits, daß er den Deutschen empfahl, die Heime der Juden niederzubrennen, ihre Schulen und Tempel zu schließen, ihren Reichtum zu konfiszieren, sie zu harter Arbeit zu zwingen und sie vor die Wahl zwischen Taufe und

Ausreißen der Zunge zu stellen. In einer seiner letzten Predigten fand er eine neue Anschuldigung: Jüdische Ärzte vergifteten vorsätzlich ihre christlichen Patienten. Diese Äußerungen wirkten mit, um den dem Judentum so verpflichteten Protestantismus judenfeindlicher zu machen als den offiziellen, von den Völkern allerdings nicht immer praktizierten Katholizismus. Unter solchem Einfluß stehend, wiesen die Kurfürsten von Sachsen und Brandenburg die Juden aus ihren Hoheitsgebieten aus. Jahrhundertelang schwangen in Deutschland diese Äußerungen als Leitmotiv nach, bis sie sich schließlich im Massenvernichtungswahn Hitlers erfüllten.

II. AUF DER FOLTERBANK

Warum haßten Christen und Juden einander? Eine zwingende und sich stets erneuernde Ursache bildete zweifellos die Unvereinbarkeit der Bekenntnisse. Die Juden lebten eine unablässige Verneinung der fundamentalen Lehrsätze des Christentums.

Diese religiöse Feindseligkeit führte zu einer erst freiwilligen, später erzwungenen Absonderung, die in der Errichtung des ersten Ghettos (1516) ihren sichtbaren Ausdruck fand. Die Absonderung betonte noch die Unterschiede in Erscheinung, Kleidung, Sitten, Sprache und Kult; die Unterschiede zeitigten gegenseitig Mißtrauen und Furcht, und die Furcht zeitigte Haß. Die Juden machten aus der Ablehnung der Mischehe seitens der Christen eine Tugend; in ihrem Rassenstolz rühmten sie sich der Abstammung von Königen, die tausend Jahre vor Christus über Israel geherrscht hatten, und verachteten die Christen als abergläubische Götzenanbeter, die, ein wenig schwerfällig von Verstand, heuchlerische Milde mit unbarmherziger Gewalttat verquickten, einem Friedensfürsten huldigten und blutige Bruderkriege führten. Die Christen blickten auf die Juden als fremdartige und unangenehme Ungläubige herab. Thomas Morus erzählte von einer Dame, die, als sie zu ihrem Entsetzen erfuhr, Maria sei eine Jüdin gewesen, sich außerstande erklärte, die Gottesmutter künftighin so heiß zu lieben wie bisher.

Aus der Abendmahlslehre entstanden für die Juden besonders tragische Folgen. Nach einem der Hauptlehrsätze der Kirche verwandelt der Priester das ungesäuerte Brot der Hostie in Christi Leib und Blut; es gab aber Sekten wie die Lollarden, die diesen Lehrsatz bestritten. Darum suchte man seine Glaubwürdigkeit zu erhärten, indem man von Hostien berichtete, die, von Messern oder Nadeln beschädigt, zu bluten begonnen hätten. Wem wäre nun aber eine so scheußliche Untat, wie sie die Verletzung einer Hostie darstellte, zuzutrauen gewesen außer den Juden? Das späte Mittelalter brachte Mären dieser Art in Menge hervor. Mehrmals, so in Neuburg bei Passau 1338 und in Brüssel 1369, führten solche Verdächtigungen zur Tötung von ansässigen Juden und Einäscherung ihrer Heime. In Brüssel errichtete man in der Kathedrale Ste-Gudule eine Kapelle zur Erinnerung an die blutende Hostie, und aus der alljährlichen Gedenkfeier entstand die flämische Kirmes. In Neuburg gestand ein Kanzlist, eine ungeweihte Hostie in Blut getaucht, sie in einer Kirche versteckt und die Juden der Durchbohrung beschuldigt zu haben. Hinzuzufügen ist, daß aufgeklärte Kirchenmänner, beispielsweise Nikolaus von Cues, diese Mären über die Entweihung von Hostien durch Juden als schändliche Grausamkeit brandmarkten.

Hinter diesen religiösen Anfeindungen lauerte uneingestanden Konkurrenzneid. Solange das päpstliche Zinsverbot von den Christen respektiert wurde, lag der Geldverleih fast ausschließlich in jüdischen Händen. Als sich aber christliche Bankiers über dieses Tabu hinwegsetzten, suchten Häuser wie die Bardi, Pitti und Strozzi in Florenz und die Welser, Hochstetter und Fugger in Augsburg diese Monopolstellung der Juden zu brechen, woraus sich ein neuer Konfliktstoff ergab. Die hohen Zinssätze, die Geldverleiher beider Konfessionen verlangten, spiegelten natürlich das Risiko des Geldverleihs in einer ungefestigten, von steigenden Preisen und wiederholten Geldverschlechterungen noch undurchsichtiger gemachten Wirtschaft wider. Die jüdischen Verleiher riskierten dabei noch mehr als ihre christlichen Konkurrenten: Jüdische Guthaben bei Christen waren oft sehr schwierig und manchmal nur unter Gefahren einziehbar; die Kirche konnte jederzeit wie während der Kreuzzüge ein Zahlungsmoratorium erlassen; Könige belegten die Juden mit konfiskatorischen Steuern oder erzwangen «Darlehen», manchmal verbannten sie sie unter Annullierung ihrer Guthaben bei Christen, oder aber sie zwangen sie, der Krone einen Teil der eingezogenen Guthaben auszuhändigen. Nördlich der Alpen betrachteten alle Stände mit Ausnahme der Geschäftswelt Zinsen *a priori* als Wucher; ganz besonders aber verschrie man den geldverleihenden Juden, wenn man von ihm borgte. Andererseits übertrugen manche Fürsten gewiegten jüdischen Geldleuten die Leitung ihrer Staatsfinanzen; aber reiche Juden auf einträglichen Posten und als Steuereinnehmer zu sehen erregte nur neues Ärgernis.

Trotz allem hießen einzelne Gemeinwesen jüdische Geldleute willkommen. So bot ihnen Frankfurt unter der Bedingung, daß sie den Zinsfuß auf 32 1/2 Prozent beschränkten, während er in der Regel 43 Prozent betrug, Sonderprivilegien an. Dies erscheint ungeheuerlich – aber nur solange wir nicht berücksichtigen, daß christliche Geldverleiher bis zu 266 Prozent gingen; das Nürnberger Haus Holzschuher verlangte 1304 220 Prozent, christliche Geldverleiher in Brindisi forderten 240. Manche Städte riefen die ausgewiesenen jüdischen Geldverleiher sogar zurück, weil sich herausstellte, daß sie kulanter waren als ihre christlichen Kollegen. Ravenna verlangte von Venedig vertraglich die Entsendung jüdischer Finanzleute zur Gründung von Kreditbanken für Industrie und Landwirtschaft.

Der Chauvinismus fügte dem Haßgesang eine weitere Note hinzu. Jede Nation verlangte in ihrem Drang nach völkischer und religiöser Einheit die Bekehrung und Einordnung der Juden in ihren Alltag. Das Konzil von Vienne verbot jeglichen Verkehr zwischen Christen und Juden (1311), das von Zamora dekretierte ihre strikte Unterordnung (1313). Kirchenkonzile und Päpste verhielten sich teilweise gleichfalls recht feindselig. Das Konzil von Basel (1431–1437) erneuerte die alten kanonischen Vorschriften, die den Christen untersagten, mit Juden zu verkehren, in ihren Dienst zu treten und sie als Ärzte zu konsultieren; den weltlichen Obrigkeiten wurde eingeschärft, sie abzusondern und zum Tragen eines Erkennungszeichens und zur Teilnahme an Bekehrungspredigten zu zwingen. Da der mit dem Baseler Konzil im Konflikt liegende Eugen IV. hinter dessen antijüdischen Maßnahmen nicht zurückstehen wollte, bestätigte er nicht nur die von diesem dekretierte Entrechtung, sondern erweiterte sie dahin, daß Juden von öffentlichen Ämtern auszuschließen seien und Christen nicht beerben dürften, daß keine Synagogen gebaut werden sollten, daß die Juden in der Passahwoche hinter geschlossenen Türen und Fenstern in ihren Wohnungen zu bleiben hätten (eine kluge Vorsichtsmaßnahme gegen christliche Gewalttätigkeit) und daß das Zeugnis eines Juden gegen einen Christen vor Gericht ungültig sei. Sein Vorwurf, daß sich manche Juden über Jesus und Maria geringschätzig äußerten, war vermutlich nicht unberechtigt, denn Haß gebiert Haß. In einer späteren Bulle verbot er den italienischen Juden unter Androhung der Vermögenskonfiskation die Lektüre talmudischer Literatur. Nikolaus V. beauftragte den heiligen Johannes Capistranus (1447), für den strengsten Vollzug sämtlicher Bestimmungen dieser Ausnahmegesetzgebung zu sorgen, und ermächtigte ihn zur Beschlagnahme der Habe jüdischer Ärzte, die Christen behandelten.

All diesen Edikten zum Trotz verhielt sich die christliche Öffentlichkeit den Juden gegenüber mit jener natürlichen Gutartigkeit, die alle Menschen und Tiere erfüllt, solange ihnen kein Stein in den Weg gelegt wird. Andererseits gibt es in jedem Gemeinwesen Minoritäten, die nur zu gern zur Gewalttat neigen, wenn kollektive Straflosigkeit winkt. So beschlossen beispielsweise die Pastoureaux – ursprünglich Hirtenwallfahrer zum Heiligen Land, denen sich auf ihrem Marsch durch Frankreich ein Haufen Pöbel zugesellte –, unterwegs alle Juden umzubringen, die sich der Taufe widersetzten. In Toulouse flüchteten 500 Juden in einen Turm, wo sie vom Mob belagert und vor die Wahl zwischen Taufe und Tod gestellt wurden. Vergeblich versuchte der königliche Statthalter, sie zu retten. Als sich weitere Abwehr als unmöglich erwies, ließ sich die Masse der Unglücklichen von den stärksten ihrer Glaubensgenossen umbringen, bis der Überlieferung nach nur noch einer übrigblieb, und diesen riß die Menge in Stücke, obwohl er bereit gewesen wäre, sich taufen zu lassen. Auf ähnliche Weise wurden in Südfrankreich und Nordspanien hundertzwanzig jüdische Gemeinden bis auf armselige Reste ausgelöscht. 1321 verbrannte man in der Nähe von Chinon 120 Juden unter der Beschuldigung, sie hätten die Brunnen vergiftet. 1336 behauptete ein deutscher Fanatiker, Gott habe ihm in einer Vision befohlen, den Tod Jesu durch die Tötung aller Juden zu rächen. Bald folgten ihm 5000 Bauern nach, die sich nach einem um den Arm getragenen Lederstreifen «Armleder» nannten; sie tobten durchs Elsaß bis hinunter ins Rheinland und erschlugen alle Juden, deren sie habhaft wurden. Auch Bayern, Böhmen, Mähren und Österreich wurden von dem Mordwahn erfaßt (1337). Papst Benedikt XII. trat ihm erfolglos entgegen, nur Regensburg und Wien gewährten den Juden wirksamen Schutz; anderswo wurden Tausende gefoltert und getötet.

Den abendländischen Juden brachte der Schwarze Tod doppeltes Leid. In Asien raffte er zwar auch Mongolen, Muslims und Juden weg, nur kam es dort niemandem in den Sinn, die Juden für die Pestilenz verantwortlich zu machen. Aber die vor Angst halb wahnsinnigen Westeuropäer beschuldigten die jüdische Minderheit, sich zur Ausrottung aller Christen verschworen und zu diesem Zweck die Brunnen vergiftet zu haben.

Fieberphantasien brüteten die Einzelheiten aus: Die jüdische Gemeinde in Toledo habe aus Eidechsen, Basilisken und Christenherzen ein Gift gebraut und es an alle jüdischen Gemeinden Europas gesandt, die damit Quellen und Brunnen verseucht hätten. Karl IV. und Clemens VI. erklärten die Behauptung für absurd, und viele Bürgermeister und Stadtmagistrate wirkten in gleicher Richtung, doch mit recht geringem Erfolg. Zudem verbreitete sich die irrige Auffassung, daß die Pest nur selten Juden befalle. In manchen Städten schien – vielleicht dank besserer sanitärer Einrichtungen oder ärztlicher Fürsorge – die Pest für die Juden glimpflicher zu verlaufen als für die Christen; an vielen Orten aber, so in Wien, Regensburg, Avignon, Rom, litten die Juden gleicherweise. Nichtsdestotrotz ließen sich etliche Juden unter der Folter zu dem Geständnis herbei, Gift ausgestreut zu haben. Die Christen mieden Quellen und Brunnen und tranken Regen- und Schmelzwasser. In Spanien, Frankreich und Deutschland kam es zu unbarmherzigen Pogromen. In einer südfranzösischen Stadt endete die gesamte jüdische Gemeinde in den Flammen; die Juden Savoyens, Berns, Fryburgs, Basels, Nürnbergs, Brüssels und der Orte am Genfer See erlitten das gleiche Schicksal. Zum zweitenmal erhob Clemens VI. seine Stimme, erklärte die Juden für unschuldig, brandmarkte die Scheußlichkeit ihrer Verfolgung, machte darauf aufmerksam, daß die Pest auch in judenlosen Gegenden wüte, belegte jeden mit dem Kirchenbann, der die Beschuldigung weiterverbreite oder Juden töte, und ermahnte die Geistlichkeit, ihre Gemeindeglieder in Zucht zu halten. Dennoch machte sich der Straßburger Bischof die Anklage zu eigen und bewog den widerstrebenden Stadtmagistrat zur Verbannung der Juden. Die Bevölkerung, der diese Maßnahme zu mild erschien, vertrieb den Magistrat und setzte einen neuen ein, der die Festnahme aller Juden anordnete. Manche von ihnen entzogen sich ihr durch die Flucht aufs flache Land, wo die Bauern die meisten umbrachten. Den 2000 eingekerkerten Juden befahl man, sich taufen zu lassen; die Hälfte fügte sich, die andere Hälfte wurde verbrannt (14. Februar 1439). Insgesamt wurden an die 510 Judengemeinden total vernichtet und zahlreiche weitere stark dezimiert, so zum Beispiel die von Saragossa, wo von fünf Juden nur einer die Pestpogrome überlebte. Nach einer Schätzung Leas haben in Erfurt 3000, in Bayern 12000 Personen ihr Leben verloren. In Wien versammelten sich auf den Rat ihres Rabbis Jonah die Juden in der Synagoge und gingen gemeinsam in den Tod; ähnliche Massenselbstmorde ereigneten sich in Worms, Oppenheim, Krems und Frankfurt. Eine Welle panischer Furcht spülte zahlreiche westeuropäische Juden nach Polen und ins Osmanische Reich. Nur selten findet man in den Annalen der Bestialität barbarischere Ausbrüche als diese Pestmassenpogrome.

Im Lauf der Zeit stahlen sich die überlebenden Juden an die Stätten ihres Unglücks zurück und errichteten neue Synagogen, ohne zu beachten, daß die Christen, im Bewußtsein begangenen Unrechts, sie mehr denn je haßten. Die sechsunddreißig in der Schwäbischen Liga zusammengeschlossenen Städte kerkerten 1385 ihre sämtlichen Juden ein und zwangen sie, alle ihre Guthaben bei Christen zu annullieren; Nürnberg, das ihnen große Summen schuldete, profitierte besonders. 1389 bot eine angeblich entweihte Hostie einen neuen Vorwand zur Tötung mehrerer Juden; in Posen ereilte

14 Juden das gleiche Schicksal (1399). Unter verschiedenen Vorwänden wiesen Köln (1424), Speyer (1435), Straßburg und Augsburg (1439), Würzburg (1453), Erfurt (1458), Mainz (1470), Nürnberg (1489) und Ulm (1499) die Juden aus. Maximilian I. sanktionierte ihre Ausstoßung aus Nürnberg; «ihre Zahl habe zu sehr überhandgenommen, mit ihren Darlehen hätten sie gefährliche und böse wucherliche Händel betrieben und viele ehrsame Bürger von ihrer Nahrung und häuslichen Ehre und Wohnung gedrungen». In der Mark Brandenburg beraubte man 1446 die Juden ihrer Freiheit und ihres Vermögens; die gegen sie erhobenen Beschuldigungen brandmarkte Bischof Stephan von Brandenburg wie folgt: «Übel handeln die Fürsten, welche aus unerhörtem Geiz und ohne gerechte Ursache die Juden aller ihrer Habe berauben, sie ermorden oder ins Gefängnis setzen und durch Wucher abgehalten werden, die geraubten Güter zurückzugeben.» Kardinal Nikolaus von Cues, einer der aufgeklärtesten Männer des fünfzehnten Jahrhunderts, befahl den Juden durch Gesetz, ein Abzeichen zu tragen (1451). Als zwei Jahre später Nikolaus V. seinen Legaten Johannes Capistranus mit Missionen in Deutschland, Böhmen, Mähren, Schlesien und Polen beauftragte, beschuldigte dieser in aufreizenden Predigten die Juden der Tötung von Kindern und der Schändung von Hostien – Beschuldigungen, die von früheren Päpsten als mörderischer Aberglaube bezeichnet worden waren. Von dieser «Judengeißel» verhetzt, vertrieben die bayrischen Herzöge alle Israeliten, verbannte sie Bischof Gottfried von Würzburg, der sie bis dahin in Franken geduldet hatte, und Stadt nach Stadt kerkerte sie ein und annullierte ihre Guthaben. Breslau nahm auf Capistranos Geheiß mehrere Juden fest; er leitete persönlich die Folterung, die etlichen jedes von ihm gewünschte Geständnis abpreßte, und auf Grund solcher Geständnisse überantwortete man 40 Juden dem Scheiterhaufen (2. Juni 1453). Die übrigen wurden verbannt und die Kinder, die sie zurücklassen mußten, zwangsgetauft. 1690 sprach die Kirche Johannes Capistranus heilig.

Besonders aufschlußreich für diese barbarische Zeit ist eine Episode, die sich in Regensburg zugetragen hat. Hans Vogel, ein getaufter Jude, bezichtigte den fünfundsiebzigjährigen Rabbi Israel Bruna, von ihm ein Christenkind gekauft, es geschlachtet und sein Blut für rituelle Zwecke verwendet zu haben. Das leichtgläubige Volk schrie nach Sühne. Im Bestreben, ihn zu retten, warf der Magistrat den Greis ins Gefängnis. Kaiser Friedrich ordnete seine Freilassung an; aber die Stadtväter, die dem Befehl nicht nachzukommen wagten, verhafteten statt dessen Vogel, dem gesagt wurde, daß er sterben müsse und vor seinem Tod beichten solle. Dabei stellte sich die Unschuld des Rabbi heraus, und nun ließ ihn der Magistrat frei. Da aber verbreitete sich in Regensburg die Kunde, daß die Juden von Trient die Ermordung eines Christenknaben eingestanden hätten, und Vogels Behauptung fand neuerlich Glauben. Der Magistrat nahm alle ansässigen Juden fest und konfiszierte ihre Habe. Neuerlich intervenierend, belegte Friedrich die Stadt mit einer Geldstrafe von 8000 Gulden, worauf der Magistrat versuchte, nicht nur diesen Betrag auf die Eingekerkerten abzuwälzen, sondern darüber hinaus weitere 10000 Gulden aus ihnen herauszuschinden. Sie beteuerten, ihre gesamte restliche Habe sei keine 18000 Gulden wert, und sie könnten sie nicht bezahlen. Zwei Jahre ließ man sie im Gefängnis schmachten und sie dann schwören, sich weder für die

Unbill zu rächen noch Regensburg zu verlassen, und setzte sie auf freien Fuß. Die Priester, unzufrieden mit dieser Lösung, hetzten weiter, forderten ihre Ausweisung und bedrohten jeden, der ihnen etwas verkaufe, mit Exkommunikation. 1500 gab es nur noch 24 jüdische Familien in Regensburg, und 1519 wurden auch diese vertrieben.

Über die Austreibung der spanischen Juden ist als wichtiger Vorgang in der spanischen Geschichte bereits berichtet worden. In Portugal begann eine neue Leidenszeit, als Clemens VII. auf Drängen Karls V. den portugiesischen Kirchenfürsten die Einführung der Inquisition erlaubte (1531), um die *novos cristãos*, zumeist gegen ihren Willen getaufte Juden, zu strengerer Religionsausübung anzuhalten. Man übernahm die harten Statuten Torquemadas, ließ die Neugetauften von Spitzeln überwachen und kerkerte Tausende wegen Rückfalls in jüdische Sitten ein. Andererseits verbot man ihnen die Auswanderung, da die portugiesische Volkswirtschaft ihre Tätigkeit nicht entbehren konnte, und um sie an der Flucht zu hindern, untersagte man den Christen, jüdisches Eigentum anzukaufen. Trotzdem endeten Hunderte von getauften Juden wegen Fluchtversuchs in den Flammen. Clemens, über diese Vorgänge entsetzt und vielleicht auch durch Zuwendungen von jüdischer Seite milder gestimmt, beschnitt die Vollmachten der portugiesischen Inquisition und ordnete die Freilassung der Gefangenen und Rückgabe ihres konfiszierten Eigentums an. Seine Bulle vom 17. Oktober 1532 gab humane Richtlinien für die Behandlung der Neuchristen:

«Da sie gewaltsam zur Taufe geschleppt wurden, können sie nicht als Glieder der Kirche betrachtet werden; sie wegen Ketzerei oder Rückfalls zu bestrafen wäre eine Verletzung der Grundsätze der Gerechtigkeit und Billigkeit. Bei den Söhnen und Töchtern der ersten Maranen liegt die Sache anders; sie sind freiwillige Glieder der Kirche. Doch da sie von ihren Verwandten und umgeben von Juden aufgewachsen sind und deren Vorbild ständig vor Augen gehabt haben, wäre es grausam, sie wegen eines Rückfalls in jüdischen Glauben und Kult nach dem kanonischen Recht zu bestrafen; sie müssen mit sanfter Hand im Schoß der Kirche gehalten werden.»[4]

Daß Clemens dies aus dem Herzen kam, geht aus dem Breve hervor, mit dem er, als er den Tod nahen fühlte, am 26. Juli 1534 den päpstlichen Nuntius in Portugal instruierte, die Freilassung der inhaftierten Neuchristen zu beschleunigen.

Dank weiterer Bemühungen Pauls III. zugunsten der portugiesischen Juden erlangten deren 1800 die Freiheit. Doch als Karl V. von seiner anscheinend erfolgreichen Expedition nach Tunis zurückkam, forderte er gleichsam als Anerkennung die Wiederherstellung der Inquisition in Portugal. Paul gab widerstrebend nach (1536), aber unter Bedingungen, die in den Augen König Johanns III. einer Annullierung der päpstlichen Einwilligung gleichkamen: Konfrontierung des Angeschuldigten mit dem Beschuldiger und Appellationsrecht der Verurteilten an den Papst. Ein fanatischer Konvertit leitete Wasser auf die Mühlen der Inquisition, doch war das von ihm an der Lissabonner Kathedrale angeschlagene, trotzige Manifest – «der Messias sei noch nicht gekommen, Jesus sei nicht der Messias gewesen, das Christentum sei eine Lüge»[5] –, sehr wahrscheinlich das Werk eines *agent provocateur*. Paul III. setzte eine Kardinalskommission zur Untersuchung der Handhabung der Inquisition in Portugal ein, deren Bericht lautete:

«Wenn ein Scheinchrist angeklagt wird – manchmal durch falsche Zeugnisse –, so schleppen ihn die Inquisitoren in ein finsteres Loch, wo ihm nicht gestattet wird, Himmel und Erde zu sehen, und am wenigsten mit den Seinen zu sprechen, daß sie ihm beistehen könnten. Sie beschuldigen ihn auf dunkle Zeugnisse hin und geben ihm weder Ort noch Zeit an, in denen er das, wessen er angeklagt wird, begangen haben sollte. Später geben sie ihm einen Sachwalter, der öfter, anstatt ihn zu verteidigen, ihm zum Gang nach dem Scheiterhaufen verhilft. Gesteht ein Unglücklicher ein, wahrhaft gläubiger Christ zu sein, und leugnet fest die ihm zur Last gelegten Vergehungen, so verdammen sie ihn zu den Flammen und konfiszieren seine Güter. Wenn er beichtet, diese oder jene Handlung getan zu haben, aber ohne Absicht, so behandeln sie ihn auf dieselbe Weise unter dem Vorwande, daß er hartnäckig seine bösen Absichten verleugne. Trifft es sich, daß er offen das Angeschuldigte eingesteht, so bringen sie ihn in die äußerste Dürftigkeit und verdammen ihn zu ewiger Kerkernacht. Und das nennen sie gegen den Schuldigen mit Barmherzigkeit und christlicher Milde verfahren! Selbst der, dem es gelingt, seine Unschuld sonnenklar zu beweisen, wird zu einer Geldstrafe verurteilt, damit man nicht sagt, sie hätten ihn ohne Grund verhaftet. Die in Gewahrsam gehaltenen Angeklagten werden durch allerlei Marterwerkzeuge gepeinigt, die ihnen aufgebürdeten Anschuldigungen zu gestehen. Viele von ihnen sterben im Kerker, und die in Freiheit gesetzten bleiben, sie und die Ihrigen, mit der Brandmarke ewiger Schande entehrt.»[6]

Obwohl Paul III. infolge der politischen Entwicklung in Gefahr stand, Spanien und Portugal ebenso zu verlieren wie Leo Deutschland und Clemens England verloren hatte, setzte er alles daran, die Schrecken der Inquisition zu mildern. Doch tagtäglich ging der Terror weiter, bis sich die portugiesischen Juden, durch welche verzweifelte Mittel immer, ihren Gastgebern entzogen und gemeinsam mit den aus Spanien flüchtenden Juden – sei es im Bereich des Christentums, sei es im Bereich des Islam – irgendein Eckchen suchten, wo sie ihr Gesetz befolgen und trotzdem am Leben bleiben konnten.

III. DIE ZWEITE ZERSTREUUNG

Wohin konnten sie gehen? Ferdinands Verbannungsedikt galt nicht nur für Spanien, sondern auch für Sardinien und Sizilien, wo sich die Juden seit tausend Jahren heimisch gefühlt hatten; 1493 verließ der letzte Jude Palermo. In Neapel hießen Ferdinand I., die Dominikaner und die ansässige jüdische Gemeinde Tausende von Flüchtlingen willkommen; aber 1540 dekretierte Karl V. die Ausweisung sämtlicher Juden aus dem Königreich.

Genua hatte schon längst Einwanderungsbeschränkungen für Juden erlassen. Die 1492 aus Spanien eintreffenden *conversos* durften nur wenige Tage bleiben. Ein Genueser Chronist berichtet: «Man hätte sie für Gespenster halten können, so abgemagert waren sie, so leichenhaft sahen sie aus, und mit ihren eingefallenen Augen waren sie von Toten nur dadurch zu unterscheiden, daß sie sich bewegten.» Viele starben an Entkräftung, Kinder kamen tot zur Welt, manche Eltern verkauften ihre Kinder, um die Mittel zur Weiterreise aufzubringen. Ferrara nahm eine kleine Zahl von Exilierten auf; doch mußten sie ein gelbes Erkennungszeichen tragen, vielleicht als Vorbeugungsmaßnahme gegen die Verbreitung von Krankheiten.

Venedig war den Juden lange Jahre freundlich gesinnt gewesen. Gelegentliche Anläufe, ihre Verbannung herbeizuführen (1395, 1487), hatte der Senat unterdrückt, weil die Juden für den Handel und die Finanz der Republik lebenswichtig waren. Ein beträchtlicher Teil der venezianischen Ausfuhr lag in jüdischen Händen, und auch bei der Einfuhr spanischer Wolle und Seide, indischer Gewürze und Perlen spielten sie eine bedeutende Rolle. Lange Zeit bewohnten sie aus eigenem Antrieb das nach ihnen benannte Stadtviertel Giudecca. 1516 bestimmte der Senat nach einer Aussprache mit prominenten Juden den vermutlich nach einer Eisengießerei, *getto*, «Ghetto» genannten Stadtteil als jüdisches Wohnviertel. Die Maranen oder getauften Juden wurden hingegen ausgewiesen, eine von vielen ihrer christlichen Konkurrenten geforderte Maßnahme, während andere sie bekämpften, weil sie den Verlust gewisser Märkte, insbesondere in den islamischen Ländern, nach sich ziehen mußte; den letzten Ausschlag für die Durchführung des Verbannungsdekrets gab Karl V. Aber schon bald stahlen sich jüdische Kaufleute nach Venedig zurück; Flüchtlinge aus Portugal traten an die Stelle der ausgewiesenen Maranen, und eine Weile war Portugiesisch die Umgangssprache der jüdischen Gemeinde.

Alexander VI. nahm viele iberische Emigranten freundlich in Rom auf, wo sie auch unter Julius II., Leo X., Clemens VII. und Paul III. gute Tage erlebten. Clemens gestattete den Maranen sogar freie Ausübung ihres alten Rituals; die Zwangstaufe – so sagte er – wirke nicht verpflichtend. Ancona, den Adriahafen des Kirchenstaats, dessen Handel sie beträchtlich förderten, machte Clemens zu einem Hafen für bekennende Juden, räumte ihnen feste Privilegien ein und schützte sie vor Belästigung. Nach Kardinal Sadoleto «sind Christen noch von keinem Papste mit so viel Gnadenbezeugungen, Privilegien und Zugeständnissen beschenkt worden wie die Juden von Paul III. Mit Ehrenvorrechten und Wohltaten sind sie nicht bloß gefördert, sondern sogar bewaffnet worden.»[7] Ein Bischof beklagte sich über die einwandernden Maranen: «Kommen sie nach Italien, geben sie sich für Juden aus, leben nach jüdischen Satzungen und lassen ihre Kinder beschneiden. Das geschieht vor den Augen des Papstes und der Kurie, in den Mauern Roms und Bolognas.» Unter dem Druck solcher Kritik sah sich Paul III. zur Wiedereinführung der Inquisition in Rom gezwungen (1542), doch «nahm er lebenslang für die Maranen Partei»[8].

Als Reaktion auf die weitherzige Auffassung der Renaissance schlugen spätere Päpste einen Kurs ein, der das Dasein der Juden wieder beschwerlicher machte. Alte kanonische Vorschriften wurden ausgegraben. Paul IV. (1555–1559) besteuerte jede Synagoge im Kirchenstaat mit zehn Dukaten zur Finanzierung einer Katechetenanstalt, wo Juden im christlichen Glauben unterrichtet wurden. Auch durften Juden kein christliches Gesinde einstellen, keine christlichen Patienten annehmen, an Christen nichts verkaufen außer getragene Kleider und keinerlei unnötigen Verkehr mit Christen pflegen. Die Synagogen in Rom wurden bis auf eine abgebrochen; ferner wurde den Juden vorgeschrieben, sich an die christliche Zeitrechnung zu halten und ihr Grundeigentum innerhalb sechs Monaten an Christen zu verkaufen, so daß Grundstücke im Wert von 500 000 Goldstücken für bloße 100 000 den Besitzer wechselten. Die trotz allem in Rom gebliebenen Juden wurden 1555 in ein Ghetto verbannt, in dem 10 000 Menschen auf einen Quadratkilometer zusammengepfercht leben mußten; mehrere Familien hausten in einem einzigen Raum; der Tiber überschwemmte ständig das tiefgelegene Viertel und machte es zu einem sumpfigen Seuchenherd. Von der christlichen Umwelt schieden es finstere Mauern, deren Tore um Mitternacht geschlossen und bei Tagesanbruch geöffnet wurden; an Sonntagen und christlichen Feiertagen blieben sie auch tagsüber geschlossen. Außerhalb der Mauer hatten die Männer einen sie kennzeichnenden gelben Hut, die Frauen einen gelben Schleier oder Streifen zu tragen. Ähnliche Ghettos wurden auf Grund eines päpstlichen Dekrets auch in Ancona und Bologna errichtet – wo man das Ghetto «Inferno» nannte –, und Florenz und Siena folgten dem Beispiel. Den Maranen Anconas raubte eine geheime Order Pauls IV. Freiheit und Besitz; 24 Personen beiderlei Geschlechts wurden als rückfällige Ungläubige lebendig verbrannt (1556), weitere 27 zu lebenslänglicher Galeerensklaverei verurteilt. Es war – für die Juden Italiens – die gespenstische Abenddämmerung eines goldenen Zeitalters.

Einer Handvoll jüdischer Flüchtlinge gelang es trotz der entgegenstehenden Gesetzen, sich in Frankreich oder England einzuschleichen. Deutschland blieb ihnen so gut wie verschlossen. Viele wandten sich nach Antwerpen, aber nur wenige durften länger als einen Monat bleiben. Diogo Mendes, ein portugiesischer Marane, gründete dort eine Niederlassung der von seiner Familie in Lissabon betriebenen Bank. Er arbeitete mit solchem Erfolg, daß der Magistrat ihn nebst fünfzehn anderen unter der Beschuldigung verhaftete, jüdische Riten einzuhalten. Heinrich VIII., für den Mendes als finanzieller Mittelsmann tätig war, intervenierte, und dreizehn konnten sich durch ein hohes Lösegeld freikaufen – das treibende Motiv für viele dieser Verhaftungen. Eine Anzahl von Flüchtlingen zog nach Amsterdam weiter, wo es ihnen nach dem Abfall der Niederlande von Spanien gut gehen sollte (1589).

Die in den Bereich des Islam fliehenden Juden fanden nur im unmittelbaren Machtbereich der Osmanensultane günstigere Bedingungen; jene, die in Oran, Algier und Bougie zu landen versuchten, wurden von den Mauren beschossen, und mehrere fanden den Tod. Da sie überall verschlossene Stadttore antrafen, schlugen sie Notbaracken auf; eine geriet in Brand, und die ganze Siedlung einschließlich einiger Bewohner ging in Flammen auf. Bei Fes kampierten sie auf den Feldern, ernährten sich von Wurzeln und Kräutern, und manche Mütter töteten ihre Kinder, um sie nicht Hungers sterben zu sehen, während andere Eltern sie für ein bißchen Brot verkauften; Seuchen rafften Hunderte von ihnen dahin. Zu guter Letzt überfielen Korsaren das Lager und verschleppten zahlreiche Kinder in die Sklaverei. Da Gerüchte umgingen, daß die Juden Juwelen zu verschlucken pflegten, schlitzten verbrecherische Elemente ihre Leichen auf. Diejenigen, die all dieses Ungemach glücklich überstanden, gründeten mit unvorstellbarem Mut und unter den größten Schwierigkeiten im maurischen Nordafrika neue Gemeinden. In Algier riskierte Simon Duran II. wiederholt das eigene Leben, um den Flüchtlingen eine gewisse Sicherheit zu verschaffen. In Fes wurde Jakob Berab der berühmteste Talmudkenner seiner Zeit.

Größeres Glück hatten die Spaniolen, das heißt die von der Iberischen Halbinsel stammenden Juden, in Kairo, wo sie von den Mameluken und Osmanensultanen gut aufgenommen wurden und schon nach kurzer Zeit in der jüdischen Gemeinde die tonangebende Rolle spielten. Selim I. hob das alte Amt des Nagid oder Oberrabbiners auf, der an der Spitze der ägyptischen Judengemeinden gestanden und alle Rabbiner ernannt hatte, und führte die Selbstverwaltung der Gemeinden und freie Wahl des Rabbiners ein. David ibn abi-Zimra, der neue Rabbi Kairos, ersetzte die seleukidische Zeitrechnung, die nur noch bei den afrikanischen und vorderasiatischen Juden gebräuchlich war, durch die seit dem elften Jahrhundert von den europäischen Juden benutzte, die mit dem Jahr der Weltschöpfung *(anno mundi)* 3761 v. Chr. begann.

Wohin immer die Spaniolen kamen, übernahmen sie bald die kulturelle und oft auch die politische Führung der Gesamtgemeinde. Nach Saloniki wandten sich so viele, daß sie zum stärksten Teil der Bevölkerung wurden und bis 1918 blieben; nichtspanische Juden, die sich dort niederließen, mußten Spanisch lernen. Eine Zeitlang war Saloniki die wichtigste Handelsstadt im östlichen Mittelmeer.

Sultan Bajesid II. hieß die Juden mit offenen Armen willkommen, brachten sie doch jene Kenntnisse des Handwerks, des Handels und der Medizin mit, die seinen Untertanen am meisten fehlten. Über Ferdinand den Katholischen urteilte er: «Ihr nennt Fernando einen weisen König, der sein Land arm gemacht und unser Land bereichert hat?»[9] Wie alle Nichtmuslims unterlagen auch die Juden einer Kopfsteuer, die sie freilich vom Kriegsdienst befreite. Nicht alle Juden brachten es zu Wohlstand; doch einigen gelang es. In Konstantinopel gab es nach kurzer Zeit beinahe nur jüdische Ärzte, und Suleiman schenkte seinem Leibarzt solche Zuneigung, daß er ihn und seine Angehörigen von allen Steuern befreite. Als Paul IV. die Juden Anconas zu unterdrücken begann, zeigte sich Suleiman entsetzt, protestierte energisch und forderte mit Erfolg die Freilassung der osmanischen Untertanen jüdischen Glaubens (9. März 1556). Er selbst berief bekennende Juden auf so hohe Posten, daß sich die Gesandten christlicher Mächte gezwungen sahen, sie zu hofieren, wenn sie beim Sultan etwas erreichen wollten. Garcia Mendesia, ein Mitglied der Bankierfamilie Mendes, den man zum Dank für seine philanthropischen Bemühungen in Antwerpen, Ferrara und Venedig mit Kränkungen und Unrecht überschüttet hatte, fand endlich in Istanbul ein ruhiges Asyl.

Unter türkischer Herrschaft öffnete das Heilige Land dem Volk, das es heilig gemacht hatte, wieder seine Pforten. Jerusalem, diese den Christen, Muslims und Juden gleicherweise geheiligte Stätte, nahm allerdings nur eine beschränkte Zahl auf, aber im obergaliläischen Safed entwickelte sich eine so zahlreiche und kulturell bedeutsame Gemeinde, daß Jakob Berab versuchte, dort einen Sanhedrin, das heißt einen regierenden Rat für die Juden der ganzen Welt, einzurichten. Es war ein kühner Gedanke, aber die räumliche, sprachliche und kulturelle Zersplitterung des Judentums war zu groß, als daß sich eine solche Zentralregierung hätte ermöglichen lassen. Trotzdem flehten in christlichen wie in islamischen Landen die Juden tagtäglich zu Jahwe, «die Zerstreuten in allen vier Weltgegenden ... zu sammeln»; und an jedem Oster- und Laubhüttenfest vereinigten sich die Juden in aller Welt in der ihnen allen gemeinsamen, sie über alle Tragödien hinwegtragenden Hoffnung: «Im nächsten Jahr werden wir in Jerusalem sein.»

IV. DIE TECHNIK DES KAMPFES UMS DASEIN

Die Fähigkeit der Juden, alle Schicksalsschläge zu überdauern, gehört zu den erstaunlichsten Wundern der Geschichte und ist beispielhaft für die Widerstandskraft, mit der die Menschheit die Katastrophen des Daseins überwindet.

Die Absonderung war nicht die schlimmste der Entwürdigungen; Juden fühlten sich unter ihresgleichen wohler und gesicherter als in der feindseligen Menge. Seit Hunderten von Jahren an Armut gewöhnt, wurden sie mit ihr fertig; auch war sie nicht ihr Monopol – im Gegenteil, es erfüllte sie eher Stolz auf gelegentlichen Reichtum als das Bewußtsein einer nie endenden Dürftigkeit. Die unbarmherzigste Wunde schlug ihnen, wie immer sie motiviert wurde, die Vorschrift zum Tragen eines Erkennungszeichens, das sie innerhalb ihrer Umwelt diffamierte. Verbittert schreibt der große jüdische Historiker:

«Viereckig oder rund, von safrangelber oder anderer Farbe [signum circulare, rota], an dem Hute oder an dem Oberkleide getragen, war das Judenzeichen eine Aufforderung für die Gassenbuben, die Träger zu verhöhnen und mit Kot zu bewerfen, war es ein Wink für den verdummten Pöbel, über sie herzufallen, sie zu mißhandeln oder gar zu töten, war es selbst für die höheren Stände eine Gelegenheit, sie als Auswürflinge der Menschheit zu betrachten, sie zu brandschatzen oder des Landes zu verweisen. Noch schlimmer als diese Entehrung nach außen war die Wirkung des Abzeichens auf die Juden selbst. Sie gewöhnten sich nach und nach an ihre demütige Stellung und verloren das Selbstgefühl und die Selbstachtung. Sie vernachlässigten ihr äußeres Auftreten, da sie doch einmal eine verachtete ehrlose Kaste sein sollten, die auch nicht im entferntesten auf Ehre Anspruch machen dürfte. Sie verwahrlosten nach und nach ihre Sprache, da sie doch zu gebildeten Kreisen keinen Zutritt erlangen und untereinander sich auch durch Kauderwelsch verständlich machen konnten. Sie büßten damit Schönheitssinn und Geschmack ein und wurden nach und nach teilweise so verächtlich, wie es ihre Feinde wünschten.» [10]

Das ist übertrieben und zu stark verallgemeinert; viele Juden behielten dennoch ihren Stolz und freuten sich an prächtiger Kleidung; immer wieder hören wir von berühmt schönen Jüdinnen; und das Jiddische, ein sich im sechzehnten Jahrhundert entwickelnder deutscher Dialekt mit Entlehnungen aus dem Slawischen und Hebräischen, wurde zu einer lebendigen und vielseitigen Schrift- und Kunstsprache gerade zu der Zeit, da Graetz seine *Geschichte der Juden* schrieb. Wie dem aber auch sei, das schwerste Verbrechen jener Jahrhunderte bleibt die vorsätzliche Entwürdigung eines ganzen Volkes, der unbarmherzige Seelenmord.

Ein Hauptaspekt dieses Verbrechens bestand im Ausschluß der Juden von allen Berufen außer dem Handel und Geldwesen. Ein Teil der Gründe ist bereits dargestellt worden; einen weiteren bildete der kirchliche Zehnte vom Bodenertrag, der die Juden veranlaßte, sich aus der Landwirtschaft zurückzuziehen; und am Ende wurde ihnen der Besitz von Grund und Boden überhaupt verboten. Als Fabrikanten konnten sie sich nicht durchsetzen, weil ihnen die Aufnahme in die Zünfte (ursprünglich religiös betonte Institutionen) verweigert wurde und christliche Handelsmonopole ihre Geschäftstätigkeit beschnitten. Im ganzen gesehen fanden sie sich in ihrem Verkehr mit Christen auf Kleinhandwerk, Hausierhandel und Geldverleih beschränkt. In manchen

Gegenden durften sie an Christen nur gebrauchte Waren verkaufen. Nach dem dreizehnten Jahrhundert verloren sie auch die Vorherrschaft im Geldwesen. Dennoch sicherten sie sich dank ihres flüssigen Kapitals, ihrer Sprachkenntnisse und ihrer internationalen verwandtschaftlichen Beziehungen im zwischenstaatlichen Güteraustausch eine so hervorragende Position, daß Länder, die sie verstießen, und Länder, die sie aufnahmen, ihren Anteil am internationalen Handel je nachdem verminderten oder vergrößerten. Es war das mit eine Ursache, wenn auch nicht gerade die wirksamste, daß Spanien und Portugal an Bedeutung verloren, während Holland aufstieg, und daß Amsterdam Antwerpen als Handelsmetropole überflügelte.

Daß sich die Juden in ihren inneren Angelegenheiten an ihre eigenen Gesetze und Sitten, Rabbiner und Synoden halten konnten, war ihr Rettungsanker. Für das Judentum bildeten, wie für den Islam, Religion, Gesetz und Ethik eine untrennbare Einheit, und die Religion wurde nicht geringer gewertet als das Leben selbst. 1310 legte der Rabbi Jakob ben Ascher Gesetz, Ritual und Moralkodex in seinen *Arabaah Turim* (Vier Reihen) nieder; diese neue Zusammenfassung des Talmud und der Auslegungen des Gaonats ersetzte die *Mischne Tora* des Maimonides (1170); für die Juden in aller Welt verbindlich erklärt, blieb sie bis 1565 das Standardwerk rabbinischer Gesetzgebung und Rechtsauslegung.

Die Katastrophen des vierzehnten und fünfzehnten Jahrhunderts zerstörten die soziale Struktur des Judentums. Wie die Priester litten auch die Rabbiner ganz besonders unter der Pest. In dem durch Verfolgungen und Austreibungen ruhelos gewordenen jüdischen Dasein erlosch beinahe das mosaische Recht. Die iberischen Juden konnten sich nur mühsam an die Sprache und die Bräuche fremder jüdischer Gemeinden gewöhnen; sie bauten eigene Tempel, hielten am Spanischen oder Portugiesischen fest; und so gab es in manchen Städten für Spanier, Portugiesen, Italiener, Griechen und Deutsche eigene Gemeinden mit eigenem Rabbi, eigenen Sitten, Wohlfahrtseinrichtungen und Eifersüchteleien. Die jüdische Familie rettete das Volk über alle Fährnisse hinweg. In der gegenseitigen Aufopferung von Eltern und Kindern, Brüdern und Schwestern fand man Trost und Sicherheit. Nach Jahrhunderten des Wirrwarrs kodifizierte Rabbi Joseph Karo in Safed in seinem *Schulchan Aruch* (Gebottafel, Venedig 1564/65) von neuem Religion, Recht und Lebensform. Doch da Karo seinen Kodex vorwiegend auf das spanische Judentum stützte, hielten die deutschen und polnischen Juden ihre eigenen Traditionen und Auslegungen für vernachlässigt, weshalb der Krakauer Rabbi Moses Isserles die «Gebottafel» mit einem «Tafeltuch» (*Mapath ha-Schulchan*, 1571) ergänzte, das den nördlichen Abweichungen vom iberischen Gesetz Rechnung trug. In dieser Form ist der *Schulchan Aruch* bis in unsere Zeit der Justinian des orthodoxen Judentums geblieben. Es gibt kein größeres Lob für einen Juden, als von ihm zu sagen, er halte alle Vorschriften des Buches ein.

Da alles jüdische Recht auf dem Talmud fußt, können wir uns wohl kaum das Bangen vorstellen, mit dem die Judenheit das Geschick ihres zweiten heiligen Buches verfolgte. In seinem poetischen und nicht so rechtsverbindlichen Teil, der Haggadah, befanden sich einige die christlichen Lehrsätze ironisierende Stellen. Gewisse Konvertiten verschafften sich in der christlichen Welt Ansehen, indem sie diese Auslassungen anprangerten und das Verbot des Talmud forderten. Trotz solcher Bewegungen, die im Angriff Pfefferkorns auf Reuchlin gipfelten, förderte Leo X. die erste Druckausgabe des Talmud (Venedig 1520); Julius' III. Anordnung, alle in Italien auffindbaren Exemplare zu verbrennen, war andererseits mit ein Zeichen dafür, daß die Renaissance zu Ende ging (1553). Tausende von Exemplaren wurden beschlagnahmt; in Rom, Bologna, Ravenna, Ferrara, Padua und Venedig loderten mit jüdischen Büchern genährte Freudenfeuer; nur Mailand weigerte sich, der Order Folge zu leisten. Jüdische Delegationen baten den Papst um Zurückziehung des Edikts; er schob, solange die Bände brannten, die Entscheidung auf die lange Bank; erst Pius IV. erlaubte unter der Bedingung, daß bestimmte Stellen ausgemerzt würden, den Neudruck des Talmud. Von da an zensierten die Juden ihre Druckerzeugnisse selber.

Der Sohar, der Text der jüdischen Kabbala, kam ungeschoren davon, weil einige katholische Gelehrte glaubten, darin Hinweise auf die Göttlichkeit Christi zu finden. Der Sohar, kurz vor 1295 geschrieben, hielt in einer Anzahl mystischer Schriften die Kabbala oder «Geheimlehre» jener Juden fest, die sich aus Armut, Verfolgung und Wirrnis in die Meditation göttlicher und esoterischer Zahlen- und Buchstabensymbole, in rückwärts gelesene Wörter, in den Namen des Unaussprechlichen und so weiter flüchteten. Gramvolle Juden schlossen sich in kleinen Zirkeln zusammen, die in strenger Askese, fastend und weinend, in der Kabbala irgendeine Offenbarung suchten, vor allem über den Zeitpunkt, da der Messias erscheinen und Israel aus dem Elend führen würde.

Wer es je versucht hat, sich in das beispiellos abgrundtiefe Leid der damaligen Judenheit hineinzudenken, der wird Verständnis dafür haben, daß sich die Juden in einen verzeihlichen Mystizismus flüchteten, aber auch wiederholt einen der Ihren allzu leichtgläubig für den Messias hielten. Eines Tages ritt ein hübscher, junger arabischer Jude, David Reubeni, auf einem weißen Zelter quer durch Rom zum Vatikan und präsentierte sich Clemens VII. als der Bruder und Gesandte eines arabischen Judenkönigs, der über die Nachfahren des Stammes Ruben herrsche (1524). Sein königlicher Bruder, so erzählte Reubeni, verfüge über 300 000 kriegstüchtige Männer, doch hätten sie keine Waffen; falls die Kurie und die europäischen Potentaten solche geben würden, würden sie die Muslims aus Palästina vertreiben. Clemens, von der phantasievollen Schilderung beeindruckt, erwies dem Jüngling alle einem Gesandten zukommenden Ehren. Die einheimischen Juden fühlten sich in ihrem Glaubensgenossen geschmeichelt; sie stellten ihm die Mittel zu einem prunkvollen diplomatischen Auftreten zur Verfügung; und als König Johann III. ihn aufforderte, nach Portugal zu kommen, schiffte er sich mit großem Gefolge und unter jüdischer Flagge ein.

Von Reubenis Beredsamkeit überwältigt, suspendierte Johann die Verfolgung seiner meist zwangsgetauften Judenchristen, von denen viele in einem hysterischen Freudentaumel in David den heiß ersehnten Messias zu sehen vermeinten. Zum Beweis seiner Treue gegenüber dem Judentum ließ sich der Sekretär des Königs, gleichfalls ein Judenchrist, beschneiden, änderte seinen Namen Diogo Pires in Salomon Molcho, entwich ins Osmanenreich und proklamierte Reubeni für den Vorläufer des Messias, dessen Erscheinen er für das Jahr 1540 voraussagte. Reubeni selbst gab sich freilich nie als Messias oder dessen Vorläufer aus; als phantasievoller Hochstapler war er nur auf Geld, Schiffe und Waffen versessen. Die Flucht von Pires-Molcho weckte des Königs Argwohn; er wies Reubeni aus Portugal aus, dieser erlitt unterwegs Schiffbruch an der spanischen Küste und fiel in die Hände der Inquisition. Karl V. ordnete, offenbar um Clemens gefällig zu sein, Reubenis Freilassung an, der nach Venedig weiterreiste (1530) und die Signoria zu bereden suchte, die europäische Judenheit zu einem Angriff auf die Türken zu bewaffnen.

Molcho, der, aus der Türkei zurückkehrend, mittlerweile in Ancona gelandet war, ritt, mit einem päpstlichen Geleitbrief versehen, quer durch die Halbinsel nach Rom, wo er sich glühend für das Judentum einsetzte. Die Inquisition wollte ihn als rückfälligen *converso* festnehmen, aber Clemens entriß ihn ihren Fängen und brachte ihn heil aus der Stadt. Obschon Molchos Glauben an Reubeni ins Wanken geraten war, begleitete er diesen nach Regensburg, wo sie Karl V. zur Bewaffnung der Maranen gegen die Türken zu gewinnen suchten. Aber Karl ließ sie arretieren und nahm sie nach Mantua mit. Von der Inquisition zum Scheiterhaufen verurteilt, hätte sich Molcho im letzten Moment auf Grund einer kaiserlichen Kabinettsorder durch das Bekenntnis zum Christentum retten können; er zog jedoch den Märtyrertod vor (1532). Reubeni wurde nach Spanien gebracht, dort von der Inquisition eingekerkert und starb 1536, anscheinend durch Gift. Die westeuropäischen Juden zogen sich mit gebrochenen Herzen in ihre Ghettos, ihre Mystik und ihr Unglück zurück.

V. PHILOSOPHIE UND NATURWISSENSCHAFT

Daß die Juden in dieser Zeit ihrer zweiten Zerstreuung keine großen Kulturgüter hervorbrachten, versteht sich wohl von selbst; der brutale Kampf ums bloße Dasein verbrauchte ihre ganze Energie. Ihr hohes Bildungsniveau litt unter dem unsteten Wanderleben, und während das christliche Europa dem Zauber der Renaissance verfiel, verfielen die Juden dem Ghetto und der Kabbala. Die Beteiligung an der Wiedergeburt der bildenden Künste untersagte ihnen das zweite Gebot. Es gab viele Gelehrte, doch die Mehrzahl versenkte sich in den Talmud. Es gab Sprachgelehrte wie Profiat Duran und Abraham de Balmes, Übersetzer wie Isaak ibn-Pulkar, der al-Ghazzali ins Hebräische übertrug, und Jakob Mantin, der Avicenna, Averroës, Maimonides und Levi ben Gerson lateinisch wiedergab. Einen Schreckschuß für strenggläubige Juden bildete die zwingende Beweisführung Elijah Levitas (1538), daß der masoretische, das heißt der mit Vokalpunkten, Satzzeichen und Anmerkungen versehene Text des Alten Testaments, erst im fünften vorchristlichen Jahrhundert entstanden ist.

Die Odyssee der Familie Abrabanel bildet ein markantes Beispiel für die Wechselfälle im Dasein der damaligen jüdischen Intellektuellen. Der in Lissabon 1437 geborene Don Isaak Abrabanel war Schatzkanzler Alfons' V. von Portugal, befaßte sich daneben mit Bibel- und Geschichtsstudien und empfing in seinem geräumigen Haus Gelehrte, Naturwissenschaftler und prominente Handelsherren. Nach Alfons' Tod fiel er in Ungnade, floh nach Spanien (1484), verfaßte Kommentare zu den Geschichtsbüchern der Bibel und wurde von Ferdinand dem Katholischen ins Schatzamt berufen, wo er acht Jahre lang diente und vergeblich versuchte, die den Juden drohende Katastrophe abzuwenden. Der traurige Exodus verschlug ihn nach Neapel (1492), dessen König ihn in die Verwaltung berief; aber 1495 plünderten französische Landsknechte sein Heim, vernichteten seine kostbare Bibliothek und zwangen ihn zur Flucht nach Korfu. Hier sprach er ein Wort aus, das viele Juden damals gesagt haben müssen: «Mein Weib, meine Söhne und meine Bücher sind weit weg von mir, und ich bin allein, ein Fremder in fremdem Land.» Venedig, wohin ihn sein Wanderleben führte, betraute ihn mit diplomatischen Aufgaben (1503). Während all dieser Drehungen seines Schicksalsrades fand er die Kraft, mehrere philosophische und theologische Schriften zu verfassen, die heute kein großes Interesse mehr beanspruchen, von dem immerhin beachtlichen Grundsatz abgesehen, daß das biblische Geschehen und die biblischen Thesen in den Begriffen der Gesellschaftsstruktur und staatlichen Gegebenheiten ihrer jeweiligen Zeit ausgelegt werden müssen. Die letzten sechs Jahre seines Lebens durfte er in ungewohnter Ruhe und Sicherheit verbringen.

Seine Söhne erhöhten seinen Ruhm. Samuel Abrabanel brachte es in Saloniki zu hohem Ansehen und in Neapel zum Finanzminister des Königreichs; als Philanthrop erwarb er sich die Liebe seiner Glaubensgenossen. Judas Leon Abrabanel – Leo Hebraeus – errang mit seiner ärztlichen Kunst in Genua und Neapel solche Prominenz, daß er allgemein Leon Medigo genannt wurde. 1505 wurde er Leibarzt Gonzalos von Cordoba; als sich der verdiente Feldherr Ferdinands Ungnade zuzog, begab sich Leon Abrabanel zu seinem Vater nach Venedig. Vielseitig interessiert, beschäftigte er sich mit allen möglichen Wissenschaften, dichtete und versuchte sich auch in der Metaphysik. Seine *Dialoghi d'Amore* (1502 geschrieben, 1535 veröffentlicht) erfreuten sich im Renaissance-Italien ziemlicher Beliebtheit, betrachteten die Italiener doch philosophische Analysen der Liebe als Präludium oder *obbligato* für erfolgreiche Amouren. Nach diesen Dialogen überragt geistige Schönheit – das heißt geplante Ordnung und Harmonie – natürliche Schönheit; die Schönheit gipfelt in der Planung, Ordnung und Harmonie des Universums als dem sichtbaren Ausdruck der göttlichen Schönheit; die Liebe erhebt sich Stufe um Stufe von der Bewunderung und dem Kult des Natürlichen zur geistigen und himmlischen Schönheit und findet ihre Krönung in der geistigen Liebe zu Gott, dem Verständnis und der Würdigung der kosmischen Ordnung und im Wunsch, mit der Gottheit vereinigt zu sein. Vielleicht hat Castiglione das Manuskript gekannt, denn der Bembo seines *Cortigiano* führt ähnliche Reden (1528), während die Buchausgabe ein Jahrhundert später Spinozas *amor dei intellectualis* beeinflußt haben mag.

Die zerstreuten portugiesischen Juden zogen diesem ätherischen *amor* Usques portugiesisch geschriebenes Prosaepos *Tröstung für die gramvollen Kinder Israels* vor (Ferrara 1553). Leidenschaftlich bewegt schilderte es die Siege und Katastrophen der jüdischen Nation und suchte sie mit der Versicherung zu trösten, daß sie trotz allem Gottes auserwähltes Volk geblieben sei. Wohl habe er sie ihrer Sünden halber bestraft, aber ihre Leiden läuterten sie, und keine menschliche Teufelei könne sie um den Ruhm und die Herrlichkeit bringen, die *er* ihr zugedacht habe.

Es war unausbleiblich, daß ein Volk, das einer so andauernden Vivisektion unterlag, keine wesentlichen Beiträge zur naturwissenschaftlichen Erkenntnis beisteuern konnte. Zur Unsicherheit und Armut trat noch der Umstand, daß einer der einflußreichsten Rabbiner, Salomon ben Abraham ben Adret von Barcelona, ausgerechnet zu Beginn dieser Periode (1305) unter Androhung des Ausschlusses aus der Gemeinde verboten hatte, Juden unter fünfundzwanzig Jahren in Philosophie und Naturwissenschaft zu unterrichten, weil solche Dinge geeignet seien, die Grundfesten des Glaubens zu erschüttern. Dessenungeachtet verfaßte Isaak Israeli der Jüngere von Toledo eine Übersicht über die Astronomie (1320) und durchleuchtete die jüdische Chronologie und Zeitrechnung; Emanuel Bonfils von Tarascon schuf nützliche astronomische Tabellen und nahm Probleme der Potenz- und Dezimalrechnung vorweg; Abraham Crescas von Mallorca, «Meister über die Landkarten und Kompasse Seiner Majestät von Aragón», zeichnete 1377 eine *mapamundi*, die so allgemein als beste Weltkarte galt, daß Seine Majestät sie Karl VI. von Frankreich zum Geschenk machte; heute gehört sie zu den erlesensten Schätzen der Bibliothèque Nationale. Heinrich der Seefahrer berief Abrahams Sohn, Jehuda Crescas, zum Ersten Direktor der von ihm in Sagres gegründeten nautischen Forschungsanstalt, wo dieser an der Einzeichnung der neuen Seewege mitwirkte. Pedro Nuñes' *Traktat über die Kugel* (1537) öffnete Mercator und der modernen Kartographie die Bahn; Garcia d'Ortas *Colloquios dos simples e drogas medicinães* (1563) bezeichnete einen Wendepunkt in der Botanik und begründete die Tropenmedizin.

Im fünfzehnten Jahrhundert lieferte einzig Abraham Zacuto einen wesentlichen jüdischen Beitrag zur wissenschaftlichen Erkenntnis. Als Lehrer in Salamanca (1474 bis 1478) stellte er seinen *Almanach perpetuum* zusammen, dessen Gestirntafeln Vasco da Gama, Cabral, Albuquerque und (nach 1496) Kolumbus als navigatorisches Hilfsmittel dienten. 1492 wurde Zacuto aus Spanien verbannt und vorübergehend in Portugal aufgenommen, wo er vom Hof bei der Ausrüstung der Indienexpedition da Gamas zu Rate gezogen wurde und die Schiffe mit den von ihm verbesserten Quadranten versah. 1497 auch aus Portugal vertrieben, wanderte Zacuto jahrelang in Armut umher, bis er in Tunis eine neue Wohnstätte fand; dort tröstete er sich, zu Jahren gekommen, mit der Niederschrift einer Geschichte seines Volkes. Sein Schüler, Josef Vecinho, Leibarzt Johanns' II. von Portugal, berechnete an der Küste von Guinea die Breitengrade und die Deklination der Sonne; die von ihm angefertigten Karten erwiesen sich für Vasco da Gama von unschätzbarem Wert. Vecinho gehörte auch zu dem Ausschuß, der die von Kolumbus geplante Expedition nach Westen prüfte (1484); wie seine Kollegen kam er zu einem ablehnenden Urteil.

Die jüdischen Ärzte blieben die gesuchtesten Europas, obschon ihre Beiträge zur ärztlichen Wissenschaft jener Zeit – d'Ortas Tropenmedizin ausgenommen – kaum als bedeutend zu bezeichnen sind. Religiösen Vorurteilen und behördlichen Sonderbestimmungen unterworfen, riskierten sie ihr Leben, wenn sie Christen behandelten – und wurden doch von Königen und Päpsten bevorzugt. Amatus Lusitanus – der sich nach der römischen Provinz Lusitanien, heute Portugal, nannte, wo er zur Welt kam – wurde von der Inquisition aus seiner Heimat vertrieben, hielt sich vorübergehend in Antwerpen, Ferrara und Rom auf und fand schließlich in Ancona (um 1549) ein dauerndes Heim. Wiederholt nahm Julius III., dieser große Feind des Talmud, seine ärztliche Hilfe in Anspruch. Bis zu seinem Lebensende durfte er wahrheitsgemäß behaupten, nie nach Belohnung gefragt, nie wertvolle Geschenke angenommen, die Armen umsonst behandelt, zwischen Christen, Juden und Muslims nie einen Unterschied gemacht und keine Schwierigkeit des Raums und der Zeit gescheut zu haben, um seiner ärztlichen Pflicht nachzukommen. In seinen *Curiationum medicinalium centuriae septem* beschrieb er 700 von ihm behandelte Fälle; diese Aufzeichnungen wurden von den Ärzten ganz Europas gelesen und geschätzt. Der König von Polen wollte Amatus Lusitanus zu seinem Leibarzt machen, allein, dieser blieb lieber in Ancona. Aber 1556 mußte er sein Wanderleben erneut aufnehmen, als Paul IV. die in Italien lebenden Maranen vor die Wahl zwischen dem christlichen Bekenntnis und dem Gefängnis stellte.

Ben Adrets Verbot der Pflege von Wissenschaft und Philosophie hatte auf diese geringere Wirkung als auf jene und weniger Einfluß in Spanien als in Frankreich. Die trotz aller Mißhelligkeiten in Südfrankreich verbliebenen Juden standen nach wie vor unter Maimonides' Beeinflussung. Joseph Kaspi unternahm es, für seinen Sohn Leitfäden der Logik und Ethik zu verfassen, und vertrat darin die liberal-philosophische Schule, die in Maimonides' *Moreh Nebuchim* ihre klassische Darstellung gefunden hatte. Auf Kaspis Versuch fußte der bedeutende jüdische Denker Levi ben Gerson – der Christenheit als Gersonides bekannt. 1288 in Bagnols als Sproß einer Gelehrtenfamilie geboren, verbrachte er beinahe sein gesamtes Leben in Orange, Perpignan und Avignon, wo er unter päpstlichem Schutz in Frieden arbeiten konnte. Wie die meisten jüdischen Philosophen verdiente er seinen Lebensunterhalt als Arzt und lebte dem hippokratischen Ideal des Arzt-Philosophen beispielhaft nach. Es gab kaum ein Wissensgebiet, mit dem er sich nicht beschäftigte, kaum ein philosophisches Problem, das er unberührt ließ; er bereicherte die Kenntnisse über die mathematischen Grundlagen der Musik, versuchte sich als Poet und war ein Kenner des Talmuds.

Als Astronom und Mathematiker gehörte er zu den Leuchten seiner Zeit. Er nahm schon 1321 die später von Maurolico (1575) und Pascal (1654) entwickelte Methode vorweg, die Zahl der einfachen Permutationen von *n* Objekten durch mathematische Gleichungen zu errechnen. Seine trigonometrischen Abhandlungen dienten Regiomontanus als Ausgangspunkt und wurden so hoch geschätzt, daß Clemens VI. ihre Übersetzung ins Lateinische anordnete, in welcher Sprache sie den Titel *De sinibus, chordis, et arcubus* trugen (1342). Er erfand den Jakobsstab, der zur Messung von Sehwinkeln bestimmt war und zwei Jahrhunderte lang der Schiffahrt als unschätzbares Hilfsmittel diente. Auf Grund eigener astronomischer Beobachtungen kam er zu klugen Einwendungen gegen das Ptolemäische System; die heliozentrische Theorie diskutierte er in ablehnenden Wendungen, die vermuten lassen, daß sie zu seiner Zeit viele Anhänger gehabt haben muß. Die von ihm verbesserte Dunkelkammer verwendete er in Kombination mit dem Jakobsstab zu exakterer Bestimmung der scheinbaren Schwankungen des Sonnen- und Monddurchmessers.

Ähnlich wie er seine Kenntnisse in den exakten Wissenschaften aus arabischen Quellen bezog, entwickelte ben Gerson auch seine Philosophie aus dem kritischen Studium der Kommentare des Averroës zu Aristoteles' Schriften. Von 1319 bis 1321 kommentierte er diese Kommentare, die sich über das weite Gebiet der Logik, Physik, Astronomie, Meteorologie, Botanik, Zoologie, Psychologie und Metaphysik erstreckten, ohne darüber die Lektüre seines Maimonides zu vernachlässigen. Seine philosophischen Erkenntnisse und einen großen Teil seiner wissenschaftlichen Forschungen betitelte er der Mode jener Zeit entsprechend *Milchamoth Adonai* (Schlachten des Herrn, 1317 bis 1329). In der mittelalterlichen jüdischen Philosophie rangiert dieses Werk unmittelbar hinter Maimonides' *Moreh Nebuchim* und setzt – sehr zum Nachteil des Glaubens – den Versuch fort, die griechische Ideenwelt mit der jüdischen Religion zu vereinbaren. Wenn wir daran denken, daß sich Averroës und Thomas von Aquin in ähnlicher Weise bemühten, Aristoteles mit dem Islam beziehungsweise dem Christentum in Einklang zu bringen, so legt das die Folgerung nahe, daß die Wiederentdeckung des Aristoteles das mittelalterliche Glaubensgebäude katastrophal erschütterte und den Übergang vom Zeitalter des Glaubens in das Zeitalter der Vernunft eingeleitet hat. Zur Besänftigung seiner orthodoxen Kritiker erklärte sich Gersonides zur Modifikation seiner Ansichten bereit, sofern sie im Widerspruch zur Heiligen Schrift stünden – ein alter scholastischer Kniff. Dennoch vernünftelte er langatmig über Gott, Schöpfung, Zeitlosigkeit der Welt und Unsterblichkeit der Seele; und wenn sich seine Schlüsse und die Bibel nicht deckten, interpretierte er diese mit solcher Gewaltsamkeit, daß die Kritik sein Buch in «Schlachten gegen den Herrn» umtaufte. Daß Josua die Sonne stillstehen hieß, ist, wie manches andere, nach Gersonides nicht wörtlich zu nehmen; solche «Wunder» dürften Naturereignisse gewesen sein, die entweder nicht als solche erkannt wurden oder vergessen worden sind. Am Ende bekannte er sich ohne jedes verhüllende Mäntelchen zu seinem Rationalismus: «Die Thora kann uns nicht hindern, das als wahr zu betrachten, was uns die Vernunft als wahr anzunehmen drängt.»

Mit dem, was der Atheist Holbach später als «System der Natur» bezeichnen sollte, begründete Gersonides die Existenz einer göttlichen Wesenheit: die kosmische Ordnung und ihre Gesetze enthüllten einen kosmischen Verstand. Das ergänzt er mit dem teleologischen Argument: Die meisten Dinge in der lebenden Natur scheinen als Mittel für einen Zweck geschaffen, gibt doch die Vorsehung jedem Organismus die Mittel zur Selbstverteidigung, zum Wachstum und zur Fortpflanzung. Die Welt beziehungsweise der geordnete Kosmos ist in der Zeit erschaffen worden, aber nicht aus dem Nichts; eine formlose, unbelebte Masse existierte von aller Ewigkeit her, der Schöpfungsakt gab ihr Gestalt und Leben. Zwischen Gott und die erschaffenen Dinge schiebt Gersonides eine Zwischenkraft, die er wie Aristoteles und Averroës *nus poietikos* nennt, das heißt den tätigen oder schöpferischen Geist; diese Ausstrahlung der göttlichen Intelligenz bewegt alle Dinge und wird im Menschen zur Seele. Insoweit die Seele von individuellen Sinneswahrnehmungen abhängt, ist sie sterblich; insoweit sie verallgemeinert und die Einheit und Ordnung des Kosmos empfindet, wird sie bewußt zum Teilchen des schöpferischen Geists, der unsterblich ist.

Von den Juden wurde Gersons Philosophie als eine Spielart des Averroismus, eines in letzter Konsequenz die überlieferte Religiosität auflösenden Rationalismus, abgelehnt. Christliche Denker befaßten sich mit ihm, und auf Spinoza übte er einen beträchtlichen Einfluß aus. Stärker aber sprach Hasdai ben Abraham Crescas, der vom konservativen Geist Salomon ben Adrets durchtränkt war, Herz und Gemüt der meditierenden Juden an. In Barcelona 1340 geboren, lebte Crescas in einer Zeit der ärgsten Verfolgung. Die Beschuldigung, er habe eine Hostie geschändet, ließ man zwar fallen, aber das Massaker von 1391 kostete seinem am Vorabend der Hochzeit stehenden Sohn das Leben. Solche Erlebnisse vertieften nur seinen Glauben an Gottes Gerechtigkeit und einen Ausgleich im Himmel, wäre ihm doch sonst sein Leben so voller Übel, Ungerechtigkeit und Leiden unerträglich erschienen. Sieben Jahre nach der Ermordung seines Sohnes versuchte er in einem spanisch geschriebenen Traktat seiner christlichen Umwelt in höflichen und gemäßigten Wendungen nahezulegen, nicht länger auf der Bekehrung der Juden zu bestehen, weil die christlichen Dogmen – Sündenfall, Trinität, unbefleckte Empfängnis, Menschwerdung Gottes, Erlösung von der Erbsünde – widerspruchsvoll und barer Unsinn seien. In seinem Hauptwerk *Or Adonai* (Licht des Herrn, 1410) stellte er sich hingegen auf einen Standpunkt, der den Christen Argumente zur Verteidigung ihrer Thesen hätte liefern können, denn jetzt verwarf er die Vernunft und forderte ihre Unterordnung unter den Glauben. Und ohne offiziell Rabbiner zu sein, verfocht er doch die rabbinische Auffassung, daß die erneute Verfolgung eine Strafe des Herrn für die rationale Verwässerung seiner Offenbarung darstelle. Daß er philosophierte, entsprang nicht einer Hinneigung zur Philosophie; ihm ging es weit mehr darum, das Ungenügen der Philosophie und Vernunft zu beweisen und die Unerläßlichkeit des Glaubens zu erhärten. Er mißbilligte die Versuche Maimonides' und Gersons, die jüdische Religion mit Aristoteles zu harmonisieren, denn wer war schon dieser Grieche, daß Gott sich ihm beugen sollte? Er bekämpfte die aristotelische Auffassung, daß Allwissenheit die wesentlichste Eigenschaft Gottes sei; diese sei vielmehr die Liebe, Gott sei das absolut Gute. Da Crescas einsah, daß göttliche Vorsehung und menschliche Willensfreiheit ihrem Wesen nach unvereinbar sind, zog er den Verlust der Vernunft dem der Freiheit vor. Um unseres Geistesfriedens und unserer Gemütsruhe willen müssen wir an Gott glauben; die Glaubenssätze durch die Vernunft zu beweisen ist überflüssig. Wir müssen zwischen unserer stolzen, aber den Glauben zersetzenden und Verzweiflung gebärenden Vernunft und zwischen dem demütigen Glauben an Gottes Offenbarung wählen, ohne den wir die Schimpflichkeit und Unbill des Lebens nicht ertragen können.

Mit Crescas starb der letzte der großen jüdischen Philosophen des Mittelalters. Seine Glaubensgenossen zeigten sich freilich wenig bereit, ihn sofort zu akzeptieren, denn sein Schüler Josef Albo gewann mit seinen anziehenderen *Ikkarim* (Hauptprinzipien) das

Ohr der philosophierenden Leser; das eklektische Schema, zu dem er Maimonides und Crescas verschmolz, stand mehr im Einklang mit der jüdischen Orthodoxie als die beiden genannten gesondert. Nach Albos Tod (1444) verschwanden die Juden bis zum Auftreten Spinozas aus der Philosophie und beinahe auch aus der Geschichte. Ihr Geist zerbrach unter den Pogromen, Austreibungen, Wohn- und Berufsvorschriften, und ihre Zahl sank auf den niedrigsten Stand seit der Zerstörung Jerusalems (70 n. Chr.). Von aller Welt verachtet und verstoßen, fanden die Trauernden in der Gemeinschaft des Tempels, in Klageliedern und in der Hoffnung auf künftige himmlische Barmherzigkeit, irdische Gerechtigkeit und ewige Seligkeit Trost. Die Gelehrsamkeit vergrub sich im Talmud und beschränkte ihre Logik auf die Auslegung des heilverheißenden Gesetzes; andere ließen sich von der Kabbala in eine Mystik entführen, die irdisches Elend in himmelstürmende Illusionen verwandelte. Die jüdische Dichtung verlor ihren Klang. Nur kleine Grüppchen da und dort trotzten tapfer dem Sturm und begegneten der Ironie des Lebens mit wehmütigem Humor und bissigem Witz. Erst als der bescheidene Amsterdamer Jude es wagte, mosaische Religion, Scholastik und Descartes in einem sublimen religiös-wissenschaftlichen Lehrgebäude zu verschmelzen, sollten die Juden aus ihrem langen, heilenden Schlaf erwachen und in der an kein Volk gebundenen, zeitlosen Internationalen des Geistes erneut ihren Platz einnehmen.

Zweites Buch

HINTER DEN KULISSEN DES ZEITALTERS DER REFORMATION

ERSTES KAPITEL

Das Leben des Volkes

[1517–1564]

I. DIE WIRTSCHAFT

In einem gewissen Sinne stellten die religiösen, politischen und kriegerischen Konflikte, die den Blickfang dieses turbulenten sechzehnten Jahrhunderts bilden, nur ein Geschehen an der Oberfläche dar – beruhten sie doch auf einem anderen, in größere Tiefen reichenden Drama, das sich hinter den Kulissen oder unterhalb der öffentlichen Bühne abspielte: dem tagtäglichen Kampf des Menschen mit den Elementen, der Scholle, der Not und dem Tod. Was bedeuteten im Grunde genommen die Bannbullen der Päpste und die Verdammungsurteile der Protestanten, die rivalisierenden Ungereimtheiten mordender Religionen, die Machtkämpfe und Erbfolgekriege, die Gicht und Syphilis von Kaisern und Königen neben dem unerbittlichen Kampf um Nahrung, Obdach, Kleidung, Gesundheit, um Lebensgefährten und Kinder, um das Dasein schlechthin?

Das Jägerdasein ragte noch immer in dieses Zeitalter des Ackerbaus hinein: Der Mensch mußte töten, um nicht getötet zu werden, und nur die zu seiner Verteidigung entwickelten Waffen ermöglichten ihm die tägliche Plackerei. In ganz Europa mußte der Dörfler vor Wölfen, Bären und anderen Bedrohern von Herd und Heim auf der Hut sein. Tausende von Insekten, Nagetieren und Vögeln vereinigten sich, um ihn um die Frucht seiner Aussaat und Mühe zu bringen; geheimnisvolle Seuchen dezimierten sein Vieh und Geflügel. Jeden Augenblick konnte der Regen Flüsse und Bäche in reißende Fluten verwandeln, und umgekehrt konnte er ausbleiben, bis alles Leben verdorrte; stets lauerte hinter der nächsten Wegbiegung der Hunger, und selten vergaß man die Feuersgefahr. Krankheiten waren häufig, Ärzte rar; in fast jedem Jahrzehnt raffte die Pest geliebte oder bei der Arbeit unersetzliche Angehörige hinweg. Von je fünf Lebendgeborenen starben zwei als Säuglinge und ein dritter vor Erreichung der Ehefähigkeit. Mindestens einen Sohn aus jeder Generation preßten Werber in den Kriegsdienst. Sofern Dörfer und Ernten von den plündernden und sengenden Söldnerscharen verschont blieben, gehörte ein Zehntel jeder Ernte und manchmal noch mehr dem Feudalherrn und ein weiteres Zehntel der Kirche. Es war ein geist- und körperzermürbendes Dasein; immerhin hellten es Kinderlachen, feierabendliche Geselligkeit in der Spinnstube, Singen, Trinken und die halb geglaubte, halb bezweifelte Hoffnung auf ein barmherzigeres Jenseits auf. So wurden die Lebensmittel erzeugt, die den Herren auf ihren Burgen, den Königen in ihren Residenzen, den Priestern auf ihren Kanzeln, den Handwerkern und Kaufleuten in den Städten, den Ärzten, Lehrern, Künstlern, Dichtern, Wissenschaftlern, Philosophen und zuletzt und im geringsten Maße den mühseligen Bestellern der Scholle selbst zur Nahrung dienten. Kultur lebt als Parasit vom Manne hinter dem Pflug.

Eine methodische Förderung der landwirtschaftlichen Erzeugung gab es in jener Epoche nicht; soweit eine Ertragssteigerung eintrat, rührte sie hauptsächlich von Güterzusammenlegungen her. Die neue Grundbesitzerschicht der Kauf- und Finanzleute verpflanzte in verschlafene ländliche Gegenden eine Gier nach Profit, die sowohl Produktion wie Elend steigerte. Unternehmungslustige Kauffahrer brachten einen neuen, phosphat- und stickstoffreichen Dünger nach Europa – nämlich Vogelmist von den der peruanischen Küste vorgelagerten Inseln, Guano genannt. Man akklimatisierte asiatische und amerikanische Pflanzen an den europäischen Boden, darunter die Kartoffel, die Magnolie, die Agave, die Dahlie, die Brunnenkresse, den Pfefferbaum ... Die ersten Tabakpflanzen kamen 1558 aus Mexiko nach Spanien. Im folgenden Jahr übermittelte der französische Gesandte in Lissabon, Jean Nicot, einige ihrer Samen an Katharina von Medici; die Geschichte belohnte ihn, indem sie einem Gift seinen Namen gab.

Die wachsende Bevölkerungszahl brachte dem Fischfang einen Aufschwung, doch erlitt der Heringshandel einen Rückschlag, als die Reformation den Fleischgenuß am Freitag gestattete. Der Bergbau entwickelte sich unter kapitalistischen Methoden rapid. Newcastle führte 1549 Kohle aus. Die Fugger hielten die Belegschaften ihrer Bergwerke zu methodischerer und intensiverer Arbeit an, verbesserten die Schmelzmethoden und vervielfachten so die Produktion. Georg Agricola gewährt uns Einblick in ein Bergwerk des sechzehnten Jahrhunderts:

«Hauptsächlich gibt es Hauer, Anschläger, Förderleute, Schlepper, Erzpocher, Wäscher und Schmelzer ... Die 24 Tag- und Nachtstunden sind in drei Schichten geteilt, jede Schicht dauert 7 Stunden. Die 3 übrigen Stunden, die zwischen die Schichten eingeschoben werden, sind Zwischenstunden, in denen die Bergleute zu den Gruben kommen oder von ihnen fortgehen. Die erste Schicht beginnt um 4 Uhr morgens und dauert bis 11 Uhr; die zweite beginnt um 12 Uhr und endigt um 7 Uhr; diese beiden sind die Tagschichten und werden in Früh- und Mittagsschicht geteilt. Die dritte ist die Nachtschicht; sie nimmt um die achte Abendstunde ihren Anfang und endigt um 3 Uhr nachts. Die letztere genehmigt die Behörde für die Arbeiter nur dann, wenn es unbedingt nötig ist. In diesem Falle, sei es, daß sie die Schächte sümpfen oder einen Gang aufschließen wollen, bleiben sie die ganze Nacht hindurch bei ihren Grubenlampen wach. Damit sie aber infolge des langen Wachbleibens oder wegen Abspannung nicht einschlafen, so suchen sie sich die harte und lange Arbeit durch Gesang, der weder ungebildet noch unangenehm klingt, zu erleichtern. In manchen Gegenden ist es einem Bergmann nicht erlaubt, zwei Schichten hintereinander zu verfahren, weil ihn sonst meist der Schlaf in der Grube übermannt, wenn er durch so lange Arbeit erschöpft ist ... anderswo wieder ist es erlaubt, weil er von dem Lohne nur einer Schicht, besonders wenn Teuerung schwer drückt, nicht leben kann ... An den Samstagen aber arbeiten die Bergleute nicht, sondern kaufen alles das ein, was für den Lebensunterhalt nötig ist. Auch an Sonntagen und den jährlich wiederkehrenden Festtagen pflegen sie nicht zu arbeiten, sondern opfern dann ihre Schicht heiligen Zwecken. Die Bergleute feiern aber nicht und bleiben nicht untätig, wenn die Not es dringend erfordert. Das eine Mal drängt sie eine große Menge Wasser zur Arbeit, ein anderes Mal ein drohender Einsturz, ein anderes Mal wieder etwas anderes. Denn in solchen Fällen an Feiertagen zu arbeiten wird nicht als der Religion widersprechend angesehen. Zudem ist das ganze Geschlecht der Bergarbeiter zäh und zur Arbeit geboren.»[1]

1527 zum Stadtarzt von Joachimsthal ernannt, studierte Georg Agricola dort und anderswo fasziniert und mit Eifer die Geschichte und Arbeitsmethoden des Bergbaus und der Metallurgie, wurde zur Autorität auf diesem Gebiet und veröffentlichte nach zwanzigjährigen Untersuchungen sein *De re metallica* (1550), das auf diesem Gebiet nicht minder epochemachend und grundlegend geworden ist als die im gleichen Jahrzehnt erschienenen Meisterwerke von Kopernikus und Vesalius. Das Werk beschreibt nicht nur den Mineralabbau und die Verhüttungsmethoden bis in die letzten Einzelheiten, sondern enthält auch auf des Verfassers Veranlassung von Künstlerhand ausgeführte Illustrationen der Werkzeuge und mechanischen Hilfsmittel. Als erster erkannte Agricola Bismut und Antimon als Elemente, weiter spezifizierte er zwanzig bis dahin nicht definierte Minerale und erklärte als erster die Bildung der Erzadern als metallische Ablagerungen unterirdischer Ströme*.

Die technischen Verbesserungen dieses Zeitalters kamen hauptsächlich dem Bergbau, der Hüttenkunde und der Gewebeherstellung zugute. Die Stollenkarren zur Erzförderung – damals natürlich noch gezogen oder geschoben – können als erste schienengebundene Transportmittel angesprochen werden. 1533 konstruierte Johann Jürgen für das bis dahin mit der Hand betätigte Spinnrad ein Trittbrett, dank dessen die Hand des Webers frei blieb und doppelte Garnmengen herstellen konnte. Die Uhren gewannen an Zuverlässigkeit und verloren an Größe, die Gehäuse wurden ziseliert, emailliert und mit Juwelen besetzt; Heinrich VIII. besaß eine winzige Uhr, die nur einmal wöchentlich aufgezogen werden mußte. Jedoch auch die besten der damaligen Zeitmesser erlaubten sich Abweichungen bis zu 15 Minuten pro Tag.

Die Verkehrsmittel hinkten der Entwicklung des Gewerbes und Handels nach. Im Lauf des sechzehnten Jahrhunderts wurde der landesherrliche Kurierdienst nach und nach auch der privaten Korrespondenz zugänglich gemacht. Die Umwälzungen des Handels regten Verbesserungen im Schiffsbau an: tiefere und schmälere Kiele hoben Stabilität und Geschwindigkeit, die Masten vermehrte man von einem auf drei und die Segel auf fünf bis sechs. Franz I. und Heinrich VIII. leisteten sich nicht nur im Krieg, in der Liebe und in der Kleidung, sondern auch im Schiffsbau ein Wettrennen; der eine wie der andere ließ sich ein grandioses Fahrzeug nach eigenen Ideen und Plänen bauen, beide von Aufbauten überladen und mit den im Winde flatternden Flaggen ihres Stolzes. Die Mittelmeersegler des frühen sechzehnten Jahrhunderts legten bei günstigem Wetter zehn Seemeilen pro Stunde zurück, während die schwerer gebauten Hochseeschiffe von Glück sprechen konnten, wenn sie 125 Seemeilen am Tag machten. Die schnellste Verbindung zu Land stellte der Depeschenträger dar, der etwa 140 Kilometer täglich ritt; dennoch benötigten wichtige Nachrichten von Venedig nach Paris oder Madrid zehn bis elf Tage. Daß die Nachrichten häufig zu spät eintrafen, um noch Maßnahmen

* Die häufig zur Auffindung von Metallablagerungen verwendete Wünschelrute bezeichnete Agricola als wertlos. Unsere Geigerzähler lassen uns jedoch mit Nachsicht auf diese «Wunsch»-Ruten blicken.

zu gestatten – diese Annehmlichkeit wurde sicherlich nur von wenigen gebührend geschätzt. Im allgemeinen reiste man zu Pferd, daher die schweren Eisenringe neben jedem Haustor. Die Zahl der Kutschen nahm zu; doch waren die Straßen für Pferdegespanne nicht solid genug gebaut, so daß sechs und mehr Pferde vorgespannt werden mußten, um den Wagen durch den unvermeidlichen Schlamm zu ziehen; und eine Reisegeschwindigkeit von dreißig Kilometern am Tage galt als gut. Wohlhabende Damen ließen sich immer noch in Sänften befördern, der einfache Mann durchwanderte den Kontinent auf Schusters Rappen.

Dessenungeachtet reiste man gern. Erasmus hielt die französischen Herbergen noch für die besten, vor allem wegen der kichernden und Schabernack treibenden jungen Mägde, die «dich, wenn du weiterreist, umarmen ... und alles für wenig Geld»; die deutschen Wirte hingegen fand er grob, aufbrausend, träge und schmutzig.

«Ist das Pferd versorgt, so gehst du in die Wärmestube – in den Stiefeln, mit dem Gepäck und allem Dreck, und für alle gibt es nur diesen einzigen Raum ... In der Wärmestube zieht man die Stiefel aus, zieht Hausschuhe an und wechselt das Hemd, wenn man Lust hat ... Der eine kämmt sich, der andere wischt sich den Schweiß ab, der dritte putzt seine Schuhe oder Stiefel, und wieder einer rülpst nach Knoblauch. Kurz: das Durcheinander der Sprachen und Menschen ist nicht geringer als einst beim Turmbau von Babel ... Ich halte meinerseits nichts für gefährlicher, als wenn so viele Menschen dieselbe verbrauchte Luft einatmen und wenn sie an einem solchen Ort essen und mehrere Stunden zubringen. Von den Knoblauchrülpsern, Leibeswinden und übelriechenden Ausdünstungen will ich gar nicht reden ... und gewiß haben viele die spanische, oder wie andere sie nennen, die französische Seuche, die ja freilich unter allen Nationen verbreitet ist.»[2]

Den reisenden Kaufleuten, die in unablässigem Bemühen Dorf mit Dorf und Land mit Land verbanden und die Welt mit einem immer dichteren Wirtschaftsnetz überzogen, dürfen wir angesichts solch unerfreulicher Zustände in den Herbergen einen Seitensprung wohl verzeihen. Jedes Jahrzehnt erlebte die Öffnung einer neuen Handelsroute, zur See durch tausend abenteuerliche Entdeckungsfahrten und zu Land etwa durch Chancellors Reise nach Rußland. Shakespeares Shylock stand in Geschäftsbeziehungen mit England, Portugal, Tripolis, Ägypten, Indien und Mexiko. Genua besaß Handelsniederlassungen am Schwarzen Meer, in Armenien, Syrien, Palästina und Spanien; seinen Frieden mit der Pforte machend, verkaufte es ihr Waffen, mit denen diese Krieg gegen Christen führte. Frankreich, nicht faul, schloß eigene Vereinbarungen mit den Sultanen und beherrschte nach 1560 den Mittelmeerhandel. Antwerpen bezog und verschiffte Güter aus und nach aller Welt.

Die Geschäftsmethoden der Bankiers paßten sich wendig den Bedürfnissen der sich ausweitenden Wirtschaft an. Geldanweisungen traten an die Stelle der schwerfälligen Zahlungsmittel in Metall oder Naturalien. Als die Kosten der Kriegführung durch den Übergang von der Feudalordnung – unter der die königlichen Vasallen ihren Zuzug, Pfeil und Bogen, Piken und Schwerter auf eigene Kosten gestellt haben – zum System der Miliz- oder Söldnerheere, die nunmehr der Staat selbst mit Feuerwaffen und Geschützen zu versehen hatte, immer größer wurden, borgten die Staatsleitungen immer gewaltigere Summen von den Bankiers. Die dafür bezahlten oder auch nicht bezahlten

Zinsen brachten große Finanzhäuser zur Blüte oder zum Ruin. Die Bankiers ihrerseits stärkten ihre Mittel durch die ihnen gegen Verzinsung anvertrauten Ersparnisse der Bürgerschaft und verwendeten sie zur Finanzierung großer Gewerbe- und Handelsbetriebe. Der Zinsfuß richtete sich weniger nach der Gewinnsucht des Geldgebers als nach der Zuverlässigkeit des Geldnehmers; deutsche Reichsstädte, in denen pünktlich zahlende Kaufleute das Regiment führten, erhielten Geld zu 5 Prozent; Franz I. hingegen mußte 10 Prozent und Karl V. 20 Prozent bezahlen. Mit dem Erstarken der Nationalwirtschaften fielen die Zinssätze.

Das aus den deutschen, ungarischen, spanischen, mexikanischen und peruanischen Bergwerken stammende Gold und Silber ermöglichte eine reichliche und flüssige Geldversorgung. Dieser neue Zufluß an Edelmetallen erfolgte gerade noch rechtzeitig, denn die Gütererzeugung hatte sich schneller vermehrt als der Geldumlauf. Da in den letzten Jahrzehnten vor Kolumbus die Ausfuhr nach Asien hinter der Einfuhr aus Asien zurückgeblieben war und das Defizit mit Gold und Silber ausgeglichen werden mußte, fielen die Preise – zum Nachteil der Unternehmungslust und des Handels. Nach der Steigerung der europäischen Edelmetallförderung und dem Zufluß von Silber und Gold aus Afrika und Amerika wuchs das Angebot an Edelmetallen rascher als das Güterangebot; infolgedessen stiegen die Preise, die Geschäftswelt jubelte, und an die Stelle der alten Agrarwirtschaft und der zünftegesteuerten Gütererzeugung trat ein auf mobilen Geldmitteln beruhendes Wirtschaftssystem.

Die Zünfte wurden immer unzeitgemäßer. Sie hatten sich in einer Zeit der lokalen Selbstversorgung und Abschließung herauskristallisiert und waren weder geeignet, Rohstoffe in großen Mengen an fernen Orten einzukaufen, noch eine Massenproduktion und Arbeitsteilung zu organisieren, noch die eigenen Erzeugnisse nach fernen Plätzen zu verfrachten. Vom dreizehnten Jahrhundert an entwickelten sie sich zu einem städtischen Patriziat, das den Lohnarbeitern so schlechte Existenzbedingungen gewährte, daß diese in die Arme von Unternehmern getrieben wurden, die mit kapitalistischen Methoden arbeiteten. Das Wesen des Kapitalismus lag im Gewinn; er verstand es, Ersparnisse in Produktionskapital umzuwandeln, Rohstoffe und technische Hilfsmittel einzukaufen, Fabriken zu bauen, Bergwerke zu betreiben, Arbeitskräfte zu beschaffen, den Arbeitsvorgang zu spezialisieren und aufzuteilen, fremde Märkte zu erobern, Wahlen mit Geld zu beeinflussen und sich Regierungen geneigt zu machen. Der große Edelmetallzufluß schrie nach nutzbringender Anlage; das amerikanische Gold wurde in Europa zum Kapital. Innerhalb des sich bildenden Kapitalismus erwuchs ein Geist des Wetteiferns und der Unternehmungslust, eine fieberhafte Suche nach wirtschaftlicheren Erzeugungs- und Verteilungsmethoden, die den in alten Geleisen befangenen selbstzufriedenen Zünftler hoffnungslos überflügelte. Die neuen Methoden waren den alten quantitativ, aber nicht qualitativ überlegen, den Kaufleuten war für den Warenaustausch mit dem Osten jedoch mehr mit großen Mengen gedient.

Der neue Reichtum beschränkte sich zumeist auf Finanzleute, Fabrikanten, Kaufleute und die mit ihnen liierten Staatsfunktionäre. Nur wenigen Angehörigen des Hochadels, die Ländereien mit Hunderten von Pächtern besaßen oder Schafzucht zur Wollversorgung der Spinnereien im großen betrieben, gelang noch die Vergrößerung ihres Vermögens; die große Mehrheit des grundbesitzenden Adels sah sich vom König einerseits, von geschäftstüchtigen Städten andererseits eingeengt, verlor an politischem Gewicht und mußte sich mit dem Stammbaum begnügen. Neben dem Adel trug das Proletariat die Lasten der sinkenden Kaufkraft des Geldes. Der Getreidepreis erhöhte sich zwischen 1500 und 1600 in England um das Anderthalbfache, in Frankreich um das Doppelte und in Deutschland um das Dreifache. Zwei Schock Eier hatten in England um 1300 4 Pennies gekostet, 1400 fünf, 1500 sieben; im Jahre 1570 kosteten sie 42 Pennies. Die Löhne stiegen gleichfalls, aber langsamer, weil obrigkeitliche Verfügungen sie gewaltsam tief hielten. Im großen und ganzen führten die wirtschaftlichen Umwälzungen des sechzehnten Jahrhunderts zu einer Verarmung und politischen Schwächung der lohnempfangenden Schichten. Die von der Arbeiterschaft produzierten Massengüter dienten in der Hauptsache der Bezahlung eingeführter Luxusgüter, mit denen sich einige wenige ihr Leben bequemer und leichter gestalteten.

Seit den Tagen des Spartakus hatte sich der Klassenkampf nicht mehr in so erbitterten Formen abgespielt wie jetzt; der Aufstand der spanischen *comuneros*, der deutsche Bauernkrieg und Kets Revolte in England mögen als Beispiel dienen. Bündnisse zwischen Unternehmertum und Obrigkeit brachen die häufigen Streiks. Die englische Tuchmachergilde dekretierte auf Betreiben ihrer Meister Gefängnis für die erste Arbeitsverweigerung eines Tagelöhners zu den von der Gilde festgesetzten Bedingungen, Auspeitschung und Brandmarkung für die zweite (1538). Die von Heinrich VIII. und Eduard VI. gegen das Vagabundieren gerichteten Dekrete waren so barbarisch, daß es nur wenige wagten, sich ohne Beschäftigung aufgreifen zu lassen. Wer seinen Arbeitsplatz verließ und als Vagabund das Land durchstreifte, wurde auf Grund einer 1547 erlassenen Verordnung auf der Brust mit dem Buchstaben V gebrandmarkt und einem in der Gegend ansässigen Bürger «bei Wasser und Brot und wenig Bier und fleischloser Kost» für zwei Jahre in Leibeigenschaft gegeben; wiederholtes Vagabundieren trug den Buchstaben S als Brandmal auf Stirn oder Wange nebst lebenslänglicher Sklaverei ein. Es gereicht dem englischen Volk zum Ruhm, daß sich diese Vorschriften nicht durchführen ließen und bald wieder aufgehoben werden mußten; sie kennzeichnen jedoch die Einstellung der damaligen Staatsführungen.

Herzog Georg von Sachsen verbot in seinem Herrschaftsbereich Lohnerhöhungen und Arbeitsplatzwechsel der Bergleute, und kein Unternehmer durfte einen Mann einstellen, der andernorts Unzufriedenheit geschürt hatte. Die Kinderarbeit war ausdrücklich oder stillschweigend von Gesetzes wegen sanktioniert. In der flandrischen Spitzenindustrie arbeiteten ausschließlich Kinder; Mädchen von mehr als zwölf Jahren waren gesetzlich gezwungen, eine andere Beschäftigung zu suchen. Die Vorschriften gegen Monopole, Wucher und preistreibenden Warenaufkauf hingegen wurden umgangen oder ganz ignoriert.

Die Reformation begünstigte die neue Wirtschaftsform. Die katholische Kirche mußte ihrem Wesen nach das Geschäftsleben mißbilligen; sie hatte den Zins abgelehnt, den Zünften ihren Segen gegeben, die Armut verherrlicht, den Reichtum getadelt und die Arbeit durch so zahlreiche Feiertage unterbrochen, daß es 1550 in katholischen Landen deren 115 pro Jahr gab; aller Wahrscheinlichkeit nach hat dieses viele Feiern die Steigerung der Güterproduktion und die Wohlstandsbildung in katholischen Gebieten stark behindert. Mit Billigung der Kirche propagierten ihre Dogmatiker die Festsetzung «gerechter Preise» für lebensnotwendige Produkte und Dienstleistungen; Thomas von Aquin brandmarkte die Anhäufung von Geld über die persönlichen Bedürfnisse hinaus als «sündhafte Habgier»; «Dinge, wovon die einen im Überfluß haben, sollen auf Grund des Naturgesetzes der Unterstützung der Armen dienen». Luther war gleicher Auffassung gewesen; aber bestimmte Aspekte des Protestantismus arbeiteten unbewußt dem erstarkenden Kapitalismus in die Hand. Die Aufhebung der vielen Feiertage zu Ehren der Heiligen förderte die Steigerung der Arbeitsleistung und somit auch der Kapitalbildung. Fabrikanten und Handelsherren schenkten dem neuen Bekenntnis ihre Unterstützung, und dieses zahlte mit gleicher Münze zurück. Man ehrte Wohlstand, lobte Sparsamkeit, pries Armut als Tugend und sanktionierte den Zins als legitime Entschädigung für die riskante Ausleihung von Ersparnissen.

II. DAS RECHT

Es war ein hartes Zeitalter, und seine Gesetze entsprachen den unbarmherzigen Wirtschaftsformen, der grausamen Armut, der düsteren Kunst und einer Theologie, deren Gott Christus verleugnete.

Der Mensch, im Diesseits zur Armut und im Jenseits zur Verdammnis bestimmt, tendierte natürlicherweise zum Verbrechen. Alle Stände mordeten, und jeder Mann von Stand trug einen Dolch; nur ein Schwächling versuchte durch Anrufung des Gesetzes zu seinem Recht zu kommen. Leidenschaft tötete im Leben so häufig wie bei Shakespeare, und ein Othello, der es unterließ, sein verdächtiges Weib zu richten, galt nicht als ganzer Mann. Mit der Existenz von Straßenräubern fand man sich ab und reiste nur in Gruppen. In den nachts finsteren Städten trieben sich ebenso viele Diebe wie Dirnen herum, und das Heim hatte zugleich Hort und Wehr zu sein. Zur Zeit Franz' I. ging eine Diebesbande – *les mauvais garçons* – bei vollem Tageslicht ihrem lichtscheuen Gewerbe nach. Brantôme erzählt – ob man ihm glauben darf, ist, wie immer, fraglich –, daß Karl IX. einmal sehen wollte, wie die Geldkatzendiebe ihre Kunst praktizierten, und durch seinen Gendarmerieoberst zehn dieser Künstler zu einem Hofball einladen ließ; nach dem Ball verlangte er ihre Beute zu sehen; Geld, Schmuck und Kleidungsstücke, die unauffällig den Besitzer gewechselt hatten, ergaben einen bedeutenden Wert, worüber sich der König vor Lachen ausschütten wollte. Sie durften die Ernte ihrer Mühen behalten und wurden – eine Gnadenfrist – statt unter den Galgen unter die Soldaten geschickt. Falls wir Warenverfälschung, betrügerische Geschäftsmethoden, Bestechung der Richter, Aneignung von Kirchengut und gewaltsame Grenzerweiterung als Verbrechen klassifizieren, war jeder zweite Europäer ein Dieb; ehrlich war vielleicht ab und zu höchstens ein Geistlicher oder da und dort ein Handwerker.

Würzen wir diese Liste mit ein wenig Verräterei, Brandstiftung und Vergewaltigung, so können wir die Probleme ermessen, denen sich die Kräfte der Ordnung und des Rechts gegenübersahen.

Ordnungsdienst und Rechtspflege waren ihrer Struktur nach mehr zur Bestrafung als zur Verhütung von Verbrechen geeignet. In einigen großen Städten wie Paris fungierten Söldner als Hüter der öffentlichen Ordnung; für jeden Häuserblock gab es einen Wächter, und jeder Kirchsprengel verfügte über einen Konstabel; doch im großen und ganzen verfügten die Städte über keine Polizei im heutigen Sinn. Den Machthabern erschien es angesichts der menschlichen Natur am einfachsten, barbarische Strafen zu verhängen und die Menge den Vollzug miterleben zu lassen. Zahllose Vergehen wurden mit dem Tode geahndet: Mord, Hochverrat, Ketzerei, Gotteslästerung, Hexenkünste, Raub, Betrug, Falschmünzerei, Schmuggel, Brandstiftung, Meineid, Ehebruch, Schändung von Jungfrauen (wenn keine Genugtuung durch Eheschließung erfolgte), Homosexualität, Sodomie, Fälschung von Maßen und Gewichten, Lebensmittelpanscherei, Eigentumsbeschädigung bei Nacht, Flucht aus dem Gefängnis, mißglückter Selbstmord. Verhältnismäßig schmerzlos war die Exekution durch Enthauptung, ein meist den Damen und Herren von Rang vorbehaltenes Privileg; geringeren Delinquenten blühte der Galgen, Ketzer und Gattenmörder wurden verbrannt, Massenmörder gerädert und gevierteilt; ein Dekret Heinrichs VIII. (1531) bestrafte Giftmörder durch Sieden bei lebendigem Leib, was wir zarter besaiteten Heutigen nur mit Krebsen und Hummern tun. Das Salzburger Stadtrecht dekretierte: «Wer ein Falschmünzer ist, der wird verbrannt oder versotten. Wer meineidig ist, dem soll man die Zunge hinten zum Nacken ausreißen. Wenn ein Diener seines Herrn Frau, Töchter oder Schwester beschläft, wird er enthauptet oder gehangen!»[3] In Angers wurde Julienne Rabeau, die nach einer besonders schmerzhaften Entbindung ihr Kind umbrachte, verbrannt (1531); daselbst teilten, wenn wir Bodin glauben können, mehrere Personen, die freitags Fleisch gegessen hatten und nicht bereuen wollten, dieses Schicksal; die Bereuenden wurden nur gehenkt. Die Leichen ließ man zur Abschreckung der Lebenden am Galgen baumeln, bis die Krähen das Fleisch abgefressen hatten. Für mindere Vergehen drohte Auspeitschung, Verlust eines Fußes, einer Hand, eines Ohrs, der Nase, Blendung eines oder beider Augen, Brandmarkung durch glühende Eisen. Mildeste Formen der Bestrafung waren Gefängnis, vom Kavaliersverlies bis zum Rattenloch, Pranger und Schandpfahl. In ganz Europa beherbergten Schuldtürme säumige Zahler. Im ganzen war das Strafrecht des sechzehnten Jahrhunderts viel härter als im Mittelalter; auch darin spiegelte sich der moralische Zusammenbruch der Zeit.

Die Massen zeigten nicht nur keinen Widerwillen gegen solche Exekutionen, sondern gaben sich angenehmen Gruselgefühlen hin und wirkten gelegentlich sogar aktiv mit. Als Montecucculi unter der Folter gestand, die Vergiftung des beliebten Prinzen Franz – des Sohnes Franz' I. – versucht zu haben, band man seine Gliedmaßen an vier Pferde und jagte diese in die vier Himmelsrichtungen auseinander (Lyon 1536); wie die Chronik berichtet, «fluchte das Volk diesem Mann aus Ferrara. Es schnitt seine Überreste in winzige Stücke, hieb ihm die Nase ab, riß ihm die Augen aus, zerbrach ihm die Kiefer, zerrte seinen Kopf durch den Schmutz und ließ ihn tausend Tode sterben.»

Das geschilderte Strafrecht wurde noch durch besonders strenge Sittenvorschriften ergänzt, beispielsweise gegen Vergnügungen, die der Frömmigkeit Abbruch taten, und gegen allzu schroffe Abweichungen vom Althergebrachten. Der nach kanonischem Recht in katholischen Landen am Freitag obligatorische Fischgenuß blieb es im protestantischen England Eduards VI. durch weltliches Gesetz, weil der Rückgang der Fischerei den Mannschaftsersatz für die Kriegsflotte in Frage stellte. Glücksspiele waren stets ungesetzlich und stets volkstümlich. Franz I., der sich so gut zu amüsieren verstand, veranlaßte die Festnahme von Karten- und Würfelspielern in den Herbergen und Spielhöllen (1526); gegen die Einrichtung einer öffentlichen Lotterie hatte er jedoch nichts einzuwenden. Trunkenheit unterlag selten obrigkeitlicher Bestrafung, aber Müßiggang galt beinahe als Kapitalverbrechen. Aufwandsgesetze, dazu bestimmt, den neuen Reichtum an zu großem Prunk zu hindern und die Standesmerkmale aufrechtzuerhalten, schrieben Kleidung, Putz, Mobiliar, die Formen der Gastlichkeit und der Mahlzeiten vor. «Da ich ein Knabe war», schrieb Luther, «waren alle Spiele verboten, also daß man die Kartenmacher, Pfeifer und Spielleute nicht ließ zum Sacrament gehen, und mußten vom Spielen, Tanzen und anderen Spectakeln und Schauspielen, wenn sie es geůbt oder zugesehen hatten und dabei waren gewest, beichten.»[4] Die meisten dieser Verbote überlebten die Reformation und fanden gegen Ende des sechzehnten Jahrhunderts ihre schärfste Ausprägung.

Glücklicherweise wurden die Gesetze nicht immer in voller Strenge angewendet. Gar manche zogen ihren Kopf aus der Schlinge; es gab wohlwollende Geschworene und Richter, Bestechung und Einschüchterung taten ein weiteres. Das Sanktuarium des Altars wurde noch unter Heinrich VIII. respektiert. Dieser laxen Rechtspraxis stand jedoch die häufige Anwendung der Folter zur Erpressung von Zeugenaussagen gegenüber. Heinrich VIII. verbot Folterung, sofern nicht die Staatssicherheit auf dem Spiele stand; in diesem Punkt war er seiner Zeit voraus, obwohl er England das härteste Strafrecht seiner Geschichte bescherte. Auch die lange Untersuchungshaft wirkte sich häufig als Tortur aus; so beschwerten sich unter anderem die spanischen Cortes bei Karl V., daß selbst kleine Missetäter bis zu zehn Jahren auf ihre Aburteilung warten müßten und sich manche Prozesse zwanzig Jahre hinschleppten.

An die Stelle des allmählich zur Abdankung gezwungenen Klerus traten die Juristen, die sich im Rechtswesen und in den höheren Verwaltungsstellen festsetzten, in Reichs- und Landtagen und Provinz-*Parlements* den Mittelstand vertraten und Aristokratie und Klerus in Fragen des weltlichen Rechts berieten. In Frankreich entstand eine neue *noblesse de robe* – die «Rauhkater» von Rabelais. In den protestantischen Ländern verschwand das kanonische Recht völlig, und in den Universitäten trat an Stelle der Theologie die Jurisprudenz in den Vordergrund; in den romanischen Ländern gewann das römische Recht neue Geltung, und Deutschland eroberte es im sechzehnten Jahrhundert. In Frankreich blieben daneben lokale Rechtsnormen bestehen, und England bevorzugte ganz allgemein das *common law* oder gemeine Recht; immerhin stützte sich auch der Absolutismus Heinrichs VIII. bis zu einem gewissen Grade auf den *Codex Iustinianus*. Dennoch verfaßte Heinrichs eigener Hofkaplan Thomas Starkey einen *Dialog* (um 1537), der das Gesetz über den Willen des Königs stellte und eine Lanze für das Wahlkönigtum brach:

«Kein Land kann auf lange Sicht gut regiert und in geordneten Bahnen gehalten werden, wenn alles von dem Willen eines Mannes abhängt, der durch natürliche Erbfolge und nicht durch die Wahl des Besten zur Macht kommt; denn nur selten ist ein durch Erbfolge in den Besitz von Thronen und Reichen Gelangter so großer Machtvollkommenheit würdig ... Kann etwas mehr der Natur zuwiderlaufen, als daß der Wille eines Monarchen eine ganze Nation regiert? ... Was kann der Vernunft mehr widerstreben, als daß ein ganzes Volk von einem Mann regiert wird, der meist aller Vernunft bar ist? ... Kein Mensch kann einen Menschen, dem die Natur keinen Verstand mitgegeben hat, zu einem weisen Fürsten machen ... Das aber liegt in der Macht des Menschen, den zu küren und zum Fürsten zu machen, der sowohl weise wie gerecht ist, und dem das Amt wieder zu nehmen, der sich als Tyrann erweist.»[5]

Ein Jahr nachdem Starkey seinen *Dialog* geschrieben hatte und 334 Jahre vor dessen Druck starb er unnatürlicherweise eines natürlichen Todes.

III. SITTEN UND GEBRÄUCHE

Wie war das Betragen des damaligen abendländischen Menschen? Wir dürfen uns nicht von seinen religiösen Beteuerungen irreführen lassen; diese bildeten viel häufiger den Ausdruck seiner Vitalität als seiner Frömmigkeit. Robust wie er war, betete er von ganzem Herzen und fluchte ebenso herzhaft, während die sonntags keusch vor der Madonna knienden Mädchen wochentags ihre Wangen schminkten und sich – vor allem im Hinblick auf die Ehe – gern verführen ließen. Gesetz, Religion, Sitten und öffentliche Moral, elterliche Autorität, Erziehung und der Ruhm der persönlichen Ehrbarkeit boten ihren ganzen Erfindungsreichtum zum Schutze der Jungfräulichkeit auf – dennoch gelang es ihr zu entwischen. Heimgekehrte Söldner, die sich im Feld mit Schnaps und Liebe getröstet hatten, fanden es hart, zu Nüchternheit und Enthaltsamkeit zurückzufinden. Vor allem Studenten frönten der Wollust und hielten Unzucht für eine läßliche Sünde, vor der fortschrittliche Gesetzgeber ein Auge zudrücken würden. Robert Greene gesteht: «Meine Jugend welkte in Cambridge in der Gesellschaft von Schelmen ebenso triebhaft dahin wie ich selbst.» Tänzerinnen zeigten sich auf der Bühne und auch sonst häufig genug «vollständig nackt», was offenbar zu den ältesten Attraktionen der Welt gehört. Künstler zuckten über die Einengungen des Liebeslebens verächtlich die Achseln, und Herren und Damen von Stand taten desgleichen. «Die große Welt», schrieb Brantôme, «hält sich hinsichtlich der Jungfräulichkeit kaum an Vorschriften und Skrupel ... Wie viele hochgeborene *demoiselles* kenne ich, die ihre Jungfräulichkeit nicht ins Ehebett mitbrachten.» Wir haben gehört, daß selbst eine Margarete von Navarra schlüpfrigen Geschichten offenbar ohne Erröten lauschte. Eine reichhaltige pornographische Literatur füllte die Bücherstände und fand zu hohen Preisen reißenden Absatz. Aretin war in Paris nicht weniger beliebt als in

*Die Kuppeln mit Fayencemosaiken und geometrischen Mustern ▶
von der Grabmoschee Schah-i-Sindas (15. Jh.) in Samarkand (heute Usbekistan),
eines Astronomen im Dienste von Ulug Beg.*

Rom, und der Priester Rabelais fürchtete keineswegs, dem Absatz seines *Gargantua* zu schaden, wenn er Wendungen gebrauchte, die einen Aretin in die Flucht geschlagen hätten. Für erotische, ja sogar perverse Darstellungen gab es einen großen Markt, und häufig boten Hausierer, Kuriere und wandernde Schauspieler auf den großen Messen Meisterwerke dieser Art feil. Dem Zeitalter war keine Perversion fremd, wie die Schriften des aristokratischen Brantôme beweisen.

Ansehen und Einkünfte der Prostitution wuchsen, und aus jener Zeit stammt auch die Bezeichnung *cortigiane* – Kurtisanen –, das weibliche Pendant zu *cortigiani* – Höflinge. Der Troß mancher Heere führte aus Rücksicht auf die Weiblichkeit besetzter Orte Dirnen mit. Als aber die Geschlechtskrankheiten zur Epidemie ausarteten, engte Obrigkeit nach Obrigkeit die Tätigkeit der unglücklichen *filles de joie* ein. Obschon Luther die Natürlichkeit des Geschlechtstriebes einsah, bemühte er sich doch, die Prostitution einzuschränken, so daß sie auf sein Betreiben in zahlreichen lutherischen Städten geächtet wurde. Frankreichs Kanzler Michel de l'Hôpital erneuerte 1560 Ludwigs IX. Erlasse gegen dieses Übel, anscheinend mit Erfolg.

Aus dem eitlen Verlangen des Fleisches nach Fleisch erwuchs das Dürsten von Seele nach Seele und daraus wiederum ein zartes Gewebe von Minne und Liebesromantik. Verstohlene Blicke, *billets-doux*, Oden und Sonette, Liebeslieder und Madrigale, Gunstbeweise und geheime Schwüre, das alles zeugte für das pulsierende Blut. Empfindsame Seelen oder auch verspielte Frauen ergaben sich dem von Italien und Castiglione übernommenen Zeitvertreib einer platonischen Liebe, die Dame und Verehrer in glühender, aber keuscher Leidenschaft verband. Doch entsprach solche Enthaltsamkeit keineswegs dem Zeitgeist; die Männer huldigten der Sinnlichkeit, und die Frauen wünschten es nicht anders. Liebespoesie ergoß sich in Strömen, doch nur als Vorspiel zur Erfüllung. Nicht zur Eheschließung. Noch waren Eltern zu realistisch, um Liebe den Lebensgefährten wählen zu lassen; in ihren Augen bedeutete die Ehe eine Vermählung von Hab und Gut. Erasmus, der wohl frauliche Reize, nicht aber die Ehe schätzte, riet der Jugend, nach den Wünschen der Alten zu heiraten und darauf zu hoffen, daß die Liebe aus dem Zusammenleben erwachse, statt sie durch Übersättigung welken zu lassen; und Rabelais teilte diese Auffassung. Solcher Autoritäten ungeachtet, rebellierte eine zunehmende Zahl von jungen Menschen wie Jeanne d'Albret gegen die Vermählung von Habe und Habe. Klagend schrieb Roger Ascham, der Erzieher Elisabeths: «Unsere Zeit hat Ordnung und Gehorsam so vergessen, daß nicht nur junge Männer, sondern auch Mädchen ... sich entgegen Vater und Mutter, Gott, rechtem Gehaben und allem zu verheiraten wagen.» Daß sich Melanchthons Sohn ohne Befragung des Vaters verlobte und ein junger Wittenberger Richter eine solche Verlobung für gültig erklärte, erschreckte Luther; das müsse Wittenberg in schlechten Ruf bringen, meinte er. In einem Schreiben vom 22. Januar 1544 berichtete er, an der Universität befänden sich eine Menge junger Leute, denen die Mädchen bis auf ihre Schlafkammer nachliefen, um ihnen ihre Liebe anzutragen; er habe gehört, daß manche Eltern ihre Söhne heimbeordert hätten, weil ihnen an der Universität die Mädchen an den Hals geworfen würden; er habe daraufhin sogleich eine ernsthafte Ermahnung an die

◀ *Eine der berühmten Holzschnitt-Illustrationen von Gustave Doré (1832–1883) zu «Gargantua und Pantagruel» (Band I), der berühmten Satire auf Staat und Kirche von François Rabelais (1494–1553).*

Leute gerichtet: Die Eltern sollten, wie es früher der Brauch war, ihre Kinder mit Klugheit und Umsicht verheiraten, ohne daß diese selbst vorgängig miteinander Bekanntschaft schlössen; solche vorgängigen Bekanntschaften seien eine Erfindung des Papstes und diesem vom Teufel eingegeben, um die Autorität der Eltern zu untergraben.

Ehekontrakte durften schon für dreijährige Kinder eingegangen werden, waren aber, falls die Eheschließung nicht vollzogen wurde, annullierbar. Vierzehnjährige Knaben und zwölfjährige Mädchen galten in der Regel als ehefähig. Geschlechtliche Beziehungen zwischen Verlobten wurden verziehen, und in manchen Ländern, wie in Schweden, Wales und später in einigen amerikanischen Kolonien, veranstaltete man eine Art von Brautschau: Die Liebenden durften miteinander in einem Bette liegen, hatten sich aber züchtig in Bettücher zu hüllen. In protestantischen Ländern verlor die Trauung ihren sakramentalen Charakter und wurde um 1580 beinahe ebensooft von zivilen Behörden wie von Geistlichen vollzogen. Luther, Erasmus, Heinrich VIII. und Papst Clemens VII. hielten Bigamie unter gewissen Umständen, besonders als Ersatz für Scheidung, für annehmbar. Was diese anbetrifft, gelangten die protestantischen Theologen allmählich zu einer positiven Einstellung, beschränkten sie aber anfänglich auf Fälle von Ehebruch. Obwohl ungetreuen Ehefrauen der Tod drohte, scheint der Mangel an ehelicher Treue weit verbreitet gewesen zu sein; in Frankreich gehörten außereheliche Liebesaffären zum normalen Dasein der Dame von Rang. Dreiecksverhältnisse wie das von Heinrich II., Katharina von Medici und Diana von Poitiers waren keine Seltenheit – der weibliche Partner der Konvenienzehe fügte sich, wie manchmal in Frankreich noch heute, mit säuerlicher Grazie in die Situation.

Von aristokratischen Kreisen abgesehen, wurden die Mädchen vor ihrer Verheiratung wie Göttinnen und nachher wie Dienstboten behandelt. Mutterschaft gehörte zur Ehefrau wie die Schale zum Ei; sie sonnte sich an ihren vielen Kindern und beherrschte die Kunst, den Herrn des Hauses zu beherrschen. Robust an Leib und Seele, arbeitete sie von Sonnenaufgang bis Sonnenuntergang, nähte für die Familie die Kleider und nahm gegebenenfalls noch Heimarbeit an. Das Spinnrad bildete ein unerläßliches Gerät jedes Haushalts; und England taufte seine alten Jungfern *spinsters*. Die Damenwelt des französischen Hofes gehörte zu einer anderen Kategorie; von Franz I. angespornt, verwandte sie die größte Sorgfalt auf Körperpflege und Kleidung und dirigierte mit den gezielten Pfeilen ihres Charmes oftmals das politische Geschehen. Von Italien her fanden Emanzipationsbestrebungen Eingang, die aber bald versickerten, da die Frauen dahinterkamen, daß ihr Prestige und Übergewicht keiner gesetzlichen Grundlage bedurfte. Viele Französinnen der Oberschicht waren sehr gebildet und entwickelten allmählich den berühmten französischen Salon als Treffpunkt von Staatsmännern, Schriftstellern, Künstlern, Gelehrten, Philosophen und nicht zuletzt geistlichen Würdenträgern. Es gab aber auch Ausnahmen, die, wie Anna von Frankreich, Anna von Bretagne und die Königinnen Claude und Renée, dem erotischen Treiben in tugendhaftem Abseitsstehen zusahen. Die Reformation, dieses vor allem deutsche Gewächs, erweckte hingegen das alte patriarchalische Familienideal zu neuem Leben und stieß die Frau wieder von dem Thron, auf den sie die Renaissance mit ihrem Schönheitskult und ihrer

Verehrung des kulturbildenden weiblichen Elements gehoben hatte. Die Nachsicht der Kirche für fleischliche Sünden verurteilend, bereitete die Reformation dem Rauhreif des Puritanismus den Weg.

Mit dem Aufschwung von Gewerbe und Handel und der zeitweiligen Unterbrechung der Mildtätigkeit ging der Verfall der öffentlichen Moral Hand in Hand. Der Übergang von der Feudal- zur Geldwirtschaft bot dem dem Menschen angeborenen Hang zur Unehrlichkeit neue Möglichkeiten und Formen. Dem neuen Reichtum, der sich weit mehr auf Anteilscheine als auf Grundbesitz stützte und nur selten die für ihn arbeitenden Menschen sah, fehlte das überlieferte Verantwortungsgefühl und die offene Hand des alten, auf Grundbesitz beruhenden Reichtums. Obrigkeit, Klerus und Zünfte hatten der mittelalterlichen Wirtschaft gewisse Schranken auferlegt, die sich der neue Kapitalismus nicht mehr gefallen ließ, so daß ein wilder Konkurrenzkampf entstand, der die bisherigen moralischen Fesseln sprengte. An die Stelle des frommen Betrugs trat der kommerzielle. Die damaligen Streitschriften strotzten von Klagen über Verfälschung der Lebensmittel und anderer Erzeugnisse. 1518 protokollierte der Landtag zu Innsbruck: «In bezug auf Gewürze und Spezereien heißt es, daß die Handelsgesellschaften vermöge ihrer Monopolien dieselben über die Maßen aufschlagen ... den Ingwer mit Ziegelmehl auffärben und ihn wie auch Pfeffer mit ungesunden Stoffen vermischen.» Bei Luther lesen wir: «Item man hat auch gelernt, Eyne wahr odder gut zu setzen odder zu legen, da es zunympt, alls pfeffer, yngber, saffran, ynn feuchte gewelb odder keller, das am gewichte schwerer werde ... Auch keyne wahr ist, man weys eynen besondern forteyl drauff, Es sey mit messen, zelen, mit ellen, mas odder gewicht, Und das man yhr eyne farbe macht, die sie von yhr selbst nicht hat ... also das solche triegerey keyn ende hat ...»[6] Venedig wies eine Sendung englischer Wollwaren wegen Gewichtsmankos und mangelhafter Ausführung und Größe zurück.

In den romanischen Ländern blieb Mildtätigkeit in ihren alten Bahnen. Edelblütige Familien verwendeten einen Großteil ihres Einkommens für Stiftungen und Almosen. In Lyon überlebte das komplizierte städtische Wohlfahrtssystem des fünfzehnten Jahrhunderts und wurde von der Bürgerschaft mit «offener Hand» gespeist. In England und Deutschland zeigten sich die Hände weniger offen. Luther tat tapfer sein möglichstes, um die Wohltätigkeit wieder in Gang zu bringen, die von der Säkularisation des Kirchenguts so brüsk unterbrochen worden war, mußte aber die Erfolglosigkeit seiner Bemühungen zugeben. «Unter dem Papsttum», klagte er, «waren die Leute milder und gaben gern, aber jetzt unter dem Evangelio gibt niemand mehr, sondern einer schindet nur den anderen ... Niemand will einen Pfennig geben.» Latimer wußte 1548 Ähnliches zu berichten: «London war noch nie so übel daran wie jetzt ... In früheren Zeiten wurden, wenn ein reicher Mann starb, testamentarisch große Summen zur Unterstützung der Armen vermacht ... Heutzutage ist die Wohltätigkeit erkaltet.»

Kardinal Pole warf den Londonern vor, daß zwei italienische Städte mehr für die Armen aufbrächten als ganz England. Froude kam zu dem Schluß: «Mit der Ausbreitung der Wahrheit verkümmerten in England Gerechtigkeit und Mildtätigkeit.» Doch dürfte die Mildtätigkeit weniger vom Protestantismus als vom Unglauben und kommerziellen Denken beeinträchtigt worden sein.

Die Armut wuchs sich zur sozialen Krise aus. Landstraßen und Elendsviertel wimmelten von bettelnden und raubenden, aus ihren Katen vertriebenen Pächtern, arbeitslosen Arbeitern und entlassenen Soldaten. Der Anteil der Armen an der Gesamtbevölkerung Augsburgs wurde auf ein Sechstel, Hamburgs auf ein Fünftel und Londons auf ein Viertel geschätzt. «Barmherziger Gott», rief der Reformator Thomas Lever aus, «wie viele Arme, Schwache, Krüppel, Blinde und Kranke ... liegen und kriechen auf den verschlammten Straßen.» Luther, der Mann mit dem warmen Herzen und der scharfen Zunge, hat als einer der ersten eingesehen, daß der Staat an Stelle der Kirche für die Notleidenden sorgen müsse. In seinem Aufruf *An den christlichen Adel deutscher Nation* (1520) appellierte er an die Städte, für ihre Armen zu sorgen. Während er sich auf der Wartburg befand, gründeten seine Anhänger einen Fonds, aus dem Waisenkinder unterstützt, heiratenden Mädchen eine Aussteuer beschafft, bedürftigen Studenten Stipendien gewährt und verarmten Familien Geld zum Leben geliehen wurde. 1523 entwarf Luther ein Reglement, worin Bürger und Geistliche aller Bezirke aufgefordert wurden, sich freiwillig zu besteuern und einen Fonds zu schaffen, aus dem Bedürftigen und Arbeitsunfähigen zinslose Darlehen zu gewähren seien. Augsburg ernannte 1522 sechs Armenpfleger; Nürnberg, dann Straßburg und Breslau (1523), Regensburg und Magdeburg (1524) ahmten das Beispiel nach.

Der spanische Humanist Juan Luis Vives schilderte in einer Abhandlung über Armenfürsorge zuhanden des Brügger Magistrats (1524) die zunehmende Armut inmitten wachsenden Wohlstands und warnte angesichts so krasser Besitzunterschiede vor der Möglichkeit einer ruinösen Revolte. «So schändlich wie es ist», schrieb er, «wenn ein wohlhabendes Familienoberhaupt es zuläßt, daß jemand in seinem bequemen Heim der Entwürdigung, nackt oder zerlumpt einhergehen zu müssen, ausgesetzt ist, so unangemessen ist es, wenn die Magistraten einer Stadt Zustände zulassen, unter denen sich Bürger im Elend befinden und hungern.» Wer arbeiten könne, sagte er weiter, solle zur Arbeit gezwungen werden, und kein Arbeitsfähiger solle betteln dürfen. Da aber viele arbeitsunfähig seien, sei diesen in städtischen Armenhäusern, Spitälern und Bildungsanstalten eine Zuflucht zu bieten; Essen, ärztliche Fürsorge und Elementarunterricht seien kostenlos zu geben, und für Geistesgestörte seien besondere Maßnahmen zu treffen. Ypern kombinierte Vives' Gedankengänge mit erprobten Einrichtungen in Deutschland und schuf 1525 einen Gemeindefonds, der sämtliche Stiftungen für wohltätige Zwecke zusammenfaßte und Mildtätigkeit und Armenfürsorge unter einheitliche Leitung stellte. Karl V. ließ sich das Organisationsschema geben und sandte es mit empfehlenden Worten an alle Stadtverwaltungen seines Reiches (1531). Heinrich VIII. erließ eine ähnliche Direktive an alle englischen Kirchsprengel (1536). In katholischen Ländern blieb die Armenfürsorge in den Händen der Kirche.

Die Staatsmoral bewegte sich in den Bahnen Machiavellis. Kundschafter, Zuträger, Spitzel und Spione galten als selbstverständlich. Heinrich VIII. erwartete von seinen Spitzeln in Rom Berichte über die geheimsten Vorgänge im Vatikan. Bestechung gehörte zum Gewohnheitsrecht und nahm seit dem Zustrom des amerikanischen Goldes noch üppigere Formen an. Staatsverträge brach man in edlem Wettstreit, und muselmanische und christliche Seeräuberflotten wetteiferten in der Ausraubung von Schiffen. Mit dem Verfall ritterlicher Ideale verrohte die Kriegführung; eroberte Städte unterlagen der Plünderung und Einäscherung; gefangene Söldner wurden niedergemacht oder, bis sie losgekauft wurden, versklavt; die Ansätze eines Kavaliereinvernehmens und Völkerrechts wie in den Zeiten, da die Päpste weltliche Streitigkeiten schlichteten, gingen im Chaos des nationalen Machtstrebens und religiösen Hasses unter. Ungläubigen gegenüber kannten die Christen überhaupt keine moralischen Bindungen, und die Türken zahlten mit gleicher Münze heim. Die Portugiesen veranstalteten Sklavenjagden auf afrikanische Neger; die spanischen Konquistadoren beraubten, versklavten und töteten die Eingeborenen, ohne daß ihr Vorsatz, die Neue Welt zu christianisieren, sie daran gehindert hätte. Nicht nur Tausende von Indianern zogen den Freitod der Bitternis der spanischen Herrschaft vor, auch in der Christenheit nahm die Zahl der Selbstmorde aufsehenerregend zu. Manche Humanisten erklärten Selbstmord für entschuldbar; nach kirchlicher Auffassung führte er jedoch geradenwegs in die Hölle, so daß der Selbstmörder aus dem Regen in die Traufe geriet.

So vorteilhaft sich die Reformation am Ende auf die öffentliche Moral Europas auswirkte, so sehr schädigte sie anfänglich das sittliche Verhalten der Laienwelt. Hans Sachs und Pirckheimer, die beide mit Luther sympathisierten, beklagten die Zügellosigkeit und das Chaos im Gefolge des Zusammenbruchs der kirchlichen Autorität. Luther schrieb darüber mit seiner gewohnten Offenheit:

> [«... und] wird die Welt aus dieser Lehre nur je länger, je ärger, das ist des leidigen Teufels Arbeit und Geschäft: wie man sieht, daß die Leute jetzund geiziger, unbarmherziger, unzüchtiger, frecher und ärger sind denn zuvor unter dem Papsttum[7] ... Es ist keine verachter Nation denn die Deutschen. Die Italiåner heißen uns Bestien; Frankreich und Engeland spotten unser, und alle andere Lander ... Es ist der leidige Teufel, daß jetzt die junge Welt so wüst, wild und ungezogen ist, daß eitel Teufelskinder daraus werden.»[8]

In den Augen des lutherischen Predigers Andreas Musculus war das Deutschland von 1560 weitaus unmoralischer als das des fünfzehnten Jahrhunderts. Viele prominente Protestanten teilten diese Ansicht, und Calvin seufzte: «Wenn Gott nicht wunderbarerweise vom Himmel her zu Hilfe eilt, scheint mir die Stadt gar bald der äußersten Roheit verfallen zu wollen.» Ähnliche Töne vernehmen wir aus Schottland und England. Der eifrige Apologet Heinrichs VIII., Froude, kam zu nachstehendem Urteil:

> «Die von Heinrich VIII. eingeleitete Bewegung hatte im Licht ihrer bisherigen Ergebnisse (1560) das Land in die Hände bloßer Abenteurer gespielt. Ein Aberglauben, der selbst in den krassesten Mißbräuchen immer noch für einen Schatten von Respekt und Gehorsam gesorgt hatte, war gegen einen anderen Aberglauben vertauscht worden, der den Gehorsam in einem spekulativen Glauben aufgehen ließ; und unter diesem verderblichen Einfluß verschwanden nicht nur die höchsten Tugenden wie Selbstaufopferung, sondern auch die selbstverständlichsten Pflichten der Moral und des Anstands. Im Privatleben herrschte eine Sittenlosigkeit, mit der vergli-

chen sich die Ausschweifungen des katholischen Klerus wie Unschuld ausnahmen ... Von den Guten, die sich nicht anstecken ließen, befanden sich die Besten immer noch im Lager der Reformation.»[9]

Es ist kaum angängig, den Niedergang der Moral in Deutschland auf Luthers Entfesselung der Triebe oder auf seine Verachtung der guten Werke zurückzuführen, und ebensowenig dürften Heinrichs wenig vorbildliche sexuelle Lüste und seine gefühllose Grausamkeit den englischen Sittenverfall verschuldet haben, finden wir doch im Italien der Renaissancepäpste und im katholischen Frankreich Franz' I. eine – in mancher Hinsicht noch hemmungslosere – Unsittlichkeit. Weit mehr werden der wachsende Wohlstand und die Erschütterung nicht nur der katholischen Dogmen, sondern der christlichen Grundwahrheiten überhaupt diese Zersetzung des alten Moralgesetzes bewirkt haben. «Wer kümmert sich schon um Himmel und Hölle, wer denkt schon an Gott oder Teufel?» beklagte sich Andreas Musculus. Aus derartigen Feststellungen religiöser Führer spricht freilich eine zur Übertreibung neigende Enttäuschung, daß ihre Bemühungen zur Läuterung des religiösen Lebens auf sittlichem Gebiet eher zum Gegenteil geführt hatten. Die Menschen sind früher nur wenig besser gewesen und werden in späteren Jahrhunderten auch nicht viel besser sein – wenn wir den Priestern glauben dürfen. Alle Sünden des sechzehnten Jahrhunderts sind in unserer eigenen Zeit wiederzufinden, und alle unsere Sünden im Rahmen seiner Mittel in jenem.

Mittlerweile hatten sich aber im Katholizismus wie im Protestantismus zwei Keimzellen der moralischen Erneuerung herausgebildet und allmählich an Kraft gewonnen; erstens ein teils infolge Verehelichung, teils infolge echter Enthaltsamkeit sittenreinerer Klerus und zweitens die Wertschätzung von Familie und Heim als der Hochburg des Glaubens und Wohlverhaltens. Im weiteren Verlauf hat die Reformation in der Tat reformiert, sogar über das Ziel hinaus, und es kam eine Zeit, da Männer und Frauen mit geheimem Neid auf ihre Vorfahren im sechzehnten Jahrhundert blickten, die so verderbt und frei gewesen waren.

IV. DIE MANIEREN

Damals wie heute beurteilte man den Mitmenschen eher nach seinem Auftreten als nach seiner Moral; die mit der geringsten Brutalität und der größten Eleganz begangenen Sünden wurden am bereitwilligsten vergeben. Wie in allem – außer der Theologie und der Artillerie – führte auch hierin Italien. Mit den Italienern verglichen, waren die Völker nördlich der Alpen, von einer dünnen Oberschicht in Frankreich und England abgesehen, derb und ungeschliffen; die Italiener bezeichneten sie als Barbaren, und viele von ihren italienischen Eroberungen in Feld und Schlafgemach entzückte Franzosen neigten dazu, ihnen beizupflichten. Französische Höflinge und Kurtisanen, Dichter und Giftmischer ahmten das italienische Vorbild nach, und die Engländer hinkten beflissen hintendrein. Castigliones *Höfling* (1528) wurde 1537 ins Französische, 1561 ins Englische übersetzt; und höfische Kreise diskutierten über die Definition des *gentleman*.

Bücher über richtiges Verhalten waren Bestseller; auch Erasmus verfaßte eines. In Frankreich – wie später in der *Mermaid Tavern* in London – entwickelte sich die Unterhaltung zur Kunst; das Duell der Rede und Gegenrede kam etwa zur gleichen Zeit über die Alpen wie die Kunst des Fechtens. In Frankreich konversierte man mit größerem Schliff als in Deutschland; die Deutschen erdrückten den Gesprächspartner mit derbem Humor, die Franzosen durchbohrten ihn mit Witz. Die Freiheit der Sprache bildete das wesentlichste Ausdrucksmittel der Epoche.

Da sich das Äußere leichter aufputzen läßt als die Seele, widmeten die aufstrebenden Schichten der erstarkenden Kulturen Nordeuropas ihrer Kleidung große Aufmerksamkeit. Der gemeine Mann freilich wandte, wie wir aus Brueghels Menschenhaufen ersehen, nur wenig Kunst auf: topfförmige Hüte, lose Blusen mit Puffärmeln, enge Hosen bis zu den hohen Stiefeln und als Prunkstück der ganzen ungraziösen Komposition die Schamkapsel – ein manchmal buntbestickter, den männlichen Geschlechtsteil umschließender Beutel. Begüterte Deutsche hüllten ihre mächtigen Leiber in voluminöse Tuchmengen und krönten sie mit breiten, terrassenförmig aufgebauten Kopfbedeckungen; für die Frauen scheint allerdings schlichteste Hausfrauenkleidung Vorschrift gewesen zu sein. Auch in England putzten sich die Kavaliere mehr als die Damen, bis sie von Elisabeth mit ihren tausend Roben übertrumpft wurden. Heinrichs VIII. Kostümprunk, diese Verschönerung seiner Pfunde durch kostbare Gewebe, Farbenpracht und Juwelen, wirkte tonangebend. Der Herzog von Buckingham trug, wie Holinshed meldet, bei der Vermählung Prinz Arthurs und Katharinas von Aragón ein kostbar gesticktes, mit Zobel verbrämtes, auf 1500 Pfund Sterling geschätztes Kostüm. Den bürgerlichen Ständen war freilich die Nachahmung solchen von der Schneiderschere geschaffenen Glanzes durch Kleidermandate untersagt. Die Engländerinnen trugen enganliegende, vom Hals bis zu den Füßen reichende Kleider mit langen Ärmeln bis zu den Handgelenken; die Säume waren mit Pelz verbrämt, und ein breiter Gürtel mit Metallschließe, ein Anhänger oder ein Rosenkranz vervollständigten ihre Erscheinung, die mit weniger Geschmeide prunkte als die der Herren.

Die Französinnen öffneten zur Zeit des genießerischen Franz I. ihre Mieder, stellten üppige Busen zur Schau und entblößten den Rücken fast bis zum untersten Wirbel. War der naturgegebene Busen zuwenig entwickelt, wurde ein künstlicher im Mieder eingebaut. Unterhalb der Brust verengte sich die Robe bis zur knapp gehaltenen Taille, die Ärmel waren gebauscht, die Röcke mit Hilfe der im Saum versteckten Drähte weit ausladend, und Schuhe mit hohen Absätzen erzwangen einen leichten, tänzelnden Gang. Damen von Rang – aber keine anderen – prunkten mit Schleppen, die um so länger wurden, je höher der Rang war; sie konnte bis zu sieben Meter lang sein; ein Page oder eine Zofe hielt sie in die Höhe. Ein anderer Stil schrieb Halskrausen, durch Drahteinlagen steif gehaltene Gebilde, vor, worin bei feierlichen Gelegenheiten auch Männer zur Bildsäule erstarrten. Etwa 1535 bemerkte Servet: «Die spanischen Damen haben eine Gewohnheit, die in Frankreich als barbarisch gelten würde, ihre Ohren zu durchbohren und goldene, oft mit kostbaren Steinen besetzte Ringe einzuhängen.» Aber schon 1550 trugen die französischen Damen und manchmal sogar die

Männer Ohrringe. Schmuck übte also nach wie vor seine aus der Urzeit stammende Herrschaft aus. Franzosen kleideten sich mit seidenen Hemden und Samtwämsern, umschlossen die Schenkel mit einem enganliegenden, farbigen Beinkleid und schützten ihre Männlichkeit mit einer *braguette* oder Schamkapsel, die oft mit Litzen verbrämt oder mit Gold und Steinen besetzt war. In Umkehrung der Mode des vorangegangenen Jahrhunderts trug man das Haar kurz und den Bart lang. Damen gaben ihrem Kopfschmuck so vielerlei Formen, daß der Mut zur Beschreibung fehlt; er wurde geflochten, gelockt, unter Netze gesteckt, mit falschen Zöpfen aufgepolstert, mit Blumen und Schmuck aufgeheitert, wohlriechend pomadisiert, je nach Mode gefärbt und in Türmen und Pyramiden aufgebaut. Der Haarkünstler war für die Dame von Welt geradezu unentbehrlich; denn altern war schlimmer als sterben.

Wie stand es um die Körperpflege unterhalb dieses Putzes? In einer *Introduction pour les jeunes dames* aus dem sechzehnten Jahrhundert heißt es: «Es gibt welche, die sich nur um die Reinhaltung jener Körperteile kümmern, die gesehen werden können; unter ihrem Leinen ... sind sie schmutzig», und nach einem satirischen Sprichwort haben nur Kurtisanen mehr als Gesicht und Hände gewaschen. Die Reinlichkeit mag Hand in Hand mit der Unmoral gewachsen sein, denn je mehr die Damen dem Blick freigaben, desto mehr Raum eroberte die Körperpflege. Häufiges Baden, wenn möglich in parfümiertem Wasser, begann jetzt – besonders in Frankreich – zum guten Ton zu gehören. Die Zahl der öffentlichen Badehäuser ging mit der zunehmenden Zahl der privaten Badestuben zurück; fließendes Wasser gab es freilich nur selten, und man verließ sich auf Kübel und Zuber. Das im dreizehnten Jahrhundert von heimkehrenden Kreuzfahrern aus dem Orient mitgebrachte Dampfbad übte auch im sechzehnten Jahrhundert seine Anziehungskraft aus.

In protestantischen Gegenden überflügelte das Heim die Kirche als Mittelpunkt der religiösen Andacht. Das Familienoberhaupt übernahm als Vorbeter, Bibelvorleser und Vorsänger die Rolle des Priesters, während die Mutter den Kindern den Katechismus beibrachte. Neben solcher Frömmigkeit pflegte der Mittelstand auch die bequeme Häuslichkeit. Der moderne, mit kräftigen Füßen versehene Tisch entwickelte sich aus der Verbindung der Tischplatte und der Böcke zu einer soliden Einheit; Bänke und Kissen wurden zum Polsterstuhl, und das geschnitzte Himmelbett wurde zum Symbol moralischer Beständigkeit und materiellen Erfolgs. Möbel, Geschirr, Kaminböcke und Küchengeräte verfertigte man für den Gebrauch und Prunk von Generationen. Zinnteller ersetzten die bisherigen Holzplatten und Silber- und Zinn- die alten Holzlöffel.

So groß wie die Familien waren auch die Häuser. Die Frauen gebaren beinahe jährlich, und angesichts der großen Kindersterblichkeit oftmals vergebens. John Colet war das älteste von zweiundzwanzig Geschwistern; als er zweiunddreißig war, war er als einziger übriggeblieben. Der Nürnberger Maler Anton Koberger hatte fünfundzwanzig Kinder und überlebte zwölf. Dürer war eines von achtzehn Kindern, von denen anscheinend nur drei die Mündigkeit erreichten. Haustiere – fast ebenso viele wie Kinder – ergänzten den Haushalt. Papageien waren von den Westindischen Inseln herübergekommen, und besonders beliebt waren indische Affen. Eine große Literatur wetteiferte, Frauen und Kinder in der Hunde- und Vogelpflege zu unterweisen.

So umfangreich die Mahlzeiten waren, setzte sich doch Gemüse nur langsam durch; immerhin fanden Kohl, gelbe Rüben, Salat, Rhabarber, Kartoffeln, grüne Bohnen und Erdbeeren fast allgemeine Verwendung. Die Hauptmahlzeit oder das Mittagessen nahm man um elf Uhr ein; das Abendessen wurde jetzt bis sieben Uhr, in den oberen Ständen noch länger hinausgeschoben. Bier und Wein bildeten die üblichen Getränke, auch fürs Frühstück; zu Thomas Morus' Ruhmestiteln gehört, daß er Wasser trank. Etwa 1550 brachten die Spanier aus Mexiko den Kakao; der Kaffee war aber noch nicht über Arabien hinausgedrungen. Der Haushalt des Herzogs von Northumberland verabreichte – sogar achtjährigen Knaben – zu jeder Mahlzeit ein Quart (1,13 Liter) Bier (1512); der durchschnittliche Bierverbrauch in Coventry belief sich auf ein Quart pro Tag und Kopf der Bevölkerung. Die Münchner Brauereien waren schon im vierzehnten Jahrhundert berühmt. Der Rausch genoß in England einen guten Ruf, bis die «blutige Maria» diese Zustände mißbilligte; in Deutschland behielt er seine Volkstümlichkeit. Die Franzosen tranken, da sie weniger froren, mäßiger.

Manche Annehmlichkeiten des Lebens behaupteten sich trotz Armut und Unterdrückung. Einen Garten besaß auch der Arme. In Holland wurde die Tulpe – erstmals vom kaiserlichen Gesandten Busbeq um 1550 aus Konstantinopel eingeführt – zur Nationalleidenschaft. Zu den erfreulichsten Modeerscheinungen gehörte in England und Frankreich das Landhaus. Die ländliche Bevölkerung feierte immer noch, je nach Jahreszeit, Maibaum, Erntedankfest, Allerheiligen, Weihnachten und vieles andere mehr; beim Maifest bekränzten sich Könige höchstpersönlich mit Blumen. Aus den Vergnügungen der Reichen erwuchsen den Massen oftmals aufregende Schauspiele, wie etwa Heinrichs II. prunkvoller Einzug in Lyon. Aus respektvoller Entfernung durfte der gemeine Mann auch die Turniere bewundern, bis dieser Sport nach dem Tod von Dianens König außer Übung kam. Die kirchlichen Prozessionen nahmen, je mehr sich die Epoche Heinrichs VIII. dem Elisabethanischen Zeitalter näherte, immer weltlicheren Charakter an, während es auf dem Kontinent ein Mangel an Prüderie den Damen erlaubte, bei Festspielen historische und mythologische Gestalten in glorreicher Nacktheit zu personifizieren; Dürer hat 1521 in Antwerpen seinem Entzücken über ein solches Schauspiel Ausdruck gegeben.

Überdies gab es Spiele. Rabelais widmete ein ganzes Kapitel allein ihrer Aufzählung, und Brueghel stellte auf einem einzigen Gemälde ungefähr hundert dar. Bärenhatz, Stier- und Hahnenkämpfe unterhielten die Massen; die Jugend spielte Fußball, kegelte, boxte, rang; für das junge Edelblut gab es in Paris allein 250 Federballplätze. Jagd und Glücksspiel betrieben alle Stände; Damen würfelten, und Bischöfe spielten Karten um Geld. Akrobaten, Possenreißer und Schauspieltruppen durchzogen das Land und zeigten in Schlössern und Burgen ihre Kunst. Innerhalb der vier Wände spielte man neben Karten auch Schach und Dame und vieles andere.

Die beliebteste von allen Unterhaltungen blieb jedoch der Tanz. «Nach dem Schmaus», erzählt Rabelais, «zogen alle in bunten Haufen nach einem Weidenwäldchen, und dort tanzten sie auf dem samtenen Rasen so wacker zu den Weisen der lustigen Schalmeien und sanft plärrenden Dudelsäcke, daß es ein göttliches Vergnügen war, ihren munteren Handel zu sehen.»[10] In England versammelten sich die Dörfler beim Maifest um den mit bunten Bändern geschmückten Maibaum, tanzten ihre fröhlichen Ländler und gaben sich dann offenbar Vertraulichkeiten hin, wie das schon im alten Rom am Fest der Flora, der römischen Göttin der Blumen, Brauch gewesen war. Zur Zeit Heinrichs VIII. kannte man auch einen *morris* genannten maurischen Tanz mit Kastagnettenbegleitung, der über den spanischen Fandango ins Land gekommen war. In Oxford und Cambridge tanzten die Studenten so ausgelassen, daß sich William von Wykeham zum Verbot dieses Treibens in der Nähe von Kultstätten veranlaßt sah. Luther billigte das Tanzen und liebte besonders den fröhlichen Rundtanz; auch der ernsthafte Melanchthon tanzte, und im Leipzig des sechzehnten Jahrhunderts veranstalteten die Stadtväter regelmäßig einen Ball, um den Studiosi die Bekanntschaft «mit den ehrbaren und sauberen Töchtern unserer Barone, Senatoren und Bürger» zu vermitteln. Karl VI. führte *(balait)* häufig den Hofball persönlich an, und Katharina von Medici berief italienische Tänzer nach Frankreich, wo die Tanzkunst in den späteren Tagen dieser unglücklichen Königinmutter neue höfische Formen entwickelte. In einem der ältesten Bücher über eine der ältesten Künste sagt Jean Tabourot: «Man tanzt, um zu erkennen, ob die Liebenden gesund und im Gebrauch ihrer Glieder sind, und am Ende des Tanzes ist es gestattet, die Geliebte zu küssen, damit sie gegenseitig riechen können, ob ihr Atem gesund oder übelduftend ist.» Dank ihrer Hilfsfunktion als Begleitung des Tanzes hat sich die Musik vom Lied und Choral zu jenen Formen der Instrumentalmusik weiterentwickelt, die sie zur dominierenden Kunst unserer Zeit stempeln.

ZWEITES KAPITEL

Die Musik

[1300–1564]

I. DIE INSTRUMENTE

Die allgemeine Beliebtheit, deren sich die Musik damals erfreute, bringt einen hellen Ton in das eher dunkle Bild, das die Geschichtsschreibung von jenen Jahrhunderten malt; durch allen Aufruhr und Haß des Religionskampfes dringt immer wieder die Stimme der singenden Völker. «Ich frage den Vergnügungen der Tafel, der Jagd und der Liebe nichts nach», schrieb Etienne Dolet, der passionierte Drucker aus Lyon; «Musik allein ... fesselt mich, hält mich fest, läßt mich in Verzükkung hinschmelzen.» Mit Musik, die vom wohllautenden Gesang einer Mädchenstimme oder einer Flöte bis zum polyphonen Kontrapunkt eines Despréz oder Palestrina reichte, sühnte jedes Volk und jeder Stand so manches Schmachvolle, was in jener vermaterialisierten und vertheologisierten Zeit geschah. Und nicht nur, daß jedermann sang; Francesco Landino, der florentinische Organist, klagte, daß jedermann auch komponiere. Von den fröhlichen oder traurigen Volksliedern, die die Dörfler sangen, bis zu den feierlichen Hochämtern in den Kirchen erklang Musik von hunderterlei Art zu Spiel und Tanz, bei Balletten, Banketten, Hoffestlichkeiten, Prozessionen, Aufzügen, im Theater und beim Gottesdienst. Jedermann sang, und die ganze Welt machte Musik.

Die Kaufherren von Antwerpen zogen täglich unter Vorantritt einer Musikkapelle zur Börse. Könige und Fürsten ergaben sich mit Leidenschaft der Musik, die in ihren Augen bei weitem nicht nur mechanische Spielerei oder ein allenfalls für Damen passender Zeitvertreib, sondern ein Bestandteil und ein Merkmal der Gesittung war. Alfons X. von Spanien sammelte mit hingebender Liebe Gesänge an die Jungfrau – *Cantigas de Santa Maria.* Jakob IV. von Schottland warb mit Lauten- und Clavichordklängen um die Gunst Margarete Tudors; Karl VIII. von Frankreich ließ sich auf seinen italienischen Feldzügen von seinen Chorsängern begleiten; Ludwig XII. wirkte als Tenor im Hofchor mit; Papst Leo X. komponierte französische *chansons;* Heinrich VIII. und Franz I. lieferten sich bei ihrem Zusammentreffen auf dem *Camp du Drap d'Or* mit ihren Chören einen edlen Wettstreit. Luis Milan beschreibt 1540 Portugal als ein «wahres Meer von Musik». Der Hof von Matthias Corvinus zu Budapest besaß einen Chor, dessen Ruf dem der päpstlichen Sängerkapelle gleichkam, und unter Sigismund II. herrschte in Krakau ein reges musikalisches Leben. Deutschland widerhallte in Luthers Jugendtagen von Liedern. «Wir haben hier in Heidelberg Sänger», schrieb Agricola 1484, «deren Vorsänger acht- und zwölfstimmig komponiert.» In Mainz, Nürnberg, Augsburg und anderswo produzierten sich die Meistersinger nach wie vor mit ihren kunstvoll kontrapunktierten, von Bürgerstolz geschwellten Gesängen. Die deutschen Volkslieder waren vielleicht die schönsten von ganz Europa. Überall, wo Frömmigkeit oder Liebe nach einem Ausdruck suchte, ertönte Musik.

Obgleich die Vokalmusik noch eine überragende Rolle spielte, war die Zahl und Art der begleitenden Instrumente kaum weniger mannigfach als beim heutigen Orchester. An Saiteninstrumenten kannte man Harfen, Psalter, Lauten, Violen, Hackbretter; an Blasinstrumenten Flöten, Oboen, Schalmeien, Fagotte, Hörner, Trompeten, Posaunen, Dudelsäcke; an Schlaginstrumenten Trommeln, Glocken, Becken, Klappern, Kastagnetten; an Tasteninstrumenten Orgeln, Clavichorde, Cembalos – mit den Abarten des Spinetts und des Virginals – und viele andere mehr. Von manchen dieser Instrumente gab es Varianten, die nach Ort und Zeit verschieden waren. Jedes Haus, in dem gebildete Leute wohnten, besaß wenigstens ein Musikinstrument, das manchmal in einem eigens für diesen Zweck geschaffenen Kabinett aufbewahrt wurde. Manche stellten wahre Kunstwerke dar, die mit Schnitzereien geziert oder phantastisch geformt waren und als kostbare Erbstücke von Generation zu Generation weitergegeben wurden. Manche Orgelprospekte waren künstlerisch so reich ausgestaltet wie die Fassaden der Kathedralen; die Erbauer der Orgeln zu St. Lorenz und St. Sebald in Nürnberg erwarben sich mit ihrem Werk für ein Jahrhundert «Unsterblichkeit». Die Orgel war, wenn nicht das einzige, so doch das Hauptinstrument in der Kirche; neben ihr begleiteten oft auch Flöten, Pfeifen, Trommeln, Posaunen und sogar Pauken mit ihren manchmal disharmonischen Klängen den Gottesdienst.

Das weitaus beliebteste Begleitinstrument war die Laute, die wie alle Saiteninstrumente aus Asien stammte. Die Mauren hatten sie nach Spanien gebracht, wo sie als Vihuela zur Würde eines Soloinstrumentes aufstieg. Die ersten uns bekannten rein instrumentalen Musikstücke waren für Laute komponiert. Sie bestand gewöhnlich aus Holz und Elfenbein, besaß einen birnenförmigen, von einem in Rosenmustern angelegten Schalloch durchbrochenen Körper, sechs, manchmal auch zwölf Saitenpaare, die mit den Fingerspitzen gezupft wurden, ein durch Metallbünde unterteiltes Griffbrett und einen vom langen Hals scharf abgewinkelten Wirbelkasten. Wenn ein hübsches Mädchen eine Laute im Schoße hielt, die Saiten rührte und eine Melodie dazu summte, konnte Amor seine Pfeile getrost im Köcher lassen. Da der ständige Zug an den Saiten leicht zu einer Verbiegung des hölzernen Lautenkörpers führte, worunter die Spannung der Saiten litt, mußte das Instrument fleißig gestimmt werden; ein Witzbold sagte von einem betagten Lautenisten, er habe von seinen achtzig Jahren sechzig mit dem Stimmen seines Instrumentes zugebracht.

Die Viola unterschied sich von der Laute dadurch, daß ihre Saiten über einen Steg gespannt waren und mit einem Bogen gestrichen wurden, obgleich das Prinzip der Tonerzeugung bei ihr dasselbe war: Die Vibration straff gespannter Saiten über einem zur Verstärkung des Tones mit Schallöchern versehenen Resonanzkörper. Violen gab es in drei verschiedenen Größen. Die größte war die gegen das Knie gelehnte Viola da

Gamba, Baßviola oder Gambe, deren modernes Gegenstück das Cello ist; ferner die Viola da Braccio, ein im Arm gehaltenes Tenorinstrument, und schließlich ein analoges Sopraninstrument. Während des sechzehnten Jahrhunderts entwickelte sich die Viola da Braccio zur Violine, und im achtzehnten Jahrhundert kam die Viola da Gamba aus der Mode.

Die einzige europäische Erfindung auf instrumentalem Gebiet ist die Tastatur, mit deren Hilfe die Saiten auf indirektem Wege gezupft oder geschlagen werden können, anstatt daß sie auf direktem Weg gezupft oder gestrichen werden. Die älteste bekannte Form eines solchen Tasteninstrumentes ist das Clavichord (clavis = Taste), das im zwölften Jahrhundert entstand und bis zu den Tagen von Johann Sebastian Bachs *Wohltemperiertem Klavier* weiterlebte; im New Yorker Metropolitan Museum of Art steht das älteste erhaltene Beispiel dieser Gattung (datiert 1537). Im fünfzehnten Jahrhundert kam mit dem Clavicembalo eine robustere Form auf, bei der je nach der Stärke des Anschlags eine Modifizierung des Tons erzielt werden konnte; oftmals gestattete eine zweite, zusätzliche Tastatur oder Klaviatur die Ausweitung des Oktavenbereichs, während durch die Betätigung der zahlreichen Register und Koppeln neue, ungeahnte Klangfarben erzielt werden konnten. Das Spinett war die italienische, das Virginal die englische Variante des Cembalos. Diese Tasteninstrumente waren sowohl um ihrer Schönheit wie um ihres Wohllautes willen hochgeschätzt und bildeten in begüterten Häusern ein äußerst dekoratives Element der Inneneinrichtung.

Die Verbesserung der Klangqualität, Vergrößerung des Tonumfangs und zunehmende Differenzierung in der Handhabung der Instrumente erforderten vom Ausführenden, wenn sein Spiel gefallen sollte, immer größere Geschicklichkeit und intensiveres Üben. Es bildete sich ein Publikum heraus, für welches Aufführungen von Musik für Instrumentalsoli oder -ensembles veranstaltet werden konnten, und die ersten Solisten auf der Orgel und der Laute traten auf. Der blinde Nürnberger Organist Conrad Paumann (gestorben 1473), der, als Solist von Hof zu Hof reisend, Konzerte gab, erhielt für sein ausgezeichnetes Spiel einen Adelstitel. Diese Entwicklung zeitigte ihrerseits eine Zunahme der Kompositionen von reiner Instrumentalmusik. Während bis ins fünfzehnte Jahrhundert hinein alle Musik ganz offenkundig als Begleitung der Singstimme oder als Tanzmusik gedacht war, begegnen uns nun in den Werken der Malerei aus diesem Jahrhundert erstmals Bilder von instrumentenspielenden Personen ohne irgendwelchen Bezug auf Gesang oder Tanz. Die älteste überlebende Musik für Instrumentensoli ist das *Fundamentum organisandi* (1452) von Conrad Paumann, das vor allem als Anleitung zum Orgelspiel gedacht war, daneben aber eine Reihe von Kompositionen für Orgel solo enthielt. Die von dem Venezianer Ottaviano de' Petrucci entwickelte Anwendung des Druckes mit beweglichen Lettern auf den Notendruck (1501) wirkte sich kostensenkend auf die Publizierung von Instrumental- und anderen Kompositionen aus. Im Laufe des sechzehnten Jahrhunderts bildete sich der Brauch heraus, Stücke, die ursprünglich als Begleitmusik zu Tänzen komponiert worden waren, unabhängig von ihrem eigentlichen Zweck aufzuführen; diese Folge oder «Suite» von Tänzen führte später zur Entwicklung der Symphonie und des Kammermusikquartetts, deren Sätze die Namen der ursprünglichen Tanzstücke in manchen Fällen bewahrten. Laute, Viola, Orgel und Cembalo wurden besonders gern als Solo- oder konzertierende Instrumente im Orchesterkonzert benützt. Alberto da Ripa, Lautenist am französischen Hofe unter Franz I. und Heinrich II., war für sein Spiel so berühmt, daß bei seinem Tode (1551) die französischen Dichter Totenklagen zu seinem Gedächtnis verfaßten.

II. DER AUFSTIEG DER NIEDERLÄNDISCHEN SCHULE: 1430–1590

Volkslieder und -tänze waren die unerschöpfliche Quelle, aus der die nichtkirchliche Musik entsprang und woraus sie immer von neuem thematische und stimmungsmäßige Anregungen schöpfte; aber auch die kirchliche Musik, bis hinauf zu den Messen, hatte ihren Ursprung manchmal in einem einfachen Volkslied, wofür die Messe *Adieu mes amours* ein Beispiel darstellt. Die französische Liedkunst der *chansons* reichte von den heiteren Weisen der Straßensänger und den Balladen der Troubadours bis zu den komplizierten polyphonischen Gesängen Guillaume de Machauts und Josquin Despréz'.

Machaut (um 1300 bis 1377) war der Meister jener *ars nova*, die von Philippe de Vitry 1325 erstmals beschrieben worden war – Musik, die neben den bis dahin in der Kirchenmusik und der *ars antiqua* allein anerkannten dreitaktigen nun auch zweitaktige Rhythmen verwendete. Machaut, Kanoniker an der Kathedrale von Reims und zugleich Dichter, Gelehrter und Musiker, muß ein Mann gewesen sein, dem auch irdische Leidenschaft nicht fremd war, denn er schrieb eine Anzahl Liebesgedichte, die bis in unsere Gegenwart glühendes Leben bewahrt haben. Er beherrschte als Komponist die unterschiedlichsten musikalischen Formen – Balladen, Virelais, Rondos, Motetten und Messen; von ihm stammt, soviel wir wissen, die älteste von einem einzelnen Komponisten geschriebene polyphone Messe. Obgleich ein Kleriker, nahm er tätigen Anteil an der Bewegung, die sich die Befreiung der polyphonen Musik aus den kirchlichen Banden zum Ziel setzte und sie von den überkommenen starren Rhythmen der Motetten und Messen weg und der freieren und beweglicheren *cantilena* des außerkirchlichen Liedgutes zuführen wollte.

In jenen Jahrhunderten waren auch die Engländer musikalisch. Zwar erreichte ihre Musik weder das Melos der Italiener (wessen Musik könnte das?) noch die polyphone Meisterschaft der Niederländer, aber ihre Lieder schlugen dann und wann Töne von einer Empfindsamkeit und Zartheit des Gefühls an, wie man sie sonst nur in den schönsten französischen *chansons* gewohnt war. Am Konzil zu Konstanz traten mit Erfolg englische Sänger auf, und aus derselben Zeit stammt eine von Heinrich V., dem Sieger von Agincourt, komponierte Messe, deren *Gloria* und *Sanctus* erhalten sind. Die Kompositionen von John Dunstable (um 1370 bis 1453) wurden von Schottland bis Italien gesungen und übten auf die Herausbildung der Eigentümlichkeiten des niederländischen Stils einen bestimmenden Einfluß aus.

Wie auf dem Gebiete der Malerei, so war Flandern im fünfzehnten Jahrhundert auch auf dem der Musik führend, die dort und damals, genährt von einem reichen und kunstliebenden Adels- und Bürgerstand, eine ihrer fruchtbarsten Perioden erlebte. Um 1490 schrieb Johannes Verwere: «Abgesehen von einer großen Zahl berühmter Sänger besitzen wir gegenwärtig eine fast unbegrenzte Zahl von Komponisten», deren Werke «sich durch großen Wohllaut auszeichnen; ich kann ihre Kompositionen nie ansehen oder anhören, ohne großen Genuß darin zu finden». Von ihren Zeitgenossen wären Dufay, Ockeghem und Desprez in der Hierarchie der Genies zweifellos mit Jan van Eyck, Claus Sluter und Rogier van der Weyden auf eine Stufe gestellt worden. In der flämischen Polyphonie erwuchs die letzte Blüte des Geistes der Gotik in Westeuropa – religiöse Inbrunst mit weltlicher Fröhlichkeit vereinigend, kraftvoll in ihrer Grundlage und Struktur, zart und zierlich in ihrer Durchführung und Ornamentierung. Selbst Italien, das der Gotik sonst so ablehnend gegenüberstand, anerkannte vorbehaltlos die Überlegenheit der flämischen Musik und suchte sich für seine Fürstenhöfe und Bischofssitze flämische *maestri* zu sichern. Kaiser Maximilian I. war von dieser Musik so berückt, daß er in Wien einen Singchor nach flämischem Vorbild ins Leben rief. Karl V. berief flämische Musiker nach Spanien, Erzherzog Ferdinand welche nach Österreich und Christian II. noch andere nach Dänemark; «die Quelle der Musik», sagte der Venezianer Cavalli, «sind die Niederlande». Infolge dieses überall wirksamen und bestimmenden Einflusses der niederländischen Schule vermochte sich die Kunstmusik den einengenden nationalistischen Tendenzen des Zeitalters zu entziehen.

Ihr Wegbereiter war Guillaume Dufay. Geboren (um 1399) im Hennegau und als Chorknabe an der Kathedrale von Cambrai ausgebildet, war er eine Zeitlang Sänger an der Sixtinischen Kapelle zu Rom; nach Cambrai zurückgekehrt, führte er den dortigen Singchor zu europäischem Ansehen empor. Die von ihm komponierten Messen wurden im ganzen Abendland gesungen; was davon erhalten ist, klingt dem heutigen, an die Raschlebigkeit unserer Zeit gewohnten Ohr schwerfällig und langatmig; majestätische Kathedralen und feierliche papstliche Hochämter mögen den richtigen Rahmen dafür abgegeben haben. Unserem Verständnis leichter zugänglich ist eine Komposition von melodiöser Schwermut, *Le jour s'endort* – «Der Tag entschlummert». Stellen wir uns einen in feierliche Gewänder gehüllten Chor von Sängern vor, der diese Komposition in den gotischen Gewölben von Cambrai, Ypern, Brüssel, Brügge, Gent oder Dijon zum Erklingen bringt, dann fühlen wir, daß Architektur, Malerei, Mode, Musik und Sitte jenes lebenswarmen, farbenfrohen und prunkvollen Zeitalters ein künstlerisches Ganzes bilden, da sie selber lauter Variationen des einen, alles durchdringenden Themas sind.

Dufays Methode wurde durch Johannes Ockeghem, den auf musikalischem Gebiet vielleicht einflußreichsten Lehrer aller Zeiten, weiterentwickelt und durch ganz Europa verbreitet. Um 1430 in Flandern geboren, verbrachte er den größten Teil seines Lebens am französischen Hofe als Musikpädagoge und Komponist. Seine besondere Leidenschaft galt dem Kanon, einer gesungenen Form der Fuge, worin Worte und Melodie imitatorisch verschiedene, nacheinander einsetzende Stimmen durchliefen; das kunstvolle kontrapunktische Gewebe dieser Schöpfungen bildete einen Ansporn für die Sänger und erregte das Staunen der Komponisten, die dann auch aus aller Herren Länder herbeieilten, um bei Ockeghem zu lernen. «Von seinen Schülern», schrieb ein alter Historiker, wurde «die Kunst» des Kontrapunktes und der «kanonischen» Polyphonie «durch alle Länder verbreitet; er darf – und dies wird durch stilgenealogische Untersuchungen bewiesen – als der Gründer aller Schulen von seiner Zeit an bis zum heutigen Tage betrachtet werden»; da diese Worte 1833 geschrieben wurden, kann man Ockeghem füglich von der Verantwortung für die Musik des zwanzigsten Jahrhunderts freisprechen. Bei seinem Tode (1495) verfaßten die europäischen Komponisten Motetten zu seinem Gedächtnis, und Erasmus schrieb eine *Lamentatio;* aber ach, selbst die Namen der «Unsterblichen» sind nur mit Wasser im Buch der Geschichte verzeichnet.

Seine Schüler wurden die musikalischen Führer der nächsten Generation. Josquin Despréz studierte, seinen heimatlichen Hennegau mit Paris vertauschend, jahrelang bei Ockeghem und war dann *maestro di cappella* – Kapellmeister, das heißt Dirigent des Kapellenchors – in Florenz, Mailand und Ferrara. Für dessen Herzog Ercole I. komponierte er ein *Miserere*, das in kurzem durch ganz Westeuropa erklang. Nach sechsjährigem Dienst im Chor der Sixtinischen Kapelle kehrte er nach Paris zurück (1494), wo er *maître de chapelle* am Hofe Ludwigs XII. wurde. Eines seiner nobelsten Werke war seine *Déploration de Jean Ockeghem*, eine Totenklage für seinen verstorbenen Lehrer. Eine Zeitlang komponierte er nach dessen Vorbild Messen und Motetten in Kanonform, mit fast mathematisch strenger Berechnung der Tonfolgen und Harmonien Stimme auf Stimme türmend. Als er sich auf der Höhe der Technik fühlte und seine Vormachtstellung auf dem Gebiete der «Kunstmusik» unangefochten feststand, wandte er sich einem simpleren Kompositionsstil zu, den er auf Hymnen, Motetten und weltliche Lieder anwandte und worin die Musik den Text ausmalte und deutete, anstatt ihn in die starre Rüstung des Kanons zu pressen oder, was vorkam, eine einzige Silbe zu einem ganzen Lied auszudehnen. Als beide, Lehrer und Schüler, dahingegangen waren, wurde es üblich, Ockeghem den Donatello, Despréz den Michelangelo der Musik zu nennen.

Der französische Hof hegte und pflegte die Musik als feinste Blüte einer reichen und mächtigen Kultur. Ein um 1500 entstandener, heute im Musée des Gobelins zu Paris befindlicher Wirkteppich zeigt vier Damen, drei Jünglinge und einen kahlköpfigen Mönch um einen Brunnen in einem Garten versammelt; einer der Jünglinge spielt die Laute, ein Mädchen die Viola, eine stattliche Dame ein Portativ, eine tragbare Orgel. Die französischen Poeten schrieben ihre Gedichte zu dem ausdrücklichen Zweck, den Komponisten damit Texte zu liefern. Eine «Palastakademie» machte es sich zur Aufgabe, den Zusammenhang zwischen Dichtung und Musik zu fördern; heute noch scheint ja die eine ohne die andere unvollständig. Clément Jannequin, ein Schüler von Despréz, war auf die Komposition von «Programmusik» spezialisiert; die Triller seines *Chant de l'alouette* (Gesang der Lerche, 1521) sind heute noch nicht verstummt.

Die spanische Musik spiegelte die Frömmigkeit und Ritterlichkeit des spanischen Volkes wider. Wechselseitig durch arabische, italienische, provenzalische, französische und flämische Einflüsse befruchtet, reichte diese Musik von den melancholischen maurischen Monodien bis zu den feierlichen polyphonen Messen im niederländischen Stil. Einer der bedeutendsten unter den Komponisten des sechzehnten Jahrhunderts war der Spanier Cristóbal Morales, der die Kunst des Kontrapunktes zu hoher Vollkommenheit entwickelte und der Lehrer des noch berühmteren Tomás Luis de Victoria wurde. Dem arabischen Einfluß dankte besonders die Lautenmusik befruchtende Anregungen. Luis de Milan und Miguel de Fuenllana hießen die Künstler, welche als Komponisten und Sänger von Liedern zur Laute auftraten, die an Kraft und Fülle sich mit den deutschen Volksliedern messen konnten.

Die Eroberung Italiens durch den flämischen Stil nahm bis zum Erscheinen Palestrinas ihren Fortgang. Von Flandern, wo er die Kunst des Kontrapunktes gelernt hatte, kam Heinrich Isaac als Lehrer für die Söhne Lorenzos des Prächtigen nach Florenz; dort blieb er vierzehn Jahre und setzte die Verse des Magnifico in Musik. Der französischen Invasion Italiens ausweichend, trat er in die Dienste Kaiser Maximilians I. in Innsbruck und nahm dort an der Entwicklung der deutschen Liedform tätigen Anteil. 1502 kehrte er im Genusse einer Rente, die der Kaiser und sein ehemaliger Schüler Leo X. ihm ausgesetzt hatten, nach Italien zurück. Seine Messen, Motetten und Lieder, vor allem sein *Choralis Constantinus* – achtundfünfzig vierstimmige, für die Meßliturgie im Verlaufe eines ganzen Kirchenjahres bestimmte Chorwerke – gehörten zu den berühmtesten Schöpfungen ihrer Zeit.

Orlando di Lasso, ursprünglich Roland de Lassus, führte die flämische Schule auf ihren Höhepunkt. Seine brillante Laufbahn ist ein Beispiel für die Weitgereistheit der Renaissancemusiker und das hohe gesellschaftliche Ansehen, das sie genossen. Als Chorknabe im Hennegau aufwachsend, wußte er mit seiner Gesangskunst seine Hörer dermaßen zu fesseln, daß er zweimal von Leuten, die einen solchen Sänger gern in ihren Diensten gesehen hätten, entführt wurde; schließlich erlaubten in seinem fünfzehnten Jahre (1545?) seine Eltern dem kaiserlichen General Ferdinand Gonzaga, ihn mit nach Italien zu nehmen. Mit dreiundzwanzig Jahren wurde er Kapellmeister an der Kirche San Giovanni in Laterano zu Rom. 1555 ließ er sich in Antwerpen nieder und gab dort sein *Erstes Buch italienischer Madrigale* heraus, weltliche, mit allen erdenklichen kontrapunktischen Rüschen und Falbeln herausgeputzte lyrische Gesänge. Im selben Jahre erschien von ihm eine Sammlung von Villanellen – Bauernliedchen napolitanischen Ursprungs –, französischen *chansons* und vier religiösen Motetten; diese Sammlung war ein getreues Spiegelbild von Orlandos eigenem Leben, das zwischen genießerischer Daseinsfreude und musikalischen Bußübungen hin und her pendelte. Über seinen Antwerpener Lebenskreis können wir Rückschlüsse aus der Tatsache ziehen, daß er eine Motette dem Gesandten Philipps II. in den Niederlanden, Kardinal Granvelle, eine andere Kardinal Pole widmete. Wahrscheinlich verdankte er Granvelle einen Ruf nach München, wo er zum Mitdirigenten der herzoglichen Chorkapelle ernannt wurde (1556). Orlando fühlte sich in Bayern bald ebenso heimisch wie in Italien, fand dort seine Frau, wie er in Italien seinen Namen gefunden hatte, und blieb bis zu seinem Tod in den Diensten der bayrischen Herzöge.

Dieser vom Glück begünstigte Mozart des sechzehnten Jahrhunderts schrieb doppelt so viele Kompositionen wie sein Kollege des achtzehnten. Er beherrschte jede damals gängige musikalische Form und machte sich in jeder einen europäischen Namen. Madrigale voll zarter Liebeslyrik schienen ihm nicht weniger zu liegen als kecke *chansons* oder mystisch-fromme Messen. 1563 wurde er zum Kapellmeister ernannt und schrieb bald darauf für Herzog Albrecht V. eine Vertonung der Sieben Bußpsalmen, die dem Herzog so gut gefiel, daß er das Werk durch Künstlerhand auf Pergament kopieren, mit Miniaturen verzieren und in zwei Foliobänden in rotes Maroquin binden ließ, die heute in der Bayerischen Staatsbibliothek in München stehen und zum Kostbarsten gehören, was diese kunstfreudige Stadt besitzt.

Ganz Europa umwarb den neuen Stern. Als Lasso Paris besuchte (1571), bot Karl IX. ihm ein Jahresgehalt von 1200 *livres* für sein Bleiben. Der Komponist schlug das Angebot aus, beschenkte dafür aber den König und die Königinmutter Katharina von Medici mit einer Sammlung französischer *chansons* von einem, wie Brantôme sagte, in Paris bis dahin nie gehörten Wohllaut; eines davon pries den Gerechtigkeitssinn und die Friedensliebe der französischen Hauptstadt – ein Jahr vor den Massakern der Bartholomäusnacht. Kaum war Lasso wieder in München, kamen die Fugger an die Reihe, die von ihm eine Sammlung lateinischer Motetten, italienischer Madrigale, deutscher und französischer Lieder zugeeignet erhielten; dieser Komponist war kein romantischer Hungerleider, sondern ein weltläufiger, in der Lebensart der vornehmen Leute erfahrener Mann. 1574 reiste er auf Kosten Herzog Albrechts nach Rom, überbrachte Papst Gregor XIII. eine ihm gewidmete Sammlung von Messen und empfing dafür den Orden vom Goldenen Sporn. Der liebe Gott selber schien für Orlandos Huldigungen nicht unempfänglich: Am Fronleichnamstag 1584 drohte ein Ungewitter die Abhaltung der üblichen religiösen Prozession durch die Straßen Münchens zu vereiteln, als beim Ertönen von Orlandos Motette *Gustate et videte* (Schmecket und sehet, wie gnädig der Herr ist) der Regen plötzlich aufhörte und die Sonne durch die Wolken brach; von da an wurde jedes Jahr an Fronleichnam dieselbe Motette gesungen, damit der Himmel günstiges Wetter schicke.

1585 veröffentlichte der alternde und von Reue geplagte Komponist sein *Fünftes Buch der Madrigale*, das zu seinen ergreifendsten Schöpfungen gehört; er wandte darin diese musikalische Form auf geistliche Themen an. Fünf Jahre später begann sein Gemüt sich zu verwirren; er erkannte seine Gattin nicht mehr und sprach von nichts anderem als vom Tod, dem Jüngsten Gericht und einer Gehaltserhöhung. Diese erhielt er und starb 1594 triumphgekrönt und in geistiger Umnachtung.

III. DIE MUSIK UND DIE REFORMATION

Die Reformation hatte nicht nur auf theologischem, rituellem, ethischem und künstlerischem, sondern auch auf musikalischem Gebiet eine Umwälzung zur Folge. Die katholische Liturgie war ihrem Wesen nach eine aristokratische, feierliche, auf einer geheiligten Tradition beruhende Einrichtung, die, was Sprache, priesterliche Gewandung, Symbole und Musik betraf, bewußt und absichtlich über dem Volke stand. Aus ihrem Geiste heraus betrachtete der Klerus sich selbst als die Kirche und das Volk als eine Herde, die unter Zuhilfenahme von mythischen und legendären Vorstellungen, von Predigten, religiösen Schauspielen und Kunstwerken und von kirchlicher Musik der Gesittung und Heiligung zugeführt werden müsse. Die Messe war, wiederum aus diesem Geist heraus, ein nur für Eingeweihte zugängliches Mysterium, eine übernatürlich-wunderbare Begegnung zwischen Gott und dem Priester; die sie begleitende Musik wurde ausschließlich vom Priester und einem hierfür bestimmten Chor männlicher Stimmen gesungen, während die Gemeinde der Gläubigen sich passiv verhielt.

In der Reformationszeit nun gelangte der bürgerliche Mittelstand zu immer größerer Bedeutung, das Volk selbst wurde zur Kirche, der Priester zu seinem Beauftragten, der Gottesdienst mußte sich zur Annahme der Umgangssprache bequemen, die Musik durfte nicht länger unverständlich bleiben, und die Gemeinde beanspruchte an ihr einen tätigen, ja führenden Anteil. Luther war selbst ein großer Musikfreund, der etwas von Polyphonie und Kontrapunkt verstand und sich 1538 mit folgenden warmen Worten zu dieser Sache äußerte:

«Wenn aber Studium und Kunst hinzukommt, die die natürliche Musik bessert und bildet, dann erkennt man erst mit großer Verwunderung die vollkommene Weisheit Gottes in seinem Werk der *Musica*, in welcher vor allem herrlich ist, daß einer eine schlichte Weise singt, während mehrere Stimmen darum herum wunderbar spielen, jauchzen und mit mancherlei Art und Klang sie verzieren und gleichsam neben ihr einen himmlischen Tanz aufführen, so daß denen, die nur ein wenig davon bewegt werden, nichts Wunderbareres in dieser Welt vorhanden zu sein scheint. Wer durch solch lieblich Wunderwerk nicht beweget wird, das muß wahrlich ein grober Klotz sein.»[1]

Ihm schwebte eine Musik vor, die das Volk durch eine Verbindung von glaubensstarken Worten mit Tönen ergreifen sollte. 1524 gab er mit Unterstützung Johann Walthers, des Kapellmeisters von Kurfürst Friedrich dem Weisen, das erste reformierte Gesangbuch heraus, das im Laufe zahlreicher späterer Ausgaben ständig verbessert und erweitert wurde. Die Worte stammten zum Teil aus katholischen Hymnen, zum Teil aus den Liedern der Meistersinger, zum Teil aus Luthers eigener gröblich-poetischer Feder, zum Teil aus Volksliedern, deren Text entsprechend verändert wurde; der Teufel, sagte Luther, habe nicht allein das Anrecht auf alle wohllautenden Melodien. Die Musik war von Luther selbst komponiert, einiges von Walther, auch wurden Bearbeitungen von gängigen katholischen Hymnen nicht verschmäht. Die lutherischen Kirchen behielten noch fast für ein Jahrhundert polyphone Messen in ihrem Ritual bei; nach und nach trat aber an die Stelle des Lateins die Umgangssprache, die Rolle der Messe wurde beschnitten und der Gemeindegesang erweitert, während die durch den Chor gesungenen Choräle auf komplizierte Kontrapunktik mehr und mehr zugunsten einer leichter zugänglichen Harmonieform verzichteten, die den Gedanken des Textes zu folgen und sie zu deuten versuchte. Aus dieser von Luther und seinen Gesinnungsgenossen komponierten Chormusik, die zur musikalischen Begleitung der Lesungen aus der Heiligen Schrift bestimmt war, erwuchs die hohe protestantische Kirchenmusik des achtzehnten Jahrhunderts, die in den Händelschen Oratorien und den Bachschen Messen, Passionen und Chorälen kulminierte.

Nicht alle protestantischen Reformatoren waren der Musik so hold wie Luther. Zwingli, obgleich selber musikalisch gebildet, verbannte die Musik gänzlich aus dem Gottesdienst, während Calvin jede Art musikalischer Einrahmung der gottesdienstlichen Handlung mit Ausnahme des einstimmigen Gemeindegesangs verbot. Dagegen hatte er nichts gegen polyphone Gesänge im häuslichen Kreise einzuwenden, und seine hugenottischen Anhänger schöpften nicht zuletzt ihren Mut und ihre Kraft aus solchen Hymnen, die, mehrstimmig gesetzt, von ihnen im Schoß der Familie gesungen wurden. Clément Marots Übersetzung der Psalmentexte ins Französische gefiel ihm so gut, daß er sich mit ihrer in polyphonem Satz gehaltenen Vertonung von Claude Goudimel aussöhnte, und das Goudimelsche Psalterium wurde dadurch, daß der Komponist zu den Opfern der Bartholomäusnacht gehörte, ein doppelt heiliges Buch. Hundert Jahre nach Marot äußerte sich ein katholischer Bischof in neidvollen Worten über die Rolle, die Marots Texte und Goudimels Musik in der französischen Reformation gespielt hatten. «Diese Psalmen auswendig zu können, gilt unter den Hugenotten als Zeichen der Zugehörigkeit zu der Gemeinschaft, deren Glieder sie sind; und in den Städten, wo ihre Zahl am größten ist, kann man diese Weisen von den Lippen von Handwerkern hören, und auf dem Lande von denen von Bauern.» Die Demokratisierung der religiösen Musik war eine kennzeichnende Erscheinung in allen protestantischen Ländern, deren finstere Glaubensstrenge durch die erlösende Macht des Gesanges erhellt wurde.

IV. PALESTRINA: 1526–1594

Die katholische Kirche blieb die hauptsächliche Gönnerin der Musik wie aller anderen Künste. Nördlich der Alpen entwickelte sich die Musik auf der von der flämischen Schule vorgezeichneten Linie weiter; in ihrem Geiste wirkten Isaac in Österreich und di Lasso in Bayern. Wir besitzen einen Brief Luthers an Isaacs Nachfolger Ludwig Senfl (1530), ein Muster an großzügiger Toleranz, worin er den katholischen Komponisten zu der von ihm geschriebenen Musik beglückwünscht und Worte des Lobes für die katholischen Herzöge von Bayern findet, «weil sie die Musik so hegen und ehren».

Der Chor der Sixtinischen Kapelle diente während des ganzen vierzehnten und fünfzehnten Jahrhunderts allen Königen und Fürsten, die sich eine Sängerkapelle zulegen wollten, als Vorbild. Die Messe galt auch unter Protestanten als höchste musikalische Form der Komposition, und nichts ging über eine vom päpstlichen Chor gesungene Messe. Der höchste Ehrgeiz jedes damaligen Sängers war, Mitglied dieser Kapelle zu werden, die infolgedessen die schönsten männlichen Stimmen Westeuropas in sich vereinigte. Von etwa 1550 an wurden *castrati* – damals *eunuchi* genannt – zugelassen; bald darauf tauchten auch welche am bayrischen Hofe auf. Die Entmannung wurde mit ihrer Zustimmung bei Knaben vorgenommen, die man hatte überzeugen können, daß ihre Sopranstimme ihnen mehr eintragen würde als ihre Fortpflanzungsfähigkeit, die, weil weit verbreitet, keinen besonderen Marktwert darstelle.

Wie jede komplexe und seit alters bestehende Einrichtung, die durch gewaltsam eingeführte Neuerungen nur zu verlieren hat, nahm die Kirche eine sehr konservative Haltung ein, und zwar mehr noch in bezug auf das Ritual als in bezug auf das Dogma. Andererseits waren die Komponisten damals wie heute der bestehenden Formen überdrüssig und auf Experimente mit dem Neuen erpicht. Während Jahrhunderten bemühte sich die Kirche, die hohe Messe vor der Künstelei der *ars nova* und den Auswüchsen des flämischen kontrapunktischen Stils zu bewahren, aus Furcht, sie möchte ihrer Würde verlustiggehen. 1322 erließ Papst Johann XXII. ein Dekret, das alle Neuerungen und neumodischen Verzierungen streng verbot und anordnete, die Musik der Messe habe sich an den einfachen und einstimmigen Gesang des Gregorianischen Chorals als ihrer Grundlage zu halten und nur von solchen Harmonien Gebrauch zu machen, die dem Gläubigen verständlich und geeignet seien, die Andacht eher zu fördern als zu zerstreuen. Diesem Dekret wurde ein Jahrhundert lang nachgelebt, dann fing man an, es zu umgehen, indem man einen Teil der Chorsänger den Baßpart eine Oktave höher als die Notierung singen ließ; diese List des *faulx bourdon* – falschen Basses – wurde besonders gern in Frankreich angewendet. Es dauerte nicht lange, bis die liturgische Musik sich wieder zu komplizieren begann; fünf, sechs und mehr Stimmen vermischten sich im kunstvollen Fugato, worin die Worte in wirrem Durcheinander über sich selbst zu stolpern schienen oder in den Fiorituren, die von den Sängern oftmals ad libitum eingefügt wurden, untergingen. Die Gewohnheit, populäre Melodien in die Meßmusik zu übernehmen, führte sogar zum Eindringen profaner Wörter in den geheiligten Text; es gab Messen, die nach ihrem weltlichen Ursprung benannt und unter solch weltlichem Namen bekannt wurden, wie etwa «Lebt wohl, meine Geliebten» oder «Im schattigen Busch».

Selbst der sonst so tolerante Erasmus ärgerte sich dermaßen über die Phantastik der «Kunstmessen», daß er sich in einer Fußnote zu einer Ausgabe des Neuen Testaments darüber ausließ:

«Ich will einstweilen davon absehen, daß derlei Formen von Musik in den Gottesdienst eingeführt wurden, bei welchen es niemandem mehr möglich ist, auch nur ein Wort zu verstehen. Nicht einmal jenen, die da singen, ist es möglich, zu hören, was gesungen wird ... Zu Pauli Zeiten gab es keinen Gesang, da wurde nur gesprochen. Bitte, was denken die von Christus, die glauben, daß dieser sich an solchem Stimmengewirr erfreue? Damit noch nicht zufrieden, führen wir eine bemühende und theatralische Art von Musik in die heiligen Räume ein, ein wildes Gezwitscher von Stimmen, wie es, wie ich meine, nicht einmal in griechischen oder römischen Theatern je zu hören war.»[2]

Die Reformpartei innerhalb der Kirche gab ihm darin recht. Bischof Giberti von Verona verbot den Gebrauch von Liebes- oder Volksliedern in den Kirchen seiner Diözese, und Bischof Morone von Modena untersagte alle «figurierte», das heißt durch die Ausarbeitung der Motive und Themen verzierte Musik. Auf dem Konzil von Trient wurde von den Kirchenreformern ein Verbot aller polyphonen Musik durchzusetzen versucht und die Rückkehr zum Gregorianischen Choral postuliert. Die Vorliebe Papst Pius' IV. für Palestrinas Messen mag den Ausschlag gegeben haben, daß schließlich die Polyphonie in katholischer Färbung doch den Sieg davontrug.

Giovanni Pierluigi da Palestrina trug seinen Namen nach einem kleinen Städtchen in der römischen Campagna, das in den Tagen der Römer Praeneste geheißen hatte. 1537 finden wir ihn, damals elf Jahre alt, in der Liste der Chorknaben von Santa Maria Maggiore zu Rom aufgeführt. Er war noch nicht einundzwanzig Jahre alt, als er zum Kapellmeister am Dom seines Heimatortes ernannt wurde. Diese Bestallung erlaubte ihm, sich mit Lucrezia di Goris zu verehelichen, die ihm eine wenn auch bescheidene Mitgift in die Ehe brachte. Als der Bischof von Palestrina unter dem Namen Julius III. den Stuhl Petri bestieg, nahm er seinen Kapellmeister nach Rom mit und machte ihn zum Dirigenten der Cappella Giulia an Sankt Peter, wo die Sänger für die Sixtinische Kapelle ausgebildet wurden. Dem neuen Papst widmete der junge Komponist sein *Erstes Buch der Messen* (1554), darunter eine, die eine dreistimmig gesetzte kontrapunktische Begleitung zu einer im gregorianischen Stil geführten Melodiestimme aufwies. Der Papst fand so lebhaftes Gefallen an diesen Werken, daß er Palestrina zum Mitglied der Sixtinischen Sängerkapelle machte. Infolge seines Zivilstandes blieb aber Giovannis Stellung in dieser der Regel nach aus lauter Tonsurierten zusammengesetzten Kapelle nicht unangefochten. Er stand im Begriff, dem Papste eine Sammlung von Madrigalen zu dedizieren, als Julius starb (1555).

Dessen Nachfolger, Marcellus II., lebte nach seiner Wahl ganze drei Wochen. Zu seinem Gedächtnis komponierte Palestrina seine berühmte *Missa Papae Marcelli*, die erst 1567 veröffentlicht wurde und damals ihren Namen erhielt. Papst Paul IV., ein Mann von unbeugsamer puritanischer Haltung, schloß die drei damals in der Sixtinischen Kapelle befindlichen verheirateten Sänger aus, indem er ihnen eine kleine Rente bewilligte. Palestrina erhielt bald eine Dirigentenstelle an der Kirche San Giovanni in Laterano, die aber, wenn sie ihm auch ein genügendes Auskommen sicherte, doch nicht ausreichte, um die Ausgaben für die Publikation von Werken zu decken. Mit der Thronbesteigung Pius' IV. begann die päpstliche Gnadensonne ihm aber wieder zu scheinen (1559). Pius war tief beeindruckt durch die *Improperia*, die der Komponist für den Karfreitagsgottesdienst schrieb, und von dieser Zeit an wurden sie regelmäßig an diesem Tage durch die Sixtinische Kapelle aufgeführt. Nach wie vor bildete freilich Palestrinas Ehe ein Hindernis für seine Wiederaufnahme in diesen Chor, aber seine Stellung und sein Gehalt verbesserten sich trotzdem infolge seiner Berufung zum Kapellmeister an Santa Maria Maggiore (1561).

Im folgenden Jahre griff das Konzil von Trient die Frage der Anpassung der Kirchenmusik an den neuen Geist auf. Der extrem konservative Antrag auf Verbot der gesamten Polyphonie ging nicht durch, dafür wurde ein Kompromiß beschlossen, der den kirchlichen Autoritäten nahelegte: «Aus den Kirchen soll alle solche Musik verbannt sein ... die mit etwas Anzüglichem oder Unsauberem vermischt ist ... auf daß das Gotteshaus wahrlich als Haus des Gebetes gelte und bezeichnet werden könne.»* Pius IV. berief einen Ausschuß von acht Kardinälen, der dem Dekret in der Diözese von Rom Nachachtung verschaffen sollte. Die Überlieferung weiß zu berichten, die Kommission sei im Begriff gestanden, die polyphone Musik mit dem Bannfluch zu belegen, als eines

* Pius X. (1903) und Pius XII. (1955) hielten es für nötig, dieses Dekret zu bestätigen.

ihrer Mitglieder, Kardinal Carlo Borromeo, Palestrina mit der Bitte angegangen sei, eine Messe zu komponieren, die die volle Vereinbarkeit von Polyphonie und Frömmigkeit dartun würde; Palestrina habe daraufhin drei Messen geschrieben und vor der Kommission aufführen lassen, darunter die *Missa Papae Marcelli*, und die innige Verbindung, welche in diesen Messen die religiöse Andacht mit der zuchtvoll künstlerischen Form eingegangen sei, habe die polyphone Musik vor der Verurteilung gerettet. Die *Missa Papae Marcelli* bestand damals allerdings schon seit zehn Jahren, und die einzige beglaubigte Verbindung zwischen Palestrina und dem Ausschuß besteht in einer von ihm genehmigten Erhöhung seines Salärs. Trotzdem dürfen wir annehmen, daß Palestrinas Musik – mit ihrer Treue gegenüber dem Text, ihrer Vermeidung profaner Elemente und ihrer Unterordnung der musikalischen Mittel unter den religiösen Zweck – den Ausschuß dahin beeinflußte, daß er sich für die Tolerierung der Polyphonie entschied. Dafür spricht auch die Tatsache, daß Palestrinas kirchliche Kompositionen für gewöhnlich auf instrumentale Begleitung verzichteten und fast ausschließlich *a cappella* – im Kapellenstil, das heißt für Singstimmen allein – geschrieben waren.

1571 wurde Palestrina neuerdings Kapellmeister an der Juliakapelle und behielt dieses Amt bis zu seinem Tode. In der Zwischenzeit komponierte er mit unbändiger Schaffenskraft: 93 Messen, 486 Antiphone, Offertorien, Motetten und Psalmen sowie eine große Zahl von Madrigalen. Ein Teil davon behandelte weltliche Themen, aber mit zunehmenden Jahren wandte Palestrina die Madrigalform auch auf geistliche Texte an. Sein *Erstes Buch geistlicher Madrigale* (1581) enthält mit vom Schönsten, was er an Gesängen geschaffen hat. Persönliches Leid mag in dieser Musik seinen Niederschlag gefunden haben. 1576 starb sein Sohn Angelo und hinterließ dem Vater die Obsorge für zwei geliebte Enkel, die selbst ein paar Jahre später dahingingen. Ein zweiter Sohn wurde 1579 abberufen, und 1580 traf Palestrina der Tod seiner Frau so hart, daß er sich mit dem Gedanken trug, ins Kloster einzutreten. Dann aber nahm er sich nach einem Jahr eine zweite Frau.

Die erstaunliche Fülle und der hohe Rang seiner Werke machten ihn zur führenden Persönlichkeit der italienischen, wenn nicht der europäischen Musik. Seine Vertonung des *Hohen Liedes* in neunundzwanzig Motetten (1584), seine *Klagelieder Jeremiae* (1588), sein *Stabat Mater* und sein *Magnificat* (1590) bestätigten seinen Ruf und legten Zeugnis von seiner nicht nachlassenden Gestaltungskraft ab. 1592 überreichten ihm die Komponisten Italiens eine Sammlung von Vesperpsalmen, mit der sie ihn als gemeinsamen Vater aller Musiker ehren wollten. Am 1. Januar 1594 beschenkte er die Großherzogin Cristina von Toscana mit seinem *Zweiten Buch geistlicher Madrigale*, das wiederum religiöse Inbrunst mit musikalischer Meisterschaft verband. Einen Monat darauf starb er im neunundsechzigsten Jahr seines Lebens. Sein Grabstein trug unter seinem Namen den Titel, den er verdient hatte: *Musicae princeps* – Fürst der Musik.

Uns Heutigen ist es nicht gegeben, Palestrina wirklich zu verstehen, es sei denn, wir befänden uns in einem Zustand religiöser Empfänglichkeit und wir hätten die Möglichkeit, seiner Musik in dem ihr gebührenden Rahmen eines feierlichen Rituals zu lauschen; und auch dann noch wird unser Staunen über die Gewalt seiner Musik größer sein als unsere Ergriffenheit. Im buchstäblichen Sinne läßt sich ihr Rahmen ja auch nie mehr wiederherstellen, denn sie war die Musik der katholischen Reformation, die dunkel-strenge Stimme der Reaktion gegen den sinnlich-heiteren Überschwang der heidnischen Renaissance. Sie war Michelangelo, der Raffael überlebte, Paul IV., der an die Stelle Leos X. trat, Loyola, der Bembo verdrängte, Calvin, der auf Luther folgte. Die Maßstäbe unserer eigenen Zeit dürfen keinen Anspruch auf Unfehlbarkeit erheben; was wir Heutigen hoch schätzen, kann schon von der morgigen Generation wieder verworfen werden, und der Geschmack eines einzelnen Menschen – besonders wenn er in technischen Fragen ein Laie ist und ihm zugleich das Verständnis für das Mystische und auch für den Begriff der Sünde fehlt – dürfte kaum eine tragfähige Grundlage für die Fällung eines Urteils in musikalischen oder theologischen Fragen abgeben. Hingegen dürfen wir uns wohl dahin einigen, daß Palestrina die Polyphonie seiner Zeit ihrer letzten Vollendung zuführte. Wie alle wahren Künstler stand er, sowohl was das Technische wie was den seelisch-geistigen Ausdruck anlangte, im Scheitelpunkt einer Entwicklungslinie; sein Werk war die Krönung dessen, was frühere Generationen hinterlassen hatten; zuchtvoll wie er war, verlieh er seinen Schöpfungen eine dauernde Form und architektonische Stabilität, die sie über die Launen der wechselnden Mode emporhebt.

DRITTES KAPITEL

Die Literatur im Zeitalter Rabelais'

[1517–1564]

I. BÜCHER, DRUCKER UND VERLEGER

Gutenbergs Erfindung zeitigte eine neue Abart des dem Menschen innewohnenden Triebes nach Zurschaustellung seiner selbst: den Wunsch, sich gedruckt zu sehen. Seine Erfüllung war zwar ein kostspieliges Vergnügen, denn das einzige damals existierende Copyright bestand in dem von weltlichen oder kirchlichen Autoritäten verliehenen «exklusiven Privilegium» zum Druck eines ganz bestimmten Werkes. Es wurde nur ausnahmsweise verliehen, so daß in den zahlreichen Fällen von nichtprivilegierten Werken die Konkurrenz nach Belieben unerlaubte Nachdrucke veranstalten konnte. Für Bücher, die einen guten Absatz aufwiesen, zahlte der Drucker-Verleger dem Autor ein Honorar; dies betraf aber fast nur populäre Romane, Märchen- und Abenteuerbücher sowie Streitschriften, die gepfeffert genug waren, um die Neugier des Publikums zu reizen, während sich bei wissenschaftlichen Werken die Ausgaben und Einnahmen bestenfalls die Waage hielten. Die Autoren solcher Werke wurden deshalb von den Verlegern angehalten, ihr Opus einem weltlichen oder geistlichen Potentaten oder reichen Gönner zu widmen, von denen eine klingende Belohnung für solch ehrenvolle Zueignung zu erwarten war.

Das Verlags- und Druckergeschäft lag gewöhnlich in ein und denselben Händen, sei es eines einzelnen Unternehmers oder einer ganzen Familiendynastie, und diese Leute spielten im geschäftlichen Leben ihrer Stadt und Zeit eine bedeutsame Rolle. Daß ein Drucker sich durch die technische Seite seiner Arbeit allein einen Namen machte, kam nur selten vor, so etwa im Falle von Claude Garamond in Paris, der die von den deutschen Druckern nach handgeschriebenen Vorlagen geschaffenen «gotischen» Lettern durch eine auf der karolingischen Minuskel basierende, von den italienischen Humanisten und der Aldinischen Offizin in Venedig entwickelte «romanische» Type ersetzte (um 1540); diese wurde in der Folge von den italienischen, französischen und englischen Druckern übernommen, während in Deutschland die Fraktur weiterbestand. Garamonds Name lebt heute noch in einer Reihe von Schriftarten fort.

Im Verlagswesen stand Deutschland an der Spitze. Basel, Straßburg, Augsburg, Nürnberg, Wittenberg, Köln, Leipzig, Frankfurt und Magdeburg waren der Sitz reger Unternehmen. Zweimal jährlich trafen sich Verleger und Buchhändler auf der Buchmesse in Frankfurt zum An- und Verkauf von Büchern und Austausch von Ideen. Ein Frankfurter Drucker begann um diese Zeit (1548) mit der Herausgabe der ersten Zeitung – eines auf der Messe verteilten Blattes, das über die neuesten Ereignisse berichtete. Zu einem der wichtigsten Buchzentren wurde Antwerpen, als 1555 Christoph Plantin dort seiner Buchbinderei eine Druckerei angliederte; zwei Jahre später war er bereits mit 1200 Bänden auf der Frankfurter Messe vertreten. In Frankreich lag das Schwergewicht des Buchwesens in Lyon, das mit seinen zweihundert Druckereien Paris den Rang der geistigen Hauptstadt des Landes streitig machte.

Ein Feuergeist und Unruhestifter unter den Lyoner Bürgern war Etienne Dolet, selber Drukker und humanistisch gebildet. In Orléans geboren, in Paris geschult, wurde er ein glühender Verehrer Ciceros; «ich anerkenne nur Christus und [Marcus] Tullius [Cicero]», war ein Ausspruch von ihm. Als er vernahm, in Padua herrsche ein besonders freiheitlicher Geist, eilte er dorthin, um mit den an der Universität den Ton angebenden skeptischen Averroisten respektlose Epigramme zu tauschen. In Toulouse wurde er die Seele eines freidenkerischen Zirkels, der über «Papisten» und Lutheraner gleichermaßen seinen Spott ausgoß. Aus der Stadt verwiesen, ging er nach Lyon, wo er sich durch Gedichte und sonstige Schriften einen Namen machte, aber das Unglück hatte, bei einer Auseinandersetzung einen Maler niederzustechen, so daß er nach Paris fliehen mußte. Hier erwirkte ihm Margarete von Navarra einen Pardon beim König, und Marot und Rabelais wurden seine Freunde, doch verzankte er sich mit beiden. Nach Lyon zurückgekehrt, eröffnete er eine Druckerwerkstatt speziell für die Herausgabe ketzerischer Literatur, was ihm eine Zitierung vor das Inquisitionsgericht und eine Gefängnisstrafe eintrug; er entkam aus der Haft, wurde aber, als er heimlich seinen Sohn besuchte, erwischt und endete am 3. August 1546 auf dem Scheiterhaufen.

Die berühmtesten französischen Drucker-Verleger waren die Etienne, eine Dynastie, die sich auf ihr Gewerbe ebensogut verstand wie die Fugger auf das Finanzwesen. Die Druckerei wurde um 1500 in Paris durch Henri Etienne begründet und von dessen Söhnen Francis, Robert und Charles fortgeführt; diesen vieren dankt Frankreich seine schönsten Ausgaben der griechischen und römischen Klassiker. Robert kompilierte auch einen *Thesaurus linguae latinae* (1532), der als Grundlage für alle späteren lateinisch-französischen Wörterbücher diente. Latein war den Etienne so geläufig, daß sie sich seiner als Umgangssprache im Familienkreis bedienten. Franz I. hielt große Stücke auf sie und lieh ihnen im Verein mit Margarete von Navarra seinen Schutz vor den Angriffen der Sorbonne. Einmal besuchte er Robert in seiner Werkstatt, wo sich stets eine Schar von Gelehrten einzufinden pflegte, und eine hübsche Anekdote weiß zu berichten, wie der König geduldig wartete, bis Robert mit der Korrektur eines eiligen Bogens fertig war. Dank einer Geldspende von seiner Seite war es Robert möglich, durch Garamond eine neue griechische Type entwerfen und gießen zu lassen, die so schön ausfiel, daß sie zum Vorbild für alle späteren Drucke in griechischer Sprache wurde. Die Sorbonne sah des Königs Schwäche für die Klassiker nicht gern, und einer ihrer Professoren erließ (1539) eine Warnung an das *Parlement*, des Inhalts, daß die Verbreitung der Kenntnis des Griechischen und Hebräischen zur Zerstörung aller Religion beitrage; was das Hebräische im besondern anbelangt, so «wisse man wohl, daß alle, die Hebräisch lernen, über kurz oder lang Juden werden». Nachdem er durch dreißig Jahre hindurch den Angriffen der Sorbonne ausgesetzt gewesen war, verlegte Robert seine Presse schließlich nach Genf (1552), und hier kamen seine protestantischen Neigungen freilich offen an den Tag, indem er im Jahr seines Todes (1559) Calvins *Institutio* erscheinen ließ. Roberts Sohn Henri Etienne II. trug, wieder in Paris, das Seine zum Glanz des Firmenschildes bei durch die Edierung prachtvoller Klassikerbände und die Zusammenstellung eines fünfbändigen *Thesaurus linguae graecae* (1572), der bis heute das vollständigste aller griechischen Wörterbücher geblieben ist. Mit einer *Apologie pour Hérodote* (1566), worin er Parallelen zwischen den christlichen Mirakeln und den von dem alten griechischen Geschichtsschreiber berichteten fabelhaften Ereignissen zog, lud er den Unwillen der Sorbonne auf sein Haupt und mußte seinerseits nach Genf fliehen, wo aber unter dem calvinistischen Regiment ein kaum weniger intoleranter Geist als an der Sorbonne herrschte.

Manche Bücher aus diesem Zeitalter durften, was Druck, Illustration und Einband anbelangt, als vorbildlich gelten. Die schweren, metallbeschlagenen Einbände des fünfzehnten Jahrhunderts machten leichteren und billigeren Einbänden aus Leder, Pergament und Leinwand Platz. Jean Grolier de Servières, Schatzkanzler Frankreichs (1534), besaß eine Bibliothek von 3000 Bänden, die meisten davon in levantinisches Maroquinleder gebunden und von so elegantem Aussehen, daß sie zu den schönsten heute noch existierenden Erzeugnissen der Buchbinderkunst gehören. Privatbibliotheken gab es nunmehr zahllose, und öffentliche Büchereien wurden laufend errichtet – 1517 in Krakau, 1529 in Hamburg, 1538 in Nürnberg. Franz I. von Frankreich ließ die durch Karl VIII. zusammengetragene alte königliche Bibliothek aus dem Louvre nach Fontainebleau überführen und bereicherte sie durch neues Material und prachtvolle Einbände; aus dieser Bibliothèque du

Roi entstand nach der Revolution die Bibliothèque Nationale. Obgleich während der Reformation zahlreiche Klosterbüchereien zerstört wurden, blieben doch auch manche andere verschont, gelangten in Privatbesitz, und was daran wertvoll war, fand seinen Weg in öffentliche Sammlungen. Wie manches auch in den Wechselfällen der Geschichte verlorengeht, es bleibt doch noch so viel Wertvolles bestehen, daß hundert Leben nicht ausreichen würden, um es auszuschöpfen.

II. DAS SCHULWESEN

Daß die religiöse Umwälzung eine Zeitlang auch das Schulwesen in Mitleidenschaft zog, war nur natürlich. Der Unterricht lag fast durchweg in den Händen der Kirche, und man konnte dem Einfluß des Klerus nicht erfolgreich entgegenarbeiten, ohne seine Mitwirkung bei der Jugenderziehung zu unterbinden. Luther hielt nicht viel von den Lateinschulen: «Ists nicht eyn elender jamer bisher gewesen, das eyn knabe hat můssen zwentzig jar oder lenger studiren, alleyn das er so viel bȏses lateinisch hat gelernt, das er mocht pfaff werden und meß lesen? ... Und ist doch eyn armer ungelerter mensch seyn leben lang blieben, der widder zu glucken noch zu eyer legen getůcht hatt.»[1] Die Universitäten gar erschienen ihm als Mördergruben, Molochtempel, Synagogen der Verderbtheit; «die hohen Schulen wären werth, daß man sie alle zu Pulver machet; nichts Höllischer und Teuflischer ist auf Erden kommen von Anbeginn der Welt; wird auch nicht kommen»[2]. Melanchthon war mit ihm einverstanden, insofern als seiner Meinung nach die Universitäten nichts anderes als Brutstätten des Heidentums waren. Der Ansicht von Karlstadt, der «Zwickauer Propheten» und der Wiedertäufer – wonach Bildung ein nutzloser Tand sei und die Erlangung der ewigen Seligkeit verhindere – schlossen sich viele Eltern an, die die Kosten für die Ausbildung ihrer Kinder scheuten. Manche unter ihnen folgerten, es sei unvernünftig, die jungen Leute weiterhin auf die Universitäten zu schicken, wenn doch die höhere Erziehung hauptsächlich auf die Vorbereitung für die geistliche Laufbahn ausgehe, diese aber heutzutage über die Schulter angesehen werde.

Die Reformatoren hatten erwartet, daß die Einkünfte der säkularisierten Kirchengüter zu einem Teil für die Errichtung neuer, an die Stelle der eingegangenen Klosterschulen tretender Schulen verwendet würden. Aber, klagte Luther, Fürsten und Herren seien so eifrig mit den Angelegenheiten von Keller, Küche und Schlafkammer beschäftigt, daß sie keine Zeit fänden, sich um die Erziehung zu kümmern; «in deutschen Landen» lasse man «jetzt allenthalben die Schulen zergehen», schrieb er 1524. Schon ums Jahr 1530 beklagten er und Melanchthon sich bitterlich über den Niedergang der deutschen Universitäten. Während im Jahr 1520 die Universität Erfurt 311 Studenten zählte, waren es 1521 deren noch 120, 1524 noch deren 34; in Rostock fiel ihre Zahl von 300 im Jahr 1517 auf 15 im Jahr 1525; in Heidelberg gab es im selben Jahr mehr Professoren als Schüler, und Basel verzeichnete für das Jahr 1526 ganze 5 Neueinschreibungen.

Luther und Melanchthon taten, was sie konnten, um den Schaden wiedergutzumachen. In einem Brief an die Bürgermeister (1524) beschwor Luther die weltlichen Behörden, sich der Sache anzunehmen und Schulen zu errichten. 1530 stellte er, seiner Zeit weit vorauseilend, die Forderung auf, der Schulunterricht sei für obligatorisch zu erklären und durch die öffentliche Hand zu finanzieren. Den Universitäten, die unter protestantischer Ägide langsam wieder zum Leben erwachten, schlug er ein Lehrprogramm vor, in dessen Mittelpunkt die Bibel stand, das daneben aber auch Griechisch, Hebräisch, Deutsch, Jurisprudenz, Medizin, Geschichte und «die Poeten und Oratores, nicht angesehen ob sie Heyden odder Christen weren»[3] umfassen sollte. Melanchthon machte sich die Neubelebung des Unterrichts zur Lebensaufgabe. Unter seinem Ansporn wurden zahlreiche neue Schulen gegründet, deren Zahl am Ende des sechzehnten Jahrhunderts in Deutschland 300 betrug. Er stellte einen «Schulplan» für die Organisation der Schulen und Universitäten auf (1527) und verfaßte Lehrbücher für den Unterricht in Latein, Griechisch, Rhetorik, Logik, Psychologie, Morallehre (Ethik) und Theologie; auch leitete er die Unterweisung Tausender von jungen Lehrern. Sein Land verlieh ihm zum Dank dafür den Ehrentitel *Praeceptor Germaniae* – Erzieher Deutschlands. Eine nach der anderen gingen die deutschen Hohen Schulen in protestantische Hände über: Wittenberg 1522, Marburg 1527, Tübingen 1535, Leipzig 1539, Königsberg 1544, Jena 1558. Professoren und Studenten, die sich der – wie Herzog Ulrich von Württemberg es formulierte – «echten wahrhaftigen evangelischen Lehre» widersetzten, wurden relegiert. Calvinisten wurden an lutherischen Universitäten nicht geduldet, während Protestanten keinen Zutritt zu den noch katholischen Universitäten hatten. Nach dem Augsburger Religionsfrieden (1555) galt allgemein die Regel, daß Studenten keine Universität beziehen durften, die einem anderen Glauben als dem ihres Landesfürsten anhing.

Eine tatkräftige Förderung erfuhr das neue Schulwesen durch Johannes Sturm, der in Straßburg ein *Gymnasium* eröffnete (1538) und im selben Jahr seine bekannte Schrift *De litterarum ludis recte aperiendis* (Über die richtige Art, Literarschulen zu eröffnen) herausgab. Wie so viele bedeutende Denker Westeuropas hatte auch er seine Ausbildung bei den Brüdern vom Gemeinsamen Leben zu Deventer empfangen. Von dort hatte ihn sein Weg nach Löwen und Paris geführt, wo er mit Rabelais in Berührung gekommen war; Gargantuas berühmter Brief über die Erziehung könnte eine Frucht dieser Begegnung sein. Obgleich nach Sturms Auffassung eine «weise Frömmigkeit» das Hauptziel der Erziehung zu sein hatte, legte er doch Nachdruck auf den Unterricht in der griechischen und lateinischen Sprache und Literatur, und diese gründliche Ausbildung in den klassischen Fächern blieb ein Bestandteil des deutschen Gymnasialunterrichts bis ins neunzehnte Jahrhundert, wo sie eine Armee von deutschen Gelehrten in den Stand setzte, die Erforschung der Alten Welt erfolgreich in die Hand zu nehmen.

Die englischen Schulen litten unter den Folgen der religiösen Umwälzung beinahe noch mehr als die deutschen. Kathedral-, Kloster-, Zunft- und Stiftsschulen schmolzen in den hitzigen Auseinandersetzungen um die kirchlichen Mißbräuche dahin, und da sie den größeren Teil der zu den Universitäten strömenden jungen Leute gestellt hatten und dieser Strom nun versiegte, kam es so weit, daß 1548 in Oxford nur 173, in Cambridge nur 191 Studenten promovierten; 1547 und 1550 gab es in Oxford überhaupt keine Promotionen. Dem König war diese Lage der Dinge bekannt, aber seine kriegerischen Unternehmungen und diversen Heiraten verschlangen so viel Geld, daß er sich auf die Stiftung von Trinity College in Cambridge (1546) und die Finanzierung von königlichen Lehrstühlen für Theologie, Hebräisch, Griechisch, Medizin und Jurisprudenz beschränken mußte. Privaten Wohltätern war in dieser Zeit die Gründung von Magdalen College in Cambridge und verschiedener Oxforder Colleges – Corpus Christi, Christ Church, St. John und Trinity – zu danken. Die von Cromwell 1535 zum Zwecke der formellen Inbesitznahme der Universitäten durch den König nach Oxford und Cambridge entsandte königliche Kommission unterstellte die Verwaltung und die Lehrpläne der Kontrolle durch den Staat. Die Herrschaft der Scholastik in England wurde auf kürzestem Wege beendet, die Werke des Duns Scotus buchstäblich in alle Winde zerstreut, das kanonische Recht abgeschafft, das Studium des Griechischen und Lateinischen mit allen Mitteln gefördert, die Lehrpläne weitgehend verweltlicht. Aber an die Stelle des alten trat ein neuer Dogmatismus: Ein Gesetz aus dem Jahre 1553 verpflichtete alle Doktoranden, sich durch ihre Unterschrift zu den Grundsätzen der anglikanischen Kirche zu bekennen.

Im katholischen Frankreich und in Flandern büßten die Universitäten, wenn nicht an finanziellen Zuwendungen und an Zahl der Studierenden, so doch an Ansehen und freiheitlichem Geiste ein. Neue Universitäten entstanden damals in Reims, Douai, Lille und Besançon. Die Universität von Löwen hatte mit 5000 Immatrikulationen nicht ganz so viele Studenten wie Paris, verteidigte aber wie diese ihre orthodoxe Haltung mit einer Hartnäckigkeit, die selbst die Päpste übertrieben fanden. Die Universität von Paris wies eine beträchtliche Zahl von Studierenden auf (6000), hatte aber ihre Anziehungskraft auf ausländische Hörer verloren und duldete auch nicht mehr wie zur Zeit ihrer Blüte im dreizehnten Jahrhundert die Diskussion stimulierender neuer Ideen. Die theologische Fakultät – die Sorbonne – nahm im Vergleich zu den andern Fakultäten eine so ausgesprochene Vormachtstellung ein, daß ihr Name praktisch zum Synonym für die ganze Universität wurde. Der aus Theologie und «gesäuberten» Klassikern zusammengesetzte Lehrplan war in Montaignes Augen eine oberflächliche, auf routinemäßigen Gedächtnisdrill beschränkte, einem öden Konformismus huldigende Schulmeisterei. Rabelais wurde nie müde, die scholastischen Formalismen und logischen Gehirnverrenkungen der «Sorbonnisten» zu verspotten, die ihren Hörern mit weltfremden, jeglichen Zusammenhang mit der lebendigen Wirklichkeit sorgfältig vermeidenden Diskursen die Zeit wegstahlen. «Ich bin willens», schwor Clément Marot, «meinen Anteil an der ewigen Seligkeit fahren zu lassen, wenn nur diese Biester» – die Professoren – «mir meine Jugend nicht vergällen würden.» Das ganze Gewicht und Ansehen der Universität wurde nicht nur gegen die französischen Protestanten, sondern auch gegen die französischen Humanisten in die Waagschale geworfen.

Franz I., der in Italien vom Geist der Antike gekostet hatte und unter den dortigen Theologen manchem trefflichen Kenner der altgriechischen und -römischen Literatur begegnet war, tat alles in seiner Macht Stehende, um den französischen Humanismus vor dem lähmenden Einfluß des an der Sorbonne herrschenden reaktionären Geistes zu bewahren. Auf das Betreiben Kardinal Jean du Bellays, Guillaume Budés und der unermüdlichen Margarete von Navarra stellte er (1529) die nötigen Gelder zur Gründung eines von der Universität unabhängigen, hauptsächlich dem Studium der humanistischen Fächer gewidmeten Instituts zur Verfügung, an dem vorerst vier «königliche Professoren» – zwei für Griechisch, zwei für Hebräisch – wirkten; später kamen noch Lehrstühle für Mathematik, Medizin und Philosophie hinzu. Der Unterricht war kostenlos. Dieses Collège Royal, später Collège de France geheißen, wurde zur Zufluchtsstätte des französischen Humanismus, zum Zentrum des freien, aber bei aller Freiheit zuchtvollen französischen Geisteslebens.

Spanien hatte, obgleich es mit leidenschaftlicher Inbrunst am alten Glauben hing, vortreffliche Universitäten, vierzehn im ganzen, darunter Neugründungen in Toledo, Santiago und Granada; Salamanca mit seinen 70 Professoren und 6778 Hörern im Jahre 1584 vertrug den Vergleich mit jeder anderen Hohen Schule. Die italienischen Universitäten gediehen nach wie vor. Bologna besaß 1543 57 Professoren an der philosophischen, 37 an der juristischen, 15 an der medizinischen Fakultät, und Padua war das Mekka der unternehmungslustigen Scholaren aus den Ländern nördlich der Alpen. Von Polens Goldenem Zeitalter zeugte nicht nur die Universität Krakau mit ihren vielen Hörern – ihre Zahl betrug zu einem gewissen Zeitpunkt 15338 –, sondern auch das von Bischof Johannes Lubranski (1519) gegründete, humanistischen Studien zugedachte Lubranscianum. Alles in allem hatten die Universitäten in den katholischen Gegenden unter den Erschütterungen dieses aufgewühlten Jahrhunderts weniger zu leiden.

Die Bedeutung des Lehrkörpers wurde unterschätzt, und dementsprechend war seine Entlöhnung. Die Professoren des Collège Royal mit ihren 200 Kronen im Jahr stellten eine seltene Ausnahme dar. In Salamanca mußten die Kandidaten für eine Professur während einer gewissen Zeit Probevorlesungen abhalten, worauf die Studenten den ihnen zusagenden Kandidaten auswählten. Der Unterricht bestand aus Vorlesungen, die gelegentlich durch Diskussionen belebt wurden. Eigenhändige schriftliche Notizen dienten in vielen Fällen als Ersatz für die mangelnden Lehrbücher; Wörterbücher waren selten, Laboratorien außer für alchimistische Zwecke praktisch unbekannt. Die Studenten wohnten in armseligen, schlecht geheizten Räumen und bekamen verdorbenes oder unsauberes Essen in oft ungenügender Menge. Viele verdienten sich ihr Studium durch Arbeit. Der Unterricht begann um sechs Uhr morgens und dauerte bis fünf Uhr nachmittags. Die Disziplin war rigoros, Prügelstrafen gelangten selbst bei älteren Semestern zur Anwendung. Zum Ausgleich machten die Studenten auf den Straßen Radau und taten sich, soweit es ihre Mittel erlaubten, an Wein und Mädchen gütlich. Immerhin brachten sie es irgendwie fertig, sich wenigstens bis zu einem gewissen Grade zu bilden.

Die Mädchen der unteren Volksklassen erhielten keinen Unterricht, während es für die Mädchen des Bürgerstandes Schulen in Frauenklöstern gab, die ein bescheidenes Maß an Bildung vermittelten. Töchter aus reichen oder vornehmen Familien hatten einen Hauslehrer. Holland rühmte sich mehrerer junger Damen, die sich auf lateinisch den Hof machen ließen; wahrscheinlich lag ihnen dabei das Konjugieren besser als das Deklinieren. In Deutschland waren Peutingers Frau und die Schwester und Töchter von Willibald Pirckheimer berühmt für ihre Bildung; in Frankreich mengten die Damen an Franz' Hof klassische Zitate in ihr Liebesgeflüster, und England zählte mehrere Blaustrümpfe – Thomas Morus' Töchter, Jane Grey, Maria die Katholische und Elisabeth –, die wahre Muster an Gelehrsamkeit darstellten.

Zwei berühmte, humanistisch gebildete Lehrer gehörten diesem Zeitalter an. Der eine war Sir Thomas Elyot, der in seinem *Boke named the Governour* (1531) eine Reihe von Grundsätzen für die Erziehung junger Angehöriger der gehobenen Stände zu tüchtigen Staatsmännern niederlegte. Er begann mit einer Kritik an der kulturellen Roheit des englischen Adels, die er in Gegensatz zu der hohen Bildung stellte, welche die Männer der Öffentlichkeit im alten Griechenland und Rom angeblich ausgezeichnet hatte, was er durch ein Zitat des Kynikers Diogenes zu erhärten suchte, der beim Anblick eines auf einem Stein sitzenden ungebildeten Menschen gesagt haben sollte: «Siehe da, ein Stein, der auf einem anderen sitzt!» Mit sieben Jahren, so verlangte Elyot, soll ein Knabe einem sorgfältig ausgewählten Präzeptor unterstellt werden, der ihm Elementarkenntnisse in Musik, Malerei und Bildnerei beizubringen hätte. Vierzehnjährig sollte er mit dem Unterricht in Logik, Kosmographie und Geschichte beginnen, wozu noch körperliche Übungen wie Ringen, Jagen, Schwimmen, Bogenschießen und Tennis zu treten hätten, jedoch nicht das Fußballspiel, denn dieses sei «plebejisch und ist nichts darin als tierische Wildheit und körperliche Gewaltsamkeit». Das Studium der Klassiker hätte auf allen Unterrichtsstufen zu erfolgen, beginnend mit den Dichtern, an die sich die Redner, dann die Geschichtsschreiber und Heerführer, endlich die Philosophen anzuschließen hätten; ihnen fügte Elyot nachträglich noch die Bibel bei – womit er die von Luther aufgestellte Rangordnung völlig auf den Kopf stellte. Denn trotz gegenteiliger Beteuerung zog Elyot die Klassiker doch bei weitem der Bibel vor. «Großer Gott, von welch unvergleichlicher Süßigkeit der Worte und Dinge sind doch die Werke Platons und Ciceros, in denen Ernst und Scherz, treffliche Weisheit und göttliche Beredsamkeit, vollkommene Tugend und hohes Vergnügen sich vereinigen», so daß «diese Bücher beinahe genügen, um einen vollkommenen und unübertrefflichen Staatsmann zu machen».

Juan Vives, der humanste unter den Humanisten, setzte sich noch Höheres zum Ziel. Geboren 1492 zu Valencia, verließ er Spanien mit siebzehn Jahren und betrat es nie wieder. Seine Studien in Paris lehrten ihn die Philosophie schätzen und die Scholastik verabscheuen. Mit sechsundzwanzig Jahren verfaßte er die erste Philosophiegeschichte der Moderne, *De initiis, sectis et laudibus philosophiae*, und im selben Jahr forderte er die Universität mit einem Angriff auf die scholastischen Methoden des Philosophieunterrichts zum Kampf heraus, indem er die Meinung äußerte, das scholastische System, durch Diskussionen das Denken zu fördern, laufe auf nutzlose Zänkereien über bedeutungslose Meinungsverschiedenheiten hinaus. Erasmus begrüßte das Erscheinen des Buches, empfahl es Thomas Morus und gab höflicherweise sogar der Befürchtung Ausdruck, Vives werde «Erasmus in den Schatten stellen». Seinem Einfluß war es möglicherweise zu verdanken, daß Vives eine Professur für humanistische Wissenschaften in Löwen erhielt (1519). Auf Erasmus' Drängen veröffentlichte er auch eine mit tiefsinnigen Kommentaren versehene Ausgabe von Augustins *Gottesstaat*, die er Heinrich VIII. widmete, worauf dieser ihn mit freundlichen Worten nach England einlud (1523). Dort wurde er durch Morus und Königin Katharina, eine Landsmännin von ihm, in Empfang genommen und von Heinrich unter die Präzeptoren seiner Tochter Maria berufen. Ihr war offenbar die Abhandlung über Kindererziehung, *De ratione studii puerilis*, zugedacht, die er 1523 publizierte. Alles ging gut, bis Vives es sich einfallen ließ, an Heinrichs Vorkehrungen zur Trennung seiner Ehe mit Katharina Kritik zu üben. Der König ließ ihm sein Gehalt nicht mehr auszahlen und verhängte über ihn einen Hausarrest von sechs Wochen. Sobald er wieder frei war, kehrte Vives nach Brügge zurück, wo er die restlichen Jahre seines Lebens verbrachte.

Dort verfaßte er, mit siebenunddreißig Jahren immer noch ein Idealist, einen im Geiste des Erasmus gehaltenen und dem deutschen Kaiser gewidmeten Aufruf zur Errichtung eines internationalen Schiedsgerichts, das kriegerische Auseinandersetzungen überflüssig machen sollte, *De concordia et discordia in humano genere* (1529). Zwei Jahre später folgte sein Hauptwerk, *De tradendis disciplinis*, mit dem er die fortschrittlichste pädagogische Abhandlung des ganzen Renaissancezeitalters geschaffen hat. Er forderte darin eine «auf die Notwendigkeiten des Lebens» zugeschnittene Erziehung, die sich die Ertüchtigung von Körper und Geist und die Pflege und Erhaltung der Frömmigkeit zum Ziel zu setzen habe. Der Schüler müsse die Schule gleich einem «heiligen Tempel» betreten, aber der Unterricht müsse aus ihm einen tüchtigen und sittlich hochstehenden Staatsbürger machen. Die Unterrichtsfächer hätten alle Gebiete zu berücksichtigen, und auf ihre gegenseitige Durchdringung sei, wie es der Praxis des wirklichen Lebens entspreche, besonderes Augenmerk zu richten. Nicht nur die einschlägige Literatur, sondern auch die Natur müsse als Lehrmeisterin herangezogen werden, denn aus der Praxis lasse sich mehr lernen als aus Theorien. Die Schüler sollten unter anderem mit der Anatomie und Physiologie des menschlichen Körpers, seiner Adern, Nerven, Knochen und übrigen Teile, bekannt gemacht werden; weiter sollten sie mit Bauern, Jägern, Schäfern, Gärtnern und Angehörigen anderer Berufe ins Gespräch kommen, um von ihnen zu lernen; eine solche Blütenlese von Kenntnissen sei bedeutend nützlicher als das scholastische «Geplapper, das jeden Wissenszweig im Namen der Logik» korrumpiert habe. Die Klassiker sollten, in expurgierten Ausgaben, einen wesentlichen Bestandteil des Unterrichtsprogramms bilden, daneben dürften aber die Geschichte der neueren Zeit und die Geographie nicht vernachlässigt werden, ebensowenig wie das Latein und die lebenden Sprachen, die den Schülern auf direktem Wege durch täglichen Gebrauch beizubringen seien.

Vives war mit seinen Ansichten seiner Zeit so weit voraus, daß sie ihn ignorierte und in Armut sterben ließ. Er blieb bis zu seinem Ende ein guter Sohn der Kirche.

III. DIE HUMANISTEN

Die vornehmste Aufgabe der Hohen Schulen, der Akademien und der Humanisten im Renaissancezeitalter bestand darin, die kulturellen Errungenschaften der alten griechischen und römischen Welt zu sammeln, zu sichten und sie der jungen Welt des modernen Europa zu übermitteln. Dieser Aufgabe entledigten sie sich mit Auszeichnung, und das Licht der klassischen Neubesinnung ging allenthalben auf.

Von zwei Humanisten, die bei diesem Vorgang eine Hauptrolle spielten, bleibt noch zu sprechen. Der eine war Guillaume Budé, ein Franzose, der zweiundsechzig Jahre lang davon träumte, Paris zur Erbin des italienischen Humanismus zu machen, und sein Ziel endlich in greifbare Nähe gerückt sah, als Franz I. das Collège Royal gründete. Budé hatte als Student der Rechte begonnen und sich während einer ganzen Dekade mit den *Pandekten* Justinians beschäftigt. Zum besseren Verständnis dieser der Sprache nach lateinischen, dem Sinn und Geist nach byzantinischen Texte erlernte er bei Johannes Laskaris Griechisch, und zwar mit solchem Eifer, daß Laskaris ihm bei seiner Abreise aus Paris seine kostbare Bibliothek griechischer Klassiker hinterließ. Als Budé mit einundvierzig Jahren seine *Annotationes in XXIV libros Pandectarum* veröffentlichte (1508), sah sich die Jurisprudenz der damaligen Zeit zum erstenmal in den Stand gesetzt, die Justinianischen *Digesten* in ihrem vollen Gehalt und Zusammenhang zu studieren, während sie sie bisher auf dem Umweg über Glossarien und Kommentare nur lückenhaft kennengelernt hatte. Sechs Jahre später erschien von Budé ein weiteres Denkmal abgründiger Gelehrsamkeit, *De asse et partibus* –

oberflächlich betrachtet eine Abhandlung über antike Münzen und Maße, in Wahrheit aber eine weitausholende Darstellung der klassischen Literatur in ihren Beziehungen zum Wirtschaftsleben der Antike. Noch gewichtiger waren Budés *Commentarii linguae Graecae* (1529), die in loser Aneinanderreihung einen solchen Reichtum von lexikographischen Kenntnissen und Erkenntnissen vermittelten, daß ihr Verfasser unter den europäischen Hellenisten an die erste Stelle rückte. Rabelais zollte ihm in einem Brief den schuldigen Respekt, und selbst Erasmus mußte ihm neiderfüllt die Palme reichen. Für Erasmus, den Weltmann, war die Gelehrsamkeit nur ein Teil seines Lebens, für Budé hingegen fielen Gelehrsamkeit und Leben in eins zusammen. Die Philologie, schrieb er, sei all die Zeit her seine Genossin, Gefährtin und Geliebte gewesen, ihm durch das Band innigster Zuneigung verknüpft – und doch habe er sich gezwungen gesehen, dieses Band zu lockern, da eine so verzehrende Liebe sich als nachteilig für seine Gesundheit herausgestellt habe. Kein Wunder – gönnte er sich doch kaum Zeit zum Essen und Schlafen. Daß er eine Frau nahm und elf Kinder zeugte, muß nur nebenbei geschehen sein. Clouets Porträt von ihm im New-Yorker Metropolitan Museum zeigt ihn in eher ungnädiger Laune, aber Franz I. muß ihn liebenswert gefunden haben, denn er machte ihn zum Bibliothekar in Fontainebleau und sah ihn, auch auf seinen Reisen, gern um sich. Bei einer solchen Gelegenheit zog Budé sich ein Fieber zu und starb unter Hinterlassung genauer Anweisungen für ein schlichtes Begräbnis eines friedlichen Todes (1540). Das Collège de France ist sein Vermächtnis.

Paris war noch nicht das Herz des geistigen Lebens von Frankreich. Der Humanismus besaß in diesem Land mehrere Zentren: Bourges, Bordeaux, Toulouse, Montpellier und vor allem Lyon, wo Humanismus und freie Liebe, Literatur und schöne Damen eine angenehme Mischung eingegangen waren. In Agen, wo niemand nach einem Kaiser Ausschau gehalten hätte, herrschte Julius Caesar Scaliger nach Budés Abgang mit unumschränkter Gewalt über die philologische Szene. Aller Wahrscheinlichkeit nach zu Padua geboren (1484), kam er mit einundvierzig Jahren nach Agen, wo er bis zu seinem Tode lebte. Er war unter den Humanisten der meistgefürchtete Mann, denn keiner beherrschte die Kunst des Verleumdens auf lateinisch so gut wie er. Berühmt wurde er durch seine Angriffe auf Erasmus. Als dieser sich über die «Ciceronianer» – Anhänger eines reinen Lateins nach dem Muster Ciceros – lustig machte, bekam er Scaligers bissige Feder zu kosten. Weiter kritisierte Scaliger Rabelais, dann kam Dolet an die Reihe, weil dieser seinerseits Rabelais kritisiert hatte. In einer Abhandlung mit dem Titel *Exercitationes* stellte er eine Untersuchung von Cardanos *De subtilitate* an, worin er nachzuweisen versuchte, daß alles, was in Cardanos Werk als richtig hingestellt war, falsch sei, und alles, was bestritten wurde, richtig. Seine lateinische Grammatik *De causis linguae Latinae* war das erste Werk seiner Art, das auf streng wissenschaftlichen Prinzipien basierte, und seine Kommentare zu Hippokrates und Aristoteles machten sowohl durch ihren Stil als auch durch ihre Bedeutung für die Forschung von sich reden. Julius hatte fünfzehn Kinder, von denen ein Sohn sich zum größten Humanisten der nächsten Generation entwickeln sollte. Die *Poetik*, die vier Jahre nach Julius' Tod erschien, gab zusammen mit dem Werk seines Sohnes und dem Einfluß der italienischen Humanisten im Gefolge Katharinas von Medici den Anstoß dafür, daß der französische Humanismus das Hauptgewicht seiner Bemühungen vom Studium des Griechischen auf das des Lateinischen zurückverlagerte.

Einer der schönsten Beiträge zur Wiedererweckung der griechischen Antike leistete Amyot mit seiner Übersetzung von Plutarchs *Lebensbeschreibungen*. Jacques Amyot gehörte zu Margarete von Navarras zahlreichen Schützlingen und erhielt durch ihre Bemühungen einen Lehrstuhl für Griechisch und Latein in Bourges. Seine Übersetzungen von *Daphnis und Chloe* und anderen griechischen Liebesgeschichten fanden so hohes Gefallen, daß er, wie es in jenen absonderlichen Zeiten Brauch war, dafür mit einer Abtei belohnt wurde. Die Einkünfte aus dieser Schenkung gestatteten ihm ausgedehnte Reisen in Italien, wo er seinen archäologischen und philologischen Neigungen leben konnte. Seiner Übersetzung von Plutarchs Lebensbeschreibungen stellte er einen Appell voran, worin er in eindringlichen Worten für ein vermehrtes Studium der Geschichte als eines «Schatzhauses der Menschheit» plädierte: die Geschichte gleiche einem Museum, worin tausend

Eines der erotischen Blätter mit Darstellungen zur Geschichte Joseph und Potiphars von der Hand des Nürnberger Meisters Hans Sebald Beham (1500–1550). ▶

IOSEPH

Beispiele von Tugend und Laster, staatsmännischer Größe und nationalem Verfall zur Belehrung des Menschengeschlechtes aufbewahrt seien. Wie Napoleon hielt er die Geschichte für eine bessere Lehrmeisterin der Philosophie als die Philosophie selbst. Dennoch unternahm er auch eine Übertragung von Plutarchs *Moralia*. Er brachte es schließlich bis zum Bischof von Auxerre und starb dort im hohen Alter von achtzig Jahren (1593). Die Wirkung seiner *Vies des hommes illustres* läßt sich kaum abschätzen. Der Übersetzungstext wirkte, obgleich er nicht frei von Ungenauigkeiten war, so frisch und kraftvoll wie ein Originalwerk. Montaigne schätzte das Buch hoch und stellte die adlige Gewähltheit dieser Vergangenheit weit über das Frankreich seiner Zeit. Shakespeare entnahm der von North nach Amyots französischem Text verfertigten englischen Übersetzung drei Stücke zu weiterer Verwendung, und Dutzende von französischen Dramen und Revolutionshelden fanden ihr Vorbild in den großen Männern Plutarchscher Prägung. Überhaupt gab Amyot mit diesem Werk der Nation ein Pantheon heroischer Gestalten, das geeignet war, die Eigenschaften der Männlichkeit im französischen Charakter anzureizen und zu entwickeln.

IV. DIE FRANZÖSISCHE RENAISSANCE

Mit dieser an mitschwingenden Obertönen so reichen Bezeichnung versieht man, in Ermangelung einer besseren, jene Periode der französischen Geschichte, die zwischen der Thronbesteigung Franz' I. (1515) und der Ermordung Heinrichs IV. (1610) liegt. Dieses Wachsen und Blühen der französischen Poesie und Prosa, der Kunst, der Mode und der Manieren war indessen eher ein Reifwerden als eine Wiedergeburt. Dank des Regenerationsvermögens und der Lebenskraft der Bevölkerung und des Bodens, der, neu angesät, neue Frucht trug, hatte das Land sich ökonomisch und geistig von den Folgen des Hundertjährigen Krieges erholt. Ludwig XI. hatte dem Land eine starke und geordnete zentralisierte Regierung gegeben; unter Ludwig XII. hatte es zehn fruchtbare Jahre lang sich seines Daseins in Frieden freuen dürfen. Die schöpferischen Impulse des gotischen Zeitalters mit ihrer Ungebundenheit und überquellenden Phantastik lebten weiter – nicht zuletzt in Rabelais, der doch ein so großer Bewunderer der antiken Schriftsteller war, daß er sie beinahe alle zu zitieren wußte. Aber auf der anderen Seite hatte dieses große Erwachen doch manches von einer Wiedergeburt in sich. Die französische Literatur und Kunst wurde durch ihre nähere Berührung mit der Kultur der Antike und den klassischen Formen fraglos stark beeinflußt, und diese klassischen Formen und das klassische Haltungsideal – das Überwiegen der ordnenden Ratio über das Triebhaft-Emotionale – prägten der französischen poetischen und dramatischen Dichtkunst, der Malerei, Bildnerei und Baukunst während der folgenden drei Jahrhunderte ihren deutlichen Stempel auf. An der Neuwerdung des französischen Geisteslebens wirkten verschiedene Kräfte mit: die Bekanntschaft mit dem eroberten Italien, das Studium der römischen Ruinen, des römischen Rechts und der römischen Literatur, die Berührung mit italienischer Kunst und Gelehrsamkeit, die Verpflanzung italienischer Künstler und Dichter nach Frankreich. Manch anderer Umstand trug mit zum glücklichen Gelingen bei, so das Aufkommen des Buchdrucks, die Übersetzung der klassischen Texte ins Französische und ihre Verbreitung, die Förderung von Gelehrten, Dichtern und Künstlern durch die französischen Könige, königliche Mätres-

◀ *Miniatur (um 1500) aus einer Kopie der Romanzen von Nizamis Khamsa, darstellend eine Szene aus dar altpersischen Geschichte von Leila und Madschnun (British Museum, London).*

sen, Margarete von Navarra und kirchliche und weltliche Fürsten, endlich die inspirierende Wirkung edler Frauen, die fähig waren, Schönheit auch außerhalb ihrer eigenen Person anzuerkennen. Alle diese Elemente führten in ihrem Zusammenwirken eine neue Blütezeit Frankreichs herauf.

Franz I., der Erbe dieser Kultur, hatte als Pagen einen Dichter zur Seite, der den Übergang von der Gotik zur Klassik, von Villon zur Renaissance bezeichnete, Clément Marot. Marot betrat den Schauplatz der Geschichte als übermütiger Junge von dreizehn Jahren, der den König mit amüsanten Geschichten und schlagfertigen *aperçus* unterhielt. Ein paar Jahre später konnte Franz die Abenteuer und Streitigkeiten des jungen Dichters mit «allen Frauen von Paris» verständnisinnig belächeln, denn er war mit Marot darin einig, daß die Frauen von Paris ein gewisses Etwas besäßen.

Von Marots Lippen sprudelten die Verse wie Wasser aus einer Quelle. Sie waren nie von tiefem Sinn erfüllt, dafür sprach Zärtlichkeit und Gefühlsseligkeit aus ihnen. Der Mund einer Angebeteten entlockte ihm das Epigramm:

Wie reizt ihr mich zu tollen Küssen,
Korallenlippen! – O ihr müßt
Von vielen Zärtlichkeiten wissen!
Erzählt: Wie ist es, wenn ihr küßt?
Sagt – wenn's euch nicht zuwider ist –
Darf dies mein Herz vor euch zerfließen,
Wie wenn es Wachs im Feuer sei?
Haßt ihr mich, laßt die Lust mich büßen,
Doch seid ihr da, um zu genießen!
Sagt nein! Allein – küßt mich dabei![4]

Er verfaßte Gelegenheitsgedichte, Balladen, Rondeaus, Madrigale, Konversationsstücke und sogar Satiren im Stil von Horaz und Martial.

1519 wurde Marot zum *valet de chambre* (Kämmerer) Margaretes ernannt und verliebte sich pflichtschuldigst in sie. Das Gerücht wollte wissen, sie leihe seinen Seufzern ein nicht unwilliges Ohr; sehr wahrscheinlich bekam er aber von ihr doch nur religiöse Ermahnungen zu hören, jedenfalls entwickelte er in den Atempausen, die ihm seine Liebschaften ließen, eine gewisse Sympathie für die Sache der Protestanten. Er folgte Franz nach Italien, focht vor Pavia wie ein zweiter Chevalier de Bayard, hatte die Ehre, mit seinem König in Gefangenschaft zu geraten, und wurde – da man von einem armen Schlucker von Poeten kein Lösegeld erwartete – wieder laufen gelassen. Nach Frankreich zurückgekehrt, bekundete er seine protestantischen Neigungen so unverhohlen, daß der Bischof von Chartres ihn zitieren ließ und ihm im bischöflichen Palast für ein Weilchen eine milde Haft bereitete. Durch Margaretes Fürsprache bald wieder befreit, geriet er von neuem in die Fänge der Justiz, als er bei der Befreiung von Häftlingen aus polizeilichem Gewahrsam mithalf. Diesmal legte Franz ein gutes Wort für ihn ein und nahm ihn mit nach Bayonne, damit der Dichter dort die Reize von Franz' neuester königlicher Braut, Eleonoras von Portugal, besinge. Nach einem weiteren Intermezzo im Kittchen – er war während der Fastenzeit beim Verspeisen von Speck angetroffen worden – folgte er Margarete nach Cahors und Nérac.

Bald darauf verschärfte sich infolge der berüchtigten Plakatanschläge protestantischer Eiferer in den Straßen von Paris der Kampf gegen die französischen Protestanten neuerlich. Marot erfuhr, daß seine Wohnung in Paris durchsucht worden sei und ein Haftbefehl gegen ihn laufe (1535). In der Gewißheit, sich auf Dauer nicht hinter Margaretens Röcken verstecken zu können, floh er nach Italien an den Hof der Herzogin Renée von Ferrara, die ihn wie einen zweiten Vergil willkommen hieß; vielleicht wußte sie, daß er seinen Namen mit dem des römischen Dichters – Publius Vergilius Maro – in Verbindung zu bringen liebte. Zwar glich er eher dem leichtherzigen, immer verliebten Ovid oder seinem Lieblingsdichter Villon, dessen Balladen er herausgab und dessen Lebenswandel er sich zum Vorbild nahm. Als Herzog Ercole II., Renées Gemahl, kundtat, sein Bedarf an Protestanten sei nunmehr gedeckt, wanderte Marot nach Venedig weiter, wo ihn die Nachricht erreichte, Franz habe für alle reuigen Ketzer eine Amnestie erlassen. Flugs schwor Marot, dem die Pariserinnen wohl eine Messe wert waren, ab, kehrte zurück, erhielt vom König Haus und Garten in Paris und versuchte ein *bourgeois gentilhomme* zu werden.

François Vatable, Professor für Hebräisch am Collège Royal, forderte ihn auf, die Psalmen in französische Verse zu übertragen, und legte sie ihm Wort für Wort aus. Marot dichtete dreißig davon in ein melodiöses Französisch um und veröffentlichte sie mit einer klugen Widmung an den König. Das gefiel Franz so gut, daß er ein Extraexemplar Kaiser Karl V. überreichen ließ, mit dem er im Augenblick auf freundschaftlichem Fuße lebte, worauf Karl dem Dichter 200 Kronen sandte. Nun übersetzte Marot weitere Psalmen und ließ sie 1543 mit einer Widmung an seine erste Liebe, die «Frauen Frankreichs», erscheinen. Goudimel vertonte sie, wie wir bereits erfahren haben, und bald wurden sie in halb Frankreich gesungen. Da Luther und Calvin daran ebenfalls Gefallen fanden, begann die Sorbonne Verdacht zu schöpfen. Möglicherweise tat Marot auch, weil sein Erfolg ihn kühn gemacht hatte, einige unbedachte Äußerungen; jedenfalls wurde die Kampagne gegen ihn wieder aufgenommen, so daß er es vorzog, nach Genf zu fliehen. Aber das dortige theologische Klima war für seinen Geschmack zu rauh, und er entschlüpfte nach Italien (1544). Er starb neunundvierzigjährig in Turin, seiner Gönnerin Margarete die Sorge für eine illegitime Tochter überlassend.

V. RABELAIS

I. SEINE PERSON

Der unverwüstliche, quietschvergnügte, kreuzfidele, zynische und unzüchtige Verfasser der «ergötzlichsten und dankbarsten Geschichten, die je auf Erden erzählt worden sind», Rabelais ohnegleichen, platzte im Jahre 1495 als Sohn eines wohlhabenden Notars zu Chinon in diese Welt hinein. In zartem Alter kam er ins Kloster zu den Franziskanermönchen, weshalb er später bitter darüber klagte, daß die Frauen, die die Kinder «neun Monde unterm Herzen tragen ... ihnen doch ihr Haus keine neun, o nicht einmal sieben Jahr' als Nähr- und Wohnstatt einräumen: strupfen ihnen vielmehr ein Hemdlein übers Häs, schneiden ihnen vom Schopf und Scheitel die Haare unter seltsam abergläubischen Bußformeln ab und verwandeln sie also ohn' sichtbare Wund oder Blessur in derlei Vögel» – das heißt: versehen sie mit einer Tonsur und machen sie zu Mönchen. Der Junge trug sein Los mit Ergebung, einesteils, weil ihm das Lernen Vergnügen machte, andererseits, weil vermutlich die Klosterbibliothek für ihn, wie einst für Erasmus, eine starke Anziehungskraft besaß. Im Kloster traf er zwei oder drei Gesinnungsgenossen, die, wie er, mit Eifer das Studium des Griechischen betrieben und hingerissen eine neue Welt vor sich aufgehen sahen. François machte in seinen Studien so gute Fortschritte, daß er von dem großen Budé selbst einen anerkennenden Brief empfing. Alles schien in bester Ordnung, und 1520 wurde der spätere Zweifler zum Priester geweiht. Aber einigen älteren Mönchen kam der Lerneifer der jungen Hellenisten verdächtig vor; sie beschuldigten sie, mit den Almosen, die sie für ihr Predigen erhielten, griechische Bücher zu erwerben, anstatt das Geld in die gemeinsame Kasse zu legen. François und ein Mitbruder wurden in Einzelzellen inhaftiert und ihnen sämtliche Bücher entzogen, die doch ihr halbes Leben waren. Budé hörte von ihrem Mißgeschick und verwendete sich für sie beim König, der die Freilassung der beiden Scholaren verfügte, ja für Rabelais sogar ein päpstliches Reskript erwirkte, auf Grund dessen dieser das Kloster der Franziskaner mit dem der Benediktiner zu Maillezais vertauschen konnte (1524). Der dortige Bischof, Geoffroy d'Estissac, war bald so für ihn eingenommen, daß er mit dem Abt des Klosters übereinkam, Rabelais dürfe seinen Studien nachgehen, wo er wolle. Der junge Humanist ließ sich dies nicht zweimal sagen, trat aus dem Kloster aus und vergaß die Rückkehr.

Nach Probezeiten an verschiedenen Universitäten landete er schließlich auf der Hohen Schule für Medizin zu Montpellier (1530). Er muß aber schon vorher medizinische Studien betrieben haben, denn bereits im Jahre darauf wurde er zum Baccalaureus der Medizin promoviert. Warum er in seinen Studien nicht bis zur Erwerbung des Doktortitels fortfuhr, wissen wir nicht, jedenfalls nahm er sein Wanderleben wieder auf, bis er sich 1532 in Lyon niederließ. Wie Servet arbeitete er nicht nur als praktischer Arzt, sondern verfolgte daneben noch andere Zwecke der mannigfachsten Art. Er stand dem Drucker Sebastian Gryphius als wissenschaftlicher Berater zur Seite, gab mehrere griechische Texte heraus, übersetzte die Aphorismen des Hippokrates ins Lateinische und nahm überhaupt regen Anteil am humanistischen Leben und Treiben im damaligen Lyon. Am 30. November 1532 sandte er Erasmus ein Exemplar von Flavius Josephus' *Geschichte des Jüdischen Krieges* zusammen mit einem uns erhalten gebliebenen Briefe, dessen überschwengliche Schmeicheleien bei einem immerhin siebenunddreißigjährigen Mann seltsam anmuten, für jene Epoche aber durchaus charakteristisch sind:

«Georg von Armagnac sandte mir neulich des Flavius Josephus *Historia* [Geschichte] und bat mich ... sie dir zu bestellen. Gerne will ich deshalb diese Gelegenheit ergreifen, mein edelster Vater, mit dankbarer Ehrbezeugung dir anzuzeigen, mit welch herzlicher Zuneigung ich dich verehre. Vater habe ich dich genannt; ich würde dich auch Mutter nennen, wenn deine Güte mir dies erlaubte. Wie es nämlich bei den schwangeren Müttern tagtäglich vorkommt, daß sie diejenigen ernähren, die sie noch gar nie gesehen haben, und sie schützen vor dem Wehen lästiger Winde, nahmst auch du all das auf dich, da du mich, den du noch nie gesehen, ja nicht einmal mit Namen kanntest, solcherweise emporgeführt hast, so durch die reinen Brüste deiner göttlichen Wissenschaft bis anhin genährt hast, daß ich, was ich auch bin und gelte, wenn ich verschweige, daß ich dies von dir ganz allein empfangen habe, mich als der undankbarste Mensch erwiese, der da lebt und je und je leben wird. Sei denn gegrüßt und wiederum gegrüßt, du liebenswürdigster Vater, Vater und Zierde des Vaterlandes, mächtiger Beschützer der Wissenschaften, unüberwindlicher Held der Wahrheit.»[5]

Im selben November 1532 finden wir Rabelais als Arzt im Hôtel-Dieu oder Stadtspital von Lyon mit einem Jahresgehalt von 40 Pfund. Freilich dürfen wir uns ihn nicht als Arzt oder Gelehrten nach landläufigen Begriffen vorstellen, denn er besaß eine immense Gelehrsamkeit auf den mannigfaltigsten Gebieten. Wie Shakespeare scheint er in einer ganzen Anzahl verschiedener Wissenszweige beschlagen gewesen zu sein – in der Jurisprudenz so gut wie in der Medizin, Literatur, Theologie, Geschichte, Botanik, Astronomie, Mythologie und Gastronomie. In seinem Werk finden sich Anspielungen auf Dutzende von klassischen Sagen, Zitate aus einem halben Hundert klassischer Autoren; er prahlt mit seiner Belesenheit manchmal auf direkt naive Weise. Aber freilich lebte er so aus dem vollen, daß ihm für wahre wissenschaftliche Gründlichkeit keine Zeit blieb. Die von ihm edierten Texte ermangeln der Sorgfalt in den Einzelheiten; hingebungsvolles humanistisches Bemühen in der Art eines Erasmus oder Budé lag ihm nicht; Leben bedeutete ihm mehr als Lesen. Die Beschreibungen seiner Person, die wir besitzen, stellen ihn als einen Mann von vornehmer Erscheinung, groß und wohlgestaltet, vielseitig gebildet, von sprühendem Wissen und glänzendem Konversationstalent dar. Er war kein Säufer, wie die Legende es aus seinen Trinksprüchen auf die Zecher und seinen Hymnen an den Wein fälschlicherweise ableitet – im Gegenteil. Überhaupt führte er, abgesehen von der Zeugung eines einzigen kleinen Bastards – der so kurz lebte, daß seine Existenz nur als Folge einer läßlichen Sünde galt – einen ziemlich mäßigen Lebenswandel und war bei den gebildeten Männern seiner Zeit, darunter mehreren Kirchenfürsten, hoch geachtet. Dabei hatte er gleichzeitig manches vom französischen Bauern an sich. Die kernigen, herzhaften Typen, denen er auf Feldern und Straßen begegnete, waren ganz nach seinem Herzen, und ihre Scherze und Späße, ihre Prahlsucht und die tolldreisten Geschichten, die sie erzählten, bildeten sein Ergötzen. Ohne es zu wollen, brachte er Erasmus' Stern vor dem seinen zum Erbleichen, indem er diese Geschichten sammelte, sichtete, verbesserte, ausschmückte, sie mit klassischen Anspielungen verbrämte, ihnen satirischen Tiefgang verlieh und immer sorglich darauf bedacht war, obszöne Einzelheiten nicht auszulassen.

Eine dieser Geschichten, ein altes Volksmärchen, das mancherorts erzählt wurde, handelte von einem Riesen namens Gargantua, einem gefräßigen Kerl, der zahlreiche Heldenstücke vollbrachte und auch in der Liebe seinen Mann stand; an vielen Orten zeigte man sich die Felsbrocken und Hügel, die er beim Vorübergehen aus seinem Korb verloren hatte; noch bis ins Jahr 1860 waren solche Sagen auch in Gegenden, die niemals von Rabelais gehört hatten, in Umlauf. Ein unbekannter Autor, vielleicht Rabelais selbst, der sich damit einen Spaß machen wollte, schrieb einige von Gargantuas

Abenteuern nieder und ließ sie in Lyon als *Des Riesen Gargantua großmächtige und unschätzbare Taten* erscheinen (1532). Das Buch fand so guten Absatz, daß Rabelais beschloß, ihm eine Fortsetzung in Form eines Berichtes über Gargantuas Sohn Pantagruel zu geben, und im Oktober 1532 erschienen auf der Lyoner Messe anonym die *Horribles et espouvantables faictz et prouesses du très renommé Pantagruel*. Dieser Name war bereits früher in volkstümlichen Dramen verwendet worden, Rabelais wußte der Figur aber einen neuen Inhalt und mehr Tiefe zu verleihen. Die Sorbonne und die Kirche verurteilten das Buch als unzüchtig, aber es fand dennoch reißenden Absatz; König Franz hatte sein Vergnügen daran, und mancher Kleriker las es mit Schmunzeln. Erst vierzehn Jahre später gab Rabelais seine Urheberschaft zu; er hatte fürchten müssen, mit einem solchen Werk wenn nicht sein Leben, so doch seinen Ruf als Humanist zu gefährden.

Noch immer war er der Gelehrsamkeit so zugetan, daß er seine Pflichten als Spitalarzt zu vernachlässigen begann und deshalb schließlich entlassen wurde. Der Sorge um sein Auskommen enthob ihn Jean du Bellay, Bischof von Paris und Mitbegründer des Collège de France, indem er ihn als ärztlichen Begleiter auf eine Italienreise mitnahm (Januar 1534). Im April nach Lyon zurückkehrend, publizierte Rabelais dort im Oktober gleichen Jahres den umgearbeiteten *Gargantua* unter dem Titel *La vie très horrifique du grand Gargantua, père de Pantagruel*, der später das Erste Buch des ganzen Epos bilden sollte; er enthielt dermaßen tolle Satiren auf die Geistlichkeit, daß ihm die Ehre eines weiteren Verbotes durch die Sorbonne widerfuhr. Bald einmal standen die beiden nunmehr in einem Buche vereinigten Geschichten mit Hinblick auf die Absatzzahlen – abgesehen von der Bibel und der *Nachfolge Christi* – an der Spitze aller auf dem französischen Büchermarkt erscheinenden Werke. Und König Franz, so hören wir, lachte wiederum dazu und spendete Beifall.

Als aber in der Nacht vom 17. zum 18. Oktober 1534 an den Hausmauern von Paris und an des Königs eigener Tür protestantische Pasquille angeschlagen wurden, verwandelte sich der König aus einem Humanistenfreund in einen Ketzerverfolger. Obwohl Rabelais auch diesmal seine Verfasserschaft abstritt, wurde er doch allgemein verdächtigt und mußte fürchten, daß die Sorbonne, deren Partei diesmal der König nahm, den Kopf des Übeltäters heischen werde. Wiederum wurde Jean du Bellay, jetzt Kardinal, sein Retter; dieser erleuchtete Kirchenmann entriß den seines Lebens nicht mehr sicheren Humanisten-Erotomanen der Löwengrube, in die er gefallen war, und nahm ihn mit nach Rom (1535). Dort hatte Rabelais das Glück, einem aufgeklärten Papst zu begegnen. Paul III. verzieh ihm die Vernachlässigung seiner mönchischen und priesterlichen Pflichten und erlaubte ihm, sich als Arzt zu betätigen; Rabelais' *amende honorable* bestand darin, daß er aus seinen Büchern im Hinblick auf künftige Ausgaben die anstößigsten Stellen entfernte. Als Etienne Dolet ihm den Streich spielte, ohne Erlaubnis eine nicht expurgierte Fassung zu publizieren, wurde er von Rabelais aus der Liste seiner Freunde gestrichen. Unter dem Schutz von Kardinal du Bellay nahm Rabelais sein Medizinstudium in Montpellier wieder auf, machte endlich seinen Doktor, hielt Vorlesungen vor einer großen Zuhörerschaft und kehrte schließlich nach Lyon zurück, um dort seine ärztliche und humanistische Tätigkeit weiterzuführen. Dolet weiß von einer in den Juni 1537 fallenden anatomischen Vorlesung zu berichten, in der Rabelais vor einer Anzahl von Studenten den Leichnam eines hingerichteten Verbrechers sezierte.

Über Rabelais' weiteren Lebenslauf sind wir von da an nur mehr lückenhaft unterrichtet. Er befand sich im Gefolge des Königs bei der historischen Begegnung zwischen Franz I. und Karl V. in Aigues-Mortes (Juli 1538). Zwei Jahre darauf finden wir ihn als Arzt in den Diensten Guillaume du Bellays, Bruder des Kardinals und damals Gesandter der französischen Krone am savoyischen Hofe. Um diese Zeit machten Spitzel in Rabelais' Korrespondenz gewisse Gedankengänge ausfindig, die in Paris ziemliches Aufsehen erregten. Rabelais eilte dorthin, bot den gegen ihn erhobenen Anschuldigungen kühn die Stirn und wurde vom König wieder in Gnaden aufgenommen (1541). Trotz neuerlicher Verurteilung des *Gargantua* und *Pantagruel* durch die Sorbonne verschaffte Franz dem geplagten Autor einen untergeordneten Posten bei der Regierung als *maître des requêtes* sowie die offizielle Erlaubnis zur Veröffentlichung des Zweiten Buches des *Pantagruel*, das Rabelais Margarete von Navarra in dankbarer Verehrung widmete. Freilich rief das Buch unter den Theologen einen solchen Sturm der Entrüstung hervor, daß der Autor es für gut fand, nach Metz, damals zum Deutschen Reich gehörend, zu verschwinden. Dort arbeitete er ein Jahr lang als Stadtarzt am Spital (1546/47). 1548 wagte er die Rückkehr nach Lyon, 1549 nach Paris. Schließlich erhielt er durch die Verwendung hoher geistlicher Gönner die Pfarrei zu Meudon, südwestlich von der Hauptstadt gelegen, wo der verfolgte und nun schon zu Jahren gekommene Störenfried klerikaler Selbstgefälligkeit selber wieder das geistliche Gewand anzog. Offenbar übertrug er die Pflichten seines Amtes untergeordneten Kräften und beschränkte sich darauf, seine Einkünfte zu verzehren. Soviel wir wissen, war er noch Inhaber derselben als er auch noch das Vierte Buch seines Opus erscheinen ließ (1552), was freilich einiges Kopfschütteln erregen mußte. Das Buch war Odet, Kardinal von Châtillon, offenbar mit dessen Einverständnis gewidmet, zweifellos gab es im damaligen Frankreich hohe Kirchenmänner, die den Renaissancekardinälen Italiens an Bildung und Toleranz nicht nachstanden. Dennoch erntete das Werk sogleich ein Verdammungsurteil der Sorbonne und sein Verkauf wurde alsbald durch Parlamentsbeschluß verboten. Franz I. und Margarete von Navarra waren inzwischen gestorben, und vor den Augen des finsteren Heinrich II. fand Rabelais keine Gnade. Er verließ Paris noch einmal für eine gewisse Frist, kehrte dann aber zurück und starb daselbst nach langer Krankheit (9. April 1553). Die Überlieferung will wissen, er habe, als man ihn auf dem Sterbebett befragte, wohin er zu gehen glaube, geantwortet: *Je vais chercher un grand peut-être* – «Ich gehe ein großes Vielleicht suchen». Ach, daß diese Worte nur eine Legende sind ...

2. GARGANTUA

Der Prolog zum Gargantua vermittelt alsbald einen Vorgeschmack des Ganzen:

«Sehr illustre Zechkumpane und gar teure Venusbrüder: Euch und niemand anderen widme ich meine Schriften! Im Dialog des Platon, das Gastmahl betitelt, wo Alcibiades seinen Meister

Sokrates ... lobpreist, vergleicht er ihn unter anderem mit Silenen. Silenen hieß man vorzeitig kleine Schachteln ... außen mit allerlei lustigen und luftigen Gestalten bemalt ... welche die Leute zum Lachen bringen sollten ... Darinnen aber verwahrt man die feinen Drogen ... und andere köstliche Dinge. So, sagt jener, sei Sokrates: Wer ihn sah und nach dem Äußeren beurteilte, der hätt' für ihn keinen Zwiebelschnitz gegeben ... Wer aber diese Büchse öffnete, konnte darin eine himmlische und unschätzbare Spezerei finden ... Worauf, meint ihr, zielt wohl dies Vorspiel und diese Präambel? Darauf: daß ihr, meine lieben Jünger und sonstigen faulen Narren, beschaut ihr bloß die lustigen Titel unserer Schriften, wie Gargantua, Pantagruel, Saufhannes, die Würde des Hosenlatzes, Speckerbsen cum commento, nicht allzu leichtsinnig schließet, darin seien nur Narreteien, Dummheiten und Windbeuteleien zu finden ... So oberflächlich soll man kein Menschenwerk beurteilen ... Man muß drum das Buch aufmachen und sorgsam bedenken, was drin steht ... denn hier sollt ihr ganz neuen Schmack und tiefgründige Lehren finden, die euch gar kräftige Formeln und grausliche Geheimnisse enthüllen sowohl in Betreff unsrer Religion als auch der Politik und Ökonomie ... Auf, seid lustig, liebe Leute, und lest das Folgende in Freuden zum Behagen des Körpers und zum Nutzen der Lenden! Aber hört, ihr Eselsköpfe, die Pest soll euch holen, wenn ihr mir das Trinken vergeßt! Ich tu' euch Bescheid!»

Hier haben wir den ganzen Rabelais: ernsthafte Satire im Gewand übermütiger Buffonerie, gewürzt mit derben Anzüglichkeiten. Wir fahren fort auf eigene Gefahr – gottlob riecht das gedruckte Wort ja nicht, auch sind wir der festen Überzeugung, in dem Dunghaufen die eine oder andere Perle zu finden.

Die Chronik von *Gargantua* beginnt mit einem Stammbaum nach biblischer Manier und von unvergleichlicher Großartigkeit. Der Vater des Riesen ist Grandgosier, König von Utopia, seine Mutter Gargamella, Tochter des Königs der Parpaillos. Sie geht elf Monde schwanger mit ihm, und als ihre Stunde sich naht, versammeln sich alle ihre Freunde zu einem Kuttelschmaus und fröhlichen Trinkgelage unter dem Motto *Natura abhorret vacuum*. Grandgosier spricht seinem jammernden Weibe Mut zu: «Mach jetzt nur rasch mit dem da, und wir wollen bald einen anderen fertig kriegen.» – «Ihr Mannsleute denkt nur immer an euer Vergnügen ... Wollte der Himmel, daß du es abgeschnitten hättest.» – «Was? ... Mein Männlein? ... potz Ziegenblut! Wie du willst; rasch ein Messer her!» Aber das will Gargamella denn doch nicht. Das ungeborene Kind findet infolge eines «schauderhaften Restriktifs», das der Mutter von einer Gevatterin verabreicht wird, die üblichen Geburtswege versperrt, schlüpft infolgedessen in Gargamellas «Hohlader», steigt durch das Zwerchfell bis zur Schulter auf und kommt «durch das linksseitige Ohr ans Tageslicht». «Kaum geboren, schrie es nicht wie andere Säuglinge: ‚Mi, mi, mi', sondern mit kräftiger Stimme: ‚Trinken, trinken, trinken'... was man rings im Lande von Trinkenau bis Becherach vernahm.» – «Zu seiner Stillung» verordnet man ihm, weil im ganzen Lande «keine hinlängliche Amme» aufzutreiben ist, «17913 Kühe», doch zeigt Gargantua schon früh eine Vorliebe für Wein.

Wie die Zeit herankommt, dem jungen Riesen eine Erziehung zu geben, die ihn befähigen soll, später einmal seinem Vater auf dem Thron zu folgen, erhält er einen Präzeptor namens Maître Jobelin, der ihm aber bloß den Kopf mit totem Gedächtniskram vollstopft und den Verstand mit scholastischem Unsinn verwirrt. Sein Vater schreitet schließlich ein und gibt den Jungen unter die Fittiche des Humanisten Ponokrates, der mit seinem Zögling nach Paris reist, damit dieser der neuesten Bildungsmöglichkeiten teilhaftig werde. Gargantua reitet eine Riesenstute, die unterwegs mit ihrem Schweif riesige Wälder niederlegt und auf diese Weise ganze Landstriche rodet. In Paris angekommen, klettert Gargantua auf die Türme von Notre-Dame, findet Gefallen an den großen Glocken und beschließt, sie seiner Stute als Geläut um den Hals zu hängen. Ponokrates beginnt die Umerziehung des verwöhnten Riesenkindes damit, daß er ihm ein gewaltiges Purgativ verabreichen läßt, wodurch ihm «alle liederliche und schädliche Angewohnheit aus dem Hirn» vertrieben wird. Mit solchermaßen gereinigtem Sinn und Eingeweide macht sich Gargantua voller Lust ans Lernen und Studieren. Körper, Geist und Gemüt werden gleichmäßig geübt und ausgebildet: Gargantua liest die Bibel und die Klassiker, studiert die bildenden Künste, lernt Laute und Virginal spielen, übt sich im Laufen, Springen, Ringen, Klettern und Schwimmen, auch bekommt er Unterricht in den ritterlichen Übungen des Reitens, Fechtens und der Waffenführung; um seinen Mut zu entwickeln, geht er auf die Jagd, und «zur Stärkung des Brustkorbs und der Lunge» brüllt er «wie tausend Teufel», daß man ihn in ganz Paris hört; «Stentor in der troischen Schlacht wimmerte im Vergleich zu ihm wie ein Wickelkind». Daneben schaut er zu, «wie man Metall schmilzt und Geschütze gießt», oder besucht «Steinschneider, Goldschmiede ... Juweliere ... Alchimisten, Geldpräger, Tuchweber, Seidenstricker, Uhrmacher, Spiegelpolierer, Drucker, Orgelbauer, Färber und sonstige Handwerker», schenkt «überall ein paar Maß Wein» und betrachtet und erlernt dafür «die Hantierungen und Kunstfertigkeiten der einzelnen Gewerbsleute». Desgleichen nimmt er teil an «öffentlichen Vorlesungen, feierlichen Handlungen, Proben, Deklamationen, den Verteidigungsreden tüchtiger Advokaten und Ansprachen der Evangelienprediger» (hier tritt Rabelais' Sympathie für den Protestantismus zutage).

Mitten aus diesem ergötzlichen Unterricht heraus wird Gargantua von seinem Vater heimgerufen, da ein feindlicher König, Pikrocholler, Grandgosier den Krieg erklärt hat. Rabelais macht hier ein Anleihen bei Plutarchs *Leben des Pyrrhos*, indem er erzählt, wie Pikrochollers Hauptleute mit ihrer künftigen Eroberung von Frankreich, Spanien, Portugal, Algerien, Italien, Sizilien, Kreta, Zypern, Rhodos, Griechenland und Jerusalem prahlen, bis Pikrocholler vor Übermut der Kamm schwillt. Da fragt ihn ein alter, erfahrener Rittersmann namens Wismund: «Was soll die ganze Eroberei? Was wollt Ihr denn mit euren Kreuzundquerfahrten?» – «Behaglich ausruhen wollen wir uns, wenn wir wieder daheim sind.» – «Und wenn Ihr gar nicht mehr heimkommt? Die Reise scheint mir lang und gefährlich. Wär's nicht gescheiter, jetzt gleich auszuruhen, ohne eure Haut erst zu Markt zu tragen?» – «Warum nicht gar», höhnt Graf Raufdegen, und Hauptmann Schissenbutz sagt zum König: «Macht mich zum ... Befehlshaber und ich töt' euch eine Stopfnadel für einen Allerweltskrämer, verzeiht, nein, nein, umgekehrt. Ich hau', ich mord', ich stoß', ich treff', ich schlag', ich beiß', ich reiß', ich schmeiß', ich scheiß' ...» – «Hurra», brüllt Pikrocholler, «auf! auf! macht euch fertig! Wer mich lieb hat, folgt mir nach!» (Kapitel XXXIII). In dem sich entspinnenden Krieg gewinnt Gargantuas Roß beinahe eine Schlacht, indem es sich das Wasser abschlägt, «daß es wie ein Wolkenbruch herniedertoste» und Tausende von Feinden «in der Seichlache der Stute das Schnaufen» vergessen.

Der wahre Held des Krieges ist aber Bruder Hannes, ein Mönch, der lieber ein Schwert als ein Brevier zur Hand nimmt und seine philosophische Neugier in den entlegensten Winkeln spazieren führt. «Warum», stellt er beispielsweise die Frage, «ist ein Dirnenschenkel immer frisch?» – und obgleich Aristoteles und Plutarch sich über dieses Problem ausschweigen, findet Bruder Hannes doch eine ganze Reihe saftiger Erklärungen. Grandgosiers Leute mögen ihn alle gut leiden, füllen ihm den Wanst mit Speis und Trank und möchten ihn dazu verleiten, daß er die Kutte abwerfe; aber Hannes fürchtet, dies könnte ihm den Appetit verschlagen. Alle Fehler und Untugenden, die von den Reformatoren damals der Klerisei angekreidet wurden, scheinen sich in diesem kreuzfidelen Mitglied der Mönchszunft ein Stelldichein gegeben zu haben: Müßiggang, Gefräßigkeit, Trunksucht, sinnloses Herunterplappern von Vaterunsern und Avemarias, Beschränktheit und Bildungsfeindlichkeit. «In unserem Kloster studiert man überhaupt nicht», erklärt Hannes; «das ist doch bloß Narretei» (Kapitel XXXIX).

Gargantua möchte Bruder Hannes für seine Tapferkeit vor dem Feinde gern mit einer Abtei belohnen, aber Hannes erbittet statt dessen die Bewilligung, «ein Kloster nach meiner Eingebung zu gründen», mit Regeln, «die von den üblichen von Grund auf verschieden» sind. Zum ersten soll das Kloster ringsum keine Mauern haben, die Insassen sollen es nach Belieben betreten und verlassen können. Zweitens darf den Frauen der Eintritt nicht verweigert werden: Aufnahme finden sollen aber nur «hübsche, niedliche und anmutige Dirnlein» im Alter zwischen zehn und fünfzehn Jahren. Drittens werden als Fratres nur schöne, gesunde und stattliche Burschen im Alter zwischen zwölf und achtzehn Jahren zugelassen. «Dummköpfe, Mucker, Heuchler, Windbeutel, Rechtsverdreher, Aktenschmierer, Geizkragen, Bettelsäcke, Zinsvampyre, Arschlecker, Raufbolde, Schleicher, Schnüffelnasen» und andere unangenehme Exemplare der menschlichen Spezies müssen draußen bleiben. Viertens wird von den Insassen kein Keuschheits-, Armuts- und Gehorsamsgelübde verlangt; jeder ist frei und unabhängig, darf reich werden und heiraten nach Belieben. Die Abtei soll den Namen «Thelema» tragen, und die einzige Regel, die darin gilt, soll lauten: *Fais ce que vouldras* – «Tu, was du willst»; denn «wackere, gut erzogene, gesunde und umgängliche Menschen haben von Natur aus einen Hang zum Guten und eine Abneigung gegen das Schlechte: ihr eingeborenes Ehrgefühl» (Kapitel LVII).

Gargantua spendiert zur Auf- und Einrichtung dieser anachronistischen Fata Morgana von einem Kloster die nötigen Goldvögel, und es entsteht die Abtei Thelema, genau den Plänen entsprechend, über die Rabelais bis in alle baulichen Einzelheiten Angaben macht, so daß Baumeister späterer Zeiten danach Zeichnungen angefertigt haben. Das Gebäude besitzt eine Bücherei, ein Theater, ein Schwimmbad, einen Platz für allerlei Ballspiele, eine Kapelle, einen Lusthain, einen Wildpark, einen Obstgarten, Marställe, Hundezwinger, Vogelhäuser, Scheibenstände und 9332 Gemächer. Einzig eine Küche wurde von Rabelais nicht vorgesehen, auch vergaß er zu sagen, wer denn in diesem Paradies die niedrigen Arbeiten besorgen würde.

3. PANTAGRUEL

Nachdem Gargantua seinem Vater auf dem Thron gefolgt ist, versucht er sich seinerseits im Kindermachen und -erziehen. Im Alter von vierhundertvierundvierzigundeinviertel Jahren zeugt er mit «seiner Ehegesponsin Badebekka, Prinzessin der Amauroten im Utopierland» einen Sohn Pantagruel, dessen Ankunft seiner Mutter freilich das Leben kostet, so daß Gargantua einerseits über den Tod seiner Frau «klagte und heulte ... wie eine Kuh», andererseits über sein «rund und gesund» aussehendes Söhnlein lachen muß «wie ein Kalb. ,O du klein Tnirpsel du, du Hödel, du speckbackig Furzerlein! Wie dank' ich dem Herrgott, daß er mir so ein lieb, süß, lustig Bürschlein beschert hat.'» Pantagruel wächst zu riesenhaften Proportionen heran und verschlingt einmal sogar versehentlich einen Menschen, der aus seinem Magen wie aus einem Bergwerk wieder ausgebuddelt werden muß. Während seines Aufenthaltes an der Pariser Hohen Schule empfängt er von seinem Vater Gargantua einen ganz im Sinn und Geist der Renaissance gehaltenen Brief:

«Geliebter Sohn! ... Obzwar mein hochseliger Vater Grandgosier – dessen Andenken Gott segne – mich angehalten hat, in allen tüchtigen Kenntnissen zuzunehmen, mein Eifer auch seinen Wünschen folgte, ja noch darüber hinausging: ist Dir nicht unbekannt, daß jene Zeit den Wissenschaften minder fördersam war als die jetzige; denn sie lag noch dumpf und finster und unerleuchtet. Indessen hat die göttliche Gnade mir vergönnt, das Licht der Wissenschaft wieder anzufachen, und mein Bemühen war so gesegnet, daß ich nunmehr zu den Abc-Schützen auf die Bänke sitzen müßte, der ich doch in meiner Jugend ein hochgeachteter Gelehrter war ...

Alle Künste und Wissenschaften sind bei uns wieder heimisch, vorab das Griechische, ohne das kein Gelehrter bestehen kann, und mit ihm das Hebräische und Lateinische. Die Buchdrukkerkunst ist in meiner Jugend dank einer göttlichen Eingebung in die Welt getreten ... Also ward es möglich, daß selbst die Räuber, Wegelagerer, Abenteurer und Stallknechte heutzutage gelehrter sind als zu meiner Zeit die Pfaffen und Professoren ...

Darum ermahne ich Dich, geliebter Sohn, Deine Zeit ersprießlichen Studien zu widmen, und wünsche, daß Du Dich der Sprachen völlig bemächtigest. Im Griechischen bilde Deinen Stil am Platon, im Latein an Cicero. Vervollkommne Dich in Geometrie, Arithmetik und Musik, die Astronomie aber suche bis ins einzelne zu ergründen ... Widme Dich der Kenntnis des bürgerlichen Rechts und eifere, es auch philosophisch zu erfassen. Vertiefe Dich allen Ernstes in die Naturkunde, auf daß Dir kein Fisch in keinem Gewässer, kein Vogel, Baum, Busch, Gesträuch, Metall und Edelgestein fremd bleibe.

Vernachlässige mir keinesfalls die Medizin, und durch fleißige anatomische Untersuchungen erforsche jedwede Einzelheit über den Mikrokosmus, der sich im Menschen darstellt. Zu gewissen Stunden überlies auch die heiligen Schriften wieder ...

Salomo spricht: die Weisheit flieht ein unedel Gemüt, und Wissen ohne Gewissen ist der Seele Verderb. Darum halte Gott in Herz und Sinnen, flieh die Sündhaftigkeit der Welt, trachte nicht nach eitlem Lose, denn dies Leben ist unbeständig, Gottes Ordnung aber währet ewiglich. Unterstütze und liebe Deinen Nächsten, hab Ehrfurcht vor Deinen Lehrmeistern; meide jeden, der anders und schlechter ist als Du sein möchtest, und verschleudere Deine Gaben nicht in haltlosem Gebaren. Sofern Du einmal glaubst, daß die Fremde Dir nichts mehr zu bieten vermag, kehre hierher zurück, auf daß ich Dich wiederschaue und vor meinem Heimgang noch segne ... Dein Vater Gargantua.»[6]

Pantagruel studiert auf diesen Brief hin «mit brennendem Eifer», lernt viele Sprachen und wäre fast ein Bücherwurm geworden, hätte er nicht Panurg getroffen. Wie Bruder Hannes im *Gargantua*, so tritt im *Pantagruel* Panurg deutlicher hervor als der Titelheld, nicht unähnlich Sancho Pansa, der oft genug Don Quichotes Licht verdunkelt. Da Rabelais in den Gestalten von Gargantua und Pantagruel seinem respektlosen Humor und seiner Fabulierlust nicht die Zügel schießen lassen kann, schafft er sich die Figur des Panurg, der, halb ein Spitzbube und halb ein zweiter Villon, halb ein Rechtsverdreher und halb ein Philosoph, das Sprachrohr für Rabelais' Spottsucht abgibt. Er beschreibt Panurg – der Name meint «Bereit zu jedem Tun» – als «ausgedörrt wie ein alter Hering», ein «edles und würdiges Blut», das an «mannbarer Ritterlichkeit nichts zu wünschen» übrigläßt, «nur daß er ein wenig weibersüchtig war und von Natur aus einer Krankheit unterworfen, von der es damals hieß: ‚Kein Kreuzer Geld – Das schlimmst' Übel in der Welt.'» Er ist ferner ein «Tunichtgut, Falschspieler, Zechbruder, Pflastertreter und Nachtschwärmer, wie nur je einer zu Paris –

Doch sonst, ich sag' es ungescheut,
Der wackerst' Bursche weit und breit.» (Buch I, Kapitel XIV, XVI)

In Panurgs Mund legt Rabelais seine tollsten Geschichten und dreistesten Späße. Einmal tritt beispielsweise Panurg vor Gericht auf, um gegen die Jungfern von Paris Klage zu führen, weil sie «auf Einflüsterung des Höllenfürsten hochgeschlossene Halstücher eingeführt, die den Busen so völlig verdeckten, daß man nicht einmal mit der Hand darunterschlupfen konnt', maßen sie auf dem Rücken zugeheftet waren und vorne dicht anlagen»; nun droht er, falls die Justiz nicht einschreite, «mit gleichem Fug» seinen Hosenlatz hinterwärts anzunähen, worauf das Gericht verfügt, die Brustlätze müßten künftig mit einem Ausschnitt vorne getragen werden (Buch I, Kap. XVII). Einer Dame, die seine Liebe verschmäht, besprengt er, während sie in der Kirche ihre Andacht verrichtet, das Gewand mit dem Sekret einer läufigen Hündin, so daß sie auf dem Heimweg von sämtlichen 600 014 männlichen Hunden der Stadt Paris verfolgt wird (Buch I, Kap. XXI, XXII). Bei diesem Schlingel findet Pantagruel also Erholung von den Mühen der Philosophie und macht ihn zu seinem ständigen Begleiter.

Im Verlauf der fröhlich fortplätschernden Geschichte bekommt Panurg im Zweiten Buch auf einmal Lust zum Heiraten und hält darüber mit sich und anderen ausgiebig Rat; die Für und Wider füllen hundert Seiten, manche voll sprühenden Witzes, manche ermüdend in ihrer Langfädigkeit. Wir treffen darin auf die Geschichte des Mannes, der ein stummes Weib heiratete, ferner auf die Geschichte des berühmten Juristen Schnatterseil, der seine Prozesse mit dem Würfelbecher zu entscheiden pflegte. Der Prolog zu Buch Drei, für den Lukian das Stichwort liefert, beschreibt eine «Götterratssitzung» auf dem Olymp, wo Jupiter sich über das auf Erden herrschende Chaos, die Kriege, die an dreißig Orten zugleich wüten, den gegenseitigen Haß der Völker, die Zwietracht unter den Theologen, die Haarspaltereien der Philosophen beklagt. «Was sollen wir mit diesem Rameau und diesem Galland machen, die mit ihrem Nachtrab und aufstachäzenden Anhang verschabrackt die ganze Pariser Akademie durcheinanderbringen?» Priapus rät ihm, die zwei zu versteinern, «was keine unebene Wandlung wär', denn beide heißen Peter» *(pierre)*; dieses Wortspiel hat Rabelais aus der Bibel stibitzt.

Auf die Erde zurückkehrend, erzählt er in den Büchern Drei und Vier* die Odyssee von Pantagruel,. Panurg und Bruder Hannes, die mit einer königlich-utopischen Flotte in See stechen, um das Eiland mit dem Orakel der Heiligen Butelje (Flasche) aufzusuchen, das Panurg wegen seiner Heiratspläne befragen will. Nach zahllosen Abenteuern, die Rabelais Gelegenheit geben, den Unfug der Fasten, den Pfaffenhaß der Protestanten, die Bigotterie der Papisten, die Untugenden der Mönche, Advokaten («Rauhkater»), Scholastiker und Historiker mit beißendem Spott zu übergießen, erreicht die Expedition schließlich den Tempel der göttlichen Flasche, den man durch ein Portal mit der Inschrift «Im Wein liegt Wahrheit» betritt. In einem siebeneckigen Brunnen aus Alabaster liegt dort, zur Hälfte eingetaucht, die göttliche Butelje, von der ein Gesumm ausgeht, «wie wenn Bienen ... schwärmen oder ... ein plötzlicher Sommerregen niederrauscht. Und ertönete das Wort: *Trink.*» Die Priesterin Bakbuk erläutert das Orakel, indem sie verkündet, der Wein sei die beste Philosophie; «nit so sehr das Lachen als vielmehr das Trinken ist des Menschen auserlesen Gut ... Ich mein', guten und kühlen Wein trinken! Merket auf, ihr Freunde: Aus trefflichem Tropfen träuft himmlische Traufe, wächst Weisheit und sichere Sehergabe!» Panurg, glücklich über diesen Orakelspruch, der nur bestätigt, was er selbst schon längst gewußt hat, beschließt, auf der Stelle zu heiraten und das Joch der Ehe männlich auf sich zu nehmen. Es folgt ein ausgelassener Hochzeitshymnus, und dann entläßt Bakbuk die Gesellschaft mit ihrem Segen: «Gehet hin, ihr Freunde, und über euch walte der Schutz jener vergeistigten Sphäre, deren Mitte überall ist und nirgendwo die Grenze, als welche wir die Gottheit benennen» (Buch IV, Kapitel XLVIII). Und damit kommt, in einer bezeichnenden Mischung von Schlüpfrigkeit und Vergeistigung, das große Epos zu seinem Schluß.

4. DER KÖNIGLICHE NARR

Welcher Sinn liegt in diesem Unsinn beschlossen? Und welche Weisheit quillt aus dieser Flasche falernisch-priapischer Heiterkeit? «Wir Land- und Bauernvölker», läßt Rabelais in der Märe vom Hengst und vom Esel diesen sagen, «sind halt nit gelehrt, die Wort' füglich zu setzen» (Buch IV, Kap. VII). Dabei ist Rabelais ein Freund von Worten, besitzt einen unerschöpflichen Vorrat davon und erfindet immerzu neue; wie Shakespeare entnimmt er sie jedem menschlichen Bezirk, jedem Beruf, jeder Sparte philosophischer, theologischer und juristischer Tätigkeit. Er fügt ganze Reihen von Adjektiven, Substantiven und Verben aneinander aus lauter Freude am Plappern (so etwa in Pantagruel, Buch II, Kap. XXXVIII), er häuft Synonym auf Synonym in einer ekstatischen Wortschwelgerei; eine solche Häufung von Syllogismen war ein auf der französischen Bühne schon lange geübter Brauch, bei Rabelais ist er ein Ausfluß seines übersprudelnden, alle Dämme sprengenden Humors; neben diesem Sturzbach muten die Scherze

* Buch Vier von *Pantagruel* erschien erst 1562, neun Jahre nach Rabelais' Tod. Die ersten fünfzehn Kapitel stammen vermutlich von ihm selbst, die folgenden zweiunddreißig sind von zweifelhafter Herkunft.

von Aristophanes oder Molière wie ein zahmes Wässerchen an. Zu diesem unbezähmbaren Spaßmachertum gehören auch seine Derbheiten, die zum Teil eine Rebellion gegen mönchische Askese, zum Teil eine kühne Herausforderung prüden Muckertums gewesen sein mögen; auch dürfte die Abgebrühtheit des Arztes gegenüber körperlichen Zuständen und Funktionen mit eine Rolle gespielt haben; ein gut Teil davon geht aber einfach auf das Konto der Zeit. Zweifellos überschreitet Rabelais oftmals die Grenzen des guten Geschmacks, und seine seitenlangen Exkurse über Anatomie und Physiologie des Körpers unterhalb der Nabelgegend mit ihren unschönen und mißtönenden Begleiterscheinungen widern uns auf die Dauer an. Zur Bezähmung solch vulkanischer Ausbrüche übermütigster Ausgelassenheit hätte es einer weiteren Generation klassisch verfeinerter Bildung gebraucht.

Aber über dem Lesen vergeben wir ihm gern seine Fehler, vergessen ganz einfach, daß wir kritisieren wollten – mitgerissen vom Fluß seiner Rede, wie er selbst es war. Sein Stil ist anspruchslos, ungewählt, mühelos dahinplätschernd, so richtig zum Erzählen einer langen Geschichte geeignet. Überquellende Fabulierlust gepaart mit Kraft und Klarheit ist das Geheimnis seines Erzähltalents. Er beobachtet tausend Dinge, die uns entgehen, stolpert über zahllose Ergötzlichkeiten der Sprache und Kleidung, des Handelns und Gebarens, schüttelt alles mit Hilfe seiner überquellenden Phantasie durcheinander und bringt die sich überstürzenden Einfälle in bester Laune zu Papier.

Er macht, wie es damals der Brauch war, links und rechts Anleihen und darf wie Shakespeare sich damit entschuldigen, daß er, was er stibitzte, zugleich verbesserte. Zu Hunderten finden sich in seinem Opus sprichwörtliche Wendungen aus Erasmus' *Adagia*, und manche Anregung aus dem *Lob der Torheit* oder den *Colloquien* verfolgt er weiter. Aus Plutarch schöpft er Dutzende von Einzelheiten, Jahre bevor Amyots Übersetzung der *Heldenleben* diese Fundgrube den literarischen Plagiatoren erschloß. Er macht sich Lukians *Göttergespräche* ebenso zu eigen wie Folengos Fabel vom Schaf, das sich selbst ertränkte. In den Komödien seiner Zeit findet er die Geschichte des Mannes, der seine stumme Gattin von ihrem Gebrechen kurieren läßt und es nachher bereut, und aus den *fabliaux* und *interludi*, die aus mittelalterlicher Zeit im Volksmund weiterlebten, empfängt er hundertfache Inspiration. Wenn er Pantagruels Reisen beschreibt, stützt er sich auf die Schilderungen, die damals von den Forschungsreisenden und Weltumseglern veröffentlicht wurden. Aber trotz der zusammengeborgten und -gestohlenen Bestandteile bleibt sein Werk unverwechselbar sein eigenes, originales, und nur noch bei Shakespeare und Cervantes finden wir Phantasiegestalten von so blutvollem Leben wie Bruder Hannes oder Panurg. Vor allem aber ersteht Rabelais selbst durch sein Werk erst eigentlich zum Leben – eine Mischung von Pantagruel, Bruder Hannes, Panurg, Erasmus, Vesal und Jonathan Swift, schwatzend, schwadronierend, respektlos und voll unbändiger Daseinslust.

Da er das Leben so sehr liebte, kühlte er sein Mütchen besonders gern an denen, die sich und anderen das Leben versauerten. Mag sein, daß er etwas zu hart mit den Mönchen verfuhr, denen seine humanistische Begeisterung verdächtig war. Mit den Advokaten muß er schlechte Erfahrungen gemacht haben, denn er zerzaust ihnen das Fell nicht übel. «Merkt auf», warnt er seine Leser, «wenn ihr noch sechs Olympiaden und zwei Hundsalter lebt, so werdet ihr diese Rauhkater als Herren von ganz Europa finden ... Unter ihnen regiert die Sextessenz, gemäß der sie alles grapschen, verschlingen und niederstrecken; sie hängen, sengen, vierteilen, köpfen, morden, kerkern, zwacken und knacken alles ohn Unterschied von Gut oder Bös'» (Buch IV, Kap. XI). Auch die Richter, Scholastiker, Theologen, Historiker, Forschungsreisenden, Ablaßkrämer und Frauen kommen nicht besser weg. Für die Frauen besonders findet er in seinem ganzen Werk kaum je ein gutes Wort. Daß er als Mönch und Priester und Junggeselle nie wahre Zuneigung erfuhr, hat ihn an seiner empfindlichsten Stelle getroffen, und sein Zynismus ist vielleicht die Quittung dafür.

Die Parteien streiten sich darum, ob Rabelais Katholik, Protestant, Freidenker oder Atheist war. Calvin hielt ihn für einen solchen, und sein Bewunderer Anatole France sagt: «Ich glaube, daß er an nichts glaubte.» Zeitweise tat er Äußerungen von einem unübertrefflichen Zynismus, etwa dort, wo er einen Schäfer über die beste Methode zur Düngung eines Feldes sprechen läßt (Buch III, Kap. VII). Er macht sich lustig über Fasten, Inquisition, päpstliche Dekrete und läßt sich mit Behagen über die anatomischen Erfordernisse aus, die ein Anwärter auf den päpstlichen Stuhl besitzen müsse (Buch III, Kap. XLVIII). An die Hölle glaubt er nicht (Buch I, Kap. XXX). Die protestantischen Klagen über die päpstliche Geldgier und das unsittliche und heuchlerische Treiben der römischen Kardinäle finden sich in seinem Werk (Buch III, Kap. LIII, LVIII, LX). Er sympathisierte mit den französischen Hugenotten; Pantagruel, erzählt er, blieb nicht lange in Toulouse, weil er erleben mußte, «wie etliche Studienmeister lebendigen Leibs dem Scheiterhaufen überantwortet wurden» (Buch I, Kap. V) – eine Anspielung auf die Verbrennung eines ketzerischen Professors der Rechte. Seine protestantischen Sympathien scheinen sich aber auf die Humanisten unter den Protestanten beschränkt zu haben. Erasmus war ihm ein vielbewundertes Vorbild, für Luther hatte er nur ein laues Interesse, und von Calvins Dogmatismus und Puritanismus wandte er sich angewidert ab. Er war tolerant gegen alles, nur nicht gegen Intoleranz. Wenn es zu wählen galt, entschied er sich, wie die meisten Humanisten, eher für den Katholizismus mit seinen Mythen und Heiligenbildern und seiner Intoleranz als für den Protestantismus mit seiner Prädestinationslehre, seinem Puritanismus und seiner Intoleranz. Wiederholt bekräftigte er seinen Glauben an die fundamentalen christlichen Glaubenssätze; aber dies war vielleicht nur eine Maßregel der Vorsicht. Von seiner persönlichen Definition Gottes hielt er so viel, daß er oder sein Nachfolger sie mehrfach wiederholten (Buch II, Kap. XIII; IV, XLVII). Die Unsterblichkeit der Seele nahm er für gegeben hin, aber im allgemeinen zog er doch der Eschatologie die Skatologie vor. Farel nannte ihn einen Abtrünnigen, weil er die Pfarrei von Meudon angenommen hatte; jedoch waren sich in diesem Falle Geber und Empfänger darüber einig, daß es bloß darum ging, Rabelais einen Brotkorb zu verschaffen.

Sein eigentlicher Glaube galt der Natur, und ihm gab er sich offenbar mit nicht weniger Vertrauensseligkeit und Leichtgläubigkeit hin als seine strenggläubigen Zeitgenossen dem ihren. Er war der festen Überzeugung, daß die Naturkräfte letzten Endes Gutes wirken, und wollte nicht einsehen, daß es der Natur im Grunde genommen gleichgültig ist, ob sie es mit Menschen oder mit Fliegen zu tun hat. Wie Rousseau, und anders als Calvin und Luther, hielt er den Menschen für von Natur aus gut, oder mit anderen Worten, er glaubte, wie viele Humanisten, daß eine gute Erziehung und eine günstige Umwelt die Menschen gut machen müßten. Wie Montesquieu legte er den Menschen nahe, der Natur zu folgen, und über die Bedenken, was dann aus Zivilisation und Gesellschaft werden würde, ging er wahrscheinlich lächelnd hinweg. In seiner Beschreibung der Abtei von Thelema scheint er dem philosophischen Anarchismus das Wort zu predigen, aber eben nur scheinbar: denn in diese Gemeinschaft sollten ja nur die aufgenommen werden, deren Veranlagung, Erziehung und Ehrgefühl sie zum Genuß eines Lebens in Freiheit geeignet machten.

Seine eigentliche Philosophie könnte mit dem Wort «Pantagruelismus» bezeichnet werden – nicht zu verwechseln mit dem nützlichen Kraute «Pantagruelion», das ganz einfach Hanf ist und dessen Verdienst letzten Endes darin besteht, Schlingen zum Aufknüpfen von Spitzbuben zu liefern. Pantagruelismus bedeutet: leben auf die Art Pantagruels, das heißt, sich mit der Natur und den Menschen auf gütliche Weise vertragen, das, was das Leben Gutes bringt, dankbar genießen und die menschliche Unvollkommenheit und Vergänglichkeit alles Irdischen mit fröhlicher Tapferkeit anzunehmen. Rabelais definiert den Pantagruelismus einmal als «eine gewisse Heiterkeit der Seel', die sich aus zufälligen Dingen nichts macht» (Buch III, Widmung an die Leser). Dort finden sich der Stoiker Zenon, der Kyniker Diogenes und der Lebenskünstler Epikur vereint: alles natürliche Geschehen gleichmütig anzunehmen, sich an den natürlichen Trieben und Vorgängen nicht zu stoßen und jedes gesunde Vergnügen ohne puritanische Bedenken und theologische Skrupel zu genießen. Pantagruel «nahm alls hold auf, für jegliche Tat fand er eine Entschuldigung, niemals ward er heftig, niemals poltert' er los ... denn alle Güter, so der Himmel überdeckt und die Erde nach Höhe, Tiefe, Länge und Breite enthält, sind nicht wert, unsere Leidenschaften aufzustacheln und Sinn und Verstand durcheinanderzurühren» (Buch II, Kap. II). Das Epikureische in seiner Philosophie darf freilich nicht überschätzt werden; Rabelais' Hymnen an den Wein waren ein Wort-, nicht ein Alkoholrausch und vertragen sich im Grunde gar nicht mit dem Bild, das uns von ihm durch Anatole France entworfen wird und ihn als einen Mann von «gütiger, heiterer und gelassener» Gemütsverfassung schildert; der Wein, den er pries, war der Wein des Lebens. Und dieser angebliche Fürst der Zecher legte Gargantua ein Wort in den Mund, das in einem Satz unsere eigene Zeit charakterisiert: »Wissen ohne Gewissen ist der Seele Verderb» (Buch I, Kap. VIII).

Frankreich hat Rabelais höher geschätzt als jeden anderen seiner Großen der Feder, mit Ausnahme von Montaigne, Molière und Voltaire. Zu seinen eigenen Lebzeiten wurde er von Etienne Pasquier der größte Schriftsteller seines Zeitalters genannt. Im siebzehnten Jahrhundert, als die Sitten in die Schnürbrust eines steifen Zeremoniells gezwängt und die klassischen Formen buchstäblich *de rigueur* wurden, verlor er in der Wertschätzung der Nation etwas an Boden; aber selbst unter diesen Umständen läßt sich sein Einfluß auf Molière, Racine und Lafontaine aus deren eigenen Aussagen nachweisen; Fontenelle, La Bruyère und Madame de Sévigné liebten ihn, und Pascal machte sich seine Gottesdefinition zu eigen; Voltaire verabscheute anfänglich seine Ungeschliffenheit und gehörte am Ende zu seinen ergebenen Bewunderern. Mit der Wandlung der französischen Sprache wurde Rabelais' Text von den Lesern des neunzehnten Jahrhunderts kaum mehr verstanden. Schon früh (1575) war in Deutschland eine von Johann Fischart frei bearbeitete Übersetzung erschienen, weitere Ausgaben folgten in späteren Jahrhunderten. Englische Übersetzungen des *Gargantua* und des Zweiten Buches von *Pantagruel* aus der Feder von Sir Thomas Urquhart erschienen 1653 und 1693; Peter de Motteux vervollständigte 1708 die englische Version. Das Buch zählt zu jenen Werken, die nicht der Literatur eines Landes, sondern der Weltliteratur angehören.

VI. RONSARD UND DIE PLÉIADE

Mittlerweile wurde Frankreich von einer wahren Flut von Poesie überschwemmt. Uns sind aus der Zeit Franz' I. und der seiner Söhne etwa zweihundert Dichter bekannt; und diese Dichter waren nicht etwa fade, kümmerliche Schwärmer, sondern Krieger in einem literarischen Feldzug, einem Kampf, der zwischen Form und Inhalt, Ronsard und Rabelais tobte und dessen Ausgang den Charakter der französischen Literatur bis ins Zeitalter der Großen Revolution festlegte.

Eine aus zahlreichen Quellen genährte Begeisterung führte ihnen die Feder. Sie suchten einerseits die Griechen und Römer in der Reinheit ihres Stils und der Vollkommenheit ihrer Form, die italienischen Sonettendichter in der Anmut ihrer Sprache und dem Reichtum ihrer Bilder nachzuahmen; andererseits stand es bei ihnen fest, daß ihr Ausdrucksmittel nicht Lateinisch sein konnte, wie die Humanisten sprachen, von denen sie ihre Kenntnisse und mancherlei Anregung empfangen hatten, sondern ihre französische Muttersprache. Zugleich waren sie entschlossen, dieses immer noch ungehobelte Idiom durch die Einführung klassischer, bei den Alten bedachtsam entlehnter Ausdrücke, Sätze, Konstruktionen und Ideen zu verfeinern und zu bereichern. Die lockere Anordnung und die Formlosigkeit von Rabelais' Opus machten dieses in ihren Augen gleichsam zu einem ungeschlacht von Hand aus Lehm geformten, unglasierten und unpolierten Gefäß. Bei ihnen lag es, neben die Roheit dieser ungebändigten Kraft die Disziplin sorgfältig modellierter Formen und intellektuell gebändigter Gefühle zu stellen.

Der Feldzug für die klassische Form nahm seinen Ausgang in Lyon selbst, dem damaligen Aufenthaltsort von Rabelais. Maurice Sève, ein Vorläufer von Ronsard, verbrachte sein halbes Leben damit, die vermeintliche Grabstätte der petrarkischen Laura zu suchen, um hierauf für seine eigene angebetete Délie 446 Stanzen zu verfassen, deren melancholische Zärtlichkeit den Boden für Ronsards Muse vorbereitete. Mit ihm um die Palme rang eine dichtende Frau, Louise Labé, die, dem Beispiel der Jungfrau von

Orléans folgend, in kriegerischer Rüstung an der Schlacht von Perpignan teilnahm und ihre Begeisterung dann in einer Ehe mit einem Seiler abkühlte, der ihre Abweichungen vom Pfade ehelicher Treue mit gallischer Großzügigkeit übersah. Sie verstand Griechisch, Lateinisch, Italienisch und Spanisch, spielte bezaubernd die Laute, unterhielt einen literarischen Zirkel für ihre Liebhaber und ihre Dichterrivalen und schrieb einige der frühesten und schönsten Sonette in französischer Sprache. Wie berühmt sie war, können wir aus einem Bericht über ihr Begräbnis ersehen (1566), das nach den Worten eines Chronisten «ein Triumph war. Sie wurde mit unverhülltem Antlitz, das Haupt mit einem Blumenkranz geschmückt, durch die Stadt getragen. Der Tod hatte ihr nichts von ihrer Lieblichkeit geraubt, und die Einwohner von Lyon bedeckten ihre Gruft mit Blumen und Tränen.» Auf dem Wege über diese Dichterschule von Lyon eroberte der petrarkische Stil Paris und fand Eingang in die Pléiade.

Das Wort selbst war aus dem klassischen Vokabular übernommen: Im Alexandrien des dritten vorchristlichen Jahrhunderts hatte es ein Siebengestirn von Poeten gegeben, die nach dem an die sieben mythologischen Töchter von Atlas und Pleione gemahnenden Sternbild benannt wurden. Ronsard, der strahlendste Stern der Pléiade, gebrauchte selbst diese Bezeichnung nur selten, denn seine Vorbilder waren eher Anakreon und Horaz, weniger die Alexandriner Theokrit und Kallimachos. Man schrieb das Jahr 1548, als er in einer Taverne der Touraine Joachim du Bellay traf und mit ihm übereinkam, die französische Poesie nach klassischen Vorbildern umzumodeln. Sie gewannen vier andere junge Poeten für ihren Plan: Antoine de Baif, Rémi Belleau, Etienne Jodelle und Ponthus de Thyard; außerdem schloß sich ihnen der Humanist Jean Dorat an, dessen Vorlesungen über griechische Literatur am Collège de France und Collège de Coqueret ihre Begeisterung für die Poesie des alten Griechenland entflammten. Sie nannten sich selbst *La Brigade* und taten das Gelöbnis, die französische Dichtkunst den rauhen Händen eines Jean de Meung und Rabelais und den lockeren Versmaßen eines Villon und Marot zu entwinden. Von den Buffonerien und Obszönitäten Gargantuas und Pantagruels wandten sie sich mit Degout ab; sie vermißten in diesem Sturzbach von Worten und diesen ausschweifenden Tiraden die klassisch-maßvolle Zurückhaltung, suchten darin vergebens nach einem Gefühl für das Schöne, das sich in der Natur, der Kunst, der Frau offenbart. Ein feindlich gesinnter Kritiker belegte sie, da sie ihrer sieben waren, mit dem Spitznamen *La Pléiade*, der aber nach ihrem künstlerischen Triumph zum Ruhmestitel wurde.

1549 proklamierte du Bellay das linguistische Programm der Brigade in einer Schrift *Défense et illustration de la langue françoyse*. Mit dem Ausdruck *défense* wollte er zu verstehen geben, daß die französische Sprache befähigt sei, all das auszudrücken, was die klassischen Sprachen ausgedrückt hatten, während *illustration* bedeutete, daß sie imstande sei, einen bisher unbekannten Glanz und Schliff zu gewinnen, indem sie den in der Prosa vorherrschenden groben Ton und die in der Poesie üblichen Formen der Ballade, des Rondeau und des Virelai fallenlasse und sich durch die Annahme klassischer Ausdrücke und Formen, wie sie Anakreon, Theokrit, Vergil, Horaz und Petrarca geschaffen hatten, reinige und veredle. Petrarca gehörte für die Dichter der Pléiade bereits zu den Klassikern, und das Sonett war in ihren Augen die vollkommenste literarische Form.

Was du Bellay in eleganter Prosa forderte, wurde von Pierre Ronsard in Versen verwirklicht. Er stammte aus einer kurz zuvor geadelten Familie; sein Vater war Haushofmeister Franz' I., und Pierre lebte eine Zeitlang an dessen glänzendem Hofe. Nacheinander war er Page beim Dauphin Franz, dann bei Magdalena, der späteren Gemahlin Jakobs V. von Schottland, dann *écuyer*, Knappe, im Gefolge des künftigen Heinrich II. Im Begriff, sich auf eine militärische Laufbahn vorzubereiten, wurde er mit sechzehn Jahren von einem Gehörleiden befallen. So steckte er sein Schwert in die Scheide, und die Feder wurde seine neue Waffe. Ein Zufall brachte ihm Vergils Werke nahe, in denen er eine Vollkommenheit der Form und des Ausdrucks entdeckte, die seiner Muttersprache bis dahin unbekannt gewesen war. Der Humanist Dorat führte ihn von den lateinischen zu den griechischen Klassikern und lehrte ihn Anakreon, Aischylos, Pindar und Aristophanes lesen. «Meister», soll der Jüngling ausgerufen haben, «warum habt Ihr diese Reichtümer so lange vor mir verborgen?» Mit vierundzwanzig lernte er du Bellay kennen und teilte seine Zeit von da an zwischen Poesie, Frauen und Wein.

Seine *Oden* (1550) setzten der Revolte der Poesie die Krone auf. Mit ihnen trat diese lyrische Form zum erstenmal in der französischen Dichtkunst auf, und obgleich sie das Horazische Vorbild keinen Augenblick verleugneten, standen sie, was Reinheit der Sprache, Eleganz des Ausdrucks und Klarheit der Form betraf, durchaus auf eigenen Füßen. Zwei Jahre später war es Petrarca, den er in den 183 Sonetten seiner *Amours* imitierte, und ihre Eleganz und Grazie ist in der ganzen französischen Poesie nie mehr übertroffen worden. Seine Verse verlangten förmlich nach Musik, und manche seiner Gedichte wurden noch zu seinen Lebzeiten durch so bekannte Komponisten wie Jannequin und Goudimel vertont. Auch Ronsard, wie so viele vor ihm, fordert von den Frauen, die er umwirbt, Erhörung mit der Ermahnung, das Leben zu genießen, solange es Zeit sei, aber diesem alten Thema weiß er eine neue persönliche Note zu verleihen – so, wenn er ein stolzes Mädchen warnt, sie werde es eines Tages bereuen, den Seufzern eines so großen Poeten nicht Gehör geschenkt zu haben:

Quand vous serez bien vieille, au soir à la chandelle
Assise auprès du feu, dévidant et filant,
Direz chantant mes vers, en vous esmerveillant:
Ronsard me célébrait du temps que j'estois belle.

Lors vous n'aurez servante oyant telle nouvelle,
Desjà sous le labeur à demy sommeillant,
Qui au bruit de mon nom ne s'aille resveillant,
Bénissant vostre nom de louange immortelle.

Je seray sous la terre et fantome sans os
Par les ombres myrteux je prendray mon repos:
Vous serez au fouyer une vieille accroupie,

Regrettant mon amour et vostre fier desdain.
Vivez, si m'en croyez, n'attendez à demain;
*Cueillez dès aujourdhuy les roses de la vie.**

Das Pathos dieser Verse fand ein dankbares Publikum am Hofe Katharinas von Medici, die ein mit den Versen Petrarcas vertrautes italienisches Gefolge nach Frankreich gebracht hatte. Der neu aufsteigende Stern am Dichterhimmel – trotz seines Gehörleidens eine stolze Erscheinung von martialischem Gepräge mit blondem Haar und Bart und einem Gesicht, das dem Hermes des Praxiteles glich – erwarb rasch die Gunst nicht nur Katharinas, sondern auch Heinrichs II., Maria Stuarts, selbst Elisabeths von England, die ihm, als eine weitläufige Verwandte, einen Diamantring zum Geschenk sandte. Am Hofe wurden die unter den Dichtern der Pléiade kursierenden Anspielungen auf die griechisch-römische Mythologie Mode; er ließ sich von ihnen gern mit dem Olymp vergleichen, Heinrich II. wurde zu Jupiter, Katharina zu Juno, Diane de Poitiers zu Diana, und Goujons antikische Skulpturen führten diesen Vergleich auch *in effigie* durch.

Als Heinrich II. starb, übernahm Karl IX. die Gönnerschaft von Ronsard, freilich mit nicht sehr glücklichem Erfolg, denn der junge Monarch verlangte von dem Dichter ein Epos über Frankreichs Geschichte im Stile der *Aeneis*. «Ich kann den Tod geben», sagte der königliche Einfaltspinsel, «du aber verleihst Unsterblichkeit.» Ronsard begann also eine *Franciade*, mußte aber bald einsehen, daß seine Muse für eine solch langfädige Angelegenheit zu kurzatmig war; er ließ die angefangene Arbeit liegen und wandte sich wieder der Lyrik und der Liebe zu. Beschützt vor allen rauhen Winden, umgeben von einer Schar bewundernder Jünger, weitsichtig auf jede Abweichung vom sicheren Weg des politischen und religiösen Konformismus verzichtend und von aller Welt respektiert, wurde er in Frieden alt und starb im Jahre 1585. Paris gab ihm eine olympische Trauerfeier, der alle Notabeln beiwohnten, um einer feierlichen *oraison funèbre* aus bischöflichem Munde zu lauschen; dann wurde der Poet in Tours begraben.

Die Dichter, die ihn ihren Meister nannten, brachten nach ihm ungezählte Bände von Lyrik hervor, Verse voller Zartgefühl, die aber nicht lebensfähig waren. Die mei-

---

* Wenn du nun alt geworden und beim Kerzenschimmer
zur Nacht am Feuer sitzt und Fäden spulst und spinnst,
dann singst du, selber staunend, meine Verse, sinnst:
so pries Ronsard mich einst, da ich noch schön war, immer.

Da ist wohl keine Magd, wenn sie auch fast schon schliefe,
nach schwerer Tagesarbeit halb in Schlummers Macht,
die nicht, beim Klange meines Namens jäh erwacht,
unsterblich Lob auf deinen Namen segnend riefe.

Dann bin ich längst im Grab und ruh' im dunklen Haus,
ein Schemen ohne Leib, im Myrtenschatten aus.
Du hockst gebückt und alt am Herd, denkst voller Sorgen

an meine Liebe, deinen stolzen Sinn. Vergebens! –
So lebe, glaube mir, o warte nicht bis morgen
und pflücke heute noch die Rosen dieses Lebens.[7]

sten von ihnen glaubten, wie Ronsard, an keinen Gott, gebärdeten sich aber, wenn es ihnen so paßte, als fromme Katholiken und verspotteten nebenbei die sittenstrengen Hugenotten. Arm am Beutel wie diese Poeten sein mochten, waren sie doch dem Gehabe und manchmal auch der Geburt nach Aristokraten; sie schrieben ihre Verse für einen Kreis, der sie in Muße genießen konnte. Rabelais zahlte ihnen ihre Ausfälle gegen ihn heim, indem er ihre Preziosität, ihr sklavisches Nachahmen griechisch-römischer Metren, Formen und Ausdrücke, ihr steriles Zurückgreifen auf antike Themen, ihre Manierismen und ihr Lamentieren im Stil Petrarcas verhöhnte. Der sich hier abspielende Kampf zwischen Naturalismus und Klassizismus entschied das Schicksal der französischen Literatur. Die lyrischen Dichter und tragischen Dramatiker Frankreichs wählten hinfort den schmalen und geraden Weg der vollkommenen Form und geschliffenen Eleganz, während die Prosaisten sich mühten, durch die Schlagkräftigkeit des Gesagten allein zu wirken. Deshalb ist die vorrevolutionäre französische lyrische Dichtung beinahe unübersetzbar, da ihr Wesen mit ihrer Form steht und fällt und diese nicht in ihre Elemente zerlegt und in der Gußform einer anderen Sprache neu erschaffen werden kann. Im Frankreich des neunzehnten Jahrhunderts trafen sich die beiden Ströme, verschmolzen ihr Bestes miteinander, der Gehalt vermählte sich der Form, und die französische Prosa erreichte ihren höchsten Gipfel.

VII. WYATT UND SURREY

Einem Flusse vergleichbar, der sich in verschiedene Arme teilt und durch mehr als eine Mündung ins Meer fließt, durchquerten die von der italienischen Renaissance ausgehenden Impulse das französische Festland, um schließlich auch England zu erreichen. Die Gelehrten der einen Generation inspirierten die Literatur der nächstfolgenden, und die göttliche Offenbarung Alt-Griechenlands und Alt-Roms wurde zur Bibel der Renaissance. 1486 wurden in Italien erstmals die Komödien des Plautus wiederaufgeführt, und bald darauf gelangten sie an die miteinander rivalisierenden Höfe Franz' I. und Heinrichs VIII. 1508 bezeichnete Bibbienas *Calandra* den Beginn der klassischen Komödie in der Volkssprache in Italien, 1552 Jodelles *Cléopâtre captive* den Beginn der klassischen nationalsprachlichen Tragödie in Frankreich; 1553 folgte in England Nicholas Udalls *Ralph Roister Doister* als erste klassische Komödie in englischer Sprache. Ein Kritiker meinte, dieses Stück «rieche nach Plautus», was es auch tat; ebensosehr roch es aber nach jenem robusten englischen Humor, womit ein Menschenalter später Shakespeare das Parterre des elisabethanischen Theaters belustigen sollte.

Der italienische Einfluß erstrahlte zur Zeit der Tudorherrscher im hellsten Licht, obgleich auch jetzt noch der mittelalterliche Balladenstil in Werken wie etwa der allerliebsten *Not-browne Mayd* (1521) fortlebte. Aber die Dichter, die sich in der Gnade Heinrichs VIII. sonnten, wählten sich, als die Lyrik Mode wurde, Petrarca und seinen *Canzoniere* zum Vorbild. Genau ein Jahr vor Elisabeths Thronbesteigung veröffentlichte ein Londoner Drucker, Richard Tottel, ein *Miscellany*, worin zwei vornehme Dichterhöflinge den Triumph Petrarcas über Chaucer, klassischer Form über mittelalterliche Formlosigkeit demonstrierten. Der eine war Sir Thomas Wyatt, der als Diplomat im Dienste des Königs verschiedentlich Frankreich und Italien bereist und von dort mehrere Italiener mitgebracht hatte, die seine Freunde in England mit der neuen Zivilisation bekannt machen sollten. Wie es sich für einen richtigen *cortigiano* jener Zeit geziemte, verbrannte er sich die Finger am Feuer der Liebe; man sagte, er sei einer von Anna Boleyns Liebhabern gewesen, und als sie verurteilt wurde, verschwand er auf eine Weile im Tower. Mittlerweile beschäftigte er sich mit der Übertragung Petrarkischer Sonette ins Englische und versuchte als erster, den englischen Vers in diese abgezirkelte Form zu pressen.

Als er mit neununddreißig Jahren an einem Fieber starb (1542), übernahm eine andere von romantischem Zwielicht umwitterte Gestalt am Hofe Heinrichs, Henry Howard, Earl of Surrey, die Leier der Poesie aus Wyatts Hand. Surrey besang die Lieblichkeit des Frühlings und ermunterte widerstrebende Maiden zum Nachgeben, indem er ihnen der Reihe nach ewige Treue schwor. Er schwärmte nachts durch die Straßen von London, mußte wegen einer Duellsache ins Gefängnis, wurde, weil er während der Fasten Fleisch gegessen hatte, vor Gericht zitiert, zertrümmerte aus Übermut mit seiner Armbrust ein paar Fensterscheiben, kam erneut ins Kittchen und schlug sich, schließlich freigelassen, mit ritterlichem Elan für Englands Ehre in Frankreich. Nach seiner Rückkehr war er unvorsichtig genug, Pläne zur Usurpierung des Thrones ruchbar werden zu lassen. Man verurteilte ihn zum Tode durch den Strick, seinen Leichnam zum Gevierteiltwerden; schließlich ließ das Gericht es aber bei der Enthauptung bewenden (1547). Kurz vor seiner Hinrichtung entstanden die folgenden Verse:

Der Sturm ist still, die Wolken überweht;
die Streng' hat Demut abzutun gewußt;
der Sünden Strafe schon vorausbesteht,
und die Geduld sproßt aus entschloßner Brust.
In dieses Herz, das sonst in Qual ihr seht,
senkt Sühne süß das Korn der Ruh und Lust.
Keinem ist wohler, als wer einsam geht.
Des Kerkers Knechtschaft Freiheit mir gebar.
Zweifel hat wied'rum hoffen mich gemacht.
Erinnrung überstandener Gefahr
ist gut, wo nichts mehr Mißbehagen facht,
als sei's, mein Spiegel zeigt mir unstillbar
die Wunde weiterbluten Tag und Nacht;
zu denken ach! daß solch ein Glück erfahr
ein Feigling, den zum Zweikampf nichts gebracht,
daß flöss' dies Blut, wie's oft geflossen ist
für Englands Heil, ach! und nun Tod beschließt![8]

Die Poesie spielte nur eine Nebenrolle in seinem bewegten Leben. Er übersetzte einige Bücher aus der *Aeneis*, führte den Blankvers in England ein und gab dem Sonett die Form, die dann von Shakespeare übernommen wurde.

VIII. HANS SACHS

Der deutsche Geist wurde mit Luthers Thesenanschlag in eine hundertjährige Auseinandersetzung hineingezogen, die schließlich in den Dreißigjährigen Krieg mündete. Nach 1530 versiegten die Publikationen klassischer Schriftsteller fast ganz; überhaupt wurden allgemein weniger Bücher gedruckt, an ihre Stelle trat eine Flut von Streitschriften der beiden Parteien. Thomas Murner, ein scharfzüngiger Franziskanermönch aus Luzern, spießte in einer Reihe von Pamphleten – *Schelmenzunft*, *Narrenbeschwörung* und andere, alle von Sebastian Brants *Narrenschiff* inspiriert – die Spitzbuben und Einfaltspinsel auf seine spitze Feder. Viele unter seinen Opfern waren Kirchenmänner, so daß er zuerst für einen Parteigänger Luthers gehalten wurde, bis er diesen mit den Ehrennamen «rasender Bluthund ... unvernünftiger, törichter, gotteslästerlicher Abtrünniger» belegte. Er erhielt dafür von Heinrich VIII. 100 Pfund zum Geschenk.

Sebastian Franck war von feinerem Stoff gemacht. Als die Reformation begann, hatte er eine Priesterstelle in Augsburg inne; er begrüßte die Reformbewegung als mutige und notwendige Tat und wurde lutherischer Pfarrer (1525). Drei Jahre später nahm er Ottilie Beham zur Frau, deren Brüder den Täufern angehörten. Franck begann mit diesen geächteten Menschen zu sympathisieren, äußerte sich abwertend über Luthers Intoleranz und wurde schließlich aus Straßburg, seinem damaligen Wirkungsort, vertrieben, worauf er sich als Seifensieder in Ulm niederließ. Von dort aus geißelte er die religiöse Rechthaberei der deutschen Fürsten. «Stirbt ein Fürst und kommt ein anderer Anrichter des Glaubens, bald ist dann dieß Gotteswort.» Sein eigener Glaube war ein universaler Theismus, der sich gegen nichts und niemanden verschloß. «Meinem Herzen ist niemand fremd. Ich habe meine Brüder unter den Türken, Papisten, Juden und allen Volkern.» Er erstrebte ein freies, konfessionsloses, an keine Äußerlichkeiten, nicht einmal an die Bibel gebundenes Christentum. Erschrocken über so unpassende Gedanken, verbannte Ulm Sebastian seinerseits. Er fand Arbeit als Drucker in Basel und starb dort in Ehren, aber arm (1542).

Drama und Dichtung waren in Deutschland um diese Zeit so tief in die religiösen Kämpfe mit hineingerissen, daß sie aufhörten, Kunstwerke zu sein, und zu Waffen wurden. Jedes Schimpfwort, jede Grobheit, jede Obszönität galt in diesem Kampfe als erlaubt: Die Poesie – von Volksliedern und Kirchengesängen abgesehen – erstarb unter den Salven tödlicher Schmähverse. Die mit großem Pomp inszenierten religiösen Dramen des fünfzehnten Jahrhunderts verloren ihre Anziehungskraft aufs Publikum und wurden durch Schwänke ersetzt, die Luther oder die Päpste aufs Korn nahmen.

Nur hie und da erhob sich ein Mann über den Streit der Meinungen und versuchte, das Leben als Ganzes zu sehen, unbehindert von den Scheuklappen der Parteilichkeit. Wäre es nach dem Magistrat von Nürnberg gegangen, so wäre Hans Sachs seiner Lebtag ein Schuhmacher geblieben; denn als er ohne das behördliche Imprimatur eine Geschichte des Turmbaus von Babel in Reimen drucken ließ, verboten die Behörden das Buch und ersuchten den Verfasser, bei seinen Leisten zu bleiben, da das Dichten offensichtlich nicht seine Stärke sei. Dennoch war Sachs' Unternehmen gar nicht abwegig; er hatte alle erforderlichen Grade durchlaufen, um ein Meistersinger zu werden, und wenn man bedenkt, daß die Zunft der Tuchweber und Schuhmacher, zu der er gehörte, regelmäßig das Chorsingen betrieb und dreimal im Jahr sich öffentlich hören ließ, so erscheint seine doppelte Tätigkeit als Schuhmacher und Dichter alles andere als ungewöhnlich. Für diese öffentlichen Musikübungen seiner Zunft wie für jede andere Gelegenheit schrieb er dann auch mit unermüdlichem Fleiße seine Lieder und gereimten Stücke.

Wir müssen in ihm nicht einen großen Dichter, sondern vielmehr einen Mann sehen, der in einem von Haßgeschrei erfüllten Jahrhundert das Banner der Vernunft und Lebensfreude hochhielt. Ihn zog es zum einfachen Volk, nicht zu den Übermenschen; seine Spiele handeln in den meisten Fällen von schlichten Leuten, und selbst der liebe Gott, wenn er auftritt, gehört dieser Menschenklasse an und spricht nicht anders als etwa der Pfarrer aus der Nachbarschaft. Während die meisten übrigen Schriftsteller ihre Werke mit scharfem Spott, Grobheiten oder Schlüpfrigkeiten würzten, stimmte Sachs ein Preislied auf die Tugenden der Pflichttreue, Menschenfreundlichkeit, Frömmigkeit, ehelichen Treue, elterlichen und kindlichen Liebe an. Die ersten Gedichte, die er drucken ließ (1516), sollten «förderlich zu Gottes Lob und Ehre» und «auch dem Nächsten dienlich zu einem bußfertigen Leben» sein, und von dieser herzerquickenden echten Religiosität waren alle seine Werke erfüllt. Er dramatisierte das halbe Bibelbuch, wobei er sich der Lutherischen Übersetzung bediente. Luther selbst begrüßte er als «Nachtigall von Wittenberg» und erhoffte von ihm die Befreiung der Religion von allem Unreinen und die Wiederherstellung der Sittlichkeit.

Wacht auf! Es nahent gen dem Tag.
Ich hör singen im grünen Hag
ein wunnigliche Nachtigall.
Ihr Stimm durchklinget Berg und Tal.
Die Nacht neigt sich gen Occident,
der Tag geht auf von Orient.
Die rotbrünstige Morgenröt
her durch die trüben Wolken geht,
Daraus die lichte Sunn tut blicken.[9]

Im Laufe der Jahre entwickelte Sachs sich zum Barden der Reformation, der nicht müde wurde, in Knittelversen die Laster der Kirche anzuprangern. Besonders gern nahm er in seinen Schwänken schurkische Mönche aufs Korn, etwa indem er sie unschuldige Mädchen verführen oder im Zustande der Bezechtheit die Messe lesen ließ. Überhaupt war für ihn die ganze Mönchszunft von des Teufels Karren gefallen. 1558 erschien von ihm eine gereimte Historie der Päpstin Johanna, und die meisten protestantischen Theologen nahmen diese Fabel für historische Wahrheit. Aber Hans gab nicht minder den Protestanten seinen Spott zu kosten, indem er zeigte, wie groß der Gegensatz zwischen ihren Predigten und ihrem Lebenswandel sei. «Mit dem Fleischessen, Rumoren, Pfaffenschänden, Hadern, Spotten, Verachten und allem unzüchtigen Wandel habt ihr Lutherische der evangelischen Lehre selber eine große Verachtung gemacht.» In Übereinstimmung mit vielen anderen Zeitgenossen beklagte auch er die Sittenlosigkeit und Kommerzialisierung der Zeit.

Abgesehen von Wagners Idealisierung dürfen wir, alles in allem, Hans Sachs als den Typus des knorrigen, ungeschlachten, aber biederen, gemütvollen Deutschen betrachten, der damals mindestens im Süden des Landes die große Mehrheit des Volkes gebildet haben muß. Wir sehen ihn förmlich vor uns, wie er vierzig Jahre lang in aller Behaglichkeit seiner Arbeit nachgeht und daneben seiner Muse opfert. Als seine erste Frau starb (1560), ehelichte er mit achtundsechzig eine knusprige Jungfer von siebenundzwanzig Lenzen und überlebte auch noch dieses Kreuz. Wenn man es recht bedenkt, so läßt sich mancherlei für ein Zeitalter und eine Stadt sagen, als ein Schuster Humanist, Poet und Musiker werden konnte, sich eine umfangreiche Bibliothek erwarb und sie auch gebrauchte, griechische Literatur und Philosophie studierte, 6000 Gedichte schrieb und in verhältnismäßiger Frische und Glückseligkeit ein Alter von zweiundachtzig Jahren erreichte.

IX. DIE IBERISCHE MUSE: 1515–1555

Für Portugals Literatur brach damals eine bewegte Zeit an. Der anspornende Einfluß der Entdeckungsreisen, der wachsende wirtschaftliche Reichtum des Landes, das Vorbild Italiens, das Wirken der Humanisten in Coimbra und Lissabon, die Förderung von Kunst und Wissenschaft durch den Hof vereinigten sich, um eine Blütezeit herbeizuführen, die bald einmal in den *Lusiaden* des Camões gipfeln sollte (1572). Zwischen der *Eschola Velha*, der Alten Schule, unter Gil Vicente, die volkstümliche Themen und überlieferte Formen bevorzugte, und den *Quinhentistas*, den Männern von Fünfzehnhundert, das heißt des sechzehnten Jahrhunderts, die sich, mit Sá de Miranda an der Spitze, für italienische und klassische Vorbilder begeisterten, herrschte ein fröhlicher Krieg. Gil Vicente, der portugiesische Shakespeare, beherrschte für mehr als dreißig Jahre (1502–1536) das Theater mit seinen einfach konzipierten *autos* (Akte). Der Hof ließ ihn freundlich gewähren, bekam von ihm zu jedem Ereignis im königlichen Hause ein neues Stück geliefert, und als der König sich mit dem Papst verzankt hatte, durfte Gil diesen mit einem Freimut aufs Korn nehmen, daß Aleander, der in Brüssel der Aufführung eines dieser Stücke beiwohnte, vermeinte, «in Mittelsachsen zu sein und Luther zuzuhören». Der fruchtbare Dramatiker schrieb seine Stücke bald auf spanisch, bald auf portugiesisch, bald in beiden Sprachen zusammen, mit gelegentlichen Einschiebseln von Italienisch, Französisch, Kirchenlatein und dem Dialekt der einheimischen Bauern. Wie bei Shakespeare wurde in diesen Stücken die Handlung oftmals durch eingestreute Lieder und Bänkelsänge unterbrochen, die sich beim Volke großer Popularität erfreuten; und wie Shakespeare, so war auch Gil nicht nur Autor, sondern zugleich Schauspieler, Regisseur und Bühnenbildner. Außerdem durfte er sich rühmen, einer der besten Goldschmiede seiner Zeit zu sein.

1524 kehrte Francisco Sá de Miranda von einem sechsjährigen Aufenthalt in Italien, wo er sich die Ansteckung mit dem Renaissancefieber geholt hatte, nach Portugal zurück. Wie Ronsard und die Pléiade in Frankreich, Spenser und Sidney in England, so setzte auch er es sich in den Kopf, die Literatur seiner Nation zu veredeln, indem er sie in bezug auf Themenwahl, Stil und Versmaß nach klassischen Vorbildern modellierte; wie Joachim du Bellay wies er Petrarca den Rang eines Klassikers zu und machte seine Landsleute mit der Sonettenform bekannt, und wie Jodelle schrieb er die erste klassische Tragödie in der Umgangssprache seines Landes (1550). Eine portugiesische Prosakomödie in klassischer Form von ihm war bereits 1527 erschienen. Sein

Freund Bernardim Ribeiro verfaßte bukolische Lyrik nach dem Vorbild Vergils und machte aus seinem Leben eine Tragödie im Stile Tassos: Er erregte durch seine Leidenschaft für eine Dame des Hofes so großes Aufsehen, daß er in die Verbannung gehen mußte; später durfte er zurückkehren und sich erneut der Gunst des Königs erfreuen; er starb 1552 im Wahnsinn.

Eine Reihe markanter Geschichtsschreiber übernahm die Aufgabe, der Nachwelt die ruhmvollen Taten der Entdecker zu übermitteln. Der erste, Caspar Correa, bereiste Indien und stieg dort bis zum Range eines Sekretärs von Albuquerque, dem Vizekönig von Portugiesisch-Indien, empor; seine Kritik an der korrupten Beamtenwirtschaft machte ihm viele Feinde, und 1565 wurde er in Malakka ermordet. Trotz vielfacher Inanspruchnahme durch die Pflichten seines Amtes fand er Zeit, eine achtbändige, von ihm als «kurzer Überblick» bezeichnete Geschichte der portugiesischen Eroberungen in Indien zu schreiben: *Lendas da India*, die jene große Zeit in den lebhaftesten Farben schildert. Ein anderer Historiograph, Fernão Lopes de Castanheda, verbrachte sein halbes Leben auf Reisen im Orient und arbeitete zwanzig Jahre lang an seiner *Historia do descobrimento e conquista da India pelos Portuguezes*. João de Barros schließlich war während vierzig Jahren an verschiedenen administrativen Posten des Ministeriums für Indien in Lissabon tätig und beschämte durch seinen Verzicht auf jegliche Bereicherung alle seine Vorgänger. Er hatte Zugang zu allen Archiven und verfaßte, gestützt auf sie, ein den schlichten Titel *Asia* tragendes Geschichtswerk, das im Laufe der Zeit aber die Bezeichnung *Decades* erhielt, weil drei von seinen umfangreichen vier Bänden je eine Zeitspanne von zehn Jahren behandelten. De Barros' Geschichte durfte sich, was Klarheit, Zuverlässigkeit und Anordnung der Fakten betrifft, mit jedem Werk der zeitgenössischen Historiographie, ausgenommen Machiavelli und Guicciardini, messen. Seine Landsleute freilich hätten von dieser Einschränkung nichts wissen wollen, denn sie gaben ihm den stolzen Namen eines portugiesischen Livius.

In Spanien war mittlerweile der Dialekt Kastiliens zur Literatursprache des Landes geworden, während die Dialekte von Valencia, Katalonien, Andalusien und Galicia – aus dem sich das Portugiesische entwickelte – nur im Volksmund weiterlebten. Das Kastilische wurde im Zeitalter von Ferdinand, Isabella und Kardinal Ximenes zur offiziellen Sprache des Hofes, der Behörden und der Kirche, und diesem Umstand verdankte es die Erringung seiner durch nichts mehr zu erschütternden Vormachtstellung; es ist mit seinem männlich-charaktervollen Wohllaut bis heute die spanische Literatursprache geblieben. Manche Schriftsteller jenes Zeitalters waren in ihre Sprache geradezu vernarrt und konnten sich, nach dem Muster Antonio de Guevaras, in Wortkünsteleien und rhetorischem Prunk nicht genug tun; Guevaras *Reloj de principes* (1529) wurde durch Lord Berners ins Englische übersetzt und übte eine starke Wirkung auf John Lyly und seinen manieristischen Roman *Euphues* sowie auf die frühen Shakespearekomödien mit ihren Wortspielen aus.

Die Hauptthemen der spanischen Literatur waren Gott, Krieg und Liebe. Die Leidenschaft des Publikums für Ritterromanzen nahm derart heftige Formen an, daß die Cortes 1555 beantragten, diese Art von Literatur gesetzlich zu verbieten; ein entsprechendes Dekret wurde tatsächlich im spanischen Amerika erlassen; wäre es im Mutterland zur Anwendung gekommen, so wüßten wir vermutlich heute nichts von Don Quixote. Eines der Werke, die den kirchlichen Schnüfflern bei der Säuberung der Bibliotheken entgingen, war Jorge de Montemayors *Diana enamorada* (1542), eine Nachahmung der *Arcadia* des spanisch-italienischen Dichters Sannazaro und ihrerseits ein Vorbild für Sir Philip Sidneys *Arcadia* (1590); Montemayors halb in Prosa, halb in Versen geschriebene Romanze stellte eines der zahllosen Beispiele für den Einfluß Italiens auf die spanische Literatur dar, wobei aber auch hier, wie so oft, der Eroberte den Eroberer eroberte. Juan Boscan übertrug Castigliones *Cortigiano* in ein Spanisch, das sich neben dem Original sehen lassen durfte, und griff auch die Anregung des Venezianers Navagero auf, das Sonett in Spanien populär zu machen.

Boscans Freund Garcilaso de la Vega führte diese Gedichtform binnen kurzem der Vollendung zu. Wie so viele spanische Dichter seiner Zeit war er von adliger Abkunft; sein Vater stand als

Gesandter beim Vatikan in Ferdinands und Isabellas Diensten. Geboren zu Toledo im Jahre 1503, erlernte Garcilaso schon früh das Waffenhandwerk; 1532 zeichnete er sich vor Wien im Kampf gegen die Türken aus, 1535 wurde er während der Belagerung von Tunis zweimal ernstlich verwundet, ein paar Monate darauf nahm er an Karls V. unglücklichem Feldzug in die Provence teil. In Fréjus führte er als Freiwilliger einen Sturmangriff auf eine belagerte Burg, erstieg als erster die Mauern, erhielt einen Schlag auf den Kopf und starb drei Tage später an der Wunde, dreiunddreißig Jahre alt. Wie zeitlos klingt, was er in einem der siebenunddreißig seinem Freunde Boscan hinterlassenen Sonette sagt:

Und immerdar viel größer nur erstehen
Die Unbill alle dieser unserer Zeiten,
Die hin von einem Leid zum anderen gehen.
Denn wen betrifft dies Übermaß an Streiten
Wohl nicht, und die Verbannung und die Qual?
Und wen ermüdet nicht ihr fürder Schreiten?
Wes Blut verspritzte nicht des Feindes Stahl?
Und wer sah nicht sein Leben stets geboren
Zu Untergang und Irrweg' ohne Zahl?
Und von wie vielen ging und geht verloren
Haus, Gattin und was man von ihm erfuhr?
Wes Reichtum ist nicht zum Verlust erkoren?
Was bringt das ein? Ein wenig Ehre nur?
Belohnung oder auch ein wenig Dank?
In der Geschichte findet man die Spur. [10]

Dutzende von Büchern feierten sein Andenken in den zärtlichsten Worten, und die zeitgenössische Geschichtsschreibung rechnete seinen Tod unter die bedeutsamsten damaligen Ereignisse. Seine Gedichte erschienen in handlichen Bänden, und die spanischen Soldaten trugen sie auf ihren Feldzügen in einem Dutzend Länder mit sich. Die spanischen Lautenisten benützten seine Verse als Texte für Madrigale, und die Dramatiker arbeiteten seine Hirtengedichte in Theaterstücke um.

Das spanische Drama verharrte in einem momentanen Ruhezustand, nichts ahnend von dem Aufschwung, der ihm in Bälde einen ebenbürtigen Platz neben dem elisabethanischen eintragen sollte. Einaktige Komödien, satirische Schwänke und Episoden aus volkstümlichen Ritterromanzen wurden von wandernden Truppen auf öffentlichen Plätzen, in *corrales* – Innenhöfen von Herbergen – und gelegentlich in Fürstenschlössern oder am königlichen Hof aufgeführt. Lope de Rueda, der Nachfolger Gil Vicentes als Verfasser von *autos* für solche Truppen, machte sich einen Namen durch die *bobos*, Clowns, die er in seinen Stücken auftreten ließ; das Wort ist in den europäischen Sprachgebrauch eingegangen.

An Geschichtsschreibern herrschte kein Mangel. Gonzalo Fernández de Oviedo wurde von Ferdinand zum Chronisten der Neuen Welt ernannt und entledigte sich seiner Aufgabe schlecht und recht in einer umfangreichen, aber unsystematischen *Historia general y natural de las Indias Occidentales* (1535). Während seines vierzigjährigen Aufenthaltes im spanischen Amerika erwarb er sich durch die Ausbeutung von Goldminen ein großes Vermögen, weshalb eine Schrift von Las Casas, *Brevisima relación de la destruyción de las Indias* (1539), worin dieser den erbarmungslosen Mißbrauch der eingeborenen Sklaven bei der Arbeit in den Minen geißelte, Oviedos Mißfallen erregen mußte. Bartolomé de las Casas, der 1502 mit Kolumbus nach «Westindien» gesegelt war, amtete als Bischof von Chiapa in Mexico, und fast sein gesamtes Lebenswerk galt dem Wohl der Indianer. In seinen an die spanische Regierung gerichteten *Memorials* legte er dar, wie die eingeborenen Arbeiter unter den von den Eroberern ihnen aufgezwungenen harten Arbeitsbedingungen in Massen dahinstarben. Die Indianer waren vor der spanischen Eroberung infolge des warmen Klimas und ihrer Bedürfnislosigkeit nicht auf ständige Arbeit angewiesen gewesen; sie hatten keine Goldbergwerke betrieben, sondern sich mit dem Golde, das an der Erdoberfläche lag oder von den Flüssen mitgeführt wurde, begnügt und es auch nur zu Schmuckstücken verarbeitet. Nach Las Casas' Angaben ging die Bevölkerungszahl in achtunddreißig Jahren von 12000000 Seelen (zweifellos eine zu hohe Schätzung) auf 14000 Seelen zurück. Dominikaner- und Jesuitenmissionare unterstützten Las Casas' Proteste gegen die Versklavung der Indianer, und Isabella trat wiederholt dagegen auf. Ferdinand und Ximenes suchten durch Verordnungen die Lage dieser Unglücklichen etwas zu erleichtern, aber während die Herren mit der europäischen Politik alle Hände voll zu tun hatten, verhallten ihre Appelle zu einer menschlichern Behandlung der Eingeborenen wirkungslos.

Auch die Eroberung von Mexiko gab Anlaß zu einer freilich harmloseren Kontroverse. Francisco López de Gómara gab eine ganz einseitig die Partei von Cortés ergreifende Darstellung dieses Raubzugs, worauf Bernal Díaz del Castillo als Entgegnung seine *Historia verdadera de la conquista de la Nueva España* (1568) drucken ließ, worin er wohl Cortés' Leistung würdigte, ihm daneben aber vorwarf, daß er alle Ehren und die gesamte Beute für sich behalten und seinen tapferen Kriegsgefährten, darunter Bernal selber, wenig übriggelassen habe. Bernals Bericht ist heute noch von packender Wirkung, erfüllt von Abenteuerlust, Siegesjubel und ehrlichem Staunen über die Schönheit und den Reichtum des Aztekenreiches. «Als ich die Szene erblickte, die sich rund um mich ausbreitete, da war es mir, als sei dies der Garten der Welt», sagt er an einer Stelle – um beizufügen: «Das alles ist zerstört.»

Das reifste spanische Geschichtswerk dieser Zeit und ihr berühmtester Roman werden ein und demselben Verfasser zugeschrieben: Diego Hurtado de Mendoza. Er erblickte das Licht der Welt zu Granada, elf Jahre nach dessen Eroberung durch Ferdinand; sein Vater hatte sich bei der Belagerung der Stadt ausgezeichnet und war nach ihrem Fall zum dortigen Gouverneur ernannt worden. Erzogen zu Salamanca, Bologna und Padua, erwarb sich Diego umfassende Kenntnisse in Latein, Griechisch, Arabisch, Philosophie und Jurisprudenz; er sammelte klassische Manuskripte mit dem Eifer eines Renaissancefürsten, und als Suleiman ihn für einen der Pforte geleisteten Dienst belohnen wollte, erbat Mendoza sich einzig eine Anzahl griechischer Handschriften. Unter Karl V. bekleidete er hohe Stellen im diplomatischen Dienste beim Vatikan, in Venedig und während des Konzils von Trient. Als Paul III. ihn wegen einer scharfen Verlautbarung des Kaisers an den Papst, deren Überbringer Mendoza war, unfreundlich anfuhr, sagte Mendoza zu ihm mit dem ganzen Stolz eines spanischen Granden: «Ich bin ein Kavalier, wie mein Vater einer war, und als solcher ist es meine Pflicht, die Befehle meines königlichen Herrn auszuführen, was ich, solange ich den dem Stellvertreter Christi auf Erden gebührenden Respekt wahre, tun kann, ohne Euere Heiligkeit fürchten zu müssen. Ich bin der Gesandte des Königs von Spanien ... und bin, als sein Stellvertreter, selbst vor dem Zorn Eurer Heiligkeit sicher.»

Die neuesten Ergebnisse der *Lazarillo*-Forschung lassen Mendozas Urheberschaft an diesem ersten Schelmenroman der europäischen Literatur als zweifelhaft erscheinen. Das *Leben des Lazarillo von Tormes* erschien 1553 im Druck, war möglicherweise aber bereits viele Jahre früher niedergeschrieben worden. Daß ein Sproß aus den Kreisen des hohen Adels, dessen Familie im Range einzig dem König nachstand, einen Dieb zum Helden seines Buches gemacht hätte, berührt in der Tat seltsam, und noch mehr Befremden muß es erregen, wenn ein ursprünglich für die geistliche Laufbahn bestimmter Mann in seinem Buch mit so scharfen satirischen Ausfällen gegen den Klerus aufwartete, daß die Inquisition jeden Nachdruck des Werkes untersagte, bevor nicht die anstößigen Stellen daraus entfernt worden waren. Lazarillo* ist ein heimatloser Junge, der als Führer eines blinden Bettlers zuerst die Kniffe der Taschendiebe lernt, nachher als Diener eines Priesters, eines Mönchs, eines Kaplans, eines Amtmanns und schließlich eines

* Lazarillo, «kleiner Lazarus», nimmt Bezug auf den gleichnamigen Bettler im Lukasevangelium, Kap. 16; weiter meint es «kleiner Bettler», schließlich einen Knaben, der einem blinden Bettler als Führer dient.

«Bullenkrämers» auf der Leiter des Kriminalhandwerks immer höher steigt. Die vom Ablaßkrämer dem kauflustigen Publikum vorgespiegelten Wunder erregen selbst in dem weltkundigen jungen Dieb nicht geringes Staunen. «Ich muß gestehen, daß ich, mit vielen anderen, mich damals täuschen ließ und meinen Herrn für ein Wunder an Heiligkeit hielt.» Der *Lazarillo* führte den *gusto picaresco*, das Schelmenthema, im europäischen Roman ein; er fand zahllose Nachahmungen, deren berühmteste Alain Lesages *Gil Blas* (1715–1735) ist.

Vom Hofe Philipps II. verbannt, weil er in einer Auseinandersetzung von seiner Waffe Gebrauch gemacht hatte, zog Mendoza sich nach Granada zurück, schrieb dort Gelegenheitsgedichte, die aber infolge ihrer Gewagtheit zu seinen Lebzeiten nicht erscheinen durften, und verfaßte auch, unter dem Titel *Historia de la Guerra de Granada*, eine Geschichte des Maurenaufstandes, die der maurischen Sache so viel Gerechtigkeit widerfahren ließ, daß auch diese Geschichte ungedruckt bleiben mußte und erst 1610, und auch dann noch nur auszugsweise, erscheinen konnte. Mendoza nahm sich an Sallust ein Muster und erwies sich seines Vorbildes würdig, daneben gestattete er sich einige Übergriffe auf Tacitus; seine *Historia* ist aber das erste spanische Geschichtswerk, das nicht nur mehr eine bloße chronikalische Aneinanderreihung der Ereignisse gibt, auch nicht einseitig propagandistische Zwecke verfolgt, sondern den historischen Zusammenhängen nachgeht und sie mit klugem Blick für das Wesentliche und in packender literarischer Form interpretiert. Mendoza starb 1575 im Alter von zweiundsiebzig Jahren. Er gehörte zu den umfassendsten Persönlichkeiten einer an großen Männern nicht armen Zeit.

In diesen hastig dahineilenden Zeilen läuft das Gewissen immer mit der Zeit um die Wette, wohl wissend, daß des Verfassers flüchtige Feder, einem eiligen Reisenden vergleichbar, an der Oberfläche der Dinge haftenbleiben muß. Wie viele Drucker, Humanisten, Lehrer, Mäzene, Poeten, Romanschriftsteller und kühne Neuerer mühten sich ein halbes Jahrhundert lang zur Hervorbringung der Werke ab, die hier auf engem Raum nur gestreift werden konnten; wie viele Meisterwerke mußten unerwähnt bleiben, wie viele Nationen beiseite gelassen werden, wie viele einst hochberühmte Geister wurden mit einer einzigen Zeile abgespeist. Die Tinte geht zu Ende, und wir wollen zufrieden sein, wenn aus den Schnörkeln und Klecksen, die sie auf diesen Seiten hinterlassen hat, ein wenn auch undeutliches Bild vor dem Leser aufsteigt – das Bild jener Männer und Frauen, die, vom religiösen Hader und Krieg eine Weile ablassend, erfüllt von Liebe für das Schöne in jeder Erscheinungsform, aber auch für das Wahre und das Kraftvolle, Worte bildeten, formten, modellierten, ziselierten, bis sie für das, was sie sagen wollten, den richtigen Ausdruck fanden, bis Wissen und Wohllaut miteinander verschmolzen, bis aus einem Werk die Stimme einer ganzen Nation sprach, bis ein ganzes Jahrhundert seinen Geist in dieses Gefäß einströmen ließ, das mit so viel Hingabe geschaffen wurde, daß die Zeit selbst es mit liebender Sorgfalt bewahren und es durch alle Wechselfälle hindurch als kostbares Vermächtnis der Menschheit an die Nachwelt weitergeben würde.

VIERTES KAPITEL

Die Kunst im Zeitalter Holbeins

[1517–1564]

I. DIE KUNST, DIE REFORMATION UND DIE RENAISSANCE

DIE Kunst mußte im Zeitalter der Reformation zu kurz kommen, und zwar schon allein deshalb, weil der Protestantismus an die Zehn Gebote glaubte. Hatte nicht Gott der Herr gesagt: «Du sollst Dir kein Bildnis noch irgendein Gleichnis machen, weder des, das oben im Himmel, noch des, das unten auf Erden, oder des, das im Wasser unter der Erde ist» (2. Mose, 20,4)? Woher sollte nach diesem strikten Verbot die bildende Kunst den Mut zu sich selbst hernehmen? Die Juden hatten dem Machtwort gehorcht und die Finger von der Kunst gelassen. Der Islam hatte es wenigstens teilweise respektiert, indem er der Kunst ausschließlich dekorative Aufgaben zuwies, wobei das Hauptgewicht auf abstrakten Elementen lag; wenn dennoch einzelne gegenständliche Darstellungen vorkamen, zeigten sie meist nur Dinge, selten Menschen, niemals Gott. Der Protestantismus folgte, in Neuentdeckung des Alten Testamentes, der jüdischen Linie. Nur der Katholizismus, dessen griechisch-römisches Erbteil seine jüdische Herkunft verschleierte, hatte das Verbot mehr und mehr aus den Augen verloren: Die Gotik hatte Heilige und Götter in Stein abgebildet; die italienische Frührenaissance hatte Illustrationen zu den Episoden der Biblischen Geschichte geliefert, und in der Hochrenaissance gar war das zweite Gebot unter einem überquellenden Reichtum bildlicher Darstellungen völlig in Vergessenheit geraten. Vielleicht hatte dieses Gebot anfänglich überhaupt nur Bilder, die magischen Zwecken dienen sollten, ächten wollen, und in diesem Falle hatten die Kunstmäzene im Italien der Renaissance recht, wenn sie ein aus der Urzeit stammendes, nunmehr bedeutungslos gewordenes Tabu nicht beachteten.

Die Kirche selbst, die größte Förderin der Künste, hatte sich ihrer bedient, um dem des Lesens unkundigen Volke die Dogmen und Legenden des Glaubens nahezubringen. Dem politisch denkenden Kleriker, der von der vitalen Notwendigkeit, durch den Glauben auf die Moral einzuwirken, überzeugt war, schien dieser Gebrauch der Kunst ein vernünftiger. Sobald aber die Kirche anfing, mit den Mythen – beispielsweise dem Fegefeuer – Mißbrauch zu treiben, um ihren Luxus und ihre Laster zu finanzieren, rebellierten die Kirchenreformer verständlicherweise gegen die bildende Kunst, deren Gegenstand diese Mythen bildeten. Luther zwar zeigte sich in der Sache maßvoll, selbst auf die Gefahr hin, die Zehn Gebote abändern zu müssen. Er sei nicht der Meinung, sagte er, «daß durch das Evangelion sollten alle Künste zu Boden geschlagen werden und vergehen, wie etliche Abergeistlichen furgeben, sondern ich wollt alle Künste ... gerne sehen im Dienst deß, der sie geben und geschaffen hat»[1]. Im Jahre 1526 forderte er seine Anhänger sogar auf, «das edle Götzengeschlecht des römischen Antichristes mit Malen anzugreifen»[2]. Selbst Calvin, dessen Jünger begeisterte Bilderstürmer waren, legte ein gutes Wort für die bildende Kunst ein: «Gewiß will ich nicht etwa in abergläubischer Scheu behaupten, man dürfe überhaupt keine Bilder haben. Aber weil Bildhauerkunst und Malerei Gottes Geschenke sind, so fordere ich reinen und rechtmäßigen Gebrauch dieser Künste ... Es soll also nur das gemalt oder gebildet werden, was unsere Augen fassen können.»[3] Reformer, die weniger gemütvoll als Luther, weniger vorsichtig als Calvin waren, zogen es vor, religiöse Bilder und Skulpturen ausnahmslos in Acht und Bann zu tun und ihre Kirchen von jeglichem papistischen Zierat zu säubern; im Namen der Wahrheit wurde die Schönheit als heidnisch verbannt. In England, Schottland, der Schweiz und Norddeutschland erfolgte eine ebenso gründliche wie wahllose Zerstörung kirchlicher Kunstwerke; in Frankreich wurden in den von den Hugenotten unter ihre Botmäßigkeit gebrachten Kirchen sämtliche Reliquiare, Schreine und andere Weihgefäße eingeschmolzen. Wir müssen uns die Gefühle jener Menschen, die unter Gefährdung ihres eigenen Lebens die Reform der Kirche anstrebten, vergegenwärtigen: dann verstehen wir die wütende Leidenschaft, von der sie sich im Augenblick des Triumphes dazu hinreißen ließen, die Bildwerke zu zerstören, die mitgeholfen hatten, sie in Fesseln zu schlagen. Gewiß war, was sie taten, eine barbarische Roheit; die Schuld dafür hat sich aber, wenigstens teilweise, die Kirche selbst zuzuschreiben, die sich während Jahrhunderten allen Bemühungen zu ihrer Reform entgegengestemmt hatte.

Die gotische Kunst ging im Reformationszeitalter zur Neige, aber die Reformation war nur eine der Ursachen für ihren Niedergang. Die Auflehnung gegen die mittelalterliche Kirche brachte auch den Widerwillen gegen den Bau- und ornamentalen Stil, mit dem sie im Bewußtsein der Menschen für so lange Zeit untrennbar verbunden gewesen war, mit sich; aber sein Schicksal war besiegelt, bevor Luther überhaupt die Stimme erhob. Im katholischen Frankreich sowohl wie im rebellierenden Deutschland und England siechte die Gotik, an ihrem eigenen Schwulst erstickend, dahin. Nicht weniger als die Reformation wurde ihr die Renaissance zum Verhängnis. Diese kam aus Italien, dem Lande, das sich nie viel aus der Gotik gemacht hatte und sie dort, wo es sie dennoch verwendete, nach seinen eigenen Bedürfnissen umformte; auch fand das Gedankengut der Renaissance hauptsächlich bei den gehobenen Schichten Eingang, die mit ihrem milden Skeptizismus dem enthusiastischen Glauben aus den Tagen der Kreuzzüge und des gotischen Weltgefühls verständnislos gegenüberstanden. Die Kirche, die in der gotischen Architektur ihren höchsten künstlerischen Ausdruck gefunden hatte, verarmte mit dem Fortschreiten der reformatorischen Bewegung infolge des Verlustes von Großbritannien, Deutschland, Skandinavien und infolge der Übergriffe katholischer Fürsten auf ihr Vermögen in einem Ausmaß, daß sie ihre Rolle als Schutzpatronin der Künste nur mehr in bescheidenem Umfange weiterspielen und auf die Entwicklung eines neuen Kunststils keinen entscheidenden Einfluß mehr ausüben konnte. Schritt für

Schritt mußten sich die geheiligten Traditionen des mittelalterlichen Glaubens und der mittelalterlichen Kunst vor der andrängenden heidnisch-weltlichen Renaissance mit ihrer betonten Vorliebe für die Klassik zurückziehen. Ohne Scheu griff der neue Mensch über Jahrhunderte voll Furcht und Frömmigkeit zurück auf die sinnenfrohen diesseitsfreudigen Leidenschaften des Altertums. Der Gotik als der Kunst der Barbaren, die Rom zerstört hatten, wurde der Krieg erklärt. Die eroberten Römer erwachten zu neuem Leben, bauten ihre Tempel wieder auf, gruben ihre Götter aus dem Schutt und riefen erst Italien, dann Frankreich und England auf, die Kunst zu erneuern, die die Glorie Griechenlands und die Größe Roms ausgemacht hatte. So eroberte die Renaissance die Gotik; und in Frankreich eroberte sie auch die Reformation.

II. DIE KUNST DER FRANZÖSISCHEN RENAISSANCE

I. «UNE MALADIE DE BÂTIR»

Noch war der französischen kirchlichen Baukunst eine Gnadenfrist geschenkt. Verschiedene alte gotische Kathedralen wurden mit Erweiterungsbauten, notwendigerweise im selben Stil, versehen. In Caen wurde der berühmte Chor von St-Pierre vollendet, die Kathedrale von Beauvais erhielt ein südliches Querschiff, und in dem 165 Meter hohen Turm, womit Jean Vast dieses Querschiff krönte (1553), setzte die Spätgotik zu einem letzten Aufschwung an. Als am Himmelfahrtstage 1573 der kühne Turmbau zusammenstürzte und den Chor zerschmetterte, wurde dieses Unglück zum Symbol für den Untergang des nobelsten Baustils, den die Geschichte der Architektur kennt. Auch an anderen Orten brachte die Gotik noch einige bescheidenere späte Blüten hervor: in Pontoise, Coutances und einem Dutzend anderer französischer Städte. Paris, wo sich bei jedem Blick dem Auge steinerne Zeugen einer glaubensstarken Vergangenheit darbieten, sah den Bau zweier weiterer gotischer Kirchen: St-Etienne-du-Mont (1492 bis 1626) und St-Eustache (1532–1654), die aber stellenweise bereits den Mischstil des Übergangs aufwiesen: St-Etienne in der herrlichen Chorschranke, St-Eustache in seinen Pilastern und quasi-korinthischen Kapitälen.

Die Verdrängung der kirchlich-gotischen durch die weltliche Renaissancearchitektur spiegelte die Geschmacksrichtung Franz' I. und das Erstarken des Humanismus wider, der größere Betonung auf diesseitige Freuden als auf jenseitige Hoffnungen legte. Wie vorher in Italien, so ernährten und beflügelten nun auch in Frankreich der wirtschaftliche Aufschwung, das aristokratische Mäzenatentum und ein heidnischer Hedonismus ein Heer von Baumeistern, Malern, Bildhauern, Töpfern und Goldschmieden. Italienische Künstler wurden nach Frankreich berufen, um durch ihre Geschicklichkeit und die Einführung italienischer dekorativer Elemente der sich in spätgotischem Schwulst verlierenden Kunst neue Impulse zu geben. Nicht nur in Paris, sondern auch in Fontainebleau, Moulins, Tours, Bourges, Angers, Lyon, Dijon, Avignon und Aix-en-Provence vereinigten sich der Glanz italienischer Formen, der Realismus der flämischen Schule und die Geschmackssicherheit königlicher Mäzene und Frauen, um in Frankreich einem neuen Kunststil zum Durchbruch zu verhelfen, der sich seinem italienischen Vorbild würdig an die Seite stellte und dessen Erbe antrat.

An der Spitze der Bewegung stand ein König, der dem Kunstschaffen mit großem Enthusiasmus und zugleich feinem Verständnis zugetan war. Alle Architektur aus der Zeit Franz' I. trug das Gepräge seines beschwingten, heiteren Naturells. *Osez!* – «Wagt!» sprach er zu seinen Künstlern und ließ sie nach Herzenslust experimentieren, wie sie es nicht einmal in Italien hatten tun dürfen. Die künstlerische Gestaltungskraft in der flämischen Bildnismalerei mit sicherem Blick erkennend, berief er Jean Clouet als Hofmaler und verschaffte auch Joos van Cleve Bildnisaufträge von sich und seiner Umgebung. Auf allen anderen Kunstgebieten jedoch ließ er sich durch Italien inspirieren. Nach seinem Sieg bei Marignano (1515) besuchte er Mailand, Pavia, Bologna und andere italienische Städte, um mit neidvollem Eifer die dortigen Schätze der Architektur und Malerei und der Kleinkünste zu besichtigen. Cellini zitiert folgenden Ausspruch von ihm: «Ich erinnere mich sehr wohl, mir sämtliche der besten Kunstwerke und Schöpfungen der größten Meister von ganz Italien angeschaut zu haben» – eine doch wohl übertriebene Feststellung, die vermutlich aber auf das Konto Cellinis geht. Vasari berichtet an vielen Stellen von Ankäufen italienischer Kunstschätze, die Franz I. durch Agenten in Rom, Florenz, Venedig und Mailand tätigen ließ. Auf diese Weise fanden Leonardos *Mona Lisa*, Michelangelos *Leda*, Bronzinos *Venus und Cupido*, Tizians *Magdalena* und Hunderte von weiteren Gemälden, Zeichnungen, Medaillen, Vasen, Statuetten und Tapisserien ihren Weg über die Alpen und in den Louvre.

Der kunstbegeisterte Monarch hätte am liebsten die ganze Elite der italienischen Künstler nach Frankreich importiert. An Geld sollte nicht gespart werden. «Ich will Euch mit Gold vollstopfen», versprach er Cellini. Benvenuto zögerte nicht, dem Ruf zu folgen, und blieb, von einigen Unterbrechungen abgesehen, lange genug in Frankreich (1541–1545), um die schon seit jeher für ihre Geschicklichkeit und Formenschönheit berühmte französische Goldschmiedekunst in ihren Traditionen zu bestärken. Domenico Bernabei «Boccadoro» war bereits unter Karl VIII. nach Frankreich gekommen; Franz I. ließ ihn Pläne für ein neues Pariser Rathaus ausarbeiten (1532), dessen Bauzeit freilich fast ein Jahrhundert in Anspruch nahm; 1871 wurde es von der Kommune niedergebrannt, hierauf nach Boccadoros Plänen nochmals aufgebaut. Auch Leonardo da Vinci reiste, als bereits betagter Mann, nach Paris (1516), wo er in Adels- und Künstlerkreisen hoch gefeiert wurde; von seiner Tätigkeit in Frankreich sind aber keine Spuren übriggeblieben. Andrea del Sarto blieb nur kurze Zeit (1518) und kehrte dann nach Italien zurück. Giovanni Battista «Il Rosso» wurde von Florenz weggelockt (1530) und arbeitete für Franz, bis er durch Selbstmord endete. Giulio Romano erhielt ebenfalls dringende Einladungen, blieb aber in Mantua hängen; dafür sandte er seinen begabtesten Gehilfen, Francesco Primaticcio (1532). Weiter kamen Francesco Pellegrino, Giacomo da Vignola, Niccolò dell'Abbate, Sebastiano Serlio und ein Dutzend andere. Gleichzeitig wurden die französischen Künstler ermuntert, selber nach Italien zu reisen und die Palastbauten in Florenz, Ferrara und Mailand sowie den im

Bau befindlichen neuen St. Peter in Rom zu besichtigen. Nie mehr seit der Eroberung Roms durch die griechische Kunst und Philosophie hatte eine ähnlich wirkungsvolle kulturelle Bluttransfusion stattgefunden.

Die einheimischen und die niederländischen Baukünstler stemmten sich der Verführung durch italienische Einflüsse entgegen, und während eines halben Jahrhunderts (1498–1545) glich die Geschichte der französischen Architektur einem gigantischen Kampf zwischen der im französischen Mutterboden wurzelnden Gotik und den im Kielwasser der französischen Eroberer Italiens – die nun selbst zu Eroberten wurden – nach Frankreich einströmenden italienischen Stilmoden. Dieser Kampf fand seinen steinernen Niederschlag in den Schlössern der Loiregegend. Der Konstruktion nach waren sie noch ganz der Gotik verhaftet, und die Entwürfe lagen auch tatsächlich in den Händen französischer Werkleute. Ihre Anlage umfaßte ein von einem schützenden Wassergraben umgebenes Gebäude im Feudalstil mit festungsähnlichen, majestätisch emporragenden Ecktürmen, breiten, durch Mittelpfosten gegliederten, der Sonne Einlaß gewährenden Fenstern und steil abfallenden, mit Luken oder Gauben versehenen Dächern. Aber man verwehrte den italienischen Eindringlingen nicht, den Spitzbogen in die ältere gerundete Form umzumodeln, die Fassaden mit reihenweise angeordneten, von Pilastern flankierten und mit Giebeln gekrönten Fenstern zu versehen und die Innenräume mit klassischen Säulen, Kapitälen, Gesimsen, Friesen, Zierleisten, Medaillons, Arabesken und Reliefs von Pflanzen, Blumen, Früchten, Tieren, Herrscherbildern und mythischen Gottheiten zu dekorieren. Theoretisch vertrugen sich die beiden Stile, der gotische und der klassische, durchaus nicht, aber ihre mit französischer Geschmackssicherheit vorgenommene Kreuzung zeitigte ein Ergebnis von so harmonischer Schönheit, daß Frankreich nicht umsonst das Hellas der Neuzeit genannt worden ist.

Ein wahres Baufieber – *une maladie de bâtir*, wie ein Heerführer es verwundert nannte – ergriff nunmehr Frankreich oder zum mindesten König Franz. Für seine Gemahlin Claude ließ er dem alten Schloß von Blois durch den französischen Baumeister Jacques Sourdeau einen nördlichen Flügel anbauen, der im Stil schon ganz die Renaissance widerspiegelte. Da für ein Treppenhaus innerhalb des Anbaus kein Raum übrigblieb, entwarf Sourdeau eine aus der Fassade vorspringende Wendeltreppe, eine wahre architektonische Kostbarkeit, die in einem achteckigen Turm durch drei mit reich ornamentierten Balkonen versehene Stockwerke hindurch bis zur Höhe des Daches emporstieg und dort in einer eleganten Galerie endete. Nachdem Königin Claude den letzten Seufzer ihres an Mühen reichen Lebens getan, wandte Franz' Baueifer sich Schloß Chambord, 5 Kilometer südlich der Loire, 16 Kilometer nordöstlich von Blois zu. Ein von den Herzögen von Orléans dort erbautes Jagdschlößchen ersetzte er (1526–1544) durch eine in den Grundrissen noch gotische Anlage, die mit ihren 440 Räumen und den Ställen für 1200 Pferde so ausgedehnt war, daß 1800 Arbeiter während zwölf Jahren daran zu bauen hatten. Ihre von französischen Baumeistern entworfene Nordfassade bot mit ihrem überreichen Schmuck an krönenden Türmen, «Laternen», Ziergiebeln und anderen Ornamenten einen ebenso faszinierenden wie verwirrenden Anblick; das Innere zeichnete sich besonders durch eine prachtvoll gearbeitete Wendeltreppe aus, die zwei gesonderte, je für den Aufstieg und Abstieg bestimmte, kunstvoll miteinander verschlungene Passagen aufwies. Franz hielt sich, da das Schloß den Mittelpunkt eines ertragreichen Jagdreviers bildete, mit Vorliebe in Chambord auf und versammelte hier oftmals den Hof mit seinem ganzen Pomp; in Chambord verbrachte er auch die späteren Jahre seines Lebens. Während der Revolution wurde – in einem verspäteten Racheakt gegen die königliche Verschwendungssucht – fast die ganze Innenausstattung durch die Aufrührer zerstört (1793). Ein noch schlimmeres Schicksal erlitt ein anderes franzisches Bauwerk, das Schlößchen Madrid im Bois de Boulogne, das eine mit Majoliken von der Hand Girolamos della Robbia geschmückte Fassade besaß; es wurde in der Revolution dem Erdboden gleichgemacht.

Nicht nur der König war vom Baufieber ergriffen; auch manche seiner Höflinge ließen sich Paläste erbauen, die noch jetzt wie Wunder aus dem Märchenland anmuten. Zu den schönsten gehört das auf einer Insel des Indre errichtete Azay-le-Rideau (1521); sein Erbauer, Gilles Berthelot, war nicht umsonst französischer Schatzkanzler. Thomas Bohier, Generalsteuereinnehmer der Normandie, erbaute Chenonceaux (1513), der Finanzminister Jean Cottereau baute Schloß Maintenon um. Ein wahrhaft herrschaftliches Bauwerk erstand auf Geheiß von Guillaume de Montmorency zu Chantilly (1530) – auch dieses ein Opfer der Revolution. Sein Sohn Anne de Montmorency, Konnetabel von Frankreich, war der Erbauer von Schloß Ecouen in der Nähe von Saint-Denis (1531 bis 1540). Schloß Villandry wurde durch Jean le Breton erneuert, Schloß Ussé durch Charles d'Espinay ausgebaut. Wenn wir dieser Liste noch die Namen der *hôtels* oder Stadtpaläste Semblançay in Tours, Escoville in Caen, Bernuys in Toulouse, Lallemont in Bourges, Bourgthéroulde in Rouen anfügen – und wir könnten hundert weitere nennen, die alle in diesem Zeitalter rasender Verschwendungssucht entstanden –, dann können wir ermessen, wie groß der Reichtum der Herren und wie bitter die Armut des Volkes damals war.

Immer noch nicht zufrieden mit der Auswahl an Schlössern, die ihm zur Verfügung stand, beschloß Franz den Umbau des Schlosses, das unter Ludwig VII. und Ludwig IX. zu Fontainebleau entstanden war; denn hier war nach Cellinis Behauptung «derjenige Ort in seinem Reich, den der König am meisten liebt». Kapelle und Donjon wurden restauriert, das übrige abgetragen, und an seiner Stelle erstand unter der Leitung von Gilles de Breton und Pierre Chambiges ein Komplex von Palastbauten im Renaissancestil, die untereinander durch eine nach dem König benannte *Galerie de François Premier* verbunden waren. Das Äußere war schlicht gehalten; möglicherweise fürchtete der König, gleich den fürstlichen Kaufleuten von Florenz, eine Prachtfassade so nahe der Hauptstadt würde beim Volk Ärgernis erregen. Dafür ließ er seinem Schönheitssinn freien Lauf bei der Ausschmückung des Inneren, die er italienischen Werkleuten aus der Schule Raffaels und Giulio Romanos anvertraute.

Während zehn Jahren (1531–1541) war Il Rosso – er trug diesen Übernamen wegen seines rötlichen Gesichtes – mit der Dekoration der königlichen Galerie beschäftigt. Vasari schildert den damals siebenunddreißigjährigen Künstler mit folgenden Worten: «Nicht nur in der Malerei schmückten ihn seltene Gaben, sondern auch seine Rede war anmutig und ernst, er war ein guter Musiker, hatte treffliche Kenntnisse in der Philosophie ... In der Baukunst war er trefflich und ungewöhnlich.»[4] So universell begabte Menschen lebten in jener noch nicht arbeitsteiligen Zeit. Rosso unterteilte die Wände der Galerie in fünfzehn nach reiner Renaissancemanier angelegte Felder: Die Basis bildete ein Täfer aus geschnitztem und eingelegtem Walnußholz; darüber folgte eine Reihe von Fresken klassisch-mythologischen oder historischen Inhalts, eingefaßt von üppigen, aus Frucht- und Blumengirlanden, Menschen- und Tierfiguren, Waffen, Medaillons und Muschelornamenten bestehenden Stuckreliefs; als Krönung eine plastische Kassettendecke aus Holz, die die auf leuchtende Farben, sinnlichen Schmelz und unbekümmerte Grazie angelegte Wirkung des Ganzen vervollständigte. Mit diesem Werk war des Königs Geschmack auf das beste getroffen. Er schenkte Rosso ein Haus in Paris und eine Rente von jährlich 1400 Pfund. «Rosso hielt sich», erzählt Vasari, «eine Menge Diener und Pferde, lebte als vornehmer Herr und gab Gastgelage.»[5] Auch nahm er eine Anzahl von jungen Malern und Bildhauern französischer und italienischer Herkunft unter seine Fittiche, die den Kern der sogenannten «Schule von Fontainebleau» bildeten. Auf der Höhe seines Erfolges spielte ihm sein italienisches Temperament einen verhängnisvollen Streich. Einer seiner Gehilfen, Francesco Pellegrino, wurde von ihm des Diebstahls beschuldigt, erwies sich jedoch, trotz Befragung auf der Folter, als unschuldig, worauf Rosso, von Scham und Reue überwältigt, Gift nahm und eines qualvollen Todes starb; er war sechsundvierzig Jahre alt geworden (1541).

Franz beklagte den Verlust dieses Künstlers, hatte aber bereits in Primaticcio einen Ersatz gefunden, der imstande war, Rossos Werk im gleichen Stil phantasievoller Üppigkeit weiterzuführen. Primaticcio war ein schöner junger Mann von siebenundzwanzig Jahren, als er 1532 an den französischen Hof kam. Der König erkannte bald seine vielseitigen Talente als Maler, Bildhauer und Baumeister, stellte ihm eine Reihe von Mitarbeitern zur Verfügung, zahlte ihm ein auskömmliches Gehalt und verschaffte ihm später auch die Einnahmen aus einer geistlichen Pfründe; mit den Pfennigen der Gläubigen wurden auf diesem Wege Kunstwerke geschaffen, die alles andere als christlich waren. Primaticcio fertigte die Entwürfe für die Wirkteppiche in den königlichen Gemächern an, meißelte einen prachtvollen Kamin für Königin Eleonorens Kabinett in Fontainebleau und vergalt der Herzogin d'Etampes ihre Wohltaten, indem er ihre Räume im Schloß mit Bildern und Stuckfiguren dekorierte. Die Malereien sind durch wiederholte Restaurierungen bis zur Unkenntlichkeit entstellt, der Figurenschmuck dagegen lebt in unverminderter Schönheit weiter; die eine der gipsernen Damen, die mit ihren Händen ein Gesimse stützt, gehört zu den anmutigsten Figuren, die die französische Bildhauerei hervorgebracht hat. Wie hätte der König, der für solch liebliche Schamlosigkeit ein äußerst empfängliches Herz besaß, der finsteren Strenge des Calvinismus vor seiner eigenen Kirche, die für diese holden Nacktheiten nur ein verzeihendes Lächeln hatte, den Vorzug geben können?

Der Tod des königlichen Satyrs und die Thronbesteigung des trübseligen Heinrich II. änderte nichts an Primaticcios Vormachtstellung, der seinem Stil auch fernerhin keinen Zwang anzutun brauchte. Vielmehr machte er sich (1551–1556), unterstützt von

Philibert Delorme und Niccolò dell'Abbate, an den Entwurf und die Ausgestaltung der Galerie Heinrichs II. zu Fontainebleau. Auch in diesem Falle sind die Malereien der Zerstörung anheimgefallen, aber der figürliche Schmuck in seiner ganzen verführerischen Anmut ist noch vorhanden, und die abschließende Wand stellt ein glanzvolles Stück klassischer Stilkunst dar. Noch schöner muß, zeitgenössischen Berichten zufolge, die 1738 zerstörte Galerie des Odysseus gewesen sein, die mit 161 Szenen aus der *Odyssee* geschmückt war.

Schloß Fontainebleau bezeichnete den Sieg der klassischen Manier in Frankreich. Franz füllte ganze Säle mit Skulpturen und Kunstgegenständen, die er in Italien erworben hatte und die durch ihre Vollkommenheit dem neuen Stil zum Durchbruch verhalfen. Um diese Zeit veröffentlichte der eine Weile für Franz in Fontainebleau tätige Sebastiano Serlio seine *Opere di architettura* (1548), die den von seinem Lehrer Baldassare Peruzzi vertretenen Klassizismus nach dem Vorbilde Vitruvs predigten; sie wurden unverzüglich durch Jean Martin, der auch Vitruv übersetzt hatte (1547), ins Französische übertragen. Die aus der Schule von Fontainebleau hervorgegangenen Künstler verbreiteten im Zeichen Rossos und Primaticcios die klassischen Ideale und Normen durch ganz Frankreich, die dann zusammen mit den von der Pléiade eingeführten klassischen Literaturformen jahrhundertelang ihre Geltung behielten. Angeregt durch Serlio und Vitruv, reisten französische Künstler wie Jacques du Cerceau, Jean Bullant und Philibert Delorme nach Italien, um dort die Überreste der römischen Bauwerke zu studieren und nach der Rückkehr ihre Erkenntnisse und Ideale in Abhandlungen über den klassischen Stil niederzulegen. Sie verurteilten, wie Ronsard und du Bellay auf literarischem Gebiet, den Stil des Mittelalters als barbarisch und setzten sich zum Ziel, die formlose Materie zu reineren Formen zu erheben. Durch das Wirken dieser Männer, ihrer Werke und ihrer Schriften kristallisierte sich der Architekt als ein vom bloßen Maurermeister deutlich unterschiedener Künstler heraus, der auf der sozialen Stufenleiter eine hochgeachtete Stellung einnahm. In Frankreich war nunmehr kein weiterer Bedarf für italienische Baukünstler vorhanden, denn die französischen Architekten griffen, unter Umgehung der italienischen Vermittlung, direkt auf die baulichen Traditionen des alten Rom zurück, und es gelang ihnen, zwischen dem klassischen Vorbild und den einheimischen geschichtlichen und klimatischen Gegebenheiten eine glückliche Synthese herzustellen.

Aus diesen künstlerischen und ideellen Bedingungen heraus gewann der nobelste Profanbau Frankreichs, der Louvre, Gestalt. Der Besucher von heute – möge er den Bau vom linken Seineufer aus mit dem Blick umfassen, möge er in einem der majestätischen Innenhöfe haltmachen oder möge er diese Schatzkammer der Welt auf tagelanger Wanderung durchstreifen – wird sich eines ehrfürchtigen Schauders vor der Riesenhaftigkeit dieses Monumentes wohl kaum erwehren können. Sollte in einer hereinbrechenden universalen Katastrophe ein einziges Gebäude der Verwüstung und Vernichtung entgehen dürfen, so würde unsere Wahl auf den Louvre fallen. Er war 1191 von Philipp August ursprünglich als Festung zum Schutze von Paris gegen Invasionen längs der Seine geplant und erbaut worden. Karl V. hatte (1357) zwei Flügel mit einem äußeren Treppenaufgang, der für die Treppe Franz' I. in Blois als Vorbild gedient haben mag, angefügt. Dieses halb burg-, halb gefängnisartige Bauwerk ließ Franz, da es seinen Ansprüchen als Residenz und Lustschloß nicht genügen konnte, abreißen und beauftragte Pierre Lescot (1546), an seiner Stelle ein Château, wie es eines Renaissancekönigs würdig wäre, zu errichten; und als Franz ein Jahr darauf starb, führte Heinrich II. das Unternehmen weiter. Lescot, Herr von Clagny, Abt von Clermont, Kanonikus von Notre-Dame, ein Edelmann und Priester, war zugleich Maler, Bildhauer und Baukünstler. Er war der Erbauer des Lettners in der Kirche St-Germain-l'Auxerrois (zerstört 1745) und des Hôtel Carnavalet. In beiden Fällen sicherte er sich die Mitarbeit seines Freundes Jean Goujon für die Ausführung des bildhauerischen Schmuckes; auch beim Louvre wurde, sobald der Bau Gestalt gewonnen hatte, Goujon für die Dekoration hinzugezogen. 1548 erstand vorerst der westliche Flügel des Gebäudes, der heute die Cour Carrée begrenzt. Seine Fassade gehorchte vom Grundstein bis zum Dachfirst den neuen Stilgesetzen: eine dreigeschossige Struktur mit rechteckigen, in Reihen angeordneten Fenstern, die Fenster durch korinthische Pilaster getrennt, die Geschosse durch breite Marmorsimse gegliedert; im Erdgeschoß eine dreibogige, von eleganten Pilastern gestützte Vorhalle; nur das abfallende Dach war nach französischer Manier gebaut, aber mit Gesimsen von klassischer Anmut geziert. Der Gesamteindruck wäre fast zu streng gewesen, hätte nicht Goujon die Nischen der Portikus mit Statuen versehen, die Giebelfelder und die Flächen unterhalb der Gesimse durch herrlichen Reliefschmuck belebt und den risalitartig hervortretenden Mittelteil der Fassade mit den Emblemen Heinrichs und Dianas gekrönt. Im Inneren dieses von Lescot erbauten Flügels erstand von Goujons Hand der Karyatidensaal mit seinen vier mächtigen, eine Musikbühne stützenden weiblichen Figuren; der gleiche Künstler dekorierte auch das Gewölbe des großen Treppenaufgangs, der in die Gemächer führte, in denen die französischen Könige von Franz I. bis zu Ludwig XIV. schliefen. Die Arbeiten am Louvre wurden unter Karl IX., Heinrich IV., dem dreizehnten und vierzehnten Ludwig und den beiden Napoleon, immer getreu dem von Lescot geschaffenen Stil, fortgesetzt, so daß der heutige Riesenpalast die Essenz einer Zivilisation darstellt, die dreihundertfünfzig Jahre daransetzte, den Schweiß ungezählter Werkleute in ein grandioses Kunstwerk zu verwandeln. Hätte der Louvre gebaut werden können, wenn der Adel weniger eigennützig gewesen wäre?

Für Heinrich II. und Diana von Poitiers schuf Philibert Delorme eine Reihe architektonischer Kostbarkeiten. In jungen Jahren hatte er die klassischen Überreste von Rom studiert, sich aber nach seiner Rückkehr in die französische Heimat das Ziel gesetzt, Frankreich eine französische Architektur zu geben. Sein aus der Verehrung der Klassik und französischem Patriotismus zusammengesetztes Ideal entsprach genau dem Programm der Pléiade. Zeugnisse seiner Tätigkeit sind der hufeisenförmige Treppenaufgang in der Cour des Adieux zu Fontainebleau sowie Kamin und Kassettendecke in der Galerie Heinrichs II. daselbst. Für Diana erbaute er die Schloßanlage Anet (1552 bis 1555), eine ganze Stadt von Palästen und Gärten in formellem Stil; dort fand in einem Giebelfeld Cellinis *Nymphe von Fontainebleau* ihren Platz, während Goujon mit seiner berühmten *Diana mit dem Hirsch*, die ebenfalls in Anet Aufstellung fand, den Florentiner sogar übertraf. Dieses kostspielige Paradies wurde im Laufe der Zeiten zum größten Teil zerstört, einzig das Mittelstück eines Torbaues lebt im Hofe der Ecole des Beaux-Arts zu Paris weiter. Als kleine Gabe eines liebesseligen Königs durfte dieselbe triumphierende Favoritin die Erweiterung von Schloß Chenonceaux durch Philibert entgegennehmen; es war Philiberts Idee, den Fluß Cher durch einen neu angebauten Flügel zu überbrücken. Auch als Katharina von Medici nach Heinrichs Tode Diana das Schloß wegnahm, setzte Philibert seine Arbeit fort, bis das Meisterwerk vollendet war. Weil sein allzu mathematisch ausgeklügelter Stil eine Zeitlang keine Gnade mehr fand, zog Delorme sich ins Privatleben zurück und schrieb eine enzyklopädische Abhandlung über architektonische Fragen. In vorgerücktem Alter wurde er aber von Katharina wieder zurückgerufen und entwarf für sie einen weiteren Palast, die Tuilerien (1564 bis 1570), die 1871 der Zerstörung durch die Kommune anheimfielen. Von allen seinen Gönnern erhielt er reiche Belohnungen, schließlich wurde er Priester und Inhaber einträglicher Pfründen; er starb als Kanonikus von Notre-Dame (1570), in seinem Testamente zwei illegitime Kinder bedenkend.

Jean Bullant war der dritte in dem brillanten Trio von Baukünstlern, die während der Regierungszeit von Katharinas Gemahl und der ihrer Söhne Frankreich verschönerten. In seinen Dreißigerjahren machte er sich mit dem Schloß, das er zu Ecouen für Anne de Montmorency in vollkommen klassischem Stil erbaute, einen Namen. Mit mehr als sechzig Jahren wurde er Delormes Nachfolger als Baumeister am Tuilerienpalast, an dem er bis zu seinem Tode weiterbaute – *de jour en jour en apprenant mourant*, wie er sagte, «von Tag zu Tag, und dabei das Sterben lernend».

Man pflegt das Eindringen des italienischen Stils in die französische Baukunst zu bedauern mit dem Hinweis darauf, daß die einheimische Gotik, wenn sie nicht unter diesen fremden Einfluß geraten wäre, einen profanen Baustil hätte entwickeln können, der dem französischen Bedürfnis nach Grazie besser entsprochen hätte als die verhältnismäßig strengen Linien des klassischen Formenkanons. Aber die Gotik hatte sich ohnehin zu Tode gelaufen; sie starb an Überalterung, erlag den Auswüchsen der Spätzeit, erstickte unter dem Spitzenwerk des Flammenstils. Das klassische Streben nach Maßhalten, Einfachheit, Stabilität und Klarheit der strukturellen Linien kam dem französischen Bedürfnis, den eigenen überschäumenden Kräften die Zügel einer formalen Reife anzulegen, entgegen. Gewiß mußten dabei manche reizvollen mittelalterlichen Züge geopfert werden, aber sie hatten ihren Tag gehabt und wirkten nur darum so malerisch, weil sie zum Sterben verurteilt waren. Damit, daß die französische Renaissancebaukunst einen eigenen nationalen Charakter entwickelte, der abfallende Dächer und Gauben mit Säulen, Kapitälen und Ziergiebeln zu vereinigen wußte, erhielt Frankreich für drei Jahrhunderte einen Baustil, der den Neid des übrigen Westeuropa erregte; und heute, wo auch er im Verschwinden begriffen ist, merken wir erst, wie schön er war.

2. DIE KLEINKÜNSTE

Hunderte von Künstler-Handwerkern arbeiteten in den von pulsierendem Leben erfüllten Epochen Franz' I. und Heinrichs II. an der Verschönerung des französischen Alltags. Holzschnitzer schufen die Chorgestühle von Beauvais, Amiens, Auch und Brou und scheuten sich nicht, deren gotische Struktur mit Faunen, Sibyllen, Bacchanten, Satyrn und hie und da sogar mit einer Venus, einem Cupido oder einem Ganymed im Renaissancestil spielerisch zu beleben. Aus ihren Werkstätten gingen Tische, Stühle, Betschemel, Bilderrahmen, Betten und Schränke hervor, die mit reichsten Schnitzarbeiten, zu denen oft noch Einlagen aus Metall, Elfenbein oder kostbaren Steinen traten, verziert waren. Die Metallarbeiter, jetzt auf der Höhe ihres Könnens, schmückten Gebrauchsartikel und Waffen mit Damaszierungen und Gravierungen, entwarfen Gitter – wahre Gedichte aus metallenem Spitzenwerk – für Kapellen, Heiligtümer, Gärten, Gräber und schmiedeten jene berühmten Scharniere am Westportal von Notre-Dame, die so schön waren, daß es hieß, sie seien aus Engelshänden hervorgegangen. Cellini selbst, der nach Deckung seines eigenen Bedarfes im allgemeinen wenig Lob für Konkurrenten übrig hatte, mußte bekennen, daß die französischen Goldschmiede bei der Herstellung von Altargefäßen oder auch von Tafelgeräten, wie sie etwa Jean Duret für Heinrich II. gravierte, «einen Grad von Vollkommenheit erreicht haben, wie man ihn sonst nirgends findet». Die farbigen Glasfenster in der Kapelle Margaretens von Österreich zu Brou oder die von St-Etienne zu Beauvais oder von St-Etienne-du-Mont zu Paris legen Zeugnis dafür ab, daß die Glorie der Glasmalerei noch nicht verblaßt war. In Fontainebleau gründete Franz eine Teppichmanufaktur, welche Teppiche in einem Stücke wirkte, anstatt daß diese, wie bisher, in mehreren Teilstücken gewoben wurden; zu ihrer Herstellung wurden reichlich Gold- und Silberfäden verwendet, die man unter die buntgefärbten Seiden- und Wollfäden wirkte. Nach 1530 traten die in der französischen Teppichwirkerei üblichen Sujets und Muster gotisch-ritterlichen Charakters zurück und überließen ihren Platz den von Italien inspirierten Themen und Renaissancemustern.

Renaissanceornamente dominierten auch in den Décors der Lyoner Majoliken, der südfranzösischen Fayencen und der Limousiner Emailmalerei, welche kupferne Bekken, Kannen, Vasen, Schalen, Salzgefäße und andere Gegenstände des täglichen Gebrauchs mit eleganten Pflanzen- und Tiermotiven, mythologischen Szenen und Bildnissen in glänzenden Schmelzfarben bedeckte und sie dadurch zu wahren Kunstwerken machte. Der berühmteste unter den Emailkünstlern war Léonard Limousin; Franz I., auch hier ein eifriger Förderer künstlerischer Bestrebungen, stellte ihn an die Spitze der königlichen Emailmanufaktur von Limoges und verlieh ihm den Titel eines *valet de chambre du roi*. Limousins Spezialität waren auf Kupferplatten in Emailfarbe gemalte Bildnisse; ein hervorragendes Beispiel seiner Technik – Franz I. darstellend – findet sich im Metropolitan Museum von New York, zahlreiche weitere in der Apollogalerie des Louvre künden stumm beredt von jenen goldenen Tagen der Kunst.

Die Bildnismalerei war in Frankreich bereits vor Ankunft der italienischen Künstler voll entwickelt. Wer von den Italienern hätte die Leistung jenes anonymen Meisters verbessern können, der um 1520 das heute im Museum von Lyon befindliche Bildnis von Guillaume de Montmorency malte? *Voilà un homme!* – hier haben wir den Mann, wie er leibte und lebte, ohne jegliche Beschönigung. Rosso, Primaticcio und andere Maler der Schule von Fontainebleau brachten nach Frankreich mit, was sie von Raffael, Perino del Vaga, Giovanni da Udine oder Giulio Romano gelernt hatten, und wendeten es bei der Dekoration von Pilastern, Gesimsen und Decken mit «Grotesken», Arabesken, Pflanzenmotiven, Kinderfiguren und Putten an; von einem ungenannten Mitglied der Schule stammt die heute im Museum von Worcester, Massachusetts, hängende *Diane de Poitiers*, die, mit einem Diadem gekrönt, bei ihrer Toilette sitzt. Nach 1545 kam eine Reihe flämischer Maler, unter ihnen auch Brueghel der Ältere, nach Frankreich, um sich in Fontainebleau weiterzubilden; aber sie waren zu tief in ihrem eigenen Stil verwurzelt, als daß sie dem italienischen Einfluß nachgegeben hätten, und der kraftvolle Realismus ihrer Porträtkunst trug den Sieg über die feminine Grazie der Epigonen Raffaels davon.

Eine flämische Malerdynastie, die Clouet, begründete in Frankreich beinahe eine eigene Schule. Jean – Jehan, Jehannet, Janet – Clouet war dem Hofstaat Franz' I. in Paris und Tours als Maler zugeteilt; am bekanntesten ist sein aus dem Jahre 1525 stammendes, heute im Louvre hängendes Porträt des Königs geworden – das Bild eines von übermütigem Stolz geschwellten Königtums kurz vor dem Fall. Jeans Sohn, François Clouet, folgte dem Vater als Hofmaler nach und hielt die Würdenträger und Schranzen von vier Regierungszeiten in Kreide oder Öl fest. Sein *Heinrich II.* übertrifft den *Franz I.* seines Vorgängers; erstaunlich der Abgrund zwischen den beiden Herrschergestalten, dem übermütig-galanten Vater und dem finsteren Sohn; unschwer sieht man diesem den Mann an, der die *chambre ardente* zur Bestrafung der Ketzer einführte, während sich in seinem fast an die Borgia gemahnenden Gesicht kein Zug findet, der auf seine lebenslange Neigung für Diana schließen ließe. Eine Zeitlang machte Corneille de Lyon, der ebenfalls ein Atelier begründete, als Bildnismaler neben den Clouet von sich reden; von ihm stammt das Porträt des Marschalls Bonnivet, des Geliebten der Margarete von Valois. Dennoch hat kein damaliger französischer Maler den Bildnissen fürstlicher Persönlichkeiten von François Clouets Hand – Katharinas von Medici, Franz' II., Maria Stuarts, Philipps II. und seiner Gemahlin Elisabeth von Valois, Margaretens von Valois, der späteren Gemahlin Heinrichs IV., Karls IX. in jugendlichem Alter, in dessen schönem Antlitz man vergeblich eine Spur des Königs sucht, der aus Schwäche das Massaker der Bartholomäusnacht zuließ – etwas Ebenbürtiges an die Seite zu stellen. Flämischer Realismus, ja Verismus sind in diesen Bildnissen durch gallische Eleganz, Präzision und Beweglichkeit gemildert; in zarten Farbtönen und genauen, fehlerlos gezogenen Linien werden die Elemente der Persönlichkeit eingefangen und zu einem Ganzen gerundet. Einzig dem England Heinrichs VIII. sollte mit Holbein ein ähnlich bedeutsamer Menschendarsteller beschert werden.

Die Bildhauerei spielte die Rolle einer Dienerin der Baukunst, aber gerade dank ihrer entfaltete die Baukunst so viel Glanz. In der Tat gingen aus den Händen der französischen Bildhauer nunmehr Meisterwerke hervor, die den von Michelangelo den carraresischen Steinbrüchen entrissenen Marmorwundern nur wenig nachstanden. Grabdenkmäler von großartiger Monumentalität entstanden: jenes für Ludwig XII. und Anna von Bretagne von Giovanni di Giusto Betti zu Saint-Denis, dann das Wandgrab für zwei Kardinäle d'Amboise von Roland Leroux und Jean Goujon in der Kathedrale zu Rouen, ferner das dortige Grabmal von Louis de Brézé, dem Gemahl der Diana von Poitiers, von einem nicht mehr mit Sicherheit feststellbaren Künstler. Die beiden Monumente in der Rouennaiser Kathedrale weisen einen angesichts ihrer ernsten Bestimmung fast zu üppigen Schmuck auf, hingegen stellen sich die Gestalten der beiden Kardinäle in ungeschminkter Lebensechtheit als zwei kraftvolle, die Religion nur als politischen Faktor wertende geistliche Regenten dar. Franz I., seine Gemahlin Claude und ihrer beider Tochter Charlotte erhielten in Saint-Denis ein Grabmal im Renaissancestil, das von Philibert Delorme entworfen und von Pierre Bontemps mit herrlichen Plastiken geschmückt wurde. Nahebei steht ein weiteres kleines Meisterwerk von der Hand Bontemps', eine das Herz des Königs enthaltende Graburne. Nicht länger mehr bedurften die französischen Bildner der Vermittlung Italiens, um das Erbe der klassischen Kunst anzutreten.

Auf Jean Goujon ging zum mindesten klassische Grazie als Erbstück über. Der Künstler wird zuerst 1540 als «Steinhauer und Maurer» in Rouen erwähnt. Dort arbeitete er an den Säulen der Orgelempore in der Kirche St-Maclou, meißelte die Statuen für das Grab der Kardinäle von Amboise und wirkte möglicherweise auch an der Gestaltung des Grabmals für den Herzog von Brézé mit. Die von ihm geschaffenen Reliefs für den Lettner der Kirche St-Germain-l'Auxerrois sind teilweise im Louvre aufbewahrt und gemahnen in der rhythmischen Eleganz ihrer Linien an hellenistische Arbeiten. Die für seinen Stil charakteristische, fast weiblich anmutende Grazie stellt sich am vollendetsten in den Flachreliefs der Quellnymphen an der von Lescot entworfenen *Fontaine des Innocents* zu Paris dar (1547); für Bernini waren diese Figuren das schönste Kunstwerk, das Paris zu bieten hatte. Von Goujons Statue der *Diana mit dem Hirsch* in Anet und seinen Skulpturen im Louvre war bereits die Rede. Seine Vorliebe für die Darstellung heidnischer Gottheiten und seine Idealisierung der weiblichen Gestalt bezeichnen in der französischen Kunstgeschichte den Triumph der Renaissance über die Reformation, der Klassik über die Gotik, der Weiblichkeit über ihre mittelalterlichen Verleumder. Und doch will die Tradition, Goujon sei Hugenotte gewesen. Um 1542 wurde er zur Strafe für seine Teilnahme an einem lutherischen Gottesdienst verurteilt, im Hemd die Straßen von Paris zu durchschreiten und der Verbrennung eines protestantischen Predigers beizuwohnen. Gegen 1562 verließ er Frankreich und ging nach Italien, wo er, der die Kunst der Renaissance in Frankreich ihrem Höhepunkt zugeführt hatte, einer unverdienten Vergessenheit anheimfiel und vor 1568 zu Bologna starb.

III. PIETER BRUEGHEL: 1520–1569

Von dem Werke Brueghels und den Erzeugnissen der Teppichwirkerei abgesehen, brachte die niederländische Kunst dieses Zeitalters keine außergewöhnlichen Leistungen hervor. Die Malerei pendelte zwischen der Nachahmung des italienischen Vorbildes – die sich im reichen Kolorit, der Verfeinerung der Technik, der Wahl mythologischer Themen, der Bevorzugung klassischer architektonischer Hintergründe und der Darstellung nackter Figuren kundtat – und dem angeborenen Hang für die realistische bildliche Darstellung hervorragender Persönlichkeiten und alltäglicher Gegenstände hin und her. Gefördert wurden die künstlerischen Bestrebungen nicht nur durch den Hof, die Kirche und die Aristokratie, sondern in steigendem Maße auch durch die reiche Kaufmannsschicht, die ihre plumpen Formen und feisten Wangen der Nachwelt zur Bewunderung darbot und in der Malerei gern Szenen aus ihrem häuslichen Alltag und ihrer landschaftlichen Umgebung festgehalten sah. Ein manchmal das Groteske streifender Humor trat an die Stelle der italienischen Vornehmheit. Michelangelo äußerte sich einmal kritisch über den Mangel an Noblesse und Unterscheidungsvermögen in der niederländischen Kunst: «In Flandern malen sie nur, um das äußere Auge zu täuschen ... Dinge, die angenehm zu schauen sind ... das Gras auf dem Felde, die Schatten der Bäume, und Brücken und Flüsse ... und die kleinen Dinge da und dort ... ohne mit Sorgfalt auszuwählen und zu verwerfen.» Nach Michelangelos Auffassung bestand die Kunst in der Herausschälung des Kennzeichnenden in Richtung auf das Erhabene hin, nicht in der unterschiedslosen Wiedergabe der Wirklichkeit; seine eigene feierlich-vornehme Natur, eingeschlossen in eine menschenfeindliche, mißtrauische Vereinsamung – wie seine Füße in die nicht abnehmbaren Schuhe – war unempfänglich für die Schönheit grüner Wiesen und die Behaglichkeit des häuslichen Herdes.

Wir hingegen neigen uns dankbar vor jenen Meistern und ihren Werken: vor Joachim Patinir und der leonardesken Landschaft seines *Heiligen Hieronymus;* vor Joos van Cleve und seinem schönen Bildnis der Eleonore von Portugal; vor Barent van Orley und seiner *Heiligen Familie* im Prado, seinen Entwürfen für Wandteppiche und seinen Glasfenstern in Ste-Gudule zu Brüssel; vor Lukas van Leyden, der in kurzen neununddreißig Jahren so viele meisterliche Kupferstiche und Holzschnitte hervorbrachte; vor Jan van Scorel und seiner *Heiligen Magdalena*, deren Hände mit liebkosender Gebärde das Gefäß halten, woraus sie des Heilands Füße gesalbt hat; schließlich vor Anthonis Mor und seinen ausdrucksstarken Bildnissen Herzog Albas, Kardinal Granvelles, Philipps II., Maria Tudors und, nicht zuletzt, seiner selbst.

Es ist bemerkenswert, wie in den Niederlanden das künstlerische Talent familienweise auftrat und sich durch ganze Generationen hindurch forterbte. Joos van Cleve gab sein Können an seinen Sohn Cornelis weiter, der einige schöne Bildnisse malte, bevor er geistiger Umnachtung verfiel. Jan Massys, der die Werkstatt seines Vaters Quentin Massys übernahm, spezialisierte sich auf Aktdarstellungen wie *Judith* und *Susanna im Bade;* sein Sohn, wiederum Quentin genannt, wurde sein Nachfolger in Antwerpen, während ein Bruder von ihm, Cornelis, als Maler nach England ging, wo er Heinrich VIII. als alten Mann, aufgedunsen und von abstoßender Häßlichkeit, im Bilde festhielt. Pieter Pourbus und sein Sohn Frans waren als Maler von Bildnissen und Andachtsbildern in Brügge tätig, Frans' Sohn, Frans Pourbus II., arbeitete als Bildnismaler in Paris und Mantua. Schließlich müssen wir die Dynastie der Brueghel erwähnen: Pieter Brueghel den Älteren, genannt Bauernbrueghel, seine malende Frau, seine malende Schwiegermutter, seine Söhne Pieter Brueghel den Jüngeren, genannt Höllenbrueghel, und Jan, genannt Blumenbrueghel, seine Malerenkel und Malerurenkel ...

Pieter Brueghel der Ältere, dessen Wertschätzung heutzutage wieder zum guten Ton gehört, hat seinen Namen wahrscheinlich nach dem einen oder anderen von zwei Dörfern in Brabant erhalten, die beide Brueghel hießen; das eine befand sich in der Nähe von 's Hertogenbosch, Hieronymus Boschs Geburtsort, in dessen Kirche Pieter vielleicht dem einen oder anderen Bild dieses Meisters begegnet sein mag, der Brueghels Werk neben der Natur selbst am meisten beeinflußte. Mit fünfundzwanzig Jahren (um 1545) übersiedelte er nach Antwerpen und trat in die Werkstatt von Pieter Coecke ein, dessen in Holz geschnittene Landschaftsbilder das Interesse des jüngeren Künstlers für die Natur, für Felder, Bäume, Wasserläufe und den Himmel geweckt haben mögen. Dieser weniger berühmte Pieter hatte eine Tochter, Maria, die von Brueghel als Kind auf den Armen getragen und Jahre später zur Frau genommen wurde. 1552 ging er, der Sitte seiner Zeit und seines Berufsstandes entsprechend, nach Italien, um seine Studien fortzusetzen. Von dort kehrte er mit einem Skizzenbuch voll italienischer Landschaftsbilder zurück, ohne daß aber in seiner Technik sich der italienische Einfluß irgendwie bemerkbar machte; das Chiaroscuro, das Kolorit und die geschmeidige Modellierung der südlichen Meister blieben ihm bis zu seinem Lebensende fremd. In Antwerpen lebte er mit einer Haushälterin-Konkubine zusammen, der er die Ehe versprochen hatte, sobald sie zu lügen aufhören würde; für jede Lüge, bei der er sie ertappte, hieb er eine Kerbe in einen Stock, und als das Kerbholz voll war, entließ er sie. In der Mitte der Vierzigerjahre (1563) ehelichte er Maria Coecke, jetzt siebzehn Jahre alt, und verlegte auf ihren Wunsch seinen Wohnsitz nach Brüssel. Er hatte nur mehr sechs Jahre zu leben.

Obwohl seine Werke ihm den Beinamen «Bauernbrueghel» einbrachten, war er ein gebildeter Mann, der die Werke von Homer, Vergil, Horaz, Ovid, Rabelais und wahrscheinlich sogar von Erasmus kannte. Karel van Mander, der holländische Vasari, beschrieb ihn als einen «ruhigen und ordnungsliebenden Mann von wenig Worten, der in Gesellschaft aber trotzdem unterhaltsam zu erzählen weiß und seinen Spaß darein setzt, die Leute ... mit Geschichten von Gespenstern und unheilverkündenden Geistern zu schrecken». Er besaß Sinn für Humor mit einem satirischen Einschlag, der aber von seiner Menschenliebe aufgewogen wurde. Ein zeitgenössischer Kupferstich zeigt ihn mit bärtigem, von tiefer Nachdenklichkeit gefurchtem Antlitz. Zeitweise sah er, ein zweiter Bosch, das Leben als ein blindes Taumeln der Menschen zur Hölle hin. In der *Dulle Griet* bildete er die Hölle ebenso phantastisch und grauenvoll ab wie Bosch, und in seinem visionären *Triumph des Todes* sah er diesen nicht als einen natürlichen Schlaf erschöpfter Leiber, sondern als ein Abwürgen des Lebens, ein scheußliches Zerstückeln der lebendigen Form: Skelette stürzen sich, mit Hacken, Sicheln, Steinen und Pfeilen bewehrt, auf Könige, Kirchenfürsten, Ritter und Bauern; Missetäter werden geköpft, gehängt oder aufs Rad geflochten; Schädel und Leiber liegen in achtlosem Durcheinander auf einem Karren. Das Bild ist eine weitere Variante des Totentanzes, der auch in diesem dunklen Zeitalter die Phantasie der Maler immer wieder beschäftigte.

Brueghels biblische Bilder sind von der gleichen ernsten Stimmung erfüllt. Sie besitzen freilich weder die Erhabenheit noch die Anmut zeitgenössischer italienischer Werke, sondern geben Darstellungen der biblischen Geschehnisse im Gewand, Charakter und Klima des niederländischen Volkslebens. Das rein Religiöse tritt zurück vor der Schilderung volkstümlicher Szenen, und in den Gesichtern ist kaum eine Gefühlsregung zu lesen; die Leute, die sich drängen und stoßen, um Christus sein Kreuz tragen zu sehen, scheinen blind gegen sein Leiden, ihre Sorge ist vielmehr die, sich einen möglichst guten Platz zu erobern. Eine Reihe Brueghelscher Bilder, wie *Der Säemann*, stellen Gleichnisse aus der Bibel dar, andere nehmen sich in Anlehnung an Bosch Sprichwörter zum Thema, so etwa das Gemälde, auf dem in wimmelndem Durcheinander fast ein Hundert niederländischer Redensarten, einige davon von Rabelaisischem Ruch umwittert, illustriert sind. Das Bild *Die Blinden* stellt eine Schar Bauern von grausamer Häßlichkeit dar, die, unsehenden Auges einander folgend, alle nacheinander in einen Graben stürzen.

Bäuerliche Volksszenen lagen Brueghel besonders gut, daneben Bilder aus der Natur, die mit gnädigem oder verderblichem Walten über das nutzlos emsige Treiben der Menschen hinweggeht. Brueghel fühlte sich vielleicht in der Menge am sichersten, wo er keine individuell modellierten Gesichter und Formen zu geben brauchte. Bildnisse einzelner Personen zu künstlerischen Zwecken oder für die Nachwelt zu malen fiel ihm nicht ein; lieber zeigte er Männer, Weiber und Kinder massenweise beim Gehen, Laufen, Springen, bei Spiel und Tanz, in allen möglichen Bewegungen und Beschäftigungen des täglichen Lebens. Was er von Kindesbeinen an gesehen hatte, das Festen und Feiern, Schmausen und Trinken, Tanzen und Sichpaaren des Bauernvolkes, schilderte er nun behaglich und mit breitem Pinsel. Er und ein Freund von ihm mischten sich bei mehr als einer Gelegenheit in bäuerlicher Verkleidung unter ländliche Volksmengen, die sich zu einer Kirchweih oder Hochzeit zusammengefunden hatten, wobei die Maler als angebliche Verwandte den Brautleuten Geschenke überreichten. Zweifellos vergaß Pieter nie bei solchen Gelegenheiten, sein Skizzenbuch mitzunehmen, denn unter seinen noch vorhandenen Zeichnungen gibt es zahlreiche Skizzen von bäuerlichen Gestalten und Szenen aus dem bäuerlichen Leben. Für vornehme Leute, wie Anthonis Mor oder Tizian sie gegen klingenden Lohn porträtierten, hatte er nichts übrig und bemühte sich um keine Aufträge von dieser Seite. Er malte nur Leute aus dem Volk, und auch die Hunde auf seinen Bildern sind keine Rassetiere, sondern Mischlinge, wie man sie in den Gassen der Stadt oder vor Bauernhütten antrifft. Er kannte auch die bittere Kehrseite des Bauerntums und schilderte das bäuerliche Leben in vielen Fällen als ein Dasein in Dummheit und Dumpfheit. Aber welches Vergnügen wiederum bereitete es ihm, die Spiele der Bauernkinder, die Tänze der Landleute, die Ausgelassenheit ländlicher Hochzeitsfeste abzubilden! Im *Schlaraffenland* zeigt er seine Bauern, wie sie, erschöpft von harter Arbeit oder von Tanz und Trunk und Lustbarkeit, alle viere von sich streckend, im Grase liegen und von einem Paradies träumen – als wolle er sagen, der Landmann allein verstehe zu spielen und zu schlafen so gut wie zu arbeiten, sich zu paaren und zu sterben.

Für die Vergänglichkeit alles Irdischen gab es bei ihm nur den einen Trost – daß sie ein unabdingbarer Teil der Natur war, die er in all ihrer Schönheit und ihrem Schrekken, im Wachsen und Vergehen und Neuwerden fraglos annahm. In seiner Auffassung versöhnt das Leben der Natur mit dem Treiben des Menschen, die Fragwürdigkeit des Teils ist aufgehoben in der Majestät des Ganzen. Bis zu Brueghel hatte, von Albrecht

Altdorfer abgesehen, die Naturschilderung, die Landschaft nur als Hintergrund und Staffage für Figuren und Vorgänge gedient. Brueghel erhob die Landschaft selbst zum Inhalt des Bildes, worin dem Menschen nur eine kleine, zufällige Rolle beschieden war. Im *Sturz des Ikarus* sind es der Himmel, der Ozean, die Berge und die Sonne, denen das ausschließliche Interesse des Malers und auch der handelnden Personen gilt; von Ikarus sind nur zwei lächerliche, im Wasser versinkende Beine sichtbar. Auch im *Sturm* tritt der Mensch kaum in Erscheinung, hilflos wie er ist und dem Wüten der Elemente preisgegeben.

Brueghels Kunst und Weltanschauung gipfeln in fünf Werken, die aus einer Reihe von Darstellungen verschiedener Jahreszeiten und Naturstimmungen übriggeblieben sind. Die *Weizenernte* zeigt in schematischem Nebeneinander das Schneiden des Getreides und Binden der Garben, daneben schmausende Landleute oder solche, die in der auf dem Bilde spürbaren Hitze und Stille des Sommertages eingeschlafen sind. Auf der *Heuernte* erscheinen Knaben und Mädchen, die auf ihren Köpfen in Körben die Früchte des Feldes heimtragen, ein Bauer wetzt seine Sense, stämmige Frauengestalten rechen das Heu zusammen, das von den Männern zu einem Fuder getürmt wird, während die Zugtiere am Wagen die Pause nützen und ihr Futter kauen. Die *Heimkehr der Herde* kündet das Nahen des Winters, unter einem verdunkelten Himmel wird das Vieh nach Hause getrieben. Das schönste Bild der Reihe stellen die *Jäger im Schnee* dar: der Boden ist beschneit, schneebedeckte Reihen von Hütten ziehen sich in wunderlicher Perspektive über Felder und Hügel; menschliche Figuren beleben die Landschaft, laufen Schlittschuh, spielen eine Art von Eishockey oder liegen, gestürzt, auf der glatten Eisfläche; Jäger machen sich mit ihren Hunden zum Beutezug auf; Bäume strecken ihre kahlen Äste in die Luft, während die auf den Zweigen sitzenden Vögel schon vom Frühling künden. Im *Finsteren Tag* dräut der Winter, bevor er Abschied nehmen muß, mit seinen dunkelsten Wolken. Diese Bilder stellen den Höhepunkt des Brueghelschen Schaffens dar und dienten den späteren Niederländern für ihre Winterlandschaften als wegweisendes Vorbild.

Nur ein Maler oder Kunstkenner kann die Technik und künstlerische Qualität Brueghelscher Schöpfungen richtig ermessen. Für das Auge des Laien scheint der Maler sich sozusagen mit zwei Dimensionen zufriedenzugeben, ohne seinen Bildern mit Hilfe von Licht und Schatten Tiefe und Plastik zu verleihen, gleichsam eine Aufforderung an den Betrachter, mit Hilfe der Phantasie eine weitere Dimension hinzuzufügen. Das Individuum interessiert ihn nicht, nur die Masse zählt. Alle Menschen, die die ländlichen Szenen bevölkern, gleichen einander in ihrer Plumpheit, ihrem Mangel an Anmut. Der Künstler will auch kein Realist sein, außer in großen Zügen. Seine Bilder sind so gedrängt voller Menschen und Vorgänge, daß die Einheitlichkeit des künstlerischen Gedankens zu kurz kommt. Dafür aber gelingt es ihm, die elementaren unbewußten Kräfte im Bild eines Dorfes oder einer Volksmenge sichtbar zu machen und ein Stück Leben einzufangen.

Was versucht er uns mitzuteilen? Will er den Menschen nur dem Gespött preisgeben, ist das Leben für ihn nichts anderes als ein sinnloses Treiben zum Verfall und Tode hin? Wohl freute er sich am munteren Reigen tanzender Bauern, wohl sah er mitleidig zu, wie sie sich abrackerten, und belächelte er verzeihend den schweren Schlaf ihrer Trunkenheit. Aber bei alledem vergaß er nie, was er bei Bosch gesehen hatte. Wie dieser unheilige Hieronymus schöpfte er eine sardonische Lust aus der Darstellung des Menschlich-Allzumenschlichen, des Anomalen und Verbrecherischen, des Krankhaften, des Unzüchtigen, des vom Leben zu Boden Geworfenen, des unausweichlich dem Verfall und Tode Anheimgegebenen. Es macht den Eindruck, als sei er förmlich auf der Suche nach häßlichen Gesichtern gewesen; und diese Häßlichkeit übertreibt sein karikierender Stift noch; keiner der Menschen auf seinen Bildern lächelt oder lacht je; wenn ihre ungeformten Gesichter einen Schatten von Ausdruck aufweisen, dann ist es der einer dumpfen Gleichgültigkeit, wie ihn Menschen tragen, deren Empfindungsfähigkeit von den Schlägen, die das Schicksal ihnen versetzt hat, ausgelöscht worden ist. Die Stumpfheit, womit die vom Glück Begünstigten dem Elend der weniger Glücklichen begegneten, die Schnelligkeit und Erleichterung, womit die Lebenden die Toten vergaßen, verletzte und erbitterte ihn. Bedrückend empfand er die Allmacht und Allgewalt der Natur, die Riesenhaftigkeit des Himmelsraumes, dem gegenüber alles menschliche Geschehen so klein und unbedeutend erscheint, wo Tugend und Laster, Werden und Vergehen, Erhabenstes und Niedrigstes im gleichen Abgrund bedeutungsloser Nichtigkeit versinken und der Mensch vom Kosmos der Landschaft verschlungen wird.

Ob dies Brueghels wirkliche Weltanschauung, ob es nur eine Künstlerlaune war – wir wissen es nicht. Und ungelöst bleibt die Frage, warum er den Kampf so früh aufgab, indem er bereits mit neunundvierzig Jahren starb (1569). Sein Grimm wäre mit den Jahren vielleicht milder geworden. Er hinterließ seiner Frau ein schwer deutbares Bild, *Der fröhliche Weg zum Galgen*, ein Meisterwerk in leuchtendgrünen und zartblauen Tönen, auf dem Landleute nahe bei einem Galgen tanzen, während auf diesem selbst eine Elster, Symbol der Geschwätzigkeit, sitzt.

IV. CRANACH UND DIE DEUTSCHEN

Die kirchliche Baukunst Deutschlands verhüllte während der Reformation ihr Haupt; es entstanden keine neuen Kirchen, weder zum Preise der Kunst noch als Mahnmale des Glaubens; manche blieben unvollendet, manche wurden sogar wieder abgerissen und ihre Bausteine zur Errichtung fürstlicher Schlösser verwendet. Die protestantischen Kirchen befleißigten sich einer demonstrativen Einfachheit, während die katholischen gleichsam in trotziger Herausforderung sich in üppigsten Schmuck hüllten, der das Nahen des Barocks verkündete.

Die bürgerliche und Palastarchitektur gewann die Oberhand über die kirchliche in dem Maße, wie die Fürsten an die Stellen der Bischöfe traten und der Staat sich die Kirche einverleibte. Manches damals entstandene pittoreske Bauwerk ist den Schrecken des Zweiten Weltkrieges zum Opfer gefallen: das Althaus in Braunschweig, das Zunfthaus der Fleischer zu Hildesheim, der Renaissancebau des Rathauses zu Nimwegen. Die gewichtigsten Bauwerke dieses und des folgenden Zeitalters waren die Schlösser der Landesfürsten: das Dresdener Schloß, das das Volk auf 100000 Gulden zu stehen kam; die Residenz des Herzogs Christoph von Württemberg in Stuttgart, die so prunkvoll ausgestattet und möbliert war, daß der Magistrat der Stadt den Fürsten warnte, ein solcher Aufwand stehe in allzu grellem Gegensatz zu der Armut des Volkes; schließlich das weitläufige Heidelberger Schloß, das im dreizehnten Jahrhundert begonnen, 1556 bis 1563 im Renaissancestil erneuert und während der Feldzüge Ludwigs XIV. in die Pfalz teilweise zerstört wurde.

Das Kunsthandwerk brachte im Dienste von Fürsten, Adligen, reichen Kaufherren und Finanzmagnaten nach wie vor trefflichste Leistungen hervor. Möbelhandwerker, Holz- und Elfenbeinschnitzer, Kupferstecher, Miniaturisten, Weber, Bronzegießer, Töpfer, Goldschmiede, Harnischmacher und Juweliere bewahrten alle den hohen Stand des mittelalterlichen Handwerks, wenn auch in dieser Zeit oftmals Form und Geschmack dem dekorativen Schwulst geopfert wurden. Viele Maler verfertigten Vorlagen für Holzschnitte mit einer Sorgfalt, als gälte es, das Porträt eines Königs zu zeichnen, und Holzschneider wie der Basler Meister Hanns Lützelburger arbeiteten mit einer an Dürer gemahnenden Hingebung und Genauigkeit. Die Goldschmiede von Nürnberg, München und Wien hatten nie Besseres geleistet; Wenzel Jamnitzer durfte sich mit Cellini messen. Um 1547 begannen deutsche Glasmaler, Scheiben und Glasgefäße mit Emailfarben in grellen, aber reichen Mustern zu bemalen, und reiche Bürger konnten auf diese Weise sogar die Fensterscheiben ihrer Häuser mit ihren Bildnissen verzieren lassen.

Die deutschen Bildner behielten ihre Vorliebe für Metall als Werkstoff zur Herstellung von Statuen und Reliefs bei. Peter Vischers Söhne führten ihres Vaters Werkstatt fort; aus Peters des Jüngeren Hand ging eine Bronzeplakette von *Orpheus und Eurydike* hervor, während Hans den *Bogenschießenden Apollo* auf dem Brunnen im Hof des Rathauses zu Nürnberg entwarf und goß; Paul gilt allgemein als der Schöpfer einer entzückenden, unter dem Namen *Nürnberger Madonna* bekannten Holzplastik. Peter Flötner von Nürnberg war der Schöpfer hervorragender Reliefplaketten mit Darstellungen der Gerechtigkeit, des Neides, der Muse des Tanzes und anderer mythologischer Figuren. Ein entzückendes Kunstwerk aus dieser Zeit befindet sich im Louvre, eine Metallplastik des Pfalzgrafen Otto Heinrich von Joachim Deschler; die Gestalt ist etwa 20 Zentimeter hoch und vor lauter Korpulenz fast ebenso breit, das Gesicht mit seinen feisten Wangen verrät einen durch Jahre hindurch gleichmäßig guten Appetit; dies Werklein zeugt von echtestem deutschen Humor.

Die höchste Glorie der deutschen Kunst lag noch immer bei den Malern. Holbein trat ebenbürtig neben Dürer, Cranach folgte ihm dicht auf den Fersen, während Hans Baldung Grien, Albrecht Altdorfer und Christoph Amberger die bewährte zweite Linie bildeten. Hans Baldung, genannt Grien, machte sich zuerst einen Namen durch ein für den Hochaltar des Münsters von Freiburg im Breisgau geschaffenes Altarbild; aber reizvoller ist seine *Madonna mit dem Papagei*, eine robuste Teutonin mit goldenem Haar und einem Papagei, der ihre Wange mit seinem Schnabel bearbeitet. Von Christoph Amberger stammen mehrere elegante Porträts, darunter ein Bildnis Karls V. im Museum von Lille, mit klugem, offenem, aber schon leicht fanatischem Gesicht; fein gemeißelte, angenehme Züge besitzt das Männerbildnis des gleichen Künstlers im Chicago Art Institute. Albrecht Altdorfer, der Letzte in dieser Trias, ist besonders durch seine üppigen Landschaften bemerkenswert. Auf seinem *Heiligen Georg im Walde* verschwindet der Heilige samt dem Drachen in einer dicht mit Bäumen bestandenen Umgebung, und auch auf der *Schlacht von Arbela* gehen die kämpfenden Heere in einer Überfülle von Türmen, Bergen, Wassern, Wolken und Sonnenstrahlen verloren. Diese beiden Bilder sowie seine *Ruhe auf der Flucht* gehören zu den ersten wahren Landschaften der modernen europäischen Malerei.

Lukas Cranach der Ältere erhielt seinen Namen von seinem Geburtsort Kronach in Oberfranken. Über seinen Lebenslauf ist kaum etwas bekannt bis zu dem Augenblick, als er mit zweiunddreißig Jahren von Friedrich dem Weisen an den kursächsischen Hof nach Wittenberg berufen wurde (1505). Dort und in Weimar verblieb er insgesamt fast fünfzig Jahre. Er war mit Luther befreundet und hielt ihn immer wieder im

Bilde fest; auch fertigte er für mehrere von Luthers Kampfschriften Karikaturen der Päpste an. Dies hinderte ihn aber nicht, auch katholische Notabeln, wie den Herzog von Alba und Kardinal Albrecht von Brandenburg in Mainz, zu porträtieren. Er war ein ausgezeichneter Geschäftsmann, stellte in seiner Werkstatt Porträts und Andachtsbilder fabrikmäßig her, verkaufte nebenbei auch Bücher und Drogen, wurde 1565 Bürgermeister von Wittenberg und starb schließlich als begüterter Mann in hohen Jahren.

Der Einfluß der italienischen Malerei war zu Cranachs Zeiten bis selbst nach Wittenberg gedrungen und kommt in der Anmut seiner religiösen Bilder, mehr noch in der Themenwahl seiner mythologischen Darstellungen, am meisten in seinen Aktbildern zum Ausdruck. Wie in Italien, so tritt auch hier jetzt der Olymp in Wettstreit mit Maria, Christus und den Heiligen, wobei der deutsche Humor vor der Tradition nicht haltmacht und es wagt, mit den toten, ungefährlich gewordenen Göttern Schabernack zu treiben. In Cranachs *Urteil des Paris* macht der trojanische Verführer ein kleines Schläfchen, während die drei Schönen zitternd darauf warten, daß er wieder erwache und sein Urteil spreche. Auf dem Bilde von *Venus und Cupido* erscheint die Liebesgöttin wie üblich in hüllenloser Nacktheit, bis auf einen riesengroßen Hut – als wollte der Maler andeuten, Eros sei so beschaffen, daß selbst die Reize einer Liebesgöttin durch unerwartete Beigaben erst recht schmackhaft werden. Wie dem auch sei, Venus fand Gefallen, und Cranach gab sie mit Unterstützung seiner Gehilfen in einem Dutzend Variationen heraus, die heute eine Zierde der Museen von Frankfurt und Leningrad, der Galleria Borghese, des Metropolitan Museum of Art in New York bilden... In Frankfurt verhüllt sie ihre Reize mit einem spärlich bemessenen Schleiertuch, demselben, worein sich auch die Berliner *Lucrezia* hüllt, die im Begriff steht, ihre Ehre mit Hilfe einer spitzen Nadel zurückzugewinnen. Der gleichen Dame begegnen wir wieder in der *Nymphe des Frühlings* in New York, wo sie auf einem Lager von grünen Blättern am Rande eines Teiches liegt; im Museum von Genf wird sie zur *Judith*, diesmal bekleidet, das Schwert über Holofernes' vom Rumpf getrennten Kopf schwingend, der zu seinem Mißgeschick sauersüß lächelt. Wieder ausgekleidet erscheint sie schließlich als Eva in *Das Paradies* in Wien, in *Adam und Eva* zu Dresden und in *Eva mit der Schlange* in Chicago, wo sie von einem stattlichen Hirsch begleitet wird. – Allen diesen nackten Schönen wohnt etwas inne – sei es ein Zug schalkhafter Heiterkeit, sei es das warme Kolorit oder die undeutsche, vom herrschenden Frauenideal kühn abweichende, italienisch anmutende Zierlichkeit der Form und Grazie der Linie –, das ihrem Anblick jegliche Schwüle nimmt.

Von größerem Wert als diese stereotypen Akte sind freilich die Porträts, die von Cranach selbst oder unter seiner Aufsicht gemalt wurden und von denen das eine oder andere eines Holbein würdig wäre. Im *Bildnis der Anna Cuspinian* mildern Eleganz der Form, prunkvolle Kleidung und ein phantastisch geformter Hut den Realismus der Darstellung; ihr Gatte, Johannes Cuspinian, saß dem Meister für ein noch besser gelungenes Bildnis; aller Idealismus eines jungen Humanisten spiegelt sich in seinem nachdenklichen Blick und der zärtlichen Gebärde, womit er das Buch in seinen Händen umschlossen hält. Cranachs Beliebtheit war so groß, daß sich Hunderte von Personen des öffentlichen Lebens in seiner Werkstatt in Öl oder Kreide verewigen ließen, aber keines von diesen Bildern verdient es eher, der Nachwelt erhalten geblieben zu sein, als das Kinderbild des Prinzen von Sachsen (Washington), das ganz Unschuld, Lieblichkeit und goldene Locken ist. Ein Gegenstück dazu stellt das Altersbild des Humanisten Johannes Schöner dar, von realistischer Häßlichkeit, aber nobel in der Auffassung. Da und dort kommen auf Cranachs Bildern auch Pferde und Hunde vor, zumeist herrliche Rassegeschöpfe, daneben Hirsche, die so natürlich wirken, daß nach der Behauptung eines Freundes des Meisters «die Hunde bei ihrem Anblick bellten».

Cranach hätte Größeres erreicht, wenn der Erfolg ihm nicht so früh und so mühelos zugefallen wäre. Da die Nachfrage nach seinen Bildern ständig stieg, verzettelte sich sein Genie an eine Massenproduktion, die für das einzelne Werk nicht genügend Zeit und Sorgfalt erlaubte. Es war unvermeidlich, daß er im Laufe seiner einundachtzig Lebensjahre in seinen Leistungen immer mehr nachließ; die Zeichnungen, vormals in der Feinheit der Dürerschen ähnlich, wurde ungenau, charakteristische Einzelheiten blieben unberücksichtigt, die immer gleich bleibenden Gesichter, Aktfiguren und Bäume wurden bis zur Leblosigkeit wiederholt. So müssen wir uns am Ende dem Urteil des alten Dürer über den jüngeren Cranach anschließen: daß Lukas wohl das Gesicht, nicht aber die Seele abbilden könne.

Mit achtundsiebzig Jahren malte er sein Selbstbildnis (1550), das mehr von einem Magistraten und Geschäftsherrn als einem Maler an sich hat, mit beleibter Figur, mächtigem Schädel, stattlichem, weißem Bart, vorspringender Nase und einem charaktervollen, selbstbewußten Ausdruck. Drei Jahre später zollte er der Vergänglichkeit seinen Tribut, zwei Söhne hinterlassend, die selber Künstler waren: Hans Cranach und Lukas Cranach der Jüngere, dessen *Schlafender Herkules* sich durch die Pfeilspitzen, mit denen die ihn bedrängenden Pygmäen seine Haut zu ritzen versuchen, in seinem friedlichen Schlummer nicht stören läßt. Vielleicht ignorierte Lukas der Ältere mit demselben heiteren Gleichmut die Nadelstiche derer, die ihm Spießbürgerlichkeit und Unsorgfältigkeit vorwarfen; und er mag unter seinem Grabstein, der als Inschrift das zweifelhafte Kompliment *Celerrimus pictor* – «Schnellster der Maler» – trägt, ruhig schlafen.

Mit ihm ging die große Zeit der deutschen Malerei zu Ende. Die Ursache ihres Niedergangs lag wohl nicht so sehr in der Bilderfeindlichkeit des Protestantismus als in der Verschärfung der religiösen Auseinandersetzungen. Möglicherweise spielte auch die moralische Auflösung eine Rolle, die nach 1520 eine gewisse Verrohung auch der deutschen Malerei nach sich zog; das Nackte wurde in ihr zum vorherrschenden Thema, und selbst bei Darstellungen aus der biblischen Geschichte spielten Szenen wie Susanna im Bade, Joseph und Potiphars Weib und Bathseba im Bade eine bevorzugte Rolle. Über dem Zwist der Theologen und dem Krieg der Bekenntnisse geriet die deutsche Malerei für zwei Jahrhunderte ins Hintertreffen.

V. DER TUDORSTIL: 1517–1558

Die Regierungszeit Heinrichs VIII. begann mit einem gotischen Meisterwerk in der Kapelle Heinrichs VII. und schloß mit der Renaissancearchitektur der königlichen Schlösser. Auch hier spiegelte der Stilwandel die Eroberung der Kirche durch den Staat wider. Die Kampagne der Regierung gegen die Bischöfe und Klöster und ihre Übergriffe auf das Vermögen der Kirche legten den Kirchenbau in England für fast hundert Jahre lahm.

Heinrich VII. hatte im Gedanken an seinen Tod 140000 Pfund ausgesetzt, um in der Westminsterabtei eine Marienkapelle errichten zu lassen, die sein Grab enthalten sollte. Daraus wurde ein Meisterwerk nicht der Konstruktion, aber der Dekoration, vom Grabmal selbst bis zu den kunstvoll verschlungenen steinernen Mustern des Fächergewölbes, von dem es heißt, es sei «das herrlichste Stück Steinmetzarbeit, das je von Menschenhand geschaffen» wurde. Die der Anlage nach noch gotische, in der Ausschmückung aber bereits Renaissanceformen aufweisende Kapelle bezeichnet den Beginn des Übergangs zum Flammen- oder Tudorstil. Heinrich VIII., in jungen Jahren ein Freund des Humanismus, ließ sich unschwer für die neuen klassischen Architekturformen gewinnen. Er und Kardinal Wolsey brachten verschiedene italienische Künstler nach England, von denen einer, Pietro Torrigiano, mit dem Entwurf für das väterliche Grabmal beauftragt wurde. Der Künstler bedeckte den aus weißem und schwarzem Marmor gemeißelten Sarkophag mit einem blühenden Reichtum dekorativer Formen aus Steinplastik und vergoldeter Bronze: rundliche Putten, Blumenkränze von schwebender Anmut, Reliefs der Jungfrau und verschiedener Heiliger, Engel, die zu Häupten des Grabes zierliche Füßchen in die Luft strecken, schließlich die liegenden Figuren des Königs selbst und seiner Gemahlin Elisabeth. Niemals zuvor hatte England ein ähnliches Meisterwerk der Bildhauerkunst gesehen, und es ist in England auch später nie übertroffen worden. Hier, sagte Francis Bacon, wohne der sparsame König, der jeden Pfennig zweimal umdrehte, bevor er ihn ausgab, im Tode viel prunkvoller als je zu seinen Lebzeiten auf seinen Schlössern.

Heinrich VIII. war nicht der Mann, der ruhig zusehen mochte, daß jemand anderer mit größerem Pomp zur Ruhe gelegt werde als er selbst. 1518 versprach er vertraglich Torrigiano 2000 Pfund für den Bau eines Grabmals, das «um den vierten Teil größer» als das seines Vaters sein sollte. Es wurde indessen nie fertig, denn der Künstler hatte ein nicht minder heftiges Temperament als der König. 1519 verließ er in einem Anfall von Gekränktheit London und nahm, als er zurückkehrte, die Arbeit an dem Grabmal nicht wieder auf, sondern entwarf an seiner Stelle für die Kapelle Heinrichs VII. einen Hochaltar mit Rückwand und Baldachin, der 1643 durch Cromwells Truppen zerstört wurde. 1521 verließ er England und ging nach Spanien.

Ein weiterer Akt dieser *comédie humaine* spielte sich 1524 ab, als Kardinal Wolsey durch einen anderen Florentiner Bildhauer, Benedetto da Rovezzano, in der Georgskapelle zu Windsor für sich ein Grab errichten ließ, «dessen Entwurf», wie Lord Herbert of Cherbury schrieb, «so glanzvoll war, daß er das Grabmal Heinrichs VII. übertraf». Als der Kardinal in Ungnade fiel, bat er den König, ihm mindestens seine eigene Grabfigur zur Zierde für ein weniger prunkvolles Monument in York zu belassen. Heinrich lehnte ab und behielt das Ganze für seinen persönlichen Gebrauch, indem er dem Künstler befahl, Wolseys Figur durch seine eigene zu ersetzen; in der Folge lenkten aber die religiösen Auseinandersetzungen und seine verschiedenen Heiraten das Interesse des Königs in eine andere Richtung, und das Grabmal blieb unvollendet. Karl I. äußerte später den Wunsch, darin bestattet zu werden, aber das ihm feindlich gesinnte Parlament veräußerte die Dekorationen Stück für Stück, so daß schließlich nur der schwarze Marmorsarkophag übrigblieb, der dann endlich (1810) als Teil von Nelsons Grabmal in die Paulskirche überführt wurde.

Abgesehen von diesen Grabmälern und von den herrlichen hölzernen Chorschranken, dem Chorgestühl, den farbigen Glasfenstern und dem Gewölbe der Kapelle von King's College zu Cambridge gipfelte die Architektur des Zeitalters in der Ausgestaltung der Landhäuser des grundbesitzenden Adels, die um diese Zeit, Feenpalästen gleichend, den Wiesen- und Waldgründen Englands entstiegen. Die Entwürfe stammten von englischen Baumeistern, die Dekoration lag in den Händen italienischer Künstler. Eine imposante Fassade im Mischstil aus gotischen und Renaissanceelementen, ein mit Türmchen bekrönter, zu einem Innenhof führender Torweg, eine groß angelegte Halle für festliche Zusammenkünfte, ein mächtiger, gewöhnlich aus Holz geschnitzter Treppenaufgang, schön ausgestattete, mit Fresken oder Wandbehängen geschmückte und mit Gitterfenstern und Erkern versehene Räume, dazu ein rund um das Haus sich erstreckender Garten, ein Hirschpark und ein Jagdrevier – dies war in den Augen des skeptischen englischen Adels die irdische Vorwegnahme des himmlischen Paradieses.

Das berühmteste dieser ländlichen Schlösser war Hampton Court, von Wolsey erbaut (1515) und dann vom König «geerbt» (1525). Eine ganze Reihe englischer Meister war an dem Bau beschäftigt, der einen noch mittelalterlichen Grundriß und eine spätgotische Architektur mit Burggraben, Türmen und Zinnen aufwies; das Renaissanceelement trat in Form von Terrakottamedaillons an der Fassade von der Hand Giovannis da Maiano hinzu. Der Herzog von Württemberg bezeichnete, als er 1592 England bereiste, Hampton Court als den prächtigsten Palast der Welt. An Schönheit standen ihm kaum nach Sutton Place in Surrey, erbaut (1521–1527) für Sir Richard Weston, und Nonesuch Palace, der 1538 für Heinrich VIII. in wahrhaft imperialem Maßstab begonnen wurde. Eine alte Beschreibung sagt: «Er berief dorthin die vortrefflichsten Künstler, Baumeister, Bildhauer und Steinmetzen verschiedener Nationen, Italiener, Franzosen, Holländer und auch Leute aus England; und diese legten ein wunderbares Beispiel ihrer Kunst in der Ausstattung des Palastes ab, den sie von innen und außen mit Bildwerken zierten, die im wörtlichsten Sinne die Werke des alten Rom wiederholen und sie teilweise sogar an Vorzüglichkeit übertreffen.» 230 Bauleute waren ständig an dem Palastbau beschäftigt, der Franz' Schlösser Chambord und Fontainebleau überflügeln sollte. Noch kaum je hatten die englischen Könige so viel Geld ausgegeben, während das englische Volk darbte. Heinrich starb, bevor Nonesuch fertig war; Elisabeth machte das Schloß zu ihrer bevorzugten Residenz, und Karl II. schenkte es seiner Mätresse Lady Castlemaine (1670), die es abreißen und stückweise verkaufen ließ – die einzige Möglichkeit, aus diesem geldverschlingenden Monstrum Kapital zu schlagen.

VI. HANS HOLBEIN DER JÜNGERE: 1497–1543

Wie unzulänglich sind Worte vor einem Kunstwerk! Jede künstlerische Schöpfung hat ihre eigene unverwechselbare, unveräußerliche Wesenheit, die entweder für sich selbst, oder überhaupt nicht, spricht und jeder Übersetzung in ein anderes Medium erfolgreich widersteht. Die Kunstgeschichte kann wohl die Namen der Meister und ihrer Werke festhalten, aber sie kann uns diese Werke nicht nahebringen. In stiller Betrachtung vor Holbeins Bildnis seiner Frau und seiner Kinder zu sitzen wiegt eine ganze Holbeinbiographie auf; und dennoch ...

Er war glücklicher in der Wahl seines Herkommens als seiner Zeit. Sein Vater gehörte zu den führenden Meistern Augsburgs; von ihm lernte Hans die handwerklichen Elemente der Malkunst, während sein anderer Lehrer, Hans Burgkmair, in dem jungen Maler den Sinn für italienische Grazie und Modellierung zu wecken wußte. 1512 entstanden die heute im Augsburger Kunstmuseum befindlichen vier Altarflügel, die bei aller Mittelmäßigkeit der Ausführung eine erstaunliche Leistung für einen Fünfzehnjährigen darstellen. Zwei Jahre später wandte er sich mit seinem Bruder Ambrosius, der gleichfalls malte, nach Basel; vielleicht hatte er sich unter der Fuchtel des noch dem alten Stil verhafteten Vaters nicht mehr wohl gefühlt, vielleicht auch hielten sich in Augsburg Geld und Kunstverstand nicht die Waage, so daß dort nur ein paar wenige Künstler ihr Auskommen finden konnten; und auf jeden Fall haben Jugend und Genie seit jeher von daheim weg und in die Ferne gedrängt. In Basel mußten die beiden Jünglinge erfahren, daß Freiheit nicht eitel Süße ist. Hans entwarf Illustrationen für verschiedene Bücher, darunter des Erasmus *Lob der Torheit*, und führte zur Bestreitung seines Lebensunterhaltes allerlei untergeordnete Malaufträge aus, unter anderem ein noch erhaltenes Aushängeschild für einen Schulmeister. Eine im Landesmuseum in Zürich aufbewahrte Tischplatte zeigt satirische Illustrationen zur Geschichte jenes berüchtigten «Niemand», dem die Leute so gern die Schuld zuschieben, wenn eine Sache aus unerklärlichen Gründen schiefgeht, und der sich gegen solche Vorwürfe doch nie zur Wehr setzen kann. Diese mit großem Geschick ausgeführte Arbeit verschaffte Hans den lohnenden Auftrag, die Bildnisse des Bürgermeisters Jakob Meyer zum Hasen in Basel und seiner Gattin Dorothea Kannengießer zu malen (1517). Die beiden Porträts machten ihn weit herum bekannt, und er erhielt einen Ruf nach Luzern zu Schultheiß Jakob Hertenstein, um dessen Haus innen und außen mit Fresken zu bemalen; auch das Bildnis des Benedikt Hertenstein, das heute im Metropolitan Museum of Art in New York hängt, entstand damals. Von Luzern aus ging er wahrscheinlich nach Italien, denn von diesem Augenblick an treten in seinem Werke italienische Einflüsse in der Behandlung des Lichts wie in der Genauigkeit der Zeichnung und in der Bevorzugung klassischer architektonischer Hintergründe deutlich sichtbar hervor. Mit zweiundzwanzig Jahren nach Basel zurückkehrend, gründete er eine eigene Werkstatt und vermählte sich mit einer Witwe (1519). Im selben Jahre starb sein Bruder, 1524 der Vater.

Die in der Folgezeit entstehenden religiösen Bilder vereinigten eine deutsch-realistische Auffassung ihres Gegenstandes mit römischen Architekturhintergründen und klassischen Dekorationen. Ganz erstaunlich ist der an Mantegna gemahnende Realismus seines *Christus im Grabe*: Der Leib des Heilandes ist nur Haut und Knochen, die Augen sind gräßlich aufgerissen, die Haare gesträubt, die Lippen wie in einem letzten krampfhaften Atemholen verzerrt; so sieht der unerbittliche Tod aus, und es ist kein Wunder, daß Dostojewskij sagte, dieses Bild könnte einem den Glauben an Gott rauben. Um dieselbe Zeit malte Holbein den Saal des Großen Rates von Basel mit Fresken aus, und die Räte waren mit seiner Leistung so zufrieden, daß einer von ihnen dem Künstler einen Altar für ein Kartäuserkloster in Auftrag gab. Dieses dem Passionsthema gewidmete Andachtswerk, der sogenannte *Oberried-Altar*, ging mit Ausnahme zweier Flügel, die ins Münster zu Freiburg im Breisgau gelangten, beim Bildersturm verloren. Was erhalten ist, weist manche Züge von Hans Baldung Grien auf, und doch hat der Maler, besonders was das effektvolle Spiel der von dem Heiligen Kinde ausgehenden Lichtstrahlen anbelangt, seinem Werk eine kraftvolle persönliche Note zu verleihen gewußt. 1522 kam vom Stadtschreiber von Basel eine Bestellung für ein weiteres Altarbild, und zu dieser *Solothurner Madonna* saßen dem Künstler seine Gattin, damals eine leidlich hübsche, vom Schicksal noch nicht gezeichnete Frau, und sein Sohn Modell. Vermutlich ungefähr um dieselbe Zeit entstand sein berühmtestes religiöses Bild, die *Madonna des Bürgermeisters Meyer* oder *Darmstädter Madonna* – herrlich in Aufbau, Linie und Kolorit und von tiefer Empfindung erfüllt; besonders ergreifend wirkt die in andächtiges Gebet versunkene Gestalt des Bürgermeisters, wenn wir uns vergegenwärtigen, daß zu der Zeit, als das Bild entstand, die beiden Söhne im Vordergrund und die eine der beiden zur Rechten knienden Gattinnen bereits tot waren.

Der Ertrag dieser religiösen Bilder war freilich gering im Vergleich zu der Mühe und Arbeit, die sie erforderten. Bildnisse brachten mehr ein, was für den Künstler um so stärker ins Gewicht fiel, als er eine wachsende Familie zu versorgen hatte. 1519 malte er den jungen Gelehrten Bonifazius Amerbach, in dessen noblen Zügen eine idealistische Lebensauffassung über eine illusionslose Weltkenntnis triumphiert. Um 1520 entstand das Bildnis des großen Drucker-Verlegers Johann Froben, aus dem uns ein von der Hingabe an sein Lebenswerk Gezeichneter, der seine Substanz in schöpferischer Arbeit verausgabt hat, entgegentritt. Durch Froben kam Holbein in Verbindung mit Erasmus, und im Laufe des Jahres 1523 entstanden zwei von den zahlreichen Bildnissen, die der Maler von dem melancholischen Humanisten geschaffen hat. Aus dem Porträt in der Sammlung des Earl of Radnor zu Salisbury – einem Kniestück, das Holbein im nunmehr vollen Besitz seiner künstlerischen Mittel zeigt – spricht die Seele eines Mannes, dem das Leben zur Last geworden ist; Kränklichkeit und der Kampf gegen Luther haben die Linien in seinem Antlitz vertieft, die Melancholie des Blickes gesteigert. Das in der Öffentlichen Kunstsammlung von Basel hängende Profilbild weist ruhigere, lebensvollere Züge auf; scharf springt die Nase vor, gleichsam das Schwert, womit der Gladiator in den Kampf zieht; das Manuskript, worauf seine Hand ruht, ist vielleicht der Entwurf zu seiner Schrift *De libero arbitrio* (1524), mit der er sich unter die Gegner Luthers einreihte. Um 1524 entstand ein weiteres Bildnis des Humanisten, das beste von allen, heute im Louvre; beim Anblick dieses geistvollen und vergeistigten Gesichtes wird man an Nisards Ausspruch erinnert, daß Erasmus einer von denen gewesen sei, *dont la gloire a été de comprendre beaucoup et d'affirmer peu* – «deren Ruhm darin bestand, viel zu verstehen und wenig zu bejahen».

Um 1523 malte Holbein, jetzt sechsundzwanzig Jahre alt, sich selbst in der Haltung eines sichtbar von Erfolg begünstigten Meisters; aber der kalte Blick seiner Augen, aus denen etwas wie kämpferischer Groll spricht, verrät, daß das Leben auch ihm zugesetzt hat. Die Überlieferung will wissen, er sei bis zu einem gewissen Grade dem Wein und den Weibern zugetan gewesen und habe mit seiner Gattin in einer unglücklichen Ehe gelebt. Offenbar hatte er Sympathien für die Reformation, was aus seinen *Totentanzbildern* (um 1525) mit den karikierten Darstellungen klerikaler Figuren hervorzugehen scheint; freilich will dies nicht allzuviel besagen in einer Zeit, in der der Klerus selber mit sich Spott zu treiben liebte. Die Holzschnittbilderfolge zeigt, wie der Tod den Menschen – hoch und niedrig, Mann, Weib und Kind – überall und jederzeit verfolgt; Adam und Eva, der Kaiser, der Edelmann, der Arzt, der Mönch, der Priester, der Papst, der reiche Mann, der Astrologe, die Herzogin, der Narr, der Spieler, der Dieb – sie alle sind auf dem Wege zum Jüngsten Gericht; durch das gleiche Medium wie Dürer und nicht minder kraftvoll als dieser spricht Holbein hier zum Betrachter. Aber von diesen Bildern und der *Madonna des Bürgermeisters Meyer* abgesehen, weist sein Schaffen wenige sichtbare Zeichen von Frömmigkeit auf. Vermutlich hat die Skepsis von Erasmus und des Basler Humanistenkreises auf ihn abgefärbt, und sicher war die Anatomie ihm wichtiger als die Religion.

Die Reformation, auch wenn er ihr bejahend gegenüberstand, machte in Basel seine Aussichten als Künstler zunichte. Die Nachfrage nach religiösen Bildern hörte auf, die Zahlungen für seine Wandmalereien im Basler Ratssaal wurden eingestellt. Erschreckt durch den Bauernaufstand zogen sich die reichen Mäzene aus der Öffentlichkeit zurück, schlossen ihre Geldbörsen zu und ließen sich nicht länger porträtieren. Erasmus schrieb 1526, das Klima in Basel sei den Künsten nicht mehr hold. Er versah Holbein mit Empfehlungsschreiben an Freunde in Antwerpen und London, und Holbein wandte sich, seine Familie in Basel zurücklassend, auf der Suche nach günstigern Umständen gen Norden. In Antwerpen besuchte er Quentin Massys und setzte von da nach England über. Erasmus' Briefe verschafften ihm einen herzlichen Empfang bei Thomas Morus, der ihm Unterkunft in seinem Haus in Chelsea anbot. Dort entstand (1526) das Bildnis von Morus, das jetzt die Frick Gallery in New York ziert. Aus der historischen Rückschau gesehen, scheint der angestrengte und düstere Blick des Humanisten die Hartnäckigkeit und Inbrunst des späteren Märtyrers zu spiegeln; ein für künstlerische Schönheit empfindliches Auge dagegen wird an den Falten der Sammetärmel und dem pelzbesetzten Kragen, wahren Wundern der Malkunst, haftenbleiben. 1527 malte Holbein die *Familie des Thomas Morus*, womit er das älteste bekannte bürgerliche Gruppenbild der außeritalienischen Kunst schuf.

Im Spätherbst 1528 verließ Holbein mit einigem Geld in der Tasche England und kehrte zu seiner Familie nach Basel zurück, bei dieser Gelegenheit dem Erasmus als Geschenk von Morus eine Kopie des Familienbildes mitbringend. In Basel malte er nunmehr eines seiner größten, persönlichsten Werke, gekennzeichnet durch einen schneidenden Realismus, der auch ihn selbst nicht verschonte: das Gruppenbildnis seiner Frau mit ihren Kindern. Alle drei Gesichter auf diesem Bild sind von Traurigkeit erfüllt; die Miene des kleinen Mädchens drückt Entsagung, fast Hoffnungslosigkeit aus, der Junge schaut kläglich zur Mutter auf, während sie mit einem Blick gramvoller Zärtlichkeit die Kinder umfaßt – dem Gram einer Gattin, die ihres Mannes Zuneigung verloren, der Zärtlichkeit einer Mutter, der die Kinder das einzige sind, was sie noch im Leben festhält. Drei Jahre, nachdem er dieses Dokument einer erschütternden Selbstanklage geschaffen hatte, verließ er seine Familie wieder.

Während seines Aufenthaltes in Basel entstanden ein zweites Bildnis von Froben und sechs weitere Erasmus-Porträts, freilich weniger tief in der Aussage als die Bilder von 1523 und 1524. Der Rat der Stadt erneuerte seinen Auftrag für Freskenmalereien im Ratssaal, verbot aber, dem Drängen der Bilderstürmer nachgebend, jegliche religiöse Thematik, weil Gott «alle verflucht» habe, «so Bilder machen». Da Aufträge immer rarer wurden, kehrte Holbein 1532 nach England zurück.

Im Laufe der nächsten Jahre entstanden zahlreiche weitere Bildnisse von seiner Hand; wer in jener bewegten Zeit im öffentlichen Leben des Landes eine Rolle spielte, ließ sich durch das magische Mittel seiner Kunst im Bilde festhalten. Die Queen's Library zu Windsor bewahrt 87 Skizzen in Kohle und Kreide, die als Vorlagen teils für Wandgemälde, hauptsächlich aber für Porträts gedacht waren; der Künstler brauchte offenbar nur ein oder zwei Sitzungen mit seinem Modell und war dann imstande, das Bild nach der angefertigten Skizze zu vollenden. Die hanseatischen Kaufleute in London beanspruchten seine Dienste ebenfalls, ohne ihn aber zu bedeutenderen Schöpfungen zu inspirieren. Für den Stahlhof, die Niederlassung der Hanse in London, malte er zwei uns nur in Kopien erhaltene Fresken: den *Triumph der Armut* und den *Triumph des Reichtums;* sie sollten das Motto des Stahlhofs «Gold ist der Vater der Lust und des Kummers Sohn; wem es fehlt, der trauert, wer es hat, dem bangt» illustrieren; beide sind wahre Wunder individueller Charakterisierungskunst, lebendigster Bewegung und kompositioneller Logik.

Thomas Cromwell, ein lebendes Beispiel für die Wahrheit dieses Sinnspruchs, bot 1534 sein hartes Gesicht und seinen schwächlichen Leib Holbeins Pinsel dar. Durch seine Vermittlung erlangte Holbein Zugang zu den höchsten Persönlichkeiten des Hofes. Damals entstand das Doppelbildnis *Die französischen Gesandten* und das Bildnis des Charles de Solier, Sieur de Morette, worin der Maler mit besonders glücklicher Hand den Mann unter den prunkvollen Gewändern und Insignien seines Amtes in Erscheinung treten ließ. Vier andere Höflinge – Sir Henry Guilford, Aufseher des königlichen Haushalts, Sir Nicholas Carew, Stallmeister des Königs, Robert Cheseman,

Falkner des Königs, und Doktor John Chambers, Leibarzt des Königs – verraten in Ausdruck und Haltung etwas von der Gelassenheit, die erforderlich war, um neben dem turbulenten Heinrich leben zu können. Holbein wurde zu einem Mitglied des Hofstaates, als Heinrich ihn 1537 zum offiziellen Hofmaler ernannte. Er erhielt ein eigenes Atelier im Palast von Whitehall, kleidete sich auf höfische Weise und hatte Mätressen und Bastarde wie jedermann. Neben den Porträtarbeiten mußte er Entwürfe für Raumdekorationen, Galakleider, Bucheinbände, Waffenzierat, Tafelgeschirr, Siegel, königliche Schnallen und Knöpfe und die von Heinrich seinen Bräuten verehrten Juwelen liefern. 1538 sandte ihn der König nach Brüssel, um ein Bild der Prinzessin Christine von Dänemark zu malen. Sie entpuppte sich als reizendes Geschöpf und wäre von Heinrich gern zu seiner Königin gemacht worden, aber sie gab Franz von Lothringen den Vorzug; es war ihr vermutlich lieber, in der königlichen Galerie zu hängen, als auf dem Block zu sterben. Holbein machte bei dieser Gelegenheit eine kurze Reise nach Basel, traf dort Vorkehrungen, damit seiner Frau künftig ein Jahrgeld von 40 Gulden ausbezahlt wurde, und eilte nach London zurück. Wenig später erhielt er den Auftrag, das Bild der Prinzessin Anna von Kleve, der vierten Gemahlin des Königs, zu malen; ihre schwermütigen Augen auf dem Gemälde im Louvre scheinen von dem traurigen Ausgang dieser Ehe bereits zu wissen.

Vom König selbst entstanden eine ganze Reihe von Bildnissen, die jedoch zum größten Teil der Zeit zum Opfer gefallen sind. Eines lebt weiter in der ehemaligen Gildenstube der Wundärztegesellschaft: *Heinrich VIII., der Gesellschaft der Wundärzte den Gildenbrief verleihend*, mit Heinrich in seiner Staatsrobe als dominierendem Mittelpunkt. In eindringlichen Bildnissen bannte Holbein auch die dritte und die fünfte von Heinrichs Gemahlinnen, Jane Seymour und Catherine Howard, auf die Leinwand. Wenn sich der König selbst dem Stift und Pinsel des Künstlers darbot, dann zeigte Holbein sich seines königlichen Modells würdig und holte das Letzte aus seinem Können heraus; die erhaltenen Bildnisse des Königs gehören neben den zwei Erasmusporträts in Basel und im Louvre zum Größten, was er geschaffen hat. Auf dem Bild von 1536 stellt er den König in teutonisch anmutender Massigkeit und Leibesfülle dar; Heinrich fand trotzdem Gefallen an diesem Konterfei und gab Auftrag für ein Wandbild der ganzen königlichen Familie als Fresko im Palast von Whitehall. Dieses Bild fiel der Feuersbrunst von 1698 zum Opfer, eine für König Karl II. 1667 angefertigte Kopie vermittelt aber einen Begriff vom Aufbau des meisterlich gelungenen Werkes: Oben links steht Heinrich VII. in frommer und demütiger Haltung, im Vordergrund sein Sohn Heinrich VIII. auf trotzig gespreizten Beinen, die Insignien der königlichen Gewalt zur Schau stellend, rechts neben ihm seine dritte Gemahlin, daneben seine Mutter Elisabeth von York, im Mittelpunkt des Bildes ein Marmordenkmal, das in lateinischen Worten die Verdienste der beiden Herrscher preist. Heinrich VIII. war so täuschend lebensecht getroffen, daß es hieß, mehrfach hätten Personen beim Betreten des Raumes die gemalte Figur für den lebenden König gehalten. 1540 entstand der noch imposantere *Heinrich VIII. im Hochzeitsgewand*. Das letzte Bild schließlich (1542) zeigt den Herrscher im Zustande körperlichen und geistigen Verfalls; die rächende Gerechtigkeit gönnte ihm keinen raschen schmerzlosen Tod, sondern zerstörte ihm Körper und Seele in langsamer und grausamer Kleinarbeit.

Mit diesem Schreckensbild versöhnen uns zwei andere Werke aus der königlichen Galerie: die beiden Bildnisse von Prinz Eduard. Das eine, das ihn als Zweijährigen zeigt, ist die verkörperte Unschuld. Von hohem Reiz ist das zweite im Metropolitan Museum of Art in New York; der Prinz war damals sechs Jahre alt. Nichts könnte deutlicher für Holbeins hohe Künstlerschaft sprechen als die Tatsache, daß er innerhalb eines Jahres zwei so grundverschiedene Werke schaffen konnte: auf der einen Seite die selbstbewußte Massigkeit des Vaters mit unbeirrbarem Blick festhaltend, auf der anderen Seite die unschuldsvolle Lieblichkeit des Sohnes wie mit magischem Stifte hervorlockend.

Im Alter von fünfundvierzig Jahren bildete sich der Meister, von kühler Unparteilichkeit auch gegen sein eigenes Selbst, als mißtrauischen, abwehrbereiten Mann mit vernachlässigtem grauem Haar und Bart ab, während im Jahr darauf ein letztes Bild in Medaillonform entstand, das ihn in gnädigerer Laune zeigt. In diesem selben Jahr (1543) brach in London die Pest aus und erwählte ihn mit vielen anderen zu ihrem Opfer.

Im Handwerklichen war er einer der ganz Großen. Er beobachtete die kleinste Einzelheit und gab sie mit Akkuratesse wieder. Jede Linie, jeder Farbton, jede Geste, jeder Lichteffekt, alles, was zur Charakteristik des Gegenstandes beitrug, fiel ihm ins Auge und wurde mit Stift und Pinsel auf Papier, Leinwand, Holz, Stoff oder Mauerstein festgehalten. Welche Genauigkeit der Zeichnung, welch tiefes sattes warmes Kolorit, welche Sicherheit der Anordnung von Einzelheiten und ihrer Zusammenschau zu einem Ganzen! Und doch vermissen wir in manchen Bildnissen, die nicht um des Menschen, sondern um des Mammons willen geschaffen wurden, eine echte Teilnahme, die sich um die Seele, um das geheime Fühlen des Dargestellten bemüht. Wir finden diese Herzenswärme in den beiden Erasmusbildern und im Gruppenbild seiner Familie. Aber den Idealismus, der dem Realismus etwa der van Eyckschen *Anbetung des Lammes* so hohen Adel verleiht, finden wir bei Holbein, außer in seiner *Madonna des Bürgermeisters Meyer*, nicht. Er stand dem Religiösen im Tiefsten gleichgültig gegenüber, und das ließ ihn hinter der Größe von Grünewald zurückbleiben und unterschied ihn von Dürer, der mit einem Teil seines Wesens der Jenseitigkeit des Mittelalters verhaftet war. Holbein verkörperte weder die Renaissance wie Tizian noch die Reformation wie Cranach, sondern den deutsch-holländisch-flämisch-englischen praktisch-nüchternen Tatsachensinn. Sein Erfolg war vielleicht der Grund dafür, daß die Malkunst der italienischen Renaissance mit ihren Feinheiten in England nicht zum Durchbruch gelangte. Im Zeitalter nach Holbein schlug der Puritanismus die Leidenschaft der Elisabethaner in Fesseln, und die englische Malerei fristete während hundertfünfzig Jahren bis zum Auftreten von Hogarth ein Schattendasein. Gleichzeitig verblaßte auch die Glorie der deutschen Malerei. Eine Welle der Barbarei sollte über Mitteleuropa hinwegfegen, bevor der Sinn für das Schöne zu neuem Leben erwachen durfte.

VII. DIE KUNST IN SPANIEN UND PORTUGAL: 1515–1555

Spanien erlebte trotz El Greco und Velásquez, Cervantes und Calderón nie eine Renaissance im reichen italienischen Sinn des Wortes. Das aus der Neuen Welt in das spanischen Mutterland strömende Gold diente der Ausschmückung seiner christlichen Kultur und der Förderung des einheimischen Genius auf dem Felde der Literatur und Kunst, aber es lockte nicht, wie in Italien und Frankreich, jenes berauschende Wiederaufblühen einer versunkenen Kultur hervor, die in den Jahrhunderten vor und nach Christus der Mittelmeerwelt das Gepräge gegeben und auf dem spanischen Boden selbst Köpfe wie Seneca, Lucanus, Martial, Quintilian, Trajan und Hadrian hervorgebracht hatte. Im Gedächtnis des Volkes war diese klassische Ära überlagert durch den langen Kampf der spanischen Christenheit gegen die Mauren; alles, was an glanzvollen Erinnerungen weiterlebte, haftete an jenem so schwer erkämpften Sieg, und der Glaube, der ihn errungen hatte, verschmolz mit diesen heroischen Erinnerungen zu einer untrennbaren Einheit. Während sonst überall in Europa der Staat der Kirche den Fuß auf den Nacken setzte, erstarkte der Organismus der Kirche in Spanien mit jeder Generation mehr; die spanische Kirche durfte es wagen, dem Papst, selbst wenn er Spanier war, mit Trotz und Nichtachtung zu begegnen; sie überstand schadlos den durch Frömmigkeit maskierten Absolutismus Ferdinands von Aragonien, Karls V. und Philipps II. und fand nachher wieder zu ihrer allesbeherrschenden Rolle zurück. Sie war in Spanien sozusagen die einzige Patronin der Künste und gab infolgedessen, wie auf allen übrigen Gebieten des spanischen Lebens, auch hier den Ton an; wie die Philosophie machte sie auch die Kunst zur Dienerin der Theologie. Die spanische Inquisition sorgte durch ihre Beamten dafür, daß alles Nackte, Anstößige und Ketzerische in der Kunst verpönt wurde, sie erließ Vorschriften für die Themenwahl und ihre Durchführung in der religiösen Malerei und Bildnerei, und sie setzte die Kunst bewußt zur Verbreitung und Stärkung der Glaubensgrundsätze ein.

Dennoch machte sich der Einfluß Italiens je länger, desto stärker auch hier bemerkbar. Die Wahl spanischer Prälaten auf den päpstlichen Thron, die Eroberung Neapels und Mailands durch die spanische Krone, die Feldzüge der spanischen Armeen und die Tätigkeit spanischer Diplomaten in Italien, der lebhafte Handelsverkehr zwischen spanischen und italienischen Häfen, die Studienaufenthalte spanischer Künstler wie Forments und Berruguetes in Italien und umgekehrt italienischer Künstler wie Torrigianos und Leone Leonis in Spanien – all dies verlieh der spanischen Kunst neue technische, stilistische und dekorative Impulse, selbst wenn ihr Geist und ihre Thematik die alten blieben; am stärksten wirkte sich dieser Einfluß in der Malerei, weniger in der Bildnerei aus, während die Baukunst fast unberührt blieb.

Die Kathedralen spielten im Bilde der Stadt oder Landschaft die selbe vorherrschende Rolle wie der Glaube in der Lebensweise. Eine Reise durch Spanien ist fast gleichbedeutend mit einer Pilgerfahrt von einem zum anderen dieser gewaltigen Tempel. Ihre ehrfurchteinflößende Größe der Reichtum ihrer Ausstattung, die von nur wenigen

Lampen erhellte Dämmerung ihrer Innenräume, die Filigranarbeit ihrer Kreuzgänge stehen in überwältigendem Gegensatz zu der Einfachheit und Ärmlichkeit der malerischen Ziegelhäuschen, die sich im Schatten der Kathedrale zusammendrängen und zu ihr wie zur Verheißung einer besseren Welt aufblicken. Die gigantischen Kathedralen von Salamanca (1513) und Segovia (1522) gehorchten immer noch den gotischen Stilgesetzen, aber die Kathedrale von Granada erhielt über dem gotischen Grundriß im Innern bereits klassische Säulen und Kapitäle und eine klassische Kuppel (1525) nach den Entwürfen des Baumeisters Diego de Siloé, des Sohnes eines noch ganz dem gotischen Stil verhafteten Bildhauers. In Karls V. Palast zu Granada verdrängte dagegen die Renaissance die Gotik bereits vollständig. Karl hatte dem Bischof von Cordoba vorgeworfen, die große Moschee daselbst mit ihren 850 Pfeilern durch den Einbau einer christlichen Kirche verunstaltet zu haben; er selbst versündigte sich aber kaum weniger, als er mehrere Räume und Innenhöfe der Alhambra niederreißen ließ, um Raum für seinen Palast zu schaffen, dessen Massigkeit und strenge Symmetrie dem Stadtbild etwa von Rom nicht übel angestanden wäre, zu der graziösen Eleganz und Verspieltheit der maurischen Zitadelle jedoch in schreiendem Gegensatz stand.

Etwas vom maurischen Flair für das Dekorative lebte im *Plateresk*stil weiter, der hauptsächlich für die Profanarchitektur jenes Zeitalters kennzeichnend wurde. Er hatte seinen Namen von der Ähnlichkeit seiner Ornamentik mit dem reichen und blumigen Zierat, deren sich die Silberschmiede *(platero)* oder Goldschmiede zur Dekoration von Gebrauchs- und kunstgewerblichen Gegenständen bedienten. Das Plateresk krönte und flankierte Portale und Fenster mit Arabesken aus Stein, profilierte und ornamentierte die Säulen mit Hohlkehlen, spiraligen und Blumenmustern von wuchernder maurischer Phantastik, verkleidete Gitter und Balustraden mit üppigem Blätterschmuck und Spitzenwerk aus Marmor. Dieses Plateresk tritt uns entgegen in der Obispokapelle zu Madrid, in der Kirche Santo Tomás zu Avila, im Chor der Kathedrale zu Cordoba; besonders üppige Blüten treibt es am *Ayuntamiento*, dem Stadthaus von Sevilla (1526). Portugal übernahm diesen Stil an dem überreich geschmückten Portal und den Säulen des Kreuzganges in der Klosterkirche Santa Maria zu Belem (1517). Karl V. verpflanzte das Plateresk nach den Niederlanden und Deutschland, wo es den Rathäusern von Antwerpen und Leiden und dem Schloß in Heidelberg seinen Stempel aufdrückte. Philipp II. dagegen fand diesen Stil für seinen Geschmack zu überladen, und das Plateresk starb unter ihm eines vorzeitigen Todes.

Die spanische Bildhauerei zeigte sich den italienischen Einflüssen zugänglicher als die Baukunst. Pietro Torrigiano ließ sich, nachdem er in Florenz Michelangelos Nasenbein zerschmettert und in London den Unwillen Heinrichs VIII. erregt hatte, in Sevilla nieder. Hier modellierte er in Terrakotta eine wenig gewinnende Statue des heiligen Hieronymus, die Goya später unbegreiflicherweise als das größte Werk der Bildhauerei der Neuzeit bezeichnete. Erbost über die seinem Gefühl nach zu kleine Bezahlung, die ihm eine Marienstatue eingetragen hatte, schlug Torrigiano diese in Stücke, wurde von der Inquisition verhaftet und starb im Gefängnis. Ein anderer Bildhauer, Damian Forment, der nach Studien in Italien in sein heimatliches Aragonien zurückkehrte, brachte den Geist der italienischen Renaissance auf der Spitze seines Meißels und seiner Zunge mit; er nannte sich nämlich «Nebenbuhler des Pheidias und Praxiteles». Man nahm sein Prahlen ernst, und die Kirchenbehörde erlaubte ihm, sich und seine Frau unten auf einem Retabel, das er für die Abteikirche von Monte Aragón meißelte, abzubilden. Die Kirche Nuestra Señora del Pilar zu Saragossa erhielt ein weiteres Retabel aus Alabaster in Basrelief von seiner Hand, worin gotische und Renaissanceornamente, Malerei und Plastik, Farbe und Form eine glückliche Verschmelzung eingegangen sind. Reine Renaissanceformen dagegen zeigte der Hochaltar der Kirche in Huesca, dem er die letzten dreizehn Jahre seines Lebens widmete (1520–1533).

Wie Pedro Berruguete als Maler in der Jahrhunderthälfte vor Karl V. eine führende Rolle gespielt hatte, so wurde nun sein Sohn zum bedeutendsten spanischen Bildhauer seiner Generation. Alonso Berruguete lernte zuerst das Handwerk bei seinem Vater und ging dann nach Italien, um sich bei Raffael in der Malerei, bei Michelangelo und Bramante in der Bildnerei weiter zu vervollkommnen. Nach Spanien zurückkehrend (1520), brachte er eine michelangeleske Vorliebe für die Darstellung wuchtiger Gebärden und leidenschaftlicher Gefühlsausbrüche mit. Karl ernannte ihn zum Hofmaler und -bildhauer. In Valladolid arbeitete er sechs Jahre lang an einem Schnitzaltar für die Kirche San Benito el Real, von dem nur Bruchstücke übriggeblieben sind, darunter ein lebhaft kolorierter, mit blutenden Wunden bedeckter *San Sebastian.* 1535 schloß er sich mit seinem größten Rivalen, Felipe de Borgoña, in der Arbeit am Chorgestühl der Kathedrale von Toledo zusammen; auch hier wurde die leidenschaftliche Bewegung des Michelangelostils sichtbar, der zum spanischen Barock überleiten sollte. Im Alter von über siebzig Jahren wurde der Meister noch beauftragt, im Johannesspital zu Toledo ein Grabmal für dessen Gründer, den Kardinal Juan de Tavera, auszuführen; mit Unterstützung seines Sohnes Alonso schuf er eines der großartigsten Monumente der spanischen Bildhauerkunst und starb dann, während die Arbeit noch im Gange war, im Alter von fünfundsiebzig Jahren (1561).

Die spanische Malerei, noch immer unter der Vormundschaft der italienischen und flandrischen stehend, brachte im Zeitalter Karls V. kein außergewöhnliches Talent hervor. Der Kaiser selbst wendete seine Gunst ausländischen Meistern zu, brachte Anthonis Mor nach Spanien, damit die Granden sich von ihm porträtieren lassen konnten, und erklärte, daß er, was ihn selbst betreffe, sich von keinem anderen als dem großen Tizian malen lasse. Der einzige spanische Maler, dessen Ruhm in diesem Zeitalter über die Pyrenäen drang, war Luis de Morales. Die ersten fünfzig Jahre seines Lebens verbrachte er unerkannt im Armenviertel von Badajoz, wo er Andachtsbilder für die Kirchen und Klöster der Provinz Estremadura anfertigte. Er war vierundfünfzig Jahre alt, als Philipp II. ihn einlud, nach Madrid zu kommen und im Escorial zu malen (1564). Luis erschien in prächtiger Kleidung, was der König für einen Künstler als nicht passend fand; als er aber vernahm, der Maler habe seine gesamten Ersparnisse geopfert, um anständig gekleidet vor die Majestät treten zu können, kehrte seine gnädige Laune zurück. Freilich fand Morales' Bild des *Kreuztragenden Christus* beim König kein Gefallen, so daß der Künstler nach Badajoz zurückkehren und sein Pariadasein wieder aufnehmen mußte. Eine Anzahl seiner Bilder, alle trefflich gelungen, ist in den Räumen der Hispanic Society in New York ausgestellt; sein schönstes Bild befindet sich aber im Prado, eine freilich stark raffaelitisch angehauchte *Madonna mit Kind*. Auf einer Reise, die ihn 1581 durch Badajoz führte, setzte Philipp dem Künstler eine verspätete Rente aus, mit der sich Morales, dem Gicht und die Abnahme seiner Sehkraft nunmehr das Arbeiten verunmöglichten, während der fünf ihm noch verbleibenden Lebensjahre einmal am Tag eine anständige Mahlzeit kaufen konnte.

Die spanischen Handwerker waren in vielen Fällen wahre Künstler, ohne sich so zu nennen. Spanische Spitzen und Lederarbeiten standen in der Wertschätzung Europas an erster Stelle. Auch die Holzschnitzer blieben in ihren Leistungen unerreicht; für Théophile Gautier ist die Kunst der Gotik nirgends der Vollendung so nahe gekommen wie im Chorgestühl der Kathedrale von Toledo. Die Metallwerker verstanden aus Reliquienschreinen, Fenstergittern, Balkonbalustraden, ja selbst aus Scharnieren, Türangeln und Nägeln wahre Kleinodien zu machen. Gold- und Silberschmiede verwandelten einen Teil des aus Amerika herbeiströmenden kostbaren Metalls in Schmuckstücke für Fürsten und Weihgefäße für Kirchen; berühmt waren die aus Silber- oder Goldfiligran geformten *custodias* zur Aufnahme der geweihten Hostie. Gil Vicente, der sich nicht damit zufriedengab, der führende Dramatiker Spaniens und Portugals zu jener Zeit zu sein, war auch der Schöpfer einer Monstranz, die als «das Meisterwerk der Goldschmiedekunst von Portugal» bezeichnet worden ist. Francisco de Holanda schließlich, trotz seines Namens ein echter Portugiese, setzte die Tradition der langsam aussterbenden Illuminationskunst ruhmvoll fort.

Alles in allem genommen durfte sich, trotz der Beschlagnahme und Zersplitterung der geistigen Kräfte durch die religiöse Auseinandersetzung, dieses weniger als ein halbes Jahrhundert umfassende Zeitalter mit dem, was es auf dem Gebiet der Kunst hervorbrachte, sehen lassen. Die Meister, die mit Pinsel, Meißel und Richtscheit tätig waren, mußten freilich hinter jenen Geistesheroen zurücktreten, unter deren theologischen Hammerschlägen Europa erbebte; Religion hieß die Losung und der Schlachtruf der Zeit, und die Kunst durfte sich nur im Hintergrund vernehmen lassen. Immerhin stellten Rosso, Primaticcio, Lescot, Delorme, Goujon und die Clouet in Frankreich, Brueghel in Flandern, Cranach in Deutschland, die Berruguete in Spanien und Holbein, der überall Gegenwärtige, einen Kranz von Meistern dar, die, wenn man die Kürze und Aufgewühltheit des Zeitraums, worin sie wirkten, in Betracht zieht, mit Ehren bestanden. Kunst bedeutet Ordnung – und jetzt war alles außer Rand und Band geraten, nicht nur die Religion, sondern auch die Moral, das soziale Gefüge und die Kunst selbst. Die Gotik kämpfte ihren hoffnungslosen Kampf gegen die überhandnehmende Klassik, und der Künstler, der, entwurzelt, dem Nährboden seiner eigenen Vergangenheit entrissen war, sah sich, unter Verzichtleistung auf eine Größe, die nur durch stabile, fest im Herkommen verankerte Lebens- und Zeitumstände gewährleistet werden konnte, zu Experimenten, tastenden Versuchen mit dem Neuen gezwungen. Der Glaube nahm in dieser Zeit des allgemeinen Aufruhrs auch der Kunst gegenüber eine zögernde, abwartende Haltung ein und verzichtete darauf, ihr ihren Weg vorzuschreiben. Religiöse Kunstwerke wurden verunglimpft oder sogar zerstört; geheiligte Themen, die vormals den Künstler zu schöpferischer Arbeit inspiriert und den Betrachter dieser Schöpfungen mit Andacht erfüllt hatten, vermochten das künstlerische Feuer nicht mehr anzufachen, erweckten nicht länger Bewunderung und Frömmigkeit. Auf wissenschaftlichem Gebiete schließlich vollzog sich die größte aller Umwälzungen: Die Erde wurde von dem Thron, den ihr die Theologie zugewiesen, heruntergestoßen und in das Nichts des leeren Raumes geschleudert – jener winzige Ball, auf dem durch die Menschwerdung Gottes das Gemüt des mittelalterlichen Menschen geformt worden war und die mittelalterliche Kunst Gestalt gewonnen hatte. – Ob die Welt je wieder ins Gleichgewicht kommen würde?

FÜNFTES KAPITEL

Die Wissenschaft im Zeitalter des Kopernikus

[1517–1565*]

I. DER KULT DES OKKULTEN

Es ist bemerkenswert, daß dieses so von Theologie und Philologie erfüllte Zeitalter zwei Männer von höchstem Rang in der Geschichte der Naturwissenschaft hervorgebracht hat – Kopernikus und Vesalius; und es ist weiterhin seltsam, daß die Bücher, worin sie ihr Lebensblut verströmten, im selben *annus mirabilis*, 1543, erschienen sind. Die Entdeckung Amerikas und die Erforschung Asiens, die Bedürfnisse des Gewerbes und die Ausweitung des Handels förderten viel Wissen zutage, das den überkommenen Auffassungen widersprach und neue Gedankengänge erforderlich machte. Übersetzungen aus dem Griechischen und Arabischen, der Druck der Abhandlung über die Kegelschnitte des Apollonios und der des griechischen Textes des Archimedes gaben der Mathematik und Physik neuen Auftrieb. Aber viele Reisende waren wenig sorgfältig oder zu phantasievoll; die Druckerpresse verbreitete mehr Unsinn als Wissen; und die wissenschaftlichen Instrumente waren zwar zahlreich, aber primitiv. Mikroskop, Teleskop, Thermometer, Barometer, Mikrometer, Mikrochronometer waren noch der Zukunft vorbehalten. Die Renaissance, in Literatur und guten Stil verliebt und an der Philosophie höflich interessiert, verhielt sich der Naturwissenschaft gegenüber eher gleichgültig. Auch die Päpste waren indifferent, wenn auch Leo X. und Clemens VII. aufgeschlossen kopernikanischen Gedankengängen lauschten und Paul III. die Widmung des welterschütternden *Commentariolus* ohne Herzklopfen annahm. Erst nach 1555 gestalteten die Reaktion unter Paul IV., der Ausbau der italienischen Inquisition und die dogmatischen Vorschriften des Konzils von Trient naturwissenschaftliche Forschung zusehends schwieriger und gefährlicher.

Der Protestantismus konnte der Naturwissenschaft keine große Gunst schenken, stützte er sich doch auf die unfehlbare Bibel. Luther lehnte die kopernikanische Astronomie ab, weil Josua die Sonne – und nicht die Erde – stillstehen hieß. Melanchthon zeigte mehr Interesse für die exakten Wissenschaften; er befaßte sich mit Physik, Astronomie, Mathematik und Medizin und hielt Vorlesungen über die Geschichte der Mathematik im Altertum; aber die zwingende Persönlichkeit seines Meisters engte seinen Horizont ein, und das nach Luthers Tod immer engherziger werdende Luthertum tat ein übriges. Calvin hielt von der Naturwissenschaft wenig, Knox nichts.

* Über die Wissenschaft des Islam siehe in diesem Band das I. Buch, 2. Kapitel, über die Wissenschaft der Juden das I. Buch, 4. Kapitel. Über die Wissenschaft Italiens siehe das III. Buch, 1. Kapitel in dem Band VIII «Glanz und Zerfall der italienischen Renaissance».

Eine Seite aus den Bußpsalmen-Bänden, vertont von Orlando di Lasso (um 1532–1594), im Auftrag des Bayern-Herzogs Albrecht V. von dessen Hofmaler Hans Mielich illustriert.

Omine labia mea a-
peries et os meum anuntiabit laudē tuam
Omine: et os meum a-
nuntiabit laudem tu- am
Omine et os meū a-
nuntiabit laudem tu- am

Zů schyff Zů schyff brůder: Eß gat/ eß gat

Eine Atmosphäre bedrückenden Okkultismus umgab, verwirrte und bedrohte – wie bei Cardano und Paracelsus – manchmal sogar den Verstand der Jünger der Naturwissenschaft. Magische Lehren aus Ägypten, mystisches Pythagoreertum, griechischer Neuplatonismus, jüdische Kabbala benebelten tausend Geister. Legenden und Wunder nisteten sich in die Geschichtsschreibung ein, und Reisende fabelten von feuerspeienden Drachen und seilerkletternden Fakiren. Sogut wie jedes ungewöhnliche Geschehen, gleichgültig ob privater oder öffentlicher Natur, wurde als göttlicher oder satanischer Akt zur Warnung oder Erbauung, zur Verführung und Verdammnis des Menschen gedeutet. Daß Kometen und Meteore von einer erzürnten Gottheit geschleuderte Feuerbälle seien, war ein weitverbreiteter Glaube. Wertlose Schriften mit Anweisungen für die Verwandlung unedler Metalle in Gold drangen beinahe in jedes Heim, wo man des Lesens kundig war, so daß in einem zeitgenössischen Bericht zu lesen ist: «Man findet wohl gar Schneider, Schuster, Knechte und Mägde, welche, so sie solches gehört und gelesen, Alles was sie ersparet, einem der vielen umherziehenden betrüglichen Künstler, so Gold machen wollen, wenn er in ihr Städtlein oder Dorf kommt, hingeben und Gold kochen lassen, und elendig betrogen werden.» In England bekundete der Goldmacher William Wycherley 1549 vor Gericht, 500 Kollegen auf der Insel zu haben. In Deutschland boten fahrende Schüler Amulette zum Schutz gegen Hexen und Dämonen an. Zaubersprüche und Amulette zur Ablenkung von Flintenkugeln erfreuten sich beim Kriegsvolk großer Beliebtheit. Man bediente sich sogar der Messe als eines Zaubermittels zur Herbeirufung von Sonne oder Regen und des Sieges in der Schlacht. Bittprozessionen um Regen waren häufig und manchmal zu erfolgreich, in welchem Fall die Kirchenglocken geläutet wurden, damit der Himmel davon Kenntnis erhalte und ein Einsehen habe. Die Mönche von Troyes exkommunizierten feierlich die Raupen, die die Ernte wegfraßen, fügten aber vorsichtig hinzu, daß der Bannstrahl nur auf Feldern wirksam sei, deren Besitzer den Kirchenzehnten entrichtet hätten (1526–1531).

Satan wurde vermutlich eine größere Zahl von Geschehnissen zugeschrieben als Gott. «Es vergeht schier nicht ein einzig Jahr mehr», klagte eine Schrift aus dem Jahre 1563, «ohne daß man die allerschröcklichsten Zeitungen aus vielen Fürstenthumben, Dörfern und Städten hört, wie unverschämt und grausam der Höllenfürst zur Auslöschung des neu scheinenden Lichtes des heiligen Evangelii sichtbarlich sich gebehrdet und in allen Gestalten in diesen unseligen letzten Zeiten die arme Christenheit zermartert und zerplagt.» Luther schloß sich diesem Standpunkt durchaus an, wenn er die meisten Krankheiten auf Teufel zurückführte, die in den Körper eingedrungen seien – was dem heute berüchtigten Exorzismus ja gar nicht so unähnlich ist. Viele waren der Meinung, daß Krankheiten vom bösen Blick und sonstigem magischem Zauber herrühren und mit magischen Mitteln geheilt werden können – was wiederum gelegentlichen Praktiken von heute nicht fern liegt. Die meisten Heilmittel verabreichte man auf Grund der jeweiligen Gestirnkonstellation, weshalb angehende Mediziner auch Astrologie studierten.

Die Astrologie zeigte insofern einen wissenschaftlichen Einschlag, als sie ein den Kosmos beherrschendes Gesetz voraussetzte und sich weitgehend auf Erfahrung stützte.

◀ *Titelblatt der Erstausgabe des «Narrenschiff» von Sebastian Brant, das in Holzschnitten und gereimten Texten Laster und Torheiten von Personen, Berufen und Ständen festhält (gedruckt 1494 zu Basel).*

Im Paris des sechzehnten Jahrhunderts gab es 30 000 Astrologen, die sich bereit hielten, für eine kleine Münze ein Horoskop aufzustellen, obschon man nicht mehr so unbedingt wie früher an den Einfluß der Gestirnbewegungen und Konstellationen auf das Geschehen glaubte. Almanache mit astrologischen Vorhersagen gehörten zu den meistgekauften Büchern; Rabelais parodierte sie in den Pantagruelischen Weissagungen des Magisters Alcofribas. In diesem Punkt befand er sich in Übereinstimmung mit der Sorbonne und Luther, die Astrologie in jeder Form verurteilten. Die Kirche mißbilligte offiziell astrologische Voraussagen, weil sie die Kirche den Sternen unterwarfen und die Determinationslehre unterstützten; trotzdem hat Paul III., einer der größten Geister seiner Zeit, nach dem Bericht eines Gesandten am päpstlichen Hof «keine wichtige Sitzung des Konsistoriums anberaumt und keine Reise unternommen, ohne die Konstellation zu beobachten und die Daten zu wählen»[1]. Franz I., Katharina von Medici, Karl IX., Julius II., Leo X. und Hadrian VI. zogen Astrologen zu Rat. Melanchthon änderte Luthers Geburtsdatum, um ihm ein günstigeres Horoskop stellen zu können, und beschwor ihn, nicht bei Neumond zu reisen.

Ein Astrologe jener Zeit wird heute noch genannt. Nostradamus hieß ursprünglich Michel de Notredame, bezeichnete sich als Arzt und Astronom und diente Katharina von Medici als halboffizieller Astrologe; sie baute ihm sogar ein Observatorium in Les Halles. 1564 sagte er Karl IX. eine Lebensdauer von neunzig Jahren voraus; leider starb der König zehn Jahre später als Vierundzwanzigjähriger. Das von Nostradamus hinterlassene Weissagungsbuch (1566) ist von so geschickter Zweideutigkeit, daß es später kaum ein geschichtliches Ereignis gab, auf das nicht die eine oder andere Äußerung bezogen werden konnte.

In Anbetracht ihres festen Glaubens, daß Dämonen übernatürliche Kräfte verleihen können, und der ihnen schon in der Kindheit eingeimpften Dämonenfurcht fühlten sich die damaligen Christen verpflichtet, Hexen und Zauberer zu verbrennen. In diesem Punkt waren Innozenz VIII., Calvin und Luther einer Meinung. Er habe mit den Hexen kein Mitleid, sagte dieser, er würde sie alle verbrennen. Vier wurden am 29. Juni 1540 in Wittenberg verbrannt, vierunddreißig 1545 in Genf. Die Reformatoren fanden für diese Freudenfeuer natürlich eine gute biblische Begründung, und diese Abhängigkeit von der Schrift gab dem 2. Buch Mose, 22, 18, neue Aktualität. Die katholische Praxis der Teufelsaustreibung leistete dem Glauben an Hexenkünste Vorschub, weil sie die Kraft der in den Leib eingedrungenen Dämonen voraussetzte. Luther behauptete, sein Leipziger Disputationsgegner Johannes Eck habe einen Pakt mit dem Teufel geschlossen; und Johannes Cochlaeus gab zurück, Luther sei die Frucht eines Beischlafs Margarete Luthers mit dem Satan.

Gelegentlich versuchte man, sich eines persönlichen Feindes zu entledigen, indem man ihn oder sie beim Hexengericht denunzierte. Dann stand der Beschuldigte vor der Wahl zwischen fortgesetzter Folterung zur Erpressung eines Geständnisses und dem Tod als Folge eines solchen. Dabei hatte das Europa des sechzehnten Jahrhunderts die Folter «mit einer kaltblütigen Barbarei, die heidnischen Völkern unbekannt war» systematisiert. Viele Unglückliche scheinen sich sogar schuldig gefühlt und an ihren

Umgang mit dem Teufel, manchmal sogar geschlechtlichen, geglaubt zu haben. Einige der Angeklagten begingen Selbstmord. Ein französischer Richter vermerkte fünfzehn solcher Fälle innerhalb eines Jahres. Weltliche Behörden betrieben die Hexenverfolgung oft mit noch größerer Begeisterung als geistliche. Ein von Heinrich VIII. erlassenes Gesetz (1541) bedrohte eine Reihe von Hexenkünsten mit dem Tod; demgegenüber betrachtete die spanische Inquisition Hexendenunziationen und Bekenntnisse als Halluzinationen Schwachsinniger und wies ihre Organe an, dem Verlangen der Öffentlichkeit nach Hexenverbrennungen keine Folge zu leisten.

Zugunsten der Hexen erhoben sich noch weniger Stimmen als zugunsten der – selber dem Hexenwahn verfallenen – Ketzer. Zu den wenigen gehörte Johannes Wier, ein Arzt in Kleve, der 1563 eine Abhandlung herausgab, *De praestigiis daemonum* (Über die Täuschung durch Dämonen), worin er den schüchternen Versuch unternahm, den Wahnsinn zu lindern. Er leugnete zwar keineswegs die Existenz von Dämonen, meinte aber, daß die Hexen als die unschuldigen Opfer dämonischer Besessenheit vom Teufel verführt seien, die phantastischsten Dinge zu gestehen. Frauen und an Leib und Geist kranke Personen seien für Besessenheit besonders anfällig. Wiers Ausführungen gipfelten in der Behauptung, daß Hexerei kein Verbrechen, sondern eine Krankheit sei, und daß die Fürsten die Hinrichtung dieser hilflosen Geschöpfe verbieten sollten. Einige Jahre später fand Wier den Anschluß an seine Zeit, indem er eine ausführliche Schilderung der Hölle, ihrer Hierarchie und ihrer Einrichtungen verfaßte.

Nichts könnte den Zeitgeist besser illustrieren als die Lebensgeschichte Fausts. Zum erstenmal begegnen wir ihm in einem Brief des Johannes Trithemius aus dem Jahre 1507, worin er den Georg Faust als Quacksalber bezeichnet, dann wieder 1513, wo ihn Mutianus Rufus nicht besser beurteilt. Aber 1539 schrieb der Wormser Arzt Philipp Begardi: «Es wirt noch ein namhafftiger dapfferer Mann erfunden: ich wolt aber doch seinen Namen nit genent haben, so wil er auch nit verborgen seyn, noch unbekant. Dann er ist vor etlichen jaren vast durch alle landtschafft, Fürstenthumb vnd Königreich gezogen, seinen namen jedermann selbs bekant gemacht, vnn seine große kunst, nit allein der artznei, sonder auch der Chiromancei, Nigromancei, Visionomei, Visiones im Cristal, vnn dergleichen mehr künst, sich höchlich berümpt. Vnd auch nit allein berümpt, sonder sich auch einen berümpten vnd erfarenen meyster bekant vnd geschriben. Hat auch selbs bekant, vnd nit geleugknet, daß er sey, vnnd heiß *Faustus*, damit sich geschriben Philosophum Philosophorum.»[2] Der geschichtliche Faust scheint 1539 gestorben zu sein; Melanchthon sagte, der Teufel habe ihm den Hals umgedreht. Der Sage von Fausts Pakt mit dem Teufel begegnen wir erstmals in den *Sermones conviviales* des protestantischen Basler Pastors Johannes Gast. Zwei alte Vorstellungen wirkten zusammen, um die Legendenbildung um den historischen Scharlatan zu fördern, ihn zur Dramengestalt und zum Gegenstand von Kunstwerken zu machen: die eine, daß sich der Mensch durch einen Pakt mit dem Teufel übersinnliche Kräfte verschaffen könne, und die andere, daß weltliches Wissen zur Hoffart und somit geradenwegs in die Hölle führe. Einige Zeit hielt man die Sage für eine katholische Karikatur Luthers; in tieferem Sinne stellt sie dem «profanen» Wissen den schlichten Glauben an die Heilige Schrift als dem Gipfel des Wissens und der Wahrheit gegenüber. Goethe hat in seiner Faustgestalt den Erkenntnis- und Lebensdrang des Menschen der Neuzeit geläutert und veredelt.

In Heinrich Cornelius Agrippa gewann die Faustsage bitteres Leben. 1487 in Köln geboren und aus gutem Hause stammend, ging er nach Paris und geriet in die Gesellschaft etlicher Mystiker oder Quacksalber, die sich übernatürlicher Erkenntnisse brüsteten. Nach Ruhm und Erkenntnis dürstend, befaßte er sich intensiv mit Alchimie und der Kabbala, bis er überzeugt war, daß jenseits von Sinneswahrnehmung und Verstand ein für das gewöhnliche Denken unerreichbares Reich der Erleuchtung existiert. Er übermittelte Trithemius ein Manuskript *De occulta philosophia* und sagt im Begleitbrief:

«Ich wunderte mich sehr und war auch nicht wenig entrüstet, daß es bis anhin noch nie jemand unternommen hat, diese erhabene und heilige Disziplin vom Geruche der Gottlosigkeit zu befreien ... Daher hat sich mein Geist ereifert und ... da verspürte auch ich den Willen, zu philosophieren; der Meinung, kein unlöbliches Werk zu vollbringen ... wenn ich diese alte, von allen Weisen gepflegte, magische Wissenschaft von den Irrtümern der Gottlosigkeit erlöst und gereinigt und in der Zierde ihres eigenen Denksystems wiederhergestellt haben werde.»[3]

Trithemius antwortete mit einem guten Rat:

«Äußere dich in der Allgemeinheit nur über Allgemeines, über die höheren und geheimen Dinge aber offenbare dich nur den höchstvertrauten und verschwiegenen Freunden. Gib das Heu dem Ochsen, den Leckerbissen aber nur dem Kakadu: Laß dir dies gut durch den Kopf gehen, auf daß du nicht unter die Hufe der Ochsen geratest, wie es ja schon so oft geschah.»[4]

Agrippas Manuskript blieb – ob aus Vorsicht oder weil er keinen Verleger fand, wissen wir nicht – zwanzig Jahre ungedruckt. An einem Feldzug Kaiser Maximilians in Italien teilnehmend, hielt er sich auf dem Schlachtfeld gut, benutzte aber die Gelegenheit, um an der Universität Pisa über Platon zu lesen und in Pavia akademische Grade der Rechtsgelehrtheit und Medizin zu erwerben. Metz ernannte ihn 1518 zum städtischen Syndicus; er verlor den Posten aber bald wieder, weil er sich in den Prozeß einer jungen, wegen Hexerei angeklagten Frau einmischte, die er den Fängen der Inquisition auch glücklich entriß; doch schien es ihm klüger, den Wohnort zu wechseln (1519). Luise von Savoyen machte ihn zu ihrem Leibarzt; aber binnen zweier Jahre verstrickte er sich in so viele Kontroversen, daß sie die Gehaltzahlung einstellte. Mit den Kindern und seiner zweiten Frau übersiedelte er nach Antwerpen, wo ihn die Statthalterin Margarete von Österreich zum Hofbibliothekar und Chronisten ernannte, so daß sein Tisch regelmäßig gedeckt war. Nunmehr schrieb er sein bedeutendstes Werk, *De incertitudine et vanitate scientiarum*, das 1530 im Druck erschien, und ließ dann seltsamerweise seine Jugendarbeit *De occulta philosophia* folgen, wenn auch mit einer Vorrede, worin er sich von ihrem mystischen Abrakadabra distanzierte. Zusammen forderten die beiden Bücher die gesamte betroffene Welt heraus.

Agrippa ging in seiner okkulten Philosophie davon aus, daß der *spiritus mundi* das Universum ebenso durchdringe und beherrsche wie die Seele den Menschen; es existiere daher ein gewaltiges Reservoir von Seelenkräften, die sich ein geläuterter und in magischen Dingen gründlich geschulter Verstand dienstbar machen könne. Mit Hilfe solcher Kenntnisse könne man die verborgenen Eigenschaften von Gegenständen, Zahlen, Buchstaben und Wörtern erkennen, die Geheimnisse der Sterne erschauen und über die Kräfte der Erde und die Dämonen in der Luft Macht gewinnen. Das Buch fand zahlreiche Leser, und die vielen postumen Auflagen nährten die Legende, daß Agrippa einen Pakt mit dem Teufel schloß, der ihn in der Maske seines Hundes begleitet und es ihm ermöglicht habe, durch den Äther zu fliegen und auf dem Mond zu schlafen.

Die Ungunst des Lebens dämpfte bald den überheblichen Anspruch, übernatürliche Dinge zu schauen, und Agrippa erfuhr, daß keine Magie und Alchimie seine Familie ernährte und ihn vor dem Schuldturm bewahrte. Enttäuscht und verärgert wandte er sich dem Studium der exakten Wissenschaften zu und verfaßte als Neununddreißigjähriger unter dem Titel *Die Ungewißheit und Eitelkeit der Wissenschaften* das skeptischste Buch vor Montaigne.

«Ich sehe allbereit für Augen den blutigen und gefährlichen Krieg, in welchen ich mich jetzo einlasse ... Da werden erstlich die superklugen Grammatici herfürtreten und mir Widerpart halten, ... die frechen Poeten, ... die fabelhaftigen Historienschreiber, ... die großsprecherischen Rhetores, ... die wundersamen Memoriographi, ... die zänkischen Dialectici, ... die Sophisten, ... der unverschämte Pythagorista, ... der künstliche Geomanticus, ... die wahrsagerischen Astrologi, ... der zauberische Magus ... Und, mein, wie werden doch die zänkischen Philosophen mit ihren wider sich selbst streitenden Meinungen ... wüten und toben ... Überdies sind ja alle Künste und Wissenschaften nichts als Menschensatzungen und dererselben einbildische Gedanken, welche sowohl schädlich als nützlich, sowohl vergiftet als heilsam, sowohl böse als gut, niemals aber vollkommen, sondern allzeit zweifelhaft und aller Irrtümer und Zänkerei voll sind.» [5]

Agrippa beginnt seine Verwünschung mit dem Alphabet und mokiert sich über die verwirrende Unlogik der Aussprache. Den Sprachgelehrten hält er höhnisch vor, daß ihre Ausnahmen zahlreicher seien als ihre Regeln und daß sich das Volk immer wieder über diese hinwegsetze. Alle Poeten sind verrückt; kein Mensch «mit gesundem Verstand» wird Verse schreiben. Die meiste Geschichtsschreibung ist fabuliert nicht, wie Voltaire später irrtümlich meinte, *une fable convenue* –, sondern eine sich stets wandelnde Fabel, die jeder Geschichtsschreiber und jede Generation aufs neue abändert. Rhetorik ist die Verführung für den Geist, durch Beredsamkeit in Irrtum zu verfallen. Okkultismus ist Schwindel; sein eigenes Buch über dieses Thema ist, wie Agrippa warnt, «falsch oder, wenn man will, eine Lüge»; wenn er sich früher mit Astrologie, Magie, Alchimie, Vorhersagen und anderen «Albernheiten» dieser Art befaßte, so geschah es nur, weil seine Klienten esoterische Auskünfte so gut bezahlten. Die Kabbala ist «nichts als ein verpestender Aberglaube». Was die Philosophen anbelangt, schlagen sie sich mit ihren widerspruchsvollen Auffassungen selber aus dem Feld; man kann es ihnen überlassen, sich gegenseitig zu widerlegen. Insofern sich die Philosophie bemüht, die Moral aus der Vernunft abzuleiten, sieht sie sich von der irrationalen Gegensätzlichkeit des Moralkodexes je nach Ort und Zeit durchkreuzt, «wodurch es geschieht, daß das, was einmal als Laster galt, zu anderer Zeit als Tugend geschätzt wird, und was an einem Ort Tugend ist, woanders als Laster gilt». Die Künste und Berufe sind wie die Wissenschaften durch Falschheit und Eitelkeit geschändet. Jedes Gericht ist «eine

Schule übelster Gewohnheiten und eine Zufluchtsstätte verabscheuenswerter Schlechtigkeit». Handel ist Betrug. Kassenverwalter sind Diebe; ihre Finger kleben vom Vogelleim, und ihre Fingerspitzen sind Klauen. Krieg ist die Abschlachtung vieler zum Vergnügen weniger. Die Medizin stellt «eine eigene Kunst des Totschlags» dar, und oftmals «sind der Arzt und seine Medizin gefährlicher als die Krankheit».

Doch worauf will das alles hinaus? Wenn die Wissenschaft nichts ist als eine flüchtige Meinung und Philosophie nur die eitle Spekulation geistiger Zwerge über das Wesen der Unendlichkeit, woran soll sich der Mensch dann halten? Einzig an das Wort Gottes, wie es sich in der Bibel enthüllt. Das klingt nach evangelischer Verkündigung; und in der Tat finden wir, eingestreut in Agrippas Zweifel, reichliche Bejahung der Reformbewegung. Die zeitliche Gewalt der Päpste, ja sogar ihre geistliche, lehnt er, wo sie der Schrift zuwiderläuft, ab. Der Inquisition wirft er vor, den Menschen nicht mit der Schrift und Vernunft, sondern «mit Reisig und Feuer» überzeugen zu wollen. Die Kirche, meint er, solle weniger für den Kirchenbau und mehr für Wohltätigkeit aufwenden. Doch geht er über die Reformatoren mit dem Eingeständnis hinaus, daß auch den Chronisten des Alten und Neuen Testaments Irrtümer unterliefen. Nur Christus ist nie irrende Wahrheit; auf ihn sollen wir bauen, er ist die letzte Zuflucht für Leib und Seele.

Agrippa genoß das Aufsehen, das sein Toben hervorrief, mußte aber das Vergnügen teuer bezahlen. Karl V. verlangte einen Widerruf der Kritik an der Kirche. Als Agrippa sich weigerte, wurde sein Gehalt gekürzt. Wegen Schulden kam er in den Turm; er schob dem Kaiser, der seinem Hofchronisten das Gehalt vorenthalte, die Schuld an seiner Geldnot zu. Kardinal Campeggio und der Bischof von Lüttich bewirkten seine Freilassung, konnten aber nicht verhindern, daß Karl ihn aus dem Reich verbannte (1531). In Lyon, wohin Agrippa sich wandte, soll er nach einer unbestätigten Überlieferung abermals im Schuldturm gesessen haben. Dann zog er weiter nach Grenoble und starb dort achtundvierzigjährig. Vermutlich hat er zur Skepsis Montaignes beigetragen; volkstümlich geworden ist aber nur seine – von ihm selbst verworfene – *Okkulte Philosophie*. Der Okkultismus florierte in Theorie und Praxis bis zum Ende des Jahrhunderts weiter.

II. DIE KOPERNIKANISCHE REVOLUTION

Fortschritte auf dem Gebiete der Mathematik, die heute trivial erscheinen, lieferten der Arithmetik besseres Werkzeug. Michael Stifels *Arithmetica integra* (1544) führte das Plus- und Minuszeichen und Robert Recorde in seinem *Schleifstein des Verstands* (1557) erstmals das Gleichheitszeichen im Buchdruck ein. Adam Rieses einstmals berühmtes *Rechenbuch* veranlaßte die Deutschen, vom Rechnen mit Zählrahmen zur schriftlichen Zahlenaufstellung überzugehen. Johannes Werner veröffentlichte 1522 die erste moderne Abhandlung über Kegelschnitte, und Georg Rheticus führte neben seinen Hebammendiensten für Kopernikus die trigonometrischen Arbeiten des Regiomontanus weiter.

Die Astronomie verfügte über bessere Tabellen als Instrumente. Auf Grund solcher Kalküle sagten etliche Astrologen für den 11. Februar 1524 anläßlich der Konjunktion von Jupiter und Saturn im Sternbild der Fische eine zweite Sintflut voraus; Toulouse baute daraufhin eine Rettungsarche, und vorsichtige Familien legten auf Berggipfeln Lebensmittellager an. Die meisten astronomischen Hilfsmittel datierten aus dem Hochmittelalter: Erd- und Himmelsgloben, der Jakobsstab, ein Astrolabium, Quadranten, Zylinder, Uhren, Kompasse und mehrere andere Vorrichtungen; Teleskop und Photographie gab es noch nicht. Mit diesen Hilfsmitteln bewegte Kopernikus die Erde.

Mikolai Kopernik, wie die Polen ihn nennen, Niklas Koppernigk im deutschen Sprachgebrauch und latinisiert Nicolaus Copernicus wurde 1473 in Thorn an der Weichsel geboren, das sieben Jahre zuvor vom Deutschritterorden an Polen abgetreten worden war; der Landschaft nach war er Preuße, der Staatsangehörigkeit nach Pole. Seine Mutter stammte aus wohlhabender preußischer Familie; sein Vater war aus Krakau nach Thorn gekommen und handelte mit Kupfer. Nach dessen Tod nahm sich ein Bruder der Mutter, der Fürstbischof von Ermland, Lukas Watzelrode, der Kinder an. Als Achtzehnjähriger besuchte der junge Kopernikus, der Priester werden sollte, die Krakauer Universität. Aber die dortige Scholastik, die den Humanismus nicht aufkommen ließ, sagte ihm nicht zu, und er beredete den Onkel, ihn in Italien studieren zu lassen. Der Onkel verschaffte ihm ein Kanonikat am Frauenburger Dom in Ostpreußisch-Polen und gewährte ihm einen dreijährigen Studienurlaub*.

In Bologna studierte Kopernikus Mathematik, Physik und Astronomie (1497 bis 1500). Einer seiner Lehrer, Domenico de Novara, ein ehemaliger Schüler des Regiomontanus, kritisierte das Ptolemäische System als unlogisch kompliziert und machte seine Schüler mit früheren griechischen Astronomen bekannt, die die Erde weder für den Mittelpunkt des Universums noch für unbeweglich hielten. Der im fünften vorchristlichen Jahrhundert lebende Pythagoreer Philolaos vertrat die Ansicht, daß sich die Erde und die übrigen Planeten um einen feurigen Mittelpunkt, Hestia, drehen, den wir aber nicht wahrnehmen können, weil ihm alle bekannten Teile der Erde abgewandt seien. Cicero zitierte Hiketas von Syrakus, der im gleichen Jahrhundert lebte und annahm, daß Sonne, Mond und Sterne stillstehen und ihre anscheinende Bewegung von der Rotation der Erde um die eigene Achse herrührt. Archimedes und Plutarch haben berichtet, daß Aristarchos von Samos (310 bis 230 v. Chr.) von der Drehung der Erde um die Sonne sprach, der Gottlosigkeit beschuldigt wurde und widerrief. Doch griff laut Plutarch Seleukos von Babylon die Idee im zweiten Jahrhundert vor Christus wieder auf. Die heliozentrische Theorie hätte vielleicht schon im Altertum triumphiert, wenn nicht Klaudios Ptolemaios von Alexandrien im zweiten nachchristlichen Jahrhundert die geozentrische Theorie mit solch zwingender Kraft und Gelehrsamkeit wiederholt hätte, daß nach ihm kaum jemand sie anzuzweifeln wagte. Nun hatte er selbst die Regel niedergelegt, daß die Wissenschaft die denkbar einfachsten, die tatsächlichen

* Ein Kanonikus war Mitglied eines Domkapitels, mußte aber nicht unbedingt Priester sein. Es existieren keine Unterlagen, wonach Kopernikus vor seinen späteren Jahren die höhere Priesterweihe empfangen hätte. 1537 wurde er zum Bischof vorgeschlagen; demnach muß er zu dieser Zeit Priester gewesen sein.

Beobachtungen deckenden Hypothesen zur Erklärung natürlicher Phänomene verwenden solle. Trotzdem zwang ihn die geozentrische Theorie – wie vor ihm Hipparch –, die anscheinende Planetenbewegung durch ein verwirrend kompliziertes System von Epizykloiden und exzentrischen Kreisen* zu erklären. Gab es nicht doch eine einfachere Hypothese? Nicole Oresme (1330–1382) und Nikolaus von Cues (1401 bis 1464) hatten den Gedanken an die Erdbewegung neuerdings erwogen, und Leonardo da Vinci (1452–1519) hatte erst kurz zuvor geschrieben: «Die Sonne bewegt sich nicht ... Wie die Erde weder inmitten des Sonnenkreises noch inmitten des Weltalls ist.»[6]

Kopernikus ging 1500 im Gefühl, daß die heliozentrische Theorie die Beobachtungen adäquater decke, als Siebenundzwanzigjähriger nach Rom, vermutlich des heiligen Jahres halber, und hielt dort Vorlesungen, in denen er, wie eine Überlieferung besagt, vorsichtig auf die Erdbewegung hingewiesen haben soll. Doch war sein Urlaub nunmehr abgelaufen, weshalb er nach Frauenburg zurückkehrte und die Pflichten seines Kanonikats aufnahm. Aber geozentrische Mathematik störte seine Gebete. Er bat, seine Studien in Italien fortsetzen zu dürfen, vor allem Medizin und kanonisches Recht – was seinen Vorgesetzten vernünftiger schien als Astronomie. Ehe das fünfzehnte Jahrhundert ausklang, befand er sich wieder in Italien. In Ferrara promovierte er 1503 zum Doktor der Rechte, aber soweit uns bekannt ist, nicht auch zum Doktor der Medizin, und fand sich abermals mit Frauenburg ab. Offenbar um ihm mehr Muße für seine Studien zu lassen, machte ihn sein Onkel zum Sekretär und Leibarzt (1506). In den sechs Jahren, die Kopernikus in der bischöflichen Residenz zu Heilsberg verbrachte, stellte er die grundlegenden Berechnungen für seine Theorie zusammen und formulierte sie im Manuskript.

Nach dem Tode des gütigen Onkels begab er sich wieder nach Frauenburg, versah sein Kanonikat und praktizierte unter unentgeltlicher Behandlung der Armen weiterhin Heilkunde. Daneben führte er für das Domkapitel diplomatische Verhandlungen, und dem König Sigismund I. von Polen unterbreitete er einen Plan zur Stabilisierung des preußischen Geldes. In einer seiner wohlbegründeten Abhandlungen über das Geldwesen findet sich der später als Greshamsches Gesetz bekannt gewordene Gedanke vom «schlechten Geld, welches das gute Geld aus der Zirkulation treibt»[7] – das heißt, wenn eine Obrigkeit Münzen mit zu geringem Edelmetallgehalt schlagen läßt, werden die wertvolleren Münzen gehamstert oder außer Landes gebracht und verschwinden aus dem Alltag; die schlechten Münzen werden für Steuern verwendet, und der Landesherr wird «mit seinen eigenen Münzen bezahlt». Trotz solchen Obliegenheiten setzte er seine astronomischen Forschungen fort. Sein geographischer Standort war ungünstig; Frauenburg lag nahe der Ostsee, und sein Himmel blieb die halbe Zeit hinter Nebel und Wolken verborgen. Mit Neid dachte er an Ptolemaios: «Ihm waren die Himmel heiterer, wo der Nil keine Nebel ausatmet gleich unserer Weichsel. Uns hat die

* Ein Epizykel ist die gekrümmte Linie, die ein Punkt eines Kreises beim Umrollen eines anderen Kreises beschreibt; ein exzentrischer Kreis ist ein solcher, dessen Mittelpunkt sich nicht mit dem eines zweiten ihn überschneidenden Kreises deckt.

Natur jene Bequemlichkeit und die ruhige Luft versagt.»[8] Kein Wunder, daß Kopernikus die Sonne anbetete. Seine astronomischen Beobachtungen waren weder zahlreich noch präzis; doch spielte das für seine Zwecke keine entscheidende Rolle. Zum größten Teil bediente er sich der von Ptolemaios überkommenen Daten und machte sich anheischig, zu beweisen, daß auch die alten Beobachtungen durch ein heliozentrisches System am leichtesten zu erklären seien.

Um 1514 faßte er seine Einsichten in einem kleinen Kommentar *(Nicolai Copernici de hypothesibus motuum coelestium a se constitutis commentariolus)* zusammen, der zu seinen Lebzeiten ungedruckt blieb, weil er sich damit begnügte, einige handgeschriebene Abschriften als «Versuchsballone» in die Welt zu senden. Die Schlußfolgerungen formulierte er mit sachlicher Nüchternheit, als handle es sich keineswegs um die größte Revolution in der Geschichte der Christenheit:

«1. Für alle Himmelskörper und deren Bahnen gibt es nur einen Mittelpunkt.

2. Der Mittelpunkt der Erde ist nicht der Mittelpunkt des Universums, sondern nur der Schwerpunkt aller Dinge auf der *Erde* und der Mittelpunkt der Mondbahn.

3. Alle Himmelskörper kreisen um die Sonne als ihren Mittelpunkt, und darum ist die Sonne das Zentrum des Universums.

4. Das Verhältnis der Distanz der Erde von der Sonne zur Höhe des Firmaments ist soviel kleiner als das Verhältnis des Erdradius zur Distanz der Erde von der Sonne, so daß die Distanz der Erde zur Sonne verschwindend klein im Vergleich zur Höhe des Firmaments ist.

5. Was für Bewegung auch immer im Firmament (oder Sternenhimmel) sichtbar wird, stammt nicht von irgendeiner Bewegung des Firmaments, sondern von der Bewegung der Erde. Die Erde vollführt zusammen mit ihren umgebenden Elementen eine vollständige Umdrehung in einer täglichen Bewegung um sich selbst, wobei ihre beiden Pole unverändert ihre Richtung behalten, das Firmament und der höchste Himmel ganz unbewegt bleiben.

6. Was uns als Bewegung der Sonne vorkommt, stammt nicht von ihrer Bewegung, sondern von der Bewegung der Erde und unserer Sphäre, mit der wir uns um die Sonne bewegen (gleich jedem anderen Planeten). Die Erde hat also mehr als eine Bewegung.

7. Die anscheinend rückläufige und direkte Bewegung der Planeten stammt nicht von ihren Bewegungen, sondern von der Erdbewegung. Die Bewegung der Erde allein genügt also, so viele anscheinende Ungleichheiten in den Himmel zu erklären.»[9]

Die wenigen Astronomen, die den *Commentariolus* zu Gesicht bekamen, schenkten ihm keine große Aufmerksamkeit. Papst Leo X. zeigte, als er von der Theorie hörte, ein aufgeschlossenes Interesse und veranlaßte einen seiner Kardinäle, Kopernikus um eine Demonstration seiner Theorie zu ersuchen; eine Zeitlang fand die Hypothese an dem fortschrittlichen päpstlichen Hof ziemliche Gunst. Luther verwarf um 1530 die Theorie: «Es ward gedacht eines neuen Astrologi, der wollte beweisen, daß die Erde bewegt würde und umginge, nicht der Himmel oder das Firmament, Sonne und Monde ... Der Narr will die ganze Kunst Astronomie umkehren. Aber wie die Heilige Schrift anzeiget, so hieß Josua die Sonne still stehen und nicht das Erdreich.»[10] Calvin antwortete Kopernikus mit einem Vers aus dem 93. Psalm, «Der Herr ... hat ein Reich angefangen, soweit die Welt ist, und zugerichtet, daß es bleiben soll», und fragte: «Wer will es wagen, die Autorität des Kopernikus über die des Heiligen Geistes zu stellen?» Der Verfasser war über die Aufnahme seines *Commentariolus* so enttäuscht, daß er, als er 1530 sein Hauptwerk beendete, auf die Veröffentlichung verzichtete. Er führte seine Amtspflichten in aller Ruhe weiter, befaßte sich ein wenig mit Politik und sah sich als Sechzigjähriger beschuldigt, eine Geliebte zu haben.

In dieses resignierte Alter brach 1539 ein stürmisch-begeisterter junger Mathematiker, Georg Rheticus, ein. Er war fünfundzwanzig Jahre alt, Protestant, ein Schützling Melanchthons und Professor in Wittenberg. Als er den *Commentariolus* las, packte ihn die Beweisführung derart, daß er mit allen Fasern dem alten Astronomen zu helfen wünschte, der an einem fernen Außenposten der Kultur geduldig darauf wartete, daß andere, ebenso wie er selbst, die unsichtbare Bahn und Drehung der Erde wahrnehmen würden. Von Kopernikus' wissenschaftlicher Leistung zutiefst beeindruckt, verliebte sich der Jüngling in ihn, nannte ihn «den besten und größten aller Menschen», studierte zehn Wochen lang das große Manuskript und drängte auf die Veröffentlichung. Kopernikus lehnte ab, war aber mit der Herausgabe einer vereinfachten Zusammenfassung der ersten vier Bücher durch den jungen Gelehrten einverstanden, und 1540 veröffentlichte dieser in Danzig seine *Narratio prima de libris revolutionum* (Erster Bericht der Bücher über die Bewegung [der Himmelskörper]). Hoffnungsvoll sandte er Melanchthon ein Exemplar, aber der wohlwollende Theologe war nicht zu überzeugen. Als Rheticus Anfang 1540 nach Wittenberg zurückkehrte und vor seinem Auditorium die kopernikanische Theorie erläuterte, wurde ihm – wie er sagt – befohlen, statt dessen über die *Sphaera* des Johannes de Sacrobosco zu reden. Am 16. Oktober 1541 schrieb Melanchthon an einen Freund: «Manche halten es für eine hervorragende Leistung, eine so verrückte Sache zu machen wie dieser preußische Sternforscher, der die Erde bewegt und die Sonne fixiert. Wahrlich, weise Herrscher sollten die Zügellosigkeit der Geister zähmen!» [11]

Im Sommer 1540 ging Rheticus neuerdings nach Frauenburg und blieb bis September 1541. Wiederholt bat er den Meister, der Welt das Urmanuskript zu geben, aber erst als sich zwei prominente Kirchenmänner dem Appell anschlossen, gab Kopernikus nach – vielleicht weil er sich mit einem Fuß schon im Grabe fühlte. Er versah das Manuskript mit ein paar letzten Zusätzen und erlaubte Rheticus, es einem Nürnberger Buchdrucker zu schicken, der die gesamten Kosten und Risiken auf sich nahm (1542). Rheticus, der von der Wittenberger an die Leipziger Universität gegangen war, bat seinen Freund Andreas Osiander, einen lutherischen Pastor in Nürnberg, den Druck zu überwachen.

Am 20. Oktober 1541 schlug Osiander dem Verfasser vor, die neue Auffassung mehr als Hypothese denn als bewiesene Wahrheit zu präsentieren, und an Rheticus schrieb er unter dem gleichen Datum: «So würdest Du die Aristoteliker und die Theologen beruhigen, deren heftigen Widerspruch Du befürchtest.» [12] Kopernikus selbst hatte seine Theorie nicht nur im Kommentar, sondern auch im Hauptwerk wiederholt als Hypothese bezeichnet; andererseits behauptete er in der Widmung, seine Auffassung mit «offensichtlichen Beweisen» untermauert zu haben. Seine Antwort an Osiander kennen wir nicht. Auf alle Fälle setzte dieser, ohne seinen Namen zu nennen, das nachstehende Vorwort voran:

«An den Leser über die Hypothesen dieses Werks.

Sicherlich werden manche Gelehrte, bei dem bereits weitverbreiteten Ruf dieser neuen Hypothesen, großen Anstoß an den Lehren dieses Buches genommen haben ... Allerdings ist es nicht erforderlich, daß seine Hypothesen wahr seien; sie brauchen nicht einmal wahrscheinlich zu sein. Es reicht schon vollkommen aus, wenn sie zu einer Berechnung führen, die den Himmelsbeobachtungen gemäß ist ... Da ferner eine und dieselbe Bewegung zuweilen durch verschiedene Hypothesen zu erklären ist ... so wird der Astronom am liebsten derjenigen folgen, welche die leichtest verständliche ist. Der Philosoph wird vielleicht eine größere Wahrscheinlichkeit verlangen. Keiner von beiden wird jedoch etwas Gewisses zu ermitteln oder zu lehren imstande sein, wenn es ihm nicht durch göttliche Offenbarungen enthüllt worden ist. Gestatten wir demnach, daß auch die nachfolgenden neuen Hypothesen den alten angereiht werden, welche um nichts wahrscheinlicher sind. Sie sind überdies wirklich bewundernswert und leicht faßlich; außerdem finden wir hier einen großen Schatz der gelehrtesten Beobachtungen. Übrigens möge niemand in betreff der Hypothesen Gewißheit von der Astronomie erwarten. Sie vermag diese nicht zu geben. Wer alles, was zu einem anderen Zwecke ersonnen ist, für Wahrheit nimmt, dürfte wohl unwissender von dieser Wissenschaft fortgehen, als er zu ihr gekommen ist. Hiermit lebe wohl, Leser!»[13]

Diese Einleitung ist oftmals als unverschämte Unterschiebung verurteilt worden. Kopernikus selbst hätte sich vielleicht gegen sie verwahrt, denn er, der seit dreißig Jahren mit dieser Theorie gelebt hatte, empfand sie als einen Teil seines eigenen Ich und als akkurate Darstellung der Fakten des Universums. Aber Osianders Vorwort war klug und zudem richtig; es verminderte den natürlichen Widerstand vieler Geister gegen eine beunruhigende revolutionäre Idee; und es bildet auch heute noch eine ernst zu nehmende Mahnung, daß unsere Definition des Universums dem hybriden Urteil von Wassertropfen über das Meer gleicht und vermutlich eines Tages korrigiert oder ganz über den Haufen geworfen werden muß.

Endlich, im Frühjahr 1543, erschien das Buch unter dem Titel *Nicolai Copernici revolutionum liber primus* (Erstes Buch über die Umdrehungen); später wurde es unter dem Titel *De revolutionibus orbium coelestium* (Über die Umdrehungen der Himmelskörper) bekannt. Eines der ersten Exemplare erreichte Kopernikus am 24. Mai 1543. Er lag auf dem Sterbebett, las die Titelseite, lächelte und verschied in der nämlichen Stunde.

Die an Papst Paul III. gerichtete Widmung stellte allein schon einen Versuch dar, den Widerstand gegen eine Theorie zu entwaffnen, die, wie Kopernikus genau wußte, dem Wortlaut der Schrift zuwiderlief. Sie begann mit frommen Versicherungen: «... so glaube ich dennoch, man müsse von dem Wahren und Richtigen völlig abweichende Absichten vermeiden ... So habe ich lange mit mir gekämpft, ob ich meine Erläuterungen und Beweise für diese Bewegung dem Drucke übergeben sollte oder ob es nicht vielmehr besser sei, dem Beispiele der Pythagoreer und einiger anderer zu folgen, welche ... nicht schriftlich sondern mündlich und lediglich ihren Angehörigen und Freunden, die Mysterien der Philosophie zu überliefern pflegten.» Aber gelehrte Kirchenfürsten – Nikolaus Schonberg, Kardinal von Capua, und Tiedeman Giese, Bischof von Kulm (den Lutheraner Rheticus zu erwähnen schien Kopernikus unklug) – hätten ihm dringend geraten, seine Forschungsergebnisse zu veröffentlichen. Den griechischen Astronomen schulde er Dank; doch überging er versehentlich Aristarchos. Seiner

Ansicht nach benötigten die Astronomen eine bessere Theorie als die ptolemäische; denn die geozentrische Annahme bereite ihnen viele Schwierigkeiten, und sie seien auf dieser Grundlage außerstande, die Länge des Jahres exakt zu berechnen. Der Papst, «durch die Würde Deines Amtes wie durch die Liebe zu allen Wissenschaften und auch zur Mathematik hochgefeiert», möge ihn vor «leeren Schwätzern» schützen, die sich ohne ausreichende mathematische Kenntnisse «ein Urteil darüber anmaßen und auf Grund irgendeiner Stelle der Heiligen Schrift, die sie böswillig für ihre Zwecke verdrehen, sich herausnehmen werden, mein Unternehmen zu tadeln und anzugreifen.»[14]

Die Darstellung beginnt mit einer Anzahl von Postulaten: erstens, das Universum ist kugelförmig, zweitens, die Erde ist eine Kugel – weil die sich selbst überlassene Materie nach einem Mittelpunkt gravitiert und sich deshalb in Kugelform formiert, und drittens, die Bewegungen der Himmelskörper sind einheitlich kreisförmige Bewegungen oder aus solchen Bewegungen zusammengesetzt – denn der Kreis ist die «vollkommenste Form», und «der Verstand schreckt entsetzt davor zurück», daß die Gestirnbewegungen nicht einheitlich sein könnten. (Es gäbe keine Logik im Denken, wenn es keine Logik im Verhalten der Objekte des Denkens gäbe.)

Zur Relativität der Bewegung bemerkt Kopernikus: «Jede Ortsveränderung, welche wahrgenommen wird, rührt nämlich von einer Bewegung entweder des beobachteten Gegenstandes, oder des Beobachters, oder von, natürlich verschiedenen, Bewegungen beider her; denn wenn der beobachtete Gegenstand und der Beobachter sich in gleicher Weise und in gleicher Richtung bewegen, so wird keine Bewegung wahrgenommen.»[15] Demnach könnte die vermeintliche tägliche Drehung der Planeten um die Erde mit der täglichen Umdrehung der Erde um die eigene Achse erklärt werden, während sich die vermeintliche jährliche Bewegung der Sonne um die Erde erklären ließe, indem man eine jährliche Bewegung der Erde um die Sonne annimmt.

Einige Einwendungen beantwortet Kopernikus im voraus. Ptolemaios hatte behauptet, daß die Wolken und Oberflächenobjekte einer sich drehenden Erde wegfliegen und zurückbleiben würden. Aber dieser Einwand würde, sagte Kopernikus, noch weit mehr gegen die Bewegung der großen Planeten um die Erde sprechen, weil auf Grund der weiten Entfernungen auf mächtige Körper und ungeheure Geschwindigkeiten geschlossen werden müsse. Des weiteren habe Ptolemaios behauptet, daß ein von einer rotierenden Erde senkrecht in die Höhe geschnellter Gegenstand nicht auf den Ausgangspunkt zurückfallen würde. Aber solche Objekte wie die Wolken seien, entgegnet Kopernikus, «Teile der Erde» und würden mit ihr fortgetragen. Und auf den Einwand, daß sich die jährliche Drehung der Erde um die Sonne in einer Bewegung der Fixsterne (das heißt der außerhalb unseres Planetensystems befindlichen Gestirne) äußern und von den polaren Punkten der Erdbahn beobachten lassen müßte, erwidert Kopernikus, daß eine solche Bewegung in der Tat stattfinde, aber infolge der großen Entfernung der Gestirne («Firmament») für uns nicht wahrnehmbar sei. (In einem beschränkten Maß ist eine solche Bewegung heute beobachtbar.)

Ein einleuchtender Absatz faßt das ganze System zusammen:

«Die erste und höchste von allen Sphären ist diejenige der Fixsterne, sich selbst und alles enthaltend, und daher unbeweglich, als der Ort des Universums, auf welchen die Bewegung und Stellung aller übrigen Gestirne bezogen wird ... Es folgt der erste Planet, Saturn, welcher in 30 Jahren seinen Umlauf vollendet; hierauf Jupiter mit einem zwölfjährigen Umlaufe; dann Mars, welcher in 2 Jahren seine Bahn durchläuft. Die vierte Stelle in der Reihe nimmt der jährliche Kreislauf ein, in welchem die Erde mit der Mondbahn, als Epicyclus, enthalten ist. In fünfter Stelle kreist Venus in neun Monaten. Die sechste Stelle nimmt Merkur ein, der in einem Zeitraume von achtzig Tagen seinen Umlauf vollendet. In der Mitte aber von allen steht die Sonne ... Wenn anders nicht unpassend einige sie die Leuchte der Welt, andere die Seele, noch andere den Regierer nennen ... So lenkt in der Tat die Sonne, auf dem königlichen Throne sitzend, die sie umkreisende Familie der Gestirne ... Wir finden also in dieser Anordnung eine bewunderungswürdige Harmonie der Welt und einen zuverlässigen, harmonischen Zusammenhang der Bewegung und Größe der Bahnen, wie er anderweitig nicht gefunden werden kann.»[16]

Fast immer haften einem theoretischen Fortschritt Überbleibsel der entthronten Theorie an. Kopernikus verließ sich bei seiner Konzeption auf die von Ptolemaios überlieferten Beobachtungen und behielt einen großen Teil von dessen Himmelsmaschinerie von Kugeln, Epizykloiden und exzentrischen Kreisen bei; deren Widerlegung mußte auf Kepler warten. Am exzentrischsten war des Kopernikus Berechnung, daß sich die Sonne nicht genau im Zentrum der Erdbahn befinde. Nach seiner Berechnung befand sich der Mittelpunkt des Weltalls «drei Sonnendurchmesser neben der Sonne»; und auch die Mittelpunkte der Planetenbahnen verlegte er neben die Sonne und sogar an verschiedene Punkte. Was Kopernikus tat, das war die Übertragung zweier bisher der Erde zugeschriebener Eigenschaften auf die Sonne, erstens, daß die Sonne den ungefähren Mittelpunkt des Universums bildet, und zweitens, daß sie sich nicht bewegt. Nach seiner Auffassung mußte die Erde außer der Achsendrehung und dem Umlauf um die Sonne noch eine dritte Bewegung ausführen, ohne die es ihm unmöglich erschien, die Inklination der Erdachse und das Vorrücken der Nachtgleichenpunkte zu erklären.

Wir dürfen infolgedessen jene nicht allzusehr belächeln, die einige Zeit brauchten, um dem kopernikanischen System zu trauen. Es wurde von ihnen nicht nur verlangt, die Erde entgegen der direkten Wahrnehmung ihrer Sinne in Drehung und in einen rasenden Flug durch den Weltenraum zu versetzen, sondern darüber hinaus ein mathemathisches Dunkel zu akzeptieren, das fast ebenso verwirrend war wie das des Ptolemaios. Erst nachdem Galilei, Kepler und Newton der neuen Theorie zu einem einfacheren Mechanismus und größerer Genauigkeit verholfen hatten, konnte sie sich als der alten eindeutig überlegen erweisen; und selbst dann könnten wir von der Sonne sagen, was Galilei über die Erde gesagt haben mag: *eppur si muove*. Vorläufig aber lehnte Tycho Brahe die heliozentrische Theorie mit der Begründung ab, daß Kopernikus die Einwände des Ptolemaios nicht überzeugend widerlegt habe. Überraschender als solcher Widerstand ist die verhältnismäßige Schnelligkeit, mit der sich Astronomen wie Rheticus, Osiander, John Field, Thomas Digges und Erasmus Reinhold mit dem neuen System befreundeten. Reinholds «Prutenische Tafeln» (1551) über die Bewegungen der Himmelskörper basieren zum großen Teil auf Kopernikus. Die katholische Kirche verhielt sich, solange sich die neue Theorie als Hypothese drapierte, abwartend; als aber Giordano Bruno sie zur Gewißheit erklärte und die Konsequenzen für die Religion darlegte, schlug die Inquisition unbarmherzig zu. 1616 wurde *De revolutionibus* bis «zur Richtigstellung» auf den Index der verbotenen Bücher gesetzt; 1620 wurde den Gläubigen die Lektüre in einer Ausgabe gestattet, in der neun Sätze, die die Hypothese als Gewißheit darstellten, unterdrückt worden waren. Im revidierten Index von 1758 figurierte das Buch nicht mehr; der ausdrückliche Widerruf des Leseverbots erfolgte jedoch erst 1828.

Die geozentrische Theorie hatte einer Theologie, für die alle Dinge zur Benutzung durch den Menschen erschaffen waren, recht gut entsprochen. Jetzt aber fühlten sich die Menschen als winzige Objekte auf einem degradierten Planeten, dessen Geschichte «eine bloße Lokalnotiz im Geschehen des Weltalls» bildete. Welche Bedeutung konnte dem Himmel noch zukommen, wenn «oben» und «unten» sinnlos geworden waren, wenn beide in einem halben Tag jeweils zur anderen Hälfte wurden? «Kein Angriff auf das Christentum ist gefährlicher», schrieb Hieronymus Wolf an Tycho Brahe, «als die unendliche Ausdehnung und Tiefe des Himmels» – obschon Kopernikus die Unendlichkeit des Universums gar nicht lehrte. Wenn die Menschen innehielten, um der Tragweite des neuen Systems nachzugrübeln, müssen sie sich Gedanken über die Annahme gemacht haben, daß der Schöpfer eines so ungeheuren, geregelten Kosmos seinen Sohn gesandt haben soll, um auf diesem unbedeutenden Planeten zu sterben. Das lieblich-poetische Weltbild der Christenheit schien unter der Berührung durch diesen polnischen Kirchenmann «in Dunst und Rauch aufzugehen» (wie Goethe es formulieren sollte). Die heliozentrische Theorie zwang den Menschen, sich von Gott eine weniger provinzielle, weniger anthropomorphe Vorstellung zu machen; sie bedeutete die stärkste Herausforderung der Theologie in der ganzen Religionsgeschichte. Daher ging die kopernikanische Revolution viel tiefer als die Reformation; neben ihr wurden die Differenzen zwischen katholischem und protestantischem Dogma zur Bagatelle; sie wies über die Reformation hinaus die Bahn zur Aufklärung, von Erasmus und Luther zu Voltaire und über Voltaire hinaus zum pessimistischen Agnostizismus eines neunzehnten Jahrhunderts, das der kopernikanischen Katastrophe noch den Darwinismus hinzugefügt hat. Es gab nur einen Schutz gegen solche Genies, und der bestand darin, daß immer nur eine Minderheit jeder Generation die Tragweite ihrer Gedanken erfaßte. Die Sonne wird «auf-» und «untergehen», wenn Kopernikus vergessen sein wird.

1581 stellte Bischof Kromer an der Innenmauer des Frauenburger Doms neben seiner Grabstätte eine Büste des Kanonikus Kopernikus auf. 1746 wurde sie beseitigt, um Platz für das Standbild des Bischofs Szembek zu schaffen. Wer war er? Wer weiß es?

III. MAGALHÃES UND DIE ENTDECKUNG DER ERDE

Die Erforschung der Erde machte schnellere Fortschritte als die Enträtselung des Himmels und mit einem nahezu ebenso beunruhigenden Einfluß auf Religion und Philosophie. Die geringsten Fortschritte verzeichnete die Geologie, denn die biblische Schöpfungsgeschichte als göttliche Offenbarung blieb vorerst unantastbar. «Sollten sich irrige

Ansichten über die in der Genesis beschriebene Entstehung der Welt durchsetzen», schrieb der italienisch-englische Reformator Peter Martyr Vermigli, «würden alle göttlichen Versprechungen in nichts zerrinnen und unsere Religion ihr Leben verlieren.» Von Leonardos zerstreuten Anregungen abgesehen, hat Georg Agricola das bedeutendste geologische Werk in der ersten Hälfte des sechzehnten Jahrhunderts verfaßt. Man beachte die Stelle aus *De ortu et causis subterraneorum* (Basel 1546) über den Ursprung der Gebirge:

«Zwei Kräfte sind es, deren sich die Natur zur Erschaffung der Gebirge bedient: das Wasser und der Wind in Verbindung mit den Dämpfen. Bei der Zerstörung der Gebirge finden wir außer diesen beiden Kräften noch eine dritte, das Feuer, beschäftigt ... Die Gießbäche spülen anfangs nur die weiche Dammerde ab; in ihrem weiteren Fortlaufe lassen sie selbst die ... Felsen nicht unbenagt, sondern waschen ganz kleine Stückchen oder Bröckeln von ihnen ab; endlich spalten sie sogar die Gebirge entzwei und wälzen große Felsklumpen mit fort. In wenigen Jahren wühlen sie auf einer ebenen oder abschüssigen Fläche einen Graben oder ein Flußbett von merklicher Tiefe aus ... Nach Verlauf mehrerer Jahrhunderte erreichen diese Flußbetten ... oft eine anstaunenswürdige Tiefe ... Mehrere Flüsse scheinen sich zwischen den hohen Gebirgen, die ihre Ufer formieren, hindurchzudrängen. Wenn sich die Gebirge zu beiden Seiten der Flüsse gesenkt haben, so bilden sich weite und niedrige Täler, über die sich blühende Gefilde ausbreiten ...

Auch der Wind erzeugt Hügel und Berge; dann nämlich, wenn er frei und ungefesselt den Sand herumschüttet, mit sich fortführt und zuletzt an einen Ort zusammentreibt.

Die Dämpfe haben sehr bedeutenden Anteil an der Erzeugung der Gebirge. Wenn sie von der Kälte in die Schlupfwinkel und Höhlen des festen Erdkörpers getrieben und darin wie in einem Kerker festgehalten werden, dann streben sie, mit Gewalt herauszubrechen, wobei sie Emporhebungen, auch wohl Emporwerfungen bewerkstelligen.» [17]

Agricolas *De natura fossilium* (1546) war die erste systematische Abhandlung über Mineralogie und sein *De re metallica* unter anderem die erste über Gesteinsschichten; wie wir gehört haben, erklärte sie zum erstenmal die Entstehung der Erzablagerungen.

Auf dem Gebiet der Ethnographie entstanden zwei Werke von Bedeutung: *Cosmographia universalis* (1544) von Sebastian Münster und *Descriptio Africae* von «Leo Africanus» (1550). Al-Hasan ibn-Muhammad al-Wazzan war ein in Granada geborener Maure, durchreiste mit der Wißbegierde eines Ibn-Batuta Afrika bis in den südlichen Sudan, wurde von christlichen Seeräubern gefangengenommen und Leo X. zum Geschenk gemacht, der ihn, von seiner Gelehrsamkeit beeindruckt, freiließ und ihm eine Leibrente aussetzte. Der Maure zeigte sich durch den Übertritt zum Christentum erkenntlich und nannte sich dem Papst zu Ehren Leo. In den folgenden dreißig Jahren verfaßte er sein Buch, erst in arabischer, dann in italienischer Sprache. Ehe es aus der Druckerpresse kam, kehrte er nach Tunis zurück und starb dort 1552 offenbar im Glauben seiner Väter.

Die Geographie erlebte aufregende Zeiten. Missionare, Conquistadores, Seefahrer und Forschungsreisende überschütteten Europa mit Berichten, die die Kenntnisse über den Erdball ständig erweiterten. Die Spanier, die in dieser Epoche Mexiko, Kalifornien, Mittelamerika und Peru eroberten, waren freilich in erster Linie Abenteurer, die, der heimischen Routine und Armut müde, freudig den Gefahren ferner, unbekannter Länder trotzten. In den Drangsalen ihres tollkühnen Wagens verloren sie alle zivilisatorischen Hemmungen und vollbrachten, sich offen zur Moral der besseren Waffen bekennend, ein Werk des Betrugs, Verrats, Totschlags und der Beraubung eines ganzen Kontinents, das nur verzeihlich ist, weil sich da und dort – sofern ein interessierter Geist darüber richten will – am Ende doch ein Gewinn für die Kultur ergab. Zur Zeit ihres Untergangs waren die Unterworfenen aber bestimmt kultivierter als die Eroberer. Man denke an die Mayakultur, die Hernández de Córdoba in Yucatan antraf (1517), an das von Hernando Cortes eroberte Aztekenreich der Montezumas (1521) und an die von Francisco Pizarro bei der Eroberung Perus zerstörte «sozialistische» Inkakultur. Wir können allerdings nicht wissen, ob sich diese Kulturen – hätten sie die Mittel zu ihrer Verteidigung besessen – rühmlich oder unrühmlich weiterentwikkelt hätten.

Die geographische Enträtselung ging unentwegt weiter. Unter spanischer Flagge erforschte Sebastian Cabot Argentinien, Uruguay und Paraguay. De Soto durchquerte Florida und die Gegenden am Nordufer des Golfes von Mexiko bis Oklahoma. Pedro de Alvarado entdeckte das Imperium von Texas, und Francisco de Coronado gelangte über Arizona und Oklahoma nach Kansas. Die Silberbergwerke Potosis (Bolivien) begannen ihr edles Metall nach Spanien zu senden (1545). Jahr für Jahr zeichneten Gold, Silber und Blut die Karte der Neuen Welt. Engländer und Franzosen befanden sich bei dem großen Raubzug im Hintertreffen, denn jene Teile Nordamerikas, die ihnen Spanier und Portugiesen ließen, waren ebenso arm an Edelmetall wie reich an undurchdringlichen Wäldern. John Rut segelte längs der Küste Neufundlands und Maines. Giovanni da Verrazano, von Franz I. zur Auffindung einer Nordwestpassage nach Asien ausgesandt, landete in Nordcarolina, warf im heutigen New Yorker Hafen Anker (der ihm ein Denkmal an der Battery gesetzt hat), passierte Kap Cod und erreichte Maine. Unter französischer Flagge segelte Jacques Cartier den St.-Lorenz-Strom hinauf bis Montreal und nahm das Gebiet für Frankreich in Besitz.

Das gewaltigste Abenteuer in dieser zweiten Phase der großen Entdeckungsfahrten bildete die erste Weltumseglung. Fernão de Magalhães hatte als gebürtiger Portugiese an vielen Reisen seiner Landsleute teilgenommen, fiel jedoch in Ungnade und ging in spanische Dienste. 1518 bewog er Karl V., eine Expedition zur Auffindung einer Südwestpassage auszurüsten. Der junge König – damals noch Karl I. – verfügte nur über geringe Mittel, und die fünf Magalhães zugeteilten Schiffe waren so baufällig, daß ihnen ein Kapitän die Seetüchtigkeit absprach. Das größte hatte 120, das kleinste 75 Tonnen Ladefähigkeit. Erfahrene Matrosen weigerten sich anzuheuern, und so bestanden die Besatzungen großenteils aus Hafenabschaum. Am 20. September 1519 segelte die Flottille bei San Lucar aus dem Guadalquivir und aus dem nordatlantischen in den südatlantischen Sommer hinein. Im März 1520 wurde es trotzdem Winter; die Schiffe warfen Anker, und die Besatzungen verbrachten in Patagonien fünf aufreibende Monate. Die hochgewachsenen Eingeborenen, durchschnittlich über sechs Fuß groß, behandelten die verhältnismäßig kleinen Spanier mit herablassender Freundlichkeit; dennoch gab es endlose Drangsale, so daß drei Besatzungen meuterten und Magalhães die Weiterführung des Unternehmens durch Waffengewalt gegen die eigenen Leute erzwingen mußte. Ein

Schiff stahl sich heimlich nach Spanien zurück; ein zweites zerschellte an den Klippen. Im August 1520 ging die Reise weiter; und jede Bucht wurde als potentielle Durchfahrt zum jenseitigen Ozean voller Spannung durchforscht. Der 28. November krönte die Suche mit Erfolg; die zusammengeschmolzene Flottille fuhr in die Straße ein, die noch heute Magalhães' Namen trägt. Die Passage der 320 Meilen langen Durchfahrt von Meer zu Meer dauerte achtunddreißig Tage.

Dann begann die mühselige Überquerung des anscheinend endlosen Pazifik. In achtundneunzig Tagen sichtete man nur zwei Inseln. Der Proviant wurde gefährlich knapp, Skorbut plagte die Besatzungen. Am 6. März 1521 ankerten sie vor Guam; aber die Eingeborenen zeigten sich so feindselig, daß Magalhães weitersegelte. Am 6. April sichtete er die Philippinen, und sieben Tage später ging er auf Cebu an Land. Um seinen Proviant zu ergänzen, willigte Magalhães ein, dem Häuptling gegen benachbarte Feinde zu helfen. Er fiel bei einer Expedition gegen die Insel Mactan am 27. April 1521. So war es ihm nicht vergönnt, als erster die Welt zu umsegeln, obschon er den Traum des Kolumbus verwirklichte, westwärts segelnd nach Asien zu gelangen[18].

Der Tod hatte so unter den Mannschaften gehaust, daß nur noch zwei Schiffe bemannt werden konnten. Eines davon segelte, vermutlich amerikanisches Gold zu suchen, über den Stillen Ozean zurück, und nur noch die *Victoria* blieb übrig. Juan Sebastián del Cano übernahm das Kommando und navigierte den kleinen 85-Tonnen-Schoner durch die Gewürzinseln, über den Indischen Ozean, um das Kap der Guten Hoffnung und längs Afrikas Westküste nordwärts. Auf einer der Kapverdischen Inseln ging die Besatzung, nach Proviant hungernd, an Land; die Portugiesen überfielen sie und warfen die Hälfte ins Gefängnis. Die verbleibenden zweiundzwanzig vermochten Segel zu setzen; und endlich, am 8. September 1522, ankerte die *Victoria* vor Sevilla mit nur achtzehn (der Rest waren Malaien) von den zweihundertachtzig Mann, die vor drei Jahren aufgebrochen waren. Im Schiffsjournal figurierte als Datum der 7. September; Kardinal Gasparo Contarini erklärte die Diskrepanz mit der Westwärtsrichtung der Reise. Sie gehörte zu den mutigsten Unternehmungen der Geschichte und den fruchtbarsten für die Kenntnis des Erdballs.

Aufgabe der Kartographen war es, mit den Entdeckern Schritt zu halten. Giambattista Ramusio erleichterte sie, indem er volle dreißig Jahre die Berichte der Seefahrer und Forschungsreisenden sammelte, übersetzte und ordnete; sie erschienen in drei Bänden (1550–1559) dreizehn Jahre nach seinem Tod. Die stürmische Erweiterung der Kenntnisse in einem einzigen Jahrzehnt ergibt sich aus einem Vergleich zwischen dem im Nürnberger Germanischen Museum aufbewahrten Globus von 1520 mit den Westindischen Inseln und dem schmalen Wasserstreifen zwischen ihnen und Ostasien (ohne eine Andeutung des amerikanischen Kontinents) und den drei Landkarten Diogo Ribeiros (1527–1529), die die Küsten Europas, Afrikas und Südasiens mit großer Genauigkeit, die Ostküste Amerikas von Neufundland bis zur Magalhãesstraße und die südamerikanische Westküste von Peru bis Mexiko zeigen. Die schöne «Ramusiokarte» der beiden Amerika (Venedig 1534) in der New Yorker Stadtbibliothek dürfte eine Kopie nach Ribeiro sein. Eine frühe, viele Irrtümer aufweisende Landkarte Gerhardus

Mercators, die den Namen Nord- und Südamerika zum erstenmal verwendet, befindet sich am gleichen Ort. (Mercators Weltkarte für Seefahrer in neuartiger Projektion, datiert vom Jahre 1569.) Einen weiteren Fortschritt der geographischen Wissenschaft regte Peter Apianus mit seinem Vorschlag präziser Entfernungsmessungen an (1524).

Es gab kaum ein Gebiet des europäischen Lebens, auf das sich diese Entwicklung nicht ausgewirkt hätte. Die Forschungsreisenden der Jahre 1420 bis 1560 vervierfachten nahezu die bekannte Erdoberfläche. Neue Pflanzen und Tiere, Minerale und Juwelen, Lebensmittel und Drogen erweiterten Botanik, Zoologie, Geologie, Pharmakologie und nicht zuletzt den Tisch Europas. Manche begannen sich zu fragen, wie die Vertreter all dieser Arten in Noahs Arche Platz gefunden hatten. Die Literatur unterlag einer Wandlung: an die Stelle der Ritterromanze trat die Darstellung von Reisen und Abenteuern in fernen Landen; die Jagd nach dem Gold verdrängte als unbewußtes Symbol für den neuen Weltgeist die Suche nach dem Heiligen Gral. Die größte kommerzielle Revolution der Geschichte (vor der Entwicklung des Flugverkehrs) öffnete den Atlantik und andere Meere dem europäischen Handel und machte das Mittelmeer zu einem wirtschaftlich – und bald auch kulturell – rückständigen toten Gewässer; die Renaissance verlagerte sich aus Italien nach den Atlantikländern. Europa – im Besitz besserer Schiffe und Kanonen und einer zäheren, habgierigeren und abenteuerlicheren Bevölkerung – eroberte nacheinander und kolonisierte teilweise die neuentdeckten Gebiete. Die Eingeborenen wurden zu einer ihnen ungewohnten, regelmäßigen Schwerarbeit gezwungen, um in Europa heiß willkommene Güter zu produzieren; die Sklaverei wurde zur feststehenden Institution. Der zweitkleinste Kontinent wurde zum reichsten; es begann jene Europäisierung der Welt, auf die wir in unseren Tagen eine so scharfe Reaktion erleben. Die Entfernung, Vielgestaltigkeit und ungeheure Weite der neuen Landmassen erregte die europäische Phantasie. Auf der von exotischen Glaubens- und Lebensformen ausgehenden Faszination beruhte zum Teil Montaignes Skeptizismus. Man erkannte die geographische Bedingtheit der Sitten- und Moralkodexe, und unwillkürlich gerieten alte Dogmen und Gewißheiten ins Wanken. Als Religion eines recht kleinen Kontinents inmitten einer Welt von rivalisierenden Bekenntnissen mußte das Christentum in einer neuen Perspektive gesehen und neu bewertet werden. Wie der Humanismus eine Welt vor Christus entdeckte, wie Kopernikus die Erde zu einer unbedeutenden Kugel im Weltall reduzierte, so enthüllten die Erdentdecker und der ihren Kielen und Fußspuren folgende Handel der christlichen Menschheit unbekannte Bereiche, die ihrerseits nie von Christus gehört hatten. Aristoteles und die anderen Griechen büßten an Ansehen ein, je mehr man einsah, wie wenig sie von unserem Planeten wirklich wußten. Die Griechenvergötterung der Renaissance klang ab, während der europäische Mensch, von einem neuen Renaissancestolz auf seine eigenen Entdekkungen geschwellt, daranging, über der Ausweitung seiner Kenntnisse und seines Handels seine verminderte astronomische Größe zu vergessen. Die moderne Naturwissenschaft und Philosophie streiften die Windeln ab und machten sich an die epochale Aufgabe, ein neues Weltbild zu formen.

IV. DIE WIEDERERWECKUNG DER BIOLOGIE

Verschiedene Disziplinen der Biologie, die insgesamt gesehen seit den Griechen im Dornröschenschlaf lag, erwachten zu neuem Leben. Die Botanik war bemüht, sich von den Fesseln der Pharmakologie zu befreien, dennoch blieben die Mediziner vorerst ihre Herren. Der Berner Stadtmedicus Otto Brunfels leitete die Bewegung mit seinem *Herbarum vivae icones* – Lebendige Pflanzenbilder – ein (1530–1536); den Text manschte er aus Theophrastos, Dioskurides und anderen Vorgängern zusammen, ergänzte ihn jedoch mit der Beschreibung der in Deutschland einheimischen Pflanzen und fügte 135 musterhaft naturgetreue Holzschnitte hinzu. Der Stadtphysicus von Bremen, Euricius Cordus, legte den ersten botanischen Garten nördlich der Alpen an (1530) und versuchte eine selbständige Übersicht über die junge Wissenschaft in seinem *Botanilogicon* (1534), um dann in seinem *Liber de urinis* zu seiner engeren ärztlichen Wissenschaft zurückzukehren. Sein Sohn, Valerius Cordus, ein tollkühner Pflanzensammler, verunglückte bei der Suche, hinterließ aber als Neunundzwanzigjähriger eine *Historia plantarum* zur postumen Veröffentlichung; sie enthielt die anschauliche und präzise Beschreibung von 500 Arten. Der Tübinger Medizinprofessor Leonhard Fuchs befaßte sich mit Botanik anfänglich für pharmazeutische Zwecke, später um ihrer selbst willen aus reiner Freude an ihr. Seine *Historia stirpium* (1542), ein Musterbeispiel wissenschaftlicher Gründlichkeit, analysierte in 343 Kapiteln 343 Arten und illustrierte sie mit 515 Holzschnitten, jeder eine Folioseite groß. Ein noch umfangreicheres Werk mit 1500 Pflanzentafeln wagte kein Drucker zu übernehmen. Die Fuchsia bildet sein blühendes Denkmal.

Den vielleicht wichtigsten biologischen Einzelgedanken der Epoche steuerte Pierre Belon in seiner *Histoire ... des oyseaux* (1555) mit der Demonstration der erstaunlichen Ähnlichkeit des Knochenbaus von Menschen und Vögeln bei. Die unstreitig größte Gestalt der damaligen «Naturgeschichte» war jedoch Conrad Geßner, dessen Wissensgebiete und Arbeiten sich über ein so weites Feld erstreckten, daß Cuvier ihm den Ehrennamen Plinius gab, doch hätte er ihn ebensogut den deutschen Aristoteles nennen können. In Zürich als armer Leute Kind geboren (1516), entwickelte er eine solche Begabung und solchen Fleiß, daß ihm Stadtväter und private Mäzene das Studium in Straßburg, Bourges, Paris und Basel ermöglichten. Für seine *Historia plantarum* zeichnete oder sammelte er 1500 Illustrationen; doch erwies sich der Druck dieses Werkes als so teuer, daß es bis 1751 ungedruckt blieb; so kam seine glänzende Klassifizierung der Pflanzengattungen nach Fortpflanzungstypen zu spät ans Tageslicht, um Linné eine Hilfe zu sein. Zu Lebzeiten veröffentlichte er (1551–1558) vier Bände und hinterließ den fünften einer gigantischen *Historia animalium*; jede Tiergattung war unter ihrem lateinischen Namen aufgeführt und nach Aussehen, Herkunft, Wohn- und sonstigen Gewohnheiten, Krankheiten, geistigen Eigenschaften, Gemütsleben, Nützlichkeit für den Menschen und die Medizin und ihrer literarischen Bedeutung beschrieben. Die Einreihung erfolgte zwar alphabetisch und nicht nach wissenschaftlichen Gesichtspunkten; nichtsdestoweniger verschaffte diese enzyklopädische Anhäufung von Wissen der Biologie einen mächtigen Auftrieb. Von solcher Arbeit immer noch nicht ausgefüllt, stellte Geßner eine *Bibliotheca universalis* zusammen, in welcher er in einundzwanzig Bänden sämtliche bekannte griechische, lateinische und hebräische Schriften aufzuführen gedachte; zwanzig beendete und den einundzwanzigsten begann er und verdiente sich damit den Ehrentitel «Vater der Bibliographie». In einem Seitensprung versuchte er unter dem Titel *Mithridates* (1555) 130 verschiedene Idiome zu klassifizieren. Die erste gedruckte Abhandlung über die Schönheit der Berge bildet, soweit uns bekannt ist, seine *Descriptio Montis Pilati* (1541); von da an waren sich die Eidgenossen der Erhabenheit ihres Landes bewußt. All das wurde zwischen 1541 und 1565 vollendet, in welchem Jahr Conrad Geßner, diese Inkarnation des Wissens, starb.

Inzwischen hatte Juan Vives mit der Abhandlung *De anima et vita* (1538) einen mächtigen Schritt in Richtung einer experimentellen Psychologie getan. Als wolle er dem Skeptizismus eines Hume entgehen, der zwei Jahrhunderte später die Existenz eines Geistes neben oder außerhalb der Denktätigkeit anzweifelte, riet Vives seinen Lesern, nicht zu fragen, was Verstand oder Seele seien, was wir, wie er glaubte, nie wissen werden; wir sollen vielmehr fragen, was der Verstand *tue;* die Psychologie müsse aufhören, sich in theoretischen metaphysischen Bahnen zu bewegen, und eine auf zahlreiche, spezifische Beobachtungen aufgebaute Wissenschaft werden – eine Vorausnahme der Induktionstheorie Francis Bacons um hundert Jahre. Eingehend befaßte sich Vives mit Gedankenassoziationen, mit der Funktion und Schulung des Gedächtnisses, der Aneignung von Kenntnissen und der Rolle der Empfindungen und Gemütsbewegungen. In diesem Werk sehen wir die Psychologie, wie so viele andere Wissenschaften zuvor, unter schmerzlichen Geburtswehen aus dem ihnen allen gemeinsamen Schoß der Philosophie hervorgehen.

V. ANDREAS VESALIUS

1543 veröffentlichte Andreas Vesalius ein Buch, von dem Sir William Osler sagte, es sei das bedeutendste medizinische Werk aller Zeiten. Vesals Vater, Andreas Wessel, besaß eine gutgehende Apotheke in Brüssel; der Großvater war Leibarzt Maria von Burgunds und ihres Gemahls Maximilians I., der Urgroßvater war Stadtmedicus von Brüssel, und der Ururgroßvater, gleichfalls ein Arzt, hatte einen Kommentar zu Avicennas *Kanun* verfaßt – hier war eine Erbmasse, die sogar die Bachsche übertraf. Von Jugend auf damit vertraut, entwickelte der Heranwachsende ein leidenschaftliches Vergnügen an der Sektion von Kadavern. «Kein Tier war vor ihm sicher; Hunde und Katzen, aber auch Mäuse, Ratten und Maulwürfe, was er erwischen konnte, wurde von ihm fein sauber präpariert.»[19] Darüber vernachlässigte er andere Wissensgebiete keineswegs, so daß er als Zweiundzwanzigjähriger lateinische Vorlesungen halten und fließend Griechisch lesen konnte. In Paris studierte er unter dem Anatomen Jacques Dubois (1533–1536), der vielen Muskeln und Blutgefäßen ihren heutigen Namen gab, und erblickte wie seine Lehrer in Galen eine Art Bibel; auch später, als er sich gezwungen sah, die

Aussage seiner eigenen Augen noch höher zu bewerten, verlor er nie den Respekt vor ihm. Die Beinhäuser, in denen die aus dem Cimetière des Innocents ausgegrabenen Gebeine aufbewahrt wurden, bildeten ein häufiges Ziel seiner Exkursionen; dort machte er sich mit sämtlichen Knochen des menschlichen Skeletts so vertraut, daß, wie er uns erzählt, «er und seine Kommilitonen wetteten, mit verbundenen Augen binnen einer halben Stunde ein jedes ihnen gegebene Knochenstück identifizieren zu können.»[20] Bei den Vorlesungen Dubois' trat der kühne junge Anatom oftmals an die Stelle des «Baders», dem normalerweise vom Professor Sektionen überlassen wurden, und präsentierte die in der Vorlesung genannten Teile.

Als Karl V., Vesals Landesherr, 1536 in Frankreich einmarschierte, begab sich dieser nach Löwen. Da es ihm dort an Leichnamen fehlte, stahlen er und sein Freund Gemma Frisius (später ein berühmter Mathematiker) einen solchen vom Galgen. Wir ersehen aus seinem Bericht, mit welcher Leidenschaft er zu Werke ging:

«Infolge der Kriegswirren von Paris nach Löwen zurückgekehrt, erging er sich mit dem berühmten Gemma Frisius auf einem Spaziergang. Vom Wege abschweifend, führte sie das Schicksal an einen Ort, wo man die Leichname der Hingerichteten als abschreckendes Beispiel öffentlich auszusetzen pflegte. Vesals Blick fiel auf den Körper eines Räubers, der seit einem Jahr mit einem leicht beschädigten Strick an einen Pfahl gebunden war und den die Vögel wegen dessen Wohlgeschmack des Fleisches beraubt hatten, so daß das völlig entblößte und gebleichte Knochengerüst allein noch durch die Festigkeit der Bänder zusammengehalten wurde. Hocherfreut ob der schon lange vergeblich gesuchten Beute, frohlockte Vesalius und war begierig, sich ihrer zu bemächtigen: mit Gemmas Hilfe erklomm er den hohen Pfahl und riß die Knochen des aufgeknüpften Körpers, vornehmlich die der Extremitäten, herunter und brachte sie verstohlen einzeln nach Hause. Es verblieben das Haupt, der Brustkorb und der Rumpf, welche oben am Pfahle mit einer eisernen Kette festgemacht waren, so daß sie von da nicht ohne großen Kraftaufwand losgerissen werden konnten. Der waghalsige Jüngling ging deshalb abends aus der Stadt hinaus und ließ sich für die ganze Nacht ausschließen; mitten in der Nacht sodann erklomm er mit viel Mühe und unter größter Anstrengung den Pfahl, riß alle Knochen mit Gewalt herunter, sammelte sie sorgfältig und vergrub sie an einem weit entfernten Ort. Später schaffte er sie sich heimlich und auf verschiedenen Wegen nach Hause.»[21]

Der Bürgermeister sah den Sinn der Sektionen ein und «stellte danach», wie Vesal berichtet, «die Leichname der Hingerichteten aus freien Stücken zur Verfügung»[22].

Ein Mann mit so «brennendem Eifer» vermochte sein Temperament nicht zu zügeln. Zwischen ihm und einem anderen Lehrer entstand ein so hitziger Disput über eine neue Methode des Aderlasses, daß er Löwen den Rücken kehrte (1537) und rheinaufwärts und über die Alpen nach Italien ritt. Noch ehe das Jahr um war, promovierte er in Padua zum Doktor *cum ultima diminutione*, das heißt mit der geringsten Gebühr, denn je besser ein Doktorand abschnitt, desto weniger hatte er zu bezahlen. Schon am nächsten Tage (6. Dezember 1537) berief ihn der Senat von Venedig auf den Lehrstuhl für Anatomie und Chirurgie der Universität Padua. Er war dreiundzwanzig Jahre alt.

In den folgenden sechs Jahren lehrte er in Padua, Bologna und Pisa, sezierte eigenhändig Hunderte von Leichen und veröffentlichte einige kleinere Schriften. Ein Schüler Tizians, Jan Stefan van Kalkar, zeichnete unter seiner Anleitung sechs Holzschnitte, die 1538 als *Tabulae anatomicae sex* veröffentlicht wurden. Im folgenden Jahr sekundierte

Vesal in einem *Brief über den Aderlaß* den Pariser Pierre Brissot in Fragen des Aderlasses und enthüllte im Verlauf seiner Beweisführung einige Ergebnisse seiner Sektion der Blutadern; Beobachtungen, die zur Entdeckung des Blutkreislaufes beitrugen. 1541/1542 besorgte er gemeinsam mit anderen Gelehrten eine Neuausgabe des griechischen Textes von Galen. Erstaunt stellte er darin Irrtümer fest, die durch einfachste Sektionsvorgänge zu widerlegen waren, wie etwa, daß der Unterkiefer aus zwei Teilen, das Brustbein aus sieben Knochen und die Leber aus mehreren Lappen bestehe. Solche Irrtümer waren nur erklärlich und verzeihlich, falls sich Galen auf die Sektion von Tieren, nicht von Menschen gestützt hatte. Vesal schien die Zeit reif, die Wissenschaft durch seine Untersuchungen am menschlichen Leichnam zu bereichern, und bereitete sein Meisterwerk vor.

Als das von Johannes Oporinus in Basel gedruckte Werk, *De humani corporis fabrica* (Über die Struktur des menschlichen Körpers), ein Folioband von 663 Seiten, erschien, muß das Titelblatt den Leser seltsam stark berührt haben: ein eines Dürer würdiger Kupferstich, der Vesal bei der Demonstration eines geöffneten Armes nebst einem halben Hundert zusehender Studiosi zeigte. Und dann die Illustrationen: 277 Holzschnitte von nie dagewesener Genauigkeit und großem technischen Können, zumeist von van Kalkar mit wissenschaftlich nicht zugehörigen, aber künstlerisch anziehenden Beigaben – wie ein Skelett am Lesepult. Diese Illustrationen waren so hervorragend, daß sie der Werkstatt Tizians zugeschrieben wurden, wozu zu bemerken ist, daß Vesal einige eigenhändig zeichnete. Die Maulesel, die die Druckstöcke von Venedig über die Alpen nach Basel beförderten, begleitete er persönlich. Nach dem Druck bewahrte man die Druckstöcke sorgfältig auf; aber später wurden sie verkauft oder vertauscht und galten als verloren; 1893 fand man sie gut versteckt in der Münchner Universitätsbibliothek, im Zweiten Weltkrieg fielen sie den Bomben zum Opfer.

Noch größeres Erstaunen als diese Abbildungen hätte es erregen sollen, daß der Text – übrigens nicht nur eine wissenschaftliche Revolution, sondern auch ein typographisches Meisterwerk – von einem erst Neunundzwanzigjährigen stammte. Eine Revolution bedeutete er, weil er Galens Herrschaft auf dem Gebiet der Anatomie brach, der ganzen Wissenschaft eine neue, aus der praktischen Erfahrung gewonnene Terminologie gab und damit die moderne Medizin, die mit diesem Buche begann, auf eine solide Tatsachengrundlage stellte. Hier wurde die Anordnung der Venen und die Anatomie des Herzens erstmals richtig geschildert; hier fand sich die epochale Feststellung, daß die sorgfältigste Sektion keine Spur jener Poren enthülle, durch die, wie Galen behauptete, das Blut von einer Herzkammer in die andere gelange; und damit war der Weg für Servet, Colombo und Harvey freigelegt. Galen sah sich wieder und wieder berichtigt – hinsichtlich der Leber, der Gallengänge, des Oberkiefers, des Uterus. Auch Vesal unterliefen Irrtümer, sogar solche der Beobachtung, und vor allem unterließ er den großen Sprung von der Anatomie des Herzens zur Erkenntnis des Blutkreislaufs. Immerhin wurden Dutzende von Organen besser als je zuvor beschrieben und jeder Körperteil von einer kompetenten Hand und Feder der Wissenschaft in neuem Licht gezeigt.

Vesal litt unter den Kehrseiten seines Genies. Der Stolz, der ihn in den Jahren minutiösen Studiums angefeuert hatte, war leicht verletzt, während er selbst weder der Empfindlichkeit der Zeitgenossen noch den Leistungen der Vorgänger genügend Rechnung trug. Verliebt, wie er in «die wahre Bibel ... den Leib und die Natur des Menschen» war, trat er manchem Theologen auf die Zehen, und für Kirchenmänner, die seine Vorlesungen mit Vorliebe besuchten, wenn die Fortpflanzungsorgane demonstriert und erläutert wurden, fiel eine sarkastische Bemerkung ab. Geßner und Fallopio bewunderten seine Arbeit; aber unter den älteren Professoren machte er sich viele Feinde, darunter auch seinen ehemaligen Professor Dubois, der ihn einen unverschämten Naseweis nannte und sein Buch nach Schönheitsfehlern durchstöberte. Nach Dubois hatte sich nicht Galen geirrt, sondern der menschliche Körper hatte sich seit jener Zeit verändert; und daß die Schenkelknochen im Widerspruch zu Galens Beschreibung gerade und nicht gebogen waren, rührte von den engen Beinkleidern der Renaissanceeuropäer her.

In seiner Wut über die Haltung dieser Männer verbrannte Vesal einen mächtigen Band *Annotationes* und eine Beschreibung von al-Razis *Kitab al-Mansuri*, eines zehnbändigen Kompendiums der Medizin. 1544 verließ er Italien, um zweiter Leibarzt Karls V. zu werden, dem er die *Fabrica* klugerweise gewidmet hatte. Im selben Jahr starb sein Vater und hinterließ ihm ein beträchtliches Vermögen. In Brüssel heiratete er und baute sich ein schönes Haus. 1555 erschien eine zweite Auflage der *Fabrica* mit revidiertem und erweitertem Text; unter anderem war geschildert, daß ein Tier bei geöffneter Brust durch künstliche Atmung am Leben gehalten und eine unterbrochene Herztätigkeit manchmal durch Blasebälge wieder in Gang gebracht werden könne. Es war das Vesals letzter Beitrag zur Anatomie. Abgesehen von der Betreuung des kaiserlichen und vieler geringerer Patienten, befaßte er sich vor allem mit chirurgischen Studien. Nach Karls Abdankung wurde er zweiter Leibarzt Philipps II., und als Heinrich II. im Juli 1559 beim Turnier eine tödliche Verletzung davontrug, versuchte Vesal im Auftrage Philipps, dem königlichen Leibarzt Ambroise Paré zu helfen, das Leben des Verwundeten zu retten. Doch bestand dazu, wie sich aus der Untersuchung des Patienten durch Vesal ergab, keine Möglichkeit. Später im genannten Jahr begab sich Vesal mit seiner Familie im Gefolge Philipps nach Spanien.

Andere setzten Vesals Arbeit fort. Giambattista Cano beobachtete die Venenklappen (1547); Servet erläuterte den Blutkreislauf durch die Lungen (1553), Realdo Colombo machte die gleiche Entdeckung (1558) und bewies sie durch Experimente am lebendigen Herzen; doch mußten noch siebzig Jahre vergehen, bis Harvey seine epochemachende Schilderung des Kreislaufs des Blutes vom Herzen über Lunge und Herz in die Arterien und durch die Venen zurück zum Herzen veröffentlichte. Der arabische Arzt Ibn al-Nafis hat Servet 1285 vorausgenommen, und möglicherweise kannte Servet von seiner in Spanien verbrachten Jugend her die Theorie.

Vesal standen noch einige Abenteuer bevor. Für die einheimischen Ärzte am spanischen Hof wäre es ehrenrührig gewesen, seine Diagnosen zu beachten. Als Philipps einziger Sohn, Don Carlos, bei einem Sturz eine Gehirnerschütterung davontrug (1562), empfahl Vesal eine Schädelöffnung. Der Rat wurde natürlich abgelehnt, und der Jüngling lag im Sterben. Man legte Reliquien und Amulette auf die Wunde, und gläubige Gemüter geißelten sich, um den Himmel zu einer Wunderheilung zu bewegen – vergeblich. Schließlich verlangte Vesal mit aller Energie die Öffnung des Schädels; sie wurde vorgenommen und eine Menge Eiter abgesaugt. Das Befinden des Prinzen besserte sich schnell; und acht Tage nach der Operation veranstaltete Philipp eine feierliche Dankprozession.

Zwei Jahre danach verließ Vesal Spanien aus Gründen, über die wir heute noch keine Klarheit haben. Paré berichtete von einem Anatomen, der sich den Zorn zahlreicher Spanier zuzog, weil er den Leib einer Frau aufschnitt, die man an «Gebärmuttereinklemmung» gestorben glaubte; bei einem weiteren Schnitt des Chirurgenmessers sei sie, sagt Paré, plötzlich wieder lebendig geworden. «Das erfüllte die Herzen ihrer Freunde, mit solcher Bewunderung und solchem Schrecken, ... daß sie den – bis dahin gut beleumdeten – Arzt jetzt für gemein und verabscheuungswürdig hielten»; Verwandte sind von solchen unerwarteten Heilungen nicht immer entzückt. «Es schien ihm deshalb das beste», fährt Paré fort, «aus dem Land zu gehen.» Hubert Languet, wie Paré ein Hugenotte, erzählt eine ähnliche Geschichte (um 1579), nennt ausdrücklich Vesal und behauptet, es hätte ihm wegen der Sektion eines lebendigen Menschen ein Verfahren seitens der Inquisition gedroht, dem er sich durch das Gelöbnis einer Bußwallfahrt nach Jerusalem entzog. Der Vorfall wird in keiner zeitgenössischen Quelle erwähnt, und katholische Historiker bezeichnen ihn als Fabel. Vielleicht hatte Vesal von Spanien genug.

Er ging nach Italien, schiffte sich in Venedig ein (April 1564) und gelangte anscheinend nach Jerusalem. Auf der Heimreise erlitt er Schiffbruch und starb auf der Insel Zante (Zakynthos) vor der Westküste Griechenlands einsam und verlassen an Erschöpfung (15. Oktober 1564). Er war fünfzig Jahre alt. Im gleichen Jahr starb Michelangelo, wurde Shakespeare geboren. Der Glanz, der ein Jahrhundert über Italien geleuchtet hatte, wanderte nach Norden.

VI. DER AUFSTIEG DER CHIRURGIE

Trotz der Erweiterung der Kenntnisse auf dem Gebiet der Anatomie blieben die ärztliche Kunst und Wissenschaft an die Nabelschnur griechischer und arabischer Klassiker gebunden. Die eigene Sinneswahrnehmung vermochte sich gegen Galen oder Avicenna nur schwer durchzusetzen; sogar ein Vesal glaubte, seinen Augen nicht trauen zu dürfen, wenn sein sezierendes Messer Galen widerlegte. Die Herausgabe der Schriften Galens und Hippokrates', sowohl im Original als auch in Übersetzungen, verbreitete zwar altes Wissen, hielt aber von neuen Untersuchungen ab – ähnlich wie die Bemühungen Petrarcas und Ronsards, Epen im Stile Virgils zu verfassen, ihr eigenes Genie ablenkten und beeinträchtigten. Als Linacre das spätere Royal College of Physicians – Königlich ärztliche Lehranstalt – gründete, stützte sich der Lehrplan hauptsächlich auf seine Übertragungen Galens.

Die Therapie profitierte von den neu nach Europa kommenden Drogen: Chinarinde, Brechwurzel und Rhabarber aus Amerika, Ingwer und Benzoe aus Sumatra, Nelken von den Molukken, Aloe aus Indochina, Kampfer und Cinnamomum aus China; aber auch einheimische Pflanzen fanden ausgedehntere Verwendung. Valerius Cordus stellte 1546 die erste deutsche Pharmakopöe zusammen. Die Behandlung der Syphilis mit einer Tinktur aus westindischem Guajakholz war so verbreitet, daß sich die Fugger von ihrem Schuldner Karl V. ein Verkaufsmonopol sicherten und ein weiteres Vermögen verdienten.

Die Armut und der Mangel an Reinlichkeit verschafften jedoch den Krankheiten einen steten Vorsprung vor den Heilmethoden. Offene Abfall- und Misthaufen verpesteten die Luft und verunreinigten oftmals die Straßen. Paris verfügte über Abflußrinnen, die Heinrich II. in die Seine leiten wollte; die Stadtbehörden redeten ihm den Gedanken aus, weil die Hälfte aller Pariser das Trinkwasser aus dem Flusse schöpfte. In England wurden 1532 Ausschüsse zur Abfuhr des Abfalls eingesetzt, aber noch 1842 gab es in England nur zwei Städte mit unentgeltlicher Kehrichtabfuhr.

Die Seuchen traten weniger heftig auf als im Mittelalter, hielten aber im Verein mit Kindbettfieber und Säuglingssterblichkeit die Bevölkerungsziffer immer noch fast stationär. Frankreich und Deutschland wurden zwischen 1500 und 1568 wiederholt von der Pest heimgesucht; in England verursachten die Läusemigrationen 1422, 1577 und 1586 Typhusepidemien. Das Schweißfieber – vermutlich eine Form der Influenza – wütete in England 1528, 1529, 1551, 1578, in Deutschland 1543 bis 1545, in Frankreich 1550/51; Hamburg und Aachen verloren innerhalb weniger Tage tausend Seelen. 1562 trat die Beulenpest neuerdings in Deutschland auf und raffte 9000 von Nürnbergs 40 000 Einwohnern hinweg; freilich scheinen alle Peststatistiken arg übertrieben. Erfreulichere Momente bildeten das Verschwinden des Aussatzes und gewisser geistiger Störungen wie der Veitstanz.

Die ärztliche Praxis hinkte der Theorie nach. Da es nicht schwerfiel, die einschlägigen Vorschriften zu umgehen, gab es zahlreiche Kurpfuscher. Als Geburtshelfer kamen fast ausschließlich Hebammen in Betracht; das Spezialistentum hatte kaum begonnen. Die Zahnbehandlung gehörte teils zur Medizin, teils zur Chirurgie; die Bader zogen auch Zähne und ersetzten sie mit Gebilden aus Elfenbein. Beinahe alle Ärzte – Vesal gehörte zu den Ausnahmen – überließen chirurgische Eingriffe den Badern, die wir uns allerdings nicht als bloße Barbiere vorstellen dürfen; viele besaßen eine gute Ausbildung und große Geschicklichkeit.

Ambroise Paré begann als Baderlehrling und endete als Chirurg von Königen. 1517 in Bourg-Hersent (Maine) geboren, schlug er sich nach Paris durch und etablierte sich an der Place St-Michel als Bader. Im Krieg 1536 diente er als Regimentsfeldscher, wobei er (wie Vesal) der landläufigen Theorie huldigte, Kugelverletzungen seien giftig, weshalb er sie mit siedendem schwarzem Holunderöl ausbrannte und den Schmerz zur Agonie steigerte. Eines Abends ging ihm das Öl aus, und in der Not verband er die Wunden mit einer Salbe aus Eidotter, Rosenöl und Terpentin. Am folgenden Morgen schrieb er:

«In der Nacht konnte ich kaum schlafen im Gedanken, ich könnte die Verwundeten, die ich nicht mehr brennen konnte, wegen dieser Unterlassung vergiftet haben und tot vorfinden. Ich stand deswegen in aller Frühe auf, um sie aufzusuchen. Doch wider Erwarten sah ich, daß diejenigen, die ich mit der Salbe behandelt hatte, nur wenig Schmerz in der Wunde fühlten, daß sie keine Entzündung, keine Schwellung aufwiesen und in der Nacht recht gut ausgeruht hatten. Die anderen dagegen, die man mit siedendem Öl behandelt hatte, traf ich fiebernd mit heftigen Schmerzen, Schwellung und Entzündung in der Umgebung der Wunde. Ich beschloß daher, die armen Verwundeten nie mehr auf so grausame Weise zu brennen.»[23]

Paré, der nur geringe Bildung besaß, veröffentlichte sein kleines Handbuch – heute einer der klassischen Schätze der Medizin – *(Méthode de traicter les plaies)* erst 1545. Beim Feldzug von 1552 bewies er, daß bei Amputationen das Blut durch Abbinden der Arterie weit besser als durch Ausbrennen gestillt werden kann. Als er in Gefangenschaft geriet, verdiente er sich mit erfolgreichen Operationen die Freilassung. Nach Paris zurückgekehrt, wurde er zum Leiter der chirurgischen Fakultät des Collège St-Côme ernannt – zum Entsetzen der Sorbonne, der ein des Lateinischen unkundiger Professor als eine biologische Monstrosität erschien. Nichtsdestoweniger diente er nacheinander Heinrich II., Franz II. und Karl IX. als Leibchirurg. In der Bartholomäusnacht wurde er auf Grund königlicher Kabinettsorder verschont, obschon er sich offen zum Protestantismus bekannte. Seine *Deux livres de chirurgie* (1573) besaßen allerdings größere praktische als theoretische Bedeutung. Er konstruierte neue Instrumente, popularisierte die Verwendung von Bruchbändern bei Leistenbruch, bastelte künstliche Gliedmaßen, nahm die erste Exartikulation des Ellbogengelenks vor, verbesserte die Drehung zur Fußlage in der Geburtshilfe, beschrieb die Monoxydvergiftung und wies auf die Fliege als Krankheitsübertrager hin. Berühmt in den Annalen der Medizin ist seine bescheidene Zurückweisung der Gratulationen anläßlich der Behandlung eines schwierigen Falls: *Je le pansay, Dieu le guarit* – «Ich habe ihn behandelt, Gott hat ihn geheilt». Als er 1590 dreiundsiebzigjährig starb, hatte er das Können und die Stellung der Chirurgen wesentlich gehoben und Frankreich auf diesem Gebiet auf Jahrhunderte hinaus die Führung verschafft.

VII. PARACELSUS UND DIE ÄRZTE

In jeder Generation gibt es Männer, die in Auflehnung gegen die konservative Vorsicht der Ärzteschaft die offiziellen Vertreter dieses Fachs der Rückständigkeit zeihen und behaupten, mit neuartigen Mitteln und Methoden erstaunliche Heilungen zu erzielen; und eine Zeitlang scheinen sie auch in der Tat Wunder zu vollbringen, bis sie sich am Ende in nebelhaften Extremen und in Isolierung verlieren. Daß solche Stechmücken das professionelle Denken von Zeit zu Zeit aufschrecken, ist zweifellos gut, und ebensogut ist es, daß die Mediziner allzu überstürzte Neuerungen auf dem Gebiet der Heilkunde bedachtsam prüfen. Hier, wie in der Philosophie und Politik, entsteht aus dem widerwilligen Zusammenspiel der umstürzlerischen Jugend und des bewahrenden Alters jenes Gleichgewicht von Vererbung und Neubildung, auf dem der Entwicklungsmechanismus der Natur beruht.

Zur Kennzeichnung seiner kristallenen Brillanz nannte sich Philippus Theophrastus Bombastus von Hohenheim «Aureolus». Paracelsus ist die Anlehnung an den Römer Cornelius Celsus (Para Celsus = zur Seite des Celsus), der um Christi Geburt lebte. Sein Vater, Wilhelm Bombast (Baumbast) von Hohenheim praktizierte als Arzt unter der armen Bergbevölkerung unweit des schweizerischen Klosters Einsiedeln, wo sein Sohn 1493 geboren wurde. Paracelsus heiratete die Tochter eines Gastwirts, Elsa Ochsner, die bald nach der Hochzeit unter schwermütigen Anwandlungen zu leiden begann. Dieses widerspruchsvolle Erbgut mag in Philipp eine gewisse Unstetheit und das Gefühl hervorgerufen haben, daß seine Fähigkeiten in solcher Umgebung verkümmern müßten. Nach einer recht unglaubwürdigen Geschichte soll er als Knabe von einem wilden Bären oder von betrunkenen Soldaten entmannt worden sein; jedenfalls sollen Frauen in seinem Leben keine Rolle gespielt haben. Als er neun Jahre alt war übersiedelten Vater und Sohn nach Villach in Kärnten. Dort soll sich der Vater mit Alchimie befaßt und in einer Lehranstalt für Bergbau unterrichtet haben. Daß es Bergwerke und ein Schmelzwerk in der Nähe gab, steht außer Zweifel, und wahrscheinlich hat sich Philipp dort einige der chemischen Kenntnisse erworben, mit denen er die Krankheitstherapie revolutionieren sollte.

Sein Studium begann er vierzehnjährig in Heidelberg; doch trieb ihn sein unstetes Wesen in rascher Folge von Universität zu Universität: Freiburg, Ingolstadt, Köln, Tübingen, Wien, Erfurt und schließlich Ferrara (1513-1515); doch war solch fahrendes Scholarentum im Mittelalter nichts Außergewöhnliches. 1515 scheint er dort in Ferrara Doktor der Medizin geworden zu sein und latinisierte gleichzeitig seinen Namen. Dann ließ er sich offenbar als Feldscher für das Heer Karls I. von Spanien anwerben (1515). Nach beendetem Kriegsdienst nahm er sein unruhiges Leben wieder auf und praktizierte, wenn wir ihm glauben dürfen, in Granada, Lissabon, England, Dänemark, Preußen, Polen, Litauen, Ungarn «und anderen Ländern» als Arzt. 1525, während des Bauernkrieges, befand er sich in Salzburg, leistete den Bauern ärztlichen Beistand und sympathisierte mit ihren Bestrebungen. Egalitäre Ideen hatten es ihm angetan; ein Feind des Geldes, des Zinses und der Kaufleute, trat er für Gemeinschaftseigentum, kollektiven Güteraustausch und gleiche Entlohnung für alle ein. In seinem ersten Buch, *Archidoxa* (Erzweisheit, 1524), verwarf er die Theologie und lobte das wissenschaftliche Experiment. Nach der Unterdrückung des Bauernaufstands wurde er festgenommen, konnte sich aber durch den Nachweis, daß er nie Waffen getragen hatte, dem Galgen entziehen und kam mit Verbannung davon.

1527 finden wir ihn in Straßburg, wo er sich als Chirurg betätigte und vor Badern Vorlesungen hielt. Seine Lehrsätze bildeten ein Gemisch von Magie und Medizin – aber Gott allein weiß, wie künftige Zeiten unsere heutigen Gewißheiten beurteilen werden.

Dieser Mann, der auch allen Täuschungen seiner Zeit unterworfen war, hat kühn die Chemie in den Dienst der Heilkunde gestellt. Seine Worte klingen manchmal wie die eines Materialisten: «Nun ist der Mensch aus dem Limbus gemacht, aus demselben Stoff, aus dem die ganze Welt besteht.»[24] Der Mensch verhält sich zum Universum wie der Mikrokosmos zum Makrokosmos; beide bestehen aus den gleichen Elementen: Basen, Salzen, Schwefel und Quecksilber; und anscheinend tote Metalle und Minerale sind voller Leben. Die Chemotherapie bedient sich des Makrokosmos zur Heilung des Mikrokosmos. Der menschliche Körper ist ein chemisches Kompositum; Krankheit ist keine Disharmonie von Galens «Flüssigkeiten», sondern die der chemischen Bestandteile des Körpers; hier haben wir die erste moderne Theorie des Stoffwechsels und also in Paracelsus den Begründer der «Chemotherapie». Bis Paracelsus beschränkte man sich für therapeutische Zwecke auf Pflanzen- und Tierwelt; der Adept der Alchimie betonte erstmals die den anorganischen Stoffen innewohnenden Heilkräfte. Nach ihm wurden Quecksilber, Blei, Schwefel, Eisen, Arsenik, Kupfer- und Kaliumsulfat integrale Bestandteile jedes Arzneibuches; er bewirkte die ausgedehnte Anwendung chemischer Tinkturen und Extrakte, stellte als erster die uns unter der Bezeichnung Laudanum bekannte Opiumtinktur her und empfahl Mineralbäder, deren Eigenschaften und spezifische Wirkungen er ausführlich beschrieb.

Er beobachtete von geographischen und Berufsgegebenheiten hervorgerufene Krankheitsfaktoren, befaßte sich mit der Gewebetuberkulose der Bergleute, hat als erster den Kretinismus mit endemischer Kropfbildung in Verbindung gebracht, die Einsicht in epileptische Zustände gefördert und Lähmung und Sprechschwierigkeiten der Störung oder Verletzung des Gehirns zugeschrieben. Im Gegensatz zur landläufigen Auffassung, die Gicht und Arthritis als natürliche und unheilbare Begleiterscheinungen des Alters betrachtete, behauptete Paracelsus, daß sie zu heilen seien, sofern man sie als Säuren erkenne, die sich durch zu langes Verweilen von Speiseresten im Dickdarm bilden. Alle Krankheiten könnten auf eine Gerinnung unverdauter Stoffe in den Eingeweiden zurückgeführt werden. Diese aus innerlicher Fäulnis herrührenden Säuren nannte er «Tartarus», «deshalb, weil er ein Öl, ein Wasser, eine Tinctur, ein Salz liefert, das den Kranken wie ein Feuer in der Hölle anzündet und brennt, denn Tartarus ist die Hölle»[25].

Als man in Basel von den Straßburger Heilerfolgen des jungen Paracelsus erfuhr, rief der berühmte Buchdrucker Froben, der an akuten Schmerzen im rechten Fuße litt – die Basler Ärzte empfahlen dessen Amputation –, den Wundermann zur Begutachtung des Falles nach Basel. Dieser kam und heilte das Übel ohne Messer. Auch der bei Froben wohnende, mit vielen Gebrechen behaftete Erasmus zog Paracelsus zu Rate, und dieser verordnete ihm verschiedenes – wir wissen nicht, mit welchem Erfolg. Auf alle Fälle erhöhte der Ruhm solcher Patienten auch den Ruhm des jungen Arztes, so daß ein sonderbares Spiel der Umstände ihn beinahe auf den so heiß ersehnten Lehrstuhl einer Universität gelangen ließ.

Zu jener Zeit besaßen die Protestanten eine Mehrheit im Basler Stadtrat. Über den Protest des Erasmus und der katholischen Minderheit hinweg entließen sie den Stadtmedicus Dr. Wonecker «wegen frecher Äußerungen über die Reformation» und ernannten an seiner Stelle Paracelsus. Dabei gingen der Rat und Paracelsus selbst von der Annahme aus, daß die Berechtigung, Vorlesungen an der Universität zu halten, *a priori* mit der Funktion eines Stadtarztes verbunden sei. Die Fakultät war jedoch anderer

Meinung und forderte in Kenntnis der mangelhaften Anatomiekenntnisse den neuen Stadtmedicus auf, sich zur Feststellung seiner Eignung öffentlich examinieren zu lassen. Paracelsus schwindelte sich irgendwie darum herum, praktizierte als Stadtmedicus und hielt, ohne nach der Sanktion der hohen Fakultät zu fragen, Vorlesungen in einem privaten Saal, zu denen er die nachstehende charakteristische Einladung ergehen ließ:

«Theophrastus Bombast von Hohenheim aus Einsiedeln, beider Medizin Doktor und Professor, grüßt die Studierenden der Medizin. Da ganz allein die Medizin als einzige aller Disziplinen, gleichsam wie ein Gottesgeschenk, nach dem Urteil der heiligen und profanen Schriftsteller als eine Notwendigkeit ausgezeichnet wird und nur wenige der Doktoren sie heute mit Glück ausüben, erschien es geboten, sie in ihren ursprünglichen lobenswerten Zustand zurückzuführen, und neben den Reinigungsversuchen von den Hefen der Barbaren, womit einige sich befassen, wollen wir sie von den schwersten Irrtümern reinigen, nicht den Regeln der Alten zugetan, sondern ausschließlich denjenigen, welche wir aus der Natur der Dinge und eigenen Erwägungen gewonnen und in langer Übung und Erfahrung bewährt gefunden haben. Wer weiß es denn nicht, daß die meisten Ärzte heutiger Zeit zum größten Schaden der Kranken in übelster Weise daneben gegriffen haben, da sie allzu sklavisch am Worte des Hippokrates, Galenos und Avicenna und anderer geklebt haben, als ob diese wie Orakel aus dem Dreifuß des Apoll herausklängen, von deren Wortlaut man auch nicht um Fingers Breite abweichen dürfte. Wenn's Gott gefällt, kann man auf diesem Wege wohl zu blendenden Doktortiteln gelangen, wird aber niemals ein wahrer Arzt. Nicht Titel und Beredsamkeit, nicht Sprachenkenntnisse, nicht die Lektüre zahlreicher Bücher, wenn sie auch eine schöne Zierde sein mögen, sind Erfordernisse eines Arztes, sondern die tiefste Kenntnis der Naturdinge und Naturgeheimnisse, welche einzig und allein alles andere aufwiegen. Aufgabe eines Rhetors ist es, beredt zu sprechen und zu überzeugen und den Richter zu seiner Ansicht zu überreden: Aufgabe des Arztes ist es, die verschiedenen Krankheitsformen zu kennen, ihre Ursachen und Symptome zu durchschauen und obendrein mit Scharfsinn und Beharrlichkeit ihnen Arzneientitel zu verordnen und nach Umständen und Besonderheiten tunlichst allen Heilhilfe zu bringen. Um in meine eigene Lehrmethode ein wenig einzuführen, werde ich, durch ausgiebige Honorierung der Herren von Basel, dazu in den Stand gesetzt, täglich in zwei Stunden praktischer und theoretischer Heilkunde sowohl der inneren Medizin wie der Chirurgie Lehrbücher, deren Verfasser ich selbst bin, mit höchstem Fleiß und hohem Nutzen der Hörer öffentlich zu erklären. Diese Lehrbücher sind nicht etwa aus Hippokrates und Galenos oder irgendwelchen anderen Lehrbüchern zusammengebettelt, sondern vermitteln das, was mich die höchste Lehrerin Erfahrung und eigene Arbeit gelehrt haben. Demnach dienen mir als Beweishelfer Erfahrung und eigene Erwägung statt Berufung auf Autoritäten. Also, bester Leser, wenn jemanden die Geheimnisse dieser Apollinischen Kunst locken und Liebe und Verlangen ihn beherrschen und er wünscht in recht kurzer Zeit zu lernen, was zu dieser Disziplin gehört, möge er sich sofort zu uns nach Basel auf den Weg machen und Größeres und noch weit anderes, als was ich so in Kürze sagen kann, hier erfahren. Um den Schleier etwas zu lüften, kann ich ihm sagen, daß von Komplexionen und Kardinalsäften im Stile der Alten bei mir nicht die Rede sein wird, aus denen fälschlich alle Krankheiten hergeleitet werden, woraus den Ärzten heute Krankheiten, Krankheitsursachen, kritische Tage usw. erklärt werden. Dies gleichsam an einer Fangleine Klargelegte möge genügen. Urteilen dürft ihr erst, nachdem ihr den Theophrastus gehört habt. Lebt wohl und nehmt unseren Erneuerungsversuch der Heilkunde günstig auf.

Basel, am 5. Juni 1527.»[26]

Es meldeten sich dreißig Hörer. Zur Eröffnungsvorlesung erschien Paracelsus in der üblichen professoralen Robe, legte sie jedoch sofort ab und präsentierte sich im groben Zeug und mit der befleckten Lederschürze des Alchimisten. Die Vorlesungen über innere Medizin hielt er nach einem von seinem Sekretär Oporinus (der später Vesals *Fabrica* druckte) vorbereiteten lateinischen Manuskript; über Chirurgie sprach er deutsch. Damit bereitete er den konservativen Kollegen einen neuen Schock, aber noch weit mehr beunruhigte er sie mit der Äußerung, es dürfe «kein appotecker mit den doctorn in einicher theilung oder schenkung verwant und gemeinschaft ... haben»[27]. Wie um seine Verachtung der traditionellen Medizin öffentlich kundzutun, warf er am 24. Juni 1527 in das von den Studenten angefachte Sankt-Johannis-Feuer ein kurz zuvor erschienenes einschlägiges Buch, vermutlich die *Summa Jacobii* – «Ich habe», sagte er, «die Summe der Bücher in Sankt Johannis Feuer geworfen, auf daß alles Unglück mit dem Rauch in die Luft gang, und also ist gereinigt worden die Monarchei.»[28] Man verglich den Akt mit Luthers Verbrennung einer päpstlichen Bulle.

Die Ärzteschaft rückte von ihm ab, beschimpfte ihn als Quacksalber ohne akademischen Grad, der weder von Anatomie eine Ahnung haben noch eine Autopsie durchführen könne und nichts als ein unverschämter Autodidakt sei. Aber Paracelsus lehnte seinerseits Leichenöffnungen ab, weil die Organe in ihrem Zusammenwirken und in ihrer normalen Funktion im lebendigen Körper verstanden werden müßten, und beantwortete den Hohn der Doktoren mit den bilderreichsten Wendungen des Fuhrmannjargons. Er verspottete ihre barbarischen Rezepte, ihre Seidenhemden, Fingerringe, weichen Handschuhe und ihren hochmütigen Gang; sie sollten doch einmal aus ihren Hörsälen in seine Alchimistenstube kommen, einen Schurz umbinden, ihre Hände mit chemischen Stoffen beschmutzen, sich über Feuerstellen beugen und die Geheimnisse der Natur durch Experiment und Schweiß erforschen.

Man weiß nicht, ob im geheimen Einverständnis mit der Fakultät oder ob in einer spontanen Auflehnung gegen einen doktrinären Dozenten, auf alle Fälle aber verfaßte ein Basler Witzbold im Namen des im Hades weilenden Galen eine Schmähschrift gegen Paracelsus, den er als *Cacophrastus* – Mistscheißer – apostrophierte, wegen seiner mystischen Terminologie verspottete und als einen Verrückten bezeichnete, der sich selbst aufknüpfen solle. Da er den Satiriker nicht ausfindig machen konnte, ersuchte Paracelsus den Rat, die Studenten Mann für Mann zu befragen und den Schuldigen zu bestrafen. Der Rat stellte sich taub. Etwa zur gleichen Zeit schrieb ein Kanonikus des Basler Domkapitels eine Belohnung von hundert Gulden für denjenigen aus, der ihn von einer Krankheit befreien könne. Paracelsus bewerkstelligte die Kur binnen dreier Tage; der Kanonikus bezahlte sechs Gulden und verweigerte den Rest mit der Begründung, die Heilung habe ja so wenig Zeit beansprucht. Paracelsus strengte einen Prozeß an und verlor. In seiner Wut beschimpfte er in einer anonymen Broschüre Rat und Geistlichkeit als verlogen und hinterhältig und seine Kritiker als «Bescheißer» und «Arschkratzer». Der Rat ordnete seine Festnahme an, verschob sie aber bis zum nächsten Morgen, und in der Nacht kehrte Paracelsus Basel den Rücken. Er war zehn Monate dort gewesen.

In Nürnberg wiederholte er sein Verhalten von Basel. Die Stadtväter vertrauten ihm ein Gefängnisspital an; er bewirkte eindrucksvolle Heilungen, forderte aber die ohnehin eifersüchtigen Medicos mit seiner Kritik ihrer Unehrlichkeit, ihres Wohllebens und der Leibesfülle ihrer Frauen heraus. 1530 überredete er einen unbekannten Drucker, *Von der Frantzősischen kranckheit Drey Bücher* zu veröffentlichen, darin die ehrenwerten Doktoren so herabgewürdigt wurden, daß ihn ein Entrüstungssturm zu neuer Wanderschaft zwang. Der Druck eines größeren Werkes über das gleiche Thema wurde vom Stadtrat verboten; Paracelsus verwahrte sich in einem an den Rat gerichteten Brief mit feuriger Beredsamkeit gegen eine solche Zensur der Druckerpresse; dennoch blieb das Manuskript zu seinen Lebzeiten ungedruckt. Es enthielt die bis dahin beste klinische Beschreibung der Syphilis und empfahl innerliche Quecksilberdosen statt der üblichen äußeren Anwendung. Die Syphilis wurde zum Schlachtfeld zwischen Pflanzen- und Mineraltherapie.

Ein halbes Jahr wohnte Paracelsus bei einem Patienten in St. Gallen und verfaßte hier und später sein *Opus paramirum* (Das sehr wunderbare Werk), sein *Paragranum* (Gegen das Gran?) und *Die große Wundartzney*, alles in einem ungeschliffenen Deutsch, mit einem Haufen von rohem Erz, aber durchsetzt von Edelsteinen. 1534 warf er sich wieder auf die Magie und verfaßte seine *Philosophia sagax*, ein Kompendium der okkulten Wissenschaft.

1540 bot ihm der Bischof von Salzburg in seiner Diözese Unterschlupf, und der Mann, der dort fünfzehn Jahre früher revolutionäre Thesen verfochten hatte, nahm dankbar an, schrieb sein Testament, bedachte seine Angehörigen mit seinen wenigen Münzen, die Salzburger Bader mit seinen Instrumenten und starb am 24. September 1541.

Er war ein von dem eigenen Genie überwältigter Mensch, ebenso reich an vielfältiger Erfahrung wie an glänzenden Intuitionen; er war zu unbeherrscht, um seine innere Glut im Zaum zu halten, zu reizbar, um sich und seine Erkenntnisse in die Zeit einzufügen. Doch mag er ähnlich wie Agrippa zur Entstehung der Faustlegende beigetragen haben. Bis vor hundert Jahren pilgerten die Österreicher bei Epidemien zu seinem Grab und hofften, von seinem magischen Geist oder seinem Gebein geheilt zu werden.

VIII. DIE SKEPTIKER

Für die Philosophie war das sechzehnte Jahrhundert eine wenig ergiebige Zeit; die Theologie beanspruchte alle Gehirne, und der alle Schlafkammern beherrschende Glauben hielt den Verstand in Schach. Luther hielt wenig von der Vernunft, weil sie zu Gottlosigkeit verleite, aber ausgesprochene Freidenker oder Atheisten waren selten. Im Haag bestieg ein Priester den Scheiterhaufen (1512), weil er die Erschaffung der Welt, die Unsterblichkeit und die Göttlichkeit Christi bestritten hatte; aber ein unbedingter Atheist scheint er nicht gewesen zu sein. Ein englischer Chronist notierte unter dem Datum 1539: «In diesem Jahr ist ein großer Doktor der Pariser Universität gestorben, der gesagt hat, Gott existiere nicht, und er sei seit seinem zwanzigsten Jahr dieser Meinung gewesen; und er war viermal zwanzig Jahre alt, als er starb, und hatte diese ganze Zeit hindurch seinen Irrtum geheim gehalten.» Guillaume Postel veröffentlichte 1552 ein Buch *Contra atheos;* doch wurde der Begriff Atheist kaum je von den Begriffen Deist, Pantheist und Skeptiker scharf unterschieden.

Die Zahl der Skeptiker war freilich so groß, daß es einen Lutherschen Hieb für sie absetzte. Für die blinden Weltkinder, soll er gesagt haben, seien die Glaubensartikel zu hoch. Die Dreieinigkeit der göttlichen Person, die Menschwerdung des eingeborenen Sohnes, das Vorhandensein zweier Naturen, einer göttlichen und einer menschlichen, in Christus und anderes mehr – all dies sei in ihren Augen ein Ärgernis, weil sie es für bloße Erfindung hielten; auch bezweifelten manche, fügte er hinzu, daß Gott den Menschen, dessen Verdammung er vorausgesehen habe, geschaffen habe. In Frankreich äußerten etliche Skeptiker Zweifel über die Unsterblichkeit der Seele. Bonaventure Despériers amüsierte sich in seinem *Cymbalum mundi* (1537) über die Widersprüche in der Bibel, die Wunder und die Ketzerverfolgung. Das Buch wurde von der Sorbonne wie von Calvin verurteilt und vom Henker verbrannt. Margarete sah sich gezwungen, ihn von ihrem Hof in Nérac zu verbannen, sandte ihm aber Geld nach Lyon, um ihn am Leben zu halten. 1544 nahm er es sich trotzdem und vermachte Margarete, dem «Hort und Schirm aller Güte», seine Manuskripte.

In der Politik machte sich der Geist des Zweifels in Angriffen auf das Gottesgnadentum und die Unverletzlichkeit der Könige geltend; doch Skeptiker solcher Art waren vor allem Protestanten, denen es unter katholischen Herrschern nicht behagte, oder Katholiken, die den Triumph des Staates nicht verdauen konnten. *Eine kurze Abhandlung über die politische Macht* (1558) aus der Feder des Bischofs John Ponet, eines Gegners Maria Tudors, argumentierte: «Die mannigfachen und ständigen Präzedenzfälle, die es von Zeit zu Zeit gegeben hat, daß Könige entthront und Tyrannen getötet werden, erweisen aufs bestimmteste, daß das gerecht, richtig und in Übereinstimmung mit Gottes Ratschluß geschieht ... Könige, Fürsten und Regenten haben ihre Autorität aus den Händen des Volkes ... und die Menschen können sie zurückfordern ... wenn es ihnen beliebt.» John Major, ein schottischer Professor, der auf Knox' geistige Entwicklung einigen Einfluß gehabt hat, verfocht ebenfalls die These, daß alle weltliche Autorität vom Gemeinwesen herrührt und infolgedessen ein schlechter König auf gesetzlichem Wege entthront und hingerichtet werden darf.

Der interessanteste Gegner der absoluten Königsgewalt war ein junger Katholik, der sich einen bescheidenen Anspruch auf Unsterblichkeit erwarb, weil er in Montaignes Armen starb und nach den Worten dieses unvergleichlichen Essayisten «der größte Mann unserer Zeit» gewesen ist. Etienne de la Boétie war im Périgord als Sohn eines hohen Beamten geboren, studierte in Orléans Jurisprudenz und wurde vor dem gesetzlichen Mindestalter ins *Parlement* von Bordeaux berufen. Etwa 1549 verfaßte der von griechischen und römischen Autoren mit republikanischen Ideen erfüllte Neunzehnjährige einen leidenschaftlichen, freilich von ihm nie veröffentlichten Angriff gegen den Absolutismus. Der ursprüngliche Titel *Discours sur la servitude volontaire* wurde im Lauf der Zeit durch den schlagenderen Titel *Contr'un* – Gegen Einen – ersetzt, um die Verurteilung der Diktatur eines einzigen über die vielen besser zum Ausdruck zu bringen. Hören wir seinen feurigen Appell:

«Diana von Poitiers», Gemälde eines unbekannten Künstlers aus der ersten Schule von Fontainebleau, die im 16. Jahrhundert von den italienischen Künstlern G. B. Rosso und F. Primaticcio begründet wurde (Louvre, Paris).

Die Achtzehen Schön einer Junckfrawen.

Nechten zu Abendt ich spatieret/
Auff freyem Marckt vnd Phanta-
siret/
Zu machen ein newes Gedicht/
In dem da kam mir zu Gesicht/
Ein Junckfraw gar höflich geziert/
Vnd Adelich Geliedmassert/
Dergleich ich mein Tag nie hett gsehen/
Deß ward ich zu mir selber jehen/
Warhafft die Schön der Junckfraw da/
Vergleicht der schön Lucretia/
Deß ich mich hoch verwundern gund/
Vnd da gleich stockstiller stund/
Vnd dacht wer nur die Junckfraw wer?
In dem die zart trat zu mir her/
Mit leysen Tritten fuß für füß/
Vnd grüsset mich mit Worten süß.
Vnd sprach: Weß ich thet warten hie.
Ich sprach: Zart Junckfraw mercket wie/
Ich steh zu schawen ewer Schön/
Die ich ob allen Weiben krön/
Wann ich sah nie schöner Figur/
Der siben Schön tragt ihr ein Chur/
Die doch all siben traget ihr
Da sprach die zart Junckfraw zu mir/
Seind denn der Schön nit mehr dann siben/
Wa habt ihr das funden geschriben?
Ich sprach: Ich hab bey meinen Tagen/
Von siben Schönen hören sagen.
Sie sprach: Der Schön seind wol achtzehen/
Die Natürlichen Maister jehen/
Die werden außgethailt darbey/
In sechs thail/jeder Thail hat drey.
Drey kurtz sind im ersten anfang/
Darnach in dem andern drey lang/
Vnd zu dem dritten sind drey lind/
Vnd zum vierdten drey schneeweiß sind/
Vnd zum fünfften drey Rosenrot/
Zum sechsten drey Kolschwartz sind not.
Ich sprach: Der ding versteh ich nicht/
Ich bitt der Sach mich baß bericht/
Wann ich nie liebers hört auff Erdt.
Sie sprach: Seyt ihr dann das begehrt/
So will ich euch die vbersummen/
Ohn eine die sey außgenommen/
Als ihr werd hören an dem end.
Von erst hab ich drey kurtz genennt/
Das sind zwey kurtze Ferßlein schön/
Das dritt ein kurtz gespalten Kien.
Nach dem drey lang/sagt man vor zeiten/
Zu erst zwo lang geronig Seyten/
Das dritt ein lang goldgelbes Haar.
Drey lind der solt ihr nemmen war/
Das erst zwey zarte Händlein sind/
Vnd auch ein Bäuchlein waich vnd lind.
Zu dem vierdten drey schneeweiß seyn/
Die ersten zwey weisse Brüstlein/
Die dritt ein weisses Hälßlein ist.
Die fünfften drey Rosenrot wißt/
Zwey rothe Wenglein thu ich kund/
Die dritt ein Rosenfarben Mund.
Die sechsten drey schwartz als ein Kol/
Zwo sind zwey schwartze äuglein wol/
Die letzt Schwartz ich nit nennen kan/
Ist die ich außgenommen han/
Der Schön ihr sibenzehen hat/
So ihr die Achtzehendt errath/
So schenck ich euch diß Kräntzlein grün.
Ich sprach: O zarte Junckfraw schön/
Ich bin jetzt darauff nit bedacht.
Sie sprach: Nimbt ziel die langen Nacht/
Vnd Morgen biß auff dise Zeit/
So kompt her vnd mich deß bescheydt/
Mit dem die Zart schied von jhm hin.
Nun ich die Nacht gelegen bin/
Vnd hab mich auff die Schön besunnen/
Aber ich hab jhr nit gefunnen/
Was die dritt Kolschwartz Schön mag seyn/
Darumb komb ich zu euch herein/
Euch zu fragen vmb Rath vnd Lehr/
Was die dritt Kolschwartz Schöne wer/
Das mir würd deß Kräntzleins Geschmacks/
Verargt mirs nit/das bitt Hanß Sachs.

S: 5

Zu Augspurg/bey Georg Jäger Brieffmaler/in Jacober Vorstatt/im kleinen Sachsengäßl.

«Welche Schande und Entwürdigung, wenn zahllose Menschen willig, ja sogar sklavisch einem Tyrannen gehorchen! Ein Tyrann, der ihnen kein Recht über Eigentum, Eltern, Frau und Kind, ja nicht einmal über ihr Leben läßt – was ist ein solcher Tyrann für ein Mensch? Er ist weder ein Herkules noch ein Samson! Oftmals ist er ein Zwerg, der verweichlichtste Feigling im ganzen Volk – nicht aus seiner Stärke bezieht er seine Macht, er, der häufig der Sklave verächtlichster Dirnen ist. Was sind doch seine Untertanen für elende Kreaturen! Wenn zwei, drei oder vier nicht gegen einen einzelnen revoltieren, so ist das ein verständlicher Mangel an Mut. Wenn aber Hunderte und Tausende die Ketten eines einzigen dulden, was bleibt dann von der Menschenwürde und der Willensfreiheit? ... Um sich von einem Tyrannen zu befreien, ist keine Gewalt nötig. Er fällt, sowie das Land seiner überdrüssig ist. Das entwürdigte und versklavte Volk muß ihm nur jedes Recht absprechen. Um frei zu sein, genügt der feste Wille, das Joch abzuwerfen ... Faßt den festen Entschluß, nicht länger Sklaven zu sein – und ihr seid frei! Versagt dem Tyrannen eure Unterstützung, und er wird wie ein Koloß, unter dem man den Sockel wegzieht, einstürzen und in Stücke zerbrechen.»[29]

La Boétie fuhr fort, Rousseau und Tom Paine vorwegzunehmen. Der Mensch sehnt sich natürlicherweise nach Freiheit; alle Ungleichheit rührt vom Zufall her und erlegt dem Begünstigten die Verpflichtung auf, dem Nächsten zu dienen; alle Menschen sind Brüder, «aus dem gleichen Lehm geformt» und vom gleichen Gott. Seltsamerweise hat die Lektüre dieser radikalen Auslassungen den sonst so kühlen und vorsichtigen Montaigne zu dem Feuerkopf hingezogen und eine der berühmtesten Freundschaften der Geschichte bewirkt (1557). La Boétie war siebenundzwanzig, Montaigne vierundzwanzig und vielleicht noch jung genug, um sich radikalen Gefühlen hinzugeben. Die Freundschaft beendete der Tod; La Boétie starb im Alter von zweiunddreißig Jahren (1563), und Montaigne hat seine letzten Tage wie in Anlehnung an Platons Bericht über den Tod des Sokrates beschrieben. Der Verlust des warmherzigen Freundes ging ihm so nahe, daß er sich siebzehn Jahre später mit größerer Bewegung darüber äußerte als über alle sonstigen Erfahrungen seines Lebens. Von der Herausgabe der *Discours* hatte er abgeraten, und er beklagte es, als sie 1576 von einem Genfer Pastor veröffentlicht wurden; wie zur Abschwächung schrieb er sie einem erst Sechzehnjährigen und dem überschäumenden Geist seiner Jugend zu. Sie waren beinahe die Stimme der Großen Revolution.

IX. RAMUS UND DIE PHILOSOPHEN

Petrus Ramus – Pierre de la Ramée –, der sich anmaßte, die Tyrannei des Aristoteles zu stürzen, führte ein ebenso romantisches Leben wie La Boétie, erlitt aber einen gewaltsameren Tod. Seit dreihundert Jahren oder noch länger herrschte dieser Grieche nicht nur über eine Nation, sondern über viele, nicht nur über den Leib, sondern auch über den Geist, ja beinahe über die Seele, denn hatte die Kirche diesen heidnischen Denker nicht zu ihrem offiziellen Philosophen gemacht? Wohl hatten die Renaissancehumanisten versucht, ihn durch Platon zu ersetzen; aber die Reformation – oder die Furcht vor ihr – drosselte den Humanismus ab, und als Luther starb, befand sich im protestantischen Deutschland wie im katholischen Frankreich immer noch die von diesem so heftig bekämpfte aristotelische Scholastik im Sattel (1546). So erschien der intellek-

Dieses Augsburger Flugblatt bringt ein illustriertes Gedicht des Nürnbergers Hans Sachs (1494–1576) mit dem Titel «Die achtzehn Schönheiten einer Jungfrau».

tuellen Jugend die Verstoßung des Stageiriten von seinem Thron als der legitimste aller Tyrannenmorde. Für das Examen um den Magistergrad der Pariser Universität wählte der damals einundzwanzigjährige Ramus 1536 die eindeutige These *Quaecumque ab Aristotele dicta essent commentitia esse* – «Was immer Aristoteles gesagt hat, ist falsch» – und machte sich anheischig, sie einen ganzen Tag gegen die Fakultät und jeden Herausforderer zu verteidigen.

Ramus' Leben gleicht einem Preislied auf die Bildung. In der Pikardie, unweit von Calvins Noyon geboren, machte er sich zweimal zu Fuß auf den Weg nach Paris, dessen Hochschulen ihn unwiderstehlich lockten; zweimal mußte er besiegt in seinen Heimatort zurückkehren. Zwölfjährig, trat er 1528 in den Dienst eines wohlhabenden Studenten, der ihn nach Paris mitnahm; beide immatrikulierten sich in dem – früher einmal von Villon beraubten – Collège de Navarre. Am Tage seinen Dienst versehend und nachts studierend, meisterte Pierre in acht Jahren den schweren Lehrplan der Fakultät der schönen Künste, verlor darüber beinahe das Augenlicht, entdeckte aber Platon.

«Als ich nach Paris kam, stieß ich auf die Spitzfindigkeiten der Sophisten, und man lehrte mich in Quästionen und Disputationen die freien Künste, ohne mir jemals auch nur einen Vorteil oder Nutzen davon aufzuzeigen. Nachdem ich zum Magister Artium ... promoviert war ... stellte ich fest, daß diese Disputationen mir nichts eingebracht hatten als Zeitverlust. In meiner Empörung verfiel ich, als wie von einem Engel geleitet, auf Xenophon, dann auch auf Platon, bei dem ich mich mit der sokratischen Philosophie vertraut machte.»

Wie viele unter uns haben nicht in jungen Jahren die gleiche erregende Entdeckung gemacht? Diese Begegnung mit Platon, dem Philosophen mit Wein und Poesie im Blut, dessen Geist in jedem Säuseln der Athener Luft Poesie erlauschte und sie mit ihrer ganzen ursprünglichen Lebensnähe, mit all diesen Stimmen eines Sokrates und seiner Schüler, mit der ganzen ekstatischen Diskussion über die erregendsten Probleme der Menschheit an spätere Jahrtausende weitergab. Welche Erlösung nach den prosaischen Seiten eines Aristoteles, nach Bergen von Papier über das Equilibrium der Mitte und dem gar nicht so goldenen Mittelweg! Natürlich sind wir – und Ramus – gegen Aristoteles ungerecht, wenn wir seine konkreten Vorlesungsnotizen mit den volkstümlichen Dialogen seines Meisters vergleichen; nur Weißhaarige vermögen den Stageiriten zu würdigen. Ramus kannte vor allem den Logiker des *Organon*, jenen Schularistoteles, der das Martyrium, ins Scholastenlatein übertragen und in einen braven, orthodoxen Thomisten verwandelt zu werden, nur mit knapper Not überlebte. Drei Jahre, erklärte Ramus, habe er auf das Studium der aristotelischen Logik verwandt, ohne eine einzige Anwendung auf die Wissenschaft und das Leben zu sehen.

Es gereicht der Fakultät, nicht weniger aber auch den Kenntnissen, der Geschicklichkeit und dem Mut Ramus' zum Ruhm, daß er das Magisterexamen bestand; vielleicht hatten aber auch die Professoren Logik und Maßhalten ein wenig satt. Einige waren jedoch außer sich und spürten, wie sehr die Debatte dieses Tages am Fundament ihrer Existenz gerüttelt hatte. Feindschaften, die Ramus bis zu seinem Ende verfolgten, nahmen ihren Anfang.

Der erworbene Grad bedeutete zugleich die Lehrerlaubnis an der Universität, und

Ramus hielt sogleich eine Reihe von Vorlesungen, in denen er Philosophie mit griechischer und lateinischer Literatur verquickte. Sein Auditorium wuchs; damit sein Einkommen, so daß er sich in der Lage sah, seiner verwitweten Mutter das für die Examensgebühr vorgeschossene Geld zurückzuzahlen. Nach siebenjähriger Arbeit veröffentlichte er 1543 (diesem *annus mirabilis* von Kopernikus und Vesal) zwei Werke, die seine Kampagne zum Sturz der aristotelischen Logik weitertrieben. Das eine – *Aristotelicae animadversiones* – war ein, manchmal mit Kraftausdrücken gespickter, Frontalangriff; das andere – *Dialecticae partitiones* (Einteilung der Logik) – schlug den Ersatz des bisherigen Schemas durch ein neues vor. Dieses definierte die Logik als *ars disserendi*, die Kunst des Disputierens, und verschmolz Logik, Literatur und Rhetorik zu einer Technik der Überredung. Die Behörden der Alma mater sahen in diesem Versuch verzeihlicherweise etliche Gefahren. Zudem rochen manche Behauptungen arg nach Ketzerei, wie etwa: «Unglauben ist der Anfang des Wissens» – kartesianischer Zweifel vor Descartes; weiterhin der Appell, sich statt mit scholastischen Wälzern mit dem Studium der Bibel zu befassen – das klang nach Protestantismus; oder die Definition der Theologie als *doctrina bene vivendi* – das drohte die Religion zu einer bloßen Morallehre abzuwerten. Dazu gesellten sich seine aufreizende Art, seine Anmaßung, seine polemische Ader, seine heftige Sprache und seine dogmatische Verachtung des Dogmas.

Es dauerte auch nicht lange, da bezichtigte der Rektor der Universität den Verfasser beim Profos der Stadt Paris der Feindschaft gegen den Glauben, der Friedensstörung und Jugendverführung durch gefährliche Neuerungen. Eine königliche Kommission von fünf Köpfen, von denen zwei von Ramus, zwei von seinen Anklägern und einer von König Franz bestellt waren, hatte über die Anklage zu befinden. Vom Gang der Verhandlungen enttäuscht, zog Ramus seine Vertreter zurück. Die verbliebenen drei entschieden gegen ihn (1544); und in der Folge untersagte ihm eine Kabinettsorder, Vorlesungen zu halten, Schriften zu veröffentlichen und Aristoteles weiterhin anzugreifen. Außerdem wurde das Urteil in der ganzen Stadt angeschlagen und anderen Universitäten übermittelt. Studenten machten Ramus zur Zielscheibe ihrer Burlesken, während sich Rabelais königlich über den Aufruhr freute.

Eine Weile verhielt sich Ramus friedlich; dann begann er im Collège de Presles neuerdings Vorlesungen zu halten, beschränkte sie aber weise auf Rhetorik und Mathematik, so daß die Obrigkeit ein Auge zudrücken konnte. 1545 zum Vizerektor des Collège gewählt, las er jetzt vor überfüllten Hörsälen. Franz' Nachfolger, Heinrich II., kassierte das gegen Ramus gefällte Urteil, gab ihm «die Freiheit der Zunge und Feder» zurück und berief ihn im folgenden Jahr auf einen Lehrstuhl im Collège Royal, wo die Sorbonne nicht mehr dreinreden konnte.

Als der berühmteste Lehrer der Stadt und auf der Höhe seiner Laufbahn, verwendete Ramus viel Zeit und große Kraft an die Reform der Lehrmethoden. Der Nachdruck, den er auf «Rhetorik» – damals gleichbedeutend mit Literatur – legte, bezweckte nicht nur, der Philosophie mit Hilfe der Poesie neues Leben einzuhauchen, sondern auch die durch Abstraktionen und scholastische Regeln verkalkten Lehrgänge mit sprudelndem Humanismus zu erfüllen. In fünf Traktaten über Grammatik versuchte er der Sprache mit Logik beizukommen; aber trotz seiner Befürwortung einer phonetischen Rechtschreibung blieb das Französische bei seinem torkelnden Gang; immerhin gelang es ihm, im französischen Alphabet für das konsonantisch gesprochene i und u das j und v einzuführen. In der Erinnerung an seine eigene geldlose Studentenzeit warb er eifrig für die Spende von Stipendien für mittellose Studierende, bekämpfte die hohen Examensgebühren und forderte eine bessere Honorierung des Lehrkörpers.

1555 veröffentlichte er seine *Dialectique*, das erste in französischer Sprache verfaßte Buch über Logik. Seine Argumente befaßten sich jetzt nicht mehr nur mit der Argumentation als Ausdrucksform, sondern mit dem Verstand als solchem. Als dem geborenen Feind aller Tradition und Autorität erschien ihm die Vernunft das einzig maßgebliche Kriterium, und als echter Renaissancejünger glaubte er, eine von allen Fesseln befreite Vernunft bringe die Wissenschaften binnen eines Jahrhunderts der Vollendung nahe. «Ich war ständig bestrebt», schrieb er, «den Weg der schönen Wissenschaften ... von allen geistigen Hindernissen und Bremsen zu befreien, ihn gerade und glatt zu machen, nicht nur um leichter zur Intelligenz zu gelangen, sondern auch um die schönen Wissenschaften *praktisch und nützlich* anzuwenden.»

Die protestantische Revolte mußte seinem Charakter wie seiner Philosophie zusagen. Als die Krone die Hugenotten eine Zeitlang nicht nur duldete, sondern sie sogar in den Staatsdienst zog, bekannte sich Ramus öffentlich zum reformierten Bekenntnis (1561). Anfang 1562 zerstörten etliche Studenten das religiöse Bildwerk der Kapelle des Collège de Presles; von da an wurde seines Situation zusehends prekärer, obwohl ihm sein Gehalt weiterhin ausgezahlt wurde. Beim Ausbruch des Bürgerkriegs verließ er 1562, mit einem Geleitbrief Katharinas von Medici versehen, Paris, um nach dem Friedensschluß im folgenden Jahr zurückzukehren. Eine Berufung an die Universität Bologna schlug er höflich dankend aus; er fühle sich zu sehr in Frankreichs Schuld, als daß er auswandern könne.

1565 kam die Feindschaft, die ihn schließlich eines gewaltsamen Todes sterben ließ, offen zum Ausbruch. Sein Erzfeind Jacques Charpentier erkaufte sich, obschon er zugegebenermaßen nichts von Mathematik verstand, einen Lehrstuhl für diese Disziplin im Collège Royal. Ramus opponierte gegen die Berufung, Charpentier bedrohte ihn, Ramus wandte sich um Schutz an die Gerichte, Charpentier wanderte ins Gefängnis, wurde aber bald wieder freigelassen. Es folgten zwei mißglückte Attentate auf Ramus; und als 1567 die Fehde zwischen Katholiken und Protestanten neuerlich zu Blutvergießen führte, kehrte er Paris abermals den Rücken. Eine neue Kabinettsorder schloß die Protestanten aus dem Lehrkörper des Collège Royal aus, so daß Ramus nach seinem neuerlichen Eintreffen in Paris als Privatmann dort leben mußte, doch zahlte Katharina sein Gehalt nicht nur weiter, sondern verdoppelte es sogar, so daß er sich sorglos seinen Studien und seiner Schriftstellerei widmen konnte.

Im Juli 1572 forderte der Bischof von Valence, Montluc, Ramus zur Teilnahme an einer Mission in Polen auf; vielleicht ahnte er etwas von dem Massaker der Bartholomäusnacht und wollte den alternden Philosophen vor einem bösen Ende bewahren. Ramus lehnte ab; die Erhebung des Prinzen Heinrich von Anjou auf den polnischen

Thron war nicht nach seinem Sinn. Der Bischof reiste am 17. August ab; am vierundzwanzigsten begann das Massaker. Am sechsundzwanzigsten erzwangen zwei Bewaffnete den Zutritt zum Collège de Presles und stürmten in den fünften Stock und ins Studierzimmer Ramus'. Sie fanden ihn im Gebet. Einer jagte ihm eine Kugel in den Kopf, der andere brachte ihm einen Messerstich bei, und zusammen warfen sie ihn aus dem Fenster. Studenten oder Pöbel zerrten den noch Lebenszeichen von sich gebenden Körper zur Seine; andere fischten ihn heraus und zerhackten ihn in Stücke. Wir wissen nicht, von wem die Mörder gedungen wurden; jedenfalls nicht von höchster Stelle, denn beide, Karl IX. und Katharina, scheinen Ramus ihre Gunst bis zum Ende bewahrt zu haben. Charpentier bejubelte das Massaker wie diesen Mord im speziellen: «Diese herrliche, diese milde Sonne, die im Monat August ganz Frankreich erhellte ... Diese Albernheiten sind bald verschwunden, zusammen mit ihrem Verfasser. Des freuen sich alle Guten.» Zwei Jahre danach starb auch Charpentier, manche sagen an Gewissensbissen; doch damit tut man ihm vielleicht zu viel Ehre an.

Ramus schien im Leben besiegt und sein Einfluß gering. Seine Feinde triumphierten; und trotz ein paar «Ramisten», die sich in der nächsten Generation in Frankreich, Holland und Deutschland vernehmen ließen, befestigte die von ihm bekämpfte Scholastik ihre Herrschaft, und Frankreichs Philosophie stagnierte bis Descartes. Dem kargen Gewinn der Philosophie standen jedoch die epochalen Errungenschaften auf dem Gebiet der Naturerkenntnis gegenüber: Mit Kopernikus und Vesal hatte die moderne Naturwissenschaft ihre ersten Schritte getan. Der bekannte Erdkreis hatte sich verdoppelt, und das Weltbild hatte sich wie nie zuvor in den Annalen der Geschichte grundlegend gewandelt. Die Bildung vertiefte und verbreiterte sich mit Riesenschritten; die Verwendung der Landessprachen in Geistes- und Naturwissenschaften – Paré und Paracelsus in der Medizin, Ramus in der Philosophie – eröffnete den bürgerlichen Schichten Bildungsmöglichkeiten, die bis dahin ein Privileg der Priester und tonsurierten Gelehrten geblieben waren. Der «Panzer der Gewohnheit», das Gefäß des Glaubens, die Macht der Autorität waren gebrochen. Die Gläubigkeit war aus ihrer Verankerung gerissen und ergoß sich mit neuer Freiheit in hundert Formen.

Alles war im Fluß, die Kirche ausgenommen. Eine Zeitlang stand sie der Revolution verständnis- und fassungslos gegenüber, unfähig, sich über den Ernst der Lage Rechenschaft zu geben. Dann aber setzte sie sich energisch mit dem ihr gestellten Problem auseinander. Sollte sie ihre Lehre der neuen Atmosphäre und dem Fluß der Ideen anpassen, oder sollte sie, bewegungslos wie ein Fels in der Flut, abwarten, bis der Pendelschlag des Gemüts- und Geisteslebens die Menschen demütig und dürstend zu ihren Tröstungen zurückführen und sie abermals ihrer Autorität unterordnen würde? Ihre Reaktion hat ihre Geschichte in der Neuzeit entschieden.

Drittes Buch

DIE GEGENREFORMATION

[1517–1565]

ERSTES KAPITEL

Die Kirche und die Reform

[1517–1565]

I. DIE ITALIENISCHEN REFORMATOREN

MAN würde kaum erwarten, im atmosphärisch heidnischen, seinem ganzen Wesen nach polytheistischen Italien mit seiner Vorliebe für gemütvolle und künstlerisch beschwingte Glaubensformen und seiner Unzahl von Heiligen, deren teils Ehrfurcht einflößende, teils innig geliebte Bildnisse in alljährlichen Prozessionen durch die Straßen getragen wurden, und in einem Land, das den größten Nutzen aus dem Golde zog, das der Kirche aus einem Dutzend von ihr abhängiger Länder zufloß, Menschen zu finden, die sich – manchmal unter Gefährdung ihres Lebens – der Aufgabe weihten, dieses ehrwürdige und doch so farbenfrohe Bekenntnis durch eine düstere Glaubensform zu ersetzen, hinter dem als politisch treibende Kraft das Mißvergnügen der nördlichen Nationen stand, Italien mit den dem Glauben entrichteten Tributen zu bereichern. Dennoch lebten in ganz Italien Menschen, die noch intensiver als Deutsche, Schweizer und Engländer die die Kirche demoralisierenden Mißstände empfanden, vermutlich weil sie diese aus nächster Nähe kannten. Zudem verlangten die gebildeten Schichten, obwohl sie sich bereits einer gewissen Gedanken- und Lehrfreiheit erfreuten, mit noch größerer Vehemenz als anderswo die Befreiung des Geistes von der äußerlichen Anpassung an die Mythen, die die breiten Massen so entzückten und zugleich in Bann hielten.

In Mailänder Buchhandlungen lagen Luthers Schriften erstmals 1519, in Venedig 1520 auf. Ein Bettelmönch wagte es, sogar in San Marco lutherische Thesen zu predigen. In einem Bericht an Clemens VII. (1532) schilderte Kardinal Carafa den Niedergang des religiösen Lebens in Venedig: nur wenige Venezianer hielten die Fasten und gingen zur Beichte, und ketzerische Literatur sei sehr beliebt. Clemens selbst stellte 1530 fest, daß die lutherische Ketzerei sowohl bei italienischen Priestern als auch bei Laien großen Anklang finde, während sich die deutschen Reformatoren 1535 brüsteten, im Mutterland der Kirche über 30000 Anhänger zu verfügen.

Die Erste Dame Ferraras war glühende Protestantin. Als Tochter Ludwigs XII. hatte Renée die neuen Ideen teils durch Margarete von Navarra, teils durch ihre Erzieherin, Madame Soubise, kennengelernt und sich auch von ihr nach Italien begleiten lassen, als sie sich 1528 mit Ercole d'Este vermählte, der seit 1534 als zweiter Herzog dieses Namens Ferrara regierte. Calvin, der sie 1536 besuchte, bestärkte sie in ihren protestantischen Gefühlen. Es kam Clément Marot und etwas später der hugenottische Publizist

Hubert Languet. Ercole nahm sie alle mit echter Renaissancehöflichkeit auf, bis einer von ihnen während einer Karsamstagsandacht vor dem verhüllten Kruzifix *Idolatria!* rief (1536), woraufhin Ercole sie durch die Inquisition verhören ließ. Calvin und Marot flüchteten; die anderen scheinen sich durch die Bekräftigung ihrer Rechtgläubigkeit salviert zu haben. Ab 1540 umgab sich Renée neuerdings mit Protestanten und ging nicht mehr zur Kirche. Den aufgebrachten Papst stellte Ercole zufrieden, indem er der Herzogin einen Zwangsaufenthalt in Consandolo am Po zuwies; aber auch dort hielt sie an ihren protestantischen Freunden fest und erzog ihre Töchter im reformierten Bekenntnis. In der Befürchtung, daß protestantische Töchter auf dem politischen Heiratsmarkt wenig begehrenswerte Objekte sein könnten, ließ sie Ercole in einen Konvent verbringen. Schließlich gestattete er der Inquisition, ein Verfahren gegen seine Gemahlin und vierundzwanzig Mitglieder ihres Haushalts zu eröffnen. Der Ketzerei überführt, wurde sie zu lebenslänglichem Gefängnis verurteilt (1554), jedoch, nachdem sie widerrufen und das Abendmahl empfangen hatte, in ihre alte religiöse und gesellschaftliche Stellung wieder eingesetzt; doch mag ihre schwermütige Zurückgezogenheit in ihren letzten Jahren ihre wirklichen Gefühle stillschweigend zum Ausdruck gebracht haben. Nach Ercoles Tod (1559) kehrte sie nach Frankreich zurück, wo ihr Heim in Montargis vielen Hugenotten zur Zufluchtsstätte wurde.

Das zum Herzogtum Ferrara gehörende Modena hatte gleichfalls einen großen protestantischen Augenblick. Seine philosophische und naturwissenschaftliche Akademie gestattete große Redefreiheit, und einige Mitglieder des Lehrkörpers, darunter Vesals Schüler und Nachfolger, Gabriele Fallopio, gerieten in den Verdacht der Ketzerei. Ein ehemaliger Bettelmönch, Paolo Ricci, wandte sich offen gegen das Papsttum, und Luthers Ideen wurden in den Läden, auf Plätzen und in Kirchen diskutiert. Ricci und mehrere Gesinnungsgenossen wurden verhaftet; aber Kardinal Sadoleto schützte die Akademiker, mit der Begründung, daß auch treue Glieder der Kirche als Gelehrte Forschungsfreiheit genießen müßten; Paul III. gab sich mit einem schriftlichen Glaubensbekenntnis zufrieden; dennoch löste Ercole die Akademie auf (1546). Ein verstockter Lutheraner büßte in Ferrara mit dem Leben (1550), und als sich die katholische Abwehr versteifte, wurden 1568 in Modena dreizehn Männer und eine Frau wegen Ketzerei verbrannt.

In Lucca schuf Pietro Martire Vermigli, Prior der Augustinerkanoniker, eine gelehrte Akademie, berief hervorragende Dozenten, gewährte Diskussionsfreiheit und sagte seiner großen Zuhörerschaft, sie solle das Abendmahl nicht als wunderbare Verwandlung, sondern als fromme Erinnerung an die Passion Christi betrachten; damit ging er über Luther hinaus. Von seinem Ordenskapitel zu einem Verhör nach Genua gerufen, floh er aus Italien, brandmarkte die Mißstände und Irrtümer der Kirche und akzeptierte einen Lehrstuhl für Gottesgelahrtheit in Oxford (1548). An der Formulierung des Allgemeinen Gebetbuches war er in einem noch der Kontroverse unterliegenden Ausmaß beteiligt (1552); nach der Wiedereinführung des Katholizismus verließ er England und starb als Lehrer für Hebräisch in Zürich (1562). In Lucca wandten, seinem Beispiel folgend, achtzehn Kanoniker dem Kloster, Orden und Italien den Rücken.

Der Mann, der Vermigli, den Bischof Sorano von Bergamo und viele weitere für die neuen Ideen begeisterte, hieß Juan de Valdés. Er stammte aus edlem kastilischem Geschlecht und bildete zusammen mit seinem Bruder Alfonso das begabteste Zwillingspaar der Geschichte. Der Erasmus-Bewunderer Alfonso diente Karl V. als lateinischer Sekretär und verteidigte in seinem *Diálogo de Lactancio* die Plünderung Roms; Luther, meinte er, hätte nie mit der Kirche gebrochen, wenn sie, statt ihn zu verfluchen, die von ihm berechtigterweise angeprangerten Mißstände behoben hätte. Juan steuerte für das gleiche Buch den *Diálogo de Mercurio y Carón* bei; dessen Ketzereien lagen auf politischem Gebiet: Die Reichen sollten gezwungen werden, für ihren Lebensunterhalt zu arbeiten, die Armen haben ein Recht, an den Einkünften der Reichen beteiligt zu werden; das Krongut der Fürsten gehört ihrem Volke und darf nicht in Eroberungskriegen und religiösen Fehden vergeudet werden. Clemens VII. zog verständlicherweise Juan vor und ernannte ihn als Dreißigjährigen zum päpstlichen Kämmerer; aber Juan zog Neapel als Wohnsitz vor und betätigte sich dort als Lehrer und Schriftsteller. Der Kirche blieb er treu, obwohl er zur lutherschen Lehre der Rechtfertigung aus dem Glauben tendierte und mystische Frömmigkeit höher schätzte als peinliche Einhaltung des Rituals. Prominente Persönlichkeiten versammelten sich um ihn und folgten seiner Führung: Vermigli, Ochino, der Dichter Marcantonio Flaminio, Pietro Carnesecchi, Vittoria Colonna, Costanza d'Avalos, Herzogin von Amalfi, Isabella Manriquez, die Schwester des Großinquisitors von Spanien und Giulia Gonzaga, deren Schönheit wir bereits gehuldigt haben. Nach seinem Tode (1541) zerstreuten sich seine Schüler über ganz Europa. Einige, wie Vittoria Colonna, blieben der Kirche treu, aber andere trieben seine Lehren bis zur offenen Ketzerei. Drei weniger bedeutende Schüler wurden 1564 in Neapel enthauptet und verbrannt; 1567 ereilte Carnesecchi in Rom das gleiche Schicksal. Giulia Gonzaga rettete der Tod des unbarmherzigen Paul IV.; sie zog sich in einen Konvent zurück, und mit ihr endete die napolitanische Reformationsbewegung.

Bernardino Ochino durchlief sämtliche Stadien religiöser Entwicklung. Unweit des Geburtsortes der heiligen Katharina von Siena geboren und ebenso fromm wie sie, wurde er Franziskaner, empfand jedoch die Regel als zu lax und trat zu den strengeren Kapuzinern über. Auch diese bewunderten seine asketische Selbstverleugnung und leidenschaftliche Geißelung des Fleisches; und als sie ihn zu ihrem Generalvikar wählten, hatten sie das Gefühl, einen Heiligen an ihrer Spitze zu haben. Seine Predigten – in Siena, Florenz, Venedig, Neapel und Rom – fanden in ganz Italien Widerhall; seit Savonarola ein Jahrhundert früher hatte man keine ähnliche Glut und Beredsamkeit erlebt. Karl V. ging, ihn zu hören; Vittoria Colonna fühlte sich tief bewegt und der mit allen Sünden vertraute Pietro Aretino zu flüchtiger Frömmigkeit hingerissen. Keine Kirche war groß genug, um alle, die ihn hören wollten, zu fassen. Niemand ahnte, daß dieser Mann als Abtrünniger sterben würde.

Ein Zusammentreffen mit Valdés, der ihn mit Luthers und Calvins Schriften bekannt machte, brachte den Umschwung. Die Rechtfertigungslehre sagte seinem Geist zu und begann in seinen Predigten zu figurieren. 1542 wurde er vor den päpstlichen Nuntius in Venedig zitiert und ihm ein Predigtverbot auferlegt. Bald darauf zitierte ihn Paul III.

nach Rom, um mit ihm über die religiösen Auffassungen gewisser Kapuziner zu sprechen. Ochino hätte dem aufgeklärten Papst trauen dürfen; er fürchtete jedoch den langen Arm der Inquisition, und zudem riet ihm Kardinal Contarini ab. In Florenz, wo er mit Peter Vermigli zusammentraf, entschloß sich dieser Heilige und das Idol Italiens, über die Alpen in protestantische Lande zu gehen. Ein Bruder Vittoria Colonnas schenkte ihm ein Pferd, Renée von Ferrara Kleidung; so reiste er über Graubünden erst nach Zürich und weiter nach Genf. Calvins puritanisches Regiment fand seinen Beifall; da er aber besser deutsch als französisch sprach, wanderte er, sich teils mit seiner Zunge, teils mit seiner Feder mühsam ernährend, über Basel und Straßburg nach Augsburg. Als Karl V. 1547 nach seinem Sieg bei Mühlberg als Herr über Deutschland in der Reichsstadt einzog und erfuhr, daß der Mann, den er vor Jahren in Neapel predigen gehört hatte, als verheirateter Mann in der Stadt lebte, ordnete er dessen Festnahme an; aber der Stadtmagistrat verhalf Ochino zur Flucht. Er wandte sich nach Zürich und Basel und schien bereits von allen Mitteln entblößt, als er von Erzbischof Cranmer nach England gerufen wurde, wo er als Domherr Canterburys in den Jahren 1547 bis 1553 ein Buch verfaßte, das Miltons *Verlorenes Paradies* stark beeinflußt hat. Nach Maria Tudors Thronbesteigung eilte er in die Schweiz zurück.

Eine Zürcher Kirchgemeinde wählte ihn zu ihrem Pastor; aber seine unitarischen Tendenzen gefielen ihr nicht, und als er einen Dialog veröffentlichte, darin der Verfechter der Polygamie über den Befürworter der Monogamie zu obsiegen schien, entließ sie ihn, und der Stadtrat verfügte mitten im Winter seine Abreise (1563). Basel verweigerte ihm gleichfalls den Aufenthalt, und so begab er sich über Nürnberg, wo er vorübergehend bleiben durfte, mit seiner Familie nach Polen, diesem Zufluchtsort für eigenwillige Denker. Aber auch in Krakau blieb er nicht lange, da der König alle nichtkatholischen Ausländer verbannte. Auf dem Wege nach Mähren erlagen drei seiner vier Kinder der Pest. Er überlebte sie nur vier Monate und starb im Dezember 1564 in Schackau. Als eines seiner letzten Worte wird überliefert: «Ich wünsche weder ein Bullingerist noch ein Calvinist noch ein Papist zu sein, sondern einfach ein Christ.» Nichts war gefährlicher.

Italien konnte selbstverständlich nicht dem Protestantismus anheimfallen. Das Volk war zwar überwiegend antiklerikal, aber selbst wenn es die Kirche mied, zutiefst religiös. Man liebte das von der Zeit geheiligte Zeremoniell, die trostspendenden und helfenden Heiligen, das alte, kaum je angezweifelte Credo, das einen aus der Armseligkeit der eigenen Hütte zu der sublimen Höhe des größten, jemals erdachten Dramas emporhob: der Erlösung des sündigen Menschen durch die Selbstaufopferung seines Gottes. Die politische Vorherrschaft des so intensiv katholischen Spanien tat ein übriges, um beide Halbinseln dem alten Bekenntnis zu erhalten. Der Reichtum der Kurie war ein Teil des italienischen Erbguts und legalisiertes Recht; ein Italiener, der an dieser Tribut empfangenden Institution rüttelte, erschien der überwiegenden Mehrzahl seiner Landsleute als irrsinnig. Die oberen Stände balgten sich wohl mit der Kurie über die politische Macht in Mittelitalien, aber den Katholizismus als solchen hielten sie als Fundament der sozialen Ordnung und des Friedens in hohen Ehren. Nicht minder bewußt war man sich, wie sehr der Glanz des italienischen Kunstschaffens mit der Kirche verwoben war, daß ihre Legenden es inspiriert und ihr Gold es bezahlt hatten. Der Katholizismus war selbst zur Kunst geworden; die sinnenfrohen Elemente hatten den asketischen und theologischen Aspekt überwunden: Architektur, Bildhauerkunst, Glasmalerei, Fresken, Gemälde, Weihrauch, Musik, ja das Drama, das alles war in und von der Kirche und als großartiges Ensemble untrennbar mit ihr verbunden. Italiens Künstler und Gelehrte mußten nicht erst dem Katholizismus entfremdet werden; sie hatten ihn ja zu Kunst und Gelehrsamkeit bekehrt. Hunderte, Tausende von Gelehrten und Künstlern wurden von Bischöfen, Kardinälen, ja von den Päpsten selber erhalten, und viele Humanisten und Skeptiker hatten die höchsten Sprossen der Hierarchie erreicht. Italien liebte die erreichbare Schönheit viel zu sehr, um sich über der unerreichbaren Wahrheit zu zerfleischen. Und hatten etwa diese fanatischen Tedeschi, dieser säuerliche Papstimitator in Genf, dieses Ungeheuer auf dem englischen Thron die Wahrheit gefunden? Welch niederschmetternden Unsinn brüllten doch diese Reformatoren in die Welt – in einem Augenblick, da man in Italien Verdammnis und Hölle so gut wie vergessen hatte! Eine ruhige, private Ablehnung des christlichen Lehrgebäudes zugunsten eines vagen, heiteren Gottesempfindens mochte hingehen; aber das Geheimnis der Transsubstantiation durch die Schrecken der Prädestination zu ersetzen schien wie die Verwerfung eines schönen Symbolismus zugunsten eines selbstmörderischen Wahnsinns. Ausgerechnet jetzt, als die Kirche Italiens heidnische Geschäftigkeit mit ihrem verzeihenden Mantel zuzudecken bemüht war, rief ein Calvin die Welt auf, sich in die Zwangsjacke eines Puritanismus zu schicken, der das Leben um alle Heiterkeit und Spontaneität zu bringen drohte. Und wie sollten Italiens Kunst und Lebensüberschwang weiterbestehen, wenn diese barbarischen Tedeschi und Inglesi aufhörten, ihre Goldstücke nach Italien zu senden oder zu tragen?

II. DIE INNERE REFORM

Demgemäß lief die italienische Argumentation auf eine Selbstreform der Kirche hinaus, deren Notwendigkeit von loyalen Kirchenmännern seit Jahrhunderten zugegeben, ja proklamiert worden war. Jetzt machte sie der Ausbruch und Erfolg der Reformation in nichtitalienischen Landen zum brennenden Tagesproblem. «Eine unübersehbare Flut von Schmähungen in Hunderten und Tausenden von Pamphleten und Karikaturen ergoß sich über Geistliche und Weltliche, Gebildete und Ungebildete.»[1] Die Plünderung Roms traf die Gewissen und Einkünfte der Kardinäle wie der Bevölkerung; Hunderte von Priestern deuteten die Katastrophe als göttliche Warnung. In einer Predigt vor der Rota (der juristischen Sektion der Kurie) erläuterte 1528 Bischof Stafileo in beinahe protestantischen Wendungen, weshalb die Metropole der Christenheit so schwer getroffen worden sei: «Weil alles Fleisch sich der Verderbnis überlassen hat, weil wir Bürger nicht der heiligen Stadt Rom, sondern der verdorbenen Stadt Babylon sind.»[2] So hatte auch Luther gesprochen.

Kurz vor 1517 – das genaue Datum ist unbekannt – gründeten Giovanni Pietro Carafa und Graf Gaetano da Thiene in Rom das *Oratorio del Divino Amore* – Oratorium der göttlichen Liebe – zur Pflege des Gebets und Förderung der Selbstreform. Ein halbes Hundert prominenter Männer schloß sich der Bewegung an, darunter Iacopo Sadoleto, Gianmatteo Giberti, Giuliano Dati. 1524 rief Gaetano einen Orden für regulierte Kleriker, das heißt für Weltgeistliche, ins Leben, die sich den mönchischen Gelübden unterzogen. Nach der Plünderung Roms löste sich das *Oratorio* auf, und Carafa und andere traten dem neuen Orden bei, der sich nach Carafas Residenz Theate (oder Chieti) Theatiner nannte und bald hervorragende Persönlichkeiten wie Pietro Bembo, Marcantonio Flaminio, Luigi Priuli, Gasparo Contarini, Reginald Pole zu seinen Brüdern zählte. Sie alle gelobten Armut, Krankenpflege, strengste Sittlichkeit; ihr erster Chronist sagte: «Den Klerikern, welche durch ihre Verwerflichkeit und Unwissenheit zum großen Verderben des Volkes heruntergekommen seien, müßten andere Kleriker entgegengestellt werden, deren Werke den Schaden wiedergutmachten, welchen jene durch ihr verkehrtes Beispiel gestiftet hätten.»[3] Die Ordensbrüder verbreiteten sich über ganz Italien, und ihr Beispiel bewirkte zusammen mit dem der Kapuziner und Jesuiten und im Verein mit den von den Päpsten und Konzilien durchgeführten Reformen eine Erneuerung der priesterlichen Moral bis hinauf zur Kurie. Carafa ging mit dem guten Beispiel voran, verzichtete auf seine vielen Pfründen und verschenkte sein beträchtliches Vermögen an die Armen.

Gibertis Persönlichkeit und Leben spiegelt die Selbstreform des Katholizismus wider. Ein führender Humanist am Hofe Leos X. und unter Clemens VII. Erster Sekretär der Kurie, zog er sich, vom Sacco di Roma erschüttert, in sein Bistum Verona zurück, lebte dort in mönchischer Askese und widmete sich der Aufgabe, gegen die religiöse Verflachung zu steuern. Was er vorfand, waren verwahrloste Kirchen, Priester, die nicht einmal das Latein der Messe verstanden, kaum je predigten, und eine Bevölkerung, die kaum noch zur Beichte ging. Durch strenge Vorschriften und sein eigenes Beispiel reformierte er seinen Klerus und «füllte», wie ein Chronist berichtet, «die Kerker mit Konkubinen haltenden Priestern». An praktischen Maßnahmen baute er Waisenhäuser, schuf Darlehenskassen, die den Wucherern das Handwerk legten, und erweckte die von Kardinal Giuliano de' Medici 1519 gegründete *Confraternità della Carità* zu neuem Leben (1531). Andere Kirchenfürsten, die wußten, daß die Kirche nur zwischen Reform und Tod zu wählen hatte, führten ähnliche Reformen durch, so Kardinal Ercole Gonzaga (Sohn der Isabella d'Este) in Mantua, Marco Vida in Alba, Fabio Vigili in Spoleto.

Mehrere Helden dieser Selbstreform sind von der Kirche, an deren Rettung sie mitgewirkt hatten, heiliggesprochen worden. Ein junger florentinischer Edelmann, der heilige Philipp Neri, gründete (um 1540) in Rom eine eigenartige *Trinità de' Pellegrini*: zwölf Laien, die nach der sonntäglichen Messe in einer der Basiliken oder auch irgendwo im Freien religiöse Ansprachen hielten und hörten und dazu Kirchenlieder sangen. Viele von ihnen wurden Priester und nannten sich Oratorianer; ihre musikalischen Darbietungen verhalfen dem Wort *oratorio* – Andachtsstätte – zu der neuen Bedeutung

«Chorgesang». Carlo Borromeo, Kardinal und Neffe Pius' IV., verzichtete auf seine bevorzugte Stellung an der Kurie, um als Erzbischof von Mailand das kirchliche Leben des Bistums zu reformieren und seinem Klerus durch strenge persönliche Askese mit gutem Beispiel voranzugehen. Es ging nicht ohne Widerstände ab. Die Umiliati, ein auf seine demütige Regel einstmals stolzer Orden, hatten sich der Bequemlichkeit, ja sogar der Ausschweifung ergeben, und als der Erzbischof auf strengere Disziplin drang, gab ein Ordensbruder einen Schuß auf den in einer Kirche betenden Kirchenfürsten ab. Die Bewunderung, die man für einen Mann empfand, der der Reformation durch Selbstreform die Spitze abzubrechen suchte, stieg in der Öffentlichkeit zu scheuer Verehrung, und ein sittlicher Lebenswandel setzte sich in seinem Erzbistum noch zu seinen Lebzeiten bei Klerikern wie Laien durch. Ganz Italien spürte seinen Einfluß, der mit dazu beitrug, die Kardinäle aus weltlichen Fürsten in fromme Priester zu verwandeln.

Unter dem Druck solcher Männer begannen sich auch die Päpste ernstlich mit der Kirchenreform zu befassen. Der angesehene Jurist Giovan Battista Caccia überreichte Paul III. bald nach Beginn des Pontifikats eine Abhandlung über Kirchenreform, in deren Vorwort er ausführte: «Ich sehe, wie unsere heilige Mutter, die Kirche, von der unser Heil abhängt, so in eine andere Form umgewandelt ist, daß sie kein Zeichen ihrer evangelischen Art zu haben scheint und keine Spur von Demut, Sparsamkeit, Enthaltsamkeit, apostolischer Kraft an ihr gefunden werden kann.»[4] Daß er die Widmung annahm, spricht für Pauls eigene Einstellung. Am 20. November 1534 beauftragte er die Kardinäle Piccolomini, Sanseverino und Cesi, eine Wegleitung für die sittliche Reform der Kirche auszuarbeiten, und am 15. Januar 1535 ordnete er die strikte Beachtung der im Jahr 1513 von Leo X. erlassenen Reformbullen an. Aber in den politischen Wirren zwischen Kurie und Reich und unter der Drohung der Osmanen schreckte Paul davor zurück, mit radikalen Änderungen in die Struktur und Funktion der Kurie einzugreifen; er verschob die Reform, ernannte aber vorwiegend charakterfeste und gläubige Männer zu Kardinälen. Im Juli 1536 versammelte er die Contarini, Carafa, Sadoleto, Cortese, Aleander, Pole, Tommaso Badia und den Bischof Federigo Fregose von Gubbio im Vatikan und ersuchte sie um eine schriftliche Fixierung der kirchlichen Mißstände und um eine Darstellung der Mittel und Wege zu ihrer Überwindung. Sadoleto leitete die Diskussion mit der kühnen Feststellung ein, daß die Päpste mit ihrer Habgier und ihrem sündigen Lebenswandel die Hauptschuld am Verfall der Kirche trügen.

Der führende Geist in den beinahe täglichen, drei Monate dauernden Sitzungen war Gasparo Contarini, eine der edelsten Gestalten der Gegenreformation. In Venedig geboren (1483), aristokratischer Herkunft, im fortschrittlichen Padua erzogen, verwendete ihn Venedig schon in jungen Jahren für wichtige Staatsgeschäfte und ernannte ihn zum Gesandten am deutschen Hofe Karls V. Als solcher begleitete er Karl nach England und Spanien; später, von 1527 bis 1530, vertrat er Venedig am päpstlichen Hof. Dann zog er sich aus dem Staatsdienst zurück, widmete sich seinen Studien und machte sein Heim zu einem Sammelpunkt der besten Köpfe Venedigs. Besonders angetan hatte es ihm das Problem der Kirchenreform, über die er, obwohl Laie, mit Carafa, Giberti, Cortese und Pole einen regen Gedankenaustausch pflegte. Ganz Italien empfand ihn als eine seltene Kombination von Geist und Charakter, und 1535 ernannte ihn Paul III., der ihn nie persönlich kennengelernt hatte, ohne sein Zutun zum Kardinal.

Im März 1537 wurde dem Papst der einstimmige «Rat der für die Kirchenreform ernannten Kardinäle» – *Consilium dilectorium cardinalium de emendanda Ecclesia* – überreicht. Die Übel der päpstlichen Verwaltung wurden mit erstaunlichem Freimut besprochen und in erster Linie «der verantwortungslosen Übertreibung der päpstlichen Autorität seitens skrupelloser Kirchenrechtslehrer» zugeschrieben. Einige Päpste hätten sich das Recht herausgenommen, Kirchenämter zu verkaufen, und dieser Pfründenschacher habe eine solche Mißwirtschaft und Verderbtheit in der Kirche hervorgerufen, daß die Menschen das Vertrauen in ihre Ehrlichkeit verloren hätten und die gewaltige Institution dem Zerfall nahe sei. Alle Handlungen der Kurie seien aufs strengste zu überwachen, Dispense seien spärlicher auszustellen und ohne Erhebung von Gebühren; an die Bewerber um Kirchenämter seien strengere Maßstäbe anzulegen und ihre Eignung für Priesterschaft und Kardinalat zu prüfen; die Vereinigung von mehreren Pfründen in einer Hand und Amtsführung in Abwesenheit seien abzuschaffen. «In der ganzen Welt», schloß der Bericht dieses Kapitel, «haben die Hirten ihre Herden verlassen und sie Mietlingen anvertraut.» Die geistlichen Orden, hieß es weiter, seien zu reformieren und die Visitation der Frauenklöster in die Hände der Bischöfe zu legen, weil die Visitation durch Ordensbrüder zu Skandalen und Gotteslästerung geführt habe. Ablässe sollten nicht öfter als einmal jährlich proklamiert werden. Der Bericht endete mit einem beschwörenden Appell an den Papst:

«Wir haben unserem Gewissen Genüge getan, nicht ohne die größte Hoffnung, unter Deinem Pontifikat die Kirche Gottes gereinigt, schön wie eine Taube, einträchtig und in sich einig zu sehen zum ewigen Ruhme Deines Namens. Du hast den Namen Paulus angenommen, Du wirst, hoffen wir, die Liebe Pauli nachahmen. Er wurde als ein Werkzeug auserwählt, um den Namen Christi zu den Heiden zu tragen; Du bist, hoffen wir, erwählt worden, um den von den Heiden und von uns, den Klerikern, bereits vergessenen Namen in unseren Herzen und Werken lebendig zu machen, die Krankheiten zu heilen, die Schafe Christi wieder in einem Stalle zu vereinigen und den Zorn und die schon drohende Rache Gottes, die wir verdienen, von unseren Häuptern abzuwenden.»[5]

Paul nahm dieses *aureum consilium* (goldener Rat), wie er vielfach genannt wurde, wohlwollend entgegen und übermittelte sämtlichen Kardinälen eine Abschrift. Luther übersetzte ihn ins Deutsche und veröffentlichte ihn als Rechtfertigung für seinen Bruch mit Rom; doch sprach er den Verfassern den guten Willen ab und nannte sie «Lügner», «verzweifelte Buben, die mit Fuchsschwänzen die Kirche reformieren»[6]. Am 20. April 1537 beauftragte Paul vier Kardinäle – Contarini, Carafa, Simonetta und Ghinucci – mit der Reform der Dataria, jener Sektion der Kurie, der die Ausstellung der päpstlichen Dispense, Gnadenbeweise, Privilegien, Vergünstigungen und Pfründen oblag und deren Käuflich- und Bestechlichkeit besonders anrüchig war. Ein solches Unterfangen erforderte Mut, denn die Dataria brachte dem Papst jährlich an die fünfzigtausend Goldstücke, beinahe seine halben Einkünfte ein. Die Kurialen und ihr Anhang begannen sofort ein großes Gezeter; angesichts der teuren Lebenshaltung in Rom müßten sie, wenn sie sich an den Buchstaben der Vorschriften hielten, binnen kurzem samt ihren Familien ins Elend geraten. Paul schritt, wenn auch behutsam, vorwärts, so daß Aleander am 27. April 1540 an Morone schreiben konnte: «Die Reformarbeit schreitet munter fort.» Am 13. Dezember rief Paul achtzig in Rom residierende Bischöfe und Erzbischöfe zusammen und befahl ihnen, in ihre Bistümer zurückzukehren. Wieder wurden tausend Einwände erhoben. Morone warnte Paul, daß diese Maßnahme eine Anzahl dieser Bischöfe, die in vorwiegend protestantische Gegenden zurückkehren müßten, den Lutheranern in die Arme treiben könnte, was auch in einigen Fällen geschah. Dann aber verlor sich Paul in den Maschen der kaiserlichen Politik und überließ die Reform sich selbst.

Der große Augenblick der kirchlichen Selbstreform kam, als ihr treibender Geist Carafa als Paul IV. den Stuhl Petri bestieg (1555). Alle ohne offensichtliche Notwendigkeit und offizielle Genehmigung von ihren Klöstern abwesenden Mönche mußten unverzüglich zurückkehren. Am Abend des 22. August 1558 ließ er die Stadttore von Rom schließen und alle vagabundierenden Kuttenträger festnehmen, eine Maßnahme, die auf den ganzen Kirchenstaat ausgedehnt wurde und einzelne Übeltäter auf die Galeeren brachte. Der Ernennung von Prioren *in commendam*, um ihnen Einkünfte in Abwesenheit zu verschaffen, wurde ein Ende gemacht. Bischöfe und Äbte, die keine fest umschriebene Funktion an der Kurie ausübten, mußten sich an ihre Amtssitze begeben oder auf das Einkommen verzichten. Die Vereinigung mehrerer Pfründen in einer Hand wurde untersagt. Sämtliche Abteilungen der Kurie mußten ihre Gebühren ermäßigen und jeden Verdacht des Ämterverkaufs vermeiden. Nachdem er seine Einkünfte schon so beschnitten hatte, brachte Paul ein weiteres Opfer durch die Abschaffung des Palliumgeldes für neue Erzbischöfe. Mehrere strenge Edikte galten Wucherern, Schauspielern und Dirnen; für Kuppelei drohte der Tod. Daniele da Volterra erhielt den Auftrag, die allzu aufdringlichen anatomischen Partien in Michelangelos *Jüngstem Gericht* mit züchtiger Bekleidung zu verhüllen; und es muß zugegeben werden, daß sich die düsteren Fleischmassen der Verdammten wie der Geretteten über dem Altar der Päpste kaum am richtigen Orte befanden. In Rom hielt eine dieser Stadt wenig kongeniale Atmosphäre äußerlicher Frömmigkeit und Moral Einzug. In Italien – weniger eindrucksvoll außerhalb – hatte die Kirche ihren Klerus und ihre Ethik reformiert, ihre Lehren aber in stolzem Selbstvertrauen aufrechterhalten. Die Reform war lange hinausgeschoben worden, als sie aber kam, war sie ebenso aufrichtig wie durchgreifend.

III. DIE HEILIGE TERESA UND DIE KLOSTERREFORM

Hand in Hand mit den anderen Maßnahmen ging die Reform des Ordenswesens. Wie verkommen die Mönche waren, dafür ist der fromme und gewiß rechtgläubige Michelangelo Kronzeuge. Als er erfuhr, daß Sebastiano del Piombo in der Kirche San Pietro in Montorio einen Mönch malen wollte, riet er ihm dringend ab; die Mönche, sagte er, hätten die Welt, so groß sie sei, verunreinigt, es wäre nicht überraschend, wenn einer die Kirche, die so klein sei, verunreinigen würde. Gregorio Cortese widmete sich der Aufgabe, die Benediktiner Paduas zu reformieren, Girolamo Seripando die Augustinerchorherren, Egidio Canisio die Augustinereremiten, Paolo Giustiniani die Camaldulenser.

Und es entstanden neue, der Reform verschriebene Orden. Antonio Maria Laccaria gründete in Mailand (1533) die Regulierten Kleriker von St. Paul, eine Gemeinschaft von Priestern, die mönchische Armut gelobten und nach ihrem ersten Versammlungsort, der Kirche St. Barnabas, als Barnabiten bekannt wurden. 1535 gründete die heilige Angela die Vereinigung der Ursulinen, die sich der Mädchenerziehung, Kranken- und Armenpflege widmeten, und Johannes von Gott schuf 1540 in Granada den Orden der Barmherzigen Brüder, die sich unentgeltlicher Krankenpflege befleißigten. In glühender Nachfolge des heiligen Franz von Assisi beschloß 1523 Matteo de' Bassi, die letzte Regel des Ordensgründers buchstäblich zu befolgen; andere Franziskaner schlossen sich ihm an, und schon 1525 waren sie so zahlreich, daß Matteo die päpstliche Sanktion für einen neuen, der strengsten Regel verpflichteten Zweig des Franziskanerordens erbitten konnte. Der Ordensprovinzial ließ Matteo wegen Ungehorsams einsperren; doch dauerte die Haft nicht lang, und 1528 bestätigte Clemens VII. den neuen Orden, der sich nach der vom heiligen Franziskus übernommenen Kapuze – *cappuccio* – Kapuzinerorden nannte. Die Mitglieder trugen nur das gröbste Leinen, nährten sich von Brot, Gemüsen und Früchten und Wasser, hielten rigorose Fasten, wohnten in engsten Zellen und dürftigen Hütten, benutzten zu keiner Jahreszeit Schuhwerk und gingen nur zu Fuß. In den Seuchenjahren 1528/29 zeichneten sie sich durch ihre selbstlose Krankenpflege aus und hielten Vittoria Colonna und andere potentielle Protestanten im Schoße einer Kirche fest, die so gute Christen hervorzubringen vermochte.

Die interessanteste Gestalt im Zuge dieser Ordensreform war eine zarte, aber ungewöhnlich willensstarke Priorin in Spanien. Teresa de Cepeda war die Tochter eines in Avila lebenden kastilischen Edelmannes, der ebenso stolz auf seine Kirchentreue wie auf seine puritanischen Gewohnheiten war und allabendlich im Familienkreis Heiligengeschichten vorlas. Die invalide Mutter machte sich hingegen die Langeweile ihrer Tage mit Hilfe von Ritterromanen erträglich und teilte auf ihrem Krankenlager die Abenteuer Amadís' de Gaula. So wurde Teresas kindliche Phantasie zwischen romanhafter Liebe und frommem Märtyrertum hin- und hergerissen. Als sie zehn Jahre alt war, gelobte sie ins Kloster zu gehen; doch vier Jahre später erblühte sie unversehens zu einer strahlend schönen Jungfrau, die vor Lebensfreude sprühte und in ihren farbenfrohen, ihre Reize verdoppelnden Kleidern die düstere Nonnentracht vergaß. Verehrer kamen; zitternd verliebte sie sich, ein Stelldichein wurde verabredet, aber im entscheidenden Moment überwältigte sie die Angst, und sie beichtete das finstere Komplott dem Vater. Da die Mutter inzwischen gestorben war, wußte sich Don Alonso de Cepeda keinen anderen Rat, als das beeindruckbare Mädchen den Ursulinen anzuvertrauen.

Die strenge Disziplin des Konvents behagte Teresa wenig; sie weigerte sich, die Gelübde abzulegen, und wartete ungeduldig auf ihren sechzehnten Geburtstag, der sie vom kirchlichen Zwang befreien würde. Doch kurz zuvor erkrankte sie schwer, und als sie genas, war ihre jugendliche Lebensfreude dahin. Anscheinend hatte sie an hysterisch bedingten epileptischen Anfällen zu leiden begonnen, möglicherweise als Reaktion auf die ihren Instinkten zuwiderlaufende Unterdrückung. Als sich die Anfälle wiederholten und sie in erschöpftem Zustand zurückließen, nahm sie der Vater aus dem Konvent und sandte sie zu ihrer auf dem Lande lebenden Halbschwester. Unterwegs schenkte ihr ein Onkel einen Band des heiligen Hieronymus. Aufgewühlt las Teresa die anschauliche Schilderung der Hölle und der Gefahren der irdischen Liebe als eines fallstrickreichen Wegs zur ewigen Verdammnis. Nach einem neuen schweren Anfall gab sie jede Hoffnung auf irdisches Glück auf und entschloß sich, ihrem kindlichen Gelöbnis nachzuleben. Nach Avila zurückgekehrt, trat sie ins Karmeliterinnenkloster von der Menschwerdung Christi ein (1534).

Eine Zeitlang beglückte sie der beruhigende Ablauf von Messe, Andachten und reinigenden Beichten, während sie die Abendmahlshostie in Mund und Blut als den leibhaftigen Erlöser empfand. Nach einer Weile beunruhigte sie aber die laxe Klosterdisziplin. Die Schwestern lebten nicht in Zellen, sondern in behaglichen Zimmern; sie aßen gut, außer an Fasttagen, sie putzten sich mit Halsketten, Ringen und Armbändern, sie empfingen Besuche im Salon und verbrachten lange Urlaube außerhalb der Klostermauern. In einer solchen Umwelt fühlte sich Teresa nur ungenügend gegen die Phantasien und Versuchungen des Fleisches geschützt, so daß die Unruhe in ihrem Blut im Verein mit ihrer zunehmenden Mißbilligung noch häufigere und schmerzhaftere Anfälle bewirkt haben mag. Wieder schickte sie ihr Vater zur Schwester, und wieder schenkte ihr der Onkel unterwegs ein Erbauungsbuch. *Das dritte Abecedarium* des Francisco de Osuña war ein mystisches Abc, ein Beten ohne Worte, denn, so sagte der Verfasser: «Gott ist lautlos, er ist die eingeborene Stille, und nur wer sich ihm lautlos nähert, den hört, erhört er und antwortet ihm.»[7] Teresa übte sich in ihrer ländlichen Zurückgezogenheit in diesem lautlosen, meditativen Beten, das sich mit dem von den Anfällen hervorgerufenen tranceartigen Zustand so gut vertrug.

Ein Kräuterdoktor versuchte sie zu heilen und brachte sie mit seinen Tinkturen beinahe um. Bei der Rückkehr ins Kloster (1537) war sie dem Tode nahe und sehnte sich sogar danach. Jetzt erlitt sie den heftigsten aller Anfälle; sie fiel in eine tiefe Bewußtlosigkeit, so daß sie für tot gehalten wurde; zwei Tage lag sie kalt und steif und anscheinend ohne Atem; die Schwestern gruben bereits ihr Grab. Sie kam jedoch wieder zu sich, war aber so schwach, daß sie keine feste Nahrung zu sich nehmen und keine Berührung ertragen konnte. Über die acht Monate im Konventspital berichtet sie: «Nur selten kamen Zeiten, da ich nicht von mehreren qualvollen Schmerzen zugleich geplagt wurde.»[8] Jede ärztliche Behandlung von sich weisend, verließ sie sich nur noch aufs Gebet und litt und betete drei Jahre. Dann, eines Morgens im Jahre 1540, wachte sie auf und spürte, daß die Lähmung von ihren Gliedern gewichen war. Die ans Lager gefesselte, anscheinend unheilbare Invalide stand auf und ging umher. Von Tag zu Tag beteiligte sie sich aktiver am klösterlichen Leben. Ihre Genesung wurde als Wunder empfunden, und sie selbst empfand ähnlich. Möglicherweise hatte sich ihr von widerspruchsvollen Empfindungen – sündigen Wünschen und der Furcht vor der Hölle –

überreiztes Nervensystem unter der Suggestion des Gebets beruhigt; und mit der Beruhigung der Nerven und der Abwesenheit von Doktoren hatte ihr Körper neue Kraft gewonnen.

Der Ruf des Klosters von der Menschwerdung als der Stätte einer wunderbaren Heilung drang über Avila hinaus in die benachbarten Städte. Man kam, um die so wunderbar geheilte Nonne zu sehen, und spendete dem heiligen Haus Geld und Geschenke; die Priorin förderte diese Wallfahrten, und Teresa, die sich auf ihr Geheiß den Besuchern zeigte, spürte mit neuer Beunruhigung, daß sie an den Besuchern, am Ruhm und an der Gegenwart stattlicher Männer Vergnügen fand. Eines Tages (1542), als sie sich im Besuchszimmer mit einem Mann unterhielt, der ihr besonders gefiel, glaubte sie Jesus neben ihm stehen zu sehen. Sie verfiel in Trance und mußte auf einer Bahre in ihr Zimmer getragen werden.

Diese Visionen setzten sich in den folgenden sechzehn Jahren fort und gewannen für sie eine größere Realität als das tatsächliche Leben. 1558 spürte sie, im Gebet versunken, wie ihre Seele ihren Körper verließ, zum Himmel emporstieg und dort Christu erblickte und hörte. Doch wirkten jetzt die Visionen nicht mehr schwächend, sondern kräftigend, so daß sie schrieb:

«Vor der Verzückung oft schwach und von schrecklicher Pein niedergedrückt, fühlt man sich nachher gesund und wunderbar schaffensfreudig ... als wenn es Gottes Wille wäre, daß der Körper, der den Wünschen der Seele nachkommt, nun auch an ihrem Glück teilhaben sollte ... Die Seele ist nach solcher Gnadenbezeugung von so starkem Mut erfüllt, daß sie, selbst wenn der Körper in jenem Augenblick um der Sache Gottes willen in Stücke gerissen würde, doch nur das lebhafteste Entzücken empfände.»[9]

Ein andermal erschien ihr ein

«über alle Maßen schöner Engel. Ich sah in seiner Hand eine lange goldene Lanze, an deren Ende eine Spitze aus Feuer zu sein schien. Diese, so war es mir, stieß er mir mehrmals ins Herz, so daß es mir bis ins Innerste drang. So wirklich war der Schmerz, daß ich mehrmals laut aufstöhnte, und dennoch war es unsagbar süß, daß ich nicht wünschen konnte, davon befreit zu sein. Keine Freude des Lebens kann mehr Befriedigung geben. Als der Engel seine Lanze herauszog, blieb ich mit einer großen Liebe zu Gott zurück.»*[10]

Diese und andere Stellen in den Schriften der heiligen Teresa können unschwer psychoanalytisch gedeutet werden; dennoch wird niemand den guten Glauben der Heiligen bestreiten. Wie Ignatius von Loyola auch, war sie fest überzeugt, in ihren Visionen Gott zu sehen und über die geheimnisvollsten Fragen Klarheit zu erhalten.

«Eines Tages im Gebet wurde es mir gegeben, in einem Augenblick alle Dinge in Gott zu schauen. Ich sah sie nicht in ihrer eigentlichen Gestalt, aber mit solcher Klarheit, daß sie mir stets lebendig vor der Seele stehen. Dies ist eine der höchsten Gnadenbezeugungen, die mir der Herr gewährt hat. Der Anblick war so zart und fein, daß der Verstand ihn nicht fassen kann. ... ließ mich der Herr erkennen, wie *ein* Gott in drei Personen sein kann. Er ließ es mich so deutlich sehen, daß ich ebenso erstaunt wie getröstet war, und wenn ich jetzt an die heilige Dreieinigkeit denke oder davon sprechen höre, so weiß ich, wie die drei anbetungswürdigen Personen nur ein Gott sind, und ich empfinde ein unaussprechliches Glück dabei.»[11]

---

* Die spanische Frömmigkeit feiert noch heute am 27. August die Erinnerung an diese beglückende Vision.

Teresas Mitschwestern beurteilten ihre Visionen als Selbsttäuschungen eines kranken Gemüts, und ihre Beichtväter, die diese Auffassung teilten, sagten ihr finster: «Der Teufel hat deine Sinne verwirrt.» Die Laienwelt glaubte sie von Dämonen besessen, forderte eine Teufelsaustreibung durch einen Priester und ein Verhör durch die Inquisition. Auf den Rat eines Freundes, der Inquisition eine Darstellung ihres Lebens und ihrer Visionen zu unterbreiten, verfaßte sie ihre klassisch gewordene *Vida*. Die Inquisitoren prüften das Dokument und erklärten es für eine fromme Schrift, die den Glauben jedes Lesers heben würde.

Nach dieser Stärkung ihrer Stellung beschloß die jetzt siebenundfünfzigjährige Teresa die Reform der Karmeliterinnen. Doch verzichtete sie von vornherein auf den Versuch, in ihrem eigenen Kloster von der Menschwerdung die ursprüngliche asketische Zucht wieder einzuführen, und schritt zur Gründung eines neuen Klosters, in das sie Nonnen und Novizinnen aufnehmen wollte, die bereit waren, in absoluter Armut zu leben. Die ersten Karmeliterinnen hatten grobe Jute getragen, waren barfuß gegangen, hatten frugal gegessen und häufig gefastet. Teresa forderte von ihren unbeschuhten Karmeliterinnen die Befolgung dieser alten strengen Regel nicht als Endzweck, sondern als Symbol der Demut und der Abkehr von den Versuchungen des Diesseits. Man legte ihr tausend Hindernisse in den Weg, und die Männer Avilas protestierten heftig gegen ein Projekt, das jeden Verkehr zwischen den Klosterfrauen und ihren Familien unterbinden mußte. Der Ordensprovinzial versagte die Genehmigung zur Eröffnung eines neuen Hauses; aber ein direkter Appell an den Papst gewann dessen Einwilligung. Vier Nonnen schlossen sich Teresa an und weihten 1562 das an einer engen Gasse Avilas gelegene Kloster zum heiligen Joseph ein. Die Schwestern trugen Hanfsandalen, schliefen auf Stroh, mieden Fleisch und verließen nie das Haus.

Den hundertachtzig Schwestern des älteren Hauses behagte eine so simple Widerlegung ihrer bequemen Lebensform wenig. Sich auf Teresas Gehorsamsgelübde berufend, befahl ihr die Priorin, die übliche weiße Tracht und die weißen Schuhe anzulegen und ins Kloster von der Menschwerdung zurückzukehren. Teresa gehorchte und wurde als Buße für ihre Auflehnung zu Zimmerarrest verurteilt. Der Magistrat ordnete die Schließung des Klosters zum heiligen Joseph an und befahl vier Stadtknechten, die vier führerlosen Nonnen auszuheben. Die wackeren Frauen in ihren Hanfsandalen erklärten ihnen jedoch energisch: «Gott will, daß wir bleiben, und wir werden bleiben», so daß die vier rauhen Knechte der Obrigkeit nicht wagten, Gewalt anzuwenden. Dem Ordensprovinzial aber jagte Teresa mit den Worten, sein Widerstand gegen ihre Pläne beleidige den Heiligen Geist, einen so heiligen Schrecken ein, daß er die Maßnahmen der Priorin annullierte. Vier Schwestern verließen mit Teresa das alte Haus und begaben sich durch den Schnee ins neue, wo die vier ursprünglichen Schwestern ihre *Madre* beglückt willkommen hießen. Für beinahe ganz Spanien war sie zu Teresa de Jesús, der Vertrauten Gottes, geworden.

Teresa erwies sich als eine heitere und liebevolle, aber zielbewußte Oberin. Der Außenwelt blieb das Haus verschlossen, niemand durfte es betreten, die Fenster waren verhängt, der gekachelte Boden diente als Bett, Stuhl und Tisch. In die Mauer ließ sie einen Drehtisch einbauen; was auf die äußere Hälfte gelegt wurde, wurde dankbar entgegengenommen, aber nie um etwas gebettelt. Spinnen und Nadelarbeiten verschafften den Insassinnen ein mageres Bareinkommen; die Verkaufsmethode war denkbar einfach: man legte die Stücke vor den Konventeingang, und der Erwerber konnte nehmen, was er wollte, und dafür geben, was ihm beliebte. Trotz dieses entsagungsvollen Lebens meldeten sich neue Mitglieder, darunter die schönste und umschwärmteste Frau Avilas. Den Ordensgeneral der Karmeliter beeindruckte das kleine Kloster so sehr, daß er Teresa beauftragte, in anderen Städten ähnliche Häuser zu gründen. 1567 fuhr sie mit ein paar ihrer Nonnen auf einem schlechten Karren siebzig Meilen über schlechte Straßen nach Medina del Campo. Das einzige Gebäude, das man ihr anbot, war leer und baufällig, und das Dach leckte; doch als die unbeschuhten Karmeliterinnen es bezogen und darin zu leben versuchten, kamen Schreiner und Dachdecker, um ungebeten und kostenlos die nötigsten Reparaturen vorzunehmen und einfache Möbel anzufertigen.

Der Prior des dortigen Karmeliterklosters, der sein Haus zu reformieren beabsichtigte, suchte Teresa auf und bat sie um ihre Regel. Er war ein großer Mann, aber der ihn begleitende Jüngling war so klein und zart, daß Teresa, als sie weggingen, mit dem sie verklärenden Humor ausrief: «Gott sei gesegnet, denn nun habe ich anderthalb Brüder für die Gründung eines neuen Klosters!»[12] Das so kurz geratene Mönchlein, Juan de Yepes y Alvarez, sollte dereinst als San Juan de la Cruz – der heilige Johannes vom Kreuz – Seele und Ruhm der unbeschuhten Karmeliter werden.

Teresas Prüfungen waren noch nicht beendet. Der Ordensprovinzial ernannte sie, vielleicht um ihren Mut und ihre Führerbegabung auf die Probe zu stellen, zur Priorin des Klosters von der Menschwerdung. Die dortigen Schwestern haßten sie und fürchteten ihre Rache. Doch statt sie zu demütigen, behandelte Teresa sie mit solcher Güte und Zurückhaltung, daß sie eine nach der anderen gewann und allmählich die laxen Formen durch eine strengere Regel ersetzen konnte. Ihr nächster Schritt war die Gründung eines neuen Klosters in Sevilla.

Gewissen Mönchen, die milderen Regeln huldigten, war die Reformbewegung unbequem. Sie schmuggelten eine sich als unbeschuhte Nonne tarnende Kreatur in Teresas neuen Konvent von Sevilla ein, und alsbald erfuhr Spanien zu seiner Verblüffung, daß Teresa ihre Nonnen züchtige und wie ein Priester Beichte höre. Wieder hetzte man die Inquisition gegen sie auf, aber nachdem das gefürchtete Tribunal sie angehört hatte, reinigte sie der Inquisitor von allen Vorwürfen: «Ich spreche dich frei, und was du getan und tust, ist nach dem Willen Gottes, so gehe also und setze dein Werk fort.»[13] Die Feinde gaben sich noch nicht geschlagen und steckten sich hinter den päpstlichen Nuntius, der Teresa ein Kloster in Toledo als Zwangsaufenthalt zuwies und sie wie folgt charakterisierte: «Ein ungehorsames, halsstarriges Weib, das unter dem Mantel der Frömmigkeit schädliche Lehren verbreitet, sein Kloster gegen den Befehl seiner Oberen verließ, ehrgeizig ist und ungeachtet des Apostels Paulus, der Frauen vom Lehramt ausschloß, Theologie lehrt, als wäre sie ein Gottesgelehrter» (1575).

Verzweifelt, wie sie diesen neuen Schlag parieren sollte, richtete sie ein Bittgesuch an den König. Philipp II., der ihre *Vida* gelesen und gebilligt hatte, entsandte einen Sonderkurier, der sie zu ihm geleitete, hörte sie an und glaubte an ihre heilige Sendung. Von ihm zur Rede gestellt, zog der Nuntius seine Order zurück und erklärte, falsch informiert worden zu sein.

Inmitten ihrer Reisen und Widerwärtigkeiten verfaßte Teresa zwei berühmte Handbücher der mystischen Andacht: *El camino de la perfección* (Der Weg zur Vervollkommnung, 1567) und *El castillo interior* (Die Seelenburg, 1577). Im zweiten beschreibt sie das Wiederauftreten körperlicher Gebrechen. «Es scheint, als ob viele angeschwollene Flüsse in meinem Gehirn über einen Abgrund dahinjagten, und dann wieder, vom Lärm der Gewässer übertönt, höre ich das Singen und Pfeifen von Vogelstimmen. Ich ermüde mein Gehirn und erhöhe meine Kopfschmerzen.»[14] Wiederholt litt sie unter Herzkrämpfen, und ihr Magen behielt nur schwer die Nahrung. All diesen Schmerzen zum Trotz reiste sie vom einen zum anderen der vielen von ihr gegründeten Klöster, kontrollierte, verbesserte und feuerte an. In Malaga erlitt sie einen Schlaganfall, von dem sie sich erholte; sie reiste weiter nach Toledo, hatte einen neuen Schlaganfall, erholte sich wieder und reiste weiter nach Segovia, Valladolid, Palencia, Burgos, Alva. Dort gebot ihr ein Blutsturz Halt. Sie fügte sich in den Tod in der frohen Zuversicht, eine Welt der Schmerzen und Übel gegen die nie endende Gemeinschaft mit ihrem Erlöser einzutauschen.

Nach einem schamlosen Hin und Her zwischen Alva und Avila mit wiederholter Entführung des Leichnams fand sie in ihrer Geburtsstadt die letzte Ruhe. Von gläubigen Gemütern wurde behauptet, daß ihr Leichnam nicht verwese, und Wallfahrer zu ihrem Grab berichteten von vielen Wundern. 1593 bestätigte die Kurie den Orden der unbeschuhten Karmeliter. Berühmte Spanier wie Cervantes und Lope de Vega beteiligten sich an einem Appell an den Papst, sie seligzusprechen. Es geschah (1614), und acht Jahre später proklamierte Spanien Teresa und den Apostel Jakobus zu seinen Schutzpatronen.

Mittlerweile hatte Spanien einen noch Größeren als Teresa ausgeschickt, um die Kirche zu reformieren und die Welt zu bewegen.

IV. IGNATIUS VON LOYOLA

Don Íñigo de Oñez y Loyola kam 1491 in der gleichnamigen, in der baskischen Provinz Guipúzcoa gelegenen Burg zur Welt. Außer ihm zeugte sein Vater Don Beltran de Oñez y Loyola, ein Angehöriger des höheren Adels, sieben Söhne und fünf Töchter. Als Íñigo sieben Jahre alt war, kam er als Page in den Haushalt des Don Juan Velásquez de Cuellar, der, da Íñigo zum Soldaten bestimmt war, seiner Schulbildung wenig Aufmerksamkeit schenkte, ihm aber dafür einen gewissen Zutritt bei Hof verschaffte. Vierzehnjährig verliebte sich der Knabe in die neue Königin Ferdinands des Katholischen, Germaine de Foix, und als er alt genug war, um zum Ritter geschlagen zu werden, wählte er sie – von seiner einzigen Lektüre, nämlich Ritterromanen in der Art des *Amadís von Gaula*, beeinflußt – zu seiner «Herzensdame», trug ihre Farben und träumte davon, im Turnier als Siegespreis ein Spitzentuch aus ihrer Hand zu erringen. Doch hinderte ihn dies weder an gelegentlichen Amouren noch an den Händeln, die das halbe Leben eines Soldaten ausmachen. Die von ihm 1553 bis 1556 diktierte schlichte und aufrichtige Selbstbiographie macht keinen Versuch, diese natürlichen Episoden zu verheimlichen.

Die sorglose Jugend endete mit seiner Versetzung in die Garnison von Pamplona, der Hauptstadt Navarras. Dort träumte er vier Jahre lang nachts von Ruhm und lebte tagsüber stumpfsinniger Routine. Die Gelegenheit, sich auszuzeichnen, kam, als ein französisches Heer Pamplona berannte; seine Tapferkeit feuerte die Verteidiger an; aber die Franzosen gewannen den Stützpunkt dennoch. Eine Kanonenkugel hatte Íñigos rechtes Bein arg mitgenommen (20. Mai 1521); doch behandelten ihn die Sieger gnädig, renkten die Knochen ein und beförderten ihn auf einer Bahre ins väterliche Schloß. Aber die Knochen waren falsch gesetzt worden; man mußte sie nochmals brechen und neu einrichten. Die zweite Behandlung war noch schlechter als die erste, ein Knochenstück ragte aus dem Bein heraus; erst eine dritte Operation fügte die Knochen richtig, doch nun war das Bein zu kurz, so daß er wochenlang einen orthopädischen Streckverband tragen mußte, der ihn schwach, hilflos und in beständigen Schmerzen hielt.

Während der langweiligen Genesungsmonate suchte er sich die Zeit durch Lektüre zu vertreiben, und es ist klar, daß ihm Ritter- und Liebesepen am besten entsprochen hätten. Aber die Burgbibliothek bestand aus nur zwei Bänden, *Das Leben Christi* von Ludolf, und *Flos sanctorum*, einer Sammlung von Heiligengeschichten. Anfänglich konnte der Soldat diesen Bänden keine rechte Freude abgewinnen; doch allmählich geriet er in den Bann der Gestalten Mariä und Jesu, und die Heiligenlegenden erwiesen sich als ebenso wundervoll wie die Epen von Krieg und ritterlicher Minne; diese Streiter des Herrn waren den kastilischen *caballeros* Zoll für Zoll ebenbürtig. Immer stärker bewegte ihn der Gedanke, daß der Kampf gegen die Muselmanen eines christlichen Ritters edelste Aufgabe sei. Im Gegensatz zu der stillen Hingabe eines Thomas von Kempen fachte die spanische Glaubensintensität in ihm wie im heiligen Dominik einen so kämpferischen Glaubenseifer an, daß er beschloß, nach Jerusalem zu gehen und die heiligen Stätten den Ungläubigen zu entreißen. Eines Nachts erschien ihm in einer Vision Maria mit dem Jesuskinde; von da an bedrängten ihn (wie er später dem Pater González sagte) nie wieder sinnliche Lüste. Er stieg aus seinem Bett, kniete nieder und gelobte, bis zu seinem Tode als Ritter Jesu und Marias zu leben.

Er kannte die Geschichte von dem einstmals auf dem Berge Monserrat in der Provinz Barcelona aufbewahrten Heiligen Gral. Dort, so erzählte der berühmteste aller Ritterromane, hatte sich Amadís vor einem Marienbild in langer Nachtwache auf den Ritterschlag vorbereitet. Kaum vermochte Íñigo zu reisen, da machte er sich auf einem Maulesel nach dem fernen Heiligtum auf, immer noch im Gedanken, mit Schild und Schwert für Jesus zu streiten. Aber die Heiligen, deren Geschichten er gelesen hatte, besaßen weder Rüstung noch Waffe, nichts als ärmliche Kutten und einen unerschütterlichen Glauben. In der Wallfahrtskapelle Montserrat reinigte er seine Seele in dreitägiger Beichte und Buße, schenkte sein prächtiges Rittergewand einem Bettler und legte eine grobe Pilgerkutte an. Die Nacht vom 24. auf den 25. März 1522 verbrachte er einsam und allein vor dem Marienaltar eines Benediktinerklosters, absolute Keuschheit und Armut gelobend. Am Morgen empfing er das Abendmahl, schenkte seinen Maulesel den Benediktinern und machte sich hinkend nach Jerusalem auf.

Der nächste Hafen war Barcelona; unterwegs zeigte ihm ein altes Weib in einem Weiler namens Manresa eine Höhle. Hier blieb er tagelang und unterwarf sich in seinem Bestreben, die Askese der Heiligen noch zu übertreffen, Kasteiungen, die sein Leben gefährdeten. Voller Reue über die Eitelkeit, mit der er sich früher gepflegt hatte, hörte er auf, sein Haar zu bürsten und zu waschen, so daß es bald ausfiel; er badete nicht, wusch weder Gesicht noch Hände oder Füße und ließ die Nägel wachsen, aß nur, was er erbetteln konnte, aber nie Fleisch, fastete ununterbrochen mehrere Tage, verbrachte viele Stunden im Gebet und geißelte sich dreimal täglich. Eine fromme Dame, die befürchtete, daß er sich zu Tode kasteien werde, ließ ihn in ihr Haus schaffen und pflegte ihn, bis er genas. Aber kaum hatte er sich in einer Zelle des Dominikanerklosters Manresa ihrer Aufsicht entzogen, geißelte er sich wieder. Der Gedanke an seine Jugendsünden bereitete ihm Höllenqualen; als dem Werkzeug dieser Sünden führte er gegen den eigenen Leib einen erbarmungslosen Krieg, entschlossen, jeden sündigen Gedanken auszupeitschen. Doch so hoffnungslos erschien ihm dieser Kampf, daß er sich wohl selbst entleibt hätte, wenn ihm nicht seelenstärkende Visionen zu Hilfe gekommen wären; einmal, beim Abendmahl, glaubte er nicht die Hostie aus ungesäuertem Brot, sondern den lebendigen Christus zu sehen; ein andermal sah er Jesus und Maria, und einmal die Heilige Dreifaltigkeit, so daß er jenseits aller Worte und Vernunft in einem Blitz der Erleuchtung das Mysterium der drei Personen in einem Gott verstand. «Ein andermal wurde seinem Geiste unter großer geistlicher Freude die Art und Weise vorgestellt, wie Gott die Welt erschaffen hat.»[15] Solche Visionen heilten den seelischen Konflikt, aus dem heraus sie entstanden; er kümmerte sich nicht länger um die Irrtümer seiner Jugend und milderte die Selbstkasteiung; da er den Leib gemeistert hatte, konnte er ihn, ohne der Eitelkeit zu verfallen, wieder waschen. Auf Grund der Erfahrungen dieses fast ein Jahr dauernden Ringens entwarf er die *Geistlichen Übungen*, durch die das heidnische Fleisch dem christlichen Willen zu unterwerfen war. Endlich fühlte er sich gerüstet, die heiligen Stätten zu betreten.

Im Februar 1523 schiffte er sich in Barcelona ein, blieb unterwegs vierzehn Tage in Rom – nicht lange genug, daß dessen heidnischer Geist seine heilige Gottesfurcht hätte brechen können – und bestieg am 14. Juli in Venedig einen nach Jaffa bestimmten Segler. Die Seereise nach Palästina brachte ihm eine Menge Ungemach; aber die andauernden Visionen schenkten ihm Kraft. Jerusalem selbst brachte neue Qualen; die Türken gestatteten Christen wohl den Aufenthalt, verboten aber alle Bekehrungsversuche; und als sich Íñigo über das Verbot hinwegsetzen wollte, befahl ihm der Minoritenprovinzial, der von der Kurie mit der Wahrung des Friedens beauftragt war, nach Europa zurückzukehren. Im März 1524 traf der Heilige wieder in Barcelona ein.

Ob er wohl empfand, daß er zwar den Leib, nicht aber seine Phantasie gemeistert hatte, weil er sich entschloß, seinen Geist durch Bildung zu zähmen und als Dreiunddreißigjähriger zusammen mit Schulbuben Latein zu lernen? Aber der Drang zu lehren war stärker als der Drang zu lernen. Es dauerte nicht lange, und Ignatius – wie ihn die Gelehrten nannten – predigte vor einem Zirkel frommer, aber auch charmanter Damen. Deren Liebhaber sahen in ihm einen Spielverderber und prügelten ihn tüchtig. Er wanderte weiter nach Alcalá (1526), befaßte sich mit Philosophie und Theologie und sammelte abermals eine kleine Gruppe um sich – diesmal arme Frauen, unter denen sich sogar Dirnen befanden, die sich nach Erlösung sehnten. Er versuchte, sie durch geistliche Übungen von ihren sündigen Neigungen zu befreien; aber ein paar der armen Geschöpfe fielen in Trance oder Krämpfe, und die Inquisition zitierte ihn vor ihr Tribunal. Nach zweimonatiger Haft überzeugte er die Inquisitoren von seiner Rechtgläubigkeit; sie verboten ihm zu lehren und setzten ihn auf freien Fuß. Er wandte sich nach Salamanca (1527) und durchlief wieder alle Stadien des Lehrens, der Gefangenschaft, des Prozesses, des Freispruchs und des Lehrverbots. Jetzt hatte er von Spanien genug; er machte sich auf den Weg nach Paris, immer zu Fuß und im Pilgergewand, nur daß er jetzt ein mit Büchern beladenes Maultier vor sich hertrieb.

In Paris hauste er im Armenhaus und erbettelte auf den Straßen Essen und Studiengelder. Im Collège de Montaigu bildeten das eingefallene, gelbliche Gesicht, der abgezehrte Körper, der ungepflegte Bart und die abgetragene Kleidung die Zielscheibe vieler mißbilligender Blicke; andererseits brachte ihn die Intensität, mit der er seinen Vorsätzen nachlebte, bei einigen seiner Kommilitonen in den Geruch der Heiligkeit. Es bildete sich eine Gruppe, die sich unter seiner Leitung Gebets-, Buß- und Meditationsübungen unterzog. 1529 wechselte er ins Collège Ste-Barbe und fand auch dort Jünger. Seine zwei Stubengenossen kamen auf recht verschiedenen Wegen zu ihrem Glauben an seine Heiligkeit. Der aus den Hochalpen Savoyens stammende Pierre Favre – Peter Faber – hatte als Hirte unter wirklichen oder eingebildeten Ängsten unsäglich gelitten und unter ihrem Stachel dauernde Keuschheit gelobt. Jetzt wütete in dem Zwanzigjährigen unter der Oberfläche eines beherrschten Auftretens ein fieberhafter Seelenkampf gegen die Versuchungen des Fleisches. Ignatius verfügte, ohne sich große geistige Fähigkeiten anzumaßen, dank der Intensität seines eigenen Gemütslebens über die Gabe, seinen Mitmenschen ins Innere zu sehen. Die Nöte des Jüngeren erratend, versicherte er ihm, daß ein geübter Wille über die Impulse des Körpers zu triumphieren vermöge. Wie schult man den Willen? Durch geistliche Übungen, antwortete Ignatius. Also übten sie gemeinsam.

Der andere Stubengenosse, Franz Xaver, kam aus Pamplona, wo Loyola seine militärischen Lorbeeren errungen hatte. Er war ein reicher Jüngling mit einer langen Reihe von angesehenen Vorfahren, stolz und lebenslustig und kannte die Pariser Tavernen nebst ihren gefälligen Mädchen, rühmte sich seiner Erfolge und verlachte die beiden Asketen. Doch war er ein heller Kopf; er besaß bereits den Grad eines Magisters und arbeitete auf den Doktorhut hin. Da sah er eines Tages einen Mann, dessen Gesicht von Syphilis gezeichnet war, und das stimmte ihn nachdenklich. Ein andermal, als er von seinem Ehrgeiz sprach, in der Welt zu glänzen, zitierte Ignatius ruhig den Bibelvers «Was hülfe es dem Menschen, so er die ganze Welt gewönne und nähme doch Schaden an seiner Seele?» Die Bemerkung ärgerte Xaver, aber sie verfolgte ihn. Er begann sich an den geistlichen Übungen der Stubenkameraden zu beteiligen; vielleicht nur aus Ehrgeiz, es ihnen im Ertragen von Schmerz und Kälte gleichzutun. Sie geißelten sich, fasteten, schliefen im Hemd auf dem Fußboden der ungeheizten Kammer und standen bloßfüßig und fast nackt im Schnee, um ihre Körper abzuhärten und dem Geist zu unterwerfen.

Gleichzeitig nahmen diese Übungen, deren Anfänge auf Manresa zurückgingen, immer bestimmtere Formen an. Sie basierten auf dem von Don Garcia de Cisneros, dem Prior der Benediktinerabtei Montserrat, verfaßten *Exercitatorio de la vida espiritual* (1500), und in diese übernommene Form goß Ignatius eine solche Gefühlsglut und Phantasie, daß sie sein eigenes Büchlein zu einer treibenden Kraft der modernen Geschichte machten. Ausgangspunkt war die Unfehlbarkeit der Heiligen Schrift *und* der Kirche; die persönliche Deutung religiöser Dinge hielt er für eine eitle und dem Chaos dienende Anmaßung schwacher, aber hoffärtiger Geister. «Wir müssen, um in allem sicherzugehen, stets festhalten: was meinen Augen weiß scheint, ist schwarz, wenn die hierarchische Kirche so entscheidet.»[16] Zur Vermeidung der Verdammnis müssen wir uns zu kritiklosen Dienern Gottes und seiner Stellvertreterin auf Erden, der Kirche, erziehen.

Als erste geistliche Übung haben wir über unsere Sünden nachzudenken und uns zu überlegen, welch strenge Bestrafung sie verdienen. Luzifer wurde einer einzigen Sünde wegen in die Hölle geworfen, aber ist nicht eine jede unserer Sünden eine Mißachtung Gottes? Laßt uns täglich unsere Sünden zählen, sie an einer Linie für jeden Tag markieren und uns Tag für Tag bemühen, die Striche zu vermindern. Laßt uns in der verdunkelten Zelle oder Kammer niederknien und uns die Hölle so bildhaft wie nur möglich vorstellen; wir müssen alle Schrecken dieses nie endenden Feuers heraufbeschwören, wir müssen uns die Qualen der Verdammten vor Augen führen, ihr Schmerzens- und Verzweiflungsgeschrei hören; wir müssen den Gestank von Schwefel und brennendem Fleisch riechen; wir müssen versuchen, an unserem eigenen Leib die sengenden Flammenzungen zu spüren; und dann müssen wir uns fragen: Wie können wir dieser ewigen Qual entrinnen? Nur durch das erlösende Opfer, das Gott in der Person Jesu am Kreuz dargebracht hat*. Laßt uns deshalb das Leben Christi in jeder Einzelheit betrachten; wir müssen uns in unserer Phantasie in dieses gewaltigste Geschehen der Weltgeschichte hineinversetzen. Wir müssen in Gedanken vor den heiligen Gestalten dieses himmlischen Dramas niederknien und den Saum ihrer Gewänder küssen. Nachdem wir zwei Wochen solchermaßen meditiert haben, müssen wir jeden Schritt der Passion Jesu miterleben, jede Station des Kreuzweges; wir müssen mit ihm in Gethsemane beten, wir müssen uns mit ihm gegeißelt, bespuckt, gekreuzigt fühlen; wir müssen jeden Augenblick seiner Qualen spüren, mit ihm sterben, mit ihm im Grabe liegen. Dann in der vierten Woche müssen wir bildhaft mit ihm aus dem Grabe auferstehen und schließlich mit ihm in den Himmel auffahren. Von dieser geheiligten Vision ge-

* Man beachte, daß Luther durch die gleichen Höllenängste, dieselbe Selbstkasteiung und die gleiche Erleichterung durch den Glauben an die heilbringende Selbstaufopferung Christi ging, die das Leben Loyolas bewegten.

stärkt, werden wir imstande sein, als aufopfernde Streiter den Kampf gegen Satan aufzunehmen und Menschen für Christus zu gewinnen; in diesem heiligen Krieg werden wir beglückt jedes Martyrium ertragen und freudig unser Leben hingeben.

Neun Pariser Studenten fanden sich bereit, diesem Ruf zu lebenslanger Hingabe Folge zu leisten. Ernsthafte junge Menschen, die zum erstenmal die Unverständlichkeit der Welt empfanden und in diesem Meer von Zweifeln und Ängsten einen Rettungs- und Hoffnungsanker suchten, mag gerade das Übermaß der an sie gestellten Forderungen bewogen haben, ihr Leben, Schicksal und Seelenheil auf Loyolas Gedankenwelt zu stellen. Zur praktischen Verwirklichung sah er ihre gemeinsame Pilgerfahrt ins Heilige Land und ein möglichst wirklichkeitsnahes Leben in den Fußtapfen Jesu vor. Am 15. August 1534 gelobten Loyola, Faber, Xaver, Diego Laynez, Alonso Salmeron, Nicolas Bobadilla, Simon Rodriguez, Claude Le Jay, Jean Codure und Paschase Broet in einer kleinen Kapelle auf dem Montmartre Keuschheit und Armut und nach zwei weiteren Jahren des Studiums eine Wallfahrt und Niederlassung im Heiligen Land. Anscheinend dachten sie damals noch nicht an die Bekämpfung des Protestantismus; der Kampf gegen den Islam lag ihnen näher. Theologische Auseinandersetzungen interessierten sie nicht, was sie wollten, war ein heiligmäßiges Leben; ihre Bewegung wurzelte mehr im spanischen Mystizismus als in den geistigen Auseinandersetzungen ihrer Zeit. Ein heiliges Leben zu führen schien ihnen das stärkste Argument.

Im Winter 1536/37 wanderten sie durch Frankreich, über die Alpen und quer durch Italien nach Venedig, wo sie Gelegenheit zur Überfahrt nach Jaffa zu finden hofften. Aber Venedig lag mit den Türken im Krieg, die Überfahrt war unmöglich. Während sie warteten, lernte Ignatius Carafa kennen und schloß sich eine Weile den Theatinern an. Was er in diesem Kreis hingebungsvoller Priester erlebte, beeinflußte seinen Entschluß, auf das Leben in Palästina zu verzichten und sich und seine Gefolgschaft der Kirche zum Dienst in Europa zur Verfügung zu stellen. Sie kamen überein, noch ein Jahr zuzuwarten, und wenn sie auch dann nicht nach Palästina übersetzen könnten, dem Papst in jeder ihm beliebigen Form zu dienen. Faber erwirkte ihnen unterdes die Priesterweihe.

Loyola war jetzt sechsundvierzig Jahre alt, kahlköpfig und hinkte immer noch ein wenig. Mit seinen 158 Zentimetern wäre er keine imposante Erscheinung gewesen, hätte er nicht aristokratisch verfeinerte Züge gehabt, eine spitze Nase und ein spitzes Kinn, strenge, tiefliegende und durchdringende schwarze Augen und einen herben, entschlossenen Gesichtsausdruck; er war jetzt schon der von seiner Idee besessene, humorlose Heilige. Er billigte die Inquisition, beteiligte sich aber nie persönlich an der Ketzerverfolgung; er war mehr Opfer als Werkzeug dieser Institution. Es war sein Traum, nicht durch den Scheiterhaufen und das Schwert zu bekehren, sondern die Menschen in der bildungsfähigen Jugend zu packen und zu felsenfestem Glauben zu härten; und das, obschon der Gründer der durchschlagskräftigsten Erziehungsorganisation der Geschichte wenig Wert auf Intellekt und Buchwissen legte. Er fühlte sich nicht als Theologe, beteiligte sich weder am dogmatischen Streit noch an scholastischen Spitzfindigkeiten und zog die unmittelbare Wahrnehmung dem verstandesmäßigen Begreifen vor. Er brauchte ja auch gar nicht über die Existenz der Dreifaltigkeit oder Marias zu disputieren; er war überzeugt, sie gesehen zu haben; sie waren ihm näher als die Menschen und Objekte seiner Umgebung – in seiner Art war er ein Gott-besessener Mann. Dennoch machten ihn seine mystischen Erfahrungen nicht weltfremd. Er verstand es, geschmeidig Mittel einzusetzen, um ein feststehendes Ziel zu erreichen, ohne deshalb die Anwendung *jeden* Mittels für das als gut erkannte Ziel zu rechtfertigen; aber er verstand abzuwarten, Hoffnungen und Forderungen herunterzuschrauben, die Methoden den Charakteren und Umständen anzupassen, Menschen klug zu beurteilen, fähige Helfer und gute Werkzeuge zu wählen und die Menschen zu dirigieren, als wäre er der General einer militärischen Formation. Er hielt sich auch in der Tat für einen solchen, gab seinem Trupp einen aus dem Militärjargon stammenden Namen: Compañía de Jesús; lebenslängliche Streiter in einem Krieg gegen den Unglauben und die Zersetzung der Kirche, und seine Gefolgschaft ordnete sich selbstverständlich und notwendigerweise seiner militärischen Disziplin und absoluten Befehlsgewalt unter.

Im Herbst 1537 wanderten Loyola, Faber und Laynez zu Fuß von Venedig nach Rom, um die päpstliche Genehmigung für ihr Projekt zu erreichen. Nahrung, zumeist Brot und Wasser, erbettelten sie unterwegs; dennoch wanderten sie, Kirchenlieder singend und durchaus heiter, als wüßten sie, daß sie dazu bestimmt waren, den Kern einer machtvollen Institution zu bilden.

V. DIE JESUITEN

Da Paul III. von wichtigen diplomatischen Verhandlungen in Anspruch genommen war, verlangten sie, als sie in Rom eintrafen, nicht sogleich eine Audienz, sondern betätigten sich pflegend und die Jugend unterrichtend im spanischen Spital. Als der Papst sie dann Anfang 1538 empfing, fand ihr Wunsch, ein mustergültiges Mönchsdasein im Heiligen Lande zu führen, seinen Beifall, und er und einige Kardinäle stifteten 210 Goldstücke zur Bezahlung der Überfahrt. Später, als sich der Gedanke als undurchführbar erwies, erstatteten die Beschenkten das Geld den Gebern zurück. Die in Norditalien Zurückgebliebenen wanderten nunmehr gleichfalls nach Rom, so daß die elfköpfige Kompanie wieder vollzählig war. Faber und Laynez wurden von Paul zu Professoren an der Sapienza (der Universität Roms) ernannt, während sich Ignatius mit Werken der Wohltätigkeit und Erziehung befaßte. Die Bekehrung von Dirnen betrachtete er als seine besondere Aufgabe und eröffnete mit Hilfe gespendeter Gelder das Marthaheim für gefallene Frauen; doch machte er sich mit seinen glühenden Predigten gegen den sexuellen Libertinismus auch viele Feinde.

Als sich neue Mitglieder meldeten, mußten die Ziele und Regeln der Kompanie genauer definiert werden. Zu den Gelübden der Keuschheit und Armut trat das des Gehorsams gegen den aus ihrer Mitte zu wählenden «General» als höchster Autorität nächst dem Papst. Das vierte Gelübde lautete, «dem römischen Pontifex als Gottes Stellvertreter zu dienen ... und unverzüglich und ohne zu zögern und ohne Ausflüchte und Einwände alles auszuführen, was der regierende Papst oder seine Nachfolger ihnen zum Wohle der Seelen und für die Propagierung des Glaubens ... irgendwo in der Welt befiehlt». 1539 bat Ignatius den Kardinal Contarini, diese Artikel der Kurie vorzulegen und die päpstliche Genehmigung für die Konstitution der Kompanie als neuen Orden zu erbitten. Der Papst zeigte sich wohlwollend; aber einige Kardinäle opponierten, weil ihnen die Gruppe zu halsstarrig und extremistisch schien; Paul überwand jedoch ihren Widerstand und sanktionierte mit der Bulle *Regimini militantis ecclesiae* (Für die Leitung der militanten Kirche) offiziell die *Societas Jesu* (Gesellschaft Jesu), September 1540. Die offizielle Bezeichnung für die Ordensbrüder lautete *Regulierte Kleriker der Gesellschaft Jesu;* das Wort «Jesuit» tauchte erst 1544 auf, und da als ironische Bezeichnung von seiten Calvins und anderer Gegner; Ignatius selbst benutzte es nie. Nach seinem Tod nahm der Erfolg des Ordens der Bezeichnung ihren frühen üblen Beigeschmack, und schließlich wurde das Wort «Jesuit» zum Ehrennamen.

Am 17. April 1541 wurde Ignatius zum General gewählt. In den nächsten Tagen spülte er Geschirr und unterzog sich den niedrigsten Verrichtungen. Rom blieb von da an sein Domizil (er war jetzt fünfzig) und Hauptsitz der Gesellschaft. Experimentierend und grübelnd legte er zwischen 1547 und 1552 die Verfassung des Ordens fest; sie ist mit geringfügigen Änderungen noch heute in Kraft. An der Spitze stand der General, von der Generalkongregation auf Lebenszeit gewählt, mit beinahe monarchischer Gewalt und umfassenden Vollmachten ausgestattet; unter ihm die Provinzialen (die Leiter der Ordensprovinzen), unter diesen die Rektoren (die Vorsteher der Ordenshäuser). Zu diesen traten in der Generalkongregation zwei von den Vollmitgliedern – Professi – gewählte Delegierte jeder Ordensprovinz. Dem General wurden ein «Admonitor» und vier Assistenten beigegeben, die ihn zu kontrollieren und auf ernste Mißgriffe aufmerksam zu machen hatten und nötigenfalls die Generalkongregation einberufen konnten, der allein die Befugnis zur Absetzung zustand.

Dem Eintritt in den Orden ging ein zweijähriges Noviziat voraus, das den Anwärter über die Ziele und Disziplin der Gesellschaft unterrichtete, ihn zu geistlichen Übungen und niedrigen Verrichtungen anhielt und ihm «heiligen Gehorsam gegen seine Oberen» beibrachte. Er mußte lernen, den eigenen Willen auszuschalten, sich wie ein Soldat dem Befehl zu fügen und sich wie «ein Toter» herumschieben zu lassen; er mußte das Gefühl bekommen, daß Gehorsam gegen die Oberen gleichbedeutend sei mit dem Gehorsam gegen Gott. Er mußte sich verpflichten, Fehler und Schwächen der Kameraden den Oberen zu melden und sich selbst ohne ein Gefühl der Kränkung melden zu lassen. So rigoros diese Disziplin war, so geschmeidig und einsichtig war sie andererseits, so daß der persönliche Wille und die eigene Initiative nur selten gebrochen wurden. Anscheinend liegt in der Bereitschaft zum Gehorsam der erste Schritt zur Kunst des Befehlens, denn eine große Zahl von fähigen und tatkräftigen Männern ist aus dieser Schulung hervorgegangen.

Auf das Noviziat folgte die Ablegung der «einfachen» – widerruflichen – Mönchsgelübde Armut, Keuschheit, Gehorsam und die Aufnahme in die Klasse der Scholastiker, die sich dem Studium der Philosophie und Theologie und eigener Lehrtätigkeit widmeten. Einige verblieben als Laienbrüder ständig in dieser Klasse; die Begabtesten erhielten nach etwa fünfzehn Jahren die Priesterweihe und rückten in die Klasse der geistlichen Koadjutoren auf. Von diesen gelangten nur die wirklich Bewährten frühestens mit fünfundvierzig Jahren in die höchste Klasse der Professi *(professi quattuor votorum)*, die zu den drei Mönchsgelübden noch das Gelübde des unbedingten Gehorsams gegen den Papst abzulegen hatten und den eigentlichen Kern des Ordens bildeten. Die Professi machten gewöhnlich nur eine kleine Minorität – manchmal kaum ein Zehntel – aller Ordensmitglieder aus. Alle vier Klassen hatten wie alle Mönche gemeinschaftlich zu leben, doch waren sie ihrer vielen Unterrichts- und Verwaltungspflichten wegen von der Einhaltung der kanonischen Stundengebete befreit. Ebensowenig waren sie zu asketischen Übungen verpflichtet, wenn solche auch gelegentlich ratsam erschienen. Mäßigkeit in Trank und Speise war Vorschrift, nicht aber langes Fasten; der Körper sollte wie der Geist in guter Verfassung bleiben. Vermögenswerte, die ein Ordensmitglied beim Eintritt besaß, blieben sein persönlicher Besitz; doch mußte das Einkommen daraus dem Orden überlassen werden, der auch der endgültige Erbe zu werden hoffte. Alles, was ein Jesuit besaß und tat, mußte unter dem Motto stehen *ad maiorem Dei gloriam* – zur höheren Ehre Gottes.

Nur selten hat eine einzige Persönlichkeit einer großen Institution ihren Stempel so endgültig aufgedrückt wie Loyola; doch lebte er noch lange genug und modelte so lange an der Verfassung herum, bis sie zu einem dauernd brauchbaren Werkzeug geworden war. Im übrigen lenkte er von seiner spärlichst eingerichteten Kammer aus streng autoritär und mit großem Geschick die Tätigkeit seiner kleinen Armee in allen Teilen Europas und anderen Weltgegenden. In seinem Alter erwies sich die Aufgabe, die Gesellschaft zu leiten, in Rom zwei Hochschulen und mehrere Wohltätigkeitsinstitutionen zu gründen und zu überwachen als eine zu große Belastung für sein Temperament, so daß er – der den Schwachen stets ein gütiger Helfer blieb – seine engsten Mitarbeiter mit grausamer Schroffheit behandelte. Am strengsten aber war er gegen sich selbst. Oftmals bestand seine Mahlzeit aus einer Handvoll Nüsse, einem Stück Brot und Wasser; Schlaf gönnte er sich häufig nur vier Stunden und nicht mehr als eine halbe Stunde pro Tag für seine himmlischen Visionen und Inspirationen. Als er 1556 starb, war es manchen Römern, als habe ein scharfer Wind zu wehen aufgehört, und vielleicht verspürten auch einige seiner Anhänger neben der Trauer Erleichterung. Noch war es zu früh, als daß sich die Menschen hätten bewußt werden können, daß dieser unbeugsame Spanier zu den einflußreichsten Gestalten der modernen Geschichte gehören würde.

Zur Zeit seines Ablebens zählte die Gesellschaft rund tausend Mitglieder, von denen etwa fünfunddreißig Professi waren. Nach Disputen, die in Jesuiten, deren Willen angeblich gebrochen war, einen beträchtlichen Machtwillen enthüllten, wurde Diego Laynez 1558 zum Ordensgeneral gewählt; eine Jüdin in seiner Ahnentafel vier Generationen zurück ließ ihn etlichen spanischen Granden, die über Einfluß auf den Orden verfügten, unannehmbar erscheinen. In der Befürchtung, daß sich der Jesuitengeneral dank der Lebenslänglichkeit seiner Amtszeit zu einem Rivalen der Päpste aufwerfen könnte, verlangte Papst Paul IV. die statutenmäßige Abänderung auf dreijährige Amtsperioden; da aber Pius IV. die Order wieder rückgängig machte, wurde der General zum «schwarzen Papst» (wie ihn spätere Generationen nach seinem schwarzen Priesterrock nannten). Nach dem Beitritt Francisco Borjas, des Herzogs von Gandía, der der Gesellschaft ein gewaltiges Vermögen stiftete, wuchs sie rapid an Zahl und Macht. Als er zu ihrem dritten General gewählt wurde (1565), zählte sie 3500 Köpfe, die auf 130 Häuser in achtzehn Provinzen oder Ländern verteilt waren.

Europa bildete nur ein kleines Gebiet ihrer weltumspannenden Tätigkeit. Jesuitenmissionare gingen nach Indien, China, Japan und in die Neue Welt. Wagemutig und unermüdlich durchforschten sie Nordamerika, jede Entbehrung als ein Gottesgeschenk entgegennehmend. In Südamerika haben sie mehr als jede andere Gemeinschaft zur Hebung des Erziehungswesens und der rationellen Bodenbestellung getan. 1541 schiffte sich Franz Xaver auf einem portugiesischen Schiff in Lissabon ein und gelangte nach einem mühevollen Jahr nach Goa. Hier teilte er, die christliche Ethik demonstrierend, entsagungsvoll das Leben der Ärmsten der Armen und versammelte, eine Handschelle läutend, auf Straßen und Plätzen große Zuhörerscharen um sich, denen er die christlichen Glaubenswahrheiten mit solchem Feuer und solcher Beredsamkeit vortrug, daß er Tausende von Hindus und Muslims für das Christentum gewann und sogar etliche abgebrühte portugiesische Christen überzeugte. Seine Heilerfolge dürften wohl auf seine suggestive Zuversicht und vielleicht auch auf gewisse ärztliche Kenntnisse zurückzuführen sein; später sind ihm Wunder zugeschrieben worden, er selbst hat sich aber nie als Wundertäter ausgegeben. Die päpstliche Kanonisationsbulle (1622) rühmte seine «Begabung für Idiome», das heißt seine Fähigkeit, je nach Bedarf alle Sprachen zu sprechen; aber in Wahrheit war er kein großer Sprachenheld und verbrachte lange Stunden damit, Predigten in Tamil, Malaiisch und Japanisch auswendig zu lernen. Ab und zu besiegte sein Glaubenseifer seine Humanität. So drängte er Johann III. von Portugal zur Einführung der Inquisition in Goa. Er empfahl, einen Hindu nur dann zum Priester zu weihen, wenn er sich über vier Generationen christlicher Vorfahren ausweisen könne; auch der Gedanke, daß ein Portugiese vor einem Eingeborenen beichten solle, war ihm unerträglich. Goas bunt zusammengewürfelte Bevölkerung sagte ihm auf die Dauer nicht zu. «Ich will an einem Ort sein, wo es weder Muslims noch Juden gibt. Ich wünsche mir reine Heiden!» – offenbar hielt er solche, als von keinem festen Glauben beseelt, der Bekehrung zugänglicher. 1549 brach er nach Japan auf und lernte unterwegs Japanisch. In Kagoschima gingen er und seine Begleiter an Land, predigten auf den Straßen und wurden von den Einheimischen höflich angehört. Nach zwei Jahren kehrte er nach Goa zurück, schlichtete einige Differenzen zwischen den dortigen Christen und segelte nach China (1552). Nach mancherlei Leiden machte er auf der Insel Tschang-tschouen unterhalb der Mündung des Kanton halt. Das Betreten des Festlands war Europäern durch kaiserliches Edikt bei Todesstrafe verboten; doch hätte es Xaver trotzdem gewagt, wenn er Gelegenheit zur Überfahrt gefunden hätte. Während er darauf wartete, erkrankte er. Am 2. Dezember 1552 starb er mit den Worten: «Auf dich, o Herr, setzte ich meine Hoffnung; laß sie nicht auf ewig zuschanden werden!» Er erreichte ein Alter von sechsundvierzig Jahren.

In Europa entwickelten die Jesuiten die gleiche Hingabe an ihre Aufgabe wie in fernen Ländern. Nie verließen sie ihre Posten und pflegten während der Seuchenzüge die Kranken. Allen Ständen und Schichten predigend, paßten sie ihre Sprache jeder Situation an. Dank ihrer großen Bildung und ihres vornehmen Auftretens wurden sie von Frauen, dem Adel und schließlich von Königen als Beichtväter bevorzugt. An den weltlichen Geschäften waren sie aktiv beteiligt, aber stets weise und taktvoll; nach dem Rate Ignatius' war größere Weisheit und weniger Frömmigkeit besser als größere Frömmigkeit und weniger Weisheit. Zumeist waren sie Männer von hohen moralischen Qualitäten; die Fehler, die ihnen später vorgeworfen worden sind, traten in dieser Zeit noch kaum in Erscheinung. Als Körperschaft billigten sie die Inquisition, aber individuell standen sie abseits und zogen es vor, ihr Ziel auf dem Wege der Erziehung zu erreichen. Das Unterrichten von Kindern mußten sie wegen ihrer kleinen Zahl anderen überlassen; desto eifriger konzentrierten sie sich auf die höhere Bildung; da sie aber die bestehenden katholischen Universitäten in den Händen anderer Orden und die säkularisierten in denen des protestantischen Klerus fanden, gründeten sie eigene Hochschulen, in denen sie eine sorgfältig ausgewählte Jugend zu einflußreichen Persönlichkeiten der nächsten Generation heranzubilden suchten. So wurden sie die größten Erzieher ihrer Zeit.

An den ausschlaggebenden Orten Europas schufen sie *studia inferiora* – entsprechend den deutschen Gymnasien und den französischen Lizeen – und *studia superiora* oder Hochschulen. Gelegentlich gelang es ihnen, bestehende Universitäten, wie die von Coimbra und Löwen, zu übernehmen. Daß sie den Unterricht kostenlos erteilten, war der Konkurrenz natürlich ein Dorn im Auge. Der Lehrplan stützte sich anscheinend auf verschiedene Vorbilder: die von den Brüdern vom Gemeinsamen Leben in Holland und Deutschland geschaffenen Schulen, Sturms Gymnasium in Straßburg und die humanistischen Akademien Deutschlands und Italiens. Die wichtigste Bildungsgrundlage bildeten die Klassiker, unterrichtet wurde in lateinischer Sprache, und der Gebrauch der Landessprachen war nur an Feiertagen gestattet; als philosophische Grundlage diente die Scholastik. Der Charakterbildung – Sittlichkeit und Umgangsformen – widmete man in enger Verquickung mit dem Glauben große Aufmerksamkeit. Das kirchliche Gedankengut wurde tagtäglich eingetrichtert, und aus dem Zusammenwirken von Gebet, Meditation, Beichte, Kommunion, Messe und Dogmenlehre erwuchs in den Zöglingen eine solche Glaubensgewißheit, daß in jenen ersten Jahrzehnten nur sehr wenige vom vorgeschriebenen Pfad abirrten. Dem Humanismus nahm man die heidnische Note und färbte ihn christlich. Das System hatte ernstliche Mängel: Es stützte sich auf das Gedächtnis und erstickte Originalität. Wie alle zeitgenössischen Lehrpläne vernachlässigte es die Naturwissenschaft und verbog die Geschichte zur besseren Beherrschung der Gegenwart. Und trotzdem sollte ein so unabhängiger Denker wie Francis Bacon sich innerhalb kurzer Zeit über diese Jesuitenschulen äußern: «Wie sie auch sind, ich wollte, sie gehörten uns.» Und in der Tat haben sich ihre Absolventen während zweier Jahrhunderte auf allen Lebensgebieten mit Ausnahme der naturwissenschaftlichen Forschung hervorragend bewährt.

Als Loyola starb, bestanden bereits hundert Jesuitenhochschulen. Teils durch die von diesen vermittelte Bildung, teils durch Diplomatie und Aufopferung, teils durch den disziplinierten Glaubenseifer und teils durch geschickte Variation der Mittel bei unveränderlich gleichbleibendem Endziel haben die Jesuiten die protestantische Flut zurückgedrängt und einen großen Teil Deutschlands, fast ganz Böhmen und Ungarn und das gesamte christliche Polen der Kirche zurückerobert. Selten hat eine so kleine Organisation in so kurzer Zeit so viel erreicht. Jahr für Jahr wuchs ihr Prestige und ihre Wirksamkeit, so daß die Gesellschaft schon zwanzig Jahre nach ihrer offiziellen Gründung zum glänzendsten Produkt der Selbstreform der Kirche herangereift war. Und als diese endlich wagte, das große Kirchenkonzil einzuberufen, das Europa zur Beruhigung des theologischen Streites und zur Heilung der von diesem geschlagenen Wunden so lange ersehnt hatte, da vertrauten die Päpste die Verteidigung ihrer eigenen, so schwer angeschlagenen Autorität und die Festigung des alten Glaubens der Gelehrsamkeit, Loyalität, Klugheit, Findigkeit und Beredsamkeit einer Handvoll Jesuiten an.

ZWEITES KAPITEL

Die Päpste und das Konzil

[1517–1565]

I. DIE PÄPSTE IN DER KLEMME

Wir haben eine für einen Nichtkatholiken schwierige Aufgabe bis zum Schluß aufgespart, nämlich die, die Päpste zu begreifen und ihre Reaktion auf den ihnen von der Reformation hingeworfenen Fehdehandschuh unparteiisch darzustellen.

Die erste Reaktion war die schmerzlicher Überraschung. Die Päpste des Reformationszeitalters waren mit vielleicht einer Ausnahme anständige Menschen, soweit Staatsmänner überhaupt anständig sein dürfen; weder selbst- noch sündenlos, aber im Kern sauber, human, intelligent und ehrlich davon überzeugt, daß die Kirche nicht nur auf eine einmalige geschichtliche Leistung zurückblicken durfte, sondern für den Seelenfrieden und die Gesittung Europas nach wie vor unentbehrlich war. Zugegeben, die Diener der Kirche ließen sich schwerwiegende Fehler und Mißbräuche zuschulden kommen; fanden sich aber nicht die gleichen und noch ärgere Schwächen auch bei den weltlichen Obrigkeiten? Und wenn man zögerte, diese trotz der Habgier der Fürsten und der Manipulationen ihrer Beamten zu stürzen, wieviel mehr sollte man zögern, eine Kirche zu untergraben, die ein volles Jahrtausend durch Verkündigung, Erziehung, Literatur, Philosophie und Kunst die Nährmutter der europäischen Kultur gewesen war? Was lag schon daran, daß ein paar Dogmen, die sich für die Förderung der persönlichen Gesittung und öffentlichen Ordnung als nützlich erwiesen hatten, für den Philosophen und Geschichtskundigen schwer verdaulich waren – waren denn die von den Protestanten vorgeschlagenen um so viel vernünftiger und glaubwürdiger, daß man Europa solcher Haarspaltereien wegen um und um kehren mußte? Und davon abgesehen, religiöse Glaubenssätze waren ja gar nicht dazu da, der Logik von einigen wenigen zu entsprechen, sondern den Bedürfnissen der Menge zu dienen; sie boten einen Rahmen, innerhalb dessen der gemeine Mann, dieses von Natur aus zu tausend asozialen Handlungen tendierende Geschöpf, zu so viel Selbstbeherrschung angehalten werden konnte, wie zur Erhaltung der Gesellschaftsordnung und Kultur unumgänglich nötig war. Wurde dieser Rahmen zerschmettert, mußte ein neuer geschaffen werden, worüber Jahrhunderte moralischer und psychischer Wirrnis vergehen konnten; denn darin stimmten ja die Reformatoren mit der Kirche überein, daß ein bloßer Sittenkodex ohne religiöses Fundament nicht genügte. Und was die intellektuellen Schichten anbelangte, waren denn diese unter dem protestantischen Regime freier und glücklicher als unter den

Päpsten? Blühten denn nicht alle Künste im Schoß der Kirche, und verwelkten sie nicht unter der Feindseligkeit der Reformatoren, die den Völkern all das herrliche Bildwerk nahmen, das die Hoffnung und Poesie ihres Daseins bildete? Welchen übermächtigen Grund konnten reife Geister haben, die Christenheit in zahllose Sekten aufzuspalten, die sich gegenseitig verneinten und aufhoben und in ihrer Verzettelung gegen die Naturinstinkte des Menschen machtlos waren?

Wir können nicht wissen, ob das wirklich die Gedanken der Päpste der Reformationszeit waren, weil die aktiven Menschenführer ihre Weltanschauung meist für sich behalten. Immerhin können wir uns die Stimmung des zehnten Leo (1513–1521) so denken, der kurz nach Antritt seines Pontifikats den Stuhl Petri unter sich wanken fühlte, noch ehe er Zeit gehabt hatte, dessen Freuden zu genießen. Er war ein Mensch wie die meisten von uns – ein Sünder und von verbrecherischer Nachlässigkeit; dennoch alles in allem entschuldbar. Der gütigste Mensch, den man sich denken kann, und die Hälfte aller römischen Poeten fütternd, verfolgte er dennoch die Häretiker Brescias bis zum Tod, weil er sich einzureden versuchte, man könne der Menschheit zersetzende Ideen austreiben. Mit Luther hatte er solche Geduld, wie man nur von einem Papst und einem Medici verlangen kann; man stelle sich die Situation umgekehrt vor, wie hätte Papst Martin den rebellierenden Leo aus diesem Leben befördert! Leo mißverstand die Anfänge der Reformation als einen unhöflichen Streit zwischen unkultivierten Mönchen. Dabei hatte Anfang 1517 Gianfrancesco Pico della Mirandola (ein Neffe des berühmteren Pico) vor Papst und Kardinälen eine bemerkenswerte Rede gehalten. Er schilderte «in rhetorisch zugespitzten Antithesen die Größe des in die Kirche eingedrungenen Verderbens mit den schwärzesten Farben ... Warnend fügt er am Schlusse hinzu: Wenn Leo X. noch länger die Frevel ungestraft lasse, die Wunden zu heilen sich weigere, so sei zu fürchten, daß Gott selbst ‚nicht mehr mit Zunder, sondern mit Feuer und Schwert die kranken Glieder abtrenne und zerstreue'.»[1] Trotz dieser Warnung strebte Leo ein Gleichgewicht zwischen Frankreich und dem Reich an, um so den Kirchenstaat zu schützen. «An eine Reform im großen Stile», sagt ein katholischer Historiker, «wie sie notwendig gewesen wäre, dachte er nicht ... So blieb die römische Kurie, die schon seit langem vielfach in Verachtung geraten und zum Gegenstand bitterer Satire geworden war, in ihrem stark verweltlichten Zustande.»[2]

Den besten Beweis, daß nur ein Schlag von außen die Reform bewirken könne, lieferte das Pontifikat Hadrians VI. (1522/23). Die Mißstände offen zugebend und eine Reform an der Spitze versuchend, sah er sich von den Römern verspottet und lächerlich gemacht, weil er den Goldstrom aus den nördlichen Ländern zu beschneiden drohte, und nach zwei Jahren fruchtlosen Kampfes gegen diese Einsichtslosigkeit starb er an gebrochenem Herzen.

Über die Person Clemens' VII. (1523–1534) brach der Sturm von allen Seiten mit aufgestauter Wucht herein. Geistig und moralisch gehörte er zu den besten Päpsten, ein humaner, freigebiger Charakter; er schützte, so gut er konnte, die gehetzten Juden, beteiligte sich weder an dem erotischen noch an dem finanziellen Libertinismus seiner Umgebung und ernährte Italiens Künstler und Literaten mit kritischem Gönnertum bis zum Ende seiner ruhelosen Tage. Vielleicht war er zu gebildet, um ein erfolgreicher Staatsmann zu sein; sein durchdringender Verstand sah in jeder Krise gute Gründe für jeden Weg; sein Wissen unterminierte seine Energie, und sein Schwanken entfremdete ihm eine Macht nach der anderen. Wir können einem so wohlmeinenden Menschen unsere Sympathie nicht versagen, der die Plünderung Roms mit eigenen Augen mit ansehen mußte, der sich vom Pöbel und einem Kaiser gefangengesetzt sah, den dieser gleiche Kaiser verhinderte, einen ehrenvollen Frieden mit Heinrich VIII. zu schließen, so daß er die bittere Wahl zu treffen hatte, entweder Heinrich und England oder Karl und Deutschland zu verlieren, dem Seine Allerchristlichste Majestät von Frankreich antwortete, Frankreich werde sich von der Kirche lossagen, wenn Clemens noch länger gegen das französisch-osmanische Bündnis protestiere. Kein zweiter Papst hat den bitteren Kelch seines Amtes so bis zur Neige getrunken.

Seine Fehlgriffe waren katastrophal. Als er den Charakter und die Machtmittel Karls V. falsch beurteilte und damit die Plünderung Roms herausforderte, versetzte er dem Prestige des Papsttums einen Schlag, der dem deutschen Norden den Mut gab, sich von der Kirche zu trennen. Als er den Mann krönte, der Rom ein solches Schicksal bereitet hatte, verlor er auch die Achtung der katholischen Welt. Seine Nachgiebigkeit gegen Karl erwuchs aus verschiedenen Gründen – teils fehlten ihm die Machtmittel zum Widerstand, teils befürchtete er, daß ein feindlicher Kaiser ein allgemeines, auch von Laien beschicktes Konzil einberufen, die Zügel sowohl der weltlichen als auch der geistlichen Gewalt an sich reißen, die Unterordnung der Kirche unter den anmaßenden Staat vollenden und ihn persönlich als Bastard absetzen könnte. Hätte Clemens ebensoviel Mut besessen wie sein Onkel Lorenzo de' Medici 1479 in Neapel, würde er die Initiative ergriffen und ein Konzil einberufen haben, das unter seiner liberalen Führung die Satzung und Ethik der Kirche revidiert und vielleicht die Spaltung der westlichen Christenheit verhindert hätte.

Sein Nachfolger schien auf den ersten Blick über die von der Stunde geforderten charakterlichen und geistigen Eigenschaften zu verfügen. Sproß eines reichen und kultivierten Hauses, von Pomponius Laetus im Geist der Antike erzogen, im Kreise der Florentiner Medici zum Humanisten herangereift, von einem Papst verwöhnt, den seine Schwester mit ihrem Goldhaar bestrickt hatte, mit fünfundzwanzig Jahren Kardinal (1493), in schwierigen diplomatischen Verhandlungen seine Geschicklichkeit beweisend, im Kardinalskollegium zu unbestrittener Führerstellung aufgestiegen und einstimmig zum Papst gewählt, wurde Alessandro Farnese als Paul III. von aller Welt als der richtige Mann für das höchste Amt der Christenheit akklamiert. Daß er vor dem Empfang der Priesterweihe (1519) vier Kinder gezeugt hatte, verminderte dieses Prestige kaum. Dennoch zeigte sein Charakter ebenso wie seine Laufbahn Widersprüche und Unentschlossenheit, zum Teil weil er wie eine rissige Säule zwischen einer geliebten Renaissance und einer ihm unbegreiflichen und unverzeihlichen Reformation stand. Trotz schwächlicher Konstitution ertrug er fünfzehn Jahre politischer und häuslicher Stürme. Mit dem ganzen Wissen seiner Zeit ausgerüstet, konsultierte er regelmäßig die Astrologen, um die günstigste Stunde für eine Reise, eine Entscheidung, ja auch nur für die Gewährung einer Audienz zu bestimmen. Von Natur aus war er ein gefühlsstarker und gelegentlich ärgerlich aufbrausender Mensch, dennoch rühmte man ihm Selbstbeherrschung nach. Cellini, den er einsperren mußte, sagte von ihm: «Er glaubte weder an Gott noch an sonst etwas»; das scheint übertrieben, denn auf alle Fälle glaubte er an sich selbst, bis das Treiben seiner Sprößlinge seinen Lebenswillen untergrub und er dort gestraft wurde, wo er gesündigt hatte. In den Nepotismus der Renaissancepäpste verfallend, gab er Piacenza und Parma seinem Sohn Pierluigi und Camerino seinem Enkel Ottavio, verlieh seinen vierzehn- und siebenzehnjährigen Neffen den Kardinalshut und beförderte sie trotz ihrer notorischen Sittenlosigkeit. Er hatte Charakter ohne moralische Hemmungen und Intellekt ohne Weisheit.

Die Berechtigung der von den Reformatoren gegen die höchsten Kircheninstanzen erhobenen Kritik sah er ein; und wenn gewisse kirchliche Reformen eine Aussöhnung hätten bewirken können, wäre er möglicherweise der Mann gewesen, der der Reformation hätte Einhalt gebieten können. 1535 ließ er durch Pierpaolo Vergerio bei den protestantischen Führern über ihre Teilnahme an einem einzuberufenden Konzil sondieren; da er nicht bereit war, irgendwelche Zusicherungen zu geben, daß er erheblichen Änderungen der kirchlichen Lehrsätze oder der päpstlichen Autorität zustimmen werde, kam Vergerio schlimmer als erfolglos aus Deutschland zurück. Nach seinem niederschmetternden Bericht zweifelten nicht nur die dortigen Protestanten, sondern auch die Katholiken an der Ernsthaftigkeit der Konzilspläne Pauls; und Erzherzog Ferdinand hatte geklagt, daß er keinen Beichtvater finden könnte, der kein Hurenbock, Trunkenbold oder Ignorant sei. In einem neuen Anlauf beauftragte Paul 1536 Peter van der Vorst, mit den Lutheranern die Bedingungen für ihre Teilnahme an einem allgemeinen Konzil auszuhandeln; aber der Kurfürst von Sachsen lehnte jede Teilnahme ab. Schließlich machte Paul eine letzte außergewöhnliche Anstrengung, um zu einer Verständigung mit den Kritikern der Kirche zu kommen: Er entsandte den Kardinal Gasparo Contarini, einen der aufrichtigsten Verfechter der Kirchenreform, zu einer Aussprache nach Regensburg.

Wir können dem betagten Kardinal unsere Achtung nicht versagen; in der Hoffnung, sein Leben mit der Wiederherstellung des religiösen Friedens zu krönen, trotzte er im Februar und März 1541 den verschneiten Apenninen und Alpen und beeindruckte in Regensburg alle Teilnehmer an dem Religionsgespräch durch seine Schlichtheit, Bescheidenheit und seinen guten Willen. Mit der Geduld eines Heiligen vermittelte er zwischen den Katholiken Eck, Pflug und Gropper und den Protestanten Melanchthon, Butzer und Pistorius. In mehreren Punkten kam eine Einigung zustande, über die Erbsünde, die Willensfreiheit, die Taufe, die Konfirmation, den Priesterstand; und am 3. Mai schrieb Contarini jubelnd dem Kardinal Farnese: «Gott sei gelobt! Gestern haben sich die katholischen und protestantischen Theologen über die Rechtfertigungslehre geeinigt.» Nur in der Abendmahlsfrage war keine für beide Parteien annehmbare Formel zu finden. Die Protestanten sahen sich außerstande, die priesterliche Kraft zur Verwandlung des Brotes und des Weins in Jesu Leib und Blut zuzugestehen, während den Katholiken der Verzicht auf das Transsubstantiationsdogma einer Aufgabe des Kernstücks der Messe und des katholischen Rituals überhaupt gleichzukommen schien. Von Mißerfolg und Kummer zermürbt, kehrte Contarini nach Rom zurück, wo er sich von der streng orthodoxen Partei um Kardinal Carafa als Lutheraner verumglimpft sah. Paul selbst schwankte, ob er die von Contarini unterzeichneten Formeln gutheißen könne; doch empfing er ihn freundlich und ernannte ihn zum päpstlichen Legaten in Bologna, wo Contarini nach fünfmonatigem Aufenthalt starb.

Das religionspolitische Spiel wurde immer verworrener. Paul begann sich zu fragen, ob die Aussöhnung der Protestanten mit der Kirche nicht Karl V. ein so einiges und machtvolles Deutschland bescheren könne, daß sich des Kaisers Ehrgeiz auf den – die kaiserlichen Besitzungen in Ober- und Unteritalien trennenden – Kirchenstaat richten werde, womit der weltlichen Macht des Papsttums ein Ende bereitet wäre. Franz I., der Deutschlands Befriedung nicht minder fürchtete, beschuldigte Contarini der schändlichen Kapitulation vor den Ketzern und drängte Paul zu einer unversöhnlichen Haltung, dem er in diesem Fall seine volle Unterstützung zusagte – während er gleichzeitig mit diesen selben Lutheranern in Bündnisverhandlungen stand. Paul scheint zum Schluß gekommen zu sein, daß eine religiöse Einigung den politischen Ruin bedeuten würde. Durch ein diplomatisches Kunststück bewog er 1538 Franz und Karl zur Unterzeichnung des Waffenstillstands von Nizza; und nachdem er so Karls Westflanke gesichert hatte, drängte er ihn, die Lutheraner zu unterwerfen. Als Karl (1546) dem Siege immer näher kam, rief Paul das päpstliche Kontingent aus Deutschland nach Hause, zitterte er doch wiederum, daß Karl ohne ein protestantisch-feindliches Deutschland im Rücken an die Annektion des Kirchenstaats denken könnte. Der Papst wurde vorübergehend zum Protestanten und betrachtete die Lutheraner als den Schild des Papsttums – ziemlich ähnlich den Lutheranern, die in Suleiman ihren Schild gesehen hatten. Mittlerweile verbündete sich Franz I., sein zweiter Schild gegen Karl, mit den Türken, die wiederholt in Italien einzufallen und Rom anzugreifen drohten. Einem so bedrängten Papst, den nur eine Handvoll Condottieri und ein Glaube schützten, dem lediglich die Schwachen anhingen, mag immerhin einiges von seinem Wankelmut verziehen werden. Welch kleine Rolle die Religion in diesem Machtkampf spielte, können wir aus einer Äußerung Karls ermessen; als er erfuhr, daß sich Paul an Franz I. um Beistand gewandt habe, bemerkte er dem Nuntius gegenüber, der Papst habe sich im Alter eine Infektion zugezogen, die man sich gewöhnlich in jungen Jahren zuzuziehen pflege, den *morbus gallicus*, die französische Krankheit.

Paul hat weder dem Protestantismus Einhalt geboten noch wesentliche Reformen durchgeführt; dennoch hat er dem Papsttum neues Leben eingehaucht und ihm zu neuem Glanz und Einfluß verholfen. Bis zuletzt blieb er ein Renaissancepapst und Gönner der Künste, der neue schöne Bauten initiierte, den Vatikan mit der Sala Regia und der Cappella Paolina verschönerte, glänzende Empfänge veranstaltete, charmante Damen an seine Tafel zog, Musiker, Possenreißer, Sängerinnen und Tänzerinnen hielt; nicht einmal als Achtziger war dieser Farnese ein Spielverderber. Tizian hat seine Erscheinung in einer Reihe eindrucksvoller Porträts für uns festgehalten. Das beste (im Museum von Neapel) zeigt den fünfundsiebzigjährigen Pontifex immer noch kraftvoll und bei allen Sorgenfalten mit aufrecht getragenem Haupt. Drei Jahre später schuf Tizian ein beinahe prophetisches Bild, Paul mit seinen beiden Neffen Ottavio und Alessandro; der jetzt müde, gebeugte Papst scheint Ottavio mit offensichtlichem Mißtrauen auszufragen. 1547 wurde Pauls Sohn, Pierluigi, ermordet, während 1548 Ottavio gegen ihn rebellierte und mit seinen Feinden die Umwandlung Parmas in ein kaiserliches Lehen vereinbarte. Sogar in seinen Kindern geschlagen, kapitulierte 1549 der greise Papst vor dem Tod.

Julius III. (1550–1555) vergriff sich in der Namenswahl; er besaß kein Jota der Spannkraft, Persönlichkeit und grandiosen Zielsetzung seines Namensvorgängers; sich den politischen Ambitionen Karls V. geschmeidig anpassend, zog er die leichtlebige Art des zehnten Leo vor, genoß verschwenderisch die Freuden seines Amtes, als wäre die Reformation mit Luther gestorben, jagte, hielt Hofnarren, spielte um hohe Summen, besuchte Stierkämpfe, erhob den für sein Äffchen sorgenden Pagen zum Kardinal und gab Rom alles in allem eine letzte Renaissancevorstellung der heidnischen Moral und Kunst. Die hübsche Villa di Papa Giulio, die er von Vignola und anderen vor der Porta del Popolo errichten ließ (1553), war ein Treffpunkt von Künstlern und Dichtern und ein Schauplatz großer Festlichkeiten. Der Gicht, die ihn sehr plagte, suchte er durch Fasten beizukommen; so scheint dieser päpstliche Epikureer an einer Hungerkur gestorben zu sein, andere behaupten allerdings, an Ausschweifungen.

Der nächste Papst, Marcellus II., war beinahe ein Heiliger. Sein moralisches Leben war tadelsfrei und seine Frömmigkeit echt; er wählte hervorragende Mitarbeiter und strebte ernsthaft nach einer Kirchenreform, starb aber schon am zweiundzwanzigsten Tag seines Pontifikats (5. Mai 1555).

Wie um aller Welt deutlich zu machen, daß die Gegenreformation bis zur Spitze vorgedrungen war, erhob jetzt das Kardinalskollegium den treibenden Geist und Wortführer der internen Reformbewegung, den asketischen Giovanni Pietro Carafa als Paul IV. auf den Stuhl Petri (1555–1559). Von seinen Auffassungen unbeirrbar durchdrungen, machte sich der bereits Neunundsiebzigjährige mit einer Leidenschaftlichkeit und einer Willenskraft an die Verwirklichung seiner Ziele, die mit seinem hohen Alter kaum in Einklang standen. «Der Papst», berichtete der florentinische Gesandte, «ist ein Mensch von Stahl, und die Steine, die er berührt, sprühen Funken.»[3] Er war unweit von Benevento geboren, süditalienische Glut brannte in seinen Adern und strahlte aus seinen tiefliegenden Augen. Seinem vulkanischen Temperament wagte einzig der spanische Gesandte – mit Albas Legionen im Hintergrund – entgegenzutreten. Die spanische Fremdherrschaft über Italien brachte ihn zum Kochen; wie Leo X. und Julius II. die Vertreibung der Franzosen betrieben hatten, so sah auch dieser Achtziger seine erste Aufgabe darin, Italien und das Papsttum von der spanisch-kaiserlichen Herrschaft zu befreien. Seine Charakteristik Karls V. war wenig schmeichelhaft: ein geheimer Atheist, der irrsinnige Sohn einer verrückten Mutter, ein Krüppel an Leib und Seele; die Spanier nannte er semitischen Abschaum, und hoch und heilig beschwor er, Philipp nie und nimmer als Vizekönig von Mailand anzuerkennen. Im Dezember 1555 schloß er mit Heinrich II. von Frankreich und Ercole II. von Ferrara ein Bündnis zur

Vertreibung aller spanischen oder kaiserlichen Kräfte aus Italien; als Siegeslohn winkte dem Kirchenstaat die Annexion Sienas, den Franzosen Mailand und als päpstliches Lehen Neapel; Karl und Ferdinand aber sollten ihre Kronen verlieren, weil sie sich in Augsburg den Bedingungen der Protestanten gefügt hatten.

So fand sich Philipp, dieser eifrigste Schildträger der Kirche, durch eine der Komödien, die man rückschauend innerhalb der Tragödien der Geschichte entdeckt, im Kriege mit der Kurie und im Widerspruch zu allen seinen Empfindungen gezwungen, dem Herzog von Alba den Einmarsch in den Kirchenstaat zu befehlen. Binnen weniger Wochen überwältigte der Feldherr, mit 10000 kriegserprobten Söldnern aus Neapel vorstoßend, die schwachen päpstlichen Kräfte, besetzte Stadt um Stadt, plünderte Anagni, bemächtigte sich Ostias und bedrohte Rom (November 1556). Paul sanktionierte ein französisch-osmanisches Bündnis und ersuchte Suleiman durch den Kardinalstaatssekretär Carlo Carafa um einen Angriff auf Sizilien und Neapel. Nun aber erschien unter dem Befehl des Herzogs Franz von Guise ein französisches Heer in Italien, das zu des Papstes Beglückung den Spaniern Ostia wieder entriß; nur dauerte die Freude nicht lange, weil die französische Niederlage bei St-Quentin Heinrich II. zur Heimberufung des Heeres zwang und Guise eiligst nach Hause marschierte. Abermals näherte sich – ohne auf Widerstand zu stoßen – Alba den Toren Roms, und dessen Einwohner stöhnten vor Entsetzen und wünschten ihren verwegenen Pontifex ins Grab. In der Einsicht, daß die Fortsetzung der Feindseligkeiten Rom einer neuen Plünderung unterwerfen und überdies zum Abfall Spaniens von der Kirche führen könnte, einigte sich Paul am 12. September 1557 mit Alba, der milde Bedingungen stellte, dem Papst den Fuß küßte und für seinen Sieg um Verzeihung bat. Die spanischen Truppen räumten den Kirchenstaat, aber Spaniens Herrschaft über Mailand, Neapel und die Kurie blieb ungebrochen. So vollkommen war der Sieg des Staates über die Kirche, daß die Kurfürsten den nach Karls Abdankung zum Kaiser gewählten Ferdinand selber krönten, ohne auch nur einen Repräsentanten des Papstes zur Zeremonie zuzulassen. Karl der Große hatte seinen Streit mit Leo III. nachträglich gewonnen, und die päpstliche Salbung der Kaiser des Heiligen Römischen Reiches gehörte der Geschichte an.

Nolens volens von seinem kriegerischen Tun befreit, widmete Paul den Rest seines Pontifikats den bereits geschilderten kirchlichen und moralischen Reformen. Er krönte sie mit der längst fälligen Entlassung des sittenlosen Kardinalstaatssekretärs Carlo Carafa und der Verbannung zweier weiterer Neffen, die seinem Pontifikat zur Unehre gereichten. Rom und der Vatikan sahen sich nach einem Jahrhundert vom Nepotismus befreit.

II. ZENSUR UND INQUISITION

Die Buchzensur wurde unter diesem eisernen Papst umfassender und strenger gehandhabt denn je, und der Terror der römischen Inquisition näherte sich in seiner Unmenschlichkeit der spanischen Praxis. Wahrscheinlich empfand Paul IV. die Unterdrückung von Irrlehren als die unabweisbare Pflicht einer – nach katholischer wie nach protestantischer Auffassung – von Gottes Sohn gestifteten Kirche. Angesichts solch göttlichen Ursprungs mußte, wer sie bekämpfte, ein Werkzeug Satans sein, und diese Teufel rastlos abzuwehren entsprach einer religiösen Verpflichtung gegen den beleidigten Gott.

Die Einrichtung der Zensur war beinahe so alt wie die Kirche selbst. Schon in apostolischer Zeit hatten die Christen von Ephesos Schriften «seltsamer Art» im angeblichen Wert von 50000 Silberstücken verbrannt, und das Konzil zu Ephesos verbot die Verbreitung der nichtkanonischen *Acta Pauli* (150 n. Chr.). Verschiedentlich ordneten die Päpste die Verbrennung des Talmuds und anderer jüdischer Bücher an und verboten die Lektüre der Bibelübersetzungen Wiclifs und späterer Protestanten, weil sie antikatholische Vorworte, Anmerkungen und Auslegungen enthielten. Der Buchdruck zwang die Kirche, wollte sie ihre Schäflein vor der Ansteckung durch Irrlehren bewahren, zu noch größerer Wachsamkeit. Das Fünfte Laterankonzil verbot den Druck von Schriften und Büchern ohne vorherige kirchliche Prüfung und Zustimmung. Weltliche Obrigkeiten erließen ihre eigenen Vorschriften gegen den Druck nicht bewilligter Schriften, die Signoria Venedigs 1508, der Reichstag zu Worms, Karl V. und Franz I. 1521, das *Parlement* von Paris 1542; und 1543 dehnte Karl die kirchliche Überwachung des Buchdrucks auf Spanisch-Amerika aus. Den ersten umfassenden Index der verbotenen Schriften veröffentlichte die Sorbonne 1544; die erste von der Inquisition veröffentlichte italienische Liste folgte im Jahr darauf.

1559 veröffentlichte Paul IV. den ersten päpstlichen *Index auctorum et librorum prohibitorum*, darin achtundvierzig ketzerische Bibelübertragungen aufgeführt waren und über einundsechzig Buchdrucker und Verleger der Kirchenbann verhängt wurde. Jedem Katholiken war die Lektüre von Schriften verboten, die nach 1519 veröffentlicht worden waren und nicht die Namen des Verfassers und Druckers, den Ort der Veröffentlichung und das Erscheinungsjahr trugen; und die Lektüre künftig erscheinender Bücher war nur erlaubt, wenn sie die kirchliche Druckerlaubnis, das *Imprimatur*, erhalten hatten. Die Gelehrten und der Buchhandel protestierten, daß diese Maßnahmen sie ernstlich behindern oder gar ruinieren würden; aber Paul bestand auf ihrer strikten Einhaltung. In Rom, Bologna, Neapel, Mailand, Florenz wurden Tausende von Büchern verbrannt – in Venedig 10000 an einem einzigen Tag. Nach Pauls Tod beanstandeten führende Kirchenmänner seine Maßnahmen als allzu drastisch und unüberlegt, so daß das Konzil von Trient diesen Index durch den besser überlegten «Index Tridentinus» ersetzte (1564). 1571 wurde eine besondere Indexkongregation geschaffen, die die Liste periodisch revidierte und neu veröffentlichte.

Die Wirkungen dieser Zensur sind schwer zu beurteilen. Paolo Sarpi, ein antiklerikaler Exmönch, hielt den Index «für das beste jemals entdeckte Geheimnis ... um Menschen zu verdummen». Vermutlich hatte sie ihren Anteil an Italiens geistigem Niedergang nach 1600 und dem Spaniens nach 1700; aber ökonomische und politische Faktoren spielten eine größere Rolle. Die Freiheit des Denkens überlebte, wie ihr temperamentvollster englischer Geschichtsschreiber sagte, in katholischen Ländern besser als in protestantischen; die Diktatur der Heiligen Schrift erwies sich im Verein mit der Fuchtel der protestantischen Theologen gute zwei Jahrhunderte lang für die unabhängige Forschung und Spekulation viel hinderlicher als alle Kirchenindexe und die Inquisition. Auf alle Fälle ging die humanistische Bewegung hier wie dort ein. Die Freude an der Antike erstarb, das Studium der klassischen Autoren wurde vernachlässigt, die Literatur verlor ihre Lebensnähe, und die triumphierenden Theologen denunzierten die italienischen Humanisten (nicht ohne Grund) als hoffärtige und zersetzende Ungläubige.

Die Buchzensur wurde ziemlich lax gehandhabt, bis Paul IV. sie der Inquisition anvertraute (1555). Diese 1217 erstmals ins Leben gerufene Institution hatte unter den duldsamen Renaissancepäpsten an Ansehen und Macht stark eingebüßt. Doch nach dem Scheitern des letzten Aussöhnungsversuches zu Regensburg, dem Auftauchen protestantischer Gedankengänge in Italien und sogar innerhalb des italienischen Klerus, und als sich ganze Städte wie Lucca und Modena dem Protestantismus zuzuwenden drohten, vereinigten sich so heterogene Geister wie Kardinal Giovanni Carafa, Ignatius von Loyola und Karl V. in der gemeinsamen Forderung nach der Wiederherstellung der Inquisition. Paul III. gab nach (1542), beauftragte Carafa und fünf weitere Kardinäle mit der Reorganisation der Institution und bevollmächtigte sie, ihre Befugnisse an spezielle Kirchenmänner in der ganzen Christenheit weiterzudelegieren. Carafa ging mit seiner üblichen Strenge ans Werk, richtete in Rom sein Hauptquartier und ein Gefängnis ein und erließ Richtlinien für seine Organe:

«Erstens in Sachen des Glaubens dürfe man nicht einen Augenblick warten, sondern gleich auf den mindesten Verdacht müsse man mit äußerster Strenge zu Werke gehen;

zweitens sei keinerlei Rücksicht zu nehmen auf irgendeinen Fürsten oder Prälaten, wie hoch er auch stehe;

drittens vielmehr müsse man gegen die am strengsten sein, die sich mit dem Schutz eines Machthabers zu verteidigen suchen sollten; nur wer das Geständnis abgelegt, sei mit Milde und väterlichem Erbarmen zu behandeln;

viertens Ketzern und besonders Kalvinisten gegenüber müsse man sich mit keinerlei Toleranz herabwürdigen.»[4]

Paul III. und Marcellus II. dämpften noch ein wenig Carafas Eifer und behielten sich das Begnadigungsrecht vor, aber der verweichlichte Julius III. ließ Carafa freie Hand. Mehrere Ketzer wurden während seines Pontifikats in Rom verbrannt, und 1550 drohte die neue Inquisition, jeden Priester, der nicht gegen den Protestantismus predige, vor ihr Tribunal zu zitieren. Als Carafa selbst Papst wurde, wurde der Apparat der Inquisition auf volle Touren gebracht, so daß Kardinal Seripando darüber äußerte: «Im Anfang war dieser Gerichtshof maßvoll und milde, wie dies der Natur Pauls III. entsprach;

später aber, als die Zahl der präsidierenden Kardinäle sich erhöhte und die Jurisdiktion der Richter sich mehr und mehr kräftigte, vor allem aber infolge der unmenschlichen Strenge Carafas, gewann er eine solche Bedeutung, daß man dafürhielt, nirgends auf der ganzen Erde würden schrecklichere und furchtbarere Urteile gefällt.»[5] Die Zuständigkeit der Inquisitoren wurde auf Gotteslästerung, Simonie, Sodomie, Polygamie, Vergewaltigung, Kuppelei, Verletzung des Fastengebots und viele andere Vergehen ausgedehnt, die nichts mit Ketzerei zu tun hatten. Zitieren wir noch einen bedeutenden katholischen Historiker:

«Unklug und leichtgläubig schenkte Paul IV. jeder, auch der absurdesten Denunziation nur zu willig Gehör ... Die Inquisitoren wie der sie unablässig aneifernde Papst witterten in zahlreichen Fällen Häresie, wo ein nüchterner, besonnener Beobachter nicht eine Spur davon erkennen konnte, auch wenn er noch so streng den Maßstab der Lehre der katholischen Kirche anlegte. Neider und Verleumder waren eifrig an der Arbeit, irgendein verdächtiges Wort aus dem Zusammenhang zu reißen und darauf die haltlose Beschuldigung der Ketzerei gegen Männer zu richten, welche feste Säulen der Kirche wider die Neugläubigen gewesen waren. So kam es zu Anklagen und Prozessen gegen Bischöfe und selbst Kardinäle, die ebenso unbegreiflich wie grundlos sind. Es begann ein wahres Schreckensregiment, das alle in Rom mit Furcht erfüllte.»[6]

Auf dem Höhepunkt dieser Raserei befahl Paul die Verhaftung des Kardinals Giovanni Morone, Bischof von Padua (31. Mai 1557), und am 14. Juni enthob er Kardinal Pole seiner Legatenvollmachten in England und befahl ihm, sich vor dem Inquisitionstribunal wegen Ketzerei zu verantworten; sogar das Kardinalskollegium sei, sagte Paul, von der Ketzerei infiziert. Pole wurde von Königin Maria, die die Aushändigung der päpstlichen Vorladung verhinderte, vor dem Schlimmsten bewahrt. Die Anklagen gegen Morone stützten sich auf die Unterzeichnung des Regensburger Artikels über die Rechtfertigung aus dem Glauben, auf zu große Nachsicht mit Ketzern unter seiner Jurisdiktion und auf seine guten Beziehungen zu Pole, Vittoria Colonna, Flaminio und anderen gefährlichen Subjekten. Nach achtzehntägiger Gefangenschaft in der Engelsburg kamen die Inquisitoren zu einem Freispruch und ordneten seine Freilassung an; doch weigerte er sich, seine Zelle zu verlassen, bis auch der Papst seine Unschuld anerkannt habe. Da sich Paul nicht dazu verstehen wollte, blieb er, bis dessen Tod ihn befreite, ein Gefangener. Flaminio schlug der Inquisition ein Schnippchen, indem er starb; der Papst tröstete sich mit den Worten: «Seinen Bruder Cesare haben Wir auf dem Platz vor der Minervakirche verbrennen lassen.»[7] Mit unparteiischer Energie verdächtigte der wahnwitzige Papst sogar seine eigenen Angehörigen der Ketzerei. «Selbst wenn mein eigener Vater Häretiker wäre, würde ich das Holz zusammentragen, um ihn verbrennen zu lassen»[8], sagte er einmal.

Glücklicherweise war Paul sterblich und ging nach vierjährigem Pontifikat seiner Belohnung im Jenseits zu. Rom feierte seinen Tod mit einem viertägigen Freudentaumel; die Menge riß sein Standbild vom Sockel, schleifte es durch die Straßen und versenkte es im Tiber; sie äscherte die Gebäude der Inquisition ein, zerstörte ihre Archive und befreite die Gefangenen. Der Papst hätte entgegnen können, daß nur ein Mann von seiner unbeugsamen Härte und seinem Mut die kirchlichen Mißbräuche und die Sittenlosigkeit Roms beseitigen konnte und daß ihm dieses Unterfangen, an dem seine Vorgänger gescheitert waren, gelungen sei. Der Jammer war, daß er sich bei seiner Kirchenreform nur an Torquemada erinnerte und Christus vergaß.

Ganz Westeuropa atmete erleichtert auf, als Giovanni Angelo de' Medici als Pius IV. aus dem Konklave hervorging. Er war kein Medicimillionär, sondern der Sohn eines Mailänder Steuereinziehers, hatte sich als Advokat etabliert, die Achtung und das Vertrauen Pauls III. gewonnen, der ihn zum Kardinal erhob, und stand im Ruf, ein intelligenter und friedliebender Mensch zu sein. Als Pontifex wollte er nichts vom Krieg wissen und tadelte die Befürworter einer aggressiven Politik. Die Inquisition behielt er bei, verständigte aber deren Organe, «daß es ihm lieber wäre, sie drückten sich aus wie höfliche Edelleute statt in mönchischer Barschheit». Ein Fanatiker, der ihn für zu nachsichtig hielt, beabsichtigte seine Ermordung; doch als Pius würdevoll und wehrlos an ihm vorüberschritt, lähmte ihn heilige Scheu. Die von seinem Vorgänger in die Wege geleitete Kirchenreform führte Pius mit ruhiger Bestimmtheit weiter, bewies aber seinen versöhnlichen Geist mit der den deutschen katholischen Bischöfen gewährten Erlaubnis, das Laienabendmahl in beiden Formen zu spenden. Von ihm geführt, brachte das von ihm wieder einberufene Konzil seine Arbeit zu einem geordneten Abschluß. 1565 verschied er nach einem Pontifikat, das die Gegenreformation friedlich konsolidiert hatte.

III. DAS KONZIL VON TRIENT: 1545–1563

Lange vor Luther hatten tausend Stimmen nach einem der Kirchenreform gewidmeten allgemeinen Kirchenkonzil gerufen. Luther hatte gegen die päpstliche Bannbulle an ein solches appelliert; Karl V. forderte es in der Hoffnung, das protestantische Problem damit zu lösen und vielleicht auch Clemens VII. willfähriger zu machen, während der bedrängte Papst hundert Gründe für die Hinausschiebung fand. Er wußte nur zu gut, wie schlecht die päpstliche Autorität die Konzile von Konstanz und Basel überstanden hatte; und er persönlich konnte sich nicht erlauben, feindlich gesinnte Bischöfe und kaiserliche Delegierte zu tief in seine Politik, seine häuslichen Schwierigkeiten und eventuell auch seine Geburt hineinschauen zu lassen. Und was hätte ein Konzil in der vorliegenden Situation nützen können? Hatte Luther denn nicht jede Autorität, sowohl die des Papstes als auch die des Konzils, verworfen? Ließ man die Protestanten zu und gewährte man ihnen Redefreiheit, mußte dann die Auseinandersetzung den Bruch nicht unheilbar vertiefen und ganz Europa in Zwietracht stürzen? Und wenn man sie ausschloß, war dann nicht erst recht der Teufel los? Karl wollte das Konzil auf deutschem Boden abgehalten wissen; Franz I. aber weigerte sich, Vertreter zu einem Konzil zu entsenden, das im Machtbereich des Kaisers tagte; und zudem hatte er das größte Interesse, das protestantische Feuer im Rücken Karls in Glut zu halten. Es war ein Hexensabbat.

Paul III. teilte alle diese Befürchtungen seines Vorgängers, hatte aber größeren Mut und ließ 1536 die Einladung zu einem am 23. Mai 1537 in Mantua zu eröffnenden allgemeinen Kirchenkonzil ergehen. Unter der Voraussetzung, daß sich alle Teilnehmer den Mehrheitsbeschlüssen fügen würden, lud er auch die Protestanten ein; da diese aber wußten, daß sie sich in der Minderheit befinden würden, konnten sie sich dieser Bedingung nicht fügen. Auf Luthers Rat sandten ihre zu Schmalkalden zur Beratung zusammengetretenen Führer die päpstliche Einladung ungeöffnet zurück. Der Kaiser aber lehnte den vorgeschlagenen Tagungsort ab, weil ein auf italienischem Boden stattfindendes und von italienischen Bischöfen dominiertes Konzil Wachs in den Händen des Papstes sein mußte. Nach langen Verhandlungen und Verzögerungen einigte man sich auf Trient, eine zwar vorwiegend italienische, aber unter der Herrschaft und Gerichtsbarkeit des Kaisers stehende Stadt. Eine neue Einladung, sich am 1. November 1542 in Trient zu versammeln, ging in die Welt hinaus.

Jetzt aber weigerte sich der französische König mitzuspielen. Er verbot die Proklamation der päpstlichen Einladung in seinen Landen und untersagte den französischen Geistlichen unter Androhung der Einkerkerung die Teilnahme an einem Konzil auf feindlichem Boden. Zum festgesetzten Zeitpunkt fanden sich nur ein paar Bischöfe – und diese lauter Italiener – ein, so daß sich Paul gezwungen sah, die Versammlung auf den unbestimmten Tag zu vertagen, da Karl und Franz ein voll besetztes Konzil ermöglichen würden. Der Frieden von Crépy schien die Hindernisse wegzuräumen; Paul berief das Konzil auf den 14. März 1545 neuerdings ein; jetzt aber bat der Kaiser um Verschiebung, weil ihn die neue akute Türkengefahr zur Rücksichtnahme auf die Protestanten zwang. So schrieb man den 13. Dezember 1545, als das «Neunzehnte Ökumenische Kirchenkonzil» zu Trient seine Arbeiten aufnahm.

Schon der Beginn stand unter einem schlechten Stern und war weit entfernt von «halb gewonnen». Der fast achtzigjährige Papst blieb in Rom und präsidierte sozusagen *in absentia;* als seine persönlichen Vertreter fungierten die Kardinäle Del Monte, Cervini und Pole. Außerdem bestand die Versammlung aus dem Tridentiner Kardinal Madruzzo, vier Erzbischöfen, zwanzig Bischöfen, fünf Ordensgeneralen, etlichen Äbten und ein paar Theologen; sie konnte sich also kaum rühmen, ökumenisch, das heißt allgemein zu sein. Im Gegensatz zu Konstanz und Basel, wo außer den Kirchenfürsten auch weltliche Herrscher und bestimmte Laien stimmberechtigt gewesen waren und nach Ländern abgestimmt worden war, beschränkte dieses Konzil das Stimmrecht auf Kardinäle, Bischöfe, Äbte und Ordensgenerale, wodurch die Italiener – von denen die meisten der Kurie aus irgendeinem Grund verpflichtet waren – von vornherein über eine Stimmenmehrheit verfügten. Sogar die Debattierfreiheit war beschnitten, weil die Tagesordnung von in Rom tagenden «Kongregationen» unter päpstlicher Aufsicht ausgearbeitet wurde. Da das Konzil den Anspruch erhob, vom Heiligen Geist geführt zu sein, bemerkte ein französischer Delegierter, daß die dritte Person der Dreifaltigkeit regelmäßig den Kurierbeutel zur Reise von Rom nach Trient benutze.

Verfahrensfragen bildeten den ersten Diskussionspunkt: Sollte man zuerst die Glaubenssätze neu definieren und dann die Reformen erwägen oder umgekehrt? Der Papst und mit ihm die Italiener wünschten das erste, der Kaiser und sein Anhang schoben die Reform in den Vordergrund; Karl, weil er die deutschen Protestanten zu befrieden oder weiter zu spalten hoffte, und die deutschen und spanischen Prälaten, weil sie von der Reform eine Schwächung der päpstlichen Autorität über die Bischöfe und das Konzil erwarteten. Man einigte sich auf einen Mittelweg: Gleichzeitige Ausschüsse sollten sich teils mit dem Dogma, teils mit der Reform befassen und ihre Empfehlungen dem Konzil alternierend unterbreiten.

Im Mai 1546 entsandte Paul zwei Jesuiten, Laynez und Salmeron, zur Unterstützung seiner Legaten in theologischen Fragen und als Schildträger des Papsttums; später traten Peter Canisius und Claude Le Jay hinzu. Dank ihrer unvergleichlichen Kenntnisse beherrschten die Jesuiten bald alle Debatten, und unter ihrer unerschütterlichen Orthodoxie geriet das Konzil ins Fahrwasser einer Kriegserklärung an die Protestanten und verzichtete darauf, den Weg zur Versöhnung und Kircheneinheit zu suchen. Offenbar stellte sich die Mehrheit der Teilnehmer auf den Standpunkt, daß keinerlei Konzessionen das Schisma beenden könnten, weil Maßnahmen, die einen Teil der zahlreichen protestantischen Sekten gewinnen würden, andere vor den Kopf stoßen müßten; dazu gesellten sich allgemeine Erwägungen: daß jede wesentliche Änderung des traditionellen Lehrgebäudes die ganze dogmatische Struktur und Stabilität der katholischen Kirche gefährde, daß die Übertragung der priesterlichen Gewalt auf Laien die moralische Autorität des Klerus und somit der Kirche untergrabe, daß diese Autorität eine unerläßliche Voraussetzung der sozialen Ordnung darstelle, daß sich eine auf dem Glauben fußende Theologie selbst aufhebe, weil sie sich der Willkür individuellen Vernünftelns aussetze. Dementsprechend bestätigte die vierte Sitzungsperiode des Konzils (April 1546) das Glaubensbekenntnis von Nikaia Punkt für Punkt, die kirchliche Tradition als gleichberechtigt mit der Heiligen Schrift und deren lateinische Übersetzung durch Hieronymus – die Vulgata – als den einzig zulässigen und endgültigen Text und die Kirche zu der allein befugten Interpretin. Zum autoritativen Exponenten der orthodoxen Theologie wurden Thomas von Aquin und seine *Summa theologica* nächst der Schrift und den Dekretalen zur Glaubensrichtschnur erklärt. Der Katholizismus als ein Bekenntnis von unfehlbarer Autorität datiert praktisch vom Tridentiner Konzil und formte sich als kompromißlose Antwort auf die Kampfansage des Protestantismus, des Rationalismus und der individuellen Auslegung. Das Gentleman's Agreement zwischen der Renaissancekirche und den intellektuellen Schichten war zu Ende.

Wenn aber der Glauben so wesentlich war, warum genügte er dann nicht zur Erringung des ewigen Heils? Die fünfte Sitzungsperiode (Juni 1546) hörte über diesen Punkt hitzige Debatten; ein Bischof riß in seinem Eifer einem Amtsbruder einen Büschel weißer Barthaare aus; und Kaiser Karl ließ das Konzil wissen, daß er, wenn es nicht ruhiger verfahre, ein paar Prälaten zur Abkühlung in die Etsch werfen lassen werde. Reginald Poles Argumentation näherte sich Luther in so gefährlicher Weise, daß Kardinal Carafa (der spätere Paul IV.) ihn der Ketzerei bezichtigte; Pole räumte den Kampfplatz und entschuldigte von Padua aus sein Fernbleiben mit Krankheit. Kardinal Seripando trat energisch für die von dem mittlerweile gestorbenen Contarini in Regensburg unterzeichnete Kompromißformel ein; aber Laynez bewog das Konzil, im offenen Gegensatz zu Luther, auf der Willensfreiheit und dem Wert guter Werke zu beharren.

Die Definition des Dogmas machte schnellere Fortschritte als die Beratung der Reformmaßnahmen. Der Patriarch von San Marco eröffnete die Session vom 6. Januar 1546 mit einer düsteren Schilderung der in der Welt herrschenden, von keiner künftigen Epoche zu übertreffenden Verderbnis; sie sei, meinte er, «einzig von der Schlechtigkeit der Pastoren» hervorgerufen; die lutherische Ketzerei sei hauptsächlich die Folge der Sünden des Klerus und dessen Reform bilde das beste Mittel zur Unterdrückung der Rebellion. Doch die einzige in den ersten Sessionen beschlossene Maßnahme war das Verbot, mehrere Bistümer in einer Hand zu vereinigen und außerhalb des Bistums zu residieren. Eine Anregung des Konzils, die Reform der Dataria aus dem Stadium theoretischer Erwägungen in das praktischer Durchführung überzuleiten, nahm Paul ungnädig auf, weil er Reformmaßnahmen dieser Art sich selbst vorbehalten wollte. Und als der Kaiser das Konzil zu rascherer Arbeit in Reformfragen drängte, wies der Papst seine Legaten an, die Verlegung der Versammlung nach Bologna vorzuschlagen, weil ihm ein im Kirchenstaat gelegener Tagungsort eine stärkere päpstliche Einflußnahme auf die Reformdebatten zu gewährleisten schien. Die italienischen Bischöfe willigten ein, die spanischen und kaiserlichen protestierten; da trat willkommenerweise eine kleine Epidemie in Trient auf, ein Bischof starb, die italienische Majorität übersiedelte nach Bologna (März 1547), die übrigen blieben in Trient. Karl verweigerte den Beratungen in Bologna die Anerkennung und drohte mit der Einberufung eines Konzils auf deutschem Boden. Nach zweijährigem Hin und Her und vielen Winkelzügen gab Paul nach und schloß die Versammlung von Bologna (September 1549).

Sein Tod klärte die Lage. Julius III. und Karl V. gelangten zu einer Verständigung: Der Kaiser versprach, keine auf die Schwächung der päpstlichen Autorität abzielende Maßnahme zu unterstützen; dafür bewilligte der Papst die Anhörung der Lutheraner. Das Konzil wurde auf den Mai 1551 neuerdings nach Trient einberufen, aber Heinrich II., dem die Annäherung zwischen Kaiser und Papst nicht gefiel, verweigerte Frankreichs Teilnahme. Am Eröffnungstage war die Versammlung so mager besetzt, daß sie sich vertagen mußte. Am 1. September trat das Konzil neuerdings zusammen, diesmal mit acht Erzbischöfen, sechsunddreißig Bischöfen, drei Äbten, fünf Ordensgeneralen, Kurfürst Joachim II. von Brandenburg, den Gesandten Karls und Ferdinands und achtundvierzig Theologen.

Die dreizehnte Session (Oktober 1551) bestätigte die alte katholische Transsubstantiationslehre: Der Priester bewirkt durch die Konsekration der Abendmahlshostie und des Abendmahlweins deren materielle Verwandlung in Christi Fleisch und Blut. Nach diesem Beschluß schien es zwecklos, die Protestanten anzuhören; aber Karl bestand darauf. Der Herzog von Württemberg, Kurfürst Moritz von Sachsen und ein paar süddeutsche Städte wählten die Mitglieder einer protestantischen Delegation, und Melanchthon entwarf die dem Konzil vorzulegende Darstellung der lutherischen Glaubenslehre. Karl gewährte den Delegierten freies Geleit, doch diese verlangten in Erinnerung an Konstanz und Hus die Bestätigung durch das Konzil. Nach langen Debatten wurde dem Verlangen entsprochen, was jedoch einen Dominikanerpater nicht hinderte, im selben Dom, wo dieser Beschluß gefaßt worden war, über die Parabel vom Unkraut zu predigen und zu sagen, daß das ketzerische Unkraut zwar manchmal eine Weile geduldet werden mag, am Ende aber verbrannt werden müsse.

Am 24. Januar 1552 erschien die protestantische Abordnung vor dem Konzil. Ihre Vorschläge waren radikal: Die Dekrete der Konzilien von Konstanz und Basel betreffs der Unterordnung der Päpste unter die Konzilien seien zu bestätigen; die Teilnehmer am gegenwärtigen Konzil seien von ihrem Treugelöbnis gegen Julius III. zu entbinden; die bisherigen Beschlüsse des Konzils seien zu annullieren und alle Streitfragen von einem erweiterten Konzil, darin die Protestanten angemessen vertreten wären, aufs neue zu verhandeln. Julius untersagte die Beratung dieser Vorschläge. Das Konzil beschloß, die Frage bis zum 19. März in der Schwebe zu lassen, für welchen Tag weitere protestantische Delegierte angekündigt waren.

Bis dahin aber hatten kriegerische Ereignisse die Theologie überholt. Im Januar 1552 schloß Heinrich II. von Frankreich ein Bündnis mit den protestantischen Ständen Deutschlands; im März näherte sich Moritz von Sachsen Innsbruck; Karl floh eiligst nach Trient, ohne über die Kräfte zu verfügen, um Moritz von der Stadt und dem Konzil fernzuhalten. Die Bischöfe verschwanden einer nach dem anderen, und am 28. April wurde das Konzil offiziell vertagt. Im Friedensvertrag von Passau (2. August) gestand Ferdinand den siegreichen Protestanten Religionsfreiheit zu, womit deren Interesse am Konzil erlosch.

Paul IV. hielt es für klug, das Konzil in den restlichen Tagen seines Pontifikats schlafen zu lassen. Pius IV., ein gütiger Greis, gab sich dem Wunschtraum hin, daß die Einwilligung, das Laienabendmahl in beiden Formen zu reichen, die deutschen Protestanten wie seinerzeit die Böhmen zufriedenstellen könnte. Er berief das Konzil auf den 6. April 1561 zu einer neuen Session nach Trient und lud alle christlichen Fürsten, katholische wie protestantische, ein. Diesmal erschienen die französischen Delegierten mit einer imposanten Liste von Reformwünschen: Zelebrierung der Messe in der Landessprache, Kommunion in beiderlei Form, Priesterehe, Unterordnung der Päpste unter die Kirchenkonzilien, Abschaffung der päpstlichen Befugnis zur Erteilung von Dispensen und Sondervergünstigungen; offenbar befanden sich die königlichen Berater in einem Augenblick halbhugenottischer Stimmung. Ferdinand I., jetzt Kaiser, unterstützte diese Vorschläge und erweiterte sie noch: «Es möge auch der Papst sich nach Christi Beispiel erniedrigen und sich eine Reform in Hinsicht seiner Person, seines Standes und seiner Kurie gefallen lassen»; die Heiligenlegenden seien von ihren Unwahrscheinlichkeiten zu befreien und die Klöster so zu reformieren, «damit ihre großen Reichtümer nicht so ruchlos angewendet werden möchten». Pius sah gefährlichen Zeiten entgegen, und seine Delegierten blickten mit einigem Bangen der Konzilseröffnung entgegen.

Nach einigen durch Saumseligkeit oder Strategie verursachten Verzögerungen begann die siebzehnte Konzilssession am 18. Januar 1562 in Anwesenheit von fünf Kardinälen, drei Patriarchen, elf Erzbischöfen, neunzig Bischöfen, vier Generalen, vier Äbten und allerlei Laienvertretern der katholischen Fürsten. Auf Ferdinands Wunsch offerierte das Konzil etwaigen protestantischen Delegierten freies Geleit; doch keiner kam. Der Erzbischof von Granada und Karl, Kardinal von Lothringen, stellten sich an die Spitze einer Bewegung zur Einschränkung der päpstlichen Gewalt und brachten vor, daß die bischöfliche Gewalt auf unmittelbarem «göttlichem Recht» beruhe und nicht vom Papst verliehen werde, und der Bischof von Segovia machte sich eine von Luthers Ketzereien zu eigen, indem er behauptete, daß in der Frühkirche die römischen Bischöfe keine besonderen Rechte besessen hätten. Diese bischöfliche Rebellion wurde vom taktischen Geschick der päpstlichen Legaten, von der Papsttreue der italienischen und polnischen Bischöfe und durch einige zeitgemäße Höflichkeiten gegen den Kardinal von Lothringen erstickt. Am Ende ging die päpstliche Autorität nicht geschwächt, sondern gestärkt aus der Debatte hervor: Die Bischöfe hatten von nun an ein unbedingtes Gehorsamsgelübde gegen den Papst abzulegen. Ferdinand ließ sich durch die Zusicherung zufriedenstellen, daß der Papst nach dem Abschluß des Konzils die Spende des Abendmahls in beiden Formen gestatten werde.

Nachdem dieser grundsätzliche Streit beigelegt war, erledigte man das restliche Pensum mit großer Schnelligkeit. Die Priesterehe blieb verboten; das Priesterkonkubinat wurde mit schweren Strafen bedroht und eine Reihe von kleineren Verfügungen zur Hebung der Moral und Disziplin des Klerus erlassen. Einen gewichtigen Punkt bildete der Beschluß, spezielle Priesterseminare zu schaffen, die den künftigen Priester zu Frömmigkeit und Enthaltsamkeit erziehen sollten. Die Befugnisse der Kurie erfuhren eine Einschränkung. Für die kirchliche Kunst und Musik legte man gewisse Regeln nieder; Aktdarstellungen waren mit einer so ausreichenden Bekleidung zu versehen, daß sie die Sinnenlust nicht reizten. Eine scharfe Unterscheidung zwischen Bilderkult und Verehrung der dargestellten Personen erlaubte die Beibehaltung des religiösen Bildwerks; Ablaß und Fegefeuerbegriff wurden neu definiert. Hinsichtlich des Ablasses gab das Konzil die Mißbräuche, daran sich Luthers Revolte entzündet hatte, offen zu:

«Mit vorliegendem Dekret setzt die hochheilige Synode fest, daß alle unrechten Gewinne hinfort gänzlich zu unterdrücken seien als hauptsächlichste Ursache der beim christlichen Volke sich findenden Mißbräuche. Hinsichtlich der übrigen aber, welche aus Aberglauben, Unwissenheit, Unbescheidenheit oder von sonstwo her ihren Ursprung genommen, die aber wegen der Vielfalt der Orte und Gegenden, in welchen sie begangen werden, nicht gut einzeln erwähnt werden können: verordnet sie den Bischöfen, alle solchen Mißbräuche in ihren Kirchen aufzuspüren und auf der nächsten Provinzialsynode darüber Bericht zu erstatten, um, zugleich mit dem Urteil der andern Bischöfe, die Angelegenheit sogleich an den Römischen Pontifex weiterzuleiten.»[9]

Da Kaiser und Papst übereinstimmend fanden, daß alle nützliche Arbeit getan war, wurde das Konzil am 4. Dezember 1563 unter dem jubelnden Beifall der ermüdeten Delegierten geschlossen. Der Weg der Kirche aber war auf Jahrhunderte hinaus vorgezeichnet.

Ihre wichtigsten Zielsetzungen hatte die Gegenreformation erreicht. Der Mensch fuhr in katholischen wie in protestantischen Landen fort zu lügen und zu stehlen, Ämter zu verkaufen und Jungfrauen zu schänden, zu töten und Krieg zu führen. Der Lebenswandel der Geistlichen besserte sich hingegen, und die zügellose Freiheit der Renaissance-Italiener sah sich auf ein den moralischen Maßstäben der Menschheit angemesseneres Maß zurückgedämmt. Die Prostitution, in Rom und Venedig noch vor kurzem ein wichtiges Gewerbe, verbarg ihr Haupt; Keuschheit gehörte zu den Merkmalen der neuen Zeit. Obszöne Werke zu schreiben oder zu veröffentlichen wurde zum Kapitalverbrechen; so wurde auf Befehl Pius' V. der Sekretär und Gegner Aretinos, Niccolò Franco, für seine *Priapeia* gehenkt. Über die Wirkung der der Kunst und Literatur auferlegten Fesseln läßt sich streiten; die Kunst des Barock findet heute die versagte Anerkennung; und von einem rein literarischen Standpunkt aus bleiben Tasso, Guarini und Goldoni nicht wesentlich hinter dem Niveau Boiardos, Ariosts und des Dramatikers Machiavelli zurück. In Spanien kulminierten Kunst und Dichtung inmitten der Hochflut der «katholischen Reaktion». Italien hingegen verlor sein heiteres Renaissanceantlitz; der Lebensüberschwang und der Charme der vorreformatorischen Italienerinnen welkten; eine bewußt gepflegte, lebensfeindliche Moral prägte Italien einen beinahe puritanischen Stempel auf. Mönchisches Asketentum erfuhr eine Neubelebung. Vom Standpunkt der Geistesfreiheit aus verzeichnete die Menschheit einen Rückschlag, weil geistliche und weltliche Zensur die relative Gedankenfreiheit des Renaissancezeitalters auslöschten; und daß die Inquisition in Italien und anderswo ausgerechnet in einem Augenblick auflebte, da die Naturwissenschaft ihre mittelalterliche Schale zu sprengen im Begriffe war, war eine Tragödie. Die Kirche opferte die intellektuellen Schichten mit vollem Bewußtsein der gläubigen Mehrheit, die keine an ihrer Gläubigkeit rüttelnden Ideen dulden wollte.

Die kirchlichen Reformen erwiesen sich als durchgreifend und dauernd. Daß die päpstliche Monarchie über die bischöfliche Konzilaristokratie obsiegte, lag im Geiste einer Zeit, in der alle Aristokratien – mit Ausnahme der deutschen – ihre Macht an die Könige verloren. Die moralische Stellung der Päpste war jetzt eindeutig der der Bischöfe übergeordnet, und ihre zentralisierte Autorität vermochte besser als verteilte Machtbefugnisse jene Disziplin zu erzwingen, die für die Kirchenreform unerläßlich war. Für ihre eigene Person verzichteten die Päpste fortan auf die nepotische Begünstigung ihrer Familien, und andererseits kurierten sie die kostspielige Saumseligkeit und flagrante Käuflichkeit der Kurialbürokratie. Nach der Aussage nichtkatholischer Kenner dieser Materie mauserte sich die Kurie zu einem vorbildlich leistungsfähigen und innerlich sauberen Verwaltungsorgan der Kirche. Der finstere Beichtstuhl wurde 1547 eingeführt und 1614 obligatorisch erklärt, so daß die gelegentliche Schönheit eines Beichtkindes den Priester nicht mehr zu betören vermochte. Die Ablaßkrämer verschwanden; der Ablaß selbst wurde mehr und mehr zu einer Belohnung für fromme Andacht und Werke der Nächstenliebe statt einer Quelle der Geldbeschaffung. Und statt vor dem Ansturm des Protestantismus und des voraussetzungslosen Denkens zurückzuweichen, machte es sich der katholische Klerus zur Aufgabe, dem jugendlichen Gemüt die Treue zur Kirche einzuhämmern. Der selbstsichere, positive, energische und disziplinierte Geist der Jesuiten war zum Geist der militanten Kirche geworden.

Alles in allem eine erstaunliche Wiedergeburt, eines der glänzendsten Ergebnisse der protestantischen Reformation!

Viertes Buch

ENGLANDS GOLDENES ZEITALTER

[1558–1648]

ERSTES KAPITEL

Die große Königin

[1558–1603]

I. WAS EIN FEINDSELIGES SCHICKSAL VERMAG

Am 17. November 1558 sprengte ein Kurier in den Hof des königlichen Schlosses zu Hatfield, knapp sechzig Kilometer nördlich von London, und brachte Elisabeth Tudor die Kunde, sie sei Königin von England geworden. Ihre Halbschwester, Königin Maria, die sich keines sehr rühmlichen Ansehens erfreut hatte, war in den ersten Morgenstunden verschieden. Als das Parlament in London die Nachricht empfing, brachen seine Mitglieder in den Ruf aus: «Gott schütze Königin Elisabeth! Lang möge sie über uns herrschen!» Daß sie es fünfundvierzig Jahre lang tun sollte, konnten sie sich nicht träumen lassen. Die Luft erbebte vom Klang der Glocken, wenn auch die Kirchen ahnten, daß sie unruhigen Zeiten entgegengingen. Die Bürger von England deckten in den Straßen festliche Tafeln, wie sie es für Maria getan hatten, und an jenem Abend rötete sich der Himmel vom Widerschein der Freudenfeuer unerschöpflicher Hoffnungen.

Am Samstag, dem 19. November, versammelten sich die führenden Lords, Ladies und Bürgerlichen des Reiches in Hatfield, um Untertanentreue zu schwören und sich warm zu betten. Am 20. November richtete Elisabeth die wahrhaft königlichen Worte an sie:

> «Meine Lords! Die Gesetze der Natur veranlassen mich zur Trauer um meine Schwester. Die Last, die mir zugefallen ist, verwirrt mich. Da ich jedoch bedenke, daß ich als Gottes Geschöpf dazu ausersehen bin, seinen Befehlen zu gehorchen, will ich die Bürde auf mich nehmen. Ich hoffe von Herzensgrund, die Gnade Gottes möge mir dazu verhelfen, mich in dem Amt, das mir nun übertragen ist, als Vollstreckerin Seines himmlischen Willens zu erweisen. Und da ich, äußerlich betrachtet, nur ein Mensch bin – wenn auch mit Seiner Erlaubnis ein Mensch, der zu herrschen bestimmt ist –, hoffe ich, daß Ihr alle, meine Lords, und insbesondere Ihr Adligen, ein jeder nach seinem Rang und seinem Vermögen, mir beistehet, auf daß wir beide, ich mit meinem Herrschertum und Ihr mit Eurem Dienst, uns vor dem Allmächtigen Gott bewähren und unseren Nachkommen auf Erden zum Trost gereichen.»[1]

Am 28. November zog Elisabeth, in purpurnen Samt gekleidet und unter öffentlichem Geleit, durch die Straßen von London zum Tower, wo sie vier Jahre vorher als Gefangene den Tod erwartet hatte. Jetzt jubelte ihr die Menge auf ihrem Weg zu, Chöre sangen ihr Lob, Kinder sagten zitternd ihre kleinen Preisgedichte auf, die sie auswendig gelernt hatten, und «Kanonenschüsse, wie man sie nie zuvor gehört hatte», kündigten eine Regierungszeit an, die jede vorangegangene in England an Glanz und Ruhm weit übertreffen sollte.

Fünfundzwanzig Jahre harter Prüfungen hatten Elisabeth zur Herrschaft gestählt. Im Jahre 1533 hatte es für ein Glück gegolten, Heinrich VIII. zum Vater zu haben; aber es war gefährlich, von Anna Boleyn geboren worden zu sein. Die Mutter war in Ungnade gefallen und hingerichtet worden, als das Kind noch in den Jahren war, wo man schnell vergißt (1536). Allein, die Leiden dieses düsteren Erbes überlebten seine Jugend und wurden erst zur Zeit des Herrschertums gemildert. Ein Parlamentsbeschluß erklärte (1536) Annas Heirat für null und nichtig und Elisabeth für illegitim. Roher Klatsch mutmaßte über des Mädchens Abstammung von Heinrich VIII. In jedem Fall war sie für die meisten Engländer ein aus ehebrecherischer Verbindung hervorgegangener Sproß. Die Illegitimität wurde gesetzlich nie aufgehoben, aber ein weiterer Parlamentsbeschluß bestätigte (1544), Elisabeth sei nach ihrem Halbbruder Eduard und ihrer Halbschwester Maria thronberechtigt. Während Eduards Herrschaft (1547 bis 1553) gehörte sie der protestantischen Kirche an. Als jedoch nach Eduards Tod die katholische Maria den Thron bestieg, zog Elisabeth das Leben der Glaubenstreue vor und fügte sich dem Ritual der römisch-katholischen Kirche. Als der Aufstand Wyatts (1554), der Maria zu stürzen trachtete, gescheitert war, wurde Elisabeth der Mithelferschaft angeklagt und in den Tower geworfen. Allein, Maria fand, ihre Mitschuld sei unbewiesen, und begnadigte sie dazu, unter Bewachung in Woodstock leben zu dürfen. Ehe Maria starb, anerkannte sie ihre Schwester als Nachfolgerin und sandte ihr die Kronjuwelen. So verdanken wir Elisabeths Reich der Freundlichkeit der «blutigen» Königin.

Elisabeth genoß eine ausgesprochen formelle Bildung und wurde mit Wissen überhäuft. Ihr berühmter Lehrer, Roger Ascham, rühmte sich dessen und erklärte: «Sie spricht französisch und italienisch ebensogut wie englisch und hat oft und gern Latein und auch recht anständig griechisch mit mir gesprochen.»[2] Sie hatte täglich eine Religionsstunde und war im protestantischen Dogma sehr bewandert. Doch scheinen ihr ihre italienischen Lehrer etwas von dem Skeptizismus übermittelt zu haben, den sie bei Pomponazzi, Machiavelli und im Rom der Renaissance aufgelesen hatten.

Ihrer Krone war sie nie ganz sicher. Das Parlament hatte (1553) die Ungültigkeit der Ehe ihrer Mutter mit ihrem Vater aufs neue bestätigt. Staat und Kirche waren sich darüber einig, daß sie ein Bastard sei, und das englische Gesetz, obgleich es im Falle Wilhelms des Eroberers beide Augen zugedrückt hatte, schloß Bastarde von der Thronfolge aus. Die ganze katholische Welt – und England war zu einem großen Teil noch immer katholisch – war der Meinung, die rechtmäßige Erbin des englischen Zepters sei Maria Stuart, die Urenkelin Heinrichs VII. Es wurde Elisabeth zu verstehen gegeben, wenn sie mit der Kirche Frieden schließe, würde der Papst sie von der Unehelichkeit reinwaschen und ihr Recht auf die Herrschaft anerkennen. Allein, sie war nicht dazu geneigt. Tausende von Engländern besaßen Güter, die der Kirche vom Parlament unter Heinrich VIII. und Eduard VI. weggenommen worden waren. Diese einflußreichen Gutsbesitzer, die fürchteten, daß eine dauernde Wiederherstellung des Katholizismus eine Rückerstattung der Güter erzwingen würde, waren bereit, für eine protestantische Königin zu kämpfen; und die Katholiken in England zogen sie einem

Bürgerkrieg vor. Am 15. Januar 1559 wurde Elisabeth unter dem Beifall des protestantischen London in der Westminsterabtei zur «Königin von England, Frankreich und Irland und zur Verteidigerin des Glaubens» gekrönt. Denn seit Eduard III. hatten englische Monarchen regelmäßig Anspruch auf den Thron Frankreichs erhoben. Nichts war außer acht gelassen worden, um die Königin mit Problemen zu überhäufen.

Sie war nun fünfundzwanzig Jahre alt und besaß allen Zauber blühender Fraulichkeit. Sie war mittelgroß und gut gewachsen, hatte schöne Gesichtszüge, eine olivfarbene Haut, funkelnde Augen, kastanienbraunes Haar und herrliche Hände, die sie vorteilhaft zur Schau zu stellen verstand[3]. Es schien ein Ding der Unmöglichkeit, daß ein solches Mädchen erfolgreich mit dem Chaos fertigwerden sollte, das es umgab. Feindlich gesinnte Glaubensbekenntnisse spalteten das Land und suchten die Macht mit Waffengewalt an sich zu reißen. Überall herrschte Armut, und das Landstreicherunwesen hatte die schrecklichen Strafen überdauert, die ihm von Heinrich VIII. auferlegt worden waren. Das einheimische Gewerbe litt unter der unstabilen Geldwährung. Fünfzig Jahre Falschmünzerei hatten den Fiskus dermaßen geschädigt, daß die Regierung 14 Prozent für Anleihen zu bezahlen hatte. Maria Tudor hatte, von der Religion völlig in Anspruch genommen, in allem, was die Landesverteidigung betraf, geknausert; die Befestigungen waren vernachlässigt, die Küsten unbewacht, die Seemacht untauglich, die Armee schlecht besoldet und schlecht ernährt, ihre Einheiten unvollständig. England, das unter Wolsey das Gleichgewicht der Macht in Europa aufrechterhalten hatte, war nur noch ein Spielball zwischen Spanien und Frankreich. Französische Truppen befanden sich in Schottland, und Irland liebäugelte mit Spanien. Über dem Haupt der Königin schwebte die päpstliche Drohung der Exkommunikation und des Interdikts sowie diejenige eines Angriffs durch die katholischen Staaten. Eine Invasion stand denn auch 1559 bevor, und die Furcht, ermordet zu werden, begleitete Elisabeth tagtäglich ihr ganzes Leben lang; nur die Uneinigkeit ihrer Feinde untereinander, die Weisheit ihrer Ratgeber und ihre eigene mutige Seele bewahrten sie. Der spanische Gesandte war über «den Geist dieser Frau» entsetzt. «Sie ist vom Teufel besessen, und er zieht sie zu sich herunter»[4], sagte er. Europa hatte nicht erwartet, den Geist einer Herrscherin hinter dem Lächeln eines jungen Mädchens zu finden.

II. ELISABETHS REGIERUNG

Ihr Scharfsinn tat sich sogleich in der Wahl ihrer Ratgeber kund. Wie ihr wehrhafter Vater – und trotz ihrer diplomatischen Ansprache in Hatfield – wählte sie Männer von niederer Geburt, denn die meisten Angehörigen des alten Adels waren Katholiken, und etliche unter ihnen fanden, sie wären geeigneter dazu, die Krone zu tragen, als Elisabeth. Zu ihrem Sekretär und ersten Ratgeber ernannte sie William Cecil, dessen ans Geniale grenzende politische Klugheit, verbunden mit Gründlichkeit und Fleiß, sich als ein so bedeutsamer Faktor ihres Erfolges erwies, daß all diejenigen, die sie nicht kannten, ihn für den König hielten. Sein Großvater war ein Freisasse gewesen und Landedelmann geworden. Sein Vater war Gewandmeister Heinrichs VIII. Infolge der Mitgift seiner Mutter lebte die Familie in Wohlhabenheit. William verließ Cambridge, ohne einen akademischen Titel erworben zu haben, wurde Rechtsgelehrter in Gray's Inn, stieß sich am gemeinen Londoner Pflaster die Hörner ab[5], wurde mit dreiundzwanzig Jahren (1543) Mitglied des Unterhauses und verheiratete sich in zweiter Ehe mit Mildred Cooke, deren unerbittlicher Puritanismus ihn dazu brachte, sich zum Protestantismus zu bekennen. Zunächst diente er dem Protektor Somerset, dann Somersets Gegner Northumberland. Er unterstützte Lady Jane Grey darin, Eduards VI. Nachfolgerin zu werden, lief aber in letzter Stunde zu Maria Tudor über. Auf ihr Anraten hin wurde er ein gefügiger Katholik; sie bestimmte ihn dazu, Kardinal Pole in England zu empfangen. Er war ein sehr praktisch denkender Mann und erlaubte es seinen theologischen Saltos nicht, sein politisches Gleichgewicht zu stören. Als Elisabeth ihn zu ihrem Staatssekretär ernannte, redete sie ihn in ihrer gewohnten scharfsinnigen Art wie folgt an:

«Ich übertrage Euch dieses Amt, auf daß Ihr mein privater Ratgeber werdet und es zufrieden seiet, Euch für mich und mein Reich Mühe zu geben. Ich erwarte von Euch, daß Ihr Euch durch keine Art von Geschenken bestechen lasset und daß Ihr dem Staat Treue haltet; ferner, daß Ihr mir, ohne Ansehen meiner privaten Wünsche, *den* Rat geben werdet, den Ihr für den besten erachtet. Wenn Ihr etwas erfahret, was mir notwendigerweise nur im geheimen mitgeteilt werden kann, dann sollt Ihr es nur mir allein kundgeben. Ihr könnt versichert sein, daß ich nicht verfehlen werde, meinerseits Stillschweigen darüber zu bewahren. So ernenne ich Euch denn hiermit zum Staatssekretär.»[6]

Daß sie ihn vierzehn Jahre lang als Sekretär und dann weitere sechsundzwanzig Jahre lang, bis zu seinem Tode, als Schatzmeister behielt, ist ein Beweis für seine Treue und Zuverlässigkeit. Er stand dem Rat vor, leitete ausländische Beziehungen, die öffentlichen Finanzgeschäfte und die Landesverteidigung und beriet Elisabeth bei der endgültigen Einführung des Protestantismus in England. Wie Richelieu dachte er, die Sicherheit und Beständigkeit seines Landes erfordere den einigenden Absolutismus der Monarchin, auch im Gegensatz zu den auf Trennung bedachten Ambitionen streitsüchtiger Adliger, begehrlicher Kaufleute und brudermörderischer Glaubenskriege. Er hatte manchmal eine machiavellistische Art vorzugehen, die zwar selten grausam, aber doch gegenüber jeder Opposition unerbittlich war[7]. Einmal kam ihm der Gedanke, der Earl of Westmorland müsse ermordet werden[8], doch das war nur ein ungeduldiger Augenblick in einem halben Jahrhundert geduldiger, hartnäckiger, redlicher Arbeit. Er hatte Augen und Spitzel für alles, denn er wußte, daß immerwährende Wachsamkeit den Preis für die Macht bedeutet. Er war gewinnsüchtig und sparsam; aber Elisabeth verzieh ihm seinen Reichtum um seiner Klugheit willen und liebte die Knauserigkeit, welche Mittel aufhäufte, um die Armada zu zerschlagen. Ohne ihn wäre sie vielleicht von solch leichtsinnigen Schwadroneuren und verschwenderischen Pfauen wie Leicester, Hatton und Essex verleitet worden. «Cecil», berichtete der spanische Gesandte, «hat mehr Genie als die ganze übrige Ratsversammlung und wird deswegen von allen Seiten beneidet und gehaßt.»[9] Elisabeth lieh manchmal seinen Feinden ihr Ohr und behandelte ihn ab und zu so barsch, daß er sie ganz gebrochen und in Tränen aufgelöst verließ. Wenn sie ihren Koller aber überwunden hatte, wußte sie wieder, daß er die zuverlässigste Stütze ihres Reiches war. Im Jahre 1571 machte sie ihn zum Lord Burghley, und er wurde das Haupt der neuen Aristokratie, die angesichts der ihr feindlich gesinnten Adligen ihren Thron stützte und ihr Königreich groß machte.

Ihre weniger bedeutenden Helfer verdienen es, selbst in einer flüchtigen Übersicht erwähnt zu werden, denn sie waren ihr, trotz karger Entlöhnung, mit all ihren Fähigkeiten und ihrem ganzen Mut bis zur Erschöpfung ihrer Kräfte ergeben. Sir Nicholas Bacon, der Vater Francis Bacons, amtete vom Beginn ihrer Regierungszeit bis zu seinem Tode (1579) als Großsiegelbewahrer. Sir Francis Knollys war von 1558 an ihr Staatsrat und bis zu seinem Ende (1596) Schatzmeister des königlichen Haushalts. Sir Nicholas Throckmorton arbeitete als ihr gewandter Botschafter in Frankreich, und Thomas Randolph übte diese Funktion in Schottland, Rußland und Deutschland aus. An Ergebenheit und Geschicklichkeit war Sir Francis Walsingham, Staatssekretär von 1573 bis zu seinem Tode (1590), Cecil beinah ebenbürtig; er war ein Mensch voll feinfühliger Empfindsamkeit, und Spenser nannte ihn den «großen Maecenas seines Zeitalters». Auch war er über die wiederholten Anschläge auf das Leben der Königin so empört, daß er zu ihrem Schutze ein Spionagenetz errichtete, das von Edinburg bis nach Konstantinopel reichte und in dessen Garn sich die tragische Königin von Schottland verfing. Selten besaß ein Staatsoberhaupt Diener, die so geschickt, so loyal und so armselig entlöhnt waren.

Denn die englische Regierung war selbst arm. Privater Reichtum stellte die staatlichen Mittel in den Schatten. Die Einkünfte betrugen im Jahre 1600 alles in allem 500 000 Pfund[10]. Elisabeth erhob selten direkte Steuern und nahm an Zollabgaben nur 36 000 Pfund ein. Gewöhnlich verließ sie sich auf ihre Einkünfte aus den Staatsdomänen, auf Hilfsgelder, die ihr aus der englischen Kirche zuflossen, und auf «Anleihen» der Reichen, die praktisch Zwangserhebungen gleichkamen, jedoch pünktlich zurückbezahlt wurden[11]. Sie beglich die Schulden, welche ihr Vater, ihr Bruder und ihre Schwester hinterlassen hatten, und erwarb sich dadurch solch ein Ansehen in bezug auf Zahlungsfähigkeit, daß sie in Antwerpen zu 5 Prozent Geld borgen konnte, während Philipp II. von Spanien zeitweise überhaupt keines geliehen bekam. Indes war sie in ihrem Aufwand an Kleidern und Putz sowie ihrer Gewährung wirtschaftlicher Privilegien an ihre Günstlinge recht verschwenderisch.

Äußerst selten und ungern forderte sie das Parlament auf, ihr finanziell beizustehen, denn sie ertrug Opposition, Kritik oder Überwachung nur widerwillig. Sie legte keinen Wert auf Theorien der Volks- oder Parlamentsherrschaft. Wie Homer und Shakespeare war sie der Meinung, daß nur *ein* Haupt herrschen dürfe – und weshalb sollte es nicht ihres sein, in welchem das Blut Heinrichs VIII. floß und sein Stolz brannte? Sie hielt am göttlichen Recht der Könige und Königinnen fest. Deshalb steckte sie nach eigenem Belieben Menschen ohne Richterspruch oder Angabe des Grundes ins Gefängnis; und ihr Staatsrat urteilte als Sternkammergerichtshof politische Verbrecher ab und suspendierte ohne Berufung die Rechte der Habeas-Corpus-Akte und der gerichtlichen Untersuchung[12]. Sie bestrafte Parlamentsmitglieder, die sich ihrem Willen widersetzten. Sie legte den Ortsmagnaten, welche Wahlen ins Parlament vornahmen, nahe, daß es die Angelegenheiten erleichtern würde, wenn sie Kandidaten ohne kindische Vorstellungen von Redefreiheit wählten; denn sie wollte Geld bekommen, ohne langes Geschwätz über sich ergehen lassen zu müssen. Ihre ersten Parlamente fügten sich ihr gutmütig, die späteren gaben zornig nach, die letzten revoltierten beinahe.

Sie setzte ihren Willen durch, weil die Nation ihren klugen Absolutismus der Wut der Parteien, die sich um die Macht stritten, vorzog. Niemand dachte daran, das Volk regieren zu lassen. Politik bestand – wie immer – in einem Wettstreit zwischen Minderheiten, der darauf hinauslief, zu entscheiden, wer die Mehrheit regieren sollte. Halb England verübelte Elisabeth ihre Religionspolitik, fast ganz England nahm ihr ihre Jungfräulichkeit übel; aber ungefähr das gesamte Volk war dankbar für niedrige Steuern, blühenden Handel, Ordnung im Innern des Landes und anhaltenden Frieden und erwiderte die Zuneigung, die ihm von der Königin entgegengebracht wurde. Sie veranstaltete für ihre Untertanen großartige Schauspiele, unternahm «Rundreisen», hörte den Leuten ohne sichtliche Langeweile zu, nahm Anteil an öffentlichen Belustigungen und «fischte» auf hundert andere Arten «nach Menschenseelen»[13]. Der spanische Gesandte fand es jammerschade, daß sie protestantisch war, und schrieb an Philipp: «Sie ist dem Volk sehr verbunden und vertraut darauf, daß alle auf ihrer Seite stehen, was auch tatsächlich der Fall ist.»[14] Die Anschläge auf ihr Leben erhöhten ihre Popularität und Macht. Sogar die Puritaner, die sie verfolgte, beteten für ihr Heil, und der Jahrestag ihrer Thronbesteigung ward zu einem Fest nationaler Danksagung.

War sie die tatsächliche Herrscherin oder bloß Exponentin des niederen Adels Englands und der Handelsoligarchie Londons? Ihre Ratgeber korrigierten oftmals – obwohl sie ihren Zorn fürchteten – ihre politischen Fehler; allein auch sie korrigierte oftmals die ihren. Sie sagten ihr unangenehme Wahrheiten ins Gesicht, gaben ihr widersprechende Ratschläge und gehorchten doch ihren Beschlüssen. Sie regierten zwar, aber die Königin herrschte. «Sie erteilt ihre Befehle», berichtete der spanische Gesandte, «und setzt ihren Kopf so völlig durch wie ihr Vater.»[15] Selbst Cecil wußte selten, wie sie sich entscheiden würde, und ärgerte sich über ihre häufige Ablehnung seiner mühsam erarbeiteten und peinlich genauen Ratschläge. Als er sie drängte, nicht mit Frankreich zu verhandeln, sondern sich einzig auf protestantische Unterstützung zu verlassen, gebot sie ihm mit trotziger Schroffheit Einhalt: «Herr Sekretär, mir scheint, ich habe mich nun genug mit diesem Geschäft abgegeben. Ich werde auf die Vorschläge des französischen Königs eingehen, denn ich will nicht länger mit Euch und Euren Brüdern in Christo verbunden bleiben.»[16]

Ihr staatsmännisches Verhalten brachte ihre Freunde wie ihre Feinde zur Verzweiflung. Sie war bei politischen Entscheidungen zum Verrücktwerden langsam und unentschlossen, aber in vielen Fällen machte sich ihre Unentschlossenheit bezahlt. Sie verstand es, sich die Zeit zur Bundesgenossin zu machen, die mehr Probleme löst, als es Menschen je vermöchten. Dank ihres Zauderns gelangten verwickelte Sachverhalte oftmals von selbst zur Klärung. Sie bewunderte jenen sagenhaften Philosophen, der, wenn er dringend um eine Antwort gebeten wurde, stumm das Alphabet aufzusagen pflegte, ehe er erwiderte. Ihr Wahlspruch war: *Video et taceo*, das heißt: Ich sehe und schweige. Sie entdeckte, daß – in der Politik wie in der Liebe – derjenige verloren ist, der nicht zu zögern versteht. Wenn ihre Politik oft schwankte, so deshalb, weil es die Tatsachen und Mächte, die es abzuwägen galt, auch taten. Sie war von Gefahren und Intrigen umgeben und verfolgte ihren Weg daher mit verzeihlicher Vorsicht, indem sie bald die eine und bald die andere Richtung einzuschlagen versuchte, wobei sie in dieser so wandelbaren Welt keinen Anspruch auf Folgerichtigkeit erhob. Ihr Wankelmut ließ sie einige schwere Irrtümer begehen; aber er erhielt England so lange den Frieden, bis es zum Krieg stark genug war. Sie trat das Erbe einer Nation an, die politisch aufgewühlt und militärisch geschwächt war. Deshalb bestand ihre einzig mögliche Politik darin, Englands Feinde davon abzuhalten, sich gegen ihr Land zu verbünden, und den Hugenottenaufstand gegen die französische Monarchie, den Aufstand der Niederlande gegen Spanien und die protestantische Auflehnung gegen eine schottische Königin, die zu eng mit Frankreich verbündet war, zu ermutigen. Es war eine gewissenlose Politik, aber Elisabeth war mit Machiavelli der Meinung, daß Gewissensbisse sich für Herrscher nicht ziemen, die für Staaten verantwortlich sind. Was ihre listenreiche Nachgiebigkeit auch immer ersinnen mochte: sie bewahrte ihr Land vor fremder Herrschaft, erhielt ihm – mit einigen kurzen Unterbrechungen – dreißig Jahre lang den Frieden und ließ England materiell und geistig reicher als je zuvor zurück.

Als Diplomatin konnte sie den ausländischen Ministern ihrer Zeit manche Lektion erteilen; sie zeigte sich stets aufs beste unterrichtet, war nie um einen Ausweg verlegen, verstand sich auf unberechenbare Schachzüge. Sie war die geschickteste Lügnerin ihres Zeitalters. Von den vier Regentinnen in der zweiten Hälfte des 16. Jahrhunderts, Maria Tudor, Maria Stuart, Katharina von Medici und Elisabeth – Knox sprach von «verderblicher Weiberherrschaft» –, war Elisabeth, was politischen Scharfsinn und diplomatisches Geschick betraf, fraglos die hervorragendste. Cecil meinte, sie sei «die weiseste Frau, die es je gegeben habe, denn sie verstand etwas von den Interessen und Veranlagungen all der Fürsten ihrer Zeit und kannte ihr eigenes Reich so vollkommen, daß keiner ihrer Ratgeber ihr etwas mitteilen konnte, das sie nicht vorher schon gewußt hätte»[17] – was natürlich *cum grano salis* aufzufassen ist. Sie besaß den Vorteil, direkt mit den Gesandten in französischer, italienischer oder lateinischer Sprache verhandeln zu können, und war somit unabhängig von Dolmetschern und Vermittlern. «Diese Frau», sagte der spanische Gesandte, «ist von hunderttausend Teufeln besessen; daher gibt sie mir gegenüber vor, sie wäre gern eine Nonne, würde am liebsten in einer Zelle leben und von morgens bis abends beten.»[18] Jede Regierung des Kontinents tadelte und bewunderte sie gleichzeitig. «Wenn sie keine Ketzerin wäre», sagte Papst Sixtus V., «so wäre sie eine ganze Welt wert.»[19]

III. DIE VERLIEBTE JUNGFRAU

Ihre Jungfräulichkeit war die geheime Waffe ihrer Diplomatie. Wie es sich im einzelnen damit verhielt, bleibt selbstverständlich eine undurchschaubare Einzelheit, über die die Geschichtsschreiber nichts Gewisses mitzuteilen imstande sind. Wir wollen so vertrauensvoll sein wie Raleigh, als er der Kolonie Virginia ihren Namen gab. Cecil, der Elisabeths langen Flirt mit Leicester beobachtete, hegte mehrmals vorübergehende Zweifel; aber zwei spanische Gesandte, die nicht abgeneigt waren, die Königin zu verunglimpfen, entschlossen sich letzten Endes doch, an ihre Unberührtheit zu glauben[20]. Der Hofklatsch, wie ihn Ben Jonson an Drummond of Hawthornden übermittelte, behauptete, «daß sie ein Häutchen hatte, das sie zum Verkehr mit Männern untauglich machte, obwohl sie zu ihrer Lust manchen ausprobierte ... Ein französischer Chirurg schlug ihr vor, es aufzuschneiden, doch Furcht hielt sie davon ab»[21]. «Das Volk», schrieb Camden in seinen *Annalen* (1615), «schalt Huic, den Leibarzt der Königin, weil dieser ihr, infolge eines Hindernisses oder eines Mangels an ihrem Körper, von einer Heirat abgeraten» habe[22]. Doch das Parlament, das sie zu wiederholten Malen bat, sich zu verheiraten, nahm an, sie sei durchaus fähig, zu gebären. In diesem Punkte waren die meisten Angehörigen des Tudorschen Königshauses von Mißgeschick verfolgt. Wahrscheinlich war die Syphilis Heinrichs VIII. schuld daran, daß Katharina von Aragón kinderlos blieb; Heinrichs Sohn Eduard starb in jungen Jahren an irgendeiner undeutlich beschriebenen Krankheit; seine Tochter Maria versuchte leidenschaftlich, ein Kind zu bekommen, und doch war, was sie für eine Schwangerschaft hielt, nur eine Wassersucht; und Elisabeth wagte es nie, sich zu verheiraten, obwohl sie flirtete, solange sie gehen konnte. «Ich bin immer davor zurückgeschreckt», sagte sie. Schon im Jahre 1559 gab sie ihren Entschluß, jungfräulich bleiben zu wollen, bekannt[23]. Im Jahre 1566 jedoch versprach sie dem Parlament: «Ich werde mich so früh, als ich es immer tun kann, verheiraten ... und ich hoffe, daß ich Kinder haben werde.»[24] Aber im selben Jahr weinte Elisabeth beinahe, als Cecil ihr mitteilte, Maria Stuart habe einen Sohn geboren, und sagte: «Die Königin von Schottland ist Mutter eines schönen Knaben, und ich bin nur ein dürrer Strunk.»[25] Damals ließ sie einen Augenblick lang ihren beständigen Kummer sehen: daß sie ihre Bestimmung als Frau nicht erfüllen konnte.

Die politischen Verwicklungen vertieften die Tragödie. Viele ihrer katholischen Untertanen glaubten, ihre Unfruchtbarkeit sei recht eigentlich die Strafe für die Sünden ihres Vaters und eine Verheißung dafür, daß die katholische Maria Stuart die Krone erben werde. Das Parlament und die übrigen Protestanten Englands aber fürchteten eine solche Lösung und bestürmten Elisabeth, sich einen Ehegefährten zu suchen. Sie probierte es, begann jedoch damit, ihr Herz an einen schon verheirateten Mann zu verlieren. Lord Dudley, groß gewachsen, stattlich, gebildet, höfisch erzogen und tapfer, war der Sohn jenes Herzogs von Northumberland, der auf dem Schafott hingerichtet worden war, weil er versucht hatte, Maria Tudor zu enterben und Jane Grey zur

Königin zu machen. Dudley war mit Amy Robsart verheiratet, lebte aber nicht mit ihr zusammen, und Gerüchte nannten ihn einen gewissenlosen Schürzenjäger. Er weilte bei Elisabeth in Windsor, als seine Gattin in Cumnor Hall die Treppe hinunterfiel und sich das Genick brach (1560). Er und die Königin wurden vom spanischen Gesandten und anderen Leuten verdächtigt, diesem plumpen Unfall Vorschub geleistet zu haben; der Verdacht war indessen ungerechtfertigt[26]. Immerhin setzte er Dudleys Hoffnung, Elisabeths Gemahl zu werden, für eine Weile ein Ende. Als sie im Jahre 1562 sterben zu müssen glaubte, äußerte sie den Wunsch, er möge zum Reichsprotektor ernannt werden. Sie beichtete, sie habe ihn lange geliebt, rief aber Gott zum Zeugen dafür an, daß «nichts Unziemliches» zwischen ihnen vorgefallen sei[27]. Zwei Jahre später bot sie ihn der Königin von Schottland als Gemahl an und machte ihn, um seinen Zauber noch zu erhöhen, zum Earl of Leicester. Maria jedoch empfand Widerwillen davor, den Liebhaber ihrer Rivalin in ihrem Bett zu empfangen. Da entschädigte Elisabeth ihn mit Monopolen und begünstigte ihn auch weiterhin bis zu seinem Tode (1588).

Cecil hatte dieser Romanze mit würdevoller Feindseligkeit zugesehen. Eine Zeitlang dachte er daran, sein Amt aus Protest niederzulegen, denn in seinen eigenen Plänen zog er eine Heirat in Betracht, die England durch die Freundschaft mit einem mächtigen Staat noch stärker machen sollte. Fünfundzwanzig Jahre lang scharwenzelte eine Reihe von ausländischen Thronfolgern um die Königin herum. «Zwölf unserer Gesandten», schrieb einer von ihnen, «bewerben sich um die Hand Ihrer Majestät. Der Herzog von Holstein kommt als nächster, er wirbt für den König von Dänemark. Der Herzog von Finnland, der sich anstelle seines Bruders, des Königs von Schweden, hier aufhält, droht damit, den Mann des Kaisers zu töten, und die Königin fürchtet, die beiden werden sich in ihrer Gegenwart die Gurgeln durchschneiden.»[28] Sie muß eine gewisse Genugtuung empfunden haben, als Philipp II., der mächtigste Herrscher der Christenheit, ihr seine Hand anbot (1559); allein, sie lehnte seinen Plan, aus England eine katholische Kolonie Spaniens zu machen, ab. Mehr Zeit ließ sie sich dazu, auf den Antrag Karls IX. von Frankreich zu antworten, denn Frankreich hatte sich inzwischen sehr gut benommen. Der französische Gesandte beklagte sich darüber und sagte, «die Welt sei in sechs Tagen erschaffen worden, während sie nun schon achtzig Tage habe verstreichen lassen und noch immer unentschlossen sei». Sie erwiderte verschmitzt, «die Welt sei von einem größeren Künstler, als sie einer sei, erschaffen worden»[29]. Zwei Jahre später erlaubte sie es englischen Vermittlern, ihre Hand Karl, dem Erzherzog von Österreich, anzutragen. Auf Leicesters Drängen hin gab sie den Plan jedoch wieder auf. Als die internationale Lage launischerweise Frankreich begünstigte (1570), sah sich der Herzog von Alençon (der Sohn Heinrichs II. und Katharinas von Medici), in dem Gedanken ermutigt, er könnte der sechzehnjährige Gatte der siebenunddreißigjährigen Königin werden. Allein, die Verhandlungen scheiterten an drei Hindernissen: des Herzogs katholischem Glauben, seiner zarten Jugend und seinem pockennarbigen Gesicht. Fünf Jahre milderten eines dieser Abschreckungsmittel, und Alençon, jetzt Herzog von Anjou, wurde wiederum in Betracht gezogen. Man lud ihn nach London ein, und Elisabeth spielte weitere fünf Jahre lang mit ihm und Frankreich. Schließlich fand, nach einer letzten Aufwallung (1581), die fröhliche Werbung ein jähes Ende. Anjou zog sich vom Kampfplatz zurück, als Siegesbeute ein Strumpfband der Königin schwenkend. Mittlerweile hatte sie ihn davon abgehalten, die Infantin von Spanien zu heiraten und dadurch ihre beiden Feinde, Frankreich und Spanien, zu vereinen. Selten hat eine Frau ihrer Unfruchtbarkeit so viel Vorteile und ihrer Jungfräulichkeit so viel Vergnügen zu verdanken gehabt.

IV. ELISABETH UND IHR HOF

Es gewährte mehr Genugtuung, von männlichen Elisabethanern umworben als von einem syphilitischen Jüngling zu Bett gebracht zu werden, und das Werben mochte so lange andauern, als eine Heirat es nicht verbot. So erfreute sich Elisabeth immerwährender Schmeicheleien und genoß sie mit unersättlicher Gier. Lords ruinierten sich, um sie zu ergötzen; Maskenspiele und großartige Schaustücke versinnbildlichten ihren Ruhm; Dichter überhäuften sie mit Sonetten und Widmungen, und Musiker verkündeten ihr Lob mit Pauken und Trompeten. Ein Madrigal pries ihre Augen und verglich sie mit «schlachtenlenkenden Gestirnen», ferner nannte es ihre Brüste «die schönen Hügel, wo Tugend wohnt und heilige Geschicklichkeit»[30]. Raleigh sagte ihr, sie schreite wie Venus, jage wie Diana, reite wie Alexander, singe wie ein Engel und schlage die Leier wie Orpheus[31]. Sie glaubte es beinah. Sie war so eitel, als ob all die Verdienste ihres Landes die gesegneten Früchte ihres Leibes wären – und bis zu einem gewissen Grade waren sie es auch. Mißtrauisch gegen ihre körperlichen Vorzüge, kleidete sie sich in kostbare Gewänder und wechselte sie fast täglich. Bei ihrem Tode hinterließ sie deren zweitausend. Sie trug Juwelen im Haar, an den Armen, den Handgelenken, den Ohren und auf den Kleidern. Als ein Bischof ihr die Liebe zum Schmuck vorhielt, warnte sie ihn, er möge diesen Gegenstand nicht mehr erörtern, da er sonst vorzeitig in den Himmel kommen würde[32].

Ihre Manieren konnten beängstigend sein. Sie puffte oder liebkoste ihre Höflinge, ja selbst ausländische Sendboten. Als Dudley niederkniete, um zum Earl erhoben zu werden, kitzelte sie ihn am Nacken*. Einmal spuckte sie, als sie jemandem zuhörte, auf einen kostbaren Pelz. Gewöhnlich war sie liebenswürdig und leicht zugänglich, dabei aber redselig und oft zänkisch und rechthaberisch. Fluchen konnte sie wie ein Seeräuber (was sie, in übertragenem Sinn, ja auch war). «Bei Gotts Tod!» war einer ihrer gelindesten Flüche. Sie konnte sehr grausam sein, wie etwa, als sie mit Maria Stuart Katz und Maus spielte oder als sie Lady Katharina Grey im Tower hinsiechen und sterben ließ. Aber im Grunde war sie freundlich und warmherzig und mischte Zärtlichkeiten unter ihre Hiebe. Oftmals verlor sie ihre Haltung, aber rasch gewann

* Aubrey erzählt eine ungehörige Geschichte: «Als Edward de Vere, Graf von Oxford, vor der Königin seine schuldige Verbeugung machte, ließ er einen Furz fahren, worüber er so verlegen und beschämt war, daß er für sieben Jahre nach Travell ging. Bei seiner Rückkehr bewillkommnete ihn die Königin mit den Worten: Mylord, ich hatte den Furz vergessen.»[33]

Ausschnitt aus dem Gemälde «Bauernhochzeit» von Pieter Breughel d. J. (um 1564–1638), der sich mit seinen Bauernkirmessen und Spukszenen stark an den Stil seines Vaters, Pieter d. Ä., anlehnte (Museum voor Schone Kunsten, Gent).

sie wieder Gewalt über sich. Wenn irgend etwas sie belustigte – und das geschah des öfteren –, lachte sie laut und schallend. Sie tanzte gern und drehte sich noch in Pirouetten, als sie schon neunundsechzig Jahre alt war. Sie machte Luftsprünge und spielte um Geld und ging auf die Jagd und war verliebt in Maskenspiele und Schaustücke. Auch wenn sie wenig Glück hatte, blieb sie guten Mutes, und angesichts von Gefahren war sie voller Zuversicht und Klugheit. Im Essen und Trinken war sie mäßig; aber nach Geld und Juwelen war sie gierig. Genußvoll konfiszierte sie die Güter reicher Rebellen und brachte es schließlich sogar dahin, die Kronjuwelen Schottlands, Burgunds und Portugals in ihren Besitz zu bringen und zu behalten. Daneben besaß sie eine Menge Edelsteine, die ihr von Anwärtern auf die Lordschaft angeboten wurden. Für Dankbarkeit oder Freigebigkeit war sie nicht berühmt, und manchmal versuchte sie, ihre Untergebenen mit schönen Worten abzuspeisen. Aber in ihrer Knauserigkeit und ihrem Stolz steckte ein gut Teil Patriotismus. Als sie den Thron bestieg, war kaum eine andere Nation so arm, daß sie es mit England aufnehmen konnte. Als sie starb, war England Herrin der Meere und forderte die intellektuelle Hegemonie Italiens und Frankreichs heraus.

Welcher Art war ihr Geist? Sie besaß alle Gelehrsamkeit, die eine Königin mit Anmut tragen kann. Während sie England regierte, setzte sie ihre Sprachstudien fort. Sie korrespondierte auf französisch mit Maria Stuart, wechselte auf italienisch Worte mit dem venezianischen Gesandten und schimpfte einen polnischen Sendboten in mannhaftem Latein aus. Sie übersetzte Sallust und Boëthius und konnte genug Griechisch, um Sophokles zu lesen und ein Drama von Euripides zu übertragen. Sie behauptete, so viele Bücher wie irgendein Fürst der Christenheit gelesen zu haben, und so war es vermutlich auch. Fast jeden Tag studierte sie ein Kapitel Geschichte. Ferner verfaßte sie Gedichte, komponierte Musikstücke und spielte leidlich Laute und Spinett. Aber sie besaß Verstand genug, über ihre Talente zu lachen und zwischen Bildung und Intelligenz zu unterscheiden. Als ein Gesandter sie zu ihren Sprachkenntnissen beglückwünschte, bemerkte sie, «es bedürfe keines Wunders, um eine Frau reden zu lehren; schwieriger wäre es, ihr beizubringen, den Mund zu halten»[34]. Ihr Verstand war so scharf wie ihre Redeweise, und ihr Witz hielt Schritt mit der Zeit. Francis Bacon berichtete, daß «sie zu sagen pflegte, die Instruktionen, die sie hohen Offizieren erteile, seien wie Gewänder: eng beim ersten Anziehen, aber nach und nach immer lockerer werdend»[35]. Ihre Briefe und Reden waren in einem ihr ganz eigenen Englisch abgefaßt, das umständlich, verwickelt und geziert, aber doch auch reich an originellen Wendungen und faszinierend in seiner Beredsamkeit und seinem persönlichen Charakter war.

Sie zeichnete sich mehr durch Intelligenz als durch Intellekt aus. Walsingham sagte von ihr, sie sei «unfähig, irgend etwas von Bedeutung zu erfassen»[36]; aber vielleicht sprach dabei Bitternis über unerwiderte Ergebenheit aus ihm. Ihre Stärke bestand in weiblicher Intuition und Feinheit der Wahrnehmung, nicht in mühsam erarbeiteter Logik, und oftmals gab der Erfolg ihren katzenhaften Wendungen mehr recht als den Vernunftschlüssen der anderen. Ihre vieldeutige Persönlichkeit war es vor allem, die

◀ *Eine der zahlreichen realistischen Terrakottastatuetten vorkolumbianischer Kulturen: ein Krieger von der mexikanischen Westküste mit charakteristischem konischen Helm und Lanze.*

zählte; sie hielt Europa in Atem, bezauberte ihr Volk und wirkte im kulturellen Leben des Landes als Ansporn und Würze. Sie führte die Reformation wieder ein, aber sie repräsentierte die Renaissance – jene Lust, das irdische Leben bis zur Neige zu genießen, es jeden Tag mit Freude und Schönheit zu füllen. Sie war kein Muster an Tugend, aber sie war ein Vorbild an Vitalität. Sir John Hayward, den sie in den Tower verbannte, weil er dem unerfahrenen Essex rebellische Ideen eingepflanzt hatte, vergab ihr in dem Maße, daß er neun Jahre, nachdem sie Vergeltung an ihm geübt hatte, von ihr schrieb:

«Wenn jemals irgend jemand die Gabe besaß, die Herzen des Volkes zu gewinnen, so war es die Königin. Wenn sie dies demonstrierte, so tat sie es dadurch, daß sie Milde mit Majestät verband und immerdar sich zum Niedrigsten herabließ. Alle ihre Fähigkeiten waren in Bewegung, und jede Bewegung schien eine wohlerwogene Handlung zu sein. Ihre Augen waren auf irgend jemanden gerichtet, ihre Ohren lauschten auf die Worte eines anderen, sie beurteilte einen dritten und richtete das Wort an einen vierten. Ihr Geist schien überall gegenwärtig zu sein und dabei doch ganz in ihr selbst, daß es war, als sei er sonst nirgends. Einige bemitleidete sie, anderen befahl sie, einigen dankte sie, mit anderen scherzte sie fröhlich und geistvoll, wobei sie niemanden geringschätzte und kein Geschäft vernachlässigte. Sie verteilte ihr Lächeln, ihre Blicke, ihre Anmut so kunstvoll, daß daraufhin das Volk die Beweise seiner Freude verdoppelte.» [37]

Ihr Hof war ein Abbild ihrer Persönlichkeit. Er liebte die Dinge, die sie liebte, und ließ sich durch ihr Vergnügen an Musik, Scherz, Spielen und geistreicher Rede zu einer Ekstase von Gedichten, Madrigalen, Dramen, Maskenspielen und einer Prosa inspirieren, wie England sie seither nie mehr gekannt hat. In ihren Schlössern in Whitehall, Windsor, Greenwich, Richmond und Hampton Court gingen Lords und Ladies, Ritter und Gesandte, Gaukler und Diener im anregenden Wechselspiel zwischen königlichem Zeremoniell und galantem Frohsinn aus und ein. Ein eigenes Amt für Lustbarkeiten bereitete Vergnügungen vor, die sich von Scharaden und Brettspielen bis zu vollständigen Maskeraden und der Aufführung von Shakespeares Dramen erstreckten. Der Auffahrtstag, Weihnachten, Neujahr, das Dreikönigsfest, Lichtmeß und die Fastenzeit wurden regelmäßig durch Kurzweil, athletische Wettkämpfe, Turniere, Theateraufführungen und Mummenschanz gefeiert. Das Maskenspiel war eine der vielen italienischen Lustbarkeiten, die im elisabethanischen England Eingang fanden: ein munteres Gemisch aus Prunkaufzügen, Dichtung, Musik, Allegorie, Possenreißerei und Ballett, das von Schauspieldichtern und Künstlern zusammengestellt und am Hof oder auf reichen Landgütern aufgeführt wurde, und zwar mit komplizierten Maschinerien und Verwandlungen und dargestellt von vermummten Damen und Herren in kostbaren Gewändern und mit einfachen Rollen. Elisabeth liebte Schauspiele leidenschaftlich, und zwar besonders Komödien. Wer weiß, wie viel von Shakespeare auf die Bühne gekommen oder der Nachwelt überliefert wäre, wenn Elisabeth und Leicester, allen Angriffen der Puritaner zum Trotz, dem Theater nicht ihre Unterstützung geliehen hätten!

Elisabeth begnügte sich nicht mit ihren fünf Schlössern. Fast jeden Sommer machte sie sich auf und unternahm Rundreisen durch das Land, um zu sehen und gesehen zu werden, ein Auge auf ihre Vasallen zu haben und sich an ihren widerwilligen Ehrbezeugungen zu erfreuen. Ein Teil des Hofes folgte ihr, freute sich über die Abwechslung und schimpfte über die Unterkunft und das Dünnbier. Städte kleideten ihre Honoratioren in Samt und Seide, um die Königin mit Reden und Gaben zu empfangen. Adlige ruinierten sich, um sie aufzunehmen. Bedrängte Lords beteten darum, sie möge nicht bei ihnen einkehren. Die Königin ritt zu Pferd oder ließ sich in einer offenen Sänfte tragen und grüßte leutselig die Menge, die an den Straßenrändern stand. Das Volk geriet beim Anblick seiner unbesiegbaren Herrscherin in freudige Erregung, und ihre huldvolle Artigkeit und ansteckende Heiterkeit bezauberte es so, daß es ihr stets von neuem Treue schwor.

Der Hof übernahm ihre Fröhlichkeit, ihre freien Sitten, ihren Luxus in der Kleidung, ihre Liebe zu Zeremonien und die Idealvorstellung, die sie sich von einem Gentleman machte. Sie liebte es, das Klirren von Schmuckstücken zu hören, und die Männer in ihrem Umkreis wetteiferten in Modedingen mit den Frauen und trugen aus orientalischen Stoffen gefertigte Gewänder italienischen Stils. Lustbarkeiten waren an der Tagesordnung, aber jedermann hatte immerfort zu kriegerischen Heldentaten jenseits der Meere bereit zu sein. Verführer mußten vorsichtig zu Werke gehen, denn Elisabeth fühlte sich den Eltern ihrer Hofdamen gegenüber für deren Ehre verantwortlich. So verbannte sie den Earl von Pembroke vom Hofe, weil er Mary Fitton geschwängert hatte[38]. Wie an jedem Hof, wob auch hier die Intrige manch verwickeltes Netz. Skrupellos warben Frauen um Männer und Männer um Frauen, und alle miteinander um die Gunst der Königin und die Nebenverdienste, die davon abhingen. Dieselben Herren, die in Gedichten die Verfeinerung der Liebe und Moral besangen, verlangten in Prosa dringend nach Pfründen, empfingen oder verteilten Bestechungsgeschenke, rissen Sonderrechte an sich und eilten herbei, wenn es ans Verteilen von Piratenbeute ging. Und die gierige Königin schaute der Käuflichkeit, die ihren Grund in der unzulänglichen Besoldung ihrer Untergebenen hatte, nachsichtig zu. Infolge ihrer Beihilfe und mit ihrer Genehmigung wurde Leicester zum reichsten Lord in England; Sir Philip Sidney erhielt in Amerika weite Ländereien; Raleigh erwarb vierzigtausend Morgen Land in Irland; der zweite Earl von Essex machte seinen Profit bei der Einfuhr süßer Weine; und Sir Christopher Hatton, der zunächst so etwas wie der Schoßhund der Königin war, wurde schließlich Lordkanzler. Elisabeth ließ sich von erfinderischen Köpfen nicht stärker beeindrucken als von wohlgeformten Beinen – denn diese Stützen der Gesellschaft zeigten sich damals noch unverhüllt. Trotz ihrer Schwächen aber verstand sie, anspornend, beispielgebend zu wirken und die brachliegenden Energien der Besten ihres Volkes freizumachen. Sie weckte ihre Tatenlust, regte ihren Geist zu kühnem Denken an, verwandelte die Rauheit ihrer Sitten in Anmut und Witz, inspirierte die Dichtung, das Drama, die Kunst. Fast alle Genies aus Englands größtem Zeitalter versammelten sich rund um diesen glänzenden Hof und diese außerordentliche Frau.

V. ELISABETH UND DIE RELIGION

Allein – inmitten ihres Hofes und im ganzen Land tobte der bittere Reformationskrieg und warf derartige Probleme auf, daß viele dachten, die Königin würde an ihnen scheitern. Sie war Protestantin; das Land war zu zwei Dritteln, vielleicht sogar zu drei Vierteln katholisch[39]. Die meisten Magistraten, alle Angehörigen des Klerus waren katholisch. Die Protestanten waren auf die südlichen Häfen und die Industriestädte verwiesen. In London hatten sie die Oberhand, denn dort hatte sich ihre Zahl durch die Flüchtlinge, die vom Kontinent vertrieben worden waren, vergrößert. Aber in den nördlichen und westlichen Landesteilen – wo fast überall Ackerbau betrieben wurde – bildeten sie eine unbedeutende Minderheit[40]. Der Kampfgeist der Protestanten war jedoch unverhältnismäßig eifriger als der der Katholiken. Im Jahre 1559 veröffentlichte John Foxe seine *Rerum in ecclesia gestarum ... commentarii*, worin er voller Leidenschaft die Drangsal der Protestanten unter der vorangegangenen Regierung schilderte. Die Schriften wurden (1563) unter dem Titel *Actes and Monuments* (Taten und Denkmäler) übersetzt. Im Volk wurden sie als *Märtyrerbuch* bekannt und übten mehr als ein Jahrhundert einen erweckenden Einfluß auf die englischen Protestanten aus. Im sechzehnten Jahrhundert besaß der Protestantismus die fieberhafte Energie einer neuen, für die Zukunft kämpfenden Idee, während dem Katholizismus die Kraft überlieferten Glaubens, erprobter Ordnungen, die tief in der Vergangenheit verwurzelt waren, innewohnte.

Bei einer immer zunehmenden Minderheit hatte die religiöse Unruhe Skeptizismus, ja da und dort sogar Atheismus hervorgerufen. Der Konflikt der Glaubensbekenntnisse, ihre gegenseitige Kritik, ihre blutige Unduldsamkeit und der Gegensatz zwischen den Bekenntnissen und dem Verhalten der Christen hatten in manchen den nüchternen Tatsachen verpflichteten Gemütern Zweifel an allen theologischen Dogmen aufkommen lassen. Hören wir Roger Aschams *Scholemaster* (1563):

«Jener Italiener, der als erster das italienische Sprichwort gegen unsere veritalianisierten Engländer erfand, meinte nicht so sehr ihre Eitelkeit in Lebensdingen als vielmehr ihre liederlichen Ansichten über Religion ... Sie messen den Offizien des Tullius [Ciceros *De officiis*] mehr Gewicht bei als den Briefen des Apostels Paulus, und einer Novelle von Boccaccio mehr als einer Geschichte aus der Bibel. Denn sie bewerten die heiligen Mysterien der christlichen Religion als Märchen. Sie stellen Christum und sein Evangelium nur in den Dienst bürgerlicher Politik, und jede Religion ist ihnen recht, sei es Protestantismus oder Katholizismus. Zur rechten Zeit sind sie in aller Öffentlichkeit Befürworter beider; wo es angebracht ist aber, verspotten sie beide im geheimen ... Denn wo sie es wagen, besonders in Gesellschaft, wo sie es gern tun, verlachen sie kühn beide: Protestanten und Papisten. Sie kümmern sich um keine Heilige Schrift ..., sie verspotten den Papst, sie schimpfen auf Luther ... Der Himmel, den sie ersehnen, besteht nur in ihren persönlichen Vergnügen und ihrem privaten Nutzen, wobei sie offen erklären, aus welcher Schule ... sie herkommen: nämlich in Lebensdingen aus derjenigen Epikurs und in der Doktrin aus der der *atheoi*.»[41]

Cecil beklagte es (1569), daß «Verspotter der Religion, Epikuräer und Atheisten überall vorkommen»[42]. John Strype behauptete, «viele hätten sich von der Verbindung mit der Kirche vollkommen gelöst und kämen nicht mehr zum Gottesdienst»[43]. John Lyly meinte (1579), «die Heiden hätten nie so viele Sekten gehabt ... es habe nie so viel Irrglauben unter den Ungläubigen gegeben, wie es jetzt bei den Gelehrten der Fall sei»[44]. Theologen und andere Männer schrieben Bücher gegen den «Atheismus» – der vorgab, an Gott zu glauben, nicht aber an die Göttlichkeit Christi. In den Jahren 1579, 1583 und 1589 wurden Menschen verbrannt, weil sie die Göttlichkeit Christi leugneten[45]. Verschiedene Dramatiker – Greene, Kyd, Marlowe – waren angeblich Atheisten. Das Drama des Elisabethanischen Zeitalters, das sonst so großzügige Lebensgemälde bietet, enthält bemerkenswert wenig über den Glaubenskampf, macht aber viel Wesens aus heidnischer Mythologie.

In Shakespeares Komödie *Verlorene Liebesmüh* (Love's labour's lost, 1594) stehen zwei dunkelsinnige Zeilen:

Sophisterei! Schwarz ist Livrei der Hölle,
Des Kerkers Farbe, Schule finstrer Nacht.

Viele[46] haben den Ausdruck dahin ausgelegt, er beziehe sich auf die abendlichen Versammlungen Walter Raleighs, denen der Astronom Thomas Harriot, der Gelehrte Lawrence Keymis und wahrscheinlich auch die Dichter Marlowe und Chapman, sowie einige weitere, in Raleighs Landhaus in Sherborne beiwohnten, und zwar zum Studium der Astronomie, Geographie, Chemie, Philosophie und Theologie. Harriot, offenbar der geistige Leiter der Gruppe, «hatte eine sonderbare Auffassung von der Heiligen Schrift», berichtete der Antiquar Anthony à Wood, «und unterschätzte fortwährend die alte Schöpfungsgeschichte ... Er verfaßte eine *Philosophische Theologie,* in der er das Alte Testament verwarf.» Er glaubte zwar an Gott, wollte aber nichts wissen von der Offenbarung und der Göttlichkeit Christi[47]. Der Jesuit Robert Parsons schrieb im Jahre 1592 über «Sir Walter Raleighs Schule des Atheismus ... worin beide, Moses und unser Erlöser, das Alte und das Neue Testament, verspottet werden, und die Scholaren darin unterrichtet werden ..., Gott von rückwärts zu buchstabieren»[48]. Raleigh wurde angeklagt, Marlowes Vorlesung eines Essays über «Atheismus» beigewohnt zu haben. Im März 1594 tagte in Cerne Abbes, in Dorset, eine Regierungskommission, um das Gerücht von atheistischen Umtrieben in der Nachbarschaft zu untersuchen – in welcher Raleighs Haus lag. Die Nachforschungen führten zu keinen uns heute bekannten Maßnahmen, in dem Prozeß gegen Raleigh (1603) aber wurde auch Anklage wegen Atheismus erhoben[49]. Im Vorwort zu seiner *Weltgeschichte* ließ er es sich angelegen sein, sich über seinen Glauben an Gott des längeren auszulassen.

Verdacht auf Freidenkertum heftete sich sogar an Elisabeth. «Nie lebte eine Frau», sagte John Richard Green, «der so vollständig jedes Gefühl für Religion fehlte.»[50] Elisabeth war, nach Froudes Urteil, «ohne eindeutige Gefühlsüberzeugung ... Elisabeth, für die der protestantische Glaube so wenig echt war wie der katholische ..., hegte eine freidenkerische Verachtung für theologischen Dogmatismus»[51]. Sie beschwor Gott – mit schrecklichen Eiden, die ihre Minister entsetzten –, er möge sie vernichten, wenn sie ihr Versprechen, sich mit Alençon zu vermählen, nicht halte, während sie im geheimen über seine Ansprüche auf ihre Hand spottete[52]. Einem spanischen Gesandten gegenüber erklärte sie, der Unterschied zwischen den sich bekämpfenden Glaubensbekenntnissen sei «bloß eine Bagatelle», woraus dieser schloß, sie sei Atheistin[53].

Nichtsdestoweniger nahm sie es, wie fast alle Regierungen vor 1789, als gegeben an, daß irgendeine Religion, irgendein übernatürlicher Ursprung, eine übernatürliche Sanktion der Moral für die soziale Ordnung und die Stabilität des Staates unumgänglich notwendig sei. Eine Zeitlang, und bis sie ihre Stellung konsolidiert hatte, schien sie zu zaudern und spielte mit den Hoffnungen katholischer Potentaten, sie könnte am Ende doch für ihren Glauben gewonnen werden. Sie liebte das katholische Zeremoniell, das Zölibat der Geistlichkeit, das Schauspiel der Messe und hätte vielleicht mit der Kirche Frieden geschlossen, wenn dies nicht die Unterwerfung unter den Papst zur Folge gehabt hätte. Sie mißtraute dem Katholizismus als einer fremden Macht, welche die Engländer dazu verführen könnte, die Treue gegen die Kirche über die Untertanenpflicht gegen die Königin zu stellen. Sie war im Protestantismus ihres Vaters erzogen worden, und dieser Protestantismus war nichts anderes als ein Katholizismus ohne Papsttum gewesen. Folglich war sie entschlossen, gerade diesen Glauben in England wieder einzuführen. Sie hoffte, die halb katholische Liturgie ihrer anglikanischen Kirche würde die Katholiken, die auf dem Lande wohnten, besänftigen, während die Verwerfung des Papsttums die Protestanten in den Städten zufriedenstellen würde. Mittlerweile würde eine staatliche Kontrolle des Bildungswesens die heranwachsende Generation an die neue Ordnung gewöhnen, und der das Land in zwei Parteien spaltende Religionsstreit würde geschlichtet werden. Sie brachte es dahin, daß ihr Zaudern hinsichtlich der Religion – wie dasjenige hinsichtlich ihrer Verheiratung – ihren politischen Zwecken diente. Sie verstand es, ihre möglichen Feinde so lange zu verwirren und zu entzweien, bis sie ihnen mit einer vollendeten Tatsache entgegentreten konnte.

Vielerlei Beweggründe drängten sie dazu, die Reformation zu vollenden. Reformatoren schrieben ihr vom Kontinent her und dankten ihr im voraus dafür, daß sie den neuen Gottesdienst wieder einsetzte; ihre Briefe rührten sie. Inhaber früherer Kirchengüter beteten für eine protestantische Regelung. Cecil drängte Elisabeth dazu, sich zur Schutzherrin aller europäischen Protestanten zu machen. Londoner Protestanten gaben ihren Gefühlen dadurch Ausdruck, daß sie einer Statue des heiligen Thomas den Kopf abschlugen und sie auf die Straße warfen. Elisabeths erstes Parlament (vom 23. Januar bis zum 8. Mai 1559) bestand vorwiegend aus protestantischen Mitgliedern. Die Geldmittel, die sie verlangte, wurden ihr rückhaltlos und ohne Verzögerung gewährt, und um sie zusammenzubringen, wurde allen Personen, geistlichen und weltlichen, eine Steuer auferlegt. Eine neue Vereinheitlichungsakte (28. April 1559) erhob Cranmers Anglikanisches Gebetbuch, das *Common Prayer Book,* welches revidiert worden war, zur Grundlage der englischen Liturgie und verbot jedes andere religiöse Ritual. Die Messe wurde abgeschafft. Allen Engländern wurde befohlen, dem Sonntagsgottesdienst der anglikanischen Kirche beizuwohnen oder einen Strafschilling zugunsten der Armenhilfe zu bezahlen. Eine neue Oberhoheitsakte erklärte (29. April) Elisabeth zur höchsten Herrscherin Englands in allen Angelegenheiten, geistlichen oder weltlichen.

Von allen Geistlichen, Rechtsgelehrten, Lehrern, Universitätsabsolventen, Magistraten und allen Beamten der Kirche und der Krone wurde ein Suprematseid, der die religiöse Oberhoheit der Königin anerkannte, gefordert. Alle höheren kirchlichen Bestimmungen und Entscheidungen sollten von einem obersten ekklesiastischen Gerichtshof getroffen werden, der von der Regierung eingesetzt wurde. Jede Verteidigung der päpstlichen Autorität über England sollte fortan bestraft werden, und zwar bei der ersten Übertretung mit lebenslänglicher Haft, bei der zweiten mit dem Tode (1563). Um 1590 waren alle englischen Kirchen protestantisch.

Elisabeth behauptete, sie drangsaliere keine Meinung. Jedermann, sagte sie, möge denken und glauben, was er wolle, vorausgesetzt, daß er den Gesetzen gehorche. Alles, was sie verlangte, war äußerste Konformität zum Schutz nationaler Einheit. Cecil versicherte ihr, «ein Staat, in dem zwei Religionen geduldet würden, könne sich nie in Sicherheit wiegen»[54] – was indes Elisabeth nicht davon abhielt, vom katholischen Frankreich die Duldung französischer Protestanten zu verlangen[55]. Sie hatte nichts gegen friedfertige Heuchelei einzuwenden, aber Meinungsfreiheit sollte nicht gleichbedeutend sein mit Redefreiheit. Prediger, welche mit Elisabeths Ansichten über irgendeinen wichtigen Gegenstand nicht übereinstimmten, wurden zum Schweigen gebracht oder ihres Amtes enthoben[56]. Die Gesetze gegen Ketzerei wurden nochmals genau festgelegt und auch zur Geltung gebracht. Unitarier und Wiedertäufer wurden geächtet[57]. Fünf Ketzer wurden während Elisabeths Regierungszeit verbrannt – was in jenen Tagen eine bescheidene Anzahl darstellte.

Im Jahre 1563 legte eine Versammlung von Geistlichen die Formen des neuen Glaubensbekenntnisses fest. Alle waren sich darüber einig, die Prädestination anzuerkennen. Demnach hatte Gott nach seinem Ratschluß schon vor der Erschaffung der Welt und ohne Ansehen individuellen Verdienstes oder individueller Unwürdigkeit eine Anzahl Seelen auserkoren, damit sie erwählt und gerettet seien, während alle übrigen der Verworfenheit und Verdammnis überantwortet wurden. Die Versammlung akzeptierte die lutherische Rechtfertigung durch den Glauben, das heißt die Annahme, daß die Erwählten nicht kraft ihrer guten Werke, sondern allein durch den Glauben an die Gnade Gottes und die Erlösung durch das Blut Christi gerettet würden. Immerhin interpretierten sie das Abendmahl in calvinistischem Sinn eher als eine geistige denn als eine leibliche Vereinigung mit Christo. Durch eine Parlamentsakte wurden (1566) die «neununddreißig Artikel», welche die neue Theologie zusammenfaßten, für alle Geistlichen in England obligatorisch erklärt. Auch heute noch stellen sie die Zusammenfassung des offiziellen anglikanischen Glaubensbekenntnisses dar.

Das neue Ritual war ebenfalls ein Kompromiß. Die Messe war zwar abgeschafft, aber zum Entsetzen der Puritaner wurden die Geistlichen angewiesen, beim Verlesen des Gottesdienstes weiße Chorhemden zu tragen und beim Austeilen des Abendmahls Chorröcke anzulegen. Die Kommunion mußte, unter den beiden Gestalten von Brot und Wein, kniend empfangen werden. Die Anrufung der Heiligen wurde durch jährliche Gedenktage protestantischer Glaubenshelden ersetzt. Konfirmation und Ordination waren als heilige Riten beibehalten worden, wurden aber nicht als von Christo eingesetzte Sakramente angesehen, und die Beichte vor einem Priester war nur in Erwartung des Todes angezeigt. Viele Gebete behielten römisch-katholische Formen bei, erschienen jedoch in englischem Gewand und entwickelten sich zu einer edlen und formbildenden Gattung der Nationalliteratur. Vierhundert Jahre lang vermittelten diese Gebete und Hymnen, die von Gemeinden und Priestern inmitten der geräumigen Pracht der Kathedralen oder der würdevollen Schlichtheit der Dorfkirchen gesprochen wurden, den englischen Familien Eingebung, Trost, moralischen Halt und den Frieden des Herzens.

VI. ELISABETH UND DIE KATHOLIKEN

Nun waren die Katholiken an der Reihe, Verfolgungen zu erleiden. Obwohl sie noch immer in der Mehrzahl waren, wurde es ihnen verboten, katholische Gottesdienste abzuhalten oder katholische Bücher zu besitzen. Auf Befehl der Regierung wurden die religiösen Bilder in den Kirchen zerstört und die Altäre entfernt. Sechs Oxforder Studenten, welche sich der Beseitigung eines Kruzifixes in ihrer Universitätskapelle widersetzten, wurden in den Tower geworfen[58]. Die meisten Katholiken unterwarfen sich betrübt den neuen Vorschriften. Eine beträchtliche Anzahl jedoch zog es vor, die Geldstrafen für Nichtteilnahme am anglikanischen Ritual zu bezahlen. Die königliche Ratsversammlung schätzte die «Widerspenstigen» in England auf ungefähr fünfzigtausend[59]. Anglikanische Bischöfe beklagten sich bei der Regierung darüber, daß in Privathäusern Messen gelesen würden, daß der Katholizismus wieder öffentlich praktiziert werde und daß es in gewissen eifrigen Gemeinden gefährlich sei, Protestant zu sein[60]. Elisabeth erteilte dem Erzbischof Parker wegen seiner Lauheit eine Rüge (1565), und daraufhin wurden die Gesetze mit größerer Härte angewendet. Katholiken, welche der Messe in der Kapelle des spanischen Gesandten beigewohnt hatten, wurden eingekerkert. In London wurden Häuser durchsucht. Ausländer sahen sich gezwungen, über ihren Glauben Rechenschaft abzulegen. Polizeirichtern wurde befohlen, alle Personen, die Bücher römisch-katholischen Inhalts in ihrem Besitz hatten, zu bestrafen (1567)[61].

Wir dürfen indes diese Gesetzgebung nicht von unserem Standpunkt aus und mit den Begriffen der verhältnismäßig weitgehenden religiösen Toleranz beurteilen, die wir den Philosophen und Revolutionen des siebzehnten und achtzehnten Jahrhunderts verdanken. Damals lagen die Glaubensbekenntnisse miteinander im Kampf und waren mit der Politik verquickt – und Politik ist ein Gebiet, auf dem Toleranz immer nur in beschränktem Maß geduldet war. Im sechzehnten Jahrhundert waren sich alle Parteien und Regierungen darüber einig, daß die Abweichung von der Staatsreligion eine Art politischen Aufruhrs darstelle. Der religiöse Konflikt wurde ausgesprochen politisch, als Papst Pius V. nach einem – seiner Meinung nach langen und geduldigen – Zuwarten eine päpstliche Bulle veröffentlichte (1570), die nicht nur Elisabeth exkommunizierte, sondern auch ihre Untertanen von der Treue zu ihr entband und es ihnen verbot, «ihren Mahnungen, Befehlen und Gesetzen zu gehorchen». Die Bulle wurde in Frankreich und Spanien unterdrückt, da diese Länder damals Englands Freundschaft suchten, aber eine Kopie wurde heimlich an die Pforten der bischöflichen Residenz in London angeschlagen. Der Schuldige wurde jedoch entdeckt und zum Tode verurteilt. Angesichts dieser Kriegserklärung verlangten die Minister der Königin vom Parlament strengere antikatholische Gesetze. Es wurden Verordnungen erlassen, welche es zu einem Kapitalverbrechen stempelten, die Königin eine Ketzerin, eine Abtrünnige, eine unrechtmäßige Machthaberin oder eine Tyrannin zu nennen, eine päpstliche Bulle nach England zu bringen oder einen Protestanten zur römisch-katholischen Kirche zu bekehren[62]. Der oberste Gerichtshof wurde ermächtigt, die Ansichten jeder verdächtigen Person zu prüfen und jedes bisher unbestraft gebliebene Vergehen dieser Person gegen irgendein Gesetz, einschließlich Hurerei oder Ehebruch, zu bestrafen[63].

Die katholischen Monarchen Europas konnten nicht offen gegen diese Gewaltmaßnahmen protestieren, die so sehr ihren eigenen glichen. Die meisten englischen Katholiken unterwarfen sich friedfertig weiterhin, und Elisabeths Regierung hoffte, diese Gewohnheit würde zur Annahme der Gesetze und mit der Zeit auch zum vorgeschriebenen Glaubensbekenntnis führen. Um dies zu verhüten, gründete William Allen, ein englischer Emigrant, in Douai und später in den spanischen Niederlanden ein Kollegium und Seminar, in dem englische Katholiken zum Missionsdienst in England ausgebildet wurden. Er erläuterte seine Absicht mit folgenden feurigen Worten:

«Wir erachten es als unsere erste und vornehmste Aufgabe ..., im Gemüt der Katholiken ... Eifer und gerechte Empörung gegen die Ketzer ... aufzustacheln. Wir tun dies, indem wir an dem Ort, wo wir uns aufhalten, den Studenten die unerhörte Majestät der Zeremonien der katholischen Kirche vor Augen führen ... Gleichzeitig rufen wir ihnen den traurigen Gegensatz dazu in Erinnerung, der in ihrer Heimat besteht: die völlige Verwüstung all der heiligen Dinge, die dort herrscht ..., während unsere Freunde und Verwandten, alle unsere Lieben, und außer ihnen zahllose Seelen infolge der Kirchenspaltung in Gottlosigkeit verderben! Alle Kerker und Verliese sind überfüllt, nicht mit Dieben und Verbrechern, sondern mit Priestern und Dienern Christi, ja schlimmer noch: mit unseren Eltern und Verwandten. Wir wollen daher alles eher erdulden, als weiterhin zusehen zu müssen, wie das Böse unsere Nation zugrunde richtet.»[64]

In Douai hielt sich das Kollegium bis zum Jahre 1578, als die Calvinisten die Stadt besetzten. Anschließend übersiedelte es nach Reims, von wo es abermals nach Douai zurückkehrte (1593). Die Douai-Bibel – eine englische Übertragung der lateinischen Vulgata – wurde (1582–1610) in Reims und Douai hergestellt und gelangte ein Jahr vor der «autorisierten Übersetzung» unter König Jakob zur Veröffentlichung. Zwischen 1574 und 1585 ordinierte das Kollegium 275 Prüflinge und sandte 268 als Missionare nach England. William Allen wurde nach Rom berufen und zum Kardinal ernannt, aber sein Werk wurde fortgesetzt. Bis zum Tode Elisabeths im Jahre 1603 wurden weitere 170 Priester nach England beordert. Von den insgesamt 438 erduldeten 98 die Todesstrafe.

Die Leitung des Missionskollegiums ging an einen Jesuiten, Robert Parsons, über, einen Mann voller Begeisterung und Mut, einen Feuerbrand von Polemiker und Meister englischer Prosa. Er verkündete freimütig, die Bulle, welche Elisabeth absetze, rechtfertige ihre Ermordung. Viele englische Katholiken waren empört, aber Tolomeo Galli, der Staatssekretär Papst Gregors XIII., billigte diesen Gedanken[65]*. Parsons drang bei den katholischen Mächten darauf, England zu überfallen. Der spanische Gesandte in England verurteilte den Plan als «verbrecherische Torheit», und Everard Mercurian, das Haupt des Jesuitenordens, verbot es Parsons, sich in die Politik einzumischen[67]. Unerschrocken beschloß dieser, persönlich nach England zu gehen. Er verkleidete sich als englischer Offizier, der vom Dienst in den Niederlanden zurückkehrte, und seine martialische Großtuerei, seine Uniform mit goldenen Tressen und sein Federhut halfen ihm, die offiziellen Grenzstellen zu passieren (1580). Er ebnete sogar noch einem anderen Jesuiten, Edmund Campion, der ihm in der Verkleidung eines Juwelenhändlers folgte, den Weg. Beide erhielten mitten in London heimliche Unterkunft.

Sie besuchten gefangene Katholiken und sahen, daß diese recht milde behandelt wurden. Sie rekrutierten weltliche und geistliche Hilfskräfte und begannen ihre Arbeit damit, die Katholiken zu ermahnen, ihrer Kirche treu zu bleiben; dann bekehrten sie «Abtrünnige», die sich erst vor kurzem zum protestantischen Glauben bekannt hatten, wieder zum Katholizismus. Weltgeistliche, die sich in England verborgen hielten, waren über die Kühnheit der Missionare entsetzt und warnten sie, sie würden bald erwischt und verhaftet werden, und ihre Entdeckung würde für die Katholiken alles nur noch schlimmer machen; sie baten sie auch, nach dem Kontinent zurückzukehren. Aber Parsons und Campion harrten aus. Sie zogen von Stadt zu Stadt, hielten heimliche Versammlungen ab, hörten Beichten an, zelebrierten Messen und erteilten den flüsternden Gläubigen, die in Verehrung zu ihnen wie zu Gottesboten aufblickten, ihren Segen. Innerhalb eines Jahres bekehrten sie – so wurde behauptet – zwanzigtausend Menschen[68]. Sie eröffneten eine Druckerei und verbreiteten Propagandaschriften. In den Straßen Londons wurden Traktate gefunden, welche erklärten, Elisabeth sei exkommuniziert worden, somit sei sie nicht länger rechtmäßige Königin von England[69]. Ein dritter Jesuit wurde nach Edinburg gesandt. Er sollte die schottischen Katholiken dazu drängen, England von Norden her zu überfallen. Der Earl of Westmoreland leistete einer Vorladung des Vatikans Folge. Er brachte von Rom eine Menge Goldbarren nach Flandern zurück, die es ermöglichen sollten, eine Invasion von seiten der Niederlande zu finanzieren. Im Sommer 1581 glaubten viele Katholiken, die spanischen Truppen Albas würden nach England herüberkommen[70].

Die englische Regierung war durch ihre Spione gewarnt worden und verdoppelte ihre Anstrengungen, um der Jesuiten habhaft zu werden. Parsons entkam über den Kanal, aber Campion wurde im Juli 1581 verhaftet. Er wurde durch ihm wohlgesinnte Dörfer und durch das feindliche London in den Tower geschleppt. Elisabeth ließ ihn zu sich bringen und versuchte, ihn zu retten. Sie fragte, ob er sie als seine rechtmäßige

* Ein katholischer Historiker fügt hinzu: «Wenn der Nuntius wie der Staatssekretär die Tötung Elisabeths guthießen, so geschah dies auf Grund der damals geltenden Rechtsanschauungen. An diesen hielt auch Gregor XIII. fest, mit dem der Staatssekretär so gut wie sicher vor Erlaß seines Schreibens an den Nuntius Rücksprache nahm.»[66]

Herrscherin anerkenne? Er antwortete: ja, das tue er. Aber auf ihre nächste Frage, ob der Papst sie von Rechts wegen exkommunizieren könne, antwortete er, er könne eine Streitfrage nicht entscheiden, über die gelehrte Männer geteilter Meinung seien. Da sandte sie ihn in den Tower zurück, gab aber Anweisung, er solle freundlich behandelt werden. Cecil jedoch befahl, man möge ihn foltern, damit er die Namen seiner Mitverschwörer preisgebe. Nachdem er zwei Tage lang Todesqualen ausgestanden hatte, gab er ein paar Namen bekannt, und es wurden weitere Verhaftungen vorgenommen. Als Campion jedoch seine Dreistigkeit zurückgewonnen hatte, forderte er protestantische Geistliche zu einer öffentlichen Debatte heraus. Mit Erlaubnis des Gerichtshofes wurde in der Kapelle des Towers ein Disput anberaumt. Höflinge, Gefangene und das große Publikum waren zugelassen, und der Jesuit hielt sich stundenlang auf seinen schwachen Beinen, um für die katholische Theologie zu plädieren. Keine Partei überzeugte die andere; als aber Campion vor Gericht gebracht wurde, ward er nicht der Ketzerei angeklagt, sondern der Absicht, die Regierung durch innere Subversion und durch Angriffe von außen zu stürzen. Er und vierzehn weitere Katholiken wurden für schuldig erklärt und am 1. Dezember 1581 gehängt.

Die Katholiken, welche vorausgesagt hatten, die Mission der Jesuiten würde die Regierung zu weiteren Verfolgungen aufreizen, hatten recht gehabt. Elisabeth erließ einen Appell an ihre Untertanen, sich entweder für sie oder für diejenigen, die nach ihrem Thron und ihrem Leben trachteten, zu entscheiden. Das Parlament verfügte (1581), daß die Bekehrung zum Katholizismus als Hochverrat bestraft werden sollte, daß jeder Priester, der die Messe lese, zu einer Geldstrafe von zweihundert Mark und zu einem Jahr Gefängnis verurteilt würde und daß alle, die sich weigerten, dem anglikanischen Gottesdienst beizuwohnen, zwanzig Pfund im Monat bezahlen müßten[71] – genügend, um alle, außer den reichsten Katholiken, zugrunde zu richten. Falls einer die Geldstrafe nicht bezahlen konnte, wurde er eingekerkert, und seine Güter wurden beschlagnahmt. Bald waren die Gefängnisse mit Katholiken so überfüllt, daß alte Kastelle als Kerker benützt werden mußten[72]. Auf allen Seiten entstanden Spannungen, die durch die bevorstehende Hinrichtung Maria Stuarts und den sich immer mehr verschärfenden Konflikt mit Spanien und Rom noch erhöht wurden. Im Juni 1583 unterbreitete ein päpstlicher Nuntius Papst Gregor XIII. einen detaillierten Plan für die Invasion Englands durch drei Armeen, die gleichzeitig von Irland, Frankreich und Spanien einbrechen sollten. Der Papst schenkte diesem *Disegno per l'impresa d'Inghilterra* seine wohlwollende Beachtung, und es wurden entsprechende Maßnahmen getroffen[73]. Allein, englische Spione bekamen Wind von der Sache, England ergriff Gegenmaßnahmen, und die Invasion wurde auf später verschoben.

Das Parlament vergalt diesen Plan mit einer noch drückenderen Gesetzgebung. Alle Priester, die seit dem Juni 1559 ordiniert worden waren und sich immer noch weigerten, den Suprematseid zu leisten, wurden aufgefordert, das Land binnen vierzig Tagen zu verlassen, ansonsten sie als verräterische Verschwörer den Tod zu erleiden hätten; und alle, die ihnen Unterkunft gewährten, sollten gehängt werden[74]. Auf Grund dieses und anderer Gesetze wurden während Elisabeths Regierungszeit hundertdreiundzwanzig Priester und sechzig Laien hingerichtet; weitere zweihundert starben vermutlich im Kerker[75]. Manche Protestanten lehnten sich gegen die Strenge dieser Gesetzgebung auf; etliche wurden zum Katholizismus bekehrt. Cecils Enkel William floh nach Rom (1585) und gelobte dem Papst Gehorsam[76].

Die meisten englischen Katholiken waren gegen jede Art von Gewalttat wider die Regierung. Eine Gruppe unter ihnen richtete einen Appell an Elisabeth (1585), bezeugte ihr ihre Untertanentreue und bat «um huldvolle Beachtung ihrer Leiden». Aber wie um den Anspruch der Regierung, ihre Maßnahme sei durch den Krieg gerechtfertigt, zu verteidigen, gab Kardinal Allen (1588) einen Traktat heraus, der bezweckte, die englischen Katholiken dazu zu ermuntern, den bevorstehenden Angriff Spaniens gegen England zu unterstützen. Er nannte die Königin «einen in Blutschande gezeugten Bastard, von einer verbrecherischen Kurtisane in Sünde empfangen und geboren», beschuldigte sie, «mit Leicester und verschiedenen anderen ihren Körper mißbraucht zu haben ..., indem sie unbeschreibliche und unglaubliche Abarten der Lust ausprobiert habe», verlangte, die Katholiken Englands sollten sich gegen diese «verderbte, verwünschte, exkommunizierte Ketzerin erheben», und versprach all denen völlige Straffreiheit, die helfen würden, das «größte Schauspiel der Sünde und des Greuels in diesem Zeitalter» zu entthronen[77]. Die Katholiken Englands beantworteten dies damit, daß sie so tapfer wie die Protestanten gegen die spanische Armada kämpften.

Nach diesem Sieg nahmen die Verfolgungen als Teil des fortdauernden Krieges ihren Fortgang. Zwischen 1588 und 1603 wurden einundsechzig Priester und neunundvierzig Laien gehängt. Viele von ihnen wurden vom Galgen heruntergeholt, geschleift und gevierteilt; das heißt, sie wurden bei lebendigem Leibe ausgeweidet, und die Glieder wurden ihnen vom Rumpf getrennt[78]. In einem bemerkenswerten, im Jahre ihres Todes an die Königin gerichteten Schreiben baten dreizehn Priester, sie möge ihnen erlauben, in England zu verbleiben. Sie verwarfen alle Angriffe auf Elisabeths Thronrecht und stellten es in Abrede, daß der Papst die Befugnis habe, sie abzusetzen, aber sie konnten sich nicht mit gutem Gewissen damit einverstanden erklären, jemand anderen als den Papst als Haupt der christlichen Kirche anzuerkennen[79]. Das Dokument erreichte die Königin erst wenige Tage vor ihrem Tode, und ob es irgendwelche Wirkung zeitigte, ist uns nicht überliefert. Aber unbewußt umriß es die Prinzipien, nach denen das Problem zwei Jahrhunderte später gelöst werden sollte. Die Königin starb als Siegerin in diesem schwersten Kampf einer Regierungszeit, die mit keinem dunkleren Makel als diesem Sieg befleckt war.

VII. ELISABETH UND DIE PURITANER

Über einen scheinbar schwächeren Feind, eine Handvoll Puritaner, trug sie den Sieg nicht davon. Diese Männer hatten den Einfluß Calvins verspürt. Einige von ihnen waren unter der Herrschaft der blutigen Maria als Flüchtlinge im Genf Calvins gewesen. Viele von ihnen hatten die Bibel in einer Übersetzung gelesen, die von Genfer

Calvinisten hergestellt und mit Anmerkungen versehen worden waren. Etliche hatten die Klänge aus John Knoxens Posaune vernommen oder hatten davon gelesen. Manche mögen einen Widerhall vom Wirken der Wiclifschen Lollardenpriester aufgefangen haben. Sie betrachteten die Bibel als ihren unfehlbaren Leitstern, fanden aber nichts darin über die bischöfliche Macht und die priesterlichen Gewänder, die Elisabeth von der römischen in die anglikanische Kirche herübergerettet hatte; im Gegenteil, sie fanden dort viel über Kirchenvosteher, die keinen anderen Herrn über sich dulden dürften als Christus. Sie erkannten Elisabeth als Haupt der englischen Kirche an, aber nur, um dadurch den Papst auszuschalten. In ihrem Herzen verwarfen sie jede Beherrschung der Religion durch den Staat und strebten eine Herrschaft der Religion über den Staat an. Ungefähr um 1564 begann man sie Puritaner zu nennen – was als Schimpfname gedacht war –, weil sie die Reinigung des englischen Protestantismus von allen Formen des Glaubens und des Gottesdienstes, die sie im Neuen Testament nicht gefunden hatten, forderten. Sie nahmen sich die Lehren der Prädestination, Gnadenwahl und Verdammnis tief zu Herzen und fühlten, daß sie der Hölle nur entgehen konnten, wenn sie sich in jeder Lebenslage den Vorschriften der Religion und Moral unterordneten. Wenn sie an feierlichen Sonntagen in ihrem Heim die Bibel lasen, verschwand die Gestalt Christi oft vor dem Hintergrund des eifernden und rachsüchtigen Jehova im Alten Testament.

Der Puritanerangriff auf Elisabeth nahm Gestalt an (1569), als Thomas Cartwright, Theologieprofessor in Cambridge, in seinen Vorlesungen auf den Gegensatz zwischen der presbyterianischen Organisation der frühchristlichen Kirche und der episkopalen Struktur der anglikanischen Kirche hinwies. Viele Mitglieder der Fakultät unterstützten Cartwright, aber John Whitgift, der Rektor des Trinity College, denunzierte ihn bei der Königin und erwirkte seine Entlassung aus dem Lehrkörper (1570). Cartwright emigrierte nach Genf, wo er, unter Théodore de Bèze, die ganze Glut der calvinistischen Theokratie in sich aufnahm. Als er nach England zurückkehrte, tat er sich mit Walter Travers und anderen zusammen, um zu einer Formulierung der puritanischen Konzeption der Kirche zu gelangen. Christus hatte es, nach ihrer Ansicht, so angeordnet, daß alle kirchliche Autorität Priestern und Laienältesten übertragen werden sollte, die von ihren Gemeinden, Provinzen oder Staaten gewählt würden. Die so gebildeten Konsistorien sollten das Glaubensbekenntnis, das Ritual und den Moralkodex in Übereinstimmung mit der Heiligen Schrift festlegen. Sie sollten zu jedem Haus Zugang haben und die Macht besitzen, zum mindesten die äußerliche Beachtung eines «Gott wohlgefälligen Lebens» zu erzwingen; ferner das Recht, Widerspenstige zu exkommunizieren und Ketzer zum Tode zu verurteilen. Die Zivilrichter sollten diese disziplinarischen Erlasse vollstrecken, der Staat aber sollte keine geistliche Rechtsprechung mehr ausüben dürfen[80].

Die erste nach diesen Prinzipien organisierte englische Gemeinde wurde im Jahre 1572 in Wandsworth ins Leben gerufen. Bald schossen ähnliche «Presbyterien» auch in den östlichen und mittelenglischen Grafschaften aus dem Boden. Zu jener Zeit waren die meisten unter den Londoner Protestanten sowie die Mehrzahl der Mitglieder des Unterhauses Puritaner. Die Londoner Handwerkerkreise waren stark infiltriert von calvinistischen Flüchtlingen aus Frankreich und den Niederlanden und stimmten dem puritanischen Angriff auf die Geistlichkeit und das Ritual zu. Die Geschäftsleute der Hauptstadt erblickten im Puritanismus ein Bollwerk des Protestantismus gegen den Katholizismus, der herkömmlicherweise dem «Wucher» und dem Mittelstand teilnahmslos gegenüberstand. Calvin war ihnen etwas zu streng, aber er hatte immerhin den Gewinn gutgeheißen und die Verdienste des Gewerbefleißes und des klugen Wirtschaftens anerkannt. Sogar Männer, die der Königin nahestanden, hatten im Puritanismus manch Gutes gefunden; Cecil, Leicester, Walsingham und Knollys hofften, ihn als eine Waffe gegen den Despotismus verwenden zu können, falls Maria Stuart auf den englischen Thron kommen sollte[81].

Aber Elisabeth fühlte, daß die puritanische Bewegung das ganze Übereinkommen bedrohte, womit sie den Religionsstreit zu beruhigen gedacht hatte. Sie hielt den Calvinismus für etwas wie die Lehre John Knoxens, dem sie es nie verzieh, daß er über das Weiberregiment gespottet hatte. Sie verachtete den puritanischen Dogmatismus noch gründlicher als den katholischen. Sie hatte eine nachwirkende Vorliebe für das Kruzifix und andere religiöse Bilder, und als die Wut der Bilderstürmer auch in ihrem Reich Gemälde, Statuen und bunte Glasgemälde zerstörte[82], erkannte sie den Betroffenen Schadenersatz zu und verbot künftig solche Handlungen[83]. In ihrer eigenen Ausdrucksweise war sie nicht wählerisch, aber sie ärgerte sich über die Beschreibungen, die etliche Puritaner vom Anglikanischen Gebetbuch gegeben hatten, in dem vereinigt sei, was «aus dem päpstlichen Misthaufen, dem Meßbuch, herausgepflückt und herausgepickt» worden sei; oder vom Obersten Gerichtshof, den die Puritaner als einen «kleinen stinkenden Graben» bezeichneten[84]. Sie sah in der Wahl der Priester durch das Volk und in der Beherrschung der Kirche durch Presbyterien und Synoden, die vom Staate unabhängig waren, eine republikanische Bedrohung der Monarchie. Sie dachte, nur ihre monarchische Macht könne England protestantisch erhalten; eine Volksabstimmung würde den Katholizismus wieder einführen.

Sie ermutigte die Bischöfe dazu, gegen die Unruhestifter vorzugehen. Erzbischof Parker unterdrückte ihre Veröffentlichungen, brachte ihre Stimme in den Kirchen zum Verstummen und verhinderte ihre Versammlungen. Puritanische Geistliche hatten Gruppen organisiert, die Stellen aus der Heiligen Schrift öffentlich zur Diskussion stellten. Elisabeth bat Parker, diesen «Weissagungen» ein Ende zu machen, und er tat es. Sein Nachfolger, Edmund Grindal, versuchte, die Puritaner zu schützen. Elisabeth entließ ihn, und als er (1583) starb, beförderte sie ihren neuen Kaplan, John Whitgift, zum Erzbischof von Canterbury, worauf er sich der Aufgabe widmete, die Puritaner zum Schweigen zu bringen. Er verlangte von allen englischen Geistlichen einen Eid, mit dem sie die neununddreißig Artikel, das Gebetbuch und die religiöse Oberhoheit der Königin anerkennen mußten. Unter Strafandrohung lud er alle Gegner vor den Obersten Gerichtshof, wo sie über ihr Verhalten und ihren Glauben dermaßen auf Herz und Nieren geprüft wurden, daß Cecil das Vorgehen mit der spanischen Inquisition verglich[85].

Der puritanische Aufruhr verstärkte sich. Eine beschränkte Minderheit sagte sich öffentlich von der anglikanischen Glaubensgemeinschaft los und stellte unabhängige Kongregationen auf, die ihre eigenen Priester wählten und keine kirchliche Kontrolle duldeten. Im Jahre 1581 reiste Robert Browne, ein Schüler (und späterer Feind) Cartwrights und Hauptparteigänger dieser «Unabhängigen», «Separatisten» oder «Kongregationalisten», nach Holland und veröffentlichte dort zwei Traktate, die eine demokratische Konstitution für die Christenheit skizzierten. Jede Gruppe von Christen sollte das Recht haben, sich ihren Gottesdienst selbst zu organisieren, auf Grund der Heiligen Schrift ihr eigenes Glaubensbekenntnis zu formulieren, ihre eigenen Leiter zu wählen, ihr religiöses Dasein frei von jeder äußern Einmischung zu leben, außer der Bibel keine Satzung anzuerkennen und außer Christus keine Autorität zu dulden. Zwei von Brownes Anhängern wurden in England verhaftet, wegen Mißachtung der religiösen Oberhoheit der Königin verurteilt und gehängt (1583).

In der Wahlkampagne für das Parlament vom Jahre 1586 unternahmen die Puritaner einen Redefeldzug gegen jeden Kandidaten, der ihrer Angelegenheit nicht mit Sympathie gegenüberstand. Einer von ihnen wurde als «ein gemeiner Spieler und schlechter Kumpan» gebrandmarkt, ein anderer der «Papisterei» verdächtigt; er «kommt sehr selten in die Kirche und ist ein Hurensohn»; damals befleißigte man sich einer recht männlichen Redeweise. Als das Parlament einberufen wurde, legte John Penry eine Petition zugunsten einer Kirchenreform vor und machte die Bischöfe für klerikalen Mißbrauch und allgemein überhandnehmendes Heidentum verantwortlich. Whitgift befahl seine Verhaftung, aber er wurde bald wieder freigelassen. Antony Cope brachte eine Gesetzesvorlage ein, durch die die ganze Episkopalkirche gestürzt und die englische Christenheit auf presbyterianischer Grundlage neu organisiert werden sollte. Elisabeth befahl dem Parlament, den Gesetzesentwurf in der Diskussion nicht zu berucksichtigen. Peter Wentworth warf die Frage nach parlamentarischer Freiheit auf, und vier Mitglieder unterstützten ihn. Elisabeth schickte alle fünf in den Tower.

Da ihre Absichten im Parlament vereitelt wurden, wandten sich Penry und andere Puritaner an die Presse. Geschickt umgingen sie Whitgifts strenge Pressezensur, überschwemmten England (1588/89) mit einer Folge von privaten Pamphletdrucken, die alle mit «Martin Marprelate, Gentleman» unterzeichnet waren, und griffen die Autorität und die Persönlichkeiten der Bischöfe mit satirischen Schimpfwörtern an. Whitgift und der Hohe Gerichtshof setzten den ganzen Spionageapparat in Bewegung, um die Urheber und Drucker ausfindig zu machen. Aber die Drucker zogen von Stadt zu Stadt, und die Sympathie des Publikums half ihnen, der Entdeckung bis zum April 1589 zu entgehen. Berufsschriftsteller wie John Lyly und Thomas Nash wurden damit beauftragt, «Martin» zu entgegnen und wetteiferten mit ihm in Gemeinheiten. Schließlich ließ, als sie mit ihren Verleumdungen am Ende waren, die Kontroverse nach, und gemäßigte Männer beklagten es, daß das Christentum zu einem Gegenstand für Schmähreden erniedrigt worden sei.

Von diesen Pamphleten aufgestachelt, gab Elisabeth Whitgift freie Hand, um dem Treiben der Puritaner Einhalt zu tun. Die Marprelate-Drucker wurden aufgestöbert, die Verhaftungen häuften sich, und es folgten zahlreiche Hinrichtungen. Cartwright wurde zum Tode verurteilt, aber die Königin begnadigte ihn. Zwei Leiter der «Browneschen Bewegung», John Greenwood und Henry Barrow, wurden 1593 gehängt. Kurz darauf ereilte John Penry dasselbe Los. Das Parlament verfügte (1593), daß jeder, der die religiöse Oberhoheit der Königin in Frage stellte oder sich selbst dauernd vom anglikanischen Gottesdienst ausschloß oder «irgendwelchen Versammlungen, Konventikeln oder Zusammenkünften unter dem Schutz oder dem Vorwand irgendeiner Religionsübung» beiwohnte, eingekerkert werden sollte, England verlassen mußte – es sei denn, er verspräche, sich in Zukunft konformistisch zu verhalten – und bei Todesstrafe nie mehr zurückkehren durfte[86].

Zu diesem kritischen Zeitpunkt und mitten im Getümmel und der Wut der Parteien erhob ein bescheidener Pfarrer die Auseinandersetzung auf die Ebene der Philosophie, der Frömmigkeit und einer wortgewaltigen Prosa. Richard Hooker war einer der beiden Geistlichen, welche damit betraut waren, den Gottesdienst im Londoner Temple zu leiten; der andere war Walter Travers, Cartwrights Freund. Im Morgengottesdienst legte Hooker die Kirchenpolitik Elisabeths dar; am Nachmittag kritisierte Travers sie vom Standpunkt der Puritaner aus. Ein jeder arbeitete seine Predigten zu einem Buch um. Da Hooker so gut literarische wie theologische Werke schrieb, bat er seinen Bischof, ihn in eine stille, ländliche Gemeinde zu versetzen. In Boscombe in Wiltshire vollendete er denn auch die vier ersten Bücher seines bedeutenden Werkes *Of the Laws of Ecclesiastical Polity* (Von den Gesetzen der Kirchenverfassung, 1594). Drei Jahre später gab er in Bishopsbourne den fünften Band in Druck, und dort starb er, siebenundvierzigjährig, im Jahre 1600.

Seine *Gesetze* verblüfften England durch die Ruhe und die gemäßigte Würde ihrer Argumente und die klangvolle Majestät ihres geradezu lateinisch anmutenden Stils. Kardinal Allen lobte das Werk als das beste, das England bisher hervorgebracht habe. Papst Clemens VIII. pries seine Eloquenz und Gelehrsamkeit. Königin Elisabeth las es dankerfüllt, denn es war eine wundervolle Apologie ihrer religiösen Herrschaft. Die Puritaner wurden durch die ruhige Klarheit seines Tons besänftigt, und die Nachwelt empfing es als einen edlen Versuch, Religion und Vernunft in Einklang zu bringen. Hooker verblüffte seine Zeitgenossen dadurch, daß er zugab, auch ein Papst könne erlöst werden. Er erschreckte die Theologen durch die Erklärung, «die Gewißheit dessen, was wir infolge des Wortes Gottes glauben», sei «für uns nicht so unzweifelhaft wie das, was wir mit unseren Sinnen erfassen»[87]. Die Fähigkeit des Menschen, vernünftig zu denken, sei ebenfalls eine göttliche Gabe und Offenbarung.

Hooker gründete seine Gesetzestheorie auf die mittelalterliche Philosophie, wie sie Thomas von Aquin formuliert hatte, und nahm den «Gesellschaftsvertrag» von Hobbes und Locke voraus. Er deckte den Nutzen und Segen der sozialen Organisation auf und wies auf die Tatsache hin, daß freiwillige Teilnahme an einer Gesellschaft die Zustimmung einschließt, von ihren Gesetzen regiert zu werden. Aber der letzte Ursprung der Gesetze sei das Gemeinwesen selbst: Ein König oder ein Parlament können Gesetze nur als Abgeordnete oder Vertreter eines Gemeinwesens erlassen. «Das Gesetz macht den König. Wenn der König irgendeine Gunst gewährt, die dem Gesetz entgegensteht, so ist sie nichtig ... Damit auf beiden Seiten friedliche Übereinstimmung herrsche, ist die Genehmigung durch diejenigen, die beherrscht werden, notwendig ... Es gibt keine Gesetze, die die öffentliche Zustimmung nicht dazu gemacht hätte.»[88] Und Hooker fügte eine Stelle bei, die Karl I. gewarnt haben könnte:

«Das englische Parlament ist, zusammen mit der [kirchlichen] Synode, die mit ihm verbunden ist, die Institution, von der das wahre Wesen aller Regierung in diesem Königreich abhängt. Sie ist selbst der Leib des gesamten Königreichs. Sie setzt sich zusammen aus dem König und all denen, die im Land seine Untertanen sind, denn sie sind alle dort anwesend, entweder persönlich oder durch die, denen sie freiwillig ihre Macht übertragen haben.»[89]

Für Hooker war die Religion ein wesenhafter Teil des Staates, denn soziale Ordnung und somit auch materielles Gedeihen hängen von moralischer Disziplin ab, die ohne religiösen Zwang und kirchliche Unterstützung in sich zusammenfällt. Daraus ergibt sich, daß jeder Staat für die Ausübung einer religiösen Tätigkeit durch sein Volk sorgen muß. Die anglikanische Kirche mag unvollkommen sein, aber das sind wohl alle Institutionen, die von Menschen ins Leben gerufen und fortgeführt werden. «Einem, der auszieht, um eine Menge davon zu überzeugen, daß sie nicht so gut dran ist, wie sie es eigentlich sein sollte, wird es nie an aufmerksamen und ihm günstig gesinnten Zuhörern mangeln; denn die Menge weiß um die mannigfaltigen Mängel, der jede Art von Regierung unterworfen ist, aber die geheimen Hindernisse und Schwierigkeiten, die beim Regieren unzählbar und unvermeidlich sind, die erkennt sie gewöhnlich nicht.»[90]

Hookers Logik war zu umfassend, um überzeugend zu sein, seine Gelehrsamkeit zu scholastisch, um mit den Ergebnissen seiner Zeit übereinzustimmen, sein scheuer Geist zu dankbar für eine feste Ordnung, als daß er die Sehnsucht nach Freiheit hätte verstehen können. Die Puritaner erkannten seine Beredsamkeit an, aber sie schritten auf ihrem Weg weiter. Da sie gezwungen waren, zwischen ihrer Heimat und ihrem Glauben zu wählen, wanderten viele von ihnen aus, in einer gegenläufigen Bewegung zu der Einwanderung der Protestanten, die vom Festland nach England herüberkamen. Holland nahm sie auf, und in Middelburg, Leiden und Amsterdam entstanden englische Gemeinden. Dort arbeiteten, redeten, predigten und schrieben die Verbannten und ihre Nachkommen und bereiteten sich mit ruhiger Leidenschaft auf ihre Triumphe in England und ihre Erfüllung in Amerika vor.

VIII. ELISABETH UND IRLAND

Irland war 1168–1171 von den Engländern erobert und seitdem immer in Besitz gehalten worden, da es sonst von Frankreich und Spanien als Angriffsbasis gegen England gebraucht worden wäre. Bei Elisabeths Thronbesteigung war die unmittelbare englische Herrschaft über Irland auf die östlichen Küstenstriche – den Grenzbezirk rund um Dublin und südlich davon – beschränkt. Die übrige Insel war von irischen Stammeshäuptlingen regiert, welche die englische Oberherrschaft nur dem Namen nach anerkannten. Der ewige Konflikt mit den Engländern zerstörte die einheimische stammesfürstliche Verwaltung, die wohl Chaos und Gewalttätigkeit mit sich gebracht, dem Land aber auch Dichter, Gelehrte und Heilige gegeben hatte. Der größte Teil des Landes war von Wäldern und Sümpfen bedeckt. Warentransport und Verkehr waren heldenhafte Unternehmungen, und die eingeborene keltische Bevölkerung von ungefähr 800000 Seelen lebte in halb gesetzlosem, elendem Zustand am Rande des Barbarismus. Die Engländer im Grenzbezirk waren fast ebenso arm und machten Elisabeth durch ihre Ausschweifungen, Veruntreuungen und Verbrechen viel zu schaffen; sie beraubten die Londoner Regierung ebenso emsig, wie sie das irische Landvolk ausplünderten. Überall vertrieben die herrschenden englischen Ansiedler die irischen Besitzer und Pächter von ihren Höfen. Die Enteigneten rächten sich, indem sie Mordanschläge verübten. Das Leben wurde für Eroberer und Besiegte zu einer Art dauernden Fieberzustandes der Gewalt und des Hasses. Selbst Cecil fand, «die Flamen hätten nicht so viel Ursache, sich gegen die Unterdrückung durch die Spanier aufzulehnen», wie die Iren gegen die englische Herrschaft[91].

Elisabeths Irlandpolitik gründete sich auf die Überzeugung, daß ein katholisches Irland für ein protestantisches England eine Gefahr bedeuten würde. Deshalb befahl sie die zwangsweise Einführung des Protestantismus in ganz Irland. Die Messe wurde verboten, die Klöster wurden aufgehoben. Außerhalb des engen Grenzbezirkes wurden keine öffentlichen Gottesdienste mehr abgehalten. Priester erhielten sich am Leben, indem sie sich versteckten; heimlich nur spendeten sie einigen wenigen die Sakramente. Die Sittlichkeit, inmitten einer friedlosen Gesellschaft jeglicher religiösen Stütze beraubt, verschwand fast ganz. Mord, Diebstahl, Ehebruch und Raub waren an der Tagesordnung, und die Männer wechselten ihre Frauen ohne die geringsten Skrupel. Irische Lords baten die Päpste und Philipp II. um Schutz und Hilfe. Philipp scheute davor zurück, in Irland einzufallen, weil er befürchtete, die Engländer würden in den Niederlanden eingreifen und den Aufständischen dort helfen. Immerhin errichtete er in Spanien Lager und Kollegien für irische Flüchtlinge. Pius IV. sandte einen irischen Jesuiten, David Wolfe, nach Irland (1560). Mit dem für seinen Orden charakteristischen Mut und Eifer gründete Wolfe heimliche Missionsstationen, schmuggelte weitere verkleidete Jesuiten ins Land und stellte Frömmigkeit und Hoffnung unter den Katholiken wieder her. Die Lords faßten neuen Mut, und einer nach dem anderen erhob sich gegen die englischen Satzungen.

Der mächtigste unter ihnen war Shane (das bedeutet: John) O'Neill of Tyrone. Er war ein Mann, wie die Legenden ihn besingen; für ihn konnten die Irländer kämpfen. Er verteidigte seine Benennung «*der* O'Neill» grimmig gegen einen eigenmächtigen Bruder. Er kümmerte sich nicht um die Zehn Gebote, aber er liebte die Kirche sehr. Er vereitelte jeden englischen Versuch, der ihn zu unterwerfen trachtete, riskierte seinen Kopf, indem er nach London ging und Elisabeths Hilfe und Unterstützung errang, und kehrte im Triumph zurück, um Ulster so gut wie Tyrone zu regieren. Er kämpfte erbittert gegen den nebenbuhlerischen Stammesverband der O'Donnell, wurde aber schließlich von ihm geschlagen (1567) und getötet, als er bei den MacDonnells, schottischen Einwanderern, deren Siedlung in Antrim er früher angegriffen hatte, Zuflucht suchte.

Nach seinem Tode war die Geschichte Irlands unter einer Reihe von sich ablösenden Gouverneuren eine einzige Folge von Aufständen und Massakern. Sir Henry Sidney, der Vater Sir Philips, diente Elisabeth in diesem undankbaren Amt neun Jahre lang in Treuen. Er beteiligte sich am Kampf gegen O'Neill, schickte Rory O'More in den Tod und wurde (1578) infolge der hohen Kosten seiner Siege abberufen. Die zwei Jahre, da Walter Devereux, der erste Earl von Essex, als Gouverneur amtete, waren durch ein Blutbad gekennzeichnet, das er auf der Insel Rathlin, vor der Küste von Antrim, anrichtete. Dorthin hatten die Rebellen der MacDonnell-Sippe ihre Frauen und Kinder sowie die Alten und Kranken, unter Begleitung einer Schutzwache, in Sicherheit gebracht. Der Earl von Essex entsandte eine Streitmacht, um die Insel in Besitz zu nehmen. Die Besatzung bot die Übergabe an, falls ihr erlaubt würde, nach Schottland zu segeln. Das Anerbieten wurde zurückgewiesen, worauf sich alle bedingungslos ergaben. Daraufhin wurde die Besatzung mitsamt den Frauen und Kindern, Kranken und Greisen, insgesamt sechshundert Menschen, niedergemetzelt (1575)[92].

Der größte Aufstand während Elisabeths Regierungszeit war derjenige des Geraldine-Clans in Munster. Nach langer Gefangenschaft und zahlreichen Fluchtversuchen gelang es James Fitzmaurice Fitzgerald, den Kontinent zu erreichen. Dort brachte er eine Truppe von Spaniern, Italienern, Portugiesen, Flamen und ausgewanderten englischen Katholiken zusammen und setzte sie an der Küste von Kerry ab (1579), jedoch nur, um sein Leben in einem zufälligen Kampf mit einem anderen Clan zu verlieren. Sein Vetter Gerald Fitzgerald, der fünfzehnte Earl von Desmond, setzte den Aufstand fort, aber der benachbarte Butler-Clan entschied sich, unter dem protestantischen Earl von Ormonde, gegen ihn und für England. Die Katholiken der Grenzbezirke stellten eine Armee auf und besiegten die Truppen Lord Arthur Greys, des neuen englischen Gouverneurs (1580). Als Grey Verstärkung erhielt, belagerte er Desmonds Hauptmacht, die auf einem Vorgebirge der Smerwick Bay hielt, zu Wasser und zu Lande. Da die sechshundert überlebenden Aufrührer sahen, daß sie gegen Greys Artillerie nichts ausrichten konnten, ergaben sie sich und baten um Gnade. Sie wurden alle, Männer und Frauen, hingemetzelt, ausgenommen jene Offiziere, welche ein beträchtliches Lösegeld in Aussicht stellen konnten[93]. Der Krieg der Engländer gegen die Iren und der Kampf der Stammesverbände untereinander verwüsteten Munster dergestalt, daß (wie ein irischer Chronist erzählt) «in jenem Jahr von Dingle bis zum Rock of Cashel weder das Brüllen einer Kuh noch die Stimme eines Pflügers zu hören waren». Und ein Engländer schrieb (1582), daß «in Munster in weniger als einem halben Jahr ... dreißigtausend Menschen Hungers starben, wobei die nicht mitgezählt waren, die gehängt und umgebracht wurden»[94]. Denn «einen Irländer zu töten», meinte ein großer englischer Geschichtsschreiber, «wurde in jener Provinz für nicht mehr erachtet, als wenn man einen tollwütigen Hund getötet hätte»[95]. Als fast keine Iren mehr in Munster zu finden waren, wurde es als Siedlungsgebiet unter englische Kolonisten aufgeteilt (1586). Einer von ihnen war Edmund Spenser, der dort sein allegorisches Heldengedicht *Die Feenkönigin* vollendete.

Die verzweifelten Iren erhoben sich 1593 nochmals. Hugh O'Donnell, Lord von Tyrconnel, vereinigte seine Streitmacht mit derjenigen Hugh O'Neills, des zweiten Earl von Tyrone. Spanien befand sich nun in offenem Krieg mit England und versprach Hilfe. Während eines Interregnums, da kein Gouverneur regierte, vernichtete O'Neill eine englische Armee bei Armagh, besetzte Blackwater, eine englische Festung im Norden (1598), und entsandte eine Streitmacht, welche erneut einen Aufstand in Munster anzetteln sollte. Die englischen Kolonisten flohen und ließen ihre Siedlungen zurück. Aufs neue erwachten Hoffnung und Freude in Irland, und selbst die Engländer erwarteten, Dublin werde fallen.

In dieser Krise ernannte Elisabeth den jungen Robert Devereux, den zweiten Earl von Essex, zu ihrem Gouverneur in Irland (März 1599). Sie stellte ihm eine Armee von 17500 Mann zur Verfügung – die größte, die England je auf die Insel entsandt hatte –, befahl ihm, O'Neill in Tyrone anzugreifen, keinen Frieden zu schließen, ohne vorher ihre Einwilligung dazu eingeholt zu haben, und nicht zurückzukehren, ehe sie es ihm erlaube. In Dublin angekommen, vertrödelte er den Frühling hindurch seine Zeit, unternahm dann einige Scharmützel, sah zu, wie seine Armee durch Krankheit dezimiert wurde, unterzeichnete einen eigenmächtigen Waffenstillstandsvertrag mit O'Neill und kehrte (September 1599) nach England zurück, um der Königin seine Mißerfolge zu erklären. Er wurde unverzüglich durch Charles Blount, Lord Mountjoy, ersetzt. Dieser bekämpfte mutig und geschickt eine Koalition zwischen dem schlauen O'Neill, dem furchtlosen O'Donnell und einer Flotte, die in Kinsale mit Truppen und Waffen aus Spanien sowie mit einem Ablaß Clemens' VIII. für all diejenigen, die Irland und den Glauben verteidigen würden, landete. Mountjoy eilte nach Süden, um mit den Spaniern zu einem Treffen zu kommen, und schlug sie so entscheidend, daß O'Neill sich unterwarf. Der Aufstand brach zusammen, und eine allgemeine Amnestie sicherte einen vorläufigen Frieden (1603). Elisabeth war mittlerweile gestorben.

Ihre Siege in Irland raubten ihr etwas von ihrem Ruhm. Sie unterschätzte die Schwierigkeit, in einem Land, das fast keine Straßen aufwies, ein Volk zu besiegen, dessen Liebe zur Heimat und zu seinem Glauben das einzige war, was es mit Leben und Sittlichkeit verband. Sie warf ihren Gouverneuren ihre Mißerfolge vor, die zum Teil ihrer eigenen Knauserigkeit zu verdanken waren. Die Gouverneure waren nicht imstande, ihre Truppen zu besolden, und diese fanden es einträglicher, die Iren zu berauben, als sie zu bekämpfen. Die Königin schwankte zwischen Nachgiebigkeit und Terror hin und her und verfolgte keines der beiden politischen Verfahren bis zum Ende. Sie gründete wohl das Trinity College und die Dubliner Universität (1591), aber sie ließ das irische Volk so ungebildet wie zuvor. Nachdem 10 Millionen Pfund aufgewendet worden waren und endlich Friede herrschte, dehnte sich eine Wüste der Verzweiflung über die Hälfte der lieblichen Insel aus, erfüllt von einem Geist unsäglichen Hasses, der nur seine Zeit abwartete, um wieder töten und verwüsten zu können.

IX. ELISABETH UND SPANIEN

Am erfolgreichsten zeigte sich die Königin in ihrer Spanienpolitik. Sie ließ Philipp hoffen, sie werde ihn oder seinen Sohn heiraten; und in seinem Vertrauen darauf, England mit einem Trauring zu gewinnen, machte er das Geduldsspiel so lange mit, bis seine Freunde von ihm abgefallen und Elisabeth stark geworden war. Der Papst und der Kaiser und eine unglückliche schottische Königin konnten ihn lange bitten, England zu überfallen: Er war Frankreich gegenüber zu mißtrauisch und in bezug auf die Niederlande zu ängstlich, um ein so unberechenbares Spiel politischer Zufälligkeiten zu wagen. Er besaß keine Zusicherung, daß Frankreich sich nicht in *dem* Augenblick auf die spanischen Niederlande stürzen würde, da er mit England in Konflikt geriete. Er war nicht geneigt, irgendwo eine Revolution zu fördern. Er vertraute in seiner zaudernden Art darauf, Elisabeth werde zu gegebener Zeit auf die eine oder andere Weise den Ausgang aus dem Leben schon finden, den eine einfallsreiche Natur für uns vorgesehen hat. Andererseits hatte er auch keine Eile, einem schottischen Mädchen, das in Frankreich verliebt war, den Thron Englands zu überlassen. Jahrelang hielt er den Papst davon ab, die Exkommunikation Elisabeths bekanntzugeben. Mit finsterem Schweigen ertrug er ihre Behandlung der Katholiken in England und ihre Proteste gegen die Behandlung englischer Protestanten in Spanien. Fast dreißig Jahre lang hielt er den Frieden aufrecht, während englische Kaperschiffe gegen spanische Kolonien und den spanischen Handel Krieg führten.

Die menschliche Natur offenbart sich in der Politik; denn die Staaten sind nur ein vergrößertes Abbild unser selbst und führen sich meistenteils so auf, wie die Menschen sich vermutlich aufgeführt haben, ehe Religion und Gewalt ihnen Moral und Gesetze auferlegten. Das Gewissen übt die Funktionen eines Polizisten aus, aber damals gab es keine Polizei für die Staaten. Auf dem Meer kannte man die Zehn Gebote nicht, und Handel wurde nur getrieben, soweit die Seeräuberei ihn erlaubte. Kleine Piratenschiffe benutzten die Buchten der britischen Küste als Schlupfwinkel, und von dort zogen sie aus und ergatterten, soviel sie konnten. Waren die Opfer Spanier, dann konnten die Engländer sich mit religiösem Eifer freuen, einen Papisten auszuplündern.

Kühne Männer wie John Hawkins und Francis Drake rüsteten kräftige Kaperschiffe aus und betrachteten alle Meere als ihr Tätigkeitsfeld. Elisabeth distanzierte sich offiziell von ihnen, aber sie legte ihnen keine Hindernisse in den Weg, denn sie sah in den Kaperschiffen die Keime einer Kriegsflotte und in den Freibeutern ihre zukünftigen Admirale. Der Hugenottenhafen La Rochelle wurde zu einem beliebten Treffpunkt englischer, niederländischer und hugenottischer Schiffe, die «den katholischen Handel ausplünderten, unter welcher Flagge er auch immer segeln mochte»[96] – und, wenn nötig, den protestantischen ebenfalls.

Von der Seeräuberei gingen die Freibeuter zu dem lukrativeren Handel mit Sklaven über, den die Portugiesen ein Jahrhundert vorher eröffnet hatten. In den spanischen Kolonien Amerikas starben die Eingeborenen infolge der – für das herrschende Klima und ihre Konstitution – zu strengen Arbeit aus. Die Forderung nach kräftigeren Arbeitern wurde laut. Sogar Las Casas, ein Verteidiger der Eingeborenen, schlug Karl I. von Spanien vor, es sollten Neger aus Afrika, die kräftiger seien als die karibischen Indianer, nach Amerika übergesiedelt werden, damit sie dort die schwere Arbeit für die Spanier übernehmen könnten[97]. Karl war damit einverstanden, aber Philipp II. mißbilligte den Handel und instruierte die spanisch-amerikanischen Gouverneure dahin, die Einfuhr von Sklaven zu verhindern oder sie höchstens mit der – teuren und seltenen – Erlaubnis der einheimischen Verwaltungen zu gestatten[98]. Da er wußte, daß einige Gouverneure diese Einschränkungen umgingen, geleitete Hawkins drei Schiffe nach Afrika (1562), nahm dreihundert Neger gefangen, brachte sie nach Westindien und verkaufte sie an spanische Ansiedler, und zwar im Austausch gegen Zucker, Gewürze und Drogen. Als er nach England zurückgekehrt war, veranlaßte er Lord Pembroke und andere Adlige, sich an einem zweiten solchen Unternehmen zu beteiligen, und überredete Elisabeth dazu, ihm eines ihrer besten Schiffe zur Verfügung zu stellen. Im Jahre 1564 fuhr er mit vier Schiffen in den Süden, nahm vierhundert afrikanische Neger fest, segelte nach Westindien, verkaufte sie an Spanier, wobei er diese mit seinen Kanonen bedrohte, falls sie sich zu kaufen weigern sollten, und kehrte nach Hause zurück, um dort als Held gefeiert zu werden und seine Beute mit seinen Geldgebern und der Königin zu teilen, die an ihren Anleihen 60 Prozent verdiente[99]. Im Jahre 1567 lieh sie ihm ihr Schiff *Jesus;* mit diesem und vier weiteren Schiffen segelte er nach Afrika, raubte so viele Neger, wie sein Schiffsraum fassen konnte, verkaufte sie in Spanisch-Amerika für 160 Pfund pro Kopf und machte sich mit einer Beute von 100000 Pfund auf die Heimreise, als eine spanische Flotte ihn vor der mexikanischen Küste bei San Juan de Ulúa erwischte und seine ganze Flotte, mit Ausnahme von zwei kleinen Beibooten, zerstörte. In einem von diesen kehrte Hawkins, nachdem er tausenderlei Gefahren überstanden hatte, mit leeren Händen nach England zurück (1569).

Unter den Überlebenden dieser Reise befand sich ein junger Verwandter von Hawkins, Francis Drake. Dieser war auf Hawkins' Kosten erzogen worden und wuchs gleichsam als Eingeborener der Meere heran. Mit zweiundzwanzig Jahren befehligte er auf Hawkins' unglücklicher Expedition ein Schiff. Mit dreiundzwanzig hatte er – außer seiner sprichwörtlichen Tapferkeit – alles verloren und schwor Spanien Rache.

Mit fünfundzwanzig erhielt er von Elisabeth ein Kaperschiff geliehen. Im Jahre 1573, mit achtundzwanzig Jahren, erbeutete er vor der Küste von Panama einen Geleitzug von Schiffen, die Silberbarren mit sich führten, und kehrte reich und gerächt nach England zurück. Elisabeths Ratgeber hielten ihn drei Jahre lang versteckt, während Spanien laut seinen Kopf verlangte. Dann rüsteten Leicester, Walsingham und Hatton vier kleine Schiffe für ihn aus, die insgesamt 375 Tonnen faßten. Mit diesen Schiffen segelte er am 15. November 1577 von Plymouth in das Abenteuer hinaus, das, wie später offenbar wurde, die zweite Umsegelung des Erdballs darstellte. Als seine Flotte aus der Magalhãesstraße in den Pazifischen Ozean hinausfuhr, geriet sie in einen schweren Sturm. Die Schiffe wurden zerstreut und konnten sich nicht mehr zur Flotte vereinigen. Drake segelte allein im *Pelikan* der Westküste beider Amerika entlang bis nach San Francisco, wobei er unterwegs spanische Schiffe überfiel. Dann wandte er sich kühn westwärts den Philippinen zu, segelte durch die Molukken nach Java und quer durch den Indischen Ozean nach Afrika, fuhr um das Kap der Guten Hoffnung herum, den Atlantischen Ozean hinauf und erreichte Plymouth am 26. September 1580, vierunddreißig Monate nachdem er es verlassen hatte. Er brachte 600000 Pfund als Beute mit heim, von denen 275000 Pfund der Königin ausgehändigt wurden[100]. England begrüßte ihn als den größten Seefahrer und Piraten seiner Zeit. Elisabeth speiste auf seinem Schiff und schlug ihn zum Ritter.

Diese ganze Zeit über hatte England praktisch mit Spanien den Friedenszustand aufrechterhalten. Philipp richtete wiederholte Proteste an die Königin. Sie entschuldigte sich, behielt aber ihre Beute und wies darauf hin, daß auch Philipp das internationale «Gesetz» verletze, indem er den Rebellen in Irland Hilfe sende. Als der spanische Gesandte mit Krieg drohte, drohte sie damit, Alençon zu heiraten und sich mit Frankreich zu verbünden. Philipp, der eifrig dabei war, Portugal zu erobern, befahl seinem Gesandten, Frieden zu halten. Wie gewohnt kamen glückliche Schicksalsfügungen dem schwankenden politischen Talent der Königin zu Hilfe. Was wäre mit ihr geschehen, wenn das katholische Frankreich nicht durch Bürgerkrieg in zwei Lager gespalten gewesen wäre, wenn das katholische Österreich und der Kaiser nicht immerfort von den Türken behelligt worden wären, wenn Spanien nicht mit Portugal, Frankreich und dem Papst sowie mit seinen aufrührerischen Untertanen in den Niederlanden in Streit verwickelt gewesen wäre?

Jahrelang spielte Elisabeth mit den Niederlanden Katze und Maus, änderte ihre Politik je nach den Verhältnissen, und kein Vorwurf der Unschlüssigkeit oder des Verrats konnte sie dazu veranlassen, eine eindeutige Linie zu verfolgen. Sie hegte für den holländischen Calvinismus nicht mehr Zuneigung als für den englischen Puritanismus und mochte so wenig wie Philipp eine Revolution anzetteln. Sie erkannte, wie wichtig ungestörte Handelsbeziehungen mit den Niederlanden für die englische Wirtschaft waren. Deshalb war sie entschlossen, den Aufstand der Niederlande zu unterstützen, und zwar tatkräftig genug, um die Niederländer davon abzuhalten, sich Spanien zu ergeben oder sich Frankreich auszuliefern. Denn solange der Aufstand dauerte, würde Spanien von England abgehalten werden.

Ein unverhoffter Glücksfall erlaubte es der Königin, den Aufständischen zu helfen und zugleich ihrer Staatskasse einen erfreulichen Zuschuß zu verschaffen. Im Dezember 1568 wurden mehrere spanische Schiffe, die 150000 Pfund mit sich führten, um Albas Truppen in den Niederlanden zu besolden, von englischen Kaperschiffen gezwungen, Kanalhäfen anzulaufen. Elisabeth hatte soeben von Hawkins' Unglück bei San Juan de Ulúa gehört und ergriff die günstige Gelegenheit, um das zurückzugewinnen, was England bei jener Niederlage verloren hatte. Sie fragte den Bischof Jewel, ob sie wohl ein Recht auf das spanische Geld habe. Er urteilte dahin, daß Gott, der sicher ein Protestant sei, Gefallen daran finden müsse, wenn die Papisten geplündert würden. Überdies erfuhr die Königin, das Geld sei von Philipp bei Genueser Banken entliehen worden, und er habe sich geweigert, einen Schuldschein auszustellen, bevor es nicht heil in Antwerpen abgeliefert worden sei. Daraufhin ließ Elisabeth das Geld in ihre Schatzkammern überführen. Philipp beschwerte sich; Alba legte die Hand auf alle englischen Staatsbürger und Besitzungen, deren er in den Niederlanden habhaft werden konnte; Elisabeth verhaftete alle Spanier in England. Aber die Notwendigkeit der Handelsbeziehungen stellte nach und nach wieder normale Verhältnisse her. Alba hütete sich, Elisabeth so weit zu reizen, daß sie ein Bündnis mit den Aufständischen schließen würde. Philipp machte gute Miene zum bösen Spiel. Elisabeth behielt das Geld.

Der unerquickliche Friede zog sich so lange hin, bis sich die englischen Überfälle auf spanische Schiffe mehrten und die Aufrufe der Freunde der gefangengehaltenen Maria Stuart Philipp in ein Komplott verwickelten, das darauf ausging, die Königin zu ermorden[101]. Da Elisabeth von seiner Teilnahme an dem Komplott überzeugt war, schickte sie den spanischen Gesandten weg (1584) und gewährte den Niederlanden offen Hilfe. Englische Truppen drangen in Flushing, Brill, Ostende und Sluys ein, und Leicester wurde damit beauftragt, sie zu befehligen. Sie wurden bei Zutphen von den Spaniern geschlagen (1586). Nun waren aber endlich die Würfel gefallen. Beide, Philipp und Elisabeth, rüsteten mit all ihren Mitteln zum Krieg, der über die Herrschaft der Meere und über die Religion Englands, vielleicht sogar Europas oder der Neuen Welt, entscheiden sollte.

Spanien war reich geworden dank Kolumbus und Papst Alexander VI., dessen Schiedsspruch von 1493 fast ganz Amerika seinem Heimatland zuerkannt hatte. Infolge dieser Meerfahrten und päpstlicher Bullen hörte das Mittelmeer auf, das Zentrum der Kultur und Macht der weißen Rasse zu sein, und das Atlantische Zeitalter begann. Von Europas drei großen atlantischen Nationen war Frankreich infolge des Bürgerkrieges vom Wettkampf um die Macht über die Ozeane ausgeschlossen. So blieben England und Spanien übrig, die ihre Vorgebirge gleich Greifzangen gegen das verheißene Land ausstreckten. Es schien unmöglich, Spanien von seiner Vorherrschaft in Amerika auszuschalten. Um 1580 besaß es dort Hunderte von Kolonien, während England keine einzige hatte. Und jedes Jahr gelangten aus den Minen von Mexiko und Peru ungeheure Reichtümer nach Spanien. Das Schicksal schien offenkundig zu wollen, daß Spanien die ganze westliche Hemisphäre beherrschen und beide Amerika nach seinem politischen und religiösen Bilde formen sollte.

Drake war mit dieser Aussicht nicht zufrieden. Eine Zeitlang bestand der Krieg um die Welt aus einem solchen zwischen ihm und Spanien. Im Jahre 1585 stattete er, von seinen Freunden und der Königin mit Geld unterstützt, dreißig Schiffe aus und zog erneut gegen das spanische Reich in den Kampf. Er ging in der Bucht von Vigo in Nordwestspanien an Land, plünderte den Hafen von Vigo, raubte eine Statue der Heiligen Jungfrau und führte kostbare Metalle und herrliche Kirchengewänder mit sich fort. Dann segelte er zu den Kanarischen und den Kapverdischen Inseln, plünderte die größten derselben, querte den Atlantischen Ozean, überfiel San Domingo, ließ sich um 30000 Pfund das Versprechen abkaufen, die kolumbische Stadt Cartagena nicht zu zerstören, plünderte und verbrannte die Stadt St. Augustine in Florida und kehrte (1586) nur deshalb nach England zurück, weil das Gelbe Fieber ein Drittel seiner Mannschaft dahingerafft hatte.

Das bedeutete Krieg, auch wenn dieses Wort nicht fiel. Am 8. Februar 1587 richtete die englische Regierung die schottische Königin hin. Philipp teilte Sixtus V. mit, er sei nun bereit, in England einzufallen und Elisabeth zu entthronen. Er bat den Papst, 2 Millionen Goldkronen beizusteuern. Sixtus bot ihm 600000 an, doch sollten sie Spanien erst ausbezahlt werden, wenn die Invasion tatsächlich stattgefunden habe. Philipp gebot seinem besten Admiral, dem Marquis von Santa Cruz, die größte Kriegsflotte auszurüsten, die die Geschichte je gekannt habe. In Lissabon wurden Schiffe gebaut und versammelt, in Cádiz wurden Kriegsvorräte aufgestapelt.

Drake drängte Elisabeth, ihm eine Flotte zur Verfügung zu stellen, damit er die Armada zerstören könne, bevor sie unbesiegbar geworden sei. Die Königin war damit einverstanden, und am 2. April 1587 fuhr er mit dreißig Schiffen von Plymouth ab, ehe sie Zeit fand, ihre Meinung zu ändern. Sie tat es zwar dennoch, aber da war es zu spät, ihn noch zu erreichen. Am 16. April ließ er seine Flotte in den Hafen von Cádiz einlaufen, manövrierte seine Schiffe außer Reichweite der Küstenbatterien, versenkte ein spanisches Kriegsschiff, überfiel Transport- und Warenschiffe, raubte ihre Ladungen, schoß alle feindlichen Schiffe in Brand und entkam ungeschoren. Er ankerte vor Lissabon und forderte Santa Cruz auf, sich hervorzuwagen und zu kämpfen. Der Marquis weigerte sich, denn seine Schiffe waren noch nicht bestückt. Drake segelte nordwärts nach La Coruña und erbeutete große Mengen an Waren, die dort aufbewahrt lagen; dann fuhr er in Richtung Azoren, wo er eine spanische Galeone überfiel und mit ihr im Schlepptau nach England zurückkehrte. Sogar die Spanier wunderten sich über seine Kühnheit und Seetüchtigkeit und sagten: «Wäre er kein Lutheraner, so gäbe es nicht seinesgleichen auf der Welt.»[102]

Philipp baute geduldig seine Flotte wieder auf. Der Marquis von Santa Cruz starb (Januar 1588); Philipp ersetzte ihn durch den Herzog von Medina-Sidonia, einen Granden, dessen Stammbaum bedeutender war als seine Talente. Als die Armada endlich vollständig war, zählte sie 130 Schiffe von durchschnittlich 445 Tonnen. Die Hälfte der Schiffe waren Frachtschiffe, die andere Hälfte Kriegsschiffe. 8050 Matrosen bildeten die Mannschaft, 19000 Soldaten fuhren mit. Philipp und seine Admirale dachten in alten Begriffen über Kriegführung zur See – das heißt, die Schiffe des

Feindes zu entern und Mann gegen Mann zu kämpfen. Die Engländer planten, die feindlichen Schiffe mit der ganzen Besatzung durch Breitseiten zum Sinken zu bringen. Philipp instruierte seine Flotte dahingehend, nicht die englischen Geschwader aufzuspüren und anzugreifen, sondern englische Brückenköpfe zu besetzen, nach Flandern hinüber zu fahren und die 30000 Mann an Bord zu nehmen, die der Herzog von Parma dort bereithielt. Mit dieser Verstärkung sollten die Spanier nach London segeln. Mittlerweile wurde ein Brief, den Kardinal Allen (April 1588) verfaßt hatte, nach England geschmuggelt. Er forderte die Katholiken auf, sich mit den Spaniern zu verbünden und ihre «unrechtmäßige, ketzerische und prostituierte» Königin[103] abzusetzen. Hunderte von Mönchen begleiteten, unter dem Generalvikar der Inquisition, die Armada, um mitzuhelfen, den Katholizismus in England wieder einzuführen[104]. Eine inbrünstige Frömmigkeit trieb die spanischen Matrosen und ihre Kapitäne an. Sie glaubten in aller Aufrichtigkeit, sie hätten eine heilige Aufgabe zu erfüllen; Dirnen wurden fortgeschickt, das Fluchen wurde unterdrückt, die Spielwut hörte auf. Am Morgen, da die Flotte Lissabon verließ (29. Mai 1588), empfing jedermann an Bord das Abendmahl, und alle Spanier beteten.

Die Winde begünstigten Elisabeth. Die Armada geriet in einen verheerenden Sturm. Sie suchte im Hafen von La Coruña Zuflucht, behob ihre Schäden und lief (12. Juli) wieder aus. England erwartete sie in einer fieberhaften Mischung von wirren Ratschlägen, überstürzten Vorbereitungen und verzweifelter Entschlossenheit. Nun war für Elisabeth die Zeit gekommen, die Summen auszugeben, die sie in dreißig knauserigen Jahren beiseite gelegt hatte. Ihr Volk, Katholiken wie Protestanten, eilte mannhaft zu ihrer Rettung herbei. In den Städten bildeten sich freiwillige Bürgerwehren. Die Londoner Kaufmannschaft ließ auf ihre Kosten mehrere Regimenter aufstellen, und als man sie bat, fünfzehn Schiffe auszurüsten, sorgte sie für deren dreißig. Zehn Jahre lang hatte Hawkins Kriegsschiffe für die Seemacht der Königin gebaut. Drake war jetzt Vizeadmiral. Kaperer stellten für das Treffen, von dem Englands Schicksal abhing, ihre eigenen Schiffe zur Verfügung. Anfang Juli 1588 versammelte sich die vollständige Flotte von zweiundachtzig Schiffen unter dem Kommando von Charles Howard of Effingham, Lord-Großadmiral von England, in Plymouth, um den heranrückenden Feind zu empfangen.

Am 19. Juli* wurde die Vorhut der Armada bei der Mündung des Kanals gesichtet. Die Verteidigungsflotte segelte aus dem Hafen von Plymouth, und am 21. begann die Schlacht. Die Spanier warteten darauf, daß die Engländer dicht genug herankämen, damit sie sie entern könnten. Die leichten englischen Schiffe aber – die niedrig und schmal gebaut waren – eilten um die schweren spanischen Galeonen herum und feuerten beim Herannahen Breitseiten ab. Die spanischen Decks waren zu hoch. Ihre Geschütze feuerten über die englischen Schiffe hinweg und richteten nur geringen Schaden an. Die englischen Boote fuhren unter den Schüssen durch, und ihre Wendigkeit und Geschwindigkeit machte die Spanier hilflos und verwirrt. Als die Nacht kam,

* Alte Zählung, zehn Tage früher als nach dem Gregorianischen Kalender, der bei den Spaniern um 1582, in England jedoch erst nach 1751 eingeführt wurde.

flohen sie mit dem Wind und ließen eines ihrer Schiffe zurück, das von Drake erbeutet wurde. Ein weiteres wurde, angeblich durch einen meuternden deutschen Kanonier, in die Luft gesprengt, und das Wrack fiel den Engländern in die Hände. Glücklicherweise enthielten beide Schiffe Munition, die sogleich auf die englischen Schiffe umgeladen wurde. Am 24. kamen weitere Munitionsvorräte hinzu, aber die Engländer hatten immer noch nur gerade genug, um einen Tag lang kämpfen zu können. Am 25. löste Howard in der Nähe der Insel Wight einen neuen Angriff aus. Sein Flaggschiff segelte mitten unter die Armada, wechselte mit jeder Galeone, an der es vorbeikam, Breitseiten, und die überlegene Genauigkeit der englischen Schüsse brach die Kampfmoral der Spanier. «Der Feind verfolgt mich», schrieb Medina-Sidonia in jener Nacht an den Herzog von Parma; «sie feuern von morgens bis in die Nacht hinein auf mich, aber sie wollen nicht entern ... Es gibt kein Mittel dagegen, denn sie sind schnell, und wir sind langsam.»[105] Er bat Parma, ihm Munition und Verstärkung zu schicken, aber die dortigen Häfen waren von niederländischen Schiffen blockiert.

Am 27. ankerte die Armada in der Straße von Calais. Am 28. setzte Drake acht kleine, entbehrliche Schiffe seiner eigenen Flotte in Brand und ließ sie so vor dem Wind laufen, daß sie mitten in die spanische Flotte hineinsegeln mußten. Um ihnen auszuweichen, befahl Medina-Sidonia seinen Schiffen, auf die offene See hinauszufahren. Am 29. griff Drake ihn vor der französischen Küste bei Gravelines an. Dies war die Hauptschlacht des Krieges. Die Spanier kämpften tapfer, aber ihre Seemannskunst und ihre Bestückung waren gering. Um Mittag fuhr Howards Geschwader aus, und die ganze englische Flotte überschüttete die Armada mit einem solchen Feuerhagel, daß viele ihrer Schiffe kampfunfähig wurden und einige sanken. Die hölzernen Schiffsrümpfe wurden, obwohl sie drei Fuß dick waren, von den englischen Geschossen durchschlagen; Tausende von Spaniern wurden getötet; man konnte sehen, wie das Blut von den Decks ins Meer floß. Als dieser Tag zu Ende ging, hatte die Armada viertausend Mann verloren; viertausend weitere waren verwundet, und die übriggebliebenen Schiffe konnten sich nur mit Mühe über Wasser halten. Medina-Sidonia sah, daß seine Truppen am Rande ihrer Kräfte standen, und er gab den Befehl zum Rückzug. Am 30. trug der Wind die zertrümmerte Flotte in die Nordsee hinaus. Die Engländer verfolgten sie in nördlicher Richtung bis an den Firth of Forth; dann mußten sie aus Mangel an Verpflegung und Munition in ihre Häfen zurückkehren. Sie hatten nur sechzig Mann und kein einziges Schiff verloren.

Für die Überreste der Armada gab es keinen näheren Zufluchtsort als Spanien. Schottland war feindliches Gebiet, und irische Häfen waren von englischen Truppen besetzt. In wachsender Verzweiflung nahmen die beschädigten Schiffe mit den ausgehungerten Mannschaften ihren Weg rund um die britischen Inseln. Die See war rauh, ein Sturmwind blies. Die Masten wurden zerschmettert, die Segel zerschlissen. Tag um Tag sank eines der Schiffe oder wurde zurückgelassen, und tote Seeleute wurden ins Meer geworfen. Siebzehn Schiffe zerschellten an der irischen Küste. In Sligo allein wurden 1100 ertrunkene Spanier an den Strand geschwemmt. Einige Matrosen legten in Irland an und baten um Speise und Trank. Sie wurden zurückgewiesen, und Hunderte, die zu schwach waren, um noch kämpfen zu können, wurden von den halbwilden Küstenbewohnern massakriert. Von den 130 Schiffen, die Spanien verlassen hatten, kehrten 54 zurück; von den 27000 Mann nur 10000, und die meisten unter ihnen waren verwundet oder krank. Philipp schloß sich unter dem Eindruck der täglich neu eintreffenden Unglücksbotschaften in seiner Zelle im Escorial ein, und niemand wagte, das Wort an ihn zu richten. Sixtus V. machte geltend, es habe gar keine Invasion Englands stattgefunden, und sandte deshalb dem bankrotten Spanien nicht einen einzigen Dukaten.

Elisabeth ging mit ihren Dukaten ebenso sorgsam um wie der Papst. Da sie Unterschlagungen argwöhnte, verlangte sie Rechenschaft über jeden Schilling, der von der Flotte und der Armee vor, während und nach der Schlacht ausgegeben worden war. Howard und Hawkins ersetzten aus ihrer eigenen Tasche alle Fehlbeträge, die sie nicht erklären konnten[106]. Elisabeth hatte einen langen Krieg erwartet und die Besatzungen und Truppen bei knappen Rationen und kärglichem Sold gehalten. Jetzt wurden die zurückkehrenden Mannschaften von einer heftigen, typhusähnlichen Krankheit befallen. Auf manchen Schiffen starb die Hälfte der Besatzung oder war kampfunfähig, und Hawkins fragte sich, wie Englands Schicksal sich gestaltet hätte, wenn die Epidemie dem Feind zuvorgekommen wäre.

Der Krieg zur See dauerte bis zu Philipps Tod (1598) an. Drake fuhr mit einer Flotte von fünfzehntausend Mann aus, um den Portugiesen bei ihrem Aufstand gegen Spanien zu helfen (1589). Aber die Portugiesen haßten die Protestanten mehr als die Spanier, die Engländer tranken von gekapertem Wein, bis sie berauscht waren, und die Expedition endete in Mißerfolg und Schande. Lord Thomas Howard geleitete eine Flotte zu den Azoren, um die spanische *flota* abzufangen, die Silber und Gold nach Spanien brachte. Aber eine neue Armada Philipps schlug Howards Schiffe in die Flucht – mit Ausnahme der *Revenge*, die, als sie hinter den übrigen Schiffen zurückblieb, aufgebracht wurde und bis zu ihrem heldenhaften Untergang gegen fünfzehn spanische Schiffe kämpfte (1591). Drake und Hawkins wagten einen weiteren Ausfall nach Westindien (1595), aber sie stritten sich unterwegs und starben. Im Jahre 1596 sandte Elisabeth nochmals eine Flotte aus, welche die Schiffe in spanischen Häfen zerstören sollte. In Cádiz fand sie neunzehn Kriegsschiffe und sechsunddreißig Handelsschiffe vor. Allein, diese entkamen auf die hohe See, während Essex die Stadt plünderte. Auch diese Expedition war ein Fehlschlag, aber sie bewies doch erneut die englische Vorherrschaft im Atlantischen Ozean.

Die Niederlage der Armada wirkte sich auf die ganze Kultur des damaligen Europa aus. Sie bedeutete eine entscheidende Änderung in der Taktik der Kriegführung zur See. Die Beschießung vom Deck und der Breitseite des Schiffes aus verdrängte das Entern. Die Tatsache, daß Spanien geschwächt war, verhalf den Niederländern dazu, ihre Unabhängigkeit zu erlangen, brachte Heinrich IV. auf den Thron Frankreichs und ermöglichte die englische Kolonisierung Nordamerikas. Der Protestantismus blieb in England erhalten und nahm zu, der Katholizismus dagegen wurde zurückgedrängt, und Jakob VI. von Schottland hörte auf, mit den Päpsten zu liebäugeln. Wäre die Armada besser gebaut und geleitet worden, so hätte der Katholizismus England vielleicht erobert. Die Guisen hätten in Frankreich die Oberhand gewonnen; Holland wäre vielleicht erlegen. Der Aufbruch von Stolz und Tatkraft, der Shakespeare und Bacon als die Symbole und Früchte eines siegreichen England hervorbrachte, hätte sich vielleicht nie ereignet, und die elisabethanische Ekstase hätte wohl gar mit der spanischen Inquisition Bekanntschaft machen müssen. So bestimmen Kriege das Schicksal der Theologie und Philosophie; und die Fähigkeit zu töten und zu zerstören ist eine Voraussetzung dafür, daß es wieder erlaubt ist zu leben und zu bauen.

X. RALEIGH UND ESSEX: 1588–1601

Obwohl Cecil und Walsingham, Drake und Hawkins die eigentlichen Urheber von Ruhm und Sieg gewesen waren, personifizierte doch Elisabeth das siegreiche England. Mit sechzig stand sie auf dem Gipfel ihres Ruhmes und ihrer Macht. Ihr Gesicht war nunmehr ein wenig faltig, ihr Haar künstlich, ein paar Zähne fehlten, und etliche andere waren schwarz geworden; aber in dem phantastischen Schmuck ihres Kopfputzes aus Spitzen, ihrer gestärkten Halskrause, ihrer Puffärmel und ihres Reifrockes, mit funkelnden Edelsteinen übersät, war sie, stolz und aufrecht dastehend, jeder Zoll eine Königin. Das Parlament murrte über ihr Auftreten, aber es unterwarf sich ihr. Alte Ratgeber boten ihr ihre Ratschläge mit der Schüchternheit junger Freier an, und junge Freier erstarben in Verehrung rings um ihren Thron. Leicester und Walsingham zahlten der Natur ihren Tribut, Drake und Hawkins sollten bald von den Wogen des Meeres verschlungen werden, das sie zu beherrschen gewähnt hatten. Cecil – der «Atlas des britischen Reiches», wie Bacon ihn nannte[107] – war alt geworden, und seine Gelenke knarrten vor Gicht. Bald sollte er sich zum Sterben niederlegen; Elisabeth pflegte ihn in seiner letzten Krankheit und reichte ihm eigenhändig seine Speisen[108]. Es machte sie traurig, sehen zu müssen, wie einer nach dem anderen dahinging, aber sie ließ sich dadurch den Glanz ihrer Rundreisen und die Betriebsamkeit ihres Hoflebens nicht verdunkeln.

Neue Gesichter tauchten auf und brachten ihr etwas von ihrer verlorenen Jugend zurück. Christopher Hatton war so stattlich und hübsch, daß sie ihn zum Kanzler erhob (1587). Neun Jahre lang zögerte sie, ehe sie Burghleys Rat befolgte und seinen klugen, buckligen Sohn, Robert Cecil, zu ihrem Staatssekretär machte. Mehr Geschmack fand sie an den wohlgebildeten Gesichtszügen und dem rasselnden Schwerte Raleighs; um seine persönlichen theologischen Zweifel kümmerte sie sich nicht; auch sie hatte welche.

Raleigh war geradezu der vollkommene Mann des Elisabethanischen Zeitalters: ein Edelmann, Soldat, Seemann, Abenteurer, Dichter, Philosoph, Redner, Geschichtsschreiber und Märtyrer. Er verkörperte den *uomo universale,* wie ihn die Renaissance erträumte, den Menschen, der in jeder Beziehung an das Genie heranreichte, aber nie einen Teil zum Ganzen werden ließ. Er erblickte 1552 in Devonshire das Licht der Welt, wurde 1568 Student in Oxford, floh vor der Bücherweisheit ins Leben und trat einer ritterlichen Gruppe von Freiwilligen aus guter Familie bei, die nach Frankreich zogen, um für die Hugenotten zu kämpfen. Sechs Jahre der Teilnahme an solchen Kriegen mögen ihm einiges von der skrupellosen Gewalttätigkeit der Sitten und der unbekümmerten Kühnheit der Rede beigebracht haben, die sein späteres Schicksal formten. Nach seiner Rückkehr aus Frankreich (1575) zwang er sich dazu, die Rechte zu studieren. Aber 1578 zog er wiederum als Freiwilliger aus, um den Niederländern im Kampf gegen Spanien beizustehen. Zwei Jahre darauf war er in Irland Anführer der Armee, die Desmonds Aufstand niederwarf, und spielte keine unbedenkliche Rolle bei dem Massaker von Smerwick. Elisabeth belohnte ihn mit zwölftausend Morgen Land in Irland und machte ihn zum Günstling an ihrem Hofe. Sein Gesicht, seine Komplimente* und sein Witz gefielen ihr, und sie hörte mit weniger Skeptizismus als gewöhnlich seinen Vorschlägen hinsichtlich der englischen Kolonisierung Amerikas zu. Sie gab ihm einen Freibrief, und anno 1584 sandte er, ohne selbst daran teilzunehmen, die erste jener zahlreichen Expeditionen aus, die – wenn auch vergeblich – versuchten, in Virginia eine Niederlassung zu gründen. Nur der Name lebte weiter als bleibendes Denkmal für die Unzugänglichkeit der Königin. Elizabeth Throckmorton, eine ihrer Hofdamen, zeigte sich zugänglicher; sie nahm sich Raleigh zum Geliebten und heiratete ihn insgeheim (1593). Da jedoch kein Mitglied des Hofes sich ohne Einwilligung der Königin vermählen durfte, wurden dem feurigen Liebespaar unerwartete Flitterwochen im Tower zuteil. Raleigh erlangte seine Freilassung – freilich unter Verbannung vom Hof –, indem er Burghley einen Brief schrieb, worin er die Königin als eine Mischung all der Vollkommenheiten schilderte, die je im Verlauf der Geschichte aufgetreten seien.

Er zog sich auf sein Landgut in Sherborne zurück, machte Pläne für Seereisen und Entdeckungsfahrten, spielte mit dem Gedanken an Atheismus und schrieb Gedichte, in denen jede Zeile einen persönlichen Klang und eine charakteristische Schärfe hatte. Aber zwei Jahre der Ruhe erschöpften seine Seßhaftigkeit. Mit Hilfe des Lord-Admirals Howard und Robert Cecils rüstete er fünf Schiffe aus, fuhr nach Südamerika und suchte El Dorado – ein Fabelland mit goldenen Palästen, golden dahinfließenden Flüssen und Amazonen voll unvergänglicher Reize. Er segelte ungefähr hundert Meilen weit den Orinoco hinauf, fand aber weder weibliche Krieger noch Gold. Von Stromschnellen und Wasserfällen behindert, kehrte er mit leeren Händen nach England zurück. Aber er erzählte, wie die amerikanischen Eingeborenen über die Schönheit der Königin gestaunt hätten, als er ihnen ihr Bildnis gezeigt habe, und bald war er bei Hof wieder zugelassen. Sein beredter Bericht, *The Discovery of the Large, Rich, and Beautiful Empire of Guiana* (Die Entdeckung des weiten, reichen und schönen Landes Guayana), war eine neue Bestätigung seiner Überzeugung, daß «die Sonne nirgends auf der Welt so viele reiche Leute bescheint» wie im Gebiet des Orinoco. Unermüdlich predigte er, wie wünschenswert es wäre, Amerikas Reichtum aus den Händen der Spanier in die der Engländer hinüberzuleiten. In vollendeter Form drückte er die Doktrin der See-

* Die Geschichte von dem Mantel, den er auf der kotigen Straße unter ihre Füße gelegt haben soll, ist eine Legende.

herrschaft aus: «Wer immer das Meer beherrscht, beherrscht auch den Handel; wer immer den Welthandel beherrscht, beherrscht die Reichtümer der Welt und folglich die Welt selbst.»[109]

Im Jahre 1596 nahm er an der Expedition nach Cádiz teil, kämpfte so energisch, wie er schrieb, und wurde an einem Bein verwundet. Die Königin behandelte ihn daraufhin «huldvoll» und ernannte ihn zum Gardehauptmann. Anno 1597 befehligte er einen Teil der Flotte, die Essex zu den Azoren führte. Raleighs Geschwader wurde durch einen Sturm von der übrigen Flotte getrennt, stieß auf den Feind und schlug ihn. Essex vergab ihm diese Vorwegnahme des Sieges nie.

Robert Devereux, zweiter Earl von Essex, übertraf Raleigh noch an persönlichem Zauber. Er besaß Raleighs Ehrgeiz, Begeisterungsfähigkeit und Stolz, war ein noch tollerer Feuerkopf als jener, hatte zwar weniger Witz, dafür aber sehr viel mehr Großzügigkeit und Noblesse, die verpflichtet. Er war ein Mann der Tat, bekannt für seine Kühnheit und Tapferkeit im Krieg, gewohnt, bei sportlichen Wettkämpfen und im Turnier zu siegen – und zugleich ein Liebhaber geistiger Dinge, ein hilfreicher und aufmerksamer Freund von Dichtern und Philosophen. Als seine Mutter Leicesters zweite Frau wurde, förderte ihn Leicester bei Hofe, um Raleighs Charme unschädlich zu machen. Die dreiundfünfzigjährige Königin entbrannte in mütterlicher Liebe zu dem temperamentvollen, gewinnenden zwanzigjährigen Jungen (1587); in ihm fand sie den Sohn, der sie über ihre Kinderlosigkeit hinwegtröstete. Sie plauderten, ritten, hörten Musik, spielten Karten miteinander, und «Mylord» – erzählte der Hofklatsch – «kehrt nicht in seine Wohnung zurück, bevor die Vögel morgens zu singen beginnen»[110]. Elisabeths alterndes Herz litt, als er heimlich Philip Sidneys Witwe heiratete; doch verzieh sie es ihm bald, und 1593 wurde er Mitglied des Staatsrates. Gleichwohl war er fürs Hofleben oder zum Staatsmann nicht eigentlich geschaffen. «Seine Liebe und sein Haß standen ihm immer auf dem Gesicht geschrieben», berichtete sein Diener Cuffe, «und er wußte nicht, wie er sie verbergen sollte.»[111] Er machte sich Raleigh, William Cecil, Robert Cecil und schließlich sogar den undankbaren Bacon und, gegen ihren Willen, die Königin zu Feinden.

Francis Bacon war – mehr als irgendein anderer Elisabethaner – dazu bestimmt, das europäische Denken nachhaltig zu beeinflussen. Er wurde (1561) im engsten Bannkreis des Hofes geboren, in York House, der offiziellen Residenz des Lordsiegelbewahrers, dessen Amt sein Vater, Sir Nicholas, innehatte. Elisabeth nannte ihn, als er noch ein Knabe war, den «jungen Lordsiegelbewahrer». Seine zarte Konstitution führte ihn von sportlicher Betätigung weg und zum Studium hin. Sein scharfer Intellekt wandte sich hungrig den Wissenschaften zu. Bald gehörte seine Gelehrsamkeit zu den Wundern jener «allumfassenden Zeit». Nachdem er drei Jahre lang in Cambridge studiert hatte, wurde er zusammen mit dem englischen Gesandten nach Frankreich geschickt, damit er Staatskunde lerne. Während er sich dort aufhielt, starb ganz unerwartet sein Vater (1579), noch ehe er, wie vorgesehen, für Francis, welcher nicht der erstgeborene Sohn war, ein Landgut hatte kaufen können. So kehrte der Jüngling, der plötzlich nur noch über karge Einkünfte verfügte, nach London zurück, um in Gray's Inn die Rechte zu studieren. Als Neffe William Cecils bat er diesen um eine Stelle im politischen Dienst. Nach vier Jahren ergebnislosen Wartens sandte er ihm eine spaßhafte Mahnung und schrieb ihm, «der Einwand, daß ich zu jung sei, wird sich abnützen wie meine Kleider, die ich lange tragen muß»[112]. Daraufhin wurde er 1584 ins Parlament gewählt, obwohl er erst dreiundzwanzig Jahre alt war. Er zeichnete sich dadurch aus, daß er den Puritanern gegenüber (seine Mutter war Puritanerin) eine weitgehende Toleranz an den Tag legte. Die Königin schenkte seinen Ideen keine Beachtung, er aber verkündete sie mutig in einer heimlich zirkulierenden Broschüre *Advertisement Touching the Controversies of the Church of England* (Ankündigung betreffend die Streitfragen innerhalb der englischen Kirche, 1589). Darin schlug er vor: keiner dürfe seines religiösen Glaubens wegen belästigt werden, der verspreche, England gegen jede ausländische Macht – einschließlich des Papsttums – zu verteidigen, welche die englische Souveränität und Freiheit bedrohe. Elisabeth und Cecil waren der Meinung, der junge Philosoph sei ein wenig allzu fortschrittlich gesinnt. Und tatsächlich war er seiner Zeit weit voraus.

Essex fand Geschmack an Bacons scharfsinnigem Geist und bat ihn um seinen Rat. Der junge Gelehrte riet dem jungen Edelmann, er solle, wenn er nicht bescheiden sein könne, es doch wenigstens scheinen, er solle seinen Aufwand einschränken, eher nach zivilen als nach militärischen Ämtern streben, da Rückschläge in der Politik leichter wieder gutgemacht werden könnten als Niederlagen im Krieg, und er solle seine Popularität beim Volk als eine Gefahr für seine Beziehungen zu der Königin betrachten[113]. Bacon hoffte, Essex würde sich zu einem Staatsmann entwickeln und seinem Mentor alsdann die Möglichkeit verschaffen, ebenfalls höher zu steigen. Anno 1592 gelangte er wiederum an Cecil, und zwar mit den folgenden berühmten Worten:

> «Ich werde nun schon etwas alt. Einunddreißig Jahre sind ein gut Teil Sand in einem Stundenglas ... Die Kargheit meines Vermögens macht mir beträchtliche Sorgen ... Ich gestehe, daß ich so umfassende kontemplative wie bescheidene zivile Ziele habe, denn ich habe die Wissenschaften zu meinem Gebiet erwählt ... Dies ist, mag es nun Neugier, Ruhmredigkeit oder Veranlagung sein, so tief in meinem Sinn verankert, daß es nicht mehr daraus weggenommen werden kann.»[114]

Als Essex die beiden Cecils und Elisabeth bestürmte, Bacon das freigewordene Amt eines Kronanwalts zu übertragen, drang er mit seiner Bitte nicht durch. An Bacons Stelle wurde Edward Coke, der älter und für dieses Amt geeigneter war, gewählt. Essex ertrug die Zurücksetzung wie ein Edelmann und gab Bacon ein Landgut in Twickenham, das ihm 1800 Pfund einbrachte[115]. Bevor Bacon es jedoch beziehen konnte, mußte er eine kurze und seinem Stand angemessene Schuldhaft abbüßen[116]. Im Jahre 1597 wurde er in den «Gelehrten Rat» der Rechtswissenschafter gewählt, der den Geheimen Staatsrat beriet[117].

Entgegen Bacons Rat trat Essex der Kriegspartei bei und plante, sich selbst zum obersten Feldherrn zu machen. Seine Tapferkeit bei Cádiz machte ihn jedoch in den Augen des Rates zu populär, während sein Mißerfolg bei den Azoren sowie sein unverminderter Stolz, seine Verstiegenheit und seine scharfe Zunge den Hof befremdeten und die Königin erzürnten. Als sie seine Empfehlung Sir George Carews für den Dienst in Irland glatt ablehnte, drehte er ihr mit einer Gebärde der Verachtung den Rücken zu. Wütend ohrfeigte sie ihn und rief ihm zu: «Geht zum Teufel!» Er ergriff sein Schwert und schrie sie an: «Das ist eine grobe Beleidigung, die ich mir nicht gefallen lasse. Selbst von Eures Vaters Hand hätte ich so etwas nicht ertragen!» Zornig eilte er aus dem Zimmer, und der ganze Hof erwartete, er werde in den Tower geworfen (1598)[118]. Aber Elisabeth tat nichts dergleichen. Sie ernannte ihn im Gegenteil – vielleicht auch, um ihn loszuwerden? – einige Monate später zum Abgeordneten des Oberhauses in Irland.

Bacon hatte ihn davor gewarnt, die undankbare Aufgabe auf sich zu nehmen, einen Glauben mit Waffengewalt zu unterdrücken. Aber Essex wollte eine Armee befehligen. Am 27. März 1599 fuhr er unter dem Jubel des Volkes, den Befürchtungen seiner Freunde und zur Zufriedenheit seiner Feinde nach Dublin. Sechs Monate später, als seine Mission sich als Fehlschlag herausgestellt hatte, kehrte er ohne die Erlaubnis der Königin nach England zurück, betrat unangemeldet ihr Ankleidezimmer und versuchte sein Vorgehen in Irland zu erklären. Sie hörte ihm mit unterdrücktem Grimm zu und übergab ihn dann der Obhut des Lordsiegelbewahrers in York House, bis die Anklage gegen ihn spruchreif war.

Das Londoner Volk murrte, denn es wußte nichts von seinem Versagen, sondern erinnerte sich nur an seine Siege. Der Geheime Staatsrat berief eine halböffentliche Versammlung ein und übertrug es Bacon – als einem Mitglied des Gelehrten Rates und einem Rechtsgelehrten, der gelobt hatte, die Königin zu verteidigen –, eine Anklageschrift auszuarbeiten. Er bat, man möge es ihm erlassen. Der Geheime Staatsrat bestand darauf, und schließlich gab er nach. Die Anklage, die er erhob, war in mildem Ton gehalten. Essex gab zu, daß sie berechtigt sei, und erklärte seine Bereitschaft, sich ihr demütig zu unterwerfen. Er wurde seiner Ämter enthoben, und es wurde ihm nahegelegt, freiwillig in seinem Hause zu verbleiben, bis die Königin dazu bereit sei, ihn auf freien Fuß zu setzen (5. Juni 1600). Bacon plädierte für ihn, und am 26. August wurde Essex wieder freigelassen.

Nunmehr in seinem Hause in Essex lebend, fuhr er fort, nach Macht zu streben. Einer seiner Vertrauten war Shakespeares Gönner Henry Wriothesley, Earl von Southampton. Ihn sandte Essex nach Irland, um dort vorzuschlagen, Mountjoy, der in Irland Gouverneur geworden war, solle mit der englischen Armee nach England zurückkehren und Essex helfen, sich der Regierungsgewalt zu bemächtigen. Mountjoy weigerte sich. Zu Beginn des Jahres 1601 schrieb Essex an Jakob VI. von Schottland, bat ihn um Hilfe und versprach ihm, ihn als Nachfolger Elisabeths zu unterstützen. Jakob sandte ihm einen ermutigenden Brief. Wilde Gerüchte liefen durch die aufgeregte Hauptstadt: Robert Cecil plane, die spanische Infantin zur Königin von England zu machen; Essex solle in den Tower gesperrt werden; Raleigh habe geschworen, er werde ihn töten. Vielleicht wollte der junge Cecil Essex dazu zwingen, seine Karten aufzudecken; auf alle Fälle beeinflußte er die Königin dahin, Essex eine Botschaft zu

Der aus Stahl gearbeitete Mantelhelm Kaiser Ferdinands I. (1556–1564) aus der Werkstatt des Innsbrucker Plattners Jörg Seusenhofer (1510–1580).

senden, worin sie ihn auffordern sollte, dem Rat beizuwohnen. Seine Freunde warnten ihn: dies sei eine List, um seiner habhaft zu werden. Ein Freund, Sir Gilly Merrick, bezahlte die Chamberlain-Truppe dafür, an jenem Abend in Southwark Shakespeares *Richard II.* aufzuführen, um ihm dabei zu zeigen, wie ein Herrscher Rechtens abgesetzt werde[119].

Am nächsten Morgen (7. Februar 1601) versammelten sich etwa dreihundert eifrige und bewaffnete Männer, Anhänger von Essex, im Hof seines Hauses. Als Lordsiegelbewahrer Cecil mit drei anderen Würdenträgern dazukam und nach dem Grund dieser unrechtmäßigen Versammlung fragte, setzte die Menge sie hinter Schloß und Riegel und führte dann den halb widerstrebenden Essex nach London, wo das Zeichen zum Aufstand gegeben werden sollte. Essex hatte gehofft, das Volk werde seine Sache unterstützen, aber die Geistlichkeit ermahnte es, sich still zu verhalten, und es gehorchte. Die Regierungstruppen waren auf ihrer Hut und machten die Rebellen dingfest, unter ihnen Essex, der in den Tower geworfen wurde.

Rasch stellte man ihn wegen Verrats vor Gericht. Der Staatsrat befahl Bacon, Coke bei der Erhebung der Anklage beizustehen. Seine Weigerung hätte seine politische Karriere ruiniert; seine Zustimmung ruinierte seinen Ruf bei der Nachwelt. Als Coke zögerte, die Anklage vorzubringen, erhob sich Bacon und stellte die Sachlage in vernichtender Klarheit dar. Essex gab seine Schuld zu und nannte die Namen seiner Mitschuldigen[120]. Fünf von ihnen wurden verhaftet und enthauptet. Southampton wurde zu lebenslänglichem Gefängnis verurteilt; Jakob I. begnadigte ihn später. Die Legende erzählt, Essex habe der Königin einen Ring gesandt, den sie ihm einst mit dem Versprechen, ihm zu Hilfe zu eilen, wenn er ihr den Ring in einer Stunde der Not zurückschicke, geschenkt habe. Wenn er ihn je abgesandt haben sollte, so hat er die Königin nicht erreicht[121].

Am 25. Februar 1601 erlitt Essex im Alter von fünfunddreißig Jahren tapfer das Schicksal, welches das Siegel seines Charakters war. Raleigh, sein Feind, weinte, als der Schlag fiel. Ein Jahr lang stellte man im Tower den abgetrennten und verwesenden Kopf zur Schau.

XI. DER GLANZ VERBLASST: 1601–1603

Der Anblick dieses Kopfes, oder das Wissen darum, daß er Tag und Nacht auf sie herunterstarrte, mag mit Schuld gewesen sein an der düsteren Stimmung, die Elisabeths letzte Jahre verdunkelte. Stundenlang konnte sie schweigend, in nachdenklicher Melancholie dasitzen. Zwar hielt sie die Lustbarkeiten an ihrem Hof aufrecht und gab sich zeitweise auch tapfer den Anschein, als sei sie selber fröhlich. Aber ihre Gesundheit war erschüttert, und ihr Herz war tot. England hatte aufgehört, sie zu lieben. Es fühlte, daß sie sich selbst überlebt hatte und einer jüngeren Kraft den Thron überlassen sollte. Die letzte ihrer Parlamentsversammlungen widersetzte sich heftiger als jede vorangegangene ihrer Verletzung der parlamentarischen Freiheit, ihrer Verfol-

Eine klassische Komposition zeigt die «Madonna des Basler Bürgermeisters Jakob Meyer zum Hasen», die Hans Holbein d. J. (1497–1543) im Jahre 1528 malte (Schloß Darmstadt).

gung der Puritaner, ihren erhöhten Forderungen nach Geldmitteln, ihren Verleihungen von Handelsmonopolen an ihre Günstlinge. Zur allgemeinen Überraschung machte die Königin in diesem letzten Punkt Zugeständnisse und versprach, keinen Mißbrauch mehr zu treiben. Alle Mitglieder des Unterhauses kamen und dankten ihr und knieten nieder, als sie ihnen ihre «Goldene Rede» vom 20. November 1601 hielt, von der sich herausstellte, daß es ihre letzte sein sollte:

«Es gibt kein Kleinod, und möge es noch so kostbar sein, das ich ... eurer Liebe vorziehen würde. Denn ich schätze sie höher, als alle Schätze ... Wenn auch Gott uns hoch erhoben hat, so zähle ich doch dies zum Ruhm meiner Krone, daß ich dank eurer Liebe regiert habe ...»[122]

Dann befahl sie den Knienden, aufzustehen, und fuhr fort:

«Ein König zu sein und eine Krone zu tragen, ist für diejenigen, die es sehen, herrlicher, als es für die, die sie zu tragen haben, erfreulich ist ... Ich für mein Teil wäre willens – wenn nicht mein Gewissen mich daran hinderte, die Pflicht, die Gott mir auferlegt hat, abzuwerfen, und wenn es mir nicht geböte, seinen Ruhm zu verfechten und euch Sicherheit zu gewähren –, diesen Platz, den ich innehabe, einem anderen zu überlassen, und wäre froh, wenn ich von Ruhm und Mühsal befreit würde. Denn es ist nicht mein Wunsch, mein Leben länger zu leben und mein Reich länger zu regieren, als es für euch gut ist. Und wenn ihr manchen mächtigeren und weiseren Fürsten gehabt habt und noch haben werdet, der auf diesem Thron sitzen wird, so habt ihr doch keinen gehabt und werdet auch keinen haben, der euch mehr geliebt hat.»[123]

Sie hatte die Frage nach einem Nachfolger so weit wie möglich hinausgeschoben; denn solange die Königin von Schottland als rechtmäßige Erbin ihres Thrones lebte, konnte Elisabeth sich nicht mit dem Gedanken aussöhnen, Hand dazu zu bieten, daß Maria den protestantischen Glauben wieder unterdrücken könnte. Nun, da Maria tot war und Marias Sohn, Jakob VI. von Schottland, zum gesetzmäßigen Thronfolger nachrückte, bedeutete es einen Trost für sie zu wissen, daß er, obwohl schwankend und von zwiespältigem Charakter, doch protestantisch war. Sie wußte, daß Robert Cecil und andere Persönlichkeiten ihres Hofes heimlich mit Jakob verhandelten, um ihm die Thronbesteigung zu erleichtern und sich selber warm zu betten, und daß sie die Tage zählten, bis sie sterben würde.

Es ging ein Gerücht in Europa um, daß sie an Krebs leide. Aber sie starb, weil sie zu inbrünstig gelebt hatte. Ihr Leib vermochte die Freuden und Leiden, die Lasten und Schläge der unbarmherzigen Jahre nicht mehr zu ertragen. Als ihr Patenkind, Sir John Harington, versuchte, sie mit witzigen Versen aufzuheitern, schickte sie ihn fort und sagte: «Wenn du fühlst, wie die Zeit sich zu deiner Türe hereinschleichen will, dann gefallen dir solche Torheiten nicht mehr so gut.»[124] Im März 1603 hatte sie sich allzu kühn der winterlichen Kälte ausgesetzt und bekam Fieber. Drei Wochen lang zehrte es an ihr. Sie verbrachte jene Tage meist in einem Stuhle sitzend, in Kissen zurückgelehnt. Sie wollte keinen Arzt kommen lassen, aber sie bat um Musik, und man schickte nach ein paar Spielern. Schließlich ließ sie sich überzeugen, daß sie sich zu Bett legen müsse. Als Erzbischof Whitgift der Hoffnung Ausdruck gab, sie möge noch länger leben, rüffelte sie ihn. Er kniete neben ihrem Bett nieder und betete; als er dachte, es sei genug, versuchte er, sich zu erheben, aber sie befahl ihm, fortzufahren. Und selbst als «die Knie des alten Mannes müde waren», bedeutete sie ihm, noch mehr Gebete zu sprechen. Er durfte erst aufhören, als sie spät in der Nacht einschlief. Sie wachte nicht mehr auf. Am nächsten Tag, dem 24. März, schrieb John Manningham in sein Tagebuch: «Heute früh, ungefähr um drei Uhr, ging Ihre Majestät aus diesem Leben, sanft wie ein Lamm, leicht wie ein reifer Apfel, der vom Baum fällt.»[125] So schien es.

England, das ihr Hinscheiden lange erwartet hatte, fühlte den Schlag dennoch. Vielen wurde es klar, daß ein großes Zeitalter zu Ende war, daß eine mächtige Hand das Steuerruder hatte fahren lassen, ja etliche, wie Shakespeare, fürchteten ein chaotisches Zwischenspiel[126]. Bacon war überzeugt, sie sei eine so große Königin gewesen, daß

«... wenn Plutarch heute noch am Leben wäre, um Charakterbilder zu schildern, es ihm Mühe machen würde ..., für sie unter den Frauen ein entsprechendes zu finden. Diese Frau war so mit Gelehrsamkeit begabt, daß es für ihr Geschlecht einzigartig und sogar unter männlichen Fürsten selten war ... Was ihre Herrschaft betrifft ..., so hatte dieser Teil der Insel nie fünfundvierzig bessere Jahre, und dies nicht infolge der Milde der Jahreszeiten, sondern infolge der Weisheit ihrer Regierung. Denn wenn man einerseits bedenkt, daß sie die wahre Religion einführte, dauernden Frieden und Sicherheit gewährleistete, die Gerechtigkeit gut verwaltete, ihr Vorrecht gemäßigt anwandte ..., die Gelehrsamkeit zur Blüte brachte ..., und wenn man andererseits den Streit der Religionen ansieht, die Wirren in den benachbarten Ländern, den Ehrgeiz Spaniens und die Opposition Roms, und ferner, daß sie allein und selbständig war: – ich sage, wenn man all das bedenkt, dann scheint mir, ich habe – wie ich kein neueres und passenderes Beispiel habe finden können – auch kein bemerkenswerteres oder hervorragenderes wählen können ..., das die Verbindung von Gelehrsamkeit beim Fürsten mit der Glückseligkeit beim Volk besser kundtäte.»[127]

Wenn man aus der Gegenwart auf jene Zeit zurückblickt, dann muß man dies Bildnis wohl etwas berichtigen; die Fehler der unvergleichlichen Königin sind nicht zu übersehen, aber sie sind verzeihlich. Sie war weder eine Heilige noch eine Weise, sondern eine Frau voll Temperament und Leidenschaft, mit Herz und Sinnen ins Leben verliebt. Die «Wahrheit des Glaubens» war noch nicht ganz fest gegründet, und nicht alle ihre Untertanen konnten, wie Shakespeare es sich gedacht haben mag, «in Frieden essen, unter dem eignen Weinstock, was sie pflanzten», während «des Friedens heitere Klänge tönen»[128]. Die Weisheit ihrer Regierung war zum Teil diejenige ihrer Ratgeber. Ihr Wankelmut wirkte sich oftmals günstig aus, oftmals aber auch so nachteilig, daß der Fortbestand ihrer Regierung nur den inneren Schwierigkeiten ihrer Feinde zu verdanken war. Aber sie überlebte und gedieh, sei es auf gute, sei es auf zweifelhafte Art. Sie befreite Schottland von Frankreich und verband es mit England. Sie ermöglichte es Heinrich von Navarra, seine Messe in Paris mit dem Edikt von Nantes in Einklang zu bringen. Sie fand England bankrott und verachtet vor und ließ es reich und mächtig zurück, und die Hauptstützen der Gelehrsamkeit und der Literatur erstarkten am Wohlstand ihres Volkes. Sie führte den Despotismus ihres Vaters weiter, aber sie milderte ihn durch Humanität und Anmut. Sie versagte sich einen Gatten und Kinder, aber sie bemutterte England, liebte es zärtlich und verzehrte sich in seinem Dienst. Sie war die größte Herrscherin, die England je gekannt hat.

ZWEITES KAPITEL

Merrie England[1]

[1558–1625]

I. BEI DER ARBEIT

WELCHER Art war das England, das Elisabeth ihre Macht und Größe und Shakespeare seine Sprache und Inspiration verlieh? Was für Leute waren diese elisabethanischen Engländer, die sich so unbekümmert angriffslustig, so freimütig und überschwenglich gebärdeten? Wie lebten und arbeiteten sie? Wie kleideten sie sich? Wie dachten und liebten, bauten und sangen sie?

Um 1581 zählte das Land ungefähr fünf Millionen Seelen. Die meisten waren Bauern, und die Mehrzahl von ihnen waren Pächter; eine wachsende Anzahl waren Freisassen. Immer noch gab es Allmenden, gemeinsamen Grund und Boden, denn Weideland war einträglicher als Ackerland. Die Leibeigenschaft war fast verschwunden, aber infolge der Vertreibung vieler Pächter von Haus und Hof entstand eine unglückliche Schicht von Proletariern, die ihre Muskelkraft mit mehr oder weniger Erfolg von Hof zu Hof oder in den sich immer mehr ausdehnenden Städten von Werkstatt zu Werkstatt verkauften.

Mit Ausnahme der Hauptstadt waren die Städte jedoch immer noch klein. Norwich und Bristol, die größten nach London, wiesen wenig mehr als 20000 Seelen auf. Das hatte aber auch seine vergnügliche Seite: Die Einwohner saßen nachbarlich nahe beisammen, und sogar in London hatten die meisten Häuser Gärten oder standen in der Nähe des offenen Feldes, wo ihre Bewohner die mannigfaltigen Blumen pflücken konnten, die Shakespeare besang. Die Häuser wurden mit Holz geheizt. Die meisten Industriebetriebe benutzten Holzkohle als Brennmaterial. Aber der Preis für Brennholz stieg im sechzehnten Jahrhundert, und die steigende Nachfrage der Städte nach Kohle veranlaßte die Grundbesitzer, auf ihren Ländereien nach Bodenschätzen zu fahnden. Deutsche Unternehmer kamen ins Land, um die Gewinnung und Verhüttung von Kohle und Erz zu verbessern. Elisabeth verbot den Gebrauch von Kohle in London, aber ihr Imperativ erwies sich als weniger kategorisch als die volkswirtschaftlichen Bedürfnisse[2]. Die Textilindustrie breitete sich aus, als Weber und Walker vor Albas Druck in den Niederlanden nach England flohen. Die Hugenotten brachten ihre handwerkliche und kaufmännische Geschicklichkeit von Frankreich mit herüber. Immerhin war es ein Engländer, Hochwürden William Lee, der (1589) einen halbautomatischen Strumpfstrickapparat erfand. Der Fischfang war die blühendste Industrie, denn die Regierung unterstützte ihn, um die Männer an Seetüchtigkeit zu gewöhnen und sich so eine Reserve an Seeleuten zu schaffen. Deshalb auch verordnete Elisabeth – womit sie gleichzeitig der römisch-katholischen Kirche ein Zugeständnis machte –, daß die Bevölkerung an zwei Tagen in der Woche sowie an den überlieferten Fastentagen auf Fleisch zu verzichten habe.

Die Zünfte waren durch ihre mittelalterlichen Vorschriften behindert und büßten in dem individualistischen und alles erneuernden Zeitalter weiterhin an Bedeutung ein. Geschickte Gründer legten ihr Kapital zusammen, kauften Rohmaterialien ein, verteilten sie an Werkstätten und Familienbetriebe, erwarben das Produkt wieder und verkauften davon, soviel der Verkehr zu bewältigen vermochte. In England begann der Kapitalismus im Hause, in dem Vater, Mutter, Tochter und Sohn für die Unternehmer tätig waren. Das Heimarbeitersystem, das damals seinen Anfang nahm, behielt seine Gültigkeit bis spät ins achtzehnte Jahrhundert hinein. Beinahe jedes Haus war eine Miniaturfabrik, wo Frauen Flachs und Wolle spannen und webten, wo sie nähten und stickten, Kräuterheilmittel zubereiteten, geistige Getränke destillierten und sogar einige Erfolge in der Entwicklung der englischen Kochkunst zeitigten.

Der elisabethanische Staat erließ ebenso eifrig wirtschaftliche wie religiöse Gesetze. Da man erkannte, daß ortsbehördliche Einschränkungen von Gewerbe und Verkehr den Handel und die Industrie hemmten, ersetzte der Staat solche Bestimmungen durch nationale. Das berühmte Lehrlingsstatut (1563) stellte einen wohldurchdachten Kodex von Vorschriften und Zwangsmaßnahmen der Regierung dar und erhielt sich bis zum Jahre 1815. Da es darauf ausging, Trägheit und Arbeitslosigkeit auszumerzen, verpflichtete es jeden tauglichen Jugendlichen, sieben Jahre lang als Lehrling zu arbeiten, denn «bis ein Mann zweiunddreißig Jahre alt ist, lebt er – zwar nicht immer, aber doch meistens – planlos, ohne Urteilsfähigkeit und ohne genügende Erfahrung, um sich selbst beherrschen zu können»[3]. Jeder vorsätzlich arbeitslose Mann unter dreißig Jahren, der über kein Einkommen von vierzig Schilling im Jahr verfügte, konnte gezwungen werden, einen ihm von den lokalen Amtsgewalten zugewiesenen Beruf auszuüben. Auf dem Lande konnten alle gesunden Männer unter sechzig Jahren dazu veranlaßt werden, bei der Ernte mitzuhelfen. Alle Arbeiter mußten mit einem jährlichen Arbeitsvertrag angestellt werden, und zwar zu einem garantierten Jahreslohn. Die Friedensrichter wurden dazu ermächtigt, in ihrem Bezirk für jede Arbeit Höchst- und Mindestlöhne festzusetzen. Für Londoner Arbeiter war der Lohn auf neun Pence pro Tag festgelegt. Meister, welche Angestellte unrechtmäßig entließen, mußten eine Buße von vierzig Schilling bezahlen. Leute, die ihre Arbeit widerrechtlich verließen, mußten ins Gefängnis wandern. Kein Angestellter durfte seine Stadt oder Gemeinde ohne die Erlaubnis seines Arbeitgebers und der Behörde verlassen. Im Sommer wurden pro Tag zwölf Arbeitsstunden festgesetzt; im Winter mußte gearbeitet werden, solange es hell war. Streiks irgendwelcher Art waren unter Androhung der Inhaftierung oder schwerer Geldbußen verboten[4].

Kurz, das Gesetz war darauf bedacht, den Arbeitgeber zum Nachteil des Arbeitnehmers, den Ackerbau zum Nachteil der Industrie und den Staat vor Volksaufständen zu schützen. Eine Zunft von Maurern in Hull setzte über ihre Verordnungen den tröstlichen Satz, daß «alle Menschen von Natur gleich sind, da alle von einem Handwerker aus Lehm geschaffen wurden»[5]. Aber niemand glaubte daran, am wenigsten Cecil und

Elisabeth; und wahrscheinlich war es Cecil, der die Wirtschaftsgesetzgebung von 1563 anordnete. Sie zeitigte, in bezug auf die Arbeiterschicht, das zwangsläufige Anwachsen der Armut. Sie sah vor, die Löhne periodisch nach dem Preis der Nahrungsmittel neu anzusetzen. Allein, die obrigkeitlichen Beamten, die damit beauftragt waren, diese Preisregulierung vorzunehmen, gehörten dem Stand der Arbeitgeber an. Die Löhne gingen zwar in die Höhe, aber sehr viel langsamer als die Preise. Zwischen 1580 und 1640 stieg der Preis für die notwendigen Lebensmittel um hundert Prozent, die Löhne aber stiegen nur um zwanzig[6]. In dem Jahrhundert zwischen 1550 und 1650 verschlechterten sich die Bedingungen für Handwerker und Arbeiter von Tag zu Tag[7]. Am Stadtrand von London lebten «dichtgedrängt verhältnismäßig arme und oft lasterhafte Volksschichten, die in armseligen Wohnungen hausten»[8] und sich teilweise von Diebstahl und Bettelei ernährten. Beim Begräbnis des Earl von Shrewsbury (1590) baten ungefähr zwanzigtausend Bettler um eine milde Gabe[9].

Die Regierung ging solchen Mißständen mit gewaltsamen Gesetzen gegen Bettelei und mit einer Reihe von verhältnismäßig humanen Armengesetzen zu Leibe (1563 bis 1601), die dem Staat in die Pflicht nahmen, das Volk vor dem Verhungern zu bewahren. In jeder Gemeinde wurde eine Steuer erhoben, damit für den arbeitsunfähigen Armen gesorgt und der arbeitsfähige in Armenhäusern, die vom Staat unterhalten wurden, untergebracht werden konnte.

Der Preisanstieg erwies sich für Industrie und Handel als ebenso stimulierend, wie er sich für den Armen tragisch auswirkte. Die Hauptgründe dafür waren die Silbergewinnung in Europa, die Einfuhr kostbarer Edelmetalle aus Amerika und die Verschlechterung der Währung durch die Regierungen. In der Zeitspanne von 1501 bis 1544 belief sich die Gesamtsumme an eingeführtem oder geschürftem Silber in Europa – in Zahlen von 1957 ausgedrückt – auf etwa 150 Millionen Dollar; für die Zeit von 1545 bis 1600 betrug sie 900 Millionen Dollar[10]. Elisabeth kämpfte heldenmütig gegen die Verschlechterung der englischen Währung. Sie beherzigte den Ratschlag ihres klugen Ratgebers, Sir Thomas Gresham, der ihr (1560) in Worten, die später «Greshams Gesetz» genannt wurden, zu bedenken gab, daß schlechtes Geld gutes Geld verjage – daß Münzen mit einem anständigen Gehalt an kostbarem Metall gehortet oder in Umlauf gesetzt würden, während Münzen ohne eigentlichen Gehalt zu allen anderen Zwecken, besonders für Staatssteuern, verwendet würden, wobei der Staat «in seiner eigenen Währung bezahlt wird». Elisabeth und Cecil verbesserten die Währung, die Elisabeths Vater und Bruder herabgewirtschaftet hatten, und führten den Gold- oder Silbergehalt des englischen Geldes wieder ein. Trotzdem stiegen die Preise weiter an, denn der Zustrom oder die Produktion von Silber und Gold und die Zirkulation der Zahlungsmittel waren größer als die Produktion an Gütern.

Monopole hatten teil an den steigenden Preisen. Elisabeth gestattete sie bei der Produktion oder dem Verkauf von Eisen, Öl, Weinessig, Kohle, Blei, Salpeter, Wäschestärke, Garn, Fellen, Leder und Glas. Sie bewilligte diese Patente einesteils, um das Kapital dazu zu ermuntern, Waren einzuführen und neue Industrien zu gründen, anderenteils als Belohnung für Ämter und Dienste, die sonst nicht genügend bezahlt waren. Als Klagen über die Monopole in einen Parlamentsaufstand ausarteten, erklärte sich Elisabeth damit einverstanden, sie so lange aufzuheben, bis ihre Auswirkungen erforscht und geprüft seien (1601). Einige unter ihnen wurden beibehalten.

Da der Binnenhandel durch derlei Schwierigkeiten behindert wurde, entwickelte er sich langsamer als der Außenhandel. Ausgenommen bei Jahrmärkten war es niemandem gestattet, in einer Stadt, in der er nicht ansässig war, Güter zu verkaufen. Jahrmärkte wurden in manchen Ortschaften periodisch abgehalten; im ganzen waren es mehrere Hundert im Jahr. Der volkstümlichste war der Bartholomäusmarkt, der jeden August in der Umgebung von London stattfand; ein Zirkus half dabei, das Volk zum Kauf anzulocken. Die Waren wurden vorzugsweise zu Wasser und nicht auf den Straßen befördert, und die Flüsse wimmelten von Verkehr. Die Straßen waren in schlechtem Zustand, wurden aber ständig verbessert, und man konnte in einem Tag zu Pferd hundert Meilen vorwärts kommen. Der Bote, der die Nachricht von Elisabeths Tod nach Edinburg brachte, reiste am ersten Tag 162 Meilen weit. Der Postdienst, der 1517 ins Leben gerufen wurde, war nur für die Regierung bestimmt. Privatbriefe wurden durch Freunde, Boten, Kuriere oder andere Reisende befördert. Über Land reiste man meist auf dem Rücken eines Pferdes. Um 1564 wurden jedoch Kutschen eingeführt. Bis 1600 blieben sie ein Luxusgegenstand für wenige; aber schon um 1634 waren sie so zahlreich, daß eine Verordnung ihren Gebrauch allen Privatpersonen wegen Verkehrsstockungen untersagte[11]. Es gab gute Gasthöfe, und auch die Kellnerinnen waren brauchbare Wesen, nur nicht, wenn man nach ihnen rief. Aber die Reisenden mußten auf ihre Börse aufpassen und ihre Marschroute verheimlichen[12]. Im elisabethanischen England hatte man auf der Hut zu sein.

Der Außenhandel nahm in dem Maße zu, wie die Industrie sich entwickelte. Die bevorzugteste Art, durch die man den Import von Rohmaterialien und orientalischen Luxusartikeln bezahlte, war der Export von Fertigwaren. Das Absatzgebiet dehnte sich von der Gemeinde auf die Nation und auf Europa, ja sogar auf Asien und Amerika aus, und der Wirkungskreis und die Macht der nationalen Regierungen wuchs mit der Leistungsfähigkeit und den Aufgaben des Handels. England wünschte, wie Spanien und Frankreich, Güter zu exportieren und Gold einzuführen, denn die «merkantilistische» Theorie, die damals vorherrschend war, maß den Wohlstand einer Nation nach den Edelmetallen, die sie besaß. Francis Bacon war offenbar der erste, der von einem vorteilhaften «Handelsgleichgewicht» sprach[13], worunter er das Vorwiegen des Exports gegenüber dem Import und damit einen Einnahmenüberschuß an Silber und Gold verstand. Cecil erklärte, es sei sein Ziel, «mit allen politischen Mitteln die Verwendung ausländischer Gebrauchsgüter, die für uns nicht notwendig sind, einzuschränken»[14]. Er wußte, daß man Silber und Gold nicht aufessen oder abnützen kann, aber daß sie ein internationales Zahlungsmittel waren, mit dem man im Notfall beinah alles kaufen konnte, sogar Feinde. Die heimische Industrie mußte in Friedenszeiten geschützt werden, damit die Nation in Kriegszeiten nicht von ausländischen Produkten abhängig war. Daher verhinderte die Regierung die Einfuhr durch Zolltarife und förderte die Ausfuhr durch Subventionen. Handelsgesellschaften wurden gegründet, um englische Produkte ins Ausland verkaufen zu können. Englische Handelsspekulanten eröffneten eine Exportagentur in Hamburg. Anthony Jenkinson unternahm Handelsmissionen nach Rußland (1557) und Persien (1562), eine weitere nach Indien (1583–1591). 1581 wurde eine englisch-türkische Gesellschaft gegründet; 1595 entstand die moskowitische Gesellschaft und am 31. Dezember 1600 die historisch bedeutsame Ostindien-Gesellschaft. Der Schauplatz für Hastings und Clive war geschaffen. Männer, die das Meer oder das Geld liebten, wagten sich über die Ozeane, um neue Handelswege zu finden. Die geographische Wissenschaft war zum Teil ein Nebenprodukt ihres Eifers. Infolge der Nachfrage nach Absatzgebieten und Kolonien entstand eine wahre Schiffsbauwut. Englische Wälder wurden zu Masten und Schiffsrümpfen umgewandelt. Britannien begann die Wogen zu beherrschen, und das britische Weltreich war in Tat und Wahrheit Wirklichkeit geworden.

In dem Maße, wie der Handel seine Segel entfaltete, entwickelten sich finanzielle Institutionen, um ihn zu fördern. Bankhäuser entstanden in vermehrter Anzahl. 1553 gründeten die Handelsspekulanten eine Aktiengesellschaft für den Handel mit Rußland. 240 Anteilscheine wurden ausgegeben, ein jeder zu 25 Pfund. Nach jeder Expedition wurden die Gewinne verteilt und die investierten Kapitalien zurückbezahlt[15]. Die Ostindien-Gesellschaft finanzierte ihre Seereisen ebenso, und der Profit von 87,5 Prozent, der bei ihrem ersten Unternehmen herausschaute, führte zu einem Ansturm von Anleihezeichnern. Höflinge, Richter, Geistliche, Ritter, Witwen, alte Jungfern und Geschäftsleute wollten an der nächsten Unternehmung teilhaben. Männer und Frauen liebten das Geld damals nicht weniger leidenschaftlich als heute. Noch 1552 war das Gewähren von Darlehen gegen Zins vom Parlament als «ein äußerst verabscheuenswertes Laster» verboten worden[16]. Aber die steigende Bedeutung der Geschäftsmacht in den Reihen der Bürgerlichen führte zu dem Wuchergesetz von 1571, das Gewinn von Wucher unterschied und einen Ertrag von 10 Prozent gesetzlich anerkannte. Da die Transaktionen von Anteilscheinen anstiegen, wurden Börsenstuben zum Austausch von Wertpapieren eröffnet, und um den An- und Verkauf von Gütern zu erleichtern, wurden zusätzliche Zahlungsmittel geprägt. Anno 1566 baute Gresham die Königliche Börse, wo alle solchen merkantilen und finanziellen Operationen getätigt wurden. Im Jahre 1583 gab diese die erste Lebensversicherungspolice heraus[17].

Die kommerzielle Unternehmungslust wuchs, je mehr London eines der blühendsten Markt- und Umschlagzentren der Welt wurde. In den unbeleuchteten Straßen herrschte ein lebhafter Geschäftsverkehr. Ein weit herumgekommener Reisender bezeichnete die Londoner Goldschmiedeläden als die prachtvollsten überhaupt[18]. Schon damals beklagten sich die Geschäftsleute über die Raumnot in ihren Lokalitäten, und einige benützten sogar das Kirchenschiff der St.-Pauls-Kathedrale zeitweise als Geschäftslokal, in der vertrauensvollen Annahme, Christus habe seit Calvin seine Meinung geändert. Rechtsanwälte verhandelten dort mit ihren Klienten, Wechsler zählten auf den Grabmälern Geld aus, und im Hofraum verkauften Hökerinnen Brot und Fleisch, Fisch und Früchte, Ale und Bier. Fußgänger, Hausierer, Kutschen und Karren drängten sich in den engen und schmutzigen Gassen. Die Themse diente als Hauptverkehrsader und beförderte Lastkähne, Fähren, Vergnügungsschiffe. Fast auf jedem Fleck war ein Fährmann mit einem Boot zu finden, bereit, Waren oder Passagiere über den Fluß hinüber oder flußauf- und flußabwärts zu geleiten; daher auch ihre munteren Rufe: «Ostwärts – Ho!» und «Westwärts – Ho!», welche Schauspielen aus der Zeit Jakobs I. ihre Titel gaben. Solange seine Gerüche in erträglichen Grenzen blieben, war der Fluß ein Segen für den Handelsverkehr, für erholungsuchende Städter und für Liebespaare, ein Schauplatz für prunkvolle Festspiele, ein Rahmen für reiche Landhäuser. Die London Bridge, 1209 gebaut, bildete den Stolz der Stadt. Sie war die einzige Verbindung zwischen dem nördlichen und dem südlichen Ufer. Im Süden gab es hauptsächlich Schenken, Theater, Bordelle und Kerker. Der Norden bildete das Hauptzentrum des Geschäftsviertels. Hier herrschte der Kaufmann; der adlige Lord war nur geduldet. Königliche Hoheiten und Adlige lebten meist in Palästen außerhalb Londons. Westminster, wo das Parlament tagte, war damals eine besondere Stadt. Auch dort war der Geschäftsmann eine gewichtige Persönlichkeit. Um 1600 konnte er die Königin in Furcht versetzen, und ein halbes Jahrhundert später enthauptete er den König.

II. IN DEN SCHULEN

Das Zeitalter Shakespeares war der Bildung nicht geneigt. Man sprach damals wenig Latein und noch weniger Griechisch, dafür mehr Italienisch und Französisch. Bücher las man gierig, aber rasch; man beeilte sich, sie durch Erfahrung auf die Probe zu stellen. Man ging beim Leben in die Schule und widersprach seinen Lehrern mit unerhörter Unverschämtheit.

Die Sprache, die man damals redete, war keine Schulsprache. Sie war das zusammengefaßte Erbe des keltischen, römischen, sächsischen, normannischen England, erweitert durch die sprachliche Ausbeute aus Frankreich und Italien. Sie schnappte Slang aus den Londoner Straßen und Dialekte aus den Provinzen auf. Und damit nicht zufrieden, bildete sie aus Worten Schlagworte und ließ überschwengliche Einbildungskraft in schöpferischer Rede schwelgen. Gab es je eine Sprache, die so lebendig, machtvoll, biegsam und reich war? Sie konnte nicht aufhören, folgerichtig zu buchstabieren. Vor 1570 gab es keine Wörterbücher, welche die Rechtschreibung festlegten, und Shakespeare war nie sicher, wie er seinen Namen schreiben sollte. Kurzschrift war bereits gebräuchlich, ohne daß sie die Ungeduld eiliger Geschäftsleute oder junger Dichter abkühlen konnte.

Jede systematische Ausbildung der jungen Mädchen war durch Heinrichs VIII. Aufhebung der Klöster abgebrochen worden. Hingegen stand jedem Knaben, der in Reichweite einer Stadt wohnte, die Elementarschule offen. Elisabeth eröffnete 100 unentgeltliche Lateinschulen; Jakob I. und Karl I. sollten noch 288 weitere einrichten. Für Jünglinge aus gutem Hause bestanden schon exklusive Internatsschulen in Winchester, Eton, St. Paul's und Shrewsbury. Nun kamen noch Rugby (1567), Harrow (1571) und die Merchant Taylors' School (1561) hinzu, wo Richard Mulcaster sich einen bedeutenden Namen als Pädagoge erwarb. Der Lehrplan umfaßte das Studium der Klassiker und die Prügelstrafe; die anglikanische Religion war in allen Schulen obligatorisch. In der Westminsterschule begann der Klassenunterricht um sieben und endete um sechs Uhr, mit humanen Unterbrüchen für das Frühstück um acht Uhr und für ein flüchtiges Nickerchen und eine kurze Pause während des Nachmittags. Die Eltern waren sich darüber einig, daß die Schule eine ihrer Hauptaufgaben voll und ganz zu erfüllen habe: die Eltern von ihren Kindern zu entlasten.

Oxford und Cambridge nahmen noch immer die Universitätsbildung für sich allein in Anspruch. Sie hatten während der Reformationswirren etwas von ihrer mittelalterlichen Autorität eingebüßt, und die Zahl der Immatrikulationen war zurückgegangen; aber sie holten wieder auf, und jede der beiden Universitäten hatte 1586 ungefähr 1500 Studenten. In Cambridge stiftete Sir Walter Mildmay das Emmanuel College (1584), und Frances, Gräfin von Sussex, die Tante Philip Sidneys, gründete das Sidney Sussex College (1588). In Oxford wurde mittels Regierungs- und anderer Gelder das Jesus College ins Leben gerufen (1571), und Wadham College (1610) sowie Pembroke College (1624) kamen unter Jakob I. hinzu. Cambridge geriet 1564 durch den Besuch der Königin in Aufregung. Bescheiden abwehrend hörte sie einer lateinischen Rede zu, die ihr Lob verkündete; im Trinity College beantwortete sie eine griechische Anrede auf griechisch; auf den Straßen wechselte sie mit den Studenten Worte in Latein, und schließlich hielt sie selbst eine lateinische Ansprache, worin sie der Hoffnung Ausdruck gab, sie werde etwas zur Ausbreitung der Gelehrsamkeit beitragen. Zwei Jahre später besuchte sie Oxford, freute sich an den wunderschönen Sälen und Spielplätzen und rief, als sie Abschied nahm, begeistert aus: «Lebt wohl, meine braven Untertanen! Lebt wohl, meine lieben Studenten! Und möge Gott eure Studien segnen!»[19] Sie wußte, wie man sich als Königin zu benehmen hatte.

Andere englische Frauen wetteiferten mit ihr in Gelehrsamkeit. Die Töchter Sir Anthony Cokes waren für ihre Bildung berühmt, und Mary Sidney, Gräfin Pembroke, unterhielt in ihrem Landhaus in Wilton einen Salon für Dichter, Staatsmänner und Künstler, die in ihr eine Zuhörerin fanden, fähig, ihr Bestes zu schätzen. Solche Frauen wurden meist zu Hause von Privatlehrern unterrichtet. Lateinschulen standen Knaben und Mädchen offen, aber Internatsschulen und Universitäten waren den Knaben und Jünglingen vorbehalten.

Es war ein Zeichen der Zeit, als Londons fähigster Finanzmann unter Elisabeth (1579) das Gresham College für Rechtskunde, Medizin, Geometrie, Rhetorik und andere Fächer, die für den Kaufmannsstand nützlich waren, gründete. Er ordnete an, die Vorlesungen sollten in englischer und lateinischer Sprache gehalten werden, da «Kaufleute und andere Bürger» daran teilnehmen würden[20]. Schließlich gehörte für die Wohlhabenden und Adligen zur Bildung das Reisen. Studenten fuhren nach Italien, um ihre medizinische (und erotische) Ausbildung zu vollenden oder mit italienischer Literatur und Kunst Bekanntschaft zu machen, und mancher lernte auf dem Weg dorthin Frankreich lieben. Sprachen stellten damals keine Schranken dar, denn jeder gebildete Mann in West- und Mitteleuropa verstand Latein. Nichtsdestoweniger brachten die Reisenden bei der Rückkehr italienische oder französische Brocken sowie eine spezielle Vorliebe für die leichten Sitten von Renaissance-Italien mit nach Hause.

III. TUGEND UND LASTER

In England kennt jeder Schuljunge Roger Aschams Brandmarkung des «italianisierten» Engländers (1563):

«Ich bin der Meinung, dorthin [nach Italien] zu gehen ..., sei unglaublich gefährlich ... Einst erhob die Tugend diese Gegend zur Herrin über die ganze Welt. Jetzt macht das Laster dieses Gebiet zum Sklaven derjenigen, die zuvor froh waren, ihm dienen zu können ... Ich kenne verschiedene unter denen, die aus England hinauszogen, Männer von arglosem Lebenswandel, Männer von ausgezeichneter Gelehrsamkeit, welche, aus Italien zurückgekehrt ..., nicht mehr so gewillt waren, ordnungsgemäß zu leben, noch auch so geneigt, gelehrt zu sprechen, wie sie es zu Hause taten, bevor sie auszogen ... Wenn Ihr denkt, wir urteilen ungerecht ..., dann höret, was der Italiener sagt: *Englese Italianato è un diabolo incarnato* ... Auch ich war einmal in Italien, aber ich danke Gott, daß mein Aufenthalt dort nur neun Tage dauerte. Denn ich sah in dieser kurzen Zeit in einer einzigen Stadt mehr Möglichkeit, sich zu versündigen, als ich je in unserer edlen Stadt London in elf Jahren darüber sprechen hörte.»[21]

Elisabeths Lehrer war nicht der einzige, der diesen Ton anschlug. «Wir haben Italien seiner Ausschweifung beraubt», schrieb Stephen Gosson in *The Schoole of Abuse* (1579); «vergleicht London mit Rom und England mit Italien, so werdet ihr die Theater des einen und die Schmähreden des anderen bei uns überhandnehmen sehen.» Cecil empfahl seinem Sohn Robert, er möge seinen Söhnen nie erlauben, die Alpen zu überqueren, «denn dort werden sie nichts anderes lernen als Hochmut, Gotteslästerung und Atheismus»[22]. Philip Stubbs, ein Puritaner, beschrieb in *The Anatomie of Abuses* (Die Anatomie der Schmähreden, 1583) die elisabethanischen Engländer als sündhaft, eitel, verschwenderisch und stolz auf ihre Sünden. Der Bischof Jewel klagte in einer Predigt vor der Königin darüber, daß die Sitten der Londoner «aus Gottes Heiligem Evangelium ein Gespött machen, und somit liederlicher, sinnlicher und wollüstiger werden, als sie es je vorher waren ... Wenn unser Leben von unserer Religion Zeugnis ablegen und Bericht erstatten müßte ..., so würde es laut ausrufen ...: ‚Es ist kein Gott.'»*[23]

Vieles an den Klageliedern war Übertreibung von Moralisten, welche gegen Männer und Frauen wüteten, die sich die Schrecken der Hölle nicht länger zu Herzen nahmen. Wahrscheinlich war die Bevölkerung damals nicht schlechter und nicht besser als zuvor. Aber gerade so, wie eine Minderheit von Puritanern ihre Sittlichkeit, ihre Geldbeutel und ihre Lippen strafften, so war eine heidnische Minderheit mit vielen Italienern darin einig, daß es besser sei, das Leben zu genießen, als vom Tod viel Aufhebens zu machen. Es ist möglich, daß italienische Weine, die in England verbreitet waren, mithalfen, die Sittlichkeit ebenso wie die Arterien auszuweiten, und zwar nachhaltiger. Von Italien, Frankreich und aus der klassischen Literatur mag wohl ein freimütigerer Sinn für Schönheit herübergedrungen sein, obwohl er von einem schärferen Bewußtsein ihrer Vergänglichkeit getrübt war. Selbst die Schönheit der jungen Männer erregte die Seelen und die Federn des elisabethanischen Zeitalters. Marlowe ließ Mephistopheles den Faust preisen: Er sei schöner als alle Himmel[24]; und Shakespeares Sonette schwankten zwischen homosexueller und heterosexueller Liebe hin und her. Die Lieblichkeit der Frauen war nun nicht mehr bloß dichterische Einbildung, sondern ein Gift, das in das Blut, die Literatur und das Hofleben drang und aus Seeräubern Sonette-Dichter machte. Denn am Hof fügten die Frauen ihren kosmetischen Künsten Geist hinzu und nahmen den Verstand der Männer so gut wie ihre

* Aubrey erzählt eine Geschichte, die Aschams Worten Nachdruck verleiht: «Sir Walter Raleigh war einst bei einer bedeutenden Persönlichkeit zu Tisch geladen ... Sein Sohn saß neben ihm und tat mindestens die halbe Zeit über sehr spröde. Dann sagte er: „Heute morgen hatte ich die Furcht Gottes nicht vor Augen und ging zu einer Hure. Ich war sehr begierig nach ihr ... und machte mich daran, sie zu besitzen; sie aber schob mich von sich und beteuerte, ich dürfe es nicht tun, ‚denn dein Vater lag vor einer Stunde bei mir'." Sir Walt, dergestalt unangenehm überrumpelt ... an einer so bedeutenden Tafel, gab seinem Sohn einen tüchtigen Schlag ins Gesicht. Sein Sohn, so ungestüm er auch war, wollte seinen Vater nicht schlagen. Aber er schlug den Edelmann, der auf der anderen Seite neben ihm saß, ins Gesicht und sagte: „Gib die Ohrfeige weiter, dann wird sie alsbald zu meinem Vater gelangen."» *Brief Lives*, S. 256.

Herzen gefangen. Sittsamkeit war eine Aufforderung zur Jagd und verdoppelte die Macht der Schönheit. Litaneien an die Heilige Jungfrau gingen unter in Verunglimpfungen der Jungfräulichkeit. Romantische Liebe blühte mit all der Glut zurückgewiesenen Verlangens in Gesängen auf. Frauen frohlockten, wenn sie sahen, wie Männer um sie kämpften, und gaben sich, nach der Vermählung oder ohne sie, dem Sieger hin. Es war für den Niedergang der religiösen Autorität bezeichnend, daß nun keine kirchliche Sanktion oder Zeremonie zur Rechtsgültigkeit einer Eheschließung mehr nötig war, wenn auch ein solches Eingeständnis als eine Beleidigung der öffentlichen Moral betrachtet wurde, die sich vom Gesetz unterschied. Die meisten Ehen wurden von den Eltern, nach einem gegenseitigen Werben um das Vermögen, arrangiert. Dann wurde aus der verwirrenden Göttin des Augenblicks eine enttäuschte Haushälterin, die sich den Kindern und den Hausarbeiten widmete, damit die Rasse weiterlebe.

Eine schlimme Laxheit der Sitten kennzeichnete das öffentliche Leben. Kleine oder riesengroße Schmiergelder rannen durch die Hände der öffentlichen Verwaltung. Elisabeth duldete sie stillschweigend, denn sie entbanden sie davon, die Gehälter zu erhöhen[25]. Der Kriegsschatzmeister bekam jährlich, außer seinem Gehalt, 16000 Pfund. Kraft eines altehrwürdigen Schwindels behielten die Hauptleute tote Soldaten weiterhin auf ihren Listen, steckten deren Besoldung in ihre eigene Tasche und verkauften die Uniformen[26]; ein Soldat war als Toter mehr wert denn als Lebender. Männer in hohen Stellungen nahmen von Philipp II. bedeutende Summen an, um die englische Politik spanischen Zwecken dienstbar zu machen[27]. Admirale betätigten sich als Seeräuber und verkauften Sklaven. Geistliche verkauften kirchliche Nebeneinkünfte[28]. Apotheker konnten dazu überredet werden, Gifte zu brauen, und Ärzte wurden dafür gewonnen, diese einzugeben[29]. Geschäftsleute fälschten Waren bis an die Grenze internationaler Skandale. Im Jahre 1585 wurden «in England mehr unechtes Tuch und unechte Wolle hergestellt als sonst in ganz Europa»[30]. Die soldatische Moral war urzeitlich; vorbehaltlose Kapitulation wurde in vielen Fällen mit der Niedermetzelung von Soldaten und Nichtkämpfern vergolten. Hexen wurden verbrannt und Jesuiten vom Schafott heruntergeholt, um bei lebendigem Leibe zerstückelt zu werden[31]. Die Milch der frommen Denkungsart floß in den Tagen der guten Königin Bess nur spärlich.

IV. RECHT UND GESETZ

Trotz jahrhundertelanger Disziplinierung durch Religion und Gesetz grollte die menschliche Natur der Zivilisation noch immer und ließ ihren Protest durch eine Fülle von Sünden und Verbrechen laut werden. Gesetze, Mythen und Strafen dämmten die Flut nur wenig ein. Mitten in London befanden sich vier Rechtsschulen: der Middle Temple, der Inner Temple, Lincoln's Inn und Gray's Inn, die gemeinsam unter dem Namen der Inns of Court bekannt waren. Die Studenten der Rechte wohnten dort, wie andere Studenten sich in den Sälen und Kollegien von Oxford und Cambridge aufhielten. Nur Edelleute von Geblüt wurden aufgenommen. Alle Absolventen wurden auf den Dienst an der Krone vereidigt. Die Leuchten unter ihnen wurden Richter an den königlichen Gerichten. Richter und Rechtsgelehrte trugen bei ihrer Tätigkeit pompöse Gewänder; zur Hälfte verdankte das Gesetz seine Würde den Schneidern.

Die Gerichtshöfe wurden einmütig als verderbt betrachtet. Ein Parlamentsmitglied bezeichnete einen Friedensrichter als «ein Tier, das für ein halbes Dutzend Küken auf ein Dutzend Gesetze verzichten würde»[32]; Francis Bacon freilich verlangte mächtigere Anreize. «Hüll' in Gold die Sünde», sagt Shakespeares traurig gestimmter Lear, «der starke Speer des Rechts bricht harmlos ab.»[33] Da die Richter nach dem Belieben der Königin entlassen werden konnten, stellten sie dies in ihren Urteilssprüchen in Rechnung, und königliche Günstlinge nahmen Bestechungsgeschenke an, um die Einmischung der Königin in Entscheidungen der Gerichtshöfe herbeizuführen[34]. Die Schwurgerichte wurden – ausgenommen in Fällen von Verrat – aufrechterhalten. Aber die Geschworenen wurden oft von den Richtern oder anderen Beamten der Krone eingeschüchtert[35]. Der Tatbestand des Verrats war so unbestimmt definiert, daß er alles einschloß, was das Leben oder die Würde der Herrscherin gefährden konnte. Solche Fälle konnten vor die Sternkammer – den Geheimen Staatsrat in seiner richterlichen Eigenschaft – einberufen werden. Dort waren dem Angeklagten die Aburteilung durch Geschworene, der Rechtsbeistand und der Schutz gegen ungerechte Verhaftung verweigert; er wurde erschöpfenden Verhören oder Foltern unterworfen und gewöhnlich zu Kerkerhaft oder zum Tode verurteilt.

Das Strafrecht verließ sich eher auf Abschreckungsmittel als auf Überwachung oder Nachweis. Da die Gesetze schwach waren, waren die Strafen streng. Die Todesstrafe war die gesetzliche Ahndung für gut zweihundert Verbrechen, einschließlich der Erpressung, des Fällens junger Bäume und des Diebstahls von mehr als einem Schilling. Zu Elisabeths Zeiten wurden im fröhlichen Alt-England in einem durchschnittlichen Jahr achthundert Personen für ihre Verbrechen gehängt[36]. Weniger schwere Vergehen wurden mit Pranger, mit dem Folterstuhl, mit Auspeitschen oder dadurch bestraft, daß dem Delinquenten ein Loch in die Ohren oder in die Zunge gebrannt oder die Zunge herausgeschnitten oder ein Ohr oder eine Hand abgeschnitten wurde[37]. Als John Stubbs, ein puritanischer Rechtsgelehrter, ein Pamphlet schrieb, worin er Elisabeths geplante Heirat mit Alençon als eine Kapitulation vor dem Katholizismus verurteilte, wurde ihm auf Befehl eines Magistraten die rechte Hand abgeschnitten. Stubbs reckte den blutenden Stumpf empor, nahm mit der linken Hand den Hut ab und rief: «Lang lebe die Königin!»[38] Philip Sidney sandte Elisabeth ein Protestschreiben gegen solche Unmenschlichkeit, und Cecil gewährte Stubbs beschämt eine amtliche Entschädigung. Die Folter war ungesetzlich; aber die Sternkammer brachte sie dennoch zur Anwendung. Wir sehen, daß, ungeachtet der tiefsinnigen und kraftvollen Literatur jenes Zeitalters, das allgemeine Niveau der Kultur dasjenige Italiens oder Avignons zur Zeit Petrarcas nicht erreichte, geschweige dasjenige Roms in den Tagen des Augustus.

V. ZU HAUSE

In England begann das Leben damit, daß man Gefahr lief, der Kindersterblichkeit zum Opfer zu fallen, denn diese war hoch. Sir Thomas Browne war einer der führenden Ärzte, aber von seinen zehn Kindern starben sechs in früher Kindheit[39]. Ferner gab es Epidemien, wie das «Schweißfieber» von 1550 und die Pestheimsuchungen von 1563, 1592 bis 1594 und 1603. Die durchschnittliche Lebensdauer muß kurz gewesen sein; eine Schätzung veranschlagt sie auf achteinhalb Jahre[40]. Die Menschen reiften und alterten rascher als heute. Die Kräftigen überlebten, und ihre Abenteuer mit dem Tod machten sie zäh und stark für kriegerische Unternehmungen und Beutezüge.

Das Gesundheitswesen war auf dem Weg der Besserung. Seife wandelte sich vom Luxusartikel zur Notwendigkeit. Um 1596 erfand Sir John Harington ein Spülklosett. Private Badezimmer waren noch nicht sehr häufig. Die meisten Familien benützten einen hölzernen Zuber, der vor ein offenes Feuer gestellt wurde. Viele Städte hatten öffentliche Bäder, und Bath und Buxton wiesen elegante Badeanstalten für die Oberschichten auf, «Saunas» boten Schwitzbäder sowie die Möglichkeit, Mahlzeiten einzunehmen und ein Stelldichein zu arrangieren. Nur die Wohlhabenden hatten ihre eigene Wasserversorgung im Haus. Die meisten Familien mußten sich das Wasser an öffentlichen Wasserleitungen holen, wo es aus schön verzierten Röhren floß.

In Dörfern und Städten waren die Häuser aus Mörtel und Backsteinen gebaut und mit Strohdächern gedeckt. Anne Hathaways Häuschen bei Stratfort-on-Avon ist ein gut rekonstruiertes Beispiel dafür. In den Städten pflegten die Gebäude dicht nebeneinander zu stehen; sie waren meist aus Backstein und Stein und hatten Ziegeldächer. Unterteilte Erkerfenster und auskragende obere Stockwerke machten sie für fremde Augen anziehend. Die Innenräume waren mit Schnitzereien und Pilastern geschmückt. Offene Kamine verliehen dem Hauptwohnraum oder der Halle Würde und Wärme. Die Decken aus Holz oder Stuck waren öfters mit symmetrischen oder phantastischen Mustern verziert. Kamine leiteten den Rauch ab, der früher durch ein Loch in der Decke entwichen war, und Öfen unterstützten das offene Herdfeuer in seiner Funktion. Glasfenster waren nun allgemein gebräuchlich. Aber die nächtliche Beleuchtung wurde noch immer mit Fackeln oder Kerzen bewerkstelligt. Die Fußböden waren mit Binsen und Gras bedeckt, die süß dufteten, solange sie frisch waren, aber bald übelriechend wurden und Ungeziefer beherbergten. Teppiche kamen erst fünfundvierzig Jahre später in Gebrauch. Die Wände waren mit Wandteppichen geschmückt, die unter Karl I. Wandmalereien wichen. Die meisten Leute saßen auf Bänken oder Schemeln. Ein Stuhl mit einer Rückenlehne war ein Luxus, der besonders geehrten Gästen oder dem Herrn und der Herrin des Hauses vorbehalten war; deshalb gelangte im Englischen der Ausdruck *take the chair* (den Stuhl nehmen) zu der Bedeutung «den Vorsitz führen». Im übrigen waren die Möbel wuchtig und schön: Büfetts, Schränke, Tische, Truhen und Himmelbetten waren aus Nußbaum oder Eiche so solid geschreinert und verzapft, daß sie Jahrhunderte zu überdauern versprachen. Es gab Betten mit dicken Federmatratzen, gestickten Decken und seidenen Baldachinen, die Tausende von Pfund kosteten und das stolzeste Erbstück des Hauses bildeten. Rund um das Haus oder dahinter befand sich bei fast allen Bevölkerungsschichten ein Garten mit Bäumen, Büschen, Schattenplätzen und Blumen, mit denen die Frauen ihr Heim oder ihr Haar zu zieren und Shakespeare seine Verse zu verschönern pflegte: Schlüsselblumen, Hyazinthen, Geißblatt, Rittersporn, Bartnelken, Ringelblumen, Liebstöckel, roter Fuchsschwanz, Kapuzinerkraut, Maiglöckchen, weiße oder rote Rosen. «Gott der Allmächtige pflanzte zuerst einen Garten», sagte Bacon, «ohne den Gebäude und Paläste nur grobes Machwerk sind.»[41]

Der Aufwand, den die Menschen mit ihrer Person trieben, war oft viel kostspieliger als die Ausschmückung des Heims. Kein Zeitalter übertraf das elisabethanische England an Pracht der Kleidung. «Dein Kleid soll soviel kosten, wie dein Geldbeutel dafür ausgeben kann», empfiehlt Polonius. Die begüterten Stände machten sich alle Moden aus Frankreich, Italien und Spanien zunutze, um die Verheerungen zu tarnen, die ein übermäßiger Appetit oder die Zeit bei ihnen angerichtet hatten. Portia lacht über den jungen Falconbridge: «Ich glaube, er kaufte sein Wams in Italien, seine weiten Beinkleider in Frankreich, seine Mütze in Deutschland und sein Betragen allenthalben.»[42] Elisabeth gab selbst das Beispiel und lancierte den Geschmack am Putz, so daß während ihrer Regierungszeit die Mode mehrmals wechselte, weil die Nachahmung der oberen durch die unteren Stände die Standesunterschiede laufend verwischte. «Die Mode», klagt eine Person in *Viel Lärm um nichts*, «verbraucht mehr Kleider als der Mensch.»[43] Gesetze gegen den Prachtaufwand versuchten, diesen Auswüchsen ein Ende zu setzen. So verfügte ein Gesetz von 1574, um «die Verschwendung und das Verderben einer großen Anzahl junger Edelleute» zu heilen, welche die Erträge aus ihren Morgen Landes auf ihrem Rücken trugen, daß niemand, außer der königlichen Familie, den Herzögen, Marquis und Earls Purpur, Seide, goldene Kleider oder Zobelpelze tragen und niemand außer Baronen und was darüber war, Pelze, karmesin oder scharlachroten Samt, eingeführte Wollstoffe und Gold-, Silber- oder Perlenstickerei zur Schau stellen dürfe[44]. Solche Gesetze umging man aber rasch, denn sie waren dem aufstrebenden Bürgertum nicht nur verhaßt, sondern galten ihm auch als Einschränkungen des Handelsverkehrs, und im Jahre 1604 wurden sie wieder aufgehoben.

Hüte gab es in jeder Form und Farbe, aus Samt, Wolle, Seide oder feinem Haar. Außer zu Hause und bei Hof trugen die Männer sie fast überall, sogar in der Kirche. Sie zogen sie zeremoniell, wenn sie eine Dame trafen, setzten sie aber sogleich wieder auf. Die Männer trugen ihr Haar so lang wie die Frauen und pflegten prachtvolle Bärte. Um den Hals trugen beide Geschlechter eine Krause, einen Kragen aus Leinwand oder Batist, der über ein Gestell aus Pappe und Draht gezogen wurde und mittels «einer weißen Flüssigkeit, die man Wäschestärke nennt»[45] und die damals in England aufkam, zu unzähligen scharfen Falten versteift wurde. Katharina von Medici hatte diesen Halsschmuck als kleine Rüsche in Frankreich eingeführt (1533); aber die Mode weitete sie zu einem Pranger aus, der bis zu den Ohren reichte.

Die Kleidung machte die Frauen zu einem zeitweilig undurchdringlichen Geheimnis. Die Hälfte ihrer Tage muß mit An- und Ausziehen vergangen sein. «Ein Schiff ist schneller aufgetakelt als eine Frau.»[46] Selbst das Haar konnte aufgesetzt und abgenommen werden, denn Elisabeth gab das Beispiel und trug eine Perücke, die so gefärbt war, daß sie den goldenen Locken ihrer Jugendzeit ähnlich sah. Falsches Haar war allgemein üblich. Arme Frauen, sagt Shakespeare, verkauften ihre Locken «nach Gewicht»[47]. Anstatt Hüte trugen viele Frauen eine kleine Haube oder ein durchsichtiges Netz, unter welchen hervor ihr Haar seine Reize entfalten konnte. Schönheitsmittel dienten zum Färben des Gesichts und zum Bemalen der Augenbrauen. Die Ohren wurden durchbohrt, um Ohrgehänge oder -ringe darin befestigen zu können. Überall funkelten Juwelen. Die Halskrause war bei Frauen gleich wie bei den Männern, der Busen dagegen oft weit entblößt[48]. Elisabeth war schmalbrüstig, mit langem Oberkörper; deshalb führte sie die Mode der Schneppentaille ein, bei der das Mieder oder Wams dreieckförmig unter die geschnürte Mitte reichte, wo es in eine scharfe Spitze auslief. Einlagen aus Reifen ließen die Röcke von den Hüften an abstehen. Unterkleider aus feinen, reich gemusterten Stoffen verhüllten die Beine. Die Königin führte seidene Strümpfe ein. Die Röcke schleiften nach, die Ärmel bauschten sich, die Handschuhe waren bestickt und parfümiert. Im Sommer konnte eine Dame sich mittels ihres juwelenbedeckten Fächers ausdrücken und Gedanken äußern, die für Worte zu kühn waren.

Aber das Leben im Haus vollzog sich selten im Gesellschaftsanzug. Das Frühstück um sieben Uhr, das Mittagessen um elf oder zwölf Uhr und das Abendessen um fünf oder sechs Uhr verkürzten den Tag. Die Hauptmahlzeit nahm man gegen Mittag, und zwar in ausgiebigem Maße, ein. «Die Engländer», sagte ein Franzose, «packen ihren Sack voll.»[49] Noch immer dienten die Finger als Gabeln; diese kamen erst während der Regierungszeit Jakobs I. in Gebrauch. Silbergeschirr zierte die wohlhabenden Häuser; das Sammeln desselben war schon damals eine Vorsichtsmaßnahme für Zeiten der Inflation. Der untere Mittelstand benützte Zinngeschirr. Der Arme kam mit Holzschüsseln und Hornlöffeln aus. Fleisch, Fisch und Brot bildeten die Hauptnahrungsmittel, und fast jedermann, der es sich leisten konnte, litt an Gicht. Milchprodukte waren nur auf dem Lande allgemein gebräuchlich, denn die Möglichkeit, sie kühl zu halten, war in den Städten noch immer karg. Gemüse wurde nur von den Armen ausgiebig verwendet; diese pflanzten es in ihren Gärten an. Kartoffeln wurden durch Raleighs Expeditionen aus Amerika eingeführt und waren ein Gartenprodukt, noch keine Feldfrucht. Puddings waren eine englische Spezialität, und man ließ sie sich zum Nachtisch schmecken. Süßigkeiten waren so beliebt wie heute; sie waren der Grund für Elisabeths schwarze Zähne.

Die herzhaften Mahlzeiten erforderten entsprechende Getränke – Ale, Most, Bier und Wein. Tee und Kaffee waren in England noch nicht eingebürgert. Whisky* kam im sechzehnten und siebzehnten Jahrhundert in ganz Europa auf; im Norden wurde

* Aus dem Gälischen *uisque-beatha*, «Wasser des Lebens», *eau-de-vie*.

er aus Korn, im Süden aus Wein destilliert. Trunkenheit war ein Protest gegen das feuchte Klima. Die Redensart «betrunken wie ein Lord» will besagen, daß dies Heilmittel um so mehr in Gunst stand, je weiter man die soziale Leiter hinaufstieg. Der Tabak wurde von Sir John Hawkins (1565), Drake und Sir Ralph Lane nach England gebracht; Raleigh verschaffte dem Tabakrauchen am Hofe Geltung und nahm, ehe er das Schafott bestieg, einen oder zwei Züge. Zu Elisabeths Zeiten war der Tabak zu teuer, als daß sein Gebrauch weit um sich hätte greifen können. Bei gesellschaftlichen Zusammenkünften mochte eine Pfeife ringsum gereicht werden, damit jeder Gast sein Quantum rauchen konnte. Im Jahre 1604 erließ König Jakob einen heftigen Protest, *Counterblast to Tobacco* (Erlaß gegen den Tabak), beklagte seine Einfuhr in England und warnte vor «einer bestimmten giftigen Eigenschaft» desselben.

«Ist es nicht sowohl große Selbstgefälligkeit wie auch Unsauberkeit, daß man sich bei Tisch, einem Ort der Rücksicht, der Reinlichkeit und der Bescheidenheit, nicht schämt, sich auf Tabakpfeifen zu stürzen, daß einer dem anderen den Rauch ins Gesicht bläst, den schmutzigen Rauch und Gestank über die Schüsseln hin aushaucht und die Luft verpestet? ... Der allgemeine Gebrauch hierin, zu allen Zeiten und an allen Orten, hat sich nun schon so durchgesetzt, daß verschiedene Männer ... schließlich gezwungen wurden, ihm auch zu frönen, ohne Verlangen darnach ..., weil sie sich schämten, eigentümlich zu erscheinen ... Überdies, und das ist ein großer Frevel ..., soll der Gatte sich nicht schämen, dadurch sein zartes, gesundes und mit reiner Haut ausgestattetes Eheweib zu diesem Letzten herabzuwürdigen, daß auch sie ihren holden Atem damit verderben oder aber sich entschließen muß, in einer ewig stinkenden Pein zu leben ... Eine Sitte, die schrecklich für die Augen, ekelerregend für die Nase, schädlich fürs Gehirn, gefährlich für die Lungen ist und die mit ihrem schwarzen, stinkenden Dunst dem gräßlichen stygischen Rauch der bodenlosen Hölle äußerst ähnlich ist.»[50]

Trotz dieser Ermahnung und schwerer Geldstrafen gab es in London siebentausend Tabakläden. Das Anzünden und Qualmen trat aber nicht an die Stelle des Gesprächs. Männer und Frauen sprachen damals frei über Dinge, die jetzt auf Rauchzimmer, Straßenecken und Hörsäle beschränkt sind. Und Frauen wetteiferten mit Männern in Flüchen, die ans Gotteslästerliche grenzten. Im elisabethanischen Drama kommen Huren in enge Berührung mit Helden, und Zweideutigkeiten sind in die ernsteste Tragödie eingestreut. Die Manieren waren eher zeremoniell als höflich; Worte arteten oft in Hiebe aus. Die Sitten wurden, wie das Sittengesetz, von Italien und Frankreich übernommen, ebenso die Anstandsbücher, die Anleitung gaben, wie man aus Aristokraten Edelleute und aus Königinnen Damen machen könne. Die Grußformeln waren überschwenglich, das Küssen verbreitet. Die Wohnstätten waren voll Licht und Fröhlichkeit, heiterer als zuvor unter dem mittelalterlichen Terror oder hernach unter dem puritanischen Trübsinn. Es gab eine Menge Festtage. Unter allerlei Vorwänden wurden Prozessionen oder Paraden abgehalten. Hochzeiten, Wochenbetten, sogar Begräbnisse gaben Anlaß zu Festlichkeiten, zum mindesten für Festessen. Spiele aller Art wurden in den Häusern, auf Spielplätzen und auf der Themse arrangiert. Shakespeare erwähnt Billardspiele, und Florio spricht von Kricket. Strenge Sittengesetze und trübsinnige Sonntage wurden verlacht. Wenn die Königin so munter den Vortritt nahm, weshalb sollte dann ihr Volk nicht mit ihr Schritt halten? Fast jedermann tanzte, einschließlich – sagt Burton – «alte Männer und Frauen, die mehr Hühneraugen als Zähne haben». Und ganz England sang.

VI. ENGLISCHE MUSIK: 1558–1649

Niemand, der nur das nachpuritanische England kennt, kann die freudvolle Rolle der Musik in den Tagen Elisabeths ermessen. Aus den Häusern, den Schulen, den Kirchen, auf den Straßen, aus den Theatern, von der Themse her erklangen heilige oder profane Gesänge: Messen, Motetten, Madrigale, Balladen und zarte kleine Liebeslieder, wie sie in elisabethanischen Schauspielen Platz fanden. Musik war ein Hauptfach im Bildungsgang. In Westminster School nahm sie zwei Stunden pro Woche ein; Oxford besaß einen Lehrstuhl für Musik (1627). Jeder Edelmann verstand es, Noten zu lesen und irgendein Instrument zu spielen. In Thomas Morleys *Plaine and Easie Introduction to Practicall Musicke* (Einfache und leichtverständliche Einführung in die Ausübung der Musik, 1597) bekennt ein imaginärer ungebildeter Engländer seine Schande:

«Als die Abendmahlzeit zu Ende war und, wie es Brauch war, Musikbücher an den Tisch gebracht wurden, überreichte mir die Herrin des Hauses die Noten für eine Einzelstimme und forderte mich ernstlich auf, ich solle singen. Als ich aber, nach vielen Entschuldigungen, ehrlich zugab, daß ich nicht singen könne, begann sich jedermann zu wundern, einige flüsterten untereinander und fragten sich, wie ich erzogen worden sei.»[51]

Barbierläden stellten Instrumente zur Verfügung, damit wartende Kunden darauf spielen konnten.

Elisabethanische Musik war vorwiegend weltliche Musik. Einige Komponisten, wie Tallis, Byrd und Bull blieben, trotz der Gesetze, katholisch und schrieben für das römisch-katholische Ritual. Aber solche Kompositionen wurden nicht öffentlich aufgeführt. Viele Puritaner erhoben Einspruch gegen Kirchenmusik und sagten, sie lenke von der Frömmigkeit ab. Elisabeth und die Bischöfe retteten die Kirchenmusik für England, wie Palestrina und das Tridentinische Konzil sie für Italien retteten. Die Königin unterstützte mit ihrer gewohnten Entschiedenheit die Kapellmeister, welche bedeutende Chorwerke und feierliche Musikstücke für die königliche Kapelle und die Kathedralen schrieben. Das Anglikanische Gebetbuch wurde zu einem prachtvollen Libretto für englische Komponisten, und der anglikanische Gottesdienst rivalisierte, was polyphone Pracht und Würde betraf, beinah mit dem kontinentalen katholischen. Sogar die Puritaner, die Calvins Führung folgten, billigten es, daß die Kirchengemeinde Psalmen sang. Elisabeth lachte über die «Genfer Giguen», aber diese entwickelten sich teilweise zu edlen Hymnen.

Da die Königin von profanem, weltlich gerichtetem Geist war und es liebte, daß man ihr den Hof machte, war es nicht verwunderlich, daß der musikalische Ruhm ihrer Regierungszeit dem Madrigal zufiel, einem mehrstimmigen, nicht von Instrumenten begleiteten Gesang, gleichsam die Kontrapunkt gewordene Liebe. 1553 kamen italienische Madrigale nach England und gaben den Ton an. Morley machte seine ersten

Versuche mit dieser Form, meisterte sie in anmutigen Beispielen und regte zur Nachahmung an. Ein fünfstimmiges Madrigal von John Wilbye deutet die Themen dieser *ayres* (Weisen) an:

> Ach, welch ein traurig Leben ist's, ach, welch ein Tod,
> Was die Tyrannin Liebe uns gebot!
> In seiner Blüte muß mein Frühlingstag entschwinden,
> All meine Hoffnung sank und will mein Sein umwinden;
> Voll Hast entfliehn die Dinge, die mir Freude brachten,
> Und lassen mich verschmachten,
> Um sie, die selbst mein Weinen darf verachten.
> O sie zieht fort von hier, mein Lieben muß verzagen;
> um sie, die herzlos ist, muß ich hier sterbend klagen.[52]

William Byrd war der Shakespeare der elisabethanischen Musik; seinen Ruhm verdankt er seinen Messen und Madrigalen sowie seinen Vokal- und Instrumentalkompositionen. Seine Zeitgenossen ehrten ihn als *homo memorabilis*. Morley sagte von ihm, er sei «unter den Musikern nie ohne Ehrerbietung zu nennen»[53]. Fast ebenso hochgeschätzt und gewandt waren Orlando Gibbons und John Bull, die Organisten der königlichen Hofkapelle. Die beiden taten sich mit Byrd zusammen (1611), um das erste Buch über Klaviermusik in England zu verfassen: *Parthenia, or The Maydenhead of the first musicke that ever was printed for the Virginalls* (Parthenia, oder die Jungfernschaft der ersten Musik, die je für Spinett in Noten gesetzt wurde). Gleichzeitig hielten die Engländer aber auch ihr Ansehen als Liederkomponisten für eine Singstimme aufrecht; diese Lieder atmeten die wohltuende Frische englischer Landschaften. John Dowland war bekannt als Lautenvirtuose und erntete Anerkennung für seine *Songes or Ayres*, und Thomas Campion wetteiferte mit ihm. Wer kennt nicht Campions «Cherry Ripe»?[54]

Die Musiker waren in einer straffen Vereinigung organisiert, die unter Karl I. freilich durch interne Streitigkeiten geschwächt wurde[55]. Die Instrumente waren beinahe so verschiedenartig wie heute: Laute, Harfe, Orgel, Virginal oder Spinett, Clavichord oder Cembalo, Flöte, Blockflöte, Oboe, Horn, Posaune, Trompete, Trommeln und viele Arten von Violen, die jetzt ihren Platz der Geige eingeräumt haben. Die Laute war besonders als Virtuoseninstrument und zur Begleitung von Liedern geeignet. Das Spinett, der bescheidene Vorläufer des Klaviers, war bei jungen Frauen, mindestens vor der Ehe, sehr beliebt. Instrumentalmusik war hauptsächlich für Spinett, Bratsche und Laute bestimmt. Es gab eine Art Kammermusik für Violenensembles, wobei die Violen (1605). Von Byrd, Morley, Dowland und anderen ist uns Instrumentalmusik für Jakobs I. Gemahlin Anna ein Orchester mit Lauten, Cembali, Hörnern und neun Violen (1605). Von Byrd, Morley, Dowland und andern ist uns Instrumentalmusik überliefert. Sie gründet sich weitgehend auf Tanzformen, folgt italienischen Vorbildern und zeichnet sich eher durch zarte und sanfte Schönheit als durch Kraft oder Umfang aus. Fuge und Kontrapunkt sind darin vorhanden, hingegen enthalten die Musikstücke keine thematischen Variationen, keinen Erfindungsreichtum in der Modulation, keine aufgelösten Dissonanzen oder chromatischen Harmonien. Wann immer unsere Nerven von den auf uns niederprasselnden Reizmitteln des modernen Lebens sich abgenützt fühlen, finden wir in elisabethanischer Musik Befreiung und Heilung; keinen Schwulst, keine krächzenden Dissonanzen, keine donnernden Finale, nur die Stimme eines englischen Knaben oder Mädchens, die traurig oder fröhlich die zeitlosen Lieder sehnsüchtiger Liebe singen.

VII. ENGLISCHE KUNST: 1558–1649

Das Elisabethanische Zeitalter war nicht unbedingt ein solches der Kunst. Metallschmiede schufen liebliches Silbergeschirr wie das Mostynsche Salzfaß, und majestätische Gitter, wie das in der St.-Georgs-Kapelle in Windsor. Die Herstellung venezianischer Gläser läßt sich um 1560 in England nachweisen; Gefäße aus solchem Glas wurden von manchen Leuten für wertvoller als entsprechende Stücke aus Silber oder Gold gehalten. Bildhauerei und Töpferei hielten sich in bescheidenem Rahmen. Nicholas Hilliard gründete eine Schule für Miniaturmalerei; Elisabeth gewährte ihm das Alleinherstellungsrecht für die Reproduktion ihres Bildnisses. Porträtmaler kamen ins Land: Federigo Zuccaro aus Italien, Marcus Gheeraerts und sein gleichnamiger Sohn aus den Niederlanden. Vom Sohn besitzen wir ein eindrückliches Bildnis William Cecils als Ritter des Hosenbandordens in der ganzen Pracht seiner faltenreichen Robe[56]. Sonst wurden in England zwischen Holbein und Van Dyck keine großen Gemälde geschaffen.

Nur die Architektur brachte im England Elisabeths und Jakobs I. wirklich große Kunstwerke hervor, und diese waren beinah alle weltlicher Art. Während Europa den Glaubenskampf ausfocht, ließ die Kunst die Religion außer acht. In mittelalterlichen Jahrhunderten, als die tiefgründigste Dichtung und Kunst nach dem Himmel strebte, widmete sich die Architektur dem Kirchenbau und machte die Häuser zu einer Art Gefängnisse auf Lebenszeit. Unter der Herrschaft der Tudor wandte sich die Religion in England vom Leben ab und der Politik zu; die Reichtümer der Kirche gelangten in weltliche Hände und wurden für bürgerliche Bauten und Adelspaläste verwendet. Folglich änderte sich auch der Stil. Im Jahre 1563 kehrte John Shute aus Italien und Frankreich zurück und floß über vor lauter Vitruv, Palladio und Serlio. Alsbald veröffentlichte er *The First and Chief Grounds of Architecture* (Die ersten und hauptsächlichsten Grundlagen der Architektur), worin er die klassischen Stilarten pries. So drang die italienische Geringschätzung der Gotik in England ein, und die gotische Vertikale hatte unter den sie umgebenden Horizontalen der Renaissance um ihr Lebensrecht zu kämpfen.

In der bürgerlichen Architektur konnte das Zeitalter sich einiger ansehnlicher Leistungen rühmen: Es schuf die Ehrenpforte des Caius College in Cambridge, die Bodleian-Bibliothek in Oxford, die Königliche Börse in London und den Middle Temple. Da die Rechtsgelehrten seit Wolsey die Bischöfe aus der englischen Verwaltung verdrängt hatten, war es angebracht, daß das städtische Meisterwerk der elisabethanischen Renaissancearchitektur der große Saal der Rechtsschule sein sollte, der 1572 im Middle Temple vollendet wurde. Kein Holzbau in England war schöner als die eichene Schranke an der Rückseite des Saales. Sie ist im Zweiten Weltkrieg durch Bomben zerstört worden.

Wenn englische Magnaten es ermöglichen konnten, bauten sie Schlösser, die mit den Châteaux an der Loire wetteifern konnten. Sir John Thynne errichtete Longleat House. Elisabeth, Gräfin von Shrewsbury, besaß Hardwick Hall. Thomas, Earl von Suffolk, erbaute Audley End zu einem Preis von 190000 Pfund, «die hauptsächlich aus spanischen Bestechungsgeschenken zusammenkamen»[57]. Sir Edward Phillips stellte Montacute House in reinem Renaissancestil auf. Und Sir Francis Willoughby errichtete Wollaton Hall. William Cecil wendete einen Teil dessen, was er zusammengebracht hatte, für ein ungeheures Schloß bei Stamford auf, und sein Sohn Robert gab beinah ebensoviel für Hatfield House aus, dessen lange Säulenhalle einen der größten Innenräume der gesamten Architektur jener Zeit bildet. Solche Säulenhallen in einem oberen

Stockwerk ersetzten in elisabethanischen Schlössern die holzgezimmerten großen Hallen der früheren Herrensitze. Prachtvolle Kaminsimse, massive Möbel aus Nußbaum oder Eiche, majestätische Treppenanlagen, geschnitzte Balustraden und gezimmerte Decken verliehen diesen palastartigen Gemächern eine Wärme und Würde, die in den glänzenderen Räumen der französischen Schlösser fehlten. Soviel wir wissen, waren die Erbauer dieser Paläste die ersten, welche den Titel eines Architekten erhielten. Die Grabschrift Robert Smythsons, des Schöpfers von Wollaton Hall, bezeichnet ihn als «Architector», das heißt Bau-Meister; nun endlich hatte der bedeutende Beruf seinen jetzigen Namen gefunden.

Jetzt wurde auch die englische Kunst individuell, und der Künstler drückte seinem Werk den Stempel seines Wesens und seines Willens auf. Inigo Jones, 1573 in Smithfield geboren, bewies in seiner Jugend einen solchen Spürsinn für Konstruktion, daß ein Earl ihn (1600) nach Italien schickte, um die Renaissancearchitektur zu studieren. Wieder in England (1605), entwarf er für Jakob I. und seine dänische Gemahlin die Szenerien vieler Maskenspiele. Er besuchte Italien nochmals (1612–1614) und kehrte, begeistert von den klassischen architekturalen Grundbegriffen eines Vitruv, die er in englischer Übersetzung studiert und in den Gebäuden eines Palladio, Peruzzi, Sanmicheli und Sansovino in Venedig und Vicenza veranschaulicht gefunden hatte, zurück (1567?). Er lehnte die von der Regel abweichenden Mischungen deutscher, flämischer, französischer und italienischer Formen ab, die in der elisabethanischen Architektur vorherrschend waren, und propagierte einen rein klassischen Stil, in dem die dorische, ionische und korinthische Ordnung entweder jede allein oder zu einer entsprechenden Stufenfolge und Einheit verbunden beibehalten werden sollten.

Im Jahre 1615 wurde er mit der Leitung aller königlichen Bauten betraut und zum Generalinspektor der Arbeiten ernannt. Als der Festsaal des Schlosses von Whitehall (1619) niederbrannte, wurde Jones damit beauftragt, für den König einen neuen Saal zu bauen. Er plante eine ungeheure Anhäufung von Gebäuden mit einer Gesamtfläche von 345 auf 260 Meter, die, wenn sie vollendet worden wären, dem britischen Herrscher einen ausgedehnteren Wohnsitz zur Verfügung gestellt hätten, als der Louvre, die Tuilerien, der Escorial oder Versailles es waren. Aber Jakob zog es vor, den Tag zu vertrinken, anstatt für Jahrhunderte zu bauen. Er beschränkte seine Auslagen auf den neuen Speisesaal, der, ohne seine geplante Einrichtung, eine reizlose Fassade in klassischen Renaissancelinien aufwies. Als der Erzbischof Laud Jakob bat, die alte St.-Pauls-Kathedrale ausbessern zu lassen, beging der Architekt das Verbrechen, das gotische Kirchenschiff mit Renaissancearchitektur zu umkleiden. Glücklicherweise wurde dieser Bau bei dem Großbrand von 1666 zerstört. Jones' Fassaden im Stil Palladios ersetzten nach und nach den Tudorstil und beherrschten England bis zur Mitte des achtzehnten Jahrhunderts.

Jones diente Karl I. nicht nur als Hauptarchitekt, sondern hatte für diesen unglücklichen Edelmann auch so viel offenkundige Sympathie, daß er, als der Bürgerkrieg ausbrach, seine Ersparnisse in den Lambeth-Sümpfen vergraben und nach Hampshire fliehen mußte (1643). Cromwells Krieger nahmen ihn dort gefangen, schenkten ihm aber für 1045 Pfund das Leben[58]. Während dieser Abwesenheit von London entwarf er für den Earl von Pembroke ein Landhaus in Wiltshire. Die Fassade war in einfachem Renaissancestil gehalten, aber das Innere war ein Muster an Größe und Eleganz. Der «doppelt kubische» Saal, zwanzig auf zehn auf zehn Meter, wurde als der schönste Raum in England bezeichnet[59]. Als königliche Armeen die aristokratischen Reichtümer aufzehrten, verlor Jones sowohl Protektion als auch Popularität. Er zog sich ins Dunkel zurück und starb in Armut (1652). Die Kunst schlief, solange der Krieg in England regierte.

VIII. DER ELISABETHANISCHE MENSCH

Wie können wir den Engländer zur Zeit Elisabeths von dem angeblich gelassenen und schweigsamen Briten unserer gegenwärtigen Welt aus verstehen? Kann es sein, daß der nationale Charakter eine Funktion des Ortes und der Zeit ist und sich mit ihnen wandelt? Puritanismus und Methodismus liegen zwischen den beiden Zeitaltern und Typen, Jahrhunderte an Bildung in Eton, Harrow und Rugby. Auch werden bekanntlich selbst rücksichtslose Eroberer ruhig, sobald sie zuoberst sitzen.

Alles in allem war der Engländer zu Elisabeths Zeiten ein Sproß der Renaissance. In Deutschland gewann die Reformation die Oberhand über die Renaissance. In Frankreich verwarf die Renaissance die Reformation. In England verschmolzen die beiden Bewegungen. Unter Elisabeth triumphierte die Reformation; in Elisabeth die Renaissance. Es gab damals einige schwerfällige – nicht stumme – Puritaner, aber sie gaben nicht den Ton an. Der dominierende Mann jenes Zeitalters war ein Schützling der Tatkraft, die sich von alten Dogmen und Hemmungen frei gemacht hatte und sich noch nicht neu gebunden hatte. Er war getrieben von grenzenlosem Ehrgeiz, erfüllt von dem Bestreben, seine Fähigkeiten zu entwickeln, entfesselt in seinem Temperament, der Literatur – wenn sie Leben atmete – sehr zugetan, voller Ungestüm in Tat und Wort und doch inmitten dieses Schwulstes und aller seiner Laster und Grausamkeiten dem Ideal zugetan, ein Edelmann zu sein. Seine Neigung schwankte zwischen den liebenswürdigen Verbindlichkeiten von Castigliones *Höfling* und dem erbarmungslosen Immoralismus von Machiavellis *Fürsten* hin und her. Er bewunderte Sidney, aber er trachtete danach, ein Drake zu sein.

Mittlerweile brach die Philosophie sich Bahn durch die Risse des zerbröckelnden Glaubens, und die besten Geister des Zeitalters waren die am meisten beunruhigten. Mitten in diesen aufgewühlten Fluten gab es orthodoxe und konservative, furchtsame und sanfte Seelen, gütige Männer wie Roger Ascham, die verzweifelt Tugenden predigten, welche der Vergangenheit gedient hatten. Aber ihre Studenten waren in einer aufrührerischen Stimmung. Hören wir Gabriel Harvey über Cambridge:

> «Das Evangelium wird gelehrt, nicht gelernt. Nichts ist gut, es sei denn, es werde schlecht gemacht. Die Sittlichkeit wird in der Tat gering geschätzt ... Alle sind neugierig auf Neuigkeiten, neue Bücher, neue Moden, neue Gesetze ... etliche auf neue Himmel und neue Höllen ... Jeder Tag gebiert neue Meinungen: Ketzerei dominiert in der Gottesgelahrtheit, der Philosophie, dem Humanismus, den Manieren ... Der Teufel ist nicht so verhaßt wie der Papst.»[60]

Kopernikus hatte die Welt verwandelt und die Erde auf schwindelerregende Bahnen in den Raum hinausgesandt. Giordano Bruno kam 1583 nach Oxford und sprach über die neue Astronomie, die Unendlichkeit der Welt, über die Sonne, die an ihrer eigenen Hitze verglühte, und über Planeten, die in Atomnebel zerfielen. Dichter wie John Donne fühlten, wie die Erde unter ihren Füßen dahinschwand.

Im Jahre 1595 begann Florio seine Übersetzung Montaignes zu veröffentlichen. Danach war nichts sicher, und Zweifel war die Luft, die der Mensch einatmete. Wie

Marlowe Machiavelli, so ist Shakespeare Montaigne verpflichtet. Während weise Männer zweifelten, planten die Jungen. Wenn der Himmel in einer philosophischen Wolke verloren schien, konnte die Jugend beschließen, dieses Leben durstig in sich aufzunehmen und alle Wahrheit, auch wenn sie tödlich war, alle Schönheit, auch wenn sie flüchtig war, alle Macht, auch wenn sie eitel war, auszukosten. So konzipierte Marlowe seinen Faust und seinen Tamerlan.

Dieses Umpflügen alter Ideen, diese Befreiung der Geister, dieses leidenschaftliche Suchen neuer Hoffnungen und Träume war es, was das elisabethanische England denkwürdig machte. Würden wir uns um seine politischen Intrigen, seine religiösen Dispute, seine kriegerischen Triumphe, seine Sehnsüchte nach Gold kümmern, wenn seine Literatur, auch wenn sie von diesen vorübergehenden Dingen sprach, nicht zugleich den Sehnsüchten, Bedenken und Entschlüssen gedankenvoller Geister jeden Zeitalters Ausdruck verliehen hätte? Alle die Triebkräfte dieser erregenden Zeit vereinigten sich zu der elisabethanischen Ekstase. Die Eroberungs- und Entdeckungslust, die den Erdball, die Märkte und den Geist erweiterten; der Wohlstand des Mittelstandes, der die Zwecke und Ziele der Unternehmen vergrößerte; die Wiederbelebung der heidnischen Literatur und Kunst; der Aufruhr der Reformation; die Ablehnung des päpstlichen Einflusses in England; die theologischen Debatten, welche die Menschen unbewußt vom Dogma zur Vernunft leiteten; die Vertiefung der Bildung, das um sich greifende Interesse für Literatur und Theater; der lange und vorteilhafte Frieden, später die aufrüttelnde Herausforderung und der begeisternde Sieg über Spanien; die immer stärkere Zunahme des Vertrauens auf menschliche Macht und menschliches Denken: all das waren die stimulierenden Kräfte, die England zur Größe anspornten, waren die Keime, die es dazu brachten, Shakespeare hervorzubringen. Jetzt, nach fast zwei Jahrhunderten der Stille seit Chaucer, erlebte es einen wahren Taumel der Leidenschaft für Prosa und Poesie, Drama und Philosophie und sprach kühn und unüberhörbar zur Welt.

DRITTES KAPITEL

An den Hängen des Parnaß

[1558–1603]

I. BÜCHER

Es gab sie in immer größerer Anzahl. «Eine der großen Krankheiten dieser Zeit», schrieb Barnaby Rich im Jahre 1600, «ist die Menge an Büchern, welche die Welt so überfüllen, daß sie nicht fähig ist, den Überfluß an wertlosem Stoff zu verdauen, der jeden Tag ausgebrütet und in die Welt gesetzt wird.» «Schon haben wir», schrieb Robert Burton (1628), «ein unermeßliches Chaos und ein Durcheinander von Büchern. Wir werden von ihnen erdrückt, unsere Augen tun uns weh vom Lesen, unsere Finger vom Umblättern.»[1] Jeder dieser beiden Ankläger schrieb Bücher.

Die Aristokratie hatte lesen gelernt und belohnte die Autoren, die sie durch Widmungen erweichten, mit klingender Münze. Cecil, Leicester, Sidney, Raleigh, Essex, Southampton, die Earls und die Countess of Pembroke waren freundliche Gönner, die zwischen englischen Adligen und Schriftstellern eine Beziehung herstellten, die auch noch bestand, nachdem Johnson Chesterfield den berühmten Verweis erteilt hatte. Verleger bezahlten ihren Autoren für eine Broschüre etwa vierzig Schilling, für ein Buch etwa fünf Pfund[2]. Ein paar Schriftstellern gelang es, von dem Ertrag ihrer Feder zu leben. Der hoffnungslose Beruf eines «Man of letters» nahm nun in England Gestalt an. Bei den Wohlhabenden waren Bibliotheken oft zu finden; öffentliche Bibliotheken aber waren selten. Bei der Rückkehr von Cádiz im Jahre 1596 hielt sich Essex in Faro in Portugal auf und eignete sich die Bibliothek des Bischofs Jeronymo Osorio an. Er schenkte sie Sir Thomas Bodley, der sie der Bodleian Library einverleibte, die er Oxford testamentarisch vermachte (1598).

Die Verleger führten ein hartes Dasein, denn sie waren dem staatlichen Gesetz und der Laune des Publikums unterworfen. Im elisabethanischen England gab es ihrer 250, denn die Veröffentlichung und der Verkauf von Büchern wurden noch zusammen betrieben. Viele von ihnen druckten die Bücher selber. Die Trennung von Drucker und Verleger begann gegen Ende jener Regierungszeit. Verleger, Drucker und Buchhändler vereinigten sich (1557) zu einer Buchhändlergilde. Die Registrierung einer Publikation durch diese Gilde ergab das Copyright, das aber nicht den Autor, sondern nur den Verleger schützte. Normalerweise registrierte die Gilde nur solche Publikationen, die eine rechtskräftige Drucklizenz erhalten hatten. Es war ein schweres Verbrechen, einen für die Reputation der Königin oder der Regierung nachteiligen Text zu schreiben, zu drucken, zu verkaufen oder zu besitzen, ketzerische Bücher und päpstliche Bullen oder Breven zu veröffentlichen oder einzuführen oder ein Buch zu besitzen, das die Oberhoheit der Päpste über die englische Kirche unterstützte[3]. Für die Übertretung solcher Verfügungen waren verschiedene Strafen vorgesehen. Die Buchhändlergilde war ermächtigt, alle Druckereien zu durchsuchen, alle nicht lizensierten Publikationen zu verbrennen und ihre Verleger einzukerkern[4]. Die elisabethanische Zensur war strenger als jede vorreformatorische, aber die Literatur blühte. Wie im achtzehnten Jahrhundert in Frankreich wurden die geistigen Fähigkeiten durch die Gefahren geschärft, die der Druck mit sich brachte.

Gelehrte gab es wenige. Es war eher ein Zeitalter der schöpferischen Kräfte als der Kritik, und der humanistische Strom war in diesen glühend-theologischen Jahren ausgetrocknet. Die meisten Historiker waren nur noch Chronisten, die ihre Berichte nach Jahren einteilten. Richard Knolles überraschte immerhin Burghley mit der verhältnismäßigen Vortrefflichkeit seiner *General History of the Turks* (Allgemeinen Geschichte der Türken, 1603). Raphael Holinsheds *Chronicles* (1577) vermittelten diesem einen unverdienten Ruhmeszuwachs, weil sie Shakespeare Geschichten über die englischen Könige verschafften. John Stows *Chronicles of England* (Chroniken aus England, 1580) waren mit «Farben der Weisheit, Aufforderungen zur Tugend und Abscheu vor Ungezogenheiten»[5] verkleidet, aber seine Gelehrsamkeit war kläglich, und seine Prosa hatte eine herrliche *virtus dormitiva*. Sein *Survey of London* (Überblick über London, 1588) war gelehrter, steigerte aber seinen Broterwerb nicht. Im Alter mußte man ihm eine Erlaubnis zum Betteln geben[6]. William Camden schilderte in *Britannia* (1582) in gutem Latein Geographie, Landschaft und englische Altertümer. Und seine *Rerum Anglicarum et hibernicarum annales regnante Elizabetha* (1615–1617) gründeten ihre Geschichten auf gewissenhafte Studien von Originaldokumenten. Camden verherrlichte die große Königin kritiklos, lobte Spanien, ließ Shakespeare unbeachtet und pries Roger Ascham, beklagte indessen, daß ein solch ausgezeichneter Gelehrter an seiner Liebe zu Würfelspiel und Hahnenkampf zugrunde gegangen war[7].

Ascham, der Sekretär der blutigen Maria und Lehrer Elisabeths, hinterließ bei seinem Tode (1568) die sehr berühmten pädagogischen Abhandlungen *The Scholemaster* (1570); sie verbreiteten sich hauptsächlich über den Lateinunterricht, doch enthielten sie in kräftigem, einfachem Englisch die dringende Bitte um Ersetzung der Strenge beim Unterricht in Eton durch christliche Güte. Er erzählte, wie sich bei einem Essen mit hochstehenden Männern aus Elisabeths Regierung das Gespräch um Erziehung durch Prügelstrafe gedreht habe; wie Cecil für mildere Methoden eingetreten sei, und wie Sir Richard Sackville Ascham vertraulich gebeichtet habe, daß «mich ein alberner Schulmeister ... durch Angst vor Prügeln von aller Liebe zum Studium fernhielt»[8].

Die bedeutendste und fruchtbarste Aufgabe der Gelehrten bestand darin, den englischen Geist mit ausländischem Gedankengut zu durchdringen. In der zweiten Hälfte des sechzehnten Jahrhunderts überschwemmte eine Woge von Übersetzungen aus Griechenland, Rom, Italien und Frankreich das Land. Homer mußte bis zum Jahre 1611 auf George Chapman warten, und der Mangel an englischen Übertragungen griechischer Schauspiele war wahrscheinlich mit daran schuld, daß das elisabethanische Drama eher «romantische» als «klassische» Formen annahm. Aber es gab Übersetzungen von Theokrits *Idyllen*, des Musaios *Hero und Leander*, Epiktets *Handbüchlein der Moral*, der *Ethik* und der *Politik* des Aristoteles, von Xenophons *Kyru paideia* und *Oikonomikos*, der Reden von Demosthenes und Isokrates, der Geschichtswerke der Herodot, Polybios, Diodoros Siculus, Josephus und Appian, der Romane von Heliodor und Longos; ferner Sir Thomas Norths urwüchsige Übersetzung (1579) von Amyots französischer Übertragung der *Heldenleben* des Plutarch. Aus dem Lateinischen kamen Vergil, Horaz, Ovid, Martial, Lucan, die Komödien von Plautus und Terenz, die Tragödien von Seneca, die Geschichtswerke von Livius, Sallust, Tacitus und Sueton. Aus Italien kamen Petrarcas Sonette, Boccaccios *Filocolo* und *Fiammetta* (nicht aber, bis 1620, das *Decameron*), die Geschichtswerke von Guicciardini und Machiavelli, Boiardos *Orlando innamorato* und Ariosts *Orlando furioso*, Castigliones *Libro del cortegiano*, die *Gerusalemme liberata* und die *Aminta* von Tasso, Guarinis *Pastor fido* sowie viele fabelhafte *novelle* von Bandello und anderen, die in Sammlungen wie William Painters *Palace of Pleasure* (Palast des Vergnügens) zusammengefaßt waren (1566). Machiavellis *Il principe* war bis 1640 nicht in die englische Sprache übertragen. Aber sein Inhalt war den Elisabethanern vertraut. Gabriel Harvey behauptete, daß in Cambridge «Duns Scotus und Thomas von Aquin mit dem ganzen Pöbelhaufen von Schulmännern ... aus der Universität weggewiesen» und durch Machiavelli und Jean Bodin ersetzt worden seien[9]. Aus Spanien kamen eine der längsten Liebesromanzen, *Amadís de Gaula*, und einer der ersten Schelmenromane, *Lazarillo de Tormes*. Ferner eines der klassischen Pastorales, die *Diana* von Montemayor. Der beste Gewinn aus Frankreich waren die Gedichte der Plejade und die Essays von Montaigne, die (1603) von John Florio vortrefflich ins Englische übersetzt wurden.

Der Einfluß dieser Übersetzungen auf die elisabethanische Literatur war ungeheuer. Klassische Anspielungen begannen – und taten es in der Folge zwei Jahrhunderte lang –, die englische Dichtung und Prosa zu durchsetzen. Die meisten denkwürdigen elisabethanischen Schriftsteller konnten Französisch, so daß Übersetzungen nicht unentbehrlich waren. Italien faszinierte England. Englische Hirtengedichte richteten sich nach Sannazaro, Tasso und Guarini, englische Sonette nach Petrarca, englische Prosadichtung nach Boccaccio und den *novelle*. Diese vermittelten Marlowe, Shakespeare, Webster, Massinger und Ford ihre Themen, ebenso wie italienisches Kolorit auf viele elisabethanische Schauspiele einwirkte. Italien, das die Reformation verworfen hatte, war darüber hinaus damit beschäftigt, die alte Theologie, ja sogar die christliche Ethik niederzureißen. Während die elisabethanische Religion über Katholizismus und Protestantismus diskutierte, kehrte die elisabethanische Literatur, die diesen Konflikt unbeachtet ließ, zum Geist und zu der Begeisterung der Renaissance zurück. Italien, das eine Zeitlang durch einen Wechsel der Verkehrswege niedergehalten wurde, reichte Spanien, Frankreich und England die Fackel der Wiedergeburt.

II. DER KAMPF DER GEISTER

In dieser elisabethanischen Geistesfülle ergossen sich sowohl Poesie wie Prosa in einer stürmischen Flut. Wir kennen die Namen von zweihundert elisabethanischen Dichtern. Aber bis Spenser seine *Faerie Queene* (Feenkönigin, 1590) vorbrachte, war es Prosa, was das Ohr des elisabethanischen England traf.

John Lyly brachte sich als erster mit seinem wunderlichen *Euphues, or the Anatomy of Wit* (Euphues, oder die Anatomie des Witzes) – das heißt der geistigen Klugheit – anno 1579 zu Gehör. Lyly hatte vor zu zeigen, wie durch Bildung, Erfahrung, Arbeit und weise Ratschläge ein differenzierter Geist und Charakter geformt werden können. Euphues («wohlgesetzte Rede») ist ein junger Athener, dessen Abenteuer das Rüstzeug zu weitschweifigen Diskussionen über Bildung, gute Manieren, Freundschaft, Liebe und Atheismus liefern. Was das Buch zum Bestseller seiner Zeit machte, war sein Stil – ein ständiger Wechsel von Antithesen, Alliterationen, Vergleichen, Wortspielen, ausgewogenen Formulierungen, klassischen Anspielungen und gedanklichen Einfällen, die Elisabeths Hof im Sturm eroberten und die Mode für die Dauer einer Generation festlegten. Zum Beispiel:

«Dieser junge Galan, der mehr Verstand besitzt als Vermögen, auch mehr Vermögen als Weisheit, und sich selbst, was liebenswürdige Einfälle betrifft, keinem unterlegen fühlt, dachte, er sei allen an Redlichkeit überlegen, und zwar dermaßen, daß er sich zu allem so befähigt hielt, daß er sich beinah mit nichts abgab.»[10]

Es ist umstritten, ob Lyly diese Krankheit von dem Italiener Marini oder dem Spanier Guevara oder dem *Rhetoriker* von Flandern übernahm. Auf jeden Fall nahm Lyly das Virus in sich auf und übertrug es auf eine Menge von Elisabethanern. Es beeinträchtigte Shakespeares frühe Komödien, färbte Bacons *Essays* und gab unserer Sprache den Begriff «Euphuismus».

Es war ein Zeitalter des Wortbewußtseins. Gabriel Harvey, Lehrer in Cambridge, übte all seinen Einfluß aus, um die englische Dichtung von Betonung und Reim zu klassischer Metrik, die auf Silbenzählung beruhte, zurückzuführen. Auf sein Drängen hin gründeten Sidney und Spenser in London einen literarischen Klub, den Areopag, der sich eine Zeitlang darum bemühte, elisabethanische Vitalität in vergilische Formen zu zwingen. Thomas Nash parodierte Harveys «hüpfende» Hexameter und lachte sie buchstäblich vom Hof weg. Als Harvey zur Pedanterie Beleidigungen hinzufügte, indem er das sittliche Verhalten von Nashs Freund Greene mißbilligte, wurde er zur Hauptzielscheibe in einem Pamphletenkrieg, der alle Mittel der Renaissance-Schmähung nach England verpflanzte.

Robert Greenes Leben umfaßte tausend literarische Bohème-Karrieren von Villon bis Verlaine. Er studierte mit Harvey, Nash und Marlowe zusammen in Cambridge. Dort verbrachte er seine Zeit mit «Witzbolden, die so liederlich waren» wie er selbst und mit denen er «die Blüte seiner Jugend vergeudete».

«Ich ertrank in Stolz. Hurerei war meine tägliche Übung, und Schlemmerei und Trunksucht waren meine einzigen Freuden ... Ich war so fern davon, mich an Gott zu wenden, daß ich selten an ihn dachte, aber viel Spaß daran hatte, den Namen Gottes zu beschwören und zu lästern ... Wenn ich, solange ich lebe, meine Begierden stillen kann, bin ich zufrieden; laßt mich nach dem Tode mir selber helfen, so gut ich es vermag ... Ich fürchtete die Richter im Gerichtshof nicht mehr, als ich mich vor dem Gericht Gottes fürchte.»[11]

Er reiste durch Italien und Spanien, und dort, erzählt er uns, «sah und übte ich solche Schändlichkeiten, daß es zu abscheulich ist, sie auszusagen». Nach seiner Rückkehr wurde er mit seinem roten Haar, dem Spitzbart, seidenen Strümpfen und einer persönlichen Leibwache zu einer der bekannten Gestalten in Londoner Schenken. Er verheiratete sich und schrieb zärtliche Worte über eheliche Treue und Wonne. Dann verließ er sein Weib um einer Geliebten willen, für die er das Vermögen seiner Frau durchbrachte. Aus seiner unmittelbaren Kenntnis heraus beschrieb er die Ränke der Unterwelt in *A Notable Discovery of Cozenage* (Eine bemerkenswerte Aufdeckung der Prellerei, 1591) und warnte ländliche Besucher Londons vor den Tücken der Schwindler, Falschspieler, Taschendiebe, Kuppler und Prostituierten, worauf die Unterwelt ihn zu ermorden versuchte. Es überrascht uns, daß er in einem so emsig dem Laster ergebenen Leben noch Zeit fand, mit journalistischer Eile und Begeisterung ein Dutzend Romane (im Stile des *Euphues*), fünfunddreißig Flugschriften und viele erfolgreiche Stücke zu schreiben. Als seine Energie und sein Einkommen geringer wurden, erblickte er in der Tugend sein Heil und bereute ebenso beredsam, wie er gesündigt hatte. Im Jahre 1591 veröffentlichte er ein *Farewell to Folly* (Lebewohl an die Torheit). 1592 schrieb er zwei Abhandlungen von einiger Bedeutung. Die eine: *A Quip for an Upstart Courtier* (Eine treffende Bemerkung für einen emporgekommenen Höfling), griff Gabriel Harvey an. In der anderen: *Greene's Groatsworth of Wit Bought with a Million of Repentance* (Greenes Ein-Pfennig-Weisheit, erkauft mit einer Million Reue), griff er Shakespeare an und forderte seine Mitwüstlinge – offensichtlich Marlowe, Peele und Nash – auf, von ihren Sünden abzulassen und es ihm an Frömmigkeit und Gewissensbissen gleichzutun. Am 2. September 1592 sandte er seiner Frau, die er verlassen hatte, eine Aufforderung, einem Schuhmacher, ohne dessen Mildtätigkeit «ich auf der Straße umgekommen wäre», zehn Pfund zurückzuerstatten[12]. Am darauffolgenden Tag starb er im Hause dieses Schuhmachers – gemäß einem Bericht Harveys – an «Übersättigung durch eingepökelten Hering und Rheinwein». Seine Wirtin vergab ihm seine Schulden seiner Verse wegen, krönte seine Stirn mit einem Lorbeerkranz und bezahlte sein Begräbnis[13].

Von allen elisabethanischen Pamphletisten hatte Greenes Freund Tom Nash die schärfste Zunge und die größte Zuhörerschaft. Als Sohn eines Hilfsgeistlichen und sehr sittsam erzogen, ging Nash von Cambridge zu der Londoner Bohème über, verdiente sich die Butter aufs Brot mit seiner Feder und lernte schreiben, «so schnell [seine] Hand traben konnte». Mit *The Unfortunate Traveller or The Life of Jack Wilton* (Der unglückliche Reisende oder Das Leben des Jack Wilton) führte er (1594) in England den Schelmenroman ein. Als Greene starb und Harvey beide, Greene und Nash, in seinen *Four Letters* (Vier Briefe) angriff, zahlte es ihm Nash mit einer Reihe von Pamphleten heim, die im Jahre 1596 in *Have with you to Saffron Walden* (Geh mit dir nach Saffron Walden – Harveys Geburtsort) ihren Höhepunkt fand.

> «Leser, seid froh, denn es soll mir an nichts fehlen, um euch froh zu stimmen ... Es soll mich meinen Untergang kosten, aber ich will, daß er aus der Universität gejagt werde ... Dann erst will ich ihn aufgeben. Was gebt ihr mir, wenn ich ihn in einem der Hauptcolleges in Cambridge auf die Bühne bringe?»[14]

Harvey überlebte diese Erfahrung, überlebte die Bohémiens und starb 1630 im hohen Alter von fünfundachtzig Jahren. Nash vollendete das Stück seines Freundes Marlowe, *Dido*, arbeitete mit Ben Jonson an *The Isle of Dogs* (Hunde-Insel, 1597), wurde der Meuterei angeklagt und versank in vorsichtige Unbekanntheit. Im Alter von vierunddreißig Jahren (1601) krönte er ein rasches Leben mit einem frühen Tod.

III. PHILIP SIDNEY: 1554–1585

Fern von der närrischen Menge zog Sidney gelassen einem ebenso frühen Ende entgegen. Aus dem Bildnis in der National Gallery in London schaut er uns noch immer an und scheint für einen Mann zu zart zu sein: ein schmales Gesicht, kastanienbraunes Haar und, wie Languet[15] sagte, «ohne ein Gran zuviel Gesundheit», oder, wie Aubrey[16] es ausdrückte, «außerordentlich schön und nicht männlich genug, jedoch von großer Tapferkeit». Ein paar Nörgler meinten, er sei etwas pomphaft[17], und beanstandeten, daß er die Vollkommenheit bis zum Exzeß treibe. Nur sein heldenhaftes Ende bewirkte, daß man ihm seine Vorzüge verzieh.

Aber wer wäre nicht stolz darauf gewesen, Lady Mary Dudley zur Mutter zu haben, die Tochter des Duke of Northumberland, der England unter Eduard VI. beherrscht hatte; und zum Vater Sir Henry Sidney, der Vorsitzender des Staatsrates von Wales und dreimal Abgeordneter des Oberhauses in Irland war? Und wer wäre nicht stolz darauf gewesen, seinen Namen von König Philipp II. von Spanien, als seinem Paten, erhalten zu haben? Einen Teil seines flüchtigen Lebens verbrachte Sidney in dem geräumigen Penshurst Place, dessen Decken aus Eichengebälk und dessen bemalte Wände und Kristallkronleuchter zu den schönsten Überbleibseln aus jener Zeit gehören. Im Alter von neun Jahren wurde er zum Laienpfarrer einer kirchlichen Pfründe ernannt, was ihm sechzig Pfund im Jahr einbrachte. Mit zehn Jahren trat er in die Shrewsbury-Schule ein, die von Ludlow Castle, der Residenz seines Vaters als Vorsitzendem des Staatsrates von Wales, nicht allzuweit entfernt war. Dem elfjährigen Knaben schrieb Sir Henry liebevolle Worte der Weisheit[18].

Philip beherzigte diese Lektionen und wurde der Liebling seines Onkels Leicester und des Freundes seines Vaters, William Cecils. Nach drei Jahren in Oxford wurde er als jüngster Teilnehmer an einer englischen diplomatischen Mission nach Paris geschickt. Er wurde am Hof Karls IX. empfangen und war Augenzeuge der Bartholomäusnacht. Er reiste gemächlich durch Frankreich, die Niederlande, Deutschland, Böhmen, Polen, Ungarn, Österreich und Italien. In Frankreich begann seine lebenslängliche Freundschaft mit Hubert Languet, einem der geistigen Führer der Hugenotten. In Venedig malte Paolo Veronese sein Bildnis; in Padua machte er sich die Überlieferungen der Sonette Petrarcas zu eigen. Nach England zurückgekehrt, wurde er bei Hof empfangen. Beinahe zwei Jahre lang scharwenzelte er um die Königin herum, verwirkte sich jedoch eine Zeitlang ihre Gunst dadurch, daß er sich ihrer geplanten Heirat mit dem Herzog von Alençon widersetzte. Er besaß alle ritterlichen Vorzüge: stolzes Betragen, Gewandtheit und Tapferkeit beim Turnier, Verbindlichkeit bei Hof, Würde in den Umgangsformen und Beredsamkeit in der Liebe. Er studierte Castigliones *Höfling* und versuchte, sein Benehmen nach dem Ideal dieses liebenswürdigen Philosophen zu richten, worauf andere sich nach Sidney richteten. Spenser nannte ihn «den Präsidenten der Noblesse und des Rittertums».

Es war ein Merkmal der Zeit, daß die Aristokratie, die einst gelehrte Bildung geringgeachtet hatte, jetzt Verse schrieb und es duldete, daß Dichter sie aufsuchten. Sidney wurde, obschon er nicht reich war, zum aktivsten literarischen Gönner seiner Generation. Er unterstützte Camden, Hakluyt, Nash, Harvey, Donne, Daniel, Jonson und vor allem Spenser, der ihm als «der Hoffnung aller Gelehrten und dem Schutzherrn meiner jungen Muse» dafür dankte[19]. Es geschah ganz unzulässigerweise, daß Stephen Gosson Sidney seine *Schoole of Abuse* (Schule des Mißbrauchs, 1579) widmete, deren Titelblatt sie «als eine vergnügliche Schmähung der Dichter, Dudelsackpfeifer, Schauspieler, Possenreißer und anderer solcher Raupen des britischen Staatenbundes» bezeichnet. Sidney nahm den Fehdehandschuh auf und schrieb das erste der elisabethanischen klassischen Werke: *The Defence of Poesy* (Die Verteidigung der Dichtung).

Er hatte Aristoteles und die italienischen Kritiker vor Augen und definierte die Dichtung als «eine Kunst der Nachahmung ..., welche zu belehren und zu erfreuen bestimmt ist»[20]. Da er sittliches Verhalten weit höher stellte als Kunst, rechtfertigte er die Kunst als Sittenlehre mit anschaulich dargestellten Beispielen:

«Der Philosoph ... und der Historiker ... könnten ihren Zweck erreichen, der eine durch Unterweisung, der andere durch Beispiele. Da sie aber nicht beides haben, hinken beide. Denn der Philosoph, der mit mühseligen Argumenten den bloßen Grundsatz [des sittlichen Verhaltens] aufstellt, ist so schwerfällig in seiner Ausdrucksweise und so verschwommen und schwer zu begreifen, daß einer, der keinen anderen Lehrmeister hat als ihn, sich mit ihm auseinandersetzen muß, bis er alt ist und gar keine Zeit mehr findet, um ehrbar zu sein. Denn die Erkenntnisse legen so viel Wert auf Abstraktes und Allgemeines, daß der sich glücklich schätzen kann, der sie zu verstehen vermag ... Andererseits ist der Historiker, der eine Reihenfolge verlangt, nicht *dem* verpflichtet, was sein wird, sondern dem, was ist ... So daß sein Beispiel keine notwendige Folgerichtigkeit aufzeigt und somit eine minder fruchtbare Lehre darstellt.

Nun vollbringt der unvergleichliche Poet aber beides. Von allem, von dem der Philosoph sagt, es sollte getan werden, gibt er ein vollendetes Bild, und zwar einzig dadurch, daß er annimmt, etwas sei getan worden. So vervollkommnet er die allgemeine Vorstellung durch das einmalige Beispiel. Ein vollkommenes Bild, sage ich, denn er zeigt den Geisteskräften ein Bild dessen, von dem der Philosoph nur eine wortreiche Beschreibung gibt, die weder ins Schwarze trifft noch das Sehvermögen der Seele in dem Maße hat wie der andere.»[21]

Die Dichtkunst umfaßt somit nach Sidneys Auffassung jede erfinderische literarische Gattung: Drama, Verse und phantasievolle Prosa. «Dichtung entsteht nicht durch Reimen und Verseschmieden. Es kann einer ein Dichter sein, ohne Verse zu schreiben, und ein Verseschmied, ohne etwas von Dichtung zu verstehen.»

Er fügte das Beispiel zur Lehre bei. Im selben Jahre 1580, da die *Verteidigung* entstand, begann er *The Countess of Pembroke's Arcadia* (Das Arkadien der Gräfin von Pembroke) zu schreiben. Diese Gräfin, seine Schwester, war eine der umschmeicheltsten Damen des Jahrhunderts. 1561 geboren und somit sieben Jahre jünger als Philip, genoß sie alle Bildung, die sie aufnehmen konnte, einschließlich Latein, Griechisch und Hebräisch. Ihr Liebreiz wurde jedoch dadurch nicht zerstört. Sie kam an Elisabeths Hof und begleitete die Königin bei den königlichen Rundreisen. Ihr Onkel Leicester stellte einen Teil der Mitgift zur Verfügung, die es ihr ermöglichte, Henry, Earl of Pembroke, zu heiraten. Wenn man Aubrey Glauben schenken will, so «war sie sehr wollüstig» und nahm sich als Ergänzung zu ihrem Gatten einige Liebhaber. Aber dies hielt Philip nicht davon ab, sie zu verehren und auf ihre Bitte hin die *Arcadia* zu schreiben.

Sidney folgte dabei dem Vorbild von Sannazaros *Arcadia* (1504) und erfand ausführlich und zwanglos eine Welt von tapferen Prinzen, ungemein feinen Prinzessinnen, ritterlichen Kämpfen, irreführenden Verkleidungen und bezaubernden Szenerien. «Die Lieblichkeit der Urania ist das Herrlichste, was die Welt erblicken kann, aber das mindeste, was man zu ihrem Lob sagen kann.»[22] Palladius hatte «einen durchdringenden Verstand, der ganz ohne Prahlerei war, hochfliegende Gedanken, die in einem Herzen voller Höflichkeit wohnten, eine Beredsamkeit, die sowohl sanft in ihren Ausdrücken wie auch bedachtsam in der Äußerung derselben war, und ein so edles Gehabe, als gewähre die Hoheit dem Armen eine Gabe»[23]. Sidney hatte offensichtlich den *Euphues* gelesen. Die Geschichte erzählt von einem Irrgarten der Liebe: Pyrocles verkleidet sich als Frau, um der schönen Philoclea nahe zu sein. Sie durchkreuzt seine Absichten, indem sie ihn wie eine Schwester liebt. Ihr Vater verliebt sich in ihn, denn er meint, er sei eine Frau. Ihre Mutter verliebt sich in ihn, denn sie spürt, daß er ein Mann ist. Immerhin endet alles, wie es die Zehn Gebote verlangen. Sidney nahm die Geschichte nicht sehr ernst. Er verbesserte die Blätter nie, die er für seine Schwester entworfen hatte. Auf seinem Totenbett ordnete er an, sie sollten verbrannt werden. Sie blieben erhalten, wurden druckfertig gemacht und veröffentlicht (1590) und blieben über ein Jahrzehnt lang das am meisten bewunderte Werk elisabethanischer Prosa.

Während Sidney diese Romanze und die *Verteidigung* schrieb und sein Leben als Diplomat und Soldat führte, dichtete er eine Sonettenfolge, die derjenigen Shakespeares den Weg ebnete. Dazu brauchte er eine unerwiderte Liebe. Er fand sie bei Penelope Devereux, der Tochter des ersten Earl von Essex. Sie nahm seine Seufzer und Reime als erlaubtes Spiel entgegen, heiratete aber den Baron Rich (1581). Sidney fuhr fort, Sonette an sie zu richten, selbst nach seiner eigenen Vermählung mit Frances Walsingham. Einige Elisabethaner waren über diese poetische Lizenz entrüstet. Niemand erwartete indes von einem Mann, daß er Sonette für seine eigene Frau schreibe, deren Edelmut die Muse beschwichtigte. Die Sonettenfolge wurde (1591) nach Sidneys Tod unter dem Titel *Astrophel and Stella* (Astrophil und Stella – Sternfreund und Stern) veröffentlicht. Sie lehnte sich im Stil an Petrarca an, dessen Laura die Augen, das Haar, die Stirn, die Wangen, die Haut und die Lippen der Penelope auf wunderbare Weise vorausgenommen hatte. Sidney wußte genau, daß seine Leidenschaft eine poetische Technik war. Er selbst hatte geschrieben: «Wenn ich eine Frau wäre, würden Sonettedichter mich nie davon überzeugen, daß sie verliebt seien.»[24] Auch wenn diese Sonette als bloßes Spiel genommen werden, sind sie vor denjenigen Shakespeares die besten in England. Sogar der Mond ist krank vor Liebe:

Wie traurigen Schritts erklimmst du, Mond, des Himmels Rand,
wie still und mit welch trübem Antlitz stehst du dort!
Wie! kann es sein, daß selbst an diesem hehren Ort
der emsige Schütze seinen schlauen Bogen spannt?

Gewiß, wenn dieser Blick, der lang die Lieb gekannt,
dich recht beurteilt, bist du sehr verliebt hinfort.
Ich les in deinem Blick und deiner Anmut Hort,
der ich dasselbe fühl, daß dich die Liebe fand.

Nun denn, erzähle mir, o Mond, du Bruder mein,
hält dort man treue Liebe also wert wie Geist?
Ist Schönheit dort so stolz, wie sie es hier mag sein?
Ist man dort oben auch so gern geliebt zumeist?

Ist gegen den, der liebt, man auch zu Spott bereit?
Und nennen Tugend sie dort auch Undankbarkeit?[25]

Im Jahre 1585 wurde Sidney von Elisabeth ausgesandt, um den niederländischen Aufständischen im Kampf gegen Spanien zu helfen. Obwohl er noch nicht einunddreißig Jahre alt war, wurde er zum Gouverneur von Flushing ernannt. Er erregte den Unwillen der knauserigen Königin, als er für seine Soldaten, die in entwerteter Währung bezahlt wurden, bessere Verpflegung und mehr Geld verlangte[26]. Er führte seine Mannschaft zu der Eroberung von Axel (6. Juli 1586) und kämpfte an der Spitze des Angriffs. Aber in der Schlacht von Zutphen (am 22. September) war er zu tapfer. Sein Pferd war beim Angriff getötet worden. Sidney bestieg ein anderes und erstritt sich den Weg in die Reihen der Feinde. Eine Flintenkugel drang ihm in den Oberschenkel. Sein Pferd, das er nicht mehr in der Gewalt hatte, floh in Leicesters Feldlager*. Von dort aus wurde Sidney in einem Privathaus in Arnheim untergebracht. Fünfundzwanzig Tage litt er unter unfähigen Wundärzten. Dann wurde er vom Brand befallen, und am 17. Oktober nahm das «Wunder unseres Zeitalters» (wie Spenser ihn beklagte) den Tod in sich auf. «Ich möchte meine Freude», sagte er an diesem seinem letzten Tag, «nicht gegen die Gewalt über die ganze Welt eintauschen.»[28] Als man seinen Leichnam nach London brachte, wurde ihm ein Begräbnis zuteil, wie es England bis zum Tode Nelsons nicht mehr erleben sollte.

IV. EDMUND SPENSER: 1552?–1599

«Sidney ist tot», schrieb Spenser, «tot ist mein Freund, tot ist die Wonne der Welt.»[29] Sidney war es, der Spenser Mut gemacht hatte, ein Dichter zu sein. Edmund hatte sein Leben unter ungünstigen Umständen, als Sohn eines Tuchmachergesellen, begonnen, der den aristokratischen Spensers zu entfernt verwandt war, als daß der Knabe hätte bemerkt werden können. Wohltätige Geldspenden ermöglichten es ihm, an die Tuchhändlerschule zu gelangen und anschließend an die Pembroke Hall in Cambridge, wo er für seinen Unterhalt arbeitete. Mit siebzehn Jahren schrieb und veröffentlichte er sogar Gedichte. Harvey versuchte, ihn zu klassischen Strophen und Themen zu ver-

* Eine nicht völlig belegte Geschichte berichtet, der verwundete Sidney habe, als man ihm eine Feldflasche anbot, sie einem neben ihm im Sterben liegenden Soldaten gereicht und gesagt: «Du benötigst sie mehr als ich.» (Fulke Greville: *Life of the Renowned Sir Philip Sidney*.)[27]

anlassen. Spenser versuchte, ihn zufriedenzustellen, lehnte sich aber bald gegen die Fesseln auf, welche unpassende Versmaße seiner Muse anlegten. 1579 zeigte er Harvey den ersten Teil seiner *Faerie Queene* (Feenkönigin). Harvey fand kein Gefallen an dem mittelalterlich allegorischen Inhalt und schätzte die schöne metrische Form nicht. Er riet dem Dichter, das Projekt fallenzulassen. Spenser fuhr in seiner Arbeit fort.

Der barsche und kämpferisch veranlagte Harvey war es, der Spenser eine Stelle im Dienst des Earl von Leicester sicherte. Dort begegnete der Dichter Sidney, gewann ihn lieb und widmete ihm *The Shepherd's Calendar* (Schäferkalender, 1579). Die Form lehnte sich an Theokrit an, folgte aber der Anordnung des Volkskalenders und teilte die Aufgaben eines Hirten den Jahreszeiten gemäß auf. Das Thema bestand in der unerwiderten Liebe des Schäfers Colin Clout zu der hartherzigen Rosalinde. Man muß das Werk nicht lesen, aber Sidneys Lob brachte Spenser erheblichen Beifall ein. Um sich finanziell etwas günstiger zu stellen, nahm der Dichter die Stelle eines Sekretärs bei Lord Arthur Grey, dem neuen Abgeordneten des Oberhauses in Irland, an (1579). Er begleitete ihn in den Krieg und sah und billigte Greys Niedermetzelung der sich erhebenden Iren und Spanier bei Smerwick. Nach sieben Jahren Kontordienst bei der englischen Regierung in Irland wurden ihm aus dem konfiszierten Besitz irischer Rebellen das Castle of Kilcolman an der Straße zwischen Mallow und Limerick sowie dreitausend Morgen Land verliehen.

Dort ließ sich Spenser als Landedelmann und stiller Dichter nieder. Er gedachte in einer wortgewandten, aber weitschweifigen Elegie *Astrophil* Sidneys Tod (1586). Dann feilte und arbeitete er die *Feenkönigin* aus. Glühend vor Begeisterung durchquerte er 1589 England, wurde durch Raleigh der Königin vorgestellt und widmete ihr die ersten drei «Bücher» seines Werkes, «damit sie mit ihrem [der Königin] ewigem Ruhm weiterlebten». Um sich eine breite Aufnahme zu sichern, versah er das Poem mit einem aus Lobliedern bestehenden Vorwort, das sich an die Gräfin von Pembroke, an Lady Carew, Sir Christopher Hatton, Raleigh, Burghley, Walsingham, die Lords Hunsdon, Buckhurst, Grey und Howard of Effingham sowie an die Earls von Essex, Northumberland, Oxford, Ormonde und Cumberland wandte. Burghley nannte Spenser in Anlehnung an Leicester einen hohlen Reimer, aber viele hielten ihn für den größten Dichter seit Chaucer. Die Königin war milde genug, ihm eine Rente von fünfzig Pfund im Jahr zuzusprechen, deren Auszahlung Burghley, als Lordschatzmeister, verzögerte. Spenser hatte mehr erhofft. Enttäuscht kehrte er in seine irische Burg zurück und arbeitete mitten unter Barbarei, Haß und Furcht an seinem idealistischen Heldengedicht weiter.

Nach seinem Plan sollte das Gedicht zwölf Bücher umfassen. 1590 veröffentlichte er deren drei und 1596 drei weitere. Dann hörte er zu schreiben auf. Auch so ist die *Feenkönigin* zweimal so lang wie die *Ilias* und dreimal so lang wie das *Verlorene Paradies*. Jedes Buch wird als Allegorie dargeboten, als Allegorie der Heiligkeit, der Enthaltsamkeit, der Keuschheit, Freundschaft, Gerechtigkeit, Höflichkeit. Das Ganze beabsichtigte, «einen Edelmann oder eine vornehme Persönlichkeit zu tugendhafter und milder Zucht zu bilden»[30], indem es ihm formbildende Beispiele vor Augen hielt. All das stimmte mit Sidneys Vorstellung von Dichtung als Sittenlehre überein, die durch erfundene Vorbilder übermittelt wurde. Da Spenser die Wohlanständigkeit hochschätzte, konnte er sich nur wenige wollüstige Stellen erlauben. Einmal wirft er einen flüchtigen Blick auf einen «schönen weißen Busen, der entblößt war, damit man bereit sei, ihn zu erobern»[31]. Aber weiter geht er nicht. Durch sechs Gesänge hindurch behält er den hohen Ton ritterlicher Liebe als selbstlosen Dienst an einer schönen Frau bei.

Für uns, die wir nichts mehr wissen von Ritterlichkeit, Ritter langweilig finden und von Allegorien verwirrt werden, ist die *Feenkönigin* zunächst seltsam vergnüglich, auf die Länge jedoch unerträglich. Ihre politischen Anspielungen, an welchen die Zeitgenossen Freude hatten oder die sie übelnahmen, sind an uns vergeblich verschwendet. Die theologischen Streitigkeiten, welche das Poem andeutet, muten uns an wie die versunkenen Ängste unserer Kindheit. Die Schilderungen sind im besten Falle ein melodiöser Widerhall Vergils, Ariosts und Tassos. Kein Gedicht der Weltliteratur übertrifft die *Feenkönigin* an erkünstelten Einfällen, unbeholfenen Konstruktionen, anspruchsvollen Archaismen und Neologismen sowie romantischen Großspurigkeiten, die von Ariosts Lächeln nicht durchtränkt sind. Und doch liebten Keats und Shelley Spenser und machten ihn zum «Dichter der Dichter». Weshalb? Geschah es, weil da und dort sinnliche Schönheit der Form eine mittelalterliche Absurdität tilgte oder weil ein Glanz der Beschreibung irgendeine Unwirklichkeit verzierte? Die neue, neunzeilige Stanze Spensers war ein schwieriges Medium, und Spenser überrascht uns oft durch seine abgerundete Vollkommenheit und seine strömende Leichtigkeit. Aber wie manchesmal läßt er die Vernunft zugunsten eines Reims außer acht!

Er unterbrach die *Feenkönigin*, um einige kürzere Poeme zu schreiben, die vielleicht seinen Ruhm rechtfertigen. Seine *Amoretti*, «flüchtige Liebschaften» in Sonetten (1594), dürften Phantasien im Stile Petrarcas gewesen sein oder seine jahrelangen Bemühungen um Elizabeth Boyle widerspiegeln. Er heiratete sie 1594 und besang in seinem zartesten Gedicht, *Epithalamium*, seine Hochzeitsfreuden. Selbstlos teilt er die Reize seiner Gattin mit uns:

> Sagt, Kaufmannstöchter, ihr saht sicher nie
> solch schön Geschöpf in eurer Stadt zuvor.
> So süß, so lieblich und so sanft wie sie,
> geschmückt mit Anmut, mit der Tugend Flor;
> ihr gütig Auge strahlt wie Saphir rein,
> die Stirn wie Elfenbein,
> die Wangen rötete die Sonn' wie Äpfel leis,
> ihr Kirschenmund verlockt zum Beißen drein,
> ihr Busen gleicht des Rahmnapfs hellem Kreis,
> die Brust ist lilienweiß;
> ihr weißer Hals ist wie ein Marmorturm,
> ihr Leib wie ein Palast so wunderschön ...

Als die Trauung und die Festlichkeiten vorüber sind, befiehlt er seinen Gästen, ohne Zögern nach Hause zu gehen:

Verlaßt nun, Jungfraun, eurer Freuden Pracht;
ihr wart genug den ganzen Tag lang wach.
Jetzt ist der Tag vertan, schon naht die Nacht.
Bringt jetzt die Braut ins bräutliche Gemach ...
Legt sie ins Bett hinein,
legt sie in Lilien und Veilchen ganz
und deckt sie zu mit Seidendecken fein,
mit duftgetränkten Linnens reinem Glanz ...
Und laßt sehr still und ruhig sein die Nacht,
ohne Gewittersturm und traurige Pein,
so als wollt Zeus bei der Alkmene sein ...
und unterbrecht der Jugend frohen Sang,
laßt nicht den Wald entgegnen, noch des Echos Klang.

Ward je eine Jungfrau melodiöser zur Erfüllung geleitet?

Spenser hielt diesen Höhenflug in *Four Hymns* (Vier Hymnen, 1596) durch und pries irdische Liebe, irdische Schönheit, himmlische Liebe und himmlische Schönheit. Er folgte dem Beispiel Platons, Ficinos und Castigliones, bahnte einen Weg zu Keats' *Endymion*, rief angesichts seiner «vielen unzüchtigen Bettgeschichten» *peccavi* und befahl seiner Seele, durch die körperliche Verliebtheit hindurchzubrechen, um die göttliche Schönheit zu finden und zu empfinden, die sich in verschiedener Gestalt in allem Irdischen verbirgt.

Spenser lebte auf einem Vulkan irischen Elends, und sein Leben verlief immer nah am Tod. Gerade bevor der Vulkan der Empörung wieder ausbrach, schrieb er in zarter Prosa (denn nur ein Dichter kann gute Prosa schreiben) *View of the Present State of Ireland* (Übersicht über den gegenwärtigen Zustand Irlands), worin er für eine bessere Auswertung der englischen Gelder und Streitkräfte für die gründliche Unterwerfung der Insel eintrat. Im Oktober 1598 zettelten die enteigneten Iren von Munster einen wilden Aufstand an, vertrieben englische Ansiedler und brannten das Schloß von Kilcolman nieder. Spenser und seine Frau entkamen mit knapper Not und flohen nach England. Drei Monate später, als alles Geld und alle Leiden verausgabt waren, starb der Dichter (1599). Der junge Earl von Essex, der dazu ausersehen war, ihm bald nachzufolgen, bezahlte das Begräbnis. Adlige und Dichter gingen im Leichenzug mit und warfen Blumen und Elegien in die Gruft der Westminsterabtei.

Eine Sonettmanie lief nun durch England und wetteiferte mit der wilden Vorliebe für das Drama. Fast alle sind sie ausgezeichnet in der Form, stereotyp in Thema und Redewendung, und fast alle richten sie sich an junge Frauen oder Gönner und beklagen ihre prüde oder knauserige Mäßigkeit. Sie drängen die Schönheit dazu, sich pflücken zu lassen, bevor sie am Stengel vermodere. Manchmal klingt ein neuartiger Ton auf, und der Liebende verspricht der Dame seines Herzens ein Kind als Belohnung für eilige Vereinigung. Jeder Dichter sucht und findet eine Laura: Daniels Delia, Lodges Phyllis, Constables Diana, Fulke Grevilles Caelia. Der berühmteste unter diesen Sonettedichtern war Samuel Daniel. Jedoch Ben Jonson, der eher robust als wählerisch war, sagte von ihm, er sei «ein redlicher Mann, aber kein Dichter»[32]. Michael

Draytons Pegasus durchstreifte mit seinen Prosahufen alle Formen der Dichtung, aber eines seiner Sonette schlug einen frischen Ton an und trieb dem Mädchen seinen Geiz aus, indem es ihm Lebewohl zu sagen befahl. «Da nichts uns hilft, komm, küß mich, und dann geh!»

Alles in allem blieb die elisabethanische Literatur, mit Ausnahme des Dramas, eine Generation hinter der französischen zurück. Die Prosa war kräftig, biegsam, oft verwickelt, wortreich und wunderlich, oft aber bewegte sie sich mit einer königlichen Würde oder in einem majestätischen Rhythmus. Sie brachte keinen Rabelais oder Montaigne hervor. Die Dichtung ahmte – mit Ausnahme des *Epithalamiums* und der *Feenkönigin* – schüchtern ausländische Vorbilder nach. Spenser fand auf dem Kontinent nie Leser, aber auch Ronsard fand keine in England. Dichtung bildet aus Sprache und Empfindung eine Musik, die über Sprachgrenzen hinweg nicht vernommen werden kann. Balladen machten sich eher bemerkbar und erreichten das Volk unmittelbarer als die Schloß- und Hofdichtung. Sie wurden an Haus- und Schenkenmauern angebracht, und man sang und kaufte sie in den Straßen. «Lord Randall» rührt uns noch heute mit seinem Trauergesang[33]. Vielleicht war es diese Volksdichtung und nicht die hübschen Kunstgebilde der Sonettedichter, welche die Elisabethaner darauf vorbereitete, Shakespeare zu schätzen.

V. DIE BÜHNE

Wie gelang es in diesem Falle der englischen Literatur, die während der langen Dürre zwischen Chaucer und Spenser so unbedeutend gewesen war, zu Shakespeare aufzusteigen? Weil die Wohlhabenheit größer wurde und sich verbreitete; weil ein langer und fruchtbarer Friede herrschte und weil es einen erregenden und sieghaften Krieg gab; weil ausländische Literatur und Reisen den englischen Geist weit machten. Plautus und Terenz brachten England die Kunst der Komödie, Seneca die Technik der Tragödie bei. Italienische Schauspieler zeigten in England ihre Kunst (1577f.). Es wurden Tausende von Experimenten gemacht. Zwischen 1592 und 1642 sah England 435 Aufführungen von Komödien. Schwänke und Intermezzi entwickelten sich zu Lustspielen. Mysterienspiele und Moralitäten wichen weltlichen Tragödien, als die einst heiligen Mythen ihren Inhalt an Glaubensüberzeugung verloren. Im Jahre 1553 schuf Nicholas Udall in *Ralph Roister Doister* die erste englische Komödie in klassischer Form. 1561 brachten die Rechtsgelehrten des Inner Temple dort *Gorboduc*, die erste englische Tragödie in klassischer Form, auf die Bühne.

Eine Zeitlang schien diese aus Rom stammende Form dazu bestimmt, das elisabethanische Drama zu formen. Universitätsgelehrte wie Harvey, Juristen-Dichter wie George Gascoyne, Männer mit klassischer Bildung wie Sidney verteidigten die Befolgung der drei «Einheiten» im Stück: das heißt, es sollte nur eine *Handlung* oder Fabel vorkommen; diese sollte sich an einem einzigen *Ort* abspielen und in der *Zeit* nicht mehr als einen Tag in Anspruch nehmen. Diese Einheiten wurden, soviel wir wissen, zuerst von Lodovico Castelvetro in einem Kommentar zur *Poetik* des Aristoteles formuliert (1570). Aristoteles selbst forderte nur die Einheit der Handlung. Er empfiehlt, die Handlung solle sich «innert einer einzigen Umdrehung der Sonne» vollziehen. Und er fügt hinzu, was die Einheit der Stimmung genannt werden könnte: die Komödie solle, «als eine Darstellung des niederen Volkes», nicht mit der Tragödie, «als einer Darstellung von Heldentaten», vermischt werden[34]. Sidneys *Defence of Poesy* übernahm die Lehre von den dramatischen Einheiten Castelvetros und wandte sie voller Strenge und trotzdem mit gutem Humor auf die elisabethanischen Stücke an, in deren willkürlicher Geographie

«ihr Asien auf der einen und Afrika auf der anderen Seite und so viele andere Königreiche habt, daß der Schauspieler beim Auftreten auf die Bühne immer zuerst sagen muß, wo er sich befindet ... In bezug auf die Zeit sind sie viel freier. Meist verlieben sich zwei Königskinder. Nach mancherlei Widerwärtigkeiten bekommt sie ein Kind. Dieses wird aus einem schönen Knaben zum Mann, verliebt sich und ist bereit, ebenfalls ein Kind zu haben. Und das alles im Zeitraum von zwei Stunden.»[35]

Frankreich folgte den klassischen Regeln und brachte Racine hervor. England verwarf sie, gewährte seiner Tragödie romantische Freiheit und ein naturalistisches Ende und brachte Shakespeare hervor. Das Ideal der französischen Renaissance war Ordnung, Vernunft, Proportionen, Schicklichkeit. Das Ideal der englischen Renaissance war Freiheit, Willenskraft, Scherz und Leben. Die elisabethanische Zuhörerschaft setzte sich aus Herrchen, Durchschnittsbürgern und dem großen Haufen, den «Gründlingen», zusammen und mußte eine üppige und mannigfaltige Kost vertragen können. Sie verlangte Handlung, nicht langatmige Berichte über versteckte Handlung. Die Zuhörer besaßen Bäuche, mit denen sie in Gelächter ausbrachen, und kümmerten sich nicht um Totengräber, die mit einem Prinzen Weltanschauungen erörterten. Sie hatten eine ungezügelte Einbildungskraft, die von Ort zu Ort zu hüpfen vermochte und beim Gebot einer Handbewegung oder dem Andeuten einer Linie einen Kontinent durchqueren konnte. Das elisabethanische Drama war ein Ausdruck der elisabethanischen Engländer, nicht der Griechen zur Zeit des Perikles oder der französischen Bourbonen. Deshalb wurde es zur Nationalkunst, während Künste, die fremden Vorbildern folgten, keine englischen Wurzeln faßten.

Das englische Drama hatte noch einen anderen Kampf auszufechten, bevor es zu Marlowe und Shakespeare vordringen konnte. Die im Entstehen begriffene puritanische Bewegung lehnte die elisabethanische Bühne als eine Stätte des Heidentums, der Unzüchtigkeit und der Ruchlosigkeit ab. Sie brandmarkte die Gegenwart von Frauen und Dirnen im Publikum. Im Jahre 1577 veröffentlichte John Northbrooke eine wilde Schmähschrift gegen «Würfelspiel, Tanz, Schauspiele und Intermezzi» und schrieb:

«Ich bin überzeugt, daß Satan keinen rascheren Weg und keine geeignetere Schule hat, um sein Begehren zur Wirkung zu bringen und zu verkünden, um Männer und Frauen in seiner Schlinge der Fleischeslust und der schmutzigen Wollust sündhafter Hurerei zu fangen, als die Schauspiele und Theater es sind. Deshalb ist es notwendig, daß solche Stätten und der Beruf der Schauspieler verboten und aufgehoben und durch die Behörden abgeschafft werden, wie es mit den Bordellen und Freudenhäusern geschah.»[36]

Stephen Gossons *Schoole of Abuse* war verhältnismäßig mild und anerkannte, daß gewisse Schauspiele und Schauspieler «ohne Tadel» seien. Als aber Lodge eine Erwiderung darauf schrieb, ließ Gosson alle Zurückhaltung fallen und beschrieb in *Players Confuted in Five Actions* (Verurteilung der Schauspieler in fünf Prozessen) die Dramen als «Antrieb zu Frevel, Ausschweifung und Ehebruch» und die Schauspieler als «Meister des Lasters und Lehrer der Lüsternheit»[37]. Kritiker sahen in den Komödien demoralisierende Gemälde des Lasters und der Schurkerei und in Tragödien Beispiele, die zu Mord, Verrat und Aufruhr anregten[38]. In den ersten Regierungsjahren Elisabeths war der Sonntag der übliche Theatertag. Trompeten verkündeten den Beginn der Schauspiele ebenso, wie Glocken das Volk zum Nachmittagsgottesdienst riefen, und Geistliche waren bange, ihre Gemeinden könnten den Gottesdienst übergehen und die Theatersäle füllen. «Wird nicht ein unflätiges Schauspiel mit Trompetengeschmetter eher Tausende dorthin locken», fragt ein Prediger, «als das stundenlange Läuten einer Glocke hundert Menschen zu einer Predigt?»[39] Und Northbrooke fuhr fort: «Wenn ihr lernen wollt ..., eure Gatten zu betrügen oder die Gatten ihre Gattinnen, oder wenn ihr wissen wollt, wie man eine Dirne wird ..., wie man schmeichelt, lügt ..., mordet ..., Gott lästert, zotige Lieder singt ..., werdet ihr es nicht gerade bei Schauspielen lernen, wie man solches tut?»[40]

Die Dramatiker erwiderten diese Angriffe mit Pamphleten und dadurch, daß sie sich in den Stücken über die Puritaner lustig machten, wie über Malvolio in *Was ihr wollt*. «Vermeinst du, weil du tugendhaft seiest, solle es in der Welt keine Torten und keinen Wein mehr geben?» fordert der Junker Tobias von Rülp den Narren in diesem Stück heraus. Und der Narr entgegnet: «Das soll's, bei Sankt Kathrinen! und der Ingwer soll Euch noch im Munde brennen.»[41] Die Stückeschreiber, sogar Shakespeare, fuhren fort, ihre Handlungen mit Gewalttätigkeit, Inzest, Ehebruch und Prostitution zu würzen. Eine Szene in Shakespeares *Perikles* zeigt einen Raum in einem Bordell, dessen Leiter bedauert, daß sein Personal «von der beständigen Arbeit so gut wie kaputt sei»[42].

Die Stadtverwaltung von London, die einige Puritaner zu ihren Mitgliedern zählte, dachte, die Puritaner hätten das beste Argument. Im Jahre 1574 gestattete der Gemeinderat die Vorstellung von Stücken nur, wenn sie von der Zensur und der amtlichen Lizenz genehmigt waren. Darauf beziehen sich Shakespeares Zeilen über «Kunst, die durch Befugnis der Obrigkeit zum Verstummen gebracht wurde»[43]. Glücklicherweise hatten Elisabeth und ihr Geheimer Staatsrat Freude an Dramen. Verschiedene Lords nannten Schauspieltruppen ihr eigen, und unter königlicher Protektion und einer weitherzigen Zensur wurden sechs Truppen dazu ermächtigt, in der Stadt Stücke aufzuführen.

Vor 1576 fanden Theateraufführungen hauptsächlich auf Bretterbühnen statt, die in einem Hofraum irgendeines Gasthauses für kurze Zeit aufgeschlagen wurden. Aber in jenem Jahr baute James Burbage das erste permanente Theater in England. Es hieß einfach The Theatre. Um der Gerichtsbarkeit der Londoner Magistraten zu entgehen, war es knapp außerhalb der eigentlichen Stadt, in der Vorstadt Shoreditch, gelegen.

Bald entstanden weitere Theater: The Curtain (1577?), The Blackfriars (1596), The Fortune (1599). In diesem Jahre 1599 brachen Richard und Cuthbert Burbage das Theater ihres Vaters ab und erbauten das berühmte Globe-Theater in Southwark, auf dem jenseitigen Ufer der Themse. Außen war es achteckig, aber im Innern war es wahrscheinlich rund, denn Shakespeare nannte es «dieses O von Holz»[44]. Vor 1623 waren alle Londoner Theater aus Holz. Die meisten waren weite Amphitheater, faßten ungefähr zweitausend Sitzplätze in verschiedenen Rängen auf herumlaufenden Galerien und erlaubten weiteren tausend Zuschauern, im «Hof» rund um die Bühne zu stehen. Diese letzteren waren die «Gründlinge», deren «stumme Pantomimen und Lärm» von Hamlet getadelt wurden[45]. Im Jahre 1599 betrug der Preis für einen Stehplatz einen Penny und für einen Sitzplatz auf den Galerien zwei oder drei Pence. Ein Sitzplatz auf der Bühne kostete ein wenig mehr. Diese bestand aus einem weiträumigen Podium, das von einer Wand gegen die Mitte des Hofes vorsprang. Im Hintergrund befand sich eine «Garderobe» oder ein Ankleideraum, wo die Schauspieler ihre Kostüme anzogen und der Bühnenleiter die Requisiten verwaltete. Diese bestanden aus Grabmälern, Schädeln, Buchsbäumen, Rosenbüschen, Särgen, Vorhängen, großen Kesseln, Leitern, Waffen, Werkzeugen, Phiolen voller Blut und einigen abgetrennten Köpfen. Maschinen konnten Götter und Göttinnen vom Himmel herunterschweben oder Geister und Hexen durch den Fußboden emporsteigen lassen. «Regen» konnte mittels eines Drahtzuges zum Fließen gebracht werden, und «Doppelgurten» (Flaschenzüge?) konnten die Sonne an den Himmel hängen[46]. Diese Requisiten mußten die fehlenden Szenerien ersetzen. Die offene, nicht mit einem Vorhang abgeschlossene Bühne erlaubte keinen schnellen Wechsel der Bühnenausstattung. Als Entgelt dafür ereignete sich die Handlung mitten unter den Zuschauern, die sich selbst als einen Teil des Geschehens empfinden konnten.

Die Zuhörerschaft nahm Anteil am Schauspiel und gehörte dazu. Lebensmittellieferanten verkauften den Zuschauern Tabak, Äpfel, Nüsse und Pamphlete. In späteren Tagen wurden den Frauen – wenn wir dem Puritaner William Prynne Glauben schenken wollen – Pfeifen angeboten[47]. Frauen kamen in beträchtlicher Anzahl ins Theater und ließen sich von den Warnungen der Geistlichen, solche Veranstaltungen seien eine Aufforderung zur Verführung, nicht abschrecken. Manchmal – wenn der Klassenkampf ins Drama hineinspielte – warfen die Gründlinge die Überreste ihres Imbisses zu den Dandies auf der Bühne hinauf. Wenn wir ein elisabethanisches Stück verstehen wollen, müssen wir die Art der Zuschauer bedenken: die lebhaften Gefühle, mit denen eine Liebesgeschichte aufgenommen wurde; den herzhaften Humor, der Narren neben Königen verlangte; die Prahlerei, welche an Redekünsten Geschmack fand; die ungebändigte Vitalität, die Gewaltszenen genoß – und die Nähe der dreiseitigen Bühne, die zu Selbstgesprächen und Beiseitesprechen einlud.

An Schauspielern war kein Mangel. Fast in jeder Stadt konnte man an Festtagen herumziehende Schauspieler sehen, die auf dem Dorfplatz, im Hof der Schenke, in einer Scheune oder einem Schloß und bei Kirchweihfesten spielten. Zu Shakespeares Zeiten gab es keine Schauspielerinnen; weibliche Rollen wurden von Knaben gespielt, und oft konnte ein Publikum zu Elisabeths Zeiten einen Knaben sehen, der eine Frau spielte, die als Knabe oder Mann verkleidet war. In den aristokratischen Internatsschulen wurde das Theaterspiel bei den Schülern zu einem Teil ihrer Bildung ausgebaut. Truppen solcher Schauspielknaben wetteiferten mit Erwachsenentruppen bei Aufführungen in privaten Theatern, die Zuschauer aus dem Volk und zahlendes Publikum einließen. Shakespeare beklagte sich über diese Konkurrenz[48], und nach 1628 hörte sie auf zu existieren.

Um zu vermeiden, daß man sie als Vagabunden betrachte, waren die erwachsenen Schauspieler in Gesellschaften unter dem Patronat und der Protektion vermögender Adliger wie Leicester, Sussex, Warwick, Oxford und Essex organisiert. Der Lordadmiral stand einer solchen Gesellschaft vor und ebenso der Lordkanzler. Die Schauspieler wurden von ihren Gönnern nur für Aufführungen in den freiherrlichen Sälen bezahlt. Im übrigen lebten sie prekär vom Ertrag der Gewinnanteile ihrer Gesellschaften. Die Gewinne wurden ungleichmäßig verteilt; der Bühnenleiter nahm ein Drittel für sich in Anspruch, und die Hauptdarsteller erhielten den Löwenanteil von dem, was übrigblieb. Richard Burbage, der berühmteste dieser «Stars», hinterließ ein Vermögen, das ihm jährlich 300 Pfund einbrachte. Sein Rivale, Edward Alleyn, gründete und stiftete in London das Dulwich College. Die Berühmtheiten der Bühne wurden auch durch die Vergötterung, die das Publikum ihnen entgegenbrachte, und durch einander ablösende Mätressen belohnt. John Manningham erzählt in seinem Tagebuch unter dem März 1602 eine bekannte Geschichte:

«Es war einmal – zur Zeit, da Burbage Richard III. spielte – eine Bürgersfrau, die solche Zuneigung zu ihm faßte, daß sie, bevor sie das Theater verließ, sich mit ihm verabredete, er solle in jener Nacht unter dem Namen Richards III. zu ihr kommen. Shakespeare, der diese Verabredung zufällig hörte, kam ihm zuvor, wurde gastlich aufgenommen und gelangte, ehe Burbage auftauchte, an sein Ziel. Dann, als die Botschaft gebracht wurde, Richard III. stehe vor der Tür, veranlaßte Shakespeare jenen zur Umkehr, da Wilhelm der Eroberer vor Richard III. dagewesen sei.»[49]

VI. CHRISTOPHER MARLOWE: 1564–1593

Die Dramatiker hatten bei weitem nicht so viel Erfolg wie die Schauspieler. Sie verkauften ihre Stücke sogleich einer der Theatergesellschaften für ungefähr vier bis acht Pfund. Sie behielten keinerlei Rechte auf ihr Manuskript, und gewöhnlich verhinderte die Gesellschaft die Veröffentlichung des Textes, damit er nicht von einer rivalisierenden Truppe verwendet werden konnte. Manchmal gelang es einem Schnellschreiber, ein Stück festzuhalten, während es gespielt wurde, und einem Drucker, nach dieser Niederschrift eine geraubte und verstümmelte Ausgabe herzustellen, die dem Autor nichts als ein überaus gespanntes Verhältnis zur Umwelt eintrug. Solche Textausgaben gelangten nicht immer unter dem Namen des Autors an die Öffentlichkeit. Dennoch haben etliche Stücke, wie *Arden of Faversham* (1592), jahrhundertlange Anonymität überdauert.

Nach 1590 wimmelte es auf der englischen Bühne von Stücken, denen eine gewisse Bedeutung zukam, obwohl nur wenige mehr als eine Reihe von Tagen überdauerten. John Lyly zierte seine Komödien mit reizenden lyrischen Gedichten. Der feenhafte Zauber seines *Endymion* bildete die Vorstufe zum *Sommernachtstraum*. Robert Greenes Stück *Friar Bacon and Friar Bungay* (1589?), das sich mit den Wundern der Magie befaßte, mag mit Marlowes *Doktor Faust* Gedanken ausgetauscht haben (1588? 1592?). Thomas Kyds *Spanish Tragedy* (1589?) erzählte eine blutige Mordgeschichte und ließ am Schluß kaum einen überleben. Der Erfolg dieses Stückes regte die elisabethanischen Stückeschreiber an, mit den Generalen und den Ärzten im Blutvergießen zu wetteifern. Auch hier kommt, wie im *Hamlet*, ein Geist vor, der Rache fordert, und ebenso ein Stück im Stück.

Christopher Marlowe wurde genau zwei Monate vor Shakespeare getauft. Als Sohn eines Schuhmachers in Canterbury würde er Universitätsbildung entbehrt haben, wenn nicht Erzbischof Parker ihm ein Stipendium gewährt hätte. Während seiner Studienjahre war er bei Sir Francis Walsingham als Spion angestellt, um Anschläge auf die Königin zu verhindern. Sein Studium der Klassiker brachte seine Theologie ins Wanken, und seine Bekanntschaft mit Machiavellis Ideen vermittelte seinem Skeptizismus eine zynische Note. Nachdem er Magister der Philosophischen Fakultät geworden war (1587), übersiedelte er nach London, teilte seine Behausung mit Thomas Kyd und trat dem freidenkerischen Kreis Raleighs und Harriots bei. Richard Barnes, ein Regierungsvertreter, berichtete (am 3. Juni 1593) der Königin, Marlowe habe erklärt, «der Ursprung der Religionen bestehe darin, den Menschen in Furcht zu erhalten ... Christus sei ein Bastard ... Wenn es irgendeine gute Religion gebe, dann sei es die der Päpste, weil der Gottesdienst mit mehr Zeremonien vollzogen werde ... Alle Protestanten seien heuchlerische Dummköpfe ... und das ganze Neue Testament sei unflätig geschrieben». Außerdem, sagte Barnes, «überredet dieser Marlowe ... fast in jeder Gesellschaft, in der er erscheint, die Menschen zum Atheismus, indem er sie dazu geneigt macht, sich nicht vor Popanzen und Kobolden zu fürchten und sowohl Gott wie seine Diener gänzlich zu verachten»[50]. Um das Maß voll zu machen, fügte Barnes (der 1594 wegen «herabsetzender» Beleidigungen gehängt wurde) hinzu, daß Marlowe die Homosexualität verteidige[51]. Robert Greene schilderte Marlowe in seinem «Aufruf an seine Freunde, sich zu bessern», den er auf seinem Totenbett verfaßte, als einen, der der Gotteslästerung und dem Atheismus verfallen sei[52]. Und Thomas Kyd, der am 12. Mai 1593 verhaftet wurde, bestätigte (unter der Folter), daß Marlowe «gottlos, zügellos und grausamen Herzens sei», daran gewöhnt, «über die Heilige Schrift zu spotten» und «Gebete zu verhöhnen»[53].

Lange ehe diese Berichte an die Regierung gelangten, hatte Marlowe wirksame Dramen geschrieben und aufgeführt, die auf seinen Unglauben anspielten. *Tamburlaine the Great* (Tamerlan der Große) war offensichtlich im College gedichtet worden. Er wurde im Jahr seiner Abschlußprüfung aufgeführt, und seine Begeisterung für Gelehrsamkeit, Schönheit und Macht verraten die faustische Natur des Dichters.

Sieh, unsre Seelen, die verstehen können
der Welten herrlich wunderbaren Bau,
und jeden Wandelsternes Lauf ermessen,
und selbst erklimmen unergründlich Wissen,
und immer, wie die ewigen Sphären, kreisen,
sie wollen, daß wir glühn und niemals ruhn,
bis wir die reifste aller Früchte greifen.[54]

Die beiden Stücke über Timur sind unreif. Die Charakterisierung ist allzu einfach: Jede Person verkörpert eine Eigenschaft. So ist Tamerlan stolz auf seine Macht, und dieser Stolz ist eher die gedankliche Spielerei eines Studenten, der erfüllt ist von unverdauten Neuerungen, als das ruhige Selbstvertrauen eines sieghaften Herrschers. Die Erzählung rinnt in Strömen von Blut dahin und wird nur aufgehalten von Unmöglichkeiten. Der Stil neigt zum Bombastischen. Was also verhalf diesem Stück zu dem weitaus größten Erfolg der elisabethanischen Bühne? Vermutlich seine Gewalttätigkeit, sein Blutvergießen und Bombast; aber wir glauben: auch seine Ketzerei und seine Beredsamkeit. Hier waren Gedanken ausgesprochen, die verwegener ausholten; Bilder vor Augen geführt, die tiefer empfunden waren; Sätze, die gewandter gebaut waren, als die elisabethanische Bühne sie bisher vernommen hatte. Hier waren Abschnitte mit so «gewaltigen Versen», daß Jonson sie loben mußte, und Stellen von solch klanglicher Schönheit, daß Swinburne meinte, sie seien in ihrer Art vollkommen.

Vom Beifall angefeuert, schrieb Marlowe mit der ganzen Intensität seines Geistes sein bedeutendstes Stück, *Die tragische Geschichte des Doktor Faust* (1588?). Mittelalterliche Ethik, welche vielleicht erkannte, daß «die Freude der Erkenntnis eine traurige Freude ist»[55] und daß, «wo viel Weisheit ist, da viel Grämens ist»[56], hatte die ungehemmte Lust an der Erkenntnis als große Sünde gebrandmarkt. Dennoch hatte das mittelalterliche Streben diesem Verbot getrotzt, indem es sich sogar an Magie und an den Teufel wandte, um die Geheimnisse und Mächte der Natur zu ergründen. Marlowe stellt Faust als einen gelehrten und berühmten Arzt aus Wittenberg dar, welcher sich an der Begrenztheit seiner Erkenntnis verzehrt und von magischen Praktiken träumt, die ihn allmächtig machen sollen:

Jedwedes Ding, das zwischen ruhigen Polen schwebt,
es steh zu meinem Dienst ...
Soll Geister zwingen ich, daß sie mir dienen,
und mich aus Ungewißheit lösen,
vollbringen alles, was ich tollkühn will?
In Indien laß ich sie nach Gold mir fahnden,
im Meer sie nach des Ostens Perlen fischen,
durchstöbern jeden Ort der Neuen Welt
nach goldnen Früchten und nach Fürstenschmaus;
ich laß sie lesen fremder Weisheit Lehren
und mir die Rätsel fremder Könige künden.[57]

Auf seinen Ruf erscheint Mephistopheles und bietet ihm vierundzwanzig Jahre grenzenloser Wonne und Macht, wenn er Luzifer seine Seele verkaufe. Faust ist damit einverstanden und unterzeichnet den Vertrag mit Blut aus seinem Arm. Seine erste Eroberung ist die schönste Jungfrau in Deutschland, die er zur Frau begehrt, «denn ich bin schwelgerisch und lüstern auch». Aber Mephistopheles rät ihm von der Ehe ab und suggeriert ihm statt dessen eine Reihe von Kurtisanen. Faust beschwört Helena von Troia. Sie erscheint, und er fällt in Ekstase.

> Ist dies das Antlitz, welches tausend Schiffe
> entsandt und Iliums Türme hat verbrannt?
> O Helena, komm, küsse mich unsterblich ...
> Denn du bist schöner als die Abendluft,
> umkleidet mit unzähliger Sterne Schönheit ...

Die Schlußszene ist mit großer Eindringlichkeit wiedergegeben: der verzweifelnde Schrei nach der Gnade Gottes, wenigstens um die Gewährung einer befristeten Verdammnis: «Laß tausend Jahr den Faust im Höllenschlunde, nein hunderttausend, und am End erlös' ihn!» und Fausts Verschwinden, als die Uhr Mitternacht schlägt, in einer Raserei von blindlings aufeinanderprallenden Wolken. Der Chor singt seinen Grabgesang – und den Marlowes:

> Zerbrochen ist der Ast, der wachsen wollte,
> verbrannt Apollos grüner Lorbeerzweig.

In diesen Stücken mag Marlowe seine eigene Leidenschaft für Erkenntnis, Schönheit und Macht geläutert haben. Die Katharsis, die reinigende Wirkung, die Aristoteles dem Drama zuschrieb, stellte sich eher beim Autor ein als bei den Zuhörern. In *Der Jude von Malta* (1589?) nimmt der Wille zur Macht die Zwischenform der Habgier an und verteidigt sich in dem Prolog, der von «Machiavelli» gesprochen wird:

> Alle die mich hassen, sie bewundern mich.
> Wenn meine Bücher öffentlich man schmäht –
> man liest mich doch, und man gewinnt dadurch
> gar Petri Stuhl. Und wirft man mich beiseit,
> wird man durch die vergiftet, die mir folgen.
> Ich achte Religion als kindischen Tand.
> Und außer Unkenntnis gibts keine Sünde.

Der Geldverleiher Barabas personifiziert ebenfalls eine einzige Befähigung: die Gier, welche zu Haß wird gegen alle, die ihn an seinem Gewinn hindern, eine unerfreuliche Karikatur, die sich durch würdevolle Laster freikauft.

> Ich lernte in Florenz die Hand mir küssen,
> die Achsel zucken, wenn sie «Hund» mich nennen,
> so tief mich bücken, wie ein Bettelmönch.[58]

Wenn er seine Juwelen betrachtet, schaudert er vor ihrem «unendlichen Reichtum auf so kleinem Raum»[59]. Als seine Tochter seinen verlorenen Geldbeutel wiederfindet, ruft er in einer Gemütsverwirrung, die Shylock vorwegnimmt, aus: «Mein Mädchen, oh, mein Gold, mein Reichtum und mein ganzes Glück!»[60] Es steckt eine Macht, fast eine Raserei in diesem Stück, ein Anreiz zum Beiwort und eine Stärke der Satzbildung, die Marlowe dann und wann Shakespeare annähert.

Noch näher kam er ihm in *Eduard II.* (1592). Der junge König, der soeben gekrönt worden ist, läßt seinen «Griechenfreund» Gaveston kommen und verschwendet Küsse, Ämter und Reichtum an ihn; die vernachlässigten Adligen erheben sich und setzen Eduard ab, der, zur Philosophie gedrängt, seinen übriggebliebenen Kameraden zuruft:

> Komm, Spencer, komm, Baldock, setzt euch zu mir.
> Stellt auf die Probe die Philosophie,
> die in berühmten Kunstlehrstätten ihr
> aus Aristoteles und Platon sogt.

Von diesem gut konstruierten Drama, dieser Dichtung voll Sensitivität, Einbildungskraft und Gewalt, diesen klar und folgerichtig gezeichneten Charakteren, diesem König, der Homosexualität und Stolz in sich vereint und dem man wegen seiner jungen Einfachheit und Anmut doch verzeiht, ist es nur noch ein Schritt zu Shakespeares *Richard II.*, der ihm ein Jahr später folgte.

Was hätte dieser siebenundzwanzigjährige Dramatiker noch alles vollendet, wenn er länger gelebt hätte? In diesem Alter schrieb Shakespeare Kleinigkeiten wie *Verlorene Liebesmüh, Die beiden Veroneser* und die *Komödie der Irrungen*. In seinem *Juden von Malta* lernte Marlowe, wie man jede Szene in ordnungsgemäßer Handlung vorwärtstreibt. In *Eduard II.* lernte er, sich einen Charakter als mehr denn eine einzige personifizierte Eigenschaft vorzustellen. In einem Jahr oder zweien hätte er wohl seine Stücke von Bombast und Melodrama gereinigt. Er wäre vielleicht zu einer klareren Philosophie, zu einer größern Sympathie für die Mythen und die schwachen Seiten der Menschheit gelangt. Sein schlimmster Mangel war das Fehlen des Humors. In seinen Stücken kommt nirgends geistreiches Gelächter vor, und die beiläufige Komödie dient nicht, wie bei Shakespeare, in der Tragödie ihren eigenen Funktionen; das heißt, sie lockert nicht die Spannung des Zuhörers, bevor sie ihn zu größerer tragischer Intensität erhebt. Er vermochte die körperliche Schönheit der Frauen zu schätzen, nicht aber ihre Zärtlichkeiten, Besorgtheiten und Anmut. In seinen Stücken findet sich kein lebendiger weiblicher Charakter, nicht einmal in der unvollendeten *Dido, Königin von Karthago*.

Was überdauert, ist die Dichtkunst. Manchmal überwältigte der Redner den Dichter, und die Deklamation brachte «eine mächtige und donnernde Rede»[61] hervor. Aber in vielen Szenen fließen die Verse mit solch lebendiger Bildersprache oder Sprachmelodie dahin, daß man irrtümlicherweise die Zeilen für einen Shakespeareschen Strom der Phantasie halten könnte. Bei Marlowe erwies sich der Blankvers als die für das englische Drama geeignetste Form; er ist zwar oft monoton, aber gewöhnlich in seinem Rhythmus variiert und hat eine ziemlich natürliche Kontinuität erreicht.

Seine eigene «tragische Geschichte» war nun plötzlich zu Ende. Am 30. Mai 1593 trafen sich drei Regierungsspione, Ingram Frizer, Nicholas Skeres und Robert Poley, mit dem Dichter – der vielleicht selbst ein Spion war – zum Essen in einem Haus oder einer Schenke in Deptford, etliche Meilen von London entfernt. Nach dem Bericht des Leichenbeschauers William Danby äußerten sich Frizer und Marlowe «gegenseitig in gehässigen Worten, weil sie sich nicht ... über die Bezahlung der Mahlzeit einigen konnten». Marlowe zog den Dolch aus Frizers Gürtel und versetzte ihm damit ein paar oberflächliche Stiche. Frizer packte Marlowes Hand, kehrte die Waffe gegen ihn und «brachte dem genannten Christopher im selben Augenblick eine tödliche Wunde, in der Tiefe von zwei Zoll, über dem rechten Auge bei ..., an welcher der obengenannte Christopher Morley im selben Moment plötzlich starb». Die Klinge hatte das Gehirn getroffen. Frizer wurde verhaftet, verteidigte sich selbst und wurde nach einem Monat wieder entlassen. Marlowe wurde am 1. Juni in einem jetzt unbekannten Grab beerdigt[62]. Er war neunundzwanzig Jahre alt.

Er hinterließ außer der *Dido* zwei Fragmente von großer Vortrefflichkeit. *Hero und Leander* stellt, in heroischen Couplets, eine romantische Version der von Musaios im fünften Jahrhundert erzählten Geschichte dar und handelt von dem Jüngling, der über den Hellespont schwamm, um ein Stelldichein einzuhalten. Das Liebeslied «Der leidenschaftliche Schafhirte an seine Geliebte» ist eines der bedeutendsten des Elisabethanischen Zeitalters. Shakespeare anerkannte Marlowe in edelmütiger Weise, indem er Sir Hugh Evans in den *Lustigen Weibern von Windsor* Bruchstücke aus diesem Gedicht in den Mund legte; ferner, als er ihm in *Wie es euch gefällt* eine zärtliche Referenz erwies:

> O Schäfer, nun kommt mir dein Spruch zurück:
> «Wer liebte je, und nicht beim ersten Blick?»

– was der 76. Zeile in *Hero und Leander* entspricht.

Marlowes Leistung in seinem kurzen Leben war gewaltig. Er gestaltete den Blankvers zu einer biegsamen und machtvollen Ausdrucksweise. Er rettete die elisabethanische Bühne vor den Klassizisten und den Puritanern. Er gab dem Ideen- und dem historischen Drama Englands ihre endgültige Form. Er hinterließ seine Spur in Shakespeares *Kaufmann von Venedig*, in *Richard II.*, in Liebesliedern und in einem Hang zu großsprecherischer Rhetorik. Durch Marlowe, Kyd, Lodge, Greene und Peele wurde der Weg bereitet. Die Form, die Struktur, der Stil und der Stoff des elisabethanischen Dramas lagen nun vorbereitet da. Shakespeare war kein Wunder, er war eine Erfüllung.

VIERTES KAPITEL

William Shakespeare

[1564–1616]

I. JUGENDZEIT: 1564–1585

WIR wollen, wie es dieser Darstellung angemessen ist, zusammenfassen, was die halbe Welt über Shakespeare weiß. Nun, da die emsige Gelehrtenwelt seine letzten Spuren drei Jahrhunderte lang erforscht hat, ist es bemerkenswert, wie viel wir wissen – viel mehr als nötig ist, um die Zweifel an seiner Autorschaft fast aller ihm zugeschriebenen Stücke als unerheblich beiseitezuschieben.

Trotzdem wissen wir über seinen Namen nichts Sicheres. Elisabeth erkannte der Rechtschreibung mehr Freiheit zu als der Religion. Ein Dokument kann verschiedenartige Schreibweisen ein und desselben Wortes aufweisen. Ein Mann kann seinen Namen je nach Eile oder Laune auf verschiedene Arten schreiben. So schrieben Marlowes Zeitgenossen seinen Namen als: Marlo, Marlin, Marley, Morley. Und Shakespeares sieben überlieferte Unterschriften lauten: Willm̃ Shaksp, William Shakespẽ, Wm. Shadspẽ, William Shakspere, Willm̃ Shakspere und William Shakspeare. Die jetzt allgemein verbreitete Schreibweise ist in diesen eigenhändigen Unterschriften nicht beglaubigt. Die drei letzten Namenszüge stehen alle auf der letztwilligen Verfügung.

Seine Mutter hieß Mary Arden. Sie stammte aus einer alten Warwickshire-Familie. John Shakespeare, dem Sohn des Pächters ihres Vaters, brachte sie eine ansehnliche Mitgift in Geld und Landbesitz mit und schenkte ihm acht Kinder, von denen William das dritte war. John wurde ein wohlhabender Geschäftsmann in Stratford-on-Avon, kaufte zwei Häuser, diente seiner Stadt als Bier-Probestecher, Schutzmann, Ratsherr und Amtsmann und gewährte den Armen reichliche Unterstützung. Nach 1572 verließ ihn sein Glück. Er wurde wegen dreißig Pfund angeklagt, konnte sie nicht entrichten und mußte verhaftet werden. 1580 wurde er aus unbekannten Gründen vom Hof ersucht, infolge eines Verstoßes gegen den Frieden Kaution zu leisten. 1592 wurde er in einer Liste als einer aufgeführt, der «nicht jeden Monat zur Kirche kommt, wie das Gesetz ihrer Majestät es vorschreibt». Einige schlossen daraus, er sei ein «widerspenstiger» Katholik, andere, er sei Puritaner gewesen, und noch andere, er habe es nicht gewagt, seinen Gläubigern unter die Augen zu treten. William brachte die Finanzen seines Vaters später wieder ins Gleichgewicht. Als der Vater (1601) starb, blieben zwei Häuser in Henley Street im Besitz der Familie Shakespeare.

Die Pfarrkirche Stratford registrierte Williams Taufe am 26. April 1564. Nicholas Rowe, sein erster Biograph, hielt 1709 an der Stratford-Überlieferung, die jetzt allgemein anerkannt wird, fest, daß der Vater ihn «für eine gewisse Zeit ... in eine

Freischule schickte ... Aber die prekären Verhältnisse und die Tatsache, daß er zu Hause gebraucht wurde, zwangen seinen Vater, ihn aus dieser Schule wieder herauszunehmen.»[1] Ben Jonson redete seinen toten Nebenbuhler in der Elegie, die der ersten Folioausgabe der Schauspiele vorangestellt ist, folgendermaßen an: «Du verstandest wenig Latein und noch weniger Griechisch.» Offensichtlich waren die antiken Dramatiker für Shakespeare böhmische Dörfer, doch hatte er genügend Latein gelernt, um seine unbedeutenderen Stücke mit allerlei lateinischen Floskeln und zweisprachigen Wortspielen vollzustopfen. Wenn er mehr gelernt hätte, wäre er ein emsiger und unbekannter Gelehrter geworden. London mußte ihm die Hochschule ersetzen.

Eine andere Überlieferung, welche Richard Davies um 1681 aufzeichnete, beschrieb den jungen William als «von allem Pech beim Diebstahl von Wildbret und Kaninchen, besonders bei Sir [Thomas] Lucy, verfolgt, der ihn oft auspeitschte und manchmal einkerkerte»[2]. Am 27. November 1582, als der genannte Bösewicht achtzehn Jahre alt war, erhielten er und Anne Hathaway, die damals ungefähr fünfundzwanzig Jahre zählte, eine Heiratslizenz. Die Umstände deuten darauf hin, daß Annes Freunde Shakespeare dazu nötigten, sie zu heiraten[3]. Im Mai 1583, sechs Monate nach der Eheschließung, wurde ihnen eine Tochter geboren, die sie Susanna nannten. Später schenkte Anne dem Dichter Zwillinge, die am 2. Februar 1585 Hamnet und Judith getauft wurden. Wahrscheinlich gegen Ende dieses Jahres verließ Shakespeare seine Frau und seine Kinder. Zwischen 1585 und 1592, in welchem Jahr wir ihn als Schauspieler in London wiederfinden, besitzen wir keinerlei Aufzeichnungen über ihn.

II. ENTFALTUNG: 1592–1595

Der erste dortige Hinweis auf ihn ist nicht gerade schmeichelhaft. Am 3. September 1592 erließ Robert Greene von seinem Totenbett aus eine Warnung an seine Freunde: Sie würden im Londoner Theater von «einer emporkommenden Krähe verdrängt, die, geschmückt mit unseren Federn, mit ihrem Tigerherzen in eines Mimen Haut [Parodie einer Zeile aus dem 3. Akt Heinrichs VI.], glaubt, so gut wie der Beste von euch imstande zu sein, einen Blankvers hinauszuschmettern. Und wie er ein wahrer Hansdampf ist, hält er sich für den einzigen Bühnenerschütterer [*shake-scene*] im Lande.»[4] Dieses Stückchen wurde von Henry Chettle als Teil von *Greene's Groatsworth of Wit* für den Druck zurechtgemacht, der in einer späteren Epistel eine Apologie an *eine* der beiden Persönlichkeiten richtete (wahrscheinlich Marlowe und Shakespeare), die von Greene angegriffen worden waren:

> «Mit keinem von denen, die sich beleidigt fühlen, war ich bekannt, und es ist mir gleichgültig, ob ich es mit einem von ihnen je sein werde. [Was aber] den anderen betrifft ..., tut es mir leid ..., denn ich habe selber gesehen, daß er in seinem Betragen nicht minder höflich war als in seinem Beruf. Überdies haben verschiedene hoch angesehene Männer von seiner ehrlichen Handlungsweise gesprochen, was für seine Ehrlichkeit spricht, und von seiner angenehmen Schreibweise berichtet, die seine Kunst beweist.»[5]

Es scheint nicht zweifelhaft, daß Greenes Angriffe und Chettles Verteidigung sich auf Shakespeare bezogen. Um 1592 war also aus dem früheren Wilddieb aus Stratford ein Schauspieler und Dramatiker in der Hauptstadt geworden. Dowdall (1693) und Rowe (1709) berichteten, daß er im Schauspielhaus «wie ein Diener empfangen wurde», und zwar als einer «von sehr unbedeutendem Rang»[6], was wahrscheinlich ist. Aber er verzehrte sich in Ehrgeiz «und wünschte sich des einen Kunst, des anderen Ziel» und «wandte allen Sinn auf Ehren nur»[7]. Bald spielte er kleinere Rollen und machte sich selbst zu «dem Narren, den die Welt begafft»[8], dann spielte er den freundlichen Adam in *Wie es euch gefällt* und den Geist im *Hamlet*. Wahrscheinlich stieg er zu höheren Rollen auf, denn sein Name stand oben auf der Liste der Schauspieler, die Jonsons *Every Man in his Humour* spielten (1598); und in Jonsons *Sejanus* (1604) waren er und Richard Burbage als die «Haupttragöden»[9] angeführt. Gegen Ende des Jahres 1594 war er Teilhaber der Chamberlain-Schauspielertruppe. Shakespeare erwarb sich sein Vermögen nicht als Dramatiker, sondern als Schauspieler und Teilhaber einer Theatergesellschaft.

Gleichwohl schrieb er ums Jahr 1591 Schauspiele. Anscheinend hat er als Ausbesserer von Schauspielen begonnen, wobei er für seine Truppe Manuskripte redigierte, auffrischte und bearbeitete. Von dieser Betätigung ging er zur Mitarbeit über. Die drei Teile *Heinrichs VI.* (1592) scheinen solch eine Gemeinschaftsproduktion zu sein. Darauf schrieb er wenigstens zwei Stücke im Jahr: im ganzen sechsunddreißig oder achtunddreißig. Einige frühe, *Die Komödie der Irrungen* (1592), *Die beiden Veroneser* (1594) und *Verlorene Liebesmüh* (1594), sind beschwingte Kleinigkeiten, überschäumend von Scherzen, die uns heute langweilen. Es ist sehr lehrreich zu sehen, daß Shakespeare erst durch harte Arbeit zur Größe gelangte. Aber die Entwicklung ging rasch vor sich. Er verstand Marlowes Wink in dessen *Eduard II.* und fand in der englischen Geschichte viele dramatische Stoffe. *Richard II.* (1595) stand auf der Stufe des Bisherigen. *Richard III.* (1592) hatte es schon überholt. Er verfiel gewissermaßen in den Fehler, aus einem einzigen Charakterzug einen ganzen Menschen bilden zu wollen: den buckligen König, der ganz nur aus verräterischem und mörderischem Ehrgeiz bestand. Aber er hob das Stück hin und wieder durch die Tiefe seiner Anlage, die Intensität der Empfindung und das Funkeln seiner genialen Sätze aus Marlowes Bereich heraus. Bald war «Ein Pferd! Ein Pferd! Mein Königreich für ein Pferd!» in London zu einem überall zitierten Gemeinplatz geworden.

Dann – in *Titus Andronicus* (1593) – erlahmte das Genie. Die Nachahmung trat in den Vordergrund und brachte einen widerwärtigen Totentanz auf die Bühne. Titus ermordet seinen Sohn, andere töten seinen Schwiegersohn auf offener Szene. Eine Braut, die hinter der Szene vergewaltigt wurde, tritt mit abgeschnittenen Händen, herausgeschnittener Zunge und blutbesudeltem Mund aus den Kulissen. Ein Verräter hackt – vor den gierigen Augen der Gründlinge – dem Titus eine Hand ab. Die abgeschlagenen Köpfe zweier Söhne des Titus werden zur Schau gestellt. Eine Amme wird auf der Bühne ermordet. Ehrfurchtsvolle Kritiker mühten sich, des Dichters Mitarbeitern die teilweise oder vollständige Verantwortung für dieses Schlachten aufzubürden, indem sie die falsche Theorie vertraten, Shakespeare könne keinen Unsinn schreiben. Er schrieb große Mengen Unsinn zusammen.

An diesem Punkt seiner Entwicklung verfaßte er seine epischen Dichtungen und seine Sonette. Vielleicht ließ ihn die Pest, welche die Schließung aller Londoner Theater zwischen 1592 und 1594 zur Folge hatte, in ärmlicher Muße zurück, und er dachte, es sei ratsam, irgendeinem Gönner von Dichtern einen hoffnungsvollen Vers zu senden. 1593 widmete er Henry Wriothesley, dem dritten Earl von Southampton, sein Poem *Venus und Adonis*. Lodge hatte die Sage aus Ovids Metamorphosen übernommen, Shakespeare übernahm sie von Lodge. Der Earl war jung und schön und den Freuden der Liebe zugetan. Vielleicht war das Poem nach seinem Geschmack gewürzt. Vieles darin erscheint älteren Jahrgängen geistlos. Aber in den wuchernden Verführungsszenen befinden sich Stellen von so sinnlicher Schönheit (zum Beispiel die Zeilen 679–708), wie England sie vorher selten gelesen hatte. Von dem allgemeinen Beifall und einem Geschenk Southamptons ermutigt, veröffentlichte Shakespeare im Jahre 1594 *Die Schändung der Lucretia,* worin die Verführung mit größerer Sparsamkeit an Strophen erreicht wurde. Dies war das letzte seiner Werke, das nicht unter dem Zwang der Bühne geschrieben wurde.

Um 1593 begann er die Sonette zu schreiben, die – obwohl er sie der Öffentlichkeit vorenthielt – zuerst seine überlegene Stellung unter den Dichtern seiner Zeit bestätigten. Sie stellen technisch das am meisten der Vollendung sich nähernde Werk Shakespeares dar, doch sind sie stark dem Schatz von Petrarcas Sonettenthemen verwandt; sie besingen die vergängliche Schönheit der Geliebten, ihr grausames Zögern und ihre Unbeständigkeit, das traurige Hinschleichen der ungenützten Zeit, die Eifersucht und das lechzende Verlangen des Liebenden, des Dichters Stolz darauf, daß die Lieblichkeit und der Ruhm der Herrin kraft seiner Reime für immer erstrahlen werden. Einige Sätze und Beiworte wurden von Constable, Daniel, Watson und anderen Sonettedichtern übernommen, die ihrerseits Vorbilder für Plagiatoren wurden. Keinem ist es gelungen, die Sonette in einer konsequenten erzählerischen Aufeinanderfolge anzuordnen; sie entstanden als zufällige Arbeiten einer Reihe von Tagen. Wir dürfen ihre unklare Handlung nicht allzu ernst nehmen: die Liebe des Dichters zu einem jungen Mann, seine Leidenschaft für eine «dunkle Frau» am Hof, ihr Zurückweisen seiner Person und ihr Sichhinwenden zu seinem Freund, die Förderung dieses Freundes durch einen rivalisierenden Dichter und Shakespeares verzweifeltes Liebäugeln mit Todesgedanken. Es ist möglich, daß Shakespeare, wenn er am Hof als Schauspieler tätig war, sehnsüchtige Blicke auf wartende Hofdamen warf, die so berauschend parfümiert und gekleidet waren. Es ist jedoch unwahrscheinlich, daß er je mit ihnen sprach oder dem Wohlgeruch folgte, um eine von ihnen zu erobern. Eine dieser Damen, Mary Fitton, wurde die Mätresse des Earl von Pembroke. Sie soll blond gewesen sein, aber dies war vielleicht nur eine vorübergehende Färbung. Immerhin war sie unverheiratet, wohingegen Shakespeares Herrin ihren «Betteid» brach und den Dichter sowohl wie seinen «Jungen» liebte[10].

Im Jahre 1609 verlegte Thomas Thorpe die Sonette, offensichtlich ohne Shakespeares Einwilligung. Da der Autor keine Widmung zur Verfügung stellte, sorgte Thorpe für eine solche und gab damit Jahrhunderten ein Rätsel auf. «Dem einzigen Erzeuger der folgenden Sonette, Mr. W. H. alles Glück und jene von unserem unsterblichen Dichter versprochene Ewigkeit wünscht der wohlwollende Abenteurer.» Die Signatur, «T. T.», bedeutet wahrscheinlich Thomas Thorpe, wer aber war «W. H.»? Die Initialen könnten William Herbert, den dritten Earl of Pembroke, bedeuten, der Mary Fitton verführt hatte und mit seinem Bruder Philip dazu bestimmt war, die Dedikation des postumen ersten Foliobandes zu erhalten, als «der größte Mäzen für gelehrte Männer unter allen seinesgleichen zu seiner Zeit und seither». Herbert war, als Shakespeare die Sonette begann (1593), erst dreizehn Jahre alt, aber ihre Ausarbeitung erstreckt sich bis zum Jahre 1598, und während dieser Zeit wurde Pembroke zur Liebe und zur Gönnerschaft reif. Der Dichter spricht in glühenden Worten von dieser «Liebe» zu einem «Knaben». Das Wort «Liebe» wurde damals oft für Freundschaft gebraucht. Aber das 20. Sonett nennt den Jungen «Herr und Herrin meiner Leidenschaft» und schließt mit einem erotischen Wortspiel. Und Sonett 128 (das sich offensichtlich an den «holden Knaben» aus dem Sonett 126 wendet) spricht von leidenschaftlicher Ekstase. Etliche elisabethanische Dichter waren literarische Homosexuelle und fähig, sich in leidenschaftliche Liebe zu einem vermöglichen Mann hineinzusteigern.

Das Wesentliche an den Sonetten ist nicht ihre Geschichte, sondern ihre Schönheit. Viele von ihnen (zum Beispiel 29, 30, 33, 55, 64, 71, 97, 106, 117) sind reich an Versen, deren Gedankentiefe, Gefühlsinnigkeit, deren Glut der Bilder oder Anmut der Sätze bewirkten, daß sie jahrhundertelang in der ganzen englisch sprechenden Welt ertönten.

III. MEISTERSCHAFT: 1595–1608

Allein, die Kunstfertigkeit und Beherrschung des Sonetts stutzten die Flügel der Phantasie, und Shakespeare muß sich der fließenden Freiheit des Blankverses erfreut haben, als er sich, noch jung und glühend, an eine der größten Liebesdichtungen aller Zeiten verlor. Die Geschichte Romeos und Julias gelangte aus den *novelle* der Masuccio und Bandello nach England; Arthur Brooke erzählte sie in Versen (1562). Shakespeare folgte Brooke und vielleicht einem früheren Stück über dieses Thema und brachte sein Schauspiel *Romeo und Julia* um 1595 auf die Bühne. Der Stil ist überladen mit Einfällen, die seiner Feder noch von den Sonetten her angehaftet haben mögen, die Metaphern überstürzen sich, Romeo ist neben dem aufbrausenden Mercutio schwächlich dargestellt, und der Knoten der Handlung löst sich in einer Reihe von absurden Zufällen. Aber wer, der sich seiner Jugend erinnert oder in seiner Seele noch einen Traum birgt, würde nicht, wenn er der honigsüßen Musik der Wörter lauscht, atemlos der Einbildung des Dichters in diese Welt verzehrender Glut und melodiösen Todes folgen, ohne nach der Wahrscheinlichkeit des Geschehens zu fragen?

Beinahe jedes Jahr errang Shakespeare nun einen dramatischen Sieg. Am 7. Juni 1594 wurde Elisabeths jüdischer Arzt, Rodrigo López, hingerichtet, weil er angeklagt war, er habe Bestechungsgelder angenommen, um die Königin zu vergiften. Der Beweis war nicht überzeugend, und Elisabeth zögerte lange, ehe sie das Todesurteil unterzeichnete. Aber der Londoner Pöbel hielt die Schuld des Arztes für erwiesen, und Antisemitismus erhitzte die Gemüter in den Schenken[11]. Möglicherweise wurde Shakespeare dazu gedrängt oder damit beauftragt, diese Stimmung aufzufangen, als er den *Kaufmann von Venedig* schrieb (1596?). Er teilte gewissermaßen das Empfinden seiner Zuhörer*. Er ließ Shylock als wunderlichen Charakter in schlampigem Gewand und mit einer gewaltigen künstlichen Nase auftreten. Mit Marlowe wetteiferte er im Herausstellen des Hasses und der Habgier des Geldverleihers. Aber er gab Shylock ein paar liebenswerte Eigenschaften, die den Hitzköpfen wenig gefallen haben mögen, und legte ihm eine so kühne Verteidigung des Judentums in den Mund, daß kompetente Kritiker noch jetzt darüber streiten, ob Shylock als einer dargestellt sei, an dem mehr gesündigt wurde, als daß er selber gesündigt habe[12]. Hier zeigt Shakespeare vor allem seine Gewandtheit, in ein harmonisches Gewebe verschiedene Fäden der aus dem Osten und Italien stammenden Geschichte einzuflechten. Er macht aus der bekehrten Jessica das Gefäß solch träumerischer Poesie, wie sie nur ein Geist mit höchstem Einfühlungsvermögen geschaffen haben kann.

Fünf Jahre lang widmete sich Shakespeare hauptsächlich der Komödie. Vielleicht hatte er gelernt, daß die strapazierte Menschheit ihre reichste Belohnung denjenigen zukommen läßt, die sie mit Gelächter oder Phantasie abzulenken verstehen. *Ein Sommernachtstraum* ist mächtiger Unsinn, der nur durch Mendelssohn wieder gutgemacht wurde. *Ende gut, alles gut* wird durch Helena nicht gerettet. *Viel Lärm um nichts* entspricht seinem Titel. *Was ihr wollt* ist nur erträglich, weil Viola einen sehr stattlichen Knaben abgibt, und *Der Widerspenstigen Zähmung* ist ganz und gar unglaubhaft: Widerspenstige werden niemals gezähmt. Alle diese Stücke wurden um des Broterwerbs willen geschrieben und um die Gründlinge anzuziehen.

Aber mit den beiden Teilen von *Heinrich IV.* (1597/98) erhob sich der große Zauberer wieder zur Meisterschaft und mischte Narren und Prinzen, Falstaff und Pistol, Hotspur und Prinz Hal – mit einem Erfolg, der Sidney zu denken gegeben hätte. London genoß voller Behagen diese Darstellung königlicher Geschichte, die mit Schurken und Nutten verziert war. Shakespeare fuhr fort und schrieb *Heinrich V.* (1599), worin er die Zuhörer nicht nur mit des sterbenden Falstaffs Worten, der in seinen letzten Momenten «von grünen Feldern faselte», rührte, sondern auch mit der Fanfare von Agincourt begeisterte und mit dem zweisprachigen Werben des siegreichen Königs um Prinzessin Käthchen ergötzte. Wenn wir Rowe Glauben schenken wollen, war die Königin nicht zufrieden damit, daß Falstaff ruhte. Sie befahl seinem Schöpfer, ihn wieder zum Leben zu erwecken und ihn als Liebenden zu zeigen[13]. Und John Dennis (1702), der dieselbe Geschichte erzählt, fügt hinzu, Elisabeth habe gewünscht, daß er das Wunder in zwei Wochen vollbringe. Wenn all dies der Wahrheit entspricht, so waren *Die lustigen Weiber von Windsor* eine erstaunliche Parforcetour. Denn obwohl das Spiel

* Vgl. auch *Die beiden Veroneser*, V. Aufzug, II. Szene; *Die lustigen Weiber von Windsor*, II. Aufzug, I. Szene.

mit der Narrenpritsche lärmt und mit Wortspielen durchsetzt ist, zeigt es Falstaff in seiner größten Vitalität, bis er in einem Wäschekorb in den Fluß geworfen wird. Die Königin, wird uns berichtet, war sehr vergnügt.

Es ist bestürzend, einen Dramatiker zu finden, der fähig war, in einer einzigen Saison (1599–1600?) solch albernen Unsinn wie diesen und dann ein so ätherisches Idyll wie *Wie es euch gefällt* hervorzubringen. Vielleicht besitzt das Stück, weil es von Lodges Roman *Rosalynde* (1590) herkommt, eine musikalische Lauterkeit, die zwar gefesselt wird von trockenem Humor, aber zart und hold in ihrem Empfinden und fröhlich und gewandt in ihrer Redeweise ist. Welch eine niedliche Freundschaft besteht zwischen Celia und Rosalinde und Orlando, der Rosalindes Namen in die Rinde der Bäume schneidet und «Oden an Hagedornsträuchern und Elegien an Brombeerhecken aufhängt»! Was für einen Schatz an Redegewandtheit besitzen diese Gestalten, wenn sie auf jeder Seite unsterbliche Sätze laut werden lassen und Lieder, die von unzähligen Lippen begrüßt wurden: «Unter des Laubdachs Hut», «Stürm, stürm, du Winterwind!», «Ein Liebster und sein Mädel schön»! Der ganze Erguß ist so voll köstlicher Narrheit und Empfindung, daß sie in keiner Literatur ihresgleichen haben.

Aber mitten in diese Fülle von Süßigkeit mischt der melancholische Jacques eine bittere Frucht, wenn er verkündet, des Lebens «weiter, allgemeiner Schauplatz beut mehr betrübte Szenen dar als unsre, worin du spielst» – auf den Brettern; und daß nichts gewiß ist außer dem Tod, der gewöhnlich nach einem mühseligen Alter an uns herantritt.

> Und so, von Stund zu Stunde reifen wir,
> Und so, von Stund zu Stunde faulen wir,
> Und daran hängt ein Märlein.[14]

Damit kündigte uns der Schwan vom Avon an, daß *Wie es euch gefällt* der Schwanengesang seiner Fröhlichkeit war und daß er darauf, bis auf weiteres, vorhatte, von der Oberfläche des Lebens die Haut abzuziehen und uns die blutige Wirklichkeit zu zeigen. Nun würde er sein tragisches Gesicht zeigen und Galle mit Ambrosia mischen.

Im Jahre 1579 öffnete der von Sir Thomas North übersetzte Plutarch eine Schatztruhe für Dramen. Shakespeare nahm drei der Lebensbeschreibungen und formte sie zur Tragödie *Julius Caesar* (1599?). Er fand die Übersetzung von North so geistreich, daß er einige Stellen wörtlich übernahm, wobei er lediglich die Prosa in Blankverse umwandelte. Immerhin war des Antonius Rede vor Caesars Leiche des Dichters eigene Erfindung, ein Meisterwerk an Redekunst und Scharfsinn und die einzige Verteidigung, die er Caesar zukommen läßt. Seine Bewunderung für Southampton, Pembroke und den jungen Essex mögen ihn dazu angeregt haben, die Ermordung vom Standpunkt gefährdeter und sich verschwörender Aristokraten aus zu sehen. So wird Brutus zum Mittelpunkt des Spieles. Wir, die wir Mommsens Einzelheiten über die sanfte Korruption der «Demokratie» kennen, die Caesar stürzte, neigen eher dazu, mit Caesar zu sympathisieren, und wir sind bestürzt, den Helden des Stückes am Ende des dritten Aktes tot zu sehen. Die Vergangenheit ist hilflos in die Hände der Gegenwart gelegt, die sie wiederholt und je nach der Laune der Stunde umgestaltet.

Als Shakespeare den *Hamlet* schrieb (1600?), erfuhr er wie beim *Julius Caesar* die Hilfe und Herausforderung eines früheren Stückes über dasselbe Thema. In London war nur sechs Jahre früher ein *Hamlet* gespielt worden. Wir wissen nicht, wieviel er von dieser verlorengegangenen Tragödie oder von François de Belleforests *Histoires tragiques* (1576) oder aus der *Historia Danica* (1514) des dänischen Historikers Saxo Grammaticus übernommen hat. Wir können auch nicht sagen, ob Shakespeare *Of the Diseases of Melancholy* (Über die Krankheiten der Melancholie), die neu erschienene englische Übersetzung eines französischen Medizinwerkes von Du Laurens, kannte. Wenn wir auch jedem Versuch, Autobiographisches in die Stücke hineinzulesen, kritisch gegenüberstehen, sind wir doch berechtigt, zu forschen, ob irgendein persönlicher Kummer – als Zugabe zu der Ernüchterung durch die Zeit – in den Pessimismus eindrang, der in *Hamlet* zum Ausdruck kommt und der in den folgenden Stücken immer schmerzlicher wird. Es mag eine zweite Liebesenttäuschung gewesen sein. War es die erste Verhaftung von Essex (am 5. Juni 1600) oder der Zusammenbruch von Essex' Aufstand, die Verhaftung von Essex und Southampton oder die Hinrichtung von Essex (25. Februar 1601)? Vermutlich erregten diese Geschehnisse den sensiblen Dichter, der Essex im Prolog zum letzten Akt in *Heinrich V.* so warm gelobt und der in der Widmung der *Lucretia* sich Southampton für immer verpflichtet hatte. Auf jeden Fall wurden Shakespeares größte Schauspiele während oder nach diesem Unheil geschrieben. Sie sind kunstreicher in der Fabel, gedankentiefer und prunkvoller in der Sprache als die ihnen vorangegangenen; aber auch sie erheben die bittersten Vorwürfe aller Literatur gegen das Leben. Hamlets Unentschlossenheit und seine «edle und herrschaftliche Vernunft» werden durch die Entdeckung der Wirklichkeit und die Nähe des Unheils verwirrt, auch dadurch, daß er das Gift der Rache nährt, bis er selbst in gefühllose Grausamkeit versinkt und Ophelia nicht ins Kloster, sondern in Wahnsinn und Tod hetzt. Am Schluß ist das Gemetzel vollständig. Nur Horatio bleibt noch am Leben, denn er ist zu einfachen Geistes, um verrückt zu werden.

Inzwischen hatte auch Elisabeth den letzten Frieden gefunden, und Jakob VI. von Schottland wurde zu Jakob I. von England. Kurz nach seiner Thronbesteigung bestätigte und erweiterte er die Privilegien der Shakespeareschen Truppe, deren Mitglieder «Mannen des Königs» wurden. Shakespeares Stücke wurden regelmäßig vor dem König aufgeführt und erfuhren reiche königliche Ermutigung. Die drei Spielzeiten zwischen 1604 und 1607 brachten den Dichter zur Vollendung seines Genies und seiner Verbitterung. *Othello* (1604?) ist ebenso großartig wie unglaubhaft. Die Zuhörer wurden zu Mitleid erregt, als Desdemona sich opferte und starb, und sie waren verzaubert von der klugen Bosheit Jagos. Aber als Shakespeare dieses unvermischte und unmotivierte Böse in einer einzigen Person vereinigte, verfiel er in Marlowes Fehler, der einzelne, wie Blöcke gearbeitete Charaktere dargestellt hatte, und selbst Othello entbehrt trotz seiner Verbindung von Feldherrenwürde mit Dummheit der Bereicherung durch Elemente, die Hamlet und Lear, Brutus und Antonius menschlich machen.

Macbeth (1605?) ist in noch höherem Maße eine makabre Betrachtung ungemilderter Bosheit. Shakespeare konnte sich für die gegebenen Tatsachen auf Holinshed stützen, aber er machte die Geschichte mit seiner leidenschaftlichen Ernüchterung noch düsterer. Die Stimmung erreichte in *König Lear* (1606?) ihren Tiefpunkt, die Kunst ihren Höhepunkt. Die Fabel war von Geoffrey of Monmouth ausgearbeitet, von Holinshed verbreitet und erst kurz zuvor durch einen heute nicht mehr bekannten Dramatiker in *The True Chronicle of King Lear* (Wahre Chronik des Königs Lear, 1605) auf die Bühne gebracht worden. Fabeln waren Allgemeingut. Das frühere Stück war Holinshed gefolgt und hatte Lear durch die Wiedervereinigung mit Cordelia und die Wiederherstellung des Thrones ein glückhaftes Ende beschert. Shakespeare ist offensichtlich für des Königs Wahnsinn und für seinen entthronten Tod verantwortlich. Er fügte auch die grausame Blendung Gloucesters auf der Bühne bei. Bitterkeit ist der Hauptton des Stückes. Lear befiehlt, daß Hurerei, Erfolg und Ehebruch sich ausbreiten, «denn ich brauch Soldaten»[15]. Jede Tugend ist in seiner verdüsterten Sicht die Vorderansicht der Unzucht; jede Regierung bedeutet Bestechung; alle Geschichte lehrt, daß die Menschheit einen Beutezug gegen sich selbst unternimmt. Er wird wahnsinnig, als er die Tiefe und den scheinbaren Sieg des Bösen gewahrt, und verliert allen Glauben an eine helfende Vorsehung.

Antonius und Kleopatra (1607?) umfaßt geringere Höhen und Tiefen. In des Antonius Niederlage liegt etwas Edleres als in Lears Raserei, in der Betörung des Römers durch die ägyptische Königin etwas Glaubhafteres und Erträglicheres als in des Briten unwahrscheinlicher Grausamkeit gegenüber einer unsinnig offenherzigen Tochter. Und Kleopatra, die im Kampfe feige ist, ist wundervoll in ihrem Selbstmord. Auch hier konnte Shakespeare auf vorangehende Stücke zurückgreifen, und wieder verbessert er sie, indem er die oft erzählte Fabel mit kunstreicher Analyse der Charaktere und dem ungebrochenen Zauber und Glanz seiner Sprache erneuert und aufhellt.

In *Timon von Athen* (1608?) ist der Pessimismus bitter und durch nichts gemildert. Lear zielt mit seinem Pfeil auf Frauen, aber er fühlt doch verspätetes Mitleid mit dem Menschengeschlecht. Der Held im *Coriolanus* (1608?) verachtet das Volk als wankelmütige, kriecherische, dumme Brut voll Sorglosigkeit. Aber Timon brandmarkt alles, Hohes und Niedriges, und verflucht die Zivilisation, weil sie die Menschheit demoralisiert habe. Plutarch hat in seinem «Leben des Antonius» Timon als einen berühmten Menschenfeind geschildert; bei Lukian kam er in einem Zwiegespräch vor; und acht Jahre bevor Shakespeare zusammen mit einem unbekannten Mitarbeiter den Stoff wieder aufnahm, war bereits ein englisches Schauspiel über Timon verfaßt worden. Timon ist Athener und Millionär und von habgierigen, schmeichlerischen Freunden umgeben. Als er sein Geld verliert und seine Freunde über Nacht verschwinden, schüttelt er den Staub der Zivilisation von seinen Füßen und zieht sich in Waldeinsamkeit zurück, wo er hofft, «das wildste Tier zeig Lieb' ihm mehr, als je die Menschen hier»[16]. Er wünscht, Alkibiades wäre ein Hund, «so liebt ich etwas dich»[17]. Er lebt von Wurzeln, gräbt und findet Gold. Die Freunde erscheinen wieder. Er schickt sie mit Worten peitschenden Hohnes fort. Als aber Dirnen kommen, gibt er ihnen, unter der Bedingung, daß sie so viele Männer wie möglich mit Geschlechtskrankheiten anstecken, Gold:

Auszehrung sät
In hohl Gebein des Manns; lähmt Schenkelknochen;
Des Reiters Kraft zerbrecht, des Anwalts Stimme,
Daß er nie mehr den falschen Spruch vertrete,
Und Unrecht kreische laut. Umschuppt mit Aussatz
Den Priester, der, auf Sinnenschwachheit lästernd,
Sich selbst nicht glaubt: fort mit der Nase, fort,
Glatt weg damit! vernichtet ganz die Brücke
Ihm ...
Dem unbenarbten Kriegesprahler gebt
Gehör'ge Qual von euch: verpestet alles,
Und eure Tätigkeit erstick' und dörre
Die Quelle aller Zeugung. – Nehmt mehr Gold! –
Verderbt die andern, und verderb euch dies ... [18]

In einer Ekstase des Hasses befiehlt er der Natur, aufzuhören, Menschen zu zeugen, und hofft, böse Bestien möchten sich vermehren, um die Menschen auszurotten. Die Exzesse seines Menschenhasses lassen ihn unwirklich erscheinen. Wir können nicht glauben, daß Shakespeare sich auf so lächerliche Art über den sündigen Menschen stehend fühlte und daß er so kläglich dem Leben gegenüber versagte. Ein solches Überhandnehmen des Ekels legt die Vermutung nahe, daß die Krankheit sich selbst austrieb und daß Shakespeare bald wieder lächeln würde.

IV. KÜNSTLERTUM

Wie kam ein Mensch von so geringer Bildung dazu, Stücke von so mannigfaltiger Gelehrsamkeit zu schreiben? Aber es war nicht wirkliche Gelehrsamkeit. Auf keinem Gebiet war sie gründlich außer in der Psychologie. Shakespeare kannte die Bibel nur vom Schulunterricht her. Seine Beziehungen zu ihr überschreiten das gewöhnliche Maß nicht. Auch seine klassische Bildung war zufällig, oberflächlich und offensichtlich auf Übersetzungen beschränkt. Er wußte viel von heidnischen Göttern, auch von den weniger bekannten und liederlichen, aber seine Kenntnisse konnte er aus der englischen Übertragung von Ovids *Metamorphosen* her haben. Er beging kleine Fehler, die etwa Bacon nie gemacht hätte, nannte Theseus einen Herzog, glaubte, Hektor habe im elften Jahrhundert vor Christi Geburt gelebt, und ließ ihn sich an Aristoteles – aus dem dritten Jahrhundert – wenden [19]. Auch ließ er eine Person in *Coriolan* [20] (fünftes Jahrhundert vor Christus) Cato (erstes Jahrhundert nach Christus) zitieren.

Er konnte wenig Französisch und noch weniger Italienisch. In der Geographie hatte er etliche Kenntnisse und ließ seine Stücke in fremden Gegenden von Schottland bis Ephesos spielen. Aber er gab Böhmen eine Meeresküste* und sandte Valentin zur See

* Ben Jonson stürzt sich in seinen Gesprächen mit Drummond of Hawthornden darauf [21]. Shakespeare hatte den Fehler aus einer Erzählung von Robert Greene übernommen, einem Absolventen der Universität. Unter Ottokar II. (1253–1278) erstreckte sich Böhmens Herrschaft bis zu der adriatischen Küste [22].

von Verona nach Mailand[23], und Prospero ließ er in Mailand in See stechen[24]. Viele Kenntnisse seiner römischen Geschichte schöpfte er aus Plutarch, viel von seiner englischen Geschichte aus Holinshed und früheren Stücken. Geschichtliche Fehler unterliefen ihm, die für einen Dramatiker unwesentlich sind: im Rom Caesars kommt eine Glocke vor, im Ägypten Kleopatras ein Billard. Er schrieb den *König Johann,* ohne die Magna Charta zu erwähnen, und *Heinrich VIII.*, ohne sich über die Reformation aufzuregen. Auch sehen wir die Vergangenheit mit jeder Gegenwart wechseln. In den Hauptzügen sind die englischen historischen Stücke von unserem Standpunkt aus korrekt; in Einzelheiten sind sie unzuverlässig; was die Gesinnung betrifft, sind sie durch Patriotismus gefärbt. Jeanne d'Arc ist bei Shakespeare bloß eine geile Hexe. Nichtsdestoweniger bekannten viele Engländer, wie Marlborough, daß das meiste, was sie an englischer Geschichte wußten, aus Shakespeares Stücken stammte.

Wie andere elisabethanische Dramatiker gebrauchte auch Shakespeare viele juristische Redewendungen; oft tat er es ungeschickt. Er konnte sie in den Inns of Court, den Rechtsschulen, aufgefangen haben, in denen drei seiner Stücke aufgeführt wurden, oder in den verschiedenen Rechtshändeln, in die sein Vater oder er selbst verwickelt waren. Er ist reich an musikalischen Ausdrücken und war offensichtlich für Musik sehr empfänglich. «Ist es nicht seltsam, daß Schafsdärme die Seelen aus der Menschen Körper ziehen?»[25] Liebevoll zählt er die Blumen Englands auf, reiht sie im *Wintermärchen* zu einem Rosenkranz auf und schmückt Ophelia in ihrem Wahnsinn mit ihnen. Er spielt auf 180 verschiedene Pflanzen an. Er kennt die Sportarten auf dem Spielfeld und die besonderen Eigenschaften eines Pferdes. Aber er interessiert sich wenig für die Wissenschaften, die Bacon so früh schon bezauberten. Wie Bacon hielt er an der ptolemäischen Astronomie fest[26]. Zeitweise (Sonett 15) scheint er die Astrologie anzuerkennen, und von Romeo und Julia spricht er als von «unsternbedrohten Liebenden»[27]. Aber Edmund im *Lear* und Cassius im *Julius Caesar* lehnen sie heftig ab: «Nicht durch die Schuld der Sterne, lieber Brutus, durch eigne Schuld nur sind wir Schwächlinge.»[28]

Alles in allem zeigt dieses Beweismaterial, daß Shakespeare die beiläufige Bildung eines Geschäftsmannes besaß, der allzusehr von der Schauspielkunst, dem Geschäft und dem Leben in Anspruch genommen war, als daß er seinen Kopf in Bücher hätte stecken können. Er kannte die erregendsten Ideen Machiavellis, er verwies auf Rabelais, er entlieh bei Montaigne; aber es ist unwahrscheinlich, daß er ihre Bücher las. Gonzalos Beschreibung eines idealen Staatenbundes[29] stammt aus Montaignes Essay «Über die Kannibalen»; und Caliban im selben Stück konnte Shakespeares Satire über Montaignes Idealisierung der amerikanischen Indianer sein. Ob Hamlets Skeptizismus irgendwie Montaignes genialem Zweifel verpflichtet war, ist ein ungelöstes Problem. Das Stück wurde 1602 veröffentlicht, ein Jahr bevor Florios Übersetzung gedruckt wurde; aber Shakespeare kannte Florio und konnte das Manuskript gesehen haben. Die scharfsinnige Formulierung überlieferter Gedanken durch Montaigne mag mitgeholfen haben, Shakespeares Einsichten zu vertiefen; aber in dem Franzosen steckt nichts, was mit Hamlets Monolog oder mit den bitteren Lebensanklagen in *Lear*, *Coriolanus, Timon* und *Macbeth* übereinstimmt. Shakespeare ist Shakespeare – auch wenn er

Stoffe, Sätze und Verse irgendwo stibitzt, bleibt er doch der ursprünglichste, ausgeprägteste, schöpferischste Dichter aller Zeiten.

Die Originalität steckt in der Sprache, im Stil, in der Einbildungskraft, der dramatischen Technik, dem Humor, den Charakteren und der Weltsicht. Seine Sprache ist die reichste aller Literaturen: 15 000 Wörter, einschließlich der Termini technici der Wappenkunde, der Musik, des Sports, der Berufe, der Dialekte der Grafschaften, des Jargons der Gassen, Tausender von raschen oder zufälligen Erfindungen: *occulted, unkenneled, fumitory, burnet, spurring* ... Er ergötzte sich am Bilden von Wörtern und erforschte die Winkel und Ritzen der Sprache. Er liebte die Worte im allgemeinen und sprudelte sie in vergnügter Ausgelassenheit hervor. Wenn er einer Blume einen Namen gibt, muß er es gleich bei einem Dutzend tun ... Selbst die Worte sind wohlriechend. Er läßt einfache Personen vielsilbige Umschreibungen in den Mund nehmen. Munter zerstört er die Grammatik, verwandelt Substantive, Adjektive, ja sogar Adverbien in Verben, und Verben, Adjektive, ja sogar Pronomina in Hauptwörter, gibt einem Subjekt in der Einzahl ein Verb im Plural oder einem Subjekt im Plural ein Verb im Singular bei. Aber damals waren noch keine englischen Grammatiken in Gebrauch, und es gab keine Regeln. Shakespeare schrieb eilig, hatte keine Muße zum Bereuen.

Der wundervolle Stil, «manieristisch und barock»[30], besitzt die Fehler seiner gesetzlosen Fülle: Sätze, die phantastisch künstlich oder verwickelt sind, weithergeholte Bilder, mühsam ausgearbeitete Wortspiele; Witzeleien mitten in der Tragödie, Metaphern, die in sich widersprechender Verwirrung übereinander herfallen, unzählige Wiederholungen, sentenzenreiche Plattheiten und ab und zu ausgelassener und sinnloser Bombast, der die unwahrscheinlichsten Münder füllt. Zweifellos hätte ein klassischer Bildungsgang den Stil geläutert und die Zweideutigkeiten ausgemerzt. Aber man bedenke, was wir dann verloren hätten! Vielleicht dachte er an sich selbst, als er Ferdinand den Adriano beschreiben läßt als einen Mann,

> Des Hirn Sentenzen ausprägt wie ein Stempel,
> Einer, dem die Musik der eignen Stimme
> So süß dünkt als ein überirdisch Tönen ...
> Doch wahr ist's, daß sein Lügen mich ergötzt ...[31]

Aus dieser Münzstätte ging eine beinahe universale Währung an Sätzen hervor: der Winter unseres Mißvergnügens[32]; die schlaffe Friedenszeit[33]; der Wunsch, der des Gedankens Vater[34]; redet wahr und lacht des Teufels[35]; bläst der Wind aus der Ecke?[36]; schwer ruht das Haupt, das eine Krone drückt[37]; die Lilie malen[38]; Natur macht hierin alle Menschen gleich[39]; was diese Menschen doch für Narren sind![40]; der Teufel kann sich auf die Schrift berufen[41]; Hundstagstollheit[42]; rann nie der Strom der treuen Liebe sanft[43]; dann alsbald will ich mein Herz an meinem Ärmel tragen[44]; jeder Zoll ein König[45]; eingeboren und drin erzogen schon[46]; weil Kürze denn des Witzes Seele ist[47] ... Aber wir müssen aufhören. Dann Tausende von Metaphern; eine mag genügen: «Wenn vom üpp'gen Spiel des Windes der Segel schwangrer Leib zu schwellen schien.»[48] Und ganze Szenen, die fast so bekannt sind wie die Zitate: Ophelias zerpflückter Blumenstrauß, Antonius an Caesars Leiche, Kleopatras Tod, Lorenzo über die Sphärenmusik. Und ein ganzes Repertoire an Liedern: «Wer ist Silvia?»[49]; «Horch! Lerch am Himmelstor singt hell»[50]; «Bleibt, o bleibt, ihr Lippen, ferne»[51]. Wahrscheinlich kamen Shakespeares Zuschauer so gut um seines Gefieders als um seiner Fabeln willen.

«Wahnwitzige, Poeten und Verliebte bestehn aus Einbildung»[52]; in Shakespeare waren zwei von ihnen, und er mag nahe am dritten gewesen sein. In jedem Stück schafft er eine Welt und, nicht zufrieden damit, füllt er Traumreiche, Wälder und Heideland mit kindlichem Zauber, dahintrippelnden Feen, schrecklichen Hexen und Geistern. Seine Einbildungskraft bildet seinen Stil, der in Bildern denkt, alle Gedanken in Gemälde und alle Abstraktion in empfundene oder geschaute Dinge verwandelt. Wer außer Shakespeare (und Petrarca) konnte den Romeo geschaffen haben, der, aus Verona verbannt, aufgebracht vor Neid darüber ist, daß seine Katzen und Hunde Julia anschauen können, während es ihm nicht gestattet ist? Wer sonst (außer Blake) konnte den verbannten Herzog in *Wie es euch gefällt* bedauern lassen, daß er sein Dasein fristen und Tiere jagen muß, die oft so sehr viel schöner sind als Menschen? Ein paar wenige wundern sich darüber, daß ein in jedem Sinn so scharfer Geist leidenschaftlich auf Häßlichkeit, Habgier, Grausamkeit, Wollust, Leiden und Kummer reagiert habe, welche zuzeiten das Panorama der Welt zu beherrschen schienen.

Seine Originalität ist in der Technik des Dramas am geringsten. Als Theatermensch kannte er die Tricks seines Berufes. Er begann seine Stücke mit Szenen oder Worten, die darauf berechnet waren, die Aufmerksamkeit seiner nüsseknackenden, kartenspielenden, biertrinkenden, mit Frauen liebäugelnden Zuschauer aufzurütteln. Großen Vorteil zog er aus den reichlich vorhandenen «Eigentümlichkeiten» und Maschinerien der elisabethanischen Bühne. Er studierte seine Schauspieler und schuf Rollen, die ihren körperlichen und geistigen Eigentümlichkeiten entsprachen. Er gebrauchte alle Taschenspielerkünste der Verkleidung und des Wiedererkennens, alle Veränderungen der Szenerie und die Komplikationen eines Spiels im Spiel. Aber in seiner Kunstfertigkeit zeigt er auch blinde Hast. Oftmals zerreißt die Fabel in der Fabel das Stück in zwei Teile. Was hat Gloucesters Tragödie mit derjenigen Lears zu tun? Beinahe alle Geschichten verwandeln sich in unwahrscheinliches Zusammentreffen, verheimlichte Identitäten, willkommene Offenbarungen. Man kann vernünftigerweise von uns verlangen, daß wir im Drama und in der Oper zum Heil der Handlung oder des Liedes daran glauben, aber ein Künstler sollte die «reinen Traumgebilde» auf ein Minimum beschränken. Weniger wichtig sind die Unvereinbarkeiten der Zeit oder der Personen[53]. Vermutlich ging es Shakespeare um schnelle Produktion und nicht um sorgfältige Publikation, und er war der Meinung, die Fehler würden von einer erregten Zuschauermenge nicht bemerkt. Klassische Normen und moderner Geschmack mißbilligen gleicherweise die Gewalttätigkeit, die oft Shakespeares Bühne bestimmt. Dies war eine weitere Konzession ans Parterre und ein Versuch, gegenüber der brutalen Dramatik zu Elisabeths und Jakobs Zeiten zu bestehen.

Je mehr Shakespeare sich entwickelte, um so mehr ersetzte er die Gewalttätigkeit durch Humor und lernte er die schwierige Kunst, die Tragödie durch komische Abwechslung zu intensivieren. In den frühen Komödien sind Witz und Humor nicht unterbrochen. Die frühen historischen Stücke sind wegen ihres Mangels an Humor schwerfällig. Im *Hamlet* ist die Ergänzung vollendet. Manchmal scheint der Humor allzu deutlich ausgesprochen; Sophokles und Racine würden bei dem Witz über menschliche Blähsucht[54] oder über das Harnlassen der Pferde ihre Nasen gerümpft haben[55]. Eine erotische Anspielung, die dann und wann auftaucht, ist mehr nach modernem Geschmack. Im allgemeinen ist Shakespeares Humor gutartig und gleicht der rauhen Menschenfeindlichkeit Swifts nicht. Er fühlte, daß die Welt mit einem oder mehreren Narren besser dran ist. Er duldete die Toren geduldig und eiferte Gott nach, wenn er nur einen kleinen Unterschied zwischen ihnen und den welterforschenden Philosophen sah.

Sein größter Narr nimmt es mit Hamlet – Shakespeares höchster Vollendung in der Schaffung von Charakteren – auf, und das ist der höchste Prüfstein für einen Dramatiker. Richard II. und Richard III., Hotspur und Wolsey, Gaunt und Gloucester, Brutus und Antonius steigen aus der Vorhölle der Geschichte in ein zweites Leben auf. Weder im griechischen Drama noch bei Balzac sind die Personen so ausgestattet mit urwüchsigem Charakter und Lebenskraft. Sehr wirklich sind auch die Geschöpfe, die nur widerspruchsvoll erscheinen, weil sie komplex sind: Lear ist grausam und dann doch wieder zärtlich, Hamlet nachdenklich und gewalttätig, zögernd und tapfer. Oft sind die Charaktere zu einfach: Richard III. ist bloß voller Schurkigkeit, Timon bloß zynisch, Jago bloß voller Haß. Einige der Frauen scheinen bei Shakespeare nach dem gleichen Schema gebildet – Beatrice und Rosalinde, Cordelia und Desdemona, Miranda und Hermione – und verlieren an Wirklichkeit. Aber dann erwecken zuzeiten ein paar Worte sie zum Leben. So antwortet Ophelia, als Hamlet ihr sagt, er habe sie nie geliebt, ohne Gegenbeschuldigung, nur mit trauriger und ergreifender Einfachheit: «Um so mehr wurde ich betrogen.» Beobachtung, Empfinden, Einfühlung, erstaunliche Aufnahmefähigkeit der Sinne, durchdringendes Wahrnehmungsvermögen und scharfe Auswahl bedeutungsvoller und charakteristischer Einzelheiten vereinen sich, um dieses Reich mit einstmals lebendig gewesenen oder erdachten Gestalten zu bevölkern. Stück um Stück werden diese Gestalten wirklicher, komplexer und tiefer, bis der Dichter in *Hamlet* und *Lear* zu einem Philosophen gereift ist und diese Dramen lebendige Träger des Gedankens geworden sind.

V. PHILOSOPHIE

«Verstehst Philosophie, Schäfer?»[56] So fragt Probstein den Corinnus, und wir stellen Shakespeare dieselbe Frage. Einer seiner Rivalen gab auf die Frage eine negative Antwort[57], und wir können dieses Urteil, wie Bernard Shaw meinte, übernehmen: daß nämlich bei Shakespeare keine Metaphysik, kein Suchen nach dem innersten Wesen der Wirklichkeit, keine Theorie über Gott zu finden sind. Shakespeare war zu weise, um zu denken, ein Geschöpf könne seinen Schöpfer analysieren; nicht einmal sein eigener

Geist unterfing sich, das unbegreifliche Ganze zu begreifen. «Es gibt mehr Ding' im Himmel und auf Erden, als eure Schulweisheit sich träumt, Horatio.»[58] Wenn er etwas erriet, behielt er es für sich und bewies vielleicht dadurch, daß er ein Philosoph war. Er spricht ohne Erbitterung von den angeblichen Philosophen und zweifelt daran, daß einer von ihnen je das Zahnweh geduldig ertragen habe[59]. Er lacht über Logik und zieht das Licht der Einbildungskraft vor. Er versucht nicht, die Geheimnisse des Lebens zu lösen, aber er fühlt und schaut sie mit einer Stärke, die unsere eigenen Vorstellungen entweder beschämt oder ihnen um so mehr Nachdruck verleiht. Er steht abseits und gibt acht darauf, wie die Dogmatiker einander vernichten oder sich in der Katalyse der Zeit aufspalten. Er verbirgt sich in seinen Charakteren und ist schwer aufzufinden. Wir müssen uns hüten, ihm eine Meinung zuzuschreiben, wenn sie nicht wiederholt und von mindestens zwei oder drei seiner Geschöpfe ausgesprochen wird.

Auf den ersten Blick ist er mehr Psychologe als Philosoph. Aber auch dies wieder nicht als Theoretiker, sondern eher als geistiger Photograph, der die verborgenen Gedanken und symptomatischen Handlungen einfängt, welche das Wesen des Menschen offenbaren. Indessen ist er kein oberflächlicher Realist; die Dinge geschehen nicht wirklich so, das Volk spricht im Leben nicht so wie in seinen Stücken. Aber im ganzen spüren wir, daß wir uns durch diese Unwahrscheinlichkeiten und Extravaganzen dem Kern der menschlichen Instinkte und Gedanken nähern. Shakespeare weiß so gut wie Schopenhauer, daß «Vernunft den Willen kuppelt»[60]; er ist ganz Freudianer, wenn er der ausgehungerten und verrückten Ophelia erotische Liedchen in den jungfräulichen Mund legt. Und er dringt über Freud hinaus bis zu Dostojewskij vor, wenn er Macbeth und seine «schlechtere» Hälfte studiert.

Wenn wir Philosophie nicht als Metaphysik interpretieren, sondern als einen umfassenden Blick auf die menschlichen Angelegenheiten, als eine verallgemeinernde Sicht nicht nur des Kosmos und des Geistes, sondern ebenso des sittlichen Verhaltens, der Politik, der Geschichte und des Glaubens, dann ist Shakespeare ein tieferer Philosoph als Bacon, ebenso wie Montaigne tiefer ist als Descartes; es ist nicht die Form, welche die Philosophie ausmacht. Er anerkennt die Relativität des sittlichen Verhaltens: «Denn an sich ist nichts weder gut noch böse; das Denken macht es erst dazu»[61], und «es fällt stets unser Wert der Zeiten Deutung heim»[62]. Er empfindet das Rätsel der Bestimmung: Etliche Menschen sind erblich mit Bosheit belastet, «worin sie schuldlos, weil die Natur nicht ihren Ursprung wählt»[63]. Er kennt die Thrasymachos-Theorie der Moral: Richard III. behauptet, «Gewissen ist ein Wort für Feige nur, zum Einhalt für den Starken erst erdacht: uns ist die Wehr Gewissen, Schwert Gesetz»[64]. Richard II. entscheidet, daß «der verdient, zu haben, der kühn und sicher zu erlangen weiß»[65]. Aber diese beiden Nietzscheaner erleiden ein trauriges Schicksal. Shakespeare beachtet auch die feudalaristokratische Ethik der Ehre und widmet ihr manch edlen Satz, aber er mißbilligt zum Beispiel in Hotspur ihre Neigung zu Stolz und Gewalttätigkeit, «an Sitten Mangel und an Mäßigung»[66]. Am Ende besteht seine eigene Ethik in einer solchen von aristotelischem Maß und stoischer Zucht. Maß und Vernunft sind die Themen der Rede des Ulysses, der Ajax und Achilles tadelt[67]. Vernunft allein genügt indes nicht. Eine stoische Faser muß sie verstärken:

Dulden muß der Mensch
Sein Scheiden aus der Welt, wie seine Ankunft.
Reif sein ist alles ...[68]

Dem Tod ist zu verzeihen, wenn er kommt, nachdem wir uns selbst erfüllt haben. Shakespeare anerkennt auch Epikur und läßt keinen inhärenten Gegensatz zwischen Vergnügen und Weisheit gelten. Er führt die Puritaner an und läßt das Mädchen Maria zu Malvolio sagen: «Geh und brumme nach Herzenslust»[69], das heißt: «Ihr seid ein Narr.» Er ist gegen fleischliche Sünden so nachsichtig wie ein Papst und legt dem verrückten Lear ein fröhliches Preislied auf die Paarung in den Mund[70].

Seine politische Philosophie ist konservativ. Er kannte die Leiden der Armen und ließ den Lear ihnen mitfühlend Ausdruck verleihen. Ein Fischer in *Perikles* (1609?) bemerkt, daß Fische im Meer leben,

«... grad so wie die Menschen auf dem Land: die großen fressen die kleinen. Unsere reichen Geizhälse sind mit nichts so gut zu vergleichen als mit einem Walfisch: erst spielt er und springt und treibt all die armen Kerle vor sich her, und zum Schluß schlingt er sie alle mit einem Schluck hinunter. Von solchen Walfischen hab ich auch auf dem Lande gehört, die so lange nicht mit dem Zuschnappen aufhören, bis sie das ganze Kirchspiel: Kirche, Turm, Glocken und alles verschluckt haben.»[71]

Gonzalo träumt im *Sturm* von einem anarchistischen Kommunismus, wo «in der gemeinsamen Natur sollt alles Frucht bringen» und es keine Gesetze, keine Magistraten, keine Mühsal und keinen Krieg geben sollte[72]; aber Shakespeare lächelt diese Utopie hinweg, da sie infolge der menschlichen Natur unmöglich sei. Unter jeder Staatsverfassung wird der Wal den kleinen Fisch auffressen.

Was hatte Shakespeare für eine Religion? Besonders hier ist die Untersuchung seiner Philosophie schwierig. Er verleiht in seinen Charakteren beinahe jedem Glaubensbekenntnis Ausdruck, und dies mit solcher Toleranz, daß die Puritaner denken mußten, er sei ein Ungläubiger. Er zitiert die Bibel oft und ehrerbietig und läßt Hamlet, der mutmaßlich Skeptiker ist, gläubig über Gott, Gebet, Himmel und Hölle sprechen[73]. Shakespeare und seine Kinder waren nach anglikanischem Ritus getauft worden[74]. Einige seiner Sätze sind ausgesprochen protestantisch. König Johann spricht von päpstlichen Ablässen als von «betrügerischer Hexerei» und nimmt Heinrich VIII. schon voraus:

daß kein welscher Priester
in unseren Landen zehnten soll und zinsen.
Wie nächst dem Himmel wir das höchste Haupt,
so wollen wir auch diese Oberhoheit
nächst ihm allein verwalten, wo wir herrschen,
ohn' allen Beistand einer ird'schen Hand.
So sagt dem Papst, die Scheu beiseit gesetzt
vor ihm und seinem angemaßten Ansehn.[75]

Wenn auch natürlich Johann am Ende nach Canossa geht. In einem späteren Stück, *Heinrich VIII.*, das nur teilweise von Shakespeare stammt, werden Heinrich und Cranmer vorteilhaft dargestellt, und es endet mit einer Lobpreisung Elisabeths – sie alle waren die hauptsächlichsten Begründer der Reformation in England. Es kommen einige prokatholische Züge vor, wie zum Beispiel in der mitfühlenden Darstellung Katharinas von Aragón und des Bruders Lorenzo[76]; aber dessen Charakter fand Shakespeare in den *novelle* italienischer Katholiken vorgeformt.

Der Glaube an Gott lebt in den Tragödien fort. Lear denkt in seiner Verbitterung, daß

> was Fliegen sind
> den müß'gen Knaben, das sind wir den Göttern:
> Sie töten uns zum Spaß.[77]

Aber: «Die Götter sind gerecht», antwortet der gute Edgar, «und aus unseren Lüsten erschaffen sie das Werkzeug, uns zu geißeln.»[78] Und Hamlet bekennt seinen Glauben daran, «daß eine Gottheit unsere Zwecke formt, wie wir sie auch entwerfen»[79]. Trotz dieses Ringens um den Glauben an eine Vorsehung, die gerecht mit uns verfährt, findet sich in Shakespeares größten Stücken eine sich ausdehnende Wolke des Nichtglaubens an das Leben selbst. Jacques sieht in den «sieben Altern» des Menschen nichts als langsames Reifen und raschen Zerfall. Denselben Kehrreim hören wir im *König Johann:*

> Das Leben ist so schal, wie'n altes Märchen,
> dem Schläfrigen ins dumpfe Ohr geleiert[80];

und in Hamlets Weltverachtung:

> Pfui! Pfui darüber! 's ist ein wüster Garten,
> der auf in Samen schießt; verworfnes Unkraut
> erfüllt ihn gänzlich[81];

sowie in derjenigen Macbeths:

> Aus! kleines Licht! –
> Leben ist nur ein wandelnd Schattenbild;
> ein arger Komödiant, der spreizt und knirscht
> sein Ständchen auf der Bühn' und dann nicht mehr
> vernommen wird; ein Märchen ist's, erzählt
> von einem Dummkopf, voller Klang und Wut,
> das nichts bedeutet.[82]

Kann irgendein Gefühl für Unsterblichkeit diesen Pessimismus lindern? Lorenzo fügt, nachdem er Jessica die Sphärenmusik beschrieben hat, hinzu: «So voller Harmonie sind ew'ge Geister.»[83] Claudio schaut in *Maß für Maß* ein zukünftiges Leben, aber in den düsteren Ausdrücken von Dantes Inferno oder des Hades:

> Ja! Aber sterben! Gehn, wer weiß wohin,
> daliegen, kalt, eng, eingesperrt, und faulen;
> dies lebenswarme, fühlende Bewegen
> verschrumpft zum Kloß; und der entzückte Geist
> getaucht in Feuerfluten oder schaudernd
> umstarrt von Wüsten ew'ger Eisesmassen;
> gekerkert sein in unsichtbare Stürme,
> und mit rastloser Wut gejagt ringsum
> die schwebende Erd'; ... das ist zu entsetzlich![84]

Hamlet sagt beiläufig von der Seele, sie sei unsterblich[85], aber sein Monolog bestätigt diesen Glauben nicht; und seine Sterbensworte in der älteren Version des Dramas: «Himmel, empfange meine Seele» wurden bei Shakespeare abgeändert in: «Der Rest ist Schweigen.»

Wir können nicht mit Sicherheit sagen, wieviel von diesem Pessimismus von den Anforderungen der Tragödie herrührt und wieviel davon Shakespeares Stimmung zum Ausdruck bringt. Aber die Wiederholung und der Nachdruck, der auf den Pessimismus gelegt wird, weist auf die düsteren Momente in seiner Philosophie hin. Die alleinige Linderung ist in den Hauptwerken ein zögerndes Anerkennen, daß es mitten in den Übeln dieser Welt Segnungen und Ergötzungen gibt, mitten unter den Schurken viele Helden und ein paar Heilige: für jeden Jago eine Desdemona, für jede Goneril eine Cordelia, für jeden Edmund einen Edgar oder einen Kent. Selbst im *Hamlet* weht von Horatios Gläubigkeit und Ophelias schmachtender Empfindsamkeit ein frischer Hauch herüber. Nachdem der müde Schauspieler und Schauspieldichter das Chaos und die menschenüberfüllten Einsamkeiten Londons verlassen und sich auf die grünen Felder und in die Geborgenheit seines heimatlichen Stratford zurückgezogen hat, wendet er sich wieder, wie jeder widerstandsfähige Mann, der Liebe zum Leben zu.

VI. DER AUSGLEICH

Immerhin hatte er keinen offensichtlichen Grund, sich über London zu beklagen. Es hatte ihm Erfolg, Beifall und Vermögen geschenkt. Es gibt in der uns erhalten gebliebenen Literatur jener Zeit über zweihundert Erwähnungen seiner Person, und die meisten lauten günstig. Im Jahre 1598 führte Francis Meres' *Palladis Tamia: Wits Treasury* (Schatzkammer des Geistes) folgende Liste auf: Sidney, Spenser, Daniel, Drayton, Warner, Shakespeare, Marlowe und Chapman, erwähnte sie in dieser Reihenfolge als Englands führende Schriftsteller und reihte Shakespeare als ersten unter den Dramatikern ein[86]. Im selben Jahr erklärte Richard Barnfield, ein rivalisierender Dichter, Shakespeares Werk (dessen bestes erst noch kommen sollte) habe seinen Namen schon in «das unsterbliche Buch des Ruhmes» eingetragen[87]. Er war selbst unter seinen Konkurrenten populär. Drayton, Jonson und Burbage gehörten zu seinen nächsten Freunden. Und obwohl Jonson seinen aufgeblasenen Stil, seine sorglose Leichtigkeit in der Komposition und seine zügellose Mißachtung der klassischen Regeln kritisierte, war er es doch, der in der ersten Folioausgabe Shakespeare über alle anderen alten oder modernen Dramatiker stellte und von ihm sagte, er sei «nicht von einer bestimmten Zeit, sondern für alle Zeiten». In Jonsons Nachlaß ist zu lesen: «Ich liebte den Mann ..., es grenzte an Abgötterei.»[88]

Die Überlieferung verbindet Jonson mit Shakespeare bei den Zusammenkünften der Schriftsteller in der Mermaid-Schenke in Bread Street. Francis Beaumont, der sie beide kannte, rief aus:

Was haben wir geschaut
in Mermaid-Schenke! Worte wurden dorten laut,
so flink und so erfüllt von kunsterfahrnen Flammen,
als hätten sie, woher sie immer kamen,
den ganzen Witz in einen Spaß gebannt,
und wollten leben wie im Narrenland
in diesem dummen Dasein.[89]

Und Thomas Fullers *Worthies of England* (Große Persönlichkeiten Englands, 1662) berichteten:

«Zahlreich waren die Geistesschlachten zwischen Shakespeare und Ben Jonson; mir war, als seien die beiden eine große spanische Galeone und ein englisches Kriegsschiff. Master Jonson war (wie die erstere) viel erhabener an Gelehrsamkeit, kräftig, aber langsam in seinen Ausführungen; Shakespeare ... war von geringerem Gewicht, aber beim Segeln gewandter und konnte bei allen Gezeiten wenden, lavieren und durch die Schnelligkeit seines Witzes und seiner Erfindungen jeden Wind ausnützen.»[90]

Aubrey setzte um 1680 die glaubwürdige Überlieferung von Shakespeares «sehr wachem und vergnüglich einschmeichelndem Geist» fort und fügte hinzu, daß er «ein stattlicher, gutgewachsener Mann und ein sehr guter Gesellschafter war»[91]. Die einzigen noch vorhandenen Bildnisse von ihm sind die Büste, die auf seinem Grab in der Kirche zu Stratford steht, und der Stich, der der ersten Folioausgabe vorangesetzt ist. Sie stimmen beide gut überein und zeigen einen halb kahlköpfigen Mann mit einem Schnurrbart und (bei der Büste) einem Bart, einer scharfen Nase und nachdenklichen Augen, aber sie geben keine Kunde von der Flamme, die in seinen Schauspielen brennt. Vielleicht führen uns die Stücke hinsichtlich seines Charakters irre. Sie weisen auf einen Mann von sehr hochgespannter Energie und voller Leidenschaft hin, der zwischen den Höhen der Gedanken und der Dichtung und der Tiefe der Melancholie und Verzweiflung hin- und hergerissen wird, während seine Zeitgenossen ihn als bürgerlich und ehrbar beschreiben, als einen Menschen, der schwer zu beleidigen war, einen Mann «von offenem und freiem Wesen»[92], der das Leben genoß, sich nicht um die Nachwelt kümmerte und einen Hang zum Praktischen hatte, der bei einem Dichter unangebracht schien. Entweder infolge seiner Sparsamkeit oder durch Schenkungen war er Anno 1598 reich genug, sich finanziell am Globe-Theater beteiligen zu können. Und im Jahre 1608 baute er mit sechs anderen Männern zusammen das Blackfriars-Theater. Seine Anteilscheine bei diesem Unternehmen, die zu seinen Gagen als Schauspieler und Schauspieldichter hinzukamen, vermittelten ihm wesentliche Einkünfte, die zwischen 200[93] und 600[94] Pfund jährlich geschätzt werden. Die zweite Zahl scheint seine Käufe der Stratforder Grundbesitze eher zu erklären.

«Er war gewohnt», sagt Aubrey, «einmal im Jahr in seine Heimat zu reisen.»[95] Manchmal hielt er sich auf dem Weg dorthin in Oxford auf, wo ein John Davenant einen Gasthof besaß. Sir William Davenant (*poeta laureatus*, 1637) liebte es vorzugeben, er sei das ungewollte Ergebnis von Shakespeares dortiger Liebelei[96]. 1597 kaufte der Dramatiker für 60 Pfund New Place, das zweitgrößte Haus in Stratford, lebte aber weiterhin in London. 1601 starb sein Vater und hinterließ ihm zwei Häuser in Henley

«Kolumbus entdeckt auf seiner dritten Fahrt nach Indien die Perlenfischer»; ein kolorierter Kupferstich aus der Serie des Theodor de Bry in «Americae» (1594, Staatsbibliothek Augsburg).

Die Perlin Insel von wegen der menge der Perlin so darinn gefunden/ also genennt.

ALs Columbus den dritten Zug in Indiam gethan/ ist er an dem Meerschoß Para angefahren/ vnd in der Insel Cubagua angelendet/ welche er die Perlin Insel genennet hat/ auß den vrsachen/ denn als er für diesem Meerschoß war hinaußgefahren mit seinen Schiffen/ hat er gesehen etliche Indianer/ die fischeten Meerschnecken auß jren kleinen Schifflein/ welche die Spanier vermeynten sie pflegeten sie zu essen/ als sie aber selbe auffthetten/ stacken sie gantz voller Perlin/ darauß sie ein grosse Frewd empfiengen. ie sie zum Gestaden kommen/ seynd sie außgestiegen auff das Landt/ da sahen sie an den dianischen Weibern vber die massen schöne Perlin/ die sie am Halß vnd Armen trugen/ che Perlin bekamen die Spanier von jhnen/ vnd gaben jnen geringe vnachtsame Waar gegen. 2. Cap.

Street in Stratford. Ein Jahr später kaufte er für 320 Pfund in der Nähe der Stadt 127 Morgen Land, die er vermutlich an Pächter vermietete. Im Jahre 1605 erwarb er für 440 Pfund einen Anteilschein des in Aussicht stehenden kirchlichen Zehnten von Stratford und drei anderen Gemeinden. Während er in London seine bedeutendsten Stücke schrieb, war er in Stratford hauptsächlich als erfolgreicher Geschäftsmann bekannt, der oft in Prozesse über Besitztümer und Geldanlagen verwickelt war.

1596 war sein Sohn Hamnet gestorben. 1607 verheiratete sich seine Tochter Susanna mit John Hall, einem prominenten Stratforder Arzt, und ein Jahr später machte sie den Dichter zum Großvater. Nun hatte er neue Bande, die ihn heimwärts zogen. Um 1610 zog er sich aus London und von der Bühne zurück und übersiedelte in seinen Wohnsitz New Place. Anscheinend schrieb er dort *Cymbeline* (1609?), das *Wintermärchen* (1610?) und den *Sturm* (1611?). Zwei von diesen Stücken sind unbedeutend, aber der *Sturm* zeigt Shakespeare immer noch als Meister seiner Fähigkeiten. Da ist Miranda, die zu Beginn ihre Natur offenbart, wenn sie von der Küste aus das Wrack erblickt und ausruft: «Oh, ich litt mit ihnen, die ich so leiden sah!»[97] Und da ist Caliban, Shakespeares Antwort auf Rousseau. Da ist Prospero, der freundliche Zauberer, der auf seinen Zauberstab verzichtet und von seiner luftigen Welt zärtlich Abschied nimmt. Es lebt ein Widerhall von des Dichters Melancholie in der ungeschmälerten Beredsamkeit der Zeilen Prosperos:

Das Fest ist jetzt zu Ende; unsere Spieler,
Wie ich euch sagte, waren Geister und
Sind aufgelöst in Luft, in dünne Luft.
Wie dieses Scheines lockrer Bau, so werden
Die wolkenhohen Türme, die Paläste,
Die hehren Tempel, selbst der große Ball,
Ja, was daran nur teil hat, untergehn;
Und, wie dies leere Schaugepräng' erblaßt,
Spurlos verschwinden. Wir sind solcher Zeug
Wie der zu Träumen, und dies kleine Leben
Umfaßt ein Schlaf.[98]

Aber dies ist nicht die vorherrschende Stimmung. Im Gegenteil, in dem Stück ruht Shakespeare sich aus, er spricht von Büschen und Blumen und singt Lieder wie «Fünf Faden tief» und «Wo die Bien', saug ich mich ein». Und trotz aller behutsamen Bedenken ist es der alternde Dichter, der sich in Prosperos Lebewohl ausdrückt:

... Grüft', auf mein Geheiß,
Erweckten ihre Toten, sprangen auf
Und ließen sie heraus durch meiner Kunst
Gewalt'gen Zwang. Doch dieses grause Zaubern
Schwör ich hier ab ... so brech ich meinen Stab,
Begrab ihn manche Klafter in die Erde,
Und tiefer, als ein Senkblei je geforscht,
Will ich mein Buch ertränken.[99]

Und vielleicht ist es wiederum Shakespeare, der in der Freude über seine Tochter und seinen Enkel mit Miranda ausruft:

◀ *Pieter Breughel d. Ä. (1525–1569), genannt «Bauernbreughel», war nicht nur der Maler farbenprächtiger Sittenbilder, sondern auch ein großer Zeichner, wie dieser Kupferstich eines Kriegsschiffes aus seiner Zeit beweist.*

O Wunder!
Was gibt's für herrliche Geschöpfe hier!
Wie schön der Mensch ist! Wackre neue Welt,
Die solche Bürger trägt![100]

Am 10. Februar 1616 verheiratete sich Judith mit Thomas Quiney. Am 25. März machte Shakespeare sein Testament. Er vermachte Susanna seinen Grundbesitz, Judith 300 Pfund, einigen Kollegen kleinere Beträge und seiner ihm entfremdeten Frau sein zweitbestes Bett. Vielleicht hatte er mit Susanna vereinbart, sie solle sich um ihre Mutter kümmern. Anne Hathaway überlebte ihn um sieben Jahre. Im April veranstalteten «Shakespeare, Drayton und Ben Jonson» – nach dem Bericht John Wards, des Vikars (1662–1681) an der Kirche von Stratford – «eine fröhliche Zusammenkunft, und anscheinend trank Shakespeare zu viel, denn er starb an einem Fieber, das er sich dort zuzog»[101]*. Am 23. April 1616 ereilte ihn der Tod. Der Leichnam wurde unter dem Chor der Kirche von Stratford beigesetzt. In der Nähe steht auf einem in den Fußboden eingelassenen Stein, der keinen Namen trägt, ein Grabspruch, den die lokale Überlieferung Shakespeare zuschreibt:

Um Jesu willen, guter Freund, beraub
nicht diese Gruft, grab nicht nach diesem Staub.
Gesegnet sei, wer ihn verschont, den Stein,
Verflucht sei, wer hier rührt an mein Gebein.

VII. POST MORTEM

Soviel wir wissen, hatte er keine Schritte zur Veröffentlichung seiner Stücke unternommen. Die sechzehn, die zu seinen Lebzeiten einzeln erschienen, waren offenbar ohne seine Mitwirkung gedruckt worden; sie präsentierten sich wie gewohnt in Quartformat und mit verschiedenen Graden von textlichen Entstellungen. Aufgebracht durch diese unerlaubten Drucke, gaben zwei seiner früheren Kollegen, John Heming und Henry Condell, im Jahre 1623 die erste Folioausgabe heraus, die in einem großen Band von etwa neunhundert zweispaltigen Seiten den maßgeblichen Text von sechsunddreißig Stücken umfaßte. «Wir haben nur ... dem Toten gegenüber eine Pflicht erfüllt», steht im Vorwort, «... streben nicht nach eigenem Gewinn oder Ruhm; wir wollen nur das Andenken eines würdigen Freundes hochhalten ..., der unser Shakespeare zu seinen Lebzeiten war.» Der Band konnte damals für ein Pfund erworben werden. Jedes der annähernd zweihundert noch vorhandenen Exemplare ist jetzt ein Vermögen wert und kostet mehr als jedes andere Buch, mit Ausnahme der Gutenbergbibel.

Shakespeares Ansehen schwankte sonderbar im Lauf der Zeiten. Milton lobte ihn (1630) als «köstlichsten Shakespeare, Kind der Phantasie». Aber während der puri-

* «Es besteht kein Grund, diesen Bericht nicht anzuerkennen.» – Sir E. K. Chambers, *William Shakespeare*, Band I, S. 89.

tanischen Zwischenperiode, als die Theater geschlossen waren (1642–1660), verblaßte der Ruhm des Dichters. Er lebte mit der Restauration wieder auf. Sir John Suckling hält in seinem Bildnis von Van Dyck (in der Frick Gallery in New York) die erste Folioausgabe des *Hamlet* offen in der Hand. Dryden, die unfehlbare Autorität des späteren siebzehnten Jahrhunderts, pries Shakespeare, er habe «von allen modernen und wohl auch alten Dichtern ... die weiteste und umfassendste Seele ..., immer groß, wenn sich ihm eine große Gelegenheit bot», aber «oft auch platt, geschmacklos, in seiner Komik in Zusammenballungen und in seinen ernsten Stücken in bombastische Ausweitungen verfallend»[102]. John Evelyn notierte in seinem Tagebuch (1661), daß «die alten Stücke dieses verfeinerte Zeitalter anekeln, seit Ihre Majestät so lange auswärts weilte», das heißt, seit Karl II. und die zurückkehrenden Royalisten die dramatischen Normen Frankreichs nach England gebracht hatten. Kurz nach der Restauration brachte das Theater die unflätigsten Dramen der modernen Literatur hervor. Shakespeares Stücke wurden immer noch aufgeführt, aber gewöhnlich in «Bearbeitungen» von Dryden, Orway und anderen Vorbildern des Restaurationsgeschmacks.

Das achtzehnte Jahrhundert setzte die Stücke Shakespeares wieder ein. Nicholas Rowe veröffentlichte (1709) die erste kritische Ausgabe und die erste Biographie. Pope und Johnson gaben Werke und Kommentare heraus. Betterton, Garrick, Kemble und Mrs. Siddons machten Shakespeare auf der Bühne populärer als je zuvor. Und Thomas Bowdler machte sich einen Namen, als er (1818) einen bereinigten Text herausgab, der Stellen, «die nicht mit Anstand in der Familie vorgelesen werden konnten», unterdrückte. Im frühen neunzehnten Jahrhundert nahm sich die neue romantische Bewegung Shakespeares wieder an, und die Superlative eines Coleridge, Hazlitt, De Quincey und Lamb verwandelten ihn in einen Stammesgott.

Frankreich äußerte Bedenken. Um 1770 war sein literarisches Niveau durch Ronsard, Malherbe und Boileau in der lateinischen Tradition der Ordnung, der logischen Form, des verfeinerten Geschmacks und der Herrschaft der Vernunft begründet worden. Es hatte, mit Racine, die klassischen Dramenregeln angenommen. Shakespeare mit seinen schäumenden Wildbächen von Sätzen, seinen Gefühlsstürmen, seinen ungebildeten Narren und seiner Vermischung von Komödie und Tragödie verwirrte es. Als Voltaire 1729 von England zurückkehrte, brachte er mehrere Würdigungen Shakespeares mit nach Hause und «zeigte den Franzosen zunächst ein paar Perlen, die ich in seinem riesigen Misthaufen fand»[103]. Als aber einer den Engländer über Racine stellte, erhob sich Voltaire und verteidigte Frankreich, indem er Shakespeare «einen liebenswerten Barbaren» nannte[104]. Sein *Philosophisches Wörterbuch* (1765) machte einiges wieder gut. «Bei diesem Mann kommen Stellen vor, welche die Einbildungskraft erregen und zu Herzen gehen ... Er erreicht Erhabenheit, ohne sie gesucht zu haben.»[105] Madame de Staël (1804), Guizot (1821) und Villemain (1827) halfen Frankreich, mit Shakespeare Nachsicht zu haben. Schließlich gewann die Übersetzung der Stücke in gute französische Prosa, die Victor Hugos Sohn François herstellte, Shakespeare den Respekt Frankreichs, wenn auch niemals die andächtige Bewunderung, die es Racine entgegenbrachte.

Eine bessere Aufnahme fand der Dichter in Deutschland, wo kein einheimischer Bühnenschriftsteller ihm den Rang streitig machte. Deutschlands erster großer Dramatiker, Gotthold Ephraim Lessing, war es, der 1759 seine Landsleute darüber aufklärte, daß Shakespeare allen anderen Dichtern, alten und modernen, überlegen sei. Und Herder unterstützte ihn. August Wilhelm von Schlegel, Ludwig Tieck und andere führende Persönlichkeiten der Romantik hielten das Shakespearesche Banner hoch, und Goethe trug einen begeisterten Exkurs über *Hamlet* in seinem *Wilhelm Meister* bei (1796)[106]. Shakespeare wurde auf der deutschen Bühne populär, und eine Zeitlang liefen deutsche Gelehrte den englischen in der Shakespeare-Philologie den Rang ab.

Für diejenigen, die in der Atmosphäre von Shakespeare aufgewachsen sind, ist ein objektives Werten und Vergleichen nicht möglich. Nur einer, der die Sprache, die Religion, die Kunst, die Bräuche und die Philosophie der Griechen zur Zeit des Perikles kennt, kann die unerreichte Würde der dionysischen Tragödie, die starke Einfachheit und die unerbittliche Logik ihrer Struktur, ihre stolze Zurückhaltung in Wort und Tat, den ergreifenden Kommentar ihrer Chorgesänge, das hohe Unterfangen, den Menschen in der Perspektive seines Standorts im All und seines Schicksals zu sehen, ganz empfinden. Nur einer, der die französische Sprache, den französischen Charakter und den Hintergrund des Grand siècle kennt, kann in den Stücken Corneilles und Racines nicht nur die Majestät und die Musik ihrer Verse erfassen, sondern ebensogut auch die heldische Anstrengung der Vernunft, die Emotionen und Impulse zu überdecken, und die stoische Anhänglichkeit an schwierige klassische Normen, die Verdichtung eines Dramas auf eine kurze Zeitspanne, welche viele Leben umfaßt und bestimmt. Nur einer, der das Englische in seiner ganzen elisabethanischen Fülle versteht, der seine Rhetorik, seinen lyrischen Schwung und auch seine Schimpfworte genießt, der der Spiegelung der Natur und der Entfaltung der Einbildungskraft im Theater keine Fesseln anlegt, kann Shakespeares Stücken mit offenen Armen und offenem Herzen den verdienten Empfang bereiten. Der aber wird zittern vor Freude bei dem Glanz ihrer Sprache und wird bis in die Tiefe seines Geistes dazu angespornt werden, ihren Gedanken zu folgen und sie zu ergründen. Dies sind die drei epochemachenden Gaben des Dramas in der Welt, und wir müssen sie trotz unserer Begrenztheit alle aufnehmen zur Vertiefung unseres Daseins; wir müssen unserem Erbe für griechische Weisheit, französische Schönheit und elisabethanisches Leben danken. (Aber natürlich steht Shakespeare obenan.)

FÜNFTES KAPITEL

Maria, Königin von Schottland

[1542–1587]

I. DIE FEENKÖNIGIN

INMITTEN der ineinandergreifenden Dramen der schottischen Reformation und der Politik Elisabeths rührte die Tragödie Maria Stuarts die Gemüter mit allem Zauber der Schönheit und der leidenschaftlichen Liebe, mit religiösen und politischen Intrigen, Mord, Revolution und heldenhaftem Tod. Die Schicksale ihrer Vorfahren ließen auch für Maria ein gewaltsames Ende fast sicher erscheinen. Sie war die Tochter Jakobs V. von Schottland aus der Familie der Stuart und Maries von Guise, Lothringen und Frankreich. Sie war die Enkelin Margarete Tudors, der Tochter Heinrichs VII. von England, und damit die Nichte – ungenau auch Base genannt – der «blutigen» Maria und Elisabeths. Nach allgemeiner Übereinstimmung war sie, falls Elisabeth ohne Nachkommen sterben sollte, die legitime Erbin der englischen Krone. Und nach der Meinung derjenigen, die – wie alle Katholiken (und einstmals auch Heinrich VIII.) – Elisabeth als Bastard und daher als Herrscherin nicht für wählbar betrachteten, hätte Maria Stuart und nicht Elisabeth Tudor im Jahre 1558 den englischen Thron erben sollen. Um die Tragödie unabwendbar zu machen, hatte Maria, als sie Königin von Frankreich wurde (1559), ihren Gefolgsleuten und ihren Staatspapieren erlaubt, sie Königin von England zu nennen. Es war seit langem ein eitler Anspruch der französischen Könige, auch Könige von England – und der englischen Könige, auch Könige von Frankreich zu sein. Aber in diesem Fall näherte sich die Anmaßung einem allgemein anerkannten Rechtsanspruch; Elisabeth konnte ihrer Krone nie sicher sein, solange Maria lebte. Nur gesunder Menschenverstand hätte die Situation retten können, und Herrscher lassen sich selten so tief herab.

Innerhalb eines Jahres nach ihrer Geburt wurden Maria schon Königreiche angeboten. Eine Woche nach ihrer Geburt machte ihres Vaters Tod sie zur Königin der Schotten. Heinrich VIII. hoffte, Schottland als abhängiges Gebiet mit England zu vereinigen, und schlug vor, das kleine Kind mit seinem Sohn Eduard zu verloben und es nach England zu schicken. Dort sollte es vermutlich als Protestantin erzogen werden, um später Eduards Gemahlin zu sein. Die katholische Mutter des Kindes nahm aber statt dessen das Anerbieten Heinrichs II. von Frankreich an (1548), das Mädchen mit seinem Sohn, dem Dauphin, zu verheiraten. Um Maria davor zu bewahren, nach England entführt zu werden, wurde sie mit sechs Jahren nach Frankreich gebracht. Dort blieb sie dreizehn Jahre lang, wurde mit den Königskindern erzogen und entwickelte sich in Denken und Handeln völlig zur Französin, nachdem sie schon blutmäßig halb französisch war. Als sie heranreifte, entfaltete sie allen Zauber junger Fraulichkeit in der Schönheit der Gesichtszüge und der Gestalt, in der Lebhaftigkeit ihres Geistes und in der frohen Anmut ihres Tuns und Redens. Sie sang lieblich, spielte gut Laute, sprach Latein und schrieb Gedichte, welche Dichtern Lob abnötigten. Höflingen klopfte das Herz beim Anblick «des Schnees ihres reinen Antlitzes» (Brantôme)[1], «des Goldes ihres gelockten und geflochtenen Haars» (Ronsard)[2], der schlanken Vornehmheit ihrer Hände, der Fülle ihres Busens; und selbst der ernste und nüchterne L'Hôpital dachte, so viel Liebreiz müsse das Gewand einer Göttin sein[3]. Sie wurde zur anziehendsten und vollkommensten Gestalt am elegantesten Hof Europas. Als sie sechzehn Jahre alt war, heiratete sie den Dauphin (24. April 1558), und als sie, siebzehnjährig, durch seine Thronbesteigung Königin von Frankreich wurde, schienen alle Hoffnungen eines phantastischen Traumes Wahrheit geworden zu sein.

Aber Franz II. starb (5. Dezember 1560), nachdem er zwei Jahre lang regiert hatte. Maria war mit achtzehn Jahren schon Witwe und dachte daran, sich auf ein Landgut in der Touraine zurückzuziehen, denn sie liebte Frankreich. Aber inzwischen war Schottland protestantisch geworden. Es stand in Gefahr, Frankreich als Bundesgenosse verlorenzugehen. Die französische Regierung war der Meinung, es sei Marias Pflicht, nach Edinburg zu gehen und ihr Heimatland für ein Bündnis mit Frankreich und für den katholischen Glauben zurückzugewinnen. Widerwillig fand sich Maria damit ab, die Bequemlichkeiten und die Pracht des französischen Lebensstils zu verlassen und ihren Wohnsitz in Schottland zu nehmen, an das sie sich kaum erinnern konnte und das sie sich als barbarisches und kaltes Land vorstellte. Sie schrieb den führenden schottischen Adligen und versicherte sie ihrer Treue zu Schottland. Sie sagte ihnen nicht, daß sie in ihrem Heiratsvertrag Schottland den Königen von Frankreich urkundlich übertragen hatte für den Fall, daß sie ohne Nachkommen sterben sollte. Die Adligen, Protestanten so gut wie Katholiken, waren entzückt. Das schottische Parlament lud sie ein, nach Schottland zu kommen und ihren Thron zu besteigen. Sie bat Elisabeth um sicheres Geleit durch England. Es wurde ihr verweigert. Am 14. August 1561 segelte Maria von Calais ab, sagte Frankreich ein tränenreiches Lebewohl und starrte auf die zurückweichende Küste, bis nichts mehr zu sehen war als das Meer.

Fünf Tage später verließ sie das Schiff in Leith, dem Hafen Edinburgs, und machte sich an die Entdeckung Schottlands.

II. SCHOTTLAND: 1560/61

Es war ein Land von altem Herkommen und mit tief eingewurzelten Gebräuchen. Der Norden bildete ein rauhes Hochland unter einem Feudalregiment fast unabhängiger Adliger, die von einer halb primitiven Jagd-, Viehzucht- und Ackerbaukultur lebten. Der Süden wies liebliche Tiefebenen auf, die durch Regen fruchtbar waren, aber von langen Wintern mit lähmender Kälte verdunkelt wurden. Die Bevölkerung bemühte sich, Sittlichkeit und Ordnung auf dem Untergrund von Unwissenheit, Unrechtmäßigkeit, Korruption, Gesetzlosigkeit und Gewalttätigkeit zu schaffen. Sie war voller Aberglauben und schickte Hexen auf den Scheiterhaufen. In straff geübtem, religiösem Glauben suchte sie Hoffnung auf ein weniger mühsames Leben. Um die zwietrachtstiftende Macht der Barone etwas auszugleichen, hatten die Könige die katholische Geistlichkeit unterstützt und sie mit Gütern beschenkt, die der Käuflichkeit, der Faulheit und dem Konkubinat Vorschub leisteten[4]. Die Adligen gelüstete es nach den Reichtümern der Kirche. Sie entwürdigten den geistlichen Stand, indem sie kirchliche Ämter ihren weltlichen Söhnen zuerkannten. Schließlich erklärten sie sich für die Reformation und machten das schottische Parlament, das sie beherrschten, zum Herrn über Kirche und Staat.

Gefahr von außen war der bedeutendste Ansporn zu innerer Einheit. England fühlte sich unsicher auf einer Insel, die es mit ungezähmten Schotten teilen mußte. Immer wieder dachte es daran, Schottland durch Diplomatie, Heirat oder Krieg unter englische Herrschaft zu bringen. Schottland bangte davor, aufgesogen zu werden, und verbündete sich mit Frankreich, das England traditionsgemäß feindlich gesinnt war. Cecil riet Elisabeth, die protestantischen Adligen gegen ihre katholische Königin zu unterstützen. So würde Schottland uneinig werden und damit aufhören, für England eine Gefahr und für Frankreich eine Hilfe zu sein. Überdies würden die protestantischen Führer, wenn sie Erfolg hätten, Maria ablehnen, einen protestantischen Adligen auf den Thron setzen und ganz Schottland protestantisch machen. Im geheimen träumte Cecil davon, solch ein Schottland mit England zu verbinden, indem er Elisabeth dazu überredete, solch einen König zu ehelichen[5]. Als Frankreich eine Streitmacht nach Schottland sandte, um die Protestanten zu unterdrücken, sandte Elisabeth eine Armee, um sie zu beschützen und die Franzosen zu vertreiben. Nachdem diese auf dem Schlachtfeld geschlagen worden waren, unterzeichneten die französischen Unterhändler in Schottland am 6. Juli 1560 zu Edinburg einen verhängnisvollen Vertrag, der nicht nur forderte, die Franzosen sollten Schottland verlassen, sondern auch, Maria solle ihren Anspruch auf den Thron von England aufgeben. Auf den Rat ihres Gatten, Franz' II., weigerte sich Maria, den Vertrag zu ratifizieren. Elisabeth merkte sich das.

Die religiöse Lage war ebenfalls verwirrt. Das schottische «Reformationsparlament» von 1560 hob den Katholizismus offiziell auf und setzte den calvinistischen Protestantismus als Staatsreligion ein. Aber diese Beschlüsse erhielten von Maria nicht die königliche Ratifizierung, die damals nötig war, damit ein Parlamentsbeschluß Landesgesetz werden konnte. Katholische Geistliche besaßen noch immer den Großteil der schottischen Pfründen. Die Hälfte der Adligen waren «Papisten», und John Hamilton, der von königlichem Blut war, kam noch immer als katholischer Primas von Schottland ins Parlament. In Edinburg jedoch, in St. Andrews, Perth, Stirling und Aberdeen war ein großer Teil des Mittelstandes von frommen Predigern unter der Leitung von John Knox für den Calvinismus gewonnen worden.

Im Jahr vor Marias Ankunft brachten Knox und seine Anhänger ein Zucht-Buch heraus, das die Lehre und die Ziele von Knox' Kirche (*Kirk*) definierte. Unter Religion sollte der Protestantismus verstanden werden; die «Frommen» waren keine anderen als die Calvinisten. Unter «Abgötterei» fielen «die Messe, die Anrufung der Heiligen, die Anbetung von Heiligenbildern und der Besitz ... derselben». Ferner sollten «die hartnäckigen Verfechter und Lehrer solcher Schändlichkeiten der Bestrafung durch weltliche Richter nicht entgehen». Jede Lehre, die dem Evangelium «zuwiderlief», sollte als «verdammenswert und der Errettung der Menschen abhold unterdrückt werden»[6]; Geistliche sollten von den Kongregationen gewählt werden, sollten Schulen gründen, die allen frommen Kindern offenstünden, und sollten die schottischen Universitäten St. Andrews, Glasgow und Aberdeen beaufsichtigen. Der Reichtum der katholischen Kirche und die beibehaltenen kirchlichen Zehnten sollten den Bedürfnissen der Geistlichen, der Volksbildung und der Armenunterstützung zugewendet werden. Die neue Kirche, und nicht der weltliche Staat, sollte Sittengesetze aufstellen und Strafen für Vergehen vorschreiben: für Trunksucht, Schlemmerei, Gottlosigkeit, Extravaganz in der Kleidung, Unterdrückung der Armen, Unzucht, Hurerei und Ehebruch. Wer der neuen Lehre Widerstand leistete oder andauernd vom Gottesdienst fernblieb, sollte der weltlichen Gewalt ausgeliefert werden, und zwar mit einer Empfehlung der Kirche, er solle zum Tode verurteilt werden[7].

Die Lords, die im Parlament regierten, weigerten sich jedoch, das Zucht-Buch anzuerkennen (Januar 1561). Sie hatten kein Wohlgefallen an einer mächtigen und unabhängigen schottischen Kirche und hegten ihre eigenen Pläne hinsichtlich der Verwendung der Reichtümer der aufgehobenen Kirche. Für diese selbst und den Fortgang ihrer Entwicklung blieben die Forderungen des Buches Richtschnur und Ziel.

Als Knox sich in seinem Versuch, eine Theokratie – eine Regierung von Geistlichen, die den Anspruch erhoben, an Gottes Stelle zu sprechen – zu gründen, besiegt sah, arbeitete er mit noch größerer Hartnäckigkeit daran, die neue Geistlichkeit zu organisieren, Gelder zu ihrer Unterstützung flüssig zu machen und sie – trotz des immer noch tätigen katholischen Klerus – in ganz Schottland Fuß fassen zu lassen. Die dogmatische Gewalt seiner Predigten und die Begeisterung seiner Kirchengemeinde machten ihn in Edinburg und im ganzen Land zu einer Macht. Die katholische Königin mußte mit ihm abrechnen, ehe sie ihre Herrschaft konsolidieren konnte.

III. MARIA UND KNOX: 1561–1565

Sie hatte es so eingerichtet, daß sie vierzehn Tage früher als erwartet in Schottland eintraf, denn sie hatte befürchtet, man werde sich ihrer Landung widersetzen. Aber die Meldung von ihrer Ankunft in Leith breitete sich rasch in der Hauptstadt aus, und bald wimmelten die Straßen von Menschen. Diese waren überrascht zu sehen, daß ihre Königin ein hübsches und lebhaftes junges Mädchen von noch nicht neunzehn Jahren war. Die meisten zollten ihr Beifall, als sie anmutig auf ihrem Zelter nach dem Holyrood-Palast ritt. Dort wurde sie von den protestantischen und katholischen Lords empfangen, welche stolz darauf waren, daß Schottland eine so entzückende Herrscherin besaß, die eines Tages, in eigener Person oder durch einen Sohn, England unter Schottlands Regierung bringen konnte.

Die beiden Bildnisse Marias[8], die uns erhalten geblieben sind, bestätigen ihren Ruf als eine der schönsten Frauen ihrer Zeit. Wir können nicht mit Sicherheit sagen, wie weit die Maler – deren Namen wir heute nicht mehr kennen – sie idealisiert haben; aber in beiden Fällen sehen wir die fein modellierten Züge, die reizenden Hände, die üppigen kastanienbraunen Haare, welche Barone und Biographen hinrissen. Die Bilder offenbaren uns kaum den tatsächlichen Reiz der jungen Königin – ihren unbekümmerten Geist, ihren «lachenden Mund», ihre frische und geistreiche Redeweise, ihre Begeisterungsfähigkeit, ihre Leutseligkeit, ihre Sehnsucht nach Zuneigung, ihre hemmungslose Bewunderung starker Männer. Es war ihr tragisches Schicksal, daß sie ebenso Weib wie Königin sein, die ganze Glut einer Romanze empfinden wollte, ohne die Privilegien der Herrscherin aufzugeben. Sie sah sich selbst im Lichte einer ritterlichen Ballade, als eine jener Gestalten von stolzer und doch sanfter Schönheit, gleichzeitig keusch und sinnlich, von glühender Sehnsucht und romantischen Schmerzen verzehrt, erfüllt von zärtlichem Mitleid, unbestechlicher Loyalität und einem Mut, der mit der Gefahr wuchs. Sie war eine ausgezeichnete Reiterin, nahm in waghalsigem Galopp Hecken und Gräben und vermochte das Ungemach eines Feldzuges ohne Müdigkeit oder Klagen zu ertragen. Aber sie war weder körperlich noch geistig dazu geeignet, Königin zu sein. Sie war zart in allem, außer in der Nervenkraft, und Ohnmachtsanfällen unterworfen, die wie epileptische Krisen aussahen; auch verursachte ihr ein nicht diagnostiziertes Leiden oft Schmerzen[9]. Die männliche Intelligenz Elisabeths fehlte ihr; sie war manchmal klug, aber selten weise. Zu wiederholten Malen triumphierte ihre Leidenschaftlichkeit über ihre diplomatische Klugheit. Zeitweise bewies sie bemerkenswerte Selbstbeherrschung, Geduld und Taktgefühl, und dann wieder ließ sie sich in wildem Zorn gehen und gebot ihrer scharfen Zunge keinen Einhalt. Sie war mit Schönheit geschlagen und nicht mit Verstand gesegnet, und ihr Charakter war ihr Schicksal.

Sie versuchte angestrengt, die mannigfaltigen Gefahren ihrer Lage zu meistern, indem sie sich zwischen habgierigen Lords, feindseligen Predigern und einer dekadenten katholischen Geistlichkeit, die ihren vertrauensvollen Glauben mißbrauchte, mühsam im Gleichgewicht hielt. Als Führer ihres Geheimen Staatsrates wählte sie zwei Protestanten: ihren Halbbruder, den Bastard Lord James Stuart, den späteren Earl of Murray (oder Moray), der sechsundzwanzig Jahre alt war, und den sechsunddreißigjährigen William Maitland von Lethington, der mehr Intellekt besaß, als sein Charakter bewältigen konnte, und bis zu seinem Tode in zahllosen Kompromissen von einer Seite zur anderen hinüberwechselte. Das Ziel von Lethingtons Diplomatie war erstrebenswert: die Einigung Englands und Schottlands als der einzige Ausweg aus einer für beide Teile verderblichen Feindseligkeit. Im Mai 1562 sandte Maria ihn nach England, damit er eine Unterredung zwischen ihr und Elisabeth in die Wege leite. Elisabeth war einverstanden, aber ihr Rat äußerte Bedenken, denn er fürchtete, selbst das mildeste Zugeständnis gegenüber Marias Anspruch auf die Erbfolge könnte die Katholiken bei ihren Versuchen, Elisabeth zu ermorden, ermutigen. Die beiden Königinnen korrespondierten mit diplomatischer Herzlichkeit, während jede darauf bedacht war, in dem Katz-und-Maus-Spiel die Katze zu sein.

Marias erste drei Regierungsjahre waren in allem ein Erfolg, nur nicht in Glaubensdingen. Obschon sie sich nie mit dem Klima und der Lebensart Schottlands aussöhnen konnte, trachtete sie danach, den Holyrood-Palast mit Bällen, Maskenspielen und Liebreiz zu einem kleinen Paris in einer subarktischen Zone zu machen, und die meisten Lords tauten unter der Sonne ihrer Heiterkeit auf. Knox murrte, sie seien behext. Sie erlaubte Murray und Lethington, das Königreich zu verwalten, was die beiden mit ziemlichem Erfolg besorgten. Eine Zeitlang schienen sogar die religiösen Probleme infolge von Konzessionen sich lösen zu wollen. Als päpstliche Agenten Maria drängten, den Katholizismus als offizielle Staatsreligion wieder einzuführen, antwortete sie, das sei gegenwärtig unmöglich; Elisabeth würde mit Gewalt intervenieren. Um die schottischen Protestanten zu besänftigen, veröffentlichte sie (August 1561) eine Proklamation, die es den Katholiken verbot, Änderungen der bestehenden Religion zu fordern. Aber gleichzeitig bat sie um die Erlaubnis, ihren eigenen privaten Gottesdienst ausüben und die Messe in der königlichen Kapelle hören zu dürfen[10]. Am Sonntag, dem 24. August, wurde dort eine Messe zelebriert. Eine Anzahl Protestanten versammelten sich vor der Kapelle und verlangten, «der abgöttische Priester müsse sterben»[11], aber Murray hinderte sie daran, in die Kapelle einzudringen, während seine Mithelfer den Priester in Sicherheit brachten. Am folgenden Sonntag klagte Knox die Lords öffentlich an, sie erlaubten die Messe, und äußerte zu seiner Kirchengemeinde, für ihn sei eine einzige Messe eine größere Beleidigung als zehntausend bewaffnete Feinde[12].

Die Königin ließ ihn in dem Bestreben zu sich kommen, ihn zur Toleranz zu überreden. Am 4. September trafen sich die beiden Glaubensbekenntnisse im königlichen Palast zu einer historischen Unterredung, deren Einzelheiten uns bloß aus Knox' Bericht bekannt sind[13]. Maria warf ihm vor, einen Aufstand gegen die ordnungsgemäß errichtete Autorität ihrer Mutter angezettelt und seinen «Trompetenstoß» gegen die «abscheuliche Weiberherrschaft» geschrieben zu haben, der alle weiblichen Herrscher brandmarke. Er entgegnete, «wenn der Tadel am Götzendienst gleichbedeutend» sei «mit dem Aufhetzen der Untertanen gegen ihre Herrscher, dann kann mir nicht verziehen werden; denn es hat Gott gefallen ..., mich als einen [unter vielen] zu erschaffen, damit ich diesem Königreich die Hohlheit der papistischen Religion und die Falschheit, den Hochmut und die Tyrannei des römischen Antichristen [des Papstes] enthülle». Was aber den Trompetenstoß betreffe, «Madam, so wurde dieses Buch ganz besonders gegen die gottlose Isebel von England [Maria Tudor] geschrieben». Knox' Bericht fährt fort:

«Denkt Ihr (sagte sie), daß Untertanen sich ihren Fürsten widersetzen dürfen?»

«Wenn (gab er [Knox] zurück) die Fürsten ihre Grenzen überschreiten ..., dann besteht kein Zweifel darüber, daß ihnen widerstanden werden soll, selbst mit Gewalt.»

... Die Königin stand ganz erstaunt da ... Endlich sagte sie:

«Nun gut, ich verstehe, daß meine Untertanen Euch und nicht mir gehorchen sollen.»

«Da sei Gott vor (antwortete er), daß ich mich je unterfange, jemandem zu befehlen, er müsse mir gehorchen, oder es den Untertanen freistelle, zu tun, was ihnen gefällt. Meine mühevolle Arbeit bezweckt, daß beide, Fürsten und Untertanen, Gott gehorchen ... Und diese Unterwerfung, Madam, unter Gott und seine geplagte Kirche ist die größte Würde, die ein Sterblicher auf dieser Erde erlangen kann.»

«Ja (sagte sie), aber Ihr seid nicht die Kirche, die ich pflegen will. Ich will die römische Kirche verteidigen, denn ich denke, sie sei die wahre Kirche Gottes.»

«Euer Wille (sagte er), Madam, ist kein Grund. Niemals macht Euer Gedanke diese römische Dirne zur wahren und unbefleckten Braut Jesu Christi. Und wundert Euch nicht, Madam, daß ich Rom eine Dirne nenne, denn diese Kirche ist ganz und gar befleckt mit jeder Art von geistlicher Unzucht ...»

«Mein Gewissen (sagte sie) ist es nicht.»

Wenn diese Unterredung treu wiedergegeben ist, war es eine dramatische Konfrontation der Monarchie mit der theokratischen Demokratie, des Katholizismus mit dem Calvinismus. Wenn wir Knox Glauben schenken wollen, nahm die Königin seine Rüge ohne Widerrede an und sagte bloß: «Ihr seid ein großes Ärgernis für mich.» Dann ging sie zum Mahl, und Knox kehrte zu seinem geistlichen Amt zurück. Lethington wünschte, «Mr. Knox möchte freundlicher mit ihr verhandeln, denn sie sei eine junge, noch nicht gefestigte Fürstin»[14].

Seine Anhänger fanden nicht, er sei zu hart mit ihr umgegangen. Wenn sie sich öffentlich zeigte, nannten etliche sie eine Götzendienerin, und Kinder riefen ihr zu, es sei eine Sünde, die Messe zu hören. Die Edinburger Magistraten gaben ein Dekret heraus, das «Mönche, Bettelmönche, Priester, Nonnen, Ehebrecher und alle solche schmutzigen Personen» verbannte[15]. Maria setzte die Magistraten ab und ordnete neue Wahlen an. In Stirling wurden die Priester, die versuchten, für sie einen Gottesdienst abzuhalten, mit blutigen Köpfen heimgeschickt, «während sie hilflos weinte»[16]. Die Generalversammlung der *Kirk* forderte, es solle ihr verboten werden, der Messe irgendwo beizuwohnen, aber die Lords des Rates verweigerten ihre Einwilligung. Im Dezember 1561 erhob sich ein heftiger Disput zwischen dem Rat und der Kirche über die Verteilung geistlicher Einkünfte: den protestantischen Geistlichen wurde ein Sechstel zugemessen, der Königin ein Sechstel, dem katholischen Klerus (der immer noch die große Mehrheit bildete) zwei Drittel. Knox faßte dies Ergebnis mit den Worten zusammen, zwei Teile würden dem Teufel gegeben, während der dritte Teil zwischen dem Teufel und Gott aufgeteilt werde[17]. Die Geistlichen erhielten im Durchschnitt jährlich hundert Mark[18].

Im darauffolgenden Jahr fuhren die Geistlichen der schottischen Kirche fort, die Königin öffentlich anzuklagen. Sie waren über die Maskenspiele und Lustbarkeiten, das Singen, Tanzen, Flirten, das an Marias Hof herrschte, empört. Die Königin schränkte aus Rücksicht auf diese Proteste die Festlichkeiten ein, aber die Geistlichen dachten bei sich, daß sie noch einen weiten Weg zu gehen habe, denn sie hörte immer noch Messen. «John Knox», schrieb ein Zeitgenosse, «donnert von der Kanzel herab, so daß ich nichts so sehr fürchte, als daß er eines Tages alles verderbe. Er führt das große Wort, und jedermann fürchtet sich vor ihm.»[19] Auch hier wurde die Reformation mit der Renaissance handgemein.

Am 15. Dezember 1562 lud Maria Knox vor. Im Beisein von Murray, Lethington und andern klagte sie ihn an, er lehre seine Anhänger, sie zu hassen. Er antwortete – wie er selbst berichtet –, daß «Fürsten ... mehr Übung darin haben, zu geigen und zu tanzen, als Gottes gesegnetes Wort zu lesen oder zu hören. Und Fiedler und Schmeichler ... sind in ihren Augen mehr wert als Männer der Weisheit und Würde, die mittels dienlicher Ermahnung in ihnen einen Teil jener Eitelkeit und jenes Hochmutes austilgen könnten, mit denen alle Menschen geboren sind, die aber in den Fürsten durch sündhafte Erziehung tiefe Wurzeln schlagen und stark werden.» Nach Knoxens Bericht antwortete die Königin (mit ungewohnter Demut): «Wenn Ihr etwas über mich hört, was Euch mißfällt, dann kommt zu mir und sagt es mir, und ich will Euch anhören.» Und er entgegnete: «Ich bin, Madam, zu einem öffentlichen Amt in Gottes Kirche berufen und wurde von Gott dazu eingesetzt, die Sünden und Laster aller zu tadeln. Ich bin nicht dazu bestimmt, zu jedem einzelnen zu kommen, um ihm seine Vergehen aufzuzeigen, denn diese Arbeit wäre unabsehbar. Wenn es aber Euer Gnaden gefällt, die öffentlichen Predigten zu besuchen, dann zweifle ich nicht, daß Ihr völlig verstehen werdet, was mir gefällt und was mir mißfällt.»[20]

Sie ließ ihn in Frieden ziehn, aber der Glaubenskrieg ging weiter. An Ostern 1563 wurden verschiedene katholische Priester, die das Gesetz dadurch verletzt hatten, daß sie Messen lasen, von lokalen Agenten verhaftet und wegen Götzendienerei mit der Todesstrafe bedroht[21]. Einige wurden eingekerkert, etliche entkamen und verbargen sich in den Wäldern. Maria ließ Knox nochmals holen und legte sich für die gefangenen Priester ins Mittel. Er entgegnete, wenn sie das Gesetz anwenden wolle, werde er für die protestantische Fügsamkeit garantieren; im übrigen meine er, die Papisten verdienten eine Lektion. «Ich verspreche zu tun, was Ihr fordert», sagte sie, und für einen Augenblick waren sie Freunde. Auf ihren Befehl wurden der Erzbischof von St. Andrews und siebenundvierzig weitere Priester, weil sie die Messe gelesen hatten, verhört und zu Gefängnis verurteilt. Die Geistlichen der schottischen Kirche jubelten, aber eine Woche später (26. Mai 1563), als Maria und ihre Hofdamen in ihren besten Gewändern der Parlamentsversammlung beiwohnten und jemand aus dem Volk rief: «Gott segne dieses süße Antlitz!», rügten die Geistlichen «den Prunk ihrer Kleiderschleppen», und Knox schrieb: «Solch stinkender Hochmut der Frauen ... wurde früher in Schottland nicht gesehen.»[22]

Kurz darauf hörte er, daß Lethington versuchte, eine Heirat zwischen Maria und Don Carlos, dem Sohn Philipps II., zustande zu bringen. Da Knox fühlte, daß ein solcher Ehebund für den schottischen Protestantismus verhängnisvoll werden könnte, äußerte er seine Meinung über die Angelegenheit in einer Predigt, die er vor den adligen Parlamentsmitgliedern hielt:

> «Und nun, meine Lords, um dem allem ein Ende zu machen, höre ich von der Heirat der Königin ... Dies, meine Lords, sage ich Euch: wenn der Adel Schottlands, der sich zu Jesum Christum bekennt, je zustimmt, daß ein Ungläubiger (und alle Papisten sind Ungläubige) das Oberhaupt Eurer Herrscherin sein soll, dann handelt ihr so, als würdet ihr Jesum Christum aus diesem Reich verbannen.»[23]

Jetzt wurde die Königin zornig. Sie ließ Knox kommen und fragte ihn (so berichtet er): «Was habt Ihr mit meiner Heirat zu schaffen? Oder was seid Ihr in diesem Staat?» Er gab eine berühmte Antwort: «Ein Untertan, der darin geboren wurde, Madam. Und wenn ich auch weder ein Earl noch ein Lord oder Baron bin, so hat doch Gott mich zu einem nützlichen Glied darin gemacht (wie elend ich auch in Euren Augen sein mag).»[24] Maria brach in Tränen aus und befahl ihm, sie zu verlassen.

Seine Kühnheit erreichte im Oktober (1563) ihren Gipfel. Wieder hatte sich die Menge vor der königlichen Kapelle versammelt, um gegen die Messe zu protestieren, die dort gelesen werden sollte. Andrew Armstrong und Patrick Cranstoun drangen in die Kapelle ein und erschreckten den Priester, so daß er sich zurückzog. Die Königin, die nicht zugegen gewesen war, befahl ein Gerichtsverfahren gegen die beiden Calvinisten, weil sie in ihre Wohnung eingedrungen waren. Am 8. Oktober veröffentlichte Knox einen Brief und befahl «allen meinen Brüdern aller Stände, welche die Wahrheit vorziehen», dem Prozeß beizuwohnen. Der Rat der Königin war der Meinung, dieser Aufruf sei Verrat, und zitierte Knox zu einem Verhör vor die Königin. Er kam (21. Dezember 1563), aber im Hofraum und auf der Treppe, «ja selbst vor der Tür zum Gemach, wo die Königin und ihr Rat saßen», hatte sich eine so große Menge seiner Anhänger versammelt, und er verteidigte sich so geschickt, daß der Rat ihn freisprach und die Königin sagte: «Mr. Knox, Ihr könnt für diese Nacht nach Hause gehen.» «Ich bitte Gott», entgegnete er, «er möge Euer Herz von der Papisterei reinigen.»[25]

Am Palmsonntag 1564 heiratete der unbezwingliche, neunundfünfzigjährige Prophet seine zweite Frau, die siebzehnjährige Margaret Stuart, eine weit entfernte Verwandte der Königin. Ein Jahr später verheiratete sich auch die Königin zum zweitenmal.

IV. DIE KÖNIGIN ALS LIEBENDE: 1565–1568

Wen konnte sie heiraten, ohne in eine diplomatische Klemme zu geraten? Einen Spanier? Aber dann würden Frankreich und England protestieren, und die protestantischen Schotten wären erzürnt. Einen Franzosen? Aber dann würde England sich, wenn nötig durch einen Krieg, jeder Erneuerung der schottisch-französischen Allianz widersetzen. Einen Österreicher? Den Erzherzog Karl? Aber Knox donnerte schon jetzt von der Kanzel herunter gegen eine Verbindung mit einem katholischen «Ungläubigen», und Elisabeth ließ Maria wissen, eine Heirat mit einem Angehörigen des Hauses Habsburg, dem alten Feind der Tudor, würde einen feindlichen Akt darstellen.

In einem Augenblick der Leidenschaft zerhieb Maria den diplomatischen Knoten. Matthew Stuart, Earl of Lennox, welcher der Meinung war, er sei nach Maria der nächste Anwärter auf den schottischen Thron, hatte seine Güter verloren, als er Heinrich VIII. gegen Schottland beigestanden war, und war nach England geflohen, um der schottischen Rache zu entgehen. Jetzt (Oktober 1564) dachte er, es sei Zeit zurückzukehren. Kurz darauf kam sein neunzehnjähriger Sohn, Heinrich Stuart, Lord

Darnley, der durch seine Mutter (wie Maria) von Heinrich VII. von England abstammte, ebenfalls nach Schottland. Maria war entzückt von seiner bartlosen Jugend und bewunderte seine Gewandtheit beim Federball und auf der Laute. Sie verzieh ihm seine Eitelkeit, weil sie zu seinem guten Aussehen gehörte, und verliebte sich Hals über Kopf in ihn, ehe sie seinen Mangel an Geist bemerkte. Am 29. Juli 1565 machte sie den Jungen, trotz des Protests Elisabeths und der Hälfte ihres eigenen Rates, zu ihrem Gatten und ernannte ihn zum König. Murray zog sich aus dem Rat zurück und ging zu den Feinden der eigensinnigen Königin über.

Sie genoß einige Monate eines fragwürdigen Glücks. Ihr Bedürfnis nach Liebe war in den vier Jahren ihrer Witwenzeit immer stärker geworden; wie wohl tat es, begehrt zu werden! Sie verschenkte ihre Zärtlichkeit uneingeschränkt, und ohne zu knausern überschüttete sie ihren Gefährten mit Geschenken. «Was an Ehre einem Manne von einer Frau zugebilligt werden kann», berichtet Elisabeths Gesandter, Thomas Randolph, «wurde ihm voll und ganz zuteil. Keiner gefällt ihr, der ihm nicht zusagt, und was soll ich mehr sagen, als daß sie ihren ganzen Willen ihm unterordnet.»[26] Das große Glück verwirrte dem Jungen den Kopf. Er wurde befehlshaberisch und unverschämt und verlangte gemeinsame Herrschergewalt mit der Königin. Mittlerweile zechte er, trank viel, entfremdete sich den Rat, hatte Eifersuchtsanfälle und verdächtigte Maria des Ehebruchs mit David Rizzio.

Wer war Rizzio? Als italienischer Musiker war er 1561, im Alter von achtundzwanzig Jahren, im Gefolge des Gesandten von Savoyen nach Schottland gekommen. Maria, die in Musik verliebt war, zog ihn als Organisator musikalischer Festlichkeiten in ihren Dienst. Sie erfreute sich an seiner geistreichen Art, seiner raschen Intelligenz, seiner vielfältigen kontinentalen Bildung. Da er Französisch und Latein beherrschte und vortrefflich Italienisch schrieb, gebrauchte sie ihn auch als Sekretär. Bald ließ sie ihn ihre ausländische Korrespondenz entwerfen und schreiben. Er wurde zu einem Berater, zu einer Macht; er nahm teil an politischen Entscheidungen, er speiste mit der Königin. Manchmal saß er in vertraulicher Unterredung bis tief in die Nacht hinein bei ihr. Die schottischen Lords, die sich verdrängt sahen und die Rizzio verdächtigten, der katholischen Sache zu dienen, faßten heimlich den Plan, ihn umzubringen.

Darnley war von dem gewandten Italiener zuerst selbst bezaubert gewesen. Sie hatten miteinander gespielt und geschlafen. Als aber Rizzios Funktionen und Würden immer bedeutsamer wurden und Darnleys Albernheit diesen zu politischer Untätigkeit zwang, schlug die Zuneigung des Königs zu dem Diener, der Minister geworden war, schließlich in Haß um. Als Maria schwanger wurde, argwöhnte Darnley, sie trage Rizzios Kind. Randolph war davon überzeugt; und eine Generation später stichelte Heinrich IV., Jakob I. von England *müsse* «der moderne Salomon» sein, da sein Vater der Harfenspieler David gewesen sei[27]. Nachdem Darnley seinen Mut mit Whisky erhitzt hatte, tat er sich mit dem Earl of Morton, Baron Ruthven und anderen Lords zusammen, um Rizzio zu ermorden. Sie unterzeichneten ein Bündnis, worin sie sich verbürgten, den Protestantismus in Schottland zu stützen und Darnley «die eheliche Krone» – den Rechtsanspruch als Schottlands König – und, falls Maria sterben sollte, das Recht der Thronfolge zuzusprechen. Darnley versprach, die Unterzeichnenden vor den Folgen «jeden Verbrechens» zu schützen und Murray und die anderen verbannten Lords wieder einzusetzen[28].

Am 6. März 1566 deckte Randolph gegenüber Cecil die Verschwörung auf[29]. Am 9. März wurde sie ausgeführt. Darnley trat ins Boudoir, wo Maria, Rizzio und Lady Argyll beim Abendessen saßen, packte die Königin und hielt sie fest. Morton, Ruthven und andere drangen ein, schleppten Rizzio trotz Marias hilflosem Protest aus dem Gemach und erdolchten ihn auf der Treppe, um sicher zu gehen, mit sechsundfünfzig Stichen. Jemand läutete die Sturmglocke der Stadt. Eine Schar bewaffneter Bürger marschierte gegen den Palast und verhieß, Maria «in Stücke» zu hacken[30]; aber Darnley überredete sie auseinanderzugehen. Jene ganze Nacht über und auch am folgenden Tag blieb Maria im Holyrood-Palast als Gefangene der Mörder. Mittlerweile trieb sie ihr Spiel mit Darnleys Gefühlen, bis sie ihn dazu brachte, ihr zu helfen und sie zu begleiten, als sie in der darauffolgenden Nacht entkam und nach Dunbar floh. Dort schwor sie Rache und erließ einen Aufruf an alle loyalen Anhänger, sie sollten zu ihrer Verteidigung erscheinen. Vielleicht um ihre Feinde zu trennen, ernannte sie Murray wieder zu ihrem Ratgeber.

Der mächtigste unter denen, die ihr Schutz anboten, war James Hepburn, vierter Earl of Bothwell. Er war ein seltsamer und unheilvoller Charakter, nicht schön, aber von kräftigem Körper und voller Leidenschaft und Willen; ein Abenteurer zu Wasser und zu Lande, gewandt in der Handhabung von Schwert und Rapier. Er schüchterte die Männer mit seiner kühlen Verwegenheit ein, bezauberte die Frauen mit seiner Unterhaltung, seiner Tollkühnheit und weil er im Rufe stand, ein Verführer zu sein. Aber er war auch ein Mann von hoher Bildung, ein Liebhaber und Verfasser von Büchern, und dies in einer Zeit, da mancher adlige Schotte nicht einmal seinen Namen schreiben konnte. Zunächst hatte die Königin ihn nicht leiden mögen, denn er hatte schlecht von ihr gesprochen. Aber das ist einer der Wege, um das Interesse einer Frau wachzurufen. Dann, als sie seiner kriegerischen Fähigkeiten gewahr wurde, machte sie ihn zum Markstatthalter. Als sie hörte, er verstehe viel von Schiffen, ernannte sie ihn zum Lordadmiral. Als sie von seiner Absicht vernahm, sich um Lady Jane Gordons Hand zu bewerben, förderte sie diese Heirat.

Nun, da sie die Mörder Rizzios fürchtete und die Mitschuld ihres Gatten argwöhnte, wandte sie sich an Bothwell und bat ihn um Schutz und Rat. Er war ihr vorerst gleichgültig, aber seine Männlichkeit, sein Mut, seine Kraft und seine Zuversicht waren Eigenschaften, nach denen ihre Frauennatur sich gesehnt und die sie bei Franz II. und Darnley nicht gefunden hatte. Sie bemerkte, wie der Respekt vor seinem Schwert und seinen Truppen die Verschwörer dazu trieb, sich zu verstecken oder sich ihm unterzuordnen, und bald fühlte sie sich sicher genug, um nach Holyrood zurückzukehren. Obwohl Knox die Ermordung Rizzios gutgeheißen hatte, besänftigte Maria die Geistlichen für eine Zeitlang, indem sie besser für ihren Unterhalt sorgte. Die schottischen Bürger, welche die Lords nie geliebt hatten, sympathisierten mit ihr, und ein paar weitere Monate erfreute sie sich allgemeiner Beliebtheit. «Nie sah ich die Königin so sehr geliebt, geschätzt und geehrt», schrieb der französische Gesandte, «noch je so große Einigkeit bei ihren Untertanen.»[31] Nichtsdestoweniger war sie, je mehr sie sich der Niederkunft näherte, vom Gedanken besessen, sie würde in ihrer Hilflosigkeit ermordet oder abgesetzt werden[32]. Als sie unbeschadet einem Knaben das Leben schenkte (19. Juni 1566), freute sich ganz Schottland, als sähe es voraus, daß dieser Knabe König von Schottland und England werden würde, und Maria erreichte damit den Gipfel ihrer Popularität.

Gegen Darnley freilich benahm sie sich abweisend. Er verübelte ihr das erneute Zutrauen zu Murray und ihre steigende Bewunderung für Bothwell. Es gingen Gerüchte um, Bothwell wolle das Königskind rauben und in seinem Namen herrschen[33]. Darnley beschuldigte die Lords des Mordes an Rizzio und erklärte sich selbst für unschuldig; aus Rache sandten sie der Königin Beweise seiner Mittäterschaft[34]. Argyll, Lethington und Bothwell schlugen der Königin vor, sich von ihm scheiden zu lassen. Sie wandte ein, das könnte die Thronfolge gefährden. Lethington entgegnete, man würde gewiß irgendeinen Weg finden, um sie von Darnley zu befreien, ohne daß ihrem Sohn Schaden daraus erwüchse. Sie billigte diese Anwort nicht; vielmehr bot sie an, sich aus Schottland zurückzuziehen und Darnley herrschen zu lassen, und beendete die Unterredung mit einer Warnung: «Ich will, daß Ihr nichts unternehmt, wodurch irgendein Makel auf meine Ehre oder mein Gewissen fällt. Daher bitte ich Euch: laßt die Dinge ruhen, wie sie sind, bis Gott in seiner Güte Abhilfe schafft.»[35] Mehrfach äußerte sie in dieser Zeit den Gedanken an Selbstmord[36].

Um den Oktober 1566 unterzeichneten Argyll, Sir James Balfour, Bothwell und möglicherweise Lethington einen Pakt, um sich Darnleys zu entledigen. Der Earl of Lennox bekam Wind von der Verschwörung und warnte seinen Sohn. Darnley, der von Maria getrennt lebte, traf in Glasgow mit seinem Vater zusammen (Dezember 1566). Dort erkrankte er, anscheinend an Pocken, obwohl das Gerücht umlief, man habe ihm Gift gegeben. Mittlerweile erregte Marias fortschreitende Vertraulichkeit mit Bothwell den Verdacht, sie habe Ehebruch begangen. Knox nannte sie öffentlich eine Hure[37]. Anscheinend hatte sie sich an Erzbischof Hamilton gewandt und ihn gebeten, die Scheidung Bothwells von seiner Frau in die Wege zu leiten. Sie anerbot sich, Darnley zu besuchen. Er sandte ihr eine beleidigende Entgegnung. Trotzdem ging sie zu ihm (22. Januar 1567), behauptete, sie sei ihm treu geblieben, und erweckte seine Liebe aufs neue. Sie bat ihn, nach Edinburg zurückzukehren, und versprach ihm, sie würde ihn dort gesund pflegen und wieder glücklich machen.

Hier tauchen die *Caskct Letters* (Kassettenbriefe) auf, und der Schluß der Geschichte hängt zum Teil von ihrer Echtheit ab, die noch jetzt, nach vierhundert Jahren, umstritten ist. Sie wurden angeblich in einem silbernen Kästchen gefunden, das Maria einst Bothwell geschenkt hatte und das am 20. Juni 1567 im Auftrag der Lords, die damals versuchten, die Königin zu entthronen, einem Diener Bothwells gestohlen wurde. Morton, Lethington und andere Mitglieder des Geheimen Staatsrates öffneten das Kästchen am folgenden Tag. Bald nachher wurde es dem schottischen Parlament und später der englischen Kommission vorgelegt, die im Jahre 1568 über Maria zu

Gericht saß. Es enthielt acht Briefe und einige Gedichtfragmente, alle in französischer Sprache, undatiert und unadressiert, aber vermutlich von Maria an Bothwell gerichtet. Die Lords des Rates beschworen vor dem schottischen Parlament, daß die Briefe echt seien und daß niemand etwas an ihnen geändert habe. Maria behauptete, sie seien gefälscht worden. Ihr Sohn betrachtete die Briefe anscheinend als echt, denn er zerstörte sie[38]; es blieben nur Abschriften davon erhalten. Kontinentale Herrscher, denen Kopien vorgelegt wurden, scheinen an ihre Echtheit geglaubt zu haben[39]. Elisabeth stellte ihre Echtheit zunächst in Frage, anerkannte sie aber dann zögernd. Wenn wir sie lesen, ist unsere erste Regung der Zweifel daran, daß eine Frau, die über den Mord an ihrem Gatten nachsinnt, so sorglos und ausführlich ihr Vorhaben in Briefen ausdrücken könne, welche Boten anvertraut werden, die abgefangen oder bestochen werden könnten. Es scheint unwahrscheinlich, daß Bothwell Briefe, die ihn so belasteten, aufbewahrt haben soll. Und es ist ebenfalls unwahrscheinlich, daß irgend jemand in Schottland, selbst der gescheite Lethington (der besonders verdächtigt wird), einen wesentlichen Teil dieser Briefe in dem einzigen Tag zwischen dem Raub des Kästchens und der Übergabe an den Staatsrat oder das Parlament gefälscht haben könnte. Der am meisten belastende Brief, der zweite, ist sonderbar lang, er umfaßt zehn Druckseiten. Wenn er gefälscht wurde, dann ist es ein sehr bemerkenswertes Dokument, denn sein Gefühlsinhalt scheint Marias Wesen ebenso angemessen, wie die Schrift von ihrer Hand zu stammen schien. Er zeigt Maria als eine mitleidige, zögernde und beschämte Komplizin beim Mord an Darnley*.

Der kränkliche, furchtsame, vertrauensselige König ließ es zu, daß man ihn in einer Sänfte durch Schottland geleitete und im alten Pfarrhaus von Kirk o' Field an der Peripherie von Edinburg unterbrachte. Maria erklärte, sie könne ihn nicht sogleich nach Holyrood mitnehmen, weil er sonst ihr Kind anstecken könnte. Zwei Wochen lag er dort. Maria besuchte ihn täglich und pflegte ihn so eifrig, daß seine Kräfte wiederkehrten und er seinem Vater schrieb (7. Februar 1567): «... meine Gesundheit ist ... um so eher wieder zurückgekehrt, als die gute Pflege ... der Königin mich heilte, und ich versichere Euch, daß die Königin sich diese Zeit über und auch jetzt noch wie ein natürliches und liebendes Weib betragen hat. Ich hoffe nun, daß Gott unsere Herzen, die so lange von Kummer gequält wurden, doch noch mit Freude erhellen möge.»[41] Weshalb sie ihn ermüdende Wochen lang gesund gepflegt haben soll, wenn sie doch wußte, daß er ermordet werden würde, ist ein Teil des Geheimnisses um Maria Stuart. Am Abend des 9. Februar verließ sie ihn, um der Hochzeit einer ihrer Hofdamen in Holyrood beizuwohnen. In jener Nacht ereignete sich im Pfarrhaus von Kirk o' Field eine Explosion, und am Morgen wurde Darnley tot im Garten aufgefunden.

Maria benahm sich zuerst wie eine unschuldige Frau. Sie klagte und weinte und schwur Rache, ließ ihr Zimmer schwarz ausschlagen, schloß das Licht mit Vorhängen

---

* Kritische Betrachtung neigt dazu, die Briefe, abgesehen von einigen Einschiebseln, als fast durchwegs echt zu bezeichnen. Lord Acton, ein gebildeter und ehrbarer Katholik, hält vier der Briefe für echt, den zweiten für gefälscht[40]. Ihr Text kann in Andrew Langs *Mystery of Mary Stuart*, S. 391 ff. nachgelesen werden.

aus und verharrte dort in Dunkelheit und Einsamkeit. Sie befahl eine gerichtliche Untersuchung und setzte eine Belohnung in Geld und Land aus, um Informationen zu erhalten, die zur Verhaftung der Verbrecher führen könnten. Als an den Mauern der Stadt Plakate auftauchten, die Bothwell des Mordes bezichtigten, wobei einige die Königin mit dem Verbrechen in Zusammenhang brachten, forderte eine Proklamation die Ankläger auf, mit Beweisen herauszurücken, und versprach den Angebern Schutz und Belohnung. Der (die) Urheber der Plakate weigerte(n) sich hervorzutreten, aber der Earl of Lennox drängte die Königin, Bothwell unverzüglich vor Gericht zu stellen. Bothwell pflichtete diesem Ersuchen bei und erschien am 12. April vor dem Richter. Lennox blieb, weil er entweder keine Beweise hatte oder Bothwells Soldaten in der Hauptstadt fürchtete, in Glasgow. Bothwell wurde freigesprochen, und das Parlament erklärte ihn offiziell für unschuldig. Am 19. April überredete er Argyll, Huntly, Morton und ein Dutzend weiterer Lords, in Ainslees Taverne einen *Bond* zu unterzeichnen und damit ihren Glauben an seine Unschuld zu bezeugen, sich zu verpflichten, ihn zu verteidigen und seine Heirat mit Maria zu billigen. Sie begünstigte nun Bothwell öffentlich und fügte den vielen kostbaren Geschenken, die sie ihm schon gegeben hatte, weitere hinzu.

Am 23. April besuchte sie ihren Sohn in Stirling. Das Schicksal wollte es, daß sie ihn in ihrem ganzen Leben nicht wiedersehen sollte. Auf ihrem Rückweg nach Edinburg lauerten Bothwell und seine Soldaten ihr und Lethington auf und brachten sie gewaltsam nach Dunbar (24. April). Lethington protestierte, und Bothwell drohte, ihn zu töten. Maria rettete ihn, und er wurde freigelassen, worauf er sich mit den Feinden der Königin zusammentat. In Dunbar wurden die Verhandlungen für Bothwells Scheidung aufgenommen. Am 3. Mai kehrten er und Maria nach Edinburg zurück. Sie erklärte, sie sei frei von jeder Bindung. Am 7. Mai wurde ihm die Scheidung zugebilligt, und am 15. Mai wurden sie nach protestantischem Ritus von dem ehemals katholischen Bischof von Orkney vermählt, nachdem ihr katholischer Beichtvater sich geweigert hatte, sie zu trauen. Das katholische Europa, das früher Maria sehr ergeben war, wandte sich nun gegen sie als eine verlorene Seele. Der katholische Klerus von Schottland hielt sich von ihr fern; die protestantische Geistlichkeit forderte ihre Entthronung; beim Volk wurde sie verhaßt. Einige wenige Mitfühlende schrieben ihre Unbesonnenheit und Verblendung einem Liebestrank zu, den Bothwell ihr gegeben habe.

Am 10. Juni belagerte eine bewaffnete Schar das Schloß von Borthwick, wo Maria und Bothwell sich aufhielten. Sie entkamen, Maria in Männerkleidern. In Dunbar sammelte Bothwell etwa tausend Mann, mit denen er und Maria versuchten, ihren Weg nach Edinburg zurück zu erzwingen. In Carberry Hill trat ihnen (15. Juni) eine ebenso große Streitmacht entgegen, die ein Banner mit dem Bild des toten Darnley und des kleinen Jakob VI. mit sich führte. Bothwell wollte den Ausweg durch einen Zweikampf erzwingen. Maria verweigerte ihm die Erlaubnis. Sie erklärte sich damit einverstanden, sich zu ergeben, falls man Bothwell entkommen lasse. Später behauptete sie, die aufrührerischen Führer hätten ihr Treue versprochen, wenn sie sich ihnen friedlich anschließe[42]. Bothwell floh zur Küste und ging nach Dänemark. Dort starb er nach zehn Jahren Gefangenschaft unter dem dänischen König im Alter von zweiundvierzig Jahren (1578).

Maria begleitete ihre Häscher nach Edinburg unter den Rufen der Soldaten und der Volksmenge: «Verbrennt die Hure! Verbrennt sie! Tötet sie! Ersäuft sie!»[43] Sie wurde im Haus des Bürgermeisters untergebracht und streng bewacht. Unter ihrem Fenster, an dem sie zerzaust und nur halb bekleidet erschien, fuhr die Menge fort, sie mit den gemeinsten Schimpfwörtern zu bedrohen. Am 17. Juni wurde sie trotz ihres heftigen Protests in ein abgelegenes und sicheres Gefängnis auf einer Insel im Loch Leven gebracht, etwa dreißig Meilen nördlich der Hauptstadt. Dort soll sie, nach dem Bericht ihres Sekretärs Claude Nau, in einer Frühgeburt Zwillingen das Leben gegeben haben[44]. Sie sandte ein Bittschreiben an die französische Regierung, aber diese lehnte ab, sich einzumischen. Elisabeth befahl ihrem Gesandten, Maria Schutz zu versprechen und den Lords mit schrecklichen Strafen zu drohen, falls sie der Königin ein Leid zufügten. Knox forderte Marias Hinrichtung und weissagte, Gott würde Schottland mit einer großen Seuche heimsuchen, wenn Maria verschont bliebe[45]. Am 20. Juni brachten die Lords die Kassettenbriefe in Sicherheit. Maria appellierte ans Parlament und bat, angehört zu werden. Das Parlament versagte ihr dies mit der Begründung, die Briefe erläuterten ihren Fall zur Genüge. Am 24. Juli unterzeichnete sie ihre Abdankungsurkunde, und Murray wurde für ihren Sohn als Regent eingesetzt.

Beinahe elf Monate blieb sie als Gefangene im Schloß von Loch Leven. Nach und nach wurde die Strenge ihrer Haft gemildert. Ihre Mahlzeiten nahm sie mit der Familie von William Douglas, dem Schloßherrn, ein. Sein jüngerer Bruder George verliebte sich in sie und half ihr (25. März 1568) zu entkommen. Sie wurde wieder gefangen; aber am 2. Mai versuchte sie es nochmals, und diesmal mit Erfolg. Beschützt von dem jungen Douglas, erreichte sie das Festland, wo sie von einer Gruppe von Katholiken aufgenommen wurde. Sie ritten nachts bis zum Firth of Forth, durchquerten ihn und fanden im Hause Hamiltons eine Zuflucht. Innerhalb von fünf Tagen versammelten sich dort sechstausend Mann und schworen, sie wieder auf den Thron zu bringen. Aber Murray rief die Protestanten Schottlands unter die Waffen. Bei Langside unweit von Glasgow trafen sich die beiden Streitkräfte (13. Mai); Marias Armee war schlecht geschult und wurde besiegt. Maria ergriff wiederum die Flucht und ritt verzweifelt drei Nächte hindurch bis zur Dundrennan-Abtei am Solway Firth. Dort sandte sie den Diamanten, den Elisabeth einst «ihrer liebsten Schwester» geschenkt hatte, an die Geberin zurück und fügte die Botschaft hinzu: «Ich sende dieses Kleinod seiner Königin zurück, denn mit diesem Zeichen hat sie Freundschaft und Beistand versprochen.»[46] Am 16. Mai 1568 überquerte sie in einem offenen Fischerboot den Solway Firth, betrat englischen Boden und legte ihr Schicksal in die Hände ihrer Rivalin.

V. DIE SÜHNE: 1568–1587

Von Carlisle aus sandte sie Elisabeth nochmals eine Botschaft und bat um eine Unterredung, in der sie ihr Verhalten erläutern könne. Elisabeth, grundsätzlich nicht geneigt, einen Aufstand gegen eine rechtmäßige Herrscherin zu unterstützen, war damit einverstanden, sie einzuladen. Aber ihr Staatsrat machte sie mit Warnungen kopfscheu. Wenn es Maria gestattet würde, nach Frankreich weiterzureisen, würde die französische Regierung dazu verleitet, eine Armee nach Schottland zu senden, um die Königin wieder einzusetzen und aus Schottland abermals einen katholischen Bundesgenossen Frankreichs zu machen, der zu einem Stachel im Rücken Englands würde. Marias Anspruch auf Englands Thron würde dann ebenso von französischen Armeen wie von englischen Katholiken unterstützt werden. Wenn Maria frei in England lebte, würde sie immer eine mögliche Veranlassung und einen Mittelpunkt für einen katholischen Aufstand bedeuten, und England sei im Herzen immer noch vorwiegend katholisch. Wenn England die schottischen Lords zwänge, ihre Königin wieder auf den Thron zu setzen, würde deren Leben in Gefahr sein, und England würde seine protestantischen Verbündeten in Schottland verlieren. Cecil wäre wahrscheinlich mit Hallam der Meinung gewesen, daß die Zwangshaft der schottischen Königin jedes Gesetz verletze, «das natürliche, allgemeine und staatliche»[47], aber er fühlte, daß seine vornehmste Aufgabe darin lag, England zu beschützen.

Da es eine Aufgabe der Diplomatie ist, Realismus in Moral zu hüllen, sagte man Maria, ehe ihr Gesuch um eine Unterredung mit Elisabeth bewilligt werden könne, müsse sie sich vor einer Gerichtskommission von verschiedenen Anklagen reinwaschen. Maria antwortete, sie sei eine Königin und könne nicht von Laienrichtern abgeurteilt werden, besonders nicht von solchen einer anderen Nation; sie verlange die Freiheit, entweder nach Schottland zurückzukehren oder nach Frankreich weiterreisen zu dürfen. Sie bat darum, im Beisein Elisabeths mit Morton und Lethington zusammentreffen zu können, und versprach, diese der Schuld an Darnleys Tod zu überführen. Der englische Rat ordnete an, sie von Carlisle (da es zu nahe an der Grenze lag) nach Schloß Bolton bei York zu bringen (13. Juli 1568). Maria erklärte sich mit einer milden Haft einverstanden, da Elisabeth ihr versprochen hatte: «Gebt Euch ohne Rückhalt in meine Hände. Ich will auf nichts hören, was gegen Euch gesagt wird. Eure Ehre soll gerettet werden, und Ihr sollt wieder auf Euren Thron gelangen.»[48] Dadurch beruhigt, erklärte Maria ihr Einverständnis, sich einer Prüfungskommission zu unterwerfen. Sie versuchte, Elisabeth günstig zu stimmen, indem sie vorgab, den anglikanischen Glauben und dessen Bekenntnis anzunehmen, versicherte aber zugleich Philipp von Spanien, sie werde die katholische Sache nie im Stich lassen[49]. Von dieser Zeit an überboten sich Maria und Elisabeth gegenseitig an Doppelzüngigkeit, wobei die eine sich damit entschuldigte, sie sei verraten und eine königliche Gefangene; die andere, sie sei eine gefährdete Königin.

Die Gerichtskommission trat am 4. Oktober 1568 in York zusammen. Maria war durch sieben Männer vertreten, hauptsächlich durch John Leslie, den katholischen

Bischof von Ross, und den katholischen Lord Herries aus der Westmark Schottlands. Elisabeth hatte drei Protestanten ernannt: den Duke von Norfolk, den Earl von Sussex und Sir Ralph Sadler. Vor ihnen erschienen Murray, Morton und Lethington, die den Engländern vertraulich die Kassettenbriefe zeigten. Wenn Maria – sagten sie – Murray als Regenten anerkenne und sich damit einverstanden erkläre, aus einer reichlich bemessenen schottischen Rente in England zu leben, würden die Briefe nicht öffentlich bekanntgemacht werden. Norfolk, der davon träumte, Maria zu heiraten und dadurch bei Elisabeths Tod König von England zu werden, lehnte das Angebot ab, und Sussex schrieb an Elisabeth, Maria scheine die größten Aussichten zu haben, den Fall für sich zu entscheiden[50].

Elisabeth befahl dem Gericht, sich nach Westminster zu begeben. Dort legte Murray die Kassettenbriefe ihrem Rat vor. Die Meinungen über die Echtheit der Dokumente blieben geteilt. Aber Elisabeth entschied, sie könne Maria erst empfangen, wenn ihre Echtheit widerlegt sei. Maria bat, man möge ihr die Briefe, seien es nun Originale oder Kopien, zeigen. Die Kommission lehnte es ab, und Maria sah niemals weder Kopien noch Originale[51]. Die Kommission ging auseinander, ohne eine Entscheidung zu verkünden (11. Januar 1569). Murray wurde von Elisabeth empfangen und kehrte dann mit den Briefen nach Schottland zurück. Die zornige und trotzige Maria wurde in strengere Haft nach Tutbury am Trent überführt. Ausländische Regierungen protestierten. Elisabeth entgegnete, wenn sie die Beweise sähen, welche der Kommission vorgelegt worden seien, würden sie die Behandlung Marias eher milde als streng nennen[52]. Der spanische Gesandte riet Philipp, in England einzufallen, und versprach die Mithilfe der nordenglischen Katholiken. Philipp war in bezug auf eine solche Hilfe skeptisch, und Alba warnte ihn, Elisabeth könnte beim ersten Anzeichen einer Invasion oder eines Aufstandes befehlen, Maria hinzurichten.

Der Aufstand brach aus. Am 14. November 1569 führten die Earls von Northumberland und Westmorland eine rebellische Armee von 5700 Mann nach Durham, stürzten den anglikanischen Abendmahlstisch um, verbrannten das Anglikanische Gebetbuch, richteten den katholischen Altar wieder auf und hörten eine Messe. Sie planten einen Angriff auf Tutbury, um Maria zu befreien. Aber Elisabeth hinderte sie daran, indem sie Maria nach Coventry bringen ließ (23. November 1569). Der Earl of Sussex unterdrückte den Aufstand sehr rasch mit einer Armee, die weitgehend aus Katholiken bestand. Elisabeth befahl, daß alle gefangenen Aufständischen und alle, die sie gewähren ließen, gehängt werden sollten. Und «die Leichname sollten nicht weggeschafft, sondern dort belassen werden, wo sie hingen, bis sie in Stücke zerfielen»[53]. Etwa sechshundert Männer wurden so beseitigt, ihre Besitztümer von der Krone konfisziert. Northumberland und Westmorland entkamen nach Schottland. Im Februar 1570 führte Leonard Dacres einen weiteren Aufstand der Katholiken an; auch er wurde geschlagen und floh über die Grenze.

Im Januar 1570 schrieb Knox an Cecil und riet ihm, Marias Tod sofort zu befehlen, denn «wenn Ihr das Übel nicht an der Wurzel faßt, werden die Zweige, die anscheinend gebrochen sind, aufs neue Knospen treiben»[54]. Er hatte eben seine *History of the*

Reformation of Religioun within the Realme of Scotland (Geschichte der Reform der Religion im schottischen Königreich) beendet: ein Buch, das keinen Anspruch auf Unparteilichkeit erhob, eine ungenaue, aber lebendige und lebenswichtige Schilderung, geschrieben in einem altmodischen, wunderlichen Stil, Zeugnis ablegend von der scharfen Zunge eines Predigers, der eine Hure eine Hure nannte. Ein erbitterter Mann, aber ein großer Mann, der seinen Traum von der Macht vollständiger ausbaute als Calvin; der von Herzen haßte, tapfer kämpfte und die unglaubliche Energie eines hartnäckigen Willens bis zum letzten Tropfen ausschöpfte. Um 1572 hatte er sich selbst aufgebraucht. Er konnte nicht mehr ohne Hilfe gehen, hatte sich aber noch jeden Sonntag zur Kanzel von St. Giles geschleppt. Am 9. November 1572 predigte er zum letztenmal, und die ganze Kirchgemeinde begleitete ihn nach Hause. Er starb am 24. November im Alter von siebenundsechzig Jahren, beinahe so arm, wie er zur Welt gekommen war; denn er «hatte aus dem Wort Gottes keine käufliche Ware gemacht». Er überließ es der Nachwelt, ihn zu richten. «Was ich für mein Land gewesen bin, davon will dieses undankbare Zeitalter nichts wissen, doch werden künftige Zeiten nicht umhin können, für die Wahrheit Zeugnis abzulegen.»[55] Wenige Männer haben einen solch entscheidenden Einfluß auf den Glauben und die Erziehung eines Volkes gehabt; wenige kamen ihm zu seiner Zeit an Fanatismus und theokratischer Besessenheit gleich. Er und Maria stellten miteinander die Seele Schottlands dar: Er war die Reformation, sie die Renaissance. Sie verlor, weil sie, ungleich Elisabeth, nicht verstand, die beiden zu vermählen.

Maria, ruhelos wie eine eingesperrte Tigerin, versuchte jede Möglichkeit zur Flucht. Im März 1571 machte sich Roberto di Ridolfi, ein Florentiner Bankier, der in London tätig war, zum Vermittler zwischen Maria, dem spanischen Gesandten, dem Bischof von Ross, Alba, Philipp und Papst Pius V. Er schlug vor, Alba solle spanische Truppen aus den Niederlanden nach England senden, eine katholische Streitmacht solle gleichzeitig England von Schottland her überfallen, Elisabeth solle entthront, Maria Königin von England und Schottland werden und Norfolk ehelichen. Norfolk wurde von dem Plan in Kenntnis gesetzt, nahm ihn nicht vorbehaltlos an, verriet ihn aber auch nicht. Maria erklärte sich versuchsweise damit einverstanden[56]. Der Papst gab Ridolfi Geld für das Unternehmen und versprach, es Philipp anzuempfehlen[57]. Philipp gab seine eigene, von Albas Einverständnis abhängige Zustimmung. Alba hingegen zog den Plan, den er für überspannt hielt, ins Lächerliche, und es wurde nichts daraus als eine Tragödie für Marias Freunde. Bei verhafteten Dienern Marias und des Herzogs wurden Briefe von Ridolfi und Norfolk gefunden. Norfolk wurde mit Ross und einigen katholischen Adligen eingekerkert, wegen Verrats vor Gericht gestellt und für schuldig erklärt. Elisabeth zögerte, das Todesurteil eines so hochgestellten Edelmanns zu unterzeichnen, aber Cecil, das englische Parlament und die anglikanische Hierarchie forderten die Hinrichtung sowohl Norfolks wie Marias. Elisabeth wählte einen Kompromiß und schickte Norfolk auf das Schafott (2. Juni 1572). Als die Nachricht von der Pariser Bluthochzeit (22. August) England erreichte, erhoben sich wiederum Stimmen, die Marias Hinrichtung verlangten[58]: Elisabeth lehnte erneut ab.

Nur wenn wir bedenken, daß Marias Gefangenschaft beinahe neunzehn Jahre dauerte, können wir ihre Verzweiflung und ihr Gefühl, bitteres Unrecht zu erleiden, verstehen. Die Orte ihrer Gefangenschaft wurden wiederholt gewechselt, damit nicht die Sympathie, welche in ihrer Nachbarschaft und bei ihren Wächtern immer wieder aufkam, neue Intrigen anstifte oder unterstütze. Die Bedingungen ihrer Haft waren nicht hart. Es wurde ihr gestattet, ihre französische Rente von jährlich 1200 Pfund zu empfangen. Die englische Regierung gab ihr eine wesentliche Summe für Beköstigung, ärztliche Behandlung, Dienstboten und Lustbarkeiten. Es wurde ihr erlaubt, die Messe und andere katholische Gottesdienste zu besuchen. Sie versuchte, sich die langen Stunden mit Sticken, Lesen, Gartenarbeiten und im Spiel mit ihren Lieblingsspaniels zu vertreiben. Als ihre Hoffnung auf Freiheit dahinwelkte, verlor sie das Interesse daran, sich zu pflegen. Sie machte sich kaum mehr körperliche Bewegung und wurde schlaff und korpulent. Sie litt unter Rheumatismus; manchmal waren ihre Beine so geschwollen, daß sie nicht mehr gehen konnte. Um 1577, im Alter von erst fünfunddreißig Jahren, hatte sie schon weißes Haar. Von da an bedeckte sie es mit einer Perücke.

Im Juni 1583 anerbot sie sich, wenn sie freigelassen würde, jedem Anspruch auf die englische Krone zu entsagen, nie mehr mit Verschwörern Verbindung aufzunehmen, nach Elisabeths Wahl irgendwo in England zu leben, sich nie mehr als zehn Meilen von diesem Wohnsitz zu entfernen und sich der Bewachung nachbarlicher Edelleute zu unterwerfen. Jedoch Elisabeth erhielt den Rat, diesen Zusicherungen nicht zu trauen. So nahm Maria ihre Fluchtpläne wieder auf. Sie brachte es durch verschiedene verzweifelte Kunstgriffe zustande, heimlich mit den französischen und spanischen Gesandten und Regierungen sowie mit ihren Anhängern in Schottland und Beauftragten des Papstes zu korrespondieren. Briefe wurden mit der Wäsche, in Büchern, Spazierstöcken, Perücken und im Futter von Schuhen hinein- und hinausgeschmuggelt. Aber Cecils und Walsinghams Spione entdeckten jeden Anschlag rechtzeitig. Selbst unter den Studenten und Priestern des Jesuitenkollegiums in Reims hatte Walsingham einen Agenten, der ihn auf dem laufenden hielt.

Die romantische Atmosphäre um die gefangene Königin rührte die Sympathie vieler junger Engländer und entfachte Glut in den Herzen der katholischen Jugend. Im Jahre 1583 organisierte Francis Throckmorton, ein katholischer Neffe von Elisabeths früherem Gesandten in Frankreich, wieder eine Verschwörung, um Maria zu befreien. Er wurde bald ertappt. Als man ihm auf der Folter ein Geständnis erpreßt hatte, stöhnte er: «Nun habe ich die Geheimnisse der Frau enthüllt, die mir in der ganzen Welt die liebste war.»[59] Er starb im Alter von dreißig Jahren unter dem Beil des Henkers.

Ein Jahr später veranlaßte William Parry, ein Spion in Cecils Diensten, einen päpstlichen Nuntius in Paris dazu, für ihn bei Gregor XIII. einen vollkommenen Ablaß zu erwirken, da er das gefährliche Unternehmen vorhabe, Maria Stuart zu befreien und England zur katholischen Kirche zurückzuführen. Der päpstliche Staatssekretär entgegnete (30. Januar 1584), der Papst habe Parrys Gesuch gelesen, freue sich über seinen Entschluß, sende ihm den gewünschten Ablaß und werde seine Bemühungen belohnen[60]. Parry überbrachte Cecil diese Antwort. Ein anderer englischer Spion, Edmund Neville, beschuldigte Parry, er habe ihn dazu veranlassen wollen, Elisabeth zu ermorden. Parry wurde verhaftet, gehängt und noch bei lebendigem Leibe wieder vom Galgen abgeschnitten und zerstückelt[61].

Über die lange Kette von Verschwörungen aufgebracht und durch die Ermordung Wilhelms von Oranien erschreckt, entwarf Elisabeths Staatsrat (Oktober 1584) einen «Bündnisvertrag» und verpflichtete die Unterzeichnenden, als Nachfolger der Königin niemals eine Person anzuerkennen, zu deren Nutzen ein Mordanschlag auf Elisabeths Leben gemacht worden sei, und jede Person, die in ein solches Unternehmen verwickelt sei, zum Tode zu verurteilen. Der Vertrag wurde vom Staatsrat, von den meisten Parlamentsmitgliedern und von prominenten Männern in ganz England unterzeichnet. Ein Jahr später verlieh ihm das Parlament die gesetzliche Sanktion.

Er verhinderte weitere Anschläge nicht. 1586 überredete John Ballard, ein römisch-katholischer Priester, Anthony Babington, einen reichen jungen Katholiken, dazu, eine Verschwörung zu Elisabeths Ermordung, der Invasion Englands durch Armeen aus Spanien, Frankreich und den Niederlanden sowie zur Einsetzung Marias als Königin zu organisieren. Babington unterrichtete Maria brieflich von dem Anschlag, schrieb ihr, sechs katholische Adlige hätten sich entschlossen, «die Thronräuberin zu beseitigen», und bat um ihre Zustimmung zu dem Plan. In einem Brief vom 17. Juli 1586 nahm Maria Babingtons Vorschläge an, gab zwar nicht ausdrücklich ihre Einwilligung zu Elisabeths Ermordung, versprach aber Belohnung, falls das Unternehmen von Erfolg gekrönt sein werde[62]. Der Bote, dem ihr Sekretär diese Antwort anvertraute, war ein Geheimagent Walsinghams. Er kopierte den Brief und sandte Walsingham die Abschrift und Babington den Brief. Am 14. August wurden Babington und Ballard verhaftet. Bald darauf wurden dreihundert prominente Katholiken eingekerkert. Die beiden Führer gestanden, und Marias Sekretär wurde dazu überredet, die Echtheit von Marias Brief anzuerkennen[63]. Dreizehn von den Verschwörern wurden hingerichtet. In ganz London wurden Freudenfeuer angezündet, Glocken läuteten, und Kinder sangen Dankespsalmen für die Rettung von Elisabeths Leben. Das ganze protestantische England verlangte laut Marias Tod.

Marias Gemächer wurden durchsucht und alle ihre Papiere beschlagnahmt. Am 6. Oktober wurde sie nach Schloß Fotheringay überführt und dort von einer Kommission von dreiundvierzig Adelspersonen verhört. Es wurde ihr kein Verteidiger gewährt, aber entschlossen verteidigte sie sich selbst. Sie gab ihre Mitschuld an der Verschwörung Babingtons zu, leugnete aber, die Ermordung Elisabeths gutgeheißen zu haben. Sie machte geltend, sie habe als neunzehn Jahre lang ungerecht und rechtswidrig eingekerkerte Person das Recht, sich selbst mit allen Mitteln zu befreien. Sie wurde einstimmig verurteilt, und das Parlament ersuchte Elisabeth, ihre Hinrichtung zu befehlen. Heinrich III. von Frankreich stellte ein höfliches Gnadengesuch, aber Elisabeth war der Meinung, ein solches Gesuch komme mit wenig Recht von einer Regierung, die Tausende von Protestanten ohne Gerichtsverfahren hingemetzelt hatte. Fast ganz Schottland verteidigte nun seine Königin, aber ihr Sohn begnügte sich mit einer schwächlichen Fürsprache, denn er hegte den Verdacht, sie habe ihn wegen seiner protestantischen Neigungen in ihrem Testament nicht berücksichtigt. Sein Agent in London legte Walsingham nahe, Jakob VI. könnte sich, obwohl er sich darum bemühe, daß seine Mutter nicht geköpft werde, mit vielem abfinden, wenn das englische Parlament ihn als Nachfolger Elisabeths bestätigen würde und wenn Elisabeth die Rente erhöhen würde, die sie ihm bisher gesandt habe. Der schlaue Schotte schmeichelte so augenfällig, daß die Bürger von Edinburg ihn auf den Straßen auspfiffen[64]. Nun stand nichts mehr zwischen Maria und dem Tod als Elisabeths Zögern.

Die geplagte Königin ließ beinahe drei Monate verstreichen, ehe sie sich aufraffte, und auch dann faßte sie noch keinen endgültigen Entschluß. Sie konnte großzügig und warmherzig sein, aber sie war es müde, jeden Tag in der Angst zu leben, von den Anhängern einer Frau, die ihren Thron begehrt hatte, ermordet zu werden. Sie erwog die Gefahr einer Invasion von Frankreich, Spanien und Schottland her als einen Protest gegen die Hinrichtung Marias und rechnete sich die Möglichkeit aus, daß sie selbst plötzlich eines natürlichen oder gewaltsamen Todes sterben könnte, worauf Maria und der Katholizismus die Erbschaft in England antreten würden. Cecil drängte sie, das Todesurteil zu unterzeichnen, und versprach, die volle Verantwortung für alles zu übernehmen, was sich daraus ergebe. Sie versuchte, der Entscheidung mit der Andeutung auszuweichen, Sir Amias Paulet, Marias Gefängniswärter, könnte die Verwirrung lösen, indem er Marias Hinrichtung befehle, und zwar auf einen bloß mündlichen Hinweis, daß die Königin und ihr Rat sie wünschten. Aber Paulet weigerte sich, ohne einen schriftlichen Befehl Elisabeths zu handeln. Schließlich unterzeichnete sie das Todesurteil. Ihr Sekretär, William Davison, überreichte es dem Rat, der es sogleich, ehe Elisabeth ihre Meinung ändern konnte, an Paulet weitergab.

Maria, die während des langen Aufschubs zu hoffen angefangen hatte, nahm das Todesurteil zuerst ungläubig, dann aber mit großer Tapferkeit auf. Sie schrieb Elisabeth einen rührenden Brief, bat sie, «meinen armen verzweifelten Dienern zu erlauben ..., meinen Leichnam wegzubringen und ihn neben den anderen Königinnen Frankreichs in heiliger Erde zu bestatten». Am Morgen ihrer Hinrichtung soll sie ein kleines lateinisches Gedicht geschrieben haben, das die ganze Anmut und Glut einer mittelalterlichen Hymne aufweist:

O Domine Deus! speravi in te.
O care mi Jesu! nunc libera me.
In dura catena, in misera poena, desidero te;
Languendo, gemendo, et genu flectendo,
*Adoro, imploro, ut liberes me.** [65]

Sie bat um die Erlaubnis, ihrem katholischen Pfarrer beichten zu dürfen; es wurde ihr aber verweigert. Ihre Kerkermeister boten ihr statt dessen einen anglikanischen

---

* O Gott, du mein Herr! Ich hoffte auf dich.
O teuerster Jesus! befreie nun mich.
In grausamen Ketten, in bitterem Leiden, ersehne ich dich.
Verlangend, wehklagend und beugend die Knie
Anbet ich und fleh ich, befreie du mich.

Dekan an; jedoch sie wollte nichts von ihm wissen. Sie kleidete sich, um dem Tod entgegenzutreten, in königliche Gewänder, ordnete ihr falsches Haar aufs sorgfältigste und bedeckte ihr Antlitz mit einem weißen Schleier. Ein goldenes Kruzifix hing an ihrem Hals, in der Hand hielt sie ein solches aus Elfenbein. Sie fragte, warum es den Frauen ihres Gefolges verboten sei, bei ihrer Hinrichtung zugegen zu sein. Man sagte ihr, sie könnten die Fassung verlieren. Sie versprach, daß dies nicht geschehen würde, und man erlaubte ihr, zwei von ihren Dienerinnen und vier Diener mitzunehmen. Etwa dreihundert englische Edelleute durften dem Schauspiel im großen Saal von Schloß Fotheringay beiwohnen (8. Februar 1587). Zwei maskierte Henker baten um ihre Vergebung und erhielten sie. Als ihre Frauen zu weinen anfingen, gebot sie ihnen Einhalt und sagte: «Ich habe versprochen, ihr würdet stark bleiben.» Sie kniete nieder und betete, dann legte sie ihr Haupt auf den Block. Als es zu Boden rollte, löste sich die Perücke und enthüllte ihr weißes Haar. Sie war vierundvierzig Jahre alt.

Vergebung ist das Wort für alle. Vergebung für Maria, die sich getreulich mühte, eine ebenso gerechte wie huldvolle Königin zu sein. Wir können nicht glauben, daß sie, die ihrem Gatten so lange zugetan war und ihn wieder gesund pflegte, mit seiner Ermordung einverstanden gewesen sei. Wir können der jungen Frau verzeihen, die alles für eine wenn auch törichte Liebe hingab. Wir müssen mit der trostlosen Frau Mitleid haben, die in England eine Zuflucht suchte und statt dessen neunzehn Jahre Gefangenschaft fand. Und wir können ihr ungestümes Trachten nach Freiheit verstehen. Aber wir können auch der großen Königin verzeihen, deren Ratgeber auf Marias Gefangenschaft bestanden, weil dies für Englands Sicherheit lebensnotwendig war; deren Leben und Politik dauernd von Anschlägen zugunsten ihrer Rivalin bedroht war und die diese grausame Haft nur verlängerte, weil sie es nicht über sich bringen konnte, sie durch ein Todesurteil zu beenden. Beide waren Frauen von Adel: von rascher Erregbarkeit die eine, von zögernder Klugheit die andere. Wie es sich geziemt, liegen sie in der Westminsterabtei nebeneinander, im Tod und in der letzten Ruhe versöhnt.

SECHSTES KAPITEL

Jakob VI. und I.

[1567–1625]

I. JAKOB VI. VON SCHOTTLAND: 1567–1603

JAKOB VI. wurde im Alter von dreizehn Monaten zum König von Schottland gekrönt (29. Juli 1567), während seine Mutter in Loch Leven gefangen lag. Er war acht Monate alt gewesen, als sein mutmaßlicher Vater, Darnley, getötet wurde, und zehn Monate alt, als er seine Mutter zum letztenmal sah. Nie konnte sie mehr für ihn sein als ein bloßer Name, ein undeutliches, von Schmach und fernabliegender Tragik umwittertes Erinnerungsbild. Erzogen wurde er von selbstsüchtigen Lords und von Lehrern, die seiner Mutter feindlich gesinnt waren. Er erhielt eine reiche humanistische Bildung, zuviel Unterweisung in Theologie und zuwenig in Moral und wurde der gelehrteste Säufer Europas.

Vier aufeinanderfolgende Regenten herrschten in seinem Namen über Schottland: Murray, Lennox, Mar und Morton; alle, außer einem, starben eines gewaltsamen Todes. Rivalisierende adlige Banden stritten sich um die Person des Königs, als das Aushängeschild ihrer Macht. Im Jahre 1582 sperrten ihn einige protestantische Lords, die von der Kirche unterstützt wurden, in Schloß Ruthven ein, weil sie fürchteten, er könnte dem Einfluß seines katholischen Verwandten Esmé Stuart unterliegen. Als er wieder freigelassen wurde, versprach er, den Protestantismus zu verteidigen, unterzeichnete ein Bündnis mit dem protestantischen England und wurde im Alter von siebzehn Jahren wirklich König (1583).

Er hatte unter den Herrschern nicht seinesgleichen. Seine Manieren waren barsch, sein Gang plump, seine Stimme laut, seine Unterhaltung eine Mischung aus Derbheit und Pedanterie. Einer, der ihm nicht allzu wohlgesonnen war, beurteilte ihn folgendermaßen: «Von Sprachen, Wissenschaften und Staatsgeschäften versteht er mehr als irgendeiner in Schottland.»[1] Aber der gleiche Beobachter fügte hinzu: «Er ist ungeheuer eingebildet.» Vielleicht war diese Eigenschaft – diese schiefe Perspektive eines Menschen, der sich an keine Zeit erinnern konnte, da er nicht König gewesen wäre – schuld daran, daß er aus allen Gefahren mit dem Leben davonkam. Jedenfalls muß er eine Portion rettender Klugheit besessen haben, damit er nicht nur in Schottland seine Krone auf dem Haupt behalten, sondern es dazu bringen konnte, eine noch bedeutendere in England zu tragen und sogar eines natürlichen Todes zu sterben. In geschlechtlichen Dingen war er ein wenig unsicher. Er heiratete die katholische dänische Prinzessin Anna, fand aber wenig Geschmack an Frauen und lieh seine freundschaftliche Zuneigung seinen Günstlingen, und dies in einem Grade, daß der Klatsch sich seiner bemächtigte.

Er wußte sich geschickt zwischen den widerstreitenden Mächten seiner Zeit hindurchzuwinden. Die Guisen in Frankreich, Philipp in Spanien und der Papst in Rom drängten ihn, Schottland zur katholischen Kirche zurückzuführen. Aber die schottische Kirche achtete auf jedes seiner Worte, damit er nicht von der calvinistischen Linie abweiche. Er verbrannte keine Brücken hinter sich. Höflich korrespondierte er mit katholischen Mächten, zeigte sich geneigt, die Gesetze gegen den katholischen Ritus zu mildern, sprach heimlich einen gefangenen Jesuiten frei und duldete schweigend die Flucht eines anderen[2]. Aber katholische Verschwörungen erzürnten ihn, und Englands siegreicher Protestantismus machte ihm Eindruck. So machte er gemeinsame Sache mit der schottischen Kirche.

Sie war kein gemütlicher Bundesgenosse. Um 1583 bildeten ihre Pfarrer die große Mehrheit der schottischen Geistlichkeit. Arm an Einkommen und weltlicher Gelehrsamkeit, waren sie reich an Frömmigkeit und Mut. Sie mühten sich, vernachlässigte Kirchen wiederherzustellen, sie organisierten Schulen, förderten die Mildtätigkeit, verteidigten die Bauern gegen die Lords und hielten ihren Kirchengemeinden lange Predigten, die bei den Mitgliedern ihrer Gemeinden die Stelle von gedruckten Büchern einnahmen. Bei den kirchlichen Sitzungen, den Provinzialsynoden und der Generalversammlung erfreute sich die neue Geistlichkeit jetzt einer Macht, die mit der wetteiferte, welche die katholische Hierarchie vor ihr innegehabt hatte. Sie nahm göttliche Eingebung und somit Unfehlbarkeit in Glaubensdingen und sittlichem Verhalten für sich in Anspruch und übte über öffentliche und private Lebensführung eine viel strengere Kontrolle aus, als es unter den lässigen Hütern des alten Glaubens der Fall gewesen war. In vielen Städten legten die Geistlichen den Personen, die nicht an kirchlichen Gottesdiensten teilnahmen, Geldstrafen auf. Für aufgedeckte Sünden schrieben sie öffentliche Buße, manchmal sogar körperliche Züchtigungen vor[3]. Durch das Überhandnehmen von Unzucht und Ehebruch beunruhigt, beauftragten sie die Kirchenältesten, mit besonderer Strenge über geschlechtliche Ausschweifungen zu wachen und solche bei den Sitzungen und Kirchensynoden bekanntzugeben. Empört darüber, daß in England die Bühnen die Genehmigung zum Spielen besaßen, versuchten sie, in Schottland Theateraufführungen zu verbieten. Als ihnen dies nicht gelang, untersagten sie ihren Gemeindemitgliedern, den Aufführungen beizuwohnen. Wie ihre Vorgänger erachteten sie die Ketzerei als Hauptverbrechen. Mit brennendem Eifer verfolgten sie Hexen und bewilligten Brennholz für die Scheiterhaufen[4]. Sie überredeten das Parlament dazu, über jeden Priester die Todesstrafe zu verhängen, der dreimal eine Messe las. Diese Verordnung wurde indes nicht durchgeführt. Als die schottische Kirche von der Pariser Bluthochzeit Kunde bekam, forderte sie die Niedermetzelung aller Katholiken in Schottland. Allein, der Staat unterließ es mitzumachen[5].

Abgesehen vom Anspruch der Geistlichkeit auf göttliche Eingebung und Unfehlbarkeit, war die schottische Kirche eine der demokratischsten Institutionen jener Zeit. Der Gemeindepfarrer wurde von den Kirchenältesten gewählt, deren Entscheid der Genehmigung durch die Kongregation unterstand, und die Laien nahmen an den Sitzungen, den Synoden und der Generalversammlung teil. Solche demokratische Versuche erzürnten das aristokratische Parlament und den gesalbten König. Jakob behauptete – und glaubte es vielleicht auch –, daß er kraft göttlichen Rechtes regiere, und beklagte sich darüber, daß «einige Feuergeister unter den Geistlichen so viel Macht über das Volk gewannen ..., daß sie, die Geschmack an der Regierung fanden, anfingen, sich für eine demokratische Form zu begeistern ... Ich wurde in ihren Predigten nicht wegen irgendeines Lasters verleumdet, sondern weil ich König bin und weil sie dachten, dies sei das größte Übel.»[6] Der mittelalterliche Kampf zwischen Kirche und Staat begann aufs neue.

Er nahm nunmehr die Form eines Angriffes der Geistlichkeit gegen das Weiterbestehen des Episkopats, der Bischofswürde innerhalb der *Kirk*, an. Die Bischöfe, ein katholisches Vermächtnis an die schottische Kirche, wurden formell von den Geistlichen gewählt, tatsächlich aber vom Regenten oder vom König ernannt, wobei sie oft der Geistlichkeit aufgezwungen wurden, und händigten einen großen Teil ihrer kirchlichen Einkünfte dem Staat aus. Die Geistlichen fanden in der Heiligen Schrift keine Gründe für eine Daseinsberechtigung des Episkopats und beschlossen daher, diesem, als mit der allgemeinen Organisation der schottischen Kirche nicht vereinbar, in Schottland ein Ende zu bereiten.

Ihr Führer, Andrew Melville, war ein feuriger Schotte, der von Natur dazu ausersehen war, John Knox' Talar zu erben. Nach dem Besuch der Universität von St. Andrews setzte er seine Studien in Paris fort und nahm bei Bèze in Genf das calvinistische Evangelium in sich auf. Nach Schottland zurückgekehrt (1574), wurde er im Alter von neunundzwanzig Jahren sogleich zum Rektor der Glasgower Universität ernannt und reorganisierte ihren Lehrplan und ihre Hausordnung aufs gründlichste. Im Jahre 1578 beteiligte er sich an der Zusammenstellung des Zweiten Zuchtbuches, das das Episkopat im Namen der pfarrherrlichen Gleichberechtigung brandmarkte. Er plädierte für die definitive Trennung der Bereiche von Kirche und Staat, und dies beeinflußte später ihre Spaltung in den Vereinigten Staaten. Aber er erhob zugleich Anspruch auf das Recht der Geistlichen, die Zivilmagistraten darin zu unterweisen, wie sie ihre Macht «in Übereinstimmung mit dem Wort» auszuüben hätten[7]. Jakob wünschte indes ein absoluter Herrscher zu sein wie Heinrich VIII. oder Elisabeth. Er glaubte, die Bischöfe seien in der kirchlichen Verwaltung und als geeignete Vermittler zwischen Kirche und Staat nötig.

Im Jahre 1580 «verurteilte» die Generalversammlung der schottischen Kirche das Amt der Bischöfe als einen «Unsinn menschlicher Erfindung». Allen Bischöfen wurde unter Androhung der Exkommunikation befohlen, ihr Amt niederzulegen und sich der Versammlung zur Aufnahme als einfache Geistliche zur Verfügung zu stellen. Die Regierung verwarf das Zweite Zuchtbuch und verfügte, daß keine Exkommunikation Geltung habe, wenn sie nicht durch den Staat ratifiziert worden sei. Im Jahre 1581 ernannte Lennox, der damalige Regent, Robert Montgomerie zum Erzbischof von Glasgow. Die Glasgower Geistlichkeit weigerte sich, die Wahl zu vollziehen. Nichtsdestoweniger bestand er darauf, sein Amt auszuüben. Die Generalversammlung exkommunizierte ihn unter der Führung Melvilles (1582). Montgomerie legte sein Amt nieder und zog sich zurück. Melville, welcher der Meuterei angeklagt wurde, weigerte sich, sich einem bürgerlichen Verhör zu unterwerfen, und verlangte ein geistliches. Als er wegen Geringschätzung des Hofes verurteilt wurde, floh er nach England (1584). Jakob überredete das Parlament dazu, jede Weigerung, sich einem weltlichen Urteilsspruch zu unterziehen, jede Einmischung von Geistlichen in Staatsgeschäfte, jeden Widerstand gegen die Bischöfe und jede Synode, die nicht vom König erlaubt war, als Verrat zu erklären. Viele Geistliche folgten lieber Melville ins Exil, als daß sie diese Dekrete akzeptiert hätten. Jakob, seine unumschränkte Gewalt genießend, frönte einer wahren Schreckensherrschaft: Geistliche wurden bestraft, weil sie für ihre Brüder im Exil beteten; zwei Männer wurden zum Tode verurteilt, weil sie Verbindung mit ihnen aufgenommen hatten, zwei weitere wegen Verschwörung hingerichtet.

Der Klerus und seine Kongregationen leisteten mit schottischer Starrköpfigkeit Widerstand. Pamphlete, deren Urheber nicht entdeckt wurden, schwärzten den König an; Balladen brandmarkten Schandtaten seiner Tyrannei; selbst Frauen verfaßten Schmähschriften, die ihn in die Hölle verdammten. Seine Bischöfe erhielten immer weniger Geld und lieferten dem Staat immer weniger ab. Jakob sah seinen Geldvorrat – Nerv seiner Widerstandskraft – zusammenschmelzen. – Von Jahr zu Jahr wurde er machtloser, bis das Parlament vom Jahre 1592, mit seiner widerwilligen Zustimmung, einen Freibrief zugunsten der Kirche erließ, der ihr alle ihre Macht auf dem Gebiet der Rechtsprechung und Sittenlehre wieder zurückgab und das Episkopat abschaffte. Die Verbannten kehrten aus dem Exil zurück.

Melville, kühner als je, nannte Jakob ins Angesicht «Gottes albernen Vasallen» und verkündete ihm 1596 das theokratische Evangelium so entschlossen, wie fünfhundert Jahre früher Papst Gregor VII. Kaiser Heinrich IV. (1077): «Es gibt zwei Könige und zwei Königreiche in Schottland; da ist Christus Jesus und sein Königreich, die Kirche, deren Untertan König Jakob VI. ist ... Dieser ist kein König und kein Oberhaupt und kein Herr, sondern ein Glied der Kirche.»[8] David Black, Pfarrer in St. Andrews, sagte seiner Gemeinde (1596), alle Könige seien Kinder des Teufels, Elisabeth sei eine Atheistin und Jakob der Satan selbst[9]. Der englische Gesandte protestierte, und der Geheime Staatsrat lud Black vor Gericht. Aber dieser weigerte sich, dort zu erscheinen, und sagte, eine Beleidigung von der Kanzel aus dürfe nur von einem kirchlichen Gerichtshof abgeurteilt werden, und überdies habe er seine Botschaft von Gott empfangen. Jakob befahl, man solle ihn *in absentia* verurteilen. Darauf erschien eine Kommission von Geistlichen beim König. Dieser gab aber nicht nach, im Gegenteil: Er forderte, die Beschlüsse der Kirchensynode sollten wie die des Parlaments seiner Ratifizierung unterstellt werden. Die Geistlichkeit proklamierte ein allgemeines Fasten und erklärte warnend, was immer auch geschehe, «sie sei nicht schuldig am Blut seiner Majestät»[10].

Eine tobende Menge versammelte sich vor dem Gebäude, wo Jakob residierte (17. Dezember 1596). Er floh nach dem Holyrood-Palast und reiste am nächsten Morgen mit seinem ganzen Hof von Edinburg ab. Der Bevölkerung ließ er durch einen

Herold verkünden, Edinburg sei nicht länger seine Hauptstadt und er werde nie mehr zurückkehren, es sei denn, um über die Aufrührer zu Gericht zu sitzen. Er befahl dem gesamten Klerus und allen nicht ständig dort Wohnenden, die Stadt zu verlassen. Da die Meuterer niemanden fanden, den sie hätten umbringen können, zerstreuten sie sich. Die Kaufleute beklagten bald einmal den Ausfall an Aufträgen von seiten des Hofes; die Bürger fragten sich, ob dieser Streit eine Wirtschaftskrise wert sei. Und Jakob kehrte in zornigem Triumph zurück (1. Januar 1597). Die Generalsynode versammelte sich in Perth und bot dem König Unterwerfung an. Sie war damit einverstanden, daß in den Hauptstädten keine Geistlichen ohne die Zustimmung des Königs und der Kongregation angestellt werden sollten; daß die Pfarrherrn nicht über Beschlüsse des Parlaments oder des Geheimen Staatsrates predigen dürften und daß von der Kanzel herab niemand persönlich angegriffen werden solle. Es wurde den Geistlichen erlaubt, in die Hauptstadt zurückzukehren (1597), aber das Episkopat wurde wieder eingeführt. Schmollend wurde ein Waffenstillstand geschlossen und der alte Streit zwischen Kirche und Staat begraben.

Zwei Gestalten ragen in der schottischen Literatur jener Periode hervor: der König und sein berühmtester Lehrer. George Buchanan machte auf erstaunliche Art Karriere. 1506 in Stirlingshire geboren, studierte er in Paris, diente als Soldat in Frankreich und Schottland, nahm scholastische und politische Glut aus der Lektüre John Majors in sich auf, kehrte wegen einer Liebesgeschichte und zur Fortsetzung seiner Studien nach Paris zurück, kam dann als satirischer Ketzer nach Schottland heim, wurde von Kardinal Beaton eingekerkert, entkam nach Bordeaux, lehrte dort Latein, schrieb bemerkenswert gute Gedichte und Dramen in dieser Sprache, sah seinen Schüler Montaigne in einem seiner Schauspiele auftreten, stiftete in Coimbra ein Kollegium, wurde von der spanischen Inquisition gefangengesetzt, weil er sich über das Mönchstum lustig gemacht hatte, reiste nach Schottland, dann nach Frankreich und wieder nach Schottland zurück, unterrichtete Maria, die Königin von Schottland (1562), wurde Vorsitzender der Generalsynode (1567), erklärte die Kassettenbriefe für echt, wurde angeklagt, er habe einen Teil davon gefälscht[11], brach über Maria ohne Gnade den Stab in seiner *Detectio Mariae Reginae* (1571), unterrichtete ungeachtet ihres Protestes ihren Sohn und gab 1582 den Geist auf. Seine *Rerum Scoticarum historia* (1579) mühte sich darum, die Geschichte seines Landes von «englischen Fesseln und schottischer Eitelkeit» zu befreien. In seiner Abhandlung *De iure regni apud Scotos* (1579) bekräftigte er nochmals kühn und ins Angesicht seines autokratischen fürstlichen Zöglings die mittelalterliche Lehre, daß die einzige Quelle der politischen Macht nach Gott das Volk sei; daß jede Gesellschaft auf einem stillschweigenden Gesellschaftsvertrag gegenseitiger Verpflichtungen und Beschränkungen zwischen den Regierten und den Regierenden beruhe; daß der Wille der Mehrheit rechtmäßig das Ganze beherrschen solle und daß einem Tyrannen von Rechts wegen Widerstand geleistet, ja, daß er abgesetzt oder getötet werden dürfe[12]. Hier nahm der Mythos des Gesellschaftsvertrages ein Jahrhundert vor Hobbes und zwei Jahrhunderte vor Rousseau Gestalt an. Das Buch wurde vom schottischen Parlament abgelehnt und von der Universität Oxford verbrannt, aber es übte einen mächtigen Einfluß aus. Samuel Johnson meinte, Buchanan sei der einzige geniale Mann, den Schottland hervorgebracht habe[13]. Hume verlieh diese Auszeichnung bescheiden Napier; Carlyle, der ein Knox *redivivus* war, bot ihn Knox an; und Jakob VI. hatte seine eigenen Ansichten in dieser Sache.

Der König war auf seine eigenen Bücher so stolz wie auf seine königlichen Insignien. Im Jahre 1616 veröffentlichte er einen mächtigen Folioband *The Works of the Most High and Mighty Prince James* (Die Werke des allerhöchsten und mächtigsten Fürsten Jakob), den er Jesu Christo widmete. Er schrieb Gedichte, Ratschläge für Dichter, eine Übersetzung der Psalmen, eine Studie über die Apokalypse, eine Abhandlung über Dämonen und 1598 zwei königliche Oktavbände zur Verteidigung der absoluten Monarchie. Der eine, das *Basilikon Doron* (Königliche Gabe, 1598), war eine Sammlung von Ratschlägen für seinen Sohn Heinrich über die Kunst des Regierens und die Pflichten des Fürsten. Dieses Werk bezeichnete die Leitung der schottischen Kirche als «keinen kleinen Teil der Funktionen des Königs». Der andere Band, *The True Law of Free Monarchies* (Das wahre Gesetz der freien Monarchien), erläuterte den Absolutismus mit bemerkenswerter Redegewandtheit: Könige waren von Gott erwählt, denn alle wichtigen Ereignisse waren von Seiner Vorsehung diktiert; ihre göttliche Einsetzung und Salbung stellte ein Geheimnis dar, das ebenso heilig und unerforschlich war wie jedes Sakrament; daher hatte ihre Herrschaft alles Recht, absolut zu sein. Widerstand dagegen war eine Torheit, ein Verbrechen und eine Sünde, die mehr Leid zu verursachen imstande war als jede Tyrannei. Was für Elisabeth ein nützlicher Mythos gewesen war, wurde für Jakob zu einem leidenschaftlich verfochtenen Prinzip; nicht umsonst war er von einer Königin geboren worden. Sein Sohn Karl erbte diese Anschauung und bezahlte den Preis dafür.

Indessen sah das England des Jahres 1598 die Ereignisse von 1649 noch nicht voraus. Seitdem Jakob sich dem Protestantismus verschrieben hatte, anerkannten ihn die Führer von Elisabeths Geheimem Staatsrat infolge seiner Abstammung von Maria Stuart als Erben der englischen Krone. Vier Tage nach Elisabeths Tod begann Jakob (5. April 1603) eine feierliche Prozession von Edinburg nach London. Mehrfach machte er unterwegs Station, um sich vom englischen Adel feiern zu lassen. Am 6. Mai kam er in London an, das zu seinem Empfang geschmückt war: Die Menge beugte das Knie vor ihm, und Lords küßten ihm die Hände. Nach einem Jahrtausend nutzlosen Haders waren die beiden Nationen (bis 1707 jedoch nicht die beiden Parlamente) unter einem König vereinigt. Solche Frucht hatte Elisabeths verschlossener Schoß getragen.

II. JAKOB I. VON ENGLAND: 1603–1614

Zu was für einem Mann war er in siebenunddreißig Jahren geworden? Er war von mittlerer Statur, hatte schwache Beine, einen leicht gewölbten Bauch, ein wattiertes Wams und ebensolche Beinkleider, die mörderische Dolche am Eindringen hindern

Ein meisterhafter Zeichner und Kupferstecher war auch der Holländer Hendrick Goltzius (1558–1617), von dem dieses Bildnis eines Infanteriehauptmanns um 1587 stammt. ▸

sollten; braunes Haar, rote Wangen, eine knollige Nase und blaue Augen, die mißtrauisch und melancholisch in die Welt blickten. Auch war er ziemlich phlegmatisch und ruhte auf Elisabeths Lorbeeren aus. Er redete stotternd, unartikuliert, seine Sprache war gewöhnlich, seine Ausdrucksweise vage und eigenwillig. Er liebte derbe Vergnügungen. Er war eingebildet und freigebig; schüchtern und hinterlistig, denn er fühlte sich oft bedroht und hintergangen. Er war immer bereit, Beleidigungen entgegenzunehmen und zuzufügen, Verzeihung zu gewähren und darum zu bitten. Als John Gib in Abrede stellte, kostbare Dokumente verloren zu haben, geriet Jakob in Zorn und gab ihm einen Fußtritt; als die Papiere wieder zum Vorschein kamen, kniete er vor seinem gedemütigten Berater nieder und wollte nicht aufstehen, ehe Gib ihm verziehen hatte. Inmitten der Unduldsamkeit seiner Zeit war er tolerant; manchmal konnte er Härte zeigen, gewöhnlich aber war er freundlich und voller Huld. Gegen seinen Sohn Heinrich hegte er Mißtrauen, weil dieser nach seiner Meinung beim Volk zu beliebt war; seinen Sohn Karl liebte er bis zur Albernheit. In seinen Beziehungen zu Frauen hielt er sich untadelig, aber schönen jungen Männern war er besonders zugetan. Er war abergläubisch und gelehrt, töricht und schlau, glaubte an Dämonen, begünstigte aber Bacon und Jonson. Er war neidisch auf Gelehrte und ein Freund von Büchern. Eine seiner ersten Handlungen als König von England war, daß er Oxford und Cambridge dazu ermächtigte, Vertreter ins Parlament abzuordnen. Als er die Bodleian Library sah, rief er aus: «Wenn ich nicht König wäre, möchte ich ein Gelehrter an der Universität sein; und wenn ich jemals als Gefangener leben müßte und mir etwas wünschen könnte, dann möchte ich kein anderes Gefängnis haben als diese Bibliothek und möchte an so viele gute Autoren und verstorbene Meister gekettet sein.»[14] Alles in allem ein Mann, der ein wenig aus dem Gleichgewicht geraten war, doch im Grunde gutartig und freundlich; von den gescheiten Leuten wurde er belächelt, doch sein Volk verzieh ihm, weil er ihm, bis nahe an sein trauriges Ende, Sicherheit und Frieden schenkte.

Er war so wasserscheu, daß er sich entrüstete, wenn er Wasser zum Waschen brauchen mußte. Er trank im Übermaß und hatte nichts dagegen, wenn gewisse Hoffestlichkeiten in einem allgemeinen Trinkgelage endeten, an dem Männer und Frauen ohne Unterschied teilnahmen. Extravaganzen in der Kleidung und bei Lustbarkeiten nahmen an seinem Hof noch mehr überhand als am vorhergehenden elisabethanischen. Elisabeth hatte Maskenspiele sehr geliebt; jetzt aber, da Ben Jonson die Texte dazu schrieb, Inigo Jones die Kostüme und Szenerien entwarf und die Rollen von stattlichen Lords und Ladies gespielt wurden, die sich in die Einkünfte des Königreiches hüllten, erreichte die märchenhafte, phantastische Kunstgattung ihren Höhepunkt. Das Leben am Hof war fröhlicher und korrupter als je. «Ich denke», sagt eine Lady in einem von Jonsons Schauspielen, «wenn mich außer meinem armen Gatten niemand liebte, würde ich mich lieber aufhängen.»[15] Höflinge empfingen ansehnliche «Geschenke», um ihren Einfluß zur Gewinnung von Privilegien, Patenten, Monopolen oder Ämtern für Bittsteller geltend zu machen. Baron Montagu bezahlte 20000 Pfund, damit er zum Lordschatzkanzler ernannt wurde[16]. Wie uns von nicht sehr zuverlässiger Seite be-

Diese beiden Kacheln aus dem Bayerischen Nationalmuseum in München zeigen Königin Maria von Ungarn (links) und Kaiser Ferdinand I., die Stifter des Augsburger Religionsfriedens.

richtet wird, erkrankte und starb ein zart Besaiteter, als er erfuhr, wieviel seine Freunde bezahlt hatten, um ihn zum Registrator zu machen[17].

Jakob bewältigte all seine Geschäfte gleichsam spielend und machte sich nicht allzu viel Mühe mit der Regierung. Die Verwaltung überließ er seinem Geheimen Staatsrat, bestehend aus sechs Engländern und sechs Schotten, der von Robert Cecil, den er 1605 zum Earl of Salisbury erhob, präsidiert wurde. Cecil besaß alle Vorteile seines Herkommens, mit Ausnahme der Gesundheit. Er war verkrüppelt, hatte einen Buckel und bot der Welt einen kläglichen Anblick. Aber er hatte seines Vaters ganzen Scharfsinn in der Wahl und Beurteilung der Menschen geerbt und besaß eine schweigsame, hartnäckige und verschlagene Verbindlichkeit, die inländische Rivalen und ausländische Höfe überlistete. Als «mein kleiner Spürhund» starb (1612), geriet Jakob unter den Einfluß des stattlichen jungen Robert Carr, ernannte ihn zum Earl of Somerset und gestattete ihm, in Politik und Verwaltung ältere und sehr viel gebildetere Männer wie Francis Bacon und Edward Coke beiseite zu schieben.

Coke war die Verkörperung und der Hofhund des Gesetzes. Er gelangte durch seine hartnäckige Verfolgung Essex' im Jahre 1600, Raleighs 1603 und der Mitglieder der Pulververschwörung im Jahre 1605 zu Ruhm. 1610 gab er eine Meinungsäußerung von historischer Tragweite von sich:

> «Aus unseren Büchern wird ersichtlich, daß das Gewohnheitsrecht in vielen Fällen Parlamentsakte umstößt und sie oft ad absurdum führt. Denn wenn eine Parlamentsakte gegen das Gewohnheitsrecht und die Vernunft ist ... oder wenn sie unmöglich durchzuführen ist, wird das Gewohnheitsrecht über sie triumphieren und eine solche Akte wirkungslos machen.»[18]

Dem Parlament mag dies nicht behagt haben, aber Jakob machte Coke zum Oberrichter am Oberhofgericht (1613) und zum Mitglied des Geheimen Staatsrats. Aus einem Mann des Königs wurde er zu seinem Plaggeist, tadelte die gerichtliche Einmischung in Privatmeinungen, stützte die parlamentarische Redefreiheit und durchlöcherte den königlichen Absolutismus mit wiederholten scharfen Mahnungen, daß Könige Diener des Gesetzes seien. 1616 brachte sein Rivale Bacon Anschuldigungen wegen gesetzeswidriger Handlungen gegen ihn vor, und Coke wurde abgesetzt, dann aber wieder ins Parlament aufgenommen. Als er fortfuhr, den Widerstand gegen den König anzuführen, wurde er in den Tower geschickt (1621), bald aber wieder freigelassen. Schließlich starb er (1634), verstockt und mit eigensinniger Verbohrtheit am Buchstaben des Gesetzes festhaltend, unter Hinterlassung von vier Bänden *Institutes* (Institutionen), die immer noch als Pfeiler und Denkmal englischer Jurisprudenz gelten.*

Mittlerweile hatte Jakob mit dem Parlament die Debatte weitergeführt, die sich während der Regierungszeit seines Sohnes zu Bürgerkrieg und Königsmord auswachsen

---

* Aubrey weiß zu berichten, daß Cokes zweite Frau, die Witwe Sir William Hattons, «schwanger war, als er sie heiratete. Er legte, als er das Bett bestieg, seine Hand auf ihren gewölbten Leib und fühlte, wie das Kind sich bewegte. ‚Wie!' sagte er, ‚Fleisch im Topf?' ‚Gewiß!' antwortete sie, ‚sonst hätte ich nicht einen Koch (*cook*) geheiratet'»[19] – denn so wurde sein Name ausgesprochen. Wir können hinzufügen, daß sie Bacon (Speck) vorher abgewiesen hatte.

sollte. Er beanspruchte nicht nur die ganze Macht, die Heinrich VIII. und Elisabeth über ihre eingeschüchterten oder grollenden Gesetzgeber ausgeübt hatten; er stellte seine Forderungen als göttlichen Imperativ hin. Dem Parlament von 1609 verkündete er:

«Die Monarchie ist das Höchste auf Erden. Denn Könige sind nicht nur Gottes Stellvertreter auf Erden und sitzen auf Gottes Thron, sondern werden von Gott selbst Götter genannt ... Könige werden mit Recht Götter genannt, weil sie eine gottähnliche Macht auf Erden ausüben. Denn wenn ihr Gottes charakteristische Eigenschaften betrachtet, seht ihr, wie sie sich in der Person eines Königs vereinigen. Gott hat die Macht hervorzubringen oder zu zerstören, nach seinem Willen zu schaffen oder zu vernichten, Leben zu verleihen oder Tod zu bringen, alle zu richten und keinem verantwortlich zu sein ... Und dieselbe Macht haben auch Könige; sie schaffen und vernichten ihre Untertanen, sie haben die Macht zu erheben und niederzuwerfen und Macht über Leben und Tod. Sie sind Richter über all ihre Untertanen und in allen Dingen und sind keinem verantwortlich, außer Gott allein. Sie haben die Macht ..., mit ihren Untertanen zu verfahren wie mit Schachfiguren: einen Bauern sich eines Bischofs oder eines Ritters bemächtigen zu lassen und jeden ihrer Untertanen zu erheben oder zu erniedrigen.»[20]

Dies war durchaus ein Schritt rückwärts, denn die mittelalterliche politische Theorie hatte den König regelrecht zu einem Bevollmächtigten des souveränen Volkes gemacht. Nur die Päpste hatten sich als Vizekönige Gottes ausgegeben. Um diesem Anspruch die annehmbarste philosophische Begründung zu verleihen, müssen wir uns vorstellen, daß die Päpste als oberste Autorität im Mittelalter geglaubt hatten, die individualistischen Impulse der Menschen seien so mächtig, daß die soziale Ordnung nur aufrechterhalten werden könne, wenn man dem Volk eine fortdauernde Ehrfurcht vor der kirchlichen Autorität und vor den Päpsten als den Stellvertretern Gottes auf Erden einimpfe. Die Schwächung oder Zerstörung der päpstlichen Autorität durch die Reformation hatte dann die politischen Mächte für die Bewahrung der sozialen Ordnung verantwortlich gemacht; und auch sie waren der Meinung, eine rein menschliche Autorität sei allzu anfechtbar, um die antisozialen Neigungen der Menschen wirksam einzuschränken. Daher verstärkte sich die Auffassung vom göttlichen Recht der Könige schrittweise mit der Entwicklung des Nationalismus und der Einschränkung der päpstlichen Gewalt. Die lutheranischen Fürsten Deutschlands, welche die geistliche Macht der alten Kirche in ihren Reichen übernommen hatten, fühlten sich gerechtfertigt, indem sie die Aura der Göttlichkeit auf sich übertrugen, die fast alle Herrscher vor 1789 als unerläßlich für die moralische Autorität und den sozialen Frieden betrachteten. Jakob beging den Fehler, diese Ansprüche zu deutlich und in ihrer extremsten Form auszudrücken.

Das Parlament hätte ihm (sei es auch mit heimlichem Lächeln) die theoretische Genehmigung dieses königlichen Absolutismus erteilt, wenn seine Mitglieder wie zu Elisabeths Blütezeit Großgrundbesitzer gewesen wären, die den Tudors für Verleihung ihrer Titel weitgehend verpflichtet waren. Aber das Unterhaus hatte unter seinen 467 Mitgliedern jetzt viele Vertreter des aufkommenden Kaufmannsstandes, die sich eine unumschränkte königliche Gewalt über ihr Geld nicht gefallen ließen, und viele Puritaner, die die Forderung des Königs, ihre Religion zu beherrschen, ablehnten. Das Unterhaus steckte seine Rechte unter kühner Mißachtung von Jakobs Göttlichkeit ab.

Es erklärte sich selbst für den einzigen Richter in Fällen, wo die Wahl eines Mitglieds umstritten war. Es verlangte Redefreiheit und Sicherung vor Verhaftungen während seiner Sitzungen. Ohne solche Maßnahmen, behauptete es, sei das Parlament bedeutungslos. Es beantragte, in religiösen Dingen Gesetze erlassen zu dürfen, und leugnete die Autorität des Königs, solche Fragen ohne parlamentarische Zustimmung entscheiden zu können. Die anglikanischen Bischöfe forderten indessen für ihre Synode das Recht, in kirchlichen Angelegenheiten selber zu entscheiden und sich nur der Zustimmung des Königs unterwerfen zu müssen. Der Sprecher des Unterhauses ließ Jakob wissen, daß der König kein Gesetz aufstellen, sondern nur die Gesetze, welche das Parlament gebilligt habe, ratifizieren oder verwerfen könne. «Unsere Privilegien und Freiheiten», erklärte das Unterhaus (Juni 1604), «sind unsere Rechte und unser uns zukommendes Erbe, nicht weniger als unsere Ländereien und Güter ... Sie können uns nicht entzogen werden ..., es sei denn durch offensichtliches Unrecht gegenüber dem ganzen Reich.»[21]

So wurden die Richtlinien dieses historischen Kampfes zwischen den Hoheitsrechten des Königs und den Privilegien des Parlaments gezogen, woraus dann, nach Hunderten von Siegen und Niederlagen, die Demokratie Englands hervorgehen sollte.

III. DIE PULVERVERSCHWÖRUNG: 1605

Neben dem wirtschaftlichen und politischen Streit, jedoch eng mit ihm verwoben, wütete der Religionskrieg. Die Hälfte der Pamphlete, die durch die Luft schwirrten, waren Streitschriften von Puritanern gegen die anglikanischen Bischöfe und das anglikanische Ritual oder Streitschriften von Anglikanern gegen puritanische Strenge und Unnachgiebigkeit oder Streitschriften beider gegen katholische Anschläge, die darauf ausgingen, England wieder unter päpstliche Abhängigkeit zu bringen. Jakob unterschätzte die Heftigkeit dieses Hasses. Er träumte von einer *entente demi-cordiale* zwischen Puritanern und Anglikanern und lud zu diesem Zweck ihre Führer zu einer Konferenz nach Hampton Court ein (14. Januar 1604). Er präsidierte wie ein zweiter Konstantin und setzte beide Teile durch seine theologische Gelehrsamkeit und seine Gewandtheit im Debattieren in Erstaunen, aber er bestand auf «*einer* Lehre und *einer* Disziplin, *einer* Religion in Substanz und Zeremonie»[22] und erklärte das Episkopat für unerläßlich. Der Bischof von London vermeinte, der König sei von Gott inspiriert, «denn einer wie er ist seit Christi Zeiten nicht mehr gesehen worden»[23]; aber die Puritaner beklagten sich, Jakob habe eher wie ein Parteigänger als wie ein Richter gehandelt. Die Konferenz zeitigte kein anderes Ergebnis als die unerwartete historische Entscheidung, eine neue Bibelübersetzung herzustellen. Die Synode von 1604 erließ kirchliche Vorschriften, welche die Unterwerfung aller Geistlichen unter den anglikanischen Gottesdienst forderten. Diejenigen, die sich einzuwilligen weigerten, wurden entlassen, einige sogar eingekerkert; viele fanden sich mit den Bestimmungen ab. Etliche wanderten nach Holland oder Amerika aus.

Jakob entehrte sich selbst, indem er zwei Unitarier verbrennen ließ, weil sie, trotz der Beweise, die er ihnen vorlegte, an der Göttlichkeit Christi zweifelten (1612); aber zu seiner Ehre muß gesagt werden, daß er späterhin nie mehr eine Hinrichtung aus religiösen Gründen gestattete. Dies waren die letzten Männer, die in England wegen Ketzerei sterben mußten. Mit der Verfeinerung der politischen Gesittung erzielte auch der Gedanke, religiöse Toleranz sei mit öffentlicher Moral und nationaler Einheit vereinbar, einen Fortschritt gegenüber der beinahe universellen Überzeugung, jede soziale Ordnung erfordere einen Glauben und eine Kirche, die unanfechtbar seien. Im Jahre 1614 bewies Leonard Bushers *Religious Peace* (Religionsfriede), daß religiöse Verfolgungen die Meinungsverschiedenheiten verstärkten, zur Heuchelei nötigten und die Wirtschaft schädigten. Er erinnerte Jakob daran, daß «in Konstantinopel Juden, Christen und Türken geduldet werden und daß sie dennoch friedfertig nebeneinander leben»[24]. Trotzdem dachte Busher, daß es allen Personen, deren Religion «durch Verrat vergiftet» sei – wobei er wahrscheinlich solche Katholiken meinte, die den Papst über den König stellten –, verboten werden sollte, Versammlungen abzuhalten oder zehn Meilen im Umkreis von London zu leben.

Jakob war zumeist ein toleranter Dogmatiker. Er beleidigte die Puritaner, indem er Sonntagsbelustigungen erlaubte, ja die Leute sogar dazu ermutigte, vorausgesetzt, daß sie vorher dem anglikanischen Gottesdienst beigewohnt hatten. Er zeigte sich auch geneigt, die Gesetze gegen die Katholiken zu lockern. Über die Köpfe Robert Cecils und der Ratsmitglieder hinweg suspendierte er die Gesetze gegen katholische Dissenters und erlaubte Priestern, ins Land zu kommen und in Privathäusern Messen zu lesen. Er träumte in seiner zerstreuten philosophischen Art davon, die katholische und protestantische Christenheit zu versöhnen[25]. Als sich aber die Katholiken unter seinem Wohlwollen vervielfachten und die Puritaner seine Nachsicht öffentlich anprangerten, ließ er wieder zu, daß elisabethanische antikatholische Gesetze erneuert, erweitert und verstärkt wurden (1604). Einen Zögling in ein katholisches Kollegium oder Seminar ins Ausland zu schicken, zog eine Buße bis zu hundert Pfund nach sich. Alle katholischen Missionare wurden verbannt, jeder katholische Unterricht verboten. Personen, welche die anglikanischen Gottesdienste versäumten, wurden zu einer Geldstrafe von monatlich zwanzig Pfund verurteilt. Wer das Geld schuldig blieb, büßte sein Vermögen, seinen Grundbesitz und sein Personal ein; alles Vieh auf dem Grund und Boden des Delinquenten, sein ganzer Hausrat und seine Kleider wurden von der Krone beschlagnahmt[26].

Einige halbverrückte Katholiken dachten, es gebe nun kein anderes Heilmittel mehr als den Mord. Robert Catesby hatte mitansehen müssen, wie sein Vater unter Elisabeth wegen seiner hartnäckigen Weigerung, den Gottesdiensten der anglikanischen Kirche beizuwohnen, eingekerkert worden war. Er hatte sich dem Aufstand Essex' gegen die Königin angeschlossen. Er war es, der sich jetzt die Pulververschwörung ausdachte, durch die der Westminsterpalast in die Luft fliegen sollte, während der König, die königliche Familie, die Lords und das Unterhaus dort versammelt waren, um das Parlament zu eröffnen. Er brachte Thomas Winter, Thomas Percy, John Wright und Guy Fawkes dazu, an der Verschwörung teilzunehmen. Die fünf Männer gelobten einander Verschwiegenheit und besiegelten ihren Schwur, indem sie von einem Jesuitenmissionar, John Gerard, das Abendmahl empfingen. Sie mieteten ein an den Palast grenzendes Haus und arbeiteten sechzehn Stunden täglich daran, von einem Keller zum anderen einen Tunnel zu graben. Es gelang ihnen, und sie lagerten dreißig Fässer voll Schießpulver direkt unter dem Sitzungszimmer des Oberhauses ein. Wiederholte Vertagungen des Parlaments zogen das Unternehmen gefährlich in die Länge. Eineinhalb Jahre lang mußten die Verschwörer die Glut ihres Hasses nähren. Zeitweilig kamen ihnen Zweifel an der sittlichen Reinheit eines Unternehmens, bei dem so viele unschuldige Personen mit denen, die nach der Meinung der Katholiken unabdingbar schuldig waren, zugrunde gehen sollten. Um sie in ihrem Vorhaben zu bestärken, fragte Catesby den Jesuitenprovinzial von England, Henry Garnett, ob es im Krieg erlaubt sei, an Handlungen teilzunehmen, welche unschuldigen Nichtkämpfern den Tod brächten. Garnett entgegnete, daß Geistliche aller Glaubensbekenntnisse die Frage mit Ja beantworten würden, warnte aber Catesby: jeder Anschlag auf das Leben von Regierungsbeamten würde nur größere Leiden über die englischen Katholiken bringen. Da er Verdacht geschöpft hatte, teilte er seinen Argwohn dem Papst und dem General der Jesuiten mit. Sie wiesen ihn an, sich aller politischen Intrigen zu enthalten und von allen Attentaten gegen den Staat abzuraten[27]. Einem weiteren Jesuiten, Oswald Greenway, eröffnete Catesby in der Beichte den Plan der Verschwörung, die jetzt auch Maßnahmen für einen allgemeinen Aufstand der Katholiken in England vorsah. Greenway setzte Garnett davon in Kenntnis. Die beiden Jesuiten wußten nicht, sollten sie die Verschwörer an die Regierung verraten oder sollten sie schweigen. Sie beschlossen, nichts zu sagen, aber alles in ihrer Macht Stehende zu tun, um die Verschwörer von ihrem Plan abzubringen.

Catesby suchte die Gewissensbisse seiner Verbündeten dadurch zu beschwichtigen, daß er anordnete, am Morgen des festgesetzten Tages sollten die befreundeten Parlamentsmitglieder eine dringende Botschaft erhalten, die sie von Westminster fernhielte. Ein mit der Verschwörung nur in losem Zusammenhang stehender Verbündeter warnte seinen Freund, Lord Monteagle, einige Tage bevor die Sitzung begann. Monteagle brachte die Angelegenheit vor Cecil, der sie dem König weitererzählte. Agenten der Regierung betraten daraufhin die Keller und fanden Fawkes und die Pulverfässer vor. Fawkes wurde verhaftet (4. November 1605). Er gab sein Vorhaben, das Parlament am nächsten Tag in die Luft fliegen zu lassen, zu, weigerte sich aber trotz härtester Folter, seine Mitschuldigen zu nennen. Diese aber verrieten sich selbst, indem sie zu den Waffen griffen und zu fliehen suchten. Sie wurden verfolgt und stellten sich zum Kampf. Catesby, Percy und Wright wurden tödlich verwundet, und verschiedene Mithelfer wurden aufgespürt und festgenommen. Als die Gefangenen verhört wurden, gaben sie die Verschwörung freimütig zu, aber keine Drohung oder Folterqual konnte sie dazu zwingen, die Jesuitenpriester in die Affäre zu verwickeln. Fawkes und drei weitere wurden vom Tower zum Parlamentsgebäude geschleift und dort hingerichtet (27. Januar 1606). England feiert noch heute den 5. November als Guy-Fawkes-Tag mit Freudenfeuern und Feuerwerk.

Gerard und Greenway entkamen auf den Kontinent, aber Garnett wurde gefangengenommen und mit ihm Oldcorne, ein weiterer Jesuit. Im Tower fanden die beiden Mittel und Wege zu einer Verständigung, von der sie glaubten, sie bleibe geheim; aber Spione hörten ihre Gespräche ab und erstatteten Bericht. Einzeln zur Rechenschaft gezogen, leugnete Garnett, während Oldcorne gestand. Schließlich gab Garnett zu, daß er gelogen habe, und räumte ein, von der Verschwörung gewußt zu haben; da ihm aber die Nachricht von Greenway anvertraut worden sei und Greenway sie unter dem Siegel der Beichte empfangen habe, habe er sich nicht dazu ermächtigt gefühlt, sie bekanntzugeben. Indes habe er alles in seiner Macht Stehende getan, um den Plan zu vereiteln. Er wurde schuldig gesprochen, zwar nicht der Teilnahme an der Verschwörung, aber der Verheimlichung seines Wissens. Sechs Wochen lang zögerte der König, das Todesurteil zu unterzeichnen. Garnett, der fälschlicherweise annahm, Greenway befinde sich im Tower, sandte ihm einen Brief, der abgefangen wurde. Als Garnett befragt wurde, ob er mit Greenway Verbindung aufgenommen habe, leugnete er; als man ihm den Brief zeigte, sagte er, daß es einem Angeklagten erlaubt sei, sein Leben durch Ausflüchte zu retten. Am 3. Mai 1606 wurde er gehängt, geschleift und gevierteilt[28].

Das Parlament fühlte sich nunmehr dazu berechtigt, die Gesetze gegen die Katholiken zu verschärfen (1606). Diese wurden von jeder medizinischen oder richterlichen Praxis ausgeschlossen und durften weder als Testamentsvollstrecker noch als Vormund wirken. Es wurde ihnen untersagt, sich mehr als fünf Meilen von ihren Wohnsitzen zu entfernen. Sie mußten einen neuen Eid leisten, der nicht nur die Vollmacht der Päpste, weltliche Herrscher abzusetzen, bestritt, sondern auch diesen päpstlichen Machtanspruch als gottlos, ketzerisch und verdammenswert brandmarkte[29]. Papst Paul V. verbot, diesen Eid zu leisten, und die meisten englischen Katholiken gehorchten ihm; doch eine beträchtliche Minderheit leistete ihn immerhin. Im Jahre 1606 wurden sechs Priester hingerichtet, weil sie sich widersetzt und die Messe gelesen hatten; zwischen 1607 und 1618 wurden sechzehn weitere zum Tode verurteilt[30]. In den Gefängnissen befanden sich mehrere Hundert Priester und mehrere Tausend katholische Laien. Trotz dieses Terrors kamen noch immer Jesuiten nach England. 1615 gab es dort mindestens deren 68, 1623 deren 284[31]. Einige Jesuiten fanden einen Fluchtweg nach Schottland. Einer von ihnen, John Ogilvie, wurde dort im Jahre 1615 hingerichtet, nachdem ihm die Beine in der Folter mit den «spanischen Stiefeln» zerquetscht worden waren und er acht aufeinanderfolgende Tage und Nächte dadurch wachgehalten worden war, daß ihm Nadeln ins Fleisch gestoßen wurden[32]. Alle Sünden der alten Kirche wurden von den neuen Überzeugungen und Mächten an ihr vergolten.

IV. DIE BÜHNE ZUR ZEIT JAKOBS I.

Die Erregung, die England gepackt hatte, dauerte in der Literatur so gut wie in der Religion an. Im Zeitalter Jakobs I. entstanden die besten Stücke von Shakespeare, dazu viele von Chapman, die meisten von Jonson, Webster, Middleton, Dekker, Marston, einige von Massinger und alle von Beaumont und Fletcher. Als Lyriker müssen wir Donne erwähnen, als Prosaisten Burton; das nobelste Unternehmen von allen war König Jakobs Bibelübersetzung; das sind für eine Regierungszeit Ruhmestaten genug. Der König hatte eine Vorliebe für Dramen. In einer einzigen Saison wurden an seinem Hof vierzehn Stücke aufgeführt. Das Globe-Theater war 1613 bis auf den Grund niedergebrannt, weil in einer Vorstellung des Dramas *Heinrich VIII.* zwei Kanonen abgefeuert worden waren. Aber es wurde rasch wieder aufgebaut, und um 1613 gab es in und um London siebzehn Theater.

George Chapman war fünf Jahre älter als Shakespeare und überlebte ihn um achtzehn Jahre, so daß er die Regierungszeiten dreier Fürsten erlebte (1559–1634). Er ließ sich Zeit zum Reifen. Um 1598 hatte er mit Erfolg Marlowes *Hero und Leander* vervollständigt und sieben Gesänge der *Ilias* veröffentlicht; aber seine Übersetzung Homers war erst 1615 beendet, und seine besten Stücke entstanden zwischen 1607 und 1613. Er eröffnete dem englischen Drama ein neues Gebiet, indem er ein Thema aus der zeitgenössischen französischen Geschichte wählte und *Bussy d'Ambois* (1607?) schrieb: fünf Akte voll lärmiger Beredsamkeit, die selten durch den Zauber eines schönen Stils aufgewogen wird, sich aber an einer Stelle, wo Bussy und sein Feind ironische Komplimente austauschen, die ebenso unverdaulich sind wie die Wahrheit, zu ätzender Schärfe verdichtet. Chapman vermochte sich nie vom Ballast seiner Bildung zu lösen; viel Griechisch und noch mehr Latein lasten erstickend auf seiner Muse, und die Lektüre seiner Stücke ist heute eine Arbeit für gelehrte Leute. Wir erschauern auch nicht mehr wie Keats «beim ersten Hineinschauen in Chapmans Homer». In diesen Heptametern lebt wohl eine derbe Kraft, die sie ab und zu über Popes im allgemeinen bessere Übersetzung hinaushebt; aber die Musik der Dichtung ging durch die Übertragung verloren. Die gleitenden Hexameter des Originals reißen uns mit ihrer hurtigen Melodie mehr hin als die gemessenen, gefesselten, gereimten Versfüße. Keine längere englische Dichtung in Reimen hat je die einschläfernde Wirkung eines Wiegenliedes zu vermeiden gewußt. Chapman ging zu «heroischen Couplets» – zehnsilbigen paarig gereimten Zeilen – über, als er die Hexameter der *Odyssee* mit ähnlich einlullender Wirkung wiedergab. König Jakob muß bei der Lektüre unter Homers beiläufigem Nicken eingeschlafen sein, denn er vergaß, die dreihundert Pfund zu bezahlen, die der selige Prinz Heinrich Chapman einst für den Fall, daß die Übersetzung fertig würde, versprochen hatte. Aber der Earl of Somerset rettete den alternden Dichter vor der Armut.

Sollen wir uns bei Thomas Heywood, Thomas Middleton, Thomas Dekker, Cyril Tourneur und John Marston aufhalten oder sie bitten, uns mit einer geziemenden Reverenz vor der Flamme ihres Ruhmes zu entlassen? John Fletcher darf nicht so knauserig behandelt werden, denn in seiner Vollkraft (1612–1625) ehrte ihn England als den Dramatiker, der Shakespeare und Jonson am nächsten stand. Als Sohn eines Bischofs von London und Neffe oder Vetter dreier nicht unbedeutender Dichter wurde er mit Versen genährt und mit Reimen großgezogen. Und diesem ganzen Erbe fügte er das Privileg hinzu, mit Shakespeare an *Heinrich VIII.* und den *Zwei vornehmen*

Verwandten, mit Massinger an dem *Spanischen Vikar,* am erfolgreichsten aber mit Francis Beaumont zusammenarbeiten zu dürfen.

Auch «Frank» dichtete gleichsam von Geburt auf. Er war der Sohn eines prominenten Richters und Bruder eines unbedeutenderen Poeten, der dem Eintritt Franks in die Welt ein Jahr vorher den Weg ebnete. Da Beaumont weder in Oxford noch im Inner Temple einen Grad errang, versuchte er sich in wollüstigen Versen und tat sich mit Fletcher zusammen, um Schauspiele zu schreiben. Die beiden stattlichen Junggesellen teilten Bett und Tisch, Geld und Kleider, Mätressen und Themen. «Sie hatten ein gemeinsames Mädchen», sagt Aubrey, und «eine wundervolle gemeinsame Ähnlichkeit der Phantasie.»[33] Zehn Jahre lang arbeiteten sie miteinander und schrieben Stücke wie *Philaster oder Liebe lügt ohn' Unterlaß, Die Tragödie der Hetäre, Der Ritter mit dem flammenden Stößel.* Die Dialoge sind lebhaft, aber geschwätzig, die Intrigen kunstvoll ineinander verflochten, die Lösungen erkünstelt; die Gedanken erheben sich selten zu philosophischer Höhe. Nichtsdestoweniger waren diese Dramen gegen Ende des Jahrhunderts (so versichert uns Dryden) auf der Bühne doppelt so beliebt wie diejenigen Shakespeares[34].

Beaumont starb mit dreißig Jahren, im selben Jahr wie Shakespeare. Darauf schrieb Fletcher, allein oder mit anderen, eine lange Reihe von erfolgreichen, aber jetzt vergessenen Stücken. Einige seiner Komödien voll verwickelter, toller Intrigen stammen von spanischen Vorbildern her und leiten mit ihrer Betonung des Ehebruchs zum Drama der Restauration über. Dann wurde Fletcher der blutigen und unzüchtigen Themen müde und verfaßte (1608) ein ländliches Schäferspiel *Die getreue Schäferin,* das ebenso närrisch ist wie der *Sommernachtstraum* und in der Erfindung manchmal mit ihm wetteifert. Clorin zieht sich, da ihr geliebter Schäfer tot ist, in eine ländliche Laube bei seinem Grab zurück und gelobt, unberührt dort zu bleiben bis zu ihrem Tod:

Heil, heil'ge Erde! Kalten Arms umfängst du
den treuesten Mann, der weidete die Herde
auf fetter Flur des fruchtbaren Thessalien!
So grüße ich dein Grab, und so bezahle
ich meinen frühen Schwur; die Tränen fallen
auf deine noch geliebte Asche. So befreie
ich mich von jeder künft'gen Glut und Flamme
der Liebe. Alle Scherze, Freuden, Spiele,
die Hirten lieb sind, lege ich beiseite.
Nie mehr soll diese glatte Stirn umwinden
ein frischer Kranz, nie mehr führ' sie den Reigen;
nie mehr soll die Gesellschaft schöner Mädchen
und die von munteren Hirten mich erfreuen,
und nie der schrille Ton der frohen Pfeife
im schattigen, engen Tal, wenn kühler Wind
in Blättern spielt. All dies soll fern mir bleiben,
da du mir ferne bist, an dessen Seite
so oft ich saß, bekränzt mit frischen Blumen,
als Sommerkönigin, wenn jeder Hirte
sein grünes Kleid anzieht, mit bunten Haken,

und umhängt seinen Sack aus feinem Leder.
Doch du gingst fort, und all dies ging mit dir.
Tot ist dies alles, nur Erinnerung lebt
und wird dich überleben, immer wieder,
so lang es Pfeifen gibt und Hirtenlieder.

Das Idyll erlebte eine Aufführung und verschwand dann von der Bühne. Welche Chance konnte ein Loblied auf die Keuschheit in einem Zeitalter haben, in dessen Adern immer noch elisabethanisches Feuer brannte?

Der mächtigste und unangenehmste Dramatiker zu Jakobs Zeiten war John Webster. Wir wissen so gut wie nichts über sein Leben, und das ist recht so. Aus dem Vorwort zu seinem besten Stück, *Der weiße Teufel* (1611), können wir auf seine Stimmungslage schließen. Dort nennt er die Zuhörer «unwissende Esel» und sagt aus, daß «der Atem, der aus der unfähigen Menge aufsteigt, fähig ist ..., die tiefsinnigsten Tragödien zu vergiften». Das Drama behandelt die Geschichte der Vittoria Accoramboni, deren Verbrechen und Prozeß (1581–1585) Italien während Websters Kindheit erregt hatten. Vittoria fühlt, daß die Einkünfte ihres Gatten ihrer Schönheit nicht gerecht werden. Sie nimmt die Aufmerksamkeiten des begüterten Herzogs von Brachiano entgegen und legt ihm nahe, er müsse sich ihres Gatten und seiner eigenen Gattin entledigen. Er nimmt sich sogleich der Sache an, und zwar unter Mithilfe von Vittorias kupplerischem Bruder Flamineo, der diesem Verbrechen die zynischste Stimme der ganzen englischen Literatur leiht. Vittoria wird verhaftet, weil man Verdacht gegen sie schöpft; aber sie verteidigt sich mit solcher Kühnheit und Gewandtheit, daß die Richter mit ihrem Latein am Ende sind. Brachiano entführt sie aus dem Gefängnis, man setzt den beiden nach, und am Schluß werden Verfolger und Verfolgte, Gerechte und Ungerechte, in einem dramatischen Massenmord hingeschlachtet, der Websters Blutdurst für ein Jahr stillte. Die Handlung ist gut durchgeführt, die Charaktere sind einheitlich gezeichnet, die Ausdrucksweise ist bald männlich-derb, bald ordinär, die entscheidenden Szenen sind kraftvoll, und die Sprache erreicht zeitweilig Shakespeares Beredsamkeit. Aber die erkünstelte und übertriebene Derbheit Flamineos, die ständigen glühenden Verwünschungen, die auch von schönen Lippen fallen («O könnt ich vierzigmal am Tag dich töten! Tät ich's vier Jahre lang, es wär zu wenig!»)[35], die überhandnehmende Obszönität – das Wort Hure kommt auf jeder zweiten Seite vor –, die endlosen Zweideutigkeiten, die selbst Shakespeare zum Erröten gebracht hätten, machen das Stück unerträglich für einen Geschmack, der durch die Zivilisation zimperlich wurde.

Webster nahm in *Die Herzogin von Malfi* (1613) die Massenmorde wieder auf. Ferdinand, der Herzog von Kalabrien, verbietet seiner jungen, verwitweten Schwester, der Herzogin von Amalfi, sich wieder zu verheiraten, denn wenn sie unverheiratet stirbt, wird er ihr Vermögen erben. Sie beklagt ihre erzwungene Keuschheit:

... Die Vögel, die im Freien wohnen,
Im wilden Vorrecht der Natur, sind glücklich
Weit mehr als wir; sie wählen sich Gefährten
Und singen ihre Lust dem Frühling vor.[36]

Gereizt durch eigenes Begehren und das Verbot, lockt sie ihren Haushofmeister Antonio zu einer heimlichen Vermählung in ein vorzeitiges Bett, worauf Ferdinand sie töten läßt. Im Schlußakt geschieht in jeder Minute ein neuer Mord; Ärzte stehen mit Gift bereit, Raufbolde mit Dolchen. Keiner bringt die Geduld auf, eine gesetzliche Hinrichtung zu erwarten. Der ärgste Schurke in dem Stück – der die Herzogin tötet, ihre Güter stiehlt, sich eine Mätresse nimmt und sie dann ermordet – ist ein Kardinal; Webster war eben kein Papist. Auch hier gibt es Zweideutigkeiten von fast urologischer Aufrichtigkeit, eine wilde Entschlossenheit, das Vokabular der Verwünschungen bis zur Neige auszuschöpfen und eine unbändige, wahllose Mißachtung menschlichen Lebens. Nur in den verborgenen Winkeln dieses düsteren Gemäldes finden wir Vornehmheit, Treue und Zärtlichkeit. Ferdinand vergißt sich selbst und ist eine Zeile lang sanft, während er seine noch im Tode schöne Schwester anschaut:

> Bedeckt ihr Antlitz! Wie mich's blendet! Sie starb jung ...[37]

Aber alsbald kehrt er wieder zur Barbarei zurück.

Wir wollen hoffen, etwas Edleres als diese Greuel in dem Mann zu finden, der schreiben konnte: «Trink mir nur mit den Augen zu.»

V. BEN JONSON: 1573?–1637

Er war ein postumes Kind, denn er wurde einen Monat nach seines Vaters Tod in Westminster geboren. Er wurde Benjamin Johnson getauft, ließ aber das *h* fallen, um sich von anderen zu unterscheiden. Jedoch die Drucker gebrauchten es über seinen Tod hinaus bis ins Jahr 1840; es erscheint noch auf der Gedenktafel an der Mauer der Westminsterabtei. Die Mutter, deren erster Gatte Geistlicher gewesen war, nahm sich als zweiten einen Maurer. Die Familie war arm; Ben mußte seine Bildung hart erkämpfen; nur die Freigebigkeit eines aufmerksamen Freundes ermöglichte seinen Eintritt in die Westminsterschule. Hier hatte er das Glück, unter den Einfluß des Historikers und Altertumsforschers William Camden, der Magister an der Schule war, zu geraten. Die gewohnte Abneigung des Schuljungen gegen die Klassiker war bei ihm kaum zu finden, er machte Cicero, Seneca, Livius, Tacitus und Quintilian zu seinen Vertrauten und erhob später, offensichtlich mit Recht, den Anspruch, «mehr Griechisch und Latein zu können als alle Dichter Englands»[38]. Nur sein reizbares Temperament und der Trubel des Londoner Lebens hinderten seine Gelehrsamkeit daran, seine Kunst zugrunde zu richten.

Nachdem er die Schule in Westminster abgeschlossen hatte, ging er nach Cambridge, «wo er», wie sein erster Biograph erzählt, «nur ein paar Wochen blieb, weil es ihm an weiterer Unterstützung mangelte»[39]. Sein Stiefvater brauchte ihn als Maurerlehrling, und wir stellen uns Ben vor, wie er schwitzend und widerwillig sieben Jahre lang Backsteine aufeinanderfügte und sich dabei Verse ausdachte. Dann ging er plötzlich zu den Soldaten, ließ sich ausheben und stürzte sich eiliger als auf die Backsteine ins Kriegshandwerk. Er diente in den Niederlanden, focht mit einem feindlichen

Soldaten einen Zweikampf aus, tötete ihn, plünderte ihn aus und kam nach Hause zurück, um weitschweifig seine Abenteuer zu erzählen. Er verheiratete sich, bekam viele Kinder, begrub drei oder mehr von ihnen, zankte sich mit seiner Frau, ließ sie fünf Jahre lang sitzen und lebte dann in Hader mit ihr bis zu ihrem Tod. Klio selbst weiß nicht, wie er für seine Familie die Butter aufs Brot beschaffte.

Das Geheimnis wird noch undurchdringlicher, wenn wir erfahren, daß er Schauspieler wurde (1587). Aber er barst fast vor zündenden Ideen und geglückten Versen, und es konnte ihn nicht lange fesseln, immer nur anderer Leute Gedanken zu rezitieren. Er freute sich, als Tom Nash ihn einlud, an seiner *Hunde-Insel* mitzuarbeiten, und zweifellos trug er sein Teil zu den «sehr aufrührerischen und verleumderischen Dingen» bei, die der Geheime Staatsrat in dem Stück fand. Der Rat befahl, die Vorstellung abzubrechen, das Theater zu schließen und die Schauspieler zu verhaften. Nash, ein alter Praktikus in solchen Stückchen, brach nach Yarmouth aus; Jonson hingegen sah sich ins Gefängnis geworfen. Da es im Kerker Brauch war, daß jeder für seine Nahrung, seine Unterkunft und seine Ketten selbst bezahlte, borgte er bei Philip Henslowe vier Pfund, und als er wieder freigelassen wurde, trat er Henslowes (und Shakespeares) Schauspielertruppe bei (1597).

Ein Jahr später schrieb er seine erste bedeutende Komödie, *Jedermann nach seinem Temperament,* und sah Shakespeare im Globe-Theater darin auftreten. Vielleicht fand der große Dramatiker keinen Geschmack an dem Prolog, der – entgegen der herrschenden Mode – sich vornahm, den klassischen Einheiten der Handlung, der Zeit und des Ortes zu folgen und nicht

ein Kind, das noch in Windeln liegt, zum Mann
zu machen, der mit Bart und Pfeife dann
schon sechzig ist ... Ihr freut euch, wenn heut ein
solch Stück ihr seht, wie andere sollten sein,
wo nicht ein Chor euch hinweht bis zum Belt,
kein Thron umstürzt, wie Kindern es gefällt ...
Wo Tat und Wort so sind, wie man's gewohnt,
und Menschen so, wie sich's fürs Lustspiel lohnt,
wenn es ein Zeitbild schildert, wohlberaten,
mit Torheit scherzt, und nicht mit Übeltaten.

So kehrte Jonson der aristokratischen Neckerei von Shakespeares frühen Komödien und der wunderbaren Geographie und Chronologie des «romantischen» Dramas den Rücken. Er brachte die Londoner Armenviertel auf die Bühne und versteckte seine Belesenheit in einer bemerkenswerten Wiedergabe der Dialekte und Manieren des niederen Volkes. Die Charaktere sind eher Karikaturen als komplexe philosophische Schöpfungen, aber sie leben. Sie sind ebenso nichtswürdig wie bei Webster, aber sie sind menschlich; sie sind moralisch liederlich, aber es sind keine Mörder.

Die Römer hatten das Wort *umor* für «Feuchtigkeit» oder «Flüssigkeit» gebraucht, die medizinische Tradition hatte seit Hippokrates den Ausdruck *humor* verwendet, um die vier Körperflüssigkeiten zu bezeichnen: Blut, Schleim, schwarze Galle und gelbe Galle. Je nach dem Vorherrschen der einen oder anderen Flüssigkeit in seinem

Körper war ein Mensch angeblich von sanguinischem, phlegmatischem, melancholischem oder cholerischem «Humor» oder Temperament. Jonson gab seine eigene Interpretation dieses Terminus folgendermaßen:

> Wenn eine sehr besondere Eigenheit
> den Menschen so beherrscht, daß sie hinreißt
> all sein Gefühl, den Geist und jede Kraft
> in ihren Strom, der alles mit sich zieht,
> dann nennt man wahrlich dies: Temperament.[40]

Das Wort gewann Leben in der frohgemuten Schilderung des Hauptmanns Bobadil, des direkten Nachfahren des *miles gloriosus* von Plautus, einer Gestalt von ganz eigenem «Humor» und voll unfreiwilligen Humors: immer tapfer, ausgenommen in der Gefahr, kampfbegierig, ausgenommen wenn herausgefordert, ein Meister des Schwertes, wenn es in der Scheide steckte.

Das Stück wurde gut aufgenommen, und Ben durfte sich endlich kräftig austoben. Er prahlte ganz offen, war stolz auf sein Dichtertum, sprach mit hohen Herren, ohne mehr servil zu sein, stellte wenn nötig seinen Mann, nahm sich vom Leben, was er kriegen konnte, fand Geschmack an unverblümter Offenheit und derbem Humor, verführte dann und wann eine Frau, zog aber am Ende doch (wie er Drummond sagte) «die Leichtfertigkeit einer Gattin der Sprödigkeit einer Mätresse vor»[41]. Er gab seinen Schauspielerberuf auf und lebte schlecht und recht von seiner Feder. Eine Zeitlang war ihm das Glück hold, weil er für den Hof Maskenspiele schreiben konnte. Die anmutig phantasievollen Verse, die er zustande brachte, paßten gut zu den Szenerien, die Jones entwarf. Aber Ben war heißblütig und geriet rasch in Streit. Im Jahre seines ersten Erfolges überwarf er sich mit Gabriel Spencer, einem Schauspieler, duellierte sich mit ihm, tötete ihn und wurde wegen Mordes eingekerkert (1598). Um die Sache für ihn noch schlimmer zu machen, bekehrte er sich im Gefängnis zum Katholizismus. Nichtsdestoweniger verlief sein Prozeß günstig, und es wurde ihm gestattet, gewisse sonst nur Geistlichen zustehende Milderungsgründe geltend zu machen, weil er den lateinischen Psalter «wie ein Pfarrer» las. Er wurde freigelassen, allerdings erst, nachdem ihm der Buchstabe *T* mit einem glühenden Eisen auf den Daumen gebrannt worden war, so daß er leicht als Vorbestrafter erkannt werden konnte, falls er wieder töten sollte. Für den Rest seines Lebens war er ein gebrandmarkter Missetäter.

Nach einem Jahr der Freiheit wurde er wegen Schulden wieder ins Gefängnis geworfen; abermals bürgte Henslowe für ihn und befreite ihn. Im Jahre 1600 bemühte sich Jonson darum, zahlungsfähig zu werden, und schrieb *Jedermann außerhalb seines Temperamentes.* Er verlieh der Komödie durch klassische Wendungen Gewicht, fügte den Personen des Dramas drei Charaktere bei, die als kommentierender Chor dienten, goß Schmähungen über die Puritaner aus, die «Religion in ihren Gewändern zum Ausdruck bringen und ihr Haar kürzer tragen als ihre Augenbrauen», und spielte seine Bildung gegen Dramatiker aus, welche die aristotelischen Einheiten zerstörten. Anstatt unmögliche Romanzen über unglaubwürdige Lords zu schreiben, setzte er sich zum Ziel, London gnadenlos sich selbst vorzuführen und

ihm einen Spiegel vorzuhalten,
so groß, als wie die Bühne, drauf wir spielen,
worin die Mißgestalt der Zeit es sehn soll,
zergliedert jeden Nerv und jede Sehne
mit stetem Mut, mißachtend jede Furcht.[42]

Das Stück erwarb ihm mehr Freunde als Einkünfte, und man kann niemandem empfehlen, es heute noch zu lesen. Unzufrieden mit der lärmenden Zuschauermenge im Globe-Theater, schrieb Jonson seine nächste Komödie, *Cynthias Gelage* (1601), für eine Truppe von jugendlichen Schauspielern und eine weniger zahlreiche, aber ausgewähltere Zuhörerschaft im Blackfriars-Theater. Dekker und Marston fühlten sich in dem Stück verspottet, und 1602 brachte die Chamberlain-Truppe, verärgert durch die Konkurrenz der Blackfriars-Truppe, Dekkers *Satiromastix* (das heißt: Der gezüchtigte Satiriker) heraus, der Jonson als einen jämmerlichen Wicht, einen blatternarbigen, eingebildeten Pedanten, einen Mörder und Maurer anprangerte. Der Streit endete in einem Austausch von Schmeicheleien, und eine Zeitlang herrschte Ruhe. Ein wohlhabender Rechtsgelehrter nahm Ben in sein Haus, und der Earl von Pembroke sandte dem Dichter zwanzig Pfund, damit er «Bücher kaufen könne»[43]. Dadurch ermutigt, versuchte er sich an einer Tragödie: Er nahm die Geschichte des Seianus, des üblen Favoriten des Tiberius, zum Vorwurf und gründete die Handlung mit Sorgfalt auf Tacitus, Sueton, Cassius Dion und Iuvenal. Das Ergebnis war ein gelehrtes Meisterstück in wohlgesetzten Worten und mit einigen rührenden Szenen. Aber die Zuhörer fanden kein Gefallen an den langen Reden und dem langweiligen Moralismus lebloser Figuren, und das Stück wurde bald abgesetzt. Jonson ließ den Text drucken und versah ihn am Rande mit Anmerkungen in lateinischer Sprache sowie Angaben über seine klassischen Quellen. Lord Aubigny war beeindruckt und stellte dem betrübten Autor fünf Jahre lang ein Heim zur Verfügung.

1605 kehrte er mit seinem bedeutendsten Stück in die Arena zurück. *Volpone oder der Fuchs* griff mit beißender Satire die Geldgier an, die in London wütete. Wie gewöhnlich in Komödien – von Plautus bis zu Barries *Bewundernswertem Crichton* – steht ein gescheiter Diener im Mittelpunkt der Handlung. Mosca (italienisch: Fliege), der Diener, bringt seinem knauserigen Meister, Volpone, der vorgibt, ernsthaft krank zu sein, eine Reihe von Erbschleichern ins Haus: Voltore (Geier), Corbaccio (Krähe), Corvino (Rabe), die in der Hoffnung, zu Volpones Erben ernannt zu werden, reiche Geschenke darbringen. Der «Fuchs» nimmt jede Gabe mit widerwilliger Gier an und borgt sich sogar Corbaccios Frau für eine Nacht. Schließlich bringt Mosca seinen Herrn durch List dazu, ihn, den Diener, zum einzigen Erben einzusetzen. Aber Bonario (der Gutgeartete) entlarvt den Trick, und der venezianische Senat schickt alle ins Gefängnis. Mit diesem Stück eroberte sich Jonson endlich das Publikum des Globe-Theaters.

Bald aber wendete sich das Blatt wieder. Zusammen mit Marston und Chapman arbeitete er an *Ostwärts Ho!* (1605). Die Regierung verhaftete die Autoren unter dem Vorwand, die Komödie beschimpfe die Schotten. Man drohte den Gefangenen, man würde ihnen die Nasen und Ohren abschneiden, aber sie wurden unverletzt wieder freigelassen, und an dem Bankett, das zu Ehren des befreiten Triumvirats veranstaltet wurde, nahmen so würdige Häupter wie Camden und Selden teil. Dann, am 7. November 1605, wurde Ben vom Geheimen Staatsrat vor Gericht geladen, weil dieser vermutete, Ben wisse als Katholik etwas über die Pulververschwörung. Obgleich er einen Monat vorher mit dem Hauptverschwörer Catesby gespeist hatte, kam er ungeschoren davon. Aber am 9. Januar 1606 wurde er vom Gerichtshof erneut wegen seiner Weigerung, dem anglikanischen Gottesdienst beizuwohnen, vorgeladen. Da er indes zu arm war, um mit einer Geldstrafe belegt zu werden, wurde die Beschuldigung als nicht dringlich erklärt. 1610 kehrte er zur anglikanischen Gemeinde zurück, und zwar «mit solcher Begeisterung, daß er, als er dem Abendmahl beiwohnte, allen Wein aus dem Kelch austrank»[44].

In jenem Jahr brachte er sein berühmtestes Stück auf die Bühne. *Der Alchimist* verspottete nicht allein die Alchimie, die im Verschwinden begriffen war, sondern ein halbes Dutzend anderer schwindelhafter Praktiken, die in London im Schwange waren. Sir Epikur Mammon ist sicher, den Stein der Weisen gefunden zu haben:

Heut nacht verwandl' ich
all das Metall in meinem Haus in Gold,
und früh am Morgen will ich dann nach all
den Klemperern und Kannengießern senden,
ihr Zinn und Blei zu kaufen, und das Kupfer
von Lothbury ... Cornwall und Devonshire
kauf ich und mach's zu Indien ... Denn mir scheint,
ich wünsche Weiber mir und Konkubinen,
wie Salomon, der auch den Stein besaß
wie ich; ich mach mit diesem Elixier
zum Buhlen mich, daß ich wie Herkules
in einer Nacht begegne fünfzig Frau'n.
... Und die mir schmeicheln dann,
sollen die herrlichsten der Hehren sein,
die ich für Geld mir kaufe ...
Aus indischen Schalen eß ich meine Speisen,
achatnen, goldnen Schüsseln, mit Smaragd
verziert und mit Saphir, Rubin, Topas;
eß Karpfenzungen, Fersen des Kamels ...
und Champignons und schwellend fette Zitzen
der feisten trächtigen Sau, frisch abgeschnitten ...
Ich sag zu meinem Koch: Hier hast du Gold,
nun geh und tu, was ich dir sag.[45]

Sir Epikur ist ein Prachtkerl, aber die anderen Gestalten sind nichtsnutzige Leute, und ihre Gespräche strotzen von pornographischem Unrat. Es ist ein Jammer zu sehen, daß ein gelehrter Mann wie Jonson sich in den schmutzigen Redewendungen des Rotwelschs der Elendsviertel so gut auskennt. Daß die Puritaner solche Stücke angriffen, ist nicht verwunderlich. Jonson zahlte es ihnen heim, indem er sie im *Bartholomäus Markt* (1614) karikierte.

Er schrieb noch eine große Anzahl weiterer Komödien, die das Leben nicht immer von seiner angenehmen Seite zeigen; sie sind nicht der Erwähnung wert. Zeitweise empörte er sich gegen seinen eigenen grobschlächtigen Realismus, und in *Der traurige Schäfer* ließ er seiner Einbildung ganz unbekümmert freien Lauf.

Ihr Schreiten krümmte keinen Grashalm nieder
und schüttelt' keinen Blütenball vom Stiel,
doch wie der sanfte Westwind flog sie hin,
und wo sie ging, erwachten Blumen stät,
als hätt' ihr rosiger Fuß sie ausgesät.[46]

Aber er ließ das Stück unvollendet und beschränkte im übrigen seine romantische Neigung auf hübsche lyrische Gedichte, die in seine Komödien eingestreut sind wie Edelsteine in die Schlacke. So singt er in dem Stück *Der dumme Teufel* plötzlich:

Sahst du je eine Lilie schön,
eh rauh die Hand sie brach? Und
merkt'st du den Schnee, eh er zergehn
mußt auf dem schmutzigen Grund?
Befühltest du des Bibers Haar,
des Schwans Gefieder gar?
Rochst du die Knosp' am Rosenstrauch?
Der glüh'nden Narde Hauch?
Schmeckt'st du der Biene Nektar nie?
so weiß, so sanft, so süß ist sie!

Noch lieblicher ist das Lied «An Celia», das er aus dem Griechischen des Philostratos stibitzte und mit vollendeter Meisterschaft und Geschicklichkeit in «Trink mir nur mit den Augen zu» umwandelte.

Nach Shakespeares Tod war Jonson das anerkannte Haupt der Dichterzunft. Er wurde Englands ungekrönter *poeta laureatus*. Offiziell trug er zwar nicht diesen Titel, aber die Regierung ließ ihm des öfteren eine Ehrenerwähnung zuteil werden und zahlte ihm jährlich eine stattliche Rente. Die vielen Freunde, die sich in der Mermaid Tavern um ihn versammelten, spürten seine Gutmütigkeit hinter seiner Reizbarkeit und Scharfzüngigkeit. Sie genossen seine saftige Sprache und ließen es gern zu, daß er ihren Führer spielte, nicht anders als wie sein Namensvetter im nächsten Jahrhundert es in seinem Kreise tun sollte. Ben war jetzt so beleibt, wie Samuel Johnson es einst sein würde, und nicht schöner; er jammerte über seinen «Berg von einem Bauch» und sein fleischiges, vom Skorbut zerfressenes Gesicht. Er konnte kaum einen Freund besuchen, ohne einen Stuhl zu zerbrechen. Im Jahre 1624 verlegte er seinen Stammtisch in die Devil Tavern in Fleet Street. Dort versammelte sich regelmäßig der Apollo-Club, den er gegründet hatte, um bei gutem Essen, Wein und Witz seine Feste zu feiern. Jonson hatte am oberen Tischende einen erhöhten Sitz mit einem Geländer inne, auf das er seine Herrlichkeit stützte, wenn er den Thron bestieg. Seine Anhänger wurden traditionsgemäß der Stamm Benjamin genannt; zu ihnen zählten James Shirley, Thomas Carew und Robert Herrick, der ihn den «Heiligen Ben» nannte[47].

Er mußte eine heiligmäßige und ihm gar nicht zusagende Geduld aufbringen, um die Krankheit und Armut seiner letzten Jahre zu ertragen. Seine ganzen Stücke, so rechnete er aus, hatten ihm weniger als zweihundert Pfund eingebracht. Er gab bedenkenlos aus und hungerte, wenn er müßig war; von dem finanziellen Geschick Shakespeares besaß er nichts. Karl I. bewilligte ihm weiterhin seine Rente; als aber das Parlament die königlichen Geldmittel kürzte, wurde ihm seine Pension nicht immer ausgerichtet. Immerhin schickte ihm Karl 1629 hundert Pfund, und der Dekan und das Pfarrkapitel der Westminsterabtei bewilligten fünf Pfund für «Mr. Benjamin Johnson in seiner Krankheit und Bedürftigkeit»[48]. Seine letzten Stücke hatten keinen Erfolg, sein Ruhm verblich, seine Freunde verschwanden, sein Weib und seine Kinder waren tot. Von 1629 an war er allein, gelähmt und bettlägerig, und nur eine alte Frau sorgte für ihn. Kümmerlich und in Schmerzen lebte er noch acht Jahre dahin. Er wurde in der Westminsterabtei begraben, und John Young meißelte den berühmten Satz in seinen Grabstein:

O AUSSERGEWÖHNLICHER BEN JOHNSON

Nur die beiden ersten Worte blieben erhalten, aber jeder gebildete Engländer kann den Rest ergänzen.

VI. JOHN DONNE: 1573–1631

An der Konferenz von Hampton Court schlug ein puritanischer Abgeordneter eine neue Bibelübersetzung vor. Der Bischof von London wandte ein, die bestehenden Übertragungen seien gut genug. König Jakob war anderer Meinung und befahl, «besondere Anstrengungen zu unternehmen für eine einheitliche Übertragung, die von den gelehrtesten Männern beider Universitäten vorgenommen, von den Bischöfen durchgesehen, dem Geheimen Staatsrat vorgelegt und endlich vom König ratifiziert werden sollte; welche Übersetzung dann in der ganzen anglikanischen Kirche gelesen werden sollte und keine andere»[49]. Sir Henry Savile und sechsundvierzig andere Gelehrte machten sich an die Aufgabe, zogen die früheren Übertragungen von Wiclif und Tyndale heran und vollendeten die Arbeit in sieben Jahren (1604–1611). Diese «autorisierte Übertragung» wurde 1611 für verbindlich erklärt und gewann ungeheuren Einfluß auf das englische Leben und die englische Literatur und Sprache. Tausende von kernigen Sätzen gingen aus ihr in die Sprache ein. Die Verehrung der Bibel, die in protestantischen Ländern ohnehin schon groß war, erfuhr in England neue Belebung und regte erst die Puritaner, dann die Quäker, schließlich die Methodisten zu einer Kenntnis und Verehrung des Textes an, denen nur noch die Hingabe der Mohammedaner an den Koran gleichkam. Der Einfluß der Übersetzung auf den Stil der englischen Literatur war überaus wohltätig: Sie löste die langen und gewundenen Perioden der elisabethanischen Prosa in kurze, bündige, klare und natürliche Sätze auf; sie ersetzte fremde Ausdrücke und Konstruktionen durch urwüchsige angelsächsische Wörter und englische Spracheigentümlichkeiten. Sie enthielt tausend gelehrte Schnitzer, aber sie verwandelte das noble Hebräisch und das volkstümliche Griechisch des Alten und Neuen Testaments in das schönste Denkmal englischer Prosa.

Zwei weitere hervorragende Prosawerke zeichneten die damalige Regierungszeit aus: Sir Walter Raleighs *Weltgeschichte* (von der später noch die Rede sein wird) und Robert Burtons *Anatomie der Schwermut* (1621)*, dieses mächtige Sammelbecken, worin der Pfarrer von St. Thomas in Oxford alle möglichen Fragmente theologischen, astrologischen, klassischen und philosophischen Wissens aufspeicherte. Burton erweckte zuerst den Eindruck, er sei «sehr vergnügt und drollig», aber in späteren Jahren wurde er so melancholisch, daß nichts ihn glücklich machen konnte außer den Zoten der Bootsmänner auf der Themse[50]. Um seiner «schwarzen Galle» entgegenzuarbeiten, «verschlang» Burton Bücher, die er aus der Bodleian Library bezog. Mit diesen Büchern, seinen Manuskripten, der Astrologie und priesterlicher Hilfe verbrachte er seine trübsinnigen Tage und seine durchwachten Nächte. Er berechnete sein Horoskop und sagte danach seinen Todestag mit solcher Genauigkeit voraus, daß die Studenten von Oxford ihn im Verdacht hatten, er habe sich selbst erhängt, um seine Prophezeiung zu beweisen[51].

In seinem Buch ist er sehr lebendig. Er nimmt sich vor, die Hypochondrie zu untersuchen und Heilmittel dagegen zu verschreiben, findet dann aber Abschweifungen von seinem Thema vergnüglicher als die Durchführung seines Plans. Mit exzentrischem Humor, der in seiner ziellosen Phantastik an Rabelais gemahnt, erörtert er alle möglichen Dinge genau so beiläufig wie Montaigne, pfeffert seine Seiten mit Latein und Griechisch und schickt seine Leser lustig bald dahin, bald dorthin. Er erhebt keinen Anspruch auf Originalität; ihm scheint, jede Autorschaft bedeute Diebstahl: «Wir können nichts sagen, was nicht schon gesagt wurde; nur die Komposition und die Methode sind unser Eigentum.»[52] Er gesteht, daß er die Welt nur aus Büchern und aus den Nachrichten kennt, die nach Oxford durchsickern:

> «Ich vernehme jeden Tag neue Nachrichten: die üblichen Gerüchte von Krieg, Seuchen, Feuersbrünsten, Überschwemmungen, Diebstählen, Morden, Hinmetzelungen, Meutereien, Meteoren, Kometen, Sonnenspektren, Wundern, Erscheinungen, Eroberungen von Städten in Frankreich, Deutschland, der Türkei, Persien, Polen, Belagerungen von Städten und dergleichen, täglichen Paraden und Kriegsrüstungen und ähnlichen Dingen, wie diese stürmischen Zeiten sie darbieten, gelieferten Schlachten, erschlagenen Menschen ..., Schiffbrüchen, Seeräubereien und Seeschlachten; Friedensschlüssen, Bündnissen, Kriegslisten und neuen Unruhen und ein großes Durcheinander von Gelübden, Wünschen, Taten, Edikten, Petitionen, Prozessen, Gesuchen, Gesetzen, Proklamationen ..., Meinungen, Spaltungen, Ketzereien ..., Heiraten, Maskeraden, Vermummungen, Lustbarkeiten, Jubiläen ..., Beerdigungen ...»[53]

und er fühlt (wie Thoreau), daß er beim Lesen der Neuigkeiten eines einzigen Tages überzeugt sein kann, daß es für den Rest des Jahres ebenso sein wird und daß bloß Namen und Daten sich ändern. Er glaubt nicht an den Fortschritt der Menschheit; dennoch «will ich mein eigenes Utopia aufstellen ..., in dem ich in Freiheit herrschen

* Eine alltägliche Art von Prosa errang historische Auszeichnung: Die Nachrichtenblätter, die zu Jakobs Zeiten über London flatterten, gingen 1622 in die erste englische Zeitung, *The Weekly News*, über.

kann», und er beschreibt es in phantastischen Einzelheiten. In Wirklichkeit zieht er es indes vor, im Frieden seiner Studierstube oder auf einer Bank an der Themse in Büchern zu blättern, anstatt die Menschheit zu verbessern. Inzwischen liefern alle Autoren der Welt ihm Zutaten zu seinem Ragout. Er verwickelt sich in seine Zitate, was ihn wiederum traurig stimmt, und beschließt nach 114 fruchtbaren Seiten endlich, die Ursachen der Melancholie anzupacken, als da sind: Sünde, Fleischeslust, Zügellosigkeit, Dämonen, Hexen, Sterne, Hartleibigkeit, geschlechtliche Ausschweifungen ... und deren Symptome, die umfassen: «Koliken im Gedärm ..., saures Aufstoßen ..., lästige Träume.»[54] Nach weiteren zweihundert Abschweifungen nennt er die Heilmittel gegen Melancholie: Gebet, Diät, Medikamente, Abführmittel, harntreibende Mittel, frische Luft, körperliche Übungen, Spiele, Komödien, Musik, fröhliche Gesellschaft, Wein, Schlafen, Aderlaß, Bäder; und dann gerät er wiederum vom Hundertsten ins Tausendste, so daß jede Seite ein Ärgernis und ein Vergnügen zugleich wäre – wenn die Zeit stillstünde.

In der Dichtung nehmen die Sonetteschreiber jetzt ab, und die «metaphysischen Dichter» kommen obenauf: Richard Crashaw, Abraham Cowley, John Donne, George Herbert, der anmutig den Frieden und die Frömmigkeit eines anglikanischen Pfarrhauses schildert. Samuel Johnson nannte sie metaphysisch, teilweise weil sie zum Philosophieren, Theologisieren und Argumentieren neigten, hauptsächlich aber weil sie – von Lyly, Góngora oder den Dichtern der Plejade – einen Stil voll neuartiger linguistischer Einfälle, verzwickter Wortspiele, klassischer Anspielungen und erzwungener Dunkelheiten übernahmen. Dies alles hielt Donne nicht davon ab, der glänzendste Dichter seiner Zeit zu werden.

Wie Jonson und Chapman überdauerte er drei Regierungszeiten. Unter Elisabeth besang er die Liebe, unter Jakob die Frömmigkeit und unter Karl den Tod. Als Katholik erzogen, von Jesuiten in Oxford und Cambridge ausgebildet, kannte er die Not der Verfolgung, die Gewissensqualen verheimlichten Glaubens. Sein Bruder Heinrich wurde verhaftet, weil er einem verbannten Priester Unterschlupf gewährt hatte, und starb im Kerker. Streckenweise nährte John seine Melancholie mit den mystischen Schriften der heiligen Therese und des Luis de Granada. Aber von 1592 an verwarf sein stolzer junger Intellekt die Wunder des Glaubens, und das dritte Jahrzehnt seines Lebens kreiste um kriegerische und erotische Abenteuer und um die Philosophie der Skepsis.

Eine Zeitlang weihte er seine Muse der reinen Promiskuität. In der 17. Elegie pries er «der Liebe süßestes Teil, die Mannigfaltigkeit»:

> Wie konnten unsere Väter einst dem Glück sich nahn,
> die in der Liebesvielfalt kein Verbrechen sahn![55]

In der 18. Elegie durchschwamm er «den Hellespont zwischen dem Sestos und Abydos ihrer Brüste». In der 19. Elegie «An seine Herrin, die zu Bett geht», entkleidete er sie dichterisch und bat sie, «meiner Hand das Schweifen zu gestatten». Er mischte Insektenkunde mit Liebe, indem er behauptete, daß, weil ein Floh sie beide gebissen und ihrer beider Blut miteinander vermischt habe, sie blutsmäßig vermählt seien und sich sündloser Verzückung hingeben dürften[56]. Dann aber, übersättigt von Äußerlichkeiten, begann er, an liebenswürdigen Damen unliebenswürdig herumzunörgeln, wollte von ihren sattsam bekannten Reizen nichts mehr wissen, sah nur noch die Künste, die sie in einer herzlosen Welt gelernt hatten. Er geißelte seine Julia in einer Litanei voll wütender Schmähungen und gab seinen Lesern den Rat, eine reizlose Gefährtin zu wählen, da «auf Schönheit gebaute Liebe so rasch wie die Schönheit stirbt»[57]. Mit solchen Versen, in denen er gleichsam Gegenstrophen zu Villon sang, gab er ein poetisches Testament, worin jede Stanze ein Schlag ins Gesicht der Liebe war.

1596 schiffte er sich mit Essex ein, nahm teil an dem Beutezug gegen Cádiz und segelte 1597 nach den Azoren und Spanien. Wieder in England, fand er eine gute Stelle als Sekretär bei Sir Thomas Egerton, dem Lordsiegelbewahrer. Bald aber machte er sich mit dessen Nichte aus dem Staube, heiratete sie (1600) und versuchte, ihren Unterhalt mit Verseschreiben zu bestreiten. Kinder kamen so leicht wie Reime; oft konnte er sie weder nähren noch kleiden, und die Gesundheit seines Weibes litt. Es kam so weit, daß er eine Schrift zur Verteidigung des Selbstmordes verfaßte. Schließlich ließ sich Egerton erweichen und schickte der Familie eine Rente (1608). Und 1610 gab ihm Sir Robert Drury eine Wohnung in seinem Haus in Drury Lane. Ein Jahr später verlor Sir Robert seine einzige Tochter, und Donne veröffentlichte anonym und als Elegie auf sie sein erstes großes Gedicht: «Eine Anatomie der Welt.» Er weitete den Tod Elizabeth Drurys zum Zerfall der Menschheit und des Universums aus:

> Vom ersten Tage an zerfiel die Welt ...
> Die neue Weisheit zieht in Zweifel alles,
> das Feuerelement ist voll Zerfalles;
> die Sonn verging, die Erd, und kein Verstand
> sagt einem Menschen mehr, wo er sie fand.
> Der Mensch bekennt: die Welt ist nun am End,
> seit in Planeten und am Firmament,
> so Neues er entdeckt und dann erfährt,
> daß dieses auch zerbrach ...
> Zerstückt ist alles, kein Zusammenhang
> besteht und kein Bezug mehr wie bislang.[58]

Klagend mußte er zusehen, «wie lahm und krüppelhaft» diese Erde sei, die einst der Schauplatz göttlicher Erlösung gewesen und jetzt, im Licht der neuen Astronomie, bloß ein «Vorort» der Welt war. Einst hatte er den «heiligen Hunger nach Wissen» verherrlicht; nunmehr überlegte er, ob die Wissenschaft die Menschheit zerstören würde:

> Mit neuen Übeln führen gegen uns wir Krieg,
> mit neuerer Physik und der Maschinen Sieg.[59]

So wandte er sich der Religion zu. Verschiedene Krankheiten, das unheilvolle Geschick, das seine Freunde einen um den anderen dahinraffte, brachten ihn zur Furcht Gottes. Wenngleich seine Vernunft noch immer die Theologie bezweifelte, hatte er doch gelernt, auch der Vernunft, als einem anderen Glauben, zu mißtrauen; deshalb beschloß er, den alten Glauben ohne weiteren Beweis anzunehmen, wenn er ihm nur den Frieden des Geistes und leibliche Sicherheit brachte. Im Jahre 1615 wurde er anglikanischer Priester. Nun hielt er nicht nur Predigten voll einer melancholischen und bewegenden Prosa, sondern verfaßte auch einige der ergreifendsten religiösen Gedichte der englischen Sprache. Im Jahre 1616 wurde er Hausprediger Jakobs I., 1621 Dekan der St.-Pauls-Kathedrale. Er hatte die erotische Lyrik seiner jungen Jahre nie veröffentlicht, hatte aber zugelassen, daß Abschriften davon als Manuskripte zirkulierten. Jetzt «bereute er es höchstlich» – wie uns Ben Jonson berichtet – «und suchte alle seine früheren Gedichte zu vernichten»[60]. An ihrer Stelle schrieb er «Heilige Sonette» und forderte, wie um seine Angst zu übertönen, den Tod heraus:

Tod, sei nicht stolz. Zwar nannte man gar mächtig
und schrecklich dich. Jedoch, du bist nicht so.
Denn jene, die zu überwinden roh
du dachtest, starben nicht. Du Armer, ach,
wenn unser Schlaf vorbei, sind ewig wach
wir. Tod ist nicht mehr. Du mußt sterben, Tod.[61]

Im Jahre 1623, als er von einer schweren Krankheit genas, schrieb er ein paar berühmte Zeilen in sein Tagebuch: «Eines jeden Menschen Tod vermindert mich, denn ich bin ein Teil der Menschheit; suche daher nie zu erfahren, für wen die Totenglocke läutet; sie läutet für dich.»[62] Am ersten Fastenfreitag 1631 erhob er sich vom Krankenbett, um jene Predigt zu halten, welche die Leute bald darauf seine eigene Grabrede nennen sollten. Seine Gehilfen hatten versucht, ihn davon abzubringen, da sie sahen (so erzählt sein ihm sehr ergebener Freund Izaak Walton), «wie sehr seine Krankheit ihm alles Fleisch von den Knochen weggezehrt hatte»[63]. Als er seine Predigt beendet hatte, die voll wortreichen Vertrauens auf die Auferstehung war und «voller Freude, daß Gott ihn dazu befähigt hatte, diese sehnlich erwünschte Pflicht zu erfüllen, eilte er nach Hause. Er sollte es nie mehr verlassen, bis ... er von ergebenen Männern zu Grabe getragen wurde.»[64] Er starb am 31. März 1631 in den Armen seiner Mutter, die seine Sünden geduldig ertragen und seine Predigten geliebt hatte.

Es war ein erfülltes, spannungsvolles Leben, das alle Skalen des Genusses und der Liebe, des Zweifels und der Todesbangnis durchlief und schließlich in der Geborgenheit des altüberlieferten Glaubens endete. Wir Heutigen, die wir über der Lektüre von Spenser unweigerlich einschlafen, finden uns fast auf jeder Seite von diesem sonderbar schwärmerischen Realisten, dieser modernen mittelalterlichen Seele angerührt. Sein Vers ist rauh, aber er wollte ihn so. Er verwarf die gedrechselte Anmut der elisabethanischen Redeweise und fand dafür Gefallen an neuartigen Wortschöpfungen und überraschenden Rhythmen; er liebte grelle Mißtöne, die er in ungewohnte Harmonien auflösen konnte. Nachdem er einmal zu seinem wahren Selbst gefunden hatte, gab es nichts Plattes, Seichtes mehr in seiner Poesie; und dieser selbe Mann, der einst wie ein zweiter Catull an Obszönitäten herumgefeilt hatte, reifte zu solcher Feinheit und Tiefe des Denkens und Fühlens, solcher Originalität des Ausdrucks und der Empfindung heran, wie sie kein zweiter Dichter – außer Shakespeare – in jenem erstaunlichen Zeitalter aufzuweisen hat.

VII. JAKOB SÄT WIND: 1615–1625

Liebe und Diplomatie sind trügerische Bettgenossen. Im Jahre 1615 faßte König Jakob eine Neigung zu dem stattlichen, eleganten und reichen zweiunddreißigjährigen George Villiers. Er machte ihn zum Earl, dann zum Marquis und schließlich zum Herzog von Buckingham und gestattete ihm nach 1616, die Staatspolitik zu lenken. Buckinghams Gattin, Lady Katherine Manners, die sich nach außen hin zum anglikanischen Ritus bekannte, war im Herzen römisch-katholisch und dürfte ihren Gatten zu einer Annäherung an Spanien überredet haben.

Jakob war ein Mann des Friedens und erlaubte es weder der Theologie noch der Seeräuberei, zwischen ihm und dem Kontinent Verwirrung zu stiften. Bald nach seiner Thronbesteigung machte er dem langen Krieg, den England mit Spanien geführt hatte, ein Ende. Als Friedrich, Kurfürst von der Pfalz und Gemahl von Jakobs geliebter Tochter Elisabeth, sein Fürstentum zu Beginn des Dreißigjährigen Krieges verlor, gab Jakob sich der Hoffnung hin, der habsburgische König von Spanien, Philipp IV., würde, wenn man ihn in gute Laune versetzte, den habsburgischen Kaiser, Ferdinand II., dahingehend zu beeinflussen, Friedrich seinen Thron zurückgewinnen zu lassen. Zur Empörung seines Volkes schlug Jakob deshalb dem spanischen Monarchen eine Ehe zwischen der Infantin Maria, Philipps Schwester, und Jakobs Sohn, Prinz Karl, vor.

Raleigh fand ein blutiges Ende als Opfer dieser Spanienpolitik. Er war insgeheim ein Gegner von Jakobs Thronbesteigung und ein erbitterter Feind von Jakobs Parteigänger Essex gewesen. Kurz nachdem Jakob König geworden war, entließ er Raleigh aus allen Regierungsstellen. Mit charakteristischer Leidenschaft ließ Raleigh sich in verschiedene übereilte Unternehmungen mit dem Ziel, den König abzusetzen, verwickeln[65]. In den Tower geworfen, beteuerte er seine Unschuld und machte einen Selbstmordversuch. Er wurde vor Gericht gestellt, auf Grund von zweifelhaftem Beweismaterial schuldig gesprochen und dazu verurteilt, am 13. Dezember 1603 mit allen Foltern, die einen Verräter erwarteten, den Tod zu erleiden. Am 9. Dezember schrieb er seiner Frau einen Brief[66], erfüllt von solch warmer Zärtlichkeit und Frömmigkeit, wie er sie der Welt selten gezeigt hatte. Jakob lehnte die Bitte der Königin und des Prinzen Heinrich, ihm zu vergeben, ab, erlaubte jedoch dem Gefangenen, noch fünfzehn Jahre zu leben, wobei aber immer die Todesstrafe über seinem Haupt verhängt blieb. Es wurde Raleighs Frau gestattet, mit ihm in einem kleinen Haus zu leben, das er in der Umfriedung des Towers bauen ließ. Seine Freunde brachten ihm Bücher, er machte chemische Experimente, verfaßte ein paar ausgezeichnete Gedichte und schrieb seine *Weltgeschichte*. Sie wurde 1614 veröffentlicht und begann mit einer frommen, verwickelten und wortreichen Vorrede, Zeugnis eines gequälten und zerrütteten Geistes. Die Darstellung setzte ein bei Ninive, ging über zu Ägypten, Indien, Persien, Chaldäa, Griechenland und Karthago und endete mit dem kaiserlichen Rom. Raleigh war nicht erpicht darauf, neuere Zeiten zu behandeln, denn «wenn einer moderne Weltgeschichte schreibt und der Wahrheit allzusehr auf dem Fuße folgt, kann ihn das die Zähne kosten»[67]. Sein Stil wurde gegen das Ende hin besser, erlangte bei der Beschreibung der Schlacht von Salamis einen edlen Glanz und erreichte einen Höhepunkt in der abschließenden Rede an den «beredten, gerechten und mächtigen Tod»[68].

Aber Raleigh war alles andere als bereit, sich für besiegt zu erklären. Im Jahre 1616 nahm er 1500 Pfund auf und bestach damit den Herzog von Buckingham, sich beim König für ihn ins Mittel zu legen[69]. Er versprach, wenn er freigelassen würde, nach Südamerika zu segeln, um das zu finden, von dem er behauptete, es seien die reichen Goldminen Guayanas, und königliche Beute mitzubringen, mit der die leeren Schatzkammern wieder gefüllt werden könnten. Jakob befreite ihn provisorisch und war damit einverstanden, daß er und seine Partner vier Fünftel des Schatzes behalten sollten, den er von «heidnischen, wilden Völkerstämmen» erbeuten würde. Aber der schlaue Herrscher hielt das Todesurteil noch immer in voller Stärke als einen Anreiz zu gutem Betragen aufrecht. Der Graf von Gondomar, der spanische Gesandte, wies darauf hin, daß in Guayana spanische Siedlungen bestünden, und gab der Hoffnung Ausdruck, sie würden respektiert werden. Jakob, auf Frieden und die Heiratspläne mit Spanien bedacht, verbot Raleigh, unter Androhung der sofortigen Vollstreckung seines Todesurteiles, sich irgendwo in christliche Gemeinwesen, besonders in spanische, einzumischen[70]. Raleigh erklärte sich schriftlich mit dieser Einschränkung einverstanden[71]. Gondomar äußerte weiterhin Bedenken, und Jakob schwor, daß Raleigh, wenn er seine Befehle verletzen sollte, die Todesstrafe erleiden würde[72].

Mit Hilfe seiner Freunde rüstete Raleigh vierzehn Schiffe aus und segelte mit ihnen (17. März 1617) gegen die Mündung des Orinoco. Eine spanische Siedlung, Santo Tomás, versperrte den Weg flußaufwärts zu den hypothetischen – völlig legendären – Minen. Raleighs Leute landeten – er selbst blieb an Bord –, griffen das Dorf an, verbrannten es und töteten den Gouverneur. Entmutigt durch fortgesetzten spanischen Widerstand gaben die erschöpften englischen Streitkräfte schließlich die Suche nach dem Gold auf und kehrten mit leeren Händen zu den Schiffen zurück. Raleigh mußte zu seinem Schmerz erfahren, daß sein Sohn bei dem Angriff getötet worden sei. Er rügte seinen Unterbefehlshaber, worauf dieser Selbstmord beging. Seine Leute verloren das Zutrauen zu ihm, ein Schiff nach dem anderen verließ seine Flotte. Als er nach England zurückkehrte und sah, daß der König ihm zürnte, traf er Anstalten zu einer Flucht nach Frankreich. Er wurde verhaftet, versuchte nochmals zu entkommen und gelangte bis Greenwich; dort verriet ihn ein französischer Agent. Raleigh wurde gefangengenommen, in den Tower geworfen, und der König befahl – durch Gondomar dazu gedrängt –, das Todesurteil zu vollstrecken.

Raleigh, endlich lebensmüde, begrüßte die Wohltat eines raschen Todes und schritt (29. Oktober 1618) mit ruhiger Würde zur Hinrichtung, die ihn zum Helden eines Volkes machte, das Spanien haßte. «Wir wollen es schnell erledigen», bat er die Sheriffs. «Zu dieser Stunde kommt stets ein Schüttelfrost über mich; ich möchte nicht, daß meine Feinde glauben, ich zittere vor Furcht.» Mit dem Daumen prüfte er die Schärfe des Beiles. «Dies ist», sagte er, «ein scharfes Heilmittel, das mich von allen Krankheiten und allem Elend befreien wird.»[73] Seine getreue Gattin forderte seinen Leichnam und ließ ihn in einer Kirche begraben. «Die Lords», schrieb sie, «gaben mir seinen toten Körper, da sie mir sein Leben absprachen. Gott erhalte mir meinen Verstand.»[74]

Raleighs Expedition war eine der vielen, die Jakobs Untertanen Blicke hoffnungsvoll auf Amerika richten ließen. Nach eigenem Grund und Boden strebende Bauern, Abenteurer, die durch Handelsgeschäfte oder Beutezüge Reichtum zu erwerben suchten, Verbrecher, die vor der Grausamkeit des Gesetzes flohen, Puritaner, die entschlossen waren, das Banner ihres Glaubens in unbebauten Boden zu pflanzen – sie und andere ertrugen die Gefahren und Unbilden des Meeres, um überall Neu-England zu gründen. 1606–1607 wurde Virginia besiedelt, 1609 Bermuda, 1610 Neufundland. «Separatistische» Geistliche, die sich weigerten, das Anglikanische Gebetbuch und den Ritus der anglikanischen Kirche anzuerkennen, flohen mit ihren Anhängern nach Holland (1608). Von Delft (Juli 1620), Southampton und Plymouth aus (September) segelten diese «Pilger» über den Atlantik. Nach drei Monaten schwerer Prüfungen gingen sie bei Plymouth Rock an Land (21. Dezember).

In Asien versuchte die englische Ostindien-Gesellschaft mit nur 30000 Pfund und siebzehn Schiffen umsonst, der niederländischen Ostindien-Gesellschaft, die sechzig Schiffe und 540000 Pfund zur Verfügung hatte, Handelshäfen und -routen wegzunehmen. Aber im Jahre 1615 gelang es der Expedition Sir Thomas Roes in Ahmadabad, Surat, Agra und anderswo in Indien Handelsniederlassungen anzusiedeln. Das Fort St. George wurde erbaut und bestückt, um diese Niederlassungen zu verteidigen (1640). Die ersten Schritte zum britischen Reich in Indien waren getan.

Allen merkantilen Interessen, parlamentarischen Vorstößen und chauvinistischen Neigungen seines Volkes zum Trotz hielt Jakob sechzehn Jahre lang an seiner Friedenspolitik fest. Das Unterhaus beschwor ihn, dem Dreißigjährigen Krieg an der Seite der gefährdeten Protestanten Böhmens und Deutschlands beizutreten. Es ersuchte ihn, seinen einzigen überlebenden Sohn nicht mit einer spanischen, sondern einer protestantischen Prinzessin zu verheiraten. Es mißbilligte Jakobs Lockerung der antikatholischen Gesetze, drängte ihn dazu, eine Verordnung zu erlassen, wonach alle katholischen Kinder von ihren Eltern getrennt und als Protestanten erzogen werden sollten, und gab ihm zu bedenken, seine Toleranz werde zum Wiedererstarken einer katholischen Kirche führen, die sich offen der Intoleranz verpflichtete[75].

Im Jahre 1621 führten die Meinungsverschiedenheiten zwischen dem Parlament und dem König gleichsam eine Hauptprobe des Konflikts herbei, der sich (1642) zwischen dem Langen Parlament und Karl I. abspielen sollte. Das Unterhaus beklagte sich über die Extravaganzen des Hofes und das Weiterbestehen der Monopole zur Einschränkung des Handels. Es büßte und verbannte Anhänger der Monopolwirtschaft und wies ihren Einwand, eine aufkommende Industrie müsse vor Konkurrenz geschützt werden, zurück. Als Jakob das Parlament tadelte, weil es sich in Regierungsgeschäfte einmische, veröffentlichte es (18. Dezember) eine historisch gewordene «große Protestnote», die neuerdings bekräftigte, daß «die Freiheiten, Vorrechte, Privilegien und Rechtssatzungen des Parlaments das alte und nicht anzuzweifelnde Geburtsrecht und Erbe der englischen Untertanen» seien, und die hinzufügte, daß «die wichtigen und dringlichen Geschäfte, die den König, den Staat und die Verteidigung des Reiches» beträfen, «geziemende Themen und Gegenstände des Rates und der Debatte im Parlament» seien[76]. Jakob riß zornig die Seiten aus dem Protokoll des Unterhauses, die diese Protestnote enthielten. Er löste das Parlament (8. Februar 1622) auf, befahl, vier Parlamentsführer, nämlich Southampton, Selden, Coke und Pym, einzukerkern, und fuhr fort, Buckinghams Vorschläge für ein Kriegsbündnis mit Spanien in herausfordernder Weise zu unterstützen.

Der leichtsinnige Minister drängte den König dazu, ihn den Prinzen Karl nach Madrid mitnehmen zu lassen, ihn dort vorzustellen, die Infantin zu besichtigen und den Ehevertrag abzuschließen. Jakob war nur zögernd damit einverstanden, denn er fürchtete, Philipp würde Karl als Zielscheibe des Gelächters von ganz Europa nach England zurückschicken.

Als der Prinz und der Herzog (März 1623) in Madrid ankamen, fanden sie die reizende Infantin unnahbar und die spanische Volksmenge beim Gedanken, sie mit einem Protestanten verheiratet zu sehen, ebenso wütend, wie die Engländer es bei der Idee waren, Karl könnte eine Katholikin nach Hause bringen. Philipp und sein Minister Olivares ließen den Besuchern alle Höflichkeiten zuteil werden. Lope de Vega schrieb ein Spiel für die Begrüßungsfeierlichkeiten; Velázquez malte Karls Bildnis; und Buckingham machte den spanischen Schönheiten beinah bis zur Grenze des Erlaubten den Hof. Nichtsdestotrotz machte Spanien die Forderung, daß den englischen Katholiken Religionsfreiheit gewährt werden sollte, zu einer unerläßlichen Heiratsbedingung. Karl war sofort, Jakob erst nach reiflicher Überlegung damit einverstanden, und der Heiratspakt wurde unterzeichnet. Als dann aber Jakob von Philipp das Versprechen forderte, wenn nötig mit spanischen Waffen zu helfen, die Pfalz für seinen Schwiegersohn Friedrich wiederzugewinnen, weigerte sich Philipp, und Jakob befahl seinem Sohn und seinem Günstling, nach Hause zurückzukehren. Daß dieser König auch menschlich fühlen konnte, ersehen wir aus seinem Brief an Karl (14. Juni 1623): «Ich bereue es nun sehr, Dir je erlaubt zu haben, fortzugehen. Ich hänge weder an der Heirat noch an sonst etwas, wenn ich Dich nur wieder in meine Arme schließen kann. Gott gebe es! Gott gebe es! Gott gebe es!»[77] Als die Infantin Karl Lebewohl sagte, nahm sie ihm das Versprechen ab, für die Katholiken in England zu sorgen[78]. Der heimkehrende Prinz wurde von England wie ein Held empfangen, weil er keine Braut mitbrachte. Er führte statt dessen eine Sammlung von Bildern Tizians mit sich.

Nun wandte sich Buckingham, zornig darüber, daß er sich in Spanien lächerlich gemacht hatte (wie Olivarez ihm versichert hatte), wegen einer Eheverbindung an Frankreich und gewann für Karl die jüngste Tochter Heinrichs IV., jene Henrietta Maria, deren katholisches Glaubensbekenntnis einer der Dornen im Auge künftiger Parlamente war. Dann gewann sich der vorschnelle junge Minister die Popularität des

Unterhauses wieder, indem er Jakob – mit dessen Gesundheit und Geisteskräften es nicht mehr zum besten stand – dringend bat, Spanien den Krieg zu erklären. Im Februar 1624 trat das Parlament wieder zusammen und legte sich auf eine Politik fest, die zum Teil von merkantilen Interessen gelenkt war – denn es galt, spanische Kriegsbeute zu machen und Kolonien und Märkte zu erobern – und zum Teil von dem Entschluß, Spanien davon abzuhalten, dem katholischen Kaiser Hilfe gegen die Protestanten in Deutschland zu gewähren. Das Volk, das Jakob einen Feigling genannt hatte, weil er den Frieden liebte, nannte ihn jetzt einen Tyrannen, weil er Leute zwangsweise zum Militärdienst berief. Die Regimente, die ausgehoben, und die Gelder, die bewilligt wurden, waren unzulänglich, und Jakob erfuhr die Bitternis, eine friedvolle Regierungszeit mit einem zwecklosen Krieg zu beenden.

Seine Krankheiten plagten ihn in diesen letzten Jahren mehr und mehr. Er hatte seinen Organismus mit gargantuanisch wahllosem Essen und Trinken vergiftet. Nunmehr litt er an Katarrh, Arthritis, Gicht, Steinbildung, Gelbsucht, Diarrhöe und Hämorrhoiden. Täglich wurde er zu Ader gelassen, bis das am wenigsten königliche unter seinen Leiden auch dies überflüssig machte[79]. Er wies alle Medikamente zurück, erhielt die Sakramente der anglikanischen Kirche und starb (27. März 1625), während er die letzten Tröstungen seines Glaubens murmelte.

Trotz seiner Eitelkeit und Derbheit war er ein besserer König als manch anderer, der ihn an Tatkraft, Mut und Unternehmungsgeist übertraf. Sein Absolutismus bestand hauptsächlich in der Theorie und war durch eine Schüchternheit gemäßigt, die ihn einem mächtigen Parlament gegenüber oft nachgiebig machte. Seine theologischen Spekulationen schränkten seinen Willen zur Toleranz nicht ein, der viel großzügiger war als der seiner Vorgänger. Seine Friedensliebe schenkte England Wohlstand und gebot der eigensüchtigen Kriegslust seines Parlaments und dem patriotischen Eifer seines Volkes Einhalt. Diejenigen, die ihm schmeichelten, nannten ihn seiner Weltweisheit wegen den britischen Salomon. Und Sully, dem es nicht gelang, ihn in einen Streit mit dem Kontinent zu verwickeln, bezeichnete ihn als «den weisesten Narren der Christenheit». Aber er war weder ein Philosoph noch ein Narr. Er war nur ein Gelehrter, dem fälschlich die Rolle eines Herrschers zuteil wurde, ein Mann des Friedens in einem Zeitalter, das außer sich war vor Glaubenswut und Krieg. Mehr wert als die Krone eines Eroberers ist König Jakobs Bibel.

SIEBENTES KAPITEL

Der Aufruf zur Vernunft

[1558–1649]

I. ABERGLAUBE

SIND manche Menschen arm, weil sie unwissend sind, oder sind sie unwissend, weil sie arm sind? An dieser Frage scheiden sich die politischen Philosophen in Konservative, die die Vererbung (angeborene Ungleichheit der geistigen Fähigkeiten) unterstreichen, und in Reformer, die auf die Umwelt (die Macht der Bildung und der günstigen Gelegenheit) vertrauen. In Volksgemeinschaften nimmt bei steigendem Wohlstand die Erkenntnis zu und der Aberglaube ab. Doch selbst noch in einem sehr wohlhabenden Land kann – besonders unter den geplagten Armen und den müßigen Reichen – das Denken in einem Dschungel des Aberglaubens befangen sein, worin Astrologie, Zahlenmystik, Wahrsagerei aus der Hand, Vorbedeutungen, der böse Blick, Hexen, Kobolde, Geister, Dämonen, Beschwörungen, Geisteraustreibungen, Traumdeutung, Orakel, Mirakel, Quacksalberei und okkulte Eigenschaften von Mineralien, Pflanzen und Tieren, die heilend oder unheilbringend wirken, ihr Unwesen treiben. Man kann sich darum leicht ein Bild von dem Gedankengift machen, das in einem Volk, dessen Wohlstand spärlich oder auf wenige verteilt ist, die Wurzeln der Wissenschaft verseucht und ihre Blüten zum Welken bringt. Für die leiblich und geistig Armen ist der Aberglaube ein kostbarer Schatz im prosaischen Einerlei des Lebens; er vergoldet düstere Tage mit erregenden Wundern und tilgt das Elend mit magischer Macht und mystischer Hoffnung.

Sir Thomas Browne brauchte im Jahre 1646 sechshundertzweiundfünfzig Seiten für eine Liste der abergläubischen Vorstellungen und Praktiken, die zu seiner Zeit grassierten[1]. Fast alle diese Okkultismen blühten bei den Briten unter Elisabeth und den frühen Stuarts. Im Jahre 1597 veröffentlichte König Jakob VI. eine maßgebende *Demonology* (Dämonologie), die eines der Schreckgespenster der Literatur wurde. Er schrieb darin den Hexen die Macht zu, Häuser zu verzaubern, Männer und Frauen zur Liebe oder zum Haß zu zwingen, Krankheiten von einer Person auf die andere zu übertragen, durch Verbrennen eines Wachsbildnisses Menschen zu töten und verhehrende Stürme zu entfesseln, und befürwortete deshalb die Todesstrafe für alle Hexen und Zauberer, ja selbst für ihre Kunden[2]. Als bei seiner Rückkehr von Dänemark mit seiner Braut ein Sturm beinahe sein Schiff zerschellen ließ, veranlaßte er, daß vier verdächtige Personen so lange gefoltert wurden, bis sie gestanden, sie hätten sich verschworen, ihn durch magische Einflüsse zu vernichten; eine von ihnen, John Fain, wurde nach den barbarischsten Folterqualen verbrannt (1590)[3].

Die schottische Kirche dachte in dieser Sache gleich wie der König, und Laienmagistraten, die Hexen gegenüber Nachsicht zeigten, wurden mit Exkommunikation bedroht[4]. Zwischen 1560 und 1600 wurden in Schottland, das knapp eine Million Seelen zählte, etwa achttausend Frauen als Hexen verbrannt[5]. In England war der Glaube an die Hexerei beinahe allgemein; gelehrte Ärzte wie William Harvey und Sir Thomas Browne teilten ihn. Die nüchterne Elisabeth gestattete in ihren Gesetzen von 1562, die Hexerei zu einem Kapitalverbrechen zu erklären; während ihrer Regierungszeit wurden einundachtzig Frauen deswegen hingerichtet[6]. Jakob VI. mäßigte seinen Fanatismus, nachdem er Jakob I. geworden war. Er bestand auf ordentlichen Gerichtsverfahren für die Angeklagten, stellte falsche Geständnisse und Beschuldigungen bloß und rettete fünf Frauen, die von einem hysterischen Jungen angeklagt worden waren, vor dem Feuertod[7]. Nach Karl I. hörten die Verfolgungen fast ganz auf, wurden dann aber wieder aufgenommen und erreichten unter der Herrschaft des Langen Parlaments ihren Höhepunkt, als in zwei Jahren (1645–1647) zweihundert «Hexen» verbrannt wurden[8].

Nur eine einzige Stimme mahnte inmitten dieser Raserei zur Vernunft. Reginald Scot, trotz seines Namens ein Engländer, veröffentlichte im Jahre 1584 in London unter dem Titel *The Discouerie of Witchcraft* (Die Entlarvung der Hexerei) eine Schrift, worin er als zweiter den gefährlichen Versuch, diesen sadistischen Aberglauben zu bekämpfen, unternahm; vorangegangen war ihm Johannes Wier mit seinem *De praestigiis daemonum* (Basel 1564). Für Scot waren die «Hexen» arme alte Frauen, die niemandem etwas zuleide tun konnten; selbst wenn Satan durch sie wirkte, sollte man sie eher bemitleiden als verbrennen; und diesen alten Weibern Wunder zuzuschreiben sei eine Beleidigung der Wunder Christi. Er enthüllte die grauenhaften Folterqualen, welche die meisten Geständnisse von Hexerei wertlos machten; die Nachlässigkeiten, Unregelmäßigkeiten und Ungerechtigkeiten der Gerichtsverfahren; die Unglaublichkeiten, die von Richtern und Inquisitoren geschluckt würden. Das Buch hatte gar keine Wirkung.

In dieser Atmosphäre versuchte die Wissenschaft, sich zu entfalten.

II. DIE WISSENSCHAFT

Nichtsdestoweniger erzwang die Ausbreitung von Handel und Gewerbe die Entwicklung der Wissenschaft. Die platonischen und künstlerischen Anstrengungen der Renaissance vermochten den Anforderungen der aufstrebenden Wirtschaft kaum zu genügen. Das Bedürfnis nach einer Methode, die sich sowohl mit Tatsachen und meßbaren Größen als auch mit Theorien und Ideen befaßte, wuchs. Der aristotelische Empirismus lebte, seiner alexandrinischen und mittelalterlichen Maske entkleidet, wieder auf. Die Verherrlichung der antiken Literatur und Kunst durch den italienischen Humanismus machte einem weniger ätherischen Bemühen um die praktischen Notwendigkeiten des Tages Platz. Unter den Menschen entstand ein Wettstreit, wer am genauesten und schnellsten rechnen und kalkulieren, messen und planen könne. Geräte zur Beobachtung und Aufzeichnung wurden benötigt. Es erhoben sich Fragen, die durch die Erfindung der Logarithmen, der analytischen Geometrie, der algebraischen Methoden, des Mikroskops, des Teleskops, der statistischen Methoden, der Navigationsverfahren und der astronomischen Instrumente beantwortet wurden. Überall in Westeuropa waren von nun an Leute am Werk, die ihr ganzes Leben der Befriedigung dieser Bedürfnisse widmeten.

Im Jahre 1614 stellten John Napier in Schottland und 1620 Joost Bürgi in der Schweiz unabhängig voneinander ein Logarithmensystem (das heißt eine Logik der Zahlen) auf, mittels dessen Produkte, Quotienten und Wurzeln auf Grund der in Tabellen aufgezeichneten Verhältnisse der gegebenen Zahlen als Potenzen einer fixen Basiszahl schnell errechnet werden konnten. Henry Briggs modifizierte (1616) die Methode zur Bestimmung der «gemeinen» Logarithmen, indem er die Zahl 10 als Basis vorschlug, und veröffentlichte Tabellen, welche die Logarithmen aller Zahlen von 1 bis 20000 angaben. Nun konnten zwei Zahlen miteinander multipliziert werden, indem man auf diesen Tabellen die Zahl aufsuchte, deren Logarithmus die Summe der Logarithmen der zu multiplizierenden Zahlen war; und *a* konnte durch *b* dividiert werden, indem man die Zahl aufsuchte, deren Logarithmus der Logarithmus von *b*, subtrahiert vom Logarithmus von *a*, war. William Oughtred (1622) und Edmund Gunter (1624) konstruierten Rechenschieber, auf denen die Ergebnisse logarithmischer Berechnungen in ein paar Sekunden abgelesen werden konnten. Diese Erfindungen verkürzten die Zeit, die sonst von Mathematikern, Astronomen, Statistikern, Navigatoren und Ingenieuren für ihre arithmetischen Arbeiten aufgewendet werden mußte, um die Hälfte und verlängerten so in der Tat ihr Leben[9]. Kepler, der die neue Methode bei der Berechnung der Planetenbewegungen gebrauchte, richtete an Napier (1620) eine begeisterte Lobrede, ohne zu wissen, daß dieser damals seit drei Jahren tot war. Napier selber hatte übrigens einen kleinen Kalkulationsfehler gemacht, als er ausrechnete, daß zwischen 1688 und 1700 die Welt untergehen werde[10].

Mathematiker und Astronomen arbeiteten immer noch eng zusammen, weil die Berechnung der Bewegungen am Himmelsgewölbe, die Aufstellung des Kalenders und die Navigationsanleitungen komplexe Manipulationen astronomischer Messungen erforderten. Als Mathematiker setzte Thomas Harriot die Standardform der modernen Algebra fest, führte die Zeichen für Wurzel, «größer als» und «kleiner als» ein, ersetzte die zur Bezeichnung von Zahlen dienenden schwerfälligen Großbuchstaben durch kleine und verfiel auf die glückliche Idee, alle Größen einer Gleichung auf eine Seite und die Zahl Null auf die andere zu setzen. Als Astronom entdeckte er die Sonnenflecken und machte seine Beobachtungen der Jupitermonde unabhängig von Galilei. George Chapman, der selber ein Riese an Gelehrsamkeit war, hielt Harriots Kenntnisse für «unvergleichlich und grenzenlos»[11].

Die Astronomie war noch immer mit Astrologie durchsetzt. Die «Stunden»-Astrologie entschied, ob die Sterne ein Unternehmen zu einer bestimmten Stunde begünstigten; die «kritische» Astrologie sagte Geschehnisse im allgemeinen voraus, gewöhnlich mit wohlüberlegter Doppelsinnigkeit; die «natürliche» Astrologie offenbarte das Schicksal eines Individuums anhand seines Horoskops, einer Betrachtung der Positionen der Sterne im Augenblick der Geburt. Allen diesen Arten begegnen wir bei Shakespeare (obwohl das für seinen Glauben an sie nichts beweist), wie auch in unserer Zeit. Nach astrologischen Theorien brachte der Mond Gezeiten, Tränen, Verrückte und Diebe hervor (vgl. Shakespeare, *Heinrich IV.*, I. Aufzug, II. Szene), und jedes Zeichen im Tierkreis bestimmte den Charakter und das Schicksal einzelner Organe des menschlichen Körpers (*Was ihr wollt*, I. Aufzug, III. Szene). John Dee, der Astrologie, Magie, Mathematik und Geographie zugleich betrieb, kann als Sinnbild jener Zeit gelten. Er beschäftigte sich mit Kristallsehen, schrieb eine Abhandlung über die Geheimnisse der Rosenkreuzer, stand eine Zeitlang unter der Anklage, die Königin Maria Tudor behext zu haben (1555), zeichnete für Elisabeth geographische und hydrographische Tabellen, brachte eine Nordwestpassage nach China in Vorschlag, erfand die Bezeichnung *The British Empire* (das britische Weltreich), las in Paris vor einer großen Zuhörerschaft über Euklid, verteidigte die Kopernikanische Theorie, befürwortete die Einführung des Gregorianischen Kalenders (170 Jahre bevor England sich einer solchen papistischen Einrichtung beugte) und starb mit einundachtzig Jahren. Das war ein erfülltes Leben! Sein Schüler Thomas Digges förderte die Annahme der Kopernikanischen Hypothese in England und nahm Brunos Vorstellung von einem unendlichen Universum voraus[12]. Thomas und sein Vater, Leonard Digges, gebrauchten «perspektivische Gläser», die wahrscheinlich Vorläufer des Teleskops waren. Und William Gascoigne erfand (ungefähr um 1639) das Mikrometer, das die Benützer von Teleskopen in die Lage versetzte, ihre Instrumente mit noch nie dagewesener Genauigkeit einzustellen. Jeremiah Horrocks, ein armer Pfarrvikar in Lancashire, der im Alter von vierundzwanzig Jahren starb, errechnete für den Mond eine elliptische Bahn und vermutete – und beobachtete auch (1639) – als erster den Durchgang der Venus vor der Sonne. Seine Spekulationen über die Kräfte, welche die Planeten bewegen, verhalfen Newton zu der Theorie über die universelle Gravitation.

Mittlerweile ebnete auch die Erforschung des Erdmagnetismus den Weg für Newton. Im Jahre 1544 entdeckten Georg Hartmann, ein deutscher Geistlicher, und 1576 Robert Norman, ein englischer Kompaßmacher, unabhängig voneinander die Tendenz der in ihrem Gravitationszentrum frei schwebenden Magnetnadel, aus ihrer horizontalen Lage in einem Winkel zur Erdoberfläche auszuschlagen. Normans Buch *The New Attractive* (Die neue Anziehungskraft, 1581), äußerte die Vermutung, daß der «Pol», nach dem die Nadel ausschlug, in der Erde liege[13].

Dieser faszinierenden Spur folgte William Gilbert, Elisabeths Arzt. Nach siebzehn Jahren des Forschens und Experimentierens, das er aus seinem ererbten Vermögen finanzierte und das von der Königin zeitweise aufmerksam verfolgt wurde, veröffentlichte er seine Ergebnisse in dem ersten großen Buch der englischen Wissenschaft: *De magnete ... et de magno magnete tellure* (Über den Magneten ... und den großen Magneten, die Erde, 1600). Er legte eine drehbar gelagerte Kompaßnadel nacheinander an verschiedenen Punkten auf einen kugelförmigen Magneteisenstein, bezeichnete auf der Kugel mit Linien die Richtungen, in welche die Nadel sich nacheinander einstellte, verlängerte jede Linie, bis sie einen großen Kreis um den Stein herum beschrieb, und fand, daß alle diese Kreise sich an zwei diametral entgegengesetzten Punkten der Kugel schnitten. Dies waren die magnetischen Pole, die Gilbert allerdings fälschlicherweise im Falle der Erde mit den geographischen Polen gleichsetzte. Er beschrieb die Erde als einen riesigen Magneten, erklärte dadurch das Verhalten der Magnetnadel und zeigte, daß jeder Eisenstab, den man lange genug in nord-südlicher Lage beließ, magnetisch wurde. Jeder Magnet, der an einen der Pole des kugelförmigen Magneteisensteins gebracht wurde, nahm eine zur Kugel senkrechte Stellung ein; wurde er an irgendeinem Punkt zwischen den beiden Polen angelegt (diese Punkte stellten den magnetischen Äquator dar), legte sich der Magnet waagrecht. Gilbert schloß daraus, daß der Ausschlag der Nadel um so größer sein müsse, je näher sie sich beim geographischen Erdpol befinde. Und obschon dies nicht ganz richtig war, wurde es von Henry Hudson in seiner Erkundung der Arktis im Jahre 1608 annähernd bestätigt. Von seinen eigenen Beobachtungen herkommend, stellte Gilbert Regeln zur Berechnung der geographischen Breite nach dem Ausschlagswinkel der Magnetnadel auf. Er wies darauf hin, daß «von einem magnetischen Körper aus die magnetische Kraft nach allen Seiten hin ausgestrahlt» werde; die Drehung der Erde schrieb er dem Einfluß dieses Magnetfeldes zu. Zum Studium der Elektrizität übergehend – worin seit der Antike wenig geleistet worden war –, bewies er, daß außer Bernstein viele andere Stoffe, wenn sie gerieben wurden, Reibungselektrizität erzeugen konnten. Aus dem griechischen Wort für Bernstein bildete er das Wort *electric*, um damit eine Kraft zu bezeichnen, die eine Magnetnadel ablenken konnte. Er glaubte, alle Himmelskörper seien magnetisch; Kepler nahm später diese Idee auf, um die Bewegungen der Planeten zu erklären. Gilberts Leistung war ein bewundernswertes Beispiel experimentellen Vorgehens, und ihre Wirkungen auf Wissenschaft und Praxis waren unermeßlich.

Der Fortschritt in der Wissenschaft erschien noch dramatischer in den Bemühungen abenteuerlicher und gewinnsüchtiger Geister, die den «großen Magneten» zum Zwecke geographischer oder kommerzieller Ziele erforschen wollten. Im Jahre 1576 veröffentlichte Sir Humphrey Gilbert (kein Verwandter Williams) einen anregenden *Discourse ... for a New Passage to Cataia* (Diskurs ... über einen neuen Seeweg nach Cataia), das heißt nach «Cathay» oder China, worin er vorschlug, durch oder um Kanada herum zu reisen. Sir Martin Frobisher machte sich in jenem Jahr mit drei kleinen Schiffen auf den Weg, um eine solche Straße zu finden. Eines seiner Schiffe ging unter, ein anderes desertierte. Er segelte mit dem kleinen Fünfundzwanzigtonnenschiff *Gabriel* weiter und erreichte Baffinland, aber die Eskimos verjagten ihn, weshalb er nach England zurückkehrte, um mehr Leute und Unterstützung anzufordern. Auf seinen späteren Reisen vernachlässigte er die Geographie in der vergeblichen Jagd nach Gold. Gilbert selbst nahm die Suche nach einem nordwestlichen Seeweg wieder auf, kam aber dabei ums Leben (1583). Vier Jahre später drang John Davys durch die Meerenge vor, die jetzt seinen Namen trägt. Dann half er die Armada bekämpfen, gelangte mit Thomas Cavendish in die Südsee, entdeckte die Falklandinseln und wurde bei Singapore von japanischen Seeräubern getötet (1605). Cavendish erforschte Südamerika, vollbrachte die dritte Erdumsegelung und starb auf See (1592). Henry Hudson befuhr den Hudson River (1609) und erreichte anläßlich einer weiteren Reise die Hudson Bay. Aber seine Mannschaft, zermürbt von Reisestrapazen und Heimweh, meuterte und setzte ihn mit acht anderen in einem kleinen, offenen Boot aus (1611); man hörte nie mehr etwas von ihnen. William Baffin erforschte die Bucht und die Insel, die seinen Namen tragen, wagte sich bis auf 77° 45′ nördlicher Breite vor – ein Punkt, der für die nächsten 236 Jahre nicht mehr erreicht werden sollte – und zeichnete sich weiterhin dadurch aus, daß er als erster die geographische Länge mittels Beobachtung des Mondes bestimmte. Richard Hakluyt erblickte in den Abenteuern von solch sturmerprobten Schiffen und Herzen ein Heldengedicht des Mutes und Schreckens, das jede *Ilias* übertraf, und sammelte ihre Schilderungen in mehreren Bänden, von denen die bekanntesten als *The Principal Navigations, Voyages, and Discoveries of the English Nation* (Die hauptsächlichsten Seefahrten, Reisen und Entdeckungen der englischen Nation, 1589, 1598–1600) veröffentlicht wurden. Samuel Purchas erweiterte die Aufzeichnungen in *Hakluytus Posthumus, or Purchas his Pilgrimes* (Purchas' Pilger, 1625). So gewann die Geographie aus Gier nach Gold und sonstigem Gewinn und aus Freude an fernen Abenteuern und Schauplätzen unversehens Raum.

Die besten Leistungen dieses Zeitalters in Physik, Chemie und Biologie wurden auf dem Kontinent erzielt. Immerhin entdeckte in England Sir Kenelm Digby die Notwendigkeit des Sauerstoffs für das Leben der Pflanzen, während Robert Fludd, ein Mystiker und Arzt, 150 Jahre vor Jenner die Schutzimpfung befürwortete. Medizinische Rezepte verließen sich weiterhin auf ihre Widerlichkeit als Gradmesser ihrer Wirkung. Das offizielle Londoner Arzneibuch von 1618 verordnete Galle, Blut, Krallen, Hahnenkämme, Pelz, Schweiß, Speichel, Skorpione, Schlangenhaut, Holzläuse und Spinnweb als Medikamente; und der Aderlaß stand als Hilfsmittel an erster Stelle[14]. Nichtsdestotrotz brüstete sich dieses Zeitalter mit Thomas Parr (dem «alten Parr»), der 1635 Karl I. vorgestellt wurde, weil er im angeblichen Alter von 152 Jahren immer noch bei guter Gesundheit war. Parr gab nicht vor, sein genaues Alter zu kennen, aber die Behörden seiner Kirchengemeinde datierten seine Geburt ins Jahr 1483. Er behauptete, er sei um 1500 ins Heer eingetreten, und erinnerte sich in Einzelheiten an die Aufhebung der Klöster durch Heinrich VIII. (1536). «Ihr habt länger gelebt als andere Menschen», sagte Karl I. «Was habt Ihr mehr geleistet als sie?» Parr entgegnete, er habe, als er schon über hundert Jahre alt war, ein Mädchen geschwängert und öffentlich Buße dafür geleistet. Er hatte bis dahin nur von Kartoffeln, frischem Gemüse, Schrotbrot und Buttermilch gelebt und selten einen Bissen Fleisch gekostet. Eine Zeitlang bildete er nun den gefeierten Mittelpunkt der Londoner Salons und Gasthöfe und wurde überall so reichlich bewirtet, daß er ein Jahr später nach seinem Besuch beim König starb. Sir William Harvey führte eine Autopsie des Leichnams durch, fand ihn frei von Arterienverkalkung und stellte als Todesursache den plötzlichen Wechsel von Luft und Nahrung fest[15].

Spaniens Vormachtstellung in Europa zerbrach mit dem Ende seiner stolzen Armada 1588 in der Straße von Calais. Wie Seeschlachten damals aussahen, zeigt dieser Ausschnitt aus einem Gemälde von Hendrik Cornelisz (Rijksmuseum, Amsterdam). ▶

HONI SOIT QVI MAL Y PENSE
The most noble ROBERT
Earle of Eßex and Ewe, Earle
Marshall of England, Vicount He:
reford and Bourgcher, Lord Ferres
of Chartley, L. Bourgcher and
Louayn, and her Maiesties
lieutenant, and Gouernour generall
of the Kingdome of Irland. 1601.

Harvey erreichte den wissenschaftlichen Höhepunkt jenes Zeitalters durch seine Erklärung des Blutkreislaufes, «das wichtigste Ereignis in der Medizingeschichte seit Galens Zeit»[16]. 1578 in Folkstone geboren, hatte er zuerst in Cambridge, dann in Padua unter Fabrizio d'Acquapendente studiert. Nach seiner Rückkehr ließ er sich als praktizierender Arzt in London nieder und wurde zum Leibarzt Jakobs I. und Karls I. ernannt. In jahrelanger, geduldiger Arbeit führte er Experimente und Sektionen an Tieren und menschlichen Leichnamen durch und studierte besonders das Fließen und das Verhalten des Blutes bei Wunden. Im Jahre 1615 gelangte er zu seiner Haupttheorie[17], veröffentlichte sie aber erst viel später, im Jahre 1628, in Frankfurt als bescheidene *Exercitatio anatomica de motu cordis et sanguinis in animalibus* – eine Schrift, die das erste und größte klassische Werk der englischen Medizin darstellt.

Die Stufen zu Harveys Entdeckung veranschaulichen den Internationalismus der Wissenschaft. Mehr als tausend Jahre lang waren die Funktionen von Herz und Blut so interpretiert worden, wie Galen es im zweiten Jahrhundert nach Christi Geburt getan hatte. Dieser hatte angenommen, das Blut fließe sowohl von der Leber wie auch vom Herzen her in die Gewebe; die Luft ströme aus den Lungen zum Herzen; die Arterien und Venen führten doppelte Ströme von Blut, die vom Herzen in Gezeiten von Ebbe und Flut vorwärtsgetrieben und zurückempfangen würden; und das Blut fließe durch Poren in der Scheidewand zwischen den Kammern von der rechten zur linken Herzseite. Leonardo da Vinci bezweifelte ungefähr 1506 die Ansicht, die Luft wandere von den Lungen ins Herz. Vesalius (1543) bestritt das Vorhandensein von Poren in der Scheidewand, und seine meisterhaften Zeichnungen von Arterien und Venen zeigten so deutlich, wie fein und nahe beisammen liegend deren Endpunkte waren, daß der Gedanke an einen Zusammenhang der beiden Systeme und ein Herüberfließen des Blutes vom einen zum anderen sich aufdrängte. Fabrizio schließlich bewies, daß Klappen in den Venen es dem venösen Blut unmöglich machten, vom Herzen her zu fließen. Und damit verblaßte die Theorie Galens. 1553 entdeckte Michael Servetus, und 1558 auch Realdo Colombo, den Lungenkreislauf des Blutes, dessen Übertritt von der rechten Herzkammer durch die Lungenarterie in die Lungen und durch sie hindurch, wo es von Kohlensäure gereinigt wird, und seine Rückkehr durch die Lungenvene in die linke Herzkammer. Andrea Cesalpino nahm – wie wir noch sehen werden – die vollständige Kreislauftheorie hypothetisch voraus (um 1571). Harveys Arbeit verwandelte die Hypothese dann in eine bewiesene Tatsache.

Während Francis Bacon, Harveys Patient, die induktive Methode pries, drang Harvey mittels einer glücklichen Kombination von Deduktion und Induktion zu seiner erleuchtenden Schlußfolgerung durch. Er schätzte die Menge des Blutes, das bei jeder Zusammenziehung aus dem Herzen gepreßt wird, auf etwa eine halbe Unze; er berechnete, daß in einer halben Stunde das Herz über 500 Unzen Flüssigkeit in die Arterien befördere – eine größere Menge, als der Körper insgesamt enthalten konnte. Woher kam all dies Blut? Es schien unmöglich, daß eine so große Menge Stunde um Stunde durch die Verdauung der Nahrung produziert werden könne. Harvey schloß daraus, das Blut, das aus dem Herzen gepumpt werde, müsse dorthin zurückkehren,

◀ *Robert Devereux, Graf von Essex, der langjährige Günstling der englischen Königin Elisabeth I., der sich schließlich als Statthalter von Irland gegen England stellte und 1601 als Hochverräter geköpft wurde (Stich von J. Granthomme).*

und es seien keine anderen sichtbaren Wege dafür vorhanden, als die Venen. Durch einfache Experimente und Beobachtungen – indem er etwa einen Finger auf eine an der Oberfläche liegende Vene drückte – war rasch bewiesen, daß venöses Blut von den Geweben weg und zum Herzen zurückfloß.

«Als ich die Masse meiner Beweise prüfte, die sich aus Vivisektionen und meinen vorangehenden Überlegungen oder aus den Beobachtungen an den Herzkammern und den Gefäßen, die hinein und heraus führen, ergaben ..., und als ich mir häufig und ernsthaft überlegte ..., wie groß die Blutmenge sein könne, die übermittelt wurde ..., und es nicht für möglich hielt, daß sie durch die Säfte der aufgenommenen Nahrung ergänzt würde, ohne daß einerseits die Venen austrockneten und andererseits die Arterien von der Übermenge des Blutes platzten, es sei denn, daß das Blut irgendwie einen Weg von den Arterien zu den Venen finde und so in die rechte Seite des Herzens zurückkehre – als ich, sage ich, all diese Beweise prüfte, begann ich zu überlegen, ob dies nicht gleichsam *eine Kreislaufbewegung* sein könnte ... Und nun möge es mir gestattet sein, meine Ansicht über die Blutzirkulation darzulegen.»[18]

Er hatte lange gezögert, ehe er seine Schlüsse veröffentlichte, denn er kannte den Konservatismus der Ärzte seiner Zeit. Er sagte voraus, keiner, der über vierzig Jahre alt sei, werde seine Theorie akzeptieren[19]. «Ich habe ihn sagen hören», berichtete Aubrey, «nachdem sein Buch über die Blutzirkulation erschienen war, habe sein Ruf als Arzt schwer gelitten, und der Pöbel habe geglaubt, er sei verrückt.»[20] Erst als Malpighi im Jahre 1660 das Vorhandensein von Kapillaren bewies, die das Blut aus den Arterien in die Venen befördern, gab die gelehrte Welt zu, daß die Blutzirkulation eine Tatsache sei. Die neue Erkenntnis erhellte beinahe jedes Gebiet der Physiologie und beeinflußte das alte Problem der Beziehungen zwischen Körper und Geist. Harvey sagte:

«Jede Gemütsbewegung, die mit irgendeiner Pein oder Freude, einer Hoffnung oder Furcht zusammenhängt, bildet die Ursache einer Erschütterung, deren Auswirkung sich auf das Herz erstreckt ... Bei fast jeder Gemütsbewegung ... ändert sich der Ausdruck, und das Blut scheint hierhin und dorthin zu laufen. Im Zorn sind die Augen feurig und die Pupillen zusammengezogen. Bei Schüchternheit werden die Wangen mit Röte übergossen ... Wie rasch ist in der Lust das Glied vom Blut angeschwollen!»[21]

Harvey setzte seinen Dienst bei Karl I. fast bis zu dessen bitterem Ende fort. Er begleitete Karl, als die Revolution den König aus London vertrieb, war in der Schlacht von Edgehill an seiner Seite und entrann mit knapper Not dem Tod[22]. Inzwischen plünderten die Rebellen sein Haus in London und zerstörten seine Manuskripte und anatomischen Sammlungen. Vermutlich hatte er sich durch seine temperamentvolle Art und die Kühnheit seiner Ansichten manche Leute zu Feinden gemacht. Er sagte vom Menschen, dieser sei «nichts als ein großer, boshafter Affe», berichtet Aubrey; und ferner, «wir Europäer verstehen es nicht, unseren Frauen zu befehlen oder über sie zu herrschen», und «die Türken sind das einzige Volk, das weise mit ihnen umgeht»[23]. Mit dreiundsiebzig war er noch immer rüstig und veröffentlichte eine Abhandlung über Embryologie: *Exercitationes de generatione animalium* (1651). Er verwarf den weit verbreiteten Glauben an die spontane Bildung kleiner Organismen aus verwesendem Fleisch und äußerte die Vermutung, «alle Lebewesen, selbst die, welche ihre Jungen lebend gebären, einschließlich des Menschen, seien aus einem Ei hervorgegangen». Er prägte den Satz: *Omne animal ex ovo,* «jedes Lebewesen kommt aus einem Ei». Sechs Jahre später starb er an Lähmung. Er vermachte den größten Teil seines Vermögens von zwanzigtausend Pfund dem Königlichen Kollegium der Ärzte, dazu zehn Pfund Thomas Hobbes «als ein Zeichen seiner Liebe».

III. FRANCIS BACONS AUFSTIEG UND FALL: 1561–1621

Nun kommen wir zum größten und stolzesten Geist dieses Zeitalters. Wir haben von seiner Geburt und Herkunft, seiner Schulung in Literatur, Diplomatie und Jurisprudenz, seiner unerwarteten Armut, seinen vergeblichen Bitten um eine Stelle, seinen fruchtlosen Warnungen an Raleighs Adresse und der ihm aufgezwungenen gerichtlichen Verfolgung dieses ihm wohlgesinnten, schuldigen Freundes schon gehört. Seine Studien und sein Ehrgeiz nahmen ihn so in Anspruch, daß er keine Lust mehr an Frauen fand; hingegen liebte er junge Männer[24]. Mit fünfundvierzig (1606) heiratete er schließlich Alice Barnham, die ihm 220 Pfund jährlich in die Ehe brachte. Aber er gab dem Schicksal keine Pfänder in die Hand: Er blieb kinderlos.

Bei der Thronbesteigung Jakobs I. empfahl sich Bacon dem König in einem Brief voll überschwenglicher Lobhudeleien – wie sie zu jener Zeit üblich waren – als für einen Regierungsposten geeignet. Als Sohn eines Lordsiegelbewahrers und Neffe oder Vetter der Cecil empfand er sein langes Wartenmüssen auf eine Stellung als Zurücksetzung und schrieb es irgendwelchen Feindseligkeiten von seiten der regierenden Minister zu. Und vielleicht war sein ungeduldiger Opportunismus so gut eine Wirkung wie eine Ursache seiner späten Zulassung zu Amt und Würden. Er war bereits neunzehn Jahre lang Parlamentsmitglied gewesen, hatte gewöhnlich auf seiten der Regierung gestanden und galt als gebildeter Kopf, konstruktiver Denker und glänzender Redner. Periodisch sandte er dem König «Memoranden», die von umsichtigen Ratschlägen wimmelten: wie sich das gegenseitige Verständnis und die Zusammenarbeit zwischen Unterhaus und Oberhaus verbessern ließe, wie man die Parlamente von England und Schottland vereinigen, die Verfolgungen wegen Religionsverschiedenheiten beenden, Irland durch Beschwichtigung seiner Katholiken den Frieden schenken, den Katholiken in England, ohne den päpstlichen Forderungen eine Tür zu öffnen, größere Freiheiten gewähren und schließlich, wie man einen Kompromiß zwischen Anglikanern und Puritanern finden könnte. «Wenn man dieses Programm ausgeführt hätte», urteilt ein Historiker, der die Politik jener Zeit gründlich studiert hat, «hätte man die Mißstände des folgenden halben Jahrhunderts vermieden.»[25] Jakob legte die Vorschläge als bei dem herrschenden Stand der Meinungen undurchführbar beiseite und begnügte sich damit, Bacon 1603 mit dreihundert anderen zum Ritter zu schlagen. Sir Francis wartete immer noch vergeblich.

Nichtsdestoweniger brachte ihm seine Gewandtheit als Rechtsgelehrter langsam Geld ein. Um 1607 schätzte er sein Vermögen auf 24155 Pfund[26]. Auf seinem prachtvollen Landsitz in Gorhambury, der mit hochbezahlten Dienern und beflissenen Sekretären, darunter Thomas Hobbes, versehen war, konnte er die Schönheit und Bequemlichkeit genießen, die er weise, aber doch allzusehr liebte. Er pflegte seine Gesundheit durch Gartenarbeit und ließ in seinem Park einen kostspieligen Pavillon für sein Philosophieren in der Zurückgezogenheit errichten. Er schrieb wie ein Philosoph und lebte wie ein Fürst. Er sah nicht ein, warum Verstand ohne Geld oder warum Salomon nicht König sein sollte.

Zu solcher Ehre fehlte ihm schließlich nicht viel. 1607 wandte ihm Jakob endlich seine Gunst zu und machte ihn zum zweiten, 1613 zum ersten Kronanwalt, 1616 zum Mitglied des Geheimen Staatsrates, 1617 zum Lordsiegelbewahrer, 1618 zum Kanzler. Um seiner Macht auch nach außen hin Glanz zu verleihen, kamen neue Würden hinzu: 1618 wurde er zum ersten Baron Verulam ernannt, im Januar 1621 zum Viscount St. Albans. Wenn Jakob nach Schottland reiste, überließ er es seinem Kanzler, England zu regieren. Bacon «erteilte den Gesandten mit großem Pomp Audienz» und lebte in Gorhambury in solchem Gepränge, daß es «schien, als befinde sich der Hof dort und nicht in Whitehall oder St. James»[27].

Alles war gewonnen außer der Ehre. Auf der Ämterjagd hatte Bacon zu wiederholten Malen seine Prinzipien geopfert. Als Kronanwalt gebrauchte er seinen Einfluß, um richterliche Urteilssprüche durchzusetzen, wie sie der König wünschte[28]. Als Siegelbewahrer verteidigte und schützte er die drückendsten Monopole, offensichtlich, um sich Buckinghams Wohlwollen zu erhalten. Als Richter akzeptierte er reichliche Geschenke von Personen, die an seinem Gerichtshof prozessierten. All dies gehörte zum Bilde der lockeren Moral jenes Zeitalters: Öffentliche Beamte waren karg bezahlt und hielten sich schadlos an den «Gaben» derer, denen sie halfen. Jakob gestand: «Wenn ich alle bestrafen müßte, die Bestechungsgelder annehmen, würde bald kein einziger Untertan mehr auf freiem Fuß leben»; und er selbst nahm auch Bestechungsgeschenke an[29].

Das Parlament, das im Januar 1621 zusammentrat, befand sich in erbittertem Aufruhr gegen den König. Es haßte Bacon als eifrigsten Befürworter der königlichen Sache, als den Mann, der entschieden hatte, Monopole seien legal. Wenn es den König noch nicht absetzen konnte, dann konnte es wenigstens seinen Minister anklagen. Im Februar ernannte es einen Ausschuß, um die Praktiken der Gerichtshöfe zu untersuchen. Im März berichtete dieser, er habe manche Unregelmäßigkeiten gefunden, hauptsächlich in der Haltung des Lordkanzlers. Dreiundzwanzig Fälle von Korruption wurden gegen ihn vorgebracht. Bacon drang in den König, damit dieser ihn decke, und sagte voraus, daß «diejenigen, die jetzt gegen den Kanzler vorgehen, es bald auch gegen die Krone tun werden»[30]. Jakob legte ihm nahe, die Beschuldigung anzuerkennen, um der Bestechlichkeit in Beamtenkreisen für die Zukunft ein abschreckendes Beispiel zu bieten. Am 22. April sandte Bacon ein Geständnis an das Oberhaus. Er gab zu, er habe, wie andere Richter auch, Geschenke von Prozeßparteien angenommen, leugnete aber, daß seine Entscheidungen davon beeinflußt worden seien; in mehreren Fällen habe er zu Ungunsten des Schenkenden geurteilt. Das Oberhaus verurteilte ihn zu einer Geldbuße von 40000 Pfund und zu einer Kerkerstrafe im Tower nach des Königs Ermessen; ferner verbot es ihm auf immer, im Staate ein öffentliches Amt zu bekleiden, an Parlamentssitzungen teilzunehmen oder einen Gerichtshof zu betreten. Er wurde am 31. Mai in den Tower gebracht, aber nach vier Tagen auf Befehl des Königs, der auch die gewaltige Buße hinterlegte, wieder freigelassen. Der gezüchtigte Kanzler zog sich nach Gorhambury zurück und versuchte, einfacher zu leben. Auf einem Blatt, das Bacon bei seinem Tode hinterließ, fand Rawley, sein erster Biograph, in Geheimschrift die berühmte Feststellung: «Ich war der gerechteste Richter, der in diesen letzten fünfzig Jahren in England lebte. Aber es war das gerechteste Urteil des Parlaments in den letzten zweihundert Jahren.»[31]

Die Wirkung dieses Schuldspruchs war heilsam. Sie verminderte die Korruption in den öffentlichen Ämtern, besonders an den Gerichtshöfen. Auch stellte sie einen Präzedenzfall für die Verantwortung der Minister des Königs dem Parlament gegenüber dar. Sie brachte Francis Bacon von der Politik ab, wo er in seinen Ansichten ein Liberaler und in der Praxis ein Reaktionär gewesen war, und führte ihn zu seiner Beschäftigung mit Wissenschaft und Philosophie zurück, wo er «die Glocke läuten sollte, welche die Geister zusammenrief», und wo er in majestätischer Prosa die Revolte und das Programm der Vernunft proklamieren sollte.

IV. DIE GROSSE WIEDERHERSTELLUNG

Die Philosophie war lange seine Zuflucht vor den Geschäften, wenn nicht gar seine heimliche Liebe und seine glücklichste Neigung gewesen. Schon 1604/05 hatte er ein nobles Werk veröffentlicht: *The Proficience and Advancement of Learning* (Vom Nutzen und Fortschritt der Gelehrsamkeit), aber dies galt ihm eher als Versprechen denn als Erfüllung. Im Jahre 1609 hatte er dem Bischof von Ely geschrieben: «Wenn Gott mir doch die Freiheit gäbe, ein gerechtes und vollkommenes Buch über Philosophie zu schreiben ...»[32]; und 1610 an Casaubon: «Eine bessere Ordnung des menschlichen Lebens zustande zu bringen ... mit Hilfe von vernünftigen und wahren Betrachtungen ..., das ist es, worauf ich hinziele.»[33]

Während der mühsamen Jahre seines Amtes hatte er sich – in der kühnen Hoffnung auf künftige Tage der Muße – einen meisterlichen Plan zur Erneuerung der Wissenschaft und Philosophie ausgedacht. Sieben Monate vor seinem Fall kündigte er das Projekt in einem lateinischen Werk an, das sich an ganz Europa richtete und kühn betitelt war: *Instauratio Magna* (Die große Wiederherstellung). Selbst das Titelblatt war eine Herausforderung: Es zeigte ein Schiff, das mit vollen Segeln zwischen den Säulen des Herakles in den Atlantischen Ozean hinausfährt; und wo das Mittelalter zwischen diesen Säulen das warnende Motto angebracht hatte: *Ne plus ultra* (Zieh nicht weiter hinaus!), schrieb Bacon: *Multi pertransibunt, et augebitur scientia* (Viele werden hindurchfahren, und die Erkenntnis wird wachsen). Die stolze Einleitung fügte hinzu: «So dachte Francis of Verulam bei sich selbst und war der Meinung, es sei für die gegenwärtige Generation und für die künftigen von Nutzen, wenn sie mit diesen Gedanken bekannt würden»[34].

Er fand, «was jetzt in Sachen Wissenschaft getan wird, ist nur eine Bewegung um sich selbst, eine ewige Unruhe, die dort endet, wo sie beginnt», und folgerte, daß

«nur noch ein einziger Weg offensteht ... zu versuchen, das Ganze auf einer höheren Ebene nochmals neu zu beginnen, und eine völlige Rekonstruktion der Wissenschaften, der Künste und aller menschlichen Kenntnis an die Hand zu nehmen ... Außerdem, weil er nicht wußte, wie lange es dauern mochte, ehe diese Dinge einem anderen einfallen würden ..., beschloß er, nun gleich so viel zu veröffentlichen, als er fertigstellen konnte ..., damit im Fall seines Todes wenigstens einige Umrisse und Pläne dessen vorlägen, was er sich ausgedacht hatte ... Jeder andere Ehrgeiz erschien in seinen Augen ärmlich im Vergleich zu dem Werk, das er unter der Hand hatte.»[35]

Er widmete das ganze Unternehmen Jakob I. mit der Entschuldigung, «daß ich von Euren Geschäften die Zeit abstahl, die nötig war für dieses Werk», wobei er hoffte, das Ergebnis würde «dem Gedächtnis Eures Namens und der Ehre Eures Zeitalters zugute kommen»; was es denn auch tat. Jakob war ein Mann von beachtenswerter Gelehrsamkeit und voll guten Willens. Wenn er dafür gewonnen werden konnte, den Plan zu finanzieren – welcher Fortschritt könnte damit nicht erzielt werden! Wie Roger Bacon einst im Jahre 1268 Papst Clemens IV. sein *Opus maius* gesandt hatte und Hilfe für eine geplante Erweiterung des Wissens suchte, so appellierte jetzt sein Namensvetter an seinen Herrscher, die Organisation der wissenschaftlichen Forschung und die philosophische Vereinheitlichung der Ergebnisse zum materiellen und moralischen Wohl der Menschheit als ein «königliches Werk» zu unternehmen. Er erinnerte Jakob an die «Philosophen-Könige»: Nerva, Traian, Hadrian, Antoninus Pius und Marc Aurel, welche das römische Imperium ein Jahrhundert lang (96–180 nach Christus) gut regiert hatten. Hatte er den König etwa darum so ausdauernd und zu seinem eigenen Schaden unterstützt, weil er Geld brauchte und darauf hoffte, den Staatsschatz in Anspruch nehmen zu dürfen?

Ein weiteres Vorwort gab dem Leser zu bedeuten, daß die gegenwärtige Wissenschaft mit Fehlern durchsetzt sei und beschämend auf der Stelle trete, denn

«die größten Geister aller aufeinanderfolgenden Zeiten wurden von ihrem eigenen Weg abgedrängt. Fähige und kluge Männer, die über das gewöhnliche Maß hinausragten, wurden, um des Ansehens willen, genötigt, sich dem Urteil der Zeit und der Menge zu beugen. Und so wurde, wenn irgendwelche Betrachtungen höherer Ordnung irgendwo ein Licht anzündeten, dieses sogleich vom Wind der pöbelhaften Meinungen ausgeblasen.»[36]

Um die Theologen zu besänftigen, die beim Volk oder beim König in Ansehen standen, machte er seine Leser darauf aufmerksam, daß «der Sinn» seines Unternehmens «innerhalb der Grenzen zu suchen» sei, die ihm «von der Rücksicht auf die göttlichen Dinge» gezogen würden. Er sei frei von jeder Absicht, sich mit religiösen Vorstellungen oder Glaubensdingen zu befassen. «Die vorliegende Aufgabe ... ist nicht eine Meinung, die vertreten, sondern eine Arbeit, die getan werden muß ... Ich arbeite daran, einen Grund zu legen – nicht für irgendeine Sekte oder Lehre, sondern zu Nutz und Frommen der Menschen.»[37] Er forderte andere dazu auf, hervorzutreten und sich mit ihm in dieser Arbeit zu verbinden, und vertraute darauf, daß künftige Generationen sie weiterführen würden.

In einer großartigen Ankündigung, *Distributio operis,* legte er einen Plan des Unternehmens vor. Zuerst wollte er eine neue Klassifikation der bestehenden oder ins Leben zu rufenden Wissenschaften aufstellen und ihnen ihre Probleme und Forschungsgebiete zuweisen. Dies führte er aus in *The Advancement of Learning* (Der Fortschritt der Gelehrsamkeit), das er in *De augmentis scientiarum* (1623) übersetzte und erweiterte, um auch eine kontinentale Leserschaft zu erreichen. Zweitens wollte er die Unzulänglichkeiten der zeitgenössischen Logik prüfen und «einen vollkommeneren Gebrauch menschlicher Vernunft» anstreben als jenen, den Aristoteles in seinen Logikabhandlungen, allgemein unter dem Namen *Organon* bekannt, formuliert hatte. Das tat Bacon in seinem *Novum Organum* (1620). Drittens wollte er eine Geschichte der «Phänomene des Universums» – Astronomie, Physik und Biologie – beginnen. Viertens wollte er in einer «Stufenleiter des Intellekts» (*Scala intellectus*) Beispiele wissenschaftlicher Forschung anführen, die seiner neuen Methode entsprachen. Fünftens wollte er als «Vorläufer» (*Prodromi*) «solche Dinge beschreiben, die ich selber entdeckt habe». Und sechstens wollte er jene Philosophie zu entwickeln beginnen, die sich aus den Fortschritten der Wissenschaften ableiten ließ und durch sie bestätigt wurde. «Die Vollendung dieses letzten Teils geht indes ... über meine Kräfte und übersteigt meine Hoffnungen.» Uns Heutigen, die wir in einem Meer von speziellem Wissen fast ertrinken, erscheint Bacons Programm als majestätische Anmaßung. Aber das Wissen war damals nicht so ausgedehnt und weniger differenziert; und die Vollkommenheit der ausgeführten Teile erwirkt Verzeihung für die Vermessenheit des Ganzen. Als er zu Cecil sagte: «Ich habe alle Erkenntnis zu meinem Thema gemacht», meinte er nicht, er könne alle Wissenschaften in ihren Einzelheiten umfassen, sondern nur, er habe sich vorgenommen, die Wissenschaften «wie von einem Felsen aus» zu mustern, und zwar mit der Absicht, sie einander anzunähern und ihre Bestrebungen zu ermutigen. William Harvey sagte von Bacon, er schreibe «Philosophie wie ein Lordkanzler»[38]; ja – und plante sie wie ein General des Reiches.

Wir empfinden die Weite und Schärfe von Bacons Geist, wenn wir seinen Gedankengängen im *Fortschritt der Gelehrsamkeit* folgen. Er bietet seine Ideen mit ungewohnter Bescheidenheit dar, als «nicht viel besser, denn das Geräusch ..., das Musiker machen, wenn sie ihre Instrumente stimmen»[39]; und doch schlägt er hier fast alle seine charakteristischen Töne an. Er fordert die Vermehrung und Unterstützung von Kollegien, Bibliotheken, Laboratorien, botanischen Gärten, Museen für Wissenschaft und Gewerbe; eine bessere Bezahlung der Lehrer und Forscher, größere Beiträge für wissenschaftliche Experimente; eine bessere gegenseitige Verständigung, Zusammenarbeit und Arbeitsteilung zwischen den verschiedenen Universitäten Europas[40]. Bei der Bewertung der exakten Wissenschaften verliert er aber den Sinn für Proportionen nicht. Er verteidigt eine allgemeine und freiheitliche Bildung, welche Literatur und Philosophie mit einschließen müsse, weil diese eine sachkundige Beurteilung der Zwecke und Ziele, welche mit der technischen Verbesserung der Mittel Hand in Hand gehen sollte, fördern[41]. Er versucht, die Wissenschaften in logischer Ordnung zu klassifizieren, ihre Gebiete und Grenzen abzustecken und jeder die Hauptprobleme bewußt zu machen, die nach einer Untersuchung und Lösung verlangen. Viele seiner Forderungen sind inzwischen von der Wissenschaft erfüllt worden, so etwa diejenigen nach einer besseren klinischen Dokumentation, einer Verlängerung des Lebens durch die Präventivmedizin, einer sorgfältigen Prüfung «psychischer Phänomene», schließlich diejenige nach der Entwicklung der Sozialpsychologie. Er nahm sogar unsere zeitgenössischen Untersuchungen der Erfolgsmethoden voraus[42].

Der zweite und kühnste Teil der «Großen Wiederherstellung» war ein Versuch, eine neue Methode der Wissenschaft zu formulieren. Aristoteles hatte die induktive Logik erkannt und bei Gelegenheit auch empfohlen; aber die vorherrschende Art seiner Logik war die Deduktion und sein Ideal der Syllogismus. Bacon fühlte, daß das alte *Organon* die Wissenschaft durch seine Betonung des theoretischen Denkens unter Vernachlässigung der praktischen Beobachtung zum Stillstand verurteilt hatte. Sein *Novum Organum* schlug ein neues Organ und System des Denkens vor: das induktive Studium der Natur selbst durch Erfahrung und Experiment. Obwohl auch dieses Buch unvollendet blieb, ist es mit all seinen Unvollkommenheiten doch das glänzendste Erzeugnis englischer Philosophie, der erste klar vernehmbare Ruf nach einem Zeitalter der Vernunft. Es wurde lateinisch geschrieben, aber in solch luziden, kernigen Sätzen, daß die Hälfte davon wie epigrammatisch wirkt. Schon die paar ersten Zeilen umschlossen eine ganze Philosophie, indem sie die induktive Umwälzung ankündigten, die industrielle Revolution im voraus andeuteten und Hobbes und Locke, Mill und Spencer den empirischen Schlüssel in die Hand gaben.

«Der Mensch, der der Diener und Deuter der Natur ist, kann nur so viel und nicht mehr tun und verstehen, als er – tatsächlich oder in Gedanken – vom Naturgeschehen beobachtet hat. Darüber hinaus weiß er nichts und kann er auch nichts tun ... Menschliche Erkenntnis und menschliche Macht verschmelzen in eins. Denn wo kein Weg bekannt ist, kann auch keine Wirkung erzielt werden. Wenn man der Natur befehlen will, muß man ihr zuerst gehorchen.»*

Und wie Descartes siebzehn Jahre später im *Discours de la méthode* vorschlug, die Philosophie damit zu beginnen, daß man alles in Zweifel zieht, so fordert Bacon hier eine «Reinigung des Intellekts» als erste Stufe zur Erneuerung. «Menschliches Wissen, wie wir es haben, ist bloß eine zusammengepantschte und schlechtverdaute Masse, die aus viel Leichtgläubigkeit und Zufall und den kindischen Begriffen, die zuerst eingesogen wurden, besteht.»[44] Deshalb müssen wir zu Beginn unseren Geist, so gut wir es vermögen, von allen vorgefaßten Meinungen, Vorurteilen, Annahmen und Theorien reinigen. Wir müssen uns sogar von Platon und Aristoteles abwenden. Wir müssen aus unserem Denken die «Idole» oder altehrwürdigen Illusionen und Trugschlüsse, die in unserer persönlichen Voreingenommenheit ihre Ursache haben und unser Urteil färben, sowie die traditionellen Glaubensbekenntnisse und Dogmen unserer Gesellschaft hinausfegen. Wir müssen uns vor allen logischen Kapriolen, die unseren Wunsch-

* Der berühmte Satz «Wissen ist Macht» kommt in dieser Form in Bacons überliefertem Werk nicht vor. Aber in einem Fragment seiner *Meditationes sacrae* schreibt er, «... ipsa scientia potestas est», Wissen selbst ist Macht[43]. Die Idee selbst findet sich natürlich in Bacons sämtlichen Schriften.

vorstellungen entspringen, und vor allen sprachlichen Ungereimtheiten obskurer Denkprozesse hüten. Wir müssen alle die majestätischen Deduktionssysteme der Philosophie, die sich anheischig machten, aus einer Handvoll von Axiomen und Prinzipien tausend ewige Wahrheiten abzuleiten, hinter uns lassen. In der Wissenschaft gibt es keinen Zauberhut; alles, was ihm an Ergebnissen entnommen wird, muß zuerst durch Beobachtung und Experiment in ihn hineinpraktiziert werden. Und zwar nicht durch bloß zufällige Beobachtung, nicht durch «einfache Aufzählung» von Daten, sondern durch bewußt erstrebte «Erfahrung ..., durch das Experiment». Und daraufhin hebt Bacon – dem man so oft vorgeworfen hat, er habe die wahre wissenschaftliche Methodik nicht gekannt – an, die Methode der modernen Wissenschaft, wie sie heute geübt wird, zu beschreiben:

> «Die wahre Methode der Erfahrung zündet zuerst die Kerze an [durch eine Hypothese] und zeigt dann mittels der Kerze den Weg, wobei sie mit geziemend geordneten Erfahrungen beginnt ..., um aus ihnen Axiome [«erste Früchte», provisorische Schlüsse] und von den aufgestellten Axiomen wiederum neue Experimente abzuleiten ... Das Experiment selbst soll urteilen.»[45]

Dennoch hütete sich Bacon vor bloßen Hypothesen. Zu oft waren sie von der Tradition, von Vorurteilen oder von Wunschvorstellungen, das heißt wieder von «Idolen», eingegeben. Er mißtraute jedem Denkprozeß, bei dem zur Stützung einer Hypothese, bewußt oder unbewußt, aus der Erfahrung gewonnenes positives Beweismaterial herangezogen, gegenteiliges, negatives Beweismaterial dagegen übersehen oder unterdrückt wurde. Um diesen Fallstrick zu vermeiden, schlug er eine umfassende Anwendung der induktiven Methode vor, beginnend mit der Sammlung aller zu einem Problem gehörigen Tatsachen, die zu analysieren, miteinander zu vergleichen, zu klassifizieren und in Beziehung zu setzen waren, worauf durch einen «gehörigen Prozeß des Ausschließens und Verwerfens» die progressive Elimination verschiedener Hypothesen der Reihe nach erfolgen konnte, bis die «Form» eines Phänomens oder das ihm zugrunde liegende Gesetz und Wesen sich offenbaren würde[46]. Das Wissen um die «Form» würde eine wachsende Beherrschung des Geschehens vermitteln, und die Wissenschaft würde schrittweise die Umwelt und wahrscheinlich auch den Menschen selbst erneuern.

Denn Bacon fühlte, daß dies das letzte Ziel sei: daß die Methode der Wissenschaft auf die rücksichtslose Analyse und entschlossene Umgestaltung des menschlichen Charakters angewendet werde. Er drängt auf eine Untersuchung der Instinkte und Gefühle, die zu dem Geist in derselben Beziehung stehen wie der Wind zum Meer[47]. Auf diesem Gebiet können freilich besonders große Fehler vorkommen, nicht so sehr beim Suchen nach Erkenntnis als bei ihrer Übermittlung. Der Mensch könnte durch eine aufgeklärte Erziehung erneuert werden, wenn wir willens wären, erstklassige Geister für die Pädagogik zu gewinnen, indem wir ihnen eine angemessene Vergütung und die ihnen gebührende Achtung zuteil werden ließen[48]. Bacon bewundert die Jesuiten als Erzieher und wünscht, sie wären «auf unserer Seite»[49]. Er verwirft Kompendien, billigt dramatische Aufführungen und plädiert für eine stärkere Betonung der exakten Wissenschaften im Lehrplan. So verstanden, würden Wissenschaft und Bildung aus ihrer dienenden Rolle heraustreten, wären nicht länger bloßes Werkzeug in der Hand der Regierung, sondern (wie in der *Nova Atlantis*) ihre Richtschnur und ein erstrebenswertes Ziel. Und zuversichtlich schließt der Kanzler: «Ich setze bei diesem Rennen alles auf den Sieg der Kunst über die Natur.»

V. DIE PHILOSOPHIE EINES STAATSMANNES

Hier, so fühlen wir, ist ein mächtiger Geist am Werk, ein Mann, wie es ihn in einem Jahrhundert nur einmal gibt, in der Philosophie ebenso zu Hause wie in der Politik. Es wäre interessant zu wissen, wie dieser Philosoph in der Politik und wie dieser Politiker in der Philosophie dachte.

Nicht daß er die Philosophie systematisch betrieben oder eine methodische Exposition seiner Gedanken hinterlassen hätte, ausgenommen in der Logik. Die Tendenz seiner Ideen tritt klar zutage; aber ihre Form verrät den Mann, der immer wieder aus seiner philosophischen Ruhe aufgescheucht wurde, um einen Rechtsfall zu erledigen, im Parlament einen Antrag der Opposition zu bekämpfen oder einen unbelehrbaren König zu beraten. Wir müssen aus nebensächlichen Bemerkungen und literarischen Fragmenten, darunter seinen *Essays* (1597, 1612, 1625), auf seine Ansichten schließen. Als er die *Essays* Buckingham widmete, schrieb er dazu mit der Eitelkeit, wie sie jedem Autor innewohnt, die Worte: «Ich stelle mir vor ..., das Werk werde dauern, so lange Bücher dauern.» Seine Briefe sind in einem dermaßen gedankenschweren und verwickelten Stil abgefaßt, daß seine Frau gestehen mußte: «Ich verstehe sein rätselhaft gewundenes Schreiben nicht.»[50] In den *Essays* verbirgt sich eine noch intensivere gedankliche Arbeit; aber hier zwang er seine Feder zur Klarheit und erreichte eine solch geballte Kraft des Ausdrucks, daß sich nur wenige Seiten englischer Prosa – was die Bedeutsamkeit des Inhalts und die Vollkommenheit der von treffenden Vergleichen belebten Form betrifft – mit ihnen messen können. Man erhält den Eindruck, als sei Tacitus zum Philosophen geworden und habe geruht, sich klar auszudrücken.

Bacons Weisheit ist weltlich. Die Metaphysik überläßt er den Mystikern oder den Waghälsen. Selbst sein hochfliegender Ehrgeiz erhob sich selten vom Fragment zum Ganzen. Manchmal indes scheint er sich in einen deterministischen Materialismus zu stürzen: «In der Natur existiert nichts wirklich außer individuellen Körpern, welche nach einem unumstößlichen Gesetz rein individuelle Taten ausführen.»[51] Und die «Erforschung der Natur zeitigt das beste Ergebnis, wenn sie mit Physik beginnt und mit Mathematik endet»[52]; aber hier bedeutet «Natur» vermutlich nur die äußere Welt. Er zog die skeptischen, vorsokratischen Philosophen Platon und Aristoteles vor und lobte den materialistischen Demokrit[53]. Hingegen läßt er eine scharfe Trennung zwischen Körper und Seele gelten[54] und nimmt Bergsons Tadel am Intellekt als einem «konstitutionellen Materialisten» vorweg: «Das menschliche Begreifen ist vom Anblick dessen, was in der Mechanik vorgeht, infiziert ..., und deshalb stellt es sich vor, daß etwas Ähnliches sich in der universellen Natur der Dinge vollzieht.»[55] Er verwirft im voraus Descartes' mechanistische Biologie.

Im Bestreben, sich nach beiden Seiten abzusichern, «würzt» er seine Philosophie «mit Religion wie mit Salz»[56]. «Ich könnte eher an all die Märchen in der [Goldenen] Legende, an den Talmud und den Koran glauben als daran, daß dieses Universum ohne einen lenkenden Geist sei.»[57] Den Atheismus verweist er in einer berühmten Stelle, die zweimal wiederholt wird, auf seinen Platz[58]. Seine Analyse der Ursachen des Atheismus ist ein Beitrag zum Thema des vorliegenden Buches:

> «Die Ursachen des Atheismus sind die Spaltungen in der Religion, wenn es ihrer viele sind. Denn eine einzelne Hauptspaltung erhöht auf beiden Seiten den Glaubenseifer, aber viele Spaltungen bewirken Atheismus. Eine andere Ursache ist das öffentliche Ärgernis, das Priester erregen. Und schließlich: aufgeklärte Zeiten, besonders wenn sie mit Frieden und Wohlstand verbunden sind. Denn Leiden und Unglück lenken die Gemüter der Menschen eher zur Religion.»[59]

Er stellt die Regel auf, daß «alles Wissen durch die Religion begrenzt werden soll»[60]. Nach dem Bericht Rawleys, seines Kaplans, «begab er sich häufig, wenn seine Gesundheit es ihm erlaubte, zum Gottesdienst ... und starb in dem wahren Glauben der anglikanischen Kirche»[61]. Nichtsdestoweniger nahm er wie sein großer Vorläufer Wilhelm von Ockham die Unterscheidung zwischen theologischer und philosophischer Wahrheit wahr: Der Glaube kann an Überzeugungen festhalten, für welche Wissenschaft und Philosophie keine Beweise erbringen können; aber die Philosophie sollte sich nur auf die Vernunft verlassen, und die Wissenschaft sollte rein weltliche Erklärungen mit den Begriffen physikalischer Ursachen und Wirkungen suchen[62].

Trotz seines Dranges nach Erkenntnis unterstellte Bacon diese dem Sittlichen. Es würde keinen Gewinn für die Menschheit bedeuten, wenn die Ausbreitung des Wissens keinen Zuwachs an Güte mit sich brächte. «Von allen Tugenden und Würden des Geistes ist die Güte die größte.»[63] Immerhin läßt sein gewohnter Enthusiasmus nach, wenn er von den christlichen Tugenden spricht. Die Tugenden sollten mit Mäßigung geübt werden, denn der Böse kann den arglos Guten übervorteilen[64]. Ein wenig Verstellung ist zum Erfolg, wenn nicht gar zur Kultur, nötig. Die Liebe ist eine Torheit, und die Ehe ein Fallstrick. «Wer Weib und Kinder hat, setzt sich Gefahren aus, denn sie sind bei bedeutenden Unternehmungen ein Hindernis ... Die besten Werke mit den größten Verdiensten um die Allgemeinheit sind von unverheirateten und kinderlosen Männern geschaffen worden.» Wie Elisabeth und Hildebrand, hieß auch Bacon den Zölibat der Geistlichen gut. «Ein einsames leben steht den Männern der Kirche wohl an, denn christliche Nächstenliebe wird kaum je den Boden bewässern, wenn sie zuvor einen Tümpel füllen muß.»[65] (Man beachte seine Vorliebe für Metaphern und angelsächsische Kürze.) Freundschaft ist besser als Liebe, und verheiratete Männer geben unzuverlässige Freunde. Bacon spricht über Liebe und Ehe in der Weise eines Mannes, der die zärtlichen Gefühle dem Ehrgeiz geopfert hat und der ein Königreich besser regieren konnte als sein Heim.

Seine politische Philosophie gab sich mehr mit praktischen Umständen ab als mit Theorien. Er hatte den Mut, für Machiavelli ein gutes Wort einzulegen, und akzeptierte offen das Prinzip, daß Staaten nicht dem Moralkodex verpflichtet sind, der für ihre Bürger gilt. Er fühlte wie Nietzsche, daß ein guter Krieg jedes Mittel heiligt. «Auch ist die Meinung einiger Scholastiker nicht als gültig anzuerkennen, daß ein Krieg nicht ohne weiteres begonnen werden kann, sondern nur nach einer vorangegangenen Beleidigung oder Provokation ... Die berechtigte Furcht vor einer bevorstehenden Gefahr ist, auch wenn noch kein Streich geführt wurde, eine gesetzlich erlaubte Ursache für einen Krieg.» In jedem Fall «ist ein gerechter und ehrenhafter Krieg die wahre Übung», die eine Nation in Form hält[66]. «Für Macht und Größe ist es von äußerster Wichtigkeit, daß eine Nation das Waffenhandwerk pflege als ihre hauptsächlichste Ehre, Übung und Beschäftigung.» Eine mächtige Kriegsflotte ist eine Garantie für nachbarlichen Respekt; «Herrschaft über das Meer ist der wahre Inbegriff der Monarchie»[67]. «In der Jugendzeit eines Staates gedeihen die Waffen; in der mittleren Periode eines Staates blüht die Gelehrsamkeit, und dann bestehen eine Zeitlang beide nebeneinander; im Alter eines Staates der Handel und die Kaufleute.»[68] Städter geben schlechte Krieger ab, Bauern bessere, Freisassen die besten. Daher mißbilligte Bacon wie Morus die Einfriedigungen von Land, weil sie die Zahl der Grundbesitzer im Verhältnis zur Bevölkerungszahl reduzierten. Er tadelte die Konzentration des Wohlstandes als eine Hauptursache von Aufruhr und Rebellion. Gegen diese ist

«das erste Heil- oder Vorbeugungsmittel die mit allen Kräften zu erstrebende Beseitigung der materiellen Ursache ..., welche in Bedürftigkeit und Armut besteht ... Diesem Zweck dient die Erweiterung und Stabilisierung des Handelsverkehrs; die Pflege des Handwerks; die Ausrottung des Müßiggangs; die Unterdrückung der Verschwendung und Ausschweifung durch entsprechende Gesetze; die Verbesserung und rationelle Bebauung des Bodens; die Preiskontrolle für verkäufliche Ware; die Steuerermäßigung ... Vor allen Dingen muß eine geschickte Politik dafür sorgen, daß die Schätze und Gelder im Staat nicht in ein paar wenigen Händen vereinigt werden ... Geld ist wie Mist: zu nichts gut, wenn man es nicht verbreitet.»[69]

Bacon mißtraute dem Parlament, da es sich aus ungebildeten und intoleranten Gutsbesitzern und Kaufleuten oder deren Agenten zusammensetze. Er hielt Jakob I. für verhältnismäßig gebildet und human; selbst des Königs theoretischer Absolutismus schien gut, als Alternative zu der Habgier der Parteien und der Gewalttätigkeit der Glaubensbekenntnisse. Wie sein Zeitgenosse Richelieu betrachtete er die Zentralisation der Autorität im König und die Unterwerfung der großen Grundherren als notwendigen Schritt in der Entwicklung einer geordneten Regierung; und wie Voltaire dachte er, es sei leichter, einen Mann zu bilden als eine Menge. Er nahm keinen Anstoß an seinem eigenen großen Vermögen, und Jakob, sein König, blieb allen Baconschen Grundsätzen zum Trotz weiterhin dem Frieden, der Geldverschwendung und der Erhebung von hohen Steuern zugetan.

Bacon hatte gelächelt über «die Philosophen», die «imaginäre Gesetze für imaginäre Reiche schaffen; ihre Abhandlungen sind wie die Sterne, die wenig Licht spenden, weil sie so hoch sind». Aber in seiner Altersmüdigkeit erlag er selber der Versuchung, jene Art von Gesellschaft zu schildern, in der er die Menschen gerne leben gesehen hätte. Zweifellos hatte er die *Utopia* (1516) des Thomas Morus gelesen; soeben hatte Campanella seinen *Sonnenstaat* (1623) veröffentlicht. Jetzt (1624) schrieb Bacon *The New Atlantis* (Die neue Atlantis). «Wir segelten von Peru (wo wir ein ganzes Jahr lang geblieben waren) durch die Südsee nach China und Japan.» Eine lange Windstille, Mangel an Verpflegung, eine günstige Insel, ein Volk, das glücklich unter Gesetzen lebte, die ihm von einem König Salomon gegeben worden sind. Statt eines Parlaments ein «Haus Salomons» – eine Anhäufung von Observatorien, Laboratorien, Bibliotheken, zoologischen und botanischen Gärten, bewohnt von Wissenschaftlern, Volkswirtschaftlern, Technikern, Ärzten, Psychologen und Philosophen, die, nachdem sie (wie in Platons *Staat*) alle die gleichen Bildungsmöglichkeiten genossen haben, auf Grund gleicher Prüfungen ausgewählt werden und dann (ohne Wahlen) den Staat regieren oder, vielmehr, im Interesse des Menschen über die Natur herrschen. «Das Ziel unserer Gründung», erklärt einer von ihnen den Barbaren aus Europa, «ist die Erkenntnis der Ursachen und geheimen Beweggründe der Dinge und die Erweiterung der Schranken des Menschenreiches, bis zur Verwirklichung aller Möglichkeiten.»[70] In diesem Südseeparadies haben die salomonischen Hexenmeister schon Mikroskope, Teleskope, automatische Uhren, Unterseeboote, Automobile und Flugzeuge, Anästhesie, Hypnose und Mittel zur Erhaltung der Gesundheit und zur Verlängerung des Lebens erfunden. Sie haben Möglichkeiten entdeckt, Pflanzen zu pfropfen, neue Arten zu züchten, Metalle zu verwandeln und Musik nach entlegenen Orten zu übertragen. In Salomons Haus sind Regierung und Wissenschaft miteinander vereint, und alle die Werkzeuge und Mittel der Forschung, die Bacon von Jakob erbeten hatte, bilden dort einen Teil der Staatseinrichtung. Die Insel ist wirtschaftlich unabhängig; sie vermeidet Außenhandel als einen Fallstrick, der die Kriegslust entfachen könnte; sie führt Wissen ein, aber keine Waren. So löste der bescheiden gewordene Philosoph den stolzen Staatsmann ab. Und derselbe Mann, der einen gelegentlichen Krieg als soziales Tonikum empfohlen hatte, träumte nun in seinen letzten Jahren von einem Friedensparadies.

VI. DER HEROLD DER VERNUNFT

Er arbeitete ohne Unterbrechung bis an sein Ende. Ein Jahr nach seinem Ausscheiden aus dem Staatsdienst veröffentlichte er eine *History of the Reign of Henry VII* (Geschichte der Regierungszeit Heinrichs VII.). Dieses Werk setzte ein neues Richtmaß für die Geschichtsschreibung fest: Hier fand sich eine klare Darstellung der Sachverhalte, Ereignisse und politischen Maßnahmen in schöner, kräftiger Prosa; eine gerechte, unparteiische, gründliche Studie dieses Herrschers, fern von jeder Idealisierung, prachtvoll wirklichkeitsnah[71]. Dann folgten eine Reihe verschiedenartiger Abhandlungen: *History of Winds* (Abhandlung über die Winde), *History of Density and Rarity* (Abhandlung über Dichte und Dünnheit), *History of Life and Death* (Abhandlung über Leben und Tod), *Sylva Sylvarum* und weitere Essays. Bacon verfügte nunmehr über unerwartet viel Muße; er hatte kein Amt, keine Kinder, keine Freunde, denn die Stellenjäger, die sich in den Tagen seiner Macht um ihn gedrängt hatten, machten jetzt ihre Kratzfüße vor anderen Türen. «Was für Gefährten habt Ihr bei Eurer Arbeit?» fragte er den Adressaten eines seiner Briefe. «Was mich betrifft, so lebe ich in der vollständigen Einsamkeit.»[72]

Aus dem Wunsche heraus zu erproben, wie lange Schnee das Fleisch vor der Verwesung schützen könne, unterbrach er eines Tages im Frühling eine Reise, um ein Stück Geflügel zu kaufen. Er tötete es und stopfte es mit Schnee aus; dann fühlte er, daß er fröstelte. Er begab sich in das nahegelegene Haus Lord Arundels und wurde dort zu Bett gebracht. Die Unpäßlichkeit, so dachte er, würde bald vorübergehen; sein Experiment sei «außerordentlich befriedigend ausgefallen», meldete er. Das Huhn hatte er in gutem Zustand zu bewahren gewußt – er selber aber verlor das Leben. Verzehrendes Fieber befiel ihn, Schleim hinderte ihn am Atmen. Am 9. April 1626 starb er im Alter von fünfundsechzig Jahren; die brennende Kerze löschte mit einemmal aus.

Er war nicht, wie Pope meinte, «der weiseste, glänzendste und gemeinste Vertreter der Menschheit»[73]. Montaigne war weiser, Voltaire glänzender, Heinrich VIII. gemeiner. Aber selbst Bacons Feinde nannten ihn liebenswürdig, hilfreich und rasch zum Verzeihen bereit. Er suchte seinen eigenen Vorteil bis an die Grenze der Servilität und war stolz genug, die Götter zu erzürnen. Aber wir haben selbst genügend Anteil an diesen Fehlern, um ihm dies Allzumenschliche um des Lichtes willen, das er verbreitete, zu verzeihen. Sein Egoismus war der Wind in seinen Segeln. Uns selbst so zu sehen, wie andere uns sehen, müßte lähmend wirken.

Er war kein Wissenschaftler, aber ein Philosoph der Wissenschaft. Die Reichweite seiner Beobachtung war ungeheuer, aber seine Spekulationen erstreckten sich über zu ausgedehnte Gebiete, als daß ihm viel Zeit für besondere Untersuchungen blieb; er unternahm mehrere, jedoch mit wenig Erfolg. Er blieb weit hinter den Fortschritten der zeitgenössischen Wissenschaft zurück. Er lehnte die kopernikanische Astronomie ab, gab jedoch ausgezeichnete Gründe für seine Ablehnung[74]. Von Kepler, Galilei und Napier wollte er nichts wissen. Er erwähnte oft (zum Beispiel in der *Neuen Atlantis*) die Rolle der Einbildungskraft, der Hypothese und der Deduktion in der wissenschaftlichen Forschung, unterschätzte sie aber. Sein Vorschlag, eine sorgfältige Sammlung und Klassifikation der Tatsachen durchzuführen, zeitigte gute Erfolge in der Astronomie, wo die Beobachtungen und Berichte von Tausenden von Studenten über die Gestirnsbewegungen Kopernikus induktives Material für seine umwälzenden Deduktionen vermittelten. Aber er entsprach kaum den zu jener Zeit noch gültigen Methoden, mit deren Hilfe damals die Gesetze der Planetenumläufe, die Satelliten des Jupiter, der Erdmagnetismus und die Blutzirkulation entdeckt wurden.

Er machte keinen Anspruch darauf, die induktive Methode entdeckt zu haben; er wußte, daß viele sie vor ihm schon angewandt hatten. Er war nicht der erste, der «Aristoteles überwand»; Männer wie Roger Bacon und Petrus Ramus hatten dies schon Jahrhunderte vor ihm getan. Und der Aristoteles, den sie entthronten, war nicht (darüber war Francis Bacon sich mehr als einmal im klaren) der Grieche, der die Induktion und das Experiment oft angewandt und gepriesen hatte, sondern der von den Arabern und Scholastikern umgewandelte *ille philosophus*. Was Bacon zu überwinden trachtete, war der falsche Versuch, mittelalterliche Glaubensbekenntnisse aus der antiken Metaphysik abzuleiten. Auf jeden Fall half er dem Europa der Renaissance, sich von einer allzu lähmenden Hörigkeit gegenüber dem Altertum zu befreien.

Er war nicht der erste, der auf das Wissen als den Weg zur Macht nachdrücklich hinwies. Roger Bacon hatte dies schon getan, und Campanella hatte mit Baconscher Prägnanz gesagt: *Tantum possumus quantum scimus*: Unsere Macht entspricht unserem Wissen[75]. Der Staatsmann in ihm legte vielleicht zu starkes Gewicht auf die Nutzanwendung der Wissenschaft. Dennoch anerkannte er den Wert der «reinen» im Gegensatz zur «angewandten» Wissenschaft. Er empfahl das Studium der Ziele ebenso wie das der Mittel und erkannte, daß ein Jahrhundert der Erfindungen mehr Probleme schaffen als lösen würde, wenn es die menschliche Natur unverändert bestehen ließ. Er hätte in seiner eigenen gelockerten Sittlichkeit den Abgrund entdecken können, der durch den Fortschritt der Erkenntnis über die charakterliche Zucht hinaus aufgerissen wurde.

Was bleibt nach all diesen Rückblicken und Schlüssen? Dies: daß wir in Francis Bacon den mächtigsten und einflußreichsten Geist seiner Zeit zu erblicken haben. Shakespeare war ihm freilich an Einbildungskraft und literarischem Können überlegen. Aber Bacons Geist wanderte durch das All wie ein Scheinwerfer, der mit spähender Neugier in jeden Winkel und jedes Geheimnis des Raumes zündete. Der ganze belebende Enthusiasmus der Renaissance war in ihm, die ganze Erregung und der ganze Stolz eines Kolumbus, der stürmisch in eine neue Welt hinaussegelte. Hören wir seinen freudigen Ruf, der wie ein Hahnenschrei den Tagesanbruch verkündigt:

«So habe ich diesen Teil der Gelehrsamkeit, welche das staatsmännische Wissen betrifft, beendet. Und mit dem staatsmännischen Wissen habe ich die menschliche Philosophie beendet. Und mit der menschlichen Philosophie die Philosophie im allgemeinen. Und da ich nun innehalte, blicke ich zurück auf das, was ich durchschritten habe, und da erscheint mir das Geschriebene – sofern ein Mensch sein eigenes Werk beurteilen kann – nicht viel besser als das Geräusch, das die Musiker hervorbringen, wenn sie ihre Instrumente stimmen. Dies ist nicht angenehm zu hören, aber es ist ein Grund, weshalb die Musik nachher um so süßer ist. So war ich es zufrieden, die Instrumente der Musen zu stimmen, damit die, welche kundigere Hände haben, darauf spielen mögen. Und sicher ist es so: wenn ich mir die Bedingungen dieses Zeitalters vor Augen halte, in dem das Wissen seine dritte Stufe erreicht hat, mit allem, was seine Vorzüge ausmacht: nämlich die Vortrefflichkeit und Lebhaftigkeit der Geister dieser Zeit; der edle Beistand und die Erleuchtungen, die wir dank der Arbeit früherer Schriftsteller genießen; die Buchdruckerkunst, welche Menschen aus allen Ständen Bücher vermittelt; die Ausweitung der Welt infolge der Seefahrt, die eine Menge von Erfahrungen gezeitigt und eine Fülle von naturgeschichtlichen Phänomenen erschlossen hat ..., dann kann ich nicht umhin, zu der Überzeugung zu gelangen, daß dieses dritte Zeitalter die Erkenntnis der Griechen und Römer weit übertreffen wird ... Was aber meine Bemühungen betrifft (wenn man sie so nennen kann), so sollen sie, wenn je ein Mensch sich selber oder andere damit ergötzt, sie zu tadeln, nach dem alten, guten Wahlspruch angesehen werden: *Verbere sed audi* (Schlage mich, wenn du willst, nur höre mich an). Laß die Menschen sie tadeln, wenn sie sie nur beachten und prüfen.»[76]

Weil er die edelste Leidenschaft seiner Zeit zum Ausdruck brachte – den Drang nach Verbesserung des Lebens durch Erweiterung der Erkenntnis –, errichtete die

Nachwelt zu seinem Gedächtnis ein lebendes Denkmal seines Einflusses. Wissenschafter wurden nicht durch seine Methode, wohl aber durch seinen Geist angeregt und bestärkt. Wie erfrischend war es, nach Jahrhunderten der Stagnation, wo die Geister in ihren Wurzeln verkümmerten oder in den Netzen ihres eigenen Wunschdenkens gefangen lagen, auf einen Mann zu stoßen, der auf die helle Stimme der Wirklichkeit lauschte, der die belebende Luft des Forschens und Entdeckens begierig einsog, der den Drang verspürte, die Angel der Skepsis im tiefsten Teich der Unwissenheit, des Aberglaubens und der Furcht auszuwerfen! Während manche Geister dieses Zeitalters, so etwa Donne, vermeinten, die Welt sei am Zerfallen und liege in ihren letzten Zuckungen, verkündete Bacon seiner Zeit, sie sei der Beginn einer Welt voll ungestümen Lebens.

Die Menschen wollten zuerst nicht auf ihn hören. In England, Frankreich und Deutschland zog man vor, den Wettstreit der Glaubensbekenntnisse mit den Waffen zu entscheiden. Als aber diese Raserei verebbt war, schlossen sich diejenigen, die nicht in den Fesseln vorgefaßter Meinungen lagen, im Geiste Bacons zusammen, um die Herrschaft des Menschengeistes auszudehnen – nicht die Herrschaft über den Menschen, sondern über die Umstände und Hemmnisse der menschlichen Entwicklung. Als eine Handvoll Engländer in London die Königliche Gesellschaft zur Förderung des praktischen Wissens gründeten (1600), war es Francis Bacon, den sie als ihren geistigen Vater feierten, und Salomons Haus in der *Neuen Atlantis* vermutlich das Ziel ihres Strebens[77]. Leibniz begrüßte Bacon als den Erneuerer der Philosophie[78]. Und als die französischen Aufklärungsphilosophen ihre welterschütternde *Encyclopédie* schufen (1751), widmeten sie sie Francis Bacon. «Wenn wir das Werk», sagte Diderot in der Ankündigung, «erfolgreich zu Ende geführt haben, dann verdanken wir dies vor allem dem Kanzler Bacon, der den Plan eines universellen Wörterbuchs der Wissenschaften und Künste zu einer Zeit vorschlug, da sozusagen weder Künste noch Wissenschaften existierten – diesem außergewöhnlichen Genius, der in einer Epoche, da es unmöglich war, eine Geschichte dessen zu schreiben, was man wußte, eine Geschichte dessen schrieb, was zu erkennen not tat.» Und d'Alembert nannte Bacon in hingerissener Begeisterung «den größten, universellsten und beredtesten aller Philosophen». Als die Aufklärung sich zur Französischen Revolution auswuchs, veröffentlichte der Konvent die Werke Bacons auf Staatskosten[79]. Der Entwicklungsgang des britischen Denkens von Hobbes bis zu Spencer folgte – von Berkeley, Hume und den englischen Hegelianern abgesehen – Bacons Linie. Bacons Bestreben, die wahrnehmbare Welt in demokritischen Begriffen zu erfassen, gab Hobbes den Anstoß zu seiner Philosophie des Materialismus. Bacons Bevorzugung der induktiven Methode spornte Locke zu einer empirischen Psychologie an, worin das Studium des Geistes sich von der Metaphysik der Seele freimachte. Und die Betonung, die Bacon auf «Vorteile» und «Früchte» legt, brachte – im Verein mit der Philosophie des Helvétius – Bentham dazu, das Nützliche mit dem Guten zu identifizieren. Der Baconsche Geist bereitete England auf die industrielle Revolution vor.

Aus allen diesen Gründen dürfen wir Bacon an den Anfang des Vernunftzeitalters stellen. Freilich war er nicht – wie einige seiner Nachfolger – ein Götzendiener der

Vernunft. Er mißtraute allen Überlegungen, die nicht von wirklicher Erfahrung gestützt wurden, und allen Folgerungen, die vom Wunschdenken angekränkelt waren. «Der menschliche Verstand ist kein teilnahmsloses Licht, sondern erhält einen Zustrom aus dem Willen und dem Gefühl, woraus sich dann die Wissenschaften entwickeln, welche ‚Wissenschaften nach Wunsch' genannt werden können. Denn was ein Mensch für wahr halten möchte, daran glaubt er auch bereitwilliger.»[80] Bacon aber zog «die Vernunft vor, die aus Tatsachen gewonnen wird ... Aus einer engeren und reineren Verbindung zwischen diesen beiden Kräften, dem Experiment und der Vernunft ..., kann noch viel erhofft werden.»[81]

Er hielt die Vernunft auch nicht wie die französischen Philosophen des 18. Jahrhunderts für eine Feindin der Religion oder einen Ersatz für sie. Er schuf in der Philosophie und im Leben Raum für beide. Aber er erkannte das Sichverlassen auf Traditionen und Autoritäten nicht an. Er forderte anstelle von emotionellen Mutmaßungen, übernatürlichen Eingriffen und populären mythologischen Vorstellungen vernünftige und natürliche Erklärungen. Er entfaltete das Banner für alle Wissenschaften und lenkte die eifrigsten Geister der kommenden Jahrhunderte auf ihre Bahn. Und ob er es nun wollte oder nicht: das Unternehmen, zu dem er aufrief – die umfassende Organisation der wissenschaftlichen Forschung, die weltweite Verbreitung und Ausstreuung des Wissens –, trug in sich die Keime zu dem aufwühlendsten Drama der Neuzeit: dem Kampf, den das Christentum, das katholische so gut wie das protestantische, angesichts der zunehmenden Verbreitung und Machtfülle von Wissenschaft und Philosophie um seinen Bestand führte. Zu diesem Drama war nunmehr der Prolog gesprochen.

ACHTES KAPITEL

Der große Aufstand

[1625–1649]

I. DIE WANDLUNG DER WIRTSCHAFT

DIE URSACHEN der Revolution, die das Parlament auf den Thron setzte und einen König umbrachte – 144 Jahre bevor Ludwig XVI. für seine Vorfahren büßte –, lagen in wirtschaftlichen Konflikten und religiösen Rivalitäten.

Der Feudalismus war eine aus der Landwirtschaft hervorgegangene und von ihr abhängige Gesellschaftsordnung. Die Monarchie stellte in Westeuropa die dem Feudalismus zugeordnete Staatsform und seine Kulmination dar. Sie hatte ihre Wurzeln in einem Wirtschaftssystem, das auf dem Besitz von Grund und Boden beruhte. In England durchtrennten zwei Triebkräfte der wirtschaftlichen Entwicklung diese Wurzeln des Feudalismus. Die eine war das Anwachsen des «Landadels», der nichtadligen Besitzer kleinerer Güter, die auf dem Land eine Stellung zwischen dem betitelten Adel und den Freisassen oder bäuerlichen Grundbesitzern innehatten. Diese Leute nahmen Anstoß an einem König, einem Hof und einer Rechtsordnung, die noch immer vom Geist des Feudalismus erfüllt waren. Sie kauften oder eroberten sich Sitze im Unterhaus und verlangten nach einer Regierung, die einem Parlament gehorchte, das wiederum ihnen selbst zu gehorchen hätte. Die andere Triebkraft war der wachsende Wohlstand des Bürgertums – der Bankiers, Kaufleute, Fabrikanten, Rechtsgelehrten, Ärzte – und ihre Forderung nach politischer Repräsentation, die ihrer wirtschaftlichen Macht angemessen war. Diese revolutionären Kräfte hatten keine gemeinsamen Interessen; sie wirkten einzig in dem Versuch zusammen, die adligen Grundherren, den snobistischen Hof und einen König, der eine Erbaristokratie als notwendige Voraussetzung für wirtschaftliche und politische Ordnung und Stabilität ansah, in die Schranken zu weisen.

Mehr und mehr veränderten sich im Laufe der Jahre die Grundlagen der englischen Wirtschaft, verschob sich ihr Schwerpunkt; von der Statik der Bodenwirtschaft wechselte sie hinüber zur Dynamik der Geldwirtschaft. Vor 1540 erforderte eine Messingfabrik eine Investition von 300 Dollar heutiger Währung, im Jahre 1620 aber 125000 Dollar. Bis um 1650 hatten kapitalistische Unternehmer mit großem Geldaufwand Alaunfabriken in Yorkshire, Papierfabriken in Dartford, Kanonengießereien in Brendeley errichtet sowie Stollenbergwerke ausgebaut, die für die Gewinnung immer größerer Mengen von Kohle, Kupfer, Zinn, Eisen und Blei beansprucht wurden. Während bis um 1550 nur wenige englische Bergwerke mehr als 300 Tonnen im Jahr produzierten, förderten mehrere unter ihnen um 1640 bereits 20000 Tonnen. Die Handwerker, welche Metall brauchten, waren von Bergbau und Hüttenindustrie abhängig, die sich in den Händen kapitalistischer Unternehmer befanden. Die Textilindustrie lieferte Material an Werkstätten, die 500 bis 1000 Arbeiter beschäftigten, sowie an Weber und Näher, die als Heimarbeiter in Tausenden von Häusern in Städten und Dörfern verstreut lebten. Die Landwirtschaft selber hatte teil an der kapitalistischen Umwandlung der Produktion: Unternehmer erwarben und umfriedeten weite Strecken Landes, um Fleisch für die Städte und Wolle für die Fabrikationsbetriebe im In- und Ausland zu beschaffen. Englands Außenhandel nahm zwischen 1610 und 1640 um das Zehnfache zu.

So weit man sich in England erinnern konnte, war die Kluft zwischen reich und arm nie so tief gewesen. «Die Entlöhnung des Arbeiters sank während der ersten Hälfte des 17. Jahrhunderts auf die niedrigste Stufe hinab, denn die Lebensmittel stiegen im Preis, während die Löhne gleich blieben.»[1] Wenn wir 100 als Basis annehmen, stand der Lohn eines englischen Zimmermanns um 1380 bei 300, um 1480 stieg er auf 370 an, unter Elisabeth betrug er 200 und unter Karl I. nur noch 120; damit hatte er den tiefsten Punkt seit vierhundert Jahren erreicht[2]. Im Jahre 1634 war die Arbeitslosigkeit so groß, daß Karl den Abbruch einer neu errichteten mechanischen Sägemühle befahl, weil sie viele Holzsäger arbeitslos machte[3]. Der Krieg mit Frankreich erhöhte die Steuern; der Krieg in Frankreich selbst legte den Außenhandel lahm. Mißernten (1629/30) trieben die Preise dermaßen in die Höhe, daß das Volk gezwungen war, Hunger zu leiden[4]. Die wirtschaftliche Ausweitung zog mehrfach Depressionen nach sich (1629–1632, 1638). Alle diese Erscheinungen bewirkten zusammen mit den religiösen Spannungen, daß viele englische Familien nach Amerika auswanderten und England in einen Bürgerkrieg getrieben wurde, der das Angesicht und Schicksal der Nation veränderte.

Der Klassenkampf wurde auch zu einem Konflikt zwischen den verschiedenen Landesteilen und gegensätzlichen moralischen Normen. Der Norden war überwiegend auf Ackerbau eingestellt und weitgehend – wenn auch nur insgeheim – katholisch gesinnt, während London und der Süden sich in steigendem Maße industrialisierten und auf protestantischer Seite standen. Die neue Klasse der Unternehmer hielt an Monopolen und Schutzzöllen fest, forderte zugleich aber eine freie Wirtschaft, worin Löhne und Preise durch das Angebot an Arbeitskräften und Waren bestimmt würden, worin es keine Kontrolle der Produktion, der Verteilung, des Profits oder des Besitzes durch einen Feudalherrn oder durch die Regierung geben würde und worin der Betrieb von kaufmännischen Unternehmungen und die Zins- und Kapitalwirtschaft mit keinem Makel behaftet wäre. Die Barone und ihre Bauern dagegen beharrten auf dem Feudalbegriff der gegenseitigen Verpflichtung und Gruppenverantwortung, der staatlichen Lohn- und Preisregulierung und der durch Gesetz und Brauch festgelegten Arbeits- und Verdienstmöglichkeiten. Die Barone beschwerten sich darüber, daß die neue Merkantilwirtschaft, die für einen nationalen und internationalen Markt produzierte, die Beziehungen der Stände untereinander und die soziale Stabilität erschütterte. Sie fühlten sich, gleich dem Landadel und der Regierung, durch die Auswirkungen der Inflation auf den Wert der traditionellen Abgaben, Renten und Steuern, von denen sie abhängig waren, in ihrer Zahlungsfähigkeit bedroht. Mit zorniger Verachtung blickten sie auf die Rechtsgelehrten herab, die in so bedeutsamem Maße an der Regierung teilhatten, sowie auf die Kaufleute, die die Städte beherrschten. Sie fürchteten die Macht des handeltreibenden London, das mit einer Bevölkerung von ungefähr 300 000 (bei einer Gesamtbevölkerung Englands von 5 000 000 Seelen) imstande war, eine Armee und eine Revolution zu finanzieren.

II. DER RELIGIÖSE HEXENKESSEL: 1624–1649

Dem neuen König, der im alten Feudal- und Sozialkodex des Landes erzogen war und dem London der Kaufleute und Puritaner verständnislos gegenüberstand, bereitete die Verschiedenartigkeit und Intensität der religiösen Glaubensbekenntnisse über alle Geduld hinaus Ungemach. Das Recht auf freie persönliche Überzeugung, das jede neue Richtung so lange predigte, bis sie zur Macht gelangte, trug zusammen mit der Verbreitung der Bibel zur Mannigfaltigkeit der Sekten bei. Ein Pamphletist zählte (1641) deren neunundzwanzig auf, ein anderer (1646) hundertachtzig. Es gab nicht nur die Spaltung zwischen Katholiken und Protestanten; diese ihrerseits zerfielen in die einander feindlich gesinnten Gruppen der Anglikaner, Presbyterianer und Puritaner; die Puritaner wiederum in Independenten – Unabhängige –, die von einer Republik träumten; in Quäker, die Krieg, Gewalttätigkeit und Eidesleistung ablehnten; in Chiliasten oder Männer der Fünften Monarchie, die glaubten, Jesus werde bald wiederkommen, um sein Reich auf Erden aufzurichten; in Antinomisten, die bewiesen, daß die von Gott Erwählten nicht den menschlichen Gesetzen unterstünden; in Brownistische Separatisten, in *Seekers* und *Ranters*. Ein Parlamentsmitglied beklagte sich darüber, daß Handwerker Kanzeln aufstellten und ihre eigenen hitzigen Glaubensbekenntnisse durch Predigten verbreiteten, wobei manche von ihnen ihre wirtschaftlichen oder politischen Forderungen in Texte aus der Heiligen Schrift einkleideten. Ferner gab es Wiedertäufer, welche die Taufe nur an Erwachsenen vollzogen, und Baptisten, die sich (1606) von den Separatisten trennten und sich (1633) ihrerseits in Allgemeine Baptisten, welche die calvinistische Lehre der Prädestination verwarfen, und in Besondere Baptisten, welche sie anerkannten, aufspalteten.

Die Vervielfältigung der Sekten und ihre erbitterten Auseinandersetzungen brachten eine kleine Minderheit dahin, an allen Formen des Christentums zu zweifeln. Bischof Fotherby klagte (1622) darüber, daß «die Heilige Schrift für viele ihre Autorität verloren hat, höchstens daß man sie als für Unwissende und Dummköpfe passend erachtet»[5]. Und der Hochwürdige James Cranford sprach (1646) von «zahllosen», die «ihren Glauben entweder in Skeptizismus ... oder Atheismus verwandelt haben und nichts mehr glauben»[6]. Ein Pamphlet mit dem Titel *Hell Broke Loose: A Catalogue of the Many Spreading Errors, Heresies, and Blasphemies of These Times* (Die Hölle ist losgebrochen: Ein Katalog der vielen sich ausbreitenden Irrlehren, Ketzereien und Gotteslästerungen dieser Zeit, 1646) zitierte als erste Ketzerei die Meinung, «daß die Heilige Schrift, ob sie nun ein authentischer Text sei oder nicht ... doch nur von Menschen gemacht und nicht befähigt sei, einen himmlischen Gott zu offenbaren»[7]. Eine andere Ketzerei erklärte, daß «rechte Vernunft die Satzung des Glaubens ist und ... wir an die Heilige Schrift und die Lehren von der Dreifaltigkeit, der Inkarnation und der Auferstehung nur so weit glauben müssen, als sie sich mit der Vernunft vereinbaren lassen»[8]. Eine große Anzahl von Zweiflern leugnete die Hölle und die Göttlichkeit Christi. Eine wachsende Anzahl von Denkern, die Deisten genannt wurden, suchte einen Kompromiß zwischen Skeptizismus und Religion zu schließen, indem sie für ein Christentum eintrat, das sich auf den Glauben an Gott und die Unsterblichkeit beschränkte. Edward, Lord Herbert von Cherbury, gab diesem Mittelweg in einem bemerkenswerten Essay über die Wahrheit, *De veritate* (1624), eine philosophische Formulierung. Wahrheit, sagte Herbert, ist unabhängig von der Heiligen Schrift und kann nicht von einer Kirche oder irgendeiner anderen Autorität vorgeschrieben werden. Der beste Prüfstein für die Wahrheit ist universelle Billigung. Folglich wäre die weiseste Religion eher eine «natürliche» als eine offenbarte Religion und würde sich auf Lehrsätze beschränken, die von den verschiedenen Glaubensbekenntnissen anerkannt würden: daß es ein höheres Wesen gibt, daß dieses hauptsächlich durch tugendhaftes Leben verehrt wird und daß gutes Verhalten belohnt und schlechtes bestraft wird, entweder in diesem oder in einem zukünftigen Leben. Herbert, sagt Aubrey, starb «gelassen», nachdem man ihm die Sakramente verweigert hatte[9].

Dem Parlament bereitete der Katholizismus mehr Sorgen als die Ketzerei. Im Jahre 1634 machten die Katholiken in England schätzungsweise ein Viertel der Bevölkerung aus[10], und allen Gesetzen und Gefahren zum Trotz gab es noch immer dreihundertfünfunddreißig Jesuiten im Land[11]. Prominente Adlige bekannten sich zum alten Glauben. George Calvert, Lord Baltimore, verkündete 1625 seine Bekehrung; 1632 gab ihm Karl I. einen Freibrief zur Gründung einer Kolonie, die später den Namen Maryland erhielt. Die katholische Königin, Henrietta Maria, sandte einen Beauftragten nach Rom (1633), damit er einen Kardinalshut für einen britischen Untertanen erwerbe. Der anglikanische König anerbot sich, einem katholischen Bischof zu gestatten, in England zu residieren, wenn Urban VIII. Karls Plan für einige diplomatische Heiraten unterstütze (1634); aber der Papst weigerte sich. Die Katholiken forderten religiöse Toleranz; das Parlament jedoch – das sich an die katholische Intoleranz, an die Bartholomäusnacht und die Pulververschwörung erinnerte und nicht willens war, Überprüfungen protestantischer Rechtsansprüche auf ehemals katholisches Eigentum zu riskieren – forderte statt dessen die vollumfängliche Anwendung der antikatholischen Gesetze. Eine stark papstfeindliche Gesinnung, besonders beim Landadel und Mittelstand, widersetzte sich gleichermaßen der Einwanderung katholischer Priester und der wachsenden Annäherung des anglikanischen Rituals und Denkens an den Katholizismus.

Die Staatskirche erfreute sich der vollen Protektion des Staates. Das anglikanische Glaubensbekenntnis und der anglikanische Gottesdienst waren laut Gesetz obligatorisch; selbst die Neununddreißig Artikel wurden zum Landesgesetz erhoben (1628). Die anglikanischen Bischöfe beharrten auf der apostolischen Nachfolge – das heißt auf der Annahme, daß sie durch einen Apostel eingesetzt worden seien. Sie verwarfen die presbyterianische und puritanische Behauptung, daß auch andere, nicht nur Bischöfe, einen Geistlichen rechtskräftig ordinieren könnten. Viele anglikanische Geistliche jener Zeit waren gebildete und wohlmeinende Männer. James Ussher, der Erzbischof von Armagh, war trotz seiner berühmten Berechnung (in seinen *Annales Veteris Testamenti,* 1650), wonach Gott die Welt am 22. Oktober 4004 vor Christus geschaffen hatte – ein chronologischer Irrtum, der in Ausgaben der autorisierten Bibelübersetzung zur halboffiziellen Wahrheit erhoben wurde –, ein richtiger Gelehrter[12]. John Hales, Pfarrer einer englischen Gesandtschaft in Holland, predigte Zweifel, Vernunft und Toleranz:

«Es gibt nur zwei Wege, die uns zu ... irgendeiner Erkenntnis führen: erstens Erfahrung, zweitens Vernunftschlüsse. Diejenigen, die kommen und euch sagen, was ihr glauben und tun sollt, und die euch nicht sagen, weshalb – das sind keine Ärzte, sondern Blutsauger ... Die Hauptstütze und -stärke der Weisheit ist es nicht, leichtgläubig zu sein ... Jene Dinge, die wir um ihres Alters willen verehren, was waren sie bei ihrer Entstehung? Waren sie falsch, dann kann die Zeit sie nicht wahrer machen. Der Ablauf der Zeit ... ist belanglos ... Nicht die Vielfalt der Meinungen, sondern unser eigener törichter Wille – der meint, alle müßten mit uns der gleichen Auffassung sein – hat der Kirche so zu schaffen gemacht. Wenn wir nicht so bereitwillig jeden anderen verdammten, mit dem wir in unseren Meinungen nicht übereinstimmen, könnten wir im Herzen vereinigt sein ... Zwei Eigenschaften vor allem machen einen Christen aus: ein aufrichtiger Glaube und ein ehrliches Verhalten. Die erste scheint zwar die wertvollere zu sein und verleiht uns den Namen Christen, aber die zweite erweist sich schließlich doch als die sicherere ... Es gibt keine Art Mensch ..., mag er auch ein Heide und Götzendiener sein, den das christliche Mitleid nicht erreichte.»[13]

Hales Edelmut wurde von gewissen «Götzendienern» nicht erwidert. Ein Jesuit, der unter dem Namen Edward Knott eine Abhandlung mit dem Titel *Charity Mistaken* (Falsche Mildtätigkeit, 1630) schrieb, behauptete, kein Protestant könne, abgesehen von Zufällen, gerettet werden[14]. Die dergestalt Verdammten wurden von William Chillingworth beruhigt, dessen Buch *The Religion of Protestants a Safe Way to Salvation* (Die protestantische Religion als sicherer Weg zur Errettung, 1637) die hervorstechendste theologische Abhandlung jener Zeit war. Chillingworth kannte beide Seiten: Er hatte sich zum Katholizismus bekehren lassen, war wieder zum Protestantismus zurückgekehrt und machte weiterhin seine Vorbehalte. Er hatte, sagt Clarendon, «solch eine Gewohnheit zu zweifeln angenommen, daß er allmählich von nichts mehr überzeugt war und zuletzt den größten Geheimnissen der Religion skeptisch gegenüberstand»[15].

Der beredteste dieser karolinischen Anglikaner war Jeremy Taylor. Seine Predigten sind noch immer lesbar und greifen mehr ans Herz als diejenigen Bossuets; sogar ein Franzose fühlte sich von ihnen angerührt[16]. Taylor war ein glühender Royalist und Pfarrer im Heer Karls I. Als die Presbyterianer und Puritaner im Parlament die Oberhand gewannen und den vormals so intoleranten Anglikanern auf ebenso intolerante Weise zusetzten, veröffentlichte er *The Liberty of Prophesying* (Die Freiheit der Weissagung, 1646), einen schüchternen Aufruf zur Duldsamkeit: Jeder Christ, der das apostolische Glaubensbekenntnis anerkenne, solle in den Schoß der Kirche aufgenommen werden; die Katholiken sollten freigelassen werden, vorausgesetzt, daß sie nicht auf der päpstlichen Oberhoheit über England und das Königtum bestünden*. Taylor wurde von der Parlamentspartei während des Bürgerkrieges gefangengenommen und eingekerkert, nach der Restauration dann aber zum Bischof erhoben, worauf sein Eifer für die Toleranz sich abkühlte.

Der wachsende Einfluß des Katholizismus machte sich auch beim bedeutendsten Anglikaner jener Zeit geltend. William Laud war ein Mann reich an Ideen und voll Willenskraft, geboren zu herrschen oder zu sterben, von unbeirrbarer Tugendhaftigkeit und äußerster Strenge, die bis zur jähzornigen Unnachgiebigkeit ging. Als eifriger Kirchenmann hielt er es für selbstverständlich, daß ein einheitlicher Glaube für eine erfolgreiche Regierung unerläßlich und ein vielseitiges religiöses Zeremoniell zur Erhebung der Andacht und Vertiefung der Frömmigkeit notwendig sei. Zum Kummer der Presbyterianer und Puritaner schickte er sich an, die Kunst zum Dienst an der Kirche zurückzurufen, den Altar, die Kanzel und das Taufbecken zu verschönern, das Kruzifix für das Ritual und das Chorhemd für den Priester wieder einzuführen. Zum besonderen Stein des Anstoßes wurde seine Verordnung, daß der Kommunionstisch, der bis dahin in der Mitte des Chores aufgestellt gewesen war (wo er manchmal als Hutständer gedient hatte), hinter einem Geländer am östlichen Ende der Kirche aufzustellen sei. Diese Veränderungen stellten größtenteils ein Wiederaufleben elisabethanischer Bräuche und Gesetze dar. Aber den Puritanern, welche die Einfachheit liebten, kamen sie wie ein Rückfall in den Katholizismus und eine Erneuerung der Standestrennung zwischen Priester und Gemeinde vor. Laud war offenbar der Meinung, die katholische Kirche habe recht, wenn sie die Religion mit Zeremonien umgab und die Priester mit einer Aura von Heiligkeit ausstattete[17]. Die römisch-katholische Kirche wußte seine Ansichten zu schätzen und bot ihm sogar einen Kardinalshut an[18]. Er lehnte ihn höflich ab; aber das Angebot schien die Vorwürfe der Puritaner zu rechtfertigen. Sie sahen in ihm einen Vorläufer des Antichrists. Karl ernannte ihn zum Erzbischof von Canterbury (1633) und zum Mitglied des Schatzamtes. Ein weiterer Erzbischof wurde zum Kanzler von Schottland erhoben. Das Volk murrte, daß die Geistlichen – wie zur Blütezeit der mittelalterlichen Kirche – politisch wieder an die Macht gelangten.

Von seiner Residenz, dem Lambeth-Palast, aus begann der neue Erzbischof, das englische Ritual und die englische Sittlichkeit umzugestalten. Er machte sich Hunderte von neuen Feinden, als er durch den *Court of High Commission* (Gerichtshof der Hohen Kommission, eine richterliche Behörde, die durch Elisabeth ins Leben gerufen worden war und jetzt vorwiegend als geistlicher Gerichtshof amtete) von Personen, die des Ehebruchs überführt waren, strenge Geldstrafen erheben ließ. Und es war für die Opfer ein geringer Trost, daß er die Gelder in frommer Weise dazu verwendete, die zerfallende Paulskathedrale wiederherstellen zu lassen und Rechtsgelehrte, Krämer und Klatschbasen aus den Kirchenschiffen zu jagen[19]. Geistliche, die das neue Ritual verwarfen, wurden ihrer Pfründen beraubt. Schriftsteller und Redner, die daran Kritik

* Im Jahre 1631 trat Roger Williams in der Massachusetts-Bay-Kolonie für unbeschränkte Duldung der Katholiken, Juden und Ungläubigen ein.

übten, das christliche Glaubensbekenntnis in Frage stellten oder sich der Einsetzung von Bischöfen widersetzten, wurden exkommuniziert, mußten am Pranger stehen und verloren womöglich ihre Ohren.

Man muß sich von der Brutalität der Strafen, die unter Lauds Regime verhängt wurden, ein Bild machen, wenn man sein Schicksal verstehen will. Im Jahre 1628 wurde auf seinen Antrieb hin ein puritanischer Geistlicher, Alexander Leighton, von der Sternkammer als der angebliche Verfasser eines Buches angeklagt, das die Einsetzung von Bischöfen antichristlich und satanisch nannte. Er wurde in Ketten gelegt und fünfzehn Wochen lang in einer ungeheizten Zelle «voller Ratten und Mäuse und dem Zutritt von Schnee und Regen offen» in Einzelhaft gefangengehalten, bis sein Haar ausfiel und seine Haut sich schälte. Hierauf wurde er an einen Pfahl gebunden und erhielt sechsunddreißig Schläge mit einem dicken Seil auf seinen nackten Rücken. Zwei Stunden lang mußte er im Novemberfrost und -schnee am Pranger stehen; dann brandmarkte man ihn im Gesicht, schlitzte ihm die Nase auf, schnitt ihm die Ohren ab und verurteilte ihn schließlich zu lebenslänglichem Kerker[20]. Im Jahre 1633 wurde Ludowyc Bowyer, der Laud beschuldigt hatte, im Herzen ein Katholik zu sein, zu einer Geldstrafe verurteilt, gebrandmarkt, verstümmelt und zu lebenslänglicher Haft verdammt[21]. William Prynne, ein puritanischer Feuerkopf, denunzierte in *News from Ipswich* (Nachrichten aus Ipswich, 1636) Lauds Bischöfe als Diener des Papstes und des Teufels und empfahl, sie aufzuhängen[22]. Er wurde auf beiden Wangen gebrandmarkt, die Ohren wurden ihm abgeschnitten, und er wurde eingekerkert, bis das Lange Parlament ihn befreite (1640)[23]. Eine Frau, die darauf bestand, den Samstag als Sabbat einzuhalten, wurde elf Jahre lang eingekerkert[24].

Lauds Hauptfeinde, die Puritaner, gingen darin mit ihm einig, daß Unduldsamkeit notwendig sei. Sie leiteten dies als eine vernünftige Schlußfolgerung aus dem göttlichen Ursprung des Christentums und der Heiligen Schrift ab. Jeder, der sich solch wohlbegründetem Glauben widersetzte, mußte ein Verbrecher oder ein Narr sein, und es galt, die Gesellschaft vor den zahlreichen Verirrungen zu beschützen, die sich aus seiner Lehre ergeben würden. Die Presbyterianer plädierten im Parlament für ein Gesetz (1648), das lebenslängliche Haft für alle jene vorsah, die weiterhin katholische, arminianische, baptistische oder Quäker-Doktrinen lehrten, und die Todesstrafe für alle, die die Lehre von der Dreifaltigkeit oder der Inkarnation leugneten. Cromwells Anhänger dagegen sicherten allen jenen Toleranz zu, welche die Fundamente des Christentums annahmen, wobei sie jedoch Katholiken, Unitarier und Dulder des Prälatentums ausschlossen[25].

Unter den Puritanern gab es so viele Parteien, daß eine allgemeine Definition kaum ausreicht, um sie alle zu erfassen. Die meisten unter ihnen traten für einen strengen Calvinismus, für individuelle politische Freiheit, für das Recht der Kongregationen, ihre eigenen Angelegenheiten ohne bischöfliche Überwachung zu erledigen, und für einen unzeremoniösen, von den Ablenkungen religiöser Kunst freien Gottesdienst ein. Sie waren mit den Presbyterianern in der Theologie einer Meinung, aber sie verwarfen das Presbyterium, weil es danach trachte, bischöfliche Gewalt auszuüben. Sie bestanden auf einer buchstäblichen Auslegung der Heiligen Schrift und bestritten den Anspruch der Vernunft, über offenbarte Wahrheit zu Gericht zu sitzen. Sie brachten dem Alten Testament ebensoviel Ehrfurcht entgegen wie dem Neuen, wandten die jüdische Idee des erwählten Volkes auf sich selber an und tauften ihre Kinder auf die Namen alttestamentlicher Patriarchen und Helden. An Gott dachten sie im Sinne eines unerbittlichen Jahwe und fügten die calvinistische Überzeugung hinzu, die meisten Menschen seien «Kinder des Zorns», schon vor ihrer Geburt durch die Willkür einer unbarmherzigen Gottheit dazu verdammt, auf ewig in der Hölle zu schmachten. Sie schrieben die Errettung der wenigen «Auserwählten» nicht guten Werken, sondern der göttlichen Gnade zu, die die Laune der Gottheit diesen zugestand. Ein Teil von ihnen vermeinte, mit Gott persönlich sprechen zu können; andere liefen aus lauter Angst vor den ihnen bevorstehenden ewigen Qualen jammernd durch die Straßen. Der Blitzstrahl Gottes schien immerzu über den Häuptern der Menschen zu hängen.

Unter solch selbstauferlegter Schreckensherrschaft verschwand das «fröhliche England» beinahe. Der Humanismus der Renaissance, der muntere Realismus der Elisabethaner wichen einem Gefühl der Sünde, einer Furcht vor göttlicher Rache, die fast alle Vergnügungen als Tücken des Satans und Herausforderungen Gottes ansahen. Die alten klösterlichen Ängste vor dem Fleischlichen kehrten in vielleicht noch größerem Ausmaß als je zuvor in der Geschichte zurück. Prynne erklärte alle Umarmungen für «unzüchtig», alle Paartänze für «geil»[26]. Die meisten Puritaner betrachteten Musik, bunte Glasfenster, religiöse Bilder, Chorhemden und gesalbte Priester als Hindernisse, die sich der unmittelbaren Zwiesprache mit Gott entgegenstellten. Mit frommem Fleiß studierten sie die Bibel und zitierten jedesmal, wenn sie den Mund aufmachten, Stellen aus der Bibel; einige Glaubenseiferer bestickten sogar ihre Kleider mit Texten aus der Heiligen Schrift. Die besonders Gottesfürchtigen schlossen ihre Rede mit einem «Wahrlich» oder «Ja, wahrlich», um die Aufrichtigkeit oder Wahrheit des Gesagten zu bezeugen. Gute Puritaner verboten die Anwendung von kosmetischen Mitteln und verpönten das Frisieren als Eitelkeit. Sie erwarben sich den Übernamen «Rundköpfe», weil sie ihr Haar dicht am Kopf abschnitten. Sie verschrien das Theater als skandalös (was den Tatsachen entsprach), die Bären- und Stierhetzen als barbarisch, die Sitten am Hofe als heidnisch. Sie mißbilligten Lustbarkeiten, das Läuten der Glocken, den Tanz um den Maibaum, das Zutrinken und das Kartenspielen. Am Sabbat waren jegliche Spiele verboten; dieser Tag sollte Gott gehören und nicht mehr den heidnischen Namen «Sonntag» tragen. Sie gerieten in Empörung – Milton mit ihnen –, als Karl I. und Laud, in Erneuerung eines Ediktes Jakobs I., im Jahre 1633 ein «Sportmanifest» herausgaben, das sonntägliche Spiele nach den Sonntagsandachten erlaubte. Die Puritaner dehnten ihren Sabbatarianismus – die Befürwortung streng eingehaltener Sonntage – auch auf Weihnachten aus. Sie beklagten die Art und Weise, in der die Geburt Christi mit Lustbarkeiten, Tänzen und Spielen gefeiert wurde; manchen Weihnachtsbräuchen schrieben sie mit Recht heidnischen Ursprung zu. Sie verlangten, Weihnachten solle zu einem feierlichen Fast- und Bußtag gemacht werden; und im Jahre 1644 setzten sie es beim Parlament durch, daß diese Forderung Gesetzeskraft erlangte.

Wie der Protestantismus der Predigt mehr Gewicht verliehen hatte als je zuvor der Katholizismus, so erweiterte der Puritanismus sie noch über den protestantischen Brauch hinaus. An vielen Herzen nagte der Hunger nach Predigten. Der Bürgermeister von Norwich übersiedelte nach London, um mehr predigen zu hören. Ein Schnittwarenhändler trat aus einer Kirchengemeinde aus, weil sie nur eine Predigt pro Sonntag vorsah. Besondere Prediger, von der Kirche angestellte Laien, wurden beauftragt, der Predigt, die der reguläre Geistliche hielt, weitere solche hinzuzufügen, um diesen Hunger zu stillen. Die meisten puritanischen Prediger nahmen ihr Amt sehr ernst. Sie erschreckten ihre Zuhörer durch Beschreibungen der Hölle; einige unter ihnen klagten Sünder öffentlich und namentlich an. Einer wies auf die Trunkenbolde in seiner Gemeinde hin und nannte, als er von Huren sprach, als Beispiel die Frau eines der bedeutendsten Gemeindemitglieder. Ein anderer sagte seinen Zuhörern, wenn Ehebruch, Fluchen, Betrügerei und Nichteinhalten des Sabbats einen Menschen in den Himmel brächten, dann würde die ganze Gemeinde errettet werden[27]. Die puritanischen Geistlichen erachteten es als ihre Pflicht, dem Volk über sein Verhalten, seine Kleidung, seine Studien und Belustigungen Vorschriften zu machen. Sie untersagten das Einhalten von Festtagen, die auf heidnische Bräuche zurückgingen oder durch die katholische Kirche eingeführt worden waren, und fügten so dem Jahr etwa fünfzig Arbeitstage hinzu[28]. Der Appell an das Pflichtgefühl durchdrang die ganze puritanische Ethik, und Hand in Hand mit ihm ging das unablässige Einschärfen eines sittlichen Verhaltens, das durch Eigenschaften wie Mut, Selbstvertrauen, Klugheit, Sparsamkeit und Fleiß gekennzeichnet wurde. Es war eine Ethik, die dem Mittelstand entsprach; sie brachte fleißige Arbeiter hervor und verlieh dem Geschäftemachen und dem Erwerb von Privateigentum religiöse Sanktion. Armut, nicht Wohlstand, war eine Sünde; sie offenbarte Mangel an persönlichem Charakter und an göttlicher Gnade[29].

Politisch trachteten die Puritaner nach einer demokratischen Theokratie, in der Sittlichkeit und religiöse Würde unter den Menschen walten und kein Herrscher außer Christus und kein Gesetz außer Gottes Wort gelten sollte. Sie entrüsteten sich über die hohen Steuern, womit die anglikanische Kirche unterstützt wurde; die puritanischen Geschäftsleute fühlten sich durch diese kostspielige und überhebliche Institution geschröpft. Der «ganze handeltreibende Teil einer Nation», sagte ein Pamphletist, «wird von diesem Prälatenschlund verschlungen»[30]. Die Puritaner bejahten den Reichtum, verachteten aber den hohlen Luxus des Adels. Sie führten die Moral *ad absurdum*, so wie spätere Zeiten es mit der Freiheit taten. Aber vielleicht war ihr unmenschlicher Kodex ein notwendiges Gegenmittel gegen die lockeren Sitten des elisabethanischen England. Sie brachten einige der stärksten Charaktere der Geschichte hervor, Cromwell und Milton sowie die Männer, welche die amerikanische Wildnis bezwangen. Sie bewahrten und überlieferten uns das parlamentarische Regierungssystem und die Einrichtung der Schwurgerichte. Ihnen schuldet England zum Teil die zuverlässige Nüchternheit des britischen Charakters, die Beständigkeit der britischen Familie und die Integrität seines öffentlichen Lebens. Nichts ist nutzlos.

III. DIE PURITANER UND DAS THEATER

Einen ersten Sieg errangen die Puritaner in ihrem Krieg gegen das Theater. Alles, was sie kennzeichnete – ihre Theologie der «Erwählten» und der «Verworfenen», ihre strenge Moral, ihr feierliches Gehabe und ihre biblische Redeweise –, war auf der Bühne in dreister und unverzeihlicher Verzerrung lächerlich gemacht worden. Im Jahre 1629 kam es zu einem Skandal, als eine französische Schauspielerin es wagte, an Stelle eines Jungen in einem Schauspiel im Blackfriars-Theater eine weibliche Rolle zu spielen. Sie wurde mit Äpfeln und faulen Eiern beworfen.

Die neuen Stückeschreiber hätten die puritanische Partei eigentlich besänftigen müssen, denn obwohl sie es nicht unter ihrer Würde hielten, das Parterre mit gelegentlichen Schlüpfrigkeiten zu gewinnen, waren sie doch im großen und ganzen Leute, die auf sich hielten. Philip Massingers *A New Way to Pay Old Debts* (Eine neue Art, alte Schulden zu bezahlen, 1625), verspottete nicht spröde Tugend, sondern monopolistische Habgier; es steckte keine hochfliegende Poesie darin, auch kein sprühender Geist und keine beschwingte Bildersprache, aber der gewissenlose Wucherer wurde am Schluß der Gerechtigkeit überantwortet, und in den ganzen fünf Akten kam keine Hure vor. John Ford angelte nach Zuhörern, indem er ein Stück *'Tis Pity She's a Whore* (Schade, daß sie eine Hure ist) nannte; aber davon abgesehen erreichte dieses Stück, zusammen mit einem weiteren, *The Broken Heart* (Das gebrochene Herz, beide 1633), eine ansprechende Höhe, und beide würden sich noch heute auf der Bühne behaupten, wenn die moderne Zuhörerschaft die Vernichtungsorgien ihrer Schlußszenen verdauen könnte.

Die Puritaner fuhren mit dem gröbsten Geschütz gegen das Theater auf, als ihr furchtlosester Vorkämpfer, William Prynne, seinen *Histriomastix, the Player's Scourge* (Die Schauspielergeißel, 1632) in Druck gab. Prynne war Rechtsgelehrter und erhob keinen Anspruch auf Unparteilichkeit. Er präsentierte ein tausendseitiges Breve für den Kläger. Durch Zitate aus der Bibel, aus den Kirchenvätern und sogar aus den heidnischen Philosophen bewies er, daß das Drama vom Satan erfunden worden sei und als eine Form der Teufelsverehrung begonnen habe. Die meisten Schauspiele seien gotteslästerlich und obszön, voll sündlicher Umarmungen, loser Gebärden, wollusterregender Musik, unzüchtigen Singens und Tanzens; jeder Tanz sei vom Teufel, und jeder Tanzschritt ein Schritt auf dem Weg zur Hölle. Die meisten Schauspieler seien verweltlichte und gottlose Verbrecher. «Die Kirche Gottes, nicht das Schauspielhaus, ist die einzige schickliche Schule; die Heilige Schrift, Predigten und andächtige und fromme Bücher ... sind die einzige Lektüre», welche sich für Christen schickt. Und wenn sie Zerstreuung brauchen,

«dann haben sie all die Ausblicke auf Sonne, Mond, Planeten, Sterne, samt all der unendlichen Verschiedenartigkeit der Geschöpfe, um ihre Augen zu erfreuen. Sie haben den Gesang aller Vögel ..., um ihre Ohren zu ergötzen; den unvergleichlichen, zart duftenden Geruch und das Aroma all der Gräser, Blumen und Früchte, um ihre Nasen zu erfrischen; den würzigen Geschmack aller eßbaren Geschöpfe ..., die Freuden, welche Obstgärten, Flüsse, Gärten, Teiche, Wälder ... ihnen bieten können; den Trost der Freunde, der Verwandten, der Gatten und Gattinnen, Kinder, Besitztümer, des Wohlstandes und all der anderen äußerlichen Segnungen, die Gott ihnen verliehen hat.»[31]

Prynnes Pamphlet war gelehrt und redegewandt, aber es nannte alle Schauspielerinnen Huren, und dabei hatte die Königin soeben ein paar Schauspielerinnen aus Frankreich mitgebracht und probte selber eine Rolle in einem höfischen Maskenspiel. Henrietta Maria fühlte sich beleidigt, und Laud klagte Prynne wegen Verleumdung und Unruhestiftung an. Der Autor machte geltend, er habe nicht die Absicht gehabt, die Königin zu beschimpfen, und bat für die Maßlosigkeit seines Angriffs um Entschuldigung. Nichtsdestoweniger wurde er mit einer Strenge, an die die Puritaner noch lange dachten, von der Ausübung seines Richterberufes ausgeschlossen, mit der astronomisch hohen Buße von 5000 Pfund belegt und zu lebenslänglichem Kerker verurteilt. Auch wurde er an den Pranger gestellt, und es wurden ihm beide Ohren abgeschnitten[32]. Vom Gefängnis aus veröffentlichte er die *News from Ipswich* (Nachrichten aus Ipswich, 1636), in denen er die anglikanischen Prälaten als vom Teufel besessene Verräter und heißhungrige Wölfe anprangerte und empfahl, die Bischöfe aufzuhängen. Er wurde nochmals an den Pranger gestellt, und die Stümpfe seiner Ohren wurden ihm abgeschoren. Er blieb im Kerker, bis das Lange Parlament ihn 1640 befreite.

Im Jahre 1642 befahl das Parlament die Schließung aller Theater in England. Dies war zuerst eine Kriegsmaßnahme, die offenbar auf «diese unglücklichen Zeiten» beschränkt sein sollte, aber sie blieb bis 1656 in Kraft. Die lange Geschichte des elisabethanischen Dramas fand damit ein Ende, und zwar mitten in einem Drama, das größer war als jedes, das auf englischen Bühnen je gespielt worden war.

IV. KAROLINISCHE PROSA

Es gab mindestens zwei Männer in England, die von dem gärenden Zeitgeschehen Abstand halten und es in Ruhe überblicken konnten. John Selden war so gelehrt, daß man von ihm sagte: *Quod Seldenus nescit, nemo scit* (Was Selden nicht weiß, weiß niemand). Als Geschichtsforscher sammelte er Staatsurkunden des vornormannischen England und trug ein maßgebliches Kompendium *Titles of Honor* (Ehrentitel, 1614) zusammen. Als Orientalist errang er europäischen Ruf mit einer Studie über Vielgötterei, *De diis Syris* (1617). Als Jurist erläuterte er das rabbinische Gesetz und schrieb eine *History of Tythes* (Geschichte des Zehnten), worin er die Behauptung vom göttlichen Ursprung des Zehnten widerlegte. Als Parlamentsmitglied gehörte er zu jenen, die Buckingham und Laud anklagten und die *Petition of Right* entwarfen. Zweimal wurde er eingekerkert. Er wohnte der Synode von Westminster als Laienabgeordneter bei, um «wilde Esel kämpfen zu sehen», und plädierte für Mäßigung in religiösen Disputen. Nach seinem Tode wurde sein *Table Talk* (Tischgespräch), das sein Sekretär schriftlich aufgezeichnet hatte, zu einem englischen Klassiker. Hier eine Probe daraus:

«Es ist müßig, von einem Ketzer zu reden. Denn ein Mensch kann nicht anders denken, als er eben denkt. In frühesten Zeiten gab es viele Meinungen. Eine von diesen wurde von irgendeinem Fürsten angenommen ..., die übrigen wurden als Ketzereien verdammt ... Kein Mensch ist weiser, weil er viel gelernt hat. Wissen mag ihm Material liefern, mit dem er arbeiten kann ..., aber Verstand und Weisheit werden mit einem Menschen geboren ... Weise Menschen sagen in gefährlichen Zeiten nichts. Der Löwe ... rief das Schaf zu sich und fragte es, ob sein Atem rieche, es sagte: Ja; da biß er ihm den Kopf ab, denn es war ein Narr. Er rief den Wolf und fragte ihn, er sagte: Nein; da zerriß er ihn in Stücke, denn er war ein Schmeichler. Zuletzt rief er den Fuchs und fragte ihn. O je (sagte der Fuchs), er habe sich erkältet und könne nichts riechen.»[33]

Sir Thomas Browne war ein solcher Fuchs. 1605 in London geboren, in Winchester, Oxford, Montpellier, Padua und Leiden ausgebildet, wobei er jede Gelegenheit wahrnahm, seine Kenntnisse in den Wissenschaften, besonders der Geschichte, und den Künsten zu erweitern, mußte er sich schließlich mit einer Arztpraxis in Norwich zufrieden geben. Er sublimierte seine Harnuntersuchungen, indem er seine Ideen in *De omnibus rebus et quibusdam aliis* (Von allen Dingen und ein paar weiteren) niederschrieb und in *Religio medici* (1624), einem der Marksteine der englischen Prosa, redegewandt seine theologischen Ansichten verbarg. Hier haben wir einen britischen Montaigne, ebenso wunderlich und phantasievoll, ebenso beweglich und vielseitig; und vielleicht hat er auch tatsächlich bei Montaigne einige freundschaftliche Anleihen gemacht[34]. Seinen Skeptizismus ordnete er dem geltenden Glauben unter, aber während er den frommen Mann spielte, hielt er sich heimlich doch an die Vernunft. Jedenfalls aber liebte er die Kunst und Musik der Worte, schwelgte in klassischen Anspielungen und Ableitungen, und guter Stil war ihm ein «Antisepticum gegen den Zerfall».

Seine Bildung machte ihn anfällig für Zweifel. In seinem längsten Werk, *Pseudodoxia epidemica* (1646), widerlegte und züchtigte er Hunderte von «epidemischen falschen Meinungen» in Europa: daß ein Karfunkel im Dunkeln leuchte, daß ein Elefant keine Gelenke habe, daß der Phönix aus seiner eigenen Asche wieder auferstehe, daß der Salamander im Feuer leben könne, daß das Einhorn ein Horn habe, daß Schwäne sängen, ehe sie sterben, daß die verbotene Frucht ein Apfel gewesen sei, daß «die Kröte, wenn sie pißt, ihr Gift verspritzt»[35]. Aber wie jeder Bilderstürmer hatte er doch auch seine Bilder. Er glaubte an Engel und Dämonen, an Handlesekunst und Hexen[36]. Im Jahre 1664 beteiligte er sich an der Verurteilung zweier Frauen als Hexen, die bald darauf gehängt wurden, obwohl sie ihre Unschuld beteuerten[37].

Er hatte keine Neigung für das weibliche Geschlecht und fand alles, was mit Sexualität zusammenhing, lächerlich:

«Ich war nie verheiratet und lobe die Standhaftigkeit derer, die sich nicht zweimal verheiraten ... Ich wäre zufrieden, wenn wir uns wie Bäume fortpflanzen könnten, ohne Beischlaf, oder wenn es einen Weg gäbe, die Welt zu erhalten ohne diesen trivialen und vulgären Weg der Einswerdung. Es ist die närrischste Tat, die ein weiser Mann in seinem ganzen Leben begeht. Und es gibt nichts, das seine ernüchterte Phantasie mehr betrübt, als wenn er darüber nachdenkt, was für eine sonderbare und verächtliche Narrheit er begangen hat.»[38]

In seiner *Religio* gibt er sich sehr christlich:

«Was meine Religion betrifft, so beanspruche ich, obwohl verschiedene Umstände die Welt überzeugen möchten, daß ich keine habe (wie zum Beispiel die allgemeine Verrufenheit meines Berufes, der natürliche Verlauf meiner Studien, die Unparteilichkeit meines Verhaltens und meiner Reden in Glaubensfragen, wobei ich weder eine einzelne heftig verteidige noch mich einer anderen mit dem üblichen Eifer und der üblichen Beweisführung entgegensetze), trotz alledem doch ohne Anmaßung den ehrlichen Ruf eines Christen. Nicht daß ich diese Bezeichnung nur dem Taufstein verdanke, oder meiner Bildung oder dem Klima, in dem ich geboren wurde ..., sondern weil ich in meinen reiferen Jahren und mit meinem gefestigten Urteil alles gesehen und geprüft habe.»[39]

Er fühlt, daß die Wunder der Schöpfung und die Ordnung der Welt einen göttlichen Geist offenbaren. «Die Natur ist die Kunst Gottes.»[40] Er gesteht, daß er einige ketzerische Gedanken gehegt habe, und angesichts des biblischen Schöpfungsberichtes gerät er in erhebliche Zweifel[41]. Aber nun sieht er die Notwendigkeit einer festgegründeten Religion ein, die dem wandernden und sich wundernden Menschen als Führer dienen soll. Und er bedauert die Verblendung der Ketzer, die die soziale Ordnung mit ihrem wütenden Unfehlbarkeitsanspruch aufrühren[42]. Puritaner waren nicht nach seinem Geschmack; während des Bürgerkrieges blieb er dem ersten Karl in aller Stille treu und erhielt vom zweiten für seine Ergebenheit den Ritterschlag.

In seinen späteren Jahren wurde er durch die Auffindung einiger alter Gräberurnen in Norfolk zu Meditationen über den Tod veranlaßt und zeichnete seine Gedanken in einem lose gefügten Meisterwerk englischer Prosa auf: *Hydriotaphia, Urne-Buriall* (Urnenbestattung, 1658). Er empfiehlt die Kremation als die klügste Methode, die Welt von uns selbst zu befreien. «Leben ist eine reine Flamme, und wir leben kraft einer unsichtbaren Sonne in uns.» Aber wir verflackern mit schmählicher Hast; «Menschengeschlechter gehen vorüber, indes Bäume währen, und alte Familien dauern nicht so lange wie drei Eichen»[43]. Die Welt selbst nähert sich wahrscheinlich ihrem Ende «in dieser niedergehenden Zeit». Wir brauchen die Hoffnung auf Unsterblichkeit, um uns gegen diese Kürze zu rüsten. Die Gewißheit ewigen Lebens bedeutet eine kostbare Stütze; aber es ist ein Jammer, daß wir durch Schreckbilder der Hölle zur Wohlanständigkeit gebracht werden müssen[44]. Der Himmel ist kein «empyreisches Vakuum», sondern liegt «mitten im Umkreis dieser wahrnehmbaren Welt», in einem Zustand geistiger Zufriedenheit und inneren Friedens. Dann wendet sich Browne vom Abgrund der Ketzerei hinweg und beendet seine *Religio* mit einem demütigen Gebet an Gott:

«Segne mich in diesem Leben nur mit dem Frieden meines Gewissens, der Herrschaft über meine Gefühle, der Liebe zu Dir und meinen teuersten Freunden, und ich werde glücklich genug sein, um selbst Cäsar zu bemitleiden. Dies sind, o Herr, die demütigen Wünsche meines bescheidenen Ehrgeizes, und alles, was ich auf Erden Glückseligkeit zu nennen wage. Darin setze ich Deiner Hand oder Vorsehung nicht Regel noch Grenze. Lenke mich nach der Weisheit Deines Willens. Dein Wille geschehe, wenn ich dabei auch verderbe.»[45]

V. KAROLINISCHE DICHTUNG

Mittlerweile unterhielt ein Trupp kleinerer Barden – von denen jeder irgend jemandes Lieblingsdichter ist – die Müßigen mit Liebesgedichten und melodischer Frömmigkeit. Und weil der König sie liebte und sie seiner Sache durch alle Wechselfälle seines Geschicks hindurch ihre Leier liehen, kennt die Geschichte sie als die Kavalierlyriker. Robert Herrick ging bei Ben Jonson in die Lehre und glaubte eine Zeitlang, ein Becher Wein vermöge ein Gedichtbuch hervorzubringen. Obgleich er sich dem geistlichen Amt zuzuwenden gedachte, brachte er ganze Stunden beim Bechern zu; daneben genoß er Unterricht in der Liebe, verschwor sich, stets einer Buhlerin vor einer Ehefrau den Vorzug zu geben[46], und ermahnte die Jungfrauen, «Rosen zu pflücken», solange sie blühten. Seine «Corinna» empfing weiteren Ansporn:

Steh auf, steh auf! Das blühende Morgenrot,
auf seinen Schwingen bringt es uns den Gott.
  Sieh, wie Aurora wirft voll Duft
  die frischen Farben durch die Luft.
  Steh auf, Langschläferin, und sieh
  wie Gras und Baum im Tau gedieh ...
Komm, laß uns gehn, solang uns Blüten reifen,
und laß arglose Torheit uns ergreifen!
  Bald wird man alt und stirbt am End,
  bevor die Freiheit man erkennt ...
Solang es Zeit ist – weil wir sterben müssen –,
Komm, laß, Corinna, uns den Mai genießen.[47]

So singt er in vielen der übermütigen Gedichte, die er 1648 in der Sammlung *Hesperides* veröffentlichte und die selbst in unseren liederlichen Tagen der Streichungen bedürfen, damit Herr Jedermann keinen Anstoß nehme. Aber man muß auch essen, und so verließ Herrick sein geliebtes London (1629) und machte sich auf – wobei er seinen Catull mit sich nahm –, in einem bescheidenen Pfarrhaus im weit entfernten Devonshire als Pfarrer zu amten. Bald begann er *Noble Numbers, or Pious Pieces* (Edle Verse, oder fromme Gedichte) zu schreiben, als erstes ein Gebet um Vergebung:

All meine ungetauften Verse, die
Urkunde, die in wilder Zeit gedieh,
all meiner Sätze, Klauseln, Wörter Spott,
die nicht von dir durchsetzt sind, o mein Gott,
vergib mir, Herr, zu tilgen sei bereit
aus meinem Buche, was nicht Dir geweiht.[48]

Im Jahre 1647 nahmen ihm die Puritaner seine Pfründe weg. Er hungerte sich redlich durch die herben Tage der Republik, wurde später von der Restauration wieder in seine Pfarrei eingesetzt und starb dort im Alter von vierundachtzig Jahren, nachdem Corinna längst seinem Gedächtnis entschwunden war.

Thomas Carew lebte nicht so lange, aber auch er fand Zeit für Liebschaften. Trunken vom unsagbaren Reiz der Frauen, besang er sie so hingerissen (*A Rapture,* Ein

Taumel) und, unter souveräner Verachtung der Keuschheit, dermaßen ins einzelne gehend, daß andere Dichter ihn wegen seiner ausschweifenden Genauigkeit tadelten. Die Puritaner konnten es Karl I. nicht verzeihen, daß er ihn zum Mitglied des Geheimen Kabinetts gemacht hatte, aber vielleicht entschuldigte der König den Gegenstand um der Form willen. Diese karolinischen Dichter haben die ganze gallische Finesse eines Ronsard und der Plejade übernommen, um mit zarter Kunst die Unzartheiten der Begierde zu verbrämen.

Sir John Suckling drängte viel Erleben in seine dreiunddreißig Jahre. 1609 geboren, erbte er mit achtzehn ein großes Vermögen, machte eine Europareise, wurde von Karl I. zum Ritter geschlagen, focht unter Gustav Adolf im Dreißigjährigen Krieg, kehrte nach England zurück (1632) und wurde dank seines guten Aussehens, seiner geistigen Fähigkeiten und seines freigebig ausgeteilten Reichtums ein Günstling des Hofes. Er war, sagt Aubrey, «der größte Galan seiner Zeit und der größte Kugel- und Kartenspieler ... Seine Schwestern kamen oft zum Kugelspielplatz und weinten aus Furcht, er würde ihr ganzes Erbe verspielen.»[49] Er war auch der Erfinder des *Cribbage*, eines Kartenspiels. Er heiratete nie, unterhielt aber «eine große Anzahl Damen von Rang». Bei einer Gesellschaft verehrte er den Damen als «Nachspeise» Seidenstrümpfe, was damals ein großer Luxus war[50]. Sein Schauspiel *Aglaura* wurde in einer verschwenderisch ausgestatteten Inszenierung, deren Kosten er aus seiner Börse bezahlte, aufgeführt. Er rüstete eigene Truppen aus, um für den König zu kämpfen, und riskierte sein Leben bei einem Versuch, den Minister des Königs, Sir Thomas Wentworth, Earl of Stafford, aus dem Tower zu befreien. Als das Unternehmen mißlang, floh er auf den Kontinent und nahm, seines Vermögens beraubt, Gift und starb.

Richard Lovelace diente dem König ebenfalls im Krieg und mit Versen, und auch er war reich und schön. «Die liebenswerteste und schönste Person, die je ein Auge erblickte»[51]: so sah ihn Anthony à Wood in Oxford. Im Jahre 1642 stand er an der Spitze einer Delegation aus Kent, die mit einem Gesuch um Wiedereinführung der anglikanischen Liturgie an das Lange Parlament (das vorübergehend presbyterianisch war) gelangte. Wegen dieser Verwegenheit wurde er sieben Wochen lang eingesperrt. Seine Althea kam, um ihn zu trösten, und er machte sie mit einem Gedicht unsterblich:

Wenn Lieb' mit unbeschränktem Flug
  in meine Tore dringt,
die göttliche Althea klug
  beim Herd zum Flüstern bringt;
wenn ich mich in ihr Haar verirrt,
  in ihrer Augen Licht –
der Vogel, der die Luft durchschwirrt,
  kennt solche Freiheit nicht ...

Steinmauer macht nicht das Gelaß
  noch Gitter das Geheg,
arglose Seelen meinen, daß
  hier eine Klause läg;

Oliver Cromwell (1599–1658) war der Führer der Republikaner gegen den Absolutismus Karls I., er war der Begründer des Commonwealth of Nations (hier von William Faithorne, 1616–1691, allegorisch dargestellt) als «Lord-Protektor». ▶

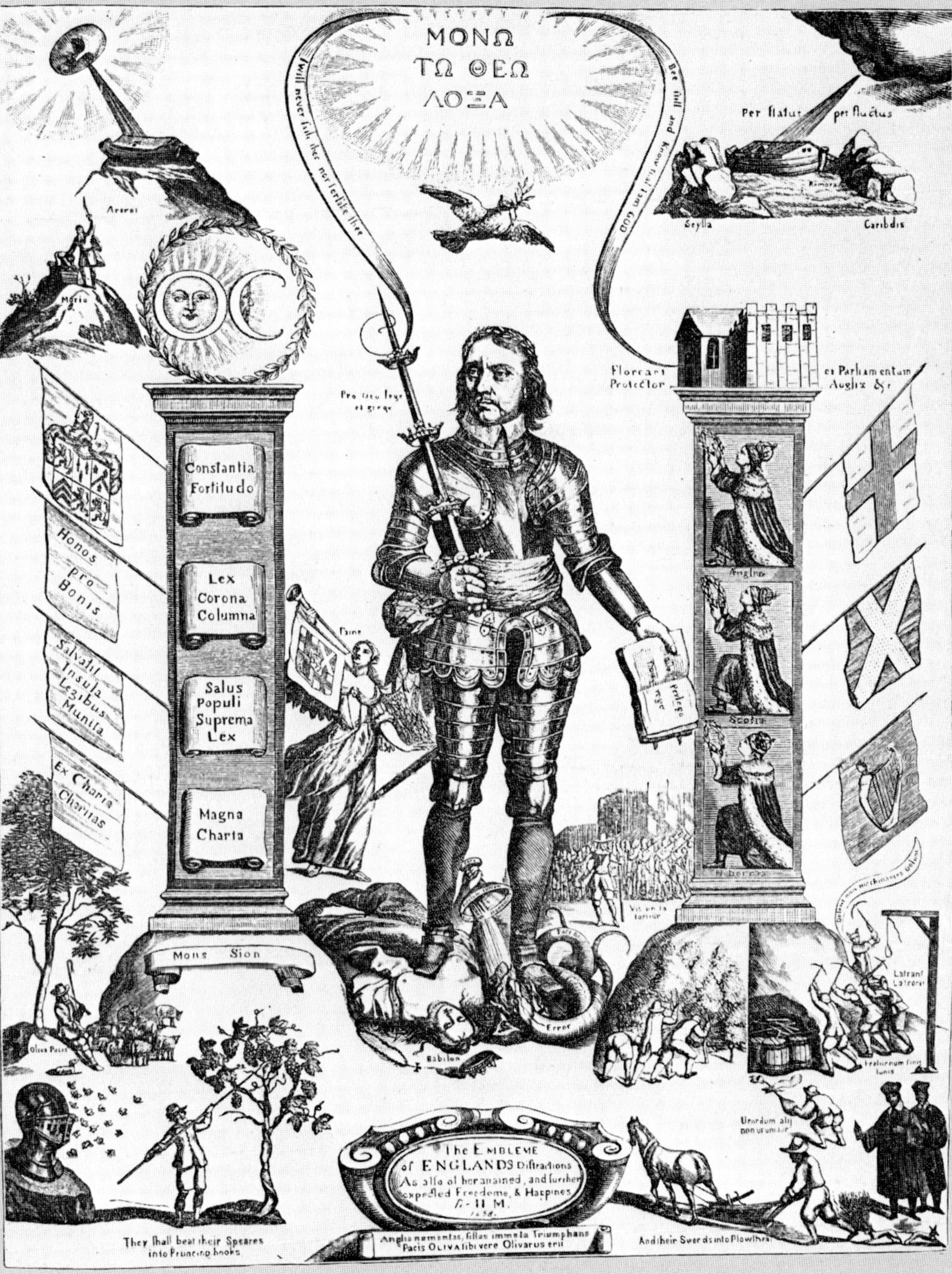
ΜΟΝΩ
ΤΩ ΘΕΩ
ΔΟΞΑ
I will never faile thee nor forsake thee
Bee still and know that I am GOD
Per flatus per fluctus
Remora
Scylla
Caribdis
Ararat
Floreat Protector
et Parliamentum Angliæ &c
Constantia Fortitudo
Lex Corona Columna
Salus Populi Suprema Lex
Magna Charta
Honos pro Bonis
Ex Charta Charitas
Mons Sion
Fame
Anglia
Scotia
Hibernia
Latrant Latrones
Error
Babilon
The EMBLEME of ENGLANDS Distractions As also of her attained, and further expected Freedome, & Happines
They shall beat their Speares into Pruning hooks
And their Swords into Plowshares
Pacis OLIVA tibi vere Olivarus erit

wenn Freiheit in der Liebe lebt
wenn frei im Herzen ich –
ein Engel nur, der droben schwebt,
freut solcher Freiheit sich.[52]

Als er 1645 nochmals in den Krieg zog, bat er seine Verlobte, Lucy Sacheverell, in *To Lucasta, Going to the Wars* (An Lucasta, als ich in den Krieg zog) mit den Worten um Verzeihung:

Nenn nicht mich lieblos, Süße, du,
weil aus des Klosters Heil,
von keuscher Brust und sanfter Ruh
zu Krieg und Schwert ich eil ...

Denn dieser Wankelmut so roh
ist wert auch deiner Ehr;
ich könnt dich, Lieb, nicht lieben so,
liebt' ich die Ehr' nicht mehr.[53]

Auf einen falschen Bericht von seinem Tod in der Schlacht hin heiratete Lucasta (die keusche Lucy) einen anderen Freier. Lovelace, der in der Sache des Königs sowohl seine Geliebte als auch sein Vermögen verloren hatte, sah sich gezwungen, von der Mildtätigkeit seiner Freunde zu leben, die für seinen Unterhalt aufkamen; und er, der Gewänder aus Silber und Gold getragen hatte, kleidete sich nun in Fetzen und wohnte in einer elenden Hütte. Im Jahre 1658 starb er, vierzig Jahre alt, an der Schwindsucht.

Die Kunst des Weiterlebens hätte er von Edmund Waller lernen können, der es fertigbrachte, sechzig Jahre lang auf beiden Seiten des großen Aufstandes aktiv zu sein; er wurde der populärste Dichter seiner Zeit, überlebte Milton und starb mit einundachtzig Jahren in seinem Bett (1687). Als Sechzehnjähriger zog er ins Parlament ein, wurde mit dreiundzwanzig verrückt, genas, heiratete mit fünfundzwanzig eine reiche Londoner Erbin, begrub sie drei Jahre später und machte bald darauf «Sacharlssa» (Lady Dorothea Sidney) mit einer neuen Variante eines alten Themas den Hof:

Geh, Rose, denn!
Sag ihr, wie rasch die Zeit verstreich',
daß sie erkenn,
wenn ich sie nun mit dir vergleich,
wie süß sie schein', an Schonheit reich.

Sag ihr – die glüht,
und nicht will, daß man sie erspäht –
wärst du erblüht
in Wüsten, wo kein Mensch mehr geht,
wärst du gestorben, windverweht ...

Dann stirb! daß ihr
das Los all des, das ausersehn,
kund werd in dir:
wie seltne Wesen bald vergehn,
und sind so herrlich süß und schön!

◀ *Der Flame Anton van Dyck (1599–1641), gefeierter Hofmaler des englischen Königshauses ab 1632, malte dieses Bildnis König Karls I., der sich gegen das Parlament stellte, England entzweite und schließlich 1649 hingerichtet wurde.*

Ein anderer, kaum geringerer Dichter taucht in dieser Zeitspanne auf. Richard Crashaw brannte mehr in religiöser Glut als in sinnlichem Feuer. Sein Vater, ein anglikanischer Geistlicher, schrieb antikatholische Traktate und suchte das Herz seines Sohnes gegen die Papisterei einzunehmen; mit dem Erfolg, daß Richard sich zum Katholizismus bekehrte. Da er für den König eintrat, wurde er aus Cambridge ausgewiesen (1644) und floh nach Paris, wo er sich mit frommen Visionen über seine Armut hinwegtröstete. Die spanischen Mystiker wurden für ihn zu einer Offenbarung religiöser Inbrunst und Hingabe. Im Anblick eines Gemäldes, das die heilige Teresa darstellte, beneidete er sie um den Pfeil Christi, der sie durchbohrte, und flehte sie an, ihn als ihren selbstlosen Jünger anzunehmen:

Bei dieses letzten Kusses Königtum,
der deine Seel' IHM gab zum Eigentum;
bei allen Himmeln, die du hast in IHM
(du schöne Schwester aller Seraphim);
bei allem, was von IHM in dir,
laß nichts, was mein war, mehr in mir.
Laß mich dein Leben lesen, bis
mein ganzes Leben mich verließ.

Dieses und andere Gedichte gab er der Welt in *Steps to the Temple* (Stufen zum Tempel, 1646), einer widerspruchsvollen Mischung frommer Ekstase und poetischer Spielerei. In ihm und einem ähnlichen, aber späteren Dichter, Henry Vaughan, werden wir gewahr, daß nicht ganz England in jenen wirren Tagen in Puritaner und Königstreue aufgeteilt war, sondern daß inmitten der Raserei der Poeten und Theologen einige Geister die religiöse Erfüllung weder in prunkvollen Kirchen und pompösen Zeremonien noch auch in schreckensvollen Dogmen oder dem stolzen Gefühl des Erwähltseins fanden, sondern in der kindlichen, vertrauensvollen Zwiesprache der verwirrten und hingebungsvollen Seele mit einem menschlichen und verzeihenden Gott.

VI. KARL I. GEGEN DAS PARLAMENT: 1625–1629

Und dieser tragische König nun, um dessentwillen sich ganz England entzweite – was für eine Art Mensch und Monarch war er? Bevor der Sturm die Milch der frommen Denkungsart in ihm sauer werden ließ, war er ein ziemlich gutgearteter Mann, ein liebender Sohn, ein ungewöhnlich treuer Gatte, ein loyaler Freund, ein Vater, der von seinen Kindern vergöttert wurde. Den Lebenskampf hatte er mit dem Kampf gegen eine angeborene Schwäche begonnen: Er konnte bis zu seinem siebenten Jahr nicht gehen. Er überwand dieses Gebrechen, indem er mit Entschlossenheit und Ausdauer kräftigende körperliche Übungen betrieb, bis er es schließlich im Reiten und Jagen mit den Besten aufnehmen konnte. Er litt auch an einem Sprachfehler; bis er zehn Jahre alt war, konnte er kaum verständlich sprechen, so daß sein Vater erwog, an des Knaben Zunge eine Operation vornehmen zu lassen. Nach und nach besserte sich Karls Sprechvermögen, aber bis an sein Lebensende stotterte er und mußte dieser Schwierigkeit dadurch entgegenwirken, daß er langsam sprach[54]. Als sein Bruder Heinrich, der beim Volk beliebt gewesen war, starb und ihn als rechtmäßigen Thronerben zurückließ, wurde Karl der Mitschuld an Heinrichs Tode verdächtigt. Die Anschuldigung geschah zu Unrecht, aber sie trug mit zu der Gemütsverdüsterung des Prinzen bei. Er zog eine gelehrtenhafte Einsamkeit der trinkfreudigen Munterkeit am Hofe seines Vaters vor. Er war bewandert in Mathematik, Musik und Theologie, eignete sich etwas Griechisch und Latein an, sprach Französisch, Italienisch und ein wenig Spanisch. Er liebte die Kunst, pflegte und erweiterte die Sammlung, die sein Bruder hinterlassen hatte, und entwickelte sich zu einem kundigen Sammler und freigebigen Gönner von Malern, Dichtern und Musikern. Er lud den italienischen Maler Orazio Gentileschi an seinen Hof ein, ferner Rubens, van Dyck und Frans Hals; dieser schlug die Einladung aus, und Rubens kam hauptsächlich in seiner Eigenschaft als Gesandter. Aber die ganze Welt kennt Karl als den stolzen und schönen König mit dem van Dyck-Bart, wie der Künstler ihn öfters gemalt hat. William Dobson, ein Schüler van Dycks, führte die Idealisierung der königlichen Familie weiter.

Karls Abstammung und Heirat trugen zu seinem Verderben bei. Er erbte seines Vaters Vorstellung vom absoluten königlichen Hoheitsrecht, das die Macht für sich in Anspruch nahm, Gesetze sowohl zu erlassen als auch zu vollstrecken, ohne ein Parlament zu regieren und sich über Erlasse des Parlaments hinwegzusetzen. Dieser Standpunkt schien durch Präzedenzfälle gerechtfertigt und wurde in Frankreich und Spanien als selbstverständlich hingenommen. Karl wurde von Buckingham, dem Hof und der Königin dazu ermutigt. Henrietta Maria war am französischen Hof erzogen worden, und zwar gerade in den Tagen, da Richelieu ihren Bruder, Ludwig XIII., zum absoluten Herrscher über alle außer Richelieu machte. Sie war als erklärte Katholikin nach England gekommen, hatte in ihrem Gefolge Priester mitgeführt, und ihr Glaube war durch die Behinderungen, unter denen sie ihn in England leiden sah, noch gestärkt worden. Sie besaß allen Reiz der Schönheit, der Lebensfreude und des Geistes sowie den Spürsinn der Mediceer für Politik. Es war unvermeidlich, daß sie ihren Gatten, der ihr sehr ergeben war, dazu drängte, das Los der englischen Katholiken zu erleichtern. Zweifellos träumte sie davon, den König selbst zu bekehren. Sie schenkte ihm sechs Kinder, und es muß ihn manchen Kampf gekostet haben, ihrem Wunsch zu widerstehen, sie als Katholiken zu erziehen. Aber er hatte eine aufrichtige Zuneigung zur anglikanischen Kirche entwickelt und erkannte, daß sein England vorwiegend protestantisch war und der Aussicht auf Rekatholisierung feindlich gegenüberstand.

Karls erstes Parlament trat am 18. Juni 1625 zusammen. Einhundert Lords – Pairs und Bischöfe – saßen im Oberhaus; fünfhundert Gemeine, drei Viertel davon Puritaner[55], hatten sich auf Grund verschiedener finanzieller oder politischer Manöver ins Unterhaus wählen lassen[56]. Von einer wahren Volksvertretung konnte keine Rede sein. Wahrscheinlich war das Fähigkeitsniveau in diesem Parlament höher, als eine allgemeine Wahl es ergeben hätte; es saßen darin Coke, Selden, Pym, Sir John Eliot, Sir Thomas Wentworth und andere, die dazu bestimmt waren, in die Geschichte einzugehen. Das Gesamtvermögen der Gemeinen überstieg dasjenige der Lords um das

Dreifache[57]. Das Unterhaus zeigte sein Ungestüm, als es die rücksichtslose Anwendung der antikatholischen Gesetze forderte. Der König verlangte Zuschüsse für Regierungsausgaben und den Krieg mit Spanien. Das Parlament bewilligte ihm 140000 Pfund, was mit Absicht zu wenig war; die Flotte allein verschlang zweimal diese Summe. Zwei Jahrhunderte lang war den englischen Monarchen während der Dauer ihrer Regierungszeit das Recht zuerkannt worden, Export- und Importabgaben zu erheben, gewöhnlich zwei bis drei Schilling pro Tonne (ein großes Faß) und sechs bis zwölf Pfennig pro Pfund. Jetzt räumte die «Tonnen- und Pfundgeld»-Bill des Parlaments Karl dieses Recht nur auf ein Jahr ein. Die Bill machte geltend, daß unter Jakob ein großer Teil der bewilligten Summen für die Extravaganzen seiner Hofhaltung verschwendet worden sei. Ferner erhob sie Beschwerde darüber, daß ohne parlamentarische Zustimmung Steuern erhoben worden seien; künftig sollte auf einer jährlichen Einberufung des Parlaments und einer jährlichen Prüfung der Regierungsausgaben durch das Parlament bestanden werden. Karl nahm diese Sparmaßnahmen und Forderungen mit Unwillen zur Kenntnis, und als in London die Pest ausbrach, benützte er die Seuche als Vorwand zur Auflösung des Parlaments (12. August 1625).

Die Regierung lag nun in den Händen Buckinghams. Karl hatte den liebenswürdigen, leichtsinnigen Herzog nicht bloß von seinem Vater geerbt; er war mit ihm zusammen erzogen worden, mit ihm gereist, und die freundschaftliche Zuneigung, die daraus entstanden war, machte es dem König schwer, in seinem Freund einen unklugen und unheilvollen Ratgeber zu erblicken. Buckingham hatte mit Unterstützung des Parlaments Jakob in einen Krieg mit Spanien verwickelt; jetzt weigerte sich das Parlament, den Krieg zu finanzieren. Der Herzog rüstete eine Armada aus, um spanische Beute einzubringen oder spanische Häfen zu erobern. Das Unternehmen schlug fehl, und die heimkehrenden Soldaten, verkommen und ohne Sold, beunruhigten die Küstenstädte mit Zuchtlosigkeit und Gewalttaten.

Da Karl dringend neue Geldmittel benötigte, fand er sich bereit, sein zweites Parlament einzuberufen. Der Widerstand des Hauses wuchs mit des Königs Forderungen. Das Parlament warnte ihn davor, ohne seine Genehmigung weiterhin Steuern zu erheben. Eliot, ein ehemaliger Freund Buckinghams, stellte diesen als einen korrupten, unfähigen Mann hin, der mit jedem militärischen oder politischen Mißerfolg reicher geworden sei. Das Parlament ernannte einen Ausschuß, der eine Untersuchung gegen Buckingham einleiten sollte. Karl verwies es ihm mit den Worten: «Ich würde nicht einmal erlauben, daß das Parlament meine Diener verhört, geschweige denn jemanden, der mir so nahe steht.» Eliot riet dem Parlament, keine Gelder zu bewilligen, bis der König ihm das Recht, die Entlassung eines Ministers zu fordern, zuerkenne. Der erzürnte König erinnerte das Parlament daran, daß er es jederzeit entlassen könne. Das Unterhaus antwortete damit, daß es gegen Buckingham formell Anklage erhob, ihn des Verrats bezichtigte und seine Entlassung forderte (8. Mai 1626); den König ließ es wissen, daß es keine Geldmittel bewilligen werde, solange Buckingham nicht entlassen sei, worauf Karl das Parlament auflöste (15. Juni). Die Streitfrage der ministeriellen Verantwortung blieb der Zukunft überlassen.

Aber Karl saß nach wie vor auf dem Trockenen. Ein großer Teil des königlichen Tafelgeschirrs wurde verkauft. Die Bevölkerung wurde um freiwillige Spenden – Geschenke für den König – angegangen. Der Ertrag war gering; das britische Geld war auf seiten des Parlaments. Karl befahl seinen Agenten – trotz fehlender parlamentarischer Einwilligung –, die Tonnen- und Pfundgelder einzuziehen und die Güter der Kaufleute, welche nicht bezahlten, zu beschlagnahmen. Er befahl den Häfen, die Flotte instand zu halten, und gestattete seinen Agenten, Leute zum Militärdienst einzuziehen. Englische und dänische Truppen, die in Deutschland für den Protestantismus kämpften, hatten durch die Kaiserlichen eine Niederlage erlitten. Englands dänische Verbündete verlangten die Unterstützung, die es ihnen versprochen hatte. Karl befahl eine Zwangsanleihe; jeder Steuerzahler mußte der Regierung ein Prozent vom Wert seines Grundbesitzes und fünf Prozent vom Wert seines persönlichen Vermögens leihen. Die Reichen, die sich widersetzten, wurden eingekerkert, die Armen ins Heer oder in die Flotte gesteckt. Mittlerweile lieferten englische Kaufleute ihre Waren nach Bordeaux und La Rochelle den Hugenotten, welche mit Richelieu im Kampf lagen. Frankreich erklärte England den Krieg (1627). Buckingham führte eine Flotte zum Angriff auf die Franzosen bei La Rochelle; das Unternehmen scheiterte. Die 200000 Pfund, die die Zwangsanleihe erbracht hatte, waren bald ausgegeben, und Karl war wiederum mit seinem Geld am Ende. Er berief sein drittes Parlament ein.

Es trat am 17. März 1628 zusammen. Coke, Eliot, Wentworth und John Hampden waren neuerlich gewählt worden, und zum erstenmal stellte der Wahlbezirk von Huntingdon Borough einen Landedelmann namens Oliver Cromwell als Abgeordneten. Karl forderte in seiner Thronrede mit dreisten Worten neue Geldmittel und fügte mit kühner Unverschämtheit hinzu: «Faßt dies nicht als Drohung auf; ich drohe niemandem außer meinesgleichen.»[58] Das Parlament schlug 350000 Pfund vor; aber ehe es darüber abstimmte, verlangte es vom König die Zustimmung zu einer *Petition of Right* (Bitte um Recht), die, historisch gesehen, zu einem Markstein im Aufstieg des Parlaments zur Herrschaft wurde (28. Mai 1628):

«An des Königs vortrefflichste Majestät!

Wir tun unserem allerhöchsten Herrn, dem König, demütig zu wissen ... alldieweil es durch ein Statut ... Eduards I. ... erklärt und verfügt ist, daß vom König keine Abgaben oder Unterstützungen auferlegt oder erhoben werden dürfen ... ohne das Wohlwollen und die Zustimmung der Erzbischöfe, Bischöfe, Grafen, Barone, Ritter, Abgeordneten und anderer wahlberechtigter Bürger des Volkes ... Dero Untertanen haben die Freiheit geerbt, daß sie nicht dazu gezwungen werden können, bei irgendeiner Steuer, Abgabe, Unterstützung oder anderen Forderung dieser Art mitzuwirken, die nicht mit der einstimmigen Einwilligung des Parlaments festgesetzt wurde.»

Die *Petition* erhob ferner Einspruch gegen Zwangsanleihen sowie gegen die Verletzung der Habeas-corpus-Rechte und der Bestimmungen über das Schwurgerichtsverfahren, wie sie in der Magna Charta von 1215 verbürgt waren, durch den König. «Auf Grund dieser Petition werden wir erfahren, ob das Parlament leben oder sterben wird», sagte Coke. Karl gab in gewundenen Worten seine Zustimmung. Das Parlament hielt sein Angebot einer Bewilligung von Geldmitteln aufrecht, verlangte aber eine klare Antwort, worauf Karl formell seine Zustimmung erteilte. London ermaß die Bedeutung dieser Kapitulation; in der Stadt hob solch ein Glockengeläute an, wie man es jahrelang nicht mehr vernommen hatte.

Das Parlament ging noch weiter und verlangte vom König, Buckingham abzusetzen; Karl weigerte sich, bis plötzlich beide Parteien zu ihrem Schrecken erfahren mußten, daß die Angelegenheit ihnen aus den Händen genommen wurde. John Felton, ein ausgemusterter Kriegsinvalide, den seine Schulden drückten und der über das Ausbleiben seiner Pension erzürnt und von Pamphleten aufgehetzt war, kaufte ein Metzgermesser, wanderte sechzig Meilen weit von London nach Portsmouth, bohrte die Waffe in Buckinghams Brust und lieferte sich dann selbst der Regierung aus (23. August 1628). Buckinghams Gattin, die kurz vor der Niederkunft stand, brach beim Anblick der Leiche zusammen. Von Reue überwältigt, bat Felton sie um Entschuldigung und Vergebung. Sie wurde ihm gewährt, und er wurde ohne Folter hingerichtet.

Das Parlament mahnte den König daran, daß seine andauernde Eintreibung des Tonnen- und Pfundgeldes die *Petition of Right* verletze; Karl entgegnete, von dieser Steuer sei in jener Akte nicht die Rede. Das Parlament ermutigte die Kaufleute dazu, die Abgaben zu verweigern[59]. Indem es auf sein Recht pochte, trotz der geistlichen Oberhoheit des Königs Vorschriften für die Religionsausübung aufzustellen, erhob es eine streng calvinistische, anti-arminianische Auslegung der neununddreißig Artikel zum Gesetz. Aus eigener Autorität schritt es dazu, den religiösen Konformismus auf dieser Basis durchzusetzen und Katholiken und Arminianer auf gleiche Weise zu bestrafen[60]. Karl befahl dem Parlament, sich zu vertagen. Der Vorsitzende gehorchte und verließ seinen Sessel. Aber das Parlament verweigerte die Vertagung, und einige Mitglieder zwangen den Vorsitzenden, seinen Platz wieder einzunehmen. Sir John Eliot brachte nun (2. März 1629) drei Resolutionen vor, die es zu einem Kapitalverbrechen stempelten, «Papisterei oder Arminianismus oder irgendwelche andere Meinungen, die von der wahren und orthodoxen Kirche abweichen», einzuführen, die Eintreibung von Tonnen- und Pfundgeldern, die nicht vom Parlament sanktioniert waren, zu empfehlen oder sich daran zu beteiligen, oder solche ungesetzlichen Abgaben zu entrichten. Der Vorsitzende weigerte sich, die Vorschläge zur Abstimmung zu bringen; ein Mitglied tat es für ihn. Das Parlament spendete Beifall und genehmigte sie. Dann, als es erfuhr, daß die Truppen des Königs drauf und dran seien, einzudringen und das Parlament abzusetzen, vertagte es sich selbst und löste sich auf.

Am 5. März befahl Karl, Eliot, Selden und sieben weitere Parlamentsmitglieder als Meuterer einzukerkern. Sechs von ihnen wurden bald wieder freigelassen, drei wurden zu schweren Geldstrafen und langer Haft verurteilt. Eliot starb im Alter von achtunddreißig Jahren im Tower (1632).

VII. KARL ALS UNUMSCHRÄNKTER HERRSCHER: 1629–1640

Elf Jahre lang sollte das Parlament – es war dies die längste Unterbrechung in seiner Geschichte – nicht wieder zusammentreten. Karl hatte nun freie Hand, als absoluter König zu herrschen. Theoretisch ging er in seinen Forderungen nicht weiter als Jakob, Elisabeth und Heinrich VIII., praktisch aber wohl. Denn jene hatten von dem königlichen Hoheitsrecht nie bis so nahe an die äußerste Grenze Gebrauch gemacht, wie Karl es tat, als er nicht bewilligte Steuern und Zwangsanleihen erhob, Soldaten bei Bürgern einquartierte, willkürliche Verhaftungen vornahm, Gefangenen die Habeascorpus-Rechte und das Recht auf ein Schwurgerichtsverfahren absprach und die Tyrannei und Strenge der Sternkammer in politischen, die der Hohen Kommission in kirchlichen Prozessen noch verstärkte. Aber Karls grundlegender Fehler war sein Unvermögen einzusehen, daß der Reichtum, der jetzt durch das Unterhaus repräsentiert wurde, viel größer war als der, über den der König gebot oder der ihm ergeben war, und daß die Macht des Parlaments dementsprechend vergrößert werden mußte.

Inmitten dieser Krise und ehe sie von der Nation den Blutzoll forderte, gedieh die Wirtschaft; denn Karl war, wie sein Vater, ein Mann des Friedens und hielt beinahe während seiner ganzen Regierungszeit England vom Kriege fern, während Richelieu Frankreichs Reserven erschöpfte und Deutschland sich in eine Wildnis verwandelte. Der geplagte König tat, was er konnte, um die natürliche Konzentration des Reichtums zu mäßigen. Er gebot den Einfriedigungen von Gemeindeland zum Zwecke von dessen Umwandlung in Privateigentum Einhalt, annullierte alle jene, die zwischen 1625 und 1630 in fünf mittelenglischen Grafschaften vorgenommen worden waren, und auferlegte sechshundert widerspenstigen Landedelleuten Geldbußen[61]. Er erhöhte die Löhne der Textilarbeiter in den Jahren 1629, 1631 und 1637. Er befahl den Friedensrichtern, bessere Preiskontrollen durchzuführen, und ernannte Kommissionen, um die Löhne zu sichern und die Armenunterstützung zu überwachen; und Laud machte sich neue Feinde, als er die Arbeitgeber davor warnte, die Armen auszubeuten[62]. Aber gleichzeitig gewährte die Regierung Monopole – und profitierte davon – für Seife, Salz, Wäschestärke, Bier, Wein und Felle. Sie behielt das Monopol für Kohle, kaufte sie zu elf Schilling pro Kessel und verkaufte sie im Sommer für siebzehn und im Winter für neunzehn Schilling[63]. Und auch diese Monopole beuteten die Armen aus. Während dieser Periode wanderten über 20000 Puritaner nach Neuengland aus.

Karl machte geltend, er müsse einen Weg finden, um die Regierungskosten zu decken. Anno 1634 verfiel er auf den unglücklichen Gedanken, eine neue Steuer einzuführen. Es bestanden Präzedenzfälle, in denen von Küstenstädten – als Gegenleistung für den Schutz, den ihnen die Flotte gewährte – verlangt wurde, in Kriegszeiten Schiffe auszurüsten oder statt dessen der Regierung zum Unterhalt der Flotte «Schiffsgelder» zu entrichten. Karl forderte nun (1635) – und dafür gab es keinen Präzedenzfall – diese Schiffsgelder in Friedenszeiten von ganz England, wobei er die (durchaus bestehende) Notwendigkeit ins Feld führte, er müsse die in Verfall geratene Marine für den Kriegsfall wieder instand setzen und den britischen Handel vor Seeräuberei im Kanal beschützen. Viele widersetzten sich der neuen Steuer. John Hampden weigerte sich, sie zu bezahlen, um ihre Rechtskraft zu erproben. Er wurde angeklagt, aber wieder freigelassen. Er war ein wohlhabender Puritaner aus Buckinghamshire, kein Feuerkopf, sondern, nach Aussage des Royalisten Clarendon, ein besonnener Mann, von «außergewöhnlicher Nüchternheit und Korrektheit»[64], der Standhaftigkeit hinter Höflichkeit und Führerfähigkeiten hinter Bescheidenheit verbarg.

Der Prozeß gegen ihn wurde lange aufgeschoben, kam aber schließlich im November 1637 vor Gericht. Die Kronanwälte zitierten Präzedenzfälle von Schiffsgeldsteuern und waren der Meinung, der König habe in Gefahrenzeiten das Recht, finanzielle Hilfe zu verlangen, ohne auf eine Parlamentssitzung warten zu müssen. Hampdens Rechtsbeistand entgegnete, es habe kein Notfall vorgelegen und es wäre genügend Zeit vorhanden gewesen, das Parlament einzuberufen; die unrechtmäßige Forderung verletze die *Petition of Right*, die der König angenommen habe. Die Richter stimmten sieben zu fünf für die Krone, aber die öffentliche Meinung unterstützte Hampden und stellte die Unparteilichkeit der Richter, welche Vergeltungsmaßnahmen von seiten des Königs zu fürchten hatten, in Frage. Hampden wurde nach kurzem freigelassen. Karl zog bis zum Jahre 1639 seine Schiffssteuer weiter ein und verwendete das meiste Geld dazu, die Flotte auszubauen, die im Jahre 1652 siegreich gegen die Niederlande kämpfte.

Mittlerweile hatte er seine Mißgriffe auf Schottland ausgedehnt. Er empörte die presbyterianischen Schotten dadurch, daß er eine Katholikin heiratete und die Autorität der Bischöfe über die Presbyterien der schottischen Kirche ausdehnte. Er beunruhigte den halben Adel durch eine *Act of Revocation* (Aufhebungsakte, 1625), die alle Verleihungen von Kirchen- oder Kronländereien an schottische Familien seit der Thronbesteigung Maria Stuarts widerrief. Er ernannte für den Geheimen Staatsrat von Schottland fünf Bischöfe und einen Erzbischof, John Spottiswoode, und machte diesen Prälaten (1635) zum Kanzler. Das war der erste Geistliche, der seit der Reformation in dieses Amt eingesetzt wurde. Als Karl, nach leidigen Verzögerungen, nach Schottland kam, um gekrönt zu werden (1633), erlaubte er den Bischöfen, das Ritual in den fast katholisch zu nennenden Zeremonien der anglikanischen Kirche abzuhalten: mit Meßgewändern, Kerzen, Altar und Kruzifix. Die schottischen Bischöfe waren entschlossen, ihre Autorität über die Presbyterien zu erzwingen, und stellten eine Reihe liturgischer Vorschriften auf, die, weil sie vom Erzbischof von Canterbury verbessert und genehmigt waren, *Laud's Canons* genannt wurden. Sie verliehen dem König volle Gerichtsbarkeit in allen kirchlichen Angelegenheiten, verboten Versammlungen von Geistlichen, außer wenn der König sie einberief, beschränkten das Lehramt auf Personen, die von einem Bischof dazu ermächtigt waren, und begrenzten die Ordination auf Kandidaten, welche Lauds *Canons* anerkannten[65]. Karl genehmigte diese Vorschriften und befahl, sie in allen schottischen Kirchen zu verkündigen. Die presbyterianischen Geistlichen protestierten, weil damit die Hälfte der Errungenschaften der Reformation annulliert würde, und ließen die Warnung hören, Karl sei im Begriff, England an Rom auszuliefern. Als in der St.-Giles-Kirche in Edinburg ein Versuch unternommen wurde, den Gottesdienst in Übereinstimmung mit den neuen Formeln durchzuführen, brach ein Tumult aus. Der amtierende Dekan wurde mit Stöcken bedroht und mit Steinen beworfen. Jenny Geddes schleuderte ihm ihren Schemel an den Kopf und schrie: «Du verruchter Dieb, willst du vor meinen Henkeln (Ohren) die Messe lesen?»[66] Aus allen Ständen wurden Gesuche an Karl geschickt, damit er die *Canons* widerrufe. Er antwortete damit, daß er solche Gesuche als verräterisch brandmarkte. Jetzt war Schottland Schrittmacher im Aufstand gegen den König.

Am 18. Februar 1638 unterzeichneten Vertreter der schottischen Geistlichkeit und der Laienschaft in Edinburg den *National Covenant* (Nationales Glaubensbündnis), worin sie den presbyterianischen Glauben und dessen Ritual aufs neue bestätigten, die neuen *Canons* verwarfen und sich verpflichteten, die Krone und die «wahre Religion» zu verteidigen. Beinahe ganz Schottland verschrieb sich, von den Geistlichen angefeuert, diesem Glaubensbündnis. Spottiswoode und alle Bischöfe – mit Ausnahme von vieren – flohen nach England. Die Generalsynode der schottischen Kirche in Glasgow anerkannte keine Bischöfe mehr und erklärte die Unabhängigkeit der Kirche vom Staat. Karl sandte der Synode den Befehl, sich aufzulösen, ansonst sie des Verrats angeklagt würde. Sie fuhr fort, ihre Sitzungen abzuhalten. Der König versammelte eine nicht gerade begeisterte Armee von 21 000 Mann und rückte gegen Schottland vor. Die Anhänger des Glaubensbündnisses – die *Covenanters* – stellten 26 000 Mann auf, die von patriotischem und religiösem Eifer glühten. Als die beiden Streitmächte sich gegenüberstanden, erklärte sich Karl bereit, die Streitfrage einem freien schottischen Parlament und einer unbehinderten Kirchensynode zu unterbreiten. In Berwick wurde ein Waffenstillstandsvertrag unterzeichnet (18. Juni 1639), und der «Erste Bischofkrieg» endete ohne Blutvergießen. Aber die neue Synode, die (12. August 1639) in Edinburg zusammenkam, bestätigte die «verräterischen» Beschlüsse der Glasgower Konferenz, und das schottische Parlament ratifizierte die Akte der Synode. Beide Parteien bereiteten sich auf den «Zweiten Bischofkrieg» vor.

In dieser Krise rief Karl einen Mann zu Hilfe, der ebenso entschlossen und gründlich war wie der König unsicher und schwankend. Thomas Wentworth war mit einundzwanzig Jahren dem Parlament beigetreten (1614) und hatte oft gegen den König gestimmt. Karl gewann ihn für sich, indem er ihn zum Vorsitzenden des Rates für den Norden machte, ferner indem er ihn zum Dank für die Entschlossenheit, womit Wentworth der königlichen Politik Nachachtung verschaffte, in den Geheimen Staatsrat aufnahm, und schließlich indem er ihn als Statthalter nach Irland sandte (1632), wo Wentworth mit rücksichtsloser Strenge gegen die Aufständischen vorging und sie zu einem widerwilligen Frieden zwang. Im Jahre 1639 wurde er zum Earl of Stafford und ersten Ratgeber Karls ernannt. Er riet dem König, eine große Armee aufzustellen, die Anhänger des *Covenant* zu unterdrücken und einem widerspenstigen Parlament mit einem unbezwinglichen Heer entgegenzutreten. Aber eine große Armee erforderte große Geldmittel, die kaum ohne Parlament zusammengebracht werden konnten. Widerwillig berief Karl sein viertes Parlament ein. Als dieses «Kurze Parlament» am 13. April 1640 zusammentrat, unterbreitete er ihm einen abgefangenen Brief, worin

Anhänger des *Covenant* Ludwig XIII. um Hilfe baten[67]. Um einen solchen Verrat zu rächen, meinte der König, habe er das Recht, ein Heer einzuberufen. John Pym nahm heimlich Verbindung mit den Schotten auf, entschied, ihre Sache sei verwandt mit der des Parlaments, und überredete dieses, dem König die Subsidien zu verweigern und mit den Schotten einen Bund zu schließen. Karl löste das Kurze Parlament als verräterisch auf (5. Mai 1640). In London brachen Aufstände aus. Eine Volksmenge griff den Palast des Erzbischofs Laud an, und als die Aufständischen den Erzbischof nicht fanden, erschlugen sie einen Katholiken, der sich weigerte, an einem protestantischen Gottesdienst teilzunehmen[68].

Karl wandte sich mit einem rasch aufgestellten Heer nach Norden. Die Schotten kamen über die Grenze, besiegten die Engländer (20. August 1640) und nahmen Nordengland in Besitz. Der hilflose Monarch erklärte sich damit einverstanden, ihnen täglich 850 Pfund zu bezahlen, bis ein zufriedenstellender Vertrag geschlossen werden könnte. Es fehlte ihm aber an Geld, und das schottische Heer blieb infolgedessen in der Umgebung von Newcastle als entscheidender Bundesgenosse des englischen Parlaments in dessen Krieg gegen den König. Verwirrt und verzweifelt berief Karl einen Rat von Pairs ein, der in York mit ihm zusammenkommen sollte. Diese gaben ihm zu verstehen, daß seine Autorität im Begriff war, zusammenzubrechen, und daß er eine Vereinbarung mit seinen Feinden treffen müsse. Zum letztenmal berief er ein Parlament ein, das längste und schicksalsschwerste der englischen Geschichte.

VIII. DAS LANGE PARLAMENT

Es versammelte sich am 3. November 1640 in Westminster. Das Haus setzte sich aus etwa fünfhundert Männern zusammen; es stellte die «Blüte des englischen Landadels und der gelehrten Laienwelt ..., ein aristokratisches, nicht ein volkstümliches Parlament»[69] dar; es repräsentierte eher den Reichtum als das Volk Englands, trat aber entschlossen und ohne Rücksicht auf Vergangenes für die Zukunft ein. Die Mehrheit des Kurzen Parlaments war zurückgekehrt und brütete Rache. Selden, Hampden und Pym gehörten wieder zu den Abgeordneten, und Oliver Cromwell, obwohl er noch keine Führerstellung innehatte, erwies sich als ein Mann, mit dem man rechnen mußte.

Es ist auch vom Standpunkt der Gegenwart aus nicht möglich, ein objektives Bild von ihm zu geben, denn seit seinem Aufstieg und bis zum heutigen Tag haben die Historiker ihn entweder als ehrgeizigen Heuchler[70] oder als großen Staatsmann und Heiligen[71] geschildert. Eine so schwankende Persönlichkeit umfaßt wahrscheinlich in ihrem Charakter die gegensätzlichen Eigenschaften, die zu solch widerspruchsvoller Beurteilung führen, und brachte sie wohl auch oft in Einklang. Das mag der Schlüssel zu Cromwells Wesen sein.

Er war einer jener Gutsbesitzer ohne Stammbaum, die dem Glanze der regierenden Kreise fernstanden, jedoch mit viel Mißvergnügen für deren Unterhalt zahlten. Und doch hatte auch er seine Vorfahren. Sein Vater, Robert Cromwell, besaß ein bescheidenes Landgut in Huntingdon, das ihm jährlich dreihundert Pfund einbrachte. Sein Urgroßvater, Richard Williams, der Neffe von Heinrichs VIII. Minister Thomas Cromwell, hatte seinen Namen in Cromwell umgeändert und vom Minister oder vom König Landgüter und Einkünfte erhalten, die die Krone der katholischen Kirche weggenommen hatte[72]. Oliver war eines von zehn Kindern und das einzige, das seine Kindheit überlebte. Sein Lehrer an der Lateinschule war ein eifriger Prediger, der in einer Abhandlung bewies, daß der Papst der Antichrist sei, und in einer zweiten die göttliche Bestrafung berüchtigter Sünder registrierte. Im Jahre 1616 trat Oliver in das Sidney Sussex College in Cambridge ein, wo Samuel Ward Rektor war, der 1643 im Gefängnis starb, weil er gegenüber Lauds Neuerungen und Karls «Sportmanifest» eine streng puritanische Stellung eingenommen hatte. Offensichtlich verließ Oliver Cambridge ohne akademischen Abschluß. Später (1638) führte er selber Klage über seine Jugendsünden:

«Ihr wißt, wie ich gelebt habe. Oh, ich lebte in einer geliebten Dunkelheit und haßte das Licht. Ich war einer der größten, ja der größte der Sünder. Dies ist wahr: ich haßte die Frömmigkeit; doch Gott erbarmte sich meiner. Oh, wie reich ist Seine Barmherzigkeit! Lobt Ihn und betet zu Ihm um meinetwillen, daß Er, der ein gutes Werk begonnen hat, es in den Tagen Christi vollenden möge!»[73]

Er erlebte die ganze Ekstase der Reue. Sein Gemüt wurde von Todesvisionen und anderen Angstvorstellungen gequält und blieb zeit seines Lebens melancholisch. Bis an das Ende seiner Tage redete er in Ausdrücken puritanischer Frömmigkeit. Er heiratete, hatte neun Kinder und wurde ein so vorbildlicher Bürger, daß man ihn im Alter von achtundzwanzig Jahren als Vertreter von Huntingdon ins Parlament wählte. 1631 verkaufte er sein Besitztum in Huntingdon für 1800 Pfund und siedelte nach St. Ives und später nach Ely über. Als Cambridge ihn im Jahre 1640 wieder ins Parlament wählte, wurde er von einem anderen Parlamentsmitglied als «ein sehr nachlässig gekleideter» Mann in «einem schlichten Anzug» geschildert; «seine Wäsche war nicht sehr sauber ..., sein Halstuch hatte einen oder zwei Blutflecken»; sein Gesicht war «geschwollen und rötlich», seine Stimme «scharf und nicht wohlklingend», sein Temperament «außergewöhnlich heftig», aber streng im Zügel gehalten[74]. Er wartete seine Zeit ab, redete mit Gott und hatte Kraft für zehn. Noch hatte aber Gott andere Werkzeuge ausersehen.

John Pym verriet die aufgebrachte Stimmung des Parlaments, als er Strafford als heimlichen Papisten denunzierte, der sich verschworen habe, ein Heer von Irland herüberzubringen, um das Parlament über den Haufen zu werfen und «Gesetz und Religion umzustürzen»[75]. Am 11. November 1640 klagte ihn das Unterhaus – es hatte ihm nie verziehen, daß er zum König übergelaufen war – als Verräter an und schickte ihn in den Tower. Am 16. Dezember beschuldigte es – nachdem es die neuen anglikanischen *Canons* für ungesetzlich erklärt hatte – den Erzbischof Laud als «Papisten» und Verräter und sandte auch ihn in den Tower. Selden gestand später: «Wir beschuldigen die Prälaten der Papisterei, um sie verhaßt zu machen, obwohl wir wissen, daß sie sich dieses Verbrechens nicht schuldig gemacht haben.»[76] Karl wurde durch dieses rücksichtslose Vorgehen so erschreckt, daß er nichts unternahm, um seine Ratgeber zu schützen. Die Königin rechtfertigte das Mißtrauen des Parlaments, indem sie ihren Beichtvater ersuchte, vom Papst Hilfe zu erbitten[77].

Erregung und Leidenschaft wuchsen auf beiden Seiten. Eine «Stumpf-und-Stiel»-Partei unter den Londoner Radikalen – zu denen Milton gehörte – richtete an das Parlament ein Gesuch, die Bischöfe abzuschaffen und die Regierung der Kirche wieder dem Volk zu überlassen. Sie brandmarkte die Ansicht einiger Bischöfe, «daß der Papst nicht der Antichrist ... und daß die Errettung in der katholischen Religion möglich» sei, als verabscheuenswert[78]. Das Parlament lehnte das Gesuch ab, stimmte aber über die Ausschließung des Klerus von allen gesetzgebenden und richterlichen Funktionen ab. Die Lords erklärten sich unter der Bedingung einverstanden, daß die Bischöfe ihren Sitz im Oberhaus behalten sollten. Dies war indes genau das, was das Unterhaus abzuschaffen wünschte, denn es sah voraus, daß die Bischöfe im Oberhaus immer für den König stimmen würden. Pamphlete für und wider die Bischöfe erhitzten die Gemüter bis zum Siedepunkt. Der Bischof Joseph Hall beharrte auf der göttlichen Rechtfertigung der Bischofswürde, weil sie von den Aposteln oder von Christus begründet worden sei. Fünf presbyterianische Publizisten entgegneten in einem berühmten Pamphlet unter dem Pseudonym «Smectymnuus», das aus ihren Initialen zusammengesetzt war. Milton steuerte fünf weitere Trompetenstöße bei. Am 27. Mai 1641 schlug Cromwell nochmals die vollständige Abschaffung des Bischoftums vor. Der Gesetzesentwurf wurde vom Unterhaus angenommen, von den Lords verworfen. Am 1. September beschloß das Unterhaus, daß «skandalöse Bilder» der Dreifaltigkeit, alle Bilder der Jungfrau Maria, alle Kruzifixe und «abergläubischen Figuren» aus den englischen Kirchen verschwinden und alle «Tänze und andere Spiele» am Tag des Herrn verboten werden sollten. Wieder fegte eine Woge des Bildersturms über England hinweg. Altargitter und Schranken wurden niedergerissen, bunte Glasfenster zertrümmert, Statuen zerstört, Gemälde in Stücke zerschnitten[79]. Wieder nahm das Parlament am 23. Oktober eine Gesetzesvorlage an, welche die Bischöfe ausschloß. Der König appellierte an die Lords und erklärte, er sei entschlossen, für die Erhaltung der bestehenden Lehre und Zucht der anglikanischen Kirche zu sterben; dies hat er schließlich auch getan. Seine Intervention sicherte die Verwerfung der Gesetzesvorlage, aber eine feindliche Menge hinderte die Bischöfe daran, den Parlamentssitzungen beizuwohnen. Zwölf von ihnen unterzeichneten eine Protestnote und erklärten jedes Gesetz, das während ihrer Abwesenheit bewilligt würde, für null und nichtig. Das Parlament klagte sie an und warf sie ins Gefängnis. Schließlich ratifizierten die Lords das Ausschließungsgesetz (5. Februar 1642), und fortan saßen keine Bischöfe mehr im Parlament.

Das siegreiche Unterhaus fuhr fort, seine Macht zu konsolidieren. Es borgte Geld von der Stadt London, um seinen Unterhalt zu finanzieren. Es bewilligte Gesetze, die dreijährliche Parlamente forderten und die Auflösung eines Parlaments binnen fünfzig Tagen nach seiner Einberufung oder die des gegenwärtigen Parlaments ohne dessen Einwilligung verboten. Es reformierte das Steuerwesen und das Gerichtswesen, schaffte die Sternkammer und den Obersten Gerichtshof ab, setzte den Monopolen und den

Schiffsgeldern ein Ende und erklärte das Urteil gegen Hampden für ungültig. Es sprach dem König das Recht zu, Tonnen- und Pfundgelder einzuziehen, aber nur für Perioden, die vom Parlament festgesetzt würden. Karl erklärte sich mit diesen Maßnahmen einverstanden, und das Parlament ging von der Reform zur Revolution über.

Im März 1641 brachte es Strafford vor Gericht. Im April sprach es ihn des Verrates schuldig und sandte dem König den Parlamentsbeschluß zur Unterzeichnung. Entgegen Lauds Ratschlag erschien Karl vor dem Oberhaus und erklärte, daß er – obwohl er bereit sei, Strafford seines Amtes zu entheben – sich nie damit einverstanden erklären könne, ihn wegen Hochverrats zu verurteilen. Das Unterhaus erklärte, das Erscheinen des Königs sei eine Verletzung parlamentarischer Privilegien und Freiheiten. Am darauffolgenden Tag versammelten sich «riesige Menschenmengen» vor dem Oberhaus und dem Königspalast, riefen «Gerechtigkeit! Gerechtigkeit!» und verlangten Straffords Tod. Der erschreckte Geheime Staatsrat bat Karl, sich zu fügen; er weigerte sich. Der Erzbischof von York ersuchte dringend um Unterzeichnung des Todesurteils, Adlige warnten den König, sein eigenes Leben sowie das der Königin und seiner Kinder seien in Gefahr; er weigerte sich noch immer. Schließlich sandte der Verurteilte selbst eine Botschaft und riet dem König zu unterzeichnen, denn das sei die einzige Möglichkeit, weitere Gewalttätigkeiten des Pöbels zu vermeiden[80]. Jetzt endlich unterzeichnete Karl und verzieh es sich selber nie. Am 12. Mai 1641 wurde Strafford zur Hinrichtung geführt. Laud streckte seine Hände durch die Stäbe seines Zellenfensters und segnete ihn, als er vorüberzog. Er starb angesichts einer feindseligen Menge, mutig und ohne Gewinsel.

Seine Hinrichtung verschärfte die Gegensätze im Parlament, aus denen später die rivalisierenden Parteien der *Whigs* und *Tories* hervorgingen, jene Parteien, die für oder gegen die Abtretung weiterer königlicher Machtbefugnisse an das Parlament eintraten. Männer wie Lucius Cary (Viscount Falkland) und Edward Hyde (der künftige Earl of Clarendon), welche beide das Parlament unterstützt hatten, begannen sich zu fragen, ob der so streng gezüchtigte König nicht doch ein wünschenswertes Bollwerk darstelle gegen die Pöbelherrschaft in London, die Puritanerherrschaft in der Kirche und ein draufgängerisches Parlament, dem es einfallen könnte, die Staatskirche zu beseitigen, das Privateigentum zu bedrohen und die ganze Klassenstruktur des Landes zu gefährden. Pym, Hampden und Cromwell mochten sich dieser Gefahren wohl bewußt sein; aber mehr noch schreckte sie eine andere, die sie viel naher berührte: Sie waren so weit gegangen, daß sie für ihr Leben fürchten mußten, falls Karl die Macht wieder erlangen sollte. In jedem Augenblick konnte der König ein halbkatholisches Heer von Irland herüberbringen, wie Strafford es ihm geraten hatte. Um seiner eigenen Sicherheit willen beschloß das Parlament, das freundschaftlich gesinnte Heer der Schotten im Norden Englands zu unterstützen. Es sandte den Schotten ein erstes Geschenk von 300000 Pfund und verpflichtete sich zu einer monatlichen Unterstützung von 25000 Pfund[81].

Die Furcht des Parlaments wurde noch verschärft durch den unvermuteten Ausbruch einer wilden Revolte in Irland (Oktober 1641). Phelim O'Neill, Rory O'More III.

und andere Führer riefen nach einem Krieg, der die Befreiung Ulsters von den englischen Kolonisten, der Katholiken von der Unterdrückung, Irlands von England bringen sollte. Aufgestachelt von der Erinnerung an gnadenlose Verfolgung und brutale Vertreibung, kämpften die Aufständischen mit einer Wildheit, die sie zu Barbaren machte. Die Engländer in Irland verteidigten das, was ihnen jetzt als ihr rechtmäßiges Besitztum vorkam, ebenso hartnäckig wie ihr Leben, vergalten Barbarei mit Grausamkeit, und jeder Sieg wurde zu einem Gemetzel. Das englische Parlament verdächtigte den König zu Unrecht, er habe den Aufruhr geschürt, um den Katholizismus in Irland und später in England wieder einzuführen. Es wies seine Forderung nach Geldmitteln, die es ihm ermöglichen sollten, ein Heer aufzustellen, um der englischen Enklave zu Hilfe zu eilen, zurück. Solch ein Heer konnte gegen das Parlament selbst eingesetzt werden. Die irische Revolte dauerte während der ganzen englischen Revolution an.

Die Revolution machte weitere Fortschritte, als Karl zwei der ausgeschlossenen und angeklagten Bischöfe in höhere Ämter einsetzte. Empörte Mitglieder des Unterhauses verlangten eine «Große Remonstranz», worin die Beschwerden des Parlaments gegen den König zusammengefaßt und veröffentlicht und dieser dazu gezwungen werden sollte, dem Parlament bei der Besetzung wichtiger Posten das Vetorecht zu verleihen. Viele Konservative fühlten, daß diese Maßregel die Exekutivgewalt dem Parlament übertragen und den König zur politischen Ohnmacht verurteilen würde. Die Spaltung der Parteien wurde akut, die Auseinandersetzungen wurden heftiger. Parlamentarier griffen nach ihrem Schwert, um ihren Worten Nachdruck zu verleihen. Cromwell erklärte später, wenn die Vorlage nicht angenommen worden wäre, hätte er ein Schiff nach Amerika bestiegen[82]. Elfmal wurde darüber abgestimmt, und am 1. Dezember wurde das Schriftstück dem König vorgelegt. Es begann mit der Versicherung der Treue zur Krone. Dann zählte es in Einzelheiten die Beleidigungen auf, die der König dem Parlament zugefügt, die Kränkungen, die er dem Land angetan hatte, und die Mißbräuche, die durch parlamentarische Reformen wiedergutgemacht worden waren. Es klagte «Papisten ..., Bischöfe und den korrupten Teil der Geistlichkeit» sowie egoistische Ratgeber und Höflinge an, sie hätten sich verschworen, England katholisch zu machen. Es wies auf wiederholte Verletzungen der *Petition of Right* und auf willkürliche Auflösung gewählter Parlamente hin. Es ersuchte den König, eine Versammlung von Geistlichen einzuberufen, die den anglikanischen Gottesdienst in der vor Laud üblichen Form wiederherstellen sollten. Es legte ihm nahe, er möchte alle Gegner der Parlamentspolitik aus seinem Rat entlassen und alsdann nur «solche Ratgeber, Gesandte und andere Minister einsetzen ..., auf die das Parlament sich mit gutem Grund verlassen kann. Ohne solche Maßnahmen könnte es Ihrer Majestät die Unterstützung für Ihren eigenen Unterhalt und den Beistand für die protestantische Partei jenseits des Meeres, wie sie wünschbar wäre, nicht geben.»[83]

Karl nahm sich Zeit, auf dieses Ultimatum zu antworten. Am 15. Dezember gelangte das Parlament über seinen Kopf hinweg ans Volk, indem es die «Große Remonstranz» veröffentlichen ließ. Daraufhin antwortete Karl. Er war damit einverstanden, eine Synode einzuberufen, um jede Invasion der «Papisterei» zu unterdrücken.

Er weigerte sich, die Bischöfe ihres Stimmrechts im Parlament zu berauben. Er bestand auf seinem Recht, seinen Rat und die Staatsstellen mit solchen Männern zu besetzen, die er für tauglich erachtete. Und er verlangte aufs neue Geld. Statt dessen legte das Unterhaus ein «Milizgesetz» vor, das dem Parlament die Verfügungsgewalt über das Heer einräumen sollte. Karl, sonst die Unentschlossenheit in Person, ließ sich für einmal zu einer kühnen Tat fortreißen, die ihm vom Parlament denn auch als Kriegshandlung angekreidet wurde. Am 3. Januar 1642 klagte der Kronanwalt im Namen des Königs vor den Lords fünf Mitglieder des Unterhauses – Pym, Hampden, Holles, Heselrige und Strode – des Verrates an, weil sie versucht hätten, das Heer vom Gehorsam gegen den König abzubringen, und eine «ausländische Macht» – gemeint war Schottland – ermutigt hätten, England zu überfallen und gegen den König Krieg zu führen. Am darauffolgenden Tag begab sich der König, beschützt von dreihundert Soldaten, die er vor der Türe warten hieß, ins Unterhaus, um die fünf Männer zu verhaften. Sie befanden sich nicht dort, sondern hatten bei Freunden Zuflucht gesucht. «Ich sehe», sagte der übertölpelte König, «alle Vögel sind ausgeflogen.» Als er den Saal verließ, wurde er mit dem Ruf «Privileg!» zurechtgewiesen, denn dieses bewaffnete Eindringen des Königs in das Parlament war offensichtlich rechtswidrig. Aus Furcht vor einer Massenverhaftung begab sich das Unterhaus unter dem Schutz der Bürgerschaft in die Guildhall. Sobald Karl London verließ, um sich nach Hampton Court zu begeben, kehrte das Unterhaus mitsamt den fünf Angeklagten nach Westminster zurück. Die Königin Henrietta floh heimlich mit den Kronjuwelen nach Frankreich, um für den König Hilfe zu erkaufen. Karl begab sich mit dem Großsiegel in den Norden des Landes. Er versuchte, nach Hull zu gelangen und dort den militärischen Nachschub sicherzustellen. Die Stadt weigerte sich, ihn aufzunehmen. Er zog weiter nach York. Das Parlament befahl allen Streitkräften, nur noch dem Parlament zu gehorchen (5. März 1642). Fünfunddreißig Pairs und fünfundsechzig Bürgerliche traten aus dem Parlament aus und schlossen sich Karl in York an. Edward Hyde wurde nun erster Ratgeber des Königs.

Am 2. Juni übermittelte das Parlament Karl neunzehn Punkte, deren Annahme es als wesentlich für die Erhaltung des Friedens betrachtete. Er sollte dem Parlament die Kontrolle über das Heer und alle befestigten Orte abtreten. Das Parlament sollte die Liturgie und die Verwaltung der Kirche neu ordnen, alle Beamten der Krone und die Erzieher der Königskinder ernennen und entlassen können und die Befugnis erhalten, aus dem Oberhaus alle Pairs auszuschließen, welche künftighin ernannt würden. Karl lehnte die Vorschläge ab, da sie in der Tat einer Zerstörung der Monarchie gleichgekommen wären. Als wollte das Parlament eine Probe der Französischen Revolution abhalten, ernannte es einen Wohlfahrtsausschuß und befahl, «es müsse sofort ein Heer ausgehoben werden» (12. Juli). Cromwell und andere Männer begaben sich in ihre Wahlbezirke, um Freiwillige aufzubieten. In einem Aufruf an die Nation (2. August) bezeichnete das Parlament als Grund für den Aufstand nicht die Wünschbarkeit der parlamentarischen Souveränität, sondern die drohende Gefahr einer katholischen Erhebung in England. Es machte das Land darauf aufmerksam, daß einem Sieg des Königs eine allgemeine Niedermetzelung der Protestanten folgen würde[84]. Am 17. August besetzten seine Beauftragten die Zeughäuser in Hull. Am 27. August 1642 pflanzte Karl seine Fahne in Nottingham auf und begann den Bürgerkrieg.

IX. DER ERSTE BÜRGERKRIEG: 1642–1646

England war jetzt gespalten wie selten zuvor in seiner Geschichte. London, die Häfen, die Handelsstädte, der Süden und Osten im allgemeinen, die Mehrheit des Mittelstandes, ein Teil des Landadels und praktisch alle Puritaner waren für das Parlament. Oxford und Cambridge, der Westen und der Norden, die Mehrheit der Aristokratie und die Bauern sowie fast alle Katholiken und die bischöflichen Anglikaner bekannten sich zur Sache des Königs. Auch das Unterhaus war gespalten: Etwa dreihundert Mitglieder standen auf seiten der Aufständischen, hundertfünfundsiebzig waren Royalisten. Im Oberhaus ergriffen zunächst dreißig von den hundertzehn Pairs Partei für das Parlament. Die Waage des Reichtums neigte sich zuungunsten des Königs. London verfügte über das halbe Geld der Nation und lieh der Revolution große Beträge. Karl konnte nirgends borgen. Die Flotte war gegen ihn und blockierte die ausländische Hilfe. Er mußte sich auf Geld und Truppen von seiten der großen Landgüter verlassen, deren Besitzer fühlten, daß der Bestand ihrer Ländereien von seinem Sieg abhing. In den alten Familien waren noch immer ritterliche Tugenden und Gefühle lebendig. Sie schenkten dem König ihre uneingeschränkte Treue und kämpften und starben wie Edelleute. Die farbenprächtigen «Kavaliere» mit ihren Ringellocken, ihren glänzend aufgezäumten Pferden, hatten die ganze Romantik des Krieges und alle Dichter, außer Milton, auf ihrer Seite. Das Geld war auf seiten des Parlaments.

Das Blutvergießen begann bei Edgehill (23. Oktober 1642). Jedes Heer zählte etwa 14000 Mann. Der Anführer der Royalisten war Prinz Ruprecht, der zweiundzwanzigjährige Sohn von Karls Schwester Elisabeth von Böhmen, derjenige der «Rundköpfe» Robert Devereux, der dritte Earl of Essex. Die Schlacht endete unentschieden; aber Essex zog seine Streitkräfte zurück, und der König rückte vor, um Oxford zu seinem Hauptquartier zu machen. Nehemiah Wallington, ein eifriger und zugleich schlauer Puritaner, sprach von einem großen Sieg für Parlament und Gott:

> «Darin erblicken wir Gottes große Gnade ..., denn, wie ich höre, wurden im ganzen 5517 Mann erschlagen. Aber auf der Seite des Feindes wurden zehn auf einen von uns erschlagen. Und merkt auf Gottes wunderbare Taten, denn unter denen, welche auf unserer Seite erschlagen wurden, waren meist solche, die Fersengeld gaben. Diejenigen aber, die am mutigsten standhielten, blieben am ehesten verschont ...
>
> Wenn ich doch berichten könnte, wie wundersam die Hand der Vorsehung unsere Artillerie und Geschosse lenkte, um den Feind zu vernichten! ... Oh, wie lenkte Gott die Geschosse der Feinde ..., so, daß etliche vor unseren Leuten niedergingen, etliche uns nur streiften, etliche über unsere Köpfe hinwegflogen und etliche seitwärts von uns niederfielen! Oh, wie selten oder nie wurden diejenigen von den Kugeln getroffen, die mutig am Kampf teilnahmen! ... Das hat der Herr getan, und es ist ein Wunder in meinen Augen.»[85]

Indes entwickelten sich die Dinge im folgenden Frühling für das Parlament recht kläglich. Die Königin Henrietta kehrte mit Waffen und Munition nach England zurück und traf in Oxford mit Karl zusammen. Essex vertändelte seine Zeit, während sein Heer durch Fahnenflucht und Krankheit dezimiert wurde. Hampden wurde in einem Scharmützel bei Chalgrove Field tödlich verwundet. Eine Streitmacht des Parlaments wurde bei Adwalton Moor geschlagen (30. Juni 1643), eine andere bei Roundway Down vernichtet (13. Juli); Bristol fiel an den König. Auf diesem Tiefpunkt seines Glückes wandte sich das Parlament an Schottland um Hilfe. Am 22. September unterzeichnete es zusammen mit schottischen Bevollmächtigten einen feierlichen Vertrag, der die Schotten verpflichtete, dem Parlament gegen ein Entgelt von monatlich 30000 Pfund ein Heer zur Verfügung zu stellen, unter der Bedingung, daß das Parlament in England und Irland den presbyterianischen Protestantismus, das heißt die Verwaltung der Kirche durch Presbyterien, die von bischöflicher Kontrolle frei wären, einführe. Im selben Monat schloß Karl mit den irischen Aufständischen Frieden und brachte etliche von ihnen dazu, in England für ihn zu kämpfen. Die englischen Katholiken frohlockten; die Protestanten wandten sich in immer steigender Zahl vom König ab. Im Januar 1644 wurden die irischen Eindringlinge bei Nantwich geschlagen, während die schottischen nach England vordrangen. Der Bürgerkrieg hatte jetzt drei Nationen und vier Glaubensbekenntnisse erfaßt.

Am 1. Juli 1643 trat die Kirchenversammlung von Westminster – hunderteinundzwanzig englische Geistliche, dreißig englische Laien und (später) acht schottische Abgeordnete – zusammen, um die Satzungen des neuen presbyterianischen Protestantismus Englands festzulegen. Durch die Einmischung des Parlaments gehemmt, schleppte sich die Konferenz über sechs Jahre hin. Ein paar Mitglieder, die die Bischöfe begünstigten, traten zurück. Eine kleine Gruppe von puritanischen Independenten forderte, jede Kongregation müsse von Presbyterien ebenso unabhängig sein wie von Bischöfen. Die Mehrheit folgte dem Willen des Parlaments und befürwortete nach schottischem Vorbild die Lenkung der Kirche in England und Irland durch Presbyter, Presbyterien, Provinzialsynoden und Generalversammlungen. Das Parlament schaffte die anglikanischen Bischöfe ab (1643), übernahm die presbyterianische Organisation und gab ihr Gesetzeskraft (1646), verlieh sich selbst aber das Vetorecht über alle geistlichen Beschlüsse. Im Jahre 1647 gab die Versammlung das Westminster-Glaubensbekenntnis sowie einen großen und einen kleinen Katechismus heraus und bestätigte die calvinistische Lehre von der Prädestination, der Auserwähltheit und der Verdammnis*. Die

* Auszug aus der Westminster-Konfession, Kapitel III: «Nach dem Ratschluß Gottes, zur Offenbarung seines Ruhmes, sind etliche Menschen und Engel zum ewigen Leben ausersehen und andere zum ewigen Tod verdammt ... Diejenigen unter den Menschen, welche zum Leben ausersehen sind, hat Gott vor der Erschaffung der Welt, nach seiner geheimen Vorsehung, dem ewigen und unabänderlichen Ratschluß und Wohlgefallen seines Willens, zu immerwährendem Leben in Christo auserwählt, in freier Gnadenwahl und Liebe, ohne jedes Ansehen des Glaubens oder guter Werke oder der Beharrlichkeit in diesen beiden ..., und all dies zum Ruhme seiner glorreichen Gnade ... Nach dem unerforschlichen Ratschluß seines Willens, wobei er Barmherzigkeit gewähren oder versagen kann, wie es ihm gefällt, zum Ruhme seiner höchsten Macht über seine Geschöpfe, hat es Gott ge-

Beschlüsse der Versammlung von Westminster wurden später durch die Wiedereinsetzung der Stuart-Dynastie und der anglikanischen Kirche aufgehoben; aber die Konfession und die Katechismen blieben in den presbyterianischen Kirchen der Englisch sprechenden Welt theoretisch in Kraft.

Die Versammlung und das Parlament waren sich darüber einig, die Forderungen der unbedeutenderen Sekten nach religiöser Toleranz zurückzuweisen. Die Stadt London richtete an das Parlament ein Gesuch, jede Ketzerei zu unterdrücken. Im Jahre 1648 bewilligte das Unterhaus Gesetzesvorlagen, die für alle, welche sich der Kindestaufe widersetzten, lebenslänglichen Kerker und für jene, welche die Dreifaltigkeit, die Inkarnation, die göttliche Inspiration der Bibel oder die Unsterblichkeit der Seele leugneten, die Todesstrafe vorsahen[87]. Zwischen 1642 und 1650 wurden mehrere Jesuiten hingerichtet. Und am 10. Januar 1645 wurde Erzbischof Laud im Alter von zweiundsiebzig Jahren vom Tower zum Richtblock geführt. Das Parlament fühlte, daß es in einen Krieg auf Leben und Tod verwickelt war und daß Nachsicht nicht am Platze sei. Cromwell indessen stand für eine angemessene Toleranz ein. Im Jahre 1643 hob er in Cambridge ein Regiment von Berittenen aus, die die *Ironsides* (Eisenseiten) genannt wurden – ein Name, den Prinz Ruprecht ursprünglich der Person ihres Führers gegeben hatte. In diese Truppe nahm er Männer aller Glaubensbekenntnisse auf, ausgenommen Katholiken und bischöflich Gesinnte, vorausgesetzt, daß sie «in der Furcht Gottes lebten und ein Gewissen hatten bei dem, was sie taten»[88]. Als ein presbyterianischer Offizier einen Oberstleutnant zu entlassen wünschte, weil er ein Wiedertäufer war, entgegnete Cromwell: «Sir, der Staat nimmt, wenn er Männer zu seinem Dienst auswählt, keine Rücksicht auf ihre Meinungen; wenn sie willens sind, ihm treu zu dienen, dann genügt dies.»[89] Er ersuchte das Parlament (1644), «sich darum zu bemühen, Wege ausfindig zu machen, wodurch zarte Gewissen, .die sich nicht in allen Dingen dem allgemeinen kirchlichen Gesetz unterziehen können ..., in Übereinstimmung mit dem Wort Gottes geduldet werden können»[90]. Das Parlament trat nicht auf die Forderung ein, aber Cromwell fuhr fort, in seinen Regimentern und während seiner Herrschaft in England eine verhältnismäßig weitreichende Toleranz zu üben.

Cromwells Aufstieg zum General war eine der Überraschungen des Krieges. Mit Lord Ferdinando Fairfax teilte er sich in die Ehre des Sieges bei Winceby (11. Oktober 1643). Bei Marston Moor (2. Juli 1644) wurde Fairfax in die Flucht geschlagen, aber Cromwells Reiterei rettete den Tag. Andere Parlamentsführer, die Earls von Essex und Manchester, erlitten Schlappen oder verfehlten es, ihre Erfolge auszunützen; Manchester äußerte offen seinen Widerwillen, den König zu stürzen. Um diese adligen Generale loszuwerden, legte Cromwell ein «Selbstentäußerungsgesetz» vor (9. Dezember 1644), kraft dessen alle Parlamentsmitglieder ihre Kommandos niederlegen sollten. Der Vorschlag wurde zuerst abgewiesen, dann erneuert und angenommen (3. April 1645). Essex und Manchester traten zurück; Sir Thomas Fairfax, der Sohn

fallen, den Rest der Menschheit zu übergehen und sie um ihrer Sünde willen der Unehre und dem Zorn zu überantworten, zum Ruhm seiner glorreichen Gerechtigkeit.»[86]

Ferdinandos, wurde zum Oberkommandierenden ernannt und beförderte Cromwell bald zum Generalleutnant der Kavallerie. Das Parlament befahl die Schaffung einer Musterarmee, des sogenannten «Neuen Heeres» (*New Model*), von 22000 Mann, und Cromwell unternahm es, die Leute auszubilden.

Vor dem Krieg hatte er keinerlei militärische Erfahrungen gehabt, aber seine Charakterstärke, seine Entschlußkraft, sein fester Wille, die Gewandtheit, womit er sich die religiösen und politischen Gefühle der Menschen zunutze machte, befähigten ihn, seine Regimenter zu einer einzigartig disziplinierten und verläßlichen Truppe heranzubilden. Der puritanische Glaube schuf, wie einst die spartanische Ethik, unbesiegbare Soldaten. Diese Männer «fluchten nicht wie Landsknechte»; im Gegenteil; in ihrem Lager hörte man anstelle von Flüchen Gebete und Predigten. Sie stahlen und vergewaltigten nicht, aber sie drangen in Kirchen ein, um sie von religiösen Bildern und «bischöflichen» oder «papistischen» Geistlichen zu säubern[91]. Sie jauchzten vor Freude oder Wut, wenn sie dem Feind begegneten. Und sie wurden nie geschlagen. Bei Naseby (14. Juni 1645), als die Royalisten die Infanterie Sir Thomas Fairfax' in die Flucht jagten, verwandelte Cromwell mit seiner neuen Reiterei die Niederlage in einen so gründlichen Sieg, daß der König seine ganze Infanterie und Artillerie, die Hälfte seiner Kavallerie sowie Abschriften seiner Korrespondenz verlor, die veröffentlicht wurden, um zu zeigen, daß er noch mehr irische Truppen nach England zu bringen und die Gesetze gegen die Katholiken aufzuheben beabsichtigte.

Von dieser Zeit an verschlimmerte sich Karls Sache rasch. Der Marquis von Montrose, sein heldenhafter General in Schottland, wurde, nach manchen Siegen, bei Philiphaugh in die Flucht geschlagen und entkam auf den Kontinent. Am 30. Juli 1645 nahm das parlamentarische Heer Bath ein; am 23. August übergab Ruprecht die Stadt Bristol an Fairfax. Der König blickte umsonst überallhin nach Hilfe aus. Auf allen Seiten und unter jedem Vorwand gingen seine Truppen, die fühlten, daß ihre Sache hoffnungslos war, zum Feind über. Durch wühlerische Separatverhandlungen versuchte er, seine Gegner zu entzweien – die Independenten vom Parlament, das Parlament von den Schotten zu trennen –, aber es mißlang ihm. Schon hatte er seine schwangere Gattin durch feindliches Gebiet gesandt, um ein Schiff nach Frankreich ausfindig zu machen. Jetzt befahl er dem Prinzen Karl, auf jedem nur möglichen Weg aus England zu entkommen. Er selbst, verkleidet und mit nur zwei Dienern als Begleitung, wandte sich nach Norden und ergab sich den Schotten (5. Mai 1646). Der erste Bürgerkrieg war zu Ende.

X. DIE RADIKALEN: 1646–1648

Karl hatte sich von der Hoffnung leiten lassen, die Schotten würden ihn noch immer als ihren König behandeln. Sie zogen es vor, ihn als ihren Gefangenen zu betrachten. Sie boten ihm an, ihm wieder zu seinem Thron zu verhelfen, falls er bereit sei, den *Covenant* zu unterzeichnen, der die presbyterianische Form des Christentums für die britische Insel obligatorisch erklärte; er weigerte sich. Das englische Parlament sandte Bevollmächtigte zu den Schotten in Newcastle und bot seinerseits an, Karl unter der Bedingung als König anzuerkennen, daß er den *Covenant* annehme, der Ausweisung führender Royalisten zustimme und dem Parlament erlaube, über alle bewaffneten Streitkräfte zu verfügen und alle hohen Staatsbeamten zu ernennen; er weigerte sich. Das Parlament bot den Schotten 400000 Pfund zur Begleichung ihrer Schulden und Bestreitung ihrer Auslagen an, wenn sie nach Schottland zurückkehrten und den König den englischen Bevollmächtigten auslieferten. Das schottische Parlament erklärte sich einverstanden. Es betrachtete das Geld nicht als Preis für den König, sondern als gerechte Entschädigung für seine Ausgaben während des Krieges. Karl indes hatte das Gefühl, daß er für Geld eingehandelt worden sei. Er wurde als Gefangener des englischen Parlaments nach Holmby House in Northamptonshire gebracht (Januar 1647).

Das englische Heer hatte sein Lager nun in Saffron Walden, vierzig Meilen von London entfernt, aufgeschlagen, wies auf seine Siege hin und forderte angemessene Belohnung. Der Unterhalt dieser 30000 Mann hatte das Parlament gezwungen, Steuern zu erheben, die zweimal so hoch waren wie die höchsten unter Karl. Auch so schuldete es den Soldaten noch Sold für vier bis zehn Monate. Außerdem erlangten die puritanischen Independenten, die im Parlament besiegt worden waren, die Oberhand im Heer, und ihrem Führer Cromwell wurden Ehrgeiz und Strebertum vorgeworfen, die mit der Oberhoheit des Parlaments unvereinbar waren. Um die Sache noch schlimmer zu machen, gab es in seinem Regiment sogenannte *Levelers* (Gleichmacher), die alle Rangunterschiede in Kirche und Staat verwarfen und das Stimmrecht für jedermann sowie Religionsfreiheit verlangten. Einige unter ihnen waren anarchistische Kommunisten. William Walwyn erklärte, alle Dinge sollten gemeinsames Eigentum sein; dann «würde man keine Regierung brauchen, denn es würde keine Diebe und Verbrecher mehr geben»[92]. John Lilburne, der Unverwüstlichste unter den *Levelers*, der sich durch keinen Arrest und keine Strafe entmutigen ließ, war «der populärste Mann in England» (1646)[93]. Cromwell selbst wurde als *Leveler* angegriffen; aber obwohl er mit diesen Leuten sympathisierte, lehnte er ihre Ideen doch ab, denn er fühlte, daß im England jener Tage die Demokratie zum Chaos führen mußte.

Das Parlament, jetzt presbyterianisch, fühlte sich durch das Vorhandensein eines so großen und lästigen Heeres von überzeugten Independenten bedroht. Es erließ ein Gesetz, kraft dessen die Hälfte der Mannschaften zu entlassen war, während der Rest als Freiwillige zum Dienst in Irland verpflichtet werden sollte. Die Soldaten verlangten ihren ausstehenden Sold. Das Parlament bewilligte ihnen einen Teil davon in bar, den Rest in Versprechungen; das Heer weigerte sich auseinanderzugehen, bis es voll ausbezahlt sei. Das Parlament eröffnete neue Unterhandlungen mit dem König und erreichte beinahe eine Verständigung mit ihm, indem es ihn gegen das Versprechen, den *Covenant* für drei Jahre anzuerkennen, wieder auf den Thron setzen wollte. Von dieser Absicht unterrichtet, überfiel eine Abteilung Berittener Holmby House, nahm den König gefangen und brachte ihn nach Newmarket (3. bis 5. Juni 1647). Cromwell eilte nach Newmarket und machte sich selbst zum Chef eines Armeerates. Am 10. Juni begann das Heer einen gemächlichen Marsch nach London. Unterwegs sandte es dem Parlament eine Erklärung, die hauptsächlich von Cromwells tüchtigem Schwiegersohn, Henry Ireton, abgefaßt war und worin der Absolutismus des Parlaments als ebenso schlimm wie der des Königs verurteilt und die Wahl eines neuen Parlaments auf Grund eines umfassenderen Stimmrechts gefordert wurde. Das Parlament sah sich zwischen zwei Feuern, denn die Kaufleute und Fabrikanten und die Bevölkerung von London fürchteten eine Besetzung durch das Heer und schrien nach der Wiedereinsetzung des Königs, gleichgültig unter was für Bedingungen. Eine Volksmenge aus der Stadt drang ins Parlament ein (26. Juli) und zwang es, den König nach London einzuladen und die Bürgerwehr unter presbyterianischen Befehl zu stellen. Siebenundsechzig Independenten verließen das Parlament und gingen zum Heer über.

Am 6. August marschierten die Truppen – den König mit sich führend – in London ein. Die siebenundsechzig Independenten wurden auf ihre Sitze im Parlament zurückgeleitet. Von dieser Zeit an bis zu Cromwells Machtergreifung beherrschte die Armee das Parlament. Sie war nicht zügellos oder pflichtvergessen, sondern hielt die Ordnung in der Stadt und in ihren eigenen Reihen aufrecht. Und ihre Forderungen wurden, obwohl sie zu jener Zeit wahrscheinlich undurchführbar waren, durch die Nachwelt sanktioniert. In dem Pamphlet *The Case of the Army Truly Stated* (Die Sache der Armee, wahrheitsgemäß dargestellt, 9. Oktober 1647) forderte sie Handelsfreiheit, Aufhebung der Monopole und Rückerstattung von Gemeindeland an die Armen und drang darauf, daß niemand gezwungen werde, vor dem Gericht gegen sich selbst zu zeugen[94]. In *An Agreement of the People* (Ein Volksabkommen, 30. Oktober) proklamierte sie, daß «Ursprung und Wesen aller Macht in der Gesamtheit des Volkes begründet» seien, daß die einzige gerechte Regierung diejenige sei, deren Mitglieder auf Grund des allgemeinen Wahlrechts frei gewählt worden seien; daß somit Könige und Lords, wenn es ihnen überhaupt erlaubt sei zu existieren, dem Unterhaus unterstellt sein sollten; daß niemand vom Gesetz ausgenommen sein sollte und daß alle sich voller Religionsfreiheit erfreuen sollten[95]. «Jeder, der in England geboren ist, auch der Ärmste, der Unbedeutendste im Königreich», sagte Oberst Rainsborough, müsse eine Stimme haben, um jene wählen zu können, welche die Gesetze des Landes machten, unter denen er zu leben und zu sterben gezwungen sei[96].

Cromwell suchte zu vermitteln, indem er die Häupter der widerstreitenden Meinungen zum Gebet aufrief. Die *Levelers* bezichtigten ihn der Heuchelei und warfen ihm vor, er führe geheime Unterhandlungen, um den König wieder einzusetzen; tatsächlich gestand er, daß er immer noch an die Monarchie glaube. Er erläuterte den Demokraten, daß der Widerstand gegen ihre Vorschläge zu mächtig sein würde, als daß er durch bloße «fleischliche Kräfte» überwunden werden könne, und nach einer langen Auseinandersetzung überredete er die Führer dazu, ihre Forderungen hinsichtlich des allgemeinen Wahlrechts auf ein Gesuch um dessen Ausweitung zu beschränken. Einige Soldaten weigerten sich, einen Kompromiß zu schließen; sie trugen das *Agreement* in ihren Hüten und trotzten Cromwells Befehl, es zu entfernen. Er ließ drei Rädelsführer verhaften. Sie wurden vor Kriegsgericht gestellt und zum Tode verurteilt. Er befahl ihnen, um ihr Leben zu würfeln; derjenige, welcher verlor, wurde erschossen. Die Disziplin lebte wieder auf.

Mittlerweile entkam der König seinen Häschern, begab sich an die Küste, setzte auf die Isle of Wight über und fand in Carisbrooke Castle freundschaftliche Aufnahme (14. November 1647). Die Nachrichten von royalistischen Aufständen gegen das Parlament auf dem Lande und in der Flotte belebten seinen Mut neu. Schottische Bevollmächtigte in London boten ihm heimlich ein schottisches Heer an, um ihn wieder auf den Thron zu bringen, falls er das presbyterianische Christentum annehme und jede andere Religionsform unterdrücke. Er nahm diese Vereinbarung an, beschränkte sie jedoch auf drei Jahre. Die Bevollmächtigten reisten aus London ab, um ein Heer auszurüsten. Das schottische Parlament ratifizierte den Plan einer Invasion Englands und gab ein Manifest heraus (3. Mai 1648), welches von allen Engländern verlangte, den *Covenant* anzuerkennen, jede Religionsform außer der presbyterianischen zu unterdrücken und das Heer der Independenten zu entlassen. Das englische Parlament sah sich gestürzt und England Schottland unterworfen, falls diese Anträge in Kraft treten sollten. Es beeilte sich, mit Cromwell Frieden zu schließen, und überredete ihn, seine Truppen gegen die Schotten zu führen. Zweifellos war es froh, ihn in einer gewissen Entfernung und einer nicht ungefährlichen Situation zu wissen. Nachdem er während dreier Tage auf das Heer eingeredet hatte, brachte er es dazu, ihm wieder in die Schlacht zu folgen. Widerwillig genug ging es mit, und einige Anführer gelobten, wenn sie England abermals retten würden, so würde es «ihre Pflicht sein ..., Karl Stuart, diesen Mann von Geblüt, für das Blut, das er vergossen hat, zur Rechenschaft zu ziehen»[97]

XI. FINIS: 1648/49

Cromwells Energie machte kurzen Prozeß mit dem zweiten Bürgerkrieg. Während Fairfax die Royalistenaufstände in Kent niederwarf, wandte sich Oliver nach Westen und eroberte eine royalistische Festung in Wales. Die Schotten überquerten am 8. Juli den Tweed und rückten mit alarmierender Schnelligkeit bis auf vierzig Meilen an Liverpool heran. Bei Preston, in Lancashire, trafen Cromwells neuntausend Mann auf eine zweimal so große Anzahl Schotten und Königstreue und besiegten sie (17. August).

Während Cromwell und sein Heer das Parlament retteten, schmiedete dieses ein Komplott, um sich vor ihnen zu schützen, indem es erneut Unterhandlungen für die Wiedereinsetzung des Königs anknüpfte. Aber es bestand darauf, er müsse den *Covenant* unterzeichnen und durchsetzen. Doch Karl wollte nichts davon wissen. Das zurückkehrende Heer bot sich an, seine Wiedereinsetzung mit strengen Beschränkungen der königlichen Hoheitsrechte zu unterstützen; er lehnte ab (17. November). Um seiner Wiedereinsetzung durch das Parlament zuvorzukommen, nahm ihn das Heer wieder gefangen und brachte ihn in Hurst Castle, gegenüber der Insel Wight, unter. Das Parlament mißbilligte diese Tat und beschloß, die letzten Bedingungen des Königs als Basis für eine Schlichtung anzunehmen. Die Heerführer, welche mit ihrem Tod rechnen mußten, falls Karl wieder auf den Thron gelangte, erklärten, es dürfe nur solchen Leuten gestattet sein, ins Parlament zu gelangen, die immer «treu die öffentlichen Interessen vertreten» hätten. In der Frühe des 6. Dezembers umringten Oberst Thomas Pride und ein Trupp Soldaten das Unterhaus, drangen ein und schlossen hundertvierzig royalistische und presbyterianische Mitglieder aus oder hielten sie zurück; vierzig unter ihnen leisteten Widerstand und wurden eingekerkert[98]. Cromwell billigte diesen Handstreich und beteiligte sich an der Abstimmung für die unverzügliche Verurteilung und Hinrichtung des Königs.

Von den fünfhundert Mitgliedern, die 1640 das Unterhaus gebildet hatten, blieben jetzt nur noch sechsundfünfzig übrig. Dieses «Rumpfparlament» stimmte mit einer Mehrheit von sechs Stimmen einer Verordnung zu, die es als Verrat bezeichnete, wenn ein König gegen das Parlament Krieg führe. Die Lords verwarfen die Verordnung als außerhalb der Kompetenzen des Unterhauses liegend. Daraufhin erklärte das Unterhaus (4. Januar 1649), das Volk sei «Gott, dem Ursprung aller gerechten Macht, unterstellt»; das Unterhaus, welches das Volk repräsentiere, habe «die höchste Macht in dieser Nation» inne; daher hätten seine Verordnungen, auch ohne Zustimmung der Lords oder des Königs, Gesetzeskraft. Am 6. Januar ernannte es hundertfünfunddreißig Bevollmächtigte, um den König zu verhören. Einer von ihnen, Algernon Sidney, sagte zu Cromwell, sie hätten keine gesetzliche Vollmacht, einem König den Prozeß zu machen. Cromwell wurde wütend. «Ich sage euch», rief er aus, «wir werden ihm den Kopf mitsamt der Krone abschneiden.»[99] Die Heerführer unternahmen einen letzten Versuch, den Königsmord zu verhindern. Sie boten an, Karl freizusprechen, wenn er sich mit dem Verkauf der bischöflichen Güter einverstanden erkläre und darauf verzichte, gegen Parlamentsbeschlüsse das Veto einzulegen. Er sagte, er könne dies nicht tun, denn er habe geschworen, der Kirche von England treu zu bleiben. Sein Mut stand außer Frage.

Der Prozeß begann am 19. Januar 1649. Die sechzig oder siebzig Männer, die sich damit einverstanden erklärt hatten, als Richter aufzutreten, saßen auf einem erhöhten Podium am einen Ende von Westminster Hall, am anderen standen Soldaten, auf der Galerie drängten sich die Zuschauer. Karl saß allein mitten im Saal. Der Vorsitzende Beamte, John Bradshaw, verlas die Anklageschrift und ersuchte den König, sich dazu zu äußern. Karl stellte die Befugnis des Gerichtshofs, ihm den Prozeß zu machen, und dessen Behauptung, er repräsentiere das ganze englische Volk, in Abrede und sagte, die Regierung eines Rumpfparlaments, das vom Heer beherrscht werde, sei eine schlimmere Tyrannei als jede andere, die er je ausgeübt habe. Die Galerie schrie: «Gott schütze den König!» Die Kanzeln verurteilten den Prozeß; Bradshaw bangte auf der Straße um sein Leben. Prinz Karl schickte aus Holland ein Blatt Papier, das nur seinen Namenszug trug, und versprach den Richtern, sich mit jeder Bedingung, die sie über diesen Namenszug schreiben würden, abzufinden, wenn sie nur das Leben seines Vaters schonten[100]. Vier Adlige boten sich an, an Stelle von Karl zu sterben; ihr Anerbieten wurde abgelehnt[101]. Neunundfünfzig Richter, einschließlich Cromwell, unterzeichneten das Todesurteil. Am 30. Januar ging der König angesichts einer riesigen und schreckerfüllten Menge in den Tod. Sein Haupt wurde mit einem einzigen Schlag des Henkerbeils vom Rumpf getrennt. «Aus der tausendköpfigen Menge, die damals zugegen war, stieg solch ein Stöhnen auf», schrieb ein Augenzeuge, «wie ich es nie vorher vernahm und wie ich es nie mehr zu hören begehre.»[102]

War die Hinrichtung legal? Natürlich nicht. Auf Grund des damaligen Gesetzes eignete sich das Parlament gewaltsam nach und nach die königlichen Rechte an, die durch eine Tradition von Jahrhunderten geheiligt waren. Der Begriffsbestimmung nach ist eine Revolution illegal. Sie kann nur durch Verletzung des Alten zu Neuem vordringen. Karl verteidigte nach bester Überzeugung die Macht, die er von Elisabeth und Jakob geerbt hatte. Es wurde an ihm gesündigt, so gut wie er selber sündigte. Sein verhängnisvoller Irrtum lag darin, daß er nicht erkannte, daß die neue Verteilung des Reichtums zum Wohl der sozialen Stabilität eine Neuverteilung der politischen Macht verlangte.

War die Hinrichtung gerechtfertigt? Ja, sofern der Krieg gerechtfertigt ist. Wenn einmal das Gesetz durch einen bewaffneten Konflikt aufgehoben ist, mag der Besiegte um Gnade bitten; aber der Sieger kann die Todesstrafe verhängen, wenn er sie als Verhütungsmittel gegen erneuten Widerstand oder als Abschreckungsmittel für andere oder als einen Schutz für sein eigenes Leben oder dasjenige seiner Anhänger für notwendig erachtet. Vermutlich hätte ein siegreicher König Cromwell, Ireton, Fairfax und viele andere aufhängen lassen, vielleicht sogar nach vorheriger Folter, die gewöhnlich bei Leuten, welche des Verrates überführt waren, angewendet wurde.

War die Hinrichtung weise? Wahrscheinlich nicht. Cromwell glaubte offensichtlich, daß ein lebender König – mochte er auch noch so sicher eingekerkert sein – einen Ansporn zu immer neuen royalistischen Aufständen bilden könnte. Aber das gleiche galt auch für des Königs Sohn, der in Frankreich oder Holland unerreichbar blieb, von seines Vaters Fehlern bislang unbefleckt erschien und dessen Gestalt bald einmal mit romantischem Zauber verklärt werden sollte. Die Hinrichtung Karls I. führte zu einem voraussehbaren Umschwung der nationalen Gefühle, der elf Jahre später sein Haus wieder an die Macht brachte. Die spätere Geschichte läßt vermuten, daß Gnade Weisheit bedeutet hätte. Als Karls Sohn, Jakob II., das gleiche Ärgernis wie sein Vater erregte, ließ ihn die glorreiche Revolution von 1688, die mit aristokratischer Finesse durchgeführt wurde, absichtlich nach Frankreich entkommen. Und die Ergebnisse dieser Entthronung waren von Dauer. Immerhin war es der frühere Aufstand, der die endgültige Revolution mit all ihrer Raschheit und Gründlichkeit ermöglichte.

Der große Aufstand entsprach sowohl den hugenottischen Aufständen im Frankreich des 16. Jahrhunderts als auch – trotz mancherlei Unterschieden – der Französischen Revolution von 1789: Im ersten Fall war es die Erhebung eines kraftvoll-schlichten, vom Wohlstand der Kaufleute gestützten Calvinismus gegen eine ritualistische Hochkirche und eine absolutistische Regierung; im zweiten Fall die Revolte einer Nationalversammlung, die die Macht des Geldes und des Mittelstandes verkörperte, gegen eine landbesitzende Aristokratie, die von einem wohlmeinenden, aber in seine Irrtümer verstrickten Herrscher angeführt wurde. Um 1789 hatten die Engländer ihre beiden Aufstände verdaut und konnten schreckerfüllt und redereich einer Revolution beiwohnen, die, getreu ihrem Wesen, ein Land in ein Meer von Blut stürzte und einen König umbrachte, weil die Vergangenheit versucht hatte stillzustehen.

Anhang

BIBLIOGRAPHIE

Acton, John E., Lord, Lectures on Modern History. London, 1950.
Addison, Julia, Arts and Crafts in the Middle Ages. Boston, 1908.
Agricola, Georg, Zwölf Bücher vom Berg- und Hüttenwesen. Berlin, 1928.
– Mineralogische Schriften. Freyberg, 1806.
Agrippa von Nettesheim, Die Eitelkeit und Unsicherheit der Wissenschaften. Hrsg. von Fritz Mathner. München, 1913. 2 Bde.
Allen, J. W., English Political Thought, 1603 to 1660. London, 1938.
– History of Political Thought in the Sixteenth Century. London, 1951.
Aristoteles, Poetics, Loeb Classical Library. London, 1922.
Ascham, Roger, The Scholemaster. London, 1863.
Aubrey's Brief Lives, Hrsg. von O. L. Dick. Ann Arbor, Mich., 1957.

Bacon, Francis, Philosophical Works. Ed. J. M. Robertson. London, 1905.
– Works. (Hrsg.) Spedding, Ellis und Heath, 6 Bde., London, 1870
Bainton, Roland, Hier stehe ich. Das Leben Martin Luthers. Göttingen, 1952.
Bakeless, John, The Tragicall History of Christopher Marlowe. Harvard University Press, 1942.
Baqui, Baki's des größten türkischen Lyrikers Diwan. Zum ersten Male ganz verdeutscht von Joseph von Hammer-Purgstall. Wien, 1825.
Baskerville, Heltzel, und Nethercot, Elizabethan and Stuart Plays. New York, 1950.
Belloc, Hilaire, Richelieu. New York, 1929.
Bernal, J. D., Science in History. London, 1957.
Bishop, A. T., Renaissance Architecture of England. New York, 1938.
Blomfield, Sir Reginald, Short History of Renaissance Architecture in England, 1500 bis 1800. London 1923.
Boas, Frderick, Marlowe and His Circle. Oxford University Press, 1929.
Bourne, H. R. Fox, Sir Philip Sidney. New York, 1891
Bowen, Catherine Drinker, The Lion and the Throne: The Life and Times of Sir Edward Coke. New York, 1956.
Bradbrook, M. C., The School of Night: A Study in the Literary Relationships of Sir Walter Raleigh. Cambridge University Press, 1936.
Brantôme, Seigneur de, Book of the Ladies. Boston, 1902.
Brockway, Wallace, und Bart, Winer, Second Treasury of the World's Great Letters. New York, 1941.
Browne, Edward, A Literary History of Persia. Cambridge, 1929f. 4 Bde.
Browne, Sir Thomas, Religio Medici. Everyman's Library, 1951.
– Works. 6 Bde., London, 1928.
Buckel, Henry Thomas, Introduction to the History of Civilization in England. 4 Bde., New York, 1913.
Bulletin of the American Institute for Iranian Art and Archaeology. New York, 1938.
Burney, Charles, General History of Music. 2 Bde., New York, 1957.
Burton, Robert, Anatomy of Melancholy. New York, 1924.
Bury, J. B., History of Freedom of Thought. Home University Library, New York, o. J.

CALVIN, JOHANNES, Unterricht in der christlichen Religion (Institutio christianae religionis). Nach der letzten Ausgabe übers. und bearb. von Otto Weber. Neukirchen/Moers, 1955.
Cambridge History of English Literature. 14 Bde., New York, 1910.
Cambridge Modern History. 12 Bde., New York, 1907f.
CARLYLE, R. W., History of Medieval Political Theory in the West. 6 Bde., Edinburgh, 1928.
CARLYLE, THOMAS, Oliver Cromwell's Letters and Speeches. 4 Bde., New York, 1901.
CHAMBERS, E. K., The Elizabethan Stage. 4 Bde., Oxford University Press, 1951.
– William Shakespeare. 2 Bde., Oxford University Press, 1930.
CHURCH, R. W., Spenser. New York, 1879.
CHURCHILL, WINSTON S., History of the English-Speaking Peoples. 3 Bde., London, 1957.
CHUTE, MARCHETTE, Ben Jonson of Westminster. New York, 1953.
– Shakespeare of London. New York, 1953.
CLARENDON, EARL OF, History of the Rebellion. 8 Bde., Oxford, 1826.
CLARK, BARRETT H., Great Short Biographics of the World. New York, 1928.
Concilium Tridentinum. Diariorum, Actorum, Epistolarum, Tractatum Nova Collectio. Ed. Societas Goerresiana. Freiburg i. Br., 1901–1938. 13 Bde.
COPERNICUS, NICOLAUS, Über die Kreisbewegungen der Weltkörper. Übers. und mit Anmerkungen von C. L. Menzzer. Thorn, 1879.
CREIGHTON, MANDELL, Queen Elizabeth. London, 1927.
CROCE, BENEDETTO, Ariosto, Shakespeare, and Corneille. New York, 1920.

D'ALTON, REV. E. A., History of Ireland. 6 Bde., Dublin, o. J.
DAVIES, R. TREVOR, The Golden Age of Spain. London, 1954.
DENOIRESTERRES, GUSTAVE, Voltaire et la société française au XVIIIe siècle. 8 Bde., Paris, 1871.
DONNE, JOHN, Poems. Everyman's Library.
DUNNING, W. A., History of Political Theories from Luther to Montesquieu. New York, 1905.

EDDY, SHERWOOD, The Challenge of Europe. New York, 1933.
EINSTEIN, LEWIS, The Italian Renaissance in England. Columbia University Press, 1935.
Encyclopaedia Britannica. 14. Ausgabe.
ERASMUS VON ROTTERDAM, In Novum Testamentum Annotationes. Basel, 1542, 1547.
– Colloquia Familiaria et Encomium Moriae. Leipzig, 1892f. 2 Bde.

FIGGIS, J. N., From Gerson to Grotius. Cambridge University Press, 1916.
FINKELSTEIN, LOUIS, u. a., The Jews: Their History, Culture, and Religion. New York, 1949. 2 Bde.
FIRTH, SIR CHARLES, Oliver Cromwell and the Rule of the Puritans in England. Oxford University Press, 1953.
FÖRSTEMANN, JOSEPH und OTTO GÜNTHER, Briefe an Desiderius Erasmus von Rotterdam. Beihefte zum Zentralblatt für Bibliothekswesen XXVII. Leipzig, 1904.
FOSDICK, HARRY EMERSON (Hrsg.), Great Voices of the Reformation. New York, 1952.
FRANCE, ANATOLE, The Gods Are Athirst. New York, 1913.
FRENCH, ALLEN, Charles I and the Puritan Upheaval. Boston, 1955.
FRIEDELL, EGON, Cultural History of the Modern Age. New York, 1930.

Froissart, Sir John, Chronicles. London, 1848. 2 Bde.
Froude, J. A., Reign of Elizabeth. 5 Bde., Everyman's Library.
– Reign of Henry VIII. 3 Bde., Everyman's Library.
– Reign of Edward VI. Everyman's Library.
Fülöp-Miller, Rene, Die die Welt bewegten. Salzburg, 1952.

Gardiner, Samuel, R., History of England 1603–1642. 10 Bde., London, 1889–1893.
Garnett, Richard und Edmund Gosse, English Literature. 4 Bde., New York, 1908.
Garrison, F., History of Medicine. Philadelphia, 1929.
Gasquet, Francis, Henry VIII and the English Monasteries. 2 Bde., London, 1888.
Goethe, Johann Wolfgang von, Wilhelm Meisters Lehrjahre.
Gooch, G. P., English Democratic Ideas in the Seventeenth Century. Cambridge University Press, 1927.
Graetz, Heinrich, Geschichte der Juden. 2. Aufl. Leipzig. 1875. 9 Bde.
Green, J. R., Short History of the English People. 3 Bde., London, 1898.

Hafis, Der Diwan des Schemsed-din Hafis. Übers. von Joseph von Hammer-Purgstall. Stuttgart und Tübingen, 1812–1813. 2 Teile. – Übers. von G. F. Daumer. Hamburg, 1856. – Übers. von Friedrich Bodenstedt. Berlin, 1877. – Übers. von Friedrich Fischbach. Mainz, 1898. – Nachdichtungen von Hans Bethge. Leipzig, o. J.
Hallam, Henry, Constitutional History of England. 3 Bde., New York, 1862.
– Introduction to the Literature of Europe in the Fifteenth, Sixteenth, and Seventeenth Centuries. 4 Bde. in 2, New York, 1880.
Hammerton, J. A., Outline of Great Books. New York, 1937.
Hauser, Arnold, The Social History of Art. 2 Bde., New York, 1952.
Haydn, Hiram, The Counter-Renaissance. New York, 1950.
– The Portable Elizabethan Reader. New York, 1946.
Herrick, Robert, Poems. Everyman's Library.
History Today. London.
Holzknecht, Karl, Backgrounds of Shakespeare's Plays. New York, 1950.
Hooker, Richard, Works. 3 Bde., Oxford, 1888.
Hughes, Philip, The Reformation in England. 2 Bde., London, 1952f.
Hume, David, History of England. 5 Bde., Philadelphia, o. J.

Ibn Chaldun, Ausgewählte Abschnitte aus der muquddima. Übers. von Annemarie Schimmel. Tübingen, 1951.
Ibn Chaldun und Abd-Al-Rahman, Les prolégomènes. Traduit en français par M. de Slane. Paris, 1934. 3 Bde.
Ignatius von Loyola, Lebenserinnerungen. Übers. von Alfred Feder. Regensburg, 1922.
– Geistliche Übungen. Übers. von Alfred Feder. 5. Aufl. Regensburg, 1932.

James, B. B., Women of England. Philadelphia, 1908.
James, W., Die religiöse Erfahrung in ihrer Mannigfaltigkeit. Leipzig, 1907.
Janssen, Johannes, Geschichte des deutschen Volkes seit dem Ausgang des Mittelalters. 1.–12. Aufl. Freiburg i. Br., 1878–1894. 8 Bde.
John, Evan, King Charles I. London, 1952.
Jonson, Ben, Plays. 3 Bde., London, 1894.

KELLOG, J. H., The New Dietetics. Battle Creek, Mich. 1927.
KESTEN, HERMANN, Copernicus und seine Welt. München, 1953.
KIESEWETTER, CARL, Faust in der Geschichte und Tradition. Berlin, 1921.
KLJUTSCHEWSKIJ, WASSILIJ, Geschichte Rußlands. Stuttgart, 1925–1926. 4 Bde.
KNOX, JOHN, History of the Reformation in Scotland. 2 Bde., New York, 1950.

LANG, ANDREW, History of Scotland. 4 Bde., Edinburgh, 1902.
– The Mystery of Mary Stuart. London, 1901.
LEA, H. C., Studies in Church History. Philadelphia, 1883.
LECKY, W. E., History of the Rise and Influence of the Spirit of Rationalism in Europe. 2 Bde., London, 1910.
LEE, SIDNEY, A Life of William Shakespeare. London, 1901.
LEONARDO DA VINCI, Tagebücher und Aufzeichnungen. Übers. von Th. Lücke. Zürich, 1952.
LINGARD, JOHN, History of England. 9 Bde., London, 1855.
LIPSON, E., Growth of English Society. London, 1949.
LOVELACE, RICHARD, Poems. Oxford, 1930.
LUTHER, MARTIN, Werke. Kritische Gesamtausgabe. Bde. I–LVIII, 1. Weimar, 1883–1948. Ist nichts anderes vermerkt, wird nach dieser Ausgabe zitiert.
LYLY, JOHN, Euphues: The Anatomy of Wit. London, 1928.

MACAULAY, THOMAS BABINGTON, Critical and Historical Essays. 2 Bde., Everyman's Library.
– History of England. 4 Bde., Everyman's Library.
MCCABE, JOSEPH, Candid History of the Jesuits. New York, 1913.
MACLAURIN, C., Mere Mortals. New York, 1925.
MANTZIUS, KARL, History of Theatrical Art. 6 Bde., London, 1903f.
MARKUN, LEO, Mrs. Grundy: A History of Four Centuries of Morals. New York, 1930.
MARLOWE, CHRISTOPHER, Works. London, 1948.
MAROT, CLEMENT, Epigramme. Übers. von Margarete Beutler. München, 1908.
MENCKEN, H. L., New Dictionary of Quotations. New York, 1942.
MERRIMAN, R. B., Suleiman the Magnificent. Harvard, 1944.
MICHELET, JULES, Histoire de France. 5 Bde., J. Hetzel et Cie., Paris, o. J.
MORLEY, JOHN, Oliver Cromwell. New York, 1902.
MUIR, EDWIN, John Knox, London, 1920.
MUIR, KENNETH (Hrsg.), Elizabethan and Jacobean Prose. Pelican Books, 1956.

NEALE, J. E., Queen Elizabeth. London, 1954.
NICHOL, J., Francis Bacon. Edinburgh, 1907.
NUSSBAUM, F. L., History of the Economic Institutions of Modern Europe. New York, 1937.

Oxford History of Music. 7 Bde., Oxford, 1929f.

PARACELSUS, Sämtliche Werke. Kritische Gesamtausgabe, hrsg. von Karl Südhoff, 14 Bde., 1923–1933.
– Sämtliche Werke. Übers. und hrsg. von Bernhard Aschner. Jena, 1926. 4 Bde.
– Das Buch Paragranum. Hrsg. von Franz Strunz. Leipzig, 1903.

PASTOR, LUDWIG VON, Geschichte der Päpste seit dem Ausgang des Mittelalters. 8.–13. Aufl. Freiburg i. Br., 1955ff. 16 Bde.
– History of the Popes. 22 Bde., St. Louis, 1898f.
PETERSON, HOUSTON (Hrsg.), Treasury of the World's Great Speeches. New York, 1954.
PRINZMETAL, MYRON und WILLIAM WINTER, Heart Attack. New York, 1958.
PUTNAM, G. H., The Censorship of the Church of Rome. 2 Bde., New York, 1906.

RABELAIS, Des François Rabelais weiland Arznei-Doktors und Pfarrers zu Meudon Gargantua und Pantagruel verdeutsch von Engelbert Hegaur und Dr. Owlglaß. 2. Aufl. München, 1955.
RALEIGH, SIR WALTER, Selections. Oxford, 1917.
– Shakespeare. London, 1950.
RANKE, LEOPOLD VON, Die Geschichte der Päpste, hrsg. von W. Andreas. Wiesbaden-Berlin, 1957.
READ, CONYERS, Mr. Secretary Cecil and Queen Elizabeth. London, 1955.
RENARD, G. und G. WEULERSEE, Life and Work in Modern Europe. London, 1926.
RICKARD, T. A., Man and Metals. 2 Bde., New York, 1932.
ROBERTSON, J. M., Short History of Freethought. 2 Bde., London, 1914.
ROBINSON, J. H., Readings in European History. Boston, 1906.
ROCKER, RUDOLF, Nationalism and Culture. Los Angeles, 1937.
ROEDER, RALPH, Catherine de' Medici and the Lost Revolution. New York, 1937.
ROGERS, J. E., Economic Interpretation of History. London, 1891.
– Six Centuries of Work and Wages. New York, 1890.
RONSARD, PIERRE DE, Sonnets d'amour – Sonette der Liebe. Übers. von F. und H. W. Faßbinder. Mainz, o. J.

SACHS, HANS, Ausgewählte Werke. Leipzig, 1923–1924. 2 Bde.
SAINTE-BEUVE, CHARLES A., Portraits of the Seventeenth Century. 2 Bde., New York, 1904.
SAINTSBURY, GEORGE, History of Elizabethan Literature. London, 1893.
SARTON, GEORGE, Introduction to the History of Science. 5 Bde., Baltimore, 1930f.
SCHAFF, PHILIP, The German Reformation. 2 Bde., Edinburgh, 1888.
– The Swiss Reformation. 2 Bde., Edinburgh, 1893.
SCHUSTER, M. LINCOLN (Hrsg.), Treasury of the World's Great Letters. New York, 1940.
SÉE, HENRI, Modern Capitalism. New York, 1928.
SHAKESPEARE, Plays. Hrsg. von W. A. Wright. Garden City, N. Y., 1936. (Die deutschen Zitate sind der Schlegel-Tieckschen Übersetzurg entnommen.)
Shakespeare's England. 2 Bde., Oxford University Press, 1950.
SHAW, GEORGE BERNARD, Man and Superman. New York, 1914.
SIDNEY, SIR PHILIP, Works. 4 Bde., Cambridge University Press, 1939.
SIGERIST, HENRY E., Große Ärzte. München, 1932.
– The Great Doctors. New York, 1933.
SINGER, CHARLES (Hrsg.), Studies in the History and Method of Science. Bd. I, Oxford, 1917.
SMITH, PRESERVED, The Age of the Reformation. New York, 1920.
– History of Modern Culture. 2 Bde., New York, 1930.
SPEDDING, J., Life and Times of Francis Bacon. 2 Bde., London, 1878.
SPENSER, EDMUND, Poetical Works. Oxford University Press. 1935.

STRACHEY, LYTTON, Elizabeth and Essex. New York, 1929.
SYKES, SIR PERCY, History of Persia. London, 1921. 2 Bde.
SYMONDS, J. A., Shakespeare's Predecessors in the English Drama. London, 1904.

TAINE, HIPPOLYTE, History of English Literature. Übers. von Henry Van Laun. New York, 1873.
TAWNEY, R. H., Religion and the Rise of Capitalism. New York, 1926.
THOMPSON, J. W., Economic and Social History of Europe in the Later Middle Ages. New York, 1931.
THORNDIKE, LYNN, History of Magic and Experimental Science. 6 Bde., New York, 1929f.
THORNTON, J. C., Table Talk, from Ben Jonson to Leigh Hunt. Everyman's Library.
TOYNBEE, ARNOLD J., JR., A Study of History. 10 Bde., Oxford University Press, 1935f.
TRAILL, H. D., Social England. 6 Bde., New York, 1902.
TREND, J. B., The Civilization of Spain. Oxford University Press, 1952.
TREVELYAN, G. M., English Social History. London, 1947.
TRITHEMIUS, Johannis Trithemii Spanheimensis ... Chronica. Frankfurt a. M., MDCI.

VAN DOREN, MARK (Hrsg.), Anthology of World Poetry. New York, 1928.
VASARI, G., Leben der ausgezeichnetsten Maler, Bildhauer und Baumeister von Cimabue bis zum Jahre 1567. Hrsg. von Ludwig Schorn. Stuttgart-Tübingen, 1832ff. 6 Bde.
Vesalii Andreae Opera Omnia. Leiden, 1725. 2 Bde.

WALLACE, WILLARD, Sir Walter Raleigh. Princeton University Press, 1959.
WALSH, JAMES J., The Popes and Science. New York, 1913.
WEBER, MAX, The Protestant Ethic and the Spirit of Capitalism. London, 1948.
WEBSTER und FORD, Plays. Everyman's Library.
WILLIAMS, CHARLES, James I. London, 1951.
WILLIAMS, F. B., Elizabethan England. Boston, 1939.
WOLF, A., History of Science, Technology, and Philosophy in the Sixteenth and Seventeenth Centuries. New York, 1935.
– History of Science, Technology, and Philosophy in the Eighteenth Century. New York, 1939.
WRIGHT, THOMAS, History of Domestic Manners and Sentiments in England during the Middle Ages. London, 1862.
– Womankind in Western Europe. London, 1869.

ZWEIG, STEFAN, Maria Stuart. Wien, 1935.
ZWINGLI, HULDRYCH, Werke. Erste vollständige Ausg. hrsg. von M. Schuler und J. Schultheß, Zürich, 1828–1842. 8 Bde.

ANMERKUNGEN

I. BUCH, 1. KAPITEL

[1] Kljutschewskij, *Geschichte Rußlands*, Bd. II, S. 180, 199.

I. BUCH, 2. KAPITEL

[1] *Bulletin of the American Institute for Iranian Art*, Juni 1938, S. 248ff. – [2] Hafis (Fischbach), S. 114. – [3] *Der Diwan* (Hammer), I. Teil, S. 100. – [4] *Der Sänger von Schiras* (Bodenstedt), S. 36. – [5] *Lieder des Hafis* (Daumer), S. 36f. – [6] *Der Sänger von Schiras* (Bodenstedt), S. 165f. – [8] Dawlathshah bei Browne, *Literary History of Persia*, Bd. III, S. 501. – [9] Froissart, *Chronicles*, IV. Buch, S. 90. – [10] *Joseph und Suleicha* (Rosenzweig), S. 16f. – [11] ebd., S. 27. – [12] Sykes, *History of Persia*, Bd. II, S. 155. – [13] Ibn Chaldun (Schimmel), S. 1. – [14] ebd., S. 9. – [15] Ibn Chaldun, *Prolégomènes*, Bd. I, S. 12. – [16] ebd., Bd. I, S. 67. – [17] Ibn Chaldun (Schimmel), S. 74ff. – [18] *Prolégomènes*, Bd. III, S. 44. – [19] Ibn Chaldun (Schimmel), S. 60.

I. BUCH, 3. KAPITEL

[1] Merriman, *Suleiman the Magnificent*, S. 190. – [2] *Baki's ... Diwan* (Hammer), S. 36ff. – [3] *Werke*, Bd. VI., S. 459.

I. BUCH, 4. KAPITEL

[1] Graetz, *Geschichte der Juden*, Bd. VIII, S. 130. – [2] Roth bei Finkelstein u. a., *The Jews*, S. 239. – [3] Zwingli, *Werke*, Bd. V, S. 549. – [4] Graetz, *Geschichte*, Bd. IX, S. 278. – [5] ebd., S. 286. – [6] ebd., S. 190f. – [7] ebd., S. 277. – [8] ebd., S. 296. – [9] ebd., Bd. VIII, S. 345. – [10] ebd., Bd. VII, S. 17.

II. BUCH, 1. KAPITEL

[1] Agricola, *Zwölf Bücher*, S. 77f. – [2] Erasmus, *Colloquia familiaria*, Bd. I, S. 203ff. – [3] Kesten, *Copernicus*, S. 44. – [4] Luther, *Tischreden*, Bd. I, S. 279. – [5] Starkey, *Dialogue between Reginald Pole and Thomas Lupset*, London, 1871, bei Allen, *Political Thought*, S. 149. – [6] Luther, *Werke*, Bd. XV., S. 310f. – [7] Janssen, Bd. III, S. 65. – [8] Luther, *Tischreden*, Bd. IV, S. 664. – [9] Froude, *Edward VI*, S. 265. – [10] Rabelais, *Gargantua*, S. 26.

II. BUCH, 2. KAPITEL

[1] Bainton, S. 296. – [2] Erasmus, *Annotationes* (1542), S. 532f.

II. BUCH, 3. KAPITEL

[1] Luther, *Werke*, Bd. XV, S. 51. – [2] Janssen, Bd. II, S. 294. – [3] Luther, *Werke*, Bd. XV, S. 52. – [4] Marot, *Epigramme*. – [5] Förstemann-Günther, *Briefe an Desiderius Erasmus von Rotterdam*, S. 216. – [6] Rabelais, *Gargantua und Pantagruel*. Alle Zitate dieses Abschnitts sind dieser Übersetzung entnommen. – [7] Ronsard, *Sonette der Liebe*, S. 69. – [8] Feist, *Ewiges England*, S. 87. – [9] Sachs, *Werke*, Bd. I, S. 8. – [10] übertragen von Menfred Gsteiger.

II. BUCH, 4. KAPITEL

[1] Luther, *Werke* (Erlangen), Bd. LVI, S. 297; Bd. XXIX, S. 143. – [2] Janssen, Bd. VI, S. 37. – [3] Calvin, *Unterricht*, S. 47f. – [4] Vasari, Bd. II, S. 355. – [5] dto.

II. BUCH, 5. KAPITEL

[1] Kesten, *Copernicus*, S. 107. – [2] Kiesewetter, *Faust in der Geschichte*, S. 27. – [3] Joh. Trithemii, *Chronica*, S. 572f. – [4] ebd., S. 573f. – [4] Agrippa, *Die Eitelkeit ... der Wissenschaften*, Bd. I, S. 4ff., 18, 22. – [6] Leonardo, *Tagebücher und Aufzeichnungen*, S. 189, 200. – [7] Kesten, S. 143. – [8] ebd., S. 163. – [9] ebd., S. 179f. – [10] Luther, *Tischreden*, Bd. IV, S. 575. – [11] Kesten, S. 319. – [12] ebd., S. 303. – [13] ebd., S. 304f. – [14] Copernicus, *Über die Kreisbewegungen ...*, S. 4. – [15] ebd., S. 15. – [16] ebd., S. 26ff. – [17] Georg Agricola, *Mineralogische Schriften*, Bd. I, S. 202ff. – [18] der Indonesier R. I. Mantiri hat nachzuweisen versucht, Magalhães sei auf Mactan nicht getötet worden, sondern habe vorgezogen, dort zu bleiben und auf Celebes ein Königreich zu gründen; seine Argumentation vermag aber nicht zu überzeugen. – [19] Sigerist, *Große Ärzte*, S. 89. – [20] Vesalius, *Opera*, Bd. I, Praefatio. – [21] ebd., S. 2. – [22] dto. – [23] Sigerist, *Große Ärzte*, S. 94. – [24] Paracelsus, *Sämtliche Werke*, Bd. I, S. 109. – [25] ebd., S. 542. – [26] Sudhoff (Hrsg.) *Paracelsus*, S. 28ff. – [27] ebd., S. 32. – [28] ebd., S. 31. – [29] Rokker, *Nationalism and Culture*, S. 134.

III. BUCH, 1. KAPITEL

[1] Pastor, Bd. V, S. 4. – [2] ebd., Bd. IV, II. Buch, S. 623. – [3] Carpacciolus bei Ranke, *Geschichte der Päpste*, Bd. I, S. 175. – [4] Pastor, Bd. V, S. 97. – [5] ebd., S. 120f. – [6] ebd., S. 127. – [7] Fülöp-Miller, *Die die Welt bewegten*, S. 432. – [8] ebd., S. 437. – [9] James, *Religiöse Erfahrung*, S. 385. – [10] Fülöp-Miller, S. 462. – [11] James, S. 381f. – [12] Fülöp-Miller, S. 488. – [13] ebd., S. 498. – [14] ebd., S. 516. – [15] Ignatius von Loyola, *Lebenserinnerungen*, S. 46. – [16] dto., Geistliche Übungen, S. 166.

III. BUCH, 2. KAPITEL

[1] Pastor, Bd. IV, I. Buch, S. 5. – [2] ebd., S. 4. – [3] ebd., Bd. VI, S. 369. – [4] Ranke, *Geschichte der Päpste*, S. 95. – [5] Pastor, Bd. V, S. 713. – [6] ebd., Bd. VI, S. 526f. – [7] ebd., S. 537. – [8] dto. – [9] *Concilium Tridentinum*, Bd. IX, S. 105.

IV. BUCH, 1. KAPITEL

[1] Froude, *Reign of Elizabeth*, Bd. I, S. 11. – [2] Neale, *Queen Elizabeth*, S. 26. – [3] ebd., S. 37. – [4] Froude, Bd. I, Einführung. – [5] Read, *Mr. Secretary Cecil and Queen Elizabeth*, S. 32. – [6] ebd., S. 119. – [7] Hughes, *The Reformation in England*, Bd. III, S. 46. – [8] Froude, *Elizabeth*, Bd. III, S. 306. – [9] Froude, Bd. I, S. 448. – [10] Barnes, *Economic History of the Western World*, S. 205. – [11] Hallam, *Constitutional History of England*, Bd. I, S. 245. – [12] Lingard, *History of England*, Bd. VI, S. 324. – [13] Christopher Hatton in *Shakespeare's England*, Bd. I, S. 80. – [14] Neale, S. 61. – [15] ebd., S. 75f. – [16] *Shakespeare's England*, Bd. I, S. 5. – [17] Neale, S. 386. – [18] Froude, Bd. I, S. 120. – [19] *Cambridge Modern History*, Bd. III, S. 289. – [20] Froude, Bd. IV, S. 62. – [21] Thornton, *Table Talk from Ben Jonson to Leigh Hunt*, S. 9. – [22] Hallam, Bd. I, S. 133. – [23] Neale, S. 80. – [24] Read, S. 363. – [25] Froude, Bd. II, S. 84. – [26] *Cambridge Modern History*, Bd. II, S. 582. – [27] Froude, Bd. I, S. 300. – [28] ebd., S. 103. – [29] ebd., S. 491. – [30] Creighton, *Queen Elizabeth*, S. 254. – [31] Church, *Spenser*, S. 116. – [32] Lingard, Bd. VI, S. 321. – [33] Aubrey, *Brief Lives*, S. 305. – [34] Chute, *Chakespeare of London*, S. 145. – [35] Bacon, *Philosophical Works*, S. 869; Apophthegm, S. 55. – [36] Froude, Bd. V, S. 206. – [37] Hayward

in Muir, *Elizabethan and Jacobean Prose*, S. 1. – [38] Chute, *Ben Jonson*, S. 164. – [39] Froude, Bd. I, S. 8, 14. – [40] ebd., S. 145; Bd. II, S. 338; Allen, *History of Political Thought in the Sixteenth Century*, S. 199f. – [41] Ascham, *The Scholemaster*, S. 81. – [42] Froude, Bd. III, S. 4. – [43] Taine, *English Literature*, S. 160. – [44] Smith, *The Age of the Reformation*, S. 634. – [45] Robertson, *Short History of Freethought*, Bd. II, S. 5f. – [46] Bradbrook, *The School of Night*, S. 7; Boas, *Marlowe and his Circle*, S. 90; ferner die Ausgabe von *Love's Labour's Lost* durch A. T. Quiller Couch und J. Dover Wilson, London, 1923. – [47] Bradbrook, S. 39. – [48] ebd., S. 12. – [49] Robertson, *Freethought*, Bd. II, S. 10. – [50] Green, *Short History of the English People*, Kap. 7, Abt. 3. – [51] Froude, Bd. I, S. 183; Bd. IV, S. 65; Bd. V, S. 228. – [52] ebd., Bd. IV, S. 385f. – [53] *Cambridge Modern History*, Bd. II, S. 562. – [54] Chute, *Ben Jonson*, S. 19. – [55] Roeder, *Catharina de' Medici*, S. 492. – [56] Froude, Bd. IV, S. 119; Neale, S. 215. – [57] Payne, *The Anabaptists of the 16th Century*, S. 19; Lingard, Bd. VI, S. 170. – [58] Pastor, *History of the Popes*, Bd. XVI, S. 250. – [59] McCabe, *Candid History of the Jesuits*, S. 150. – [60] Froude, Bd. I, S. 329. – [61] ebd., Bd. II, S. 345; Hughes, Bd. III, S. 159. – [62] Macaulay, *Critical and Historical Essays*, Bd. I, S. 6; *Cambridge Modern History*, Bd. III, S. 349. – [63] Lingard, Bd. VI, S. 122. – [64] Hughes, Bd. III, S. 289. – [65] Pastor, Bd. XIX, S. 441f. – [66] dto. – [67] MacCabe, *Candid History*, S. 148. – [68] ebd., S. 150. – [69] Froude, Bd. IV, S. 284. – [70] ebd., S. 294f. – [71] Lingard, Bd. VI, S. 165; Froude, Bd. IV, S. 297. – [72] Pastor, Bd. XIX, S. 458. – [73] Hughes, Bd. III, S. 325f. – [74] Neale, S. 265. – [75] Hughes, Bd. III, S. 363; Williams, *Elizabethan England*, S. 10. – [76] Froude, Bd. V, S. 238. – [77] Hughes, Bd. III, S. 380; Neale, S. 299. – [78] Hallam, Bd. I, S. 169; Lingard, Bd. VI, S. 257. – [79] Hughes, Bd. III, S. 392ff. – [80] Allen, *History of Political Thought in the Sixteenth Century*, S. 216f.; Hallam, Bd. I, S. 190. – [81] Hallam, Bd. I, S. 198. – [82] Hughes, Bd. III, S. 408. – [83] Lea, *Studies in Church History*, S. 508. – [84] Neale, S. 178. – [85] Hallam, Bd. I, S. 205. – [86] *Cambridge Modern History*, Bd. III, S. 345. – [87] Walton, *Life of Richard Hooker*, in Clark, *Great Short Biographies of the World*, S. 556. – [88] Hooker, *Works: Laws of Ecclesiastical Polity*, Bd. I, X. Buch, S. 4, 8. – [89] ebd., Bd. VIII, VI. Buch, S. 11. – [90] ebd., Bd. I, I. Buch, S. 1. – [91] Froude, Bd. IV, S. 237. – [92] ebd., S. 191. – [93] D'Alton, *History of Ireland*, Bd. III, S. 199. – [94] Froude, Bd. IV, S. 233, 236. – [95] ebd., S. 233. – [96] Froude, Bd. II, S. 466. – [97] *Encyclopaedia Britannica*, 14. Aufl., Bd. XV, S. 788b. – [98] Froude, Bd. II, S. 211. – [99] Nussbaum, *History of the Economic Institutions of Modern Europe*, S. 122; Froude, Bd. II, S. 468. – [100] Barnes, *Economic History*, S. 265. – [101] Acton, *Lectures on Modern History*, S. 152; Davies, *The Golden Age of Spain*, S. 212; Froude, Bd. III, S. 309; Bd. V, S. 37. – [102] Froude, Bd. V, S. 344. – [103] ebd., S. 400. – [104] Michelet, *Histoire de France*, Bd. IV, S. 4. – [105] Froude, Bd. V, S. 413. – [106] ebd., S. 430f. – [107] Spedding, *Life and Times of Francis Bacon*, Bd. I, S. 56. – [108] Strachey, *Elizabeth and Essex*, S. 173. – [109] in Eddy, Sherwood, *The Challenge of Europe*, S. 205. – [110] Strachey, *Elizabeth and Essex*, S. 6. – [111] Clarendon, *Robert Devereux und George Villiers*, in Clark, *Great Short Biographies*, S. 603. [112] Spedding, Bd. I, S. 21. – [113] ebd., S. 179. – [114] ebd., S. 56. – [115] Strachey, S. 65. – [116] Spedding, Bd. I, S. 231. – [117] Spedding, Anmerkung zu Rawley's *Life of Bacon*, in Bacon, *Philosophical Works*, S. 3. – [118] Strachey, S. 172; Spedding, *Life of Bacon*, Bd. I, S. 227; Creighton, *Queen Elizabeth*, S. 279. – [119] Holzknecht, *Backgrounds of Shakespeare's Plays*, S. 301; Chambers, *William Shakespeare*, Bd. I, S. 354; Strachey, S. 241. – [120] Spedding, Bd. I, S. 343ff. – [121] Strachey, S. 264f. – [122] Creighton, S. 295. – [123] Strachey, S. 279. – [124] in Muir, *Elizabethan and Jacobean Prose*, S. 39. – [125] ebd., S. 40. – [126] Shakespeare, *Hamlet*, III. Aufzug, 3. Szene, Vers 15–23. – [127] Bacon, *Advancement of Learning*, Preface to the King. – [128] Shakespeare, *Heinrich VIII.*, V. Aufzug, V. Szene, Vers 18.

IV. BUCH, 2. KAPITEL

[1] ein Ausdruck unbekannten Ursprungs, seit 1300.; Mencken, *New Dictionary of Quotations*, S. 343. – [2] Bernal, *Science in History*, S. 284; Wolf, *History of Science in the Eighteens Century*, S. 630. – [3] Trevelyan, *English Social History*, S. 191. – [4] Rogers, *Economic Interpretation of History*, S. 38; Traill, *Social England*, Bd. III, S. 365; Froude, *Henry VIII*, Bd. I, S. 19; Lipson, *Growth of English Society*, S. 157f. – [5] *Shakespeare's England*, Bd. I, S. 320. – [6] Rogers, *Economic Interpretation*, S. 37; Rogers, *Six Centuries of Work and Wages*, S. 84, 88, 100. – [7] Ranard und Weulersee, *Life and Work in Modern Europe*, S. 94; *Shakespeare's England*, Bd. I, S. 331. – [8] Creighton in Traill, Bd. III, S. 373. – [9] Gasquet, *Henry VIII and the English Monasteries*, Bd. II, S. 515n. – [10] Smith, *Age of the Reformation*, S. 476. – [11] Beard, *Toward Civilization*, S. 227. – [12] Trevelyan, *Social History*, S. 160f. – [13] Wolf, *History of Science in the Sixteenth and Seventeenth Centuries*, S. 614. – [14] Thompson, *Economic and Social History of Europe in the Later Middle Ages*, S. 497. – [15] Sée, *Modern Capitalism*, S. 55. – [16] Trevelyan, *Social History*, S. 120. – [17] Sarton, *Introduction to the History of Science*, Bd. IIIa, S. 324. – [18] Addison, *Arts and Crafts in the Middle Ages*, S. 26. – [19] Froude, *Elizabeth*, Bd. II, S. 88. – [20] Chute, *Shakespeare of London*, S. 63. – [21] Ascham, *Scholemaster*, S. 71ff. und Schluß. – [22] Einstein, *Italian Renaissance in England*, S. 160. – [23] Hughes, Bd. III, S. 137. – [24] Haydn, *The Counter-Renaissance*, S. 362. – [25] *Cambridge Modern History*, Bd. III, S. 362. – [26] Chute, *Ben Jonsons*, S. 41. – [27] Trend, *Civilization of Spain*, S. 110. – [28] Hughes, Bd. III, S. 144. – [29] *Shakespeare's England*, Bd. I, S. 416. – [30] Froude, *Elizabeth*, Bd. V, S. 462. – [31] Trevelyan, *Social History*, S. 140. – [32] Lingard, Bd. VI, S. 323. – [33] Shakespeare, *König Lear*, IV. Aufzug, VI. Szene. – [34] Lingard, Bd. VI, S. 323. – [35] Hallam, Bd. I, S. 35. – [36] *Shakespeare's England*, Bd. I, S. 398. – [37] Froude, *Elizabeth*, Bd. IV, S. 122f.; *Shakespeare's England*, Bd. I, S. 400. – [38] Hallam, Bd. I, S. 234; Spenser, *Poetical Works*, Einführung. – [39] Browne, *Religio Medici*, Einführung. – [40] Garrison, *History of Medicine*, S. 819. – [41] Bacon, Essay «Of Gardens», in *Philosophical Works*, S. 191. – [42] Shakespeare, *Kaufmann von Venedig*, I. Aufzug, II. Szene. – [43] dto., *Viel Lärm um nichts*, III. Aufzug, IV. Szene. – [44] Holzknecht, S. 44. – [45] Philip Stubbs in James, *Women of England*, S. 250. – [46] Wright, *Womankind in Western Europe*, S. 334. – [47] Shakespeare, *Kaufmann von Venedig*, III. Aufzug, II. Szene. – [48] *Shakespeare's England*, Bd. II, S. 94. – [49] Wright, *History of Domestic Manners and Sentiments in England*, S. 456. – [50] James, *A Counterblast to Tobacco* (1604), in Muir, S. 89. – [51] McKinney und Anderson, *Music in History*, S. 278. – [52] *Oxford History of Music*, Bd. II, S. 221. – [53] ebd., S. 208. – [54] Haydn, *The Portable Elizabethan Reader*, S. 666. – [55] Burney, *General History of Music*, Bd. II, S. 306. – [56] in der National Portrait Gallery, London. – [57] Blomfield, *Short History of Renaissance Architecture in England*, S. 37. – [58] Bishop, *Renaissance Architecture of England*, S. 34; Blomfield, S. 86. – [59] dto. – [60] Haydn, *Counter-Renaissance*, S. 13.

IV. BUCH, 3. KAPITEL

[1] Burton, *Anatomy of Melancholy*, S. 7. – [2] *Shakespeare's England*, Bd. II, S. 183. – [3] Putnam, *Censorship of the Church of Rome*, Bd. II, S. 258. – [4] *Shakespeare's England*, Bd. II, S. 217. – [5] *Cambridge History of English Literature*, Bd. III, S. 369. – [6] Garnett und Gosse, *English Literature*, Bd. II, S. 68. – [7] *Cambridge History of English Literature*, Bd. III, S. 372. – [8] Ascham, *Scholemaster*, S. 17ff. – [9] Haydn, *Portable Elizabethan Reader*, S. 183. – [10] Lyly, *Euphues: The Anatomy of Wit*, S. 33. – [11] Greene, *A Groats-worth of Wit Bought with a Million of Repentance*, in Taine, *English Literature*, S. 168. – [12] in Muir, S. 28. – [13] Symonds, *Shakespeare's Predecessors*, S. 435. – [14] Saintsbury, *History of Elizabethan Literature*, S. 233. – [15] Bourne, *Sir Philip Sidney*, S. 15. – [16] Aubrey's *Brief Lives*, S. 278. – [17] Bourne, S. 115. – [18] ebd., S. 27ff. – [19] ebd., S. 277. – [20] Sidney, *Works: Defense of Poetry*, S. 9. – [21] Sidney, *Works*, Bd. III, S. 14. – [22] ebd.,

Bd. I, S. 7. – [23] ebd., Bd. I, S. 16. – [24] *Defense of Poetry*, S. 41. – [25] Sidney, Sonett XXXI. – [26] Bourne, S. 326. – [27] in Haydn, *Elizabethan Reader*, S. 394. – [28] Bourne, S. 349. – [29] Spenser, *Poetical Works*, S. 559. – [30] Prefatory, *Letter to Raleigh*, in *Poetical Works*, S. 407. – [31] *Faerie Queene*, Bd. II, XII. Buch, S. 78. – [32] Thornton, *Table Talk*, S. 1. – [33] Van Doren, *Anthology of World Poetry*, S. 1026. – [34] Aristoteles, *Poetik*, S. 1449f. – [35] *Defense of Poetry*, S. 38. – [36] Mantzius, *History of Theatrical Art*, Bd. III, S. 11. – [37] *Shakespeare's England*, Bd. II, S. 241. – [38] Chambers, *The Elizabethan Stage*, Bd. I, S. 255. – [39] Holzknecht, S. 110. – [40] Chambers, *Elizabethan Stage*, Bd. I, S. 258. – [41] Shakespeare, *Was ihr wollt*, II. Aufzug, III. Szene. – [42] Shakespeare, *Perikles*, IV. Aufzug, II. Szene. – [43] Chambers, *Elizabethan Stage*, Bd. IV, S. 273ff. – [44] Shakespeare, *Heinrich V.*, I. Aufzug, I. Szene. – [45] dto., *Hamlet*, III. Aufzug, II. Szene. – [46] Holzknecht, S. 153. – [47] *Shakespeare's England*, Bd. II, S. 277. – [48] Shakespeare, *Hamlet*, II. Aufzug, II. Szene. – [49] Mantzius, Bd. III, S. 228. – [50] Marlowe, *Works*, Appendix, S. 428ff. – [51] Bakeless, *Tragical History of Christopher Marlowe*, S. 112. – [52] Symonds, *Shakespeare's Predecessors*, S. 437. – [53] Bakeless, S. 113. – [54] Marlowe, *Tamburlane*, Teil I, Akt II. – [55] France, *The Gods Are Athirst*, S. 57. – [56] Pred., Kap. I, Vers 18. – [57] Marlowe, *Faustus*, I. Aufzug, I. Szene. – [58] dto., *The Jew of Malta*, II. Aufzug, III. Szene. – [59] dto., I. Aufzug, I. Szene. – [60] dto., II. Aufzug, I. Szene. – [61] dto., *Tamburlane*, I. Aufzug, I. Szene. – [62] Bakeless, S. 156; Zeitschrift *Esquire*, Dezember 1954.

IV. BUCH, 4. KAPITEL

[1] Chambers, *William Shakespeare*, Bd. II, S. 264. – [2] ebd., S. 257. – [3] Lee, *Life of William Shakespeare*, S. 22. – [4] Chambers, *Shakespeare*, Bd. II, S. 188. – [5] ebd., S. 189. – [6] ebd., S. 259, 265. – [7] Shakespeare, Sonett XXIX. – [8] dto., Sonett CX. – [9] Chute, *Shakespeare*, S. 269. – [10] Shakespeare, Sonett CLII. – [11] Lee, S. 68. – [12] Raleigh, *Shakespeare*, S. 150. – [13] Chambers, *Shakespeare*, Bd. I, S. 434. – [14] Shakespeare, *Wie es euch gefällt*, II. Aufzug, VII. Szene. – [15] dto., *König Lear*, IV. Aufzug, VI. Szene. – [16] dto., *Timon von Athen*, IV. Aufzug, I. Szene. – [17] ebd., IV. Aufzug, III. Szene. – [18] dto. – [19] Shakespeare, *Troilus und Cressida*, II. Aufzug, II. Szene. – [20] dto., *Coriolan*, I. Aufzug, IV. Szene. – [21] Thornton, *Table Talk*, S. 5. – [22] *Encyclopaedia Britannica*, Bd. III, S. 781b. – [23] Shakespeare, *Die beiden Veroneser*, I. Aufzug, I. Szene. – [24] dto., *Der Sturm*, I. Aufzug, II. Szene. – [25] dto., *Sommernachtstraum*, II. Aufzug, III. Szene. [26] dto., *Hamlet*, II. Aufzug, II. Szene. – [27] dto., *Romeo und Julia*, I. Aufzug, II. Szene. – [28] dto., *Julius Caesar*, I. Aufzug, II. Szene. – [29] dto., *Sturm*, II. Aufzug, I. Szene. – [30] Hauser, *Social History of Art*, Bd. I, S. 422. – [31] Shakespeare, *Verlorene Liebesmüh*, I. Aufzug, I. Szene. – [32] dto., *König Richard III.*, I. Aufzug, I. Szene. – [33] ebd. – [34] dto., *König Heinrich IV.*, 2. Teil, IV. Aufzug, IV. Szene. – [35] dto., *König Heinrich IV.*, I. Teil, III. Aufzug, I. Szene. – [36] dto., *Viel Lärm um nichts*, II. Aufzug, III. Szene. – [37] dto., *König Heinrich IV.*, 2. Teil, III. Aufzug, I. Szene. – [38] dto., *König Johann IV.*, IV. Aufzug, II. Szene. – [39] dto., *Troilus und Cressida*, III. Aufzug, III. Szene. – [40] dto., *Sommernachtstraum*, I. Aufzug, III. Szene. – [41] dto., *Kaufmann von Venedig*, I. Aufzug, III. Szene. – [42] dto., *Was ihr wollt*, III. Aufzug, IV. Szene. – [43] dto., *Sommernachtstraum*, I. Aufzug, I. Szene. – [44] dto., *Othello*, I. Aufzug, I. Szene. – [45] dto., *König Lear*, IV. Aufzug, VI. Szene. – [46] dto., *Hamlet*, I. Aufzug, IV. Szene. – [47] ebd., II. Aufzug, II. Szene. – [48] dto., *Sommernachtstraum*, II. Aufzug, I. Szene. – [49] dto., *Die beiden Veroneser*, IV. Aufzug, II. Szene. – [50] dto., *Cymbelin*, II. Aufzug, III. Szene. – [51] dto., *Maß für Maß*, IV. Aufzug, II. Szene. – [52] dto., *Sommernachtstraum*, V. Aufzug, I. Szene. – [53] Beispiele in Chambers, *Shakespeare*, S. 228ff. – [54] Shakespeare, *Komödie der Irrungen*, III. Aufzug, I. Szene. – [55] dto., *Sturm*, IV. Aufzug, I. Szene. – [56] dto., *Wie es euch gefällt*, III. Aufzug, II. Szene. – [57] Shaw, Bernard, *Man and Superman*, Vorwort. – [58] Shakes-

peare, *Hamlet*, I. Aufzug, V. Szene. – [59] dto., *Viel Lärm um nichts*, V. Aufzug, I. Szene. – [60] dto., *Hamlet*, III. Aufzug, IV. Szene. – [61] ebd., II. Aufzug, II. Szene. – [62] dto., *Coriolanus*, IV. Aufzug, VII. Szene. – [63] dto., *Hamlet*, I. Aufzug, IV. Szene. – [64] dto., *König Richard III.*, V. Aufzug, III. Szene. – [65] dto., *König Richard II.*, III. Aufzug, III. Szene. – [66] dto., *König Heinrich IV.*, I. Teil, III. Aufzug, I. Szene; vgl. Haydn, *Counter-Renaissance*, S. 602f. – [67] Shakespeare, *Troilus und Cressida*, I. Aufzug, III. Szene. – [68] dto., *König Lear*, V. Aufzug, II. Szene. – [69] dto., *Was ihr wollt*, II. Aufzug, III. Szene. – [70] dto., *König Lear*, IV. Aufzug, VI. Szene. – [71] dto., *Perikles*, II. Aufzug, I. Szene. – [72] dto., *Sturm*, II. Aufzug, I. Szene. – [73] dto., *Hamlet*, IV. Aufzug, IV. Szene. – [74] Raleigh, *Shakespeare*, S. 61. – [75] Shakespeare, *König Johann*, III. Aufzug, I. Szene. – [76] dto., *König Heinrich VIII.*, II. Aufzug, II. Szene; *Romeo und Julia*, IV. Aufzug, II. Szene. – [77] dto. *König Lear*, IV. Aufzug, I. Szene. – [78] ebd., V. Aufzug, III. Szene. – [79] ebd., V. Aufzug, II. Szene. – [80] dto., *König Johann*, III. Aufzug, IV. Szene. – [81] dto., *Hamlet*, I. Aufzug, III. Szene. – [82] dto., *Macbeth*, V. Aufzug, V.Szene. – [83] dto., *Kaufmann von Venedig*, V. Aufzug, I. Szene. – [84] dto., *Maß für Maß*, III. Aufzug, I. Szene. – [85] dto., *Hamlet*, I. Aufzug, IV. Szene. – [86] Chambers, *Shakespeare*, Bd. II, S. 194. – [87] in Lee, *Shakespeare*, S. 179. – [88] Jonson, *Timber*, in Chute, *Ben Jonson*, S. 340. – [89] Lee, S. 177. – [90] ebd., S. 178. – [91] Aubrey, S. 275. – [92] Jonson, *Timber*, in Lee, S. 277. – [93] Chambers, *Shakespeare*, Bd. I, S. 84. – [94] Lee, S. 203. – [95] Aubrey, S. 275. – [96] ebd., S. 85. – [97] Shakespeare, *Sturm*, I. Aufzug, II. Szene. – [98] ebd., IV. Aufzug, I. Szene. – [99] ebd., V. Aufzug, I. Szene. – [100] ebd. – [101] Chambers, *Shakespeare*, Bd. I, S. 89. – [102] Holzknecht, S. 380f. – [103] Voltaire, Brief vom 19. Juli 1776, in Denoiresterres, *Voltaire et la société française au XVIIIe siècle*, Bd. VIII, S. 108. – [104] in Croce, *Ariosto, Shakespeare, and Corneille*, S. 284. – [105] Voltaire, Artikel über dramatische Kunst, in Holzknecht, S. 387. – [106] Goethe, *Wilhelm Meister*, Buch II, Kap. XIII–XVI.

IV. BUCH, 5. KAPITEL

[1] Brantôme, *Book of the Ladies*, S. 92. – [2] ebd., S. 124. – [3] Sainte-Beuve, *English Portraits*, S. 6. – [4] Pastor, Bd. XVI, S. 283. – [5] Lingard, Bd. VI, S. 12. – [6] *Book of Discipline*, Hauptteile I und III, in Knox, *History of the Reformation in Scotland*, Bd. II, S. 281ff. – [7] Knox, *History*, Bd. II, S. 321f. – [8] in der National Portrait Gallery, London, und in den Uffizien, Florenz. – [9] Lang, *Mystery of Mary Stuart*, S. 13, 61. – [10] Knox, *History*, Bd. II, S. 10; Froude, *Elisabeth*, Bd. I, S. 255. – [11] Knox, Bd. II, S. 8. – [12] ebd., S. 12. – [13] ebd., S. 13f. – [14] Lang, *History of Scotland*, Bd. II, S. 107. – [15] ebd. – [16] Muir, *John Knox*, S. 240. – [17] Knox, *History*, Bd. II, S. 29. – [18] Lang, *History*, Bd. II, S. 110. – [19] Fosdick, *Great Voices of the Reformation*, Bd. XXIX. – [20] Knox, *History*, Bd. II, S. 44ff. – [21] Lang, *History*, Bd. II, S. 126. – [22] Knox, Bd. II, S. 71ff; Lang, Bd. II, S. 127; Muir, *Knox*, S. 253. – [23] Knox, Bd. II, S. 81. – [24] ebd., S. 83. – [25] ebd., S. 93. – [26] Zweig, *Maria Stuart*, S. 156. – [27] Neale, *Queen Elizabeth*, S. 141. – [28] Lang, *History*, Bd. II, S. 160. – [29] ebd.; Froude, *Elizabeth*, Bd. II, S. 50. – [30] Lang, Bd. II, S. 162. – [31] *Cambridge Modern History*, Bd. III, S. 272. – [32] Lang, *Mystery*, S. 75. – [33] ebd., S. 108ff. – [34] *Cambridge Modern History*, Bd. III, S. 273. – [35] Lang, *History*, Bd. II, S. 171; Lingard, Bd. VI, S. 67. – [36] Lang, Bd. II, S. 170ff. – [37] ebd.; Knox, *History*, Bd. LXXIII. – [38] Zweig, S. 231. – [39] Lang, *Mystery*, S. 236. – [40] Acton, *Lectures*, S. 150ff.; Lang, Mystery, S. 295, 353, 362. – [41] ebd., S. 133. – [42] Lang, *History*, Bd. II, S. 188. – [43] Neale, S. 161. – [44] Lang, *Mystery*, S. 194. – [45] Froude, *Elizabeth*, Bd. II, S. 307, 310. – [46] Brockway und Winer, *Second Treasury of the World's Great Letters*, S. 112. – [47] Hallam, Bd. I, S. 167. – [48] Froude, *Elizabeth*, Bd. II. S. 407. – [49] ebd., S. 404; Lang, Bd. II, S. 200. – [50] Lang, Bd. II, S. 203. – [51] Lang, *Mystery*, S. 286. – [52] Lingard, Bd. VI, S. 97. – [53] Froude, Bd. III, S. 110. – [54] Muir, *Knox*, S. 282. – [55] Knox, *History*, Bd. I, VII. Buch. – [56] Lingard, Bd. VI,

S. 126. – [57] ebd., S. 128; Hughes, Bd. III, S. 278. – [58] Roeder, *Catharine de' Medici*, S. 491. – [59] Neale, S. 263. – [60] Pastor, Bd. XIX, S. 450ff. – [61] Lingard, Bd. VI, S. 187. – [62] ebd., S. 205f; Pastor, Bd. XXI, S. 7ff. – [63] ebd., S. 25; Froude, Bd. V, S. 259ff. – [64] Williams, *James I.*, S. 76, 80ff.; Froude, Bd. V, S. 294. – [65] Zweig, S. 423; dt. Übers. von H. Hinderberger.

IV. BUCH, 6. KAPITEL

[1] Fontenoy in Froude, Bd. V, S. 74. – [2] Lang, *History*, S. 276, 294ff., 305, 395; Lingard, Bd. VI, S. 183. – [3] Lea, *Studies in Church History*, S. 502ff. – [4] ebd., S. 500. – [5] Lang, *History*, Bd. II, S. 243. – [6] James I., *Basilikon Doron*, in Gooch, *English Democratic Ideas in the Seventeenth Century*, S. 41. – [7] Lang, *History*, Bd. II, S. 278. – [8] *History Today*, März 1956, S. 159. – [9] Buckle, *History of Civilization*, Bd. IIa, S. 199. – [10] Williams, *James I.*, S. 132. – [11] *Encyclopaedia Britannica*, Bd. IV, S. 310. – [12] Allen, *History of Political Thought*, S. 339f.; vgl. Carlyle, *History of Medieval Political Theory*, S. 332f.; Figgis, *From Gerson to Grotius*, S. 167ff. – [13] Allen, op. cit., S. 342. – [14] zitiert von Oliver Dick in der Einleitung zu Aubreys *Brief Lives*, XXX. Buch. – [15] in Chute, *Ben Jonson*, S. 249. – [16] ebd., S. 268. – [17] ebd., S. 217. – [18] Bowen, *The Lion and the Throne*, S. 315. – [19] Aubrey, S. 67. – [20] in Robinson, *Readings in European History*, S. 349; Allen, S. 254; Dunning, *History of Political Theories*, Bd. II, S. 217. – [21] Allen, *English Political Thought*, S. 26. – [22] ebd., S. 124. – [23] Lingard, Bd. VII, S. 17. – [24] Allen, *English Political Thought*, S. 223. – [25] Williams, *James I.*, S. 192f. – [26] Lingard, Bd. VII, S. 19ff. – [27] ebd., S. 29. – [28] ebd., S. 40ff. – [29] ebd., S. 46ff. – [30] ebd., S. 50, 96. – [31] McCabe, *Candid History of the Jesuits*, S. 198. – [32] Lang, *History*, Bd. II, S. 508. – [33] Aubrey, S. 21. – [34] Hallam, *Literature of Europe*, Bd. III, S. 324. – [35] Webster, *The White Devil*, in Webster und Ford, *Plays*, S. 91. – [36] Webster, *Duchess of Malfy*, in Webster und Ford, S. 145. – [37] ebd., Bd. IV, II. Buch. – [38] Thornton, *Table Talk*, S. 15. – [39] Thomas Fuller in Chute, *Ben Jonson*, S. 37. – [40] Jonson, *Every Man out of His Humour*, Induction. – [41] Thornton, S. 7. – [42] Jonson, *Every Man out of His Humour*, Induction. – [43] Thornton, S. 8. – [44] Chute, *Ben Jonson*, S. 161. – [45] Jonson, *The Alchimist*, Bd. II, I. Buch. – [46] Baskerville u. a., *Elizabethan and Stuart Plays*, S. 1077. – [47] Herrick, *Poems*, S. 241. – [48] Chute, *Ben Jonson*, S. 310. – [49] Williams, *James I.*, S. 189. – [50] Einleitung zu Burton, *Anatomy of Melancholy*. – [51] ebd. – [52] *Anatomy of Melancholy*, S. 8. – [53] ebd., S. 3. – [54] ebd., S. 79f. – [55] Donne, *Poems*, S. 83. – [56] ebd., S. 26. – [57] Donne, Elegie XIII; Elegie II. – [59] Donne, *Poems*, S. 182. – [59] ebd., S. 180. – [60] Thornton, S. 4. – [61] Donne, *Poems*, S. 253. – [62] in Peterson, *Treasury of the World's Great Speeches*, S. 91. – [63] ebd., S. 92. – [64] Walton, *Life of Dr. Donne*, in Peterson, S. 95. – [65] Hallam, *Constitutional History*, Bd. I, S. 347; *Encyclopaedia Britannica*, Bd. XVIII, S. 961b; Lingard, Bd. VII, S. 7. – [66] Text in Schuster, *Treasury of the World's Great Letters*, S. 82ff. – [67] Raleigh, Sir Walter, *Selections*, S. 61. – [68] ebd., S. 117. – [69] Lingard, Bd. VII, S. 101. – [70] Spedding, *Life of Fr. Bacon*, Bd. II, S. 288f.; Wallace, *Sir Walter Raleigh*, S. 261f. – [71] Lingard, Bd. VII, S. 102. – [72] *Encyclopaedia Britannica*, Bd. XVIII, S. 961b. – [73] Wallace, *Raleigh*, S. 315. – [74] Raleigh, *Selections*, Einführung, S. 28. – [75] Lingard, Bd. VII, S. 117. – [76] William, *James I.*, S. 258. – [77] Hallam, *Constitutional History*, S. 109. – [78] ebd., S. 122. – [79] MacLaurin, *Mere Mortals*, S. 137.

IV. BUCH, 7. KAPITEL

[1] Browne, *Pseudodoxia Epidemica*, in *Works*, Bde. II und III. – [2] Thornton, *History of Magic and Experimental Science*, Bd. VI, S. 548f. – [3] Lecky, *Rationalism in Europe*, Bd. I, S. 38; Williams, *James I.*, S. 106ff. – [4] Lang, *History*, Bd. II, S. 434. – [5] Hughes, *Reformation*, Bd. II, S. 286. – [6] ebd., S. 285. – [7] Thorndike, Bd. VI, S. 550; Chute, *Ben Jonson*, S. 229. – [8] Trevelyan,

English Social History, S. 232. – [9] Smith, *History of Modern Culture*, Bd. I, S. 97. – [10] ebd., S. 95. – [11] Robertson, *History of Freethought*, Bd. II, S. 13. – [12] *Huntington Library Bulletin*, April 1934, S. 99. – [13] Wolf, *History of Science*, Bd. I, S. 292. – [14] ebd., S. 426. – [15] John, *King Charles I.*, S. 153; Kellogg, *The New Dietetics*, S. 847. – [16] Garrison, *History of Medicine*, S. 248. – [17] Sigerist, *The Great Doctors*, S. 141. – [18] Harvey, *Exercitatio anatomica de motu cordis et sanguinis*, in Hammerton, *Great Books*, S. 273. – [19] Walsh, *The Popes and Science*, S. 396. – [20] Aubrey, S. 131. – [21] Prinzmetal, *Heart Attack*, S. 121f. – [22] Aubrey, S. 128. – [23] ebd., S. 130. – [24] ebd., S. 11. – [25] Gardiner, in Garnett und Gosse, *English Literature*, Bd. II, S. 12. – [26] Spedding, *Life of Bacon*, Bd. I, S. 542. – [27] Aubrey, S. 9. – [28] Macauley, *Critical and Historical Essays*, Bd. II, S. 326ff. – [29] Bowen, *The Lion and the Throne*, S. 428; *Cambridge Modern History*, Bd. III, S. 571. – [30] Spedding, *Life*, Bd. II, S. 463. – [31] ebd., S. 633. – [32] Bd. I, S. 563. – [33] ebd., S. 569. – [34] Bacon, *Philosophical Works*, S. 241. – [35] ebd. – [36] ebd., S. 244. – [37] ebd., S. 247. – [38] Aubrey, S. 130. – [39] Bacon, *Philosophical Works*, S. 167. – [40] ebd., S. 76, 78; *De Augmentis scientiarum*, Vorwort. – [41] Bacon, *Philosophical Works*, S. 76. – [42] Bacon, *Advancement of Learning*. – [43] Bacon, *Works*, Ausg. Spedding und Ellis, Bd. VII, S. 241. – [44] Bacon, *Novum organum*, I. Buch, S. 97. – [45] ebd., I. Buch, S. 82; und «Plan of the Work» in Bacon, *Philosophical Works*, S. 250. – [46] Bacon, *Novum organum*, II. Buch, S. 13, 17. – [47] dto., *Philosophical Works*, S. 144. – [48] ebd., S. 77. – [49] ebd., S. 50. – [50] Spedding, *Life*, Bd. I, S. 111. – [51] Bacon, *Novum organum*, II. Buch, S. 2. – [52] ebd., II. Buch, S. 8. – [53] ebd. – [54] Bacon, *De Augmentis*, IV. Buch, S. 3. – [55] dto., *Novum organum*, I. Buch, S. 66. – [56] dto., *De Augmentis*, Schluß. – [57] Essay «Of Atheism». – [58] ebd.; *Advancement of Learning*, in Bacon, *Philosophical Works*, S. 45; *De Augmentis*, III. Buch, S. 2. – [59] Essay «Of Atheism». – [60] *Valerius Terminus*, Kap. I, in Bacon, *Philosophical Works*, S. 186. – [61] *Rawley's Life*, in Bacon, *Philosophical Works*, S. 9. – [62] Bacon, *De Augmentis*, IX. Buch, S. 1. – [63] Essay «Of Goodness». – [64] ebd. – [65] «Of Marriage and Single Life». – [66] Essay «Of Empire» und «Of the True Greatness of Kingdom». – [67] *De Augmentis*, VIII. Buch, S. 3, in Bacon, *Philosophical Works*, S. 610f. – [68] «Of Vicissitude of Things». – [69] «Of Seditions and Troubles». – [70] Bacon, *Philosophical Works*, S. 727. – [71] *History of Henry VII*, in Bacon, *Works*, Bd. VI, S. 238ff. – [72] in Nichol, *Fr. Bacon*, Bd. II, S. 4. – [73] Pope, *Essay on Man*, Zeile 282. – [74] *Thema coeli*, in Bacon, *Philosophical Works*, S. 705; *Descriptio globi intellectualis*, ebd., S. 685. – [75] Friedell, *Cultural History of the Modern Age*, Bd. I, S. 335. – [76] *The Advancement of Learning*, in Bacon, *Philosophical Works*, S. 167. – [77] Wolf, *Science in the Sixteenth Century*, S. 640; Bernal, *Science in History*, S. 305. – [78] Hallam, *Literature of Europe*, Bd. III, S. 72. – [79] Nichol, Bd. II, S. 235. – [80] Bacon, *Novum organum*, I. Buch, S. 49. – [81] ebd., I. Buch, S. 26, 95.

IV. BUCH, 8. KAPITEL

[1] Rogers, *Six Centuries of Work and Wages*, S. 103. – [2] ebd., Tabelle auf S. 73. – [3] John, *Charles I.*, S. 167. – [4] French, *Charles I. and the Puritan Upheaval*, S. 100ff. – [5] Robertson, *Freethought*, Bd. II, S. 24. – [6] ebd., S. 77. – [7] ebd., S. 76. – [8] ebd. – [9] Aubrey, S. 135. – [10] Belloc, *Richelieu*, S. 49. – [11] McCabe, *Candid History*, S. 202. – [12] Toynbee, *Study of History*, Bd. IX, S. 178. – [13] Allen, *English Political Thought*, S. 237. – [14] ebd., S. 242. – [15] ebd. – [16] Taine, *English Literature*, S. 259ff. – [17] Hume, *History of England*, Bd. IV, S. 183. – [18] Gardiner, *History of England 1603–1642*, Bd. VII, S. 302. – [19] French, *Charles I.*, S. 281. – [20] Lingard, Bd. VII, S. 181; Taine, *English Literature*, S. 265. – [21] *Cambridge Modern History*, Bd. IV, S. 279. – [22] Allen, *English Thought*, S. 194. – [23] Carlyle, *Oliver Cromwell*, Bd. I, S. 93. – [24] French, S. 306. – [25] Schaff, *History of the Christian Church: The German Reformation*, Bd. I, S. 79. – [26] Allen, *English Thought*, S. 283. – [27] French, S. 281. – [28] Markun, *Mrs. Grundy*, S. 114. –

[29] Weber, *The Protestant Ethic*, S. 177. – [30] Beard, *History of the Business Man*, S. 387. – [31] Allen, *English Thought*, S. 279f.; Lingard, Bd. VIII, S. 190. – [32] ebd., S. 191. – [33] Thornton, *Table Talk*, S. 72, 106. – [34] Browne, *Religio Medici*, S. 77. – [35] dto., *Works*, Bd. II, S. 226. – [36] dto., *Medici*, S. 34, 70. – [37] Singer, *Studies in the History of Science*, S. 222. – [38] Browne, *Religio Medici*, S. 82. – [39] ebd., S. 1. – [40] ebd., S. 18. – [41] ebd., S. 25. – [42] ebd., S. 10. – [43] ebd., S. 179. – [44] ebd., S. 60. – [45] ebd., S. 92. – [46] Herrick, *Poems*, S. 181. – [47] ebd., S. 178. – [48] ebd., S. 398. – [49] Aubrey, S. 287. – [50] ebd., S. 289. – [51] ebd., S. 192. – [52] Lovelace, *Poems*, S. 78. – [53] ebd., S. 18. – [54] MacLaurin, *Mere Mortals*, S. 143f.; John, *Charles I.*, S. 4; French, S. 16. – [55] Bishop, *Renaissance Architecture*, S. 25. – [56] John, *Charles I.*, S. 65. – [57] ebd., S. 66. – [58] ebd., S. 133; Lingard, Bd. VII, S. 164. – [59] Gardiner, *History of England 1603–1642*, Bd. VII, S. 1. – [60] ebd., S. 41ff. – [61] Tawney, *Religion and the Rise of Capitalism*, S. 173. – [62] ebd., S. 174; Allen, *English Thought*, S. 360. – [63] Rickard, *Man and Metals*, Bd. II, S. 799. – [64] Clarendon, *History of the Rebellion*, Bd. I, S. 323. – [65] ebd., S. 188f. – [66] Carlyle, *Oliver Cromwell*, Bd. I, S. 94. – [67] Lang, *History of Scotland*, Bd. III, S. 71. – [68] John, *Charles I.*, S. 207. – [69] Morley, *Oliver Cromwell*, S. 72. – [70] Clarendon, *passim*; Hume, *History of England*, Bd. IV, S. 174, 401. – [71] Carlyle, *Oliver Cromwell*; Firth, *Oliver Cromwell*; Buchan, *Oliver Cromwell*. – [72] Morley, *Cromwell*, S. 9. – [73] Carlyle, *Cromwell*, Bd. I, S. 98. – [74] ebd., S. 108. – [75] Clarendon, Bd. I, S. 300; Gardiner, *History of England*, Bd. IX, S. 230. – [76] Thornton, *Table Talk*, S. 108. – [77] Gardiner, Bd. IX, S. 251f. – [78] Allen, *English Thought*, S. 346f. – [79] Morley, *Cromwell*, S. 91; Hallam, *Constitutional History*, Bd. II, S. 119; Allen, S. 354. – [80] Clarendon, Bd. I, S. 452. – [81] ebd., S. 466. – [82] Firth, *Cromwell*, S. 61. – [83] Clarendon, Bd. II, S. 49f. – [84] Allen, *English Thought*, S. 313, 403f. – [58] Robinson, *Readings*, S. 356. – [86] Schaff, *History of the Christian Church: The Swiss Reformation*, Bd. II, S. 565. – [87] Firth, S. 149; Bury, *History of Freedom of Thought*, Bd. II, S. 76. – [88] *Cambridge Modern History*, Bd. IV, S. 312. – [89] Firth, S. 147. – [90] ebd. – [91] Macaulay, *History of England*, Bd. I, S. 100. – [92] Gooch, *English Democratic Ideas*, S. 119, 179. – [93] ebd., S. 124. – [94] ebd., S. 128. – [95] *Cambridge Modern History*, Bd. IV, S. 345. – [96] Firth, S. 175. – [97] Morley, *Cromwell*, S. 240. – [98] Lingard, Bd. VIII, S. 110. – [99] Morley, S. 267. – [100] John, *Charles I.*, S. 294. – [101] Hume, Bd. IV, S. 485. – [102] Churchill, *History of the English-Speaking Peoples*, Bd. II, S. 223. – [103] Robinson, *Readings*, S. 359.

PERSONENVERZEICHNIS

Den Namen sind, soweit bekannt, die Lebensdaten oder eine besondere Zeitspanne des Wirkens ihrer Träger beigefügt. Ist nur eine Zahl genannt, weist sie auf ein bedeutsames, im Text erwähntes Ereignis hin. Bei männlichen weltlichen und geistlichen Regenten bezeichnen die Jahreszahlen die Regierungszeit.

F

I

J

M

S

T

BILDNACHWEIS

Archiv Dollinger, Wörthsee : neben Seiten 129, 160, 257, 321, 352, 417, 448, 481
Bayerische Staatsbibliothek, München : neben Seite 224 (Mus. Ms. Al, S. 204)
Bildarchiv Preussischer Kulturbesitz, Berlin : neben Seiten 225, 416, 512
Holle Bildarchiv, Baden-Baden : neben Seiten 32, 64, 161, 256, 449, 480
Karl-Heinz Jürgens, Köln : neben Seiten 33, 65, 128
Preiss+Co., Albaching : neben Seiten 320, 353, 513